제5판

민법 II

권리의
변동과 구제

양창수 | 권영준 공저

博英社

제 5 판 머리말

『민법 Ⅱ : 권리의 변동과 구제』가 처음 발간된 것이 2011년 8월이다. 여기서는 우선 권리, 그 중에서도 대표라고 할 수 있는 소유권을 중심으로 해서 그 권리의 특징적인 성질 및 그 특수한 발생원인들을 살펴본다. 나아가 일단 발생한 소유권, 나아가 채권이 어떻게 양도 기타 이전되는가를 설명한다. 그리고 끝으로 이것이 객관적으로 침해된 경우에 권리자에게 주어지는 법적 구제수단으로서 물권적 청구권, 그리고 불법행위와 부당이득의 각 제도를 개관한다.

지난 제4판을 펴낸 것이 2021년 4월이니 그로부터 2년 반 가까이 지났다. 권영준은 그 사이에 대법관으로 임명되었으나 이 개정작업은 크게 영향을 받지 않았다.

이번 제5판에서는 그 사이에 있었던 관련 법률 등의 개정을 반영하는 한편으로, 제4판 이후에 공간된 재판례 중 위와 같은 민법 공부에 의미가 상당한 것을 포함시켰다. 재판례는 원칙적으로 2023년 7월 15일까지의 『판례공보』에 수록된 것에서 선별하였다.

또한 이번 개정의 기회에 초판 이래의 불충분한 부분이 보완되도록 애썼다.

아무쪼록 이 새로운 판이 민법 공부의 밑바탕을 이루고 학생들 나아가 법률가들에게 많은 도움이 되기를 바란다.

2023년 8월 30일

양 창 수·권 영 준

머 리 말

2009년 법학전문대학원의 출범과 함께 법학 교육 시스템의 대전환이 일어나고 있다. 이에 따라 민법 교육의 체제와 방법을 개편하는 문제가 중요한 과제로 등장하였다.

종래 법과대학에서는 대체로 민법전의 편별에 따라 민법총칙, 물권법, 채권총론, 채권각론, 친족법, 상속법으로 구분하여 가르치는 것이 통상이었다. 그리고 민법전에 총칙이 맨 앞에 있으니 민법총칙을 먼저 배우는 것이 당연하다고 생각하는 경향이 있었다. 그러나 교육의 관점에서 보면 반드시 민법전의 편제에 따라 민법을 가르치고 공부하여야 하는지는 의문인 점이 없지 않다. 오히려 민법의 주요 주제를 중심으로 민법이 실제 생활에서 어떻게 작동하는지를 이해할 수 있도록 강좌를 설계하는 것이 바람직할 것이다.

서울대학교 법학전문대학원은 이러한 생각에 입각해서 민법을 〈민법 Ⅰ〉, 〈민법 Ⅱ〉, 〈민법 Ⅲ〉 그리고 〈민법 Ⅳ〉의 네 과목으로 구분하여 강의하고 있다. 〈민법 Ⅰ〉은 일단 '계약법'이라고 이름붙였는데, 민법총칙·채권총론·채권각론 중에서 계약과 관련된 내용을 추출하여 다룬다. 〈민법 Ⅱ〉는 '권리의 변동과 구제'로서, 권리의 변동에서는 주로 물권변동과 채권양도를, 권리의 구제로서는 물권적 청구권, 불법행위 및 부당이득을 다룬다. 〈민법 Ⅲ〉은 '권리의 보전과 담보'로서, 채권담보와 그에 관련된 문제를 다루는 데에 중점이 있고, 채권자대위권이나 채권자취소권 등 채권의 보전에 관한 내용도 포함된다. 그리고 〈민법 Ⅳ〉는 친족법 및 상속법에 관련된 것이다.

위와 같은 과목 구분에 대응하여 2010년 10월에 〈민법 Ⅰ〉이 출간된 바 있고, 이제 그에 이어서 권리의 변동과 구제를 다루는 〈민법 Ⅱ〉를 출간한다.

그동안 우리의 교과서는 법을 공부하는 학생들을 위하여 법공부의 자료로 저술된 것이라기보다는 오히려 추상적 법명제를 체계적·종합적으로 서술한다는 학문적 관점에서 저술된 것이 대부분이었다. 그리하여 학설에 지나치게 비중을 두지 않았나 여겨진다. 그러나 학생들이 "학설의 숲"에 빠져서 헤어나오지 못하게 하여서는 안 된다. 실생활에 적용되는 '살아 있는 법'을 인식하고 스스로 문제를 해결하는 능력을 갖출 수 있는 교재가 필요하다. 학생들이 실제로 작동하는 법의 이론적 틀을 배우고, 판례를 분석·비판하는 능력과 새로운 문제에 직면하여 이를 응용할 수 있는 능력을 기를 수 있도록 하여야 한다.

이 책은 권리에 관한 일반론에서 시작하여 물권변동과 채권양도 등 권리의 변동을 다루는 한편으로 그 과정에서 가장 빈번하게 등장하는 소유권과 관련하여 제반 법적 문제들을 서술하였고, 나아가 물권적 청구권과 불법행위 및 부당이득 등 권리가 침해된 경우의 구제수단에 관해 설명하는 방식으로 구성하였다.

이와 같은 순서에 따라 다루어지는 개별 주제에 관하여는 이론적 설명과 주요 재판례로 구성되어 있다. 이론적 설명 부분에서는 기존의 교과서와 달리 학설 대립을 장황하게 다루지 않고 실제 문제를 해결하는 데 필요한 법리를 중심으로 서술하였다. 이에 따라 중요한 법리에 관한 재판례들은 충실히 소개하되 학설대립에 관련된 교과서의 인용은 가급적 자제하였다. 한편 그 주제에 관한 논의를 이해하는 데 필요하다고 생각하는 판결은 전문 수록하였다. 판결의 요지를 강조하려고 흔히 행하여지는 표시, 즉 고딕체나 밑줄 등은 가하지 않았다. 이는 스스로 판결 전문을 읽고 쟁점을 파악하며 판례 법리를 추출하는 연습을 하도록 하기 위한 것이다. 또한 개별 판결 등에 관하여 생각하여야 할 점이나 질문을 적어두어 학생들이 스스로 문제를 해결하도록 하였다.

민법은 모든 법의 기초로서 법률가가 되기 위하여 면밀하게 학습을 하여야 하는 과목이다. 이 책이 민법을 충실하게 학습함으로써, 법률가로서 사고하는 방법을 터득하고 이론과 실무를 겸비한 법률가로 성장하는 데 도움이 되기를 바란다. 특히 학생들이 이른바 교과서나 수험서만으로 공부를 하는 경향에서 탈피하는 계기가 된다면 더 바랄 것이 없겠다. 비록 이 책이 법학전문대학원의 교재로 기획된 것이기는 하지만, 학부에서 민법을 공부하는 데에도 교재로 사용할 수 있을 것이다.

이 책을 포함하여 〈민법 Ⅲ〉까지의 교재 세 권은 2007년 7월 "법학전문대
학원의 설립·운영에 관한 법률"이 통과된 다음 새로운 교과과정을 설계할 무
렵에 기획하였다. 양창수는 민법 강의와 교과서 집필을 위하여 작성하여 둔 자
료를 제공하고 권영준은 이를 토대로 〈민법 Ⅱ〉의 집필을 담당하여, 공저로 출
간하기로 하였다. 이 책을 펴내기 위하여 자료를 정리하고 공저자가 기존에 발
표한 논문 등을 요약하였으며 판례를 선별하고 질문을 덧붙였다. 2009년 9월
부터는 서울대학교 법학전문대학원에서 "민법 Ⅱ: 권리의 변동과 구제"라는 제
목으로 제본을 하여 교재로 사용하기 시작하였는데 이번에 이를 수정한 교재
를 박영사에서 정식으로 출간하게 되었다. 앞으로 비판과 질정을 겸허하게 받
아들여 더욱 좋은 책으로 발전시키기로 약속하고, 우선 이러한 형태로 책을 펴
내기로 한다.

이 책을 내는 데 도움을 주신 여러 교수님들과 학생들에게 감사의 마음을
전한다.

2011년 7월

양 창 수·권 영 준

목 차

세부목차

제2편   권리 변동

제 3 편 점유권과 소유권

제 4 편 권리 구제 1—물권적 청구권, 부당이득

법령약어

건축	건축법
공유수면	공유수면 관리 및 매립에 관한 법률
공재	공유재산 및 물품관리법
공광저	공장 및 광업재단저당법
공연	공무원연금법
교특	교통사고처리특례법
광업	광업법
국배	국가배상법
국연	국민연금법
국재	국유재산법
국토이용	국토의 계획 및 이용에 관한 법률
군연	군인연금법
근기	근로기준법
도정	도시 및 주거환경 정비법
동산담보	동산·채권 등의 담보에 관한 법률
디보	디자인보호법
민간투자	사회기반시설에 대한 민간투자법
민소	민사소송법
민집	민사집행법
부등	부동산등기법
부실명	부동산 실권리자명의 등기에 관한 법률
부정경쟁	부정경쟁 및 영업비밀보호에 관한 법률
비송	비송사건절차법
사연	사립학교교직원연금법
상	상법
상표	상표법
선원	선원법
세징	국세징수법
수산업	수산업법
신탁	신탁법
신안	실용신안법
자배	자동차손해배상 보장법
자저	자동차등 특정동산 저당법

저작   저작권법
정보통신   정보통신망 이용촉진 및 정보보호 등에 관한 법률
제조책   제조물 책임법
주임   주택임대차보호법
지적   공간정보의 구축 및 관리 등에 관한 법률
집합건물   집합건물의 소유 및 관리에 관한 법률
특허   특허법
형   형법
형보   형사보상 및 명예회복에 관한 법률
회생파산   채무자회생 및 파산에 관한 법률

주요 참고문헌

* 아래 단행본은 著者 또는 執筆者와 書名으로 인용한다.

곽윤직 · 김재형, 민법총칙, 제 9 판 중판, 박영사, 2015.
곽윤직 · 김재형, 물권법, 제 8 판 보정, 박영사, 2015.
곽윤직, 채권총론, 제 6 판, 박영사, 2013.
곽윤직, 채권각론, 제 6 판, 박영사, 2003.
곽윤직 편집대표, 민법주해(Ⅳ, Ⅴ, Ⅹ), 박영사, 1992.
곽윤직 편집대표, 민법주해(ⅩⅧ, ⅩⅨ), 박영사, 2005.
김용덕 편집대표, 주석민법, 물권(1), 제 5 판, 한국사법행정학회, 2019.
김용한, 물권법론, 중판, 박영사, 1980.
김증한 · 김학동, 물권법, 제 9 판, 박영사, 1997.
김증한 · 김학동, 채권각론, 제 7 판, 박영사, 2006.
김형배, 사무관리 · 부당이득, 박영사, 2003.
김형배, 채권각론, 신정판, 박영사, 2001.
이영준, 물권법, 신정 2 판, 박영사, 2006.
이은영, 물권법, 개정신판, 박영사, 2002.
이은영, 채권각론, 제 5 판, 박영사, 2005.

* 아래 단행본은 書名으로 인용한다.

민의원 법제사법위원회 민법안심의소위원회, 민법안심의록 상권, 1957.
법무부 민법(재산편) 개정 자료집, 2004.

제1편

권리 총론

제1장 권리로서의 물권

I. 소 개

이 책에서는 권리변동과 권리구제에 관한 법적 문제들을 다룬다.

권리는 일정한 원인에 기하여 발생하거나 소멸한다. 또한 일단 발생한 권리의 주체나 내용이 변경되기도 한다. 이러한 권리의 발생·소멸·변경을 합하여 권리변동이라고 부른다. 재산권 중 물권이나 채권도 이처럼 변동될 수 있다. 물권과 채권은 다른 성격을 가지는 권리이므로 그 변동의 모습이 똑같지는 않다. 하지만 물권과 채권의 변동에 관하여는 공통된 점들도 있다. 또한 저당권부 채권의 양도처럼 물권과 채권의 변동이 함께 일어나므로 양자를 유기적으로 이해해야 하는 경우도 있다. 이 책에서는 권리변동의 이름 아래 물권변동과 채권변동의 문제를 합쳐서 함께 다룬다.

한편 권리를 지키려면 권리침해에 대응할 수 있는 구제수단이 있어야 한다. 민법 I(계약법)에서는 채무불이행으로 인한 손해배상청구권이나 계약해제 등 계약법상 권리구제수단을 다루었다. 그런데 그 외에도 민법은 물권적 청구권, 부당이득반환청구권, 불법행위로 인한 손해배상청구권 등 여러 구제수단들을 허용한다. 물권적 청구권은 물권편에, 부당이득반환청구권과 불법행위로 인한 손해배상청구권은 채권편에 규정되어 있지만 서로 밀접하게 연관되어 있다. 실제 분쟁해결 과정에서도 이러한 구제수단들이 밀접한 연관성하에 등장하는 경우가 많다. 이 책에서는 위 세 가지 대표적 권리구제수단을 함께 다룬다.

권리변동과 권리구제는 모두 권리라는 개념을 공통 분모로 삼는다. 그러므로 권리변동과 권리구제를 이해하려면 먼저 권리에 대해 이해해야 한다. 또한 이 책의 전반부는 점유권, 소유권을 중심으로 물권에 관하여 다룬다. 이 부분을 잘 이해하려면 우선 물권의 기본을 이해해야 한다. 물권의 기본을 이해하려면 물권이 일반적인 권리 체계에서 차지하는 위치도 이해해야 한다. 본장에서는 일반적인 권리의 개념과 종류에 대하여 간략하게 설명한 뒤, 물권에 관하여 일반적으로 살펴보기로 한다.

이러한 권리에 관한 설명은 추상적인 것이어서 처음부터 완전하게 이해하기는 어렵다. 오히려 민법의 구석구석을 공부하면서 때때로 앞으로 돌아와 구체적 맥락 속에서 권리의 일반론을 다시 읽어보아야 더 잘 이해할 수 있다.

Ⅱ. 권　　리

1. 권리의 개념

참고사례

A는 B로부터 자동차를 1,000만 원에 사기로 하는 매매계약을 체결하였다. A는 그 계약에 따라 B에게 자동차 대금을 모두 지급하였고, B로부터 자동차를 인도받아 자신 앞으로 소유권이전등록까지 마쳤다.

그 후 A는 C의 부탁에 따라 1일 간 자동차를 빌려주었는데, C는 하루가 지난 후에도 자동차를 반환하지 않고 있다.

(1) 사람들이 살아가는 삶의 모습과 방식은 다양하다. 다양한 사람과 삶이 공존하는 공동체에서 각 사람이 다른 사람과 어울려 사람다운 삶을 살기 위해서는 일정한 규율이 불가피하다. 사회에는 여러 종류의 규범들이 존재한다. 종교상 계율, 도덕, 관습, 법 등이 대표적인 사회규범들이다. 고대나 중세에는 법 외에도 종교상 계율이나 도덕, 관습이 상당한 비중을 차지하였다. 그런데 근대에 들어서면서 법은 현저하게 중요한 규범으로 자리 잡았다. 이러한 사회규범들은 규율하는 영역과 목적이 다르다. 하지만 이들은 서로 밀접한 관련을 맺고 있기도 하다. 또한 그 규율 영역이 서로 겹치기도 한다. 예를 들어 법과 관습은 개념적으로 구분된다. 그런데 관습 또는 관행이 장기간 반복, 축적되어 사

회의 구성원들이 이를 법규범에 준하는 정도로 받아들이게 되면 관습은 관습법의 차원으로 고양된다.[1] 또한 법과 도덕은 규율 영역이 같지 않다. 하지만 '법은 도덕의 최소한'[2]이라는 표현에서 알 수 있듯이 도덕 규범이 법으로 강제되기도 한다. 가령 딸이 자기 소유의 건물을 권원 없이 점유하고 있는 아버지와 남동생을 상대로 건물명도 및 퇴거를 구하는 것이 인륜에 반하여 권리남용에 해당한다는 대법원 판결[3]을 생각해 보라. 또한 연예인의 광고모델계약에 포함된 품위유지약정으로 인하여 연예인의 명예나 품위 또는 도덕성이 계약위반의 판단기준이 되는 사례[4]를 생각해 보라. "선량한 풍속"이 법률행위 효력의 판단기준이 되는 것도 생각해 보라. 이와 같이 법과 도덕은 밀접하게 연결되어 있다.

(2) 이처럼 여러 가지 규범 가운데 법으로 규율되는 사람과 사람 사이의 생활관계를 법률관계라고 한다. 법률관계는 무엇보다도 법(법률에 한정되는 것은 아니다)의 규율대상이 된다는 특징이 있다. 어떤 사람이 친지를 자신의 생일 축하파티에 초대하고 상대방이 이를 승낙하였다고 하자. 두 사람의 관계는 단순한 사교관계에 지나지 않는다. 따라서 위와 같은 약속으로 두 사람 사이에 어떤 법률관계가 생기지는 않는다. 그러나 남의 물건을 빌려 쓰고 돌려주기로 약속하였거나, 두 사람이 혼인하였다면 이는 더 이상 사교관계에 머무르지 않고 법률관계의 문제로 전환된다.

(3) 법은 강제성을 본질적 속성으로 삼는다. 그러므로 법으로 규율되는 법률관계 역시 강제성을 본질적 속성으로 삼는다. 그 결과 법률관계에서는 일정한 이익을 강제로 관철시킬 수 있는 힘이 존재하게 된다. 이러한 힘을 권리라고 한다. 권리는 사인(私人)이 국가에 대해 가지는 공권(公權)과 사인이 다

---

1) 대법원에 따르면, "관습법이란 사회의 거듭된 관행으로 생성한 어떤 사회생활규범이 법적 규범으로 승인·강행되기에 이른 것"으로서 "그러한 관습법은 법원(法源)으로서 법령에 저촉되지 아니하는 한 법칙으로서의 효력이 있는 것"이다. 또한 이러한 관습법은 "헌법을 최상위 규범으로 하는 전체 법질서에 반하지 아니하는 것으로서 정당성과 합리성이 있다고 인정될 수 있는 것"이어야 하고, 그렇지 않으면 관습법의 효력이 인정되지 않는다. 대판(전) 2005.7.21, 2002다1178 참조.

2) 대판(전) 1997.8.21, 95다28625(대법관 이용훈의 보충의견 중 "일반적으로 법은 공동체 안에서 살고 있는 평균인의 최소한도의 도덕").

3) 대판 1998.6.12, 96다52670.

4) 대판 2009.5.28, 2006다32354.

른 사인에게 가지는 사권(私權)으로 나누어 볼 수 있다. 민법은 그중 사권에 관하여 규율한다. 한편 권리의 건너편에서 권리에 종속되는 측면을 의무라고 표현한다.

권리는 대부분 그에 상응하는 상대방의 의무를 수반한다.[5] 가령 남의 물건을 빌려 쓰고 돌려주기로 약속하였다면, 빌려준 사람은 빌린 사람에게 그 물건의 반환을 청구할 권리가 있고, 이에 상응하여 빌린 사람은 빌려준 사람에게 그 물건을 반환할 의무를 부담한다(제609조, 제618조 참조). 또한 혼인이 성립하면 부부는 동거하고 서로 부양하며 협조할 의무를 부담하는데, 바꾸어 말하면 각자는 상대방에 그에 상응하는 권리를 가진다(제826조 제1항 본문 참조).

(4) 그러나 법률관계는 반드시 하나의 권리·의무만으로 구성되는 것은 아니다. 임대차관계를 생각해 보자. 임차인은 임대인에게 임대차 목적물을 인도하고, 임대차 목적물이 사용수익에 필요한 상태를 유지하도록 해달라고 청구할 수 있다(제623조). 한편 임대인은 임차인에게 그 대가(차임)를 지급하라고 청구할 수 있다(제618조, 제633조). 만일 임차인이 차임을 제때에 지급하지 않으면 임대인은 차임 및 그에 대한 지연손해금을 청구할 수 있고(제390조, 제397조), 일정한 요건 아래 임대차계약을 해지할 수도 있다(제640조). 이처럼 임대차관계는 다양한 내용을 가지는 여러 개의 권리·의무로 구성되어 있다. 이는 다른 법률관계에서도 흔히 발견된다.

그뿐만 아니라 하나의 법률관계는 엄밀한 의미에서 권리·의무라고 부를 수 없는 요소도 포함할 수 있다. 예를 들면 불법행위의 피해자가 가해자에게 손해배상청구권을 가지는 경우에도 피해자는 손해 확대를 방지하거나 감경하도록 노력해야 한다. 만약 피해자가 이를 게을리 하여 손해가 확대된 때에는 제763조, 제396조를 유추 적용하여 배상액이 감경된다.[6] 이러한 의미의 손해감경의무가 인정되는 경우에도 가해자는 피해자에게 손해감경노력을 기울이라고 적극적으로 요구할 권리를 가지지는 않는다. 또한 피해자가 손해감경노력을 기울이지 않았다면 자신이 받을 수 있는 손해배상액이 줄어들 수는 있으나 별도

---

5) 반면 권리만 있고 의무는 없는 경우(예컨대 취소권, 추인권, 해제권과 같은 형성권)나 의무만 있고 권리는 없는 경우(예컨대 제88조, 제93조의 공고의무, 제50조 내지 제52조, 제85조, 제94조 등의 등기의무, 제755조의 감독의무)도 있다. 곽윤직/김재형, 민법총칙, 59.

6) 대판 1992.9.25, 91다45929; 대판 1999.6.25, 99다10714; 대판 2006.8.25, 2006다20580; 대판 2013.5.24, 2012다46910 등.

의 법적 책임을 부담하지는 않는다. 이와 같이 법적 불이익을 피하기 위하여 요구되는 스스로에 대한 의무는 간접의무 또는 책무라고 부른다. 이러한 간접의무 또는 책무도 불법행위로 인한 법률관계의 내용을 구성할 수 있다.

(5) 다만 권리 또는 의무가 전혀 존재하지 않는 법률관계는 존재하지 않는다. 이러한 이유 때문에 법률관계를 권리의무관계라고 표현하기도 한다. 권리와 의무가 서로 대응하는 경우 권리관계와 의무관계는 같은 내용을 권리자와 의무자의 관점에서 파악한 것에 지나지 않는다. 그러한 점에서 양자는 동전의 양면과도 같다. 그런데 민법은 대체로 권리자의 관점에서 법률관계를 규율한다. 그중에서도 민법 제1편 총칙, 제2편 물권, 제3편 채권은 권리자의 관점에서 재산권의 주요 내용을 규율한다.

(6) 이제 위 설명을 토대로 참고사례에 나타난 여러 가지 법률관계와 이에 기한 권리와 의무를 살펴보자.

먼저 A와 B 사이에는 매매계약이라는 법률행위를 통하여 일정한 권리의무관계가 발생하게 된다. 즉 A는 B에게 자동차의 소유권을 이전하고, 자동차를 인도하여 달라고 청구할 권리를 가지고, 이에 대응하여 B도 A에게 자동차 대금을 지급하라고 청구할 권리를 가진다. 이를 의무라는 측면에서 파악한다면 B는 A에게 자동차 소유권이전의무 및 자동차 인도의무를, A는 B에게 자동차 대금 지급의무를 서로 부담한다. 민법 1에서 다룬 것처럼 A와 B는 서로에게 대가관계 있는 의무를 부담하고 있으므로 위와 같은 매매계약은 쌍무계약이다.

한편 위와 같은 권리는 법적으로 일정한 이익을 관철시킬 수 있는 힘이기 때문에, 일단 매매계약으로 일방에게 권리가 발생한 이상 상대방은 단지 마음이 바뀌었다는 이유만으로 그 권리에 따른 의무 이행을 거절할 수 없다. 가령 A가 매매계약체결 후 B에게 자동차 대금을 지급하지 않는다면, B는 A에게 자동차 대금을 지급하라는 청구를 할 수 있다. A가 이에 응하지 않는다면 B는 A의 의사와 관계없이 민사소송 및 민사집행절차를 통하여 그 권리에 대응하는 B의 의무 이행을 강제할 수 있다.

또한 A와 C 사이에는 A의 소유권을 전제로 하는 권리의무관계도 발생하게 된다. A는 자동차에 대하여 전면적·배타적 지배권의 속성을 지니는 소유권을 가진다. 그러므로 C는 A의 의사에 반하여 자동차를 계속 점유할 수 없다. 이 경우 A는 소유권에 기하여 C에게 자동차를 반환하라고 청구할 수 있고, C

가 이에 응하지 않는다면 역시 민사소송 및 민사집행절차를 통하여 그 반환을 강제할 수 있다.

2. 권리의 종류

(1) 권리는 다양한 모습을 가지므로 여러 가지 기준에 따라 다양하게 분류될 수 있다. 아래 표는 일반적으로 행하여지는 권리의 분류 내용이다.[7] 하나의 권리가 여러 가지 성격을 동시에 가질 수 있다. 가령 소유권은 재산권, 지배권, 절대권이자 비전속권이다.

분류 기준	종류	내용	예시
내용	재산권	경제적으로 가치 있는 이익을 누리는 것을 내용으로 하는 권리	물권(소유권, 점유권, 지상권, 지역권, 전세권, 유치권, 질권, 저당권), 준물권(광업권, 어업권 등), 채권(계약에 기한 채권, 법률에 기한 채권), 지식재산권(특허권, 상표권, 실용신안권, 디자인권, 저작권, 컴퓨터프로그램보호권 등)
	인격권	권리의 주체와 분리할 수 없는 인격적 이익을 누리는 것을 내용으로 하는 권리	명예권, 신용권, 성명권, 초상권, 사생활권, 개인정보자기결정권 등
	가족권	가족관계 내지 친족관계에 있어서 일정한 지위에 따르는 이익을 누리는 것을 내용으로 하는 권리	친권, 후견인이 가지는 권리, 배우자가 가지는 권리, 부양청구권 등
	사원권	단체의 구성원이 그 구성원의 지위에 의거하여 단체에 대하여 가지는 권리	공익권(결의권, 소수사원권, 업무집행권, 감독권 등), 자익권(사단설비이용권 등)
작용	지배권	타인의 행위를 끼어들게 하지 않고서도 일정한 객체에 대하여 직접 지배력을 발휘할 수 있는 권리	재산권 중 물권과 준물권, 지식재산권, 인격권, 가족권 중 친권, 후견권 등
	청구권	특정인이 다른 특정인에 대하여 일정한 행위, 즉 작위 또는 부작위를 요구하는 권리	채권적 청구권, 물권적 청구권, 가족관계에 기한 청구권, 상속권에 기한 청구권(※ 지료증감청구권(제286조), 지상물매수청구권(제285조), 부속물매수청구권(제316조),

---

7) 곽윤직/김재형, 민법총칙, 61-68.

			매매대금감액청구권(제572조) 등 청구권이라고 이름붙였지만 실질은 형성권인 경우가 있음에 유의)
	형성권	권리자가 일방적으로 법률관계의 발생·변경·소멸을 일어나게 하는 권리	권리자의 의사표시만으로 효과를 발생하는 형성권〔법률행위의 동의권(제5조, 제10조), 취소권(제140조 이하), 추인권(제143조 이하), 상계권(제492조), 계약의 해제·해지권(제543조), 매매의 일방예약완결권(제564조), 약혼해제권(제805조), 상속포기권(제1041조) 등〕, 재판에 의하여 효과를 발생하는 형성권〔채권자취소권(제406조), 친생부인권(제846조), 재판상 이혼권(제840조), 입양취소권(제884조), 재판상 파양권(제905조) 등〕
	항변권	청구권의 행사에 대하여 그 작용을 막아서 그치게 할 수 있는 효력을 가지는 권리	청구권의 행사를 일시적으로 막을 수 있는 연기적 항변권〔동시이행의 항변권(제536조), 보증인의 최고 및 검색 항변권(제437조)〕, 청구권의 행사를 영구적으로 막을 수 있는 영구적 항변권〔상속인의 한정승인의 항변권(제1028조)〕
기타	절대권/ 상대권	절대권: 모든 사람에게 주장할 수 있는 권리 상대권: 특정인을 의무자로 하여 그 자에 대하여만 주장할 수 있는 권리	절대권: 물권, 지식재산권, 친권, 인격권 등 지배권 상대권: 채권 등 청구권
	일신 전속권/ 비전속권	일신전속권: 권리의 성질상 타인에게 귀속할 수 없는 것, 즉 양도·상속 등으로 타인에게 이전할 수 없는 권리(귀속상 일신전속권) 비전속권: 타인에게 귀속할 수 있는 권리, 즉 양도성과 상속성 등이 있어 타인에게 이전할 수 있는 권리	일신전속권: 가족권, 인격권 등 비전속권: 재산권 (예외가 많음에 유의)
	주된 권리/ 종된 권리	주된 권리: 다른 권리를 종속시키는 권리 종된 권리: 다른 권리에 종속되는 권리	구체적인 권리관계에서 판별. 예컨대 이자채권은 원본채권의 종된 권리, 질권·저당권은 피담보채권의 종된 권리, 보증인에 대한 채권은 주채무자에 대한 채권의 종된 권리

(2) 이러한 권리의 분류는 민법의 전체적인 권리 체계를 파악하고 각 권리의 내용을 이해하는 데 유용하다. 그런데 권리의 분류를 제대로 이해하려면 개별적 권리에 대한 학습이 먼저 이루어져야 한다. 그러므로 개별적 권리를 이해하지 못한 상태에서 권리의 분류 내용을 억지로 암기할 필요는 없다. 오히려 개별적 권리를 학습하면서 그 권리가 큰 권리분류의 틀에서 어떤 체계적 지위를 차지하는지를 살펴보고 이를 그 개별적 권리의 내용과 연계시켜 보는 것이 더 효율적이다.

(3) 다만 권리의 작용에 따라 이를 지배권·청구권·형성권·항변권으로 나누는 분류 방식은 민법을 이해하는 데 특히 중요한 의미가 있으므로 먼저 설명해 두기로 한다.

(가) 지배권은 객체에 대한 직접적 지배를 핵심 내용으로 하는 권리이다. 지배되는 객체의 이익은 권리자에게 배타적으로 귀속되고(이러한 이익의 배타적 귀속상태를 「할당」이라고 한다), 다른 사람은 이를 침해하지 못한다. 이러한 의미에서 지배권은 모든 사람에 대하여 효력이 있는 권리, 즉 절대권이라고 할 수 있다. 어떤 물건에 대한 전면적인 지배권인 소유권이 대표적 예이다(제211조). 그 외에 위 표에 나타나듯이 제한물권이나 지식재산권 등 다른 재산권이나 인격권이 여기에 속한다.

지배권이 침해되어 그에 의하여 형성되는 재화의 객관적 할당질서가 교란된 경우에 대해 법은 강력하고 광범위한 구제수단을 마련하고 있다. 우선 그 침해를 배제할 수 있는 권리가 주어진다(이른바 물권적 청구권. 제214조[8]가 이를 전형적으로 명문으로 규정한다). 이미 일어난 침해는 이를 정당화하는 특별한 사유(위법성조각사유)가 없는 한 그 자체로써 위법한 것으로 평가된다. 그리하여 타인의 지배권을 고의 또는 과실로 침해한 사람은 불법행위에 따른 손해배상책임을 지고(제750조), 그 침해로 얻은 이득은 부당이득으로서 반환해야 한다(부당이득의 유형 중 이른바 「침해부당이득」. 제741조). 불법행위로 인한 손해배상청구권과 부당이득반환청구권은 과거의 침해로 인하여 재화의 객관적 할당질서에 일어난 기존의 교란상태를 교정하여 그 침해 전 상태로 회복시키려는 공

---

8) 제213조에서 정하는 소유물반환청구권은 소유권에 대한 방해가 「점유의 보유」라는 형태로 일어난 경우에 대하여 특별히 정하여진 것이다. 그리고 민사집행법 제48조에서 정하는 「제3자이의의 소」는 강제집행절차에서의 소유권 침해 등을 배제하기 위한 것이다.

통점을 지닌다.

(나) 청구권은 다른 사람에 대하여 일정한 행위(이를 「급부」라고도 한다)를 청구할 수 있는 권리를 말한다. 지배권이 객체에 대한 상하관계를 특징으로 한다면, 청구권은 사람과 사람 사이의 평등관계에서 상대방에게 일정한 행위를 청구할 수 있도록 한다.

청구권은 앞서 본 대로 지배권이 침해된 경우에 구제수단으로 인정되기도 한다. 또한 매매나 임대차 같은 채권계약에 기하여 창출될 수도 있고, 부부 간의 동거청구권이나 부양청구권(제974조)과 같이 친족법 영역에서 발생할 수도 있다. 청구권은 특정한 사람에 대하여만 효력이 있는 상대권이다. 즉 상대방에 대하여만 주장·행사될 수 있다. 물론 권리자가 그 청구권을 가진다는 측면, 즉 청구권이 그의 것이라는 「귀속」의 측면에서는 지배적 성질을 가진다.[9] 그러나 그 내용 내지 효력이라는 측면에서 보면, 청구권은 단지 다른 특정인에 대한 권리일 뿐이다. 그러므로 청구권자는 원칙적으로 그 상대방인 의무자에 대하여 그 이행을 청구하거나, 그 불이행의 경우에는 다른 요건을 갖추어 그에게 불이행으로 인한 책임(전형적으로는 채무불이행책임)을 물을 수 있을 뿐이다.

(다) 형성권은 일방적으로 타인과의 법률관계를 직접적으로 변동시킬 수 있는 권리이다. 이 권리가 행사되면 기존의 법률관계는 종국적으로 변동한다. 앞서 본 지배권이나 청구권에서는 일정한 이익이 추구된다는 것에 중점이 있는 반면, 형성권에서는 일방적으로 법률관계를 변동시킬 수 있다는 것에 중점이 있다. 예를 들어 취소권이 행사되면 법률행위는 소급하여 효력을 상실한다 (제140조 이하, 특히 제141조). 계약의 해제권·해지권(제543조 이하), 선택채권에서의 선택권(제380조 이하), 채권자취소권(제406조), 상계권(제492조), 예약완결권 (제564조), 재판상 이혼권(제840조), 친생부인권(제846조), 재판상 파양권(제1041조) 등도 일방적인 법률관계의 변동을 초래한다는 점에서 형성권에 해당한다.

형성권은 권리자의 일방적 의사표시로 행사될 수도 있고, 법원에 청구하여 확정된 재판으로 행사될 수도 있다. 후자의 예로는 채권자취소권, 재판상 이혼권, 친생부인권, 재판상 파양권 등을 들 수 있다. 이는 형성권의 유효한 행사 여부를 법원이 공권적으로 판단하게 함으로써 불필요한 분쟁을 막고 법률

---

9) 그러므로 제3자가 위법하게 타인의 채권 귀속을 침해한 경우에는 지배권과 마찬가지의 요건 아래서 불법행위 또는 부당이득이 성립한다.

관계를 명확하게 하려는 것이다. 형성권이 행사되면, 법률관계의 종국적 변동으로 상대방의 지위에도 현저한 영향이 미친다. 그러므로 원칙적으로 형성권 행사의 의사표시에는 조건이나 기한을 붙일 수 없고(상계에 관한 제493조 제1항 후단 참조), 철회도 허용되지 않는다(해제·해지에 관한 제543조 제2항, 선택채권에서의 선택에 관한 제382조 제2항, 제383조 제2항 참조). 형성권은 대체로 일정한 법률관계의 당사자 자격에 기해 부여되는데, 그 법률관계 자체의 이전에 부수하여 이전되지 아니하는 한, 그와 분리하여 형성권 자체만 이전하는 것은 허용되지 않는다. 또한 형성권은 행사되면 바로 소멸한다. 이처럼 행사로 바로 소멸하는 권리는 권리 행사를 중단 사유로 삼는 소멸시효 제도와는 성질상 어울리지 않는다. 따라서 법률에 특별한 규정(제1117조 등)이 없는 한 형성권에 대해서는 소멸시효가 아니라 제척기간이 적용된다.

　　(라) 항변권은 앞서 본 청구권과 관련되어 인정되는 것으로서, 청구권의 실현을 저지할 수 있는 실체적 권리를 말한다. 항변권은 청구권의 실현을 일시적으로 저지하는가, 영구적으로 저지하는가에 따라 일시적 항변권과 영구적 항변권으로 나눌 수 있다. 전자에 속하는 항변권으로서 가장 빈번하게 문제되는 것은 동시이행의 항변권(제536조)이다. 그 외에 보증인의 최고·검색의 항변권(제437조), 수탁보증인의 사전구상권에 대한 주채무자의 담보제공청구권(제443조), 매수인의 대금지급거절권(제588조) 등이 있다. 후자에 속하는 항변권으로는 상속인의 한정승인의 항변권(제1028조)이 있다.[10]

　　항변권의 존재만으로는 청구권의 실현을 저지하는 작용을 할 수 없다. 그 작용을 불러오려면 권리자가 항변권을 실제로 행사해야 한다. 한편 청구권자가 청구권을 행사하여 의무자에 대하여 그 권리의 내용인 행위를 청구하지도 않는데 의무자가 자신의 항변권을 행사할 수는 없다.[11] 그리하여 실제로는 청구권자가 청구권을 행사하여 급부를 청구하여 올 때, 특히 이를 소송으로 청구할 때에 그에 대한 소송상 방어수단으로 행하여지는 경우가 많다. 물론 항변권은

---

10) 상속의 한정승인이 유효하게 행하여지면, 상속인은 상속채무 자체는 그대로 승계하나 상속으로 취득한 적극재산의 한도에서 이를 이행하면 족하고, 상속채권자는 그 한도에서만 이를 집행할 수 있다. 대판 2003.11.14, 2003다30968.

11) 이러한 관점에서 청구권자가 청구권을 행사하지 않은 관계로 항변권을 장기간 행사하지 않았다면 이를 이유로 항변권의 소멸시효가 완성된다고는 할 수 없다. 이를 이른바 「항변권의 영구성」이라고 한다.

반드시 소송상으로 행사되어야만 하는 것은 아니며, 소송 외에서도 얼마든지 행사될 수 있다. 한편 채무자에게 동시이행의 항변권이 있으면 이행지체에 빠지지 않는 것과 같이 그 존재만으로 일정한 법률효과가 발생하는 경우도 있다 (이른바 당연효).

(4) 지금까지 살펴본 권리에 대한 일반적 설명을 토대로 다시 참고사례로 돌아가 보자.

참고사례에서 A와 B는 자동차매매계약으로 인하여 서로에게 채권을 가지게 된다. A가 B에게 가지는 자동차소유권이전청구권과 B가 A에게 가지는 자동차대금지급청구권은 모두 채권이자 청구권이고, 재산권이자 상대권이다. 이러한 권리는 일신전속권이 아니므로 원칙적으로 제3자에게 자유롭게 양도할 수 있다. 만약 A의 자동차대금지급의무를 D가 보증하였다면 B의 A에 대한 자동차대금지급청구권은 주된 권리, A의 D에 대한 보증채권은 종된 권리의 관계에 서게 된다. 한편 민법 I에서 학습하였듯이 두 사람이 각자 서로에게 부담하는 의무는 동시이행관계에 있으므로 각각 동시이행의 항변권을 행사할 수 있다. 이를 통해 A와 B는 자신의 의무만 일방적으로 먼저 이행해야 하는 사태를 저지할 수 있다.

일단 A가 B로부터 자동차소유권을 이전받게 되면 A는 더 이상 B의 행위가 개입하지 않더라도 자동차에 대하여 절대권이자 지배권인 소유권을 가지게 된다. 이는 소유권 이전이 일어나기 전에 A가 B에 대하여 일정한 행위(즉 자동차소유권의 이전행위)를 구할 수 있는 권리만을 가졌던 것과 현저하게 구별된다. A의 소유권은 법에 의하여 강력하고 광범위한 보호를 받는다. 만약 제3자가 A의 소유권을 방해한다면 A는 그 소유권을 방해하는 자에 대하여는 그 방해 배제를 구할 수 있다. 그 외에도 일정한 요건이 갖추어졌다면 불법행위로 인한 손해배상청구권이나 부당이득반환청구권을 행사할 수도 있다.

Ⅲ. 물　권

1. 물권의 의의

권리의 종류에 관하여 살펴보면서 이미 물권에 관하여 언급하였다. 그런데 이 책의 전반부에서는 물권과 물권변동에 관하여 상세하게 설명할 예정이다. 따라서 아래에서는 물권의 기본적 내용을 살펴본다.

물권은 재산권의 한 종류이다. 재산권은 경제적으로 가치 있는 이익을 누리는 것을 목적으로 하는 권리이다. 재산권은 권리의 객체와 이에 대한 지배 여부, 권리를 행사할 수 있는 상대방의 범위에 따라 크게 물권과 채권으로 분류할 수 있다. 그 외에도 광업권이나 어업권처럼 물권에 준하는 권리들도 있지만, 이는 상당한 부분에 있어서 물권과 유사한 성격을 가지고 있는데다가 민법전의 규율대상 밖에 있으므로, 이하에서는 물권과 채권에 대하여서만 언급하기로 한다.

사람은 누구나 외계의 물건을 이용하고 소비함으로써 실존할 수 있다. 따라서 물건은 사람이 생존하는 근본적인 토대를 구성한다. 한편 우리 사회는 물건이 보편적으로 어떤 사람의 배타적인 지배에 귀속되는 것을 출발점으로 삼는다. 이처럼 물권은 물건과의 상호관계에서 도출되는 권리로서 그 종류와 내용은 법률에 의하여 규정된다. 물권은 어떤 사람이 물건을 직접 지배하여 이익을 향유할 수 있는 권리이다. 이러한 직접지배성 때문에 물권 주체는 다른 사람의 협력이나 동의가 없어도 스스로 물건을 지배할 수 있다. 또한 그 물건은 물권 주체에게 배타적으로 귀속된다. 따라서 물권 주체는 누구에게나 자신의 물권을 주장할 수 있고, 그 결과 어떤 사람의 침해로부터도 보호된다. 사람과 물건 사이의 이러한 관계가 가장 강하게 나타나는 전형적인 물권은 소유권이다. 그러므로 소유권은 가장 기본적인 학습 대상이다. 이 책에서도 소유권에 관하여 별도로 제3편을 두어 그 내용에 관하여 상세하게 살펴볼 예정이다.

채권은 다른 사람(채무자)에 대하여 일정한 행위를 청구할 수 있는 권리이다. 채권은 다른 사람과의 상호관계에서 도출되는 권리로서 원칙적으로 사람들 사이의 의사(意思)에 의하여 규정되나, 법률로 규정되는 경우도 있다. 물권은 물건에 대한 수직적 법률관계를 정하는 것이라면, 채권은 사람에 대한 수평적 법률관계를 정하는 것이다. 물권의 기본적 내용이 지배라면, 채권의 기본적 내용은 청구이다. 지배와 청구는 사람의 사회관계를 파악하는 두 기본범주이다. 가장 단순한 기호로 표현한다면, 물권관계는 ↓, 채권관계는 →라고 할 수 있다.

이러한 물권과 채권의 구분은 민법전의 편성원리로 기능한다. 즉 물권은 제2편에, 채권은 제3편에 규정된다. 이와 같은 분류는 단지 법전편찬상의 편의를 위한 것이 아니고, 보다 실체적으로 어떤 권리가 물권인지, 채권인지에 따라 구체적인 법문제의 해결에 있어서 기본적인 차이가 있다는 점을 전제로 하고 있다.

물권과 채권의 주요한 차이점을 표로 간단하게 나타내면 아래와 같다.

	물권	채권
권리객체	물건	행위(급부)
권리의 상대방	모든 사람	채무자
권리의 주된 특성	지배	청구

2. 물권의 종류 — 물권법정주의

(1) 의   의

제185조는 "물권은 법률 또는 관습법에 의하는 외에는 임의로 창설하지 못한다"라고 규정한다. 이는 물권법정주의를 선언한 조항이다.

물권법정주의는 1) 소유권을 공허하게 할 소지가 있는 강한 제한물권을 억제하고, 2) 공시를 가능하게 함으로써 거래의 안전을 보호한다. 소유권의 공허화를 방지할 필요는 전근대적이고 봉건적인 권리계층구조에서 탈피하여, 공고하고 확실한 사적 소유권 제도를 확립하는 과정에서 역사적으로 요구되었다. 소유권제도가 공고하게 확립되어 있는 오늘날에는 이를 물권법정주의의 주된 목적이라고 하기는 어렵다. 오늘날 물권법정주의의 목적으로 더 중요한 의미를 가지는 것은 공시주의의 지탱이다. 등기나 점유에 의하여 물권을 공시하려면 물권의 내용이 유형화되어 법으로 정하여져야 한다. 물권의 종류와 내용이 사람마다 다르다면 이를 공시하기 어렵고, 당사자로서도 이를 일일이 파악하기 어렵다. 만약 거래할 때마다 물권의 종류와 내용을 개별적으로 조사해야 한다면 거래비용이 급격하게 증가하여 거래가 크게 위축될 수 있다. 이는 원활한 거래를 통한 효율적인 자원배분을 방해하여 결국 경제에 부정적인 영향을 미칠 수 있다. 또한 물권은 대세적 권리로서 모든 사람에게 주장할 수 있는 권리인데, 사람마다 주장할 수 있는 권리의 종류나 내용이 달라진다면 일반 공중의 입장에서도 어떠한 경우에 권리의 침해가 되는 것인지 예측하기 어렵다. 따라서 공시주의가 제대로 관철되려면 그 선행조건으로 물권법정주의가 필요하다.

(2) 내   용
(가) 적극적 내용

물권법정주의의 적극적 내용은 법률에 규정이 있거나 관습법에 의하여 인정되는 물권만 허용되고, 법률이나 관습법이 정하는 내용이나 효력을 변경하여 이와 다른 내용 또는 효력을 갖게 할 수 없다는 것이다.

우선 「법률」은 국회에서 제정한 형식적 의미의 법률만을 의미한다. 민법이 그 대표적인 법률임은 물론이다. 현행 민법상 인정되는 물권은 점유권, 소유권, 지상권, 지역권, 전세권, 유치권, 질권, 저당권의 8종류이다.[12] 민법 이외의 다른 법률에서 정한 물권들도 있다. 상사유치권(상 제58조), 선박우선특권(상 제777조), 선박저당권(상 제787조), 공장재단 및 광업재단에 대한 저당권(공광저 제3, 4, 10, 52조), 건설기계, 소형선박, 자동차, 항공기에 대한 저당권(자저 제3조), 광업권(광업 제3, 10조), 어업권(수산업 제16조, 내수면어업 제7조), 사회기반시설의 관리운영권(민간투자 제27조) 등이 이에 해당한다. 명령이나 규칙은 여기에서의 「법률」에 해당되지 않는다.

한편 「관습법」은 사회의 거듭된 관행으로 생성한 사회생활규범이 사회의 법적 확신과 인식에 의하여 법적 규범으로 승인, 강행되기에 이른 것이다.[13] 성문법이 발달하지 않았을 때에는 관습법이 중대한 비중을 차지하고 있었다. 그러나 성문법이 발달하면서 대부분의 법률문제는 성문법에 의하여 규율되게 되었고, 이에 따라 관습법의 비중은 많이 줄어들었다. 하지만 사회에 존재하는 법적 규범이 모두 곧바로 성문법의 형태로 전화(轉化)될 수는 없으므로, 이러한 틈을 메우기 위하여 관습법이 적용되어야 할 영역이 여전히 존재한다. 특히 서구의 법을 대폭 계수한 우리나라에서는 그 계수법과 사회현실 사이의 괴리로 인하여 관습법이 의미를 가지는 부분도 있다.

성문법 외에도 관습법에 의한 물권의 창설을 정면에서 인정하는 것은 주로 근대적인 민법 질서의 도입 이전부터 전통적으로 인정되어 온 물권을 부인하지 아니하고 존속시키려는 의도에 기초한다. 이를 미래지향적으로 파악한다

---

12) 지상권, 지역권, 전세권은 용익물권, 유치권, 질권, 저당권은 담보물권에 해당하고 이들을 모두 합쳐서 소유권에 대응하는 개념으로서 제한물권이라고 부른다.
13) 대판(전) 2003.7.24, 2001다48781 등 다수.

면 향후 사회 변동에 따라 새롭게 생성·발전하여 가는 물권적 성질의 권리를 법 체계에 수용하는 통로를 제공하는 의미도 있다.

우리 판례는 새로운 관습법상 물권을 인정하는 데 신중한 편이다. 현재까지의 판례를 보면 일제 강점기부터 인정되어 오던 관습상 법정지상권과 관습상 분묘기지권을 긍정하고,[14] 관습상의 공시방법으로서 명인방법(明認方法)을 인정함에 그친다. 한편 이른바 온천권(溫泉權)[15]이나 미등기 무허가건물 양수인이 가지는 사실상 소유권,[16] 사도통행권(私道通行權)[17]에 대하여 관습법상 물권 성립을 부정한 판결들이 있다. 양도담보나 가등기담보 같은 권리이전형 담보형태를 관습법상의 물권이라고 부르기도 하나, 이는 새로운 종류의 물권이라기보다는 기존의 물권 형식을 담보 목적으로 이용한 것에 불과하다. 명의신탁도 마찬가지이다.

때로 법원은 관습법상 물권의 내용을 형성·보충해 나가기도 한다. 아래 판결은 관습법상 물권 중 분묘기지권(그중에서도 이른바 취득시효형 분묘기지권)의 지료 지급의무에 관한 판결이다. 분묘기지권자가 토지소유자에게 지료를 지급해야 한다는 관습은 확인된 바 없다. 그러나 대법원은 취득시효형 분묘기지권자는 토지소유자가 분묘기지에 관한 지료를 청구하면 그 청구한 날부터 지료를 지급할 의무가 있다고 보았다.[18]

---

14) 대판 1995.7.28, 95다9075; 대판 2000.9.26, 99다14006 등.

15) 대판 1970.5.26, 69다1239는, 원고가 피고에 대하여 광천방해배제청구를 한 사안에 대하여, "원고 주장과 같은 온천에 관한 권리(광천권, 온천권, 온천수이용권)가 관습상의 물권의 일종이라거나 또는 그 주장과 같은 준물권이라고는 볼 수 없"다고 하여, 원고의 청구를 기각하였다. 同旨: 대판 1998.2.13, 97누15142("온천은 그 용출지반과 떠나서 독립한 관습법상의 물권이 되지 않는다"). 한편 대판 2004.8.20, 2002다20353은 온천법상의 온천관리대장에 온천발견자의 성명을 기재하는 행위는 행정사무집행상의 편의를 위한 것으로서 그 명의 변경의 이행을 구하거나 온천발견신고자의 지위확인을 구하는 소는 허용될 수 없다고 하면서도, 그 명의를 변경하기로 하는 당사자 사이의 계약이 무효인 것은 아니라고 한다.

16) 대판 1996.6.14, 94다53006; 대판 1999.3.23, 98다59118. 이에 따르면 미등기건물의 양수인이라도 소유권이전등기를 마치지 않는 한 건물에 대한 소유권을 취득할 수 없고, 소유권에 준하는 관습상의 물권 또는 사실상의 소유권은 인정되지 않는다. 따라서 이러한 양수인은 소유자를 대위함이 없이 제3자에게 직접 소유권에 기한 방해배제청구권을 행사할 수도 없다.

17) 대판 2002.2.26, 2001다64165.

18) 이른바 양도형 분묘기지권에 관하여는 분묘기지권 성립 시점부터 지료지급의무가 발생한다고 한다. 대판 2021.5.27, 2020다295892.

[판결 1] 분묘기지권자의 지료 지급의무: 대판(전) 2021.4.29, 2017다228007

1. 사안의 개요와 쟁점

가. 사안의 개요

이 사건 임야 중 400㎡ 지상에는 1940년 7월경 사망한 피고의 조부(祖父)와 1961년 4월경 사망한 피고의 부(父)의 각 분묘(이하 '이 사건 분묘'라 한다)가 설치되어 있고, 피고는 현재까지 이 사건 분묘를 수호·관리해 왔다. 원고들은 2014년경 이 사건 임야의 지분 일부를 경매로 취득한 다음, 피고를 상대로 이 사건 분묘의 기지(基地) 점유에 따른 원고들의 소유권 취득일 이후의 지료 지급을 구하는 이 사건 소를 제기하였다. 이에 대해 피고는 20년 이상 평온·공연하게 이 사건 분묘의 기지를 점유하여 분묘기지권을 시효로 취득하였으므로 지료를 지급할 의무가 없다고 주장하였다.

원심은 분묘기지권을 시효로 취득한 경우에도 토지 소유자가 지료를 청구한 때부터는 지료를 지급할 의무가 있다고 보아, 원고들의 청구를 일부 받아들였다. 이에 대해 피고가 상고하였다.

나. 이 사건의 쟁점

이 사건의 쟁점은 분묘기지권을 시효로 취득한 경우 분묘기지권자가 토지 소유자에게 지료를 지급할 의무가 있는지 여부이다.

2. 분묘기지권을 시효로 취득한 경우 지료 지급의무의 존부

가. 분묘기지권에 관한 대법원 판례

대법원은 타인의 토지에 설치된 분묘를 소유하기 위하여 그 분묘기지에 해당하는 타인 소유 토지를 사용하는 권리로서 관습법상 물권인 분묘기지권을 인정해 왔다. 분묘기지권은 분묘를 수호하고 봉제사하는 목적을 달성하는 데 필요한 범위에서 인정되고, 봉분 등 외부에서 분묘의 존재를 인식할 수 있는 형태를 갖추고 있으면 등기 없이도 성립한다(대법원 1962.4.26. 선고 4294민상1451 판결, 대법원 1996.6.14. 선고 96다14036 판결 등 참조).

분묘기지권은 타인의 토지에 소유자의 승낙을 받아 분묘를 설치한 경우 성립할 수 있고(대법원 2000.9.26. 선고 99다14006 판결 등 참조), 자기의 토지에 분묘를 설치한 사람이 그 토지를 양도하면서 분묘를 이장하겠다는 특약을 하지 않은 경우에도 성립한다(대법원 1967.10.12. 선고 67다1920 판결 등 참조). 나아가 타인의 토지에 소유자의 승낙 없이 분묘를 설치한 경우에도 20년간 평온·공연하게 그 분묘의 기지를 점유하면 분묘기지권을 시효로 취득한다(대법원 1955.9.29. 선고 4288민상210 판결, 대법원 2011.11.10. 선고 2011다63017, 63024 판결 등 참조. 이하에서는 이러한 유형의 분묘기지권을 '취득시효형 분묘기지권'이라 한다).

2000. 1. 12. 법률 제6158호로 「매장 및 묘지 등에 관한 법률」(이하 '매장법'이라 한다)을 전부 개정하여 시행된 「장사 등에 관한 법률」에 따르면, 그 시행일인 2001. 1. 13. 후에 토지 소유자의 승낙 없이 설치한 분묘의 연고자는 토지소유자 등에게 토지 사용권이나 그 밖에 분묘의 보존을 위한 권리를 주장할 수없다(제23조 제3항, 부칙 제2호. 위 법률은 2007. 5. 25. 법률 제8489호로 전부 개정되었는데 제23조 제3항은 제27조 제3항으로 위치만 변경되고 내용은 그대로 유지되었다. 이하 개정 전후를 불문하고 '장사법'이라 한다). 따라서 장사법 시행일 후에 토지 소유자의 승낙 없이 설치한 분묘에 대해서는 분묘기지권의 시효취득을 주장할 수없게 되었다. 다만 대법원은 장사법 시행일 이전에 설치한 분묘에 관하여는 분묘기지권의 시효취득이 오랜 기간 지속되어온 관행 또는 관습으로서 여전히 법적 규범으로 유지되고 있음을 확인하였다(대법원 2017.1.19. 선고 2013다17292 전원합의체 판결 참조. 이하 위 판결을 '2017년 전원합의체 판결'이라 한다).

나. 분묘기지권을 시효로 취득한 경우 지료를 지급하여야 하는지 여부

장사법 시행일 이전에 타인의 토지에 분묘를 설치한 다음 20년간 평온·공연하게 그 분묘의 기지를 점유함으로써 분묘기지권을 시효로 취득하였더라도, 분묘기지권자는 토지 소유자가 분묘기지에 관한 지료를 청구하면 그 청구한 날부터의 지료를 지급할 의무가 있다고 보아야 한다. 그 상세한 이유는 다음과 같다.

1) 관습법으로 인정된 권리의 내용을 확정함에 있어서는 그 권리의 법적성질과 인정 취지, 당사자 사이의 이익형량 및 전체 법질서와의 조화를 고려하여 합리적으로 판단하여야 한다. 취득시효형 분묘기지권은 당사자의 합의에 의하지 않고 성립하는 지상권 유사의 권리이고, 그로 인하여 토지 소유권이 사실상 영구적으로 제한될 수 있다. 따라서 시효로 분묘기지권을 취득한 사람은 일정한 범위에서 토지 소유자에게 토지 사용의 대가를 지급할 의무를 부담한다고 보는 것이 형평에 부합한다.

가) 당사자 사이의 약정에 의하지 않고 법률 규정이나 관습법에 의하여 성립하는 법정지상권의 경우 지상권자는 토지 사용의 대가를 지급하여야 한다. 민법 제305조 제1항, 제366조, 「가등기 담보 등에 관한 법률」 제10조에 따라 지상건물의 소유를 위해 법정지상권이 성립한 경우 지상권자는 토지 소유자에게 지료를 지급하여야 한다. 대법원은 토지와 건물을 동일인이 소유하다가 매매 등원인으로 그 소유자가 다르게 되어 건물소유자가 관습법상 법정지상권을 취득하는 때에도 민법 제366조를 준용하여 지상권자에게 지료 지급의무가 있다고하였다(대법원 1996.2.13. 선고 95누11023 판결 등 참조). 나아가 대법원은 자기의토지에 분묘를 설치한 사람이 그 토지를 양도하면서 분묘를 이장하겠다는 특약

을 하지 않아 취득한 분묘기지권에 관하여도 지료 지급의무가 있음을 전제로 지상권 소멸 청구에 관한 민법 규정을 유추적용하였고(대법원 2015.7.23. 선고 2015다206850 판결 참조), 지료를 요건으로 하지 않는 통행지역권을 시효로 취득한 경우에도 요역지 소유자는 도로 설치 및 사용에 따라 승역지 소유자가 입은 손해를 보상하여야 한다고 하였다(대법원 2015.3.20. 선고 2012다17479 판결 참조).

취득시효형 분묘기지권은 당사자의 합의에 의하지 않고 관습법에 의하여 성립하는 제한물권으로, 분묘기지권자의 이익을 위해 토지 소유권의 행사를 제약하게 됨에도 당사자는 지료의 유무나 금액을 미리 정할 수 없다. 이러한 취득시효형 분묘기지권의 성질에 비추어 보면, 시효로 분묘기지권을 취득한 사람의 지료 지급의무에 관하여는 법정지상권에 관한 법률의 규정이나 토지 소유자의 승낙 없이 제한물권이 성립하는 다양한 경우에서 지료 등 지급의무를 인정한 판례의 취지를 고려하여 판단하여야 한다.

나) 타인의 토지에 분묘를 설치하더라도 그 점유의 성질상 소유의 의사가 추정되지 않고(대법원 1991.3.12. 선고 90다17507 판결 등 참조), 분묘기지권자가 시효의 완성으로 취득하는 권리도 토지 소유권이 아니라 단지 지상권과 유사하게 타인의 토지를 사용할 수 있는 제한물권에 불과하다(대법원 1969.1.28. 선고 68다1927, 1928 판결 등 참조). 그런데도 분묘기지권은 분묘가 존속하고 분묘 수호와 봉제사가 계속되는 한 소멸하지 않으므로, 토지 소유자의 분묘기지에 대한 소유권 행사가 사실상 영구적으로 제한될 수 있다. 토지 소유자는 분묘로 인해 그 기지 부분을 제외한 나머지 토지를 효율적으로 이용하지 못하는 경우도 많다.

관습법상 분묘기지권을 인정하는 취지는 분묘의 수호와 봉제사를 위해 필요한 범위에서 타인의 토지를 사용하도록 하려는 것일 뿐 분묘 소유자와 토지 소유자 중 어느 한 편의 이익만을 보호하려는 데 있는 것이 아니다. 그러므로 자신의 의사와 무관하게 성립한 분묘기지권으로 인해 위와 같은 불이익을 감수하여야 하는 토지 소유자로 하여금 일정한 범위에서 토지 사용의 대가를 지급받을 수 있도록 함으로써 토지 소유자와 분묘기지권자 사이의 이해관계를 합리적으로 조정할 필요가 있다.

2) 취득시효형 분묘기지권이 관습법으로 인정되어 온 역사적·사회적 배경, 분묘를 둘러싸고 형성된 기존의 사실관계에 대한 당사자의 신뢰와 법적 안정성, 관습법상 권리로서의 분묘기지권의 특수성, 조리와 신의성실의 원칙 및 부동산의 계속적 용익관계에 관하여 이러한 가치를 구체화한 민법상 지료증감청구권 규정의 취지 등을 종합하여 볼 때, 시효로 분묘기지권을 취득한 사람은 토지 소유자가 분묘기지에 관한 지료를 청구하면 그 청구한 날부터의 지료를 지급하여

야 한다고 봄이 타당하다.

가) 조선시대에는 산림공유(山林公有)의 원칙에 따라 분묘가 주로 설치되던 임야에 대하여 개인의 소유권이 인정되지 않았다. 일제강점기를 거쳐 근대적 임야소유제도가 형성되는 과정에서도 사회 구성원들의 임야에 대한 권리의식은 거의 없거나 매우 낮았고 임야의 경제적 가치도 미미하였다. 한편 매장 중심의 전통적 장묘문화에도 불구하고 서구사회에서와 같은 공동묘지 등이 없어 분묘를 설치할 토지를 소유하지 못한 대부분의 사람들이 다른 사람의 임야에 조상의 시신을 매장할 수밖에 없었다.

전통적인 대가족 제도와 농경 중심 사회에서는 이웃 간의 정의(情誼)에 따라 임야 소유자로부터 명시적이거나 최소한 묵시적인 승낙을 받고 분묘를 설치하는 경우가 많았지만, 계약서 등 근거자료를 남겨놓는 경우는 매우 드물었다. 토지 소유자가 분묘 설치를 명시적으로 승낙하지 않은 경우에도 임야의 가치와 분묘의 특수성을 고려하여 임야를 무상 사용하는 것을 용인하는 경우가 많았다. 그런데 시간이 흘러 토지와 분묘의 소유자가 바뀌는 등으로 분묘 설치 당시의 사정을 알지 못하는 당사자 사이에 분묘굴이를 요구하는 등 분쟁이 생기는 경우에, 분묘 소유자가 애초에 토지 소유자의 승낙이 있었음을 증명하는 것이 불가능한 경우가 많았다. 대법원이 민법 시행 전후에 걸쳐 60여 년 동안 일관되게 확인·적용하여 온 분묘기지권의 시효취득에 관한 관습법은, 이러한 애로를 해소해 주고 기존에 분묘를 둘러싸고 장기간 형성된 사실관계를 존중하여 분묘가 존치될 수 있도록 하였다(2017년 전원합의체 판결 참조).

나) 이러한 분묘기지권의 시효취득에 관한 관습법의 역사적·사회적 배경과 취지를 고려하면, 분묘기지권자의 지료 지급의무를 인정함에 있어서도 분묘를 둘러싸고 장기간 형성된 기존의 사실관계를 존중하여 토지 소유자의 이해관계와 함께 분묘기지권자의 신뢰나 법적 안정성을 조화롭게 보호하여야 한다.

대법원은 자기 토지에 분묘를 설치한 사람이 토지를 양도하여 분묘기지권을 취득한 경우 지료 지급의무가 있다는 전제 하에, 분묘기지권자가 지료에 관한 판결 확정 후 책임 있는 사유로 상당한 기간 동안 지료 지급을 지체하고 그 지체된 지료가 2년분 이상이면 민법 제287조를 유추적용하여 분묘기지권의 소멸을 청구할 수 있다고 하였다(대법원 2015.7.23. 선고 2015다206850 판결 참조). 특별한 사정이 없는 한 취득시효형 분묘기지권의 지료에 관하여도 같은 법리가 적용될 수 있을 것이다.

그런데 분묘 설치 당시 토지 소유자가 무상으로 토지 사용을 승낙하였다는 사실을 증명할 수 없다고 하여 시효로 분묘기지권을 취득한 사람으로 하여금 오래 전 분묘를 설치한 시점까지 소급하여 그 이후의 지료를 모두 지급하도록 한다면, 분묘기지권자는 토지 소유자의 지료결정 청구에 따라 위 시점 이후의 지료를 일시에 지급해야 하고, 분묘기지권자가 상당한 기간 내에 이를 지급하지 않는 경우 토지 소유자의 소멸청구에 의해 분묘기지권 자체가 소멸하게 된다. 이러한 결과는 앞서 본 역사적·사회적 배경 하에 분묘에 관하여 오랫동안 지속된 과거의 사실관계를 존중하고 법적 안정성을 도모하기 위하여 관습법으로써 분묘기지권의 시효취득을 인정하고, 2017년 전원합의체 판결에서 다시 분묘기지권의 시효취득이 여전히 법적 규범으로 유지되고 있음을 확인한 취지에 부합한다고 보기 어렵다.

다) 분묘기지권은 지상권과 유사한 물권이지만 우리 민족의 조상숭배사상과 우리 사회에 고유한 전통과 관습에 근거하여 인정된 것으로서 그 발생이나 소멸, 변동 등에 이르기까지 권리의 내용이 민법상 지상권과 동일하지 않다. 취득시효형 분묘기지권은 일정기간 계속된 사회질서를 유지하고 시간의 경과로 곤란해지는 증거보전으로부터의 구제를 꾀하며 자기 권리를 장기간 행사하지 않는 자를 법적 보호에서 제외하기 위한 시효제도의 존재 이유에도 부합하는 것으로서, 시효로 분묘기지권을 취득한 사람의 지료 지급의무의 범위에 대하여 지상권에 관한 민법 규정이나 법리를 그대로 적용할 수는 없다.

대법원은 분묘기지권의 특수성을 고려하여 민법상 물권에 관한 법리를 분묘기지권에 그대로 적용하지 아니하였다. 악의의 무단점유의 경우 소유권의 점유취득시효를 인정하지 않고(대법원 1997.8.21. 선고 95다28625 전원합의체 판결 등 참조), 지상권의 점유취득시효가 인정되려면 점유사실 외에도 토지 소유자의 허락이 존재하는 등 그 점유가 지상권자로서의 점유라는 점이 객관적으로 표시되어야 한다고 하면서도(대법원 1996.12.23. 선고 96다7984 판결 등 참조), 취득시효형 분묘기지권에 관하여는 민법상 재산권의 시효취득과 달리 토지 소유자의 승낙 없이 분묘를 무단으로 설치한 경우에도 분묘기지권을 시효로 취득할 수 있다고 하였다(대법원 1957.10.31. 선고 4290민상539 판결, 대법원 2011.11.10. 선고 2011다63017, 63024 판결 등 참조). 또한 민법상 점유자는 점유취득시효가 완성되더라도 등기를 하여야 그 재산권을 취득함에 반하여(민법 제245조 제1항, 제248조), 분묘기지권은 등기 없이도 취득하고 이를 제3자에게 대항할 수 있으며(대법원 1957.10.31. 선고 4290민상539 판결 등 참조), 존속기간에 관하여도 민법의 지상권에 관한 규정에 따를 것이 아니라 당사자 사이에 약정이 있는 등 특별한 사정이 없는 경우에는 권리자가 분묘의 수호와 봉사를 계속하고 분묘가 존속하고 있는 동안 분묘기지권이 존속한다고 판시하였다(대법원 1982.1.26. 선고 81다1220

판결 등 참조). 분묘기지권이 미치는 범위는 분묘를 수호·봉사하기 위해 필요한 범위에 한정되고, 이미 분묘기지권이 미치는 범위 내라 하더라도 새로운 분묘를 설치하는 것은 허용되지 않는다고 하였다(대법원 2001.8.21. 선고 2001다28367 판결 등 참조).

　라) 어떤 사건에 관하여 재판의 기준이 될 성문법이나 관습법이 모두 존재하지 않는 경우 법관은 조리(條理)에 따라 재판하여야 한다(민법 제1조). 조리는 일반적으로 사물의 이치, 본질적 법칙 등으로 이해되거나, 사회적 의미를 중시하여 사람의 이성이나 양식에 기하여 생각되는 사회공동생활의 규범, 법의 일반원칙, 사회적 타당성, 형평, 정의 등으로 해석되기도 한다. 또한 권리의 행사는 신의에 좇아 성실히 하여야 한다(민법 제2조). 신의성실의 원칙은 법률관계의 당사자는 상대방의 이익을 배려하여 형평에 어긋나거나 신뢰를 저버리는 내용 또는 방법으로 권리를 행사하거나 의무를 이행하여서는 안 된다는 원칙으로, 이를 구체적인 법률관계에 적용함에 있어서는 상대방의 이익의 내용, 행사하거나 이행하려는 권리 또는 의무와 상대방 이익과의 상관관계 및 상대방의 신뢰의 타당성 등 모든 구체적인 사정을 고려하여야 한다(대법원 1989.5.9. 선고 87다카2407 판결 등 참조).

　민법 제286조는 지료가 토지에 관한 조세 기타 부담의 증감이나 지가의 변동으로 인하여 상당하지 아니하게 된 때에는 당사자가 그 증감을 청구할 수 있다고 정한다. 지상권뿐만 아니라 전세권(민법 제312조의2), 임대차(민법 제628조) 등에 관하여도 동일한 규정이 있다. 그런데 위 각 법률 규정에 의하면, 지가의 변동 등으로 지료가 상당하지 않게 되었더라도 당사자의 청구 없이 사정이 변동된 때에 바로 지료 증감의 효과가 발생하는 것이 아니며, 당사자가 사정이 변동된 시점부터의 지료를 소급하여 청구할 수 있는 것도 아니다. 이는 물건의 계속적 용익관계에서 조리와 신의성실의 원칙을 구현하되, 당사자가 상대방에 대하여 지료증감을 청구하면 장래를 향하여 지료가 증액 또는 감액되는 효과가 발생하도록 규율함으로써 기존의 법률관계를 신뢰하여 온 당사자의 이익과 법적 안정성을 도모하는 규정이라고 할 수 있다.

　앞서 본 분묘기지권의 특수성에 조리와 신의성실의 원칙 및 위 각 법률 규정의 근본적인 취지 등을 더하여 보면, 분묘기지권자가 토지 소유자의 이의 없이 대가를 지급하지 않고 장기간 분묘기지를 평온·공연하게 점유하여 분묘기지권을 시효로 취득한 경우 분묘기지권자는 토지 소유자가 토지 사용의 대가를 청구하면 그때부터 지료 지급의무를 부담한다고 보아야 한다.

다. 판례의 변경

이와 달리 분묘기지권을 시효로 취득하는 경우 분묘기지권자의 지료 지급 의무가 분묘기지권이 성립됨과 동시에 발생한다는 취지의 대법원 1992.6.26. 선고 92다13936 판결 및 분묘기지권자가 지료를 지급할 필요가 없다는 취지로 판단한 대법원 1995.2.28. 선고 94다37912 판결 등은 이 판결의 견해에 배치되는 범위 내에서 이를 변경하기로 한다.

[판결 1]에 관하여 생각할 점

1. 분묘기지권은 어떤 권리인가? (대판 2001.8.21. 2001다28367 참조)
2. 이 판결 전에 대법원은 분묘기지권의 지료 지급의무를 인정하기도 하였으나 (대판 1992.6.26. 92다13936), 그 후 이를 부정하기도 하였다(대판 1995.2.28. 94다37912). 학설로는 지료 지급의무를 인정하는 유상설과 이를 부정하는 무상설이 모두 존재하였다. 유상설과 무상설 각각의 논거는 무엇일까? (권영준, "2021년 민법 판례 동향", 서울대학교 법학 제63권 제1호 (2022), 260–261면 참조)
3. 지료 지급의무에 관한 관행 또는 관습이 존재하지 않는다면, 이 문제에 대해 법원이 어떤 법의 내용을 선언하거나 형성할 수 있는 근거는 무엇인가? 이 판결의 입장은 무엇인가? 또한 이는 물권법정주의와 조화롭게 이해할 수 있는가?

(나) 소극적 내용

물권법정주의에 따르면 법률이나 관습법에 의하지 않고서는 누구도 임의로 새로운 종류의 물권을 창설할 수 없다. 그러므로 소유자가 제3자에게 법률 등이 정하는 것과는 다른 종류와 내용의 물권을 설정해 주기로 합의하여도 그 합의의 효력은 인정되지 않는다. 가령 당사자들이 물권적인 용익권을 설정하고자 한다면, 민법상 용익물권인 지상권, 지역권, 전세권 중 하나를 선택할 수밖에 없다. 이러한 용익물권은 모두 부동산을 객체로 하므로 동산에 대한 용익물권 설정은 허용되지 않는다. 한편 당사자가 주로 채권담보 목적으로 전세권을 설정하고 설정과 동시에 목적물을 인도하지 않는다고 하더라도 장차 전세권자가 목적물을 사용·수익하는 것을 배제하지 않는다면, 전세권의 효력을 부인할 수 없다.[19] 그러나 용익권능을 전적으로 배제하고 채권담보만을 위한 전세권을

---

19) 대판 1995.2.10. 94다18508.

설정할 수 없다.[20] 이처럼 법으로 정한 물권 유형을 벗어날 수 없다는 점에서 유형강제(類型强制) 또는 종류강제(種類强制)가 부과된다.

또한 물권법정주의에 따르면 물권의 내용은 법률에 의하여 정해지는 것이고 당사자가 그 내용을 임의로 창설하거나 변경할 수 없다. 이는 이른바 내용강제(內容强制)이다. 예컨대 소유권에 부착된 물권적 청구권은 소유권의 본질적 내용으로 소유권에 부가된 것이다. 그런데 A가 B에게 부동산 소유권을 이전하면서 그 소유권에 기한 물권적 청구권은 B에게 이전하지 않고 자신에게 유보하기로 하는 것은 어떤 채권적 의미를 가질지는 몰라도 B에게 이전되는 소유권의 내용을 변경할 수는 없다.[21] 즉 B는 소유권을 취득하는 이상 소유권에 기한 물권적 청구권도 가진다.

3. 물권법정주의 위반의 효과

물권법정주의에 반하여 당사자가 임의로 창설한 물권은 물권으로서의 효력을 가지지 않는다. 예컨대 질권은 동산이나 권리에 설정하는 물권이므로 당사자가 부동산에 질권을 설정하더라도 질권으로서의 효력이 발생하지 않는다. 또한 저당권은 저당목적물의 교환가치만 파악하는 담보물권이므로 저당권자가 마치 용익물권처럼 저당목적물의 이용가치까지 물권적으로 파악하는 내용으로 저당권을 설정하더라도 그러한 저당권의 효력은 발생하지 않는다. 다만 이때에도 제137조의 일부무효 법리에 따라 본래 의미의 저당권의 효력이 발생할 여지는 있다.

위와 같은 약정에 채권적 효력은 인정되는가? 물권법정주의는 사회 일반의 이해에 중대한 영향을 미치는 민법의 근본 구조에 관한 원칙이다. 그러므로 이와 다른 내용을 형성하려는 약정의 채권적 효력도 부정해야 한다. 가령 동산에 대한 저당권설정계약처럼 법률상 허용되지 않는 제한물권을 설정하는 계약은 제한물권의 효력을 발생시킬 수 없을 뿐만 아니라 채권계약으로서도 효력을 발생시킬 수 없다. 다만 이러한 경우에 무효행위의 전환에 관한 제138조를 적용할 수 있는지(가령 동산질권설정계약으로의 전환) 검토해 볼 여지는 있다.

---

20) 대판 2021.12.30, 2018다40235, 40242.
21) 대판 1961.10.19, 4293민상437.

Ⅳ. 물권의 효력 — 우선적 효력과 물권적 청구권

물권은 모든 자에게 주장할 수 있는 권리이다.[22] 바꾸어 말하면 물권은 모든 자에게 그 물권을 침해하지 않을 의무를 발생시킨다. 이러한 의미에서 물권은 절대권 또는 대세권(對世權)이다. 이러한 물권의 특성 때문에 물권은 채권보다 제3자, 더 나아가 사회 일반에 미치는 영향이 크다. 물권의 이러한 특성으로부터 물권의 우선적 효력과 물권적 청구권이 도출된다. 물권적 청구권에 관하여는 이 책의 제4편 제1장에서 더욱 자세하게 다룬다.

1. 우선적 효력

물권은 독점·배타적인 권리로서 누구에 대하여도 우선하여 주장할 수 있다. 이를 물권의 우선적 효력이라고 한다. 물권이 다른 권리에 우선한다는 의미는 다음과 같다.

(1) 물권과 채권 사이의 우선순위

물권은 채권에 우선한다. 가령 A가 B에게 아파트를 매도하는 계약을 체결하였다고 가정해 보자. 이때 B는 그 계약에 기하여 A에게 아파트 소유권이전등기청구권 및 인도청구권이라는 채권을 가진다. 그런데 A가 C에게 이 아파트를 이중매도하고 C에게 먼저 소유권이전등기를 마쳐 주었다고 하자. 이때 C는 등기명의자이므로 특별한 사정이 없는 한 매도인인 A뿐만 아니라 B를 포함하여 그 이외의 모든 자들에게 자신의 소유권을 주장할 수 있다. 따라서 채권자에 불과한 B는 물권자인 C에게 자신의 권리를 주장할 수 없다. 즉 C의 물권이

---

22) 물권은 모든 자에게 주장할 수 있다는 명제에는 두 가지 예외가 있다. 우선 처분금지가처분의 경우이다. 처분금지가처분은 목적물에 대한 채무자의 소유권이전, 저당권·전세권·임차권의 설정 등 일체의 처분행위를 금지함으로써 권리의 실현을 보전하기 위한 가처분이다. 그런데 판례는 처분금지가처분은 처분금지에 대하여 상대적 효력만을 가지는 것이어서 그 집행 후에도 채무자는 여전히 이를 처분할 수 있고, 다만 그 취득자는 처분금지가처분을 한 자에 대하여는 권리를 행사할 수 없다고 한다(대판 2001.1.19, 2000다58132 등 참조). 이에 따르면 처분금지가처분 후에도 목적물에 대한 물권을 유효하게 취득할 수는 있지만, 가처분자에 대하여는 그 물권을 주장할 수 없는 상황이 발생한다. 또한 명의신탁은 원칙적으로 무효이지만 예외적으로 유효하게 취급되는 명의신탁에서는 대내적 소유권과 대외적 소유권이 분리된다. 이 경우 명의수탁자는 명의신탁자에게 소유권을 주장할 수 없고, 명의신탁자는 명의수탁자 이외의 자에게 소유권을 주장할 수 없다.

B의 채권에 우선한다. 이러한 물권의 우선효는 채무자회생 또는 파산절차에서는 환취권(회생파산 제70조, 제407조) 또는 별제권(회생파산 제411조), 강제집행절차에서는 제3자이의의 소(민집 제48조)로 나타난다.

　　하지만 정책적으로 채권을 물권과 마찬가지로 보호해야 할 필요성이 있어 이를 법률로 정하는 경우가 있다. 이에 해당하는 것으로 일정한 요건을 갖춘 주택임차인이나 상가건물임차인의 임차권, 등기된 임차권, 가등기에 의하여 보전된 채권 등이 있다.

(2) 물권과 물권 사이의 우선순위

　　물권 상호간에는 먼저 성립한 권리가 우선한다. 나중에 상세하게 설명하겠지만, 물권변동에는 원칙적으로 공시방법이 요구된다. 민법상 공시방법으로 부동산은 등기, 동산은 점유가 필요하다. 따라서 부동산의 경우 선순위등기자가 후순위등기자에 대하여, 동산의 경우 선순위점유자가 후순위점유자에 대하여 우선하여 자신의 권리를 주장할 수 있다.

[생각할 점] 부동산경매에 있어서 물권의 우선적 효력

부동산경매의 배당절차에는 물권과 채권, 또는 물권과 물권의 우선순위관계가 잘 나타난다. 부동산경매는 채무자 또는 물상보증인 소유의 부동산을 압류, 현금화하여 그 매각대금으로 채권자의 금전채권의 만족을 얻도록 하는 집행절차이다. 그런데 매각대금으로부터 변제받을 채권자가 여럿이고 매각대금으로 이들의 채권을 전부 만족시키기에 충분하지 않은 경우에는 법원은 원칙적으로 채권자평등주의에 따라 배당해야 한다. 그러나 민법, 상법, 기타 법률에 일반채권자에 우선하여 변제받도록 규정한 채권이 있으면 이러한 채권에 관하여는 우선적으로 변제해야 한다. 물권은 그러한 의미에서 채권에 우선하므로 다른 법률에서 특별히 정하지 않는 한 담보물권을 가진 채권자는 일반채권자에 우선하여 배당을 받게 된다. 또한 물권 상호간에는 먼저 성립한 권리가 우선하므로 선순위담보물권자가 후순위담보물권자에 우선하여 배당을 받게 된다.

　　예를 들어 집행대상 부동산이 매각되어 그 매각대금이 납부되었는데 다음과 같은 권리자들이 있다면 그 배당의 우선순위는 어떻게 될지 생각해 보라.

　① 2012. 5. 6. 저당권설정자

② 2016. 3. 6. 저당권설정자

③ 2015. 3. 5. 주택임대차보호법상 대항요건과 확정일자를 모두 갖춘 임차인

④ 2011. 8. 4. 소비대차계약에 기한 일반채권자

2. 물권적 청구권

물권은 모든 자에게 주장할 수 있는 권리이다. 따라서 물권은 모든 자로부터 보호되어야 한다. 이를 물권의 대세적 보호효력이라고 한다. 민법은 물권의 보호수단으로 물권적 청구권을 부여한다. 물권적 청구권은 상대방에게 물권의 방해에 대한 고의나 과실이 없는 경우에도 관철시킬 수 있는 강력한 권리이다. 만약 타인이 소유물의 점유를 침탈하여 그 반환을 거부한다면, 소유자는 소유물반환청구권을 행사할 수 있다(제213조). 또한 타인이 소유물에 대한 소유권의 실현을 방해하거나 그러한 염려가 있다면, 소유자는 소유물방해제거청구권이나 방해예방청구권을 행사할 수 있다(제214조).

이러한 물권의 대세적 보호효력은 채권의 대인적 보호효력과 구별된다. 채권은 물권과 달리 원칙적으로는 특정인에게만 주장할 수 있는 상대권이다. 따라서 제3자에 의하여 결과적으로 채권의 실현이 방해되었다고 하여 늘 위법성이 인정되어 그 채권이 제3자에 대한 관계에서 보호되지는 않는다. 가령 A와 B가 계약을 체결하였는데 경쟁업자인 C가 A와 이중계약을 체결하여 결과적으로 B의 계약상 권리실현이 무산되었더라도, 그러한 행위가 자유경쟁이 허용되는 범위 내에서 공정하게 이루어졌다면 위법성이 인정되지 않는다.[23] 이 경우 B는 A에 대하여 채무불이행책임을 지울 수 있겠지만, C에 대하여 채무불이행 또는 불법행위책임을 지울 수는 없다. 하지만 사안에 따라서는 채권침해의 위법성이 인정되어 제3자에게 채권침해로 인한 손해배상청구권을 행사할 수 있는 경우도 있다. 그러므로 채권의 대인적 보호효력은 원칙적인 모습일 뿐 늘 그러하다는 것은 아니다.

---

23) 대판 2001.5.8, 99다38699. 한편 이러한 일반론 아래에서 위법성을 인정한 판결들로서 대판 2001.7.13, 98다51091; 대판 2003.3.14, 2000다32437; 대판 2007.5.11, 2004다11162 등 참조.

제2장 물권의 객체 — 물건

I. 권리의 객체

권리는 일정한 이익을 누릴 수 있는 법률상의 힘이다. 이러한 이익 발생의 대상을 권리의 객체라고 한다.[1] 권리의 객체는 권리의 종류에 따라 달라진다. 물권의 객체는 원칙적으로 물건이지만, 경우에 따라서는 채권 기타의 권리가 물권의 객체가 되기도 한다(제345조 이하, 제371조). 한편 채권의 객체는 채무자의 일정한 행위(급부)이다.

민법은 권리의 「객체」 대신 「목적」이라는 용어를 사용한다(제191조, 제260조, 제288조, 제303조, 제331조, 제347조 이하, 제365조, 제371조 등).[2] 이와 관련하여 채권의 목적과 목적물은 구별해야 한다. 채무자의 급부가 일정한 대상에 대한 행위일 경우 그 행위 대상을 목적물이라고 한다(제375조 제2항 참조). 예를 들면, 제374조에서와 같이 특정물의 인도가 채권의 목적인 때 인도대상이 되는 특정물이 그 채권의 목적물이 된다.

민법상 권리의 객체는 권리의 종류에 따라 다양하다. 민법은 그 가운데에서 물건을 보다 일반적 의미가 있는 것으로 이해하여 총칙편에 물건에 관한 규정을 두고 있다(제98조 이하). 아래에서는 물건에 관하여만 살펴보기로 한다.

---

1) 곽윤직/김재형, 민법총칙, 219.
2) 민법은 채권에서도 이러한 의미로 「목적」이라는 말을 사용하고 있다(제163조, 제166조, 제373조 이하 등).

II. 물건의 의의

1. 물건의 개념

물건은 "유체물 및 전기 기타 관리할 수 있는 자연력"을 말한다(제98조). 이는 주로 소유권의 객체가 될 수 있는 대상을 정하는 데 의미가 있다.

유체물이란 공간의 일부를 차지하는 물질, 즉 고체·액체·기체를 말한다. 유체물은 생물(바이러스와 같은 미생물을 포함하여)과 무생물을 포괄한다. 동물은 통상적인 언어용법에 따르면 물건에 속하지 않지만, 법에서는 물건으로 취급된다(제252조 제3항). 타인 소유의 동물을 해치면 형법상 재물손괴죄(제366조)에 해당하는 것도 이 때문이다. 다만 동물은 동물보호법, 「실험동물에 관한 법률」, 「야생생물 보호 및 관리에 관한 법률」 등에서 특별한 취급을 받고 있다. 따라서 전체 법질서의 차원에서 본다면 동물이 다른 무생물적 물건과 완전히 동일하게 취급되는 것은 아니다. 참고로 동물은 물건이 아니라고 선언한 민법 일부개정법률안[3]이 제출되어 있는 상황이다.

한편 전기·열·빛·소리·에너지와 같이 운동이나 힘으로 파악되는 무형의 자연력 중에서 관리할 수 있는 것도 민법상 물건에 속한다. 여기서 「관리」란 결국 지배의 대상이 되어 일반인 사이에서 거래하기에 적합한 성질을 가지는 것을 말한다. 이러한 관리가능성은 시대와 사회의 변천에 따라 유연하게 파악되어야 한다. 이와 관련하여 정보나 데이터, 지식, 발명, 표현 등도 물건의 개념에 포함시켜야 한다는 입법론 또는 해석론도 있다. 그러나 현행법상 위 대상들은 저작권이나 특허권 등 지식재산권의 객체로 되거나 불법행위법에 의하여 보호되는 이익이 될 수는 있어도 민법상 물권의 객체인 물건에 해당한다고 할 수는 없다. 다만 위와 같은 대상들이 민법상 물건처럼 소유되고 거래되는 실정에 비추어 물건에 관한 민법의 규정을 유추 적용하거나 참고해야 하는 경우도 있을 수 있다.

물건에 대한 민법의 정의는, 한편으로 채권 기타의 권리 및 정보 등을 그

---

3) 의안번호 12764(정부 제출안). 개정안 제98조의2 제1항은 "동물은 물건이 아니다.", 제2항은 "동물에 관하여는 법률에 특별한 규정이 없는 경우를 제외하고는 물건에 관한 규정을 준용한다."라고 각각 규정한다.

로부터 배제함으로써 이들에 대하여 소유권에 관한 규정(특히 제213조·제214조 및 제201조 이하)을 적용하는 것을 원칙적으로 부인하고(소극적 기능), 다른 한편으로 그것이 유체물이 아니라도 유체물과 같이 거래될 수 있는 성질을 가지는 실체이면 그에 관한 법률관계를 물건과 같은 법리에 의하여 처리하도록 하는 (적극적 기능) 이중의 기능을 가진다. 물건의 개념은 규범적 관점에서 정하여지므로 별이나 달, 대기, 해양 등과 같이 인간의 지배와 관리가 곤란한 것은 물건에 속하지 않는다.[4] 하지만 해수를 담은 통이나 산소를 담은 캔처럼 일단 그것이 지배의 영역에 편입되면 민법상 물건이 된다. 앞으로 과학기술의 발달과 더불어 인간의 지배력이 넓어지면 물건의 범위도 넓어진다. 그러한 의미에서 물건의 개념과 범위는 장래를 향하여 열려 있다.

2. 인체와 물건

인체는 인격의 바탕이므로 비록 유형(有形)의 것이지만 물건에 해당하지는 않는다. 이는 인간의 존엄과 가치라는 측면에 비추어 볼 때에도 그렇다. 인간은 권리의 주체일 뿐 객체가 아니기 때문이다. 그러므로 인체 그 자체는 물론이고, 장기, 모발, 치아, 혈액 등 인체의 구성부분도 물건에 해당하지 아니한다. 또한 인위적으로 인체에 이식 또는 부착된 인공장치·의치·의안 등도 본래는 물건이지만 그것이 인체와 지속적으로 결합하고 있는 한 인체의 일부로 취급한다. 인체의 일부로 취급되는 한 물건에 해당하지 않는다. 그러나 인체의 일부라도 그것이 인체로부터 분리된 때에는 물건으로서 소유권의 대상이 되고 처분도 가능하다. 수혈이나 심장이식수술이 허용되는 것도 이러한 맥락에서 이해할 수 있다(그 외에도 「장기등 이식에 관한 법률」참조). 이와 관련하여 향후 제대혈, 조혈모세포, 정자 등 인체에서 비롯된 것이 어디까지 물건으로 취급되어 재산권의 대상이 될 것인가, 이에 대해 순수한 재산권의 법리가 그대로 적용되는 것이 타당한가 등이 첨예한 문제로 떠오를 것으로 예상된다.[5]

유체나 유골도 물건이다. 다만 이에 대한 법적 처리와 그 귀속에 대하여

---

4) 따라서 우리 나라의 주권이 미치는 영해라도 민법상 물건에 속하지 않으므로 소유의 대상이 되지 않는다. 공유수면 관리 및 매립에 관한 법률 제2조 제1호도 바다는 지적부 등록대상에서 배제함으로써 바다가 소유의 대상이 아님을 전제로 하고 있다.

5) 이에 관해 양창수, "분리된 신체부분의 법적 성격", 민법연구 9, 2007 참조.

는 여러 논의가 있다. 유체는「인격의 잔존물」로서 일반적인 법적 거래의 대상
이 될 수 없고, 장례·제사 등을 하는 권능과 의무의 대상이 될 뿐이다(형 제
159조 이하, 그 이외에「시체 해부 및 보존에 관한 법률」및「매장 및 묘지 등에 관한
법률」도 참조).

3. 물건과 재산

물건과 재산을 구별하려면 재산의 개념을 이해해야 한다. 재산은 1차적으
로 채권의 효력, 나아가 강제집행 또는 회생이나 파산절차와 관련하여 중요한
의미를 가진다(회생파산 제382조 제1항, 민법 제437조도 참조).[6] 그러나 민법은 재
산에 대한 정의 규정이나 그 일반 법리에 관한 규정을 두고 있지 않다.

일반적으로 재산은 특정한 사람에게 귀속되는 권리 기타 금전적 가치를
가지는 재산적 이익 전체, 즉 적극재산을 총체적·포괄적으로 파악하는 개념이
다(이른바「총체재산」). 반드시 법적 권리가 아니라도, 신용이나 고객관계 또는
영업 그 자체와 같이 재산적 가치를 가지는 것이면 재산의 범주에 속한다. 점
유할 권리에 의하여 뒷받침되지 않는 점유의 재산성에 대해서는 논란의 여지
가 있으나 그 재산성을 부정할 이유는 없다. 그러나 인격적 권리, 비영리사단
의 사원권, 친족법상의 인적 권리와 같은 것은 통상 재산적 가치가 없어 재산에
포함되지 않는다. 또한 사람의 노동력이나 전문적 지식, 경험 등과 같은 인적인
능력이나 성질은 재산이라고 할 수 없다. 나아가 권리를 취득하거나 이익을 얻
을 단순한 가능성도 그러하다. 일반적으로 이상과 같은 의미의 재산은 그 귀속
주체에 대한 채권자를 위하여 강제집행에 복종하게 된다(이른바「책임재산」).[7]

경우에 따라서 재산은 채무나 부담과 같은 소극재산도 포함하여 특정인의
재산관계 전체를 의미할 수도 있다. 제1012조 이하의「상속재산」,「부재자재산
관리」(제25조 이하) 등에서의 재산이 그러한 의미의 재산이다.

---

6) 한편 민법에서「재산」은, 이하에서 살펴보는 총체재산과는 구별되는, 개개의 재산적 권
리 또는 재산적 이익을 가리키기도 한다(가령 제6조, 제340조, 제482조 제2항 제4호·제
5호, 제554조, 제918조, 제916조, 제1008조 등). 그러한 의미에서는「재산권」이라는 용어
도 쓰여지고 있다(제406조, 제563조, 제596조 등).
7) 민법은 이와 관련하여서는「자산」이라는 용어도 쓰고 있다(제40조 제4호, 제49조 제1항
제6호 등).

제2장 물권의 객체—물건 **33**

■ 특별재산

법률은 일정한 목적을 위하여 한 사람의 재산 중 일정한 부분을 상대적으로 독립시켜 특별한 법적 지위를 인정하기도 한다. 이를 특별재산이라고 한다.

전형적인 예로서 상속인의 고유재산과 분리된 상속재산(제1045조 이하)을 들 수 있다. 상속에 의하여 상속인은 상속의 개시와 동시에 상속분에 따라 바로 상속재산을 취득한다(제1005조). 이때 상속재산은 상속인이 상속 개시 당시에 가지고 있던 고유재산이 더하여져 모두 상속인의 재산을 구성하게 된다. 그런데 상속채권자나 유증받은 자 또는 상속인의 채권자는 상속개시일로부터 3월 내에 상속재산과 고유재산의 분리를 법원에 청구할 수 있고(제1045조 제1항), 법원의 재산분리명령이 있으면 양자는 분리되어 특별한 취급을 받는다(제1046조 이하 참조). 가령 상속채권자나 상속인의 채권자는 각기 우선 상속재산 또는 고유재산으로부터 변제를 받게 된다(제1052조). 이처럼 상속의 개시와 동시에 상속재산은 상속인의 재산 일부분을 형성하는 것이지만, 위와 같은 분리로 인하여 상속재산은 특별재산으로 취급된다. 한편 한정승인(제1028조)에 있어서도 피상속인의 채권자와 유증권리자는 상속재산만 책임재산으로 삼을 수 있을뿐, 상속인의 고유재산은 책임재산으로 삼을 수 없다는 점에서 상속재산은 고유재산과 다르게 취급된다.[8]

그 외에도 특별재산으로 들 수 있는 여러 사례들이 있다. 조합재산이 그 예이다. 조합에는 법인격이 인정되지 않으므로 조합재산은 조합이 아닌 조합원에게 속하는 재산이다(조합재산의 합유에 관하여 규정한 제704조 참조). 그런데 조합은 단체로서의 실질도 가지므로 조합재산을 순수하게 조합원 개인의 재산이라고 하기도 어렵다. 따라서 조합재산은 조합원에게 속하면서도 조합원의 고유재산과는 구별되는 특별재산으로 관념되어 조합채무의 변제에 충당된다. 신탁법(제22조 이하), 담보부사채신탁법(제59조 이하) 등에 의한 신탁재산도 일종의 특별재산이다. 신탁재산은 법적으로 수탁자의 재산이지만 수탁자의 고유재산과 분리되어 특별하게 취급된다. 가령 신탁재산은 수탁자의 상속재산이나 파산재단, 회생재단에 속하지 않고(신탁법 제23조, 제24조), 신탁재산이 소유권 이외의 권리인 경우 수탁자가 그 목적인 재산을 취득하여도 그 권리는 혼동으로 소멸하지 않는 등(동법 제26조) 고유재산과 별도의 취급을 받는다. 이에 따라 수탁자도 신탁재산과 고유재산을 구별하여 관리하고 신탁재산임을 표시할 의무를 부담한다(동법 제37조).

---

8) 대판 2003.11.14, 2003다30968; 대판(전) 2010.3.18, 2007다77781.

III. 물건의 종류

> A는 2017. 1. 4. B로부터 甲 토지와 甲 토지 위의 乙 건물을 매수하였다. 한편, 甲 토지 위에는 수명이 100년을 넘은 소나무 한 그루가 있는데, A와 B는 매매계약 당시 위 소나무에 관해서는 별도의 약정을 하지 않았다.

물건은 여러 가지로 분류될 수 있다. 민법의 총칙편에서는 물건을 부동산과 동산(제99조), 주물과 종물(제100조), 원물과 과실(제101조)로 각각 구분하고 있다. 그런데 민법에서 명시적으로 규정하지는 않으나, 민법이 전제로 하고 있거나 강학상 필요한 분류도 있다. 대체물/부대체물, 특정물/불특정물, 가분물/불가분물, 융통물/불융통물 등이 그러한 분류에 해당한다.

대체물과 부대체물의 구분은 거래에서 일반적으로 물건의 개성이 중시되는가에 따른 객관적 구분으로서 소비대차나 소비임치(제598조, 제702조), 제작물 공급계약 등에서 문제된다. 부대체물은 대체물에 비해 물건보다 가치의 측면이 중시된다.

특정물과 불특정물의 구분은 해당 거래에서 물건의 개성이 중시되었는가에 따른 주관적 구분으로서 채권의 목적(제374조 이하), 채무변제의 장소(제467조), 매도인의 담보책임(제580조, 제581조) 등에서 전제되고 있다. 통상 대체물은 불특정물이고 부대체물은 특정물이지만 언제나 그러한 것은 아니다. 가령 부대체물인 우마(牛馬)도 해당 거래에서 목적물의 개성과 무관하게 수량으로만 거래할 수 있고, 대체물인 유가증권도 특정의 유가증권만 인도되어야 할 것으로 약정될 수도 있다.

그 외에 가분물과 불가분물의 구분은 물건의 성질이나 가치를 현저히 손상하지 않고도 분할할 수 있는가에 따른 구분이고(제269조 참조), 융통물과 불융통물의 구분은 사법상 거래가 금지되는가에 따른 구분이다.

이러한 여러 가지 분류방식 가운데 가장 중요한 것은 부동산과 동산의 구분이다. 아래에서는 이에 관하여 살펴보기로 한다.

1. 부동산과 동산을 구별하는 이유

민법은 부동산을 "토지와 그 정착물"로 규정하고, 그 이외의 물건을 동산으로 규정한다. 부동산과 동산을 구별하는 이유는 양자가 법적으로 현저하게 다른 취급을 받기 때문이다. 가장 대표적인 차이는 공시방법에서 나타난다. 부동산에 관한 물권 또는 그에 유사한 권리는 등기에 의하여 공시된다. 따라서 소유권의 양도 기타 법률행위에 의한 물권의 변동은 물론이고(제186조), 시효완성으로 인한 소유권의 취득에도 등기가 요구된다(제245조). 부동산에 대한 임차권도 등기함으로써 "제삼자에 대하여" 효력을 가지게 된다(제621조). 그러나 동산에서는 등기가 아니라 점유가 원칙적인 공시방법이다. 그러므로 동산물권의 양도는 원칙적으로 인도, 즉 점유의 이전을 요한다(제188조 이하 참조). 다만 동산의 경우에도 자동차 등 특정동산 저당법, 선박등기법, 동산·채권 등의 담보에 관한 법률 등이 정하는 바에 따라 등기가 공시방법이 되는 경우가 있다.

공시방법으로서의 등기와 점유가 항상 같은 효력을 가지는 것은 아니다. 가령 무권리자의 동산처분은 일정한 요건 아래 유효하게 되지만(제249조 이하 참조), 무권리자의 부동산처분은 원칙적으로 유효하게 되지 않는다. 현행법상 등기의 공신력이 부인되기 때문이다. 또한 소유권 이외의 물권(제한물권)에는 부동산에는 설정될 수 없는 것(질권)과 동산에는 설정될 수 없는 것(지상권·지역권·전세권·저당권)이 있다. 그 외에 취득시효의 요건(제245조 이하)이나 무주(無主)의 물건에 대한 규율(제252조) 및 부합에 관한 규정(제256조 이하)은 동산인지 부동산인지에 따라 내용이 달라진다. 한편 부동산에 관한 소송에는 특별한 재판관할이 인정되며(민소 제20조), 부동산 강제집행의 절차도 동산이나 채권에 대한 강제집행절차와 다르다(이에 관한 세부적인 내용은 민사집행법 참조).

이처럼 부동산과 동산은 다른 법적 취급을 받으므로 부동산과 동산을 구분하는 것은 매우 중요한 일이다. 동산은 부동산 이외의 모든 물건이므로, 먼저 부동산이 무엇인지 이해해야 한다.

2. 부동산 — 토지와 그 정착물

(1) 토   지

토지는 대표적인 부동산이다. 토지는 법의 역사에서 특별한 취급을 받아

왔다. 이는 사회경제적으로 토지가 극히 중요한 생산수단으로서 부(富) 또는 권력의 주요 원천이었던 데서 유래한다. 또한 토지는 양적으로 한정되어 있고, 움직일 수도 없다. 그러므로 토지는 공적 장부인 등기부에 의하여 표상되기에 적합하다.

토지는 해수면으로 덮이지 않은 지표부분을 가리킨다. 그러므로 토지가 바닷물에 덮여 원상회복할 수 없는 상태가 되면[9] 그에 대한 소유권은 소멸한다. 그러한 토지가 다시 지표로 떠오른다고 하여도 종래의 소유권이 부활하지 않고 무주(無主)의 부동산으로서 국유가 된다(제252조 제2항).[10]

토지는 흙, 모래, 암석 등으로 구성되는데, 이들은 토지의 구성부분이다. 토지 소유권은 "정당한 이익 있는 범위 내에서 토지의 상하에"(제212조) 미치므로, 그 범위에서 그 구성부분에도 토지 소유권이 미친다.[11] 물론 토지 소유자는 이를 토지와 분리함으로써 별개 소유권의 객체로 할 수 있다.

토지는 실제로는 연속하고 있으나, 인위적으로 이를 구획하여 지적공부에 등록한다(지적 제64조 참조). 이와 같이 구획된 토지의 한 구역을 1필(一筆)의 토지, 또는 1필지라고 한다. 1필지는 1개의 독립된 물건으로 인정된다. 1필지를 2필지 이상으로 나누거나(分筆), 여러 필지를 합쳐서 1필지로 할 수도 있다(合筆). 원칙적으로 1필지의 일부에 대한 처분은, 그 목적물을 독립한 물건으로 하는 분필절차가 선행되지 아니하는 한 허용되지 않는다. 그러나 분필 전 1필지 일부에 대하여 매매와 같은 처분의 원인행위 자체는 허용됨에 유의한다. 참고 사례 1에서 A가 甲 토지의 3/4 면적에 해당하는 부분만 매수하였다면 그 매매 계약 자체는 유효하나 A가 소유권이전등기를 하여 그 소유권을 취득하기 위해서는 분필절차가 선행되어야 한다. 용익물권의 경우에는 예외가 있다(제289조의 2, 제303조 제1항, 부등 제69조, 제70조 제5호, 제72조 제1항 제6호 참조).

---

9) 지적공부에 등록된 토지가 물에 침식되어 수면 밑으로 잠긴 토지를 "포락지"라고 한다 (공유수면 제2조 제2호).

10) 이는 대판 1965.3.30, 64다1951; 대판 1967.4.4, 67다213; 대판 1971.3.9, 70다2756 등 확고한 판례의 태도이다.

11) 한편 광업법 제3조 제1호에 열거된 미채굴의 광물은 국가가 그 채굴·취득의 권리(광업권)를 부여할 권능을 가지고, 광업권의 설정 없이는 이를 채굴할 수 없도록 하는데(동법 제4조), 그 한도에서 미채굴의 광물에 대한 소유권은 제한된다.

(2) 토지의 정착물

토지 외에 어떠한 물건을 부동산으로 하여 토지와 같은 법적 규율을 받도록 할 것인가는 입법정책의 문제이다. 민법은 「지상물은 토지에 속한다(superficies solo cedit)」는 종래 서양법의 일반적 태도에 따르지 아니하고, 건물과 같은 「토지의 정착물」을 토지와는 별개의 독립한 부동산으로 정하고 있다(제99조 제1항). 그러나 건물의 존립은 토지의 사용을 불가피한 전제로 한다. 그러므로 토지와 건물을 별개 부동산으로 보아 별개 소유권의 객체로 하는 경우, 건물을 위한 토지사용권을 둘러싸고 토지와 건물에 대하여 별개의 법적 이해관계를 가진 자들 사이에 복잡한 법률문제가 생긴다.

토지의 정착물은 토지와는 별개의 물건으로서 토지에 계속적으로 고정되어 있는 것이 그 경제적 성질이라고 인정되는 것을 말한다.[12] 만약 토지에 정착되어 있으나 토지의 일부에 불과한 것이라면 토지의 정착물이라고 할 수 없다. 토지의 일부인지에 대한 판단은 당사자의 주관적 의사가 아니라 객관적 기준으로 정해야 한다. 논둑,[13] 시설부지에 장착된 레일,[14] 담, 다리, 우물, 도랑, 터널, 섬돌, 정원의 연못, 시멘트나 아스팔트 등의 포장 등은 일반적으로 토지의 일부이므로 독립한 부동산에 해당하는 토지의 정착물이 아니다. 임시로 식재한 수목, 임시의 오두막, 볼트로 콘크리트 바닥에 고정된 정도의 기계 등도 계속적으로 고정된 것이 아니므로 독립한 부동산에 해당하지 않는다.

(가) 건　물

건물은 토지의 정착물로서, 법이 독립한 부동산으로 정하고 있다(제305조 제1항, 제365조, 제366조, 부등 제14조 제1항 참조). 위 참고사례에서 A는 甲 토지, 乙 건물에 관하여 각각 매매계약을 체결하고 별도의 공시방법을 갖추어야 甲 토지와 乙 건물의 소유권을 모두 취득한다.

건축 중의 건물이 어느 단계에서 독립한 부동산이 되는가는 일률적으로 말할 수 없으나, 최소한 기둥·지붕·주벽(周壁)이 갖추어지고 나아가 건물로서의 구체적 목적을 충족할 수 있는 때가 되면 독립한 부동산이 된다고 할 수 있다.[15]

---

12) 물건을 분해하여 이동할 수 있다는 물리적 성질만으로 부동산이 아니라고는 할 수 없다.
13) 대판 1964.6.23, 64다120.
14) 대결 1972.7.27, 72마741.
15) 대판 1977.4.26, 76다1677은, "반드시 그 물리적 구조만을 표준으로 하여 일률적으로 결

가령 판례는 철골구조물로 된 지상 3층 규모의 주차시설로서 각 층 전면의 절반 가량의 높이에 철판을 잇대어 가려놓았을 뿐 벽이라고 볼 만한 것이 없다면 건물이 아니라고 한다.[16] 어느 시점에 건축 중 건물이 독립한 부동산이 되는가는 건축 중 건물의 소유권 귀속주체와 그 귀속시기, 권리이전방식, 강제집행 등과 관련하여 의미가 있다.

　　건물의 개수는 물리적 구조·경제적 용도·주위의 상황 등을 종합적으로 고려하여 거래관념상 별개의 소유권의 객체가 될 수 있는지 여부에 의하여 객관적으로 판단한다. 건물의 증축부분도 마찬가지이다. 증축부분이 위와 같은 기준에 의하여 독자적 건물로 인정될 수 없으면, 이는 원래의 건물에 부합되어 그에 대한 소유권 및 저당권이 여기에도 미치게 된다(제256조, 제358조 참조).[17] 한편 법은 「한 채의 건물」이라도 구조상 구분된 수개의 부분이 독립한 건물로서 사용될 수 있는 것인 때에는 그 각 부분을 소유권(구분소유권) 등 권리의 목적으로 할 수 있다고 정한다(제215조, 집합건물 제1조 참조). 또 1개의 건물이라도 토지에서와 마찬가지로 그 일부가 예외적으로 제한물권의 객체가 될 수 있는 경우가 있다(제303조 제1항, 부등 제72조 제1항 제6호 참조).

　　건물이 멸실되면 독립한 부동산으로서의 동일성을 상실하고 다수의 동산으로 분해된다.[18] 이때 건물에 대한 종전의 권리는 소멸한다. 설사 그 재료의 대부분을 그대로 사용하여 전과 유사하게 새 건물을 건립하였어도 마찬가지이다. 따라서 원래의 등기가 새 건물의 소유권을 표상한다고 할 수 없다.[19]

정할 수 없으나, 건물의 기능과 효용면에서 적어도 기둥과 지붕 그리고 주벽만이라도 이루어져야 된다."고 판시한다.

16) 대판 2011.6.30, 2009다30724.

17) 제256조 단서는 "타인의 권원에 의하여 부속된 것"에 대하여 예외를 정하고 있으나, 이 규정은 그 부속물이 별개의 물건으로 인정되는 경우에 한하여 적용된다는 것이 대판 1975.4.8, 74다1743 등 확고한 판례의 태도이다. 대판 2007.7.27, 2006다39270, 39278은 이 경우 별개의 물건인지 여부는 그 동산을 훼손하거나 과다한 비용을 지출하지 않고서는 분리할 수 없을 정도로 부착·합체되었는지 여부 및 그 물리적 구조, 용도와 기능면에서 기존 부동산과는 독립한 경제적 효용을 가지고 거래상 별개의 소유권의 객체가 될 수 있는지 여부 등을 종합하여 판단한다고 판시한다.

18) 이러한 건물의 멸실은 동일성을 잃지 않는 범위에서 행하여지는 전면개축과 구별되어야 한다.

19) 대판 1976.10.26, 75다2211: "기존건물이 멸실된 후 그곳에 새로이 건축한 건물의 물권변동에 관한 등기를 멸실한 건물의 등기부에 하여도 양 건물은 재료·위치·구조에 관계없이 동일건물이 아니므로 이는 진실에 부합하지 아니하는 것"이다.

건물의 구성부분에 대하여는 소유권 기타 건물에 관한 권리가 당연히 미친다. 건물의 일부인지 독립한 동산인지는 거래관념에 의해 구분한다. 일반적으로 건물의 문·창문·덧문·물받이·욕조·세면대·통상의 조명시설 등은 건물의 일부를 이루나, 가구나 가재도구 등은 건물과는 독립한 동산이라고 인정된다. 그러나 건물의 구성부분이라도 소유자는 이를 분리하여 별개의 소유권의 객체로 할 수 있다.

[판결 1] 독립된 부동산으로서의 건물의 요건: 대판 2001.1.16, 2000다51872

　　원심은, 그 채용증거에 의하여, 이 사건 공작물은 원고가 그 부지인 토지를 경락할 당시 지하 1, 2층, 지상 1층의 콘크리트 골조 및 천장공사, 지하 1, 2층에 흙이 무너져 내리는 것을 방지하는 옹벽공사만이 되어 있었고, 주벽은 설치되지 아니하였으며, 공사 진척도는 약 20 내지 30%에 불과하였던 사실을 인정한 다음, 이 사건 공작물을 독립된 건물로 보기는 어렵고 토지에 부합되어 토지와 함께 경락인을 거쳐 원고의 소유가 되었다고 판단하였다.

　　그러나 독립된 부동산으로서의 건물이라고 하기 위하여는 최소한의 기둥과 지붕 그리고 주벽이 이루어지면 된다고 할 것인바(대법원 1996.6.14. 선고 94다53006 판결), 원심이 배척하지 아니한 갑 제8호증의 1 내지 24, 을 제11호증의 1 내지 19(각 사진)의 각 영상과 제1심 증인 ○○○의 증언을 종합하면 이 사건 공작물은 위 경락 당시 지하 1, 2층 및 지상 1층까지의 콘크리트 골조 및 기둥, 천장(슬라브)공사가 완료되어 있고, 지상 1층의 전면(남쪽)에서 보아 좌측(서쪽) 벽과 뒷면(북쪽) 벽 그리고 내부 엘리베이터 벽체가 완성된 사실을 인정할 수 있으므로, 이 사건 공작물은 최소한의 지붕과 기둥 그리고 주벽이 이루어졌다고 할 것이어서 미완성 상태의 독립된 건물(원래 지상 7층 건물로 설계되어 있으나, 지상 1층만으로도 구분소유권의 대상이 될 수 있는 구조임이 분명하다)로서의 요건을 갖추었다고 할 것이다.

　　그럼에도 불구하고 이 사건 공작물에는 주벽이 완성되어 있지 아니하였고 공사진척도가 20-30%에 불과하여 독립된 건물로 보기 어렵다는 이유를 들어 위와 같이 판단한 원심은, 채증법칙을 위배하여 사실을 오인하는 한편, 독립된 건물에 관한 법리를 오해한 위법을 범하였다고 할 것이므로 이 점을 지적하는 상고이유의 주장은 이유 있다.

　　그러므로 원심판결을 파기하고, 사건을 원심법원에 환송하기로 하여 관여 대법관의 일치된 의견으로 주문과 같이 판결한다.

[판결 1]에 관하여 생각할 점

1. 토지와 건물을 별개의 부동산으로 파악하는 우리 법제 아래에서는 건축 중의 건물이 독립한 부동산에 해당하는지 여부는 중요한 의미를 가진다. 만약 그것이 독립한 부동산으로서의 건물이라면 이는 토지와 별도로 소유권의 객체가 된다. 그리고 특별한 사정이 없는 한 건축주가 그 건물의 소유권을 원시취득한다. 반면 그것이 독립한 부동산의 정도에 이르지 않았다면 이는 단지 토지의 구성 부분이거나 토지에 부합되어 토지와 일체로 토지 소유자에게 귀속된다. 이 사건에서 문제되는 신축 중 건물이 독립된 부동산에 해당하는지 여부에 대한 판단은 원고와 피고의 소유권관계에 어떠한 영향을 미치는가?

2. 만약 지하층만 완성된 채 지상층 부분은 골조공사만 이루어졌다면 어떠한가? 지하층 부분만으로도 독립한 부동산으로 취급될 가능성이 있는가? 이에 관하여는 대판 2003.5.30, 2002다21592, 21608을 참조하라. 이와 관련하여 건축 중 건물이 독립한 부동산인지 여부를 판단함에 있어서 그 물리적인 구조와 형식적인 진척도 이외에 해당 대상이 부동산 소유권의 객체가 될 수 있는 정도인지에 관한 규범적인 척도가 일정한 역할을 수행하는 점에 주목할 필요가 있다.

(나) 수　목

　　수목은 원칙적으로 토지의 구성 부분으로서 토지의 일부로 본다.[20] 그러나 토지에 부착된 수목의 집단으로서 「입목에 관한 법률」에 의하여 소유권보존등기가 이루어진 것은 「입목」이라고 부르면서 이를 그 지반인 토지와는 독립한 부동산으로 취급한다. 그리하여 이는 토지와는 별도로 양도·담보설정할 수 있고, 토지의 처분과는 무관하게 존립한다(이상 동법 제2조, 제3조).

　　또한 판례와 학설은 관습법상 공시방법인 명인방법[21]을 갖춘 수목의 집단이나 개개의 수목은 독립한 부동산으로 취급한다. 그리고 명인방법에 의해 이

---

20) 대결 1998.10.28, 98마1817 참조.

21) 대판 1990.2.13, 89다카23022(부정례)는 명인방법은 지상물이 독립된 물건이며 현재의 소유자가 누구라는 것이 명시되어야 한다고 판시한다. 대판 1989.10.13, 89다카9064(긍정례)가 명인방법의 실시는 법률행위가 아니며 목적물인 입목이 특정인의 소유라는 사실을 공시하는 팻말의 설치로 다른 사람이 이를 식별할 수 있으면 충분하다고 설시한 것도 같은 취지라고 이해된다. 그 외에 명인방법이 긍정된 예로 대판 1967.12.18, 66다2382, 2383; 대판 1972.2.29, 71다2573 등 참조.

를 유효하게 처분할 수 있다고 한다.[22] 이러한 법리는 동상, 석불,[23] 정원석, 송전탑 등이나 성숙한 농작물[24]처럼, 독립하여 거래의 객체가 될 수 있는 토지의 정착물이기는 하나 등기를 할 수 없는 것(민집 제189조 제2항 제1호 참조. 이 규정에 의하여 유체동산과 같은 절차에 의하여 강제집행되는 물건이 민법상의 「토지의 정착물」과 일치하는 것은 아니다)에 대하여도 마찬가지로 인정되어야 한다.[25]

위 참고사례에서 소나무에 관해 「입목에 관한 법률」에 의한 소유권보존등기를 했거나 명인방법을 갖춘 것이 아니라면 이를 토지로부터 독립한 부동산으로 볼 수 없다. 따라서 A는 토지에 관한 소유권이전등기를 하면 소나무의 소유권도 취득한다. 반면, A에게 토지 소유권이 이전되기 전에 위 소나무에 관해 소유권보존등기를 하거나 명인방법을 갖추었다면 그 소나무는 토지와 별개의 부동산으로 취급된다. 따라서 A에게 토지의 소유권이 이전되어도 소나무의 소유권은 여전히 보존등기를 한 자 또는 명인방법을 한 자에게 남아있게 된다.

3. 동산 — 부동산 이외의 물건

부동산 이외의 물건은 모두 동산이다(제99조 제2항). 동산은 유체물인 경우가 대부분이지만 관리할 수 있는 자연력도 동산의 범주에 속한다. 유가증권이나 금전처럼 물건이면서 동시에 권리나 가치의 화체(化體)로서의 의미를 가지는 것도 역시 동산이다. 하지만 이에 대하여는 일반적인 동산과는 다른 법리가 적용되는 경우가 많다. 자동차·항공기·선박·건설기계도 동산이나, 그 경제적 의의가 부동산과 유사하므로, 현행법상 이를 등기 또는 등록하도록 하고 부동산에 준하는 취급을 한다.

---

22) 대판 1967.2.28, 66다2442는 이중의 수목매매에서는 명인방법을 먼저 취한 사람에게 소유권이 이전된다고 한다.
23) 대판 1970.9.22, 70다1494는 임야에 있는 자연석을 조각하여 제작한 석불은 그 임야의 일부분을 구성하지 아니하고 임야와는 독립된 소유권의 대상이 된다고 판시한다.
24) 파종된 씨앗이나 미성숙한 농작물은 토지의 일부에 그친다.
25) 한편 이와 같이 독립한 물건에 대한 소유권의 귀속에 대하여는 특히 제256조에서 다룬다.

Ⅳ. 일물일권주의

참고사례 2

> (1) A는 2019. 1. 1. B로부터 甲 건물을 매수하였다. 이후 A는 2019. 4. 1. 매매잔금을 지급함과 동시에 B로부터 甲 건물을 인도받고, 같은 날 소유권이전 등기를 마쳤다.
> (2) A는 2019. 1. 2. B로부터 고서(古書) 10권을 매수하였다.
> (3) A는 2019. 1. 3. B에게 10,000,000원을 빌려주었다. 그리고 이를 담보하기 위해 B가 운영하는 양식장 내에 존재하는 뱀장어 전부에 대하여 양도담보권을 설정하였다.

1. 일물일권주의란?

일물일권주의는 1개의 물건에 관하여 1개의 물권이 성립한다는 원칙이다. 이는 다음과 같은 내용을 가진다.

(1) 1개의 물건에 관하여 서로 양립할 수 없는 2개 이상의 물권이 동시에 성립할 수 없다. 그렇지 않으면 물권의 지배성이 본질적으로 훼손되기 때문이다. 따라서 1대의 자동차를 2명이 동시에 단독소유할 수 없다. 또한 1동의 건물에 대하여 2명이 동시에 단독으로 1순위 근저당권을 가질 수는 없다.

그러나 서로 양립할 수 있는 물권들도 있다. 가령 소유권과 제한물권은 양립할 수 있다. 그러므로 토지 소유자가 자신의 소유권을 그대로 유지하면서 제3자에게 자신의 토지에 대하여 다른 물권인 지상권을 설정해 주는 것도 가능하다. 제한물권들도 양립할 수 있다. 가령 교환가치를 대상으로 하는 저당권과 사용·수익가치를 주된 대상으로 하는 전세권은 양립할 수 있다. 순위가 다른 저당권들도 양립할 수 있다. 1순위 저당권은 우선적 교환가치를, 2순위 저당권은 잔존 교환가치를 대상으로 하기 때문이다. 공동소유도 마찬가지이다. 공유나 합유, 총유는 모두 그 총합이 1개의 소유권을 구성한다. 따라서 공동소유자가 수인이라도 이들이 양립할 수 없는 1개의 소유권을 가지는 것은 아니다. 그러므로 공동소유는 일물일권주의에 반하지 않는다.

위 참고사례 중 (1)을 예로 들어 보면, 甲 건물에 대해서는 동시에 두 개의 소유권이 존재할 수 없다. 반면 양립할 수 있는 권리는 하나의 물건에 여러 개 존재할 수 있다. 예컨대 그 사례에서 A는 甲 건물의 소유권을 취득한 이후 D로부터 금원을 차용하며 그 담보로 그 건물 위에 저당권을 설정해줄 수 있다. 이 경우 하나의 물건에 소유권과 저당권이라는 두 개의 권리가 있어도 양자는 목적을 달리하여 양립할 수 있으므로 일물일권주의에 반하지 않는다.

(2) 또한 원칙적으로 1개의 물건의 일부나 여러 개의 물건에 관하여 1개의 독립한 물권이 성립할 수 없다. 예를 들어 토지 일부나 토지 여러 필지에 관하여 1개의 독립한 토지 소유권을 가지는 것은 불가능하다. 이는 물권의 절대성 및 이를 통하여 인정되는 공시의 원칙과 밀접한 관련성이 있다. 물권의 객체는 독립·특정된 물건이다. 이는 물건은 다른 물건과 쉽게 구별되므로 공시도 쉽게 할 수 있다. 그러나 물건의 일부나 합쳐진 여러 개의 물건은 공시가 훨씬 어려워진다. 가령 자동차의 일부만 독립된 소유권의 대상이 된다면 이를 도면이나 사진 등의 형태로 자동차등록부에 공시해야 한다. 물론 그렇게 하는 것이 불가능하지는 않겠지만 그 정확한 공시가 용이하지 않을 뿐만 아니라 그 과정에서 높은 사회적 비용이 소요된다.

(3) 이러한 물건의 독립성·단일성을 어떠한 기준으로 정할 것인가가 문제된다. 이는 자연과학적 판단의 문제가 아니라 어디까지나 법률 문제이기 때문에 거래관념에 의하여 정한다. 가전제품이나 자동차, 건물 등과 같이 여러 개의 부품 또는 재료가 결합하여 하나의 물건이 성립하는 경우에(이른바 합성물), 종전의 부품 또는 재료 각각에 대한 별개의 소유권은 소멸하고 하나의 물건에 대한 하나의 소유권이 성립하게 된다(이에 대하여는 첨부에 관한 제256조 이하 참조). 또 예를 들면 장갑이나 구두는 한 짝으로 하나의 물건이며, 놀이카드는 한 장마다가 아니라 한 묶음 전부가 하나의 물건으로서, 그에 대하여 하나의 소유권이 성립한다. 건축현장에 쌓여 있는 자갈더미도 마찬가지이다.

2. 이른바 집합물의 문제

일물일권주의에 따르면 수개의 물건이나 물건의 집단에 하나의 물권이 성립할 수 없음이 원칙이다. 위 참고사례 중 (2)의 경우, A와 B 사이에는 고서 한 권마다 하나의 매매계약이 성립하는 것이고, 공시방법도 각각 갖춰야 함이 원칙이다. 그런데 이러한 정도를 넘어서는 다수의 물건이 집합하여 경제적으로 단일한 가치를 가지고 거래상으로도 일체로 다뤄지는 경우가 있다. 예를 들어 특정한 창고 안에 있는 곡물들은 본래 단일한 물건이 다수 집합한 것이지만, 이를 일체로서 거래해야 할 필요성이 크다. 이때 물건마다 하나의 물권이 성립한다고 보는 것은 거래상 번거로우므로 이를 집합물이라고 하면서[26] 예외적으로 이를 하나의 물건으로 다뤄야 한다는 논의가 있다. 이에 관하여 판례는 집합동산양도담보에 관하여 그 전체를 하나의 물건으로 인정하는 견해를 취하고 있다고 이해된다.[27] 즉, 참고사례 중 (3)과 같이 단일한 경제적 가치를 가지며 거래상 일체로 취급된다는 요건을 갖추고 있고, 그 대상이 종류, 수량, 장소 지정 등의 방법으로 외부적·객관적으로 특정된 경우에는 수량이 변동하는 뱀장어 전체에 대하여 하나의 양도담보권이 설정될 수 있다.[28]

그러나 집합물의 개념은 민법이 인정하지 않는 것으로서 부인되어야 한다는 의문도 제기된다. 민법은 개별물건, 그리고 복수의 개별물건을 정하고 있을 뿐이다. 한편 창고 안의 상품이나 공장의 제품 등과 같이 내용이 변동하는 집합동산을 전체적으로 양도담보의 대상으로 삼을 필요가 있고 이를 위해서는 장래 담보제공자가 취득하는 물품을 별도의 담보설정행위 없이도 담보의 목적물로 할 수 있어야 함은 물론이다. 하지만 이러한 필요는 「포괄적 사전점유개정의 약정」이라는 법률구성으로 달성될 수 있으므로, 여러 난점을 안고 있는 집합물의 개념을 인정할 이유도 없다고 볼 여지가 있다.[29]

한편 위와 같이 복수의 물건이 경제적으로 단일한 의미를 가지고 있어서 이를 하나의 물건으로 다룰 필요가 있을 때 별도의 법률에 의하여 이들로 하여금 재단을 구성할 수 있도록 정하는 경우가 있다(가령 공광저 제10조 및 제52조 이하 참조).

---

26) 예를 들면, 공장의 건물과 그 대지 및 기계공구 등은 일체로서 물건 각각의 가액의 합계 이상의 가치를 가지고 또 한꺼번에 매매의 대상이 된다. 또 도서관에서 어떠한 주제에 관하여 체계적으로 수집한 장서도 마찬가지이다.

27) 대판 1988.10.25, 85누941; 대판 1988.12.27, 87누1043; 대판 1990.12.26, 88다카20224 등.

28) 특정 양만장 내 뱀장어 등 어류전부에 대한 양도담보계약의 효력에 관하여는 대판 1990. 12.26, 88다카20224 참조.

29) 이에 대하여는 양창수, "내용이 변동하는 집합적 동산의 양도담보와 그 산출물에 대한 효력", 저스티스 30 - 1, 1997, 115 이하.

> **[판결 2] 증감변동하는 동산의 집합물에 대한 양도담보설정계약에 있어서 목적물:**
> **대판 2004.11.12, 2004다22858**

1. 원심은 그 채용 증거에 의하여, 원고측의 파산자인 철원축산업협동조합(이하 '원고 조합'이라 한다)은 1997. 12. 10. 강원 철원군 동송읍 장흥리 517−2 소재 기원농장에서 돼지를 사육하고 있던 소외 1과 사이에 이미 공급한 사료대금과 앞으로 공급할 사료대금 합계 3억 원을 담보하기 위하여, 당시 소외 1이 사육하고 있던 기원농장 내의 돼지 전체인 판시 돼지 3,000두의 소유권을 매매대금 3억 원으로 정하여 원고 조합에 양도하되 점유개정의 방법으로 인도하고 소외 1이 돼지를 계속 점유·관리하면서 원고 조합의 승낙을 얻어 처분하여 그 대금으로 사료대금을 변제하며, 항상 3,000두를 유지하기로 하는 내용의 양도담보계약을 체결한 사실, 그런데 그 후 소외 1은 자금사정이 악화되자 2000. 12. 1. 소외 2에게 기원농장에서 사육하고 있던 돼지 전체인 3,000두를 대금 3억 원에 매도하였고, 소외 2는 기원농장의 돈사를 임차하여 여전히 같은 장소에서 돼지를 사육하다가 일부를 처분하고 남아 있던 돼지 770두를 2000. 12. 27. 피고에게 대금 9,150만 원에 매도한 사실, 피고는 기원농장의 돈사를 임차하여 매수한 돼지를 사육하기 시작하였는데, 2001. 1. 8. 소외 3으로부터 동인이 소외 4에게 위탁하여 기원농장에서 사육하고 있던 돼지 840두를 1억 1,500만 원에 매수하여 위 770두와 함께 사육한 사실, 그 후 피고는 위 돼지들의 자돈을 키우고 일부를 처분하기도 하고 새로운 돼지를 구입하기도 하는 일을 반복하여 현재 기원농장에서는 3,000두 이상의 돼지가 사육되고 있는 사실을 인정하였다.

2. 원심은 이러한 사실관계에 기초하여, 원고 조합과 소외 1은 기원농장 내에서 사육하고 있던 돼지 3,000두를 이 사건 양도담보의 목적물로 삼기로 계약하였는데, 이러한 양도담보계약은 일단의 증감 변동하는 동산을 하나의 물건으로 보아 이를 채권담보의 목적으로 삼는 이른바 '유동집합물에 대한 양도담보계약'에 해당하는 것으로서, 이 경우 양도담보권자가 담보권설정계약 당시 존재하는 집합물에 대하여 점유개정의 방법으로 점유를 취득하면 그 후 새로이 반입되는 개개의 물건에 대하여 그 때마다 별도의 양도담보계약을 맺거나 점유개정의 표시를 하지 아니하더라도 하나의 집합물로서의 동일성을 잃지 아니한 채 양도담보권의 효력은 항상 현재의 집합물 위에 미치게 되고, 특히 이 사건과 같이 돈사에서 대량으로 사육되는 돼지를 집합물에 대한 양도담보의 목적물로 삼은 경우에는 그 돼지들은 번식, 사망, 판매, 구입 등의 요인에 의해 증감 변동하리라는 점이 당연히 예상되는 것이고, 이에 따라 양도담보설정자로서는 통상적으로 허용되는 범위 내에서 양도담보 목적물인 돼지를 처분할 수도 있고 새로

운 돼지를 구입할 수도 있는데, 이 때 새로 반입되는 돼지에 대하여 별도의 양도담보계약을 맺거나 점유개정의 표시를 하지 않더라도 자동적으로 양도담보권의 효력이 미친다고 할 것이며, 위와 같은 특징이 있는 유동집합물에 대한 양도담보의 목적인 집합물이 양도담보설정자로부터 제3자에게 양도된 경우에 양수인은 그 양도담보권의 부담을 인수한 채로 집합물을 양수한 것이 되어 양수인에게도 유동집합물에 대한 양도담보의 법리가 그대로 적용되므로 양수인이 양수할 당시에 존재하던 집합물 내의 개별 동산뿐만 아니라 그 후 양수 당시의 동산으로부터 산출되거나 양수인이 새로 구입하여 반입한 동산에도 양도담보권의 효력이 미치게 된다고 할 것이되, 다만 이 경우에 양수인이 양수 당시 선의취득의 요건을 갖추었다면 양수한 목적물에 대하여 양도담보의 부담이 없는 완전한 소유권을 취득하게 되므로 이 때에는 양수한 목적물이나 그 후 새로 구입한 동산에 양도담보권의 효력이 미칠 여지가 없게 된다고 전제한 다음, 피고가 기원농장 내에 남아 있던 돼지를 선의취득하였다는 주장에 대하여는 그 판시와 같은 사정에 비추어 피고가 위 돼지들을 매수함에 있어서 과실이 없다고 할 수 없다는 이유로 이를 배척하고, 피고에 대하여 기원농장 내에서 피고가 사육하고 있는 돼지들 중 당초의 양도담보계약에서 정한 수량에 해당하는 돼지 3,000두의 인도를 구하는 원고의 이 사건 청구를 모두 인용하였다.

3. 그러므로 먼저 피고의 선의취득 주장을 배척한 원심의 조치를 기록에 비추어 살피건대, 원심의 판단은 정당한 것으로 수긍이 되고, 거기에 상고이유의 주장과 같은 선의취득의 과실에 관한 법리오해나 채증법칙 위배 등의 위법이 있다고 할 수 없다.

또한, 기록에 비추어 살피건대, 원심이 원고 조합과 소외 1이 체결한 이 사건 양도담보계약이 '유동집합물에 대한 양도담보계약'에 해당하는 것으로 보고 이 사건과 같이 돈사에서 대량으로 사육하는 돼지를 집합물에 대한 양도담보의 목적물로 삼은 경우에 그 돼지는 번식, 사망, 판매, 구입 등의 요인에 의하여 증감 변동하게 마련인데, 원고 조합이 그 때마다 별도의 양도담보권설정계약을 맺거나 점유개정의 표시를 하지 아니하였더라도 하나의 집합물로서 동일성을 잃지 아니한 채 양도담보권의 효력은 항상 현재의 집합물 위에 미치게 되며, 피고가 선의취득의 요건을 갖추지 못한 채 이러한 양도담보의 목적물인 돼지를 양수한 이상 그 양도담보권의 부담을 그대로 인수하는 것이라고 판단한 부분 역시 정당한 것으로 수긍할 수 있고, 거기에 상고이유의 주장과 같은 법리오해의 위법이 있다고 할 수 없다.

그러나 이 사건 양도담보권의 효력은 피고가 애초에 양수한 기원농장 내에 있던 돼지들 및 통상적인 양돈방식에 따라 그 돼지들을 사육·관리하면서 돼지를 출하하여 얻은 수익으로 새로 구입하거나 그 돼지와 교환한 돼지 또는 그 돼지로부터 출산시켜 얻은 새끼돼지에 한하여 미치는 것이지 피고가 별도의 자금을 투입하여 반입한 돼지가 있다면 그 돼지에는 미치지 않는다고 보아야 한다.

그렇다면 원심으로서는 현재 피고가 기원농장에서 사육하고 있는 돼지 3,000두가 애초에 소외 2 또는 소외 3으로부터 매수한 1,610두를 통상적인 방식으로 사육·관리하는 과정에서 늘어나게 된 것인지, 아니면 피고가 그와는 상관없는 별도의 신규자금을 투입하여 구입한 돼지가 일부 포함되어 있는 것인지 여부를 가려 전자에 해당하는 부분에 한하여 원고에게 인도하도록 명하였어야 함에도 불구하고, 피고가 통상적인 사육·관리방법에 따라 늘린 돼지는 물론이고 별도의 신규자금을 투입하여 구입한 돼지에 대하여도 이 사건 양도담보권의 효력이 미친다고 잘못 판단한 나머지, 이를 구별하지 아니하고 원고의 청구를 전부 인용한 것은 유동집합물 양도담보의 효력범위에 관한 법리를 오해하거나 3,000두가 조성된 과정에 대한 심리를 다하지 아니하여 판결에 영향을 미친 위법이 있고, 이 점을 지적하는 상고이유의 주장은 이유 있다.

다만, 이 사건에서와 같이 유동집합물에 대한 양도담보계약의 목적물을 피고가 선의취득하지 못한 상태에서 그 양도담보의 효력이 미치는 목적물에다 자기 소유인 동종의 물건을 섞어 관리함으로써 당초의 양도담보의 효력이 미치는 목적물의 범위를 불명확하게 한 경우에는 피고로 하여금 그 양도담보의 효력이 미치지 아니하는 물건의 존재와 범위를 입증하도록 하는 것이 공평의 원칙에 부합할 것이다.

4. 그러므로 원심판결을 파기하고, 사건을 원심법원에 환송하기로 하여 주문과 같이 판결한다.

[판결 2]에 관하여 생각할 점

1. 판결을 통하여 드러난 원고와 피고의 주장은 각각 무엇인가? 이를 통하여 도출되는 가장 중요한 쟁점은 무엇인가?
2. 집합물의 개념은 일물일권주의와 어떠한 관계에 놓이는가?
3. 유동집합물은 본래 증감 변동이 예정되어 있다. 이 사건에서도 양도담보의 목적물이 된 돼지들은 번식, 사망, 판매, 구입 등의 요인에 의하여 증감 변동할 수밖에 없었다. 원심판결은 「번식」으로 인하여 생긴 돼지와 「구입」으로 인하여 생긴 돼지를 구별하지 않고 모두 양도담보의 목적물로 보았다. 반면 대법원판

결은 그중「번식」또는 통상적인 구입으로 인하여 생긴 돼지만 양도담보의 목
적물로 보고, 별도의 자금을 투입하여 구입한 돼지는 그렇게 보지 않았다. 양자
를 구별할 근거는 무엇인가? 그리고 그것은 타당하다고 생각하는가?

4. 위 판결은 "양도담보의 효력이 미치는 목적물"과 "자기 소유인 동종의 물건"을
   구분하고 있다. 하지만 현실적으로 이를 구분하는 것은 거의 불가능하지 않는
   가? 위 판결은 이 문제를 어떻게 해결하고 있는가?

5. 만약 양도담보설정자가 다수의 돼지를 처분한 뒤 그 자금으로 다른 물건을 구
   입함으로써 돼지의 숫자가 급격히 감소하였다면 어떻게 되는가?

제 2 편

권리 변동

제1장 물권변동

Ⅰ. 권리변동과 물권변동

(1) 권리는 일정한 원인에 기하여 발생·소멸하고 타인에게 이전되며 그 내용이 변경된다. 이러한 권리의 발생, 변경·이전·소멸을 합하여 권리의 「변동」이라고 한다. 또한 권리의 변동을 일으키는 원인이 되는 것을 「권리변동요건」이라고 한다.

(2) 권리는 항상 어떠한 권리주체에게 귀속되며, 그러한 귀속점 없이 떠도는 권리란 있을 수 없다. 어떤 특정한 권리주체가 권리를 가지게 되고 다시 이를 잃게 된다는 관점에서 권리의 변동을 분류하면, 승계취득과 원시취득으로 나눌 수 있다.

(가) 승계취득은 어떤 사람이 타인에 속하는 권리에 기하여 자신의 권리를 취득하는 것이다. 이는 다시 이전적 승계와 설정적 승계로 나눌 수 있다. 전자는 타인의 권리가 그대로 새로운 권리자에게 이전되는 것이다. 예를 들어 문방구에서 연필을 사서 인도받은 자는 문방구 주인의 연필 소유권을 그대로 이어받는 것이다. 이전적 승계는 다시 타인이 가지는 권리 (및 의무) 일체가 하나의 원인에 기하여 이전되는 포괄승계와 개별적 권리가 개별적 원인에 기하여 이전되는 특정승계로 나누어진다. 상속, 포괄유증, 회사의 합병 등이 포괄승계에 속한다(제1005조, 제1078조, 상 제235조, 제269조, 제530조 제2항, 제603조 참조). 한편 설정적 승계는 애초의 권리자는 그대로 권리를 가지면서 그중 일부가 새로운 권리로서 타인에게 이전되는 것이다. 예를 들어 소유자가 타인에게 저당권이나 지상권과 같은 제한물권을 설정하는 경우이다.

(나) 원시취득은 권리의 취득이 기존의 권리에 기초하지 아니하고 그와는 무관하게 일어나는 것이다. 자기의 비용과 노력으로 가옥을 신축하여 소유권을 취득하거나 매매계약을 체결하여 채권을 취득하는 경우를 예로 들 수 있다. 나아가 사람의 출생으로 인한 인격권이나 신분권의 취득, 물건의 선점(제252조)이나 습득(제253조)에 의한 소유권 취득, 선의취득(제249조), 시효취득(제245조 이하)도 원시취득이다. 승계취득에서는 종전 권리에 존재하는 하자도 승계되는데 반하여, 원시취득에서는 그렇지 않다.

(3) 권리의 변동을 일으키는 원인이 되는 것을 「권리변동요건」이라고 한다. 즉 권리변동요건은 법률요건이고, 그로 인하여 일어나는 권리변동은 법률효과이다. 권리변동요건은 크게 법률행위와 법규정의 두 가지로 나눈다. 전자에서는 권리변동을 의욕하는 의사표시에 좇아, 후자에서는 그 법규정(예: 취득시효에 관한 제245조)이 정하는 요건과 효과에 따라 권리변동이 일어난다.

(4) 위에서 설명한 바는 물권에도 그대로 적용된다. 물권의 발생, 변경·이전·소멸을 합하여 물권의 「변동」이라고 한다. 물권변동은 법률행위 또는 법규정에 따라 이루어진다. 한편 물권의 객체인 물건은 부동산과 동산으로 나누어지므로, 물권변동도 부동산물권변동과 동산물권변동으로 나눌 수 있다.

Ⅱ. 법률행위로 인한 물권변동

1. 법률행위로 인한 물권변동에 있어서 공시의 원칙

(1) 공시의 원칙 일반론

법률행위로 인한 물권변동에는 공시의 원칙이 적용된다. 공시의 원칙이란 물권의 존재·내용 및 변동에는 어떠한 외적 표상(外的 表象), 즉 공시방법이 동반되어야 한다는 원칙을 말한다. 이러한 표상에 의하여 물권의 존재와 내용이 외부에 분명하게 나타나고 외부로부터 쉽사리 인식될 수 있다. 물권은 제1편 제2장에서 살펴본 대로 대상을 배타적으로 지배하는 것을 내용으로 하는 권리이다. 한편 하나의 대상에 대하여 동일한 내용의 권리는 하나밖에 성립할 수 없다(일물일권주의). 그래서 다른 사람으로부터 소유권을 양도받거나 제한물권(특히 저당권 등 담보물권)을 설정 받으려는 사람은 상대방이 진정한 소유자인지, 그 소유권에 다른 부담이나 제한은 없는지 등을 미리 명확히 알 필요가 있다. 그러한 확인 없이 거래하게 되면, 그가 원하는 권리를 취득할 수 없는 등 불의의 불이익을 입을 우려가 있다. 따라서 물권의 법상태를 외부에서 용이하게 알 수 있게 하는 장치가 마련되지 않고서는 물권거래는 단순히 상대방에 대한 인적인 신뢰에 의존하여서만 행하여지게 된다. 이는 필연적으로 상품의 원활하고 활발한 거래를 저해하는 결과를 가져온다. 이처럼 공시의 원칙은 법적으로뿐만 아니라 경제적으로도 큰 효용을 가진다.

(2) 민법상 공시방법과 형식주의

민법에서 정하는 공시방법은 부동산에 관하여는 등기, 동산에 관하여는 점유이다. 우선 민법 제186조는 "부동산에 관한 법률행위로 인한 물권의 득실변경은 등기하여야 그 효력이 생긴다."라고 규정한다. 또한 민법 제188조 제1항은 "동산에 관한 물권의 양도는 그 동산을 인도하여야 효력이 생긴다."라고 규정한다. 즉 민법은 법률행위로 인한 물권변동에서 물권변동의 효력발생을 위해 등기나 인도와 같은 공시방법을 요구하고 있는데, 이를 형식주의라고 한다.

본래 의용 민법에서는 당사자 사이의 법률행위만으로 물권변동이 발생하되, 제3자에게 대항하기 위해서는 등기를 해야 하는 의사주의를 취하고 있었다. 그런데 현행 민법을 제정하면서 형식주의로 전환하였다. 물권변동의 존부와 시기를 명확히 하여 거래안전을 도모하고 당사자 간과 제3자 간 법률관계의 분열을 피하기 위함이다. 독일이 형식주의를 취하므로 이를 독법주의(獨法主義)라고 일컫기도 한다.

형식주의가 적용되면 매도인이 매매대금을 지급받더라도 매수인에게 등기나 인도 등 공시방법을 갖추어 주지 않으면 소유권은 매도인에게 남아 있다. 따라서 매도인은 여전히 그 목적물을 제3자에게 처분할 권한을 가지고 있고, 그 처분행위가 선량한 풍속 기타 사회질서에 위반되는 것이 아닌 한 제3자는 유효하게 그 목적물의 소유권을 취득하게 된다. 형사적 관점에서 보면, 과거 의사주의 아래에서는 법률행위만으로 매수인에게 소유권이 이전되므로 매도인의 이중매매는 본래의 매수인에 대한 횡령죄를 구성하였지만,[1] 형식주의 아래

---

[1] 횡령죄는 "타인의" 재물을 객체로 하는 것이고, 위의 경우 매도인은 타인, 즉 매수인의 재물을 횡령한 것이다(형법 제355조 제1항 참조).

에서는 등기나 인도 이전에는 매도인이 여전히 소유권자이므로 타인의 재물을 객체로 하는 횡령죄는 성립할 여지가 없고, 배임죄의 성립 여부만 문제될 뿐이다.[2]

(3) 특별법 또는 관습법에 의한 공시방법

민법 이외의 특별법에서도 공시방법에 관하여 규정하는 경우가 있다. 「입목에 관한 법률」에서는 일정한 수목집단, 선박등기법에서는 선박에 관하여 등기제도가 마련되어 있고, 「자동차 등 특정동산 저당법」에서는 건설기계, 자동차, 선박등기법이 적용되지 아니하는 선박, 항공기에 관하여 등록제도가 마련되어 있다. 또한 관습법에 의해 인정되는 공시방법도 있다. 수목의 집단이나 미분리과실에 대하여 판례에 의해 제한적으로 인정되는 관습법상 명인방법이 여기에 해당한다. 명인방법은 건물 이외의 지상물을 토지로부터 분리하지 않은 채로 토지의 소유권과 독립해서 그 자체만을 거래하는 데 이용되는 공시방법이다.

> **[판결 1] 명인방법의 요건: 대판 1990.4.12, 90다20220**

(전략)

상고이유 제2점을 본다.

(1) 원심판결 이유에 의하면, 원심은 이 사건 토지 위에 식재된 수목은 원고가 식재하였다고 하더라도 명인방법으로 공시한 바 없으므로 이 사건 토지의 정착물이 되어 이 사건 토지의 지분소유권자인 소외 1의 소유로 귀속되었다는 피고의 주장에 대하여, 거시증거에 의하여 원고가 1985.경 위 수목을 이 사건 토지의 주위에 울타리를 치고 그 안에 이 사건 가옥의 정원수로 심어 가꾸어

---

2) 부동산 매매에서는 매도인이 중도금을 수령한 이후에 매매 목적물을 제3자에게 처분하는 행위는 매수인을 위한 등기협력의무에 위배하는 것으로서 배임죄에 해당한다는 판례가 확립되어 있다(대판 1986.7.8, 85도1783; 대판 1988.12.13, 88도750; 대판 2008.7.10, 2008도3766 등). 이러한 태도는 면허권·허가권 등의 이중양도(대판(전) 1979.11.27, 76도3962; 대판 1979.7.10, 79도961; 대판 1981.7.28, 81도966 등), 채권의 이중양도(대판(전) 1999.4.15, 97도666; 대판 2007.5.11, 2006도4935 등)에도 적용되고 있다. 하지만 동산 매매에 대해서는 매도인이 중도금을 수령한 이후에 매매 목적물을 제3자에게 처분하는 행위는 배임죄에 해당하지 않는다고 한다(대판(전) 2011.1.20, 2008도10479). 양도담보(대판(전) 2020.2.20, 2019도9756), 동산담보(대판(전) 2020.8.27, 2019도14770)의 경우에도 배임죄의 성립을 부정한다.

온 사실을 인정한 다음 원고는 위 방법으로 위 수목이 원고의 소유임을 공시하였다고 보고, 이에 의하여 위 수목은 객관적으로 보아 이 사건 가옥의 소유자인 원고의 소유임을 인식하기에 충분하다고 하여 피고의 위 주장을 배척하였다.

그러나 원고가 이 사건 토지의 주위에 울타리를 치고 그 안에 이 사건 수목을 정원수로 심어 가꾸어 온 사실만으로는 명인방법을 갖추었다고 보기는 어렵다고 하겠으나, 한편 원심이 적법하게 확정한 바와 같이 이 사건 대지는 원고와 형인 위 소외 1의 공동소유인데 위 소외 1이 위 대지상에 있는 그의 소유인 이 사건 가옥을 원고에게 매도하고 원고 명의로 소유권이전등기를 경료하여 줄 때 이 사건 대지 중 그의 지분에 대한 사용권을 원고에게 설정하여 준 것이라면, 원고는 이 사건 정원수를 그 대지사용권에 의하여 식재한 것으로서 그 대지지분권과 상관없이 그 정원수의 소유권을 취득하였다고 보아야 할 것이다.

원심이 그 명인방법을 갖추었다고 판시한 것은 잘못이나 이 사건 정원수가 원고의 소유라고 한 결론에 있어서는 정당하므로 논지는 그 이유없음에 돌아간다.

(2) 원심이 제1심 증인 000의 증언과 위 증인이 작성한 갑 제7호증(견적서)을 채용하여 이 사건 수목등의 멸실당시의 시가를 금 21,770,000원으로 인정한 조치에 수긍이 가고 거기에 소론과 같은 채증법칙위반의 잘못은 없다.

(후략)

[판결 1]에 관하여 생각할 점

1. 명인방법은 불충분한 공시방법이다. 따라서 명인방법이 공시방법으로 유효하게 인정되려면 이를 통하여 대외적으로 현재의 소유자가 충분히 알려져야 한다. 위 판결에 나타난 명인방법의 공시 정도는 어떠한가? 이에 대한 법원의 판단은 어떠한가? 이와 관련하여 대판 1989.10.13, 89다카9064를 참조하라.
2. 명인방법을 갖춘 소유자가 그 목적물을 A에게 양도한 후 다시 B에게 이중양도하였다면 누가 그 목적물의 소유자가 되는가?

2. 물권변동의 구조

(1) 물권행위의 개념

물권행위는 물권변동을 가져오는 법률행위이다. 가령 부동산매매와 같은 채권행위는 채권과 이에 대응하는 채무를 발생시킬 뿐 그 자체로 물권변동을 가져오지는 않는다. 매도인과 매수인이 실제로 물권변동의 합의를 하고 이에 따라 소유권이전등기를 마칠 때 비로소 소유권이전이라는 물권변동의 효과가 발생한다. 이처럼 채권행위는 장차 발생할 의무를 부담시키므로 의무부담행위의 성격을 가지는 반면, 물권행위는 이로써 처분의 효과가 발생하고 이행의 문제를 남기지 않으므로 처분행위의 성격을 가진다.

　　물권행위도 법률행위이므로 법률행위에 관한 일반 법리가 적용된다. 가령 물권행위도 대리나 조건에 친하다.[3] 한편 물권행위는 의무부담행위에 대비되는 의미에서의 처분행위이므로 처분행위에 특유한 효력발생요건을 갖추어야 한다. 가령 물권행위자에게는 처분권이 있어야 한다. 처분권이 없는 자에 의한 물권행위는 처분권자의 사후적 추인이 없는 이상 효력이 발생하지 않는다. 이는 처분권이 없는 자도 채권행위를 유효하게 할 수 있는 점과 구별되는 점이다. 또한 늦어도 처분행위의 효력이 발생하기 전까지는 대상이 현존하고 특정되어야 한다. 이는 채권행위의 대상이 현존하고 특정되지 않아도 그 효력이 발생하며, 이행 시까지 그 요건을 갖추면 족한 것과 구별되는 점이다.

　　한편 물권행위와 공시방법의 상호관계가 어떠한지에 관하여는 여러 가지 다양한 논의들이 있다. 물권행위는 물권적 의사표시 또는 물권적 합의라고 하는 「의사적 요소」와 이에 상응하는 등기 또는 인도라고 하는 「사실적 요소」로 구성된다. 두 요소는 서로 합치하는 내용으로 이루어져야 한다. 가령 소유권이전의 합의를 하고 전세권등기를 하면 소유권과 전세권 양자 모두 취득하지 못한다. 다만 양적 불일치가 있으면 합치하는 양적 한도에서 물권변동이 일어난다. 예를 들어 1필지를 이전하기로 하였는데 지분 2분의 1에 대하여 소유권이전등기를 한 경우에는 이전받는 자는 지분 2분의 1의 소유권을 취득한다. 이처럼 물권변동을 가져오는 의사행위(意思行爲)를 포착하여 이를 등기라는 사실적 실행행위와 합쳐서 물권행위라고 관념한다고 이해할 수 있다.

(2) 물권행위의 독자성

　　채권행위와 구분하여 물권행위를 별개의 독자적 법률행위로 파악할 것인가, 즉 물권행위의 독자성을 인정할 것인가에 관하여는 논란이 없지 않다. 현실적으로 물권행위가 채권행위와 뚜렷하게 구분되어 행하여지는 것도 아니고,

---

3) 예를 들어 대판 1996.6.28, 96다14807은 소유권유보부 매매에 관하여 "소유권을 이전한다는 당사자 사이의 물권적 합의는 매매계약을 체결하고 목적물을 인도한 때 이미 성립하지만 대금이 모두 지급되는 것을 정지조건으로 하는 것"이라고 판시한다.

이에 대한 법의식이 명백하게 존재한다고 하기도 어렵다. 하지만 물권행위를 채권행위와 구별할 필요성은 여전히 있다. 가령 매매계약을 체결할 때에는 아무런 문제가 없었으나 그 이행단계에서 매수인이 매매대금을 모두 지급하였다고 매도인을 기망하여 인도 내지 소유권이전등기를 마친 경우처럼 채권행위에는 흠이 없으나 물권행위에는 흠이 있을 수 있다. 또한 타인의 권리의 매매(제569조)와 그 처분, 소유권유보부 매매는 의무부담행위로서의 채권행위와 처분행위로서의 물권행위가 분리되는 것을 전제로 하는 개념이다. 그 이외에도 처분에 관한 민법의 여러 규정(제6조, 제149조, 제177조, 제187조 단서, 제211조, 제263조, 제339조, 제405조, 제619조 등)은 「처분」을 내용으로 하는 의사행위가 채권행위와는 별개의 독립한 법률행위임을 전제로 하고 있다. 이는 강제집행 관련규정, 예를 들면 민사집행법 제227조, 「채무자회생 및 파산에 관한 법률」제384조 등에서 말하는 「처분」에서도 그러하다. 이러한 점들을 모두 고려한다면, 물권행위의 독자성을 인정하는 것이 타당하다.

(3) 물권행위의 유인성

이처럼 물권행위가 채권행위와 구분되는 독자성을 가진다면, 채권행위의 흠은 물권행위의 효력에 어떠한 영향을 미치는가? 이는 물권행위의 유인성(有因性) 또는 무인성(無因性)의 문제이다. 물권행위가 그 원인행위인 채권행위의 유효(유효한 원인의 존재) 여부에 종속적이라고 본다면 물권행위는 유인성을 가지지만, 그렇지 않다면 무인성을 가진다.

물권행위의 유인성을 인정하는 경우에는 물권행위 자체에 흠이 없더라도 채권행위가 효력을 잃으면 물권행위의 효력도 인정되지 않는다. 따라서 채권행위를 취소하거나 해제하면 물권행위에 기하여 이전된 소유권도 원래대로 복귀한다.[4] 그리고 본래의 소유자는 이처럼 자신에게 복귀된 소유권에 기한 청구권을 행사하여 점유나 등기 등의 제거를 구할 수 있다.

반면 물권행위의 무인성을 인정하는 경우에는 물권행위 자체에 흠이 없는 이상 채권행위의 흠은 물권행위의 효력에 영향을 미치지 않는다. 따라서 채권행위가 효력을 잃더라도 물권행위는 여전히 유효하여 이에 기한 소유권 변동에는 영향이 없다. 그러므로 본래의 소유자가 소유권에 기한 청구권을 행사할

---

4) 대판 1977.5.24, 75다1394.

수 없다. 바꾸어 말하면 이는 변동된 소유권을 토대로 하는 거래의 안전을 도모하는 데에는 적합하다.

그런데 물권행위의 유인성 내지 무인성의 논의가 실제 큰 차이를 가져오지는 않는다. 우선 채권행위와 물권행위가 합체되어 행하여짐으로써 채권행위의 흠이 곧 물권행위의 흠을 구성하는 경우, 이러한 합체가 이루어지지 않더라도 물권행위에도 동일한 흠이 있는 경우, 또는 채권행위에 흠이 없을 것을 조건으로 물권행위를 한 경우 채권행위와 물권행위는 운명을 같이 한다. 또한 물권행위의 무인성을 인정한다고 하여 상대방이 그 물권을 영구적으로 취득하는 것은 아니다. 이때에도 그 물권행위로 인하여 상대방이 얻은 이득(물권)은 법률상 원인이 결여되어 여전히 부당이득으로 반환되어야 하기 때문이다. 따라서 두 당사자의 관계에서는 부당이득의 반환이냐, 물권적 청구권의 행사에 기한 반환이냐 하는 법적 구성의 차이만 남을 뿐이다. 한편 물권행위의 유인성을 인정하더라도 거래의 안전을 완전히 포기하는 것이 아니다. 이미 민법에는 거래의 안전을 도모하기 위한 여러 가지 법적 장치들(가령 제107조 내지 제110조, 제249조, 제548조)이 존재하기 때문이다.

판례는 물권행위의 무인성을 인정하지 않는다.[5] 이러한 판례의 태도는 타당하다. 물권행위는 대부분 채권행위의 이행을 위하여 행하여진다. 그러므로 채권행위의 효력이 없다면 그 이행으로 이루어지는 물권행위의 효력을 유지시킬 필요가 없다. 또한 무인성을 인정함으로써 거래의 안전이 도모된다고 하나, 이미 민법은 위와 같이 다양한 선의의 제3자 보호규정들을 두어 다른 방법으로 거래의 안전을 꾀하고 있다. 오히려 무인설을 관철하면 악의의 제3자까지 보호하게 되어 부당하다. 아울러 무인설에서는 부당이득반환을 통하여 당사자 사이의 형평을 꾀할 수 있다고 한다. 그러나 이 경우 이행을 받은 상대방이 파산하면 소유권에 기한 환취권을 행사할 수 없고, 공동채권자 중의 1인으로 파산재단에 대하여 그 채권액의 비율에 따른 금전채권을 가질 뿐이어서 이행자에게 지나치게 불리하다.

---

5) 대판 1996.10.25, 96다29151 등. 한편 대판 1977.5.24, 75다1394는 방론(傍論)으로서 "우리의 법제가 물권행위의 독자성과 무인성을 인정하고 있지 않은 점"이라고 설시한다.

Ⅲ. 법규정에 의한 물권변동

1. 등기불필요의 원칙

(1) 민법 제187조는 "상속, 공용징수, 판결, 경매 기타 법률의 규정에 의한 부동산에 관한 물권의 취득은 등기를 요하지 아니한다. 그러나 등기를 하지 아니하면 이를 처분하지 못한다."라고 정한다. 이는 민법 제186조에서 법률행위에 기한 부동산물권변동은 등기를 요한다고 정하는 것과 다르다.

(2) 민법 제187조 본문은 법규정이 명백하지 않은 경우에 대비하여 마련한 보충규정이다. 따라서 개별 법규정이 이와 다르게 정한다면 그 개별 법규정에 따른다.[6] 한편 민법 제187조 본문은 부동산물권의 「취득」에 대하여만 정한다. 그러므로 취득 이외의 물권변동에 대하여는 1차적으로 해당 법규정의 해석에 의할 것이나, 의심스러울 경우에는 여기서도 등기 없이 일어난다고 보아도 좋다.

법률행위에 기하지 아니한 부동산물권변동으로서 법에 명문으로 정하여지지 않은 경우도 있다. 예를 들면 물건의 멸실,[7] 지상권 등 용익물권에서 존속기간의 만료, 저당권 등 담보물권에서 피담보채권의 소멸 등이 그러하다. 이러한 경우에도 그 물권변동은 등기 없이 일어난다.

(3) 민법 제187조 단서는 일단 법규정에 기하여 등기 없이 취득된 부동산물권이라도 이를 「처분」하는 경우에는 그 물권 및 그 처분에 관한 등기를 해야 처분의 효과가 발생한다는 내용이다. 여기서 「처분」은 법률행위로 하는 처분, 즉 처분행위를 가리킨다. 따라서 원래 여기에는 민법 제186조가 적용된다. 위 단서는 그러한 의미에서 주의적 규정이다.

결국 민법 제187조 단서가 등기 없이 취득한 부동산물권은 등기를 하지

---

6) 가령 점유취득시효에 관한 민법 제245조 제1항 참조.

7) 이와 관련하여 주의를 요하는 것은 토지의 포락(토지가 홍수, 범람, 해일 등으로 하천이나 바다에 들어가서 원상복구가 사회통념상 불가능한 상태. 그 의미에 대하여는 대판 1989.2.28, 88다1295 참조)의 경우이다. 대판 1965.3.30, 64다1951 등 확고한 판례는 토지의 포락으로 소유권 기타의 물권이 소멸한 경우에는 그 토지가 제방공사나 간척공사에 의하여 다시 성토화되었어도 그 소멸된 권리가 부활되지 않고, 이는 무주의 부동산(제252조 제2항)으로 국유가 된다고 한다.

않으면 이를 처분하지 못한다고 규정하고 있는 취지는, 같은 조 본문에 의하여
부동산물권을 등기 없이 취득하였더라도 그 권리자가 이를 법률행위에 의하여
처분하려면 미리 물권의 취득을 등기하고 그 후에 그 법률행위를 원인으로 하
는 등기를 마쳐야 한다는 당연한 원칙을 선언한 것에 불과하다. 따라서 부동산
물권을 등기 없이 취득한 자가 자기 명의의 등기 없이 이를 처분한 경우 그
처분의 상대방은 부동산물권을 취득하지 못한다는 것일 뿐, 그 처분행위의 채
권적 효력까지 부인할 수는 없다.[8]

2. 민법 제187조에서 규정하는 경우

(1) 상   속

피상속인의 사망으로 상속이 개시되면, 상속재산은 포괄적으로 상속인에
게 승계된다. 이때 상속재산에 속하는 물권도 상속등기 없이 바로 상속인에게
이전된다(제997조, 제1005조). 법률관계의 공백을 회피하기 위함이다. 한편 상속
에 의한 등기는 등기권리자가 단독으로 신청한다(부등 제23조 제3항).

다른 포괄승계의 경우도 기본적으로 상속과 다를 바 없다. 포괄유증에서
수유자(受遺者)는 상속인과 같이 상속재산을 포괄적으로 승계한다(제1078조). 따
라서 상속재산에 속하는 물권은 등기 없이 바로 수유자에게 이전한다. 회사가
합병된 경우도 마찬가지이다. 즉 존속회사 또는 신설회사가 합병의 효력이 발
생함으로써 소멸회사의 부동산 물권을 바로 취득한다(상 제234조, 제235조, 제
269조, 제530조 제2항, 제603조).

(2) 공용징수

공용징수(공용수용이라고도 한다)는 국가나 지방자치단체 등(사업시행자)이
특정한 공익사업을 위하여 법령이 정하는 바에 따라 사인(私人)의 재산권을 강
제로 취득하는 것이다. 그것이 토지(또는 그에 관한 권리)를 목적물로 하는 경우
에는 원칙적으로「공익사업을 위한 토지 등의 취득 및 보상에 관한 법률」이
적용된다.[9] 공용징수가 토지수용위원회의 재결에 의하는 재결수용의 방법[10]으

---

8) 대판 1994.10.21, 93다12176.
9) 이는 종전의 토지수용법과「공공용지의 취득 및 손실보상에 관한 특례법」을 통합한 법률
   이다. 이하 토지 소유권의 수용을 중심으로 설명한다.
10) 한편 이른바「협의취득」(동법 제16조 이하)의 경우는 어떠한가? 이는 종전에「공공용지

로 이루어져서 보상금이 지급 또는 공탁되면(동법 제40조), 사업시행자는 등기 없이도 「수용의 개시일」에 토지 소유권을 원시적으로 취득한다(동법 제45조 제1항).

등기 전에 토지 소유권을 취득하도록 허용하는 이유는 무엇일까? 우선 사업시행이 신속하게 이루어질 필요성을 들 수 있다. 또한 공용수용된 토지 등은 사법적 거래관계의 대상이 되는 일이 드문 만큼 등기에 의한 권리관계 공시의 필요가 상대적으로 적다는 점도 들 수 있다. 아울러 공용수용은 공적 기관이 법정의 절차를 밟아서 시행하므로 그 적법성이 상당히 보장되고, 관공서에 의한 즉시의 등기 촉탁(부등 제99조 제3항)에 의하여 등기가 곧 추완된다는 사정도 고려한 것이다. 그 이외에 공용수용에 관한 특별법인 「국토의 계획 및 이용에 관한 법률」 제96조, 「도시 및 주거환경 정비법」 제65조, 주택법 제27조, 도로법 제82조 등도 위 공익사업토지취득법의 수용규정을 준용한다.

한편 공용수용에 해당하지는 않지만 공공사업의 일환으로 강제적으로 부동산물권변동이 행하여지는 경우가 있다. 예를 들면 도시개발법에 의한 환지처분(제42조)·환지예정지지정처분(제35조), 농어촌정비법에 의한 환지처분(제37조) 등이 그러하다. 이들 경우에도 그 물권변동은 등기 없이 이루어진다.

(3) 판   결

여기에서의 판결은 등기 없이도 부동산물권변동을 일으키는 형성판결을 의미한다.[11] 공유물 또는 합유물의 분할판결(제269조 제1항, 제274조 제2항), 사해행위취소판결(제406조), 상속재산분할판결(제1013조 제2항) 등이 그러하다.[12]

의 취득 및 손실보상에 관한 특례법」에서 정하여 규율되었는데, 이 법률에 기한 「협의취득」에 대하여 대판 1981.5.26, 80다2109; 대판 1992.10.27, 91누3871은 그 성질을 "사법상의 매매계약"이라고 하여, 기업자(起業者)가 사법적 주체로서 평등한 입장에서 당사자들의 합의에 의하여 취득하는 것이라고 한다. 그렇다면, 이 경우에는 등기를 요한다. 구 토지수용법상의 협의수용(동법 제25조 제1항, 제25조의2)에 관한 대판 1997.7.8, 96다53826도 참조.

11) 대판 1963.4.18, 62다223; 대판 1970.6.30, 70다568; 대판 1982.10.12, 82다129; 대판 1998.7.28, 96다50025 등 판례의 태도이고, 통설의 입장이기도 하다.

12) 경계확정소송의 법적 성질에 대하여는 논의가 있으나, 그 판결이 형성적 요소를 가지는 경우(춘천지판 2000.9.1, 96나4002는 "토지의 경계에 관하여 그 증거가 부족하여 아무리 해도 객관적인 경계의 존재위치를 확정하기 어려운 경우에는 법원이 조리 등에 따라 경계를 형성·확정할 수 있다"고 판시하였는데, 이에 대한 상고는 기각되었다)에는 이를 긍정하여도 좋다. 한편 부부재산계약이 있는 경우 혼인취소 또는 이혼의 판결(제816조, 제824조, 제840조)이 확정되면, 그 부부재산계약에 의하여 일어난 부동산물권변동은 등기

이때의 물권변동은 그 판결이 가지는 법률관계 형성의 효력에 기한 것이다. 이들 판결의 내용대로 물권변동이 일어나는 것은 그 판결이 확정되는 때이다(민소 제498조). 한편 형성판결을 포함하여 판결에 의한 등기는 승소한 등기권리자 또는 등기의무자가 단독으로 신청할 수 있다(부등 제23조 제4항).

형성판결이 아닌 판결, 예를 들어 매매를 원인으로 한 소유권이전등기판결과 같은 이행판결이나 소유권존재확인판결과 같은 확인판결은 등기 없이 물권변동을 일으키는 판결에 해당하지 않는다.[13] 조정이 성립한 경우의 조정조서 역시 이에 해당하지 않는다.[14] 이행판결이 확정된 경우에는 이에 기하여 실제로 등기가 행하여진 때에 비로소 소유권이 이전된다.

(4) 경　매

여기서의 경매는 공경매(公競賣) 일반을 일컫는다. 민사집행법에 정하여진 강제경매, 임의경매는 물론이고, 국세징수법에 정하여진 국세체납처분으로 하는 공매를 포함한다. 공경매가 행하여지면, 대금의 전액 납부로 바로 경매의 목적인 권리를 취득하고, 따로 등기를 요하지 아니한다(민집 제135조, 제268조, 세징 제77조).[15] 이 경우에는 대금의 납입에 상응하는 대가로서 권리취득이라는 이익이 즉각 주어져야 할 필요성이 있을 뿐만 아니라, 앞의 공용징수에서와 유사하게 공적 기관이 법정의 절차를 밟아서 시행하므로 그 적법성이 상당히 보장되고, 법원사무관 등에 의한 즉시의 등기 촉탁(민집 제144조)에 의하여 등기가 추완된다는 사정을 고려한 것이다.

없이도 이전의 상태로 원상회복된다. 이때 물권의 원상회복은 혼인취소 등의 판결의 직접적인 내용이 되지 않고, 단지 그 판결의 확정으로 발생하는 혼인법상의 법률관계의 변동의 결과로 생기므로, 혼인취소 등의 판결은 엄격한 의미에서 여기서의 「판결」에 속하지 않는다.

13) 대판 1964.9.8, 64다165; 대판 1971.3.23, 71다234; 대판 1998.7.28, 96다50025 등 확고한 판례. 이들 판결은 확정판결과 동일한 효력이 있는 화해조서나 인락조서가 작성된 경우에도 마찬가지라고 한다.

14) 대판(전) 2013.11.21, 2011두1917.

15) 민집 제143조 제2항에서는 채권자가 매수인인 경우 배당받아야 할 금액을 제외한 대금만 납입할 수 있도록 허용한다. 본래 매수인은 일단 대금 전액을 납입한 후 배당절차에서 자신이 배당받아야 할 금액을 실제로 배당받는다. 하지만 이러한 번거로움을 피하기 위하여 그 차액만을 납입하고 소유권을 취득하도록 허용하는 것이다. 실무상 이를 상계절차라고 한다. 다만 공매절차를 규율하는 국세징수법에는 관련 규정이 없어서 이것이 허용되지 않는 점에 유의한다.

3. 기타 법률의 규정에 의한 부동산물권변동

(1) 법정제한물권 기타 법률의 규정에 의한 부동산물권의 변동

우선 부동산에 관련된 법정의 제한물권으로서는 유치권(제320조 이하), 법정지상권(제305조, 제366조), 법정저당권(제649조)이 있다. 이들은 모두 법이 정하는 요건이 충족되면 등기 없이도 성립한다. 나아가 전세권이 법정갱신되는 경우(제312조 제4항) 그 효력 발생에 등기를 요하지 아니하므로, 그 갱신된 전세권을 전세권설정자나 제3취득자에 대하여 주장함에 있어서 등기가 있어야 하는 것이 아니다.[16] 변제자대위(제482조)나 공동저당에 있어서 후순위저당권자의 대위(제368조 제2항 제2문)도 등기 없이 일어난다. 또 첨부(添附)(제256조)로 인한 부동산물권의 취득이나 혼동(混同)(제191조)으로 인한 부동산물권의 소멸 및 피담보채무의 소멸로 인한 담보물권의 소멸(제369조)에도 등기가 요구되지 않는다.

생전처분으로 재단법인을 설립하는 경우에 출연재산은 법인의 성립 시에 법인의 재산이 된다고 규정되어 있다(제48조 제1항). 그 출연재산이 부동산인 경우에도 법인의 성립과 동시에 등기 없이 법인에 귀속하는가에 대하여 논의가 있다. 판례에 따르면 이때 부동산의 소유권은 일단 등기 없이도 법인에 귀속하지만, 제3자에 대한 관계에서 법인이 소유권을 주장하려면 등기가 필요하다고 한다.[17]

한편 건물이 신축되어 별개의 독립한 물건으로 성립하면, 신축자는 소유권보존등기가 없고 건축물대장 등에 등재되지 않았어도 원시적으로 신축건물의 소유권을 취득한다.[18] 판례는 그 독립한 물건으로서의 성립 당시까지의 건축비용의 전부 또는 주된 부분을 지출한 사람을 「신축자」라고 하여 그의 원시취득을 인정한다.

---

16) 대판 1989.7.11, 88다카21029 등.
17) 대판(전) 1979.12.11, 78다481.
18) 대판 1997.11.28, 95다43594; 대판 2002.4.26, 2000다16350.

[판결 2] 건물신축 시 소유권의 취득: 대판 1997.5.30, 97다8601

상고이유를 판단한다.

1. 원심판결의 요지

원심판결 이유에 의하면 원심은, 이 사건 건물 부분에 관하여 1993. 12. 29. 소외 1, 소외 2의 공동 명의로 소유권보존등기가 되었다가 1994. 11. 10. 원고 앞으로 소유권이전등기가 된 사실, 피고가 1994. 6.경부터 이 사건 건물 부분을 점유·사용하고 있는 사실을 각 인정한 후, 피고는 이 사건 건물 부분의 점유권원에 대한 주장·입증이 없는 한, 원고에게 이 사건 건물 부분을 명도하고, 원고가 이 사건 건물 부분의 소유권을 취득한 1994. 11. 10.부터 위 명도완료일까지 이 사건 건물 부분을 사용·수익함으로써 얻은 이득을 반환할 의무가 있다고 전제한 다음, 피고의 첫번째 주장, 즉 이 사건 건물 부분은 소외 3이 그의 자금과 노력으로 신축하여 원시취득한 그의 소유로서 위 소외 3으로부터 이 사건 건물 부분을 임차하였으므로 이 사건 건물 부분을 점유할 권한이 있다는 주장에 대하여, 그 내세운 증거에 의하여 소외 3은 1991. 7.경 소외 주식회사 태화건설(이하 소외 회사라 한다)로부터 소외 회사의 일반건설업 면허를 대여받은 후 1991. 8.경 소외 1, 2와 사이에 그들의 공유인 경남 창녕읍 교하리 46의 2 대 909㎡ 지상에 원심판결 별지목록 기재의 지하 1층, 지상 5층 규모의 상가(1층) 및 아파트 16세대(창녕낙원빌라, 이하 이 사건 건물이라 한다)를 금 1,142,400,000원에 신축하기로 하는 내용의 공사도급계약을 체결한 사실, 위 공사도급계약의 내용은 소외 1, 2가 위 토지를 제공하고, 그 토지 위에 위 소외 3이 자신의 자금과 노력으로 이 사건 건물을 신축하면서 소외 1, 2는 그 부지대금으로 1층 상가 전부(142평) 및 지하 일부(106평)를 갖고, 시공자인 위 소외 3은 나머지 아파트 16세대를 위 소외 1, 2의 이름으로 분양하여 위 공사대금에 충당하기로 약정한 사실, 이에 따라 위 소외 3은 토지 소유자인 소외 1, 2의 명의로 건축허가를 받은 다음 공사를 진행하던 중 1992. 12.경 부정수표단속법위반죄로 구속되어 위 공사가 중단되자 같은 달 31. 소외 회사와의 사이에 소외 회사가 위 아파트를 분양하거나 이미 분양된 아파트의 분양대금을 수령할 권한을 갖되, 위 분양대금으로 위 소외 3으로부터 하도급을 받은 이 사건 건물의 공사업자들에게 지불할 공사비를 지불하거나 위 소외 3발행의 당좌수표를 회수하는데 사용하기로 하는 내용의 위임약정을 한 사실, 그 후 소외 회사가 위 마무리 공사를 맡아 하다가 위 소외 3이 1993. 2.경 석방됨에 따라 위 소외 3을 내세워 나머지 마무리 공사를 한 다음 같은 해 9. 24. 위 아파트의 준공검사를 받고, 같은 해 12. 29. 이 사건 건물에 관하여 위 소외 1, 2 명의로 소유권보존등기를 경료한 사실을 각 인정한 후, 위 인정 사실에 의하면 이 사건 건물의 소유권은 위 소외 3과 위 소외 1, 2 사이에 소외 1, 2 앞으로 귀속시키기로 합의하였다 할 것이므로, 위 소외 3이 이 사건 건물을 원시취득하였음을 전제로 한 피고의 위 주장은 이유 없다고 배척하고, 피고의 두번째 주장, 즉 소외 회사와의 위 분양권 위임약정은 소외 회사의 위 약정 위반으로 인하여 무효가 되었고, 위 위임약정에 터잡아 소외 회사로부터 분양받아 한 원고의 이 사건 건물 부분의 소유권이전등기는 원인무효로서 말소되어야 함에도 위 소유권이 있음을 전제로 이 사건 명도청구를 하는 것은 부당하다는 주장에 대하여, 위 소외 3은 소외 회사와 사이에 위 분양권 위임약정을 하면서 소외 회사가 위 소외 3 발행의 당좌수표를 전부 회수하지 못할 경우에는 위 약정을 무효로 하기로 한 사실을 인정할 수 있고, 소외 회사가 위 소외 3 발행의 당좌수표를 일부 회수하지 못한 사실은 있으나, 이와 같은 사정은 이 사건 건물 부분의 소유자로서 분양명의자인 위 소외 1, 2로부터 경료받은 원고 명의의 소유권이전등기가 무효라고 할 사유에 해당하지는 아니한다고 하여 위 주장도 배척하였다.

2. 판   단

가. 그러나 일반적으로 자기의 노력과 재료를 들여 건물을 건축한 사람은 그 건물의 소유권을 원시취득하는 것이고, 다만 도급계약에 있어서는 수급인이 자기의 노력과 재료를 들여 건물을 완성하더라도 도급인과 수급인 사이에 도급인 명의로 건축허가를 받아 소유권보존등기를 하기로 하는 등 완성된 건물의 소유권을 도급인에게 귀속시키기로 합의한 것으로 보여질 경우에는 그 건물의 소유권은 도급인에게 원시적으로 귀속되나, 단지 채무의 담보를 위하여 채무자가 자기 비용과 노력으로 신축하는 건물의 건축허가 명의를 채권자 명의로 하였다면 이는 완성될 건물을 담보로 제공하기로 하는 합의로서 법률행위에 의한 담보물권의 설정에 다름 아니므로, 완성된 건물의 소유권은 일단 이를 건축한 채무자가 원시적으로 취득한 후 채권자 명의로 소유권보존등기를 마침으로써 담보목적의 범위 내에서 채권자에게 그 소유권이 이전된다고 보아야 한다(대법원 1990.4.24. 선고 89다카18884 판결, 1992.3.27. 선고 91다34790 판결 등 참조).

그런데 원심이 적법하게 증거로 채택한 판시 각 증거들에 의하면, 위 소외 3은 위 소외 1, 2로부터 이 사건 토지를 제공받는 대가로 이 사건 건물 완공시 1층 상가 142평 전부와 지하층 중 일부 106평을 위 제공된 토지의 매매대금조로 대물변제하기로 하되, 위 대물변제의 이행을 담보하기 위하여 이 사건 건물의 건축허가 명의를 위 소외 1, 2로 하였다는 것이고(기록 119면), 위 소외 3과 위 소외 1, 2 사이에 체결된 도급계약서(을 제1호증)에 의하더라도 특약사항으로 대지 제공자는 1층 상가 전체(142평), 지하(106평)를 땅값 대신으로 소유하여 이전등기하고, 시공자(위 소외 3을 의미한다)는 아파트 전체(16세대)를 분양하여 공사비로 충당하여 시공하고 일체의 제세공과금 및 세금을 부담하며, 시공자가 분양하는 아파트에 대하여는 시행자(위 소외 1, 2를 의미한다)는 일체 관여할 수 없으며 시공자의 재량에 따른다고 되어 있는 점 등을 알 수 있는바, 이러한 점들에 비추어 보면 이 사건 건물 부분이 포함된 위 아파트 부분(16세대)에 대하여는 수급인인 위 소외 3이 전적으로 소유하기로 하되 다만 위 토지에 대한 매매대금을 담보하기 위하여 위 아파트 부분의 건축허가 명의를 위 소외 1, 2로 한 것에 불과하므로, 이 사건 건물 부분이 포함된 위 아파트 부분은 이를 건축한 위 소외 3이 원시적으로 취득한 것으로 보여진다.

사정이 이러함에도 원심이 이 사건 건물 부분이 포함된 위 아파트 부분까지도 위 소외 3과 위 소외 1, 2 사이에 위 소외 1, 2 앞으로 귀속시키기로 합의하였다고 판단한 것은 건물의 원시취득에 관한 법리를 오해한 위법을 저질렀다 할 것이다.

(이하 생략)

[판결 2]에 관하여 생각할 점

1. 자기의 노력과 재료를 들여 건물을 건축한 사람은 그 건물의 소유권을 원시취득한다. 그렇다면 자기의 노력과 타인(가령 도급인)의 재료를 들여 건물을 건축한 사람은 어떠한가? 노력을 들인 자와 재료를 제공한 자 중 누가 건물의 소유권을 원시취득하는가?

2. 자기의 노력과 재료를 들여 건물을 건축하였으나, 사정상 타인의 명의로 건축허가 및 소유권보존등기[19]를 마쳤다면 그 건물의 소유권은 누구에게 있는가?

3. "담보목적의 범위 내에서 채권자에게 그 소유권이 이전된다"는 것은 무슨 의미인가? 이에 관해서는 대판 2001.1.5, 2000다47682 및 대판 2002.4.26, 2000다

---

19) 부동산등기법 제65조는 미등기의 토지 또는 건물에 관한 소유권보존등기는 ① 토지대장, 임야대장 또는 건축물대장이 최초의 소유자로 등록되어 있는 자 또는 그 상속인, 그 밖의 포괄승계인, ② 확정판결에 의하여 자기의 소유권을 증명하는 자, ③ 수용(收用)으로 인하여 소유권을 취득하였음을 증명하는 자, ④ 특별자치도지사, 시장, 군수 또는 구청장(자치구의 구청장을 말한다)의 확인에 의하여 자기의 소유권을 증명하는 자(건물의 경우로 한정한다)가 신청할 수 있도록 한다. ①, ③, ④의 방법으로 소유권을 증명할 수 없는 자는 ②의 방법, 즉 법원의 확정판결을 받아 소유권을 증명하게 된다. 여기에서의 확정판결은 보존등기신청인의 소유임을 확정하는 내용의 것이어야 하고, 소유권확인판결뿐만 아니라 형성판결이나 이행판결도 포함한다(등기예규 제1483호 참조).

16350을 참조하라.

(2) 공권력의 재산행위

공권력이 일정한 재산을 사인에게 귀속시키는 행정처분을 하는 경우가 있다. 이는 대체로 그 재산을 취득하는 사인과의 협의에 의하여 이루어지므로, 그 재산이 부동산인 경우에 등기를 요하지 않는가 하는 의문이 제기된다. 판례는 이 경우 대체로 등기를 요하지 않는다는 태도를 취한다. 우선 구 농지개혁법(1949년 6월 21일 법률 제31호)에 따른 국가의 농지취득에는 등기가 요구되지 않는다. 이를 다시 국가로부터 분배받은 농민이 상환완료로 농지를 취득하는 경우에도 마찬가지이다.[20] 또한 귀속재산처리법(1949년 12월 19일 법률 제74호)에 의한 귀속재산 매각(「불하」라고도 한다)의 경우에도 매수인이 그 대금을 완납함으로써 등기 없이 바로 권리를 취득한다고 한다.[21]

4. 등기 없이 취득한 부동산물권의 처분

민법 제187조 단서는 등기 없이 취득된 부동산물권은 "등기하지 아니하면 이를 처분하지 못한다."고 정한다. 이는 부동산물권이 등기 없이 취득된 경우라도 그 권리자가 이를 법률행위에 의하여 「처분」(양도, 부담설정, 내용변경 등)하려면, 미리 권리취득의 등기를 하고 그 후에 그 법률행위를 원인으로 하는 등기를 해야 한다는 의미이다.

이 규정은 실제의 권리상태와 등기의 일치를 간접적으로 도모하기 위한 것이다. 가령 상속에 의하여 부동산 소유권을 취득한 자가 이를 제3자에게 매도한 경우 피상속인으로부터 바로 매수인 앞으로 이전등기를 한다면 물권변동의 과정이 등기부상 제대로 드러나지 않는다. 그러므로 민법 제187조 단서는

---

20) 대판 1962.5.10, 4294민상1232; 대판 1970.9.22, 70다1227 등. 그 이유는 농지분배가 민법 제187조에서 정하는 「법률의 규정에 의한」 부동산물권의 취득이라는 데 있다.

21) 종전의 분열된 태도를 정리한 판례로 대판(전) 1984.12.11, 84다카557 참조. 그 이유는 귀속재산 불하 행정처분으로서 귀속재산처리법 제22조의 취지상 본문과 같이 해석되어야 한다는 데 있다. 참고로 「귀속재산」이라 함은, 1945년 8월 9일 당시 일본인 소유의 부동산·주식 등으로서 일단 미 군정 당국에 귀속되었다가, 1948년 9월 11일 우리 정부가 미국과 체결한 「재정 및 재산에 관한 최초협정」 제5조에 의하여 우리 정부에 이양된 재산을 말한다. 당시 귀속재산의 규모가 우리나라의 총 자산가치의 80%에 달한다는 보고도 있다.

위와 같은 경우에는 상속인 명의로 이전등기를 한 다음 매수인 앞으로 다시 이전등기를 해야 한다는 취지를 정하고 있다.[22]

그러므로 법률의 규정에 의하여 등기 없이 부동산물권을 취득한 사람과의 사이에 매매 등 처분의 원인행위를 하고 그 점유를 이전받았어도, 앞서 본 바와 같은 물권변동에 관한 등기가 없으면, 그는 그 물권을 취득하지 못한다. 또 그와 같이 부동산을 매도하여 점유를 이전하여 주었어도 종전의 소유자는 여전히 소유권을 가지며 그 처분권한을 상실하지 않는다.[23]

---

22) 다만 이때에도 상속인 명의의 이전등기를 거치지 않았다고 해서 매수인 명의의 이전등기가 무효가 되는 것은 아니다. 실체관계에 부합하는 등기에 해당하기 때문이다. 자세한 내용은 「제3장 등기에 관한 개별적 쟁점」에서 다룬다.

23) 대판 1997.11.28, 95다43594는 이러한 취지를 밝히고, 따라서 아직 보존등기가 되지 아니한 무허가건물을 매수하여 점유하는 사람이라도 신축자로부터 이중으로 매수한 피고에 대하여 제214조에 기하여 무허가건물대장상의 명의변경을 청구할 수 없다고 한다.

Ⅰ. 등기와 등기부

1. 등기의 의의

등기는 일반적으로 등기관[1]이 공적 권한에 기하여 법정절차에 따라 등기부로 불리는 공적인 정보저장매체에 일정한 사항을 기록하는 행위 또는 그 기록 자체를 의미한다. 등기는 행정행위의 일종으로 「공증」(특정 사실이나 법률관계의 존재 여부를 공적으로 증명하는 행위)의 성격을 가진다. 그러한 점에서 등기 관련 법규는 일종의 행정법으로서, 등기관이 가지는 공적 권한의 범위나 내용, 행사절차를 정한다. 그런데 등기는 사법상의 권리관계를 명확하게 할 목적으로 행하여지고, 등기신청을 하거나 이로 인해 이해관계를 향유하는 자도 사인(私人)이므로 사법(私法)의 법리와도 밀접한 관련을 가진다. 따라서 부동산등기법에는 사법적 측면을 규율하는 조항들도 많다.

2. 등기부와 그 편성

(1) 등기부가 종이 형태로 관리되던 시절, 등기부는 본래 부동산에 관한 권리관계와 그 권리객체인 부동산의 사실적 사항을 기재하는 공적 장부를 의미하였다. 하지만 1994년부터 시작된 등기부 전산화 작업이 2002년에 완료되면서 모든 등기사무는 전산정보처리조직에 의하여 이루어지고 있다. 이에 따라

---

1) 원래는 이들을 등기공무원이라고 불렀지만 1998년 12월의 부동산등기법 개정 후 이들을 등기관이라고 부른다.

부동산등기법은 등기부를 "전산정보처리조직에 의하여 입력·처리된 등기정보자료를 대법원규칙으로 정하는 바에 따라 편성한 것"이라고 정의한다(부등 제2조 제1호).

(2) 등기부는 토지등기부와 건물등기부로 구분한다(부등 제14조 제1항).[2] 등기부를 편성할 때에는 1필의 토지 또는 1개의 건물에 대하여 1개의 등기기록[3]을 둔다(1부동산 1등기기록주의, 부등 제15조 제1항). 즉 등기부는 부동산을 단위로 마련되는 것이지, 사람을 단위로 마련되는 것이 아니다(물적 편성주의).[4] 한편 등기기록은 (i) 등기목적물의 특정을 위하여 부동산의 표시에 관한 사항을 기록하는 표제부, (ii) 소유권에 관한 사항을 기록하는 갑구(甲區), (iii) 지상권·저당권 등과 같이 소유권 외의 권리에 관한 사항을 기록하는 을구(乙區)의 세 부분으로 나누어진다(부등 제15조 제2항).

(3) 등기부는 일반적으로 대장(臺帳)을 바탕으로 하여 처음 작성된다(부등 제65조 제1호 참조). 대장에는 토지대장·임야대장·건축물대장(이는 다시 「일반건축물대장」과 「집합건축물대장」으로 나누어진다)이 있는데(지적 제71조 및 건축 제38조, 「건축물대장의 관리 및 기재 등에 관한 규칙」 제4조 참조),[5] 이들은 행정관청이 재산세 등 조세부과의 편의를 위하여 작성한다. 대장과 등기부는 각각 다른 기능을 수행하는 장부 내지 정보저장매체이지만 부동산에 관한 정보를 공시한다는 점에서 공통된다. 양자를 통합한다면 하나의 장부에 따른 통일적인 정보 공시가 가능하겠지만, 현재처럼 대장과 등기부가 나누어져 있는 이상은 서로 유기적 협력관계를 유지하여 양자 사이의 불일치가 최소화되도록 해야 한다. 부동산의 표시에 관하여서는 등기부가 대장의 기재에 따르도록 하고(부등 제29조 제11호), 권리의 변동에 대해서는 대장이 등기부를 따르도록 한다(지적 제88조).

---

2) 건물 이외의 토지정착물인 부동산은 특별법에 의하여 등기의 대상이 되는 경우에 한하여 독립하여 등기의 대상이 될 수 있다(「입목에 관한 법률」 참조).

3) 등기기록이란 1필의 토지 또는 1개의 건물에 관한 등기정보자료를 말한다(부등 제2조 제3호).

4) 이 점에서 담보권설정자별로 등기부를 작성함으로써 인적 편성주의를 취하는 동산담보등기부나 채권담보등기부와 구별된다.

5) 「공간정보의 구축 및 관리 등에 관한 법률」 제67조는 토지를 그 용도에 따라 28개 종류로 구분하여 등록하도록 하고 있다. 임야는 그중 하나의 지목이다. 임야를 제외한 토지들은 토지대장에, 임야는 임야대장에 각각 등록한다.

【등기기록례】

【표 제 부】		(토지의 표시)			
표시번호	접 수	소재지번	지 목	면 적	등기원인 및 기타사항
~~1~~	~~2007년 10월 14일~~	~~서울특별시 관악구 신림동 100~~	~~대~~	~~1,000m²~~	
2	2008년 11월 29일	서울특별시 관악구 신림동 100	대	600m²	분할로 인하여 대 400m²를 서울 관악구 신림동 100-1에 이기

【갑 구】		(소유권에 관한 사항)		
순위번호	등기목적	접 수	등기원인	권리자 및 기타사항
1	소유권보존	2010년 1월 27일 제5677호		소유자 김연신 800111-******* 서울 관악구 봉천동 353-2
2	소유권이전	2010년 12월 17일 제8834호	2010년 12월 1일 매매	소유자 박해린 820322-******* 서울 관악구 봉천동 565-4

【을 구】		(소유권 이외의 권리에 관한 사항)		
순위번호	등기목적	접 수	등기원인	권리자 및 기타사항
1	저당권설정	2010년 5월 21일 제3455호	2010년 5월 19일 설정계약	채권최고액 금 10,000,000원 채무자 정해찬 용인시 수지구 신봉동 245 근저당권자 유하은 770525-******* 성남시 분당구 이매동 555
2	전세권설정	2010년 8월 5일 제6421호	2010년 8월 2일 설정계약	전세금 10,000,000원 범위 토지전부 존속기간 2010년 8월 5일부터 2012년 8월 5일까지 전세권자 김하람 840423-******* 서울 관악구 신림동 244

한편 토지대장·임야대장이나 이에 기초한 토지등기부가 마련되려면 먼저 1필의 토지가 구획되어야 한다. 대장이나 등기부상의 등록 또는 등기는 1필의 토지 단위로 이루어지기 때문이다. 이를 위해서는 경계를 측량하여 지적도·임야도를 만들어야 한다. 이러한 지적도나 토지대장 등 지적공부(地籍公簿)는 일제시대의 토지조사사업 시 처음 작성되었다. 하지만 그 오류가 적지 않아 이로 인한 분쟁이 빈번하게 일어나고 있어 지적재조사 사업의 필요성이 제기되어 왔다. 이에 토지의 실제 현황과 일치하지 아니하는 지적공부(地籍公簿)의 등록 사항을 바로 잡고 종이에 구현된 지적(地籍)을 디지털 지적으로 전환함으로써 국토를 효율적으로 관리함과 아울러 국민의 재산권 보호에 기여하는 것을 목적으로 하는 「지적재조사에 관한 특별법」이 2014. 11. 19.부터 시행됨으로써 지적재조사 사업이 본격적으로 진행되고 있다.

3. 등기의 종류[6]

(1) 등기의 기능에 따른 종류

등기는 부동산의 물리적 현황을 공시하는 「사실의 등기」와 부동산의 권리관계를 공시하는 「권리의 등기」로 나누어진다. 「사실의 등기」는 표제부에, 「권리의 등기」는 갑구(甲區)와 을구(乙區)란에 행해진다. 「권리의 등기」는 미등기 부동산에 대하여 최초로 행하여지는 보존등기(保存登記)와 물권변동을 가져오는 권리변동등기(權利變動登記)로 나누어진다. 보존등기는 이미 존재하지만 아직 등기되지 않은 소유권에 관하여 행하는 최초의 등기이다. 이미 존재하는 소유권에 관하여 행해지는 것이므로 보존등기를 통해 소유권이 원시적으로 창설되지는 않는다. 보존등기는 소유자의 신청에 기하여 행하여진다(부등 제65조). 신청인의 소유권이 증명되면 등기관은 새로 등기부를 편성한다.[7] 한편 권리변동등기는 보존등기를 출발점으로 하여 그 이후에 행하여지는 등기이다. 소유권

---

6) 등기는 여러 가지로 분류할 수 있으나, 이하의 설명은 민법 공부에 필요한 한도에 그친다.

7) 소유권보존등기의 증명방법은 부등 제65조에 규정되어 있다. 토지대장, 임야대장 또는 건축물대장에 의하거나 확정판결에 의하여 소유권을 증명하는 것이 전형적인 방법이다. 여기에서의 판결은 소유권확인판결을 의미하는 것인데, 이에 대해서는 어떠한 경우에 "확인의 이익"이 인정되는가 하는 문제가 있다. 대판 1979.4.10, 78다2399; 대판 1994.12. 2, 93다58738; 대판 2009.10.15, 2009다48633 등 참조.

이전등기나 저당권설정등기가 대표적인 권리변동등기 유형이다. 이는 보존등기와 달리 권리변동이라는 실체법적 효력을 발생시킨다. 이하에서는 주로 권리변동등기를 염두에 두고 설명하기로 한다.

(2) 등기의 효력에 따른 종류

등기의 효력이라는 관점에서 보면 등기는 종국등기(終局登記)와 예비등기(豫備登記)로 나누어진다. 종국등기는 등기 본래의 효력, 즉 물권변동의 효력 또는 대항력(예컨대 임차권등기의 경우)을 발생시키는 등기이다. 본등기라고 부르기도 한다. 대부분의 등기가 종국등기에 해당한다. 예비등기는 등기 본래의 효력과는 관계가 없고 장차 행하여질 본등기에 대비하여 행하는 임시적인 등기이다. 가등기(假登記)가 이에 해당한다.[8]

(가) 가등기는 등기할 수 있는 권리의 설정, 이전, 변경 또는 소멸의 청구권을 보전하기 위해 하는 등기이다(부등 제88조 제1문). 그 청구권이 시기부(始期附) 또는 정지조건부(停止條件附)일 경우나 그 밖에 장래에 확정될 것인 경우에도 같다(부등 제88조 제2문). 가등기에 기하여 그 보전된 청구권의 실현으로 행하여지는 종국등기를 본등기라고 한다.

예를 들어, A로부터 甲 부동산을 매수한 B가 자신의 대금 미지급이나 A의 무성의 등 각종 사정으로 바로 소유권이전등기를 받지 못하는 경우를 상정해 보자. 이때 B는 장차 소유권이전등기청구권의 실현을 확보하기 위해 우선 가등기를 해 둘 필요가 있다.[9] 그렇지 않으면 제3자가 먼저 소유권이전등기를 함으로써 소유권을 취득할 위험이 있기 때문이다.

이처럼 가등기를 한 후에 본등기를 하면 그 본등기의 순위는 가등기의 순위에 따른다(부등 제91조). 본래 동일한 부동산에 관해 복수의 권리취득이 등기된 경우 이들 「권리 사이의 순위」, 즉 그들 간의 우열관계는 등기의 선후에 의해 결정한다. 그런데 가등기에 기하여 행해진 본등기는 그 가등기가 행하여진

---

8) 가등기는 부동산등기법이 예정하듯 순위보전을 위해서 행해지는 것이 원칙적인 모습이지만, 이와 달리 담보 목적으로 행하여지기도 한다. 이를 담보가등기라고 한다. 담보가등기는 가등기담보법에 의해 규율된다. 담보가등기의 효력에 대해서는 별도의 설명이 필요한데, 이는 민법 3 교재에 미루기로 한다.

9) 부동산등기법은 가등기의무자의 승낙이 없어도 가등기권리자가 가등기가처분을 받아 단독으로 신청할 수 있는 길을 열어놓고 있다(부등 제89, 90조 참조).

때를 기준으로 선후를 결정한다. 이와 같이 본등기가 마쳐지면 그 본등기의 순위가 가등기한 때를 기준으로 정해지는 효력을 「순위보전적 효력」이라고 한다. 이는 본등기에 의한 물권변동이 가등기시로 소급하여 일어난다는 의미는 아니다. 그 권리의 순위가 문제되는 경우에 가등기시를 기준으로 해서 그 권리들 사이의 우열을 판단한다는 의미일 뿐이다.[10]

가령 A로부터 B 앞으로 소유권이전청구권 보전의 가등기가 있고 이어서 A로부터 C 앞으로 소유권이전등기가 있어도 후에 위 가등기에 기한 본등기가 행하여지면 B의 본등기가 C의 등기에 시간적으로 앞서게 되어 B의 권리가 C의 권리에 우선한다. 그 결과 C의 소유권은 B의 소유권과 양립할 수 없으므로, 결국 C의 소유권은 부정될 수밖에 없다. 이와 같이 하여 결과적으로 가등기 후 본등기 전에 행하여진 가등기의무자의 처분(중간처분)은 본등기가 행하여지면 가등기에 의하여 보전된 청구권을 해하는 한에서 효력을 잃게 된다. 그러므로 본등기권리와 병존할 수 없으면 그 중간처분은 무효가 되고, 병존할 수 있다고 하여도 순위에서 열후한 것이 된다. 이 경우 등기관은 C 명의의 등기를 직권으로 말소한다(부등 제92조 제1항).[11] 다만 가등기에 기한 본등기가 원인무효 등의 사유로 말소되면 등기관은 그 직권말소된 중간처분등기의 회복등기를 해야 한다.[12]

가등기도 등기의 하나이므로 등기의 추정력이 인정된다.[13] 즉 가등기는 유효한 등기원인에 기하여 적법하게 행하여진 것으로 추정되므로, 그 가등기의 무효를 주장하는 자가 그 무효원인사실을 증명해야 한다.[14] 한편 가등기상의 청구권은 양도할 수 있다. 이때 그 이전등기는 부기등기의 형식으로 한다.[15]

---

10) 대판 1982.6.22, 81다1298 등.
11) 이는 판례의 태도를 부동산등기법에 반영한 결과이다. 대결(전) 1962.12.24, 4294민재항 675 및 그 후속 판례 참조.
12) 대판 1995.5.26, 95다6878.
13) 대판 1997.9.30, 95다39526.
14) 다만 대판 1979.5.22, 79다239는 "소유권이전청구권 보전을 위한 가등기가 있다 하여 소유권이전등기를 청구할 어떤 법률관계가 있다고 추정되지 않는다"고 한다.
15) 대판(전) 1998.11.19, 98다24105는 "가등기는 순위를 확보하는 데 목적이 있으나, 순위보전의 대상이 되는 물권변동청구권은 성질상 양도될 수 있는 재산권이고 또한 가등기로 그 권리가 공시되어 결과적으로 공시방법까지 있으므로, 이를 양도한 경우에는 양도인과 양수인의 공동신청으로 가등기상의 권리의 이전등기를 부기등기의 형식으로 경료할 수 있다"고 하고, 가등기상 권리의 양도인에 대하여 가등기의 이전등기를 명하였다.

현실적으로는 위에서 설명한 본래적 의미의 가등기보다는 채권 담보 목적의 가등기가 훨씬 많이 행해진다. 전자는 보전가등기, 후자는 담보가등기라고 부른다. 어떤 가등기가 보전가등기와 담보가등기 중 어디에 해당하는지는 그 가등기가 실제상 채권담보를 목적으로 한 것인지 여부에 의하여 결정된다.16) 따라서 등기기록의 형식적 기재만으로는 그것이 보전가등기와 담보가등기 중 어느 것인지를 판단하기 어렵다. 가령 가등기의 등기원인이 매매예약으로 기재되었다고 하여 그것이 늘 보전가등기인 것이 아니고, 대물변제예약으로 기재되었다고 하여 그것이 늘 담보가등기인 것도 아니다.

담보가등기는 『가등기담보 등에 관한 법률』에 의하여 규율된다. 이 법에 따르면 담보가등기는 "채권담보의 목적으로 마친 가등기"를 의미하는 것으로서(제2조 제3호), 이에 따른 담보권을 실행하는 경우에는 청산절차를 거쳐야 하고(제3조, 제4조) 채무자 등은 청산금채권을 변제받을 때까지 피담보채무를 변제하고 담보가등기의 말소를 청구할 수 있다(제11조). 담보가등기권리자는 다른 채권자보다 자기 채권을 우선변제 받을 권리가 있고(제13조), 국세기본법, 국세징수법, 지방세기본법, 「채무자 회생 및 파산에 관한 법률」을 적용할 때에는 담보가등기권을 저당권으로 본다(제17조 제3항). 이처럼 담보가등기에 따른 권리는 실질적으로 저당권과 유사한 취급을 받는 담보권이다. 그러므로 담보가등기의 법리는 보전가등기의 법리와는 구별된다.17)

(나) 종래에는 예비등기의 하나로 예고등기제도가 있었다. 예고등기는 등기원인의 무효나 취소로 인한 등기의 말소 또는 회복의 소가 제기된 경우에 이 사실을 제3자에게 경고하기 위하여 그 소가 제기된 법원의 촉탁으로 행하여지는 등기이다(구 부등 제4조, 제39조). 이 등기는 단지 해당 부동산에 이해관계를 맺으려는 이에게 경고하려는 것일 뿐이고 임차권등기와 같은 대항력이나 가등기와 같은 순위보전의 효력이나 가처분과 같은 처분금지의 효력은 인정되지 않았다.18) 한편 등기원인의 무효나 취소에도 불구하고 선의의 제3자가 보호

---

16) 대결 1998.10.7, 98마1333 참조.

17) 가령 가등기에 기한 본등기에 있어서 중간처분의 직권말소 문제도 담보가등기에는 그대로 적용될 수 없다. 그러므로 가등기 후 국세체납으로 인한 압류등기가 이루어지고 그 뒤 본등기가 이루어진 경우에 그 압류등기가 담보가등기인지 여부에 대해 실질적인 다툼이 있으면 등기관은 그 압류등기를 직권말소할 수 없다. 대결(전) 2010.3.18, 2006마571.

18) 대판 1994.9.13, 94다21740 등 확고한 판례이다. 한편 대판 1998.9.22, 98다2631 등 판례

되는 경우¹⁹⁾에는 예고등기의 필요성이 없으므로 이를 행하지 않았다. 그런데 일단 예고등기가 행하여지면 제3자가 부동산거래를 꺼려하기 때문에 등기명의인의 재산권 행사나 강제집행절차에 있어서 부동산의 정상적 매각이 방해되는 결과가 발생하기도 하였다. 이 때문에 예고등기는 선의의 제3자 보호라는 본래의 목적보다는 위와 같은 수단으로 악용되는 경우가 적지 않았다. 그래서 선의의 제3자 보호는 처분금지가처분 제도 등 다른 제도의 활용을 통해 도모하면서 예고등기는 폐지해야 한다는 논의가 있어 왔다. 이에 따라 예고등기제도는 2011. 4. 12. 법률 제10580호로 전면개정된 부동산등기법에 의해 폐지되었다.

(3) 등기의 방법 내지 형식에 따른 종류

등기의 방법 내지 형식이라는 관점에서는 부동산등기를 주등기(主登記)와 부기등기(附記登記)로 구분할 수 있다. 주등기는 표시번호란 또는 순위번호란에 각각 독립된 번호를 붙여서 하는 등기이다. 등기는 원칙적으로 위 순위번호에 따라 우열이 결정되므로 먼저 행한 주등기는 나중에 행한 주등기보다 우선한다. 한편 부기등기는 새로운 번호를 붙임이 없이 다른 기존의 등기에 부가하여 행하여져서 기존 등기의 순위를 그대로 가지는 등기를 말한다(부등 제5조).

예를 들어 1번 저당권과 2번 저당권이 순차적으로 등기되었다고 해 보자. 그중 1번 저당권을 양수한 자는 그 순위를 그대로 유지할 필요가 있다. 그런데 1번 저당권의 이전등기가 시간적으로 2번 저당권등기보다 늦게 행해질 경우 등기순위결정의 원칙대로라면 1번 저당권 양수인은 2번 저당권자보다 순위에서 뒤처지게 된다. 이를 막기 위해 1번 저당권의 이전등기는 종래의 순위를 그대로 유지하는 부기등기로 행하여진다. 여기에 부기등기의 실익이 있다.

(4) 등기의 기재내용에 따른 종류

등기의 기재내용이라는 관점에서는 부동산등기를 기입등기(記入登記), 변경등기(變更登記), 말소등기(抹消登記), 회복등기(回復登記), 멸실등기(滅失登記)로 구

는, 담당 공무원이 예고등기의 촉탁을 게을리 한 경우에는, 등기명의인으로부터 권리를 취득할 수 있다고 믿고 해당 부동산에 관한 거래를 하였다가 그 소송의 결과 손해를 입은 제3자에 대하여 원칙적으로 국가배상책임을 진다고 한다.

19) 비진의표시(제107조), 통정허위표시(제108조), 착오에 의한 의사표시(제109조), 사기 또는 강박에 의한 의사표시(제110조), 해제(제548조), 사해행위취소(제406조) 등이 그러하다.

분할 수 있다. 기입등기는 새로운 등기원인에 기하여 새로운 사항을 등기부에 기입하는 등기이다. 소유권보존등기, 소유권이전등기, 전세권설정등기 등 대부분의 등기가 기입등기이다. 변경등기는 등기와 실체관계 사이의 불일치를 해소시키기 위하여 기존등기의 「일부」를 변경하거나 말소하는 등기이다. 말소등기는 등기에 부합하는 실체관계가 존재하지 않는 경우에 그 불일치를 해소시키기 위하여 기존등기의 「전부」를 말소하는 등기이다. 회복등기는 기존의 등기가 부당하게 소멸된 경우 이를 원상회복하는 등기이다. 회복등기에는 등기의 전부 또는 일부가 부적법하게 말소된 경우에 행하는 말소회복등기가 있다. 종래에는 말소회복등기 이외에도 등기부의 전부 또는 일부가 멸실된 경우에 행하는 멸실회복등기가 가능하였으나, 등기부 전산화가 완료되어 종이 등기부의 멸실 문제가 사라지면서 2011. 4. 12. 법률 제10580호로 전면개정된 부동산등기법에서 관련 규정이 삭제되었다. 그 대신 부동산등기규칙 제17조 제2항에서는 등기부의 전부 또는 일부가 손상된 경우에 전산운영책임관이 등기부부본자료에 의하여 그 등기부를 복구하도록 하고 있다.[20] 마지막으로 멸실등기는 기존의 등기된 부동산이 전부 멸실된 경우에 행하여지는 등기이다. 부동산이 멸실된 경우에 행하는 것이므로 등기부가 멸실된 경우에 행하였던 종래의 멸실회복등기와는 구별해야 한다.

4. 등기사항

(1) 등기사항에는 두 가지 종류가 있다. 하나는 「등기를 요하는 사항」, 즉 등기되지 않으면 효력을 가지지 못하는 권리변동사항이다. 어떠한 사항이 이에 해당하는가는 실체법에서 정한다. 다른 하나는 「등기할 수 있는 사항」, 즉 등기부에 기록되어야 효력을 가지는 것은 아니지만 등기부에 기록될 수는 있는 사항이다. 등기제도는 기본적으로 사인의 실체법상 권리의 실현에 조력하려는 것이므로, 전자에 속하는 등기사항은 모두 후자에도 속한다. 그러나 후자에는 속하지만 전자의 등기사항은 아닌 경우도 있다. 예를 들면 상속으로 인한 물권

---

20) 다만 부동산등기규칙 부칙 제3조에서는 종이형태로 작성된 등기부의 전부 또는 일부가 폐쇄되지 아니한 상태에서 멸실되었으나 이 규칙 시행 당시까지 종전의 규정에 따른 멸실회복등기절차가 이루어지지 아니한 경우의 그 회복에 관한 절차는 종전의 규정에 따르도록 한다. 그러므로 이러한 경과규정이 적용되는 범위 내에서는 앞으로도 멸실회복등기가 이루어질 여지가 남아 있다.

취득(부등 제23조 제3항), 부동산의 멸실로 인한 물권 소멸(부등 제39조, 제43조), 혼동으로 인한 물권소멸 등은 등기될 수 있는 사항이지만 등기해야 비로소 물권변동의 효과가 발생하는 것은 아니다.

(2) 등기의 대상이 될 수 있는 자격을 「등기능력」이라고 한다. 등기능력을 갖춘 권리는 일단 소유권·지상권·지역권·전세권·저당권이다(부등 제3조 제1 내지 5호). 그런데 부동산에 관한 물권이 아니라도 등기할 수 있는 경우가 있다. 저당권부 채권을 목적으로 하는 권리질권은 저당권등기에 부기등기를 함으로써 그 효력이 저당권에 미친다(민법 제348조). 따라서 권리질권에는 등기능력이 있다(부등 제3조 제6호). 「동산·채권 등의 담보에 관한 법률」에 따른 담보권 역시 마찬가지이다(부등 제3조 제7호). 또한 임차권은 물권이 아니지만 그 등기에 대항력이 부여되므로(민법 제621조), 역시 등기할 수 있다(부등 제3조 제8호). 부동산환매권(민법 제592조, 부등 제53조), 물권변동을 목적으로 하는 청구권(부등 제88조) 역시 등기할 수 있다. 한편 부동산에 관한 점유권·유치권·특수지역권(민법 제302조 참조)은 성질상 등기할 필요가 없으므로 등기능력이 없다.

Ⅱ. 등기절차

1. 공동신청주의

(1) 원칙 — 공동신청주의

(가) 등기는 원칙적으로 등기권리자와 등기의무자의 공동신청으로 행해진다(부등 제23조 제1항).[21] 입법례로서는 독일처럼 등기 당사자 일방의 신청으로 등기를 할 수 있는 단독신청주의를 취하는 예가 있으나, 우리나라는 공동신청주의를 취한다. 공동신청주의는 상반된 이해관계를 가지는 등기권리자와 등기의무자를 모두 신청인에 포함시킴으로써 등기의 진정성을 보장하는 입법례이다. 단독신청주의를 취하는 나라에서는 공증인의 공증 등 등기의 진정성을 보

---

21) 관공서의 촉탁에 의해서도 행하여질 수 있다(부등 제22조). 이와 같이 촉탁에 의하여 등기를 해야 할 경우는 부동산등기법 기타 법률에 의하여 정하여진다. 등기촉탁은 공권력이 사인(私人)의 실체법상 권리의 실현에 조력하거나 이를 규제하기 위하여 인정되므로, 이에 대하여는 법률에 다른 규정이 있는 경우를 제외하고는 신청으로 인한 등기에 관한 규정이 준용된다(부등 제22조 제2항).

장하는 다른 장치가 마련되어 있는 경우가 보통이다.

여기서 「공동」이란 등기신청이 하나의 행위로서 등기관에 대하여 행하여지는 것을 의미한다. 즉 등기신청서가 두 사람의 공동명의로 작성·제출되어야 한다. 그러므로 등기의무자 또는 등기권리자가 각각 별개로 등기신청을 한 경우에는 비록 양자의 내용이 일치하더라도 공동신청이라고 할 수 없다. 공동신청주의에 위반된 등기신청은 등기절차법상의 요건을 갖추지 못하였다는 이유로 각하된다.

(나) 등기신청은 등기권리자와 등기의무자가 할 수 있을 뿐이고 그 이외의 자는 할 수 없는 것이 원칙이다.[22] 예외적으로 등기권리자나 등기의무자가 아닌 채권자가 채무자를 대위하여 등기신청을 할 수 있는 경우가 있다(부등 제28조).

(2) 예외 — 단독신청주의

예외적으로 단독신청이 허용되는 경우도 있다.

우선 공동신청에 의하지 않더라도 진정한 등기가 확보되는 경우로는 판결에 기한 등기(부등 제23조 제4항), 가등기의무자의 승낙서 또는 가등기가처분명령의 정본을 첨부하여 신청하는 가등기(부등 제90조)가 있다. 이때의 「판결」은 등기신청을 명하는 이행판결로서 확정된 것을 의미한다.[23] 이는 의사의 진술을 명하는 판결에 해당하는데, 그 판결이 확정되면 법적으로 의사를 진술한 것으로 간주된다(민집 제263조 제1항).

또한 등기의 성질상 등기의무자가 없는 경우로는 미등기부동산의 소유권보존등기 내지 그 말소등기(부등 제23조 제2항), 상속, 법인의 합병 등을 원인으로 하는 등기(부등 제23조 제3항), 각종 변경등기(부등 제35조, 제41조) 등이 있다.

등기권리자와 등기의무자 쌍방의 이익을 비교하거나, 해당 등기 목적의 특수성 등 여러 사정을 고려할 때 공동신청을 강요하는 것이 타당하지 않은 경우에도 등기권리자의 단독신청이 허용된다. 등기의무자의 소재불명으로 인하

---

22) 등기의무자가 아닌 자를 상대로 등기의 말소절차이행을 구하는 소는 당사자적격이 없는 자를 상대로 한 부적법한 소라고 한 대판 1992.7.28, 92다10173, 10180도 그 연장선상에서 이해할 수 있다.

23) 이러한 판결에는 그 주문에 반드시 등기절차를 이행하라는 등기의무자의 등기신청 의사를 진술하는 내용이 포함되어 있어야 한다. 대판 2023.4.27, 2021다276225, 276232.

여 공동으로 등기의 말소를 신청할 수 없는 경우의 말소등기(부등 제56조)가 그러한 예이다.

2. 당사자출석주의

등기신청은 신청인 또는 그 대리인이 등기소에 출석하여 한다(부등 제24조 제1항 제1호).[24] 이를 당사자출석주의라고 한다. 공동신청주의와 마찬가지로 등기신청의 진정성을 확보하기 위한 원칙이다. 당사자출석주의에 위배한 등기신청은 각하된다(부등 제29조 제4호). 그런데 2006. 5. 10. 부동산등기법의 개정을 통하여 등기신청의 편의와 신속을 도모하기 위하여 등기의 전자신청이 가능하게 되었다. 따라서 등기의 전자신청에 관해서는 종전과 같은 의미의 당사자출석주의는 적용되지 않는다. 부동산등기법에서도 당사자출석의 방법 이외에도 일정한 등기유형에 관해 신청인이 전산정보처리조직을 이용하여 신청정보 및 첨부정보를 보내는 방법으로 이른바 등기의 전자신청을 할 수 있는 길을 열어 놓고 있다(부등 제24조 제1항 제2호). 다만 이때에도 당사자출석주의가 완전히 배제되는 것은 아니다. 등기의 전자신청을 위해서는 당사자나 그 대리인이 미리 사용자등록을 해야 하는데 그 신청을 위해서는 등기소에 출석해야 하기 때문이다(부등규칙 제68조 제1, 2항).

실제로는 등기의무자로부터 등기신청권한을 위임받은 등기권리자, 또는 쌍방으로부터 등기신청권한을 위임받은 대리인(주로 법무사)이 등기를 신청하는 경우가 대부분이다. 대리인이 등기권리자와 등기의무자 쌍방을 대리하는 것이 허용되는 이유는 그것이 이미 발생한 채무의 이행에 불과하기 때문이다(제124조 단서). 한편 여기에서의 대리인에는 임의대리인·법정대리인이 포함된다. 복대리도 허용된다.

3. 등기권리자와 등기의무자의 개념

등기신청은 원칙적으로 두 당사자가 등기소에 출석하여 공동으로 등기신

---

24) 그 예외에 대하여는 동호 단서("다만, 대리인이 변호사(법무법인·법무법인(유한) 및 법무조합을 포함한다)나 법무사(법무사합동법인을 포함한다)인 경우에는 대법원규칙으로 정하는 사무원을 등기소에 출석하게 하여 그 서면을 제출할 수 있다") 참조. 업무상 다수 등기신청을 계속적·반복적으로 할 필요성을 반영한 것이다.

청을 하는 모습으로 이루어진다. 이때 공동신청의 당사자는 등기권리자와 등기의무자이다. 등기권리자는 그 등기로 등기기록상 이익을 얻는 자이다. 등기의무자는 그 등기로 등기기록상 불이익을 얻는 자이다. 예컨대 소유권등기를 넘겨받는 자는 등기기록상 새로운 소유권이라는 취득하는 이익을 얻는 것으로 나타나므로 등기권리자이다. 반면 이를 넘겨주는 자는 등기기록상 기존의 소유권을 상실하는 불이익을 입는 것으로 나타나므로 등기의무자이다. 이처럼 등기의무자는 등기신청 당시 등기부에 어떤 권리를 가진 것으로 기록되어 있어야 한다. 그리고 새로운 등기는 그 기록에 기초하여 이루어진다. 이처럼 등기가 기존의 등기에 연접하여 행하여지는 것을 등기연속의 원칙이라고 한다.

등기권리자와 등기의무자의 개념은 등기연속의 원칙 및 공동신청주의로부터 도출되는 등기절차법상의 개념이다.[25] 따라서 실체법상 권리관계의 귀속과 관계없이 오로지 등기부의 기록만으로 판단한다. 이는 공동신청의 당사자인 등기권리자와 등기의무자를 확인해야 하는 등기관이 실체법상 권리관계를 심사하지 않고 형식적 기준에 의해서만 등기신청의 적법 여부를 심사함으로써 등기사무를 신속 · 원활하게 처리할 수 있도록 하려는 것이다.

그런데 누가 등기권리자이고 등기의무자인지 판단하기 어려운 경우도 있다. 예를 들어 저당권을 설정한 후에 그 피담보채무가 변제 등으로 소멸하였다고 가정해 보자. 이때 저당권설정등기는 말소되어야 한다. 말소등기의 등기권리자는 저당권설정자이다. 왜냐하면 말소등기가 실행됨으로써 저당권설정자는 등기기록상 저당권설정등기의 부담을 면하는 이익을 얻는 것으로 나타나는 자이기 때문이다. 그런데 저당권 설정 후 말소 전에 제3자에게 저당권목적물의 소유권이 이전된 경우는 어떠할까? 이때 말소등기신청에 있어 등기권리자는 종전 소유자(즉 저당권설정자)인가, 아니면 새로운 소유자(즉 제3자)인가? 등기실무는 둘 다 등기권리자가 될 수 있다고 이해한다.[26] 이는 긍정되어도 좋다. 요컨대 등기신청의 적법한 당사자를 정하는 기준인 등기기록상의 이익은 등기사무의 신속 · 원활한 처리라는 기본적 요청을 충족하는 한, 신청되는 등기의 내용

---

25) 따라서 공동신청주의의 예외로서 단독신청이 이루어지는 경우에는 등기권리자와 등기의무자의 개념이 존재하지 않는다.
26) 등기예규 제554호(1985.2.14). 한편 저당권설정자인 종전의 소유자도 저당권설정계약의 당사자로서 저당권말소를 구할 권리가 있다고 한 대판(전) 1994.1.25, 93다16338도 참조.

이나 성질은 물론이고 실체적 권리실현의 필요 등도 고려하여 보다 유연하게 해석될 수 있다.[27]

한편 등기권리자와 등기의무자의 개념은 실체법상 권리로서의 등기청구권을 가지는 자 또는 그에 대응하는 의무를 부담하는 자의 개념과 구별되어야 한다. 등기청구권에 대해서는 아래 「Ⅳ. 등기청구권」 부분에서 상세하게 설명할 예정이다. 한편 절차법상 개념인 등기권리자와 실체법상 개념인 등기청구권자는 일치하는 경우가 많다. 예를 들어 부동산매매로 인한 소유권이전등기에 있어서 매수인은 등기청구권자이면서 등기권리자이다. 하지만 양자가 일치하지 않는 경우도 있다. 아래 사례들을 참고하라.

참고사례 1

甲 부동산은 A의 소유인데 X 앞으로 소유권등기가 되어 있다. 이때 A가 甲 부동산을 B에게 매도하고 이 두 사람이 공동으로 갑 부동산에 관한 소유권이전등기를 신청하였더라도 이 신청은 각하된다. A는 애당초 甲 부동산의 소유자로 등기되지 않았으므로, 그 신청되는 소유권이전등기에 의하여 등기부상으로는 아무런 불이익도 받지 않는다. 따라서 A는 B에게 매매에 의한 소유권이전등기를 마쳐주어야 할 실체법상 의무자이지만 등기의무자는 아니다. X는 실체법상 소유자가 아니지만 그것은 X가 등기의무자가 되는 데 아무런 장애가 되지 않는다. 이는 말소등기에서도 마찬가지이다. 가령 甲 부동산이 X로부터 B에게 소유권이전등기가 되었다면 그 등기를 말소함에 있어서 등기권리자는 A가 아닌 X이고 등기의무자는 B이다.

참고사례 2

미등기인 甲 부동산은 A의 소유인데, B가 무효인 소유권보존등기를 마쳤다. A는 B를 상대로 그 소유권보존등기의 말소를 구한다. 이때 A는 실체법적으로는 위 부동산의 소유자로서 말소등기청구권자이고, B는 그 등기청구권의 상대방이다. 만약 B가 A의 청구에 응하여 스스로 보존등기를 말소하거나, A가 승소판결을 얻어 B를 대위하여 말소등기를 신청하면 그 등기용지는 폐쇄된다. 하지만 A

---

27) 그렇게 보면, 후순위저당권 설정 후 선순위저당권등기의 말소를 신청하는 경우에는 소유자 외에 후순위저당권자도 등기권리자이다.

는 등기부상 소유자로 기록된 바가 없으므로 B의 등기가 말소된다고 하여 등기
기록상 어떠한 이익을 얻는 것이 아니다. 따라서 A는 등기청구권자이지만 등기
권리자는 아니다.

참고사례 3

A는 B에게 甲 부동산을 매도하고 등기이전에 필요한 모든 서류를 넘겨주었
다. 그런데 B는 특별한 이유없이 자신 명의의 소유권이전등기를 하지 않고 있
다. 이로 인하여 A는 재산세 납부 및 건강보험료 인상 등의 불이익을 받고 있
고, 민법 제758조에 따른 공작물의 소유자책임을 질 위험에도 노출되어 있다.
이에 A는 B를 상대로 등기를 받아가라는 소송, 즉 등기수취소송을 제기하고자
한다. 이때 A는 등기의무자, B는 등기권리자이다. 한편 실체법적으로 B는 A에
게 소유권이전등기청구권을 가지고 A는 B에게 이에 대응하는 의무를 부담한다.
나아가 이 사례에서 A는 B의 등기수취지연으로 인하여 불이익을 제거해야 할
지위에 있으므로 B에게 등기수취청구권을 가진다(이에 대하여는 후술하는 등기
청구권 부분 참조). 만약 A의 등기수취청구가 법원에 의하여 받아들여지고 그
판결이 확정되면 등기의무자인 A는 등기권리자인 B의 협력 없이도 B에게 소유
권등기를 이전할 수 있다. 「판결에 의한 등기」에 관하여 「승소한 등기의무자」
도 단독으로 이를 신청할 수 있다고 정하는 것(부등 제23조 제4항)은 바로 이
러한 경우를 염두에 둔 것이다.

4. 등기신청에 필요한 서면 제출

등기신청을 할 때에는 신청정보 및 첨부정보를 적은 서면을 제출해야 한
다(부등 제24조 제1항 제1호). 한편 전자신청 시에는 전산정보처리조직을 이용하
여 신청정보 및 첨부정보를 보내야 한다(부등 제24조 제1항 제2호). 이처럼 등기
신청 시 서면 또는 이에 부응하는 정보를 제출하게 하는 것은 등기절차의 확
실성과 등기의사의 진정성을 담보하기 위해서이다.

한편 우리나라는 독일 등 일부 유럽 국가와는 달리 등기신청 시 제출하는
등기원인증서를 공정증서에 의하여 작성하거나 개인이 작성한 등기원인증서에
공증인의 인증을 받도록 의무화하지 않고 있다. 등기원인증서에 공증을 받게
하는 것은 등기의 진정성을 제고하는 효과가 있어 이를 입법적으로 도입해야

한다는 주장도 이루어져 왔다.[28] 다만 효율성의 측면에서 볼 때 미미한 비율의 부실등기를 방지하기 위해 수많은 등기사건에 공증을 강제하는 것이 지나친 비용을 수반하는 측면이 있다. 또한 공증제도가 법문화와 법의식 속에 자리잡고 있는 모습은 나라마다 다르다. 따라서 이에 관해서는 진정성과 효율성의 측면 및 공증제도의 실태와 법의식, 공증제도를 가진 외국과 우리의 역사적, 문화적 차이 등을 모두 고려하여 신중하게 접근할 필요가 있다.[29]

5. 등기신청의 접수와 등기관의 심사

(1) 등기신청이 있으면, 등기관은 이를 접수할 의무가 있다. 접수의 시간적 전후는 권리의 우열을 좌우한다(부등 제4조, 제6조). 동일한 부동산에 관하여 동시에 여러 개의 신청을 받으면 동일한 접수번호를 적어 동일한 순위로 등기한다.[30]

(2) 등기관은 등기신청이 접수되면 이를 심사하여 수리(受理)할 것인지, 각하할 것인지를 결정한다.[31] 각하사유가 되는 등기신청상의 흠은 법률에 한정적으로 열거되어 있다(부등 제29조).

(3) 등기관은 등기신청에 대해 형식적 심사권을 가진다. 통상적으로 형식적 심사권은 다음과 같은 의미를 가지는 것으로 이해된다. 우선 등기관은 제출된 서면과 이에 관련된 기존의 등기부만을 자료로 삼아 심사할 수 있고, 직권으로 당사자에 대한 구두심문을 행하거나 현장조사를 하거나 다른 서류의 제출을 요구하는 등 적극적 조사를 하는 것은 인정되지 않는다(구 부등 제56조의2의 반대해석).[32] 또한 등기관은 필요한 서면이 제출되었는지 여부 및 제출된 서면이 형식적으로 진정한 것인지의 여부를 심사할 형식적 권한은 가지지만, 등

---

28) 이에 대해서는 우선 민법(재산편) 개정 자료집, 233-242면 참조.

29) 권영준, "등기의 공신력: 1957년 그리고 2011년", 법조 561, 2011 참조.

30) 1984.4.30. 예규 제520호 및 대결 1998.10.30, 98마475.

31) 이 각하결정에 대하여는 관할 지방법원에 이의신청(「등기관의 처분에 대한 이의」)을 할 수 있다(부등 제100조 이하).

32) 2011.4.12. 법률 제10580호로 전면개정되기 전의 부동산등기법 제56조의2에서는 등기관에게 구분건물인지 여부에 관해 등기관에게 실질적 심사권을 부여하고 있었다. 그런데 개정법에서는 원칙적으로 구분건물인지 여부는 건축물대장 소관청에서 판단하는 것이 타당하고, 이러한 실질적 심사권을 그대로 유지할 경우 건축물대장과 등기부 사이에 불일치가 생길 수 있다는 이유로 이를 폐지하였다.

기신청된 내용이 실체법상의 권리관계와 일치하는지 여부까지 심사할 실질적인 권한은 가지지 않는다.[33] 이러한 형식적 심사권은 등기절차의 효율성과 신속성을 제고하는 데에 도움이 된다. 다만 실체법상 권리관계와 일치하지 않는 등기를 하게 될 위험성이 높아지는데 이에 대처하기 위해 공동신청주의를 채택한 것이다.

다만 이처럼 등기관이 등기신청된 내용과 실체법상 권리관계 사이의 일치 여부(가령 등기신청된 것처럼 실제로 부동산매매가 있었는지 여부)를 적극적으로 심사할 수 없다고 하여, 등기신청된 내용 그 자체의 실체법적 허용성(가령 공유지분에 대한 지상권등기신청이 허용되는지 여부)까지도 심사할 수 없는 것은 아니다. 가령 부동산등기법 제29조 제2호는 "사건이 등기할 것이 아닌 경우"를 각하사유의 하나로 들고 있다. 이는 그 신청에 기한 등기가 행하여졌다고 가정하는 경우에 등기부의 기재 자체로부터 등기가 허용될 수 없거나 무효인 것이 명백한 경우를 말한다. 예컨대 5년을 넘는 기간을 정한 공유물불분할약정의 등기(민법 제268조 1항 단서, 부등 제67조 제1항 제2문 참조), 제한최고이율을 넘는 이자의 정함이 있는 저당권설정등기(부등 제75조 제1항 제4호 참조), 기존의 명의신탁에서 유예기간이 경과된 후 명의신탁해지를 원인으로 한 신탁자에게의 환원등기(부실명 제11조 제1항 본문, 제12조 제1항, 제4조 참조), 공유지분에 대한 지상권이나 전세권설정등기, 그 이외에 특별법에 의하여 등기가 금지되는 경우[34] 등은 실체법적으로 허용되지 않는 등기이다. 이 경우 등기관은 그 허용성을 심사한 뒤 등기신청을 각하해야 한다.

(4) 등기신청의 각하 여부는 오로지 부동산등기법 제29조의 각하사유가 존재하는지 여부에 따라 결정한다. 그 심사의 결과 신청각하사유가 인정되지 않으면, 등기관은 신청에 기한 등기를 행해야 한다. 등기관이 등기를 마친 경우 그 등기는 접수한 때부터 효력을 발생한다(부등 제6조 제2항).

(5) 등기관이 새로운 권리에 관한 등기를 마쳤을 때에는 원칙적으로 등기필정보를 작성하여 등기권리자에게 통지해야 한다(부등 제50조).[35] 이는 장차

---

33) 대판 2005.2.25, 2003다13048; 대결(전) 2010.3.18, 2006마571.

34) 예컨대 「도시 및 주거환경 정비법」 제88조 제3항은 동법 제86조 제2항의 규정에 의한 이전의 고시가 있은 날부터 관리처분계획에 따른 대지 및 건축물 소유권에 관한 등기가 있을 때까지는 저당권 등의 다른 등기를 할 수 없다고 규정한다.

35) 등기필정보(登記畢情報)는 등기부에 새로운 권리자가 기록되는 경우에 그 권리자를 확인

다른 등기를 신청할 때 등기의무자(종전 등기의 등기권리자) 등이 본인증명이나 권리증명의 수단으로 등기소에 제공하기 위한 것이다(부등 제50조 제2항 참조). 그러나 등기필정보는 이러한 증명을 용이하게 하기 위한 것일 뿐이므로, 그것이 없다고 권리자로 인정되지 않는 것은 아니다.[36] 부동산등기법에서도 등기필정보가 없는 경우 등기관으로부터 등기의무자등임을 확인받는 절차를 마련하고 있다(부등 제51조).

Ⅲ. 등기관의 결정 등에 대한 이의

1. 이의신청과 이에 대한 재판

등기관의 결정 또는 처분[37]에 이의가 있는 자는 관할지방법원에 이의신청을 할 수 있다(부등 제100조). 등기관은 이의가 이유 있다고 인정하면 그에 해당하는 처분을 하고, 그렇지 않다고 인정하면 이의신청일로부터 3일 이내에 의견을 붙여 이의신청서를 관할 지방법원에 보내야 한다(부등 제103조 제1항 및 제2항). 이는 당사자 간 법률 분쟁 해결을 필요로 하는 사건이 아니라 법률관계를 둘러싼 행정절차의 문제에 대한 신속·간편한 후견적 처리를 필요로 하는 사건으로서 소송사건이 아니라 비송사건에 해당한다. 관할 지방법원은 이의에 대하여 이유를 붙여 결정을 해야 한다. 이 경우 이의가 이유 있다고 인정되면 등기관에게 그에 해당하는 처분을 명령하고 그 뜻을 이의신청인과 등기상 이해관계 있는 자에게 알려야 한다(부등 제105조 제1항). 이 결정에 대해서는 비송사건절차법에 따라 항고할 수 있다(부등 제105조 제2항).

하기 위하여 등기관이 작성한 정보를 말한다(부등 제2조 제4호). 등기필정보는 숫자와 기호 16개로 이루어진다. 한편 등기권리자가 등기필정보의 통지를 원하지 아니하는 경우, 국가 또는 지방자치단체가 등기권리자인 경우, 그 이외에 대법원규칙에서 정하는 경우에는 등기필정보를 통지하지 않아도 된다(부등 제50조 제1항 단서 참조).

36) 대판 1990.1.12, 89다카14363 등.

37) 등기관의 결정은 부동산등기법 제29조에 의하여 등기신청을 각하하는 결정을 말하고, 등기관의 처분은 결정 이외의 조치 일체, 가령 등기신청의 접수, 등기의 실행, 등기부 등초본의 교부, 열람과 그 거부 등을 말한다.

2. 이의신청제도의 취지

등기관은 등기사무를 처리하는 국가기관이다. 따라서 등기관의 처분이 위법 또는 부당하면 이에 대하여 행정소송이나 행정심판을 제기하는 것이 원래 모습이다. 하지만 등기사무가 가지는 사법행정사무로서의 특수성을 고려하여 등기에 관한 별도의 간편한 불복제도로서 이의신청제도를 두었다. 그러한 점에서 이의신청제도는 행정소송이나 행정심판을 대체한다. 따라서 등기관의 처분 등에 대하여는 행정쟁송이 아니라 부동산등기법상 이의신청제도를 통하여만 불복할 수 있다. 다만 이와 별도로 국가배상법에 따른 손해배상의 길은 여전히 열려있다.[38]

3. 부동산등기법 제29조 제1, 2호의 문제

판례는 등기공무원이 등기신청에 따라 그 등기절차를 완료하는 적극적인 처분을 하였을 때에는 그 처분에 대한 불복절차에 대하여 다음과 같은 태도를 취한다. 우선 그 처분이 부동산등기법 제29조 제1, 2호[39]에 해당하는 흠을 가진다면 이의신청제도에 의해 다툴 수 있다. 이 흠은 다른 사유들에 비해 파악하기가 쉬워 이의신청이라는 간편한 제도를 통해 신속하게 해결하는 것이 효율적이기 때문이다. 이와 같은 맥락에서 부동산등기법 제29조 제1, 2호에 해당함에도 불구하고 실행된 등기는 다른 사유들의 경우와는 달리, 등기관의 직권 말소대상이다(부등 제58조).[40] 굳이 소송을 거치지 않고도 등기관의 행정적인 조치 대상으로 삼고, 그에 대한 불복도 신속하고 간편한 이의신청제도의 대상으로 삼는 것이다. 반면 그 처분이 그 이외의 각하사유에 해당하는 흠을 가진다면 정식의 소송으로 그 등기의 효력을 다투어야 한다.[41] 예컨대 등기의무자가 자신의 의사와 무관하게 등기권리자 앞으로 원인무효의 등기가 마쳐졌다고

---

38) 등기관의 과실로 인한 국가배상책임 성립 여부가 문제되었던 대판 2005.2.25, 2003다13048 참조.

39) 제29조 제1호는 「사건이 그 등기소의 관할이 아닌 경우」, 제2호는 「사건이 등기할 것이 아닌 경우」이다. 종래에 이는 제55조에서 규정하고 있었다.

40) 따라서 이때에는 이의의 방법으로 그 등기의 말소를 구할 수 있을 뿐 민사소송의 방법으로 그 시정을 구할 수는 없다. 대판 1996.4.12, 95다33214; 대결 1981.11.6, 80마592.

41) 대결 1996.3.4, 95마1700; 대결 1998.2.24, 87마469; 대결 2000.1.7, 99재마4 등.

주장하면서 그 등기의 말소를 구하려면 등기관의 처분에 대한 이의신청을 할 것이 아니라 등기말소를 구하는 민사소송을 해야 한다.

Ⅳ. 등기청구권

1. 의 의

등기청구권은 특정인이 상대방에게 등기절차에 협력하도록 청구할 수 있는 실체법상의 권리이다.[42] 등기는 등기권리자와 등기의무자의 공동신청에 의하여 행하여지는 것이 원칙이다. 따라서 일방은 상대방의 협력이 있어야 등기를 마칠 수 있다. 상대방이 등기절차에 협력하지 않는다면 이를 상대방에게 강제할 수 있는 사법상의 권리가 등기청구권이다. 이는 국민이 등기관에게 등기를 하도록 요구할 수 있는 공법상 권리인 등기신청권과 구별된다.

등기청구권은 자신에게 등기를 넘겨줄 것을 협력하도록 청구하는 권리인 경우가 대부분이다. 그런데 거꾸로 상대방에게 등기를 넘기는 데에 협력하도록 청구하는 권리일 수도 있다. 예를 들어 부동산매매에서 매도인이 매수인에게 등기를 이전하여 갈 것을 청구하는 권리가 그러하다. 이는 매도인 명의로 있어서는 안 될 등기가 자신의 명의로 있음으로 인하여 사회생활상 또는 법적으로 불이익을 받을 우려가 있는 경우[43] 때문에 인정된다. 이러한 권리는 등기수취청구권(登記受取請求權)이라고 불리는데 그 성질은 매수인의 등기청구권과 다를 바 없다. 매도인은 등기수취청구소송에서 승소의 확정판결을 얻어 단독으로 등기를 신청할 수 있다(부등 제23조 제4항).

---

42) 엄밀하게 말하면 「등기절차협력청구권」이라고 부를 것이나, 간략하게 등기청구권이라는 용어가 정착되어 있다. 한편 그 권리에 대응하는 「등기절차협력의무」는 통상 「등기협력의무」라고 불린다.

43) 대판 2001.2.9, 2000다60708 참조. 이 판결은 그와 같이 해석하는 이유로 통상의 채권채무관계에서는 채권자가 수령을 지체하는 경우 채무자는 공탁 등에 의한 방법으로 채무부담에서 벗어날 수 있으나 등기에 관한 채권채무관계에 있어서는 이러한 방법을 사용할 수 없다는 것을 든다.

2. 등기청구권의 발생원인 및 성질

(1) 창설적 등기와 정정적 등기의 구분

등기청구권의 발생원인 또는 법적 성질을 논의함에 있어서는, 창설적(創設的) 등기와 정정적(訂正的) 등기의 구분이 유익하다.

창설적 등기는 그에 의하여 비로소 권리변동이 일어나는 등기이다. 예를 들어, 부동산매매를 원인으로 하는 매수인 앞으로의 소유권이전등기, 저당권설정계약을 원인으로 하는 저당권자 앞으로의 저당권설정등기 등 법률행위에 의한 물권변동에 관한 등기가 이에 해당한다. 임차권등기도 그 등기에 의하여 비로소 임차권의 대항력이라는 실체적 법률효과가 발생하므로 이 범주에 속한다. 그 외에 취득시효처럼 법률의 규정에 의하여 등기가 있어야 비로소 물권변동이 일어나는 경우(제245조 제1항)의 등기도 마찬가지이다.

한편 정정적 등기는 현재의 물권관계에 제대로 부합하지 아니하는 등기(이를 不實登記라고 한다)를 그에 부합하도록 정정하거나 원상회복으로 행하여지는 등기이다. 예를 들면, A 소유의 부동산인데 B 앞으로 소유권등기가 되어 있는 경우에 이를 A 앞으로 환원하는 등기가 그러하다.

(2) 창설적 등기청구권의 발생원인

창설적 등기에서의 등기청구권은 그 등기에 의하여 일어나는 권리변동의 원인인 법률사실에 기하여 발생한다.

예를 들어, 부동산매수인은 매매계약에 기하여 매도인에게 부동산 소유권의 이전을 청구할 수 있다(제568조 제1항). 그런데 그 소유권이전에는 등기가 필요하므로(제186조), 매수인의 권리이전청구권은 곧 등기절차에 협력할 것을 청구할 권리이다.[44] 또한 부동산환매인(不動産還買人)이 가지는 환매등기청구권이나 임차인이 가지는 임차권등기청구권도 환매약정 또는 임대차계약에 기하여 발생한다.[45] 이러한 등기청구권은 계약의 효력으로 발생하는 것이므로,[46]

---

44) 同旨: 대판 2001.10.9, 2000다51216("부동산의 매매로 인한 소유권이전등기청구권은 물권의 이전을 목적으로 하는 매매의 효과로서 매도인이 부담하는 재산권이전의무의 한 내용을 이루는 것이고, 매도인이 물권행위의 성립요건을 갖추도록 의무를 부담하는 경우에 발생하는 채권적 청구권"이다).

45) 민법 제621조 제1항은 임대차계약에 관한 의사해석규정이다("당사자 간에 반대약정이 없

채권적 성질을 가진다. 따라서 채무이행 또는 불이행에 관한 규정이 적용되고, 10년의 소멸시효 기간이 적용된다(제162조). 다만 대판(전) 1976.11.6, 76다148 이래, 판례는 매수인의 소유권이전등기청구권은 그가 목적물을 이미 인도받아 점유하는 경우에는 소멸시효에 걸리지 않는다는 태도를 취한다.[47] 또한 판례는 일반적인 채권과는 달리 소유권이전등기청구권은 채무자의 동의 없이는 양도할 수 없다고 하여 그 양도성을 제한한다.[48]

한편 점유취득시효(제245조 제1항)가 완성되면 점유자는 소유자에 대하여 소유권이전등기청구권을 가진다. 이는 취득시효가 완성된 부동산의 등기 명의를 점유상태에 맞도록 변경하기 위한 수단으로 주어지는 독특한 성질의 권리로서, 법률의 규정에 기하여 발생하면서도 성격상으로는 창설적 등기청구권이다.

(3) 정정적 등기청구권의 발생원인

정정적 등기청구권은 등기정정청구권[49]이라고도 부른다. 아래의 두 가지 유형이 있다.

(가) 물권적 청구권으로서의 등기정정청구권

하나는 물권적 청구권으로서의 등기정정청구권이다. 소유권은 물론이고, 유치권·질권을 제외한 제한물권의 실현을 방해하는 상태가 지속되면 그 상태를 지배하는 자에 대하여 그 상태의 배제를 청구할 수 있는 물권적 청구권이 주어진다(방해배제청구권. 소유권에 관하여 민법 제214조 및 이를 준용하는 제290조, 제301조, 제319조, 제370조 참조). 만일 그 방해가 등기의 형태를 취하면 그 방해배제청구권은 등기정정청구권의 모습을 가지게 된다.

예를 들어, A 소유의 부동산에 관하여 B 앞으로 원인무효의 소유권등기가

으면").
46) 그러므로 부동산매수인은 물권적 합의 전이라도 매도인을 상대로 소유권이전등기를 청구할 수 있다. 나아가 그가 대금을 지급하지 아니한 채 매도인을 상대로 소유권이전등기청구소송을 제기하였어도, 피고가 그의 대금지급청구권에 기하여 동시이행의 항변을 하지 않는 한, 원고 전부승소의 판결이 선고된다.
47) 대판(전) 1999.3.18, 98다32175에서는 부동산 매수인이 부동산을 인도받아 스스로 계속 점유하는 경우뿐만 아니라 제3자에게 그 부동산을 처분하고 점유를 승계하여 준 경우에도 소유권이전등기청구권의 소멸시효가 진행하지 않는다고 한다.
48) 대판 1995.8.22, 95다15575; 대판 2001.10.9, 2000다51216 등.
49) 독일에서도 이를 등기정정청구권(Eintragungsberichtigungsanspruch)이라고 부르고, 이를 다시 물권적 등기정정청구권과 채권적 등기정정청구권으로 구분한다.

되어 있으면 A는 B에 대하여 그 등기의 정정을 청구할 권리를 가진다. 이 경우의 등기정정청구는 소유권에 기하여 하는 것인데, A가 실체법상 소유자이면 충분하고, 등기기록상 반드시 A 앞으로 소유권등기가 행하여진 일이 있어야 하는 것은 아니다.[50] 또 선순위 저당권이 피담보채무의 변제 등으로 이미 소멸하였는데도 그 등기가 그대로 남아 있는 경우에는 소유자는 물론이고, 후순위 저당권자도 자신의 방해배제청구권(제370조, 제214조)에 기하여 그 등기의 말소를 청구할 수 있다. 이 경우의 등기청구권은 물권적 청구권에 해당하므로 소멸시효에 걸리지 않고, 그 바탕이 되는 물권과 분리되어 양도할 수도 없다.

여기서 등기의 정정은 원칙적으로 물권을 방해하는 해당 등기를 말소함으로써 한다. 그러나 판례는 종전의 태도를 바꾸어, 현재의 소유자 기타 물권자 앞으로 이전등기를 하는 방식(이른바 「진정등기명의 회복을 원인으로 한 이전등기청구」)을 허용한다(판결 1 참조). 그러나 이 이전등기청구권과 위의 말소등기청구권은 실질적으로 동일한 것으로서 소유권에 기한 방해배제청구권의 서로 다른 모습에 불과하다. 따라서 전소인 말소청구소송에서의 확정판결의 기판력은 후소인 진정명의회복을 원인으로 한 이전등기청구소송에 미친다(판결 2 참조).

> **[판결 1] 진정명의회복을 원인으로 한 이전등기청구: 대판(전) 1990.11.27,**
> **89다카12398**

원심판결은 그 이유에서 이 사건 부동산은 원래 이왕직 장관의 소유명의로 있다가 구 왕궁재산처분법(법률 제119호)에 의하여 국유로 된 것인데 6·25사변으로 관계공부가 소실된 것을 틈타서 아무런 원인 없이 소외 1 앞으로 소유권보존등기가 이루어지고 그 후 판시 소외인들을 거쳐 피고 앞으로 소유권이전등기가 마쳐진 사실을 확정하고 나서 원고의 청구 중 이 사건 부동산이 원고의 소유임을 확인하는 부분은 그대로 인용하고 원고에게 직접 소유권이전등기절차의 이행을 구하는 부분에 대하여는, 위와 같이 피고 명의의 등기가 원인 없이 이루어진 것이라면 피고에게 대하여 그 등기의 말소를 구하는 것은 몰라도 직접 소유권이전등기절차의 이행을 구할 수는 없다는 이유를 들어 이를 받아들이지 아니하였다.

그러나 이미 자기 앞으로 소유권을 표상하는 등기가 되어 있었거나 법률에

---

50) 소유자로부터 상속을 받았으나 아직 상속등기가 행하여지지 않는 경우 등이 그러하다.

의하여 소유권을 취득한 자가 진정한 등기명의를 회복하기 위한 방법으로는 현재의 등기명의인을 상대로 그 등기의 말소를 구하는 외에 "진정한 등기명의의 회복"을 원인으로 한 소유권이전등기절차의 이행을 직접 구하는 것도 허용되어야 할 것이다.

왜냐하면 부동산등기제도가 물권변동의 과정을 그대로 표상하려고 하는 취지도 궁극적으로는 사실에 맞지 않는 등기를 배제하여 현재의 권리상태를 정당한 것으로 공시함으로써 부동산거래의 안전을 도모하려는데 있는 것이고 한편 현재의 부진정한 등기명의인은 진정한 소유자의 공시에 협력할 의무를 진다할 것인데 진정한 등기명의의 회복에 협력하기 위하여는 자기의 등기를 말소하는 방법에 의하거나 등기부상의 진정한 권리자에게 직접 이전등기를 이행하는 방법에 의하거나 간에 그 본질적인 면에서 아무런 차이가 없을 뿐만 아니라 그 어느 방법에 의하더라도 자기의 등기를 잃는 점에 있어서는 그 이해를 달리하지 않기 때문이다.

더욱이 이 사건에 있어서와 같이 원고의 소유이던 이 사건 부동산에 관하여 원인 없이 여러 사람을 거쳐 피고 앞으로 그 등기가 마쳐진 경우에, 원고가 진정한 등기명의의 회복을 위하여는 중간 등기명의인들까지를 상대로 하여 차례로 그 등기의 말소를 구하는 것보다는 최종 등기명의인인 피고를 상대로 하여 직접 이전등기를 구하는 것이 소송절차나 소송경제상으로 보아 훨씬 도움이 될 뿐만 아니라 원고는 이미 피고를 상대로 제기한 말소등기청구소송에서 패소 확정된 바 있어서 다시는 같은 소송을 제기할 수 없게 된 관계로 이 사건 소송으로서 피고를 상대로 그 부동산에 대한 소유권확인과 함께 직접 이전등기절차의 이행을 구하는 것인데도 소유권확인 부분만 인용되고 이전등기청구 부분이 받아들여지지 아니하게 된다면 원고로서는 등기를 갖춘 진정한 소유권을 갖기 어려운 반면에 피고로서는 원인 없는 무효의 등기만을 갖게 되어 그 등기를 믿고 거래한 제3자에게 뜻하지 않은 불이익을 주게 될 뿐이므로 이와 같은 경우에 원고에게 진정한 등기명의의 회복을 위한 이전등기청구를 허용하는 것은 더욱 절실하다고 하지 않을 수 없다. 따라서 위의 견해와 어긋나는 취지의 당원 1972.12.26. 선고 72다1846, 1847 판결과 1981.1.13. 선고 78다1916 판결 등은 변경하기로 한다.

결국 원심이, 이 사건 부동산이 이왕직 장관의 소유명의로 있다가 법률상 국유로 된 것이고 피고 명의의 이 사건 등기가 원인무효의 것임을 확정하고서도 그 판시와 같은 이유로 원고의 이 사건 이전등기청구를 받아들이지 아니한 것은 진정한 등기명의의 회복을 위한 이전등기청구권의 법리를 오해하여 판결 결과에 영향을 미쳤다 하겠다. 주장은 이유 있다.

> **[판결 2]** 진정명의회복을 원인으로 한 이전등기청구와 소유권말소등기청구의
> 상호관계: 대판(전) 2001.9.20, 99다37894

1. 사실관계

이 사건 기록에 의하면, 다음과 같은 사실을 알 수 있다.

가. 소외 원호대상자정착직업재활조합 서울목공분조합(상이군경 등 원호대상자들의 직업재활을 도모하기 위하여 제정되었던 구 원호대상자직업재활법에 의하여 1972. 3. 6. 설립된 단체이다)은 조합의 자금으로 이 사건 부동산을 매수하였으나 편의상 1980. 4. 28. 당시 조합장이었던 원고 명의로 소유권이전등기를 경료하였고, 그 후 위 부동산에 대하여는 1980. 8. 20. 피고 명의로 1980. 7. 16.자 증여를 원인으로 한 소유권이전등기가 경료되었으며, 이에 터잡아 1982. 3. 29. 피고보조참가인 명의로, 1984. 12. 22. 다시 피고 명의로 순차 소유권이전등기가 경료되었는데, 원고는 이 사건 부동산에 관한 1980. 7. 16.자 증여의 의사표시가 비상계엄하에서 계엄사령부 합동수사본부 수사관들에 의해 저질러진 불법감금과 구타 등으로 인한 극심한 강박상태에서 이루어진 것이어서 무효이고 따라서 1980. 8. 20. 피고 명의로 경료된 소유권이전등기는 원인무효의 등기이며, 이에 터잡아 이루어진 순차이전등기도 모두 원인무효라는 이유로, 피고와 피고보조참가인을 상대로 위 각 소유권이전등기의 말소를 구하는 소송을 제기하였다가 제1심에서 원고청구기각판결을 선고받았고(서울민사지방법원 90가합57364), 이에 항소를 제기하면서 위 증여의 의사표시는 강박에 의한 것으로서 위 사건의 소장부본 등의 송달로써 취소한다는 주장을 추가하였으나, 항소심에서도 위 증여의 의사표시를 무효라고 볼 수 없고 또한 강박에 의한 취소 주장은 제척기간이 도과한 이후에 이루어진 것으로서 효력이 없다는 이유로 원고의 항소가 기각되었으며(서울고등법원 92나25689), 대법원에서 1993. 5. 27. 상고기각판결(대법원 93다8887)이 선고됨으로써 같은 날 원고 패소판결이 확정되었다(이하 '전소'라고 한다).

나. 이 사건 소는 전소의 원고 패소판결이 확정된 이후인 1998. 7. 23. 제기되었고 그 청구원인은 원고의 이 사건 증여의 의사표시가 무효이거나, 그렇지 않다고 하더라도 강박에 의한 것으로서 원고가 1980년 11월경 원호청장에게 진정서를, 1981년 5월경 대통령에게 탄원서를 각 제출하여 그 의사표시를 취소하였으므로 피고 명의의 소유권이전등기는 원인무효가 되었다고 주장하면서, 피고를 상대로 진정명의회복을 원인으로 한 소유권이전등기를 구한다는 것이다.

2. 기판력 항변에 대한 원심의 판단

원심은 이 사건 소가 전소 확정판결의 기판력에 저촉된다는 피고의 항변에 대하여 확정판결의 기판력은 소송물로 주장된 법률관계의 존부에 관한 판단의 결론 그 자체에만 미치는 것이고, 그 전제가 되는 법률관계의 존부에까지 미치는 것이 아니어서, 부동산에 관한 소유권이전등기가 원인무효라는 이유로 그 등기의 말소를 구하는 소송의 기판력은 그 소송물인 소유권이전등기말소등기청구권에만 미치고 그 전제가 되는 소유권의 존부에까지 미치는 것은 아니므로, 소유권이전등기말소등기청구소송에서 패소한 당사자도 그 후 다시 소유권 확인을 구하거나 진정한 소유자 명의의 회복을 위한 소유권이전등기를 구하는 소송을 제기할 수 있다고 할 것이어서, 원고가 이미 피고를 상대로 제기한 전소에서 패소확정판결을 받았다고 하더라도 그 확정판결의 기판력은 전소에서 주장된 소유권이전등기말소청구권의 존부에만 미칠 뿐 이 사건 부동산에 관한 원고의 소유권의 존부에는 미치지 아니하고, 따라서 원고가 이 사건 부동산에 관한 피고 명의의 소유권이전등기가 원인무효임을 이유로 하여 진정명의회복을 원인으로 한 소유권이전등기절차의 이행을 구하는 이 사건 소에는 그 기판력이 미칠 수 없다는 이유로 피고의 기판력 항변을 배척하였다.

3. 대법원의 판단

진정한 등기명의의 회복을 위한 소유권이전등기청구는 이미 자기 앞으로 소유권을 표상하는 등기가 되어 있었거나 법률에 의하여 소유권을 취득한 자가 진정한 등기명의를 회복하기 위한 방법으로 현재의 등기명의인을 상대로 그 등기의 말소를 구하는 것에 갈음하여 허용되는 것인데(대법원 1990.11.27. 선고 89다카12398 전원합의체 판결 등 참조), 말소등기에 갈음하여 허용되는 진정명의회복을 원인으로 한 소유권이전등기청구권과 무효등기의 말소청구권은 어느 것이나 진정한 소유자의 등기명의를 회복하기 위한 것으로서 실질적으로 그 목적이 동일하고, 두 청구권 모두 소유권에 기한 방해배제청구권으로서 그 법적 근거와 성질이 동일하므로, 비록 전자는 이전등기, 후자는 말소등기의 형식을 취하고 있다고 하더라도 그 소송물은 실질상 동일한 것으로 보아야 하고, 따라서 소유권이전등기말소청구소송에서 패소확정판결을 받았다면 그 기판력은 그 후 제기된 진정명의회복을 원인으로 한 소유권이전등기청구소송에도 미친다고 보아야 할 것이다.

이와 달리 소유권이전등기말소청구소송에서 패소확정판결을 받은 당사자도 그 확정판결의 기판력이 진정명의회복을 원인으로 한 소유권이전등기청구소송에는 미치지 아니하므로 다시 진정명의회복을 위한 소유권이전등기청구소송을 제기할 수 있다고 본 대법원 1990.11.27. 선고 89다카12398 전원합의체 판결, 1990.12.21. 선고 88다카26482 판결, 1992.11.10. 선고 92다22121 판결, 1993. 7.27. 선고 92다50072 판결, 1995.3.10. 선고 94다30829, 30836, 30843 판결, 1996.12.20. 선고 95다37988 판결, 1998.9.8. 선고 97다19878 판결 등의 견해는 이와 저촉되는 한도 내에서 변경하기로 한다.

이 사건의 경우, 원고는 전소에서 피고 명의의 소유권이전등기가 원인무효라는 이유로 그 말소를 구하는 소송을 제기하였다가 원고 패소판결을 받고 확정되었다는 것이므로, 그 판결의 기판력은 피고 명의의 소유권이전등기가 원인무효임을 전제로 하여 그 말소등기에 갈음하여 진정명의회복을 원인으로 한 소유권이전등기를 구하는 이 사건 소에도 미친다고 할 것이다.

법리가 위와 같음에도 불구하고 원심은 전소 확정판결의 기판력이 이 사건 소에는 미치지 않는다고 판단하였으니, 원심판결에는 소유권이전등기말소청구소송과 진정명의회복을 원인으로 한 소유권이전등기청구소송에 있어서의 기판력에 관한 법리를 오해함으로써 판결의 결과에 영향을 미친 위법이 있다고 할 것이다.

4. 결   론

그러므로 나머지 상고이유에 대한 판단을 생략한 채 원심판결을 파기하고, 사건을 다시 심리·판단하게 하기 위하여 원심법원에 환송하기로 하여 주문과 같이 판결하는바, 이 판결에는 대법관 유지담, 대법관 배기원, 대법관 이강국의 별개의견, 대법관 송진훈의 반대의견이 있는 외에는 관여 대법관들의 의견이 일치되었다.

5. **대법관 유지담, 대법관 배기원, 대법관 이강국의 별개의견은 다음과 같다.**

이 사건에서 원고의 청구가 배척되어야 하므로 원심판결이 파기환송되어야 한다는 결론에는 찬성하지만, 소유권이전등기말소등기청구소송의 소송물과 진정명의회복을 원인으로 한 소유권이전등기청구소송의 소송물은 동일하므로 전소인 소유권이전등기말소등기청구소송에서의 확정판결의 기판력은 그 후에 제기된 이 사건 진정명의회복을 원인으로 한 소유권이전등기청구소송에도 미친다는 취지의 다수의견에는 찬성할 수 없으므로, 다음과 같이 별개의견을 표시하는 바이다.

가. 소유권이전등기말소등기청구권이나 말소등기에 갈음하는 진정명의회복을 위한 소유권이전등기청구권은 모두 진정한 소유자의 등기명의를 회복하기 위한 것으로서 그 목적이 동일하고, 위 2개의 청구권 모두 소유권에 기한 방해배제청구권으로서 법적 근거와 성질이 동일하므로 실질에 있어서는 동일한 것

이라는 점에 대하여는 다수의견과 견해를 같이 한다.

나. 그러나 종래 대법원은 민사소송에 있어서의 소송물을 청구원인에 의하여 특정되는 실체법상의 권리 또는 법률관계라고 파악하고, 그에 의하여 소송의 동일성 여부가 식별된다는 소위 구 소송물이론을 견지하여 왔고(대법원 1974.2. 26. 선고 73다1955 판결, 1980.7.22. 선고 80다445 판결, 1982.12.28. 선고 82무2 판결, 1983.3.22. 선고 82다카1533 전원합의체 판결, 1991.1.15. 선고 90다카25970 판결, 1992. 4.10. 선고 91다45356, 45363 판결, 1997.1.24. 선고 96다39080 판결, 2001.2.23. 선고 2000다63752 판결 등 참조), 따라서 전소와 후소의 청구원인이나 청구취지가 서로 다른 경우에는 전소의 확정판결의 기판력은, 그것이 후소의 선결문제가 되는 경우를 제외하고는, 후소에는 미치지 않는다고 판시하여 왔다(대법원 1963.10.22. 선고 63다295 판결, 1994.12.27. 선고 93다34183 판결, 1994.12.27. 선고 94다4684 판결, 1999.12.10. 선고 99다25785 판결, 2000.2.25. 선고 99다55472 판결, 2000.6.9. 선고 98다18155 판결 등 참조).

그러므로 전소인 소유권이전등기말소등기청구소송과 후소인 이 사건 진정명의회복을 위한 소유권이전등기청구소송이 그 소송목적이나 법적 근거와 성질이 같아서 실질적으로 동일하다고 하더라도, 각기 그 청구취지와 청구원인이 서로 다른 이상, 위 2개의 소의 소송물은 다른 것이고, 따라서 전소의 확정판결의 기판력은 후소인 이 사건 소송에는 미치지 않는다고 보아야 할 것이고, 같은 취지의 대법원판례들은 아직은 그대로 유지되어야 할 것이다.

위와 같은 경우에, 다수의견과 같이 전소와 후소의 소송물을 동일한 것으로 보아 전소의 확정판결의 기판력이 후소에도 미친다고 보게 된다면, 기존의 소송물과 기판력 이론에 상당한 혼란이 야기될 수 있을 것이고, 다수의견에서 지적된 바와 같은 많은 대법원판례가 폐기되거나 변경될 수밖에 없을 것인데, 이는 법적 안정성의 측면에서도 바람직하지 못할 것이므로, 이 점에서 다수의견에 찬성하기 어렵다.

다. 그러나 위 2개의 소의 소송물이 서로 다르고, 따라서 전소의 확정판결의 기판력이 후소에는 미치지 않는다고 하더라도, 이미 전소에 관하여 확정판결이 있고, 후소가 실질적으로 전소를 반복하는 것에 불과한 것이라면 후소는 신의칙상 허용되지 않는다고 보아야 할 것이다. 즉, 전소와 후소를 통하여 당사자가 얻으려고 하는 목적이나 사실관계가 동일하고, 전소의 소송과정에서 이미 후소에서와 실질적으로 같은 청구나 주장을 하였거나 그렇게 하는 데 아무런 장애가 없었으며, 후소를 허용함으로써 분쟁이 이미 종결되었다는 상대방의 신뢰를 해치고 상대방의 법적 지위를 불안정하게 하는 경우에는 후소는 신의칙에 반하여 허용되지 않는다고 할 것이다.

　이 사건에 관하여 살펴보면, 원고가 전소와 후소인 이 사건 소를 통하여 얻으려고 하는 목적은 다수의견과 같이 이 사건 부동산에 관한 소유자 명의의 회복으로서 동일한 것이고, 그 전제되는 사실관계 역시 자의가 아닌 강박에 의하여 어쩔 수 없이 증여를 하였다는 것으로서 동일하다고 볼 수 있는 점, 그리고 전소에서는 이 사건 진정서(1980년 11월자)와 탄원서(1981년 5월자)에 의한 취소를 구체적으로 주장하지는 않고 단지 강박을 원인으로 하여 그 사건 소장부본의 송달 등으로써 증여를 취소한다고 주장하면서 말소를 구하였다가 패소확정된 다음 이 사건 소에서 비로소 위와 같은 진정서와 탄원서에 기한 취소의 주장을 하고 있는 것이므로, 비록 전소에서 구체적으로 이 사건 진정서와 탄원서에 기한 취소를 주장하지 않았다고 하더라도 이미 강박에 의한 취소 주장을 하였을 뿐만 아니라, 전소의 제기나 판결 이전에 진정서나 탄원서가 제출되어 있었으므로 전소에서도 그러한 주장을 하려고 하였다면 충분히 할 수 있었던 것으로 보여지는 점, 또한 이 사건 소는 비록 전소와 소송물을 달리한다고 하더라도 전소에서의 소송 목적을 이루기 위하여 다시 소송의 형태를 바꾸어 반복하여 되풀이한 것에 불과한 것으로 보이는 점, 나아가 피고로서는 통상 전소와 같은 소유권이전등기말소등기청구소송에서 승소판결이 확정되었다면 그것으로써 이 사건 증여를 둘러싼 분쟁은 모두 해결되었다고 믿는 것이 무리라고 할 수 없을 것인데, 이 사건 증여가 이루어진 지 18년, 전소의 확정판결이 있은지 5년이나 지난 후에 제기된 이 사건 소로 인하여 상대방인 피고의 지위가 다시 상당히 불안정한 상태에 빠지게 되는 점 등을 종합하면, 이 사건 소는 전소를 반복하는 것으로서 신의칙상 허용되지 않는다고 보는 것이 상당하다고 할 것이다.

　그러함에도, 원심은 이 사건 소가 허용되는 것을 전제로 하여 원고의 이 사건 청구를 인용하였으니, 원심판결에는 반복소송에 있어서의 신의칙위반에 관한 법리를 오해한 위법이 있다고 할 것이고, 따라서 원심판결을 파기하여 원심법원에 환송하여야 할 것이다.

　6. 대법관 송진훈의 반대의견은 다음과 같다.

　가. 다수의견은 무효등기의 말소등기청구에 갈음하여 허용되는 진정명의의 회복을 원인으로 한 소유권이전등기청구권과 무효등기의 말소청구권은 그 목적이나 법적 근거와 성질이 동일하므로 그 소송물은 실질상 동일하고, 따라서 소유권이전등기말소청구소송에서 패소 확정판결을 받았다면 그 기판력은 후에 제기된 진정명의회복을 원인으로 한 소유권이전등기청구소송에도 미친다는 것이다.

　종래 대법원이 민사소송의 소송물에 관하여 이른바 구 소송물이론을 취해

왔고, 이러한 판례의 태도는 계속 유지되어야 할 것임은 별개의견에서 지적하는 바와 같으므로, 이를 원용하고자 한다.

다수의견도 소송물에 관한 한 종전 대법원판례의 태도를 그 전제로 하고 있는 것으로는 보인다. 그러나 소송물과 기판력과의 관계에서 아래에서 보는 바와 같이 그 논리의 전개와 당위성에 납득하기 어려운 점이 있다.

나. 기판력의 범위를 결정하는 소송물은 원고의 청구취지와 청구원인에 의하여 특정되는 것으로서, 사실관계나 법적 주장을 떠나서 청구취지가 다르다면 소송물이 같다고 할 수 없을 것인바(대법원 1992.4.10. 선고 91다45356, 45363 판결, 1995.4.25. 선고 94다17956 전원합의체 판결 등 참조), 전소와 이 사건 소송은 우선 그 청구취지가 다르므로, 이러한 법리의 적용을 배제할 만한 상당한 법적 근거가 없다면 이 두 소송의 소송물이 다르다고 보아야 할 것이다.

다수의견은 청구취지가 다름에도 불구하고 그 소송물이 같다고 보는 이유로서, 진정명의 회복을 원인으로 한 소유권이전등기청구권과 무효등기의 말소청구권은 어느 것이나 진정한 소유자의 등기명의를 회복하기 위한 것으로 실질적으로 그 목적이 동일하고, 두 청구권 모두 소유권에 기한 방해배제청구권으로서 그 법적 근거와 성질이 동일하다는 것을 들고 있다.

그러나 실체법에서 불법행위로 인한 손해배상청구권과 부당이득의 반환청구권의 예와 같이 동일한 목적을 달성하기 위하여 복수의 권리가 인정되고, 각각의 권리에 대하여 소멸시효 등에서 다른 법률효과가 주어지고 있으며, 소송법에서도 이러한 실체법적 지위를 그대로 수용하여 이를 별개의 청구권을 행사하는 것으로 보고 별개의 소송물로 취급함으로써, 실질적으로는 동일한 목적을 달성하기 위한 것이지만 각각의 요건을 갖춘 경우에는 각각의 법률효과를 인정하고 다만 중복하여 권리의 만족을 얻는 것만을 금지하는 예는 얼마든지 찾아볼 수 있다.

또한 이 사건에서 말소등기청구권과 이전등기청구권에 관하여 청구권 발생의 실체법적 근거가 같다고 하지만, 등기절차상으로 말소등기와 이전등기라고 하는 엄연한 차이가 있으므로, 실체법과 함께 등기절차법의 측면에서 이들 청구권의 법적 근거가 반드시 동일하다고만 볼 수도 없는 것이다.

다. 구체적 사례로 예컨대, 통정허위표시에 의하여 갑이 을에게 소유권이전등기를 경료한 후 그 부동산에 관하여 선의의 병이 저당권설정등기를 경료받은 경우에 갑이 을에 대하여 소유권이전등기의 말소청구를 하여 승소하더라도, 등기상 이해관계가 있는 병의 승낙이 없다면 을 명의의 소유권이전등기를 말소할 수 없으나, 반면 갑이 을에 대하여 진정명의의 회복을 위한 소유권이전등기청구소송을 제기하여 승소한다면, 병의 저당권의 부담을 안은 채로 갑에게 소유권이전등기를 경료할 수 있게 되어 무효등기의 말소청구소송에서 승소한 당사자도 다시 진정명의의 회복을 위한 소유권이전등기청구소송을 제기할 실제적 필요성이 있다.

또한 진정명의의 회복을 원인으로 한 소유권이전등기청구권을 최초로 인정한 대법원 1990.11.27. 선고 89다카12398 전원합의체 판결에서 적절히 지적하는 바와 같이, 소유권이전등기의 말소청구소송을 제기하였다가 패소확정된 후에도 그 확정판결의 기판력이 소유권확인청구에는 미치지 아니하므로 다시 소유권확인청구소송을 제기하여 승소 확정판결을 받는 것이 가능한바, 이 경우에 진정명의의 회복을 원인으로 한 소유권이전등기청구소송이 허용되지 않는다면 소유권확인청구소송에서 승소한 당사자가 달리 등기상 소유 명의를 회복할 방도가 없으므로, 진정한 소유자와 등기상 소유 명의인이 일치하지 않는 것을 용인하는 결과가 되어, 부동산등기의 권리공시 기능과 부동산거래의 안전이 심히 훼손될 우려가 있다.

라. 결론적으로, 실무상 확립된 구 소송물이론과 위와 같은 실제적인 측면을 종합적으로 고려하여 진정명의의 회복을 원인으로 하는 소유권이전등기청구권을 인정하기로 한 마당에, 굳이 소송물과 기판력에 관한 종래의 대법원 입장과 상충되는 위험을 안고서, 비록 한정적이기는 하나, 이 청구권을 부인하는 것과 같은 결과에 이르게 되는 다수의견에는 찬성할 수 없고, 소유권이전등기의 말소청구와 함께 진정명의의 회복을 원인으로 하는 소유권이전등기청구를 중첩적으로 허용함이 타당하다고 생각한다.

따라서 다수의견이 변경 또는 폐기하려는 판결들은 유지되어야 마땅하거니와, 여기서 별개의견에 대하여도 한마디 지적한다면, 별개의견은 요컨대, 소송물과 기판력에 관한 종전 판례의 태도를 시인하면서도 결론에서는 그 당연한 귀결을 신의칙이라는 불명확한 척도로 부정하고자 하는 것으로서, 그 자체로 논리적인 모순을 드러내고 있다고 말하지 않을 수 없다.

결국, 소유권이전등기말소청구소송에서 패소한 확정판결의 기판력이 진정명의의 회복을 원인으로 하는 소유권이전등기청구소송에는 미치지 않는다고 판단한 원심판결은 정당하고, 이를 탓하는 상고이유는 받아들일 수 없으므로, 피고의 상고는 기각되어야 할 것이다.

[판결 1, 2]에 관하여 생각할 점

1. 진정명의회복을 위한 이전등기청구소송을 인정하는 이유는 무엇인가?

2. 판결 2의 다수의견, 별개의견, 반대의견은 소송물의 판단에 관한 종전의 입장을 토대로 논리를 전개하면서도 각각 다른 결론에 이르고 있다. 그 이유는 무엇인가?

3. A가 허위표시에 의하여 B에게 이전등기를 하였는데, B가 선의의 C에게 근저당권을 설정하여 주었다면 A가 그 등기명의를 회복할 방법이 있는가? A가 B를 상대로 말소청구를 한 경우와 진정명의회복을 원인으로 한 이전등기청구를 한 경우에 어떻게 달라지는가? 판결 2의 반대의견에서는 이러한 논의를 어떻게 반대의견의 논거로 활용하고 있는가?

(나) 채권적 청구권으로서의 등기정정청구권

다른 하나는 채권적 성질을 가지는 등기정정청구권이다. 이는 종전에 별로 논의되지 않았다. 하지만 이론상 당연히 긍정될 수 있다. 판례도 이를 인정한다.[51]

예를 들어 저당권의 피담보채무가 변제 등으로 소멸하면 저당권은 피담보채권에 대한 부종성 때문에 저당권설정등기가 말소되지 않더라도 당연히 소멸한다. 물론 토지의 현재 소유자는 물권적 청구권으로서의 등기정정청구권을 가지나, 다른 한편 원래의 저당권설정자는 저당권설정에 관한 채권계약에 기하여 상대방인 저당권자(저당권등기명의인)에 대하여 저당권등기의 말소를 청구할 수 있음은 물론이다.[52] 또한 매매계약에 기하여 매수인 앞으로 소유권이전등기가 마쳐진 경우에 그 계약이 무효이거나 취소·해제되어 효력이 없으면, 매도인은 그 등기의 말소를 계약의 원상회복, 즉 부당이득의 반환으로서 청구할 수 있다. 만일 매도인이 자기 소유의 부동산을 매도하였다면, 그 경우 그는 이 권리와 아울러 앞 (가)의 등기정정청구권을 가지므로, 별도로 채권적 등기정정청구권을 인정할 실익이 없다고 할지도 모른다. 그러나 매도인이 타인의 부동산을

---

51) 예를 들어 대판 1988.9.13, 86다카1332는 명의신탁자가 신탁부동산을 자신의 채권자에게 양도담보로 제공한 후 피담보채무를 변제하고 가등기 및 소유권이전본등기의 말소를 청구한 사안에서 "채무자는 담보설정계약의 당사자로서 담보권 소멸에 따른 원상회복으로 담보권자에게 담보물의 반환을 구할 수 있는 계약상 권리가 있으므로, 이러한 계약상 권리에 터잡아 채권자에게 위 가등기 등 담보권등기의 말소를 청구할 수 있고, 반드시 명의수탁자를 대위하여 말소등기청구를 해야 하는 것은 아니다"라고 판시한다. 또한 대판 1993.9.14, 92다1353; 대판(전) 1994.1.25, 93다16338 등 참조.
52) 前註의 대판(전) 1994.1.25. 참조.

매도한 경우라면, 그에게는 채권적 등기정정청구권을 행사할 실제상의 필요가 있다.[53]

> **[판결 3] 근저당권설정자인 종전의 소유자의 말소청구권: 대판(전) 1994.1.25, 93다16338**

원심판결 이유에 의하면 원심은 원고가 그 소유이던 이 사건 부동산에 관하여 1989. 9. 27. 및 같은 해 12. 14. 두번에 걸쳐 피고를 근저당권자로 하여 경료된 각 근저당권설정등기의 피담보채무가 변제 및 변제공탁으로 인하여 소멸되었다는 이유로 피고를 상대로 그 말소를 청구한 데 대하여, 근저당권설정등기의 말소를 청구할 수 있는 자는 청구 당시에 있어서의 그 부동산의 소유자 또는 말소등기로 인하여 직접적인 법률상의 이해관계를 가지고 있는 등기부상의 이해관계인에 한정된다고 풀이한 다음, 원고는 위 각 근저당권의 피담보채무가 소멸되었다고 주장하는 시기 이전인 1990. 4. 1. 이 사건 부동산을 소외 1에게 매도하고 같은 달 9. 그 소유권이전등기까지 경료하여 주어 그 소유권을 상실하였음에도 불구하고 그 이후에 이 사건 청구를 하였을 뿐만 아니라 원고에게 위 각 근저당권설정등기의 말소를 청구할 등기부상의 직접적인 이해관계 있음을 인정할 만한 아무런 주장, 입증을 찾아볼 수 없다고 하여 원고의 이 사건 청구는 더 나아가 살펴 볼 필요 없이 이유가 없다고 판단하였다.

그러나 이 사건에 있어서와 같이 근저당권이 설정된 후에 그 부동산의 소유권이 제3자에게 이전된 경우에는 현재의 소유자가 자신의 소유권에 기하여 피담보채무의 소멸을 원인으로 그 근저당권설정등기의 말소를 청구할 수 있음은 물론이지만, 근저당권설정자인 종전의 소유자도 근저당권설정계약의 당사자로서 근저당권소멸에 따른 원상회복으로 근저당권자에게 근저당권설정등기의 말소를 구할 수 있는 계약상 권리가 있으므로 이러한 계약상 권리에 터잡아 근저당권자에게 피담보채무의 소멸을 이유로 하여 그 근저당권설정등기의 말소를 청구할 수 있다고 봄이 상당하고(당원 1988.9.13. 선고 86다카1332 판결; 1993.9.14. 선고 92다1353 판결 참조), 목적물의 소유권을 상실하였다는 이유만으로 그러한 권리를 행사할 수 없다고 볼 것은 아니다.

이에 어긋나는 취지의 당원 1962.4.26. 선고 4294민상1350 판결은 이로써

---

53) 예를 들어 매수인이 대금의 반환을 청구해 오면 매도인은 이 말소등기청구권에 기하여 동시이행의 항변을 할 수 있다. 나아가 대판 1993.9.14, 92다1353에서 보는 대로, 소유권에 기한 방해배제청구권에 기하여 말소등기청구를 한 전소에서 패소하였더라도 그 기판력이 계약해제에 따른 원상회복으로 말소등기청구를 하는 후소에는 미치지 않는다.

폐기하기로 한다.

　　따라서 이 점을 지적하는 논지는 이유가 있으므로 원심판결을 파기하고 사건을 원심법원에 환송하기로 관여 법관 전원의 의견이 일치되어 주문과 같이 판결한다.

[판결 3]에 관하여 생각할 점

1. 현재의 소유자는 근저당권의 부담을 안고 있으므로 그 말소를 구할 직접적인 이해관계가 있다. 하지만 종전의 소유자는 더 이상 자신 소유 부동산에 그 부담을 안고 있는 자가 아니다. 그런데도 위 판결에서 종전의 소유자에게 말소청구권을 인정한 이유는 무엇인가? 또한 이를 인정하는 실익은 무엇인가?

2. 위 판결은 "근저당권설정자인 종전의 소유자도 근저당권설정계약의 당사자로서 근저당권소멸에 따른 원상회복으로 근저당권자에게 근저당권설정등기의 말소를 구할 수 있는 계약상 권리"가 있다고 한다. 이에 대하여 근저당권설정계약은 근저당권의 설정에 관한 것이지 말소에 관한 것이 아니므로 근저당권설정계약으로부터 말소청구권이 도출되지는 않는다고 반론한다면, 이에 대하여 어떻게 답변할 것인가? 이와 관련하여 대판 1988.9.13, 86다카1332; 대판 1993.9.14, 92다1353을 참조하라.

3. 근저당권설정자인 종전 소유자는 등기권리자에 해당하는가? 이에 관하여는 윤진수, "소유권을 상실한 저당권설정자의 저당권설정등기 말소청구의 가부", 대법원판례해설 21, 1994; 김황식, "근저당권설정자인 종전 소유자도 근저당권설정등기의 말소를 청구 할 수 있는지 여부", 민사판례연구 17, 1995를 참고하라.

제3장 등기에 관한 개별적 쟁점

Ⅰ. 등기의 효력 일반

1. 등기의 효력

등기가 이루어지면 일정한 효력이 발생한다.

첫째, 물권행위에 부합하는 등기는 물권변동을 일으키는 효력을 발생시킨다. 이를 등기의 권리변동적 효력이라고 한다. 민법 제186조는 "부동산에 관한 법률행위로 인한 물권의 득실변경은 등기하여야 그 효력이 생긴다."라고 하여 이를 명문으로 정한다. 이는 등기의 핵심적인 효력이다. 그런데 등기는 물권행위의 효력발생요건일뿐 효력존속요건은 아니다. 따라서 일단 유효하게 행해진 등기가 원인 없이 멸실되거나 말소되었더라도 이미 발생한 물권변동 효력에 영향을 미치지 않는다.[1] 가령 원인 없이 등기가 말소되었다고 하여 물권이 없어지지는 않는다. 이 경우 원래의 등기명의인은 자신의 물권에 기하여 멸실 또는 말소등기의 회복을 청구할 수 있다.

둘째, 일정한 사항은 등기함으로써 제3자에게 대항할 수 있는 효력을 가진다. 이를 등기의 대항적 효력이라고 한다. 지상권, 지역권, 전세권, 저당권과

---

[1] 대판 1968.2.20, 67다1797; 대판 1970.7.28, 70다742; 대판 1988.10.25, 87다카1232; 대판 2002.10.22, 2000다59678 등. 다만 부동산이 경매절차에서 매각되어 소유권이 이전되면 매각부동산에 존재하였던 저당권은 당연히 소멸하므로(민집 제91조 제2항, 제268조 참조) 근저당권설정등기가 원인 없이 말소된 후 근저당목적물이 경매절차에서 매각되어 매각대금 완납까지 이루어졌다면 원인 없이 말소된 근저당권도 소멸한다. 대판 2014.12.11, 2013다28025.

같은 제한물권에 있어서 존속기간, 지료, 이자 등 일정한 사항(부등 제69, 70, 72, 75, 76조 참조), 환매권에 있어서 환매특약(부등 제53조), 공유물 분할금지의 약정(부등 제67조 제1항), 부동산임차권(부등 제74조)에 관하여 등기가 이루어지면 이로써 제3자에게도 대항할 수 있다. 이 사항들은 물권의 득실변경 그 자체에 관한 것은 아니다. 가령 지상권을 설정하면서 지료를 정하지 않아도 무방하고, 부동산임차권은 아예 물권에 해당하지도 않는다. 하지만 이러한 사항들에 관하여 당사자들이 약정하고 이를 등기하면 그 때부터 약정의 당사자가 아닌 제3자에 대하여도 그 사항들을 주장할 수 있게 된다.

셋째, 동일한 부동산에 관하여 수개의 권리가 설정되어 경합하는 경우에는 등기의 선후(先後)로 그 순위가 결정된다(부등 제4조 제1항). 이를 등기의 순위확정적 효력이라고 한다. 이에 따라 선순위 등기는 후순위 등기에 앞서는 효력을 가진다. 등기의 순위는 다음 기준에 따라 결정한다. 등기기록 중 같은 구(區)에서 한 등기 상호간에는 순위번호에 따르고, 다른 구에서 한 등기 상호간에는 접수번호에 따른다(부등 제4조 제2항). 부기등기의 순위는 주등기의 순위에 따르나, 부기등기 상호 간의 순위는 그 등기순서에 따른다(부등 제5조).

그 외에도 등기에는 점유적 효력(제245조 제2항), 추정적 효력이 있는데, 전자는 이 책 제3편 제1장 취득시효 부분에서, 후자는 본장의 해당 부분에서 각각 설명한다.

한편 우리나라에서는 등기의 공신력이 인정되지 않는다는 점에 유의해야 한다. 등기의 공신력은 제3자가 등기부에 나타난 권리관계를 신뢰하고 부동산을 취득하거나 제한물권을 설정한 경우 제3자가 그 권리관계의 유무나 하자와 무관하게 공시된 대로의 물권을 취득하게 하는 효력이다.[2] 형식주의를 채택한

---

2) 등기의 공신력은 이른바 경매의 공신력과는 구별해야 한다. 강제경매의 경우 확정판결 등 유효한 집행권원이 존재하는 이상 집행채권의 부존재, 무효, 소멸 등 집행채권에 관한 사유는 경매 또는 그 경매에 기한 부동산 취득의 효력에 영향을 미치지 않는다. 결과적으로 강제경매에 기한 부동산 취득에는 공신력과 유사한 효력이 부여된다. 반면 임의경매는 집행권원이 아니라 담보권이라는 실체적 권리에 내재한 환가권능에 기하여 실시된다. 이때 실체적 권리 없이 진행된 임의경매 및 그 이에 기한 부동산 취득의 효력은 원칙적으로 부정된다. 다만 민사집행법 제267조는 매수인의 부동산 취득은 담보권 소멸로 영향을 받지 않는다고 규정하고 있고, 판례는 여기에서의 '담보권 소멸'을 경매개시결정 후 담보권 소멸로 제한하여 해석한다(대판(전) 2022.8.25, 2018다205209 참조). 그 결과 경매개시결정 후 담보권 소멸 사안에서의 부동산 취득에도 공신력과 유사한 효력이 부여된다.

국가들은 대체로 등기의 공신력을 인정하는 경향이 있지만, 우리나라는 민법 제정 당시 공신력을 인정할 만큼 등기의 신뢰성이 높지 않다는 이유 등을 들어 공신력을 인정하지 않았다. 그리고 이러한 태도는 다소간의 논란에도 불구하고 현재까지 유지되고 있다. 이는 점유의 공신력에 기하여 선의취득이 인정되는 동산의 경우와 대비된다(제249조). 물론 선의의 제3자를 보호하는 규정(가령 민법 제107조 내지 제109조, 제110조, 제548조 등)이 존재하는 경우에는 이에 따라 제3자가 보호되지만, 그렇지 않은 때에는 공신력의 부재로 인해 제3자는 등기부에 나타난 권리를 취득하지 못한다. 따라서 제3자는 부동산거래의 상대방에게 채무불이행책임이나 담보책임을 추궁함으로써 자신의 손해를 전보받을 수 있을 뿐이다. 이때 무권리자의 무자력 위험은 제3자가 부담하게 된다.

2. 등기의 유효요건

등기가 효력을 가지기 위하여 구비되어야 할 요건을 등기의 유효요건이라고 한다. 등기의 유효요건은 절차적·형식적 측면과 실체적·내용적 측면으로 나누어 살펴볼 수 있다. 전자에서는 등기가 행하여지는 절차에서 존재하는 흠이 등기의 효력에 어떠한 영향을 미치는가가 문제된다. 후자에서는 실체법상 권리관계와 등기의 기재사항이 다를 때 등기의 효력이 어떠한가가 문제된다.

(1) 등기의 절차적 유효요건

등기는 일정한 절차에 따라 행하여진다. 이에 관하여는 대체로 부동산등기법에서 정하고 있다. 그런데 등기절차상의 흠이 존재한다고 하여 언제나 등기가 무효가 되는 것은 아니다. 그 흠이 중대하고 현저할 때 비로소 무효가 된다. 언제 그 흠이 중대하고 현저한가 하는 점은 개별 사안에서 판단할 문제이다. 일반적으로 등기능력이 없는 물건(교량, 터널 등) 또는 권리(점유권, 유치권 등)에 대한 등기, 등기관 아닌 자가 행한 등기,[3] 관할권 없는 등기소에서 마쳐진 등기, 등기신청이 전혀 없었는데도 행하여진 등기, 사망자 명의로 이루어진 등기신청에 기한 등기[4]는 그 등기절차상 흠이 중대하고 현저하다고 본다. 또한

---

3) 그러나 등기관의 제척에 관한 규정(부등 제12조)에 위반한 경우는 그러하지 아니하다.

4) 한편 부동산등기법은, 피상속인이 매매 등 물권행위의 원인행위를 하여 등기원인은 있으나 등기신청 전에 사망한 경우(그 사망은 그 법률행위의 효력에 영향이 없다. 민법 제111조 제2항 참조)에 대하여 상속등기를 하지 않고 상속인이 그 자격을 증명하여 직접

1부동산1등기부주의에 반하여 행해진 「중복등기」에 있어서 후행등기에도 이러한 흠이 존재한다고 본다. 중복등기의 효력에 관하여는 후술한다.

(2) 등기의 실체적 유효요건

(가) 등기의 절차적 유효요건이 갖추어졌더라도 등기의 실체적 유효요건이 갖추어지지 않으면 등기는 효력을 발생하지 않는다. 등기의 실체적 유효요건은 등기가 현재의 권리관계를 표상해야 한다는 요건이다. 등기는 사법상의 권리관계를 명확하게 하여 거래의 신속·원활에 기여하기 위하여 행하여진다. 따라서 현재의 권리관계를 적절하게 표상하지 않는 등기는 오히려 그러한 목적에 반하기 때문에 유효하다고 할 수 없다. 가령 매매계약이 체결되지 않았는데도 매매를 원인으로 소유권이전등기가 마쳐졌다면, 이는 권리관계를 표상하지 못하는 등기로서 무효이다. 또한 매매계약은 체결되었지만 소유권이전등기가 아니라 전세권설정등기가 행하여진 때에도 마찬가지이다. 하지만 일부의 권리관계를 정당하게 표상하는 등기는 그 일부 범위 내에서는 실체적 유효요건을 갖춘 것이다. 가령 수인의 권리자 중 일부만을 권리자로 하는 등기[5]는 실체관계에 맞는 범위 내에서는 일부 유효하다.

(나) 등기의 실체적 유효요건에서 요구하는 권리관계 표상은 「현재」의 「권리관계」이다.

1) 등기가 과거의 물권변동 과정이나 원인을 제대로 공시하지 못하였더라도 「현재」의 권리관계를 제대로 표상하고 있다면 등기를 무효로 보지 않는다. 이는 현재 등기의 효력을 가능한 한 유지하여 그에 기한 거래의 안전을 보장하려는 취지이다. 예를 들면 매매계약이 적법하게 취소되었으나 그 계약에 기하여 행하여진 소유권이전등기의 말소등기를 하지 않고 다시 매매를 원인으로 매도인 앞으로 소유권이전등기를 한 경우에도, 원래의 매도인이 현재의 소유자임을 표상하는 점에서 그 등기는 유효하다. 그리고 실무는 중간생략등기(이에 대하여는 후술), 미등기부동산을 매수하여 점유하는 자에 의한 소유권보존등기,[6]

등기신청을 하는 것을 인정한다. 이를 「상속인에 의한 등기」라고 한다(부등 제27조).

5) 대판 1967.9.5, 67다1347(공동상속의 부동산에 대하여 공동상속인의 한 사람이 불법으로 그 단독 명의로 소유권이전등기를 경료한 경우에 그 자신의 상속분에 대한 등기는 그것이 불법한 방법으로 경료된 것이라 하여도 이를 유효하다고 한다)

6) 한편 미등기부동산의 소유권보존등기에 관한 부동산등기특별조치법 제2조 제5항, 제11조

상속인으로부터의 양수인이 피상속인으로부터 직접 받은 소유권이전등기 등에
도 이러한 논리를 적용하여 이를 처음부터 유효하다고 한다.

2) 등기의 결과로 공시되는 「권리관계」가 적법, 유효한 것이면 등기원인
및 연월일이 실제와 달라도 그 등기는 유효하다. 예를 들어 증여가 행하여졌는
데 등기원인이 매매로 기재되었어도 그에 기한 소유권이전등기는 현재 등기명
의인에 소유권이 있음을 공시하는 것으로서 유효하다. 또한 등기원인일자가 다
소 다르게 기재되었더라도 등기는 유효하다.

3. 실체관계에 부합하는 등기의 법리

(1) 이처럼 등기가 현재의 실체적 권리관계를 반영하는 이상 유효하다는
태도를 밀고 나가면, 등기가 절차적 유효요건을 갖추지 못하여 원래라면 무효
라도 현재의 등기가 실체적 권리관계를 표상하는 한 유효하다는 법리를 인정
하는 데 이르게 된다. 실제로 판례는 그러한 법리를 인정한다(「실체관계에 부합
하는 등기」의 법리). 이러한 법리의 배경에는 현재의 등기가 절차상의 흠에도 불
구하고 「그렇게 있어야 할 권리관계」를 표상하고 있다면, 공시방법으로서의 효
력을 부인하지 말자는 생각(현상존중주의)이 깔려 있다. 또한 기존의 등기를 일
단 정정한 후에 다시 절차적 유효요건을 갖추어 같은 등기를 행하는 것이 번
잡하므로 이를 피해야 한다는 생각(효율성의 고려)도 깔려 있다. 다만 동산물권
변동에서 문제되는 인도(引渡)에 대하여는 「실체관계에 부합하는 인도」의 법리
가 인정될 수 없다. 인도, 즉 사실적 지배인 점유의 승계가 위법하게 실행된
결과에 법적인 효력을 긍정하면, 위법한 사력(私力)의 행사가 횡행할 우려가 있
기 때문이다.

(2) 「실체관계에의 부합」이란, 첫째, 등기명의인 앞으로 현재와 같은 등기
가 행하여져야 할 실체적 권리가 있고, 둘째, 동시이행의 항변권 등을 포함하
여 등기의무자에게 등기의무의 이행을 거절할 정당한 사유가 없는 것, 즉 등기
청구권의 실현에 법적 장애가 없는 것의 두 요건을 충족하는 상태를 말한다.
예를 들어, 부동산매수인이 대금을 모두 지급한 후에, 또는 그 완급 전이라도
미리 소유권이전등기를 한다는 유효한 약정이 있은 후에 등기 관련 서류를 위

도 참조.

조하여 소유권이전등기를 자기 앞으로 마친 경우에 그 등기는 유효하다. 그러나 대금의 완급이나 선등기약정이 없는 상태에서 그와 같이 등기가 행하여지면 「실체관계에 부합하는 등기」의 법리가 적용되지 않는다.[7] 이 경우에 등기가 유효하다고 하면, 매도인은 동시이행의 항변권 등에 기하여 자신의 대금지급청구권을 관철할 기회를 상실하게 되기 때문이다.

(3) 나아가 「실체관계에 부합하는 등기」의 법리는, 등기가 애초에는 실체적 유효요건을 갖추지 못하여 무효이지만 사후적으로 그 등기에 상응하는 실체법상의 사유가 발생한 경우에(즉 이른바 등기원인의 추완이 있는 경우) 이를 그 때로부터 유효로 하는 근거로서도 원용된다.[8] 이 역시 등기 현상존중주의의 발현이라고 할 수 있다. 가장매매에 기한 소유권이전등기가 있은 후에 당사자 사이에 진의에 기한 매매계약이 체결되거나, 점유자 앞으로 원인 없는 등기가 행하여진 후 취득시효가 완성된 경우, 1동 건물의 일부분이 구분소유권의 객체로서 적합한 구조상 독립성을 갖추지 못한 상태에서 구분소유권의 목적으로 등기된 후 구조상 독립성 요건을 갖추게 된 경우[9] 등이 해당 사례들이다. 이 경우에 굳이 등기전용의 합의가 요구된다고 할 필요는 없다. 다만 그와 같이 하여 등기가 유효가 됨으로써 이해관계 있는 제3자가 등기상 불이익을 입지 않아야 한다. 예를 들어, 저당권등기가 채권자가 아닌 제3자 앞으로 행하여져서 무효라고 해도 그 후에 채권자 앞으로 부기등기의 방법으로 저당권이전등기가 행하여지면, 이는 「실체관계에 부합하는 등기」로서 유효하게 되는 것이 원칙이다. 그러나 그 사이에 다른 사람의 가등기가 행하여졌으면, 그 저당권이전등기의 효력을 인정할 수 없다.[10]

(4) 「실체관계에 부합하는 등기」의 법리는 앞서 본 대로 주로 등기제도의 운영효율에 착안한다. 그러나 등기제도의 기본적 구조를 뒤흔들거나 등기절차법이 요구하는 필수적 요청을 외면하면서까지 인정될 수는 없다. 그러므로 등

---

7) 대판 1971.3.23, 71다178; 대판 1985.4.9, 84다카130 등.

8) 일찍이 대판 1963.10.10, 63다583은, "등기가 유효하려면 등기기재에 부합하는 실체법상의 권리관계가 존재함을 필요로 하는데 그 실체적 유효요건이 흠결되어 무효인 등기가 그 후 그 등기기재에 대응하는 실체관계가 존재하게 된 때에는 그 때부터 유효"라고 한 바 있다.

9) 대판 2016.1.28, 2013다59876.

10) 대판 2007.1.11, 2006다50055. 부기등기의 순위는 주등기의 순위에 의하므로(부등 제5조 제1항), 그 효력을 인정하면 가등기보다 앞서게 되어, 가등기권리자를 해하게 된다.

기능력이 없는 물건이나 권리에 대한 등기는 물론이고, 등기관 아닌 자가 행하거나 관할권 없는 등기소에서 마쳐진 경우에는 이 법리가 적용되지 않는다. 또 1부동산1등기부주의에 반하는 중복등기의 경우에 이 법리가 후퇴해야 하는 것도 마찬가지 이유이다.

4. 무효등기의 유용

일단 유효한 등기가 그 후 발생한 사정으로 인하여 이제 무효가 되었으나 그 말소 전에 당사자들이 이를 다른 원인을 위한 등기로 유용(流用) 내지 전용(轉用)하기로 하는 합의를 하였으면 그 등기는 유효하게 되는가?

예를 들어 어느 채권의 담보로 행하여진 저당권등기가 그 채권의 소멸로 무효가 되었으나, 당사자들이 새로 발생한 채권의 담보를 위하여 해당 등기의 효력을 그대로 유지하기로 합의를 한 경우가 문제된다. 판례는 일찍부터 등기의 무효와 유용합의 사이에 등기상 이해관계 있는 제3자가 나타나지 않는 한[11] 그 등기는 다시 유효하게 된다고 한다.[12] 여기서 채권자가 원래의 저당권자가 아닌 제3자인 때에도 저당권등기의 유용합의에 기하여 그 제3자 앞으로 저당권이전의 부기등기가 행하여진 경우에도 마찬가지이다.[13] 이러한 무효등기 유용 합의 내지 추인은 묵시적으로도 이루어질 수 있다. 그러나 장기간 이의 제기를 하지 않았다는 점만으로 이러한 묵시적 합의가 인정되지는 않고, 이러한 방치가 무효등기를 유용할 의사에서 비롯된 것이라고 볼 만한 특별한 사정이 있어야 한다.[14]

무효등기 유용을 인정하는 판례의 태도에 의하면, 본래라면 납부하였어야 할 등록세를 면탈할 우려가 있다. 그러나 유용된 등기의 효력을 유효하다고 하여도 그것이 새로운 등기의 실질을 가진다면 등록세의 별도 징수가 불가능하지는 않을 것이다. 오히려 더 중요한 문제는 등기가 무효가 될 당시 이미 존재

---

11) 대판 1974.9.10, 74다482(가등기권리자가 생긴 사안); 대판 1989.10.27, 87다카425(담보 가등기 유용합의에 따라 제3자 앞으로 소유권이전등기가 행하여진 사안); 대판 2019.5. 16, 2015다253573(압류권자가 생긴 사안) 등.

12) 대판 1963.10.10, 63다583(「실체관계에 부합하는 등기」의 법리를 여기에도 끌어들여, 그 실체관계가 사후적으로 추완되었으므로, 그 등기의 효력이 인정되어야 한다고 설시한다); 대판 1986.12.9, 86다카716 등.

13) 대판 1998.3.24, 97다56242 등.

14) 대판 1991.3.27, 90다17552; 대판 2007.1.11, 2006다50055.

하는 후순위저당권자나 제3취득자가 그 등기의 무효로 얻게 된 법적 이익을 박탈하게 된다는 점이다. 물론 이들은 선순위저당권의 존재를 전제로 하여 권리를 취득하였으므로, 여기서 특별히 보호할 필요가 없다고 할는지도 모른다. 그러나 그렇더라도 이미 얻은 순위상승이나 부담소멸의 이익을 등기유용의 합의에 의하여 사후적으로 박탈하는 것은 부당하다. 그러므로 무효등기의 유용을 배제하는 사유로서 「등기상 이해관계 있는 제3자」는 단지 등기의 무효와 유용합의 사이에 새롭게 등장한 제3자뿐만 아니라, 위와 같이 등기의 무효 당시 이미 존재하는 제3자도 포함한다고 이해해야 한다.

그러나 이러한 판례 법리 역시 등기제도의 기본적 구조를 뒤흔들거나 등기절차법의 필수적 요청을 넘어서서 인정할 수 없다. 예를 들어 건물의 멸실로 등기능력을 상실하여 무효인 등기를 새로 신축된 건물에 대한 등기로 전용할 수는 없다.[15]

Ⅱ. 등기의 추정력

1. 추정력의 의의

일단 등기가 행하여지면, 그것은 절차상 적법하게 유효한 원인에 기하여 행하여진 것으로 추정되고, 또한 그 등기명의인은 등기된 대로의 권리를 가지는 것으로 추정된다. 이를 등기의 추정력이라고 한다. 등기의 추정력에 관한 명문의 규정은 없다. 그러나 등기는 일정한 직무의무를 지는 공무원이 내용의 진실성의 확보를 배려한 엄격한 절차규정에 따라 행해진다. 또한 점유에 권리 추정력을 인정하는 민법 제200조와의 균형을 맞출 필요도 있다.[16] 이러한 이유 때문에 등기에는 추정력을 부여한다.

---

15) 대판 1976.10.26, 75다2211. 대판 1980.11.11, 80다441은 이를 전제로 하여, 구 건물이 멸실된 후 새로 건물이 신축되었으나 구 건물에 대한 저당권등기에 기하여 신 건물에 대한 경매가 진행된 경우 그 경락인(나아가 그로부터의 양수인)의 소유권 취득을 부인한다. 그 저당권등기에 기하여 신 건물에 대한 저당권이 성립한다고 할 수 없기 때문이다.

16) 한편 대판 1969.1.21, 68다1864; 대판 1970.7.24, 70다729 등 확고한 판례는 적어도 등기된 부동산에 대하여는 점유의 추정력이 미치지 않는다고 한다. 즉 등기의 추정력은 점유의 추정력을 깨뜨린다.

이러한 등기의 추정력은 민사소송에서 등기의 효력에 관한 증명책임의 소재와 밀접한 관련성을 가진다. 등기의 효력을 유지하려는 당사자가 아니라 그 효력을 다투려는 당사자가 이에 관한 증명책임을 부담하는 것은 이러한 등기의 추정력 때문이다. 가령 원고가 소유권에 기하여 목적물을 점유하는 피고를 상대로 그 목적물의 인도를 구하는 경우(제213조), 원고가 소유자로 등기되어 있다면 그는 소유권을 가지는 것으로 추정되므로, 피고가 원고에게 소유권이 없다고 증명할 책임을 부담한다.

2. 추정력의 범위

(1) 추정력의 물적 범위

(가) 권리귀속의 추정

등기가 이루어지면 그 등기된 대로 권리가 귀속되어 존재하는 것으로 추정된다. 가령 부동산에 관한 소유권이전등기가 있으면 그 등기명의자에게 소유권이 귀속되는 것으로 추정된다.[17] 또한 그 소유권이전등기에 대한 말소등기가 이루어졌다면, 그 소유권은 실체법상 소멸되어 더 이상 존재하지 않는 것으로 추정된다.[18]

한편 이러한 추정력은 그 등기에 이른 과정이나 태양을 그대로 반영하지 아니하였어도 발생한다. 그러므로 등기명의자가 전소유자로부터 부동산을 취득함에 있어 등기부상 기재된 등기원인에 의하지 아니하고 다른 원인으로 적법하게 취득하였다고 하면서 등기원인행위의 태양이나 과정을 다소 다르게 주장한다고 하여, 이러한 주장만 가지고 등기의 추정력이 깨어지는 것은 아니다.[19]

(나) 등기원인의 추정

등기의 추정력은 등기원인의 존재 및 유효성에 대하여도 미친다.[20] 그러므로 매매를 원인으로 매수인 명의의 소유권이전등기가 마쳐진 경우 매수인은 매매에 의하여 적법하게 소유권을 취득한 것으로 추정된다. 또한 부재자재산관

---

17) 대판 1983.11.22, 83다카894.
18) 다만 소유권이전등기가 원인없이 말소된 경우에는 그 회복등기가 마쳐지기 전이라도 말소된 소유권이전등기의 최종명의인은 적법한 권리자로 추정된다. 대판 1982.12.28, 81다카870.
19) 대판 1993.5.11, 92다46059; 대판 1997.9.30, 95다39526; 대판 2005.9.29, 2003다40651 등.
20) 대판 1992.10.27, 92다30047.

리인의 처분행위를 원인으로 마쳐진 등기는 법원의 처분허가(민법 제25조) 등을
얻어 적법하게 마쳐진 것으로, 분배농지의 상환완료로 인한 소유권이전등기는
적법한 농지분배절차를 밟은 것으로 추정된다.[21]

(다) 적법한 등기절차의 추정

등기가 있는 경우 그 등기는 절차상으로도 유효요건을 갖추어 적법하게
이루어진 것으로 추정된다. 예를 들어, 등기신청이 대리인에 의하여 행하여진
경우에 그 적법한 대리권의 존재는 추정된다.[22] 또한 종전 등기명의인인 미성
년자가 자신의 소유지분을 친권자에게 증여하는 행위가 이해상반행위라도 그
에 따른 친권자 명의의 소유권이전등기가 마쳐져 있는 이상 그 이전등기에 필
요한 절차를 적법하게 거친 것으로 추정된다.[23]

(2) 추정력의 인적 범위

등기의 추정력이 대세적 효력을 가지는 것은 당연하다. 제3자가 그 등기
의 효력을 부인하려면 스스로 등기의 무효를 주장, 증명해야 한다. 그런데 이
러한 추정적 효력은 등기된 권리변동의 직접 당사자 사이에도 미친다. 예를 들
면 소유권이전등기의 현재 등기명의인은 그 등기상 전자(前者), 즉 직전의 등기
명의인에 대하여도 자신 앞으로의 등기가 적법·유효하게 행하여졌다는 추정
을 주장할 수 있다.[24] 그 결과 직전의 등기명의인이 그 이전등기의 말소를 구
하려면 등기원인의 부존재, 무효, 취소, 해제 등을 주장, 증명해야 한다.

3. 추정력의 번복

여기서의 추정은 사실상 추정[25]이 아니라 법률상 추정으로서, 상대방은 등

---

21) 전자에 대하여 대판 1991.11.26, 91다11810; 후자에 대하여 대판 1984.9.25, 80다610.
22) 이는 등기된 물권변동의 원인행위가 대리인에 의하여 행하여진 경우와는 사안의 위상을
    달리한다. 물론 후자의 경우에도 추정력은 등기원인에 미치므로, 무권대리를 주장하는
    측에서 이를 증명해야 한다. 同旨: 대판 1965.8.24, 65다837; 대판 1993.10.12, 93다
    18914; 대판 1995.5.9, 94다41010.
23) 대판 2002.2.5, 2001다72029.
24) 대판 1967.10.23, 67다1778; 대판 1997.12.12, 97다40100; 대판 2004.9.24, 2004다27273;
    대판 2011.11.10, 2010다75648; 대판 2013.1.10, 2010다75044, 75051; 대판 2014.3.13,
    2009다105215 등 확고한 판례.
25) 반면 토지대장의 소유자 등재에 인정되는 소유권 추정(대판 1976.9.28, 76다1431 등 참
    조)은 사실상 추정으로서, 반증에 의하여 번복될 수 있다.

기명의인이 등기된 대로의 권리를 가지지 못함을 증명하여 이를 깨뜨릴 수 있다.[26] 이러한 추정력의 번복과 관련하여 특별히 검토할 사항들은 아래와 같다.

(1) 보존등기 추정력의 번복

보존등기도 추정력을 가진다. 그러므로 보존등기의 추정력을 번복하려면 이를 주장하는 자가 보존등기의 무효를 증명해야 한다. 보존등기는 일련의 권리변동의 출발점에 해당한다. 따라서 보존등기는 그 이후의 등기가 실체법상 권리관계와 합치할 것을 보장하는 관문의 성격을 가진다.[27] 그렇게 본다면 보존등기의 실체부합성이 가지는 중요성은 다른 유형의 등기보다 더욱 크다고 할 수 있을지도 모른다.

그런데 보존등기는 이전등기 등 통상의 등기와 달리 단독신청에 의하여 행하여지므로 진실성이 충분히 보장되지 않는다. 이러한 이유로 보존등기의 추정력은 이전등기의 추정력보다는 더 약하게 인정된다. 그러므로 보존등기의 명의자에 대하여는 소유권이 보존되어 있다는 사실만 추정될 뿐 그에 이르게 된 권리변동이 진실하다는 점까지 추정되지 않는다. 따라서 보존등기의 명의인이 해당 부동산에 대하여 처음으로 소유권을 취득한 자가 아니라는 것이 증명되면 그가 해당 부동산의 소유자라는 추정은 깨진다는 것이 판례이다. 가령 건물의 보존등기명의인이 그 건물을 신축하지 아니한 경우,[28] 사정명의인(査定名義人) 아닌 자의 앞으로 토지의 보존등기가 된 경우,[29] 보존등기 명의인이 전소유자(前所有者)로부터 매수하였다고 주장하는 데 대하여 전소유자는 매도사실을 부인하는 경우[30] 등이 그러하다. 그러므로 이때 그 등기명의인이 따로 소유권의 적법한 취득을 주장·증명하지 못하는 한 그 등기는 무효가 된다.

(2) 특별조치법상 등기 추정력의 번복

등기의 추정력은 각종 「등기특별조치법」[31]에 기한 등기에도 인정된다. 이

---

26) 여기서 법률상 추정, 사실상 추정, 본증, 반증의 의미에 대하여는 민사소송법 교과서를 참조하라.
27) 대판 1996.6.28, 96다16247.
28) 대판 1966.3.22, 66다64; 대판 1996.7.30, 95다30734 등.
29) 대판 1991.10.11, 91다20159; 대판 1996.6.28, 96다16247 등.
30) 대판 1982.9.14, 82다카707 등.
31) 각기 한시법으로 효력을 가졌던 「부동산소유권이전등기 등에 관한 특별조치법」(같은 이름의 법률이 3차례 시행되었다), 「분배농지소유권이전등기에 관한 특별조치법」, 「임야소

러한 특별조치법에서는 부동산등기법에 의한 일반적 등기절차의 예외를 인정하여 실체관계에 부합하는 현재의 사실상 소유자가 보증서, 확인서 등 소정의 서류를 갖추어 간이한 방법으로 단독으로 등기신청을 할 수 있도록 하고 있다.

한편 우리 판례는 이러한 등기에도 통상의 등기와 마찬가지로 추정력을 인정할 뿐만 아니라, 오히려 통상의 등기보다 그 번복을 더욱 어렵게 하고 있다. 예컨대 일반적인 보존등기와는 달리 특별조치법에 의한 보존등기의 경우 보존등기 전에 타인의 소유였음이 판명되었더라도 추정력은 번복되지 않는다고 하고,[32] 일반적인 이전등기와는 달리 특별조치법에 의한 이전등기의 경우 취득일자가 전 소유자 사망 이후라도 추정력은 번복되지 않는다고 한다.[33] 특별조치법에 의한 등기의 추정력을 번복하려면 보증서 등이 허위 또는 위조되었다거나 그 밖의 사유로 인하여 위 등기가 적법하게 마친 것이 아니라는 것이 증명되어야 한다.[34] 이들 법률은 대체로 일정한 자격 있는 자의 보증서 또는 확인서, 그리고 공고만에 의하여 단독신청에 따른 소유권등기(보존등기 또는 이전등기)가 행하여지는 것을 허용한다. 이러한 간편함을 고려하면 오히려 통상의 등기보다 추정력이 약해야 할 것으로 생각된다. 그런데도 판례가 이처럼 강한 추정력을 인정하는 데에는 특별조치법에서 보증인의 자격을 제한하고, 공고기간 동안 이의신청의 기회를 부여하며, 허위 보증서의 작성 등에 대해 형사처벌조항을 두고 있는 등 오히려 등기의 진실성을 확보하기 위한 절차적 장치가 더 강하게 갖추어져 있다는 판단 때문이다. 그러나 이러한 판단이 현실적으로 타당한지에 대해서는 의문이 든다.[35]

유권이전등기 등에 관한 특별조치법」, 「일반농지의 소유권이전등기 등에 관한 특별조치법」 등이 있다.

32) 대판(전) 1987.10.13, 86다카2928.

33) 대판 1997.7.13, 97다14125.

34) 대판(전) 2001.11.22, 2000다71388, 71395.

35) 이에 대해서는 대판(전) 1987.10.13, 86다카2928의 다음 반대의견을 읽어보라. "…위 특조법에 의한 등기의 진실개연성이 일반 부동산등기의 진실개연성에 비추어 더욱 현저하다고 볼 수 없을 뿐만 아니라 위 특조법에 의한 등기에 일반 부동산에 관한 소유권보존등기의 추정력에 비하여 우월한 추정력을 부여하여야 함이 옳다는 합리적인 근거를 어디에서도 찾아볼 수 없고…"

1. 등기추정력과 입증책임분배에 관한 법리오해의 점에 대하여

원심은, 내세운 증거를 종합하여 원래 망 소외 1, 소외 2, 소외 3, 3형제의 공유로 소유권이전등기가 마쳐진 이 사건 각 부동산에 관하여 1970. 6. 19. 및 같은 해 8월 7일 구 임야소유권이전등기등에관한특별조치법(1969. 5. 21. 법률 제2111호로 제정되었다가 그 후 실효, 이하 '특별조치법'이라고 한다)에 따라 소외 1의 처인 피고 1 명의로 매매를 원인으로 한 각 소유권이전등기가 마쳐진 사실 등을 인정한 다음, 특별조치법에 따라 마쳐진 피고 1 명의의 위 각 소유권이전등기는 실체적 권리관계에 부합하는 것으로 추정되나, 위 소외 1 등 3인과 피고 1과의 관계 및 이 사건 각 부동산의 특성 등 여러 사정을 고려하여 볼 때, 피고 1이 이 사건 각 부동산을 특별조치법 소정의 보증서나 확인서에 기재된 일시에 매수하였다고 보기 어려울 뿐만 아니라, 피고 1은 이 사건 각 부동산의 소유권 이전 경위에 대하여 자신은 명의신탁인 소외 1로부터 증여받았으나 편의상 명의수탁자인 종전 등기명의자들로부터 직접 매수한 것처럼 보증서를 발급받아 특별조치법에 따라 소유권이전등기를 마쳤다고 주장하고 있어 이 사건 부동산에 관한 실체적 기재 내용이 진실과 부합하지 않음을 자인하고 있다는 점을 들어, 원고들의 피상속인인 위 소외 2 소유의 3분의 1 지분에 관한 피고 1 명의의 위 각 소유권이전등기는 그 추정력이 번복되어 원인 없이 마쳐진 무효의 등기라고 판단하였다.

특별조치법에 따라 마쳐진 등기는 실체적 권리관계에 부합하는 등기로 추정되고, 특별조치법 소정의 보증서나 확인서가 허위 또는 위조된 것이라거나 그 밖의 사유로 적법하게 등기된 것이 아니라는 입증이 없는 한 그 소유권보존등기나 이전등기의 추정력은 번복되지 않는 것이며, 여기서 허위의 보증서나 확인서라 함은 권리변동의 원인에 관한 실체적 기재 내용이 진실에 부합하지 않는 보증서나 확인서를 뜻하는 것인바(대법원 2000.10.27. 선고 2000다33775 판결 등 참조, 여기서의 허위의 보증서나 확인서의 의미는 형사사건에서의 특별조치법상 허위의 보증서나 확인서의 의미와 다를 수 있다), 특별조치법에 따라 등기를 마친 자가 보증서나 확인서에 기재된 취득원인이 사실과 다름을 인정하더라도 그가 다른 취득원인에 따라 권리를 취득하였음을 주장하는 때에는, 특별조치법의 적용을 받을 수 없는 시점의 취득원인 일자를 내세우는 경우와 같이 그 주장 자체에서 특별조치법에 따른 등기를 마칠 수 없음이 명백하거나 그 주장하는 내용이 구체성이 전혀 없다든지 그 자체로서 허구임이 명백한 경우 등 특별한 사정이 없는 한 위의 사유만으로 특별조치법에 따라 마쳐진 등기의 추정력이 깨어진다고 볼 수는 없으며, 그 밖의 자료에 의하여 새로이 주장된 취득원인 사실에 관하여도 진실이 아님을 의심할 만큼 증명되어야 그 등기의 추정력이 깨어진다고 할 것이다. 이와 달리 특별조치법에 따라 등기를 마친 자가 보증서나 확인서상의 취득원인 사실과 다른 취득원인 사실을 주장한 경우에는 바로 그 등기의 추정력이 깨어진다는 취지로 판시한 대법원 1992.10.27. 선고 92다17938 판결 및 1992.12.8. 선고 92다32067 판결은 이 판결의 견해에 배치되는 범위에서 이를 변경하기로 한다.

위와 같은 법리에 비추어 볼 때 원심이, 피고 1이 실제의 취득원인이라고 내세운 증여사실에 관하여 심리·판단함이 없이 보증서에 기재된 것과는 다른 취득원인 사실을 주장하였다는 이유만으로 바로 피고 1 명의의 위 각 소유권이전등기의 추정력이 번복되었다고 판단한 점에는 특별조치법에 따라 마쳐진 등기의 추정력에 관한 법리를 오해하여 입증책임을 피고들에게 돌린 잘못이 있다고 할 것이다.

그러나 한편 기록에 의하여 피고들이 진정한 취득원인으로 내세운 주장 즉 소외 2 명의의 3분의 1 지분은 소외 1이 소외 2에게 명의신탁한 것인데 피고 1이 명의신탁자인 소외 1로부터 증여받았다는 주장에 관하여 보면, 소외 1, 2, 3 3형제 명의로 소유권이전등기가 경료된 1938년경 소외 1은 만 17세에 불과하여 그가 이 사건 각 부동산을 매입하여 일부 지분을 동생들에게 명의신탁하였다는 사실을 쉽게 받아들이기 어렵고, 이 사건 각 부동산을 다른 사람에게 팔지 않겠다는 것을 확실히 하기 위하여 소외 1 스스로 어린 동생들에게 일부 지분을 명의신탁하여 공유로 소유권이전등기를 마치게 되었다는 명의신탁의 경위도 선뜻 받아들이기 어려울 뿐만 아니라, 1959년경에 소외 1이 선대의 묘 여러 기가 있는 이 사건 각 부동산을 처인 피고 1에게 증여하였다는 점 자체가 이례적이고, 소외 1이 동생인 소외 2를 경제적으로 뒷바라지하자 처인 피고 1이 고생해 온 자신의 몫도 나누어 달라고 하여 이 사건 부동산을 증여받게 되었다는 설명도 설득력이 없고, 증여받았다고 주장하는 시점 이후에도 외형상 이 사건 각 부동산에 관한 점유의 형태에 아무런 변화가 없었으며, 1970년경 특별조치법에 따른 등기를 할 무렵 공동소유명의자 중 생존하여 있던 소외 2와는 협의가 가능하였고 이미 사망한 소외 3도 소외 1과 형제간이었으므로 상속관계를 정리한 후 정식으로 소유권이전등기를 마칠 수 있는 상태였음에도 굳이 특별조치법에 의하여 일방적으로 소유권이전등기를 마친 점 등 여러 가지 정황에 비추어 볼

때, 위와 같은 증여의 주장 및 그 주장에 부합하는 취지의 증거들은 그 신빙성
이 의심스럽다 할 것이므로, 결국 피고들이 또다른 취득원인을 내세우지 아니하
는 한 특별조치법에 따라 마쳐진 위 각 소유권이전등기의 추정력은 번복되었다
고 볼 것이다.

  따라서 이 사건 각 소유권이전등기의 추정력이 번복되었다고 본 원심의 판
단은 결론적으로 정당하고, 거기에 상고이유에서 주장하는 바와 같이 특별조치
법에 따라 마쳐진 소유권이전등기의 추정력이나 입증책임의 분배에 관한 법리
를 오해한 잘못이 있다고 하여도 이는 판결 결과에 영향을 미치지 않으므로, 이
점에 대한 상고이유의 주장은 받아들이지 않는다.

[판결 1]에 관하여 생각할 점

1. 원심과 대법원은 어떤 점에서 판단을 달리하고 있는가? 또한 어떤 점에서 판단
   을 같이 하고 있는가?
2. 이 사건에서 등기의 무효를 주장하는 측, 즉 원고들이 궁극적으로 증명해야 하
   는 대상은 무엇인가? 보증서에 진실에 부합하지 않는 사실의 기재가 있다는 점
   인가, 아니면 등기가 실체적 권리관계에 부합하지 않는다는 점인가? 예컨대 보
   증서에 매매일자가 잘못 기재되어 있지만 등기가 실체적 권리관계에는 부합한
   다면 그 등기는 유효인가, 무효인가?
3. 대법원은 이 사건에서 문제되는 보증서가 결과적으로 허위인지 아닌지에 대해
   서는 명백하게 밝히지 않고 있다. 위 보증서는 "허위의 보증서"에 해당하는가?
   아니면 "잘못 기재되었지만 허위는 아닌 보증서"에 해당하는가? "허위"의 개념
   이 무엇인가? 이에 관하여는 대판 1991.2.8, 90다카28221과 대판 1992.6.23, 92
   다8965를 참조하라.

Ⅲ. 중간생략등기

1. 의   의

  중간생략등기는 권리변동의 원인, 나아가 등기되어야 할 권리변동사항이
여러 개가 있어 그 원인 내지 사항마다 별개의 등기가 행하여져야 하는데도
그 중간의 등기를 생략하여 하는 등기를 말한다. 전형적으로는 부동산이 A에

서 B로, 다시 B에서 C로 순차적으로 매도되었는데 소유권이전등기가 A로부터 C 앞으로 직접 행하여진 경우를 들 수 있다.[36] 중간생략등기에는 최종적인 수요자에게 바로 등기를 하여 줌으로써 등기과정을 단순화한다는 장점이 있지만, 세금면탈 등의 목적에 악용될 위험이 높다는 단점도 있다.

2. 중간생략등기의 유효성

중간생략등기는 유효한가? 이 문제에 관하여 다음 두 가지 점을 생각할 수 있다.

(1) 공시의 원칙과 관련하여

중간생략등기는 물권변동과정을 충실하게 반영하지 못하므로 공시의 원칙에 위배되어 무효인가? 여기에서의 쟁점은 공시의 원칙이 공시하도록 요구하는 것은 무엇인가 하는 점이다. 즉 공시대상이 '현재의 실체적 권리관계'인가, 아니면 '물권변동의 과정이나 원인'까지 포함하는 것인가의 문제이다.

판례와 학설은 '현재의 실체적 권리관계'가 공시되면 충분하다는 입장이다. 이러한 태도에 따르면 중간생략등기는 물권변동의 과정이나 원인을 제대로 공시하지 못하지만 그것이 현재의 실체적 권리관계를 반영하는 이상 유효하다.[37] 결국 이는 「실체관계에 부합하는 등기」의 법리가 반영된 결과이다.

그런데 여기에는 주의할 점이 있다. 우선 여기서 「실체관계에의 부합」은 복수의 권리변동원인 전부에 인정되어야 한다. 앞서 본 A−B−C로 이어지는 매매에서 A로부터 C에게 직접 마쳐진 소유권이전등기가 유효하다고 하려면 A−B, B−C 사이의 두 매매가 모두 유효해야 한다.[38] 나아가 스스로 중간생략등기를 해 준 A로서는 별문제가 되지 않으나, B의 동의 없이 중간생략등기가 행하여진 경우에 B에게 등기를 거절할 정당한 사유가 있었으면 그 중간생략등기의 효력은 부인된다.

---

36) 명의신탁에서 이른바 「3자간 명의신탁」도 이러한 유형에 해당한다.

37) 대판 1967.5.30, 67다588; 대판 1969.7.8, 69다648; 대판 1979.7.10, 79다847; 대판 2005.9.29, 2003다40651 등.

38) 따라서 토지거래허가가 필요한 토지의 경우에는 A−B, B−C 사이에 토지거래허가가 모두 있어야 하고 A−C 사이에만 토지거래허가가 있었다면 그 등기는 무효이다. 대판 1997.3.14, 96다22464.

(2) 부동산등기특별조치법과 관련하여

부동산등기특별조치법은 이미 소유권을 이전받을 권리가 발생하였으면 그에 기한 등기가 이루어진 후에야 권리자가 다시 목적물의 소유권이전에 관한 채권계약을 체결할 수 있도록 하여 중간생략등기를 방지하고자 한다(제2조 제2, 3항). 그러나 이 규정들은 단속규정이다.[39] 따라서 중간생략등기약정 또는 이미 행하여진 중간생략등기의 효력에는 영향이 없고, 이에 대해 형사처벌이나 과태료 처분을 받을 수 있을 뿐이다(제8조, 제11조).

3. 중간생략등기청구권의 인정요건

A는 B에게, B는 C에게 부동산을 순차로 매도한 경우 C가 A에게 직접 등기절차에 협력할 것을 청구할 실체법상 권리(중간생략등기청구권)를 가지는가? 이러한 중간생략등기청구권은 어떠한 요건 아래에서 인정되는가? 이에 관한 논의에서도 우리 민법상 물권변동의 법리가 전제되어야 하고, 또한 등기청구권에 관한 일반 법리가 존중되어야 한다.

(1) 중간생략등기청구권도 일종의 등기청구권이다. 이는 법률에 특별한 정함이 없으면 계약에 기하여 발생한다. 따라서 A와 C 사이에 중간생략등기를 하기로 하는 합의 내지 약정이 있으면, 이에 기하여 C는 A에 대하여 중간생략등기청구권을 가지는 것이 원칙이다. 그런데 A가 원래 등기협력의무를 지는 B가 아니라 C 앞으로 등기를 할 의무를 지기로 약정하는 것은 물론 이로써 B에 대한 채무를 이행하기 위해서이다. 즉 위의 중간생략등기합의는 이미 존재하는 채무의 이행에 관한 약정(이른바 변제계약 Erfüllungsvertrag)에 해당한다.[40] 이러한 변제계약으로서의 중간생략등기합의가 유효하여 그 이행으로 B의 A에 대한 채권이 소멸하려면 B가 이에 동의해야 하고, 그 동의가 없으면 위 계약은

---

39) 대판 1993.1.26, 92다39112.

40) 대판 1996.6.28, 96다3982는 중간생략등기의 합의란 "각 매매계약이 유효하게 성립함을 전제로 그 이행의 편의상 직접 소유권이전등기를 한다는 합의에 불과할 뿐, 그러한 합의가 있다고 하여 최초의 매도인과 최후의 매수인 사이에 매매계약이 체결되었다고 볼 수 없"다고 설시한다. 대법원이 그 법적 구성을 명확하게 의식하였는지는 알 수 없지만, 중간생략등기약정이 원시적으로 채권채무를 발생시키는 매매계약 등 통상의 채권계약과 성질이 다르다고 파악한 것으로서 주목된다. 대판 2005.4.29, 2003다66431도 유사하게 설시한다.

원인이 없어 무효가 된다.[41] 따라서 B의 동의는 중간생략등기합의의 유효요건이다. 결국 중간생략등기합의는 당사자 전원의 의사합치로 이루어져야 한다.[42]

판례는 소유권이전등기 소요 서류 등에 매수인란을 백지로 하여 교부한 경우에는 소유권이전등기에 있어 묵시적 그리고 순차적으로 중간등기생략합의가 있었다고 봄이 상당하다고 하였다.[43] 이러한 태도에 따르면 최초 양도인과 최종 양수인 사이의 합의는 매우 느슨한 형태로 요구되고 있었다. 하지만 그 이후 "매도증서 등의 서류를 넘겨주었다는 것만으로는 원·피고간에 중간생략등기에 관한 합의가 있었다고 할 수는 없는 것"이라고 판시한 이래 중간생략등기합의에 관하여 보다 엄격한 심사를 한다.[44]

한편 최초 양도인과 최종 양수인 사이에도 중간생략등기합의를 요구하는 태도는 소유권이전등기청구권의 양도에도 관철된다. 본래 채권양도로 채무자에게 대항함에 있어서는 양도인의 채무자에 대한 통지로도 충분하다(제450조). 이러한 법리를 그대로 적용하면, 소유권이전등기청구권은 채권이므로 중간자가 최종 양수인에게 이를 양도할 때 그 채무자인 최초 양도인의 동의를 얻지 못하더라도 그에게 통지하면 충분하다고 해석할 수 있다. 그런데 그렇게 해석하면 소유권이전등기청구권의 양도라는 형태를 이용해 최초 양도인과 최종 양수인 사이의 합의가 없어도 쉽게 중간생략등기의 목적을 달성할 수 있어서 부당하다. 따라서 대법원은 소유권이전등기청구권의 양도에 있어서는 일반적인 채권양도와 달리 단순한 통지가 아니라 최초 양도인의 동의가 요구된다고 한다.[45] 이는 중간생략등기 법리에 의해 채권양도 법리의 적용범위를 제한한 사례이다.

이처럼 대법원은 중간생략등기합의에 당사자 전원의 의사합치를 요구하면서도, 당사자 사이에 적법한 원인행위가 성립되어 일단 중간생략등기가 실행되

---

41) 민법에 정하여진 변제계약의 예로는, 대물변제계약(제466조), 경개(제500조), 그리고 대물로써 채무의 이행에 갈음하기로 하는 이른바 대물급부약정(제607조에서 정하는 「대물반환의 예약」이 이에 해당한다)이 있다.

42) 대판 1967.5.30, 67다588; 대판 1969.1.28, 67다1974("중간 사람들의 등기를 거치지 않고 직접 자기 명의로 넘겨와도 무방하다는 합의가 그 관계 당사자 전원들 사이에 있어야 한다"); 대판 1995.8.22, 95다15575 등.

43) 대판 1982.7.13, 81다254.

44) 대판 1991.4.23, 91다5761.

45) 대판 1995.8.22, 95다15575; 대판 2001.10.9, 2000다51216.

었다면, 중간생략등기합의가 없었다는 이유만으로 그 소유권이전등기가 무효라고 할 수 없다는 태도를 취한다.[46] 이는 등기가 형식적 유효요건을 갖추지 못하여 원래라면 무효라도 현재의 등기가 실체적 권리관계를 표상하는 한 유효하다는 「실체관계에 부합하는 등기의 법리」와 궤를 같이 한다.

> ### [판결 2] 중간생략등기에 관한 합의 없이 이루어진 소유권이전등기의 효력: 대판 1980.2.12, 79다2104

원판결 이유에 의하면 원심은 1976. 10. 20 원고와 피고 1 간에 원고가 피고 종중으로부터 이건 부동산을 매수한 매수인의 지위를 피고 1에게 양도하는 부동산 매매권리양도계약을 체결하였는데 그 다음 날인 10. 21에 피고 종중은 위 매수인 지위양도의 승인을 거절한 사실을 인정하고 그 후 피고종중이 뒤늦게 위 승인을 할 때까지 사이에 원고가 매수인으로서 피고 종중에게 대금의 일부로 4차에 걸쳐 금 10,841,000원을 지급하고 피고 종중이 이를 수령한 이 사건에 있어서는 피고 종중의 뒤늦은 승인은 원고에 대하여 그 효력을 발생할 수 없는 법리라 할 것이므로 위 승인이 유효함을 전제로 하여 피고 종중이 1977. 10. 31 피고 1로부터 이 사건 부동산에 대한 매매잔금을 지급받고 경료된 피고 1 명의의 이 사건 소유권이전등기는 원인을 결한 무효의 등기라 할 것이라고 단정하고 나아가 원고는 피고 1과 간의 매수인 권리양도에 있어서 양수인인 피고 1에 대하여 피고 종중으로부터 승인을 받을 책임을 부담했으면서 이 승인을 받지 못한 이유를 들어 이제 와서 매수인의 지위가 피고 1에게 양도되지 않았다고 주장함은 신의칙에 위반하여 실당하다는 피고들 및 그 보조참가인의 주장에 대하여 원고와 피고 1 간의 매수인 지위 양수도계약이 위 두 사람 내부관계에서 유효히 존속하여 원고가 피고 1에게 매수인의 지위를 양도한 자로서의 소유권이전등기의무를 부담하고 있다 할지라도 원고와 피고 종중 간의 관계에 있어서는 피고 종중이 위 권리양도 계약을 승인하지 않고 거절함으로써 그 효력이 발생하지 않았다 할 것이니 피고 종중의 승인을 받지 못한 책임을 원고에게 귀책시켜 위 양도계약이 유효하다는 위 주장은 채용할 수 없다.

따라서 피고 종중이 원고를 거치지 않고 직접 피고 1 앞으로 소유권이전등기를 넘겨줄 수는 없는 것이고 또 이 건에서 원고와 피고 종중 간에 원고가 전매하는 경우 중간등기를 생략하고 전매수인에게 바로 넘겨준다는 합의가 있었

---

46) 대판 1967.5.30, 67다577; 대판 1969.7.8, 69다648; 대판 1972.7.25, 71다2053; 대판 1980.2.12, 79다2104; 대판 2005.9.29, 2003다40651 등.

다는 주장·입증도 없으니 피고들 및 그 보조참가인들의 항변은 이유없다는 취지로 판시하였다.

그러나 피고 종중이 원고와 피고 1 간의 매수인 지위양도에 대한 승인을 일단 거부한 후 원고가 매수인으로서 피고 종중에게 대금의 일부를 지급한 사실이 있다고 함에 관하여 살펴보면 이는 원심이 증거로 채택한 갑 제2호증(매매계약서), 갑 제11호증(채권양도증서), 갑 제9호증의 5,6,7,8(각 영수증)의 각 기재를 종합하여 볼 때 원고가 피고 종중에게 지급할 이 사건 부동산 대금 중 13,041,000원에 대한 피고 종중의 채권을 양도받은 소외 1에게 원고가 그 채무 일부인 금 10,841,000원을 지급한 것에 관한 것이요 피고 종중이 현실적으로 이를 수령한 것이 아님을 알 수 있는 바 이에 당사자 변론의 전취지를 보태어 보면 피고 종중이 후일 거부의사를 변경하여 승인한 것을 가리켜 바로 뒤늦은 승인으로서 원고에 대하여 효력이 발생할 수 없거나 매수인인 원고에게 해로움을 끼치게 하는 결과를 초래케 하고 신의성실의 원칙에 비추어 효력이 부정되어야 할 사유라고 하기는 어렵다고 봄이 상당하다.

원고와 피고 1 간에는 매수인 지위양도 계약이 유효하게 존속하고 있다는 이 사건에 있어서 피고 종중으로부터의 승인을 받을 책임을 원고가 부담하고 있다면 원고는 매수인의 지위양도계약의 승인을 얻어 양도계약의 효력을 발생케하여야 할 의무있는 자로서 매수인의 지위가 피고 1에게 양도되지 않았다고 다투는 것은 오히려 신의칙에 위반됨이 분명하거니와 피고 1과의 내부관계에 있어서는 매수인의 지위양도가 되어 있다는 원고로서 피고 1 명의로 경료된 이 사건 소유권이전등기의 무효를 주장할 수는 없다고 봄이 마땅하다.

뿐만 아니라 피고 1이 1977. 10. 31 피고 종중에게 이 사건 부동산매매 잔대금 55,237,461원을 지급한 것을 원판시와 같이 원고와의 내부관계상 매수인의 지위를 양수한 이해관계인으로서 원고를 위하여 대위변제를 한 것이라 하더라도 피고 1은 원고에 대하여 피고 종중으로부터 소유권이전등기를 받아 자기에게 이전등기를 이행해 달라는 청구권이 있는데 피고 종중으로부터 원고를 거치지 않고 직접 피고 1에게 소유권이전등기가 경유된 이른바 이미 중간생략등기가 이루어져 버린 경우라 할 것이니 관계당사자 사이에 적법한 원인 행위가 성립 이행되었다 함은 원심이 판시한 바와 같은 이상 원고와 피고 종중간에 피고 1에게 등기를 바로 넘겨준다는 중간생략등기에 관한 합의가 없었다는 사유만으로서는 피고 1 앞으로 경유된 등기를 무효라고 할 수는 없다 할 것이다(대법원 1969.7.8. 선고 69다648 판결, 1979.7.10. 선고 79다847 판결 참조).

이러함에도 불구하고 원심이 위와 같이 판시하였음은 부동산 매수인의 지위양도계약에 대한 승인 및 중간생략등기의 효력이나 신의칙에 관한 법리를 오해하고 겸하여 심리미진으로 인한 이유불비의 잘못있어 판결에 영향을 미쳤다 할 것이므로 논지들은 이유있다.

[판결 2]에 관하여 생각할 점

1. 등기가 가지는 공시의 기능에 비추어 볼 때 비단 현재의 권리관계뿐만 아니라 물권변동의 과정이나 원인까지 제대로 공시하게 하는 것이 바람직하지 않은가? 물권변동과정이나 그 원인을 제대로 공시하지 못하는 중간생략등기의 유효성을 인정하는 이유는 무엇인가?

2. 등기는 당사자의 합의에 의한 물권변동의 효력을 발생시키는 공시방법이다. 당사자의 합의가 없다면 등기원인이 없어 그 등기는 무효가 된다. 그런데 위 판결에서는 중간생략등기에 관한 합의가 없었다는 사유만으로 그 소유권이전등기를 무효라고 할 수 없다고 한다. 이러한 법리는 어떻게 설명할 수 있는가? 또한 이는 중간생략등기약정이 유효하려면 당사자 전원의 합의가 필요하다는 판례를 무색하게 만드는 것이 아닌가?

4. 중간생략등기와 당사자 간의 채권관계

중간생략등기는 당사자 간의 채권관계에 어떠한 영향을 미치는가? 가령 A, B, C에게 순차적으로 매매가 이루어졌는데, A로부터 C에게 중간생략등기가 행하여지면, A의 B에 대한, 그리고 B의 C에 대한 소유권이전등기의무는 소멸하는가? 한편 중간생략등기의 유효한 합의가 있지만 아직 중간생략등기는 실행되지 않은 상태에서는 어떠한가?

이 문제는 채무이행의 실행이 중간 당사자를 뛰어넘어 행하여지는 이른바 「단축급부(gekürzte Leistung)」의 법리와 직접 관련된다. A, B, C 사이에 순차적으로 동일한 물품에 대한 매매가 이루어진 뒤 전원의 합의 아래 A가 C에게 직접 물품을 인도하는 것이 단축급부의 대표적 예이다. 이때 A의 C에 대한 물품인도는 규범적 관점에서 볼 때 A의 B에 대한 물품인도와 B의 C에 대한 물품인도가 합쳐져서 이루어진다. 이를 통해 A의 B, B의 C에 대한 물품인도채무는 모두 이행되어 소멸한다. 이러한 법리는 중간생략등기에도 적용된다. A가 C에게 유효하게 중간생략등기를 마치면 A의 B, B의 C에 대한 소유권이전등기의무는 모두 이행되어 소멸한다. 반면 중간생략등기합의가 있어도 실제로 이에 기한 등기가 이루어지기 전에는 위 각 의무가 이행된 것이 아니므로 소멸하지 않은 채 존재한다.[47] 그 결과 A는 B에게는 매매계약에 따라, C에게는 중간생략등기합의에 따라 각각 소유권이전등기의무를 부담한다. 이 의무들은 서로 부진정연대채무관계에 있다. 따라서 A는 둘 중 하나를 이행함으로써 자신의 채무를 면할 수 있다. 반면 어느 것도 이행하지 않으면 B와 C에 대해서 각각 채무불이행책임을 부담하고, 이 역시 부진정연대채무관계에 있다.[48]

[판결 3] 중간생략등기가 기존 채권에 미치는 영향: 대판 2005.4.29, 2003다 66431

1. 원고의 상고에 대한 판단 (생략)
2. 피고들의 상고에 대한 판단
가. 원심의 판단

원심은, 그 채용 증거들을 종합하여 피고들과 소외 주식회사 서문(이하 '소외 회사'라 한다), 소외 회사와 원고와 사이에 이 사건 토지에 관하여 순차로 각 매매계약이 체결된 사실을 인정한 다음 위 각 매매계약의 체결 경위, 피고들과 소외 회사 사이의 매매계약서상의 매수인의 표시 및 매수 목적에 관한 특약의 존재, 이 사건 토지를 제외한 나머지 토지들에 관한 소유권이전등기의 경료 과정 등에 관한 판시와 같은 사정을 종합하여 보면, 피고들과 소외 회사 및 원고 사이에는 이 사건 토지에 관하여 소외 회사 명의의 소유권이전등기를 생략하고 소외 회사와 원고 사이에 체결된 이 사건 분양(매매)계약에 기하여 바로 피고들로부터 원고 명의로 소유권이전등기를 경료하여 주기로 하는 중간생략등기의 합의가 존재하였다고 봄이 상당하다고 판단하였다.

나아가 원심은, 그 채용 증거들을 종합하여 피고들이 소외 회사로부터 위 매매계약의 계약금 34,000,000원만을 지급받은 후 더 이상의 매매대금을 수령하

---

47) 同旨: 대판 1991.12.13, 91다18316("중간생략등기의 합의가 있었다 하더라도 이러한 합의는 중간등기를 생략하여도 당사자 사이에 이의가 없겠고 또 그 등기의 효력에 영향을 미치지 않겠다는 의미가 있을 뿐이지 그러한 합의가 있었다 하여 중간매수인의 소유권이전등기청구권이 소멸된다거나 처음 매도인의 그 매수인에 대한 소유권이전등기의무가 소멸하지 않는다"). 또한 대판 2005.4.29, 2003다66431(중간생략등기합의가 있어도 B의 A에 대한 매매대금청구권의 행사가 제한되지 않는다고 한다).

48) 한편 A로부터 C에게 등기가 이루어지지 않은 경우 B 역시 C에게 채무불이행책임을 지게 된다. 대판 1971.6.8, 70다2432 참조.

지 않은 채 소외 회사에게 이 사건 토지에 관한 매매대금을 당초 계약가격인 평당 356,010원보다 훨씬 비싼 가격 수준으로 올려 지급하여 달라고 고집하자 이에 소외 회사는 원고로부터는 원고와의 매매계약상의 매매대금을 모두 지급받은 후인 1996. 11. 18. 피고들과 사이에 이 사건 토지에 관한 매매대금을 평당 550,000원으로 인상하여 그 매매대금을 같은 달 30.까지 지급하되, 만약 이를 지급하지 못할 경우에는 원상복구하고 모든 민·형사상 책임을 지겠다는 취지의 지불확인서를 작성하여 피고 1에게 교부한 사실, 그런데 소외 회사는 약정된 1996. 11. 30. 이후에도 피고들에게 위 매매대금을 지급하지 아니한 사실을 인정한 다음 이러한 사실관계를 기초로, 피고들이 소외 회사에게는 위와 같이 인상된 매매대금의 지급을 청구할 수 있을지언정 원고에게는 당초의 소외 회사와 원고 사이의 매매계약상의 항변권만을 주장할 수 있을 뿐이므로 당초의 매매계약 및 중간생략등기 합의 이후에 피고들과 소외 회사 사이에서 이루어진 매매대금 인상의 합의를 가지고 원고에게 대항할 수 없다는 이유로, 위와 같이 인상된 매매대금을 기초로 한 피고들의 동시이행의 항변을 일부 배척한 다음 원고의 피고들에 대한 이 사건 청구를 일부 인용하였다.

나. 대법원의 판단

(1) 먼저, 기록에 비추어 살펴보면, 원심이 그 채용 증거들을 종합하여 판시와 같은 사정을 들어 피고들과 소외 회사 및 원고 사이에 이 사건 토지에 관한 중간생략등기의 합의가 있었다고 보는 것이 상당하다고 판단한 것은 수긍이 가고, 거기에 상고이유로 주장하는 바와 같은 채증법칙 위배로 인한 사실오인 등의 위법이 없다.

(2) 그러나 원심이 피고들의 동시이행의 항변을 일부 배척한 다음 원고의 청구를 일부 받아들인 판단에 대하여는 다음과 같은 이유로 수긍하기 어렵다.

중간생략등기의 합의란 부동산이 전전 매도된 경우 각 매매계약이 유효하게 성립함을 전제로 그 이행의 편의상 최초의 매도인으로부터 최종의 매수인 앞으로 소유권이전등기를 경료하기로 한다는 당사자 사이의 합의에 불과할 뿐이므로, 이러한 합의가 있다고 하여 최초의 매도인이 자신이 당사자가 된 매매계약상의 매수인인 중간자에 대하여 갖고 있는 매매대금청구권의 행사가 제한되는 것은 아니라고 할 것인바(대법원 1979.2.27. 선고 78다2446 판결, 1980.5.13. 선고 79다932 판결, 1996.6.28. 선고 96다3982 판결 등 참조), 이러한 법리에 비추어 보면, 이 사건 토지에 관하여 자신들 소유 명의로 등기가 되어 있는 피고들로서는 매수인인 소외 회사 명의로 소유권이전등기를 경료해 줄 의무의 이행과 동시에 소외 회사에 대하여 위와 같이 인상된 매매대금의 지급을 구하는 내용의 동시이행의 항변권을 보유하고 있다고 보아야 할 것이므로, 피고들은 위와 같이 인상된 매매대금이 지급되지 아니하였음을 이유로 원고 명의로의 소유권이전등기의무의 이행을 거절할 수 있다고 할 것이다. 그럼에도 불구하고, 원심이 당초의 매매계약 및 중간생략등기 합의 이후에 피고들과 소외 회사 사이에서 이루어진 매매대금 인상의 합의를 가지고 원고에게 대항할 수 없다는 이유를 들어 피고들의 동시이행의 항변을 일부 배척한 것은 중간생략등기의 합의의 효력 등에 관한 법리 오해로 인하여 판결 결과에 영향을 미친 위법을 저지른 것으로 보아야 할 것이므로 이를 지적하는 피고들의 상고이유 주장은 이유 있다.

[판결 3]에 관하여 생각할 점

1. 위 사안에서 피고들과 소외 회사 사이에서만 효력을 가지는 매매대금 인상약정으로 원고의 피고들에 대한 중간생략등기청구를 거절하는 것이 타당한가? 이에 관한 원심과 대법원의 판단은 어떠한가?
2. 민법 제541조는 "제3자의 권리가 생긴 후에는 당사자는 이를 변경 또는 소멸시키지 못한다"라고 규정한다. 이 조항은 이 사건에 적용될 수 있는가? 즉 중간생략등기청구권을 취득한 원고는 제3자를 위한 계약의 제3자에 해당하는가?
3. 이 판결과 관련하여 다음의 재판례들도 참고하라. 대판 1965.3.23, 64다1742; 대판 1979.2.27, 78다2446; 대판 1980.5.13, 79다932; 대판 1996.6.28, 96다3982.

IV. 중복등기

1. 중복등기의 의의

중복등기(이를 이중등기라고도 한다)는 동일한 부동산[49]에 대하여 둘 이상의 등기부에 중복하여 존재하는 등기이다. 각 등기부가 표상하는 부동산이 일부만 중복되는 경우에도 그 한도에서는 중복등기이다. 중복등기가 되려면 대상 부동산의 동일성이 인정되어야 한다. 동일성은 등기부 표제부의 표시란(表示欄)에 기재된 바를 기준으로 판단한다.

---

49) 토지뿐만 아니라 건물에서도 문제된다. 그 예로 우선 대판 1996.1.23, 95다42379 참조.

2. 중복등기의 발생원인

1부동산1등기부주의에 의하면 1개의 부동산에 2개 이상의 등기부가 존재하는 상태는 허용되지 않는다. 그러나 등기관이 소유권보존등기사무를 처리할 때 선행등기의 존재를 간과하면 이러한 상태가 발생할 수 있다. 이러한 중복등기는 등기제도가 체계적으로 운영되지 않거나 등기부가 전산화되어 있지 않거나 천재지변이나 전쟁 등으로 등기부의 멸실과 회복이 이루어지는 와중에 발생할 가능성이 크다. 근래에는 중복등기가 많이 줄었지만, 과거에는 전쟁 이후 다수의 회복등기절차가 행해지거나, 대대적인 토지구획사업의 혼란스러움 속에서 중복등기가 적지 않게 발생하였다. 이 상태를 어떻게 법적으로 해결할 것인가가 중요한 문제였다.

3. 중복등기의 해결

(1) 절차법설과 실체법설

중복등기의 문제해결방법에 관하여는 크게 두 가지 입장이 존재한다. 첫째, 1부동산1등기부주의에 따르면 후행등기는 원래 허용되지 않는 것이었으므로, 그것이 실체관계에 부합하는지 묻지 않고 후행등기를 말소하고 그 등기부를 폐쇄해야 한다는 입장이다(절차법설). 둘째, 일단 중복등기가 행해졌다면 둘 중 실체관계에 부합하는 등기를 유지하되 다른 등기는 말소하고 그 등기부를 폐쇄해야 한다는 입장이다(실체법설). 이 입장은 기본적으로 「등기에서의 현상존중주의」를 관철하고자 한다.

하나의 부동산에 대하여 둘 이상의 등기부가 존재하면 부동산에 관한 권리관계를 공시하여 거래의 신속·원활을 도모한다는 등기제도의 기본적 요청은 근본에서부터 위협을 받는다. 후행등기부는 이러한 기본적인 요청에 반하는 것이므로 그 효력을 부정하는 것이 원칙이라야 한다. 또한 중복등기가 있는 경우 「실체관계에의 부합」이라는 의미도 늘 명확한 것은 아니다. 예를 들어, 선행등기부, 후행등기부 양쪽에 A가 소유자로 등기되어 있었는데, B가 후행등기부에 기초해 A로부터 소유권이전등기를 받았다고 하자. 이 경우 B의 등기가 실체관계에 부합하여 그는 소유권을 취득하는가? 또한 그 이후에 C가 선행등기부에 기초해 A로부터 소유권이전등기를 받았다고 하자. 이때 누구의 등기가 실체관계에 부합하는가? 이러한 문제에 대해 일의적인 답변을 하기란 쉽지가 않다.

따라서 이러한 경우에는 절차법설에 좇아 B의 등기를 1부동산1등기부주의에 반하는 것으로 무효라고 하여 이를 말소하고 그 등기부를 폐쇄하는 것이 타당하다. 이 경우 B가 소유권을 취득하려면 선행등기부에 기초해 C가 소유권을 취득하기 전에 먼저 A로부터 소유권이전등기를 마쳐야 한다.

등기명의인이 같은 경우의 중복등기에 대해서는 절차법을 채택하는 것이 어렵지 않다. 어느 등기를 말소하더라도 여전히 같은 등기명의인이 등기를 보유하기 때문이다. 판례도 이 경우에는 언제나 후행등기를 말소해야 한다고 하여 절차법설에 따른 태도를 취한다.[50] 그러나 등기명의인이 다른 경우의 중복등기에 있어서는 실체적인 이해관계가 정면으로 충돌하므로 절차법설을 채택하는 데에 주저함이 있을 수 있다. 판례도 아래에서 보듯이 등기명의인이 다른 경우의 중복등기에 대해서 혼란스러운 태도를 보여왔다.

(2) 판례의 태도

1970년대 중반까지 착종되어 있던 실무의 태도는 이에 관한 최초의 대법원 전원합의체 판결[51]에 의하여 일단 제한적 실체법설이라고 할 태도를 취하기에 이르렀다. 이에 의하면, 「등기명의인을 달리한 이중의 보존등기」에 관하여 그것이 존속하여 소송절차에서 서로 그 등기의 효력을 다투는 경우에는 법원으로서는 그 실체적 관계에 들어가서 어느 것이 진실한 소유권에 기하여 이루어진 것인가를 확정함으로써 그 유·무효를 결정하는 것이 옳다는 것이다.[52] 그러나 그 후 대법원은 원칙적으로 절차법설을 취하는 방향으로 선회하였다.[53] 이러한 태도가 현재까지 유지되고 있다.

---

50) 대판 1979.1.16, 78다1648; 대결 1981.6.29, 80마601 등.

51) 대판(전) 1978.12.26, 77다2427.

52) 대판 1987.3.10, 84다카2132은 前註에서 본 전원합의체 판결의 설시를 반복한 후에 "그와 같이 실체관계를 가려본 결과 그중 어느 하나가 무효의 보존등기여서 이에 터잡아 이루어진 뒤의 등기도 역시 무효가 되었다 하더라도, 현재의 권리관계를 표상하는 등기가 그에 대응하는 실체적 권리관계에 부합하고 그 등기가 있기까지 그 토지에 관하여 등기부상 이해관계를 가지는 제3자가 없을 경우에는, 그 등기는 유효한 등기가 된다"고 한다. 이른바 실체법설을 취하는 경우 법판단이 실로 착잡하게 됨을 잘 보여 준다.

53) 대판(전) 1990.11.27, 87다카2961, 87다453. 그 이후에도 이 판결의 태도가 계속 유지된다. 대판 2002.7.12, 2001다16913 등.

이에 따르면 선행보존등기가 원인무효가 되지 않는 한 후행보존등기는 무효이다. 이러한 후행보존등기는 부동산 소유자뿐만 아니라 그 부동산의 매수인에 의해 이루어진 경우에도 마찬가지로 무효이다.[54] 등기부취득시효(제245조 제2항)의 요건으로서의 「등기」[55] 및 중복된 멸실회복등기[56]에 대해서도 선행보존등기가 원인무효가 되지 않는 한 후행보존등기가 무효라는 태도를 관철하고 있다. 한편 이러한 중복등기의 법리에 의하여 무효인 후행등기의 말소청구를 하는 자에게는 그 말소를 청구할 수 있는 실체적 권리가 있어야 한다.[57] 이러한 실체적 권리가 있는 이상, 무효인 후행등기에 기하여 소유권이전등기를 마친 사람의 점유취득시효가 완성된 경우에도 그를 상대로 등기말소를 구할 수 있다.[58]

---

54) 대판 1991.10.8, 91다25116. 나아가 예를 들어 후행등기의 등기명의인이 적법한 농지분배를 받았다거나(대판 1990.12.11, 89다카34688 참조) 점유취득시효가 완성되었어도(대판 1997.11.28, 97다37494 참조) 마찬가지이다.

55) 대판(전) 1996.10.17, 96다12511. 즉 여기서 말하는 「등기」는 1부동산1등기부주의에 위배되지 아니하여야 하므로, 어느 부동산에 관하여 등기명의인을 달리하여 소유권보존등기가 2중으로 경료된 경우 선행보존등기가 원인무효가 아니어서 후행 등기가 무효로 되는 때에는, 뒤에 된 소유권보존등기나 이에 터잡은 소유권이전등기를 근거로 하여서는 등기부취득시효의 완성을 주장할 수 없다는 것이다.

56) 대판(전) 2001.2.15, 99다66915.

57) 대판 1992.10.27, 92다16522 등. 이는 중복등기에서만이 아니라, 등기정정청구권 일반에서 당연히 요구된다.

58) 대판 2011.7.14, 2010다107064.

제4장 동산물권변동 1 — 권리자에 의한 경우

I. 동산물권변동의 기본구조

　　부동산물권변동의 경우 법률행위에 의한 것은 민법 제186조, 법률행위에 의하지 않은 것은 민법 제187조에 의하여 규율된다. 동산물권변동도 같은 기준에 따라 두 가지 모습으로 나눌 수 있다.[1) 우선 법률행위에 의한 동산물권변동은 물권편 총칙 부분의 제188조 내지 제190조에 의하여 규율된다. 반면 법률행위에 의하지 않은 동산물권변동에 관하여는 부동산물권변동에 있어서 제187조와 같은 일반규율조항을 두지 않고, 소유권 부분에 가서야 비로소 개별규정들을 두고 있다(취득시효, 무주물선점, 유실물습득, 매장물발견, 부합·혼화·가공에 관한 규정 참조). 따라서 법률행위에 의하지 않은 동산물권변동에 관한 개별규정들은 각 해당 부분에서 설명하기로 하고, 여기에서는 법률행위에 의한 동산물권변동을 규율하는 민법 제188조 내지 제190조를 위주로 설명한다.

　　이 조항들은 모두 동산물권의 양도에 관하여 규정한다. 가장 중요한 내용은 동산물권양도가 효력을 발생하려면 물권적 의사표시 외에도 인도(引渡), 즉 동산의 점유이전이 요구된다는 점이다. 이처럼 동산물권변동에 인도를 요구하는 입장은 동산제한물권의 설정에도 반영된다. 즉 유치권의 성립에는 점유(제320조), 법률행위에 의한 질권설정에는 인도(제330조)[2)가 각각 요구된다.

---

　1) 동산물권변동은 모든 물권에서 문제되는 것은 아니다. 용익물권 전부(지상권, 지역권, 전세권)와 담보물권 중 저당권은 오로지 부동산에서만 문제되기 때문이다. 따라서 동산물권변동은 점유권, 소유권, 질권, 유치권에 관하여 발생한다.

　2) 그 규율의 특징은 그 성립요건으로서의 질권자에의 인도(제330조)와 관련하여 다른 경우에는 인도에 갈음하는 것으로 허용되는 점유개정(제189조)이 여기서는 허용되지 않는다

부동산물권변동에 관한 민법 제186조가 「등기」를 공시방법으로 규정하듯이, 동산물권변동에 관한 민법 제188조 내지 제190조는 「인도」를 공시방법으로 규정한다. 그러나 등기부라는 공적 장부에 일정한 사항을 기입하는 등기와 달리, 인도 내지 그 결과로서의 점유는 매우 다양한 모습을 지니고 있어 그 변동을 외부에서 쉽게 알기 어렵다. 그러므로 동산물권변동에 있어서 인도의 공시적 기능에는 한계가 있다. 이러한 이유로 민법은 동산물권의 변동에 관하여는 부동산물권변동과는 달리 공신(公信)의 원칙을 인정하여 거래의 안전을 도모한다(제249조).

II. 동산물권변동의 요건으로서의 인도

1. 개   설

법률행위에 의한 동산물권변동에는 인도(引渡)가 요구된다. 인도는 점유이전, 즉 사실상 지배의 이전을 의미한다. 점유에 대해서는 제3편 제1장 『점유권』에서 상세하게 살펴볼 예정이다.

민법은 인도의 형태를 네 가지로 규정한다. 현실인도(제188조 제1항), 간이인도(제188조 제2항), 점유개정(제189조), 목적물의 반환청구권의 양도(제190조)가 여기에 해당한다. 현실인도는 가장 원칙적인 인도의 모습이다. 실제로도 가장 빈번하게 일어난다. 점유개정과 목적물의 반환청구권의 양도는 현실인도와 달리 사실상 지배의 이전이 일어나지 않지만 민법은 이를 인도로 간주한다. 그러한 의미에서 이들을 대용인도(代用引渡)라고 부르기도 한다. 대용인도에서도 양수인인 양도목적물에 대한 간접점유를 취득하고, 이를 통해 사실상 지배상태의 외형에 영향을 미칠 법적인 가능성을 가지게 된다. 이처럼 (간접)점유의 이전이 일어난다는 점에서 이를 넓은 의미의 인도에 포함시킬 수 있다. 하지만 간이인도는 이러한 의미의 인도에도 포함시키기 어렵다. 간이인도는 양수인이 이미 그 동산을 점유한 때에 당사자의 의사표시만으로 인도의 효력을 생기게 한다. 이때에는 직접점유는 물론 간접점유의 이전도 존재하지 않아 인도에 연결시킬

는 데 있다(제332조).

수 있는 요소를 발견하기 어렵다. 그러한 점에서 간이인도에 관한 민법 제188 조 제2항은 인도에 의한 동산물권변동원칙에 대한 예외적 규정이다.

2. 현실인도(제188조 제1항)

(1) 민법 제188조 제1항의 「인도」는 양도인이 가지고 있던 물건에 대한 사실상 지배, 즉 점유가 동일성을 유지하면서 양수인에게 이전되는 것을 의미한다. 이를 통하여 양수인은 물건에 대한 점유를 계속적으로 확고하게 취득하고, 양도인은 물건에 대한 점유를 종결하게 된다.[3] 사실상 지배의 외형에 현실적으로 변화가 일어난다는 의미에서 이를 「현실인도」라고 부른다.[4] 현실인도는 인도의 원형이다.

(2) 현실인도는 동산물권의 양수인이 (i) 목적물에 대한 사실상 지배(점유)를 (ii) 양도인의 의사에 기하여 취득함으로써 일어난다.

우선 (i)에 대하여 본다. 양수인은 목적물에 대한 사실상 지배, 즉 점유를 취득해야 한다. 이때 양도인의 직접점유에서 양수인의 직접점유로 이어지는 것은 요구되지 않는다. 예를 들면 매도인 A가 B의 창고에 자신이 보관하고 있는 물건을 매수인 C에게 교부하도록 지시하여 현실로 그와 같이 교부된 경우에는 A는 C에게 물건을 인도한 것이다.[5] 이는 양수인이 인도를 받는 경우에도 마찬가지이다. 예를 들면 매수인 C가 매도인 A로 하여금 자신이 거래하는 D의 창고에 직접 입고하게 한 경우에도 C가 이를 인도받은 것이다.[6] 한 걸음 더 나아가 위의 두 예를 결합하여, 양도인이나 양수인은 목적물을 실제로 소지하지 않아도 소지자에의 지시를 통하여 인도하고 인수할 수 있다(이른바 「지시취득」). 예를 들어, A에게서 B, B에게서 C로 연속하여 매도된 물건을 A가 B의 지시로

---

3) 대판 2003.2.11, 2000다66454.

4) 실제로는 현실인도가 이루어지지 않았으나 현실인도가 이루어진 것처럼 법적으로 효력을 부여하는 경우도 있다. 「자본시장과 금융투자업에 관한 법률」 제311조 제2항은 예탁자의 투자자계좌부 또는 한국예탁결제원의 예탁자계좌부에 증권 등의 양도를 목적으로 계좌 간 대체의 기재를 하거나 질권설정을 목적으로 질물(質物)인 뜻과 질권자를 기재한 경우에는 증권등의 교부가 있었던 것으로 본다고 규정한다. 이는 계좌 간 대체의 기재 등의 방식에 증권의 현실인도의 효력을 법적으로 부여한 것이다.

5) 이는 A가 B로부터 물건을 반환받아서 다시 C에게 교부하는 과정을 간략하게 한 것이다. 그러므로 여기서 B는 A에게 물건을 「반환」(제700조)한 것이 된다.

6) 이는 C가 A로부터 물건을 교부받아서 다시 D에게 보관을 위탁하는 과정을 간략하게 한 것이다. 그러므로 여기서 C는 D에게 임치물을 인도한 것(제693조 이하)이 된다.

C에게 직접 교부하였으면, 이는 A가 B에게, B가 C에게 각각 인도한 것이다. B는 A로부터 인도를 받는 자로서 A의 지배양상에 영향을 미칠 수 있는 힘을 가지고 있고, C에게 인도하는 자로서 C에게 지배를 창출하여 주는 힘을 가지고 있는데, 이에 기초하여 인도주체로서의 자격을 인정하는 것이다.[7] 그리고 그러한 힘에 의한 교부가 이루어짐으로써 B는 순간적으로나마 물건에 대한 점유를 취득한 것이다.[8]

여기서의 인도는 물권적 합의의 의미에 합치하는 것이어야 한다. 그러므로 소유권양도에서는 양도인의 소유자로서의 지배가 전적으로 양수인에게 이전되어야 한다. 예를 들어, 매도인이 대금 전부를 수령하기 전에 목적물을 살펴보게 할 목적으로 매수인에게 교부한 경우에는 이를 여기서 말하는 인도라고 할 수 없다.

나아가 (ii)에 대하여 본다. 각자의 점유가 단순히 접속하여 이루어지는 것이 아니고 「인도」에 이른다고 하려면, 양수인의 사실상 지배가 양도인의 의사에 기하여 실현되어야 한다. 이와 같은 「점유의 승계」(제199조 참조)에 관한 양자의 합의는, 점유설정의사가 그러한 것처럼 의사표시의 합치(계약)가 아니라 자연적 의사의 합치로서의 성질을 가진다. 따라서 이는 인도와 별도로 행하여지는 물권적 합의와는 구별되어야 한다. 행위능력이나 대리 등에 관한 규정은 인도에 관한 합의에는 적용이 없다.[9]

3. 점유개정

(1) 민법은 동산물권의 양도에서 "당사자의 계약으로 양도인이 그 동산의 점유를 계속하는 때"에는 양수인이 인도받은 것으로 본다(제189조). 여기서 「당

---

7) 독일민법은 "점유취득자가 물건에 대하여 실력을 행사할 가능성이 있는 때에는 종전의 점유자와 점유취득자의 합의만에 의하여 점유를 취득할 수 있다"고 정하여(제854조 제2항), 이른바 장수인도(長手引渡, traditio longa manu)를 별도로 규정한다. 그러나 그러한 규정이 없는 우리 민법 아래서는 본문에서 논술한 바에 좇아 이에 해당하는 경우를 민법 제188조 제1항에서 정하는 현실인도의 한 모습으로 파악할 것이다.

8) 그러므로 본문에서 든 예에서 B는 순간이기는 해도 물건에 대한 소유권을 취득한다. 즉 그 예에서는 소유권이 A로부터 C 앞으로 직접 이전하는 것〔이른바 직접취득(Direkterwerb)〕이 아니라, A로부터 B에로, 다시 B로부터 C에로 이전한다〔이른바 통과취득(Durchgangserwerb)〕.

9) 그에 관한 통제는 물권적 합의에 대하여 행하여짐으로써 족하다.

사자의 계약」이란 단순히 양도인이 점유를 계속한다는 합의를 말하는 것이 아니라, 점유매개관계 설정에 관한 계약을 말한다. 즉 양도인과 양수인 사이에 임대차와 같은 점유매개관계를 설정하여 양도인이 양수인에 대하여 점유매개자가 되기로 하는 합의이다. 그러한 계약에 기하여, 양도인은 종전과 같이 물건의 점유를 계속하고, 양수인은 양도인을 통하여 물건에 대하여 간접적으로 사실상 지배를 미치게 되어 간접점유를 취득한다. 점유개정은 동산 소유권의 양도인이 계속해서 물건의 임차인이 되기로 합의하는 경우에 주로 행하여지는데, 특히 동산양도담보에서 소유권의 양도는 거의 예외 없이 이 방법에 의한다.

(2) 위에서 본 점유매개관계설정계약(점유개정약정)은 동산물권변동에 관한 물권적 합의와는 별개로 행하여진다. 이는 반드시 양도인이 현재의 직접점유자인 때에만 할 수 있는 것이 아니어서 간접점유자도 양수인에게 상급간접점유를 취득시킴으로써 이를 할 수 있다.[10] 점유매개관계의 성립 자체에는 양도인의 목적물 점유(앞서 본 대로 직접점유일 필요는 없다)를 요하나, 그 점유 취득 전이라도 점유개정약정은 이를 유효하게 할 수 있다. 나중에 양도인이 물건을 점유하게 되면, 이러한 사전(事前)의 점유매개약정에 기하여 점유매개관계가 발생한다. 사전의 점유매개약정은 특히 내용이 유동하는 포괄적 집합동산(창고의 재고물품이나 농장에서 사육하는 가축 등)의 양도담보에서 문제된다.

(3) 위 규정은 「당사자의 계약」으로 양도인이 계속 점유하는 경우만을 정한다. 그러나 예를 들어 친권자가 동산을 미성년의 자(子)에게 증여한 후 이를 재산관리권(제916조)에 기하여 계속 점유하는 경우와 같이, 다른 원인에 의하여 점유매개관계가 성립하는 경우에도 점유개정이 가능하다.

(4) 양수인은 점유개정에 의하여 현실인도를 받지 않고도 동산물권을 취득한다.

(가) 질권 설정에는 목적물의 인도를 요하는데, 점유개정 방식의 인도는 허용되지 않는다(제330조, 제332조). 그 취지에 비추어 점유개정에 의한 질권 양도는 허용되지 않는다.

(나) 점유개정으로 동산물권이 변동되면, 그 사실적 지배의 외양에는 변화가 없고, 그 물권변동의 대외적 공시는 뚜렷하게 나타나지 않는다. 그러므로

---

10) 이때 점유매개관계는 중층적으로 성립하게 된다.

원래의 권리자는 여전히 종전처럼 권리를 가지는 것으로 여겨지기 쉽고, 이는 곧 이중처분의 위험으로 연결된다. 점유개정과 관련된 대부분의 분쟁도 이중처분과 관련된다. 그런데 원래의 권리자가 점유개정에 의한 처분을 중복해서 한 경우(이중의 점유개정)에 대하여 재판례 중에는 한때 나중에 먼저 현실인도를 받는 이가 권리를 취득한다는 태도를 취하는 것이 있었다.[11] 그러나 점유개정으로 인도를 받았더라도 그것은 정규의 인도와 다를 바 없으므로 시간적으로 앞선 양수인의 권리취득이 사후적으로 부인될 이유가 없다(시간적으로 앞선 이는 권리에서도 앞선다). 다만 시간적으로 뒤진 양수인은 선의취득이 성립하는 경우에 이를 주장할 수 있을 뿐이다. 점유개정의 방법으로 양도담보를 이중으로 설정한 사안에 대하여 판례는 이러한 취지를 명확하게 밝히고 있다.[12] 아래 판결을 읽어본다.

> **[판결 1] 점유개정의 효력: 대판 2004.12.24, 2004다45943**

  1. 원심이 확정한 사실관계는 다음과 같다.

  가. 전북 진안군 마령면 계서리 555의 1 외 5필지 지상의 돈사에서 양돈업을 하는 소외 1은 2001. 2. 12. 씨제이 주식회사(변경 전 상호: 제일제당 주식회사, '씨제이'라고 한다)로부터 2,000만 원을 변제기는 2001. 6. 12.로, 지연이율을 연 25%로 정하여 차용하고, 이를 담보하기 위하여 씨제이와 사이에 2001. 5. 29. 소외 1 소유의 위 돈사에서 사육하고 있거나 사육하게 될 모든 돼지(이하 '집합물'이라 한다)에 관하여 양도담보계약을 체결하고 점유개정의 방법으로 인도를 하면서, 소외 1이 씨제이에 대한 위 차용금 채무를 변제하지 아니할 경우 즉시 강제집행을 받는 것을 인낙하는 내용의 공증인가 광주중앙합동법률사무소 증서 2001년 제2854호 양도담보부 금전소비대차계약 공정증서를 작성·교부하였다.

  나. 그 후 소외 1은 2001. 8. 24. 피고로부터 6,500만 원을 차용하면서 이를 담보하기 위하여 위 집합물에 관하여 피고와 사이에 양도담보계약을 체결하고 점유개정의 방법으로 인도를 하면서 소외 1이 피고에게 위 차용금 채무를 변제

---

11) 대판 1975.1.28, 74다1564(정미소의 기계를 이중으로 매도하고 각 매수인으로부터 임차받은 사안); 대판 1989.10.24, 88다카26802(이중의 양도담보) 등 참조.

12) 대판 2000.6.23, 99다65066; 대판 2004.10.28, 2003다30463 등. 앞의 양도담보권자가 소유권을 신탁적으로 취득하며, 뒤의 양도담보권자는 선의취득의 요건을 충족하지 못하는 한 소유권을 취득하지 못하는데, 점유개정에 의한 선의취득은 부인되므로 현실인도를 받지 않는 한 권리취득의 여지는 아예 없다고 한다.

하지 아니하는 경우 즉시 강제집행을 받는 것을 인낙하는 내용의 공증인가 법무법인 천안종합법률사무소 증서 2001년 제1574호 양도담보부 금전소비대차계약 공정증서를 작성·교부하였다.

다. 또한, 소외 1은 2002. 2. 18. 원고로부터 1억 원을 변제기는 2002. 2. 25.로, 지연이율은 연 25%로 정하여 차용하면서, 위 집합물에 관하여 원고와 사이에 양도담보계약을 체결하고 점유개정의 방법으로 인도를 하면서 소외 1이 원고에게 위 차용금 채무를 변제하지 아니하는 경우 즉시 강제집행을 받는 것을 인낙하는 내용의 공증인가 법무법인 동호합동법률사무소 증서 2002년 제73호 양도담보부 금전소비대차계약 공정증서를 작성·교부하였다.

라. 그런데 소외 1이 원·피고와 씨제이에 대한 채무의 이행을 게을리하여 위 집합물에 대하여 ① 원고가 2002. 7. 9. 그 집행증서에 기하여 청구금액을 201,532,691원으로 하여 강제집행을 신청하여 집행관에 의하여 압류가 되고(전주지방법원 2002본2385호), 이어서 ② 피고가 2002. 7. 30. 그 집행증서에 기하여 청구금액을 6,500만 원으로 한 강제집행을 신청하여 중복하여 압류가 이루어졌으며(전주지방법원 2002본2706호), 다시 ③ 씨제이가 2002. 8. 13. 그 집행증서에 기하여 청구금액을 560만 원으로 한 강제집행을 신청하여 다시 중복하여 압류가 이루어졌다.

마. 위와 같이 압류가 경합된 동산집행절차에서 개시된 배당절차사건(전주지방법원 2002타기725호)의 2001. 11. 19.자 배당기일에서 집행법원은 매각대금에서 집행비용을 공제한 실제 배당할 금액 76,239,620원을 배당함에 있어 제1순위로 씨제이에게 560만 원을, 제2순위로 피고에게 6,500만 원을, 제3순위로 원고에게 나머지 5,639,620원을, 각각 배당하는 내용의 배당표를 작성하였고, 원고는 그 배당기일에 출석하여 피고에 대한 배당액 전부에 대하여 이의를 제기하였다.

2. 원심은 위와 같은 사실관계에 기초하여, 점유개정의 방법으로 동산의 양도담보가 설정된 경우에 그 양도담보권자는 현실의 인도를 받아 이른바 귀속정산의 방법으로 담보권실행을 마치는 등으로 소유권을 취득하기 전에는 양도담보설정자에 대한 관계에서 소유권을 주장할 수 없고, 양도담보설정자는 다시 점유개정의 방법으로 후순위 양도담보를 설정할 수 있으며, 이러한 경우 선순위 양도담보권자는 양도담보설정자에 대한 관계에서와 마찬가지로 후순위 양도담보권자에 대하여도 배타적인 담보권을 주장할 수 있을 뿐 소유권을 주장할 수는 없으며, 후순위 양도담보권 사이에서는 특별한 사정이 없는 한 시간적으로 먼저 설정된 양도담보권이 나중에 설정된 양도담보권에 우선하고, 동산에 관하

여 선의취득이 성립하려면 취득자는 거래 상대방으로부터 그 동산을 인도받아야 하는데, 집행관의 압류만으로는 동산의 인도가 있었다고 볼 수 없고 달리 원고가 인도받았다는 증거가 없으므로 집행법원이 매각대금을 양도담보를 취득한 순서에 따라 씨제이, 피고, 원고의 순서로 배당한 것은 적법하다는 이유로 제1심판결을 유지하고 원고의 항소를 기각하였다.

3. 그러나 원심의 위와 같은 판단은 다음과 같은 이유로 수긍할 수 없다.

금전채무를 담보하기 위하여 채무자가 그 소유의 동산을 채권자에게 양도하되 점유개정의 방법으로 인도하고 채무자가 이를 계속 점유하기로 한 경우에는, 특별한 사정이 없는 한 동산의 소유권은 신탁적으로 이전됨에 불과하여 채권자와 채무자 사이의 대내적 관계에서 채무자는 의연히 소유권을 보유하나 대외적인 관계에 있어서 채무자는 동산의 소유권을 이미 채권자에게 양도한 무권리자가 되는 것이어서 채무자가 다시 다른 채권자와 사이에 양도담보설정계약을 체결하고 점유개정의 방법으로 인도를 하더라도 현실의 인도가 아닌 점유개정으로는 선의취득이 인정되지 아니하므로 나중에 설정계약을 체결한 채권자는 양도담보권을 취득할 수 없으며(대법원 2004.6.25. 선고 2004도1751 판결, 2004.10.28. 선고 2003다30463 판결 등 참조), 한편 집행증서를 소지한 동산양도담보권자는 특별한 사정이 없는 한 양도담보권자인 지위에 기초하여 제3자이의의 소에 의하여 목적물건에 대한 양도담보권설정자의 일반채권자가 한 강제집행의 배제를 구할 수 있으나(대법원 1994.8.26. 선고 93다44739 판결 참조), 그와 같은 방법에 의하지 아니하고 집행증서에 의한 담보목적물에 대한 이중 압류의 방법으로 배당절차에 참가하여 선행한 동산압류에 의하여 압류가 경합된 양도담보권설정자의 일반채권자에 우선하여 배당을 받을 수도 있다 할 것이다.

원심이 적법하게 확정한 바와 같이, 원고와 피고가 모두 소외 1의 씨제이에 대한 채무원리금을 담보하기 위하여 씨제이와 사이에 그 소유인 위 집합물에 관하여 양도담보계약을 체결하고 점유개정의 방법으로 인도를 마친 다음에 소외 1로부터 그 채권들을 담보하기 위하여 소외 1과 사이에 위 집합물에 관하여 양도담보계약을 체결하고 점유개정의 방법으로 인도를 받았다면 원고와 피고는 모두 양도담보권을 취득할 수 없으므로 원고와 피고는 모두 양도담보설정자인 소외 1에 대한 일반채권자에 불과하며, 원고와 피고의 강제경매신청에 의한 동산경매절차는 동산양도담보권의 실행을 위한 현금화절차에 해당하지 아니하고, 따라서 현금화로 인한 매각대금에서 현금화비용을 공제한 배당할 금액에서 양도담보권자로서 제1순위 채권자인 씨제이에 대한 배당액을 뺀 잔액은 원고와 피고 각자의 채권액에 따라 안분하여 배당하여야 하는 것이다.

그럼에도 불구하고, 이와 달리 원고와 피고가 모두 중첩적으로 양도담보권을 취득하고 그 배당순위는 양도담보권의 설정순서에 따른다는 원심의 판단에는 점유개정의 방법에 의한 동산의 이중양도담보설정계약의 효력에 관한 법리를 오해한 위법이 있고, 이는 판결 결과에 영향을 미쳤으므로 이 점을 지적하는 상고이유의 주장은 이유 있다.

[판결 1]에 관하여 생각할 점

1. 위 사안에서는 세 차례에 걸쳐 점유개정의 방법으로 양도담보를 체결한 것이 문제된다. 각 양도담보계약의 효력은 어떠한가? 그 각각의 계약에 따라 양도담보권이 설정되었는가?

2. 점유개정에 있어서는 외관상 사실상 지배상태의 변화가 없다. 따라서 이미 점유개정의 형태로 인도가 이루어졌더라도 제3자의 입장에서는 이를 파악하기 어렵다. 즉 점유개정은 동산물권변동의 공시방법인 인도의 한 형태이면서도 실상 공시기능을 제대로 수행하지 못하는 셈이다. 이와 같이 법적 지위(공시방법)와 실제 기능(공시기능 미약) 사이의 괴리는 어떤 현상을 야기하는가? 가령 위 사안에서 1차 점유개정 이후에 다시 점유개정의 형태로 양도담보를 설정하였던 피고의 지위는 어떠한가? 만약 피고가 현실인도라는 더 강한 인도방법을 선택하였다면 어떻게 달라졌을까?

4. 목적물반환청구권의 양도

(1) 제3자가 점유하고 있는 동산에 관한 물권을 양도하는 경우에는 양도인이 그 제3자에 대한 반환청구권을 양수인에게 양도함으로써 동산을 인도한 것으로 본다(제190조). 양도인이 목적물의 간접점유를 가지고 있는 경우에 그 간접점유를 양수인에게 이전함으로써 인도요건을 충족하여 물권변동이 일어난다는 의미이다.

(2) 앞서 본 대로 간접점유의 승계는 원래의 간접점유자가 가지는 목적물반환청구권의 양도로써 행하여진다.

(가) 그 「반환청구권」은 계약상의 반환청구권이든 부당이득 등 법률상의 반환청구권이든 묻지 않는다. 또한 임대차가 종료될 경우 임대인이 가지게 될 반환청구권과 같이 「장래의」 반환청구권도 포함된다. 그러나 여기서의 반환청

구권은 채권적 청구권에 한하고 물권적 반환청구권(제213조)은 이에 해당하지 않는다(통설). 예컨대 도난이나 분실의 경우 소유자는 물권적 반환청구권을 가지지만 간접점유를 가지지는 않으므로 간접점유의 승계를 위한 반환청구권의 양도는 불가능하다.

(나) 반환청구권의 「양도」가 있어야 한다. 양도에 관한 합의는 동산물권변동에 관한 물권적 합의와는 별개의 것이다. 그 양도에 대하여는 채권양도의 규정에 따라 통지나 승낙 등 대항요건을 갖추어야 한다(제450조).[13] 이로써 채무자의 인식을 통하여 물건에 대한 지배가 누구에게 속하는지를 그나마 확인할 수 있도록 하려는 것이다. 제3자에 대한 대항요건(동조 제2항)을 요하는가에 대하여는 종래 논의가 없으나, 적어도 제2의 양수인과 같이 「제3자」가 출현하여 그들 사이의 우열을 가려야 하는 이른바 대항관계가 성립한 후에는 그것이 요구된다.[14] 그리고 반환청구권을 포함하는 계약상 지위 자체가 양도된 경우도 이에 포함되어(대는 소를 포함한다), 대용인도가 긍정된다. 점유매개관계가 중첩적으로 이루어진 경우(예컨대 주권 양도인이 A에게 주권을 맡겼는데, A는 다시 B에게 주권을 맡긴 경우) 양도인은 자신의 점유매개자인 A에 대한 반환청구권을 양도하고 그 대항요건을 갖추면 충분하다.[15]

(3) 양수인은 반환청구권의 양도에 의하여 현실인도 없이도 동산물권을 취득한다. 「장래의」 반환청구권이 양도된 경우에도 대용인도의 효과는 즉시 발생한다. 그러므로 임대차 존속 중 임대인이 가지는 「장래의」 반환청구권이 양도되면 곧바로 양수인 앞으로의 인도는 행하여진 것으로 보고, 그 외에 물권적 합의가 있으면 양수인은 바로 목적물의 소유권을 취득한다. 반환채무자는 양수인에 대하여 양도인(원래의 반환청구권자)에 대한 대항사유를 주장할 수 있다(제451조 제2항 참조). 이는 소유권을 취득한 양수인이 소유권에 기하여 반환청구를 하는 경우에도 마찬가지이다.

---

13) 대판 1999.1.26, 97다48906; 대판 2000.9.8, 99다58471(모두 선의취득에서 반환청구권 양도의 방법에 의한 양수인에의 「인도」에 관한 것임).

14) 다만 이에 관해서는 입법론상 다음과 같은 의문이 제기된다. 채권양도는 대항요건주의를 취함으로써 상대적 물권변동을 인정한다. 반면 물권양도는 성립요건주의를 취함으로써 원칙적으로 이를 인정하지 않는다. 그런데 반환청구권의 양도에 따른 인도는 채권양도방법에 의한 물권변동방법이다. 따라서 결과적으로 상대적 물권변동을 인정하는 셈이 된다.

15) 대판 2012.8.23, 2012다34764.

■ 증권(證券)의 교부에 의한 인도

　상법 제133조는 "화물상환증에 의하여 운송물을 받을 수 있는 자에게 화물
상환증을 교부한 때에는 운송물 위에 행사하는 권리의 취득에 관하여 운송물
을 인도한 것과 동일한 효력이 있다"라고 정한다. 이는 창고증권, 선하증권에
준용된다(상 제157조, 제861조). 위와 같은 인도증권은 법률상 당연한 지시증권
으로서, 그에 표창된 권리의 양도 기타 처분은 그 증서에 배서하여 교부함으
로써 이를 한다(민법 제508조, 상 제130조, 제157조, 제861조).

　이와 같이 증권을 정당한 인도청구권자에게 배서·교부하면 그 증권에 표
창되어 있는 채권의 목적물인 물건 자체가 인도된 것과 같은 효력이 발생하는
유가증권을 인도증권이라고 한다.[16] 이는 상품의 유통을 촉진하기 위하여 법
이 특별히 인정한 효력이다. 예를 들어 운송 중이거나 창고에 보관 중인 물건
의 「인도」를 현실인도가 아니라 하나의 지편(紙片)인 위와 같은 인도증권의 배
서·교부에 의하도록 함으로써 그 처분이 간편할 뿐만 아니라, 또 대외적으로
명확하게 이루어질 수 있는 것이다. 위의 상법 규정들은 민법 제190조에 대한
특칙으로서, 운송계약 또는 보관계약에 기하여 발생하는 반환청구권의 양도를
그 청구권을 표창하는 인도증권의 배서·교부로써 한다는 의미이다.[17] 이는
동산 소유권의 양도는 물론이고, 질권의 설정에서도 인정된다. 그러므로 우선
운송인·창고업자가 목적물을 인도받음으로써 계약상 반환청구권이 발생해야
한다(점유매개관계의 성립).[18] 나아가 물건이 현존해야 한다. 목적물이 증권 발

---

16) 그리고 그와 같이 인도가 의제되는 효력을 인도증권의 물권적 효력이라고 한다. 예컨대
대판 1997.7.25, 97다19656은 선하증권의 일반적 법리를 다음과 같이 설시한다. "선하증
권은 해상운송인이 운송물을 수령한 것을 증명하고 지정된 양륙항에서 정당한 소지인에
게 운송물을 인도할 채무를 부담하는 유가증권으로서, 운송인과 그 증권소지인 간에는
증권 기재에 따라 운송계약상의 채권관계가 성립하는 채권적 효력이 발생하고, 운송물을
처분하는 당사자 간에는 운송물에 관한 처분은 증권으로서 하여야 하며 운송물을 받을
수 있는 자에게 증권을 교부한 때에는 운송물 위에 행사하는 권리의 취득에 관하여 운송
물을 인도한 것과 동일한 물권적 효력이 발생하므로, 운송물의 권리를 양수한 수하인 또
는 그 이후의 자는 선하증권을 교부받음으로써 그 채권적 효력으로 운송계약상의 권리를
취득함과 동시에 그 물권적 효력으로 양도 목적물의 점유를 인도받은 것이 되어 그 운송
물의 소유권을 취득한다."
17) 이러한 설명이 상법학상의 통설이다(이른바 代表說).
18) 운송물을 수령 또는 선적하지 않았는데도 선하증권이 발행되었다면 그 증권은 무효이다
(대판 1982.9.14, 80다1325; 대판 2005.3.24, 2003다5535 등). 따라서 운송물의 양수인에
게 그 증권을 교부하더라도 양수인은 운송물을 인도받는 것으로 간주되지 않는다. 따라
서 그가 선의무과실이라도 그 운송물을 선의취득하지 못한다.

행 후 멸실하면 그 반환청구권이 종국적으로 소멸하므로 인도증권으로서의 효력이 없게 된다. 또한 대용인도로서의 효과가 발생하려면 그 증권이 정당한 소지인("화물상환증에 의하여 운송물을 받을 수 있는 자")에게 배서·교부되어야 한다. 한편 이들은 인도에 관한 특별규정이고, 권리 취득을 규율하는 것이 아니다. 그러므로 목적물에 대하여 별도의 권리변동원인이 있으면, 권리 취득은 그에 따른다. 예를 들어 운송물 자체에 대하여 선의취득(제249조)의 요건이 갖추어지면, 그 소유권은 선의취득자에게 귀속된다.

Ⅲ. 인도 없는 동산물권변동

1. 간이인도(簡易引渡)

양수인이 이미 그 동산을 점유하고 있는 때에는 당사자의 의사표시만으로 물권양도의 효력이 생긴다(제188조 제2항). 예를 들어 동산을 임차하여 점유하는 사람이 그 동산을 매수하였다면 당사자의 물권적 합의만으로 물권변동이 일어나고, 이와 별도로 인도(및 대용인도)가 요구되지 않는다. 이를 간이인도 또는 단수인도(短手引渡)라고 한다.[19]

양수인은 현재 목적물을 「점유」하고 있어야 한다. 그가 간접점유자이거나 공동점유자의 1인이라도 무방하다. 그러한 경우에는 당사자의 의사표시만으로, 즉 물권적 합의만으로 소유권이 양수인에게 이전한다. 그러므로 민법 제188조 제2항은 예외적으로 인도 없이도 동산물권변동에 관한 물권행위가 성립함을 정하는 것이다. 양도인의 점유보조자는 물리적으로 목적물을 소지하고 있었더라도 점유하고 있던 자가 아니므로 간이인도를 받을 수 없다. 예를 들어 회사가 사원이 쓰던 업무용 컴퓨터를 그에게 증여 또는 매도하는 경우가 그렇다. 이 경우에는 양도인이 그 양수인(종전의 자신의 점유보조자)에게 자신의 점유를 승계시킴으로써[20] 「인도」가 행하여져야 한다.

---

19) 그러나 제188조에 명확하게 나타나듯이 이 경우에는 "인도"가 행해진 것이 아니므로 이 용어는 오해의 소지가 있다.

20) 이는 이제부터 회사가 사원이 종속적인 지위가 아니라 독립적인 지위에서 목적물을 소지한다는 점을 밝히는 등으로 행하여질 것이다. 증여의 경우에는 그 증여의 의사표시가 있으면, 매매의 경우에는 대금 전부의 수령과 함께, 그러한 의사의 묵시적 표명이 있다고

2. 점유이탈물

도품·유실물 기타 점유이탈동산의 경우에는 인도 또는 대용인도가 불가능하다. 이때는 양도인에게 어떠한 형태의 사실적 지배 또는 사실적 지배의 창출가능성도 없으므로, 현실인도는 물론이고 점유개정이나 목적물반환청구권의 양도방법에 의한 대용인도도 일어날 수 없다. 누군가 이를 점유하고 있다면, 소유자는 그에 대하여 그 반환을 청구함으로써(제213조) 인도의 가능성을 확보할 수 있으나, 아직 습득되기 전의 유실물과 같은 경우에는 누구도 점유하지 않으므로, 소유자는 이조차 할 수 없다.

이러한 동산에 대하여는 인도가 불가능하다고 해서 소유자에게 그 물건에 대한 소유권 양도 기타 처분을 아예 못하게 할 것인가? 그렇게 하면 원활한 물권거래를 달성하기 위한 수단이 갖추어질 수 없다고 해서 물권의 거래 그 자체를 아예 배제하는 결과가 되어 소유권을 부여하는 뜻에 맞지 않아 부당하다. 그러므로 그 경우에는 물권적 합의만으로 소유권양도가 일어난다고 하고, 그와 같이 하여 소유권을 취득한 양수인으로 하여금 소유권에 기한 물권적 청구권 등의 구제수단을 인정하는 것이 타당하다.[21]

3. 등기·등록으로 공시되는 동산

동산 중에는 등기 또는 등록(이하 「등기」라고만 한다)을 해야 물권변동이 일어나거나 물권변동을 제3자에게 대항할 수 있도록 하는 경우가 있다. 선박(상 제743조), 자동차, 건설기계, 항공기(자저 제5조) 등이 그러하다. 이들은 비록 동산이라도 위와 같은 규정들이 적용되는 범위에서 인도를 물권변동의 요건으로 하지 아니한다. 나아가 위와 같이 등기에 의하여 공시되는 물건을 담보로 제공하는 경우에는 위에서 든 규정에 비추어 질권이 아니라 저당권의 대상으로 본다. 그 외에 이들 물건을 얼마만큼 부동산에 근접시킬 것인가는 개별적으로 검토할 필요가 있다.[22]

볼 수 있다.

21) 방법론적으로 보면, 이러한 해석은 법흠결을 보충하기 위한 「법률 밖의(praeter legem) 법해석」으로서 인정된다.

22) 예를 들어 대판 1966.1.25, 65다2137은 소유권의 득실변경이 등록에 걸리는 자동차는 애초 선의취득의 대상이 되지 않는다고 한다. 또한 자동차 명의신탁에 관하여는 부동산실

　위와 같이 독립된 동산이 등기의 대상이 되어서 통상의 동산과는 다른 취급을 받는 경우도 있지만, 부동산에 대한 물권의 효력이 미치는 물적 범위에 속하여서 부득이 등기에 의한 부동산물권변동에 따르게 되는 동산도 있다. 저당권의 효력이 미치는 종물로서의 동산이 그러하다(제358조, 제100조).

명법이 적용되지 않는다(대판 2007.1.11, 2006도4498 참조).

제5장

동산물권변동 2 — 무권리자에 의한 경우
(선의취득)

Ⅰ. 서

1. 의   의

선의취득은 동산물권에 관한 일정한 처분이 무권리자에 의하여 행하여졌음에도 불구하고 상대방의 선의 등 일정한 요건이 충족되면 그 처분에 기한 상대방의 권리 취득을 인정하는 제도이다. 처분의 권한 없는 자가 행한 처분은 원칙적으로 효력이 없으나,[1] 선의취득은 그러한 처분을 예외적으로 유효하게 만든다. 민법은 동산 소유권의 양도에 대하여 이를 명문으로 정하고(제249조: "… 양도인이 소유자가 아니라도 양수인이 소유권을 취득한다."), 그에 관한 규정들을 동산질권의 설정에 준용한다(제343조). 지시채권과 무기명채권에 관하여도 선의취득이 인정된다(제514조, 제524조). 이하에서는 소유권 양도를 중심으로 살펴본다.

2. 인정 취지

(1) 동산선의취득은 권리외관[2]에 대한 신뢰보호를 목적으로 하는 전형적

---

1) "누구도 자신이 가지는 권리 이상의 것을 타인에게 양도할 수 없다"는 로마법의 법리는 여전히 우리 민법에서도 원칙이다.

2) 「권리외관」은 진정한 권리관계와는 다른 겉모습, 즉 일정한 내용의 권리가 존재하는 것 같은 겉모습이 존재하는 경우에만 문제된다. 즉 문제되는 권리외관은 언제나 不實의 외

제도이다. 법은 권리라는 기본범주에 의하여 의사와 정당한 이익의 임의로운 영역을 설정하고, 그 권리의 법적 보호를 통하여 자유를 지키고 질서를 유지하는 데 일차적인 관심이 있다. 그런데 권리외관에 대한 상대방의 정당한 신뢰를 보호함으로써 법적 거래의 안전과 원활을 도모할 필요가 있다고 하여도, 그 보호로 인하여 원래의 권리자는 자신의 의사에 의하지 아니하고 권리를 상실하는 등의 불이익을 입는다. 이를 고려하여 민법은 원칙적으로 권리자에게 그러한 불이익이 주어져도 될 만한 일정한 사유(귀책사유)가 인정되는 경우에 예외적으로 권리외관에 대한 신뢰를 법적으로 보호하는 제도를 마련한다.[3] 그러한 제도로서 중요한 의미가 있는 것은, 표현대리(제125조, 제126조, 제129조), 채권의 준점유자에 대한 변제(제470조), 그리고 여기서 살펴보는 선의취득이다.[4]

   이들 제도에서는 기본적으로 권리자가 권리외관의 창출 또는 유지에 관여하는 경우가 많다. 가령 선의취득에서는 권리자의 외관을 가지는 무권리자의 동산 점유를 권리자가 그 의사에 기하여 허용하였다는 점에서 귀책사유를 찾을 수 있다. 도품·유실물 기타 점유이탈물에 대하여는 그러한 의미의 관여가 인정되지 않으므로 선의취득이 원칙적으로 부인된다(제250조).

   (2) 한편 선의취득 제도는 무처분권자의 무자력위험을 처분의 상대방으로부터 원래의 소유자에게 전가하는 기능을 한다. 선의취득에 관한 법리를 해석·적용함에 있어서는 이 점을 항상 염두에 둘 필요가 있다. 선의취득이 긍정되면, 원소유자는 소유권을 상실하는 대신에 무처분권자에 대하여 손해배상청구권이나 부당이득반환청구권 등의 구제수단을 가지게 된다. 이를 통하여 원소유자는 자신의 소유물 그 자체는 아니더라도 그 경제적 가치는 이를 그대로 유지할 법적 가능성을 가지게 된다. 그러나 이러한 구제수단은 모두 채권적 성질을 가지는 것으로서, 그 채무자인 무처분권자에게 자력이 없거나 부족한 경우[5]에는 별다른 실효성이 없다. 반대로 만일 선의취득이 부인되어 소유자가 그

   관인 것이다.

 3) 물론 법제도를 설계함에 있어서는, 거래의 안전과 원활을 도모할 필요가 절실하면 할수록, 이와 같은 권리자측의 「귀책사유」의 요청은 후퇴하고, 또 다른 한편 거래상대방측의 신뢰가 정당한 것이어야 한다는 요청도 완화된다. 이는 전형적으로 유가증권에서 나타난다.

 4) 의사의 흠결 또는 하자 있는 의사표시에 있어서의 제3자 보호(제107조 내지 제109조의 각 제2항, 제110조 제3항)도 이와 관련이 있다.

 5) 점유가 위탁된 데 불과한 물건을 자신의 소유라 하여 처분하는 자는 종종 무자력이다.

대로 소유권을 가진다면, 그는 무엇보다도 소유권에 기하여 목적물을 점유하고 있는 처분의 상대방에 대하여 물건의 반환을 구함으로써 대체로 자신의 이익을 온전히 지킬 수 있을 것이다. 따라서 처분의 상대방이 무처분권자를 상대로 하여 담보책임에 기한 처분대가의 반환 또는 손해배상(제570조, 제390조, 제750조)을 구할 수 있을 것이다. 그러나 이들 역시 채권적인 권리이므로, 무처분권자가 무자력이면 별다른 실효성이 없다. 결국 선의취득의 성립 여부는 누가 이러한 위험을 떠안을 것인가의 문제이기도 하다.

3. 인정 범위

(1) 부동산에 대하여는 선의취득이 인정되지 않는다(등기의 공신력 부정). 부동산처럼 등기 또는 등록의 대상이 되는 선박, 건설기계, 자동차, 항공기도 마찬가지이다.[6] 채권에 대해서도 원칙적으로 선의취득이 인정되지 않는다. 그러나 지시채권이나 무기명채권과 같이 증권화된 채권의 경우(제514조, 제524조)에서 알 수 있듯이 일반적으로 유가증권에 대하여는 선의취득이 인정된다. 나아가 이 경우에는 동산의 경우보다 오히려 그 요건을 완화하여 악의 또는 중과실인 경우에 한하여 선의취득을 부정한다.[7] 이는 유가증권의 유통성을 더욱 강화하기 위한 것이다.

(2) 통설은 금전의 선의취득을 부정한다. 다만 그 동일성이 인식되는 한에서는 이를 인정할 수 있는 경우도 있다(제250조 단서). 한편 저당물의 종물이나 공장의 기계 등과 같이 부동산물권의 본래적인 목적물이 아니지만 그 물권의 효력이 미치는 동산은 그것이 부동산과 분리되어 별도로 양도된 경우에는 선의취득이 긍정된다(공광저 제9조 참조).[8]

---

6) 자동차에 대해서는 대판 2016.12.15, 2016다205373(단 등록을 기대하기 어려운 특수한 사정이 있는 경우에는 인도에 따른 소유권 취득이 가능하고, 그 범위 내에서는 선의취득 규정이 적용됨).

7) 상법 제65조(지시채권에 관한 민법 제514조를 유가증권 일반에 준용한다), 어음법 제16조 제2항, 제77조 제1항, 수표법 제21조, 상법 제359조(주식의 선의취득) 참조.

8) 한편 구 공장저당법 제10조 제2항은 공장저당권의 목적이 된 기계·기구 등의 동산은 공장의 대지나 건물과 별도로 강제집행의 대상이 될 수 없다고 정하였는데, 대판 1972.11.28, 72다945는 그러한 동산에 대하여 별개의 집행절차가 진행되어도 그 경락인의 선의취득의 효력에는 아무런 영향이 없다고 한다.

Ⅱ. 선의취득의 일반요건

1. 무권한자의 양도행위에 관한 요건

소유자 아닌 자와의 사이에 동산 소유권의 양도에 관한 법률행위가 행하여져야 한다.

(1) 여기서 「소유자 아닌 자」란 양도의 목적물인 동산에 관한 처분권한이 없는 자를 말한다. 그러한 처분권한은 원칙적으로 소유자에게 속한다(제211조). 그러나 소유자가 언제나 처분권을 가지는 것은 아니다. 예를 들어 소유자가 파산하면 파산관재인이 처분권한을 가지므로(회생파산 제384조), 파산한 소유자로부터 양수한 자도 이 요건을 충족한다. 또한 공유자 중 1인이 다른 공유자의 동의를 얻지 않고 공유물을 양도하거나, 양도담보 설정자가 양도담보권자의 동의 없이 동산을 양도한 경우도 마찬가지이다.

(2) 동산 소유권의 양도에 관한 법률행위(물권행위)가 있어야 한다. 그러한 물권행위의 요건 중 인도에 대하여는 따로 살펴보기로 한다.

(가) 매매·증여·교환과 같은 통상의 소유권 취득의 원인행위가 있는 경우는 물론이고, 담보의 목적으로 양도하는 경우도 이에 해당한다. 나아가 타인의 물건으로 하는 대물변제[9]와 같이 채무 이행에 관한 변제계약이 있는 때도 마찬가지이다. 강제집행절차에서의 매각은 엄밀한 의미에서 사법의 규율을 받는 법률행위는 아니나, 사법적인 측면에서는 매매로 이해되므로 강제집행절차의 매수인도 그 집행 목적물을 선의취득할 수 있다.[10] 그러나 타인의 수목을 벌채하는 행위와 같은 사실행위를 통한 선의취득은 허용되지 않는다.

(나) 양도행위에는 양도인의 무권한이라는 흠 외에는 다른 흠이 없어야 한다. 선의취득은 양도인의 무권한이라는 흠을 치유하는 것이지, 무능력·의사의 흠결·무권대리 등 다른 흠을 치유하는 것이 아니기 때문이다.[11] 또한 물권

---

9) 대판 1999.1.26, 97다48906의 사안이다.

10) 同旨: 대판 1972.11.28, 72다945.

11) 대판 1995.6.29, 94다22071도 그러한 태도를 취한다. 그러나 어음·수표상 권리의 선의취득에 있어서는 다르다. 대판 1995.2.10, 94다55217("어음의 선의취득으로 인하여 치유되는 것은 양도인이 무권리자인 경우뿐만 아니라 대리권의 흠결이나 하자 등의 경우도 포함된다") 참조.

행위의 유인성(有因性) 원칙에 따라 그 원인행위가 유효해야 한다.

(다) 여기에서의 법률행위가 유상인지, 무상인지는 불문한다는 것이 통설의 태도이다. 이러한 태도에 대하여는 다음과 같은 의문이 있다. 선의취득제도는 기본적으로 양도인의 처분권한을 믿고 거래한 제3자의 신뢰를 보호하려는 것인데, 증여 등의 무상행위는 대체로 이러한 신뢰와 무관하게 이루어진다. 또한 앞서 본 대로 무권한양도로 발생하는 법문제에서의 당사자들의 지위가 「전부 아니면 무」의 해결로 귀착되기 쉬운 것을 고려하면, 무처분권자의 무자력위험은 어차피 대가 없이 재산 취득을 꾀하였던 무상양수인이 부담함이 타당하다. 수증자는 원칙적으로 담보책임을 물을 수 없는 등(제559조) 그 법적 보호에서 유상행위와 다른 취급을 받는다는 점도 고려되어야 한다. 그러므로 목적적 축소해석에 기하여 무상양수인의 선의취득은 이를 부인할 것이다.[12] 궁극적으로는 입법을 통하여 명확하게 할 필요가 있다.

2. 인도 또는 양수인의 점유 취득에 관한 요건

(1) 민법 제249조는 "동산을 양수한 자가 … 그 동산을 점유한 경우"라고 규정하는데, 이는 동산 소유권양도에 관한 물권행위의 한 요소로서 인도가 행하여져야 함을 의미한다. 간이인도(제188조 제2항)처럼 새삼 인도가 요구되지 않는 경우에는, 그 양수인의 점유 태양만 문제되고, 선의취득 자체가 허용됨은 물론이다.[13]

(2) 양도의 목적물이 양수인에게 인도되어 그가 점유를 얻어야 한다.

(가) 현실인도는 당연히 이 요건을 충족한다. 목적물반환청구권의 양도에 의한 대용인도(제190조)의 방법으로도 선의취득이 허용된다.[14] 다만 이 경우에

---

12) 학설에서는 무상양수인의 선의취득을 긍정하되 그에 대한 원소유자의 부당이득반환청구권을 인정하는 견해가 오히려 다수이다. 선의취득이 부당이득에 관한 일반규정인 민법 제741조에서 정하는 「법률상 원인」에 해당함에는 의문이 없으므로, 그러한 부당이득반환청구권은 독일민법 제816조 제1항 제2문과 같은 명문의 규정이 없는 우리로서는 인정하기 어렵다. 오히려 본문에서와 같이 선의취득 자체를 부정할 것이다.

13) 대판 1981.8.20, 80다2530(명태의 수치인이 명태를 보관하다가 무권한자인 임치인으로부터 이를 매수한 사안에서 간이인도에 의한 점유취득으로도 선의취득이 인정된다고 판시).

14) 대판 1999.1.26, 97다48906. 이 판결은 "양도인이 제3자에 대한 반환청구권을 양수인에게 양도하고 지명채권 양도의 대항요건을 갖추었을 때에는 동산의 선의취득에 필요한 점유요건을 충족한다"고 판시하였다. 그러나 양수인에게 과실이 있다고 하여 결론적으로 선의취득은 부인되었다.

반환청구권은 실제로 존재해야 한다. 양도인에게 애초 그 청구권이 없는 경우에는 목적물반환청구권의 양도에 의한 대용인도를 긍정할 수 없으므로, 목적물의 선의취득은 부정된다.

(나) 점유개정이 이 요건을 충족하는지에 대하여는 논의가 있다. 이는 타인 소유 동산의 양도담보에서 빈번히 문제된다. 특히 담보제공자에게 애초 소유권유보에 기하여 공급된 것인 경우에 소유권유보부 매도인과 양도담보권자 사이, 그리고 양도담보가 이중으로 행하여진 경우에 양도담보권자들 사이의 우열문제와 관련하여 문제되는 경우가 많다. 우리나라 민법은 독일민법 제933조와 달리 점유개정으로 인한 선의취득을 부정하는 명문 규정을 두고 있지 않지만, 다수설과 판례는 해석론으로서 이를 부정한다.[15]

1) 이러한 입장에 따르면, 기업의 자금조달을 뒷받침하고 금융을 얻는 신용거래에 있어서 소유권유보가 양도담보에 우선한다는 결과가 된다.[16] 예를 들어 소유권유보부 매수인이 대금을 다 지급하지 않아 소유권을 취득하지 못한 상태에서 목적물을 양도담보로 제공하였다고 하자. 양도담보에서의 소유권 양도는 점유개정에 의하므로 그로 인한 선의취득은 배제되어 양도담보권자는 소유권을 취득하지 못한다. 그러므로 유보매도인은 여전히 소유권에 기하여 자신의 대금채권의 만족을 확보할 수 있는 반면, 양도담보권자는 애초 의도한 대로의 권리취득이 좌절되어 목적물은 그를 위한 담보로서 기능할 수 없다. 그러한 의미에서 소유권유보는 양도담보에 우선한다. 그러므로 위의 예에서 양도담보권자는 담보설정자가 소유권을 취득한 때, 즉 소유권유보부 매수인이 매매대금을 매도인에게 모두 지급하여 유보매도인의 채권이 만족을 얻음으로써 소유권 양도의 물권적 합의에서의 정지조건이 성취된 때에 비로소 그 권리를 취득하게 된다. 그 때에 양도인의 권리흠결이라는 흠이 사후적으로 치유되는 것이다.[17]

2) 또한 점유개정에 의한 양도담보가 이중으로 행하여진 경우에는 시간적

---

15) 대판 1964.5.5, 63다775; 대판 1978.1.17, 77다1872; 대판 2004.10.28, 2003다30463; 대판 2004.12.24, 2004다45943 등.

16) 이를 일반화하면, 해당 목적물에 관한 물적 신용(Warenkredit)에 일반적인 자금의 융통을 얻는 금전신용(Geldkredit)에 대한 우위를 인정하는 것이다.

17) 일반적으로 양도인의 무권리라는 흠은 사후에 양도인이 해당 권리를 취득함으로써 치유된다.

으로 앞선 양도담보권자가 우선한다. 제1차 양도담보에 따라 담보설정자는 대외적 소유권을 상실하므로 다른 채권자에게 다시 양도담보를 설정할 수 없다. 물론 무권한자의 양도에 대해서 선의취득이 성립할 수 있지만, 제2차 양도담보 역시 점유개정의 방법으로 이루어진다면 선의취득의 요건을 충족할 수 없다.[18] 따라서 시간적으로 앞선 양도담보권자가 그 뒤의 양도담보권자에 대해 배타적으로 자기의 담보권을 주장할 수 있다.[19]

(3) 양수인의 점유 취득이 선의이고 무과실이며 평온·공연해야 한다.

(가) 여기서 선의·무과실이란 양도인이 무권한임을 알지 못하고 또 알지 못한 데 과실이 없음을 말한다.[20] 평온은 점유자가 그 점유를 취득 또는 보유하는 데 법률상 용인될 수 없는 강폭행위(强暴行爲)를 쓰지 않는다는 점을 의미하고, 공연은 감추어 비밀로 하는 점유, 즉 은비(隱秘)의 점유가 아님을 의미한다. 인도가 점유보조자나 점유매개자에 대하여 행하여진 경우에도 양수인을 기준으로 선의·무과실·평온·공연을 판단한다. 시기적으로는 물권행위가 완성하는 때, 즉 물권적 합의와 인도가 모두 갖추어지는 때를 기준으로 판단한다.[21]

(나) 점유 취득의 선의 및 평온·공연은 추정되므로(제197조 제1항), 이를 부인하는 측에서 그렇지 않음을 증명해야 한다. 한편 선의취득의 또 다른 요건인 무과실의 증명책임에 대하여는 논의가 있다. 판례는 선의취득자의 무과실에 관하여 법률상 이를 직접 추정하는 규정이 없으므로 선의취득을 주장하는 자에게 무과실의 증명책임이 있다고 한다.[22] 그러나 민법 제200조에서 정하는 점유자의 권리의 적법 추정이 미치는 한에서는 선의의 양수인이 무과실이라고 추정되므로, 역시 이를 부인하는 측에서 증명해야 한다.[23]

---

18) 물론 일단 점유개정으로 양도담보를 받았더라도 나중에 현실인도를 받았고 다른 선의취득 요건이 충족된다면 그때를 기준으로 목적물을 선의취득할 수 있다.
19) 판례도 같은 입장을 취한다. 대판 2000.6.23, 99다65066; 대판 2004.10.28, 2003다30463; 대판 2004.12.24, 2004다45943 등.
20) 양수인의 과실을 이유로 선의취득을 부정하는 재판례로 대판 1999.1.26, 97다48906; 대전고판 2005.1.19, 2004나2913 등이 있다. 이들은 소유권유보 아래 인도된 사안에 대한 것이다. 또한 대판 2004.11.12, 2004다22858에서는 이중양도담보에 있어서 선의취득의 성립 여부를 다루고 있는데, 여기에서도 2차 양수인의 과실을 인정하여 선의취득을 부정하였다.
21) 대판 1991.3.22, 91다70.
22) 대판 1962.3.22, 4294민상1174; 대판 1981.12.22, 80다2910; 대판 1999.1.26, 97다48906 등.
23) 대판 1962.3.22, 4294민상1174; 대판 1981.12.22, 80다2910; 대판 1999.1.26, 97다48906

Ⅲ. 선의취득의 효과

1. 양수인의 권리취득

(1) 선의취득으로 양도인의 무권한이 치유되어 소유권양도행위는 유효하게 되고, 양수인은 소유권을 취득한다. 민법 제249조에서 "「즉시」 그 동산의 소유권을 취득한다."라고 하는 것은 그 소유권 취득이 시효취득과는 달리 별도의 청구절차를 요하지 않음을 간접적으로 표현한다.

(2) 선의취득을 통해서 양수인이 소유권을 원시취득하게 되므로, 선의취득이 아니라면 제3자에게 자신의 소유권을 주장할 수 있었던 본래의 소유권자는 더 이상 그 권리를 주장할 수 없게 된다. 예를 들어 A가 B에게 자신 소유의 동산을 매매하였지만, 그 매매가 강행법규 위반으로 말미암아 무효였다면 A는 여전히 그 동산에 대한 소유자로서 자신의 소유권을 대세적으로 주장할 수 있었을 것이다. 하지만 C가 B로부터 그 동산을 선의취득하였다면 이제 C가 그 동산의 소유권자가 된다. 하나의 동산에 두 개의 소유권이 양립할 수 없으므로 A는 더 이상 주장할 소유권이 없다. 이는 A가 제한능력자인데 C가 동산을 선의취득한 후에 제한능력을 이유로 A의 B에 대한 매매를 취소하려고 하는 경우도 마찬가지이다. A가 제한능력자였다는 사유는 선의취득 요건을 갖추어 동산을 원시취득한 C의 지위를 뒤늦게 흔들 수 없다.

그러나 동산 위에 담보권 등 부담이 존재하고 양수인이 이를 알았거나 알 수 있었다면 선의취득의 요건을 갖추어 그 동산을 선의취득하였더라도 그 부담은 인수한다고 해야 한다. 그렇게 보더라도 선의·무과실의 양수인을 해치지 않는다. 예를 들어 A 소유의 동산을 임차한 B가 그 수리를 수리업자인 C에게 맡겨서 C가 수리비채권(제664조)에 기하여 유치권을 가지는데 B가 그 동산을 선의·무과실의 D에게 매도하고 반환청구권의 양도방식으로 인도하면 D는 소유권을 취득한다. 그러나 D는 동산반환청구권을 양도받으면서 이미 그 동산이 C에게 수리 위탁되었다는 사실, 그리고 이로 인해 유치권이 성립할 수 있다는

등 판례는 선의취득을 주장하는 측에서 증명해야 한다고 한다. 그러나 판례가 등기의 경우에는 등기부의 기재를 믿고 부동산을 거래한 이의 무과실을 추정하면서 점유의 경우에는 반대의 태도를 취하는 것은 앞뒤가 맞지 않는다.

사실을 알았거나 알 수 있었다고 볼 수 있다. 이때에는 D가 동산 소유권을 선의취득하더라도 C의 유치권은 소멸하지 않는다.

(3) 양수인의 소유권 취득은 선의취득이라는 법정(法定)의 「법률상 원인」(제741조)에 기한 것으로, 양수인은 부당이득반환의무를 부담하지 않는다. 무상행위의 경우에는 선의취득을 긍정하면서도, 공평의 원칙을 들어 부당이득반환의무를 긍정하는 견해가 있다.[24] 하지만 이에 관한 명문규정이 없는 우리 민법 아래에서 무상행위로 인한 이득은 일반적으로 「법률상 원인」을 갖추지 못한 것이라는 법리를 인정하기는 어렵다. 또한 내용도 불명확하고 실정법과는 무관한 공평의 원칙을 들어 그러한 반환의무를 인정할 수도 없다. 입법론적으로는 이처럼 무상양수인의 선의취득은 긍정하면서도 그에게 부당이득반환의무를 지우는 해석론보다는 오히려 무상행위로 인한 선의취득 자체를 부인하는 것이 간명하다.

2. 양도인의 책임

(1) 양수인의 소유권 취득으로 종전 소유자는 그 소유권을 상실한다. 다만 양도인이 그 후 소유권을 취득하였다면, 종전 소유자의 소유권은 부활하고, 양도인은 그와의 종전 점유위탁관계에 기하여 반환의무를 여전히 부담한다.[25]

(2) 한편 종전 소유자는 양도인에 대하여 각종의 채권을 가지게 된다.

(가) 우선 양도인은 그의 양도행위로 종전 소유자의 소유권을 상실시킴으로써 불법행위로 인한 손해배상책임을 진다(제750조). 나아가 양도인이 종전 소유자와의 사이에 점유위탁관계에 있었다면, 그가 목적물을 자신의 소유로 양도하여 양수인으로 하여금 소유자가 되게 한 것은 그 관계로부터 발생하는 목적물반환의무를 이행불능에 빠뜨리므로, 채무불이행책임을 져야 한다(제390조). 또한 양도행위가 유상으로 행하여졌으면, 양도인은 그 양도의 대가로 취득한 것을 부당이득으로 종전 소유자에게 반환해야 한다(제741조).[26]

---

24) 가령 이영준, 물권법, 263; 김증한, 물권법, 127 등.

25) 양도인이 다시 양수인으로부터 매수하여 양도받은 경우는 물론이고, 예를 들어 양도인과 양수인 사이의 매매가 후에 목적물의 하자를 이유로 적법하게 해제된 경우 등도 마찬가지이다. 이 경우 점유위탁관계에 기한 반환의무는 선의취득이 성립함으로써 이행불능이 되나, 양도인이 소유권을 취득함으로써 사후적으로 그 이행불능은 「치유」된다.

26) 무권리자의 처분이 예외적으로 유효한 경우에 처분자는 그 처분으로 취득한 것을 권리자

(나) 이들은 모두 대인적(對人的)인 채권으로서, 목적물을 직접 지배하는 소유권과는 그 성질을 달리하나, 종전 소유자의 상실된 소유권에 대한 경제적 대상(代償)으로 주어진다. 그러므로 이들은 그 내용이 중첩하는 범위에서는 부진정연대채권관계에 있다. 그러므로 그 범위에서는 어느 일방이 전부 또는 일부의 만족을 얻으면 타방은 그 한도에서 소멸한다.

IV. 점유이탈물에 관한 특칙

1. 민법 제250조 · 제251조

(1) 민법은 도품 또는 유실물에 대하여는 따로 규정을 두어, 그것이 금전이 아닌 한, "피해자 또는 유실자는 도난 또는 유실한 날로부터 2년 내에 그 물건의 반환을 청구할 수 있다"고 정한다(제250조). 여기서 도품 또는 유실물은 점유이탈물[27]을 망라한 것으로 이해된다.

(2) 이와 같이 점유이탈물에 대하여 선의 · 무과실의 양수인이라도 소유권의 즉시취득을 인정하지 않는 이유는 다음과 같다.

소유자 또는 그의 의사에 기하여 물건을 점유하는 이가 자신의 의사에 기하지 아니하고 점유를 상실한 경우에는 일반적으로 권리외관의 형성에 대한 소유자의 기여(귀책사유)가 양수인의 정당한 신뢰를 보호할 필요를 충분히 고려하더라도 그의 소유권을 바로 상실시킬 만하다고 평가될 수 없다. 각도를 달리하여 말하면, 양수인이 도둑 또는 점유이탈물 횡령자를 상대방으로 택하여 거래하였다면, 그가 비록 선의 · 무과실이라고 해도, 그 선택에서의 신뢰를 앞세워서 소유자의 권리보유에 관한 신뢰를 아예 물리칠 만하지는 않다는 것이다.[28] 그러므로 소유자 등에게 일정 기간 동안에는 원래의 권리를 행사할 수 있도록 하고, 그 기간이 경과한 후에야 비로소 양수인의 소유권 취득을 인정한

에게 반환해야 한다는 부당이득법리(독일민법 제816조 제1항 제1문은 이를 명정한다)의 한 적용이다.

27) 이 용어는 형법 제360조("유실물, 표류물 또는 타인의 점유를 이탈한 재물을 횡령한 자…")의 표제(점유이탈물횡령죄)에서 채택되어 있다. 이에 대비하여 소유자 등의 의사에 기하여 점유되는 물건은 점유위탁물이라고 부를 수 있다.

28) 이는 양도인이 도둑 등이 아니라 그의 점유승계인이라고 해도 크게 다를 바 없다.

다(제250조). 나아가 그것이 경매나 공개시장 등과 같이 일반 사람이 가지는 거래상의 신뢰가 보장되어야 하는 상황에서 구입된 것이라면, 이를 고려하여 위와 같은 소유자 등의 권리 행사를 양수인이 지급한 대가의 변상과 연결시키는 것이다(제251조). 이와 같이 민법의 점유이탈물에 대한 처리는 전반적으로 선의취득에서 전형적으로 문제되는 사정들에 대한 균형잡힌 평가 위에 기초하고 있다고 할 수 있다.

2. 특칙의 적용 범위와 요건

(1) 위 특칙은 금전에는 적용되지 않는다(제250조 단서). 금전의 보편적 가치표창성과 범용성에 비추어 그 원활한 유통을 촉진하려는 것이다. 또한 같은 취지에서 지시채권, 무기명채권 기타 유가증권(제514조, 제524조, 상 제65조 등)에도 특칙이 적용되지 않는다.[29]

(2) 여기서 도품·유실물은 점유이탈물을 망라한 것으로 이해된다. 점유이탈물이란 종전의 직접점유자가 그 의사에 의하지 아니하고 그 점유를 상실한 물건을 말한다.

(가) 여기서 도품이란 타인의 도취(盜取)에 의하여 점유가 위법하게 박탈된 물건을 말하고, 유실물이란 도품을 제외한 점유이탈물을 의미하는 것으로서 꼭 일상적 의미의 유실물만 의미하는 것이 아니다.[30] 유실물법에서는 유실물 습득시 적법한 처리절차에 대하여 규정하지만, 유실물 습득자가 이에 따르지 않고 습득물을 타인에게 양도한 경우에 특칙이 적용된다.

(나) 점유상실은 점유자의 의사에 기하지 않고 일어나야 한다. 사기 또는 강박과 같은 행위가 개입하였더라도 점유자의 의사에 기하여 점유를 이전하였다면 이는 점유상실에 해당하지 않는다. 따라서 위 특칙이 적용되지 않는다.

(다) 직접점유자가 자신에게 위탁된 물건을 횡령하여 간접점유가 비자의

---

29) 민법안심의록, 상권, 156 하단: "무기명채권을 단서에 포함시키지 않았는바, 그것은 초안 제515조, 제505조[민법 제524조, 제514조]에 무기명채권의 즉시취득에 관하여 본규정보다 더 강력한 공신의 원칙의 규정이 있으므로 본조[민법 제250조]에서 규정할 필요가 없기 때문이다."

30) 폭격이나 태풍·홍수 등 재난으로 흩어진 물건 또는 표류물은 물론이고, 초대손님이 착오로 서로 우산을 맞바꾸어 돌아간 경우와 같이, 물건의 소재를 알 수 있는 때가 그러하다. 유실물법은 "타인이 놓고 간 물건이나 일실한 가축" 등을 준유실물이라고 부르고 유실물법을 적용한다.

적으로 상실된 경우에는 특칙의 적용이 없다. 다시 말하면 점유매개관계가 설정되어 있는 물건에서 점유상실의 비자의성 유무는 직접점유자를 기준으로 정한다. 점유보조자가 물건을 횡령한 경우에 대하여는 논의가 있으나, 직접점유자의 경우처럼 점유보조자를 기준으로 정해야 한다.[31]

(3) 특칙은 민법 제249조에서 정하는 선의취득의 다른 요건이 모두 갖추어진 것을 전제로 하여 그 원칙을 변용하는 것이다(제250조: "前條의 경우에").[32] 따라서 민법 제249조의 요건이 충족되지 않으면 민법 제250조 등을 기다릴 것 없이 당연히 선의취득이 성립하지 않는다.[33]

[판결 1] 횡령물의 취급: 대판 1991.3.22, 91다70

상고이유에 대하여

민법 제249조가 규정하는 선의 무과실의 기준시점은 물권행위가 완성되는 때인 것이므로 물권적 합의가 문제로 된 동산의 인도보다 먼저 행하여지면 인도된 때를, 인도가 물권적 합의보다 먼저 행하여지면 물권적 합의가 이루어진 때를 기준으로 해야 하는 것이고 민법 제250조나 제251조는 다같이 민법 제249조의 선의취득의 요건이 충족된 경우들에 관한 규정으로서 위 제250조는 목적물이 진정한 권리자의 의사에 반하거나 의사에 의하지 않고 그 점유를 이탈한 도품, 유실물인 때에 피해자, 유실자는 선의취득자에 대하여 2년간 그 물건의 반환을 청구할 수 있는 제도에 관한 규정이고 위 제251조는 양수인이 위와 같은 도품이나 유실물을 경매나 공개시장 또는 동종류의 물건을 판매하는 상인에게서 선의(무과실)하게 매수한 때에는 종전의 소유자는 그 대가를 변상하고 그 물건의 반환을 청구할 수 있는 제도에 관한 규정인바 여기에 도품 유실품이란 위에서 본 제도적 취지에 비추어 원권리자로부터 점유를 수탁한 사람이 적극적으로 제3자에게 부정 처분한 경우와 같은 위탁물 횡령의 경우는 포함되지 아니하고 또한 점유보조자 내지 소지기관의 횡령처럼 형사법상 절도죄가 되는 경우도 형사법과 민사법의 경우를 반드시 동일시 해야 하는 것은 아닐 뿐만 아니라 진정한 권리자와 선의의 거래 상대방간의 이익형량의 필요성에 있어서 위탁물 횡령의 경우와 다를 바 없으므로 이 역시 민법 제250조의 도품, 유실품에 해당되지 않는다고 보아야 하고 또한 민법 제251조는 같은법 제249조의 경우와는

---

31) 대판 1991.3.22, 91다70.
32) 특히 민법 제251조는 「선의로」라고만 하나, 이는 선의·무과실의 의미로 해석된다.
33) 대판 1991.3.22, 91다70은 이러한 취지를 밝힌다.

달리 무과실을 명문으로 규정하고 있지는 아니하나 같은 조문은 위에서 본 것처럼 위 제249조와 제250조를 전제로 하는 규정이므로 무과실도 당연한 요건이라고 해석해야만 한다.

이와 같은 법리를 원심이 설시한 이 사건의 사실관계에 적용시켜보면 이 사건 기계인 플레너는 점유자가 소외 1이고 그것을 맨처음 처분한 소외 2는 점유보조자 내지 소지기관이며 그로부터 양도받은 소외 3과 소외 4는 플레너를 인도받을 때를 기준으로 볼 때 악의의 양수인이고 이러한 양수인으로부터 다시 양도받은 피고는 같은 기계에 대한 물권적 합의 당시와 그 후 현실적 인도를 받을 당시에 관한 원심설시의 상황 아래서는 민법 제249조와 제251조의 무과실 취득이라고 볼 수 없어 결국 피고는 이 사건 기계인 플레너의 선의취득자일 수 없다는 결론이 자연스럽게 도출되는 것이고 이와 같이 선의취득자가 될 수 없는 이상 선의취득자로 된 경우에 비로소 문제가 되는 도품, 유실품인지에 관하여 원심이 판단하지 않았다 해서 어떤 잘못이 있다고도 할 수 없을 뿐만 아니라 양수인이 선의취득자일 때 비로소 그 요건 해당 여부가 문제되는 민법 제251조를 살피지 않았다 해서 법리오해의 위법이 있다고도 할 수 없다.

그러므로 원심이 피고의 민법 제251조의 청구를 배척한 것은 위에서 본 바에 비추어 옳고 이를 비난하는 논지는 이유없다.

[판결 1]에 관하여 생각할 점

1. 다른 동산과 달리 도품이나 유실물에 대하여는 선의취득의 요건이 갖추어지더라도 원소유자에게 반환청구권을 부여하는 이유가 무엇인가?
2. 위탁물의 횡령과 그 물건의 도난 또는 분실은 어떻게 다른가? 왜 위탁물의 횡령에 대하여는 민법 제251조가 적용되지 않는 것인가?
3. 이 사건에서 원심법원이 민법 제251조의 청구를 배척한 이유는 무엇인가? 여기에서 도출되는 민법 제251조와 제249조 내지 제250조의 상호관계는 어떠한가?

3. 소유자 등의 반환청구권

(1) 피해자 또는 유실자는 도난 또는 유실한 날로부터 2년 내에 그 물건의 반환을 청구할 수 있다(제250조). 여기서 정하는 반환청구권의 성질은 점유이탈물의 양수인이 즉시 소유권을 취득하는가 하는 문제와 연동하여 논의된다. 통설은, 양수인이 즉시 소유권을 취득하지만 이 반환청구권의 행사로 물

건이 반환되면 선의취득자의 소유권이 소멸된다고 하면서, 이 권리는 점유이탈 당시의 법률관계를 부활시키는 법정의 특별한 원상회복청구권이라고 한다. 그러나 일단 소유권을 주었다가 다시 빼앗기보다는 2년의 경과로 비로소 취득한다고 하는 것이 간명하다. 나아가 소유권의 귀속을 이 청구권의 행사 및 그 만족 여부에 걸리게 하면 부당한 경우가 생길 수 있고, 그 사이의 법률관계가 복잡하게 될 우려도 있다.[34] 또 종전 법률관계의 부활이라는 형성적 법권능을 — 아무리 법정의 특별한 청구권이라고 하여도— 청구권에 인정하는 것은 법논리상 무리이다. 그러므로 점유이탈물의 양수인은 다른 선의취득의 요건을 다 갖추었더라도 법이 정하는 기간 동안은 선의취득의 효과 발생이 미루어져서 물건의 소유권을 취득하지 못한다고 보아야 한다. 이 경우 피해자 또는 유실자가 소유자라면 그는 여전히 자신이 보유하는 소유권에 기하여 물건의 반환을 청구할 수 있다. 그 점에서 여기서의 반환청구권은 물권적 반환청구권(제213조)의 성질을 가진다. 그런데 위 규정은 「피해자 또는 유실자」이면 그가 소유자가 아닌 경우에도 그에게 반환청구권을 인정한다. 이는 보다 용이하게 종전의 점유상태의 회복을 달성하기 위하여 예외적으로 소유자의 물권적 반환청구권을 점유이탈 당시의 직접점유자에게도 부여한 것이다.[35] 그러므로 직접점유자이지만 소유자가 아닌 임차인 또는 수치인도 피해자 또는 유실자에 해당하면 반환청구권을 행사할 수 있다.

    (2) 선의취득이 미루어지는 기간은 "도난 또는 유실한 날로부터 2년"이다. 원래 소유권에 기한 반환청구권은 소멸시효 기타 그 행사에 대한 기간제한에 걸리지 않는다. 하지만 앞서 본 대로 점유이탈물에 대한 소유권 보호의 요청을 선의·무과실의 양수인의 신뢰 보호의 필요와 형량할 필요가 있으므로 그 기간을 단기로 제한하는 것이다. 이는 그 기산점을 점유이탈한 때로 잡은 데서도 나타난다. 이 기간의 성질에 대하여는 논의가 있으나, 소멸시효가 아니라 제척기간이라고 보아야 한다. 이는 소유권관계를 조기에 확정할 필요가 있을 뿐 아니라, 소멸시효라면 민법이 일반적으로 "시효로 인하여 소멸한다"고 표현하는

---

34) 하나의 예를 들면, 제3자가 목적물을 훼손한 경우 누가 손해배상청구권을 가지는지가 반환의 시점이라는 우연적 사정에 의존하게 된다.
35) 물론 점유자는 점유권에 기한 반환청구권을 가지지만 그 권리는 1년의 제척기간에 걸린다(제204조 제3항).

데 여기에서는 그러한 표현을 쓰지 않는다는 점에서도 그러하다. 소유자 기타 「피해자 또는 유실자」가 그 기간 내에 자신의 반환청구권을 재판상으로 또는 재판외에서 행사하면 족하고, 그 기간 내에 실제로 반환받을 필요는 없다. 이로써 양수인의 선의취득은 영속적으로 저지된다.

(3) 도품 또는 유실물임을 이유로 선의취득이 부인되더라도, 소유자는 무권리자의 양도를 추인하여 그것을 유효하게 하고 그가 양도의 대가로 얻은 것을 부당이득으로 반환청구할 수 있다.[36] 이는 처분행위가 처분자의 무권한을 이유로 무효인 경우에 그 처분의 추인으로 인한 효력 발생과 관련한 일반적 법리를 적용한 결과이다. 이때 「양도의 대가」에는 매매대금채권 등도 포함된다.

4. 대가의 변상

(1) 점유이탈물의 양수인이 이를 "경매나 공개시장에서 또는 동 종류의 물건을 판매하는 상인에게서" 선의로 매수한 때에는 「피해자 또는 유실자」는 그에게 그가 지급하였던 대가를 변상하고 그 물건의 반환을 청구할 수 있다(제251조). 이는 민법 제250조에 기한 반환청구를 대가의 변상에 걸리도록 함으로써 점유이탈물의 양수인이 경매 등 제도화된 거래장치에 대하여 부여하는 일반적 신용에 최소한의 보호를 부여하려는 것이다.

(2) 그 적용의 요건은 다음과 같다.

(가) 여기서 「경매」란 공경매뿐만 아니라 사경매를 포함한다. 통상의 강제경매이건 담보권의 실행을 위한 경매이건 묻지 않고, 호가 방식의 경매이건 입찰 방식의 경매이건 묻지 않는다. 「공개시장」은 공설·사설이건 묻지 않고, 일반인을 상대로 하는 보통의 점포도 포함한다. 「동 종류의 물건을 판매하는 상인」은 점포를 가지지 않고 동종의 물건을 판매하는 상인을 의미한다.

(나) 「매수」는 유상취득의 원인행위를 대표적으로 예시한 것이므로 이 조항은 교환 등 기타의 유상행위에도 적용된다. 그 반대해석상 증여 등 무상취득행위에는 적용되지 않는다.

---

36) 대판 1992.9.8, 92다15550(부동산의 공유지분을 A와 함께 공동상속한 B가 공유지분 전부가 자기 명의로 등기됨을 기화로 A의 동의 없이 이를 타인에게 매도하고 등기까지 한 사안에서 A가 그 공유지분권을 상실하지 않았더라도 B는 A의 추인을 전제로 자기 지분에 상응한 매매대금의 반환을 청구하면 이를 반환하여야 한다).

(다) 법문은 「선의」라고만 하나, 이 규정은 민법 제249조에서 정하는 선의취득의 다른 요건이 충족되는 것을 전제로 하므로, 무과실까지 요구한다고 해석하는 것이 타당하다.[37]

(3) 이 규정에 기하여 양수인은 적극적으로 대가변상청구권을 가진다(통설).[38] 여기에서의 대가(代價)는 물건의 매수 당시에 지급한 가격을 의미하는 것이고, 시가를 의미하는 것이 아니다. 한편 양수인은 대가변상청구권에 기하여 소유자 등이 물건의 반환청구를 하는 데 대하여 동시이행의 항변을 할 수도 있다. 일단 목적물을 반환하였더라도 대가의 변상을 청구할 수 있다.

---

37) 대판 1991.3.22, 91다70.
38) 同旨: 대판 1972.5.23, 72다115.

제6장   채권변동 1 — 채권양도

I. 서 설

1. 채권관계의 당사자 변경 일반

채권은 채권자가 채무자에게 일정한 행위, 즉 급부를 청구하고 그와의 관계에서 급부의 결과를 수령하여 정당하게 보유할 수 있는 권리이다. 이처럼 채권은 특정한 채권자와 채무자 사이의 관계를 전제한다는 점에서, 물권의 귀속주체와 그 외 불특정 다수인 사이의 관계를 전제하는 물권과 구별된다.

그런데 채권관계의 당사자, 즉 채권자 또는 채무자가 변경되는 경우가 있다. 이는 상속이나 합병과 같은 포괄승계를 통해 발생하기도 하고, 채권양도, 채무인수, 계약인수와 같은 특정승계를 통해 발생하기도 한다. 또한 상속이나 전부명령처럼 법률의 규정에 의해 발생하기도 하고, 합병이나 채권양도처럼 법률행위에 의해 발생하기도 한다. 이 책에서는 법률행위에 의한 특정승계에 해당하는 채권양도, 채무인수, 계약인수에 대해 살펴본다. 채권양도는 채권자의 변경을, 채무인수는 채무자의 변경을 가져오고, 계약인수는 계약당사자 지위 자체의 승계를 통하여 계약으로부터 발생하는 제반 채권 및 채무주체의 포괄적 변경을 가져온다.

채권주체의 변경은 물권주체의 변경과 유사한 면이 있다. 따라서 이 책의 제2편에서 살펴본 물권변동의 법리들은 채권변동에도 상당 부분 적용된다. 물권주체의 변경을 위해서 원인행위 외에 물권적 의사표시와 공시방법(등기나 인도)이 요구되는 것처럼 채권주체의 변경에서도 원인행위 외에 준물권적 의사표시가 필요하고 제3자에 대한 관계에서는 대항요건(통지나 승낙, 배서 등)이 구비되어야 한다. 또한 등기의 선후에 따라 물권의 우선순위가 결정되듯이 채권변동에서도 제3자에 대한 대항요건을 시간적으로 먼저 갖춘 자는 이후에 이를 갖춘 자보다 우선한다. 권리자는 자신이 가진 것 이상을 양도할 수 없다거나, 주된 권리의 변동은 종된 권리의 변동을 가져온다는 등의 권리변동에 관한 원리들도 물권변동과 채권변동에 공통적으로 적용된다.

하지만 양자 사이에 차이점도 있다. 예를 들어 물권변동은 원칙적으로 등기나 인도와 같은 공시방법까지 갖추어야 효력이 생기지만, 채권양도는 공시방법을 갖추지 않아도 양도합의 만으로 당사자 간에 효력이 생기고, 이를 제3자에게 대항하기 위해서 「대항요건」을 갖추어야 할 뿐이다. 따라서 피담보채권과 저당권이 함께 양도되는 저당권부 채권양도에서는 그 변동효력발생시기가 달라지는 현상이 발생한다.[1] 또한 목적물반환청구권의 양도에 의한 동산인도에서도 당사자 간의 관계와 제3자에 대한 관계가 달라지는 현상이 발생한다.

종래의 권리변동론에서는 물권변동이 논의의 중심을 차지하고 있었으나, 산업자본주의가 금융자본주의로 진화하면서 최근에는 채권변동이 물권변동에 버금가는 중요성을 지니게 되었다. 특히 채권의 유동화나 담보제공이 중요한 자금조달수단으로 자리잡으면서 그 근간을 이루는 채권양도의 법리도 금융과의 관련성 아래에서 재조명을 받게 되었다.

2. 채권양도의 의의와 종류

(1) 채권양도의 의의

채권양도는 채권의 동일성을 유지하면서 법률행위에 의하여 그 귀속주체를 변경하는 것을 말한다. 채권의 동일성을 유지한다는 점에서 동일성이 유지되지 않는 경개(更改)와 구별된다. 또한 법률행위에 의하여 채권의 귀속 주체가

---

1) 대판 2003.10.10, 2001다77888은 "피담보채권과 근저당권을 함께 양도하는 경우에 채권 양도는 당사자 사이의 의사표시만으로 양도의 효력이 발생하지만 근저당권이전은 이전등 기를 하여야 하므로 채권양도와 근저당권이전등기 사이에 어느 정도 시차가 불가피한 이 상 피담보채권이 먼저 양도되어 일시적으로 피담보채권과 근저당권의 귀속이 달라진다고 하여 근저당권이 무효로 된다고 볼 수는 없으나, 위 근저당권은 그 피담보채권의 양수인 에게 이전되어야 할 것에 불과하고, 근저당권의 명의인은 피담보채권을 양도하여 결국 피담보채권을 상실한 셈이므로 집행채무자로부터 변제를 받기 위하여 배당표에 자신에게 배당하는 것으로 배당표의 경정을 구할 수 있는 지위에 있다고 볼 수 없다"라고 한다.

변경된다는 점에서 법률의 규정이나 법원의 재판에 의하여 채권의 귀속주체가 변경되는 경우와 구별된다. 따라서 제1005조에서 정하는 상속에 따른 포괄승계 이외에도 제399조에서 정하는 손해배상자의 대위, 제481조 이하에서 정하는 변제자의 법정대위 등 법률의 규정에 따른 채권 귀속주체의 변경이나, 민사집행법 제229조에서 정하는 전부명령 등 법원의 재판에 따른 채권 귀속주체의 변경은 여기에서 말하는 채권양도가 아니다.

채권양도는 여러 가지 경제적 목적으로 행해진다. 마치 물건을 매매하듯 채권을 매매하는 순수한 채권양도 이외에도 담보 또는 추심의 목적으로 채권양도를 하는 경우도 빈번하다.

(2) 채권양도의 종류

민법은 「채권의 양도」라는 제목의 절(節)(제3편 제1장 제4절)에서는 지명채권의 양도에 대하여만 규정하고, 그 외에 지시채권과 무기명채권의 양도에 대하여는 별도의 절(節)을 두어 규율하고 있다(제508조 이하, 제523조 이하).

지명채권이란 채권자가 특정되어 있는 채권으로서 그 성립, 양도 또는 행사에 증권 또는 증서를 필요로 하지 않는 것을 말한다. 지명채권에 관하여 증서가 작성되어 있더라도 이는 하나의 증거방법에 불과할 뿐 증권은 아니다. 다만 채권증서가 작성되어 있다면 변제자는 이중변제를 피하기 위하여 변제시 채권자에게 채권증서의 반환을 구할 수 있다(제475조 제1문). 채권증서가 작성된 채권이 양도된 경우 신채권자인 채권양수인은 변제자에게 이와 같이 채권증서를 반환하여 주어야 하므로, 채권양도 원인관계상 채권양도인은 채권양수인에게 채권증서를 인도할 의무가 있다.

지시채권과 무기명채권은 모두 성립, 양도 또는 행사의 어느 하나 또는 전부에 증권행위(證券行爲)를 필요로 하는 증권적 채권이라는 공통점을 가진다.[2] 이들 채권에서는 무형의 권리가 증권과 결합되어서 유형(有形)의 모습을

---

2) 증권적 채권은 채권자를 결정하는 방법에 따라 기명채권, 지시채권, 지명소지인출급채권, 무기명채권의 넷으로 나누어진다. 민법은 그중 기명채권을 제외한 나머지 세 종류에 대하여 규정을 두고 있다(제508조 내지 제525조). 그중 지명소지인출급채권은 증서상에 표시된 특정인 또는 증서의 정당한 소지인에게 변제해야 하는 증권적 채권으로서 무기명채권의 한 변형이라고 할 수 있는데, 민법은 이를 무기명채권과 같이 취급하고 있다(제525조).

가지게 된다. 이를 권리가 증권에 화체(化體)되었다고 표현하기도 한다. 그렇기 때문에 이들 채권의 양도에는 지명채권과 달리 증권에의 배서나 증권의 교부와 같은 증권행위가 요구된다. 한편 증권적 채권은 누구든지 그 증권을 적법하게 소지한다면 채권자로서 권리를 행사할 수 있는 것이어서 처음부터 채권의 유통을 강하게 전제하고 있다. 그러한 점에서 채권유통이 가능하긴 하지만 채권자가 특정되어 있어 본래는 특정한 채권자와 채무자 사이에 결제될 것을 예정한 지명채권과 구별된다.

그런데 상법은 주권과 같은 중요한 유가증권에 대하여 자세한 규정을 두고 있고(상 제329조 이하), 어음법이나 수표법은 유가증권의 특성을 가장 잘 드러내는 어음이나 수표에 대하여 세부적인 사항까지 규율하고 있다. 그러므로 이러한 법들이 아니라 민법이 적용되는 증권적 채권은 그 수가 많지 않을 뿐만 아니라 사회적 기능이나 중요성의 면에서도 훨씬 떨어지는 것이 대부분이다. 따라서 유가증권에 대한 일반법리는 오히려 민법의 영역 밖에서, 특히 어음법이나 수표법의 영역에서 찾는 것이 더욱 현실적인 접근이다. 그러므로 아래에서는 지명채권의 양도를 중심으로 설명하기로 한다.

Ⅱ. 지명채권의 양도가능성

1. 원   칙

(1) 지명채권의 양도성

지명채권도 재산권의 하나이다. 따라서 지명채권은 원칙적으로 양도할 수 있다. 그것이 계약상의 채권인지 또는 법률상의 채권인지, 또한 원래의 채권인지 손해배상채권인지를 불문한다. 조건부 채권이나 기한부 채권도 양도할 수 있다. 가압류된 채권도 양도할 수 있다. 다만 가압류의 처분금지효 때문에 채권양수인은 가압류채권자에게 대항할 수 없을 뿐이다.[3]

문제되는 몇 가지 논점들은 아래와 같다.

---

3) 대판 2000.4.11, 99다23888.

(2) 장래의 채권

판례의 태도에 따르면 장래 발생할 채권[4]이라도 현재 그 권리의 특정이 가능하고 가까운 장래에 발생할 것임이 상당한 정도로 기대되는 경우에는 채권양도의 대상이 될 수 있다.[5] 따라서 위와 같은 요건을 갖추는 한 장래의 차임채권이나 이자채권, 이익배당청구권도 양도할 수 있다. 또한 임대차보증금반환채권은 임대차관계가 종료하고 임차인이 그 목적물을 반환할 때까지 임대인에 대하여 부담하는 채무액을 공제하고 남는 것이 있을 때 비로소 성립하게 되지만, 임차인은 임대차관계 존속 중에도 이를 양도할 수 있다. 「동산·채권 등의 담보에 관한 법률」에서도 장래에 발생할 채권을 목적으로 한 담보권을 인정하고 있다(동산담보 제2조 제3호, 제34조 제2항). 이러한 장래 채권의 양도는 집행법의 측면에서도 빈번하게 문제되는데, 위와 같은 법리에 따라 장래 채권을 압류하여 전부하는 것도 가능하다.[6]

그런데 장래 채권의 양도에 있어서 양도대상 채권을 특정할 수 있어야 한다는 의미의 특정가능성은 처분행위 일반의 법리에 비추어 당연한 것이지만,[7] 가까운 장래의 상당한 발생가능성까지 요구하는 판례의 태도에 대해서는 의문이 있다.[8] "가까운 장래"나 "상당한 발생가능성"(이는 "발생의 개연성"이라고 표현되기도 한다)이라는 개념은 불명확하여 채권양도를 둘러싼 법적 안정성을 해친다. 또한 이러한 태도는 장기간에 걸쳐 발생하는 장래의 채권을 유동화하거나 집합채권양도담보의 형식을 통하여 금융의 편의를 도모하는 현대적인 흐름을 규범적으로 뒷받침하지 못하는 문제도 있다. 위와 같은 판례의 태도는 일본의 종전 판례의 영향을 받은 것으로 보이나,[9] 그 후 일본에서도 장래채권의 발생

---

4) 장래 채권은 채권의 효력 발생 또는 소멸이 장래의 불확실한 사실인 조건의 성취 여부에 의존하고 있을 뿐 이미 채권으로 성립하여 있는 조건부 채권과는 개념적으로 구별된다.

5) 대판 1991.6.25, 88다카6358; 대판 1996.7.30, 95다7932; 대판 2002.11.8, 2002다7527.

6) 우리 판례는 장래 채권의 압류·전부 문제와 장래 채권의 양도 문제를 동일선상에서 이해하고 있다. 전자에 관한 대판 1982.10.26, 82다카508과 후자에 관한 것으로서 이를 참조판결로 들고 있는 대판 1991.6.25, 88다카6358 참조.

7) 다만 우리 판례는 특정가능성과 관련하여 기본적 채권관계가 어느 정도 확정되어 있을 것을 요구하지만(대판 1996.7.30, 95다7932), 기본적 채권관계가 확정되어 있지 않더라도 장래채권 자체가 동일성을 인식할 수 있을 정도로 특정될 수 있다면 그 양도의 효력을 부정할 이유는 없다.

8) 양창수, "장래채권의 양도", 민법연구 7, 2006, 233 이하.

9) 最高裁 昭和 53년 12월 15일 판결.

개연성을 장래채권 양도의 유효요건에서 제외하는 쪽으로 판례를 변경하였다.[10) 그러므로 이러한 판례의 태도는 재고되어야 한다.

다만 당사자 사이의 자유로운 약정에 따라 이루어지는 채권양도의 경우와 달리 강제집행의 일환으로 이루어지는 채권의 압류·전부에 대해서는 여전히 현재 판례의 태도처럼 일정한 제한이 필요하다고 생각된다. 채권 발생 여부가 확정될 때까지 집행절차가 장기간 불확정한 상태에 빠져 집행의 신속성과 확정성을 해칠 우려가 있고, 제3채무자로서는 그에 비례하여 장기간 압류채권의 발생 여부나 압류의 유효 여부 등을 확인하여 채무를 이행해야 한다는 점에서 제3채무자에게 부당하게 부담을 강요하는 결과가 되기 때문이다.

> **[판결 1] 장래 발생할 채권의 압류 및 전부: 대판 2002.11.8, 2002다7527**

1. 원심판결의 요지

가. 원심은 그의 채용 증거를 종합하여 아래와 같은 기초사실을 인정하였다.

(1) 피고는 소외 삼안종합건설 주식회사(아래에서는 '소외 회사'라고 한다)에 대한 액면 금 25억 원의 약속어음 공정증서 정본에 기하여 소외 회사가 전라북도로부터 전라북도 수산시험연구소 시설공사를 도급받아 시공하고 받게 될 공사대금채권(아래에서는 '이 사건 공사대금채권'이라고 한다) 중 25억 원의 부분에 대하여 전주지방법원 99타기2598호로 채권압류 및 전부명령을 신청하여 1999. 6. 24. 위의 법원으로부터 채권압류 및 전부명령을 받았고, 그 채권압류 및 전부명령 정본이 그 달 25. 전라북도에 송달되었다.

(2) 한편, 원고 주식회사 팔마는 소외 회사에 대한 집행력있는 지급명령정본에 기하여 소외 회사의 전라북도에 대한 이 사건 공사대금채권 중 35,172,147원의 부분에 대하여 채권압류 및 전부명령을 신청하여 1999. 6. 28. 채권압류 및 전부명령을 받았고, 그 채권압류 및 전부명령정본은 그 달 29. 전라북도에 송달되었다.

(3) 또한, 원고 유한회사 명석건설은 소외 회사에 대한 전주지방법원 99가합1540 공사대금청구소송의 집행력있는 판결 정본에 기하여 소외 회사의 전라북도에 대한 이 사건 공사대금채권 중 94,204,382원의 부분에 대하여 채권압류 및 전부명령을 신청하여 채권압류 및 전부명령을 받았고, 그 채권압류 및 전부명령 정본은 1999. 7. 8. 전라북도에 송달되었다.

---

10) 最高裁 平成 11년 1월 29일 판결.

(4) 그런데 소외 회사는 1999. 6. 25. 전라북도와 사이에 전라북도 수산시험연구소 시설공사에 관하여 공사대금을 1,541,252,000원으로 하고, 공사기간을 1999. 7. 1.부터 그 해 12. 31.까지로 하는 공사도급계약을 체결하고, 공사를 시행하던 중 그 해 9. 24.에 이르러 공사를 포기하였는바, 그 때까지 소외 회사가 시공한 공사 부분에 대한 공사대금이 123,673,000원에 이른다.

(5) 원고 주식회사 팔마가 전라북도에게 위에서 본 전부금의 지급을 청구하자 전라북도는 피고가 받은 전부명령의 효력이 원고 주식회사 팔마가 받은 전부명령의 효력보다 앞선다는 이유로 그 지급을 거절한 후 1999. 11. 15. 소외 회사에게 지급하여야 할 기성공사대금 123,673,000원을 전주지방법원 99년 금제3197호로 공탁하였다.

(6) 위의 공탁금에 대하여 개시된 채권배당절차에서 위의 법원은 1999. 12. 27. 피고가 받은 전부명령의 효력이 원고들이 받은 전부명령의 효력에 앞선다는 이유로 위의 배당금 전액을 피고에게 배당하는 배당표를 작성하였다.

나. 원고들은 피고가 받은 위의 채권압류 및 전부명령이 제3채무자인 전라북도에 송달될 당시 이 사건 공사대금채권은 아직 성립하지 아니하여 그 채권압류 및 전부명령은 무효이므로 피고에 대한 배당액을 삭제하고 그 금액을 원고들에게 배당하는 것으로 배당표를 경정하여야 한다고 주장하였다.

이에 대하여 원심은 그의 채용 증거들을 종합하여, 피고가 받은 이 사건 공사대금채권에 대한 채권압류 및 전부명령 정본은 1999. 6. 25. 11:00경 제3채무자인 전라북도에 송달된 사실, 소외 회사는 전라북도가 발주한 수산시험연구소 시설공사를 그 달 17. 경쟁입찰을 통해 낙찰받았는데, 그에 따라 전라북도와 사이에 공사도급계약을 체결하고자 할 때에는 국가를당사자로하는계약에관한법률 및 지방재정법에 의하여 소정의 계약서를 작성하여야 하고, 그 공사도급계약 체결일까지 전라북도에 계약금액의 100분의 10 이상의 계약보증금을 납부하도록 되어 있는 사실, 그에 따라 소외 회사의 전무인 소외 1은 1999. 6. 24. 소외 회사가 전라북도로부터 그 공사를 도급받을 경우 소외 회사로부터 이를 다시 하도급받기로 한 피고의 대표이사 소외 2, 경리과장 소외 3과 함께 서울보증보험 주식회사로부터 그 계약보증금의 지급을 보증하는 내용의 이행(계약)보증보험증권을 발급받아 계약보증금의 지급에 갈음하여 이를 전라북도에 교부하기 위하여 서울보증보험 주식회사 군산지점의 담당직원인 소외 4에게 그 이행(계약)보증보험증권을 발급받는데 요구되는 요건 및 절차에 관하여 문의한 후 관계서류를 제출한 사실, 소외 4는 그 달 25. 소외 3으로부터 위의 보증보험계약의 체결에 필요한 보험료 3,700,430원을 납부받고, 그 날 11:38경 보증보험계약의 계약자 및 연대보증인 등에 대한 신용정보조회를 한 후 소외 회사를 대리한 소외 3과 사이에 보험계약자를 소외 회사, 피보험자를 전라북도 수산시험연구소 경리관, 보험가입금액을 154,125,200원, 보험기간을 1999. 6. 25.부터 2000. 9. 13.까지로 하는 내용의 보증보험계약을 체결하고, 소외 3에게 보증보험계약에 따른 이행 (계약)보증보험증권을 발급해 준 사실, 그 후 피고의 업무과장인 김형진은 위의 군산지점에서 소외 3로부터 그 이행(계약)보증보험증권을 건네 받아 승용차를 운전하여 전북 고창군 해리면 광승리에 있는 전라북도수산시험연구소에 가서 소외 회사를 대리하여 그 연구소의 계약담당공무원인 소외 5와 사이에 공사도 급계약을 체결한 사실, 한편 서울보증보험 주식회사 군산지점에서 자동차를 운전하여 위의 수산시험연구소까지 가기 위하여는 적어도 1시간 10분 이상이 소요된다는 요지의 사실을 인정하였다.

원심은 그와 같은 사실관계를 토대로 하여, 소외 회사와 전라북도 간의 공사도급계약은 아무리 빨라도 1999. 6. 25. 12:50이 지난 후에서야 체결되었다고 할 것인데, 피고의 신청에 따른 이 사건 공사대금채권에 대한 채권압류 및 전부명령의 정본은 그 이전인 같은 날 11:00경에 제3채무자인 전라북도에 송달되었으므로 위의 전부명령이 제3채무자인 전라북도에 송달될 당시 피전부채권인 이 사건 공사대금채권은 아직 존재하지 않았음이 분명하여 피고가 받은 위의 채권압류 및 전부명령은 무효라고 판단하였다.

다. 한편, 피고는 소외 회사가 1999. 6. 17. 전라북도로부터 위의 공사를 낙찰받음으로써 이미 공사도급계약의 당사자로서의 지위를 확보하였으므로 이 사건 공사대금채권은 장차 발생할 가능성이 확실하였고, 또한 위의 채권압류 및 전부명령 정본이 송달된 직후 실제로 공사도급계약이 체결되어 소외 회사는 전라북도에 대하여 이 사건 공사대금채권을 가지게 되었으므로 위의 전부명령이 송달될 당시 공사도급계약이 체결되지 않았다 하여 곧바로 피고가 받은 전부명령이 무효가 되는 것은 아니라고 주장하였다.

이에 대하여 원심은 구 민사소송법(2002. 1. 26. 법률 제6626호로 전문 개정되기 전의 것) 제564조의 규정에 의하여 전부명령이 확정된 경우 전부명령이 제3채무자에게 송달된 때에 채무자는 채무를 변제한 것으로 봄으로써 전부명령이 제3채무자에게 송달된 때에 집행채권에 대한 지급에 갈음하여 피전부채권이 그 동일성을 유지한 채 집행채무자로부터 집행채권자에게 이전함과 동시에 집행채권은 소멸하게 되는 바, 이러한 전부명령의 효력은 피전부채권이 객관적으로 존재하는 경우에 한하여 발생한다 할 것이므로 전부명령이 유효하기 위한 피전부채권의 존재 여부는 전부명령 정본이 제3채무자에게 송달된 시점을 기준으로 판단하여야 할 것인데, 이 사건 공사대금채권에 대한 압류 및 전부명령 정본이 제3채무자인 전라북도에 송달될 당시에는 소외 회사와 전라북도 사이에 아직 공사도급계약이 체결되지 않아 이 사건 공사대금채권이 성립하지도 않았으므로 전부명령 정본이 송달된 때에 존재하지도 않은 이 사건 공사대금채권이 피고의 소외 회사에 대한 하도급공사대금채권에 대한 지급에 갈음하여 집행채무자인 소외 회사로부터 집행채권자인 피고에게 이전한다고 볼 수는 없다 할 것이어서 결국 위의 전부명령은 무효라는 이유로 피고의 주장을 받아들이지 아니하였다.

2. 이 법원의 판단

가. 제1주장에 관하여

기록 중의 증거들과 대조하여 살펴보니, 이 사건 보증보험증권의 발급 경위와 시기 및 소외 회사와 전라북도 간의 공사도급계약의 체결의 경위와 시기에 관한 원심의 사실인정은 정당하고, 거기에 필요한 심리를 다하지 아니하였다거나 채증법칙을 위반하였다는 등으로 사실을 잘못 인정한 위법이 없다.

상고이유의 이 주장을 받아들이지 아니한다.

나. 제2주장에 관하여

채권에 대한 압류 및 전부명령이 유효하기 위하여 채권압류 및 전부명령이 제3채무자에게 송달될 당시 반드시 피압류 및 전부채권이 현실적으로 존재하고 있어야 하는 것은 아니고, 장래의 채권이라도 채권 발생의 기초가 확정되어 있어 특정이 가능할 뿐 아니라 권면액이 있고, 가까운 장래에 채권이 발생할 것이 상당한 정도로 기대되는 경우에는 채권압류 및 전부명령의 대상이 될 수 있다 (대법원 1982.10.26. 선고 82다카508 판결, 2000.10.6. 선고 2000다31526 판결 등 참조).

국가를당사자로하는계약에관한법률 제7조는 각 중앙관서의 장 또는 계약담당공무원(아래에서는 '계약담당공무원 등'이라고 한다)은 계약을 체결하고자 하는 경우에는 원칙적으로 일반경쟁에 부쳐야 한다고 규정하고, 그 법 제8조 제1항은 계약담당공무원 등은 경쟁입찰에 의하는 경우에는 입찰에 관한 사항을 공고 또는 통지하도록 규정하고 있으며, 그 법 제10조 제2항은 국고의 부담이 되는 경쟁입찰에 있어서 낙찰자의 결정기준을 규정하고 있고, 그 법 제11조 제1항은 계약담당공무원 등은 계약을 체결하고자 할 때에는 계약의 목적·계약금액·이행기간·계약보증금·위험부담·지체상금 기타 필요한 사항을 명백히 기재한 계약서를 작성하여야 한다고 규정하고 있고, 국가를당사자로하는계약에관한법률시행령 제14조 제1항은 계약담당공무원 등이 공사를 입찰에 부치고자 할 때에는 설계서, 공종별 물량내역서 등을 입찰기일 이전에 사전에 작성·비치하여야 한다고 규정하고, 그 시행령 제36조는 입찰공고시 '입찰에 부치는 사항과 공사입찰

의 경우 현장설명의 장소·일시 등과 계약의 착수일 및 완료일 등'을 명시하여
야 한다고 규정하며, 그 시행령 제42조 제1항은 계약담당공무원 등은 국고의 부
담이 되는 경쟁입찰에 있어서는 예정가격 이하로서 최저가격으로 입찰한 자의
순으로 당해 계약 이행능력을 심사하여 결정하도록 규정하고, 공사입찰유의서
(회계예규 2200.04-102-4. '99. 9. 9.) 제19조 제1항은 낙찰자는 계약담당공무원
으로부터 낙찰통지를 받은 후 10일 이내에 소정 서식의 계약서에 의하여 계약을
체결하여야 한다고 규정하고 있으며, 적격심사기준(회계예규 2200.04-149-7, '99.
9. 9.)은 위의 시행령 제42조가 정한 적격심사의 기준이나 내용을 구체적이고 자
세하게 정하고 있고, 한편 지방재정법 제61조는 지방자치단체의 장 또는 그 위
임을 받은 공무원은 매매·임차·도급 기타의 계약을 체결하는 경우에는 원칙적
으로 이를 공고하여 일반경쟁에 부쳐야 한다고 규정하며, 그 법 제63조는 지방
자치단체를 당사자로 하는 계약에 관하여 그 법 및 다른 법령에서 정한 것을
제외하고는 국가를당사자로하는계약에관한법률을 준용하도록 규정하고 있고, 지
방재정법시행령 제70조 제1항 제3호는 지방자치단체를 당사자로 하는 계약의
경쟁입찰에 관하여 국가를당사자로하는계약에관한법률시행령 제14조 제1항, 제
36조, 제42조 제1항을 준용한다고 규정하고 있다.

　　위와 같은 관련 법령들의 내용 및 취지에 비추어 볼 때, 건설업자가 지방자
치단체가 지방재정법과 그 시행령 및 그에 의하여 준용되는 국가를당사자로하
는계약에관한법률이나 그 시행령에 따라 시행하는 공사의 경쟁입찰에 참가하여
낙찰자로 결정된 경우 계약담당공무원은 반드시 그 낙찰자와 사이에 공사도급
계약을 체결하도록 되어 있으므로 공사도급계약의 경쟁입찰에 참가하여 낙찰자
로 결정된 건설업자는 지방자치단체에 대하여 공사도급계약의 체결을 청구할
권리가 있어 공사도급계약의 당사자인 수급인으로서의 지위를 이미 확보하고
있다고 할 것이어서 다른 특별한 사정이 없는 한 낙찰자와 지방자치단체 사이
에 조만간 공사도급계약이 체결될 것이 예정되어 있다고 볼 수 있을 뿐 아니라,
장래 체결될 공사도급계약의 내용이 되는 공사대금, 공사기간, 공사내용 역시
낙찰자가 결정된 시점에서 이미 확정되어 있어 장래에 낙찰자와 지방자치단체
사이에 체결될 공사도급계약의 당사자와 그 내용이 확정되어 있다고 할 것이다.

　　그러하니 위의 법령에 따라 시행되는 공사도급계약의 입찰에 있어 낙찰자
가 결정된 후 당해 낙찰자의 채권자가 낙찰자를 채무자로 하고, 지방자치단체를
제3채무자로 하여 낙찰자가 지방자치단체와 장차 공사도급계약을 체결하고 공
사를 시공함에 따라 지방자치단체로부터 지급받게 될 공사대금채권에 관하여
채권압류 및 전부명령을 받아 그 채권압류 및 전부명령 정본이 지방자치단체에

송달된 경우 비록 그 때까지 아직 낙찰자와 지방자치단체 사이에 공사도급계약서 작성에 의한 계약이 체결되지 아니하였다고 하더라도 피압류 및 전부채권인 공사대금채권은 그 발생의 기초가 이미 확정되어 있어 채권의 특정이 가능할 뿐 아니라, 공사대금이 확정되어 있어 권면액도 있으며, 또한 가까운 장래에 채권이 발생할 것이 상당한 정도로 확실시된다고 할 것이므로 그 공사대금채권에 대한 채권압류 및 전부명령은 유효하다고 할 것이다.

그런데 원심이 인정한 사실관계에 따르니, 소외 회사와 전라북도 간의 이 사건 공사도급계약은 국가를당사자로하는계약에관한법률 및 지방재정법에 의하여 체결되었고, 소외 회사는 위의 법령이 정한 절차에 따라 이루어진 전라북도 수산시험연구소 시설공사에 대한 경쟁입찰에 참가하여 1999. 6. 17. 낙찰자로 결정되고 계약체결일자가 공고되었으며, 피고가 소외 회사에 대한 약속어음공정 증서 정본에 기하여 받은 위의 채권압류 및 전부명령 정본이 1999. 6. 25. 11:00.경 전라북도에 송달되었고, 그 날 12:50경 이후에 전라북도와 소외 회사 간에 이 사건 공사도급계약이 체결되었다는 것이므로 비록 피고가 받은 채권압류 및 전부명령 정본이 전라북도에 송달될 당시 소외 회사와 전라북도 간에 이 사건 공사도급계약서가 작성되지 아니하였다고 하더라도 소외 회사가 위의 공사에 대한 경쟁입찰절차에서 이미 낙찰자로 결정됨에 따라 피압류 및 전부채권인 이 사건 공사대금채권은 그 발생의 기초가 이미 확정되어 있어 채권의 특정이 가능할 뿐 아니라, 공사금액이 확정되어 있어 권면액도 있었고, 그로부터 불과 몇 시간 후에 실제로 공사도급계약이 체결됨으로써 가까운 장래에 채권이 발생할 것이 상당한 정도로 확실시되었다고 할 것이어서 이에 대한 채권압류 및 전부명령은 유효하다고 할 것이다.

그럼에도 견해를 달리하여 피고가 받은 채권압류 및 전부명령 정본이 전라북도에 송달될 당시 소외 회사와 전라북도 간에 이 사건 공사도급계약서 작성이 아직 이루어지지 아니함에 따라 피압류 및 전부채권이 현실적으로 발생하지 않았다는 사정을 들어 그 채권압류 및 전부명령이 무효라고 판단한 원심판결에는 장래채권의 압류 및 전부명령의 효력에 관한 법리를 오해한 나머지 판결의 결과에 영향을 끼친 잘못이 있으며, 이를 지적하는 상고이유의 이 주장은 정당하기에 이 법원은 그 주장을 받아들인다.

[판결 1]에 관하여 생각할 점

1. 위 판결의 이해를 위하여 전부명령(轉付命令)에 대하여 간단하게 설명한다. 민사 집행절차에서 채권자는 채무자가 가지는 부동산이나 동산과 같은 물건뿐만 아

니라, 채무자가 제3채무자에 대하여 가지는 금전채권 등 채권도 집행의 객체로 삼을 수 있다. 금전채권에 대한 강제집행을 위하여 채권자는 우선 법원에 채무자의 제3채무자에 대한 채권을 압류하여 달라는 압류명령신청을 하고(민집 제225조), 법원은 그 요건이 갖추어진 경우 이에 따라 "제3채무자에게 채무자에 대한 지급을 금지하고 채무자에게 채권의 처분과 영수를 금지"하는 취지로 압류명령을 발한다(민집 제227조). 한편 압류된 금전채권을 현금화하기 위하여 압류채권자는 추심명령이나 전부명령을 신청할 수 있다(민집 제229조 제1항). 일반적으로는 압류명령 및 추심명령 또는 압류명령 및 전부명령은 동시에 신청하고 동시에 발령된다. 추심명령이 있는 때에는 압류채권자는 대위절차없이 압류채권을 추심할 수 있는 권능을 부여받는다(동조 제2항). 한편 전부명령이 있으면 압류채권은 지급에 갈음하여 압류채권자에게 이전된다(동조 제3항). 이는 채권이전 없이 단지 추심권능만 이전되는 추심명령과 구별되는 점이다. 다만 전부명령은 확정되어야 효력이 발생한다(동조 제7항). 전부명령이 제3채무자와 채무자 모두에게 송달되고, 이들로부터 1주일의 즉시항고기간 내에 즉시항고가 들어오지 않거나, 즉시항고가 들어왔더라도 그 기각 또는 각하결정이 확정되면 전부명령이 확정된다. 전부명령이 확정되면 피전부채권은 전부채권자에게 이전되고(권리이전효과), 그로 인하여 전부채권자가 채무자에 대하여 가지고 있던 집행채권은 소멸한다(변제효과). 그중 권리이전부분을 포착하여 살펴본다면, 전부명령은 법원의 명령에 의하여 강제된 채권양도의 실질을 가진다. 따라서 위 판결이 전부명령의 대상적격에 관하여 설시하는 부분은 채권양도의 대상적격에 관하여도 적용될 수 있다.

2. 위 판결은 장래의 채권이 어떠한 요건 아래에서 압류 및 전부의 대상이 되는지에 관하여 다루고 있다. 장래 채권의 압류를 너그럽게 허용하는 것은 채권자에게는 편리하다. 그런데 이를 지나치게 넓게 허용하는 경우에는 어떠한 문제가 있는가? 위 판결은 그 균형을 달성하기 위하여 어떠한 요건을 설정하고 있는가?

3. 보증금이 수수된 임대차계약의 기간이 만료된 경우에 임대인은 보증금 중 연체차임 등 해당 임대차에 관하여 명도시까지 생긴 모든 채무를 청산한 나머지를 반환할 의무를 부담하게 된다(대판(전) 1977.9.28, 77다1241등). 바꾸어 말하면 임대차계약기간이 만료되지 않으면 아직 임차인의 보증금반환채권은 발생하지 않는다. 그런데 임대차계약기간 중 임차인이 자신이 임대인에게 장차 가지게 되는

보증금반환채권을 제3자에게 양도하는 것이 가능한가? 위 판결의 논의에 비추어 토론하라.

4. 위 판결은 채권압류 및 전부명령이 유효하다는 논거의 하나로 그 당시 "공사금액이 확정되어 있어 권면액도 있었"다는 점을 들고 있다. 이 점에 비추어 볼 때 채권양도에 있어서 양도시 목적채권의 채권액이 확정되어 있을 것이 채권양도의 필수적인 유효요건이라고 할 수 있는가? 이에 관하여는 대판 1997.7.25, 95다21624를 참조하라.

(3) 다수 채권의 양도

다수 채권을 한꺼번에 양도하는 것도 가능하다. 우선 상법상의 영업양도를 통해 다수 채권을 양도할 수 있다(상 제41조 내지 제45조 참조). 상법상의 영업양도는 일정한 영업목적에 의하여 조직화된 업체, 즉 인적·물적 조직을 그 동일성은 유지하면서 일체로서 이전하는 것을 의미한다. 이때 다수의 채권채무관계도 영업의 일부로서 양수인에게 일체로 이전한다. 다만 이 경우에도 영업재산의 이전절차는 개별적으로 취해야 하므로 채권양도의 대항요건은 채무자별로 갖추어야 한다.[11]

또한 집합채권양도담보도 종종 행하여진다. 집합채권양도담보는 담보설정자가 그 담보권자에게 설정계약 당시 현존하거나 장래에 발생하게 될 채권을 일괄하여 양도하는 형식을 취한 것을 말한다. 소비자 신용시장의 급속한 성장세에 힘입어 다수 고객에 대한 소액의 정형화된 금전채권을 집합적으로 담보화할 필요성이 커지고 있어 소비자금융회사, 리스회사, 할부판매회사 등이 집합채권양도담보를 흔히 사용하고 있다. 이는 나아가 마치 유동집합물의 양도담보(이 책의 제1편 제2장 참조)[12]와 유사하게 계속적으로 증감변동하는 유동집합채권의 양도담보 문제로도 전개된다. 이때에는 유동집합물과 마찬가지로 양도대상을 어떻게 특정할 것인가가 중요한 쟁점이 된다.

한편 위와 같이 다수 채권이 한꺼번에 양도되는 경우에도 원칙적으로는 그 채권별로 각각 민법에서 정하는 대항요건을 갖추어야 한다. 하지만 그 채권의 수가 많아지면 일일이 이러한 요건을 갖추는 것은 불편하다. 더구나 저당권

---

11) 대판 2013.3.28, 2012다114783.
12) 대판 2004.11.12, 2004다22858.

에 의하여 담보되는 채권을 양도하는 때에는 부기등기의 방법에 따른 저당권
이전등기를 해야 하는데 여기에 들어가는 비용도 만만치 않다. 따라서 다수 채
권의 포괄적 양도를 원활하게 하기 위하여 채권양도의 대항요건을 완화하는
제도도 있다. 가령 「자산유동화에 관한 법률」 제7조는 자산유동화계획에 따른
채권의 양도 등에 관하여 일정한 요건 하에 일간신문에 채권양도사실을 공고
함으로써 채권양도의 통지를 한 것으로 보고, 제6조 제1항에 따른 금융위원회
등록으로 제3자에 대한 대항요건을 갖춘 것으로 본다.

2. 양도제한

(1) 성질상 양도제한

채권자의 변경이 급부내용의 변경을 가져오는 채권은 그 성질상 양도가
허용되지 않는다. 채권자와 채무자 사이의 강한 인적 결합이 존재하여 채권자
가 바뀌면 채권관계에 근본적인 변경이 생기거나(교습채권, 부양청구권 등), 특정
한 당사자 사이에 결제되어야 할 특별한 사정이 있는 경우(상호계산에 산입된 채
권, 당좌대월계약상 채권 등)가 그러하다. 위와 같은 경우 채권양도는 채무자의
의사에 반하여 채권관계의 동일성을 해치는 결과를 가져옴으로써 채무자의 이
익을 침해하므로 이를 허용하지 않는 것이다. 물론 사적 자치의 원칙에 따라
채무자가 채권자의 변경에 동의하여 이를 감수하는 것은 당연히 허용된다.

이와는 다른 차원에서 채권의 성질상 채권양도가 허용되지 않는 경우가
있다. 다른 채권에 종속되어 있거나 불가분적으로 결합되어 있어 그 채권과 분
리양도할 수 없는 경우이다. 예컨대 채권자가 주채권과 보증채권을 가지고 있
다가 보증채권만 주채권과 분리하여 양도하는 것은 허용되지 않는다.[13] 같은
맥락에서 전세금반환청구권은 전세권과 분리하여 양도할 수 없다.[14] 그 이외에
도 판례는 소유권이전등기청구권 양도시 채무자의 동의나 승낙을 요구함으로
써 그 범위 내에서 채권양도를 제한한다.[15] 판례에서는 이를 권리의 성질상 양
도가 제한되는 경우라고 설명하지만, 중간생략등기를 금지하는 취지가 무색해
지지 않도록 하는 정책적 의미도 적지 않게 포함되어 있다.

---

13) 대판 2002.9.10, 2002다21509.
14) 대판 2002.8.23, 2001다69122.
15) 대판 2001.10.9, 2000다51216.

[판결 2] 소유권이전등기청구권의 양도제한: 대판 2005.3.10, 2004다67653

상고이유를 본다.

1. 원심의 사실인정과 판단

원심은, 소외 1이 2001. 9. 21. 판시 이 사건 건물을 신축하고 있던 피고로부터 이 사건 건물의 5층 501호(건축허가신청서에 501호로 표시된 세대로서 이 사건 건물의 5층 중 서쪽에 위치한 세대이다. 현재는 502호로 표시되어 있다. 이하 '이 사건 쟁점 세대'라 한다)를 대금 10억 원에 분양받기로 하는 이 사건 분양계약을 체결한 사실, 소외 1이 2002. 12.경 원고의 남편 소외 2에 대한 금전채무에 대한 대물변제조로 소외 2 및 원고와의 합의하에 자신의 이 사건 쟁점 세대에 관한 분양권을 원고에게 양도하기로 약정하였고, 2002. 12. 17. 소외 1과 원고, 피고가 함께 모인 자리에서 소외 1이 피고에게 위 양도사실을 통지한 사실을 포함한 판시사실을 인정한 후에, 위 인정 사실에 의하면, 원고는 이 사건 분양계약의 수분양자인 소외 1로부터 이 사건 쟁점 세대에 관한 분양권을 적법하게 양수하였으므로, 이 사건 쟁점 세대의 분양자(이 사건 분양계약상의 채무자)인 피고는 위 분양권의 양수인인 원고에게 이 사건 쟁점 세대에 관한 소유권이전등기절차를 이행할 의무가 있다고 판단하였다.

2. 상고이유 제2점에 대한 판단

가. 부동산의 매매로 인한 소유권이전등기청구권은 물권의 이전을 목적으로 하는 매매의 효과로서 매도인이 부담하는 재산권이전의무의 한 내용을 이루는 것이고, 매도인이 물권행위의 성립요건을 갖추도록 의무를 부담하는 경우에 발생하는 채권적 청구권으로 그 이행과정에 신뢰관계가 따르므로, 소유권이전등기청구권을 매수인으로부터 양도받은 양수인은 매도인이 그 양도에 대하여 동의하지 않고 있다면 매도인에 대하여 채권양도를 원인으로 하여 소유권이전등기절차의 이행을 청구할 수 없고, 따라서 매매로 인한 소유권이전등기청구권은 특별한 사정이 없는 이상 그 권리의 성질상 양도가 제한되고 그 양도에 채무자의 승낙이나 동의를 요한다고 할 것이므로 통상의 채권양도와 달리 양도인의 채무자에 대한 통지만으로는 채무자에 대한 대항력이 생기지 않으며 반드시 채무자의 동의나 승낙을 받아야 대항력이 생긴다(대법원 2001.10.9. 선고 2000다51216 판결 참조).

또한, 다세대건물에 대한 분양계약상의 매수인의 지위를 양수하지 않은 이상 매수인으로부터 채권으로서의 소유권이전등기청구권을 양도받은 것만으로써는 양수인이 매도인에 대하여 그 다세대건물의 매수인임을 주장할 수 없는 것이고, 이와 같은 매수인의 지위를 양수함에 있어서는 계약의 상대방인 매도인과의 합의(승낙)가 있어야 한다(대법원 1989.11.14. 선고 88다카19033 판결 참조).

　　따라서 원심의 인정과 같이 원고가 소외 1로부터 이 사건 쟁점 세대에 관한 분양권을 양수한 것이 소유권이전등기청구권을 양수한 것이라고 하면, 설사 채권양도의 통지를 하였다고 하더라도, 채무자인 피고의 승낙이나 동의가 없는 이상에는, 피고에게 대항할 수 없으므로 원고는 피고에 대하여 이 사건 쟁점 세대에 관한 소유권이전등기절차의 이행을 청구할 수 없다고 할 것인데도{만약, 원고가 소외 1로부터 이 사건 쟁점 세대를 전매(轉買)한 것이라고 하더라도, 중간생략등기의 합의가 있었다는 등의 특별한 사정이 없는 이상, 원고가 직접 피고로부터 이 사건 쟁점 세대에 대한 소유권이전등기절차의 이행을 구할 수도 없다.}, 원심은 피고의 승낙이나 동의가 있었는지에 대하여 살펴보지 아니한 채로 이러한 절차의 이행의무가 있다고 판단하고 말았으니, 원심판결에는 필요한 심리를 다하지 아니하였거나 소유권이전청구권의 양도에 관한 법리를 오해한 위법이 있다고 할 것이다.

[판결 2]에 관하여 생각할 점

1. 대법원은 부동산의 매매로 인한 소유권이전등기청구권은 그 이행과정에 신뢰관계가 따르므로 통상의 채권양도와 달리 양도성이 제한된다고 한다. 이러한 논리에 동의하는가? 소유권이전등기를 마쳐주는 것과 대여금채무를 변제하는 것 사이에는 어떠한 신뢰관계상 차이가 있는가?
2. 중간생략등기의 법리와 소유권이전등기청구권의 양도제한 사이에는 어떠한 관련성이 있는가?
3. 매수인의 지위를 양도하는 것과 매수인이 가지는 소유권이전등기청구권을 양도하는 것을 구별할 수 있는가?

(2) 의사표시에 의한 양도제한

　　(가) 우리 민법은 원칙적으로 채권의 양도성을 인정하면서도, 당사자의 특별한 의사표시에 의하여 채권양도를 제한할 수 있다는 태도를 취한다(제449조 제2항). 이러한 특별한 의사표시는 양도금지특약을 의미한다. 양도금지특약은 채권성립 당시에 할 수도 있고 그 이후에 할 수도 있다. 양도금지특약이 있으면 그 채권은 양도성을 상실한다는 것이 판례의 태도이다.[16] 양도금지특약을

---

16) 이를 물권적 효력설이라고 한다. 대판 2009.10.29, 2009다47685; 대판(전) 2019.12.19,

인정하는 원래 취지는 새로운 채권자가 가혹하게 채권의 추심을 행할 위험으로부터 채무자를 보호하기 위한 것이라고 설명된다. 그러나 현재에는 금융기관에 대한 예금채권이나 국가 기타 공공단체에 대한 채권(물품대금채권, 도급보수채권 등) 등에 이러한 특약이 행하여지는 경우가 많은데, 그 이유는 대체로 ① 채권양도가 행하여짐으로써 지급사무가 번잡하게 되는 것을 막고, ② 진정한 채권자 아닌 사람에의 지급 등으로 인한 분쟁의 발생을 봉쇄하며, ③ 채무자가 가지는 채권으로 할 상계의 가능성을 확보하려는 데 있다. 그런데 양도금지특약은 채권자가 가지는 채권유동화의 필요(채권자가 금융을 얻는 이익)를 현저히 제한한다. 그리고 이러한 특약은 대체로 채무자가 사용하는 약관 등에 의하여 행하여지고, 이러한 약관을 사용하는 채무자는 은행 등과 같이 오히려 채권자에 대하여 우월한 경제적 지위를 누리는 위치에 있는 경우가 많다. 이론적으로는 당사자 사이의 양도금지특약이 제3자의 법적 지위를 좌우하는 것이 타당한지에 대한 의문도 제기된다. 따라서 의사표시에 의한 양도제한에 대하여는 이러한 점들을 고려하여 신중한 해석이 필요하다.

(나) 양도제한의 특약은 채권자의 임의양도만을 제한할 뿐이고, 그의 채권자가 여전히 그 채권을 자신의 채무자(양도인)의 책임재산으로서 압류하고, 나아가 전부(轉付) 등의 방법으로 환가하는 것을 제한하지는 않는다.[17] 압류할 수 없는 재산을 사인 간의 합의에 의하여 만들어내어 채무자의 책임재산(이는 모든 채권자의 공동담보를 이룬다)을 축소시키는 것은 민사집행법이 명문으로 압류금지재산을 규정(제195조, 제246조 등)하고 있는 취지에도 반하여 허용될 수 없는 것이다. 그러므로 압류채권자의 선의, 악의를 불문하고 그 압류는 효력이 있다.

(다) 민법은 양도제한약정으로써 "선의의 제3자에게 대항하지 못한다"고 정한다(제449조 제2항 단서). 여기서 선의란 양도제한의 특약이 존재하는 사실을 알지 못하는 것을 말한다. 법문의 반대해석상 악의의 제3자에게는 이러한 약정으로 대항할 수 있다. 그런데 중대한 과실은 악의와 유사하게 평가될 수 있으므로, 중대한 과실이 있는 제3자는 위 단서 규정의 보호를 받을 수 없다는 것

2016다24284. 채권양도금지특약 효력에 관하여는 상당한 의견 대립이 있고, 대판(전) 2019.12.19, 2016다24284에도 이른바 채권적 효력설에 기초한 반대의견이 개진된 바 있다.

17) 통설 및 대판 1976.10.29, 76다1623; 대판 2003.12.11, 2001다3771 등 판례의 태도이다.

이 판례의 태도이다.[18] 그러나 채권양도 허용의 대원칙, 법 문언의 내용, 나아가 채권양도 원활화에 대한 정책적 요청을 고려하면 판례와 같이 확장해석하는 것이 타당한지는 의문이다.

　의사표시에 의한 양도제한을 주장하는 자는 양도제한특약의 존재와 제3자의 악의 또는 중과실(판례에 따를 경우)에 대하여 증명책임을 진다.[19] 악의 또는 중과실의 채권양수인에 대하여는 채권 이전의 효과가 생기지 아니하나, 채무자가 그 이후 그 양도에 대해 승낙을 하는 방법으로 무효인 채권양도행위를 추인하여 이를 유효로 할 여지는 남아 있다.[20]

　(라) 선의의 제3자에 대한 채권양도는 완전히 유효하다. 채무자는 그에 대하여 종전의 채권자에 대하여 주장할 수 있었던 대항사유를 주장할 수 있다. 악의의 양수인으로부터 선의로 다시 채권을 양도받은 자는 선의의 제3자에 해당한다.[21] 또한 선의의 양수인이 채권을 양도받아 그가 채권을 유효하게 취득하였으면 그 후에 채권을 양도받은 사람은 비록 악의라도 유효하게 채권을 취득한다.[22] 물론 그 경우 악의자가 이러한 법률효과를 얻기 위하여 선의자를 일부러 중간에 개입시킨 데 불과한 경우에는 그 악의자는 신의칙상 채권양도의 효과를 주장할 수 없다고 보아야 할 것이다.

(3) 법률상 양도제한

　법률상으로 채권양도를 제한하는 규정을 두는 경우도 있다. 민법은 사용차주의 채권(제610조 제2항), 임차권(제629조 제1항), 사용자(고용주)의 채권(제657조 제1항) 외에도 약혼해제·이혼·파양으로 인한 각 위자료청구권(제806조 제3항 본문, 제843조, 제908조), 법률상의 부양청구권(제979조)에 대하여 양도를 하지 못함을 규정하고 있다. 나아가 법률은 근로재해로 인한 보상청구권 또는 보험급여청구권(근기 제86조, 선원 제152조), 생명·신체의 침해로 인한 국가배상법청구권(국배 제4조)이나 보험금청구권(자배 제40조), 형사보상청구권(형보 제23조),

---

18) 대판 1996.6.28, 96다18281; 대판 1999.2.12, 98다49937; 대판 2003.1.24, 2000다5336, 5343.
19) 대판 1999.12.28, 99다8834.
20) 대판 2009.10.29, 2009다47685. 이때 다른 약정이 없는 한 소급효가 인정되지 않아 양도의 효과는 승낙시부터 발생한다고 한다.
21) 대판 2015.4.9, 2012다118020.
22) 대판 2015.4.9, 2012다118020.

연금을 받을 권리(국연 제58조, 공연 제39조, 군연 제18조, 사연 제40조) 등의 양도를 금지하고 있다. 이들 규정이 주로 기본적인 생활의 유지를 도모하거나 재해로 인한 피해를 확실하게 구제하고자 하는 내용의 사회보장적 권리에 집중되고 있음은 주목할 만하다.[23)

이와 관련하여 임금채권에 대하여는 근로기준법상 그 양도가 금지되어 있는 것이 아닌가가 문제된다. 동법 제43조 제1항은 임금은 "직접 근로자에게 그 전액을 지급하여야 한다."고 규정하여 소위 임금직접지급의 원칙을 정하고 있다. 그런데 임금채권을 제3자에게 양도하는 것이 허용된다면 제3자가 임금의 지급을 청구할 수 있게 되어 위 원칙의 정신을 위반하게 되지 않는가 하는 문제가 발생한다.

[판결 3] 임금직접지급원칙과 임금채권의 양도: 대판(전) 1988.12.13, 87다카2803

상고이유를 본다.

원심판결 이유에 의하면, 원심은 소외 1이 피고공사 산하 부산시외 전신전화국에 근무하다가 퇴직함에 따라 피고에 대하여 금 8,397,140원의 퇴직금채권을 갖게 된 사실과 그중 1/2인 금 4,198,570원에 대하여는 채권압류 및 전부명령이 발하여지고 나머지 1/2 중 금 3,446,947원에 대하여는 소외 1이 원고에게 이를 양도하고 피고에게 그 통지를 한 사실을 확정하고, 위 퇴직금은 임금으로서 근로기준법 제36조 제1항[24)에서 근로자에게 직접 지급하도록 규정하고 있으므로 피고는 원고에게 위 양수 퇴직금을 지급할 수 없다는 피고의 주장에 대하여는 퇴직금이 근로자에게 근로계약이 종료될 때 지급되는 후불적 임금이라고 할 수는 있으나 민사소송법에 근로자의 임금채권의 압류를 제한하는 규정이 있는 외에는 어떤 법률에도 그 양도를 금지하는 명시적 규정이 없고, 위 근로기준법의 규정의 취지는 수혜자인 근로자의 자유로운 의사에 따른 임금채권의 양도까지 금지하는 것으로 해석할 수는 없다는 이유로 이를 배척하였다.

살피건대 근로자의 임금채권의 양도를 금지하는 법률의 규정이 없으므로

---

23) 그 이외에도 실무상 자주 문제되는 것은 소송행위를 주 목적으로 하는 채권양도이다. 신탁법 제6조는 소송을 목적으로 하는 신탁을 금지하는데, 판례는 소송행위를 하게 하는 것을 주목적으로 채권양도 등이 이루어진 경우 그 채권양도가 신탁법상의 신탁에 해당하지 않는다고 하여도 위 신탁법 조항이 유추 적용되므로 위와 같은 채권양도는 무효라고 한다(대판 2002.12.6, 2000다4210).
24) 현행 근로기준법 제43조 제1항에 해당함. 필자 註.

이를 양도할 수 있다는 원심의 판단부분에 잘못이 있다고 할 수는 없다. 그러나 근로기준법 제36조 제1항에서 임금직접지급의 원칙을 규정하고 그에 위반하는 자는 처벌을 하도록 하는 규정(같은 법 제109조)를 두어 그 이행을 강제하고 있는 이유는 임금이 확실하게 근로자 본인의 수중에 들어가게 하여 그의 자유로운 처분에 맡기고 나아가 근로자의 생활을 보호하고자 하는데 있는 것이므로 이와 같은 근로기준법의 규정의 취지에 비추어 보면 근로자가 그 임금채권을 양도한 경우라 할지라도 그 임금의 지급에 관하여는 같은 원칙이 적용되어 사용자는 직접 근로자에게 임금을 지급하지 아니하면 안되는 것이고 그 결과 비록 양수인이라고 할지라도 스스로 사용자에 대하여 임금의 지급을 청구할 수는 없다고 해석하여야 할 것이며, 그렇게 하지 아니하면 임금직접지급의 원칙을 정한 근로기준법의 규정은 그 실효를 거둘 수가 없게 될 것이다.

위의 견해에 저촉되는 당원 1959.12.17. 선고 4292민상814 판결은 이를 변경한다.

따라서 원심판결에는 근로기준법 제36조 제1항의 취지를 오해하여 판결에 영향을 미친 위법이 있다고 할 것이고 이는 소송촉진등에관한특례법 제12조 제2항에 규정된 파기사유에 해당된다고 할 것이므로 논지는 이유있다.

그러므로 원심판결을 파기하여 사건을 원심법원에 환송하기로 하여 관여 법관 중 대법관 윤 관, 같은 김상원을 제외한 나머지 법관의 일치된 의견으로 주문과 같이 판결한다.

대법관 윤 관, 대법관 김상원의 반대의견은 다음과 같다.

일반적으로 민사소송법 제579조 제4호나 건설업법 제55조 등과 같이 근로자에게 지급할 임금의 일부 또는 전부에 대하여 압류를 금지하는 규정을 둔 것은 근로자의 의사에 반하여 근로자의 주요한 생존재원인 임금채권에 대한 압류를 금지함으로써 근로자의 권익을 보호하려는데 있는 것이고 위 법률이나 그밖의 어느 법률에도 임금채권의 양도를 금지하는 규정을 두지 아니한 것은 근로자가 자기의 임금채권을 자유롭게 처분하려는 의사를 존중하고 이를 보장해 주고자 함에 있다고 이해된다.

한편 채권양도는 채권이 귀속하는 주체를 직접적으로 변경하게 하는 것이므로 채권양도가 이루어지면 양도인이 채무자에 대하여 가지고 있던 채권은 그대로 양수인에게 귀속되고 채무자에 대한 채권자도 양도인으로부터 양수인으로 변경되어 양수인은 채무자에 대하여 그 양수채권의 실체적 권리와 추심권을 아울러 주장할 수 있게 된다.

따라서 근로자의 임금채권이 자유롭게 양도할 수 있는 성질의 것이라면 그 임금채권의 양도에 의하여 임금채권의 채권자는 바로 근로자로부터 제3자로 변경되고 이때 그 임금채권은 사용자와 근로자와의 관계를 떠나서 사용자와 그 양수인과의 관계로 옮겨지게 됨으로써 양수인은 사용자에게 직접 그 지급을 구할 수 있게 되는 것이다.

이렇게 볼 때 근로기준법 제36조 제1항이 "임금은 통화로 직접근로자에게 그 전액을 지급하여야 한다"고 규정하여 임금직접지급의 원칙을 밝히고 있는 것도 따지고 보면 사용자가 근로자에게 지급할 임금이 있음을 전제로 그 임금을 근로자에게 직접 지급하도록 사용자와 근로자 사이의 직접적인 법률관계를 규제하려는 것이지, 근로자로부터 그 임금채권을 적법하게 양수받은 제3자와의 간접적인 법률관계에까지 이를 끌어들여 양수인에게까지도 사용자가 이를 직접 지급하는 것을 금지하는 것으로는 풀이되지 아니한다.

다수의견은 근로자의 임금채권이 양도된 경우에 양수인은 그 채권에 관한 실체적인 권리만을 갖고 있을뿐 그 추심권은 여전히 근로자에게 있음을 전제로 하고 있으나 이와 같이 채권에 대한 실체적인 권리와 추심권을 분리하려는 태도는 앞에서 본 바와 같은 채권양도의 본질이나 근로기준법 제36조의 취지에도 어긋난다고 하지 않을 수 없고 나아가 당사자 사이의 법률관계를 쓸데없이 복잡하게 하여 사실상 임금채권의 양도를 금지하는 결과를 가져오게 되어 부당하다.

또한 다수의견은 근로기준법 제36조 제1항의 규정취지를 "임금이 확실하게 근로자 본인의 수중에 들어가게 하여 그의 자유로운 처분에 맡기고 나아가 근로자의 생활을 보호하고자" 하는데 두고 있지만 그것은 반드시 타당한 것으로는 여겨지지 아니한다.

근로자가 일단 자유의사에 따라 임금채권을 양도하여 버렸는데도 이를 사용자로부터 직접 지급받은 후가 아니면 양수인에게 지급할 수 없도록 하는 것은 근로자나 양수인에게 번거로운 부담만 더하여 주는 것이고 만일 임금채권을 양도해 버린 근로자가 그후 위 규정을 들어 양수인에게 그 지급을 거절하거나 이미 양수인에게 지급해 버린 사용자에게 다시 그 임금의 지급을 구하게 된다면 그들 사이에 또 다른 분쟁을 일으킬 우려마저 낳게 할 뿐이다.

더욱이 이 사건 퇴직금과 같은 후불적 임금이 근로기준법 제36조 제1항 때문에 그 양도가 사실상 금지되는 결과를 가져온다면 근로자에게 임금채권을 담보로 하여 학자금이나 주택을 장만하기 위한 목돈마련 등 금융의 길을 막게 되어 오히려 근로자의 생활보호에 지장을 주는 결과를 초래할 수도 있는 것이다.

따라서 근로기준법 제36조 제1항은 근로자가 적법하게 처분하고 남은 임금채권 즉 근로자에게 아직도 귀속되어 있는 임금채권을 사용자로 하여금 근로자에게 직접 지급하게 함으로써 근로자의 임금이 법정대리인이나 후견인 또는 그 수령을 위임받은 사람들에 의하여 횡령되는 등의 피해를 막으려는 취지에서 마련되었다고 보아야 할 것이다.

그리고 사용자로 하여금 임금채권을 그 양수인에게 지급할 수 없도록 하려면 마땅히 법률에 임금채권의 양도자체를 금지하는 규정을 명문으로 두어야 할 것이다.

그러므로 다수의견이 근로자의 임금채권을 양도할 수 있다고 하면서도 그 양수인이 사용자에게 직접 그 지급을 구할 수 없다고 본 것은 채권양도와 근로기준법 제36조의 법리를 오해한 것이라고 하지 않을 수 없고 따라서 이 점에 관한 종전의 당원 판례를 변경하고 이 사건 원심판결을 파기하는 다수의견에 반대하고자 하는 것이다.

[판결 3]에 관하여 생각할 점

1. 다수의견에 따르면 임금채권의 양도는 허용되지만 양수인은 사용자에게 임금지급을 청구할 수 없다고 한다. 채권이 있는데 청구할 수는 없는 현상을 법적으로 어떻게 설명할 수 있는가?

2. 민사집행법 제246조 제1항 제5호는 "퇴직금 그 밖에 이와 비슷한 성질을 가진 급여채권의 2분의 1에 해당하는 금액"을 압류금지채권의 하나로 규정한다. 바꾸어 말하면 임금채권의 2분의 1 범위 내에서는 압류가 가능하다. 그렇다면 근로자의 채권자가 근로자의 임금채권 중 2분의 1을 압류, 전부받는 것은 가능한가? 이때 채권자는 사용자에게 임금지급을 직접 구할 수 있는가? 이에 관하여는 대결 1994.3.16, 93마1822, 1823을 참조하라.

3. 임금직접지급원칙은 상계와도 관련성이 있다. 임금채권을 수동채권으로 하는 상계를 허용하지 않는다는 명문의 규정은 없다. 그러나 임금직접지급원칙의 취지에 비추어 이러한 상계는 일반적으로 허용되지 않는다고 해석한다(대판 1990.5.8, 88다카26413 등 참조). 이에 대해서는 초과지급한 임금의 반환채권 또는 무효인 퇴직금분할약정에 기하여 지급한 퇴직금의 반환채권을 자동채권으로 하여 근로자의 임금채권이나 퇴직금채권과 상계하는 것이 허용되는 경우가 있다(대판 1993.12.28, 93다38529; 대판(전) 1995.12.21, 94다26721; 대판(전) 2010.5.20, 2007다90760; 대판 2011.9.8, 2011다22061. 특히 2010년 전원합의체 판결의 다수의견에서는

'퇴직금 그 밖에 이와 비슷한 성질을 가진 급여채권의 2분의 1에 해당하는 금액'을 압류금지채권으로 규정하는 민사집행법 제246조 제1항 제5호 및 압류금지채권의 채무자는 상계로 채권자에게 대항하지 못한다는 민법 제479조의 취지에 비추어 퇴직금채권의 2분의 1을 초과하는 부분에 대해서만 상계를 허용하였다는 점에 유의하라).

Ⅲ. 지명채권의 양도계약과 그 효력

(1) 채권양도는 처분행위로서 그 처분의 원인을 이루는 의무부담행위와 구별된다.[25] 가령 채권매매가 행하여지면 그 계약의 효력으로서 매도인은 매매의 대상이 된 채권을 매수인에게 양도할 채무를 부담하고 그 채무의 이행으로서 처분행위로서의 채권양도가 행하여진다. 따라서 채권양도의 원인행위는 채권양도 그 자체와 구별된다. 그 외에 채권양도의 원인행위로서는 매매 이외에도 증여, 담보계약, 대물급부약정, 신탁 등 다양한 형태로 존재할 수 있다. 이처럼 지명채권양도 그 자체와 원인행위의 관계에 관하여 물권변동에 있어서와 마찬가지로 독자성 및 유인성의 논의가 가능하다. 독자성과 유인성을 인정하는 것이 타당하다. 그러므로 채권양도의 원인행위가 무효이거나 취소 또는 해제 등으로 효력을 상실하면 채권양도도 무효가 된다.

(2) 처분행위로서의 채권양도도 일종의 준물권계약이다. 이러한 준물권계약은 채권에 대하여 처분권을 가지는 사람을 일방 당사자로 한다. 일반적으로 채권자는 그 채권에 대하여 처분권을 가지므로 통상 채권자가 채권양도의 한쪽 당사자가 된다.[26] 채권에 대한 처분권이 없는 사람이 한 채권양도는 무효이다.[27] 양수인이 선의·무과실이라고 해도 지명채권에 대한 선의취득은 인정되지 않는다. 그러나 채무자가 무권리자의 채권양도에 대하여 이의 없이 승낙한 경우

---

25) 대판 2011.3.24, 2010다100711도 채권의 귀속주체 변경을 내용으로 하는 '채권양도계약'과 채권양도의 의무 발생을 내용으로 하는 '양도의무계약'을 구분하면서, 전자는 준물권행위 또는 처분행위, 후자는 채권행위 또는 의무부담행위의 일종이라고 한다.
26) 그러나 언제나 그런 것은 아니다. 채권자가 파산한 경우에는 파산관재인이 처분권을 가지므로 채권자는 처분권이 없다.
27) 대판 2016.7.14, 2015다46119(양도인이 지명채권을 제1양수인에게 양도한 후 확정일자 있는 증서에 의한 대항요건을 적법하게 갖추었다면 양도인은 채권의 처분권을 상실하므로 그 후 양도인이 동일한 채권을 제2양수인에게 양도하였더라도 제2양수인은 채권을 취득할 수 없고, 그 후 제1차 양도계약이 합의해지되어 양도인에게 채권이 귀속하게 되었어도 제2차 양도계약이 유효하게 되살아나는 것은 아님).

에는 예외적으로 양수인의 권리취득이 인정될 수 있다(제451조 제1항 본문). 양
도인이 아닌 사람은 누구나 양수인이 될 수 있다. 채무자도 양수인이 될 수 있
다. 그 경우에 채권은 원칙적으로 혼동(混同)으로 인하여 소멸된다(제507조).

(3) 채권양도가 유효하게 행하여지면, 채권은 동일성을 유지하면서 양수인
에게 이전된다. 채권에 부착되어 있는 대항사유(동시이행 항변권이나 기한유예의
항변권 등)도 모두 그대로 양수인에게 이전된다. 한편 양도의 대상이 된 채권
그 자체 외에도 그에 종된 권리들은 당사자 사이에 다른 특별한 약정이 없는
한 역시 양수인에게 이전된다(제100조 제2항의 유추 적용). 가령 이자채권(특히
기본적 이자채권), 위약금채권 등이 이에 해당한다. 또한 보증채무의 부종성으로
말미암아 주채무자에 대한 채권이 제3자에게 양도되면 보증채권도 그에게 이
전된다.[28] 그러나 가령 양도 당시 이미 변제기가 도래한 지분적 이자채권과 같
이 이미 독립성을 취득한 권리는 다른 의사표시가 없는 한 양수인에게 이전되
지 않는다.

양도의 대상인 채권을 담보하는 물권도 양수인에게 이전되는가 하는 문제
는 별도의 고려를 필요로 한다. 우선 저당권에 대하여는 명문으로 "그 담보한
채권과 분리하여 타인에게 양도"하지 못한다고 정하여져 있다(제361조 전단).
이는 저당권만을 단독으로 양도하지 못한다는 의미이다. 나아가 저당권부 채권
중 저당권 없이 그 채권만을 따로 양도하는 것도 위 규정에 반하여 허용되지
않는 것이 아닌가에 대하여는 논의가 있다.[29] 저당권부 채권을 양도하려면 채
권양도의 요건뿐만 아니라 저당권양도의 요건도 갖추어야 한다고 볼 것이다.[30]
나아가 유치권이나 질권이 붙은 채권에 대하여는 위와 같은 규정이 없으나, 이
들 권리는 목적물의 점유와 불가분적으로 결합되어 있으므로 — 물권양도의
합의와 아울러 — 채권양수인에게 목적물의 점유가 이전되어야만 하고, 그러한
인도가 없으면 채권양도만이 있다고 해석할 것이다.

---

28) 이 경우에는 주채무자에 대하여 대항요건을 갖추면, 보증인에 대하여 별도의 대항요건을
    갖출 필요가 없다고 해석되고 있다.
29) 이영준, 물권법, 771은 당사자 사이의 특약으로 채권의 이전에 저당권이 수반하지 않는
    것으로 할 수 있으며, 그 경우에 채권의 이전이 있으면 저당권은 소멸한다고 한다. 이에
    반하여 김증한, 물권법, 431은 채권만을 양도하는 것은 무효라고 한다.
30) 물론 채권양도의 합의가 있으면 다른 특별한 약정이 없는 한 담보권의 양도에 관한 합의
    도 포함되는 것으로 해석할 것이다.

Ⅳ. 지명채권양도의 대항요건

1. 대항요건의 필요성

(1) 지명채권의 양도는 일반적으로 기존의 채권자(양도인)와 새로운 채권자(양수인) 사이의 계약으로 이루어진다.[31] 그리고 별도의 공시방법 없이 계약만으로 채권이 이전되는 효력이 발생한다. 이는 부동산양도에서는 등기, 동산양도에서는 점유이전이 계약 이외에 소유권이전의 효력발생요건으로 요구되는 점과 구별된다. 그런데 이와 관련하여 생각해 볼 점들이 있다.

(2) 먼저 지명채권 양도의 삼면적 법률관계에서 또다른 중요한 축을 차지하는 채무자의 이익보호 문제를 생각해야 한다. 채무자는 채권양도합의의 당사자가 아니다. 따라서 채무자는 채권양도과정에서 배제된다. 그런데 채무자가 채권양도사실을 알지 못하면 양도인에게 변제하는 상황이 발생할 수 있다. 한편 채권양도로 채권이 양수인에게 이전하였다면, 채무자가 양도인에게 변제하였다고 하여 채권이 소멸하는 것은 아니다. 이러한 논리대로라면 채무자는 또다시 양수인에게 변제해야 비로소 채권관계에서 해방된다는 결론에 이른다. 이러한 이중변제의 위험으로부터 채무자의 이익을 보호하려면 어떠한 형태로든 채무자가 채권양도절차에 관여될 필요가 있다.

(3) 또한 채권을 양수한 자들이나 압류한 자들이 여러 명인 경우에 누구

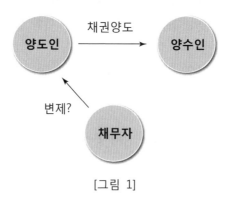

[그림 1]

---

31) 특정유증에 의한 채권양도와 같이 단독행위에 의한 채권양도도 상정할 수 있지만, 통상적인 경우는 아니다.

에게 채권이 귀속되는가 하는 점도 생각해 보아야 한다. 예를 들어 채권자가 채권을 A와 B에게 순차적으로 양도, 즉 이중양도하였다면 A와 B 중 누가 우선하는가? 이는 권리자라고 주장하는 자들 사이의 우열관계를 정하는 문제이다. 만약 채권이 아니라 물권의 귀속이 문제라면 문제는 간단하다. 물권변동에는 등기나 인도 등 공시방법이 요구되고, 누구든지 그 공시방법을 먼저 갖춘 사람이 권리를 취득한다고 새기면 충분하기 때문이다. 그런데 채권에 관하여는 등기라는 공시방법이 반드시 요구되는 것이 아니므로 이렇게 새길 수 없다. 물론 양도인 또는 채무자에게 직접 채권귀속관계를 확인해 보는 방법이 있겠지만, 이 방법은 번잡할 뿐만 아니라 신뢰성도 높지 않다. 따라서 여러 권리주장자들이 있는 경우에 이들 사이에 우열을 결정하는 객관적 기준이 필요하다.

  (4) 민법 제450조는 바로 위와 같은 문제들을 규율하는 조항이다. 우선 제1항에서는 채무자에 대한 대항요건으로서 채권자의 채무자에 대한 「통지」나 채무자의 「승낙」을 규정한다. 즉 양수인이 채무자에게 채권을 주장하려면 통지나 승낙이 있어야 한다. 한편 제2항에서는 위와 같은 통지나 승낙이 「확정일자 있는 증서」에 의하여 이루어져야 제3자(채무자 이외의 자로서 채권귀속에 대한 이해관계를 가진 다른 자)에게 대항할 수 있다고 규정한다. 전자는 권리행사, 후자는 권리귀속의 문제를 주로 다루고 있는 점에서 구별된다. 또한 전자는 채무자에 대한 관계만 다루고 있어 임의규정이지만,[32] 후자는 제3자가 관련된 관계를 다루므로 강행규정이다.

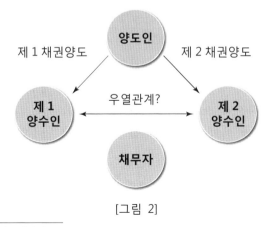

[그림 2]

---

32) 대판 1987.3.24, 86다카908.

2. 채무자에 대한 대항요건

(1) 개 관

채무자에 대한 대항요건은 양도인의 채무자에 대한 통지 또는 채무자의 승낙이다(제450조 제1항).[33] 이 요건을 갖추면 양수인은 채무자에게 채권을 행사할 수 있다. 반면 이 요건을 갖추지 못하였다면 양수인은 채무자에 대한 관계에서는 자신이 채권자임을 주장할 수 없으므로 채무자는 변제를 거절할 수 있다. 채무자가 우연히 채권양도사실을 알게 되었더라도 마찬가지이다. 채무자의 주관적 인식에 따라 대항력이 좌우되면 법적 안정성이 해쳐지기 때문이다. 이처럼 채무자에 대한 통지나 채무자의 승낙을 요구하여 채무자로 하여금 그 권리의 귀속과 내용을 확인하게 하는 밑바탕에는 어떠한 채권에 대하여 이해관계를 맺으려는 제3자는 먼저 채무자에게 채권의 존부, 귀속 내지 내용을 문의하는 것이 통상적이라는 사정이 깔려 있다.

이와 같이 대항요건을 갖추는 것은 양수인이 채무자에게 권리를 행사하기 위한 요건의 하나이다. 따라서 양수인이 채무자에게 소송으로 권리를 행사할 때에는 대항요건을 갖추었다는 점을 주장, 증명해야 한다.[34] 한편 이러한 대항요건을 설정한 목적은 채무자의 이익을 보호하는 데에 있으므로 채무자가 그 이익을 스스로 포기하여 특약으로 이를 배제할 수 있다는 것이 판례의 태도이다.[35]

채무자에 대한 대항요건을 갖추었다면 양수인은 채무자에 대하여 채권양도의 효력을 주장할 수 있고, 채무자에 대한 관계에서 채권자의 지위를 가지게 된다. 따라서 양수인은 채권자의 지위에서 청구, 소의 제기, 강제집행, 담보권 실행을 할 수 있다. 그러나 채권양도에 의하여 그 채권의 발생원인인 계약을 취소하거나 해제할 수 있는 권리까지 양수인에게 이전되는 것은 아니다. 이는 계약당사자만 가질 수 있는 권리인데, 계약의 효과로 발생한 채권만 승계하였다고 하여 계약당사자의 지위까지 이전되는 것은 아니기 때문이다. 예컨대 임대차계약상 임대인의 차임채권을 양수하였더라도 그 양수인은 임대차계약 자체를 취소하거나 해지할 수는 없다.

---

33) 제450조 제1항은 채권양도의 실질을 가지고 있는 "변제자의 임의대위"의 경우에도 준용된다. 민법 제480조 제2항 참조.
34) 대판 1990.11.27, 90다카27662.
35) 대판 1987.3.24, 86다카908.

만약 채무자에 대한 대항요건을 갖추지 못하였다면 채권양수인은 채무자와의 관계에서는 자신이 채권자임을 주장할 수 없다. 채무자와의 관계에서는 여전히 채권양도인이 채권자의 지위에 있다.[36) 따라서 채권양수인은 채권양도인과의 관계에서는 채권을 이전받았지만, 채무자와의 관계에서는 그 채권을 주장할 수 없는 상대적인 권리귀속관계에 처하게 된다. 그렇다고 채권양수인이 채권자가 아니라고 말할 수는 없다. 단지 그 채권을 채무자에게 주장하여 관철시킬 수 없는 상태에 있을 뿐이다. 그러므로 소멸시효나 민사집행처럼 독자적 취지를 가진 제도 운영에 있어서는 대항요건을 갖추지 못한 양수인도 채권자처럼 취급하는 경우가 있다. 예컨대 채권을 양수하였으나 대항요건을 갖추지 못한 상태에서 채무자를 상대로 소를 제기하였더라도 이는 소멸시효 중단사유인 재판상의 청구에 해당한다.[37) 제소명령이 내려진 가압류결정의 채권을 양수한 자가 대항요건을 갖추지 못한 상태에서 채무자를 상대로 소를 제기하고 이를 증명하는 서류를 제출하였다면 제소명령을 준수한 것이다.[38) 피담보채권을 저당권과 함께 양수한 자는 저당권이전의 부기등기를 마치고 저당권실행의 요건을 갖추고 있는 한 채권양도의 대항요건을 갖추고 있지 않더라도 경매신청을 할 수 있다.[39) 다만 채무자는 경매절차의 이해관계인으로서 채권양도의 대항요건을 갖추지 못하였다는 사유를 들어 경매개시결정에 대한 이의나 즉시항고절차에서 다툴 수 있다.[40)

(2) 채무자에 대한 통지

(가) 통지는 특정한 양수인에게 특정한 채권이 양도되었다는 사실을 알리는 행위로서 관념의 통지에 해당한다.[41) 여기에는 의사표시에 관한 도달주의, 행위능력, 대리의 규정이 유추 적용된다. 따라서 통지도 도달해야 비로소 그 효력이 발생한다.[42) 이때 도달은 사회통념상 상대방이 객관적으로 통지의 내용

36) 따라서 이 상태에서 채권자는 채무자의 제3채무자에 대한 채권을 가압류하는 등 보전조치를 취할 수 있다. 대판 2019.5.16, 2016다8589.
37) 대판 2005.11.10, 2005다41818.
38) 대결 2014.10.10, 2014마1284. 제소명령에 대해서는 민사집행법 제287조를 참조하라.
39) 대결 2000.10.25, 2000마5110; 대결 2004.7.28, 2004마158.
40) 대결 2000.10.25, 2000마5110.
41) 대판 1994.12.27, 94다19242.
42) 대판(전) 1994.4.26, 93다24223.

을 알 수 있다고 인정되는 상태이다. 이는 송달보다 탄력적인 개념으로서 송달
장소나 수송달자 등의 면에서 민사소송법의 송달과 같은 엄격함은 요구되지
않는다. 따라서 채권양도 통지는 민사소송법상의 송달에 관한 규정에서 송달장
소로 정하는 채무자의 주소, 거소, 영업소 또는 사무소 이외의 장소로 하는 것
도 가능하다. 채무자가 사회통념상 그 통지의 내용을 알 수 있는 객관적 상태
에 놓여 있다고 인정되면 도달이 인정된다.[43]

　　통지의 효력이 발생하면 양수인은 채무자에게도 채권을 주장할 수 있게
된다. 채무자는 그 통지를 받은 때까지 양도인에 대하여 생긴 사유로써 양수인
에게 대항할 수 있다(제451조 제2항). 채권양도는 양도인과 양수인 사이의 합의
에 의해 이루어지고, 그 합의의 당사자가 아닌 채무자로서는 채권양도의 통지
를 받거나 스스로 승낙을 하기 전에는 그 채권양도 여부를 알기 어렵다. 또한
채무자가 관여하지 않는 채권양도로 인해 채무자가 종전보다 불리한 지위에
처하게 하는 것은 타당하지 않다. 따라서 채무자에 대한 채권양도의 대항요건
이 갖추어지기 전에 존재했던 양도인에 대한 대항사유로써 양수인에게도 대항
할 수 있는 것으로 하는 것이다.[44] 예컨대 통지 전에 채무자가 이미 양도인에
게 변제한 때에는 양수인에게도 그 변제의 효과로 채권이 소멸하였다고 대항
할 수 있고, 양도인에게 동시이행 항변권을 가졌다면 이로써 양수인에게도 대
항할 수 있다.[45] 그 외에 기한의 유예, 변제 등도 이러한 사유에 해당한다.

　　한편 이러한 "사유"에는 상계할 수 있는 지위도 포함된다고 해석하는 것
이 일반적이다.[46] 상계는 다른 채권이 별도로 존재해야 비로소 가능한 것이므
로 동시이행의 항변권이나 기한의 유예, 변제처럼 양도되는 채권 자체에 부착
된 항변사유는 아니다. 하지만 상계도 넓은 의미에서는 양도되는 채권과 관련

---

43) 대판 1997.11.25, 97다31281; 대판 2010.4.15, 2010다57; 대판 2011.1.13, 2010다77477.
44) 이와 같이 채무자가 양도인에 대하여 생긴 사유로 양수인에게 대항할 수 있도록 하는 입
　　법주의는 프랑스민법(제1690조)이나 일본민법(제467조)에서도 발견된다. 반면 독일민법
　　(제407조, 제408조)이나 오스트리아민법(제1395조)은 대항요건주의를 취하지 않되 선의
　　로 변제한 경우에는 채무자를 보호하는 선의자보호방식을 채택하고 있다.
45) 대판 2015.4.9, 2014다80945(채무자의 채권양도인에 대한 자동채권이 발생하는 기초가
　　되는 원인이 양도 전에 이미 성립하여 존재하고 자동채권이 수동채권인 양도채권과 동시
　　이행 관계에 있으면, 채권양도 대항요건이 갖추어진 후에 자동채권이 발생하였더라도 채
　　무자는 동시이행 항변권과 상계권을 행사할 수 있다는 취지).
46) 대판 1999.8.20, 99다18039 참조.

된 항변사유이다. 그렇게 보지 않으면 채무자는 자신의 의사와 무관하게, 자신의 채권과 양도채권을 상계함으로써 양도인의 무자력 위험과 무관하게 자신의 채권을 만족받을 기대를 침해당하기 때문이다. 채권양도 통지 당시 이미 상계원인이 있었던 경우에는 그 당시 상계적상에 있지 않더라도 그 후에 상계적상에 이르면 채무자는 양수인에게 상계로 대항할 수 있다.[47]

(나) 통지의 주체는 양도인이다.[48] 따라서 양수인은 직접 또는 양도인을 대위하여 통지할 수 없다.[49] 양수인은 양도인의 사자(使者)나 대리인으로 채무자에게 통지할 수 있을 뿐이다. 그런데 실제로는 채권양도통지에 이해관계를 가지는 사람은 장차 자신의 채권을 행사해야 하는 양수인이다. 반면 이미 자신의 채권을 양도한 양도인으로서는 이를 굳이 통지해야 할 인센티브를 가지지 않는다. 이와 같이 통지의 주체와 실제 이해관계의 주체가 분리되는 것은 불편함을 초래하기도 한다. 양도인이 통지를 하지 않으려고 하거나 통지하기 어려운 상황에 있다면 양수인은 복잡한 소송절차를 거쳐 협력을 강제하기 전에는 채무자에게 자신의 권리를 행사할 수 없기 때문이다. 우리 민법이 양수인이 아닌 양도인을 통지주체로 규정한 것은 양수인임을 주장하면서 스스로 허위의 통지를 하는 것을 막음으로써 이중변제의 위험으로부터 채무자를 보호하기 위한 것으로 추측된다. 그러나 통지의 주체가 양도인에게 국한됨으로 인해 양수인에게 초래되는 불편함을 생각하면 입법론상으로는 이를 재고할 필요가 있다. 프랑스민법(제1690조, 제1691조)이나 스위스민법(제167조), 국제채권양도협약(제13조)에서는 양수인도 통지하도록 허용하고 있다. 우리나라에서도 민법의 이러한 일반적 태도와는 달리 「자산유동화에 관한 법률」 제7조 제1항, 한국주택금융공사법 제26조 제1항, 「동산·채권 등의 담보에 관한 법률」 제35조 제2항에서는 양도인뿐만 아니라 양수인도 통지할 수 있도록 허용하고 있다.

이러한 배경 아래에서 우리 판례는 현실적으로는 양수인이 통지행위를 하는 경우에도 대리 또는 사자(使者)의 법리에 의해 양도인이 통지를 한 것처럼

---

47) 대판 2015.4.9, 2014다80945; 대판 2019.6.27, 2017다222962.
48) 반면 자산유동화법 제7조 제1항은 양수인에게도 채권양도통지를 할 수 있도록 허용하고 있다.
49) 양도인의 채권양도통지는 민법 제404조에서 규정하는 채권자대위권의 객체인 권리가 아니라 관념의 통지에 불과하기 때문에(대판 1994.12.27, 94다19242) 양수인이 대위하여 행할 수 없다.

법률구성을 하는 경우가 있다. 따라서 양수인이 통지를 하였다고 하여 무조건 통지의 효력을 부정할 것이 아니라, 양수인이 현명(顯名) 없이 양도인을 대리하여 통지한 것은 아닌지, 그렇다면 이 경우 양수인이 대리인으로 통지한 것임을 상대방이 알았거나 알 수 있었던 것은 아닌지 검토해 보아야 한다(제115조 단서). 또한 양수인이 양도인의 사자(使者)로서 통지한 것은 아닌지도 살펴보아야 한다.

다만 이러한 대리통지를 너무 쉽게 인정하여 양도인이 채권양도 통지를 하도록 한 법의 취지를 무의미하게 만드는 것은 경계해야 한다. 그러므로 그 대리권이 적법하게 수여되었는지, 그리고 그 대리행위에서 현명의 요구가 준수되었는지 등을 판단함에 있어서는 양도인이 한 채권양도의 통지만이 대항요건으로서의 효력을 가지게 한 뜻이 훼손되지 아니하도록 채무자의 입장에서 양도인의 적법한 수권에 기하여 그러한 대리통지가 행하여졌음을 제반 사정에 비추어 커다란 노력 없이 확인할 수 있는지를 무겁게 고려해야 한다.[50]

이러한 배경에서 아래 판결을 읽어본다. 이는 이른바 무현명(無顯名) 양도 통지에 대한 것이다.

> **[판결 4] 양수인의 대리 채권양도통지를 인정한 사례: 대판 2004.2.13, 2003다 43490**

1. 상고이유 제2점에 대하여

기록에 의하여 살펴보면, 소외 1이 2000. 5. 12.경 소외 2로부터 금원을 차용하여, 같은 날 피고에게 서울은행 발행의 자기앞수표로 15,000,000원을 대여하여 주었다는 원심의 사실인정은 옳고, 거기에 채증법칙 위배로 인한 사실오인의 위법이 없다.

2. 상고이유 제1점에 대하여

민법 제450조에 의한 채권양도통지는 양도인이 직접 하지 아니하고 사자를 통하여 하거나 대리인으로 하여금 하게 하여도 무방하고, 채권의 양수인도 양도인으로부터 채권양도통지 권한을 위임받아 대리인으로서 그 통지를 할 수 있다(대법원 1994.12.27. 선고 94다19242 판결, 1997.6.27. 선고 95다40977, 40984 판결 등 참조).

---

50) 대판 2011.2.24, 2010다96911.

그리고 채권양도통지 권한을 위임받은 양수인이 양도인을 대리하여 채권양도통지를 함에 있어서는 민법 제114조 제1항의 규정에 따라 양도인 본인과 대리인을 표시하여야 하는 것이므로, 양수인이 서면으로 채권양도통지를 함에 있어 대리관계의 현명을 하지 아니한 채 양수인 명의로 된 채권양도통지서를 채무자에게 발송하여 도달되었다 하더라도 이는 효력이 없다고 할 것이다.

다만, 대리에 있어 본인을 위한 것임을 표시하는 이른바 현명은 반드시 명시적으로만 할 필요는 없고 묵시적으로도 할 수 있는 것이고, 나아가 채권양도통지를 함에 있어 현명을 하지 아니한 경우라도 채권양도통지를 둘러싼 여러 사정에 비추어 양수인이 대리인으로서 통지한 것임을 상대방이 알았거나 알 수 있었을 때에는 민법 제115조 단서의 규정에 의하여 유효하다고 보아야 할 것이다.

기록에 의하면, 양도인 소외 1로부터 채권양도통지 권한을 위임받은 양수인인 원고가 피고에게 내용증명우편으로 발송한 채권양도통지서는 양도인 소외 1을 위한 것임이 표시되어 있지 아니한 채 통지대리인인 원고 명의로 되어 있으며, 묵시적 현명을 인정할 만한 아무런 사정도 찾아볼 수 없으나, 채권양도통지는 원래 채권의 양도인이 하여야 하는 것이므로 채권양도통지 권한을 위임받은 양수인이 한 채권양도통지는 특별한 사정이 없는 한 양도인에게 그 효과를 귀속시키려는 대리의사가 있다고 보는 것이 상당하고, 이 사건 채권양도통지서 자체에 양수받은 채권의 내용이 밝혀져 있는 외에 소외 1과 원고 사이의 '채권양도양수계약서'가 위 통지서에 별도의 문서로 첨부되어 있으며, 피고로서는 양도인인 소외 1에게 채권양도통지 권한을 원고에게 위임하였는지 여부를 비교적 용이하게 확인할 수 있는 상태였다고 보이는 점 등 그 통지와 관련된 여러 사정을 종합하면, 이 사건 채권양도통지의 상대방인 피고로서는 원고가 본인인 소외 1을 위하여 이 사건 채권양도통지를 한 것임을 알 수 있었다고 봄이 상당하므로 민법 제115조 단서에 따라 위 채권양도통지는 유효하다고 할 것이다.

원심의 설시가 미흡하기는 하지만, 이 사건 채권양도통지가 유효하다고 본 판단은 옳고, 거기에 상고이유의 주장과 같이 판결에 영향을 미친 대리인에 의한 지명채권 양도통지에 관한 법리를 오해한 위법이 있다고 할 수 없다.

[판결 5] 양수인의 대리 채권양도통지를 부정한 사례: 대판 2011.2.24, 2010다96911

1. 채권의 양도에 법이 당사자들의 양도 합의 외에 채무자에의 통지 등의 대항요건을 요구하는 것은 채무자에 대하여 채권자가 누구인지를 명백하게 한다는 것 외에도 채권의 귀속 등에 관한 채무자의 인식을 통하여 채권에 관한

거래를 보다 원활하게 하려는 것이다. 어떠한 채권을 양수하거나 그에 담보를 설정받는 등으로 채권에 관하여 거래를 하고자 하는 사람은 채권이 실제로 존재하는지, 그 내용은 어떠한지, 또 무엇보다 채권자가 누구인지 등에 관하여 가능한 한 확실한 정보를 얻고자 한다. 그러한 정보가 없으면 그 사람은 양수 등의 거래를 함에 있어서 명백한 불안을 안게 되어, 거래 자체를 꺼리거나 아니면 상대방, 즉 채권을 양도 기타 처분하려는 사람에게 현저히 불리한 조건이 아니면 양수 기타 거래를 하지 않게 될 것이고, 한편 이와 같이 상대방에게 현저히 불리한 조건의 거래는 당연히 상대방측이 마다하게 된다. 따라서 재화의 원활한 유통에 큰 가치를 두는 우리 법은, 부동산에 관하여는 등기를, 동산에 관하여는 점유를 이른바 공시방법으로 채택한 것과 같이, 지명채권에 관하여는 일반 제3자가 채무자에게 탐문함으로써 채권의 존재와 귀속 등에 관한 정보를 획득할 수 있도록 구상한 것이라고 할 수 있다. 채권양도의 사실을 채무자에게 통지하는 것을 — 채무자의 '승낙'과 함께. 여기서 '승낙'은 그 말의 통상적인 뜻과는 달리 채무자가 채권양도의 사실을 '알고 있음'을 밝히는 것을 말한다 — 채권양도의 기본적인 대항요건으로 요구하는 것이 바로 그 구상의 구체적인 예이다(민법 제450조. 채권에 대하여 민법이 인정하는 유일한 담보권인 질권의 설정에 있어서도 마찬가지이다. 민법 제349조 참조).

한편 법이 채권양도의 통지를 양수인이 아니라 양도인이 하여야 대항요건으로서의 효력을 가지도록 정한 것은 종전의 채권자로서 스스로 처분을 행한 양도인이 한 통지를 통하여 채무자로 하여금 그 채권의 귀속에 관하여 명확한 인식을 가질 수 있도록 하려는 데 있다고 할 것이다. 만일 양수인이 채권양도의 통지를 할 수 있다고 하면, 채무자로서는 과연 양도인과 양수인 사이에 유효한 채권양도가 있었는지를 보다 파고들어 확인하는 번거로운 과정을 통하여서만 채권의 귀속에 관하여 정확한 정보를 가지게 될 수 있다.

이렇게 보면, 채권양도의 대항요건에 관한 법규정은 위와 같은 제도구상에 비추어 일반 거래이익을 도모 · 증진한다는 관점에 충분한 비중을 두어 해석 · 운용되어야 하고, 단지 관련 당사자의 직접적인 이익 간의 형량에 고착되어서는 안 된다. 즉 종전의 채권자와 양수인 사이에 채권의 양도에 관한 합의가 있었다는 것만에 이끌려 양수인의 채무자에 대한 채권 행사를 쉽사리 적법한 것으로 인정하게 되면, 위와 같은 대항요건의 구비를 요구함으로써 일반적으로 채권거래의 안정과 원활을 도모하려는 법의 취지가 몰각되는 것이다.

따라서 채권양도의 통지를 양수인이 양도인을 대리하여 행할 수 있음은 일찍부터 인정되어 온 바이지만, 대리통지에 관하여 그 대리권이 적법하게 수여되었는지, 그리고 그 대리행위에서 현명(顯名)의 요구가 준수되었는지 등을 판단함에 있어서는 위와 같이 양도인이 한 채권양도의 통지만이 대항요건으로서의 효력을 가지게 한 뜻이 훼손되지 아니하도록 채무자의 입장에서 양도인의 적법한 수권에 기하여 그러한 대리통지가 행하여졌음을 제반 사정에 비추어 커다란 노력 없이 확인할 수 있는지를 무겁게 고려하여야 할 것이다. 특히 양수인에 의하여 행하여진 채권양도의 통지를 대리권의 '묵시적' 수여의 인정 및 현명원칙의 예외를 정하는 민법 제115조 단서의 적용이라는 이중의 우회로를 통하여 유효한 양도통지로 가공하여 탈바꿈시키는 것은 법의 왜곡으로서 경계하여야 한다. 채권양도의 통지가 양도인 또는 양수인 중 누구에 의하여서든 행하여지기만 하면 대항요건으로서 유효하게 되는 것은 앞서 본 대로 채권양도의 통지를 양도인이 하도록 한 법의 취지를 무의미하게 할 우려가 있다.

2. 원심은, '신우 티피지 글라스'(이하 '신우'라고 한다)가 피고가 신우에게 지급할 의무가 있는 공사대금 중 3,840만 원을 원고에게 직접 지급하는 것에 동의한다는 내용의 '하도급대금 직불동의서'(갑 제2호증. 이하 '이 사건 문서'라고 한다)의 문면, 특히 그 서면에 "최신창호[피고의 상호이다] 귀하"라고 기재되어 있는 점, 원고가 그 서면을 피고에게 내용증명우편으로 발송하였고 피고가 이를 2007. 7. 6. 수령한 점을 들어, 이 사건 문서는 원고가 피고에게 채권양도의 통지를 하는 것을 전제로 하여 작성된 것으로서 이를 작성하여 줌으로써 신우가 원고에게 채권양도 통지의 권한을 준 것으로 보이고, 비록 원고가 신우를 대리하여 채권양도 통지를 하는 것을 표시하지 않았다고 하더라도 피고로서도 원고가 대리인으로서 통지한 것임을 알 수 있었으므로 민법 제115조 단서에 의하여 현명이 없이도 대리행위로서 유효하므로, 위 대리통지는 채권양도의 대항요건으로서 유효하다고 판단하였다.

3. 그러나 원심의 위와 같은 판단은 수긍하기 어렵다.

이 사건 문서의 제목이나 문언은 물론이고 이 사건에서의 원고의 그에 관한 명시적 주장 취지 등에 비추어 보면, 이 사건 문서는 신우측이 작성한 것으로서, '하도급거래의 공정화에 관한 법률' 제14조 제1항 제2호에서 정하는 하도급대금 직접 지급의 요건("발주자[도급인]가 하도급대금을 직접 수급사업자[하수급인]에게 지급하기로 발주자·원사업자[수급인 = 하도급인] 및 수급사업자 간에 합의한 경우")에 맞추어 하도급인인 신우가 도급인인 피고("최신창호")가 자신이 받을 도급대금을 하수급인인 원고("가나 스카이")에게 직접 지급하는 것에 동의하는 것을 내용으로 하고 채권의 양도에 대하여는 명시적인 언급이 없다. 그리하여 거기에 "최신창호 귀하"라고 기재되어 있는 것은, 적어도 일차적으로는, 앞서 본

법규정이 하도급인 외에도 도급인인 피고측의 동의도 있어야 한다고 정하고 있어서 이 요건을 갖추기 위하여 이 서면을 피고측에 보내어 피고의 동의를 얻으려는 취지로 기재된 것이라고 봄이 상당하다.

그렇다면 이 사건 문서에 의하여 우선 직접청구권의 취득이라는 법적 이익을 얻게 되는 원고가 피고의 동의를 구하여 이를 피고에게 우송하는 일을 한 것은 당연한 것이고, 이 사건 문서가 원심의 판단과 같이 채권양도의 합의를 포함하고 있는 것이라고 하더라도, 위와 같은 취지로 작성된 신우 명의의 문서가 원고에게 교부되었다는 것만으로 신우측이 원고에게 다름아닌 채권양도의 통지까지 이를 대리하여 할 권한을 수여하였다고 볼 수는 없다고 할 것이다.

나아가 이 사건 서면에는 하단에 컴퓨터로 작성된 "하수급인 가나스카이[원고의 상호이다]"라는 기재의 바로 앞에 "발신"이라는 수기(手記)가 있다. 이 사건 문서를 피고에게 우송하는 것이 채권양도의 통지에 해당한다고 하더라도, 위와 같은 문면은 앞서 본 이 사건 문서의 작성목적 등에 비추어 보면 오히려 그 발신은 원고측이 당사자로서 행하여지는 것임을 추단하게 하고, 그것이 신우측을 대리하여 하는 의사로 행하여진 것으로 보기 어려우며, 달리 그러한 의사를 따로 짐작하게 할 만한 사정은 기록상 찾아볼 수 없다. 그렇다면 대리인이 대리행위를 할 의사를 가지고 행위한 경우에만 적용되는 민법 제115조 단서는 이미 이 사건에 적용할 여지가 없다.

그럼에도 원심이 앞서 본 이유를 들어 유효한 채권양도 통지가 행하여졌다고 판단하였으니, 그에는 채권양도 통지의 대리에 관한 법리를 오해하거나 자유심증주의의 한계를 벗어나 사실을 잘못 인정함으로써 판결 결과에 영향을 미친 위법이 있다고 할 것이다. 이 점을 지적하는 상고취지는 이유 있다.

4. 그러므로 원심판결을 파기하고 사건을 다시 심리·판단하게 하기 위하여 원심법원에 환송하기로 하여, 관여 대법관의 일치된 의견으로 주문과 같이 판결한다.

[판결 4, 5]에 관하여 생각할 점

1. 우리 민법 제450조 제1항은 지명채권의 양도통지 주체를 양도인에게 한정하고 있다. 이와 관련하여 대법원은 양수인이 양도인의 사자 또는 대리인으로 채권양도통지를 하는 것을 허용하고, 나아가 양수인의 명의로 통지한 경우에도 현명하지 않은 대리행위로 보아 이를 허용한 사례가 있다. 여기서 더 나아가 채권양도행위에 채권양도통지권능까지 수반하여 양도한 것으로 본 전원합의체 판

결도 발견된다(대판(전) 1976.1.13, 70다2462). 민법에서 규정하는 바와 판례의 태도 사이에 괴리가 존재하는가? 왜 그러한가?

2. 판결 4에서 원고가 양도인을 「대리」하여 양도통지를 하였다는 사정을 발견할 수 있는가? 아니면 원고는 단순히 법률지식이 부족하거나 양도인의 협조를 얻지 못하여 스스로 양도통지를 한 것인가? 만약 후자라면 채권양도통지는 유효한가? 채무자로서는 전자와 후자 중 어느 쪽에 해당하는지를 판단해야 할 부담, 나아가 그 판단이 잘못되었을 경우 이중변제의 위험도 지게 되는데, 이는 타당한가?

3. 판결 5에서 대리 채권양도통지를 부정한 이유는 무엇인가? 이 사안은 판결 4의 사안과 어떻게 구별되는가?

(다) 통지의 상대방은 채무자이다. 만약 연대채무와 같이 채무자가 다수이면 각각의 채무자에게 모두 통지해야 한다. 채무자가 파산하였다면 파산관재인이 그 통지의 상대방이다. 다만 보증채무의 경우 부종성 때문에 주채무자에 대한 통지의 대항력이 보증인에게도 미친다.[51]

(라) 통지의 방식에는 제한이 없다. 따라서 말로 하는 통지도 가능하다. 하지만 현실적으로는 서면에 의해 통지하는 것이 대부분이다. 통지의 시기에도 제한이 없다. 따라서 양도행위와 동시에 통지하여도 좋고 그 이후에 별도로 통지하여도 무방하다. 그러나 양도 이전에 하는 통지는 원칙적으로 효력이 없다.[52] 이미 양도하였다는 것의 통지가 아니면 양도시기를 확정할 수 없기 때문이다. 그러나 양도시기를 확정하여 통지하고 실제 그 시기에 양도가 이루어졌거나, 통지나 승낙 직후에 채권양도가 있어 채무자에게 법적으로 아무런 불안정한 상황이 발생하지 않은 경우라면, 사전통지의 효력을 인정할 수도 있다.[53] 한편 일정한 요건 아래에서 장래에 발생할 채권을 양도하는 것이 가능한데, 이때에도 양도통지가 가능하고, 그 이후 실제 그 채권이 발생하였을 때 다시 통지를 할 필요는 없다.

(마) 양도인이 채무자에게 채권양도를 통지하였으나 아직 채권을 양도하

---

51) 대판 2002.9.10, 2002다21509.
52) 대판 2000.4.11, 2000다2627.
53) 대판 2010.2.11, 2009다90740.

지 않았거나 그 양도가 무효인 경우에는 채무자의 인식과 실제 양도관계 사이
에 괴리가 발생한다. 이 경우 양도인은 그 채권양도통지를 철회함으로써 채무
자의 인식을 바로잡아 주어야 한다. 만약 그러한 양도통지의 철회가 없다면 양
도가 유효하다고 믿는 선의의 채무자는 양수인에게 대항할 수 있는 사유로 양
도인에게도 대항할 수 있다(제452조 제1항). 한편 양도통지 철회는 양수인의 동
의를 얻어 해야 한다(제452조 제2항). 그러한 동의 없이 이루어진 양도통지 철
회는 효력이 없다.[54]

　　유효한 채권양도가 이루어지고 양도인의 채권양도통지까지 이루어졌지만
그 이후에 채권양도계약이 해제되거나 취소된 경우에도 이와 유사한 상황이
발생한다. 이때는 해제나 취소의 효과로 말미암아 채권이 양수인으로부터 양도
인에게 거꾸로 이전되는 것과 유사한 법률관계가 발생하므로, 양수인이 그 사
실을 채무자에게 통지하는 등 대항요건을 갖추어야 비로소 대항할 수 있다는
것이 판례의 태도이다.[55] 그런데 위와 같이 채권양도계약이 해제되거나 취소되
면 채권양도계약은 소급하여 효력을 상실한다. 한편 민법 제452조 제1항은 양
도가 무효인 경우에 선의의 채무자는 양수인에게 대항할 수 있는 사유로 양도
인에게 대항할 수 있다고 규정한다. 이처럼 해제, 취소, 무효는 모두 결과적으
로 처음부터 양도의 효력이 인정되지 않는다는 공통점을 가진다. 이에 착안하
여 판례는 채권양도가 해제 또는 합의해제되어 채권양도가 소급적으로 무효가
된 경우에도 민법 제452조 제1항을 유추 적용한다. 그 결과 대항요건을 갖출
때까지 생긴 사유로 양도인에게 대항할 수 있는 채무자는 「선의」의 채무자에
국한된다고 한다.[56]

　　(바) 만약 양도인이 채권양도통지에 협력하지 않으면 양수인은 어떻게 하
는가? 결국 소송으로 통지의 의사표시를 구하는 수밖에 없을 것이다. 이 소송

---

54) 대판 1978.6.13, 78다468; 대판 1993.7.13, 92다4178.

55) 대판 1979.9.25, 77다1909; 대판 1993.8.27, 93다17379.

56) 대판 2012.11.29, 2011다17953("지명채권의 양도통지를 한 후 그 양도계약이 해제 또는
합의해제된 경우에 채권양도인이 그 해제 등을 이유로 다시 원래의 채무자에 대하여 양
도채권으로 대항하려면 채권양도인이 채권양수인의 동의를 받거나 채권양수인이 채무자
에게 위와 같은 해제 등 사실을 통지하여야 한다. 이 경우 위와 같은 대항요건이 갖추어
질 때까지 양도계약의 해제 등을 알지 못한 선의인 채무자는 해제 등의 통지가 있은 다
음에도 채권양수인에 대한 반대채권에 의한 상계로써 채권양도인에게 대항할 수 있다고
봄이 상당하다.").

을 통하여 얻는 판결은 의사의 진술을 명하는 판결에 해당한다(제389조 2항, 민집 제263조 참조). 이 경우 의사의 진술에 해당하는 양도통지는 원고(양수인)나 피고(양도인)가 아니라 제3자(채무자)에 대한 것이다. 따라서 도달주의의 원칙(제111조 1항)에 따라 확정판결이 채무자에게 도달할 때 비로소 통지의 효과가 발생한다. 그러므로 원고(양수인)는 판결확정 후 그 판결문을 채무자에게 송부하거나 제시해야 비로소 채무자에게 대항할 수 있다.

(3) 채무자의 승낙

(가) 승낙은 채권양도의 사실을 알고 있음을 표명하는 행위이다. 계약성립에서의 승낙과는 다른 의미를 가지고 있음에 유의한다. 이것도 통지와 마찬가지로 의사표시가 아니라 관념의 통지로서의 성질을 가진다. 의사표시에 관한 규정이 유추 적용될 수 있다. 승낙은 채무자가 한다. 상대방은 양도인이거나 양수인이거나 상관없다. 채무자는 이의를 보류하거나 보류하지 않고 승낙할 수 있다. 판례는 승낙에 조건을 붙일 수 있다고 한다.[57] 채권양도인에게 수개의 채무를 부담하고 있는 채무자가 승낙할 때에는 승낙 대상 채권을 특정해야 한다.[58] 채권의 내용이나 양수인의 권리 확보에 위험을 초래할 만한 사정을 조사, 확인할 책임은 원칙적으로 양수인 자신에게 있다. 그러므로 채무자가 양도되는 채권의 성립이나 소멸에 영향을 미치는 사정에 관하여 양수인에게 알려야 할 신의칙상 주의의무는 원칙적으로 인정되지 않는다.[59]

(나) 제451조 제2항은 "채무자는 그 통지를 받은 때까지 양도인에 대하여 생긴 사유로써 양수인에게 대항할 수 있다"라고 규정한다. 이는 이의를 보류한 승낙에서도 마찬가지이다. 하지만 이의를 보류하지 않은 승낙을 하였다면 양도인에 대한 대항사유로 양수인에게 대항할 수 없다(제451조 제1항 본문). 이의를 보류하지 않은 승낙은 채무자가 채권양도를 승낙하면서 그가 양도인에게 어떠한 대항사유를 가지고 있음을 밝히지 않은 경우를 말한다. 이처럼 이의를 보류하지 않은 승낙에 항변 단절효과를 부여하는 이유는 양수인을 보호하고 거래의 안전을 꾀하기 위한 것이다. 양도인에게 대항할 수 있지만 양수인에게는 대항하지 못하는 사유는 협의의 항변권에 국한되지 않고 넓게 채권의 성립·존

---

57) 대판 1989.7.11, 88다카20866.
58) 대판 2011.7.14, 2009다49469.
59) 대판 2015.12.24, 2014다49241.

속·행사를 저지하거나 배척하는 사유를 포함한다.[60] 이러한 이의 무보류는 묵
시적으로 이루어질 수도 있으나, 침묵이 언제나 곧바로 이의 무보류로 해석되
는 것은 아니다.[61] 이의 무보류인지 여부는 여러 가지 사정을 종합적으로 고려
하여 양수인으로 하여금 양도된 채권에 대하여 대항사유가 없을 것을 신뢰할
정도에 이르렀는지를 감안하여 판단해야 한다.[62] 한편 제451조 제2항은 채권에
아무런 대항사유가 없으리라고 기대하고 채권을 양도받은 양수인의 신뢰를 보
호하기 위한 것이므로, 양수인이 악의이거나 중과실이어서 그 신뢰의 보호가치
가 크지 않다고 인정된다면 이러한 항변단절의 효과는 발생하지 않는다는 것
이 판례의 태도이다.[63] 이때에도 전득자가 선의이면 그는 보호된다.

> **[판결 6] 채권양도와 이의를 보류한 승낙: 대판 2019.6.27, 2017다222962**

1. 사실관계

원심판결 이유에 따르면 다음 사실을 알 수 있다.

가. 원고는 2014. 1. 20. 의사인 소외인에게 3억 원을 변제기 2015. 1. 20.,
이율 연 8.5%로 정하여 대여하고, 6억 원을 변제기 2017. 1. 20., 이율 연 8.9%
로 정하여 대여하였다.

나. 소외인은 위 각 대출금채무를 담보하기 위하여 2014. 1. 17. 원고에게
자신이 피고에 대하여 가지는 채권으로서 이미 발생하거나 장래 발생할 국민건
강보험법에 근거한 요양급여비용 채권과 의료급여법에 근거한 의료급여비용 채
권 중 210억 원에 달할 때까지의 금액(이하 '이 사건 양수채권'이라 한다)을 양도
하였다(이하 '이 사건 채권양도'라 한다). 소외인은 2014. 1. 17. 피고에게 내용증명
우편으로 채권양도사실을 통지하였고 이는 그 무렵 피고에게 도달하였다.

다. 피고는 2014. 1. 20. 소외인에게 '압류진료비 채권압류 확인서'(이하 '확
인서'라 한다)를 발급하여 원고에게 팩스로 송부하였다.

라. 확인서에는 '발급목적'란에 '확인용', '결정일자'란에 '2014. 1. 17.', '접수
일자'란에 '2014. 1. 20.', '채권자'란에 '원고', '압류유형'란에 '채권양도'로 기재되
어 있고, 하단에 "본 자료는 「개인정보 보호법」에 의거 엄격히 개인의 비밀이
유지되어야 하며, 기재된 발급목적 외 용도로 사용할 수 없으며, 타 업무의 증

---

60) 대판 2019.6.27, 2017다222962.
61) 대판 2019.6.27, 2017다222962.
62) 대판 2019.6.27, 2017다222962.
63) 대판 1999.8.20, 99다18039; 대판 2002.3.29, 2000다13887.

빙자료로 사용되어 발생되는 모든 책임은 본인에게 있으므로 공단에는 일체의 이의를 제기할 수 없습니다. 또한, 확인서 발행일 현재 압류채권자 접수등록 누락된 사건이 있을 수 있습니다."라는 내용이 부동문자로 기재되어 있다.

마. 소외인은 원리금을 일부 상환하다가 자신이 운영하던 병원을 2015. 11. 19. 폐업하였다. 소외인이 병원을 운영한 이후 2015. 11. 19.까지 발생한 이 사건 양수채권 중 피고가 소외인에게 지급을 보류하고 있는 요양급여비용은 681,324,890원이다.

바. 소외인은 2008. 9. 5. '2007. 11. 1.부터 의료기관을 개설할 수 없는 비의료인과 동업으로 병원을 운영하기로 하고, 의사인 자신의 명의를 빌려주어 비의료인이 의료기관을 개설하도록 하였다.'는 범죄사실로 벌금 700만 원의 약식명령을 받았고, 이후 약식명령이 확정되었다. 피고는 2007. 11. 1.부터 위 약식명령 발령일인 2008. 9. 5.까지 소외인에게 요양급여비용으로 합계 914,284,680원을 지급하였다.

2. 원심판단

원심은 소외인이 의료법 위반행위로 피고로부터 지급의무 없는 요양급여비용을 받은 것은 민사상 불법행위에 해당하므로, 피고는 소외인에 대하여 914,284,680원의 손해배상채권(이하 '이 사건 손해배상채권'이라 한다)을 가진다고 하였다. 그러나 다음과 같은 이유로 피고가 이 사건 채권양도에 대하여 명시적 또는 묵시적으로 이의를 보류하지 않은 승낙을 하였으므로 이 사건 손해배상채권을 가지고 원고에게 상계로써 대항할 수 없다고 보았다.

가. 확인서는 민원업무 처리 과정에서 발급되었더라도 피고가 소외인 또는 원고에게 소외인의 원고에 대한 채권양도 사실에 관하여 인식하고 있음을 표명한 것으로서, 민법 제451조 제1항에서 정한 '승낙'에 해당한다.

나. 확인서에는 위에서 본 부동문자가 기재되어 있을 뿐, 위 기재사항 이외에 당시 이미 발생되어 있던 소외인에 대한 의료법 위반에 따른 손해배상채권에 기초한 대항사유 등에 관해서는 기재되어 있지 않다. 따라서 확인서는 비밀유지, 발급목적 외 사용금지, 다른 압류채권자 접수등록이 누락된 사건이 있을 수 있다는 취지는 표시하고 있지만, 이를 두고 피고가 발급신청자인 소외인에 대한 위 손해배상채권 등으로 이 사건 채권양도에 대하여 이의를 보류하였다고 보기는 어렵다.

다. 피고는 확인서를 발급한 다음 2014. 1. 23.경부터 2015. 3. 16.까지 지속적으로 원고에게 이 사건 양수채권에 대한 변제로 합계 3,331,377,890원을 지급하였다.

3. 대법원판단

가. 지명채권의 양도는 양도인이 채무자에게 통지하거나 채무자가 승낙하지 않으면 채무자에게 대항하지 못한다(민법 제450조 제1항). 채무자가 채권양도 통지를 받은 경우 채무자는 그때까지 양도인에 대하여 생긴 사유로써 양수인에게 대항할 수 있고(제451조 제2항), 당시 이미 상계할 수 있는 원인이 있었던 경우에는 아직 상계적상에 있지 않더라도 그 후에 상계적상에 이르면 채무자는 양수인에 대하여 상계로 대항할 수 있다(대법원 1999.8.20. 선고 99다18039 판결 참조).

민법 제451조 제1항 본문은 "채무자가 이의를 보류하지 아니하고 전조의 승낙을 한 때에는 양도인에게 대항할 수 있는 사유로써 양수인에게 대항하지 못한다."라고 정하고 있다. 이 조항은 채무자의 이의를 보류하지 않은 승낙이라는 사실에 공신력을 주어 양수인을 보호하고 거래의 안전을 꾀하기 위한 것이다. 여기에서 양도인에게 대항할 수 있지만 양수인에게는 대항하지 못하는 사유는 협의의 항변권에 한정되지 않고 넓게 채권의 성립·존속·행사를 저지하거나 배척하는 사유를 포함한다(대법원 1997.5.30. 선고 96다22648 판결 등 참조).

채무자가 이 조항에 따른 이의를 보류하지 않은 승낙을 할 때에 명시적으로 항변사유를 포기한다거나 양도되는 채권에 대하여 이의가 없다는 뜻을 표시할 것까지 요구하지는 않는다. 그러나 이의를 보류하지 않은 승낙으로 말미암아 채무자가 양도인에 대하여 갖는 대항사유가 단절되는 점을 감안하면, 채무자가 이 조항에 따라 이의를 보류하지 않은 승낙을 했는지 여부는 문제 되는 행위의 내용, 채무자가 그 행위에 이른 동기와 경위, 채무자가 그 행위로 달성하려고 하는 목적과 진정한 의도, 그 행위를 전후로 채무자가 보인 태도 등을 종합적으로 고려하여 양수인으로 하여금 양도된 채권에 대하여 대항사유가 없을 것을 신뢰하게 할 정도에 이르렀는지를 감안하여 판단해야 한다.

나. 위에서 본 법리를 위에서 본 사실관계와 기록에 비추어 살펴보면, 원심의 판단은 다음과 같은 이유로 받아들이기 어렵다.

(1) 확인서는 그 제목이 '압류진료비 채권압류 확인서'로 되어 있는 것처럼, 주된 용도가 소외인의 요양급여 등 채권에 대하여 피고에게 접수된 확정일자 있는 채권양도 통지나 압류 등 내역을 확인하는 데 있다. 확인서는 피고의 민원업무를 신속하고 획일적으로 처리하기 위해서 발급목적과 용도가 채권압류 확인으로 제한되어 있고, 발급목적 외 다른 용도로 사용하는 것이 엄격히 금지되어 있다.

(2) 이 사건 채권양도의 대상이 된 채권은 장래 발생할 채권이 다수 포함된 집합채권으로서 확인서 발급 당시에는 210억 원이라는 한도만 정해져 있었을

뿐 대부분의 채권이 발생 시기나 금액이 불확실하였다. 그와 같은 상황에서 피고가 양도인에 대한 모든 대항사유를 포기한 채 채권양도를 승낙하였으리라고는 통상적으로 기대하기 어렵다.

(3) 피고는 이 사건 채권양도 통지를 받은 다음 2014. 1. 23.부터 2015. 3. 16.까지 원고에게 약 33억 원이 넘는 돈을 지급하였으나, 2015. 4.경 다른 사건의 소송 수행 과정에서 소외인의 의료법 위반 사실을 비로소 알게 된 것으로 보이고, 이후 원고에 대한 지급행위를 중단하였다. 피고가 2007. 11. 1.부터 2008년까지 있었던 소외인의 의료법 위반 사실을 미리 알았더라면 의료법 위반에 따른 손해배상채권을 이유로 그 즉시 지급을 중단하거나 상계권을 행사하였을 것으로 보는 것이 자연스럽다. 이에 비추어 보면, 피고는 이 사건 채권양도 통지를 받고 양수인인 원고에게 변제한 것일 뿐, 이를 이유로 피고가 이 사건 채권양도에 대하여 이의를 보류하지 않은 승낙을 한 것으로 보기는 어렵다.

(4) 피고가 위와 같이 소외인에 대한 손해배상채권이나 그에 따른 상계 가능성을 알지 못하였던 것으로 보이는 상황에서 확인서 발급 당시 소외인에 대한 대항사유를 구체적으로 보류할 것을 기대하기는 어렵다. 확인서에는 진료비 채권에 대한 압류확인 외의 목적으로 확인서를 사용하는 것을 금지하고 확인서의 발급으로 인해서 어떠한 책임도 피고에게 물을 수 없다는 내용이 기재되어 있다. 피고는 위와 같은 기재내용을 통하여 대항사유의 단절이라는 법적 책임이나 불이익을 지지 않음을 포괄적으로 표시하였다고 볼 수도 있다.

위와 같은 사정을 종합하면, 피고가 이 사건 채권양도에 대하여 이의를 보류하지 않은 승낙을 한 것으로 보기는 어렵다.

다. 그런데도 원심은 피고가 이 사건 채권양도에 대하여 명시적 또는 묵시적으로 이의를 보류하지 않은 승낙을 하였으므로, 이 사건 손해배상채권으로써 원고에게 상계주장을 할 수 없다고 판단하였다. 원심의 판단에는 이의를 보류하지 않은 승낙에 관한 법리를 오해하여 판결에 영향을 미친 잘못이 있다. 이를 지적하는 피고의 상고이유 주장은 정당하다.

[판결 6]에 관하여 생각할 점

1. 이의를 보류하지 않은 승낙이 채무자의 양도인에 대한 항변을 단절시키는 법적 효과를 야기하는 이유는 무엇인가?

2. 채권양도 통지라는 대항요건이 갖추어진 이후 다시 승낙이 행해질 수 있는가? 이 경우 승낙이 이의를 보류하지 않은 채 행해졌다면 항변 단절효가 발생하는가?

3. 일반적으로 채권양도에 대해 승낙의 의사표시를 하면서 적극적으로 이의를 보류하지 않는 채무자의 의사는 어떠할 가능성이 큰가? 또한 채권양도 통지를 받는 채무자에게는 본래 가지고 있던 항변을 할 수 있도록 허용하면서, 오히려 적극적으로 채권양도를 승낙한 채무자가 항변을 보류한다는 의사표시를 하지 않았다는 이유로 그 항변을 더 이상 하지 못하게 하는 것은 합리적인가? 이러한 문제의식은 이 판결의 결론에 어떤 영향을 미쳤는가?

3. 제3자에 대한 대항요건

(1) 개　　관

채권을 이중으로 양도하거나, 양도와 질권설정, 압류 및 전부 등과의 경합 등이 발생하여 복수의 권리자들이 서로 양립할 수 없는 지위에 서게 되었을 때 누구를 우선시킬 것인가 하는 문제가 발생한다. 이론적으로만 따진다면, 채권양도는 준물권행위로서 채권이 일단 타인에게 양도되면 양도인은 더 이상 이중양도하거나 압류당할 채권 자체를 보유하지 않는 것이다. 따라서 본래는 이중양도나 양도와 압류의 경합은 애당초 문제되지 않는다. 독일민법이나 스위스채무법에서는 이러한 논리 위에서 오로지 제1 양수인만 채권을 취득한다고 해석하되, 제2 양수인을 진정한 양수인으로 믿고 선의로 변제한 채무자를 보호하는 별도의 규정을 두고 있다(독일민법 제408조, 스위스채무법 제167조). 그러나 우리나라는 이러한 태도를 따르지 않고 채권의 이중양도 등이 일단 가능하다는 전제 위에서 그 우열관계에 관하여 민법 제450조 제2항에서 규정하고 있다. 즉 민법 제450조 제2항은 제1항에서 규정하듯이 통지 또는 승낙을 불완전하나마 공시방법으로 사용하면서 그 통지 또는 승낙시기의 사후조작을 막기 위해 위 통지 또는 승낙을 「확정일자 있는 증서」에 의하도록 규정한다.[64] 위 조항은 강행규정이므로 당사자의 합의로 배제할 수 없다.

(2) 확정일자 있는 증서

「확정일자」는 증서에 관하여 그 작성일자에 대해 완전한 증거가 될 수 있는 것으로 법률상 인정된 일자이다. 이는 단순한 특정일자(가령 5월 5일)를 의

---

64) 이는 통지나 승낙행위 자체를 확정일자 있는 증서로 해야 한다는 것을 의미한다. 대판 2011.7.14, 2009다49469.

미하는 것이 아니라, 당사자가 나중에 변경하는 것이 불가능한 확정된 일자를 의미하는 것이다. 한편 「확정일자 있는 증서」란 위와 같은 일자가 있는 것으로서 민법 부칙 제3조 소정의 증서를 말한다. 공정증서가 대표적인 예인데, 실제로는 내용증명우편이 널리 활용된다. 또한 법원이 강제집행의 일환으로서 하는 전부명령이나 그 전제가 되는 가압류 또는 압류의 명령이 기재된 일자 있는 서면도 공무소가 그 권한에 기하여 작성한 것으로서 그 자체가 확정일자 있는 증서라고 할 수 있다. 반면 통지일자가 아니라 통지의 도달에 관하여 행하는 배달증명은 여기에 해당하지 않는다.[65] 지명채권의 양도통지가 확정일자 없는 증서에 의하여 이루어졌다가 그 후 그 증서에 확정일자를 얻은 경우 그 일자 이후에는 제3자에 대한 대항력을 취득한다.[66] 원본이 아닌 사본에 확정일자를 갖추었더라도 대항력을 취득한다.[67]

확정일자 있는 증서를 요구하는 취지는 다음과 같다. 확정일자가 없는 단순한 통지 등만으로 제3자에 대하여도 대항할 수 있다고 하면, 채권양도인이 이중양도 후 채무자와 공모하여 제2의 채권양도에 대한 통지 등이 있었던 일자를 소급하거나 기타 일시를 조작함으로써 제1양수인의 지위를 불안하게 만들 우려가 있다. 따라서 이러한 일이 일어나지 않도록 일자의 소급이나 조작이 불가능한 확정일자부 증서를 제3자에 대한 대항요건으로 요구하는 것이다.

(3) 제3자에게 대항

제3자는 채권양도의 당사자와 채무자를 제외한 모든 자를 의미하는 것이 아니라, 해당 채권에 관하여 양수인의 지위와 양립할 수 없는 법률상 지위를 취득한 자이다.[68] 이중양도에 있어서 제2양수인, 압류채권자, 질권자, 양도인이 파산한 경우 그 파산채권자 등이 제3자에 해당한다. 반면 채무자의 또 다른 채권자나 선순위 근저당권부 채권을 양수한 채권자보다 후순위의 근저당권자[69]는 제3자에 해당하지 않는다. 제3자에게 대항할 수 있다는 것은 제3자에게 자신이 채권양수인이라는 점을 주장하여 이를 관철시킬 수 있다는 의미이다.

---

65) 대판 1988.4.12, 87다카2429.
66) 대판 1988.4.12, 87다카2429.
67) 대판 2006.9.14, 2005다45537.
68) 대판 1983.2.22, 81다134, 135, 136.
69) 대판 2005.6.23, 2004다29279.

만약 제1양수인이 통지 또는 승낙을 확정일자 있는 증서에 의하여 하였고, 제2양수인은 그렇게 하지 않았다면, 제1양수인만 제3자와의 관계에서 적법한 채권자가 된다.[70] 반면 제1양수인과 제2양수인 누구도 통지 또는 승낙을 확정일자 있는 증서에 의하지 않았다면, 원칙으로 돌아가 제1양수인이 제3자와의 관계에서 적법한 채권자가 된다.[71] 그런데 이 사안에서 제1양수인과 제2양수인이 모두 통지 또는 승낙을 확정일자 있는 증서에 의하여 하였다면 누가 우선하는가? 이때의 판단기준으로 생각할 수 있는 두 가지는 확정일자순서와 통지도달순서이다. 양자가 모두 앞서는 자가 우선하는 것은 당연하다. 하지만 각각의 기준에 따른 우열관계가 달라질 때에는 어떤 기준에 따를 것인가에 대해서는 견해의 대립이 있다. 확정일자순서에 따르면 확정일자에 따른 우열관계의 판단이 명확해지는 장점이 있는 반면, 어느 양수인이 확정일자를 먼저 받아 일단 우선권을 확보한 뒤 장기간 통지를 미루는 경우에는 법률관계가 불확정적인 상태로 지속된다는 단점이 있다. 통지도달순서에 따르면 채무자의 인식가능성에 초점을 맞추게 되어 이중변제 및 이로 인한 복잡한 법률관계의 위험을 줄이는 장점이 있는 반면, 손쉽게 증명할 수 있는 확정일자 대신 증명하기 부담스러운 도달일자에 따라 우열관계를 결정해야 하는 단점이 있다. 우리 판례는 아래에서 보는 바와 같이 통지도달순서에 따라 우열을 결정한다는 입장을 취한다.

한편 통지가 같은 날 도달한 경우에는 그 우열을 어떻게 결정하는가? 물론 이론적으로는 통지가 같은 날 도달하였더라도 그 도달시각의 선후에 따라 우열을 가릴 수 있겠지만, 현실적으로는 그 도달시각까지 정확하게 증명하기는 어려운 경우가 많기 때문에 이러한 문제가 발생한다. 이에 관해 아래 판결은 채권양도통지와 채권가압류결정이 같은 날 도달한 경우 그 선후관계에 관하여 증명이 없으면 동시에 도달한 것으로 추정하여 채권양수인과 채권가압류권자가 모두 완전한 대항력을 가진다고 한다. 이에 따르면 채무자는 이들 중 누구에게라도 채무 전액을 변제하면 나머지 채권자에 대한 관계에서도 유효하게 면책되며, 채권자들 사이에는 공평의 원칙상 채권액의 비율에 따른 내부정산의무가 있다.

---

70) 대판 1985.9.10, 85다카794; 대판 1986.2.11, 85다카1087.
71) 대판 1971.12.28, 71다2048; 대판 2010.4.29, 2009다88631.

[판결 7] 채권의 이중양도 시 양수인 상호간의 우열: 대판(전) 1994.4.26,
93다24223

1. 원심판결 이유에 의하면, 원심은, 소외 주식회사 아진무역(이하 소외 회사라고 한다)은 1992. 8. 2. 피고에 대한 금 7,779,750원의 물품대금채권을 원고에게 양도하고 같은 달 3. 확정일자 있는 내용증명우편으로 위 양도사실을 통지하여 그 통지가 같은 달 4. 피고에게 도달된 사실이 인정되므로 특별한 사정이 없는 한 피고는 채권양수인인 원고에게 위 금 7,779,750원을 지급할 의무가 있다고 한 다음, 한편 소외 회사의 피고에 대한 위 채권 중 금 6,290,000원에 대하여 채권자 피고 보조참가인(주식회사 국제상사), 채무자 소외 회사, 제3채무자 피고로 된 부산지방법원 1992.8.3.자 92카합489호 채권가압류결정의 결정정본이 같은 달 4. 피고에게 송달된 사실을 인정하면서, 피고로서는 원고가 채권양수인으로서 지급을 구하는 위 물품대금 7,779,750원 중 위 가압류채권액인 금 6,290,000원에 대하여는 피고가 위 가압류결정의 통지를 위 채권양도통지와 동시에 받았음을 이유로 원고에게 대항할 수 있으므로, 피고는 원고에게 위 채권양수금 7,779,750원에서 위 가압류채권액 금 6,290,000원을 공제한 나머지 금 1,489,750원 및 그 지연손해금만을 지급할 의무가 있다고 판단하였다.

2. 채권이 이중으로 양도된 경우의 양수인 상호간의 우열은 통지 또는 승낙에 붙여진 확정일자의 선후에 의하여 결정할 것이 아니라, 채권양도에 대한 채무자의 인식, 즉 확정일자 있는 양도통지가 채무자에게 도달한 일시 또는 확정일자 있는 승낙의 일시의 선후에 의하여 결정하여야 할 것이고, 이러한 법리는 채권양수인과 동일 채권에 대하여 가압류명령을 집행한 자 사이의 우열을 결정하는 경우에 있어서도 마찬가지라 할 것이므로, 확정일자 있는 채권양도통지와 가압류결정 정본의 제3채무자(채권양도의 경우는 채무자, 이하 같다)에 대한 도달의 선후에 의하여 그 우열을 결정하여야 할 것이다.

그러므로, 이 사건에서 채권양수인인 원고와 가압류채권자인 참가인 사이의 채권양도의 대항력에 관한 우열을 확정일자 있는 채권양도통지와 가압류결정 정본의 제3채무자인 피고에 대한 각 도달시를 기준으로 판단한 원심의 조치는 정당하고, 거기에 채권양도의 대항요건에 대한 우열 판단의 기준에 관한 법리를 오해한 위법이 있다고 할 수 없으므로, 이를 비난하는 논지는 이유 없다.

3. 채권양도통지, 가압류 또는 압류명령 등이 제3채무자에 동시에 송달되어 그들 상호간에 우열이 없는 경우에도 그 채권양수인, 가압류 또는 압류채권자는 모두 제3채무자에 대하여 완전한 대항력을 갖추었다고 할 것이므로, 그 전액에 대하여 채권양수금, 압류전부금 또는 추심금의 이행청구를 하고 적법하게 이를

변제받을 수 있고, 제3채무자로서는 이들 중 누구에게라도 그 채무 전액을 변제하면 다른 채권자에 대한 관계에서도 유효하게 면책되는 것이며, 만약 양수채권액과 가압류 또는 압류된 채권액의 합계액이 제3채무자에 대한 채권액을 초과할 때에는 그들 상호간에는 법률상의 지위가 대등하므로 공평의 원칙상 각 채권액에 안분하여 이를 내부적으로 다시 정산할 의무가 있다고 할 것이다.

다만 채권양도의 통지와 가압류 또는 압류명령이 제3채무자에게 동시에 송달되었다고 인정되어 채무자가 채권양수인 및 추심명령이나 전부명령을 얻은 가압류 또는 압류채권자 중 한 사람이 제기한 급부소송에서 전액패소한 이후에도 다른 채권자가 그 송달의 선후에 관하여 다시 문제를 제기하는 경우 기판력의 이론상 제3채무자는 이중지급의 위험이 있을 수 있으므로, 동시에 송달된 경우에도 제3채무자는 송달의 선후가 불명한 경우에 준하여 채권자를 알 수 없다는 이유로 변제공탁을 함으로써 법률관계의 불안으로부터 벗어날 수 있다고 보아야 할 것이다.

당원의 판례 중 위에서 설시한 법리와는 달리 채권양도통지와 채권가압류결정 정본이 동시에 제3채무자에게 도달된 경우에 양수인의 양수금청구에 대하여 채무자가 채권양도통지와 채권가압류결정 정본을 동시에 송달받은 사실로써 대항할 수 있다는 취지의 판례(당원 1987.8.18. 선고 87다카553 판결)는 이를 폐기하기로 한다.

이 사건에서 원고를 양수인으로 하는 채권양도 통지와 참가인이 채권자로 된 채권가압류결정 정본이 피고에게 같은 날 도달되었는바, 그 선후관계에 대하여 달리 입증이 없으므로 원심 판시와 같이 동시에 도달된 것으로 추정할 것이다.

따라서 양수인인 원고는 가압류채권자인 참가인과 동시에 채권양도의 대항요건을 갖추었으므로 원고는 채무자인 피고에 대하여 양수채권인 물품대금 7,779,750원 전액의 지급을 청구할 수 있고, 채무자인 피고는 원고와 동시에 대항력을 갖춘 가압류채권자가 있음을 들어 원고에게 대항할 수 없다고 할 것이다.

결국 이 사건에서 피고는 원고에게 양수채권액 전부인 금 7,779,750원 및 이에 대한 지연손해금에서 가압류채권액 금 6,290,000원을 공제한 금 1,489,750원 및 이에 대한 지연손해금 지급의무가 있다고 본 제1심판결을 유지하여 원고의 항소를 기각한 것은, 채권양도 통지와 채권가압류결정 정본이 동시에 제3채무자에게 도달된 경우의 법률관계에 관한 법리를 오해하여 결론에 영향을 미친 위법을 저지른 것이다.

[판결 7]에 관하여 생각할 점

1. 도달시와 확정일자 중 어느 것을 기준으로 채권양도 대항요건의 우열을 판단하는 것이 옳다고 생각하는가? 만약 도달시설을 취한다면, 사후에 변경할 수 없도록 명시적으로 기재되어 있는 확정일자에 비하여 도달일시의 증명은 불명확성이 크다는 문제점이 있지 않은가? 만약 확정일자설을 취한다면, 확정일자 있는 통지서의 발송 및 도달이 장기간 늦어지고 그 사이 후순위 확정일자 있는 양도통지서가 채무자에게 도달된 경우 거래의 안전을 해할 우려가 있어 부당하지 않은가?

2. 채권양도통지가 동시에 도달하였다면, 각 채권양수인은 채무자에 대하여 각각 전액의 이행청구를 할 수 있는가? 만약 채무자가 각 채권양수인으로부터 동시에 전액의 이행청구를 받았다면 어떻게 대처해야 하는가?

I. 채무인수

1. 의   의

(1) 채무인수의 의의와 유형

채무인수는 좁은 의미로는 채무가 동일성을 유지하면서 그대로 제3자(인수인)에게 이전되고 원래의 채무자는 그 채무를 면하게 되는 것을 말한다. 이러한 의미의 채무인수는 원래의 채무자를 채무로부터 해방시키므로 면책적 채무인수라고 한다. 민법 제453조 내지 제459조에서 규정하는 채무인수는 면책적 채무인수이다. 넓은 의미의 채무인수에는 원래의 채무자가 채무를 면하지 않고 그와 더불어 제3자가 새로운 동일한 채무를 부담하는 경우도 포함된다. 이를 병존적 채무인수 또는 중첩적 채무인수라고 한다. 이를 통하여 인수인은 원래의 채무와 동일하지만[1] 그에 부종되지 않는 독립된 채무를 추가적으로 부담하게 된다.[2] 민법에서는 병존적 채무인수에 대해 별도로 정하지 않고 있으나, 계

---

1) 따라서 인수인은 인수 당시에 원래의 채무자가 가지고 있던 대항사유를 채권자에게 주장할 수 있다.

2) 이때 인수인의 새로운 채무와 채무자의 원래의 채무가 어떠한 관계에 서는가에 대하여는 견해의 대립이 있었다. 이에 대해 대판 2009.8.20, 2009다32409는 "중첩적 채무인수에서 인수인이 채무자의 부탁 없이 채권자와의 계약으로 채무를 인수하는 것은 매우 드문 일이므로 채무자와 인수인은 원칙적으로 주관적 공동관계가 있는 연대채무관계에 있고, 인수인이 채무자의 부탁을 받지 아니하여 주관적 공동관계가 없는 경우에는 부진정연대관계에 있는 것으로 보아야 한다"고 판시한다(대판 2014.8.20, 2012다97420, 97437도 마찬가지 취지). 대판 2010.10.28, 2010다53754도 상법 제724조 제2항에 의하여 피해자에게

약자유의 원칙상 병존적 채무인수는 당연히 허용된다. 채권자의 입장에서 보면 병존적 채무인수가 이루어지면 채무자가 추가됨으로써 채권회수의 가능성이 높아진다. 이러한 이유로 병존적 채무인수는 면책적 채무인수보다 훨씬 빈번하게 활용된다.

　면책적 채무인수와 병존적 채무인수는 채권자가 부담해야 할 위험의 측면에서 현저하게 다르다. 면책적 채무인수에서는 채무자가 「교체」되므로 채무의 이행을 받아야 하는 채권자로서는 새로운 채무자의 자력이나 이행능력이 부족한 경우에 이로 인한 위험을 떠안게 된다. 이와 같이 면책적 채무인수는 채권자의 이해관계에 큰 영향을 미치므로 채무자와 인수인 사이의 채무인수계약에 따른 효과를 채권자에게 주장하려면 채권자의 승낙을 필요로 한다. 반면 병존적 채무인수에서는 채무자가 「추가」되므로 채권자로서는 면책적 채무인수와는 달리 아무런 위험을 떠안지 않고, 오히려 인적 담보가 증가하는 이익을 누리게 된다. 따라서 병존적 채무인수가 채무자와 인수인 간의 계약으로 이루어지는 때에도 채권자의 승낙을 요하지 않는다. 어떠한 채무인수가 면책적인지 병존적인지 불분명할 때에는 채권자의 기존 이익을 보호하여 주는 병존적 채무인수로 추정한다.[3]

　한편 병존적 채무인수는 채권자로 하여금 인수인에 대하여 새로운 권리를 취득하게 하는 것으로 제3자를 위한 계약의 하나이다.[4] 제3자를 위한 계약에서 수익자는 원인관계에 기한 요약자의 채무 이행 외에 수익의 의사표시를 통하여 제3자 수익약정에 기한 낙약자의 채무 이행도 구할 수 있는 지위에 서게 된다. 병존적 채무인수에서 「채권자」는 제3자를 위한 계약에 있어서 「수익자」의 지위에 있게 되고 원래의 채무자 외에도 수익의 의사표시를 통해 인수인에 대한 채권을 추가로 취득한다.[5]

인정되는 직접청구권의 법적 성질을 손해배상채무의 중첩적 인수로 보면서, 위와 같은 법리에 따라 보험자의 손해배상채무와 피보험자의 손해배상채무가 연대채무의 관계에 있다고 한다. 그러므로 채무자와 인수인 중 1인이 한 상계의 효력은 다른 사람에게도 미친다. 대판 1997.4.22, 96다56443 참조.

3) 대판 2002.9.24, 2002다36228.
4) 대판 1997.10.24, 97다28698; 대판 2013.9.13, 2011다56033.
5) 대판 2013.9.13, 2011다56033 (이 판결은 더 나아가 면책적 채무인수로 잘못 알고 이를 승낙하지 않는다고 의사표시를 하였더라도 이를 중첩적 채무인수에 대한 수익 거절의 의사표시라고 볼 수 없다고 한다).

(2) 채무인수제도의 취지

첫째, 채무인수는 연쇄적 채무관계를 간이하게 처리할 수 있게 한다. 가령 A가 B에 대하여 1천만 원의 물품대금채무를 부담하고, B는 C에 대하여 1천만 원의 차용금채무를 부담하고 있다면, A가 B의 채무를 인수함으로써 두 개의 채무관계를 간이하게 처리할 수 있다.

둘째, 담보가 있는 채무의 경우에는 담보물을 양도함에 있어서 그 양수인이 아예 그 피담보채무도 인수하는 것이 더욱 간편할 수 있다. 특히 채권자로서는 어차피 채권의 만족이 담보물에 의하여 확보되어 있으므로 채무자의 변경에 그다지 영향을 받지 않는다.

셋째, 영업을 일체로서 양도할 때 채무를 분리하여 따로 처리하기보다는 영업을 구성하는 적극재산과 함께 그 이전을 인정하는 것이 합리적이다.

그런데 채무자가 누구인가는 채권의 내용이나 그 실질적 가치와 밀접한 관계가 있다. 채권의 만족가능성은 채무자의 성실성과 채무자의 책임재산 상황에 크게 좌우되기 때문이다. 따라서 채무자의 변경을 채무자와 인수인 사이의 합의에만 의존하게 하는 것은 채권자의 이익을 해칠 우려가 크다. 그러므로 채무인수과정에서 채권자가 관여할 방도를 마련할 필요가 있다. 이 점에서 채권양도가 채권자와 양수인 간의 합의만으로 행해질 수 있는 것과는 차이가 있다. 그러므로 채권양도에 관한 법리는 채무인수에 그대로 적용될 수 없다.

(3) 구별 개념

(가) 경개(更改)

채무인수는 종전의 채무자를 채무로부터 해방시키고 새로운 채무자가 생긴다는 점에서 채무자변경으로 인한 경개(제501조)와 유사하다. 그런데 경개에서는 채무가 동일성을 상실하여 구채무는 소멸하고, 새로운 채무자는 이와 별개의 채무를 부담한다. 따라서 원래의 채무에 대한 담보는 이를 새로운 채무에 대한 담보로 유지하기로 합의하지 않는 한 소멸하고(제505조의 반대해석), 새로운 채무자는 종전의 채무에 대하여 주장할 수 있던 대항사유를 주장할 수 없다(제503조). 한편 채무인수에서는 채무의 동일성이 유지되므로 종래의 대항사유는 소멸하지 않는다. 다만 담보가 제3자에 의하여 제공된 것인 경우, 즉 보증인이나 물상보증인이 있는 경우에는 그들의 이익을 보호하기 위하여 채무인수 시 그 담보가 소멸한다(제459조 본문). 그러나 그들이 채무인수에 동의한 경우에는 그렇지 않다(제459조 단서).

(나) 이행인수

이행인수는 인수인이 채무자를 대신하여 채무를 이행하기로 하는 채무자와 인수인 사이의 계약이다. 인수인은 채무자에 대한 관계에서만 채무자를 면책하게 하는 채무를 부담할 뿐이고, 채권자에 대한 관계에서는 직접적인 채무를 부담하지 않는다. 바꾸어 말하면 채권자는 이행인수로 인해 인수인에 대한 채권을 직접 취득하지 않는다. 채권자에 대한 관계에서 채무를 부담하는 것은 여전히 채무자이다. 따라서 이행인수인의 채권자에 대한 채무는 제3자의 변제로서의 본질을 지닌다.[6]

이러한 점에서 이행인수는 채권자로 하여금 인수인에 대한 채권을 새로 취득하게 하는 병존적 채무인수와 구별된다. 둘 중 어느 쪽에 해당하는지는 인수계약상 채권자에게 직접 채권을 취득하게 할 의사가 있는지를 해석하여 가려야 한다.[7] 또한 이행인수는 종래의 채무가 인수인에게 이전되지 않아 기존 채무자는 면책되지 않는다는 점에서, 기존 채무자가 채무인수를 통하여 면책되는 면책적 채무인수와 구별된다.

이행인수가 있으면 인수인은 그 계약의 효력으로서 계약상대방(채무자)과의 관계에서 그의 채무를 채권자에게 이행할 의무를 부담한다. 물론 위에서 본 대로 채권자는 인수인에 대하여 채무의 이행을 청구할 권리를 취득하지 못하나, 인수계약의 상대방(채무자)은 인수인에게 위와 같은 변제를 하도록 청구할 권리를 가지게 된다. 인수인이 그 채무의 변제를 게을리 하여 계약상대방의 채무이행이 불능에 빠졌다면 이는 인수인의 귀책사유로 인한 이행불능에 해당한다.[8] 한편 채무자의 인수인에 대한 청구권은 그 성질상 재산권의 일종으로서 일신전속적 권리가 아니므로, 채권자는 채권자대위권에 기하여 채무자의 인수인에 대한 청구권을 대위행사할 수 있다.[9]

인수인이 채무자에 대하여 위와 같은 의무를 불이행한 경우 채무자는 그

---

6) 대결 2012.7.16, 2009마462.
7) 대판 1997.10.24, 97다28698; 대판 2008.3.27, 2006다40515.
8) 대판 2008.8.21, 2007다8464, 8471.
9) 대판 2009.6.11, 2008다75072.

이행을 구하거나 채무불이행책임을 물을 수 있다. 가령 채무자는 인수인이 자신의 채무를 이행하지 않음으로 말미암아 자신에게 발생한 손해(가령 채권자에 대한 손해배상의무의 부담)의 배상을 청구할 수 있다.[10] 그 뿐만 아니라 그 불이행이 주계약(主契約)에서 발행하는 주채무의 불이행으로 평가될 수 있는 경우에는 그 주계약 자체를 해제할 수도 있다.[11] 가령 부동산 매수인이 매매목적물에 관한 저당권의 피담보채무를 인수하면서 그 채무액만큼 매매대금에서 공제하기로 약정한 경우 매수인은 그 공제된 이후의 매매대금만 지급함으로써 잔금지급의무를 다한 것이다. 그러므로 설령 매수인이 인수채무를 현실적으로 변제하지 않더라도 그러한 사정만으로 매매계약을 해제할 수는 없다. 그러나 매수인의 인수채무 미이행이 매매대금 일부를 지급하지 않은 것과 동일하다고 평가할 수 있는 특별한 사유가 있으면 계약해제권이 발생한다.[12]

우리나라의 실제 거래에서는 임차권이나 저당권이 설정되어 있는 부동산을 매매하는 경우 매수인이 임차보증금반환채무나 저당권의 피담보채무를 인수하고 그 금액만큼을 매매대금에서 공제하기로 하는 합의가 빈번하게 행하여진다. 이때 이러한 합의를 이행인수로 보면 임차인이나 담보채권자는 매수인에게 직접적으로 임차보증금의 반환이나 피담보채무의 이행을 청구할 권리를 가지지 않지만, 면책적 또는 병존적 채무인수로 보면 매수인에게 직접 이러한 권리를 가지게 된다. 우선 면책적 채무인수라고 보려면 임차인이나 담보채권자의 승낙이 있어야 한다. 한편 이행인수인지 병존적 채무인수인지는 앞서 본 바와 같이 의사해석의 문제로 귀착된다. 즉 임차인이나 담보채권자에게 직접 채권을 취득하게 할 의사가 있는지가 중요한 판별기준이 될 것이다.[13] 이를 쉽사리 병

---

10) 부동산매매계약과 이행인수계약이 함께 이루어진 경우 위와 같은 매수인의 손해배상채무와 매도인의 소유권이전등기의무는 동시이행관계에 있다. 대판 1993.2.12, 92다23193.

11) 대판 1993.2.12, 92다23193(부동산매수인이 자신이 매도인으로부터 인수한 근저당권 피담보채무의 변제를 게을리하여 임의경매절차가 개시되고 매도인이 경매절차 진행을 막기 위해 채무를 변제한 사안).

12) 대판 2007.9.21, 2006다69479, 69486(매매계약 당시 이미 인수채무 변제기가 도래하여 연체이자 발생 중이었고, 부동산에 설정된 근저당권으로는 연체이자를 회수하기 어려워 매도인이 부동산 매매 후에도 계속 연체이자를 부담해야 하는 상황에서 소유권이전등기서류 교부일 이후 발생한 연체이자를 매수인이 부담하기로 특약하였는데도 매수인이 그 변제를 게을리하여 경매절차가 진행되었고 매도인이 자신의 비용으로 변제하여 경매를 취하시킨 사안)

13) 대판 1997.10.24, 97다28698 등.

존적 채무인수로 볼 것은 아니나, 만약 인수의 대상으로 된 채무의 책임을 구성하는 권리관계도 함께 양도된 경우이거나 채무인수인이 그 채무부담에 상응하는 대가를 얻을 때에는 특별한 사정이 없는 한 원칙적으로 이행인수가 아닌 병존적 채무인수로 보아야 할 것이다.[14)]

> **[판결 1] 채무인수 및 채무액 상당의 매매대금공제약정: 대판 1993.2.12, 92다23193**

1. 상고이유 제1점, 제2점을 본다

가. 원심판결 이유에 의하면, 원심은 피고는 1989.6.26. 원고에게 피고 소유의 이 사건 부동산 및 그 1층에 있는 음식점 '동해가든'의 비품과 시설물일체를 대금 320,000,000원에 매도하는 계약을 체결한 사실, 양인은 (1) 위 매매대금 중 ① 계약금 33,500,000원은 계약 당일에, 중도금 50,000,000원 중 금 30,000,000원은 1989.7.20.에 각 지급하고, ② 나머지 중도금 20,000,000원은, 원고가 이 사건 부동산의 실질적 소유자(명의신탁자)인 소외 1로 하여금 위 음식점을 계속 운영할 수 있도록 건물 1층을 임대하고 그 임대차보증금 20,000,000원과 상계하며, ③ 잔금은 같은 해 8.13.까지 지급하되, 원고가 이 사건 부동산에 관하여 경료된 근저당권설정등기의 피담보채무와 가압류채무 및 피고가 이 사건 부동산의 임차인들에 대하여 부담하는 임대보증금반환채무를 인수하는 반면 위 채무액을 공제한 나머지만을 지급하고, (2) 피고는 원고에게 위 잔금지급과 동시에 이 사건 부동산에 관한 소유권이전등기 소요서류를 교부하고 위 부동산을 인도하며, (3) 피고는 잔금지급기일까지 원고에게 위 채무의 범위를 기재한 채무명세서를 제시하고, (4) 만일 원고가 잔금지급기일까지 잔금을 지급하지 못할 경우에는 3개월의 유예기간을 두되, 미지급 잔금에 대하여는 월 2푼의 비율에 의한 이자를 가산하여 지급할 것을 약정한 사실, 이에 따라 원고는 ① 계약금 전액 및 중도금 중 금 30,000,000원을 각 약정일에 지급하였고, ② 같은 해 6.30. 소외 1의 요청에 따라 그의 딸인 소외 2와 임대보증금을 금 20,000,000원으로 하여 위 '동해가든'에 대한 임대차계약을 체결하고 위 임대보증금반환채무와 위 중도금 중 20,000,000원의 지급채무를 상계하였으며, ③ 잔금으로서 같은 해 9.12.부터 11.15.까지 합계 금 90,000,000원을 지급한 사실, 피고는 1989.8.12. 원고에게 위에서 약정한 채무명세서를 제시하였는데, 동일

---

14) 대판 2008.3.13, 2007다54627; 대판 2010.2.11, 2009다73905; 대판 2013.2.15, 2012다96526.

현재의 채무 내역은 근저당채무가 합계 금 129,400,000원, 가압류채무가 금 5,600,000원, 임대보증금반환채무가 합계 금 24,500,000원으로 기재되어 있었던 사실을 인정한 다음, 피고의 항변 즉, "위 매매계약에서 '잔금은 원고가 이 사건 부동산이 타인에게 부담하고 있는 채무를 부담하고 나머지를 지급한다.'고 약정한 뜻은, 이 사건 잔금지급기일 또는 늦어도 그 유예기간까지 원고가 피고를 대신하여 그 채권자들에게 현실로 변제하든가, 적어도 원고가 피고의 채무를 면책적으로 인수한다는 것이었는데, 원고가 이를 이행하지 아니하여 1989.11.15. 근저당권자인 소외 흥국생명보험주식회사의 경매신청에 따라 이 사건 부동산에 관하여 임의경매개시결정이 내려졌으므로, 피고는 부득이 그 채무를 변제하고 같은 해 12.3.과 12.18. 원고의 계약불이행을 이유로 하여 이 사건 매매계약의 해제통고를 함으로써 이는 적법하게 해제되었으므로, 위 매매계약의 존재를 전제로 한 원고의 이 사건 소유권이전등기절차이행의 청구는 이유 없다."는 주장에 대하여, 일반적으로 부동산에 딸린 근저당채무, 가압류채무 또는 임대보증금반환채무를 매수인이 인수(부담)하기로 하고 부동산을 매매하는 경우, 특별한 사정이 없는 한 매수인은 매매대금에서 그 인수채무금을 공제한 잔액을 매도인에게 지급함으로써 매매대금지급의무를 다하였다 할 것이고, 설사 매수인이 그 인수채무금을 채권자에게 지급하지 않아서 채권자가 그 부동산에 대하여 강제집행을 하더라도 이는 매매계약의 이행과 아무런 관계가 없다고 할 것인바(원래 채무인수는 채권자의 승낙이 있어야 하나, 이는 채권자에 대한 대항요건에 불과하고 당사자 사이에서는 채권자의 승낙이 없어도 채무인수의 효력이 있다고 못 볼 바 아니다), 이와 달리 피고의 주장대로 위 약정의 뜻이 채무의 현실적 변제 또는 면책적 채무인수라고 해석할 특별한 사정이 없는 이 사건에서, 원고가 피고에게 이 사건 매매대금에서 위 채무 합계 금 159,500,000원을 공제한 잔액 금 140,500,000원을 훨씬 상회하는 금 153,500,000원을 피고가 주장하는 매매계약해제 통고일 이전에 지급함으로써 원고의 대금지급의무는 지급유예된 잔금의 이자까지 포함하여 모두 이행되었으므로, 원고가 위 매매잔대금지급의무를 불이행하였음을 이유로 한 피고의 계약해제 주장은 이유 없다고 판단하였다.

나. 이 사건과 같이 부동산의 매수인이 매매목적물에 관한 근저당권의 피담보채무, 가압류채무, 임대차보증금반환채무를 인수하는 한편 그 채무액을 매매대금에서 공제하기로 약정한 경우, 다른 특별한 약정이 없는 이상 이는 매도인을 면책시키는 채무인수가 아니라 이행인수로 보아야 하고, 매수인이 위 채무를 현실적으로 변제할 의무를 부담한다고도 해석할 수는 없으며(당원 1990.1.25. 선고 88다카29467 판결 참조), 특별한 사정이 없는 한 매수인이 매매대금에서 위 채

무액을 공제한 나머지를 지급함으로써 잔금지급의무를 다하였다 할 것이고(당원 1957.6.29. 선고 4290민상18 판결 참조), 또한 위 약정의 내용은 매도인과 매수인의 계약으로 매수인이 매도인의 채무를 변제하기로 하는 것으로서 매수인은 제3자의 지위에서 매도인에 대하여만 그의 채무를 변제할 의무를 부담함에 그치므로, 채권자의 승낙이 없으면 그에게 대항하지 못할 뿐 당사자 사이에서는 유효하게 성립한다 할 것이다(위 당원 1957.6.29. 선고 4290민상18 판결 참조).

그러므로 원심의 판단은 위와 같은 법리에 따른 것으로서 옳고, 거기에 소론과 같은 위법은 없으므로 이 부분 논지는 이유 없다.

다. 그러나 만약 피고의 주장과 같이 원고가 이 사건 인수채무의 일부인 위 근저당권의 피담보채무의 변제를 게을리 함으로써 이 사건 매매목적물에 관하여 위 근저당권의 실행으로서 임의경매절차가 개시되고 피고가 위 경매절차의 진행을 막기 위하여 부득이 위 근저당권의 피담보채무를 변제하였다면, 피고는 원고에 대하여 손해배상채권을 취득하는 이외에, 이 사유를 들어 이 사건 매매계약을 해제할 수 있다고 하겠다(당원 1992.7.24. 선고 91다38341 판결 참조).

왜냐하면 (1) 원고가 이 사건 인수채무를 이행하지 아니함으로써 피고가 이를 변제하였다는 것은, 아래에서 보는 바와 같이 원고가 이 사건 매매대금의 일부를 지급하지 아니한 것과 동일하다고 평가할 수 있는 데다가, (2) 원래 원고는 이행을 인수한 채무의 내용에 따라 이행할 의무가 있으므로, 위에서 '원고는 이 사건 매매대금에서 그 인수채무액을 공제한 잔액을 피고에게 지급함으로써 매매대금지급의무를 다한 것'이라고 한 취지는, 원고가 위 인수채무를 그 내용에 따라 성실하게 이행함을(즉, 원고의 인수채무불이행이라는 특별한 사정이 발생하지 아니함을) 당연히 그 전제로 삼은 것인바, 만약 원고가 이를 이행하지 아니함으로써 이 사건 매매목적물에 관하여 근저당권이 실행되어 피고가 부득이 그 피담보채무를 변제하였다면, 원고가 아직 자기의 매매대금지급의무를 전부 이행하지 아니한 것으로 평가할 수 있는 특별한 사정이 있다고 보아야 하기 때문이다.

그러므로 원심이, 설사 매수인이 그 인수채무금을 채권자에게 지급하지 않아서 채권자가 그 부동산에 대하여 강제집행을 하더라도, 이는 매매계약의 이행과 아무런 관계가 없고, 또한 원고가 피고에게 이 사건 매매대금을 훨씬 상회하는 금액을 피고가 주장하는 매매계약해제통고일 이전에 지급함으로써 원고의 대금지급의무는 지급유예된 잔금에 대한 이자까지 포함하여 모두 이행되었다고 판시한 데에는, 위에서 설시한 법리를 오해한 잘못이 있을 뿐 아니라, 그러한 경우는 원심이 설시한 '특별한 사정'에 해당한다고 해석되므로 원심판결에는 이유모순의 위법도 있다고 하겠다.

라. 그러나 이와 같이 피고에게 이 사건 매매계약의 해제권이 있다 하더라도, 피고가 그 주장과 같은 해제통고를 할 때 자기의 반대의무인 소유권이전등기의무의 이행 또는 그 이행의 제공을 하였다는 자료를 전혀 찾아볼 수 없으니, 원심이 피고의 해제주장을 배척한 결론은 옳고, 따라서 원심의 이러한 잘못은 판결에 영향을 미치지 아니하였다 할 것이므로, 논지는 결국 이유 없다.

[판결 1]에 관하여 생각할 점

1. 위 판결은 매수인이 매매대금에서 그 인수채무액을 공제한 잔액을 매도인에게 지급하면 매매대금지급의무를 다한 것이라고 한다. 그렇다면 매수인이 장차 그 인수채무를 변제하지 않더라도 잔금지급의무는 모두 이행한 것인가?

2. 매수인이 저당권이 설정된 부동산을 매수하면서 그 저당권에 의하여 담보되는 채무의 이행을 인수한 후 매수인이 그 인수채무를 변제하지 않아 매도인이 매수인을 대신하여 그 채무를 변제한 경우, 매도인은 매수인에게 어떠한 청구를 할 수 있는가?

3. 위 판결은 매매목적물에 관한 채무를 인수하는 경우에는 원칙적으로 면책적 채무인수가 아니라 이행인수로 보아야 하므로 매수인이 위 채무를 현실적으로 변제할 의무를 부담하지 않는다고 하면서도, 그 채무를 변제하지 않아 근저당권이 실행되었다면 매도인은 계약을 해제할 수 있다고 한다. 이러한 논리에는 모순되는 점이 없는가?

2. 요 건

아래에서는 고유한 의미의 채무인수라고 할 수 있는 면책적 채무인수를 중심으로 그 요건을 살펴보기로 한다.

(1) 민법은 채무인수계약의 두 가지 형태를 법정(法定)하고 있다. 하나는 채권자와 인수인 사이의 계약이고, 다른 하나는 채무자와 인수인 사이의 계약이다. 그 외에도 채권자, 채무자, 인수인의 삼자계약(三者契約)으로 채무인수를 할 수 있다. 어느 경우에나 채무의 동일성이 유지되면서 제3자(인수인)가 원래의 채무자에 갈음하여 채무를 부담한다는 내용의 합의가 요구된다. 면책적 채무인수는 인수인이 원래의 채무자에 갈음하여 채무를 부담하게 된다는 점에서 병존적 채무인수와 다르다.

(2) 채무인수는 우선 채권자와 인수인 사이의 계약으로 할 수 있다(제453조 제1항 본문). 이에 대한 채무자의 동의 또는 수익의 의사표시는 필요하지 않다. 그 뿐만 아니라 채무자에게 채무인수를 통지하는 것도 필요하지 않다. 채무자는 이러한 형태의 채무인수가 자신의 의사에 반하더라도 이를 받아들이는 것이 원칙이다. 다만 민법은 "이해관계 없는 제3자는 채무자의 의사에 반하여 채무를 인수하지 못한다."고 정하여(동조 제2항), 그 한도에서 채무자의 의사를 고려하고 있다. 이는 제3자에 의한 변제(제469조 제2항)나 채무자변경으로 인한 경개(제501조)를 채무자의 의사에 반하여 행할 수 없도록 한 것과 마찬가지 맥락이다. 채무자의 의사에 반하는지 여부는 인수 시점을 기준으로 판단한다. 채무자에게 채무인수로 인한 객관적 불이익이 초래되지 않는 상태에서 채권자와 인수인 사이의 계약에도 불구하고 반대의사를 표시하는 것은 이례적일 뿐만 아니라 그 보호가치가 명확하다고도 할 수 없다. 이러한 반대의사는 가급적 명확하게 표시되어야 하고 함부로 제반 사정으로부터 추단되어서는 안 된다.

(3) 채무인수는 채무자와 인수인 간의 계약으로도 할 수 있다. 가령 부동산을 매매하면서 목적물에 대한 임차보증금이나 목적물을 담보로 한 채무금을 매수인이 종전의 채무자(매도인)에 갈음하여 부담하기로 하는 약정이 여기에 해당한다.[15] 그러나 이러한 약정에 기하여 채무인수의 효과가 발생하려면 채권자의 승낙이 필요하다(제454조 제1항). 즉 승낙은 계약의 효력발생요건이다.[16] 채권자의 승낙은 사전(事前)에도 할 수 있다. 승낙 또는 거절의 상대방은 채무자 또는 인수인이다(동조 제2항). 승낙은 묵시적으로도 할 수 있다. 채권자가 인수인에게 이행청구를 하거나 상계의 의사표시를 하거나 기한을 유예하였다면 묵시적으로 승낙하였다고 해석된다.[17] 승낙에는 조건을 붙일 수 없다. 채무자나 인수인은 상당한 기간을 정하여 승낙 여부의 확답을 채권자에게 최고할 수 있고, 채권자가 그 기간 내에 확답을 발송하지 않으면 거절한 것으로 본다(제455조). 도달의 지체로 인한 불합리를 피하기 위하여 발송주의를 취하였다.

채권자의 승낙이 있을 때까지 당사자는 채무인수의 의사표시를 일방적으

---

15) 그러나 오히려 실제의 경우에는 중첩적 채무인수나 이행인수인 경우가 많을 것이다. 대판 1990.1.25, 88다카29467 등 참조.
16) 대판 1998.11.24, 98다33765.
17) 채권자의 인수인에 대한 이행청구에 대하여 대판 1989.11.14, 88다카29962.

로 철회하거나 변경할 수 있다(제456조). 그 때까지는 아직 채무인수의 효력발생은 부동적인 상태에 있으므로, 이를 조기에 안정시키기 위한 방도를 마련한 것이다(제134조 참조).

3. 효 과

(1) 면책적 채무인수에 의하여 인수인은 종래의 채무자 대신 새로운 채무자가 된다. 따라서 인수인은 이제 채권자에게 채무를 이행할 의무를 부담하게 되고, 만약 그 의무를 이행하지 않으면 이에 따른 채무불이행의 책임을 지게 된다. 위약금 지급의무 등 종된 채무가 있다면 그 채무 역시 이전한다. 이러한 효력은 준물권행위인 채무인수가 이루어지는 때에 발생한다. 만약 채권자의 승낙이 요구되는 면책적 채무인수인데 승낙이 없다면 그 이후 채권자의 승낙이 있을 때 채무인수 시로 소급하여 효력이 발생한다(제457조 본문). 다만 이 소급효는 제3자의 권리를 해하지 못한다(제457조 단서). 채무인수의 효력이 승낙 시부터 발생한다고 정하는 것은 가능하다.

채권양도와 마찬가지로 채무인수에서도 채무가 동일성을 유지한 채 이전되므로, 인수인은 구채무자와 동일한 내용의 채무를 부담한다. 따라서 아래 판결에서 보듯이 인수채무가 상사채무의 성격을 가지고 있었다면 상인이 아닌 자가 그 채무를 인수하였더라도 그 소멸시효기간은 상사채무를 기준으로 결정한다.

[판결 2] 면책적 채무인수의 효과와 소멸시효: 대판 1999.7.9, 99다12376

상고이유를 판단한다.

1. 원심판결 이유에 의하면 원심은, 원고가 소외 신세계종합건설 주식회사의 피고에 대한 대여금 채무를 면책적으로 인수함과 동시에 이를 담보하기 위하여 이 사건 각 부동산에 관하여 채무자를 원고로, 근저당권자를 피고로 하는 원심 판시의 근저당권설정등기를 경료하여 주었으므로, 위 근저당권의 피담보채무가 존재하지 아니한다는 원고의 첫 번째 주장은 이유 없다고 하여 이를 배척한 다음, 원고의 피고에 대한 인수채무는 원래 소외 회사가 부담하던 상사채무와 동일한 것으로서 위 근저당권 설정일인 1988. 11. 14.로부터 5년이 경과함으로써 소멸시효의 완성으로 소멸하였다는 원고의 주장에 대하여 판단하기를, 원

고의 피고에 대한 채무가 채무인수에 의한 것이라면 그 소멸시효의 완성 여부도 인수채무를 기준으로 판단하여야 하고, 인수채무가 상사채무인지 여부는 채권자와 채무인수자 사이에서 채무인수행위가 채권자 또는 채무인수자의 상행위 내지 보조적 상행위로 인한 것인지 여부에 따라 가려져야 할 것인데, 원고의 채무인수행위가 상행위 또는 보조적 상행위로 인한 것이라는 점에 대한 아무런 주장·입증이 없으므로, 원고의 피고에 대한 인수채무는 상사채무가 아닌 민사채무로 보아야 하고, 위 근저당권 설정일로부터 10년이 되기 전인 1996. 11.경 채권자인 피고가 위 근저당권에 기한 임의경매를 신청함으로써 소멸시효가 중단되었으므로 결국 원고의 위 주장도 역시 이유 없다고 배척하였다.

   2. 그러나 면책적 채무인수라 함은 채무의 동일성을 유지하면서 이를 종래의 채무자로부터 제3자인 인수인에게 이전하는 것을 목적으로 하는 계약으로서, 채무인수로 인하여 인수인은 종래의 채무자와 지위를 교체하여 새로이 당사자로서 채무관계에 들어서서 종래의 채무자와 동일한 채무를 부담하고 동시에 종래의 채무자는 채무관계에서 탈퇴하여 면책되는 것일 뿐이므로(대법원 1996.10.11. 선고 96다27476 판결 참조), 인수채무가 원래 5년의 상사시효의 적용을 받던 채무라면 그 후 면책적 채무인수에 따라 그 채무자의 지위가 인수인으로 교체되었다고 하더라도 그 소멸시효의 기간은 여전히 5년의 상사시효의 적용을 받는다 할 것이고, 이는 채무인수행위가 상행위나 보조적 상행위에 해당하지 아니한다고 하여 달리 볼 것이 아니다. 다만, 그 소멸시효기간은 채무인수와 동시에 이루어진 소멸시효 중단사유, 즉 채무승인에 따라 채무인수일로부터 새로이 진행되는 것일 뿐이므로(대법원 1969.10.14. 선고 69다1497 판결 참조), 원고의 피고에 대한 이 사건 인수채무는 1988. 11. 14.로부터 5년이 경과함으로써 소멸시효가 완성되었다고 할 것이다.

   그럼에도 불구하고, 원심이 이 사건 인수채무의 소멸시효기간이 민사채무에 관한 10년이라고 본 나머지 소멸시효가 완성되지 아니하였다고 판단한 것은 채무인수와 소멸시효에 관한 법리를 오해한 위법을 저질렀다고 할 것이다.

   (이하 생략)

[판결 2]에 관하여 생각할 점

1. 상행위 또는 보조적 상행위는 어떤 개념인가? 이에 관하여는 상법 제46조, 제47조 및 이에 관한 상법학 문헌들을 참조하라.

2. 이 사건은 원고(채무자)가 피고(채권자)를 상대로 한 채무부존재확인소송이다. 본래 피고가 소외 회사에 대하여 가지던 채권은 상사채권이었는데, 원고가 이에

대한 소외 회사의 채무를 인수한 것이다. 한편 민법 제162조는 민사채권의 시효기간을 10년으로, 상법 제64조는 상사채권의 시효기간을 5년으로 각각 규정하는데, 원고는 자신이 상사채무를 인수하였으므로 상사시효의 적용을 받아 그 시효가 완성하여 채무가 부존재한다고 주장한 것이다. 이에 관한 원심 법원과 대법원의 입장은 어떻게 달랐는가? 특히 채무인수의 효과로서 채무가 동일성을 유지한 채 그대로 인수인에게 이전함에 있어서 그 「동일성」의 범위에 상사채무로서의 성격도 포함되는 것인가?

(2) 인수인은 종래 채무자가 항변할 수 있는 사유로 채권자에게 대항할 수 있다(제458조). 따라서 이미 채무를 변제하였다거나 소멸시효가 완성되었다거나 채권자가 부담하는 채무와 동시이행관계에 있다는 등 채무의 성립, 존속, 이행에 관한 모든 항변을 할 수 있다. 하지만 계약 당사자의 지위로부터 비롯되는 계약 해제권이나 취소권은 행사할 수 없다. 인수인은 당초 발생한 채무의 계약 당사자가 아니기 때문이다. 이 점에서 채무인수와 계약인수는 구별된다.

(3) 종래 채무자의 채무에 대한 보증이나 제3자가 제공한 담보는 채무인수로 소멸한다(제459조 본문). 이처럼 제3자의 인적, 물적 담보 소멸을 원칙으로 하는 것은, 제3자로서는 종래 채무자의 자력과 신용에 기초하여 담보제공 또는 보증을 하였기 때문이다. 제3자와 무관하게 새로운 채무자가 들어섰는데, 그의 자력이나 신용이 충분하지 못하다면 제3자는 당초 예측하지 못한 위험을 떠안게 된다.[18] 물적 담보는 채무인수로 자동적으로 소멸하지는 않고 말소등기 등 공시방법을 갖추어야 소멸한다.

그런데 보증인이나 제3자가 채무인수에 동의한 경우에는 소멸하지 않는다(제459조 단서). 이때의 동의는, 종래의 채무자가 부담하고 있다가 새로운 채무자가 인수하게 된 채무에 대한 보증 또는 담보에 대한 동의일 뿐이다. 따라서 별도의 의사표시가 없는 한 새로운 채무자가 다른 원인으로 부담하게 된 새로운 채무까지 보증 또는 담보 대상이 되지는 않는다.[19]

위에서 말하는 "제3자가 제공한 담보"는 약정담보를 의미하므로 유치권,

[18] 즉 신채무자가 채무이행을 제대로 하지 못하면 제3자 제공의 담보목적물이 집행되거나 보증채무를 이행해야 하는 상황이 발생하고, 또한 신채무자의 자력이 부족하다면 장래의 구상채권을 행사하는 실효성이 떨어지기 때문이다.
[19] 대판 1999.9.3, 98다40657; 대판 2000.12.26, 2000다56204.

법정질권, 법정저당권 등 법정담보는 채무인수에도 불구하고 존속한다. 한편 "채무자가 제공한 담보"(물적 담보)에 대해서는 명문 규정이 없어 그 존속 여부에 대해 학설상 논란이 있으나, 종래 채무자의 의사에 기한 채무인수(종래 채무자와 인수인 사이의 계약 또는 채권자까지 포함된 3자 합의에 기한 채무인수)에 있어서는 물적 담보가 소멸하지 않고, 그의 의사와 무관하게 이루어진 채무인수(인수인과 채권자 사이의 계약에 기한 채무인수)에서는 물적 담보가 소멸한다고 보는 것이 채무자의 의사에 부합한다고 생각된다.

Ⅱ. 계약인수

1. 의   의

(1) 민법에서 정하고 있는 채권양도나 채무인수는 개별적인 채권이나 채무의 주체를 변경하는 것이다. 그런데 채권관계의 당사자들 사이에 계약관계가 존재하는 경우에는 그로부터 다수의 채권채무가 발생한다. 부동산매매계약은 매도인의 매매대금채권과 매수인의 소유권이전등기청구권을 발생시킨다. 한편 부동산매매계약을 통하여 이러한 주된 급부청구권 이외에도 각종 취소권이나 해제권 등 계약상 지위에 기한 형성권도 생겨난다. 따라서 매매계약의 당사자가 무능력자였다면 그 계약을 취소할 수 있는 권리를 가진다. 또한 매매계약의 상대방이 자신의 채무를 이행하지 않는다면 그 계약을 해제할 수 있는 권리도 가진다. 이처럼 하나의 계약으로부터 다수의 권리나 의무들이 다발처럼 발생하는 경우에는 이러한 계약당사자로서의 지위를 하나의 단위로 하여 그 주체를 변경하는 것을 상정할 수 있다.

(2) 이와 같이 계약당사자의 지위가 이전되는 것을 계약인수라고 한다. 계약인수에 의하여 종전의 계약당사자(양도인)는 계약관계에서 벗어나고, 이에 갈음하여 계약인수인이 새로이 그 당사자가 되어서 양도인이 계약관계에 기하여 가지던 권리의무를 일체로서 승계한다. 이는 「계약상 지위(또는 계약당사자의 지위)의 양도」라고도 한다. 계약인수는 법률의 규정에 의해서 일어날 수도 있지만,[20]

---

20) 가령 주택임대차보호법 제3조 제3항.

주로 법률행위에 의해 일어난다.

(3) 민법은 개별적인 채권양도와 채무인수에 대해서만 규정을 두고, 계약 인수에 대해서는 정면으로 규정하지 않는다. 그러나 제140조에서 법률행위의 취소권자로서 그 법률행위를 한 사람의 「승계인」을 들고 있는 것은 간접적으로 계약인수의 가능성을 시사한다. 또한 임차권의 양도에 관하여 정하는 제 629조는 임차인이라는 계약당사자의 지위의 양도를 포함하여 규정하고 있는 것으로 해석된다.[21] 민법에서 계약인수를 규정하지 않더라도 학설과 판례는 계 약인수의 현실적 필요성이나 계약자유의 원칙에 비추어 이를 허용해야 한다는 데 의견이 일치한다.[22] 계약인수를 통해 하나의 계약관계로부터 발생하는 다수 의 채권채무에 대하여 각기 채권양도와 채무인수의 절차를 밟는 번거로움을 줄일 수 있을 뿐만 아니라, 원래 이들 제도에 의하여 파악되지 않는 권리, 가 령 해제권이나 취소권처럼 계약당사의 지위에 수반되는 권리도 이전할 수 있 다. 이러한 장점들 때문에 계약인수는 거래에서 널리 활용되고 있다. 임대인 또는 임차인의 지위양도, 영업양도 등에 수반한 고용계약상의 지위승계, 보험 목적물의 양도에 수반한 보험계약상의 지위승계, 수분양권의 양도[23] 등은 모두 계약인수의 형태이다.

2. 요   건

(1) 계약인수는 탈퇴당사자, 계약인수인과 계약상대방(잔류당사자) 삼자의 합의로 할 수 있다.

(2) 탈퇴당사자와 계약인수인 양자도 계약인수의 합의를 할 수 있다. 다만 이 경우에는 잔류당사자가 동의 내지 승낙(이는 사전에 주어질 수도 있고, 묵시적 으로 행하여질 수도 있다)을 해야 계약인수의 효력이 발생한다(제454조 참조).[24] 채무인수와 달리 이러한 동의 내지 승낙에는 소급효가 인정되지 않는다.

---

21) 한편 주택임대차보호법 제3조 제4항도 이와 같은 맥락에서 이해할 수 있다. 이 조항은 임차주택의 양수인은 임대인의 지위를 승계한 것으로 본다고 규정하는데, 이 역시 계약 당사자 지위의 양도에 해당하기 때문이다. 이는 당사자의 의사에 기하여서가 아니라 법 률의 힘에 의한 계약당사자 지위의 인수를 인정하는 것이므로, 채권양도에 있어서의 「법 정양도」와 평행되는 「법정계약인수」에 해당한다.
22) 대판 1996.9.24, 96다25548.
23) 대판 2006.11.23, 2006다44401.
24) 대판 1982.10.26, 82다카508.

(3) 잔류당사자와 계약인수인 양자가 계약인수의 합의를 하고 탈퇴당사자가 이에 동의하는 방식으로도 할 수 있다.[25] 채무인수와 달리 탈퇴당사자는 계약탈퇴에 의하여 자신의 채권도 상실하게 되므로 그의 의사관여가 필요한 것이다.

(4) 계약인수 당사자 중의 한 사람이 자신의 의사표시를 착오 또는 사기를 이유로 취소하고자 하는 경우에 그는 그 취소의 의사표시를 다른 두 당사자 모두에 대하여 표시해야 한다. 계약인수의 실효(失效)는 이들 모두와 직접 관련되기 때문이다.[26]

[판결 3] 조례와 계약인수: 대판 2012.5.24, 2009다88303

상고이유를 판단한다.

1. 광주직할시 도시개발공사 설치 조례(1993. 6. 18. 광주직할시 조례 제2394호)에 따라 1993. 9. 1. 광주직할시 도시개발공사가 설립되었다가 1999. 6. 1. 광주광역시 시설관리공단과 통합되면서 광주광역시 도시공사(이하 위 도시개발공사와 도시공사를 통틀어 '도시공사'라고 한다)로 명칭이 변경되었다.

위 조례 부칙 제3조(이하 '이 사건 조례 규정'이라 한다)는 '도시공사는 설립일로부터 광주직할시 공영개발사업단에 관한 광주직할시의 권리의무를 포괄 승계한다'라고 규정하고 있으나, 그 의무의 승계에 관하여 채권자의 동의나 승낙이 필요한지 여부에 관하여는 규정하고 있지 않다.

2. 그런데 민법 제454조는 제3자가 채무자와의 계약으로 채무를 인수하여 채무자의 채무를 면하게 하는 면책적 채무인수의 경우에 채권자의 승낙이 있어야 채권자에 대하여 그 효력이 생긴다고 규정하고 있으므로, 채권자의 승낙이 없는 경우에는 채무자와 인수인 사이에서 면책적 채무인수 약정을 하더라도 이행인수 등으로서의 효력밖에 갖지 못하며 채무자는 채무를 면하지 못한다. 그리고 계약당사자로서의 지위의 승계를 목적으로 하는 계약인수는 계약으로부터 발생하는 채권·채무의 이전 외에 그 계약관계로부터 생기는 해제권 등 포괄적 권리의무의 양도를 포함하는 것으로서, 계약인수가 적법하게 이루어지면 양도인은 계약관계에서 탈퇴하게 되고, 계약인수 후에는 양도인의 면책을 유보하였다는 등의 특별한 사정이 없는 한 잔류당사자와 양도인 사이에는 계약관계가 존

25) 대판 1987.9.8, 85다카733, 734; 대판 2012.5.24, 2009다88303; 대판 2013.11.14, 2012다 97840, 97857.
26) 독일의 판례이고(BGHZ 96, 302, 309f.), 학설의 지지를 얻고 있다.

재하지 않게 되며 그에 따른 채권채무관계도 소멸하지만, 이러한 계약인수는 양도인과 양수인 및 잔류당사자의 합의에 의한 삼면계약으로 이루어지는 것이 통상적이며 관계당사자 3인 중 2인의 합의가 선행된 경우에는 나머지 당사자가 이를 동의 내지 승낙하여야 그 효력이 생긴다(대법원 1987.9.8. 선고 85다카733, 734 판결, 대법원 2007.9.6. 선고 2007다31990 판결 등 참조).

3. 위와 같이 계약에서 채무자가 변경될 경우에 채권자의 승낙을 얻도록 함으로써 채권자가 불이익을 입지 않도록 하려는 민법 제454조의 규정과 계약인수에서의 해석론에 비추어 보면, 통상 변제자력이 더 풍부한 지방자치단체가 계약 관계에서 발생된 채무에 관하여 채권자의 승낙을 받지 않고 일방적으로 조례의 제정을 통하여 지방공사에 면책적으로 인수시킬 수 있다고 보는 것은 부당하고, 지방자치단체에 대하여 민법 제454조의 적용을 배제할 만한 합리적인 이유를 찾을 수 없다 .

그리고 구 지방자치법(2007. 5. 11. 법률 제8423호로 전부 개정되기 전의 것, 이하 같다) 제5조 제1항에 의하면, 지방자치단체의 구역변경이나 폐치·분합이 있는 때에는 새로 그 지역을 관할하게 된 지방자치단체가 그 사무와 재산을 승계하도록 규정되어 있는데, 승계되는 '재산'은 현금 외의 모든 재산적 가치가 있는 물건 및 권리만을 말하고 채무는 포함되지 않으므로(대법원 1992.6.26. 선고 91다40498 판결, 대법원 2008.2.1. 선고 2007다8914 판결 등 참조), 이와 같이 채권자의 관여 없이 이루어지는 일방적인 채무의 승계를 제한하는 구 지방자치법의 취지는 이 사건 조례 규정의 해석에도 고려함이 상당하다.

또한 위 조례 부칙 제7조는 도시공사는 시영주택, 토지 등 소유권이전 및 국민주택 융자금에 대한 근저당권 말소등기 등을 위하여 시장의 승인을 받아 그 업무가 종료될 때까지 광주직할시공인조례에 의거 시장의 공인을 비치 사용할 수 있도록 규정하고 있는데, 이는 도시공사의 포괄 승계에 불구하고 소유권이전 및 근저당권 말소에 관한 사무는 여전히 피고의 명의로 이루어짐을 전제로 하고 있다[제1심 및 원심이 적법하게 채택한 증거들에 의하면, 이 사건에서도 광주 서구 금호동 금호시영1단지 아파트(이하 '금호아파트'라 한다)에 관하여 1993. 12. 21. 피고 명의로 보존등기가 이루어졌다가 도시공사를 거치지 아니하고 수분양자 명의로 이전등기가 이루어진 사실을 알 수 있다].

4. 법령에 위반되는 조례는 그 효력이 없으므로(대법원 2009.4.9. 선고 2007추103 판결 등 참조) 가능한 한 조례 규정은 법령의 범위 내에서 해석함이 합리적이다. 이러한 해석론에 기초하여 위에서 본 법리들과 등기 사무 처리에 관한 위 조례 규정을 종합하여 보면, 이 사건 조례 규정은 도시공사가 광주직할시 공

영개발사업단에 관한 피고의 권리의무를 포괄 승계한다고 규정하고 있으나, 이는 도시공사와 피고 사이에서 이루어지는 사무승계의 내용을 밝힌 것으로서, 그 사무승계에 따른 구체적인 권리·의무의 승계는 민법 등의 법률에서 정한 절차를 거쳐야 하는 것으로 보인다.

따라서 비록 도시공사가 금호아파트에 관한 피고의 분양계약에 관한 사무를 승계하여 그 의무를 이행하는 사무를 처리한다고 하더라도, 그 분양계약의 승계 내지는 채무인수에 대하여 분양계약 상대방으로서 채권자인 수분양자의 승낙을 얻지 못하면 피고는 분양계약에 관한 의무를 면하지 못하고 도시공사에 대하여는 이행인수 등의 효력이 발생됨에 그치며, 채권자인 수분양자의 승낙을 얻은 경우에 비로소 도시공사가 분양계약 당사자가 되고 피고가 그 의무 이행의 책임을 면한다고 해석함이 상당하다.

5. 원심판결 이유 및 원심이 적법하게 채택한 증거들에 의하면, 피고는 금호아파트를 건축하여 분양하였고, 도시공사는 위 조례에 따라 1993. 9. 1. 설립되어 피고의 금호아파트의 분양계약에 관한 사무 내지는 분양계약 당사자로서의 지위를 포괄하여 인수하고 하자담보책임을 비롯한 분양자로서의 권리의무를 승계하였다.

그렇지만 위에서 본 법리와 같이, 이 사건 조례 규정에 기초한 도시공사의 위 분양계약에 관한 사무 내지는 권리의무의 승계 사실만으로는 피고가 금호아파트 분양에 관한 하자담보책임을 면할 수 없고, 이를 위해서는 채권자인 수분양자들의 승낙을 받아야 한다.

6. 그럼에도 이와 달리 원심은, 원고 겸 별지 원고들승계참가인(이하 '원고 관리단'이라 한다)이 피고를 상대로 금호아파트의 하자를 주장하며 하자보수에 갈음한 손배배상 또는 양수금을 청구하는 이 사건에서, 금호아파트의 수분양자들 내지는 원고 관리단이 도시공사의 위 분양계약 승계에 대하여 승낙하였는지 여부를 따져보지 않은 채, 이 사건 조례 규정만을 근거로 하여 피고의 금호아파트에 관한 하자담보책임이 도시공사에 포괄적으로 승계되고 피고는 분양자로서의 지위에서 벗어나 그 책임을 면하였다고 판단하여, 피고에 대한 이 사건 청구를 기각하고 말았다.

따라서 원심판결에는 면책적 채무인수 내지는 계약인수 및 이 사건 조례 규정의 해석에 관한 법리를 오해한 나머지, 필요한 심리를 다하지 아니하여, 판결에 영향을 미친 위법이 있다.

이 점을 지적하는 취지의 상고이유의 주장은 이유 있다.

[판결 3]에 관하여 생각할 점

1. 지방자치단체의 조례와 민법은 어떤 관계에 있는가? 참고로 이 사건에 적용되었던 구 지방자치법 제15조에서는 "지방자치단체는 법령의 범위 안에서 그 사무에 관하여 조례를 제정할 수 있다. 다만, 주민의 권리제한 또는 의무부과에 관한 사항이나 벌칙을 정할 때에는 법률의 위임이 있어야 한다."라고 규정하고 있었다.

2. 민법 제454조는 제3자가 채무자와의 계약으로 채무를 인수하여 채무자의 채무를 면하게 하는 면책적 채무인수의 경우에 채권자의 승낙이 있어야 채권자에 대하여 그 효력이 생긴다고 규정한다. 이러한 규정이 계약이 아닌 조례에 의한 채무인수의 경우에도 적용되는가?

3. 이 판결은 광주직할시와 도시공사 사이의 권리의무 이전관계의 법적 성격을 단정적으로 규정하지 않고 있다. 이는 면책적 채무인수, 병존적 채무인수, 계약인수 중 어느 것에 해당하는가? 왜 그렇게 생각하는가?

3. 효   과

(1) 계약인수에 의하여 계약인수인은 탈퇴당사자가 가지는 권리와 의무를 총체적으로 승계하는 것이 원칙이다. 탈퇴당사자는 계약관계로부터 이탈하여 원칙적으로 잔류당사자와의 사이에 아무런 채권채무관계가 없게 된다.[27] 그 경우에는 장래 그 계약으로부터 발생할 채권채무뿐만 아니라 계약인수 당시 이미 발생한 채권채무도 계약인수인에게 승계된다. 또한 계약당사자의 지위에 수반되는 해제권이나 취소권 등도 승계된다. 이 점에서 채권양도나 채무인수와는 구별된다.

(2) 그런데 당사자들은 계약인수의 효력발생 당시 탈퇴당사자가 가지는 계약상의 채권이나 그가 부담하는 채무는 여전히 탈퇴당사자에게 남겨두도록 합의하는 경우가 많다. 이 합의는 유효하다. 또한 잔류당사자가 동의 내지 승낙을 할 때 양도인의 면책을 유보하였다면 계약인수는 그 범위 내에서만 효력을 발생하게 된다.[28] 그러므로 그 경우에는 탈퇴당사자는 그 한도에서 여전히 잔류당사자와 계약관계에 남게 된다. 특히 계속적 계약관계에서는 계약인수 이

---

27) 대판 1987.9.8, 85다카733, 734.
28) 대판 2007.9.6, 2007다31990 참조.

전에 이미 발생하였으나 탈퇴당사자가 이행하지 않고 있는 채무(가령 미이행된 임료채무) 및 그로 인한 손해배상채무는 특별한 약정이 없는 한 여전히 탈퇴당사자가 부담하며, 계약인수인에게 승계되지 않는다.[29] 이는 계속적 계약관계의 탈퇴당사자가 계약인수 당시 가지는 채권으로서 아직 이행되지 아니한 것 및 특히 그로 인한 손해배상채권(가령 임대인이 물건용익을 시킬 의무를 불이행함으로 말미암아 임차인이 가지는 손해배상채권 등)에 대하여도 마찬가지이다.

(3) 계약인수에 따라 포괄적으로 이전되는 권리와 의무에 속하는 특정 권리에 대하여 제3자가 계약인수인의 지위와 양립할 수 없는 법률상 지위를 취득하는 경우가 있다. 예를 들어 임대차보증금 반환채권을 포함한 임대차계약상 지위를 양도하였는데, 그 채권에 대하여 채권가압류명령, 채권압류 및 추심명령 등을 받은 제3자가 있는 경우가 그러하다. 이때에는 지명채권 양도의 제3자에 대한 대항요건에 관한 민법 제450조 제2항이 여기에도 적용된다.[30] 따라서 계약인수인이 제3자에게 대항하려면 계약인수에 관한 합의가 확정일자 있는 증서에 의하여 체결되거나, 임대차보증금 반환채권의 양도에 대한 통지 또는 승낙이 확정일자 있는 증서에 의하여 이루어져야 한다.[31]

[판결 4] 계약인수와 계약당사자의 탈퇴: 대판 2007.9.6, 2007다31990

(이상 생략)

2. 계약상의 지위 양도에 대하여

가. 원심의 판단

원심은, 피고 1이 소외 회사에게 이 사건 공사를 도급주었다가 소외 회사의 동의하에 건축주 명의를 피고 2로 변경하면서 피고 2와 소외 회사와 사이에 공사도급계약을 새로이 체결하였으므로 피고 1은 계약상의 도급인 지위에서 벗어났다는 피고 1의 주장에 대하여, 피고 1은 건축주 명의를 피고 2로 변경한 이후에도 계속하여 2004. 12. 1.경 공사지연으로 인한 지체상금 및 건축주가 직불한 공사자재비 등과 관련하여 진주귀빈예식장 건물 내 커피숍에서 만나 합의하는

---

29) 이러한 논의는 법정계약인수의 한 예인 임대차목적물의 승계인이 임차권의 대항력으로 말미암아 임대인의 지위를 그 의사 여하에 불구하고 승계하는 경우에(제621조 제2항, 주임 제3조 제4항 참조), 그 승계하는 「임대인의 지위」의 구체적인 내용을 가림에 있어서 특히 유용하다.

30) 대판 2014.5.29, 2011다40557.

31) 대판 2017.1.25, 2014다52933.

자리에 도급인측으로 참석하여 원고로부터 지체상금과 건축주 직불 설비자재비에 관한 각서를 교부받은 것은 물론 여관건물에서 피고 2와 함께 숙박업을 운영해 오고 있는 사실, 건축주측이 2004. 11. 26.부터 2005. 4. 20.까지 사이에 3회에 걸쳐 미지급 공사대금, 하자보수, 영업손실 등과 관련하여 원고 및 소외 회사에게 보낸 우편물에 건축주로 피고들이 함께 기재되어 있는 사실을 인정한 다음, 이러한 사정에 비추어 피고 1은 여전히 위 계약상의 도급인으로서 공사대금을 지급할 채무를 부담한다고 할 것이고, 피고 2는 피고 1의 뒤를 이어 원고와 도급계약을 체결함으로써 위 계약에 따른 피고 1의 채무를 병존적으로 인수한 것으로 봄이 상당하다고 판단하여 피고 1의 위 주장을 배척하였다.

나. 이 법원의 판단

그러나 위와 같은 원심의 판단 역시 다음과 같은 이유로 수긍하기 어렵다.

계약 당사자로서의 지위 승계를 목적으로 하는 계약인수는 계약상 지위에 관한 양도인과 양수인 사이의 합의와 나머지 당사자가 이를 동의 내지 승낙하는 방법으로도 할 수 있으며, 나머지 당사자가 동의 내지 승낙을 함에 있어 양도인의 면책을 유보하였다는 등의 특별한 사정이 없는 한 양도인은 계약관계에서 탈퇴하고, 따라서 나머지 당사자와 양도인 사이에는 계약관계가 존재하지 아니하게 되어 그에 따른 채권채무관계도 소멸된다고 할 것이다.

기록에 의하면, 피고 1은 피고 2에게 이 사건 건축공사의 도급인의 지위를 양도하고, 수급인인 소외 회사가 이에 동의한 사실을 알 수 있으며, 소외 회사가 피고 1과 피고 2사이의 도급인의 지위 양도에 대하여 동의하면서 피고 1에 대한 면책을 유보하였다는 자료를 찾을 수 없는바, 그렇다면 피고 1은 이 사건 도급계약관계에서 탈퇴하였다고 봄이 상당하다.

그럼에도 불구하고, 원심은 그 판시와 같은 이유로 피고 1이 여전히 위 계약상의 도급인으로서 공사대금을 지급할 채무를 부담한다고 판단하였으니, 원심 판결에는 계약인수에 관한 법리를 오해한 위법이 있고, 이러한 위법은 판결에 영향을 미쳤음이 분명하다.

[판결 4]에 관하여 생각할 점

1. 피고 1과 피고 2 사이의 법률관계에 관하여 원심 법원은 이를 병존적 채무인수로 파악한 반면, 대법원은 이를 계약인수로 파악하였다. 병존적 채무인수와 계약인수를 구별하여 설명하라. 또한 원심 법원과 대법원은 각각 어떠한 근거로 위와 같은 결론에 이르렀는가?

2. 피고 1이 도급계약관계에서 탈퇴하였더라도 그때까지 이미 발생한 공사대금채
   무는 피고 1이 부담하기로 하였다고 볼 여지는 없는가? 이를 특히 임대차관계
   에 관한 위 설명과 비교하여 생각하여 보라.

4. 「계약가입」의 문제

채무인수에서 면책적 채무인수와 병존적 채무인수가 모두 인정되는 것처
럼, 계약인수에서도 종전의 계약당사자(피가입자)가 계약관계로부터 탈퇴하지
않고 여전히 당사자로 남아 있으면서 계약가입자가 그와 아울러 계약당사자가
되는 경우도 있다. 이는 계약가입이라고 부를 수 있는데, 판례는 이를 계약인
수의 한 형태로서 인정하고 있다.[32]

그 경우에 계약의 상대방은 가입자에 대하여 새로이 계약상의 권리를 취
득하게 되나, 다른 한편 가입자도 상대방에 대하여 계약상의 권리(가령 해지권)
를 행사할 수 있다. 따라서 상대방에 대하여도 계약가입이 효력을 가지려면 그
의 의사관여가 요구된다. 그러므로 계약가입은 삼자계약에 의하여 행하여지거
나 적어도 상대방의 승낙이 있어야 한다.

계약가입이 있으면, 일반적으로 채무에 대하여는 가입자가 피가입자와 아
울러 부진정연대채무를 부담하게 되고, 채권에 대하여는 그들 사이에 존재하는
법률관계에 따라 분할채권 또는 연대채권관계나 채권의 준합유관계에 서게 될
것이다. 그리고 이 경우에도 당사자들의 의사해석에 따라 계약가입에 의하여
영향을 받지 않는 개별적인 채권채무가 인정될 수 있을 것이다.

---

32) 대판 1982.10.26, 82다카508; 대판 1996.9.24, 96다25548.

제3편

점유권과 소유권

제1장 점 유 권

I. 점유의 의의

점유는 사회관념상 물건을 사실상 지배하고 있는 객관적 관계이다(제192조 제1항 참조).[1] 법은 그 점유가 마땅히 있어야 할 상태를 표상하는지를 묻지 않고 점유 그 자체에 일정한 법적 보호, 즉 대세적 효력을 가지는 물권으로서의 점유권을 부여한다. 점유자는 언제나 점유권을 가지고(제192조 제1항), 점유를 상실하면 점유권도 상실한다(제192조 제2항 제1문).[2]

점유에 대한 보호는 본권에 의한 보호와 구별해야 한다. 점유에 대한 보호는 현존하는 사실상태 자체를 대상으로 하지만, 본권에 의한 보호는 마땅히 있어야 할 상태를 실현하고자 한다. 따라서 본권 없는 점유도 점유 그 자체로 보호될 수 있다. 예컨대 다른 사람의 지갑을 훔쳐서 소지하거나 다른 사람의 주택에 권원 없이 거주하는 것도 점유로 보호된다. 이처럼 본권 유무를 불문하고 점유를 보호하는 이유는 본권자의 폭력적 점유 탈취를 방지하여 사회의 평

---

1) 참고로 의용민법 제180조는 "자기를 위하여 하는 의사로써 물건을 소지"할 것을 요구하였다. 현행민법 제192조는 이러한 의사적 요소에 대한 표현을 삭제하였다. 하지만 사실상 지배에도 최소한의 의사적 요소로서 점유설정의사가 필요하다. 이는 물건에 지배를 미친다는 자연적 의사이지 법률행위의 구성요소인 의사표시는 아니다. 대판 1973.2.13, 72다2450등("간접점유는 점유의사를 대리인으로 보충하는 제도로서 점유의사는 권리관계의 변동을 바라는 효과의사가 아니고 일정한 사실관계의 효과에 불과하므로 법률행위에 있어서의 대리와 다르다.") 참조.
2) 점유 상실은 점유 이전, 점유 포기, 목적물의 멸실 등 여러 원인으로 발생하나 소멸시효나 혼동은 점유 상실의 원인이 아니다. 점유 침탈을 당한 뒤 민법 제204조에 따라 그 점유를 회수하면 점유권이 소멸하지 않은 것으로 취급한다(제192조 제2항 제2문). 점유 침탈을 당한 뒤 침탈자가 이를 점유자에게 임의로 돌려주는 경우도 마찬가지이다.

화와 질서를 유지하기 위함이다. 또한 본권의 존재와 귀속을 증명하기 어려운 경우 점유에 대한 보호는 본권에 기한 보호의 대용물로 활용될 수도 있다. 다만 점유 제도를 통하여 보호하고자 하는 질서는 본권 앞에서는 잠정적인 것이므로 본권 제도를 통하여 보호하고자 하는 질서보다 열위에 있다. 따라서 점유자가 점유할 권리(이 역시 본권의 일종이므로 점유권과 구별해야 한다)를 갖추지 못하였다면 본권자의 청구에 의하여 그에게 점유물을 반환해야 한다(제213조 참조). 이러한 반환은 자력구제가 허용되는 예외적인 경우가 아닌 한 법적 절차에 따라 실현되어야 한다.

점유 제도는 현상보호기능〔점유보호청구권(제204조 내지 제209조), 과실수취권(제201조) 등〕, 권리강화기능〔부동산임차권의 물권화(주임 제3조 등), 점유의 추정력(제200조) 등〕, 권리취득기능〔동산물권변동요건(제188조 이하), 선의취득(제249조 이하), 취득시효(제245조 이하, 제197조 내지 제199조), 무주물선점(제252조), 유치권(제320조) 등〕을 수행한다. 현상보호기능은 점유 자체의 고유한 기능이고, 권리강화기능과 권리취득기능은 본권과 연결된 기능이다. 점유는 시효취득이나 유치권 같은 본권의 요건으로 문제되는 경우가 많다. 또한 점유는 공작물책임(제758조 제1항)이나 동물 점유자의 책임(제759조 제1항)의 근거가 되기도 하고, 이를 통해 법률상 원인 없는 이익을 얻는 경우 부당이득 반환의무를 발생시키기도 한다.

II. 점유의 판단 기준

어떤 물건을 몸에 지니거나 손에 잡고 있는 것처럼 그 물건을 물리적·현실적으로 지배하는 경우는 물건을 점유하는 전형적인 모습이다. 그런데 점유도 법적 보호 대상이므로 물리적·현실적 지배에만 국한되지 않는 규범적 개념이다. 따라서 점유 여부는 "물건과 사람과의 시간적·공간적 관계와 본권관계, 타인 지배의 배제가능성 등을 고려하여 합목적적으로 판단"한다.[3] 예컨대 집에 물건을 놓아두고 여행을 떠난 경우처럼 그 물건에 대한 물리적·현실적 지배를 상실한 경우에도 그 물건에 대한 점유는 인정된다. 소유관계에 기초하여 점유를 이끌어내는 일련의 판례들도 마찬가지 사고에 기초한다. 판례는 "대지의 소

---

3) 대판 1992.6.23, 91다38266.

유자로 등기한 자는 보통의 경우 등기할 때에 그 대지의 인도를 받아 점유를 얻은 것으로 보아야 할 것"이라고 하는 한편,[4] 건물의 소유권이 양도된 때에는 그 부지에 대한 점유도 상실한다고 한다.[5] 또한 토지의 상공에 고압전선이 통과함으로써 토지 소유자가 그 토지 상공의 이용을 제한받는 경우 그 토지 소유자가 전선소유자에게 이용이 제한되는 상공 부분에 대한 임료 상당액의 부당이득금 반환을 구할 수 있다고 하여, 전선소유자가 그 전선이 통과하는 상공 부분을 점유한다고 본다.[6]

점유의 규범성은 이른바 점유보조자, 상속인의 점유, 간접점유에서 드러나는 점유의 관념화 현상에서 더욱 뚜렷하게 나타난다. 점유보조자는 가사상, 영업상 기타 유사한 관계에 의하여 타인의 지시를 받아 물건에 대한 사실상 지배를 하는 자이다(제195조). 예컨대 가정부나 상점점원이 그러한 지위에 있다. 이때 점유보조자는 물건을 사실상 지배하지만 점유자가 될 수 없고, 오로지 점유보조자에 대하여 지시를 행하는 타인(집주인 또는 상점주인)만 점유자가 될 수 있다. 점유보조자는 소유물반환청구권의 상대방이 되지 않고, 점유보호청구권을 행사하거나 점유를 이유로 취득시효를 주장할 수도 없다. 점유자를 위하여 자력구제권을 행사할 수 있을 뿐이다. 반면 상속의 경우에는 상속인의 사실상 지배와 무관하게 상속 개시와 더불어 상속재산의 점유가 상속인에게 이전된다(제193조). 이는 상속 개시 시점과 상속인의 사실상 지배 취득 시점 사이에 상속재산의 귀속에 관한 공백이 발생하는 것을 막기 위한 것이다. 다음 목차에서 살펴 볼 간접점유에서도 이러한 점유의 관념성 내지 규범성이 잘 나타난다. 판례는 단행가처분의 집행으로 그 목적물이 채권자에게 인도된 경우에도 이는 어디까지나 임시적인 것에 지나지 않으므로, 가처분이 집행됨으로써 그 목적물이 채권자에게 인도된 경우에도 본안소송의 심리에서는 그 목적물의 점유가 여전히 채무자에게 있는 것으로 보는데,[7] 이 역시 점유의 관념화와 관련 있다.

한편 점유와 사용은 다른 개념임에 유의해야 한다. 예를 들어 임차인이 자신만 열 수 있는 잠금장치로 주택 문을 잠그고 다른 사람들이 출입하지 못

---

4) 대판 2001.1.16, 98다20110.
5) 대판 1993.10.26, 93다2483.
6) 대판 2009.1.15, 2007다58544.
7) 대판 2007.10.25, 2007다29515.

하게 한 뒤 이사 간 경우처럼 어떤 물건을 점유하지만 사용하지는 않을 수 있
다.[8] 반면 지역권자가 타인의 토지를 점유하지 않으면서도 자기 토지의 편익을
위해 그 토지를 사용하는 경우처럼(제291조 참조) 어떤 물건을 점유하지 않으면
서 사용할 수도 있다. 또한 다른 사람에게 물건을 사용하게 한다는 사정만으로
언제나 그 물건의 점유를 상실하는 것도 아니다.[9] 유치권자가 선량한 관리자의
주의로 유치물을 점유해야 하지만 채무자의 승낙 없이 유치물을 사용할 수 없
도록 한 것도 점유와 사용을 구별하는 전제 위에 있다(제324조 참조).[10]

[판결 1] 점유 여부의 판단 기준: 대판 2003.2.11, 2000다66454

상고이유를 본다.

1. 원심은 그 채용증거들에 의하여 다음과 같이 인정·판단하였다.

즉, 동원산업 주식회사(이하 '동원산업'이라 한다)는 그 소유의 이 사건 선박
을 수리할 필요가 있자, 수리내역 중 전기·엔진 등 부분은 직접 수리하기로 하
고, 선체의 외판, 상갑판 등 부분은 피고에게 수리를 맡기기로 한 다음, 1996.
4. 13. 이 사건 선박을 피고의 조선소 드라이독(dry dock, 乾船渠)에 상가하여 수
리를 개시한 사실, 실제 공사는 동원산업 및 피고가 각각 여러 하수급업체를 동
원하여 수행하였는데, 각 하수급업체의 직원들은 피고로부터 사전 안전수칙에
대한 교육을 받고 허가를 받아 피고 조선소에 출입하였고, 한편 동원산업은 그
직원인 소외 1을 공무감독으로 임명하여 선박수리에 대한 전반적인 업무를 처
리하도록 하였으며, 그와 별도로 소속 선장과 선원들도 승선하여 직영 수리공사
를 보조하면서 선장이 선원 및 작업인부들의 선박출입을 통제한 사실, 1996. 4.
26. 수리작업 중 그 날 17:40경 이 사건 선박의 기관실 부근에서 원인 불명의
화재가 발생하여 동원산업의 보험자인 원고가 그 손해액에 대한 보험금을 지급
한 사실 등을 인정한 다음, 보험자대위의 법리에 따라 동원산업과 피고 사이의
이 사건 선박 수리계약상 선박인도채무 불이행에 기한 손해배상채권을 대위취
득하였다는 원고의 주장에 대하여, 피고는 자신의 지배·관리 아래 있는 조선소

---

8) 건물을 사용하지 않지만 점유하는 다른 예들로 대판 1996.8.23, 95다8713; 대판 2003.7.
25, 2002다34543 참조.
9) 대판 1990.11.13, 90다카25352.
10) 대판 2012.3.29, 2010다2459는 원고가 분양 관련 채권 담보를 위해 아파트 출입문을 잠
그고 그 열쇠를 보관하는 한편 자신이 유치권을 행사하고 있다는 내용의 경고문을 아파
트 출입문에 게시한 경우 그 아파트의 점유를 취득하였다고 보았는데, 이는 아파트를 사
용하지 않은 채 점유하는 사례이다.

의 드라이독에 이 사건 선박을 상가시킴으로써 이 사건 선박을 인도받아 점유·
지배하고 있었으므로, 원인 불명의 화재로 인하여 손해가 발생한 경우 그것이
동원산업 측의 과실 또는 선박 자체의 결함으로 인하여 일어난 것임을 입증하
지 아니하는 이상, 피고는 이 사건 선박 수리계약에 따른 목적물 반환의무를 불
완전하게 이행한 것이라고 판단하여 원고의 청구를 인용하고, 그에 반하는 피고
의 각 주장을 배척하는 한편 다만 동원산업도 이 사건 선박의 공동관리자로서
화재의 예방과 조기 진화를 못한 잘못이 있다고 인정하여 피고가 배상할 손해
액을 전체 손해액의 40%로 한정하였다.

2. 원고의 상고이유 제1점에 대하여

기록에 비추어 살펴보면, 이 사건 화재의 원인이 불명이라고 본 원심 판단
은 정당한 것으로 수긍이 가고, 거기에 상고이유에서 지적하는 바와 같은 채증
법칙 위배의 위법이 없다.

이 점을 탓하는 상고이유는 받아들이지 아니한다.

3. 피고의 상고이유 제1점에 대하여

원심의 판단 중 이 사건 선박이 피고의 점유 아래 있었다는 부분은 다음과
같은 이유로 수긍하기 어렵다.

물건의 인도가 이루어졌는지 여부는 사회관념상 목적물에 대한 양도인의
사실상 지배인 점유가 동일성을 유지하면서 양수인의 지배로 이전되었다고 평
가할 수 있는지 여부에 달려있는 것인바, 현실의 인도가 있었다고 하려면 양도
인의 물건에 대한 사실상의 지배가 동일성을 유지한 채 양수인에게 완전히 이
전되어 양수인은 목적물에 대한 지배를 계속적으로 확고하게 취득하여야 하고,
양도인은 물건에 대한 점유를 완전히 종결하여야 하며(대법원 1999.6.22. 선고 99
다7602 판결 등 참조), 선박의 경우에는 그 규모, 선체의 구조와 기능 등을 종합
하여, 그 선박이 소재하는 장소를 점유함으로써 그 선체 전부를 점유하는 것으
로 보아야 할 경우가 있는 반면, 선박이 소재하는 장소 또는 드라이독 등의 시
설을 점유한다는 것만으로 당연히 그 선박도 함께 점유하는 것으로는 볼 수 없
고, 그 선박의 소재와는 무관하게 선박의 점유관계가 성립하는 경우도 있을 수
있으므로, 이러한 경우에는 선박 자체에 대한 사실적 지배 등을 기초로 하여 선
체의 전부 또는 일부에 대한 점유 여부를 판단하여야 한다.

원심이 인정한 바에 의하면, 이 사건 선박의 규모와 선체의 구조 등에 비추
어 동원산업이 이 사건 선박의 선체 전부 또는 화재가 발생한 기관실 부근에
대한 점유를 완전히 종결하였는지에 대하여 의문이 없지 아니한바, 기록에 나타
난 사정, 특히 이 사건 선박의 수리작업 중 동원산업과 피고측의 시공비율, 수

리 중에도 선장과 선원이 계속 근무한 사정 및 동원산업이 임명한 그 직원이 이 사건 수리공사 전반의 진행을 관리·감독하고 있었던 점 등에 비추어 보면, 이 사건 선박의 수리는 동원산업의 의뢰에 따라 피고가 주도하였다기보다는 실질적으로는 동원산업이 주도적으로 수행하면서 피고의 드라이독을 빌리되, 수리공사 중 일정 부분을 피고에게 의뢰함으로써 수리 전후를 통하여 동원산업이 이 사건 선박을 계속하여 점유하고 있었다고 볼 여지가 없지 아니하다.

원심은 이 사건 선박이 피고의 드라이독에 완전히 상가된 사실과 외부인이 이 사건 선박에 출입하려면 일단 조선소에 들어가야 하고, 그 과정에 피고의 통제에 따를 수밖에 없었던 점 등을 피고가 이 사건 선박을 인도받아 점유·지배한 것으로 판단하는 주요 근거로 삼은 것으로 보이나, 앞서 본 법리에 비추어 이러한 사정만으로는 피고가 이 사건 선박을 점유하고 있었다고 단정하기에 부족하다.

결국, 원심은 선박의 점유에 관한 법리를 오해한 나머지 이 사건 선박의 규모와 선체의 구조 및 기능 등에 관한 심리를 제대로 하지 아니한 채 피고의 조선소 내에 상가되어 있다는 점에 치중하여 피고가 이 사건 선박을 점유하고 있은 것으로 단정한 잘못을 저질렀고, 이는 판결 결과에 영향을 미쳤음이 분명하다.

상고이유 중 이 점을 지적하는 부분은 이유 있다.

[판결 1]에 관하여 생각할 점

1. 이 사건의 사실관계를 요약하면 다음과 같다. 선박 소유자인 A 회사는 선박의 일부는 스스로 수리하고, 나머지 부분은 조선회사인 B 회사에게 수리를 맡기기로 하고, 선박을 B 회사의 조선소 드라이독에 정박하였다. A 회사와 B 회사가 함께 수리작업을 진행하던 기간 중 원인 불명의 화재로 선박에 손해가 발생하였다. 선박의 보험회사인 C 회사는 보험금지급 후 보험자 대위의 법리에 따라 A 회사가 B 회사에 대하여 가지는 선박반환채무 불이행에 기한 손해배상청구권을 행사하였다. 이에 대해 B 회사는 A 회사로부터 선박을 인도받아 점유한 바가 없으니 선박반환의 문제 자체가 발생하지 않는다고 주장하였다. 과연 누가 이 선박을 점유한 것인가? 원심과 대법원은 각각 이 문제에 대해 어떤 이유에 기하여 어떤 결론에 이르렀는가?

2. 판결이유에서 언급한 대판 1999.6.22, 99다7602는 이 사건 결론에 이르는 토대가 되는 논리를 제공한다. 즉 양도인의 점유가 완전히 종결되고 양수인이 목적

물에 대한 지배를 계속적으로 확고하게 취득해야 비로소 현실의 인도가 이루어진다는 것이다. 그런데 양도인의 점유가 완전히 종결되기 전에는 양수인은 점유를 취득할 수 없는가? 가령 두 회사가 선박을 공동점유하였다고 볼 여지는 없는가?

[판결 2] 점유와 사용의 구별: 대판 2012.1.27, 2011다74949

상고이유를 판단한다.

1. 원고는 피고가 2008년 10월경부터 원고 소유의 이 사건 건물에 사무실 집기 및 가구 등을 비치하여 이를 권원 없이 점유·사용하고 있음을 이유로 이 사건 건물의 인도 및 2008. 11. 1.부터 2010. 2. 28.까지의 기간에 대하여 이 사건 건물의 차임에 상당하는 손해의 배상을 청구한다.

원심은 피고가 2008년 6월경부터 원고의 주장과 같이 이 사건 건물을 권원 없이 점유·사용하였음을 인정하면서도, 다음과 같은 사정을 들어 피고가 2009년 5월경에 이 사건 건물에 대한 점유를 상실하였다고 보아, 위 건물인도청구 및 2009. 5. 1.부터 2010. 2. 28.까지의 기간에 대한 차임 상당액인 551만 원의 손해배상청구를 각 기각하였다. 즉 원고가 2009년 5월경 이 사건 건물의 출입로 부근에 철문(이하 '이 사건 출입문')을 설치하여 자물쇠로 시정하였고, 반면 이 사건 건물은 시정되어 있지 아니하여 원고가 이 사건 건물에 자유롭게 출입하면서 사용할 수 있는 상태에 있으므로, 2009년 5월경부터 피고를 포함한 제3자의 이 사건 건물로의 출입은 통제되어 이 사건 건물은 원고의 지배영역 아래에 있고 피고가 이 사건 건물을 점유하고 있다고 볼 수 없다는 것이다.

2. 그러나 원심의 위와 같은 판단은 수긍하기 어렵다.

가. 우선 피고가 이 사건 건물에 대한 종전의 점유를 상실하였는지에 대하여 살펴본다.

물건에 대한 점유란 사회관념상 어떤 사람의 사실적 지배에 있다고 할 수 있는 객관적 관계를 가리키는 것으로서, 사실상의 지배가 있다고 하기 위하여는 반드시 물건을 물리적·현실적으로 지배할 필요는 없고, 물건과 사람과의 시간적·공간적 관계와 본권관계, 타인의 간섭가능성 등을 고려하여 사회관념에 따라 합목적적으로 판단하여야 하므로, 물건에 대한 사실상의 지배를 상실했는가의 여부도 역시 위와 같은 사회관념에 따라 결정되어야 한다(대법원 2010.1.14. 선고 2009다77075 판결 등 참조).

원심판결 이유 및 기록에 의하면, 이 사건 출입문이 설치된 토지가 이 사건 건물에 출입하는 유일한 통로라고 할 수 없고, 오히려 이 사건 토지의 주변 토지는 전답으로서 이 사건 토지와 사이에 담장 등 별다른 차단물이 없어서 이 사건 출입문이 설치된 통로보다는 그 출입이 다소 불편할지는 몰라도 다른 주변 토지를 통하여 이 사건 건물에 출입할 수 있는 사실, 원고는 이 사건 건물 자체에는 시정장치 등을 한 바 없어서 예를 들면 이 사건 토지 주변의 농지에서 일하는 인부들이 이 사건 건물에 있는 화장실을 자유롭게 이용하고 있는 사실, 원고는 피고가 이 사건 건물에 보관하던 예초기가 분실됨에 따라 피고와 분쟁이 다시 일어나는 것을 막기 위하여 이 사건 출입문을 설치하였고, 원고가 이 사건 출입문에 시정장치를 설치하기는 하였으나 아예 자물쇠 등으로 잠가두어 그 통로로 출입을 하지 못하게 하는 상태를 영구적으로 유지한 것이 아니라 대부분 이 사건 출입문을 빗장을 풀면 쉽사리 출입할 수 있는 상태로 둔 사실, 피고는 원고가 농업용 관리사로 사용하고 있던 이 사건 건물에 원고의 승낙 없이 피고의 사무실 집기 등을 비치함으로써 이 사건 출입문이 설치된 이후에도 원고는 이 사건 건물을 그 용도대로 사용할 수 없었던 사실을 알 수 있다. 이와 같이 원고가 이 사건 출입문을 설치하고 그에 대하여 일시적으로 시정장치를 하였다 하더라도 피고가 이 사건 건물에 출입하는 데에 커다란 지장이 없었다면, 비록 원고가 이 사건 건물에 출입할 수 있었다고 하더라도, 피고가 이 사건 출입문 설치 이후에도 이 사건 건물에 자신의 사무실 집기를 비치하여 두고 있는 이상 이 사건 건물에 대한 피고의 종전 점유가 상실되었다고 할 수 없다.

그럼에도 원고가 2009년 5월에 이 사건 출입문을 설치함으로써 피고가 이 사건 건물에 대한 점유를 상실하였다고 판단한 원심에는, 점유에 관한 법리를 오해하거나 논리와 경험칙에 반하여 사실을 인정함으로써 판결에 영향을 미친 위법이 있다고 할 것이다. 이 점을 지적하는 상고이유는 정당하다.

나. 나아가 피고의 손해배상청구에 관하여 본다.

(1) 물건의 점유와 그 사용은 엄연히 구별되어야 하는 법개념으로서(목적물의 점유를 요건으로 하여 성립하는 유치권에서 유치권자가 원칙적으로 유치물을 사용할 수 없다고 정하는 민법 제324조 제2항이 이 점을 단적으로 보여준다), 비록 많은 경우에 물건의 점유와 사용이 동시에 일어나기는 하지만, 나아가 사용 없는 점유 또한 하나의 쉬운 예를 들면 타인의 토지 위를 통행하는 경우와 같이 점유 없는 사용도 얼마든지 있을 수 있다.

그리고 물건의 소유자는 다른 특별한 사정이 없는 한 법률의 범위 내에서 그 물건에 관한 모든 이익(민법 제211조에서 명문으로 정하는 '사용, 수익, 처분'의 이익이 대표적인 예이다)을 배타적으로 향유할 권리를 가진다. 따라서 소유자가 상대방이 목적물을 권원 없이 점유·사용하여 소유권을 침해함으로 말미암아 재산상 손해를 입었다고 주장하여 그 손해의 배상을 청구하는 경우에는, 무엇보다도 상대방의 그러한 권리 침해로 인하여 소유자에게 재산상 손해가 발생하였는지를 살펴보아야 할 것인데, 그 경우 그 손해의 유무는 상대방이 당해 물건을 점유하는지에 의하여 좌우되지 아니하며, 점유 여부는 단지 배상되어야 할 손해의 구체적인 액을 산정함에 있어서 고려될 여지가 있을 뿐이다 (원고 소유물의 권원 없는 점유·사용으로 인한 부당이득반환청구에 관하여 대법원 2009.11.26. 선고 2009다35903 판결 참조).

나아가 피고가 원고의 소유물을 권원 없이 점유·사용하고 있다고 주장하여 손해배상을 청구하는 경우에, 비록 피고의 목적물 점유가 인정되지 아니한다고 하더라도, 원고가 점유 및 사용으로 인한 손해의 배상만을 청구하고 피고의 사용으로 인한 손해의 배상은 이를 바라지 아니한다는 의사가 표시되지 아니하는 한, 법원은 나아가 원고에게 피고의 사용권능 침해로 인한 손해가 있는지를 심리·판단하여야 할 것이다. 그리고 원고가 그 손해를 목적물의 차임 상당액으로 주장하였다고 하여도, 이는 일반적으로 자신에게 유리한 소송상 결과를 얻기 위한 의도 또는 소송수행상의 편의에서 나온 것에 불과하므로, 그것만으로 원고에게 위와 같이 사용으로 인한 손해도 이를 구하지 아니하는 의사가 표시되었다고 할 수 없다.

(2) 위에서 본 대로 원심은 "피고가 이 사건 건물을 2009년 5월 이후에도 계속 점유하고 있음을 전제로 하여" 원고가 2010. 2. 28.까지의 차임 상당액을 구하는데 2009년 5월부터는 이 사건 건물을 점유하지 아니한다고 판단하고, 그것만으로 위 기간에 대한 차임 상당 손해의 배상청구를 기각하였다.

그러나 앞서 본 법리에 의하면, 원고가 이 사건 손해배상청구를 함에 있어서 피고의 사용으로 인한 손해의 배상을 구하지 아니한다는 의사를 표시하였다고 볼 만한 자료를 기록상 찾을 수 없는 이 사건에서 원심으로서는 비록 피고가 이 사건 건물에 대한 점유를 그와 같이 상실하였다고 하더라도 피고가 이 사건 건물에 그 소유의 사무실 집기 등 물건을 가져다 둔 채로 있음으로 말미암아 원고에게 이 사건 건물을 사용하지 못하는 손해를 입었는지, 그 손해는 금전적으로 얼마로 평가되는지 등을 심리·판단하였어야 했고, 필요하다면 원고에게 그에 관한 석명을 구하거나 입증을 촉구하는 등으로 소송관계를 명확하게 하였어야 했다. 하물며 원심이 원고가 2009년 5월경 이 사건 출입문을 설치함으로써 피고가 이 사건 건물에 대한 점유를 상실하였다고 인정한 것에는 위에서 본 바와 같은 위법이 있는 것이다.

그렇다면 원고가 구하는 2009. 5. 1.부터 2010. 2. 28.까지의 이 사건 건물 소유권 침해로 인한 차임 상당 손해 551만 원의 배상청구를 기각한 원심에는 점유 또는 소유권 침해로 인한 손해배상에 관한 법리를 오해하거나 논리와 경험칙에 반하여 사실을 잘못 인정하거나 필요한 심리를 다하지 아니함으로써 판결에 영향을 미친 위법이 있다고 할 것이다. 이 점을 지적하는 상고취지는 이유 있다.

[판결 2]에 관하여 생각할 점

1. 원심과 대법원은 피고의 점유 상실 여부에 대해 어떤 결론을 내렸는가? 이러한 결론에 따라 원고의 건물인도청구는 어떤 영향을 받게 되는가?
2. 점유와 사용은 어떻게 구별되는가? 점유하되 사용하지 않는 예와 사용하되 점유하지 않는 예를 하나씩 들어보라. A가 B의 물건을 무단 사용하되 점유하지 않는 경우에 B는 A에게 손해배상청구를 할 수 있는가?

III. 점유의 유형

1. 직접점유와 간접점유

점유매개관계 없이 물건을 직접적으로 지배하는 점유를 직접점유, 점유매개관계를 통하여 물건을 간접적으로 지배하는 점유를 간접점유라고 한다. 직접점유는 점유의 기본 형태이다. 따라서 직접점유에는 점유에 관한 일반론이 그대로 적용된다. 반면 간접점유는 점유의 특수한 형태이다. 아래에서는 간접점유에 대해 좀 더 살펴본다.

간접점유는 지상권, 전세권, 질권, 사용대차, 임대차, 임치 기타의 관계로 타인으로 하여금 그 물건을 점유하게 한 자가 가지는 점유이다(제194조). 예컨대 임대차관계에서는 임차인이 임대차 목적물을 직접점유하고 임대인은 이를 간접점유한다. 간접점유자인 임대인은 직접점유자에게 가지는 반환청구권을 통하여 그 목적물을 간접적으로 지배한다.[11] 이처럼 반환청구권을 통하여 연결된 직접점유자와 간접점유자 사이의 법률관계를 점유매개관계라고 한다.

---

11) 대판 2012.2.23, 2011다61424등.

점유매개관계는 법률행위로 설정되는 경우가 보통이지만 법령을 근거로 설정될 수도 있다. 예컨대 행정기관의 권한 일부를 다른 행정기관에 위임하는 기관위임의 경우 수임관청이 그 권한에 기초하여 도로 부지를 직접 점유하는 경우 위임관청은 법령의 규정 등에 의하여 설정된 점유매개관계를 통해 그 도로 부지의 간접점유자가 된다.[12] 점유매개관계가 반드시 유효해야 하는 것은 아니다. 예컨대 임대차가 무효라도 임대인은 그 임대차를 점유매개관계로 하여 임대차 목적물을 간접점유한다. 임대차가 해지되거나 취소된 경우도 마찬가지이다. 점유매개관계는 중층적으로 성립할 수도 있다. 예컨대 동산의 차주가 제3자에게 물건의 수리를 맡기는 경우 동산의 대주는 두 개의 점유매개관계를 통하여 물건을 점유한다. 임차인이 목적물을 전대하는 경우도 그러하다. 또한 예탁자가 투자자로부터 증권을 예탁받아 예탁결제원에 예탁하는 경우 투자자는 예탁자와 예탁결제원을 통하여 증권을 간접점유한다.

간접점유의 승계는 반환청구권 양도(제196조 제2항, 제190조 참조)를 통하여 이루어진다. 반환청구권의 양도에는 채권양도에 관한 규정(특히 제450조 이하)이 적용된다. 따라서 반환청구권 양도를 통한 간접점유의 승계로 제3자에게 대항하려면 확정일자 있는 통지나 승낙과 같은 제3자에 대한 대항요건을 갖추어야 한다. 이는 임대인의 지위를 이전하는 경우처럼 점유매개관계 자체의 승계에서도 마찬가지이다. 점유매개관계가 소멸하거나 직접점유자가 점유를 상실하면 간접점유도 소멸한다.

직접점유자와 간접점유자가 제3자에 대해 동시에 의무를 부담하는 경우가 있다. 이러한 의무는 부진정연대채무의 성격을 띤다. 따라서 직접점유자와 간접점유자가 점유·사용으로 인하여 부당이득반환의무를 동시에 부담하는 경우 일방의 채무가 변제 등으로 소멸하면 타방의 채무도 소멸한다.[13] 또한 제3자인 채권자가 직접점유자와 간접점유자에 대해 모두 부동산인도 확정판결을 받아 직접점유자에 대한 부동산 인도집행을 마치면 간접점유자에 대하여도 집행을 종료한 것으로 보아야 한다.[14]

---

12) 대판 2010.12.9, 2008다71575; 대판 2018.3.29, 2013다2559, 2566.
13) 대판 2012.9.27, 2011다76747.
14) 대결 2000.2.11, 99그92.

상고이유를 판단한다.

1. 원심에서 원고들의 직접점유가 인정된 이 사건 건물 중 2층 일부 부분

원심판결 이유에 의하면, 원심은 그 채용 증거에 의하여 원고들이 이 사건 건물 중 2층 일부 부분을 원고 2를 통하여 사무실로 직접점유하고 있던 사실, 피고가 원고들의 점유를 침탈한 사실을 인정한 다음, 피고는 점유회수청구권에 기하여 이 사건 건물 중 2층 일부 부분의 반환을 구하는 원고들에게 이를 인도할 의무가 있다고 판단하였다.

관련 법리와 기록에 비추어 살펴보면, 원심의 이와 같은 판단은 정당하고, 거기에 상고이유로 주장하는 바와 같은 채증법칙 위반 또는 법리오해 등의 위법이 없다.

2. 원심에서 원고들의 간접점유가 인정된 이 사건 건물의 나머지 부분

점유자가 점유의 침탈을 당한 때에는 그 물건의 반환 등을 청구할 수 있다(민법 제204조 제1항 참조). 이러한 점유회수의 소에 있어서는 점유를 침탈당하였다고 주장하는 당시에 점유하고 있었는지의 여부만을 살피면 되는 것이고, 여기서 점유라고 함은 물건이 사회통념상 그 사람의 사실적 지배에 속한다고 보이는 객관적 관계에 있는 것을 말하고 사실상의 지배가 있다고 하기 위하여는 반드시 물건을 물리적·현실적으로 지배하는 것만을 의미하는 것이 아니고 물건과 사람과의 시간적·공간적 관계와 본권관계, 타인지배의 배제가능성 등을 고려하여 사회관념에 따라 합목적적으로 판단하여야 한다(대법원 1996.8.23. 선고 95다8713 판결).

그리고 점유회수의 소에 있어서의 점유에는 직접점유뿐만 아니라 간접점유도 포함되는 것이기는 하나, 간접점유를 인정하기 위해서는 간접점유자와 직접점유를 하는 자 사이에 일정한 법률관계, 즉 점유매개관계가 필요하다. 이러한 점유매개관계는 직접점유자가 자신의 점유를 간접점유자의 반환청구권을 승인하면서 행사하는 경우에 인정된다.

원심판결 이유에 의하면, 원심은 그 채용 증거에 의하여 원고들이 이 사건 건물 정문 및 후문 입구 등에 '원고들이 점유, 유치 중인 건물임. 관계자 외 출입을 금함'이라는 내용의 경고문을 부착하고, 소외인을 통하여 이 사건 건물의 당시 소유자인 주식회사 인컴유나와 협의하여 이 사건 건물 중 원고들이 직접점유하는 2층 일부 부분을 제외한 나머지 부분에 관하여 그중 일부를 임대하거나 임차인들로부터 공과금, 관리비 등을 받아 이 사건 건물을 관리하는 방법으로 간접점유하였다고 인정하였다.

그러나 원심의 위와 같은 판단은 앞서 본 법리에 비추어 볼 때 다음과 같은 이유에서 그대로 수긍하기 어렵다.

이 사건 건물 중 제3자에게 임대가 이루어진 부분에 대한 원고들의 간접점유가 인정되기 위해서는 원고들과 직접점유자인 임차인들 사이에 점유매개관계가 인정되어야 한다. 그런데 기록에 의하면 이 사건 건물의 임차인들과의 임대차 계약은 당시 소유자이던 주식회사 인컴유나 사이에 체결된 사실을 알 수 있다. 그러므로 임대차계약에 기하여 임차 부분의 직접점유자인 임차인들에 대하여 반환청구권을 갖는 자는 주식회사 인컴유나뿐이라고 보아야 한다. 따라서 임차인들과의 임대차 계약은 원고들과 직접점유자인 임차인 사이의 점유매개관계를 인정할 기초가 될 수 없다. 그리고 원심이 간접점유 근거로 든 위 사정들은 원고들이 주식회사 인컴유나와 함께 이 사건 건물의 관리에 관여하였다는 사정에 불과한 것이지 임차인들과의 점유매개관계를 인정할 근거가 될 수 없다.

따라서 원심으로서는 이 사건 건물 중 제3자에게 임대가 이루어진 부분에 대하여 원고들과 직접점유자인 임차인들과 사이에 점유매개관계를 인정할 수 있는 법률상 근거가 무엇인지, 원고들과 임대차계약상의 임대인인 인컴유나와는 어떤 법률관계가 있는지 등에 대하여 구체적인 심리를 거쳐 간접점유의 인정 여부를 판단하였어야 할 것이다.

그런데도 원심은 그 판시와 같은 사정만으로 이 사건 건물 중 원고들이 직접점유하는 2층 일부 부분을 제외한 나머지 부분을 원고들이 간접점유하고 있다고 단정하고 원고들의 이 부분 점유회수청구를 인용하고 말았으니, 이러한 원심의 판단에는 간접점유의 성립요건인 점유매개관계에 관한 법리를 오해한 나머지 필요한 심리를 다하지 아니한 위법이 있다 할 것이다. 이 점을 지적하는 취지의 상고이유의 주장은 이유 있다.

[판결 3]에 관하여 생각할 점

1. 원심과 대법원은 각각 원고의 간접점유에 대해 다른 결론에 이르렀다. 그 이유는 무엇인가?

2. 점유매개관계는 무엇인가? 점유매개관계에서 반환청구권은 어떤 의미를 가지는가? 점유매개관계가 유효하게 존재하는데도 직접점유자가 점유매개관계에 따른 반환의무를 부정함으로써 점유매개의사를 철회하면 간접점유의 운명은 어떻게 되는가?

3. 만약 원고들의 간접점유가 인정된다면 점유회수청구의 상대방은 해당 건물 부

분을 직접점유자와 간접점유자 중 누구에게 반환해야 하는가?

2. 자주점유와 타주점유

소유의 의사를 가지고 하는 점유를 자주점유, 그렇지 않은 점유를 타주점유라고 한다. 자주점유와 타주점유는 점유물 멸실 등에 대한 책임(제202조), 취득시효(제245조, 제246조), 무주물선점(제252조)과 관련하여 구별 실익이 있다. 자주점유와 타주점유는 부동산 점유취득시효와 관련하여 문제되는 경우가 대부분이므로 이 편의 제2장 『부동산취득시효』에서 상세하게 설명한다.

3. 선의점유와 악의점유

점유할 수 있는 권리(본권)가 있다고 믿고 하는 점유를 선의점유, 그렇지 않은 점유를 악의점유라고 한다. 선의점유와 악의점유는 점유자의 과실수취권(제201조), 점유물 멸실 등에 대한 책임(제202조), 취득시효(제245조 제2항, 제246조 제2항), 선의취득(제249조)과 관련하여 구별 실익이 있다. 선의의 점유자라도 본권에 관한 소[15]에 패소판결을 받아 확정되면 그 소가 제기된 때부터 악의의 점유자로 본다(제197조).

4. 과실점유와 무과실점유

본권이 있다고 믿은 데에 과실이 있는 점유를 과실점유, 그렇지 않은 점유를 무과실점유라고 한다. 과실점유와 무과실점유는 취득시효(제245조 제2항, 제246조 제2항), 선의취득(제249조)과 관련하여 구별 실익이 있다.

5. 그 외의 분류

그 외에도 점유는 다음과 같이 분류할 수 있다. 점유자의 숫자에 따라 단독점유와 공동점유로 나눌 수 있다. 단독점유는 점유자가 1명인 경우이고, 공동점유는 점유자가 2명 이상인 경우이다.[16] 점유 취득 내지 보유의 평온성에

---

15) 본권에 관한 소는 본권에 기초하여 제기된 일체의 소를 의미하는 것으로서, 소유자가 제기한 소유물반환청구소송(대판 1966.9.20, 66다939), 소유자가 부동산을 점유하는 현재의 등기명의인을 상대로 제기한 소유권등기말소소송(대판 1987.1.20, 86다카1372), 소유자가 제기한 부당이득반환청구소송(대판 2002.11.22, 2001다6213) 등이 있다.

16) 1동의 건물의 구분소유자들은 그 전유부분을 구분소유하면서 공용부분을 공유하므로 특

따라 평온점유와 강포(强暴)점유로 나눌 수 있다. 법이 허용하지 않은 폭력으로써 점유를 취득 내지 보유하는 것이 강포점유이다. 점유가 불법하다거나 점유자가 반환 요구를 받았다거나 권리가 있다고 주장하는 자와 언쟁을 하였다는 사정만으로 폭력점유가 되지는 않는다. 점유의 공연성에 따라 공연(公然)점유와 은비(隱祕)점유로 나눌 수 있다.

6. 점유의 모습에 관한 기타 민법 규정

(1) 추정 관련 규정

자주, 선의, 평온, 공연 점유는 추정된다(제197조 제1항). 그러므로 타주, 악의, 폭력, 은비 점유는 이를 주장하는 자가 증명해야 한다. 무과실 점유는 추정되지 않는다.[17] 전후에 걸쳐 양 시점에 점유한 사실이 있으면 그 점유는 계속한 것으로 추정한다(제198조). 점유 계속 추정은 취득시효처럼 점유 계속이 요구되는 경우에 점유 계속의 증명책임을 완화하는 효용을 가진다.

(2) 승계 관련 규정

점유는 점유자로부터 타인에게 승계될 수 있다. 이러한 승계는 포괄승계일 수도 있고 특정승계일 수도 있다. 포괄승계는 상속, 합병, 지방자치단체의 구역변경이나 폐치·분합(지방자치법 제5조 제1항)[18] 등 포괄승계원인에 의하여 일어난다(상속에 따른 점유 승계에 대해서는 제193조 참조). 특정승계는 현실인도, 점유개정, 목적물반환청구권의 양도에 의하여 일어난다(제196조 제1항, 제2항, 제188조 내지 제190조. 상세한 설명은 제2편 제4장 『동산물권변동 1 ― 권리자에 의한 경우』 참조). 점유의 승계인은 자기 점유만을 주장하거나 자기 점유와 전점유자의 점유를 아울러 주장할 수 있다(제199조 제1항). 20년이라는 장기의 점유를 요건으로 하는 부동산 점유취득시효 사건에서는 취득시효를 주장하는 자가 자기의 점유 외에도 전점유자의 점유를 아울러 주장하는 경우가 많다. 그런데 판례는 상속에 의한 포괄승계의 경우에는 상속인이 새로운 권원에 의하여 자기 고유

별한 사정이 없는 한 그 건물의 대지 전체를 공동점유하는 것이다. 대판 2014.9.4, 2012다7670; 대판 2017.1.25, 2012다72469 참조.

17) 다만 민법 제200조에서 정하는 점유자의 권리의 적법 추정이 미치는 한에서는 선의의 양수인이 무과실로 목적물을 취득하여 점유한 것이라고 추정할 수 있을 것이다.

18) 대판 2008.2.1, 2007다8914.

의 점유를 개시하지 않는 한 피상속인의 점유를 떠나 자기만의 점유를 주장할 수 없다고 한다.[19] 이러한 취지는 다른 포괄승계의 경우에도 유추 적용될 수 있다. 이러한 판례의 태도에 따르면 포괄승계에 관한 제199조 제1항의 적용은 그 범위에서 제한된다. 한편 전점유자의 점유를 아울러 주장하는 경우에는 그 하자도 승계한다(제199조 제2항).[20] 여기에서 하자 있는 점유는 타주점유, 폭력점유, 은비점유, 악의점유, 과실점유 등 점유로서의 효력을 발생시키는 데에 장애가 되는 형태의 점유를 말한다.

Ⅳ. 점유의 효력

1. 개   관

점유는 일정한 법적 효력을 지닌다. 점유자는 권리자라는 추정을 받고(제200조), 점유물 반환 시 회복자에게 일정한 권리와 의무를 가지며(제201조 내지 제203조), 본권에 기한 청구권과는 구별되는 점유보호청구권을 가지고(제204조 내지 제208조), 일정한 요건 아래에서 자력구제권을 행사할 수도 있다(제209조). 그중 점유자와 회복자의 관계에 대해서는 제4편 제2장 『소유물반환관계에 따른 부수적 이해조정』에서 살펴본다.

2. 권리의 추정

점유자가 점유물에 대하여 행사하는 권리는 적법하게 보유한 것으로 추정한다(제200조). 예를 들어 점유자가 점유물의 소유자라고 주장하는 경우 그 점유자는 소유자로 추정한다. 소유자가 물건을 점유하는 것이 일반적인데다가, 동산의 경우에는 달리 소유권을 증명하는 것이 어렵기 때문이다. 마찬가지 논리로 점유자가 점유물의 질권자라고 주장하는 경우 그 점유자는 질권자로 추

---

19) 대판 1992.9.22, 92다22602등; 대판 1997.5.30, 97다2344; 대판 2004.9.24, 2004다27273.
20) 따라서 선대의 점유가 타주점유인 경우 선대로부터 상속으로 점유를 승계한 자의 점유도 원칙적으로 타주점유가 된다. 대판 2004.9.24, 2004다27273. 반대로 점유자의 승계인이 자기의 점유만을 주장하는 경우에는 전점유자의 점유 하자를 승계하지 않으므로 전점유자의 점유가 타주점유라 하여도 현 점유자의 점유는 자주점유로 추정된다. 대판 2002.2.26, 99다72743.

정한다. 이러한 권리 추정은 과거의 점유에도 미친다. 그러므로 과거의 점유와 현재의 점유를 각각 증명하면 그 사이 기간에 점유가 계속된 것으로 추정되고 (제198조), 그 기간 동안 적법한 권리를 보유하고 있었던 것으로 추정된다.[21] 부동산의 경우에는 등기에 의하여 권리가 추정되므로 등기로 표상되는 부동산 물권에는 제200조가 적용되지 않는다.[22] 다만 등기를 요하지 않는 부동산물권 이나 미등기 부동산의 경우에는 등기의 추정력이 미치지 않으므로 제200조가 적용된다.[23]

권리자로 추정되는 '점유자'에는 직접점유자와 간접점유자, 자주점유자와 타주점유자가 모두 포함된다. '점유물에 대하여 행사하는 권리'에는 소유권뿐만 아니라 그 외에 점유를 정당화하는 모든 권리(예컨대 유치권이나 임차권)가 모두 포함된다. 여기에서의 추정은 법률상 추정이므로 점유자가 권리자가 아니라고 주장하는 자가 이를 증명해야 한다. 다만 민법 제213조에 의하면 소유자가 점 유자를 상대로 소유물반환청구를 한 때 점유자가 자신의 점유할 권리를 증명 해야 하므로 이 한도 내에서는 위 추정이 적용되지 않는다.[24] 따라서 권리 추 정 규정은 소유자가 아닌 제3자가 점유자의 권리 존부를 다툴 때 효용을 발휘 하게 된다.

3. 점유보호청구권

민법은 점유를 일단 적법하다고 보아 잠정적인 보호를 부여하고, 이를 위 해 점유물반환청구권(제204조), 점유물방해제거청구권(제205조), 점유물방해예방 청구권(제206조)을 인정한다. 상당수의 물권 분쟁은 점유가 아니라 본권을 둘러 싼 분쟁이다. 따라서 점유보호청구권에 대해서는 분쟁 사례나 재판례가 그다지 많지 않다. 그러나 본권이 없거나 본권을 증명할 수 없는 경우에 물권적 보호 를 보충적으로 제공하는 점유보호청구권의 의미를 무시할 수는 없다. 다만 이 러한 점유 보호는 단기적이고 잠정적인 것이어서 이러한 청구권에는 1년의 제 척기간이 적용된다(제204조 제3항, 제205조 제2항, 제3항, 제206조 제2항 참조). 물

---

21) 주석민법, 물권(1), 459 (김형석).
22) 대판 1969.1.21, 68다1864.
23) 주석민법, 물권(1), 457 (김형석).
24) 주석민법 물권(1), 461 (김형석).

권적 청구권의 행사 기간에 제한을 받지 않는 본권의 보호와 다른 점이다. 판례는 이 제척기간은 재판 외에서 권리행사하는 것으로는 충분하지 않고 그 기간 내에 소를 제기해야 하는 이른바 출소기간(出訴期間)이라고 해석한다.[25] 점유침탈이나 방해에 대해서는 사법절차에 의거하여 단기간 내에 대응하도록 함으로써 사회질서를 유지하고 점유를 둘러싼 법률관계를 조속히 안정시키고자 하는 취지이다.

이러한 사법절차에 의거하지 않고 자력구제를 도모할 수 있는 경우도 있다. 자력구제는 사인이 자신의 권리를 보호하거나 실현하기 위해 국가의 힘을 빌리지 않은 채 실력을 행사하는 것을 말한다. 자력구제는 국가의 힘에 따른 권리 보호나 실현이 곤란한 경우에는 유용하나, 사법체계가 잘 구비된 경우에는 허용될 수 없는 것이 원칙이다. 자력구제는 사회의 평화와 질서를 깨뜨리기가 쉽기 때문이다. 따라서 민법은 부동산의 경우 점유자는 침탈 후 직시(直時) 가해자를 배제하여 이를 탈환할 수 있고, 동산의 경우 점유자는 현장에서 또는 추적하여 가해자로부터 이를 탈환할 수 있다고 규정함으로써 시간적, 장소적 근접성이 인정되는 범위에서만 예외적으로 자력구제를 허용한다(제209조). 이는 이러한 근접성이 인정되는 한 자력구제가 침탈행위로 이미 깨어져 버린 사회평화를 추가적으로 해치지 않는다고 보기 때문이다. 여기에서"직시"는 "객관적으로 가능한 한 신속히" 또는 "사회관념상 가해자를 배제하여 점유를 회복하는 데 필요하다고 인정되는 범위 안에서 되도록 속히"라는 뜻이다.[26] 판례 중에는 위법한 강제집행 2시간 내에 자력으로 점유를 탈환한 것을 적법한 자력구제로 본 것이 있다.[27] 설령 점유자가 점유 침탈 사실을 몰랐더라도 침탈 행위로부터 상당한 시간이 흘렀다면 더 이상 이러한 자력구제권을 행사할 수 없다.[28] 점유보조자는 점유자의 지시를 받아 물건에 대한 사실상 지배를 하는 자이므로 자력구제권을 가진다. 간접점유자가 직접점유자와 별도로 자력구제권을 가지는가에 대해서는 논란이 있는데, 자력구제권의 보충적 성격에 비추어 이를 부정하

---

25) 대판 2002.4.26, 2001다8097등. 다만 이는 "소로써" 방해제거를 구할 수 있다고 규정하였던 의용민법 제198조 아래에서는 타당한 해석론이나, "소로써"를 삭제한 현행 민법 아래에서 타당한 해석론인지는 의문이 있다.
26) 대판 1993.3.26, 91다14116.
27) 대판 1987.6.9, 86다카1683.
28) 대판 1993.3.26, 91다14116.

는 것이 타당하다. 민법은 점유자에 대해서만 자력구제권 규정을 두고 있는데, 해석상 본권자에게도 이를 인정할 수 있다.[29] 이처럼 자력구제가 행해질 수 있는 예외적인 상황을 제외하면 점유침탈이나 방해에 대해서는 아래와 같은 점유보호청구권을 행사해야 한다.

(1) 점유물반환청구권 등

점유자가 점유의 침탈을 당한 때에는 점유자는 그 물건의 반환 및 손해배상을 청구할 수 있다(제204조 제1항). '점유의 침탈을 당한 때'는 점유자가 그 의사에 의하지 않고 침탈자에게 물건의 사실적 지배를 빼앗긴 경우를 말한다. 즉 비자발성과 사실상 지배 이전이라는 두 가지 요건이 충족되어야 한다. 그중 사실상 지배 이전이라는 요건이 충족되었는지는 일반적인 점유 판단 기준에 따라 결정하면 충분하다. 가령 단순한 경락인에 불과하였던 피고가 건물의 잠금장치를 임의로 교체하고, 적법하게 집행되지도 아니한 부동산인도명령문을 공고하는 방법으로 원고들의 건물 출입을 막았다면 피고가 그 무렵 원고들의 건물 점유를 침탈한 것이다.[30] 점유침탈행위가 반드시 침탈자에 의하여 직접 이루어져야 할 필요는 없다. 가령 점유자에 대한 집행권원 없이 이루어진 위법한 강제집행에 의하여 점유자의 점유를 빼앗은 경우도 공권력을 빌려서 점유를 침탈한 경우에 해당한다.[31]

이러한 점유침탈행위가 있으면 점유자는 침탈을 당한 날부터 1년 내에 그 물건의 반환 및 손해배상을 청구할 수 있다. 이 청구권의 주체는 점유를 침탈당하였던 점유자이므로 침탈 당시 점유자가 아니었던 자는 점유회수의 소를 제기할 수 없다.[32] 직접점유자가 점유의 침탈을 당한 경우 간접점유자는 그 물건을 직접점유자에게 반환하라고 청구할 수 있고, 직접점유자가 그 물건의 반환을 받을 수 없거나 이를 원하지 아니하는 때에는 자기에게 반환하라고 청구할 수 있다(제207조 제2항). 이 청구권의 상대방은 점유를 침탈하여 현재 점유

---

29) 관련 판결로 대판 2007.2.22, 2005다17082등 참조(소유자의 명도청구소송 계속 중 소유자가 건물 부분에 침입하여 점유자의 물품을 끌어내어 야적함으로써 물품이 훼손된 사안에서, 자력구제자의 위법성이 적지 않다고 하여 손해배상을 명한 사례).

30) 대판 2003.7.25, 2002다34543.

31) 대판 1987.6.9, 86다카1683.

32) 대판 2012.2.23, 2011다61424등.

하고 있는 자이다.[33] 침탈자의 특별승계인에 대해서는 청구권을 행사할 수 없다(제204조 제2항 제1문). 다만 승계인이 악의라면 그에게 청구권을 행사할 수 있다(제204조 제2항 제2문). 민법 제204조의 표제가 '점유의 회수'임을 고려하여 이러한 청구권을 점유회수청구권이라고 부르기도 한다.[34] 1년의 제척기간 기산점은 침탈을 당한 때이다. 점유자가 침탈 사실을 몰랐더라도 제척기간은 진행한다. 판례에 따르면 이는 출소기간이므로,[35] 1년 내에 재판상 청구를 하지 않으면 이 청구권은 소멸한다.

(2) 점유물방해제거 및 예방청구권 등

점유자가 점유의 방해를 받은 때에는 그 방해의 제거 및 손해배상을 청구할 수 있다(제205조 제1항). 또한 점유자가 점유의 방해를 받을 염려가 있는 때에는 그 방해의 예방이나 손해배상의 담보 중 하나를 청구할 수 있다(제206조 제1항). 직접점유자뿐만 아니라 간접점유자도 이러한 청구권의 주체가 될 수 있다. 점유자가 동시에 본권자라면 본권 외에도 점유권에 기하여 이러한 청구들을 할 수 있다. 예컨대 시효취득자가 점유취득시효의 완성을 원인으로 하여 소유권이전등기를 청구하면서 그와 동시에 시효완성 후 토지 소유자가 설치한 담장의 철거를 청구하는 경우 시효취득자는 등기 전에는 소유자가 아니지만 점유권에 기해 담장철거청구를 할 수 있다.[36] 여기에서 방해는 점유자의 사실상 지배를 간섭하는 상태이다. 판례는 국가가 국유지 위에 창고를 건축하여 국유지를 무상으로 사용하는 자에게 사용허가신청서제출요구서, 사용료납부고지서 및 독촉장 등을 보내고, 거래처에 창고 보관 화물을 옮겨달라는 협조요청을 하였다는 사정만으로는 점유방해행위가 있었다고 할 수 없다고 한다.[37] 방해자의 고의나 과실 등 귀책사유는 요구되지 않는다. 점유자는 타인의 채권자가 그 채권의 실행으로 자신의 점유물에 대하여 강제집행을 할 경우 제3자 이의의 소를 제기할 수 있는데(민집 제48조 제1항),[38] 이 역시 본질에 있어서는 점유물

---

33) 대판 1995.6.30, 95다12927.
34) 대판 1995.6.30, 95다12927.
35) 대판 2002.4.26, 2001다8097등.
36) 대판 2005.3.25, 2004다23899등.
37) 대판 1987.6.9, 86다카2942.
38) 대판 2009.4.9, 2009다1894.

방해제거청구권의 행사이다. 그 외에 방해에 대한 상세한 내용은 제4편 제1장 물권적 청구권 중 소유물방해제거청구권 부분을 참조하기 바란다.

　방해제거청구권과 손해배상청구권은 방해가 종료한 날로부터 1년 내에 행사해야 한다(제205조 제2항, 제206조 제2항). 판례는 '방해가 종료한 날'은 '방해행위가 종료한 날'을 의미한다고 한다.[39] 다만 행위가 개입되지 않는 방해(상태방해)의 경우에는 그 방해 상태가 확립되어 안정된 시점이 제척기간의 기산일이다. 방해예방청구권 또는 손해담보청구권은 방해의 염려가 있는 한 언제든지 행사할 수 있다. 공사로 인하여 점유의 방해를 받거나 방해의 염려가 생긴 경우에는 공사착수 후 1년을 경과하거나 그 공사가 완성한 때에는 방해의 제거나 예방을 청구하지 못한다(제205조 제3항, 제206조 제3항).

> **[판결 4] 점유보호청구권의 제척기간 기산점: 대판 2016.7.29, 2016다214483, 214490**

　　상고이유를 판단한다.

　　1. 가. 미등기 무허가건물의 양수인이라도 그 소유권이전등기를 마치지 않는 한 그 건물의 소유권을 취득할 수 없고, 소유권에 준하는 관습상의 물권이 있다고도 할 수 없으므로(대법원 2006.10.27. 선고 2006다49000 판결 등 참조), 미등기 무허가건물의 양수인은 소유권에 기한 방해제거청구를 할 수 없다고 보아야 한다.

　　나. 민법 제205조에 의하면, 점유자가 점유의 방해를 받은 때에는 그 방해의 제거 및 손해의 배상을 청구할 수 있고(제1항), 제1항의 청구권은 방해가 종료한 날로부터 1년 내에 행사하여야 하는데(제2항), 민법 제205조 제2항이 정한 '1년의 제척기간'은 재판 외에서 권리행사하는 것으로 족한 기간이 아니라 반드시 그 기간 내에 소를 제기하여야 하는 이른바 출소기간으로 해석함이 상당하다(대법원 2002.4.26. 선고 2001다8097, 8103 판결 등 참조). 그리고 그 기산점이 되는 '방해가 종료한 날'이라 함은 방해 행위가 종료한 날을 의미한다고 보아야 한다.

　　2. 가. 원심판결 이유와 원심이 적법하게 채택하여 조사한 증거 등에 의하면 다음 각 사실을 알 수 있다.

　　(1) 원고들은 서울 강남구 (주소 생략) 일대 구룡마을 내의 무허가건물인 이

---

39) 대판 2002.4.26, 2001다8097등; 대판 2016.7.29, 2016다214483등.

사건 가옥을 종전 권리자로부터 권리포기각서 등을 받고 그 점유를 이전받는 방법으로 양수한 사람들이다.

(2) 피고 서울특별시 강남구(이하 '피고 강남구'라고 한다)는 구룡마을 내 무허가건물의 관리와 구룡마을 개발에 따른 입주권 보상 등을 위한 공가 입주시도를 차단하기 위하여 무허가건물의 출입문에 각목이나 철망을 설치하는 등 공가폐쇄조치를 하였는데, 원고들이 양수한 이 사건 가옥에 대한 공가폐쇄조치(이하 '이 사건 폐쇄조치'라고 한다)는 2009. 10. 1.경까지 마쳐진 것으로 보인다.

(3) 한편 원고들은 2011. 11. 10. 이 사건 폐쇄조치로 인한 손해배상을 구하는 이 사건 소를 제기하였고, 2015. 3. 11. 위와 같은 손해배상청구를 예비적 청구로 변경하고 이 사건 폐쇄조치로 인한 철망의 제거를 구하는 주위적 청구를 추가하는 내용의 청구취지변경신청서를 원심법원에 제출하였다.

나. 이 사건 원고들의 주위적 청구는 이 사건 가옥에 대한 소유권·점유권·주거권 등에 기한 방해제거청구로서 이 사건 가옥에 설치된 철망의 철거를 구하는 것인데, 원심은 앞서 본 사실관계를 전제로 피고 강남구의 이 사건 폐쇄조치는 법적 근거 없이 행해진 것으로 위법하다는 등의 이유를 들어 원고들의 주위적 청구를 인용하였다.

3. **원심판단의 당부를 살펴본다.**

가. 원고들이 주위적 청구의 권원 중 하나로 주장하는 소유권에 기한 방해제거청구가 인정되는지 여부에 관하여 보면, 원고들은 종전 권리자로부터 무허가건물을 양수하였을 뿐이므로 이 사건 가옥에 대한 소유권이전등기를 마침으로써 그 소유권을 취득하였다는 사실을 증명하지 아니하는 이상 소유권에 기한 방해제거청구로서 이 사건 가옥에 설치된 철망의 철거를 구할 수는 없는 것이다. 또한 원고들이 주위적 청구의 권원으로 주장하는 주거권은 소유권·점유권 등 물권과 같이 방해제거청구의 권원이 된다고 볼 수 없다.

나. 원고들의 주위적 청구를 점유권에 기한 방해제거청구로 보더라도, 점유권에 기한 방해제거청구의 소가 방해 행위가 종료된 날로부터 1년이 경과한 이후에 제기되었다면, 그러한 소는 앞서 본 법리에 따라 제척기간이 경과한 후에 제기된 것으로서 부적법하다고 보아야 한다. 그런데 앞서 본 사실관계에 의하면, 이 사건 가옥에 대한 점유방해 행위로서의 이 사건 폐쇄조치는 대부분 2009. 10. 1.경까지 행해졌고 늦어도 이 사건 소가 제기된 2011. 11. 10. 이전에는 종료되었다고 보이는데, 점유방해제거청구로서 철망의 철거를 구하는 이 사건 주위적 청구는 그로부터 1년이 경과하였음이 역수상 명백한 2015. 3. 11.에야 비로소 제기되었으므로, 이 사건 주위적 청구는 그 방해 행위가 종료한 날로

부터 1년이 지난 이후에 제기되어 부적법하다고 볼 여지가 충분하다.

　다. 그렇다면 원심으로서는, 이 사건 주위적 청구 중 소유권에 기한 청구에 관하여는 원고들이 이 사건 가옥에 대한 소유권이전등기를 마침으로써 그 소유권을 취득하였는지를 심리하였어야 하고, 점유권에 기한 청구에 관하여는 원고들에 대한 철망 설치 등 방해 행위의 종료시점을 심리하여 이 사건 소가 방해행위 종료시점으로부터 1년 이내에 제기된 것인지 등을 심리한 다음 본안 판단에 나아갔어야 한다. 그럼에도 원심은 원고들의 주위적 청구의 권원을 명확히 밝히지 아니하고 각각의 권원에 대하여 필요한 심리를 다하지 아니한 채, 원고들이 이 사건 가옥을 양수하여 그 점유를 이전받은 사람이라는 사정 등 그 판시와 같은 이유만을 들어 원고들의 주위적 청구를 인용하였으니, 이와 같은 원심판결에는 미등기 무허가건물의 소유권 취득이나 점유방해제거청구의 제척기간에 관한 법리를 오해한 결과 필요한 심리를 다하지 아니하여 판결에 영향을 미친 잘못이 있다.

[판결 4]에 관하여 생각할 점

1. 원고들은 각각 어떤 권리에 기하여 철망 철거를 구하였는가? 이에 관하여 원심과 대법원은 각각 어떤 결론에 이르렀는가?
2. 민법 제205조 제1항은 "점유자가 점유의 방해를 받은 때에는 그 방해의 제거 및 손해의 배상을 청구할 수 있다."라고 규정하고, 제2항은 "전항의 청구권은 방해가 종료한 날로부터 1년 내에 행사하여야 한다."라고 규정한다. 방해가 종료되었다면 더 이상 방해가 존재하지 않아 방해제거청구권을 행사할 이유도 없으므로 민법 제205조 제2항은 손해배상청구권에만 적용된다는 견해에 대해서는 어떻게 생각하는가? 대법원은 이에 관하여 어떤 입장을 취하였는가?
3. 폭풍우로 돌담이 남의 점유지로 무너져 내린 경우처럼 특정한 방해행위 없이 점유방해가 발생하였다면 그 점유보호청구권의 제척기간은 언제부터 기산되는가?

4. 점유의 소와 본권의 소

　점유의 소는 점유보호청구권을 청구원인으로 하는 소이고, 본권의 소는 소유권, 지상권, 전세권, 임차권 등 본권을 청구원인으로 하는 소이다. 점유의 소와 본권의 소는 각각 독립된 별개의 청구권에 의하여 제기되는 별개의 소로

서 서로 영향을 미치지 않는다(제208조 제1항). 따라서 점유자이면서 본권자인
경우에는 두 소를 동시에 제기하거나 따로 제기할 수 있다. 그리고 점유자가
본권자를 상대로 점유의 소를, 본권자가 점유자를 상대로 본권의 소를 각각 제
기하는 것도 가능하다. 두 개의 소는 별개의 소이므로 점유의 소에서는 본권에
관한 이유로 재판하지 못한다(제208조 제2항). 예컨대 점유물반환청구의 소에서
상대방은 자신이 점유를 침탈하지 않았다는 등 점유권과 관련된 주장을 할 수
는 있지만, 자신이 소유자라는 항변으로 점유물반환청구를 배척하지 못한다.[40]
이를 허용하면 본권자의 점유침탈행위를 정당화하는 결과가 되어 본권과 독립
적으로 점유를 보호하는 점유 제도의 취지가 무색하게 되기 때문이다. 물론 본
권자는 점유의 소와 별도로 소를 제기하거나 소유권에 기한 반소를 제기함으
로써 본권을 행사할 수는 있다.[41] 두 가지 청구가 모두 이유 있는 경우 법원은
각 청구를 모두 인용해야 하고 점유권에 기초한 본소를 본권에 관한 이유로
배척할 수 없다.[42] 양자 사이의 모순은 집행단계에서 정리할 수밖에 없다. 본
권은 점유권에 앞서므로 본권자의 집행 시 점유자가 자신의 승소확정판결로
대항할 수 없다. 점유자의 집행 시 본권자는 자신의 승소확정판결에 기한 청구
이의의 소로써 집행을 배제할 수 있다.[43] 또한 점유권에 기해 점유이전금지가
처분결정을 받은 후 점유권에 기한 본소와 본권에 기한 반소가 모두 인용되어
확정되었다면 본권은 점유권에 앞서므로 점유이전금지가처분결정은 더 이상
유지할 수 없다.[44]

---

40) 대판 1962.8.2, 62다259; 대판 1964.10.20, 64다802; 대판 1967.6.20, 67다479; 대판
    2010.7.15, 2010다18294. 또한 대결 2013.5.31, 2013마198에서는 점유물반환청구권을 피
    보전권리로 하는 점유이전금지가처분신청에 대하여 소유권 그 밖의 본권에 관한 이유로
    피보전권리나 보전의 필요성을 부정할 수 없다고 한다.
41) 본권에 기한 반소 제기를 긍정한 대판 1957.11.14, 4290민상454, 455 참조.
42) 대판 2021.3.25, 2019다208441 참조.
43) 대판 2021.2.4, 2019다202795, 202801은 점유자의 점유 회수 집행이 무의미한 점유상태
    변경을 반복하는 것에 불과할 뿐 아무런 실익이 없거나 본권자로 하여금 점유 회수의 집
    행을 수인하도록 하는 것이 명백히 정의에 반하여 사회생활상 용인할 수 없다고 인정되
    는 경우, 또는 점유자가 점유권에 기한 본소 승소확정판결을 장기간 강제집행하지 않음
    으로써 본권자의 예비적 반소의 승소확정판결까지 조건불성취로 강제집행에 나아갈 수
    없게 되는 등 특별한 사정이 있다면 본권자는 청구이의의 소를 제기할 수 있다고 한다.
44) 대결 2013.5.31, 2013마198.

제2장　취득시효

I. 서　설

1. 취득시효의 의의

(1) 일정한 사실상태가 상당한 기간 동안 지속된 경우에 그 상태대로의 법률관계를 인정하는 제도를 시효라고 한다.[1] 시효에는 소멸시효와 취득시효가 있다. 그중 취득시효는 일정한 권리의 실현에 해당하는 사실이 오래 지속된 경우에 그 권리 취득의 효과가 생기는 것을 말한다. 프랑스민법이나 일본민법처럼 소멸시효와 취득시효를 함께 규정하는 입법례들도 있으나, 우리나라는 독일의 예에 따라 양자를 각각 총칙편과 물권편에 나누어 규정하고 있다. 그러나 양자는 모두 시효제도로서 공통점을 가지고 있고, 소멸시효의 중단에 관한 규정은 취득시효에 준용된다(제247조 제2항).

(2) 우리나라에서는 그동안 토지의 소유권을 둘러싼 분쟁에서 취득시효, 특히 민법 제245조 제1항에서 정하는 점유취득시효의 성립 여부가 매우 빈번하게 문제되었다. 일제 토지조사사업의 허술함, 농지개혁이나 전쟁 및 도시로의 인구이동 과정에서 파생된 토지공부의 혼란, 등기를 통한 권리관계 명확화에 대한 국민들의 법의식 부족 등이 그 주된 원인이었다. 이 과정에서 권리관계와 사실상 이용관계 사이에 다수의 불일치가 발생하였다. 취득시효 제도는 그로부터 파생되는 혼란을 조정하는 역할을 수행하여 왔다. 이러한 이유로 취

---

1) 시효제도 일반과 소멸시효에 대하여는 민법 Ⅲ에서 살펴본다.

득시효에 관하여는 방대한 판례법이 형성되어 있다. 향후 위와 같은 불일치가 감소하면서 취득시효 제도의 비중은 점점 줄어들 것으로 예상되지만, 아직까지도 재판실무상 취득시효에 관한 민사사건들의 수는 적지 않다.

2. 취득시효의 대상이 되는 권리

(1) 부동산 및 동산의 소유권은 취득시효의 목적이 된다(제245조, 제246조).[2] 그런데 실제로 취득시효는 우리나라에서 거의 예외 없이 부동산 소유권에 대한 것이 문제된다. 이하에서도 부동산 취득시효를 중심으로 설명한다.

(2) 민법은 위 취득시효 규정들을 소유권 이외의 재산권에 준용한다(제248조). 그러나 성질상 시효취득할 수 없는 재산권도 적지 않다. 우선 권리가 실현된 상태의 지속이라는 것을 관념하기 어려운 청구권이나 형성권이 그러하다. 물권 중에서도 어차피 사실적 지배만으로 성립하는 점유권, 점유를 수반하지 않는 저당권, 법률의 규정에 따른 요건이 충족되어야 성립하는 유치권도 시효취득할 수 없다. 또한 친족관계(이는 애당초 시효취득할 수 없다)를 기초로 하는 재산적 권리인 부양청구권(제826조, 제974조 이하)도 시효취득할 수 없다. 결국 소유권 외에 지상권·지역권[3]·전세권·질권 등 물권과 그에 유사한 광업권·어업권, 특허권 등의 지식재산권, 주주권과 같은 사원권 등이 시효취득될 수 있다.

(3) 토지 등 부동산의 일부도 취득시효의 대상이 된다.[4] 물론 점유시효취득으로 인한 등기는 그 일부에 관한 분필절차를 밟은 후에야 할 수 있고, 이러한 절차를 밟지 않은 채 단순히 그 부분의 비율에 상응하는 지분의 이전을 청구하지는 못한다. 등기부취득시효에서는 등기에 부합하는 점유가 있어야 하므로 부동산의 일부에 대한 등기부취득시효는 부정해야 한다는 견해가 있다.[5] 그러나 점유의 양적 범위가 전적으로 등기에 부합해야 할 이유는 없으므로, 그

---

2) 그러나 등기부취득시효는 이미 소유권등기가 되어 있는 것을 요건으로 하므로, 미등기부 동산은 그 대상이 되지 못한다.

3) 지역권은 계속되고 표현된 것에 한하여 시효취득을 인정한다(제294조).

4) 대판 1989.4.25, 88다카9494; 대판 1993.12.14, 93다5581 등. 이를 위하여는 "그 부분이 다른 부분과 구분되어 시효취득자의 점유에 속한다는 것을 인식하기에 족한 객관적인 징표가 계속하여 존재할 것을 요한다"고 한다.

5) 곽윤직/김재형, 물권법, 262.

일부의 등기부취득시효를 긍정할 것이다.

　　재판례 중에는 소유권의 비율적 일부, 즉 공유지분에 대한 시효취득이 가능한 것처럼 설시하는 것이 있다.[6] 그런데 점유는 물건을 사실상 지배하는 것을 가리키므로, 1개의 건물 중 특정 부분만을 점유할 수는 있지만, 일부 지분만을 사실상 지배하여 점유한다는 것은 상정하기 어렵다.[7] 그러므로 지분 자체의 점유에 기한 시효취득은 인정할 수 없다. 그러나 물건의 공동점유자에 의한 시효취득[8]이나 공유물의 시효취득에 있어서는 물건을 점유하여 시효취득하였으나 그 소유권이전을 위해 지분의 이전이 필요한 경우도 있다. 이때에는 각 공동점유자가 또는 각 공유자에 대하여 지분의 이전을 청구할 수 있다. 그러한 의미에서는 지분의 시효취득을 인정하여도 좋을 것이다. 한편 등기부취득시효에서는 지분에 관한 소유권등기가 되어 있고 이에 기초해서 등기부취득시효가 완성되었다면 지분만의 취득시효를 인정할 수 있다.[9]

　　(4) 자기 소유 부동산도 취득시효의 대상이 된다는 것이 우리 판례의 태도이다.[10] 자기 소유 부동산에 대하여는 소유권에 기초한 말소등기청구를 하면 충분하므로 시효취득에 기한 소유권이전등기청구는 필요없다고 생각할 수도 있다. 그런데 현실적으로 자기 소유의 부동산이지만 권리행사시 자기의 소유권을 증명하기 어려운 상황에서는 이와 별도로 취득시효에 기초한 청구권을 인정할 실익이 있다. 의용 민법 제162조에서는 취득시효 대상을 「타인」의 부동산으로 한정하고 있었는데, 현행 민법 제245조는 타인성 요건을 삭제하였던 입법적 연혁도 이러한 해석을 뒷받침한다. 다만 부동산에 관하여 적법·유효한 등기를 하여 소유권을 취득함으로써 소유사실을 증명하는 데에 어려움이 없는 경우에는 소유자로서 한 부동산 점유는 취득시효의 기초가 되는 점유로 삼을

---

6) 대판 1975.6.24, 74다1877; 대판 1979.6.26, 79다639. 집합건물의 공용부분에 대한 공유자의 지분은 전유부분과 분리하여 처분할 수 없다는 이유를 들어 집합건물의 공용부분이 취득시효 대상이 되지 않는다고 한 대판 2013.12.12, 2011다78200, 78217도 지분 취득시효가 그 자체로는 불가능하지 않다는 전제 위에 서 있다.

7) 대판 2017.1.25, 2012다72469.

8) 대판 2003.11.13, 2002다57935는 건물의 공동소유자에 의한 대지의 시효취득을 인정하면서 건물에 대한 지분에 좇아 대지의 소유권을 취득하게 된다고 한다. 대판 2017.1.25, 2012다72469도 마찬가지 취지이다.

9) 대판 1975.6.24, 74다1877의 사안이 그러하다.

10) 대판 1973.7.24, 73다559; 대판 1992.2.25, 91다9312; 대판 2001.7.13, 2001다17572.

수 없다.[11]

　(5) 국가 또는 지방자치단체의 재산은 행정재산과 일반재산으로 구분되는데,[12] 그중 행정재산에 해당하는 부동산은 취득시효의 대상이 되지 않는다(국재 제7조 제2항, 공재 제6조 제2항). 그러나 일반재산에 해당하는 부동산은 취득시효의 대상이 된다.[13] 그런데 그 취득시효가 완성되려면 취득시효기간 동안 계속하여 일반재산이어야 한다.[14] 또한 취득시효가 불가능한 행정재산이 그것이 가능한 일반재산으로 변환되려면 공용폐지가 있어야 한다. 한편 행정재산이 기능을 상실하여 본래의 용도에 제공되지 않는 상태에 있다고 하여 묵시적 공용폐지가 있다고는 할 수 없다.[15]

　(6) 법률해석상 취득시효의 대상이 되지 않는 경우도 있다. 대법원은 구 「친일반민족행위자 재산의 국가귀속에 관한 특별법」(2011. 5. 19. 법률 제10646호로 개정되기 전의 것, 이하 '특별법'이라 한다) 제2조 제2호에 정한 친일재산은 친일반민족행위자재산조사위원회가 국가귀속결정을 하였는지 여부에 관계없이 특별법 제3조 제1항에 의하여 그 취득·증여 등 원인행위시에 소급하여 당연히 국가의 소유로 되는 점에다가 특별법의 입법취지 등을 감안하면 특별법상 친일재산에 관하여는 친일반민족행위자나 그 상속인들에 의한 시효취득이 허용되지 아니한다고 판시한 바 있다.[16]

---

11) 대판 2016.10.27, 2016다224596; 대판 2016.11.25, 2013다206313.
12) 국가의 재산은 국유재산, 지방자치단체의 공유재산으로 나누고 이를 합쳐서 국공유재산이라고 일컫는다. 국공유재산은 행정재산과 일반재산으로 구분하고, 행정재산은 공용재산, 공공용재산, 기업용재산, 보존용재산으로 다시 구분한다. 국재 제6조 및 공재 제5조 참조.
13) 원래 국공유재산은 잡종재산(현행법의 일반재산)이라고 해도 시효취득할 수 없다고 규정되어 있었다. 그런데 이들 규정 중 잡종재산이 취득시효의 대상이 되지 않는다는 부분에 대하여 위헌결정(헌재 1991.5.13, 89헌가97 및 헌재 1992.10.1, 92헌가6)이 있어서, 결국 그러한 취지로 개정된 것이다.
14) 대판 2010.11.25, 2010다58957.
15) 대판 2010.11.25, 2010다58957.
16) 대판 2012.2.23, 2010두17557.

Ⅱ. 부동산취득시효

1. 점유취득시효와 등기부취득시효

(1) 부동산 소유권에 대하여 민법 제245조는 두 종류의 취득시효를 정한다. 하나는, 20년 간 평온·공연한 자주점유를 계속하는 것에 의하여 인정되는 점유취득시효(또는 장기취득시효)이다(제1항). 다른 하나는 부동산 소유자로 등기된 사람이 선의·무과실로 평온·공연한 자주점유를 10년 간 계속하는 것에 의하여 인정되는 등기부취득시효(또는 단기취득시효)이다(제2항).

(2) 이 두 종류의 취득시효는 그 취지와 의미를 현저히 달리한다.

(가) 점유취득시효는 여러 가지 사정으로 우리 사회에서 빈번하게 일어났던 토지와 관련한 법생활에서의 혼란을 조정하여 가는 과정에서 등기와 장기간 지속된 점유의 일치를 도모하는 법장치로서 인정되었다.

등기된 부동산에 대하여도 장기의 자주점유만을 요건으로 하는 점유취득시효를 보편적으로 인정하는 것은 우리나라 점유취득시효 제도의 특징이다. 그런데 이는 부동산물권변동의 법리에서 등기를 앞세우는 나라로서는 비교법적으로 특이한 것이고, 또 그 입법적 타당성을 쉽사리 수긍하기 어렵다.[17] 본래 부동산의 물권변동에서 점유는 별다른 기능을 하지 못하고, 이에 따라 부동산의 점유자는 그 부동산에 대하여 행사하는 권리가 적법하다는 추정도 받지 못한다. 그러므로 부동산의 권리관계에 관한 한 등기자는 점유자보다 훨씬 강하게 보호받아야 한다. 특히 타인 앞으로 등기된 그 소유의 부동산을 「소유의 의사로」 점유하는 사람에 있어서는 그의 지위가 도덕적으로도 적극적인 평가를 받을 수 없다. 그럼에도 불구하고 제245조 제1항의 점유취득시효는 그러한 점유가 오래 지속되었다는 사정만으로 그에게 소유권의 취득을 인정한다는 점에서 그 타당성이 의문스럽다.[18] 결국 우리의 점유취득시효 제도는 독일식 등기

---

17) 상세한 내용은 양창수, "악의의 무단점유와 자주점유", 민법산고, 1998, 142 이하 참조.
18) 외국의 예를 보면, 우리와 같이 부동산물권변동에서 이른바 등기주의를 취하는 나라에서는 등기된 부동산에 대하여 장기의 자주점유만에 의하여 취득시효를 인정하는 예는 찾아볼 수 없다. 독일의 경우에는 우리 민법 제245조 제2항에 대응하는 등기부취득시효 외에는 부동산의 취득시효를 원칙적으로 인정하지 않는다(독일민법 제900조). 스위스에서는 원칙적으로 등기되지 아니한 부동산에 대해서만 점유취득시효가 인정된다(스위스민법 제

주의를 새로이 채택하면서, 의용 민법으로부터 종전의 프랑스식 취득시효제도를 이어받았다는 문제점을 내포하고 있다. 그러므로 이러한 입법상의 문제점은 가능한 한 해석론으로 보완되지 않으면 안 된다. 즉 제245조 제1항이 정하는 부동산 소유권의 점유취득시효가 긍정적으로 평가되려면, 그 「장기의 점유가 존중되어야 할 만한 사정」을 갖춘 것이어서 부동산 소유자를 배제하는 것이 불가피한 일로 수긍될 수 있어야 한다.[19]

(나) 한편 등기부취득시효는 등기의 공신력이 인정되지 않아서 선의·무과실의 소유권양수인이 소유권등기를 이전받았음에도 전자의 무권리를 이유로 자신의 신뢰대로 권리를 취득하지 못하는 상태를 조기에 정리하기 위한 것이다. 이는 등기의 공신력을 인정하지 않는 우리나라의 상황에서 그 공백을 메우는 보완장치로서, 향후 등기의 공신력이 인정된다면 그 존재의의를 상당 부분 상실하게 될 것이다.

이는 점유취득시효와는 그 요건을 현격히 달리하여, 등기부상의 소유명의인이 10년 동안 「선의·무과실」로 자주점유할 것을 요구하고 있다. 그런데 실제로 그 요건을 갖추는 것은, 대체로 등기부상의 소유명의인을 진정한 소유자로 믿고 그로부터 이를 취득하는 법률행위를 하고 등기 및 점유를 이전받은 경우이다. 이러한 경우가 아니라면, 그가 무과실로 자주점유를 취득하는 것은 쉽사리 인정되기 어렵다.[20] 그렇게 보면, 등기부취득시효는 만일 등기에 공신

662조). 한편 오스트리아에서는 등기된 부동산도 점유취득시효의 대상이 되기는 하지만, 그 점유는 30년의 시효기간 내내 선의·무과실이어야 한다(오스트리아민법 제1468조, 제1470조, 제1477조).

19) 대체로 ① 매매 기타 소유권 취득의 원인행위를 하고 점유는 이전받았으나(그 행위가 그 점유에 자주점유의 성질을 부여한다) 그 등기를 이전받지 못하게 하는 어떤 사정이 있어 그 행위에 소유권이전의 등기를 청구하지 못하는 채로 장기간이 경과한 경우, ② 미등기부동산이거나 애초 등기된 부동산이라도 — 일제 하의 토지조사사업에서 査定에 문제가 있었거나 전란 등으로 등기부 및 지적공부가 모두 멸실되었던 등으로 — 토지 소유권의 귀속 자체가 모호하여 등기의 신뢰성이 동요되어서, 그 권리의 귀착을 점유의 상황에 맡기는 것이 적절한 경우, ③ 토지의 사실상의 경계가 실체적 권리관계에 맞지 않게 구획된 채로 전전 양도되어 장기간이 경과한 경우(현재 경계분쟁이 일어난 경우), ④ 건물이 경계를 넘어 건축됨으로써 타인의 토지를 점유하게 된 후 장기간이 경과한 경우 등이 그러하다.

20) 왜냐하면 등기부의 기재를 믿은 사람은 무과실로 추정되는 반면, 등기부를 조사하지 아니함으로써 등기부의 기재로부터 쉽사리 알 수 있는 사정을 알지 못하였다면, 거래상의 주의의무를 다하지 못하여 과실 있는 것으로 평가되기 때문이다.

력이 있었다면 처음부터 보호받았을 소유권양수인에 대한 보호를 10년 뒤로 미루는 제도라고 해도 과언이 아니다. 즉 진정한 소유자가 10년 동안 양수인에 대하여 등기의 정정이나 반환 등 소유권의 행사를 하지 않을 때에 비로소 그에게 소유권의 취득을 인정하는 것이다.[21] 입법론적으로 본다면, 등기부취득시효에서 등기 이외에도 10년의 점유를 요구하는 것은 점유취득시효에서 단지 20년의 점유로써 소유권 취득이 가능한 것에 비하여 지나치게 가혹하다고 생각된다.

2. 점유취득시효의 요건

점유취득시효가 완성하려면 자주·평온·공연의 점유가 20년간 계속되어야 한다. 간접점유라도 무방하다.[22] 이 중 중요한 요건은 「자주점유」(특히 악의의 무단점유와 관련하여)와 「20년의 경과」(특히 기산점 및 점유승계와 관련하여)이다.

자주점유에 대해서는 목차를 바꾸어 살펴보고, 여기에서는 평온(平穩)·공연(公然)한 점유에 대해서만 간단히 설명한다. 평온한 점유란 점유자가 그 점유를 취득 또는 보유하는 데 법률상 용인될 수 없는 강폭행위(强暴行爲)를 쓰지 않는 점유이다.[23] 공연한 점유란 은비(隱秘)의 점유가 아닌 점유이다. 평온한 점유와 공연한 점유는 자주점유나 선의점유와 마찬가지로 법률상 추정된다(제197조 제1항).

(1) 자주점유
(가) 점유취득권원의 성질에 의한 판단

점유취득시효 요건으로서의 점유는 자주점유, 즉 소유의 의사로 하는 점유라야 한다. 자주점유는 다른 규정에서도 요구되나(점유물의 멸실·훼손으로 인

---

21) 대판(전) 1989.12.26, 87다카2176도 「등기기간의 승계」에 대하여 판단하면서, 등기부취득시효의 취지를 "형식주의를 취하면서도 등기의 공신력을 주지 아니한 현행법 아래서 등기를 믿고 부동산을 취득한 자를 보호하려는 것"이라고 한다.
22) 대판 1991.10.8, 91다25116; 대판 1993.4.27, 93다5000(모두 농민 아닌 자가 농지를 제3자로 하여금 경작하게 한 경우 시효취득을 긍정한 예) 등. 이 경우 직접점유자는 점유매개자로서 자주점유자가 아니므로 목적물을 시효취득할 수 없다.
23) 소유자로부터 반환청구 기타 권리행사를 받거나 소유권에 관한 분쟁이 있었다는 것만으로 평온한 점유가 아니라고 할 수 없다. 대판 1982.3.9, 81다172; 대판 1992.4.24, 92다6983; 대판 1992.6.23, 92다12698.

한 책임에 관한 제202조, 무주동산의 선점에 관한 제252조 등), 주로 취득시효와 관
련하여 문제된다. 그렇다면 자주점유는 어떠한 기준에 따라 판단하는가? 확고
한 판례와 통설에 의하면, 이는 점유취득의 원인이 된 사실(점유취득권원)의 성
질을 기준으로 해서 점유의 개시 당시에 객관적으로 정하여지며, 점유자의 내
심의 의사와는 무관하다.

　그러므로 매매·증여 등 소유권 취득의 원인이 되는 행위에 기하여 개시
된 점유는 자주점유이다. 반면 지상권·전세권 등 제한물권에 기하여 또는 임
대차·도급·위임·임치·명의신탁약정 등과 같이 타인의 물건을 일시적으로
위탁받는 계약에 기하여 취득된 점유는 타주점유이다. 목적물인도의무를 지는
부동산매도인이 동시이행의 항변권 등 다른 거절 권능도 없이 하는 목적물의
점유,[24] 타인의 토지 위에 분묘를 설치 또는 소유하는 자의 토지 점유,[25] 귀속
재산의 점유,[26] 건물신축 시 통상 있을 수 있는 시공상의 착오를 넘어서는 인
접 토지의 점유[27] 등도 객관적 성질상 타주점유에 해당한다. 뿐만 아니라, 점
유자가 소유권에 기한 등기말소소송과 같은 「본권에 관한 소」에서 패소하였으
면 등기말소의무를 부담하는 점유자는 그 패소가 확정된 때로부터 타주점유자
가 된다.[28] 한편 소유권 취득의 원인행위가 무효인 것만으로 타주점유라고 할
수 없다. 다만 점유자가 무효임을 알면서 그 행위를 하였던 경우에는 타주점유
라고 보아야 한다.[29] 앞서 본 대로 자주점유인지 여부는 점유개시시를 기준으

---

24) 대판 1992.9.14, 92다20064; 대판 1993.8.24, 92다43975; 대판 2004.9.24, 2004다27273
　　등. 따라서 매도인은 소유권 양도 후 20년을 계속 점유하여도 부동산을 시효취득하지 못
　　한다. 이미 대판 1968.7.30, 68다523은 경매로 부동산 소유권이 이전된 경우에 종전 소유
　　자의 점유에 대하여 같은 취지를 밝힌 바 있다.
25) 대판 1991.3.12, 90다17507; 대판 1997.3.28, 97다3651 등.
26) 대판 1955.8.11, 4288민상43; 대판 1967.12.29, 67다2408 등 확고한 판례(귀속재산의 점
　　유자는 군정법령 제33호 제3조에 의하여 미군정청에 대하여 보관의무를 지므로 그 점유
　　는 권원의 성질상 타주점유에 해당하고, 1948년 9월 11일에 대한민국 정부와 미국 정부
　　간에 체결된 「재정 및 재산에 관한 최초협정」 제5조에 의하여 귀속재산 일체는 대한민
　　국 정부에 그 권리가 이양되었으므로 그 점유자는 이때부터 대한민국 정부에 대한 보관
　　자의 지위에 있게 되어 역시 타주점유가 된다는 것이다).
27) 대판 1997.1.24, 96다41335; 대판 2000.12.8, 2000다42977, 42984, 42991.
28) 대판 1996.10.11, 96다19857. 다른 한편 그가 악의의 점유자로 간주됨은 물론이다(제197
　　조 제2항).
29) 악의의 무단점유는 타주점유에 해당한다는 대판(전) 1997.8.21, 95다28625 참조. 그러나
　　그 이전에 선고되었던 대판 1992.10.27, 92다30375; 대판 1990.11.27, 90다카27280; 대판

로 정하여지므로, 후에 그 무효를 알게 되었다고 해서 그것이 바뀌는 것은 아니다.[30)

이처럼 취득시효에 있어서 자주점유의 요건인 소유의 의사는 객관적으로 점유취득의 원인이 된 점유권원의 성질에 의하여 그 존부를 결정해야 하나, 점유권원의 성질이 분명하지 않은 때에는 민법 제197조 제1항에 의하여 점유자는 소유의 의사로 점유한 것으로 추정된다. 그러므로 점유자가 스스로 그 점유권원의 성질에 의하여 자주점유임을 증명할 책임이 없고 점유자의 점유가 소유의 의사 없는 자주점유임을 주장하는 상대방에게 타주점유에 대한 증명책임이 있다.[31)

(나) 자주점유로의 전환

자주점유인지 여부는 원칙적으로 점유취득원인인 사실의 객관적 성질에 의하여 정해지고 점유자의 내심의 의사에 좌우되지 않으므로, 타주점유가 자주점유로 전환되려면, (i) 점유자가 새로 자주점유의 권원을 취득하거나(예를 들면 임차인이 임대인으로부터 목적물을 매수하는 것), (ii) 자주점유의 의사를 그 점유를 하게 한 사람에게 개별적으로 표시해야 한다.[32) 그런데 상속은 포괄승계의 원인으로서 점유의 상속인은 피상속인의 점유의 성질과 하자를 떠나 자신의 고유한 점유를 주장할 수 없으므로(제193조), 상속은 여기서의 「새로운 자주점유권원」에 해당하지 않는다.[33) 그러므로 상속인이 상속재산인 부동산을 피상속인의 소유인 것으로 알고 점유하였다는 것만으로 자주점유자가 되지 못한다.

(다) 악의의 무단점유

권원의 성질상 자주점유인지 타주점유인지 명확하지 않은 경우에 점유자는 소송에서 자주점유의 추정에 관한 규정(제197조 제1항)을 원용하게 된다. 그런데 아무런 권원 없이 타인의 부동산을 점유하는 경우, 특히 그 권원 없음을

1980.5.27, 80다671 등은 부동산을 매수하여 점유를 개시하였다면 설사 매매계약에 무효 사유가 있어 그 소유권을 적법하게 취득하지 못한다는 사정을 인식하였어도 그 점유 자체에 소유의 의사가 없다고 볼 것은 아니라고 판시한 바 있다.

30) 대판 1981.6.9, 80다469 등.

31) 대판(전) 1983.7.12, 82다708, 709, 82다카1792, 1793.

32) 대판 1966.10.18, 66다1256 등 확고한 판례. 한편 대판 1975.9.23, 74다2091; 대판 1989.4.11, 88다카95; 대판 1995.12.12, 95다21617은 타주점유자가 그 명의로 소유권등기를 하였어도 그것만으로 자주점유로 전환된다고 할 수 없다고 한다.

33) 대판 1975.5.13, 74다2136 등 확고한 판례.

알면서도 이를 점유하는 경우에도 자주점유로 추정될 것인가가 문제된다. 이에 대한 판례는 변동하여 왔으나, 아래의 전원합의체 판결을 통하여 악의의 무단 점유는 자주점유로 추정되지 않는다는 입장을 정립하기에 이르렀다.[34] 이에 의 하여 자주점유요건을 충족하는 예는 현저히 줄어들게 되었고, 점유취득시효가 인정되는 사안유형은 앞서 본 「장기의 점유가 존중되어야 할 만한 사정」을 갖 춘 경우로 점차 수렴하게 되었다.

[판결 1] 악의의 무단점유와 자주점유의 추정 여부: 대판(전) 1997.8.21, 95다 28625

상고이유를 판단한다.

1. 원심판결 이유에 의하면, 원심은 그 판결에서 채용하고 있는 증거들을 종합하여 다음과 같은 사실을 인정하고 있다.

소외 1은 1965. 11. 18. 서울 강서구 공항동 14의 81 대 473㎡(위 토지는 그 후 여러 번 분할 및 합병을 거쳐 현재 같은 번지 대 658㎡로 되었다)를 매수하여 같 은 달 26. 그의 명의로 소유권이전등기를 경료하고 이를 소유하여 오던 중, 1971. 8. 12.경 위 대지 위에 건축되어 있던 기존 구 가옥을 철거하고 지하 1층, 지상 2층 규모의 주택을 신축하면서 그 무렵 위 대지에 인접한 피고 소유의 같 은 동 14의 176 대 20㎡, 같은 동 14의 184 대 150㎡, 같은 동 14의 185 대 60 ㎡와 같은 동 14의 183 대지 중 원심판시 각 점을 순차 연결한 선상에 담장 및 대문을 설치하고 그 안쪽에 있는 피고 소유의 같은 동 14의 175 대 33㎡와 위 14의 176, 184 대지상에 철근콘크리트조 평슬라브즙 1층 차고를, 위 14의 183, 184, 185 지상에 철근콘크리트조 평슬라브즙 지상 1층 물치장을 각 축조하고, 그 외에도 피고 소유의 위 각 대지 중 원심판시 각 점을 순차 연결한 선 내 토 지 부분을 위 주택의 마당으로 사용하여 왔다.

그 후 원고는 1991. 3. 18. 소외 1로부터 위 공항동 14의 81 대지와 그 지 상의 주택을 매수한 이래 피고 소유의 위 대지들 중 소외 1이 점유하였던 부분 을 계속 차고, 물치장 및 위 주택의 마당 등으로 점유·사용하여 오고 있다.

원심은 위 사실관계를 바탕으로 하여 소외 1은 1971. 8. 12.부터 피고 소유 의 위 대지들 중 위 점유 부분인 원심판시의 각 점을 순차 연결한 각 부분을 소 유의 의사로 평온, 공연하게 점유한 것으로 추정된다 할 것이고, 원고는 소외 1

---

34) 그 이후 대판 1999.12.7, 99다56215; 대판 2001.3.27, 2000다64472; 대판 2003.8.22, 2001다23225 등 다수.

의 점유를 승계하여 그 점유 개시일로부터 20년이 경과한 1991. 8. 12. 피고 소
유의 위 각 대지 부분에 관하여 취득시효가 완성되었다고 판단한 후, 소외 1의
점유는 타주점유라는 피고의 주장을 배척하고, 취득시효 완성을 원인으로 하여
이 사건 대지에 관한 소유권이전등기를 구하는 원고의 이 사건 청구를 인용하
고 있다.

　　2. 민법 제197조 제1항에 의하면 물건의 점유자는 소유의 의사로 점유한
것으로 추정되므로 점유자가 취득시효를 주장하는 경우에 있어서 스스로 소유
의 의사를 입증할 책임은 없고, 오히려 그 점유자의 점유가 소유의 의사가 없는
점유임을 주장하여 점유자의 취득시효의 성립을 부정하는 자에게 그 입증책임
이 있다 할 것이다. 그런데 점유자의 점유가 소유의 의사 있는 자주점유인지 아
니면 소유의 의사 없는 타주점유인지의 여부는 점유자의 내심의 의사에 의하여
결정되는 것이 아니라 점유 취득의 원인이 된 권원의 성질이나 점유와 관계가
있는 모든 사정에 의하여 외형적·객관적으로 결정되어야 하는 것이기 때문에
점유자가 성질상 소유의 의사가 없는 것으로 보이는 권원에 바탕을 두고 점유
를 취득한 사실이 증명되었거나, 점유자가 타인의 소유권을 배제하여 자기의 소
유물처럼 배타적 지배를 행사하는 의사를 가지고 점유하는 것으로 볼 수 없는
객관적 사정, 즉 점유자가 진정한 소유자라면 통상 취하지 아니할 태도를 나타
내거나 소유자라면 당연히 취했을 것으로 보이는 행동을 취하지 아니한 경우
등 외형적·객관적으로 보아 점유자가 타인의 소유권을 배척하고 점유할 의사를
갖고 있지 아니하였던 것이라고 볼 만한 사정이 증명된 경우에도 그 추정은 깨
어진다고 보아야 할 것이다(대법원 1991.11.26. 선고 91다25437 판결, 1994.11.8. 선
고 94다28680 판결, 1995.3.17. 선고 94다14445, 14452 판결, 1995.11.24. 선고 94다
53341 판결 등 참조).

　　그러므로 점유자가 점유 개시 당시에 소유권 취득의 원인이 될 수 있는 법
률행위 기타 법률요건이 없이 그와 같은 법률요건이 없다는 사실을 잘 알면서
타인 소유의 부동산을 무단점유한 것임이 입증된 경우에도 특별한 사정이 없는
한 점유자는 타인의 소유권을 배척하고 점유할 의사를 갖고 있지 않다고 보아
야 할 것이므로 이로써 소유의 의사가 있는 점유라는 추정은 깨어졌다고 할 것
이다. 따라서 종래 이와 달리 점유자가 타인 소유의 토지를 무단으로 점유하여
왔다면 특별한 사정이 없는 한 권원의 성질상 자주점유에 해당한다는 취지의
판례(대법원 1992.12.22. 선고 92다43654 판결, 1994.4.29. 선고 93다18327, 18334 판
결, 1994.10.21. 선고 94다17475 판결, 1996.1.26. 선고 95다863, 870 판결 등)와 지방
자치단체가 도로로 편입시킨 토지에 관하여 공공용 재산으로서의 취득절차를

밟지 않은 채 이를 알면서 점유하였다고 인정된 사안에서 지방자치단체의 위 토지 점유가 자주점유의 추정이 번복되어 타주점유가 된다고 볼 수 없다는 취지의 판례(대법원 1991.7.12. 선고 91다6139 판결 등)의 견해는 모두 변경하기로 한다.

그런데 이 사건에서 원심이 채용한 갑 제1호증의 1 내지 4(각 등기부등본), 을 제8호증의 2 내지 5(각 진술서)의 각 기재, 원심이 배척하지 아니한 갑 제2호 증의 1 내지 4(각 토지대장등본), 을 제4호증의 1, 2(각 사진)의 각 기재 및 영상과 원심 증인 OOO의 증언에 의하면, 피고 소유의 위 각 대지는 소외 1이 1971. 8. 12.경 점유를 시작하기 오래 전부터 피고의 소유로 등기되어 있는 경사지로서 잡목이 자라고 있던 공터였는데, 그 무렵 소외 1은 자신의 소유인 위 공항동 14의 81 대지와 피고 소유의 위 각 대지 사이에 설치되어 있던 철조망을 임의로 제거하고 피고 소유의 위 각 대지를 점유하기 시작하였던 사실이 인정되므로, 소외 1은 피고 소유의 위 각 대지에 대한 점유를 개시할 당시에 성질상 소유권 취득의 원인이 될 수 있는 법률행위 기타 법률요건이 없이 그와 같은 법률요건이 없다는 사정을 잘 알면서 피고 소유인 위 각 대지 중 원심판시 각 부분을 점유하였다고 보아야 할 것이다. 따라서 소외 1이 위 각 대지 부분을 소유의 의사로 점유한 것이라는 추정은 깨어졌다고 보아야 할 것이고, 달리 특별한 사정이 없는 한 그의 점유는 타주점유라고 할 것이다.

(중략)

4. 대법관 이용훈의 다수의견에 대한 보충의견은 다음과 같다

일반적으로 법은 공동체 안에서 살고 있는 평균인의 최소한도의 도덕이라고 할 수 있지만 재산법은 비교적 도덕으로부터 중립적이거나 무관심한 경향을 취하고 있다고 말하여지고 있다. 그러나 재산법에도 신의성실의 원칙이나 선량한 풍속 등과 같이 평균인의 보편적 도덕성을 하나의 해석 기준으로 삼을 수밖에 없는 일반적 준칙이 있을 뿐만 아니라 민법이 조리를 법원(法源)의 하나로 규정하고 있는 점에 비추어 볼 때, 재산법도 평균인의 보편적 도의관념을 도외시한 법체계라고 말할 수는 없다. 따라서 재산법의 해석에 있어서도 평균인의 보편적 도의관념이 존중되어야 함은 당연하다.

이 사건에서 문제가 된 부동산 점유취득시효에 있어서 점유자의 소유의사의 추정의 문제도 단순한 점유자의 내심의 의사의 유무에 관한 문제에 그치는 것이 아니라 점유제도의 사회적 작용 때문에 그 판단에 있어서는 당연히 규범적 고려를 하여야 하는 것이므로, 그 해석에 있어서 이러한 평균인의 보편적 도의관념은 당연히 고려되어야 하는 것이다. 다수의견이 점유자의 점유가 소유의 의사가 있는 점유인지 여부를 점유자의 내심의 의사가 아니라 점유 취득의 원인이 된 권원의 성질이나 점유와 관계가 있는 모든 사정에 의하여 외형적·객관적으로 결정하여야 한다고 한 것은 소유의 의사가 점유자의 자의에 따라 변하여서는 아니된다는 규범적 의미를 가지고 있음을 긍정한 것이다.

점유자가 점유 개시 당시에 소유권 취득의 원인이 될 수 있는 법률행위 기타 법률요건이 없이 그와 같은 법률요건이 없다는 사실을 알면서 타인 소유의 부동산을 무단점유한 경우에 그 점유자가 정상적인 사고와 행동을 하는 평균인이라면, 동산과는 달리 은닉하여 소유권자의 추급을 회피할 수도 없는 부동산을 점유 개시 당시부터 진정한 소유자의 소유권을 배척하고 점유할 의사를 갖고 있었던 것이 아니라, 오히려 진정한 소유자가 그 반환을 구하는 경우에 이를 반환할 것이지만 그 동안 일시적으로 사용하겠다는 의사나 장차 그 소유권자로부터 본권을 취득할 의사로 점유를 개시하였다고 보는 것이 사회통념과 우리의 생활경험에 합치하는 것이고, 그것이 바로 평균인의 보편적 도의관념이라고 할 것이다. 부동산의 무단점유의 경우에 동산을 절취한 자와 같이 처음부터 진정한 소유권을 배척하려는 의사를 가지고 점유를 개시하려는 자가 전혀 없다고 할 수는 없겠지만, 이와 같은 사람은 평균인의 보편적 도의관념과는 동떨어진 사고를 가진 극히 예외적인 반사회적인 사람이라고 밖에 볼 수 없을 것이다. 그럼에도 불구하고 이러한 예외적인 사람의 의사를 기준으로 하여 그것이 무단점유자의 일반적 의사인 것처럼 취급하거나 법적 효과를 발생하는 소유의 의사가 있는 것으로 추정하는 것은 평균인의 일반적 사고를 기준으로 하여야 하는 법적 판단의 기본원칙에 반하고, 법이 그 기초를 두고 지향하여야 할 정의관념에도 반한다고 하지 않을 수 없다. 점유자의 점유에 소유의 의사가 있는지 여부는 점유자의 선의·악의와는 상관없는 이와 같은 평균인의 사고를 기준으로 한 규범적 판단의 문제이다. 따라서 타인 소유의 부동산을 무단점유한 것임이 증명된 경우에는 그 점유자의 소유의 의사의 추정이 깨어진다고 봄이 마땅하다.

더욱이 민법 제197조 제1항이 물건의 점유자가 그 물건을 소유의 의사로 점유한 것으로 추정한다라고 한 규정은 물건의 점유라는 전제 사실로부터 점유자의 소유의 의사를 추정하는 법률상의 사실 추정 규정으로서 사물의 개연성을 바탕으로 한 경험칙을 법규화한 것이다. 여기에서 소유의 의사라 함은 요컨대 타인을 배제하면서 자기의 소유물처럼 배타적 지배를 행사할 의사를 말한다고 할 것인데, 점유하는 물건이 동산인 경우에는 점유가 소유권의 공시방법이므로 그 점유자에게 위와 같은 소유의 의사가 존재할 개연성은 아주 높다고 할 수 있을 것이다. 그러나 법률행위로 인한 부동산 물권의 득실변경은 등기라는 공시방법을 갖추어야만 비로소 그 효력이 생긴다는 형식주의를 채택한 현행 민법 아래서는 부동산을 소유할 의사가 있는 사람은 등기를 하여야 소유권을 취득한다고 생각하는 것이 보통이며 소유권의 등기를 하지 않은 채 부동산을 소유하고자 하는 경우란 극히 예외적이라고 할 것이다. 그렇다면 점유하는 물건이 부동산인 경우에도 동산과 마찬가지로 점유 그 자체로부터 점유자의 소유의 의사를 추정하는 것은 등기 없이 부동산에 관한 물권을 취득하도록 하는 의사주의를 채택하였던 구 민법 아래서는 그 시대의 사회실정을 반영한 사고방식이었다고 할 수 있을지 모르겠으나, 형식주의를 채택한 현행 민법이 시행된 지 오랜 세월이 지난 오늘날에 이르기까지 그러한 법감정이 그대로 타당하다고 볼 수는 없다.

그리고 부동산은 등기로써 그 권리관계가 공시되기 때문에 일반적으로 소유자라고 하여 항상 물리적인 점유를 하고 있어야 하는 것도 아니므로 점유와 물건의 견련 정도가 미약할 수밖에 없고, 따라서 소유자가 모르는 사이에 소유자의 의사에 반하는 점유의 개시는 동산의 경우와 달리 그 가능성이 높다고 할 수 있다. 그런데도 부동산 점유자의 경우에 민법 제197조 제1항이 규정한 소유의 의사의 추정을 쉽게 깨어질 수 없는 강력한 것으로 본다면, 점유취득시효를 주장하는 점유자는 위 추정 규정의 혜택을 받아서 너무 쉽게 부동산에 대한 소유권을 취득하게 되는 반면에 등기한 진정한 소유자는 그 추정을 깨기가 어려운 관계로 절대적 권리인 소유권을 너무 쉽게 상실하는 결과에 이르게 될 것이다. 이는 바로 부동산 물권관계에서 등기와 점유가 각기 가지는 역할이 전도되는 결과를 승인하는 것이 되어 바람직하지 않다.

그러므로 물권변동에 관하여 의사주의를 채택하고 있는 구 민법의 경우와 달리 형식주의를 채택하고 있는 현행 민법 아래에서는 소유의 의사의 추정 규정을 해석함에 있어서 등기제도가 부동산 물권관계 전반에서 가지는 일반적 의미를 정당하게 고려하여야 할 것이며, 부동산 물권관계에 관한 우리 법생활의 실태도 충분히 고려하여야 할 것이다. 물론 민법 제197조 제1항이 동산·부동산을 구별하지 않고 점유자는 소유의 의사로 점유한 것으로 추정한다고 규정하고 있는 이상 실정법의 명문 규정을 뛰어 넘어 부동산 점유취득시효에 있어서 점유자의 소유의 의사를 법률상 추정하지 않을 방법은 없다고 하더라도, 그 추정을 쉽게 깨어질 수 없는 확고부동한 것으로 보아서는 아니될 것이고, 오히려 그 추정을 쉽게 깨어 가능한 한 취득시효를 주장하는 자에게 취득시효의 요건사실을 입증하도록 함이 온당하다고 할 것이다. 법률상 사실 추정은 일반적으로 입증책임을 전환하는 효과가 있다는 이론에 집착하여 점유에 의한 소유의 의사의

추정을 깨지기 힘든 절대적인 것으로 보는 견해는 오늘날 우리 민법의 부동산
물권관계에 관한 등기제도의 의미와 법생활의 실태를 충분히 반영하지 못한 채
구 민법적 사고방식을 그대로 답습하는 것이라고 밖에 볼 수 없다. 그 동안 취
득시효제도 운영에 많은 비판이 행하여지고 있는 것도 이와 같은 평균인의 보
편적 도의관념을 도외시한 법률해석에서 비롯된 것이라고 할 것이므로, 이제는
더 이상 구 민법적 사고방식을 고집할 일이 아니다.

　오늘날 우리 사회에 살고 있는 평균인의 보편적 도의관념에 비추어 볼 때
부동산을 무단점유한 경우에 자주점유의 추정이 깨어진다고 보는 것은 지극히
타당한 법적 판단이며, 최소한도의 도의관념을 가진 평균인의 사고라고 할 것이다.

　5. 대법관 김형선의 다수의견에 대한 보충의견은 다음과 같다.

　일찍이 대법원 1983.7.12. 선고 82다708, 709, 82다카1792, 1793 전원합의
체 판결에서는 취득시효에 있어서 자주점유의 요건인 소유의 의사는 객관적으
로 점유 취득의 원인이 된 점유 권원의 성질에 의하여 그 존부를 결정하여야
할 것이나, 점유 권원의 성질이 분명하지 아니한 때에는 민법 제197조 제1항에
의하여 점유자는 소유의 의사로 점유하는 것으로 추정된다고 판시하였고, 이 사
건 다수의견은 점유자의 점유가 소유의 의사가 있는 점유인지의 여부를 점유자
의 내심의 의사가 아니라 점유 취득의 원인이 된 권원의 성질이나 점유와 관계
가 있는 모든 사정에 의하여 외형적·객관적으로 결정되어야 한다고 하면서 점
유 권원에 대한 그 이상의 설명을 하고 있지 아니하나, 여기에서 점유 권원이라
함은 점유 취득의 원인이 된 사실관계라는 의미로 이해할 수 있고, 위와 같은
점유 취득의 원인이 된 권원에는 매매, 임대차 등과 같은 법률행위와 무주물 선
점, 매장물 발견 등과 같은 비법률행위도 있을 수 있으며, 그것은 적법한 권원
과 부적법한 권원이 있을 수 있는데, 점유 '취득의 원인'이 된 사실관계가 없는
이른바 무단점유는 권원 그 자체가 없는 점유라고 할 것이다.

　점유를 위와 같은 권원과의 관계에서 고찰하여 볼 때, 권원이 없음이 밝혀
진 경우와 권원의 존부가 불분명한 경우 및 권원이 있음이 밝혀진 경우로 나누
어 볼 수 있고 권원이 있음이 밝혀진 경우도 그 권원의 성질이 불분명한 경우
와 그 성질이 분명한 경우로 나눌 수 있을 것이다. 그런데 이 경우 자주점유의
추정이 깨어지지 아니하는 것은 권원의 존부가 불분명한 경우와 권원이 있어도
그 성질이 불분명한 경우에 한한다고 할 것이며, 반면 권원의 성질이 분명한 경
우에는 그 성질에 따라 자주점유 여부가 결정될 것이므로 점유의 추정은 유지
될 수 없는 것이고 권원이 없음이 밝혀진 경우에도 자주점유의 추정은 깨어진
다 할 것이다. 왜냐하면 권원이 없는 점유의 권원의 성질의 불분명 여부는 생각

할 수 없기 때문이다.

  6. **대법관 박준서의 별개의견은 다음과 같다.**

  가. 악의의 무단점유라는 사실 자체만으로 민법 제197조 제1항의 자주점유의 추정이 깨어진다는 취지의 다수의견에 찬성할 수 없으나, 뒤에서 보는 바와 같이 원고의 이 사건 대지에 대한 점유는 그 권원의 성질상 타주점유로 보아야 하므로, 원심판결이 파기환송되어야 한다는 결론에는 찬성하여 별개의견을 표시하는 것이다.

  나. 우선 다수의견은 우리 민법과 기존 판례에 저촉된다고 본다.

  다수의견은 소유의 의사 추정이 깨어지는 이른바 악의의 무단점유를 점유자가 점유 개시 당시에 소유권 취득의 원인이 될 수 있는 법률행위 기타 법률요건이 없이 그와 같은 법률요건이 없다는 사실을 잘 알면서 타인 소유의 부동산을 무단점유하는 것이라고 정의하고 있으나, 이는 민법 제197조가 점유 태양에 따라 분류한 기준에 의하면 선의 점유의 반대 개념인 악의 점유의 태양에 해당한다고 할 것인데, 민법 제197조는 악의 점유자에게도 소유의사를 추정하고 있고, 대법원 1995.9.15. 선고 95다18956 판결 등 많은 판례가 이미 이를 확인하여 왔으므로, 악의의 무단점유라는 사실 자체만으로 소유의사 추정을 배척하는 것은 이러한 법률과 판례에 저촉된다고 할 것이다.

  그리고 점유의 소유의사 추정과 그 입증책임에 관한 당원의 기본 판례인 대법원 1983.7.12. 선고 82다708, 709, 82다카1792, 1793 전원합의체 판결은 "취득시효에 있어서 자주점유의 요건인 소유의 의사는 객관적으로 점유 취득의 원인이 된 점유 권원의 성질에 의하여 그 존부를 결정하여야 하는 것이나, 다만 점유 권원의 성질이 분명하지 아니한 때에는 민법 제197조 제1항에 의하여 점유자는 소유의 의사로 점유한 것으로 추정되므로 점유자가 스스로 그 점유 권원의 성질에 의하여 자주점유임을 입증할 책임이 없고 점유자의 점유가 소유의 의사 없는 타주점유임을 주장하는 상대방에게 타주점유에 대한 입증책임이 있다."고 판시한 바가 있다.

  먼저 위 판례에서 말하는 점유 권원의 의미에 관하여 이견이 있으므로 그 명백한 해석이 필요하다. 여기서 권원이라 함은 의용 민법 제185조에서 유래된 용어로서 적법한 점유 권원을 뜻하는 것이 아니고 점유권의 원인이 된 사실을 뜻한다고 함이 통설적 견해이다.

  따라서 무단점유도 여기의 점유 권원에 해당되는 것이므로 위 전원합의체 판결에 따라 무단점유의 경우에도 1차로 그 점유 권원의 성질 즉 무단점유의 원인, 경위 등에 의하여 소유의사 존부를 판단하고, 2차로 그 성질이 불분명한 때에 한하여 민법 제197조 제1항에 의하여 소유의사를 추정하여야 할 것이다.

그런데 무단점유의 경우에 구체적인 사건에 따라 쌍방 증거자료에 의하여 그 성질이 밝혀짐에도 불구하고 그 동안 일부 실무에서 그 성질이 밝혀지지 않은 경우에 비로소 적용되는 법리인 소유의사 추정을 곧바로 적용하였던 잘못이 있었던 것이다.

우리 판례는 이미 소유의사의 개념을 '타인의 소유권을 배제하여 자기의 소유물처럼 배타적 지배를 행사하려는 의사'로 누차 정의하고 있으므로 기록에 나타난 무단점유의 성질과 위 소유의사 개념에 의하여 무단점유의 사안에 따라 소유의사 존부를 판단할 수 있을 것이다.

일반적으로 타인 소유의 토지를 일시 사용하는 것을 소유자가 용인할 것으로 기대하고 하는 태양의 무단점유는 소유의사 요건을 충족하지 못할 것이고, 동산 절도는 물론 부동산의 경우에도 위 소유의사가 객관적으로 표출된 무단점유의 경우에는 소유의사를 인정해야 할 것이며 그 성질이 불분명한 경우는 이를 추정해야 할 것이다.

다수의견이 폐기하는 당원의 판례의 사안들은 모두 민법 제197조 제1항과 위 전원합의체 판례에 따라 그 무단점유의 성질에 비추어 소유의사가 인정되거나 그것이 불분명하여 소유의사가 추정된 판례로서 그대로 유지되어야 한다.

이와 같이 무단점유의 소유의사는 위 전원합의체의 판례를 유지하는 한 권원의 성질, 즉 무단점유의 성질에 따라 마치 법률행위 해석과 마찬가지로 무단점유의 취지를 파악하여 소유의사 존부를 판단하고, 그것이 불가능한 때에는 민법 제197조 제1항의 규정대로 소유의사를 추정할 수밖에 없는 것이다.

다수의견의 견해에 의하면 무단점유의 표본인 동산절도의 경우, 타인의 부동산을 소유권등기까지 하며 무단점유하는 경우 또는 타주점유자가 소유자에게 소유의사를 표명한 무단점유의 경우까지도 논리상 소유의사를 부정할 수밖에 없게 되어 현재의 통설·판례와 저촉된다. 다수의견이 밝힌 특별한 사정을 내세워 그 소유의사를 인정한다면 이는 결국 새로운 사정이 아닌 무단점유 자체의 성질에 따라 소유의사를 인정하는 결과가 될 것이다.

다. 다수의견은 무단점유가 입증된 경우 특별한 사정이 없는 한 소유의사 추정은 깨어진다고 하여 무단점유의 경우 소유의사를 인정할 특별한 사정의 입증책임을 점유자가 부담한다는 취지인 것으로 이해되나 이는 법률상 추정의 일반법리에 어긋나고 위 전원합의체 판례에 저촉된다.

법률상의 추정은 개연성만이 아니라 소송에서 어느 쪽 당사자의 지위를 우대할 것인가 하는 입법정책적 고려에서 비롯된 것이다 민법 제197조 제1항은 모든 점유자에게 소유의사를 추정하고 있으므로 위 전원합의체 판결이 밝힌 바와 같이 소유의사를 복멸시키는 입증책임은 상대방에게 있는 것이고, 따라서 무단점유의 경우에도 법관은 그 점유의 성질이 불명하여 소유의사에 관하여 확신에 이르지 못하더라도 법률의 규정에 의하여 소유의사를 추정할 수밖에 없는 것이고, 상대방이 본증으로서 권원의 성질상 소유의사 없음을 법관이 확신하도록 입증하여야만 위 법률상 추정은 비로소 복멸되는 것이다.

점유자의 소유의사를 복멸시키는 상대방의 입증이 법률상의 추정을 깨기 위한 입증책임에 의한 본증이므로, 상대방이 소유의사 없는 것으로 사실상 추정되도록 입증에 거의 성공하여 점유자가 다시 소유의사를 인정할 특별한 사정을 입증하는 경우에도 점유자의 이러한 입증은 법관의 확신을 저지하기 위한 것으로 여전히 반증인 것이지 입증책임에 의한 본증이 될 수 없는 것이다.

다수의견은 악의의 무단점유를 타주점유로 사실상 추정하여 자주점유로 볼 특별한 사정의 입증책임을 점유자에게 전환시키고 있는 취지로서 결국 민법 제197조 제1항의 법률상 추정을 외면하는 결과가 되므로, 이는 추정 복멸에 관한 법관의 확신이 있기까지 법률상 추정이 유지된다는 법률상 추정의 일반법리에 어긋나는 것이고 또한 위 전원합의체 판결이 밝힌 점유에 있어서 소유의사 입증책임의 판례와도 저촉된다.

라. 한편, 타인 소유 지상의 주택만이 매도되는 경우에는 특별한 사정이 없는 한 매수인은 그 주택의 부지에 대하여 점용권만을 매수하는 것으로 보아야 할 것이므로 이러한 경우 그 토지의 점유는 소유자를 배제하여 자기의 소유물처럼 배타적 지배를 행사하려는 것이 아니고 권원의 성질상 타인 소유임을 용인한 타주점유로 봄이 상당하다고 할 것이다(대법원 1997.1.24. 선고 96다41335 판결, 1997.2.14. 선고 96다50223 판결 등).

마. 돌이켜 이 사건에 관하여 살피건대, 원심이 적법히 확정한 사실관계에 의하면, 소외 1이 1971. 8. 12. 그 소유의 서울 강서구 공항동 14의 81 대 473㎡ 와 그에 인접한 이 사건 대지 중 일부의 지상에 이 사건 주택을 건축하고 이 사건 대지를 차고, 물치장 및 마당 등으로 무단으로 점유하여 왔는데, 원고가 1991. 3. 18. 소외 1로부터 위 공항동 14의 81 대지와 그 지상의 주택을 매수한 이래 이 사건 대지를 같은 용도로 점유ㆍ사용하여 왔다는 것인바, 사정이 이와 같다면 원고의 이 사건 대지에 대한 점유는 그 점용권만의 매수에 기초한 것으로서 그 권원의 성질상 타인 소유임을 용인한 타주점유로 봄이 상당하다고 할 것이다.

그럼에도 불구하고 원심이 원고가 소외 1로부터 위 공항동 14의 81 대지와 그 지상의 주택을 매수한 이래 이 사건 대지를 같은 용도로 점유·사용하여 왔다는 사정만으로 원고의 이 사건 토지에 대한 점유도 자주점유라고 단정하여 소외 1이 그 점유를 개시한 때로부터 20년이 경과한 1991. 8. 12. 이 사건 대지를 점유 취득하였다고 인정한 조처는 자주점유에 관한 법리를 오해한 위법을 저지른 것이라 아니할 수 없고, 이는 판결에 영향을 미쳤음이 명백하므로 이 점을 지적하는 논지는 이유 있다. 따라서 원심판결을 파기하여 사건을 다시 심리·판단하게 하기 위하여 원심법원에 환송함이 상당하다고 할 것이다.

7. 대법관 천경송의 반대의견은 다음과 같다.

가. 민법 제197조 제1항의 규정에 의하면, 점유자는 소유의 의사로 점유한 것으로 추정되므로 점유자가 취득시효를 주장하는 경우에 있어서는 스스로 소유의 의사를 입증할 책임이 없고 오히려 점유자의 점유가 소유의 의사 없는 점유임을 주장하여 점유자의 취득시효의 성립을 부정하는 자에게 그 입증책임이 있는 것으로 보아야 한다는 점과 소유의 의사 자체는 의사적 요소이지만 점유자의 점유가 소유의 의사 있는 자주점유인지 아니면 소유의 의사 없는 타주점유인지의 여부는 점유자의 내심의 의사가 아니라 점유 권원의 성질이나 점유와 관계 있는 모든 사정에 의하여 외형적·객관적으로 결정되어야 한다는 점 및 민법 제197조 제1항에 의하여 점유자는 소유의 의사로 점유한 것으로 추정되지만, 점유자가 지상권, 전세권, 임차권 등과 같이 점유의 성질상 소유의 의사가 없었던 것으로 볼 권원에 터잡아 점유를 취득한 사실이 증명되거나 또는 경험칙상 소유의 의사가 없었던 것으로 볼 객관적인 사정 즉 점유자가 점유 중에 진정한 소유자라면 통상 취하지 아니할 태도를 나타내거나 소유자라면 당연히 취했을 것으로 보이는 행동을 취하지 아니한 경우 등 외형적·객관적으로 보아 점유자가 타인의 소유권을 배척하고 점유할 의사를 갖지 않았던 것으로 볼 만한 사정이 증명되었을 때에도 그 추정은 깨어지는 것이라는 점에 대하여는 다수의견과 견해를 같이하는 바이다.

그러나 점유 개시 당시에 소유권 취득의 원인이 될 수 있는 법률행위 기타 법률요건이 없이 그와 같은 법률요건이 없다는 사실을 잘 알면서 타인 소유의 부동산을 무단점유한 것임이 입증된 경우에는 점유자가 타인의 소유권을 배척하고 점유할 의사를 갖고 있지 않다고 보아야 할 것이므로 이로써 소유의 의사가 있는 점유라는 추정이 깨어진다는 다수의견의 견해에는 찬성할 수 없다.

그 이유는 다음과 같다.

민법 제245조 제1항이 규정하고 있는 부동산 점유취득시효제도는 부동산에 대한 소유의 의사로써 하는 사실상의 지배(점유)가 장기간 계속되는 경우 그 상태가 진실한 권리관계에 부합하는지 여부를 묻지 않고 그 점유자에게 소유권을 취득하게 하는 제도이고, 위 규정상의 소유의 의사는 '소유자와 동일한 지배를 사실상 행사하려는 의사' 또는 '타인의 소유권을 배제하여 자기의 소유물처럼 배타적 지배를 행사하는 의사'를 일컫는 것이다.

그러나 이는 사실상 지배자의 자연적 의사일 뿐이고 자기에게 법률상 그러한 지배를 할 수 있는 권한이 있거나 소유권이 있다고 믿는 것을 의미하는 것은 아니며(대법원 1980.5.7. 선고 80다671 판결, 1992.6.23. 선고 92다12698, 12704 판결, 1993.4.9. 선고 92다41498 판결 등 참조), 점유자의 점유가 소유의 의사 있는 자주점유인지 아니면 소유의 의사 없는 타주점유인지의 여부는 점유 취득의 원인인 권원의 객관적 성질에 의하여 결정되어야 하는 것이지만 여기에서 말하는 권원은 부동산을 점유·사용할 본권 자체나 본권의 취득을 목적으로 하는 법률행위 내지 법률관계를 의미하는 것이 아니라 점유 취득의 원인된 사실관계를 말하는 것이다

그러므로 점유 개시 당시에 소유권 취득의 원인이 될 수 있는 법률행위 기타 법률요건이 없이 그와 같은 법률요건이 없다는 사실을 잘 알면서 타인 소유의 부동산을 무단점유한 것임이 입증되었다고 하더라도 그중에는 예컨대, 참칭상속인이 진정한 상속인을 제쳐놓고 상속 대상 부동산을 점유·사용하는 경우처럼 점유 권원의 성질상 점유자가 소유자와 동일한 의사로 점유하는 것으로 보아야 할 경우도 있고, 반대로 진정한 소유자의 반환요구가 있으면 반환하겠다는 의사로 점유하는 경우도 있을 수 있어 점유자의 의사가 그 어느 쪽인지 분명하지 아니하므로, 위와 같은 입증이 있다는 것만으로 점유자의 점유가 권원의 객관적 성질상 소유의 의사가 없는 점유라고 단정할 수는 없는 노릇이며, 또 다른 부가적 사정 없이 단순히 점유자가 점유 개시 당시에 소유권 취득의 원인이 될 수 있는 법률행위 기타 법률요건이 없이 그와 같은 법률요건이 없다는 사실을 잘 알면서 타인 소유의 부동산을 무단점유하였다(아래에서 이러한 점유자를 편의상 '악의의 무단점유자'라고 부른다)는 사정만으로 외형적·객관적으로 보아 점유자가 진정한 소유자라면 통상 취하지 아니할 태도를 나타내거나 소유자라면 당연히 취했을 것으로 보이는 행동을 취하지 아니한 경우에 해당된다고 볼 수도 없기 때문이다.

그리고 점유취득시효에 있어서는 점유자가 선의임을 그 요건으로 삼지 않고 있어 악의의 점유자도 자주점유라면 시효취득을 할 수 있는 것이므로, 위와 같은 법률요건이 없다는 사실을 잘 알면서 점유한다는 것은 그 점유가 악의의

점유라는 것을 의미하는 것일 수는 있어도 그 점유가 자주 또는 타주점유인지 여부와는 직접적인 관련이 없는 것이므로 이러한 사정만으로 자주점유의 추정을 깨뜨리는 사정이 입증되었다고 볼 수는 없다.

만약 다수의견과 같이 '악의의 무단점유자'의 경우는 소유의 의사가 없는 것이라 한다면 실질적으로는 법문에도 없는 점유자의 선의나 정권원(正權原)의 존재를 소유의 의사의 요건 내지 점유취득시효의 전제조건으로 삼는 것이 될 것이고, 이는 종래 당원이 밝히고 있는 소유의 의사 또는 점유 권원의 개념이나 민법 제245조 제1항의 규정 내용과 정면으로 배치되는 것이다.

나. 다수의견은 '악의의 무단점유자'의 경우에 왜 점유자의 소유의 의사의 추정이 깨어지는 것인지 그 이유를 구체적으로 명시하지 않고 있다.

다수의견은 타인 소유의 부동산을 소유자와 아무런 법률관계를 맺지 아니하고 무단점유한 경우에는 점유자가 진정한 소유자의 소유권을 배척하려는 의사를 가지고 점유를 개시한 것이라기보다는 진정한 소유자가 그 반환을 구하면 이를 반환하겠지만 그 동안 일시적으로 사용하겠다는 의사로 점유를 개시하였을 개연성이 더 높다는 것을 입론의 근거로 하고 있는 듯하다.

그러나 무단점유자들에게 도덕적으로 위와 같은 반환의사를 요구함은 몰라도 원래 물건을 점유하여 권리를 행사하는 것은 다른 사람을 위하여 하는 것이라기보다는 자기를 위하여 하는 것이 보통일 터이므로 무단점유자들의 의사를 다수의견과 같이 보기 어려울 뿐더러 다수의견이 내세우는 개연성만으로 법률상의 추정인 민법 제197조 제1항이 규정한 점유자의 소유의사의 추정이 번복될 리 없다.

더욱이 이 사건과 같이 경계를 침범하여 타인의 토지를 자기 소유의 건축물의 부지로 계속 점유하여 오고 있는 경우는 진정한 소유자를 배제하고서 자신이 소유자인 것처럼 배타적이고도 공연하게 점유하는 특성이 한층 뚜렷하고, 진정한 소유자와 사이에 가족관계나 공유관계 등 특별한 관계가 없이 토지 소유자에게 아무런 대가도 지급하지 아니한 채 독립하여 점유하는 것이므로 그 점유기간 중 외형적·객관적으로 나타난 점유행태로 볼 때는 오히려 자주점유로 인정될 여지가 더 크다고 할 것이어서 다수의견과 같이 자주점유의 추정이 깨어진다고 단정하여서는 안될 것이다.

다. 또한 다수의견은 취득시효제도의 존재이유가 진정한 권리자의 권리 증명을 절약하여 오래된 사실에 대한 입증의 곤란으로부터 구제하는 데에 있다는 관점에서 타인의 부동산을 자신의 것이 아님을 알면서 소유자와 아무런 법률관계를 맺지 아니하고 무단점유한 것으로 밝혀진 경우까지 취득시효의 성립을 인

정하여 보호할 가치는 없다고 보고 있는 것으로 여겨지고, 이는 우리들의 법감
정상 이해되지 않는 바가 아니나, 민법이 규정하고 있는 취득시효제도의 존재이
유는 이에 그치는 것이 아니라 사실상태가 장기간 계속된 경우에는 그 상태가
진실한 권리관계에 합치되는지 여부를 묻지 않고 영속된 사실상태를 권리관계
로 끌어올려 보호함으로써 법질서의 안정을 기하려고 하는 데에 중점을 둔 것
이라고 보아야 하고(대법원 1973.8.31. 선고 73다387, 388 판결, 1979.7.10. 선고 79다
569 판결, 1992.6.30. 선고 92다12698, 12704 판결 등 참조), 따라서 여기에 어떠한
규범적 고려가 개입할 여지는 없는 것이다.

　취득시효제도가 존재하는 결과 진정한 권리자가 아니라고 하더라도 법이
정하는 일정한 요건을 충족한 경우에는 법의 보호를 받게 되는 것이고, 그 결과
자기 권리를 장기간 행사하지 않고 권리 위에 잠자고 있던 자가 권리를 상실하
는 경우가 생긴다고 하더라도 이는 위에서 본 취득시효제도의 본질과 존재이유
에 비추어 어쩔 수 없는 것이다.

　타인의 부동산을 점유하게 된 원인이야 무엇이든 간에 부동산을 점유·사
용하여 마치 권리자처럼 보이는 외형이 오랫동안 계속되어 왔다면 이를 존중하
여 그 점유자 및 그러한 외형을 신뢰하고 그와 거래한 자를 보호할 가치와 필
요가 충분히 있다 할 것이고(이와 같은 법리는 현행 민법이 법률행위로 인한 부동산
물권의 득실변경에 관하여 형식주의를 채택하고 있다고 하여 달리 볼 것은 아니다), 이
와 같은 취득시효제도의 사회적 기능과 역할은 결코 과소 평가되어서는 안될
것이다.

　다수의견이 말하는 '악의의 무단점유자'를 점유취득시효의 보호 대상에서
제외하려면 민법 제245조 제1항 소정의 점유취득시효의 성립요건에도 등기부취
득시효의 경우와 같이 점유자의 선의를 새로이 규정하든가 점유자의 소유의 의
사의 추정 규정인 민법 제197조 제1항을 개정하는 등 입법적으로 해결하는 것
은 별론으로 하고 현행 민법 규정과 소유의 의사의 의미에 관한 당원의 판례를
그대로 유지하는 이상 다수의견과 같은 해석을 허용할 수는 없다고 할 것이다.

　그리고 다수의견이 들고 있는 소유의 의사가 있는 점유라는 추정이 깨어지
는 경우란 점유 개시 당시에 토지 소유자와 소유권 취득의 원인이 될 수 있는
아무런 법률행위 등을 맺음이 없이 사실행위로서 타인의 부동산을 무단점유하
는 경우를 말하는 것으로 이해되나, 원래 '무단점유'라는 개념 자체가 그 폭이
넓은 개념이고, 또 다수의견에서 제시하고 있는 '점유 개시 당시에 소유권 취득
의 원인이 될 수 있는 법률행위 기타 법률요건이 없이 점유하는 경우'란 구체적
으로 어떠한 경우인지 그 범위가 명확하지 아니하여 앞으로 실무상 민법 제197

조 제1항이 규정한 점유자의 소유의 의사의 추정이 번복되는지 여부를 판단하는데 오해와 혼란을 초래할 여지가 많음을 지적하지 않을 수 없다.

　라. 결론적으로 점유취득시효를 주장하는 자가 점유 개시 당시에 소유권 취득의 원인이 될 수 있는 법률행위 기타 법률요건이 없이 그와 같은 법률요건이 없다는 사실을 잘 알면서 타인 소유의 부동산을 무단점유한 것임이 입증되었다고 하더라도 그러한 사정만으로는 소유의 의사의 추정이 깨어지는 것은 아니라고 보아야 할 것이다.

> **[판결 1]에 관하여 생각할 점**

1. 이 판결에서 법원은 소외 시효취득자가 「악의」의 무단점유자라는 것을 전제로 논의를 전개하고 있다. 법원은 무슨 근거로 위 시효취득자를 악의의 점유자로 인정하였는가? 이 사건의 사실관계를 읽어보고 답변하라.
2. 이 판결의 다수의견, 별개의견, 보충의견, 반대의견에서는 시효취득과 점유에 관한 다양한 논리들이 전개되고 있다. 각 의견은 점유취득시효제도를 어떠한 관점에서 이해하고 있는가? 또한 그 이해에 따라 펼쳐지는 해석론에 있어서 민법 제197조 제1항의 자주점유 추정규정은 어떻게 활용되고 있는가?

(2) 20년간 점유 계속

　(가) 점유취득시효의 완성을 위해서는 계속된 점유기간이 20년 이상이어야 한다. 점유의 계속을 요구하므로, 중간에 점유하지 않은 기간이 있으면 합산된 점유기간이 20년 이상이더라도 이 요건이 충족되지 않는다. 그러나 점유가 침탈되어 침탈자로부터 이를 회수한 경우(제204조)에는 침탈당한 동안의 점유의 중단은 고려되지 않는다(제192조 제2항 단서). 또한 앞의 어느 시점에서 점유한 사실과 뒤의 어느 시점에서 점유한 사실이 인정되면 그 점유는 계속한 것으로, 즉 그 두 시점 사이의 기간에도 계속 점유하였다고 추정된다(제198조).

　(나) A가 B로부터 점유를 승계하였으면, A는 자신의 점유기간만을 주장하거나, 자신과 전 점유자 B의 점유기간을 합하여 주장할 수 있다(제199조 제1항).[35] 그러므로 자신의 점유가 20년이 안 되어도 전 점유자의 점유기간을 합

---

35) 이와 같이 전 점유자의 점유의 승계를 주장할 수 있으므로, 대판 1996.9.20, 96다24279는 앞선 어느 시점에서 B가 점유한 사실과 그의 점유를 승계한 A가 뒤의 어느 시점에서 점유한 사실이 인정되면 그 사이의 점유는 계속된 것으로 추정된다고 한다. 즉 점유 계속의 추정은 전후 양 시점의 점유자가 서로 다른 경우에도 적용될 수 있다.

하여 20년이 넘으면 취득시효의 요건이 충족된다. 여기서 기간의 합산이 주장되는 전 점유자는 점유의 승계가 있는 한 여럿이어도 무방하다. 예를 들어, B가 다시 그 전 점유자 C로부터 점유를 승계하였으면, A는 자신과 B의 점유기간을 주장하거나, 자신과 B, C의 점유기간을 모두 합하여 주장할 수 있다. 다만 점유기간의 합산을 주장하는 경우에는 전 점유자의 점유의 하자도 승계한다(동조 제2항). 그러므로 위의 경우에 B 또는 C가 타주점유자이면, 그들이 점유하던 기간은 취득시효에 필요한 20년에 산입될 수 없다.

(다) 시효기간의 기산점을 어디에 두느냐에 따라 당사자들의 이해관계가 현격하게 달라질 수 있다. 이는 목적물에 이해관계를 가지는 제3자가 등장한 것이 취득시효 완성 전이면 그에 대하여 시효취득을 주장할 수 있고, 그 후이면 그렇게 하지 못한다는 판례 법리와 관련된다(이에 관하여는 취득시효완성의 효과 부분에서 상세히 설명한다).[36] 이처럼 점유취득시효가 언제 완성되는지에 따라 점유자와 제3자의 우열 및 대항력이 달라지므로 점유자는 실제로 점유를 개시한 때를 점유취득시효의 기산점으로 삼아야 하고 그 기산점을 임의로 선택할 수 없는 것이 원칙이다.[37]

(라) 소멸시효의 중단 및 정지에 관한 규정(제168조 내지 제182조)은 취득시효에 준용 내지 유추 적용된다(제247조 제2항).[38] 그러므로 소유자가 점유자를 상대로 소유권에 기하여 반환청구, 부당이득반환이나 손해배상의 청구 등을 하여 소유권을 행사하면 취득시효기간의 진행이 중단된다. 특히 응소행위로 인한 시효의 중단[39]은 오히려 취득시효의 중단에서 빈번하게 문제된다. 그러나 소유자가 제3자에게 지상권이나 저당권 등을 설정하여 소유권을 행사하는 것만으로는 취득시효의 진행이 중단되지 않는다. 또한 점유로 인한 시효취득에서 취득시효의 중단사유는 종래의 점유상태의 계속을 파괴한다고 인정될 수 있는

---

36) 대판 1976.6.22, 76다487; 대판 1979.10.16, 78다2117; 대판 1999.2.12, 98다40688 등.

37) 대판 1992.11.10, 92다29740 등 참조. 다만 시효기간 중 계속해서 등기명의자가 동일하고 그동안 소유자의 변동이 없는 경우에는 시효취득자와 제3자 사이의 우열문제가 발생하지 않으므로 반드시 실제 점유 개시시점을 기산점으로 삼아야 할 이유는 없다. 대판 1976.6.22, 76다487 참조. 나아가 1차 시효완성 ― 제3자 명의 등기 ― 그 등기일 후 2차 시효완성시에는 그 등기일을 기산점으로 삼을 수 있다고 판시한 대판(전) 2009.7.16, 2007다15172, 15189에 관하여는 후술하기로 한다.

38) 법문은 시효의 중단에 대해서만 규정하나, 시효의 정지도 마찬가지이다.

39) 대판(전) 1993.12.21, 92다47861 이래의 판례.

사유라야 하는데, 압류 또는 가압류는 여기에 해당하지 않아 취득시효 중단사유가 아니다.[40] 한편 소멸시효의 경우와 마찬가지로 취득시효가 완성된 이후에 그 시효이익을 포기할 수 있다.[41]

3. 등기부취득시효의 요건

(1) 부동산 소유자로 등기

(가) 등기부취득시효는 부동산 소유자로 등기된 사람이 선의·무과실로 평온·공연한 자주점유를 10년 간 계속하는 것에 의하여 인정된다(제245조 제2항). 여기에서의 등기는 실체관계에 부합하지 않는 부실등기이다. 만약 그것이 실체관계에 부합한다면 등기부취득시효를 논할 필요 없이 그 등기는 유효하여 등기명의자는 소유권을 취득하게 되기 때문이다. 등기부취득시효는 이와 같이 실체관계에 부합하지 않아 무효인 등기를 토대로 소유권을 취득하게 한다는 데에서 의미가 있다. 등기 부실의 이유는 묻지 않는다. 또한 등기원인이 누락된 등기라도 무효에 이르는 정도가 아니라면 등기부취득시효의 기초가 되는 등기에 해당한다.[42] 다만 등기절차상 유효요건을 갖추지 못하여 무효인 등기는 등기부취득시효의 완성으로 이어지지 않는다. 가령 1부동산1등기부주의에 반하여 무효인 후행 중복등기에 기하여는 등기부취득시효가 완성되지 않는다.[43]

(나) 여기서의 등기는 점유상태에 부합하는 등기이다. 따라서 등기와 점유가 불일치하면 등기부취득시효가 완성되지 않는다. 가령 명의신탁처럼 점유는 명의신탁자가 하면서 등기는 명의수탁자 이름으로 되어 있다면 명의신탁자는 등기부취득시효를 주장하지 못한다.[44] 다만 등기의 내용과 점유상태가 완전히 일치해야 비로소 등기부취득시효가 인정되는 것은 아니다. 양자가 완전히 일치하지 않더라도 일치하는 범위가 있다면 그 한도 내에서 등기부취득시효가 인정될 수 있다. 그러므로 단독소유자로 등기된 사람이 특정 일부만을 점유하여 앞서 본 점유요건을 충족한 경우에는 그 특정 일부의 등기부취득시효가 인정된다. 나아가 공유지분등기가 된 사람이 부동산 전부를 점유하는 때에는 그 지

---

40) 대판 2019.4.3, 2018다296878.
41) 대판 1995.4.14, 95다3756 등 다수.
42) 대판 1998.2.24, 96다8888.
43) 대판(전) 1996.10.17, 96다12511.
44) 대판 2002.4.26, 2001다8097, 8103.

분의 등기부취득시효가 인정된다. 그리고 부동산의 특정 일부를 점유하면서 공유지분등기가 되어 있다면 해당 특정 일부에 대한 공유지분의 한도에서 등기부취득시효가 인정되고, 부동산 전체에 대한 공유지분을 시효취득하지는 못한다.[45)]

(2) 선의 · 무과실 · 평온 · 공연 · 자주점유

(가) 평온·공연의 점유 및 자주점유에 대하여는 점유취득시효에서 설명한 바가 그대로 타당하다. 단지 그중 자주점유와 관련하여서는, 그것이 등기부취득시효에서는 별다른 문제없이 갖추어진다는 것만을 지적하여 둔다. 소유자로 등기됨에 있어서 요구되는 그 등기원인이 바로 자주점유의 권원이 되는 것이기 때문이다. 또한 점유취득시효와 마찬가지로 간접점유도 등기부취득시효의 기초가 되는 점유가 될 수 있다.[46)]

(나) 등기부취득시효의 기초가 되는 점유는 선의 · 무과실의 점유라야 한다. 여기에서 선의라 함은 점유자가 자기의 소유라고 믿는 것을 말하고, 무과실이란 그와 같이 믿은 데 과실이 없음을 말한다.[47)] 판례는 등기부의 기재를 믿고 그 소유명의인과 거래하여 점유를 취득한 사람은 그 기재가 진실인지 의심할 만한 다른 특별한 사정이 없는 한 과실이 없고,[48)] 등기부에 소유자가 제3자로 기재되어 있는 경우에 매수인이 그에게 자신의 거래상대방의 권한 등에 관하여 확인해 보지 않았으면 부동산의 점유 개시에 과실이 있다고 한다.[49)] 그 판단의 기준 시점은 취득시효점유가 개시되는 때이다.[50)] 점유 개시 후에 목적물이 제3자의 소유임을 알게 되거나 또는 그 사실을 모르는 데 과실이 있게

---

45) 同旨: 대판 1993.8.27, 93다4250. 대판 1986.5.27, 86다카280도 참조. 다만 이른바 구분소유적 공유에서 지분이전등기를 받은 자가 그에 상응하는 특정 일부를 점유하여 왔다면 그 지분 자체에 대한 등기부취득시효를 긍정할 것이다. 대판 1975.6.24, 74다1877이나 대판 1996.1.26, 95다24654 등 참조.
46) 대판 1998.2.24, 96다8888.
47) 대판 2005.6.23, 2005다12704.
48) 대판 1982.5.11, 80다2881; 대판(전) 1983.3.8, 80다3198; 대판 1992.2.14, 91다1172; 대판 1992.6.23, 91다38266; 대판 1995.10.12, 95다22481; 대판 1998.2.24, 96다8888 등.
49) 대판 1986.2.25, 85다카771 등.
50) 대판 1983.10.11, 83다카531; 대판 1986.2.25, 85다카771 등도 점유의 시초에 또는 점유의 개시에 과실이 없었음을 필요로 한다고 설시한다. 한편 동산의 선의무과실점유자의 시효취득에 대하여는 그 취지를 명정한다(제246조 제2항).

되었더라도 취득시효의 완성에 영향을 미치지 않는다.

점유자의 선의는 추정된다(제197조 제1항). 따라서 악의라고 주장하는 자가 그 악의를 증명해야 한다. 무과실에 대하여는 그러한 규정이 없다. 따라서 누가 과실을 둘러싼 증명책임을 지는지 법 문언상으로는 불분명하다. 판례는 취득시효를 주장하는 측에게 무과실의 증명책임이 있다고 한다.[51]

(3) 10년간 점유 계속

(가) 점유의 계속과 점유기간에 대하여는 점유취득시효에서 설명한 바가 그대로 타당하다. 다만 시효기간의 기산점 선택에 대하여는, 시효기간 동안 시효취득자 앞으로 이미 소유권등기가 되어 있어서 시효기간 중 제3자가 등장할 가능성이 별로 없어 논의의 필요성이 적다.

(나) 소멸시효의 중단에 관한 규정(제168조 내지 제178조)은 등기부취득시효에도 준용된다(제247조 제2항). 그러므로 소유자가 점유자를 상대로 소유권에 기하여 등기말소청구 등의 청구를 하여 소유권을 행사하면 취득시효기간의 진행이 중단된다.

(다) 그 10년의 점유를 소유자로 등기된 사람이 해야 한다. 즉 점유와 등기가 시간적으로 일치하여 지속되어야 한다. 그런데 점유에 대하여는 앞서 본 대로 점유기간 승계(제199조)가 인정되는데, 등기의 경우는 어떠한가? 즉 시효취득자 앞으로 10년 간 등기되어 있어야 하는가, 아니면 그에 앞선 등기명의인 앞으로 등기되어 있던 기간의 합산을 주장할 수 있는가? 종전의 판례는 전자의 태도를 취하였다.[52] 그러나 그렇게 해석하여서는 등기부취득시효가 하는 등기의 공신력에 갈음하는 제도로서의 기능을 살릴 수 없다. 그리하여 그 후 태도를 전환하여 등기기간의 승계를 인정하기에 이르렀다.[53] 여기서도 점유에서와 같이 등기상 전자가 여럿인 경우에는 그 전부에 대하여 등기기간의 승계를 주장할 수 있다.

---

51) 대판 1983.10.11, 83다카531; 대판 1986.2.25, 85다카771; 대판 2004.6.25, 2004다13052; 대판 2017.12.13, 2016다248424 등. 한편 대판 1971.7.29, 71다1132 등이 매수인은 매도인에게 처분권이 있는지 조사해야 하고 그 조사를 하지 않았으면 점유의 취득에 과실이 있다고 설시하는 것도 같은 맥락이다.

52) 대판(전) 1985.1.29, 83다카1730.

53) 대판(전) 1989.12.26, 87다카2176.

[판결 2] 등기기간의 승계: 대판(전) 1989.12.26, 87다카2176

상고이유를 본다.

제1, 3점에 대하여,

재조선미국육군사령부군정청법령(이하 군정법령이라고 줄인다) 제2호 제1조는 1945. 8. 9. 이후의 일본인 소유재산에 대하여 일체의 처분을 금지한다고 규정하고 있고 군정법령 제33호 제2조는 1945. 8. 9. 이후의 일본인 소유재산의 소유권이 그해 9. 25.부로 미군정청에 귀속된다고 규정하고 있는데 그렇게 규정한 취지는 미군정청이 물권변동에 관한 공시방법을 기준으로 하여 1945. 8. 9. 현재의 상태에서 일본인 소유재산의 처분을 금지하여 그대로 묶어 두고 그 소유권을 미군정청에 귀속시키고자 함에 있다고 할 것이므로 여기서 말하는 "1945. 8. 9. 이후"란 문언은 "1945. 8. 9. 00:00부터"라고 해석된다.

따라서 비록 1945. 8. 9. 00:00전에 한국인이 일본인으로부터 부동산을 매수하였다 하더라도 1945. 8. 9. 00:00 후에 일본인 명의로 아직 그 소유권을 표상하는 등기가 되어 있는 이상은 군정법령 제33호에 의하여 미군정청에 그 소유권이 귀속되는 것이고 그와 같은 이치는 1945. 8. 9. 바로 그날에 일본인으로부터 한국인 명의로 소유권이전등기가 마쳐졌다 하여 다를 것이 없다.

같은 취지에서 원심이 1945. 8. 9. 이 사건 부동산에 관하여 일본인으로부터 피고 대한통운주식회사의 전신인 조선해륙운수주식회사 명의로 소유권이전등기가 된 사실에 터잡아 위 부동산의 소유권이 군정법령 제33호에 의하여 미군정청에 귀속되었다고 보고 이를 전제로 피고들 앞으로 이루어진 등기가 모두 원인무효의 등기라고 판단한 것은 정당하고 거기에 지적하는 바와 같은 군정법령 제2호와 제33호에 관한 법리의 오해나 이유불비등의 위법이 없다. 주장은 이유없다.

제2점에 대하여,

등기부취득시효에 관하여 민법 제245조 제2항은 "부동산의 소유자로 등기한 자가 10년간 소유의 의사로 평온, 공연하게 선의이며 과실없이 그 부동산을 점유한 때에는 소유권을 취득한다"고 규정하고 있는데 그 뜻은 위 규정에 의하여 소유권을 취득하는 자는 10년간 반드시 그의 명의로 등기되어 있어야 하는 것은 아니고 앞사람의 등기까지 아울러 그 기간동안 부동산의 소유자로 등기되어 있으면 된다는 것으로 풀이하여야 할 것이다.

왜냐하면 등기부취득시효에 있어서의 등기와 점유는 권리의 외관을 표상하는 방법에서 동등한 가치를 가진다 할 것이므로 등기에 관하여서도 점유의 승계에 관한 민법 제199조를 유추적용함이 타당할 뿐만 아니라 위 규정이 "부동산의 소유자로 등기한 자"라는 문언을 썼다하여 반드시 그 앞사람의 등기를 거기에서 배제하는 것이라고는 볼 수 없기 때문이다.

더구나 구의용 민법 제162조 제2항의 단기취득시효에 있어서는 거기에서 규정한 10년간의 점유만으로도 바로 소유권을 취득하였던 것인데 현행 민법이 물권변동에 관하여 형식주의를 채택하는 과정에서 등기부취득시효제도를 도입하여 점유외에 등기를 갖추게 함으로써 그에 의한 소유권취득을 훨씬 어렵게 하는 한편, 민법 제245조 제1항이 규정하는 점유취득시효의 요건인 점유에 있어서의 평온, 공연 외에 선의, 무과실을 더 추가하면서도 그 기간을 20년에서 10년으로 단축한 것이므로 이와 같은 입법의 배경이나 취지로 보아 민법 제245조 제2항이 규정한 "부동산의 소유자로 등기한 자"를 위와 같이 해석하는 것이 물권변동에 관하여 형식주의를 취하면서도 등기에 공신력을 주고 있지 아니한 현행법체계하에서 등기를 믿고 부동산을 취득한 자를 보호하려는 등기부취득시효제도에 부합한다 할 것이다.

따라서 이 견해에 어긋나는 당원 1968.7.16. 선고 67다752 판결; 1971.7.29. 선고 71다1132 판결; 19794.24. 선고 78다2373 판결; 1980.7.22. 선고 80다780 판결; 1983.3.8. 선고 80다3198 판결; 1985.1.29. 선고 83다카1730 판결 등은 모두 폐기하기로 한다.

원심이 확정한 바에 의하면 이 사건 부동산은 일본인 안부정태랑의 소유이던 것을 피고 대한통운주식회사의 전신인 조선해륙운수주식회사가 1944. 9. 21. 매수하여 1945. 8. 9. 그 등기를 마친 이래 판시와 같이 피고들 명의의 등기가 차례로 이루어졌다는 것이고 한편 앞에서 본 바와 같이 위 부동산은 군정법령 제33호에 의하여 미군정청의 소유로 귀속되었다가 대한민국정부 및 미국정부간의 재정 및 재산에 관한 최초협정에 따라 대한민국이 그 소유권을 취득하였고, 귀속재산처리에관한특별조치법(1963. 5. 29. 공포, 법률 제1346호)부칙 제6조에 의하여 1965. 1. 1.자로 국유재산이 되었음은 법률상 명백한 바, 기록에 의하여 알 수 있듯이 이 사건 부동산이 사원의 사택 또는 건물의 부지로 사용되어 왔다면 귀속재산처리에관한특별조치법에 의한 국유재산 중 행정재산이 아님이 분명하여 바로 시효취득의 대상이 된다 할 것이고(당원 1979.9.25. 선고 79다1080 판결 참조) 1965. 1. 1.부터는 그 점유도 자주 점유로 환원되었다 할 것이므로 그 등기와 함께 평온, 공연, 선의, 무과실로 그 점유가 승계되는 한 그로부터 10년이 되는 1975. 1. 1.에는 그 당시의 점유자이며 등기명의인인 피고 1 내지 9 등이 등기부취득시효로 인하여 이 사건 부동산의 소유권을 적법하게 취득한다 할 것이다.

그런데도 원심이 등기부취득시효에 있어서는 부동산의 소유자로 등기된 기간과 그 점유기간이 때를 같이하여 다같이 10년임을 요한다는 이유만으로 피고들의 이에 관한 주장을 배척한 것은 등기부취득시효에 관한 법리를 오해하여 판결결과에 영향을 미쳤다 할 것이고 이는 소송촉진등에관한특례법 제12조 제2항의 파기사유에 해당한다. 이 점을 지적하는 주장은 이유있다.

그러므로 원심판결을 파기하고 사건을 원심법원에 환송하기로 하여 대법원장 이일규, 대법관 배석, 대법관 김주한의 반대의견을 제외한 나머지 대법관의 일치된 의견으로 주문과 같이 판결한다.

대법원장 이일규, 대법관 배석, 대법관 김주한의 반대의견은 다음과 같다.

민법 제245조에 보면 ① 20년간 소유의 의사로 평온, 공연하게 부동산을 점유하는 자는 등기함으로써 소유권을 취득한다. ② 부동산의 소유자로 등기한 자가 10년간 소유의 의사로 평온, 공연하게 선의이며 과실없이 그 부동산을 점유한 때에는 소유권을 취득한다고 규정되어 있다.

이 규정을 같은법 제186조, 제187조 그리고 같은법 가운데 점유권과 부동산에 대한 소유권 기타 물권에 관한 각 규정과 종합하여 살펴보면 우리 민법은 위에서 본 민법 제245조 제1항의 경우에 한하여 점유에 대하여 부동산의 소유권에 관한 등기를 깨뜨리는 강력한 효과를 인정하고 있을뿐이지 그 밖에는 부동산소유권등의 물권에 관한 공시방법으로서는 물론이고 다른 어떤 경우에도 점유를 등기와 동등하게 보고 있지 않고 있음이 명백하다.

그리고 부동산 물권에 대한 등기는 다만 당해물권의 공시방법이기에 당해 물권변동의 효력요건이 되는 것에 불과한 것이지 그 자체가 물권이나 기타의 재산권적인 성질이 있는 것으로 볼 수는 없는 것이기 때문에 부동산등기법등의 절차규정에 의하여 이전될 수는 있어도 그러한 절차규정에 관계없는 등기만의 이전성을 고려할 이론적 근거는 없는 것이므로 물권으로서의 점유의 승계성(상속, 이전)을 긍정하는 민법 제199조가 등기에 관하여 유추적용 되어야 할 근거는 도대체 성립될 수 없는 것이다.

더구나 민법 제185조는 물권법정주의를 선명하고 있고 물권법의 강행법규성은 이를 중핵으로 하고 있는 것으로서 이 법원칙은 비단 법률(성문법과 관습법)이 인정하지 않는 새로운 종류의 물권을 창설 할 수 없다는 소극적 내용에 그치는 것이 아니라 법률이 인정하는 물권이라 하더라도 그 법률이 정하는 내용이나 효력을 변경하여 이와 다른 내용 또는 효력을 갖게 하여서는 안된다는 적극적 내용까지를 포함하여 그 근거로 삼고 있음은 학계와 실무계에 통용되고 있는 보편적 견해이므로 이러한 법원칙을 염두에 두고 위에서 본 민법 제245조 제2항의 규정내용을 음미해 보면 그곳에서의 점유와 등기기간이 때를 같이 하여 다같이 10년임을 요한다는 취지로 풀이될 수 밖에 없음은 너무도 분명하여 의심할 여지가 전혀 없다.

다수의견은 위에서 본 민법 제199조의 등기에의 유추적용을 전제로 하면서도 같은 규정 제2항이 말하는 하자의 승계에 관하여 아무런 언급이 없어 분명하지 아니하나 민법 제245조 제2항 자체가 새로운 부동산소유권취득 규정이며 그 반대 해석상 종전 소유권자의 소유권상실 규정이라고 보아야 하는 관계상 민법 제245조 제2항 소정의 등기가 실체적 권리관계에도 부합되지 않는 절차상의 하자있는 등기를 의미하는 것으로 볼 수 밖에 없을 것인데(그 이유는 실체적 권리관계에 부합되어 있기만 하면 절차적으로 하자 있는 등기라도 민법 제245조 제2항을 기다릴 것도 없이 이미 소유권을 취득한다는 것이 당원의 판례에 나타나 있는 견해이고 또한 절차상의 하자가 없는 등기는 거의 대부분 실체적 하자가 있다고 볼 수 없어 그 역시 이 규정에 의하여 비로소 소유권을 취득하게 되는 경우는 아닐 것이기 때문이다) 이런 등기를 한 사람들을 종전의 부동산소유권자에 비하여 다수의견이 표현하고 있는 것처럼 "등기에 공신력을 주고 있지 아니한 현행법 체계하에서 등기를 믿고 부동산을 취득한 자를 보호"해야 할 것인가가 사유재산을 바탕으로 하는 물권거래의 보호가치적 비교 입장에서 보아 옳다고 할 수 있을 것인가가 의문스럽다고 하지 않을 수 없고 또한 물권변동에 관하여 새로이 형식주의를 취하면서 새로 마련한 현행 민법 제245조 제2항을 위와 같은 사람들을 위하여 더구나 민법 제199조까지 원용하면서 종전의 의용 민법 시대의 의사주의 아래에서의 소유권의 단기취득시효제도와 같게 해석하려고 하는 것은 기왕의 소유권자의 정적 안전성을 너무 가볍게 다투려는 것으로 밖에 여겨지지 않는다.

그러기 때문에 다수의견이 폐지하려고 하는 종전의 판례에 따른 원판결 판단은 옳고 이 점을 비난하는 상고논지는 이유없다고 본다.

[판결 2]에 관하여 생각할 점

1. 다수의견과 반대의견은 각각 민법 제245조 제2항의 "부동산의 소유자로 등기한 자"를 어떻게 해석하고 있는가? 그 근거는 무엇인가?
2. 점유의 승계에 관한 민법 제199조는 등기의 경우에도 유추 적용될 수 있는가?
3. 다수의견과 반대의견은 각각 등기의 공신력과 등기부취득시효의 상관관계, 나아가 진정한 권리자의 보호와 거래안전의 보호에 관한 일정한 관점을 담고 있

다. 각각 어떠한 관점인가?

4. 취득시효 완성의 효과

(1) 점유취득시효 완성의 효과

(가) 소유권이전등기 이전(以前)

1) 소유권이전등기청구권의 취득

점유취득시효가 완성되면, 점유자는 시효 완성 당시의 소유자에게 소유권이전등기청구권을 취득한다. 소유권 자체는 등기가 이루어질 때 비로소 취득한다(제245조 제1항). 이는 애당초 취득시효의 대상이 미등기 부동산인 경우에도 마찬가지이다.[54]

소유권이전등기청구권의 상대방인 「시효 완성 당시의 소유자」가 언제나 당시의 등기명의자를 의미하는 것은 아니다. 그 등기가 무효라면 등기명의자가 아니라 진정한 소유자를 상대로 소유권이전등기를 청구해야 한다.[55] 그 과정에서 소유자 명의로 등기 환원이 필요하다면 소유자를 대위하여 그 무효 등기의 말소를 구하는 등의 조치를 취할 수 있다.[56] 다만 토지의 사정명의인을 찾을 수 없는 등 진정한 소유자를 알 수 없게 된 경우에는 예외적으로 현재의 등기명의자를 상대로 소유권이전등기청구를 할 수 있다.[57]

소유자는 점유자 명의로 소유권이전등기가 이루어지기 전까지는 소유자로서 제한물권을 설정하거나 타인에게 소유권을 이전하는 등 처분행위를 할 수 있다. 또한 소유자의 권리행사로 인하여 점유자의 토지에 대한 점유의 상태가 변경되었다면 그 뒤 소유권이전등기를 마친 점유자는 변경된 점유의 상태를 용인해야 한다.[58] 그러나 소유자가 취득시효 완성 사실을 알았거나 알 수 있었는데도 부동산을 처분하여 취득시효 완성을 원인으로 한 소유권이전등기의무가 이행불능에 빠졌다면 시효취득자가 입은 손해를 배상할 책임이 있다.[59]

---

54) 대판 2006.9.28, 2006다22074, 22081.
55) 대판 1995.5.9, 94다39123; 대판 1999.2.23, 98다51932 등.
56) 대판 2007.7.26, 2006다64573.
57) 대판 2005.5.26, 2002다43417.
58) 대판 1999.7.9, 97다53632. 다만 "점유권에 기하여" 등기부상의 명의인을 상대로 점유방해의 배제청구가 가능하다고 판시한 대판 2005.3.25, 2004다23899, 23905 참조. 이는 점유권에 기한 방해배제청구의 일반론을 설시한 정도의 의미로 받아들여야 한다.
59) 대판 1999.9.3, 99다20926.

의용 민법에서와는 달리 취득시효 완성으로 인한 소유권 취득에 등기를 요구하는 이유는 가급적 부동산물권변동을 등기부에 충실히 반영하려는 요청 때문이다. 판례는 취득시효 완성으로 인한 소유권이전등기청구권을 채권적 청구권으로 파악한다. 따라서 이 청구권은 10년의 소멸시효에 걸린다.[60] 다만 시효완성자가 점유를 계속하는 동안에는 시효가 진행하지 않는다는 것이 판례의 입장이다.[61] 소유권이전등기의무를 지는 소유자가 제3자 앞으로 소유권이전등기를 하면 위 청구권에 따른 채무는 「이행불능」에 빠진다.[62] 판례는 시효점유자는 소유자에 대하여 일정한 요건 아래(즉 이행불능 전에 등기명의자에 대하여 점유로 인한 부동산 소유권 취득기간이 만료되었음을 이유로 그 권리를 주장하였거나 그 취득기간 만료를 원인으로 한 등기청구권을 행사하였을 것) 이행불능으로 인한 대상청구권(代償請求權)을 가진다고 한다.[63]

이처럼 점유자는 시효완성 당시의 소유자에 대하여만 등기이전청구권을 가지는 채권적 청구권자에 불과하므로 취득시효 완성 후 등기 전에 제3자가 소유자로부터 그 부동산을 양수하여 등기를 마쳤다면, 제3자가 소유자의 포괄승계인[64]이라거나 가장매매 등으로 그 양수행위가 무효라는 등의 특별한 사정이 없는 한 제3자에 대하여 취득시효의 완성을 주장할 수 없다.[65] 매매 등 원인행위는 시효완성 전에 있었으나 그로 인한 등기는 시효완성 후에 받은 경우

---

60) 대판 1995.12.5, 95다24241; 대판 1996.3.8, 95다34866 등.

61) 대판 1990.11.13, 90다카25352; 대판 1992.3.10, 91다24311.

62) 대판 1991.6.25, 90다14225; 대판 1993.2.9, 92다47892 등. 이는 소유자가 파산하여 재산에 대한 관리처분권이 파산관재인에게 이전한 경우도 마찬가지이다. 대판 2008.2.1, 2006다32187.

63) 대판 1996.12.20, 94다43825 등. 하지만 이처럼 점유취득시효 완성자의 대상청구권을 인정하는 태도가 타당한지는 의문이다. 점유자가 소유권을 취득할 가능성이 배제되면 점유자와 소유자 사이의 채권관계는 목적을 상실하여 아예 소멸한다. 즉 취득시효제도는 대상의 물적 귀속 자체만을 규율하는 것이고, 그 귀속으로 인한 이익의 실제적 실현까지도 도모하는 것은 아니기 때문이다. 양창수, "2005년도 민사판례 관견", 민법연구 9, 2007, 297.

64) 따라서 제3자가 상속인이라면 그는 피상속인의 지위를 포괄적으로 승계하므로 취득시효 완성을 원인으로 한 소유권이전등기의무도 함께 승계한다. 다만 상속인 중 한 사람이 소유자인 피상속인으로부터 증여를 받아 소유권이전등기를 마친 경우에는 상속인이 아니라 수증자의 지위에서 소유권을 취득한 것이므로 상속의 실질을 가진다는 특별한 사정이 없는 한 제3자로서 보호받는다. 대판 1998.4.10, 97다56495.

65) 대판 1995.5.9, 94다22484(명의신탁 해지); 대판 1998.4.10, 97다56495(소유권 취득).

에도 여기에서의 제3자에 해당한다.66) 제3자가 시효완성의 사실을 알았더라도 그 사유만으로는 그를 상대로 취득시효의 완성을 주장할 수 없다.67) 다만 소유자의 불법행위에 적극 가담하는 등 공서양속에 반한 원인행위가 있었다면 그 행위가 무효이므로 점유자는 소유자에게 취득시효의 완성을 주장할 수 있다.68) 이때 점유자는 소유자를 대위하여 제3자 앞으로 이루어진 원인무효등기의 말소를 구할 수 있다.69) 일단 제3자 앞으로 소유권이 이전되었어도 그 후 다시 시효완성 당시의 소유자 앞으로 소유권이 복귀되면 그에 대하여는 소유권등기를 청구할 수 있다.70)

한편 시효기간의 완성 전, 즉 그 진행 중에 등기부상의 소유자가 변경된 경우에는 점유자가 향유하는 사실상태의 계속을 파괴한 것으로 볼 수 없어 시효가 중단되지 않는다. 따라서 점유자는 시효기간 완성 후 그 때의 등기명의자에 대하여 취득시효 완성의 효과를 주장할 수 있다.71) 즉 제3자로의 등기가 시효기간 진행 중인지 아니면 그 완성 후인지에 따라 법률효과가 달라진다는 점에 유의해야 한다.

이와 관련하여 20년의 시효기간 경과 후 등기 전에 제3자 명의의 소유권이전등기가 이루어졌는데, 그 등기시로부터 다시 20년의 시효기간이 경과하였다면 2차 취득시효의 완성을 주장할 수 있는가? 또한 그 2차 시효기간 중에 등기부상 소유명의자가 변경되었다면 어떠한가? 한 대법원 전원합의체 판결72)은 이 문제를 다루고 있다. 다수의견에 따르면 점유자는 소유권 변동시를 기산점으로 삼아 2차 취득시효의 완성을 주장할 수 있고, 그 시효기간 중에 등기부상 소유명의자가 변경되었더라도 이러한 주장을 하는 데에는 아무런 장애가 되지 않는다.73) 이에 대하여는 부동산 물권변동에 관한 형식주의와 거래의 안전의

66) 대판 1968.5.28, 68다554; 대판 1997.4.11, 96다45917 등.
67) 대판 1994.4.12, 93다50666 등.
68) 대판 1993.2.9, 92다47892; 대판 1995.6.30, 94다52416.
69) 대판 2017.12.5, 2017다237339.
70) 대판 1991.6.25, 90다14225; 대판 1994.2.8, 93다42016; 대판 1999.2.12, 98다40688.
71) 대판 1972.1.31, 71다2416; 대판 1989.4.11, 88다카5843, 5850 등.
72) 대판(전) 2009.7.16, 2007다15172, 15189; 대판 2009.9.10, 2006다609.
73) 이에 따라 취득시효가 완성된 후 토지 소유자가 변동된 시점을 새로운 취득시효의 기산점으로 삼아 2차 취득시효의 완성을 주장하려면 새로운 취득시효기간 중에는 등기명의자가 동일하고 소유자의 변동이 없어야만 한다는 대판 1994.3.22, 93다46360 등 다수의 판결들이 폐기되었다.

이념에 비추어 취득시효는 가급적 엄격하게 해석해야 하므로, 1차 시효완성 후 2차 시효기간 중 등기부상 소유명의자가 변경되었다면 그 소유명의자가 우선적으로 보호되어야 한다는 반대의견이 있다. 이러한 의견의 대립에서도 점유와 등기, 취득시효제도와 형식주의 사이의 긴장관계와 이에 대한 관점의 차이를 엿볼 수 있다.

2) 부동산을 점유할 지위

시효점유자는 시효완성의 효과로 아직 등기 전이라도 민법 제213조 단서 소정의 "점유할 권리"를 가진다. 그러므로 소유자는 시효점유자에 대하여 소유권을 주장하여 토지의 인도나 그 지상 건물의 철거 등을 청구할 수 없고,[74] 소유권 확인을 구할 법률상 이익도 인정되지 않는다.[75] 또한 시효점유자가 점유하는 동안의 사용이익에 대하여 부당이득의 반환을 청구할 수 없으며,[76] 불법점유를 이유로 불법행위로 인한 손해배상을 청구할 수 없다.[77] 이러한 시효점유자의 법적 지위는 불법행위법에 의하여 보호되는 하나의 이익에 해당된다. 따라서 판례는 시효점유자가 소유자를 상대로 시효완성을 근거로 하는 소유권이전등기청구 등 권리 행사를 하여 소유자가 그 시효완성사실을 알았거나 알 수 있었다고 봄이 상당한데도 그 목적물을 제3자에게 처분하여 소유권 취득을 종국적으로 불가능하게 한 경우에는 불법행위의 성립을 인정한다.[78] 또한 제3자가 그 불법행위에 적극 가담하는 등의 경우에는 그 권리취득의 원인행위가 공서양속에 반하여 무효이다.[79] 따라서 그 제3자는 시효완성으로 대항할 수 없는 「제3자」에 해당하지 않는다.

3) 점유의 상실에 따른 법률관계

시효점유자가 시효완성 후 제3자에게 목적물을 인도하여 이를 더 이상 점

---

74) 대판 1988.5.10, 87다카1979.

75) 대판 1987.10.13, 86다카2928; 대판 1996.6.9, 94다13480; 대판 2008.5.15, 2008다13432.

76) 대판 1993.5.25, 92다51280.

77) 대판 1987.10.13, 86다카2928은 소유자는 시효점유자가 아직 소유권등기를 얻지 못하였어도 그를 상대로 소유권의 확인을 구할 수 없다고 한다.

78) 대판 1989.4.11, 88다카8217; 대판 1993.2.9, 92다47892 등. 양자는 모두 소유자가 시효점유자로부터 시효완성을 이유로 하여 소유권이전등기청구소송을 제기당한 후 이를 제3자에게 양도한 사안에 대한 것이다. 후자는 나아가 양수인이 그 불법행위에 적극 가담하였음을 이유로 그 양도가 공서양속 위반(제103조)으로 무효라고 판단하였다. 그 외에 대판 1995.8.22, 95다10303; 대판 1998.4.10, 97다56495 등도 참조.

79) 대판 1993.2.9, 92다47892; 대판 1998.4.10, 97다56495 등.

유하지 않게 된 경우에는 어떠한가? 우선 그 점유 상실이 시효이익의 포기로 해석된다면 시효점유자는 더 이상 시효를 주장할 수 없다. 반면 그렇게 해석되지 않는다면 시효점유자는 여전히 소유권이전등기청구를 할 수 있다.[80] 판례는 나아가 시효점유자와의 사이에 부동산 양수의 원인행위를 하여 그로부터 목적물을 인도받은 사람은 시효점유자의 소유권이전등기청구권을 대위행사할 수 있을 뿐이고, 시효점유자의 취득시효 완성의 효과를 주장하여 직접 자신에게 소유권이전등기를 청구할 권리는 없다고 한다.[81]

4) 원래 소유자의 지위

취득시효가 완성되어도 아직 시효점유자 앞으로 소유권등기가 이루어지기까지는 소유권에 변동이 없다. 시효점유자에게 부여되는 소유권이전등기청구권은 취득시효 제도의 취지를 관철하기 위해 법에 의해 특별히 인정된 수단적 권리이다. 그러므로 시효점유자와 소유자 사이에 계약상 채권채무관계가 성립하지는 않는다.[82] 그 연장선상에서, 부동산 매매로 인한 소유권이전등기청구권 양도 시 채무자의 동의나 승낙이 필요하다는 양도제한 법리는 시효취득으로 인한 소유권이전등기청구권 양도에는 적용되지 않는다.[83] 원래의 소유자는 시효완성 후에도 부동산에 물리적 변경을 가하거나[84] 저당권 등 제한물권을 적법하게 설정할 수 있다. 한편 시효완성 후 제한물권 설정시 시효점유자가 장차 소유권등기를 마치더라도 그 제한물권의 변경 또는 부담을 안은 채로 소유권을 취득하게 된다.[85] 다만 소유자의 부동산처분행위가 불법행위에 해당하는 경

---

80) 대판(전) 1995.3.28, 93다47745.

81) 대판(전) 1995.3.28, 93다47745. 그러나 이 점유승계인이 자신의 점유기간과 전 점유자인 시효점유자의 점유기간을 합하여 주장함으로써 그 자신이 시효취득을 하는 것은 물론 허용된다.

82) 대판 1995.7.11, 94다4509("시효취득으로 인한 소유권이전등기청구권이 있다고 하더라도 이로 인하여 부동산 소유자와 시효취득자 사이에 계약상의 채권 채무관계가 성립하는 것은 아니므로…").

83) 대판 2018.7.12, 2015다36167.

84) 다만 시효점유자는 자신의 점유권에 기한 방해의 제거 또는 예방을 청구할 수 있다. 同旨: 대판 2005.3.25, 2004다23899(등기 전에 소유자가 설치한 담장의 철거청구).

85) 이때 시효취득자가 원소유자에 의하여 그 토지에 설정된 근저당권의 피담보채무를 변제하는 것은 시효취득자가 용인해야 할 그 토지상의 부담을 제거하여 완전한 소유권을 확보하기 위한 것으로서 그 자신의 이익을 위한 행위이므로, 그 변제액 상당에 대하여 원소유자에게 대위변제를 이유로 구상권을 행사하거나 부당이득반환청구권을 행사할 수 없다는 것이 대판 2006.5.12, 2005다75910의 태도이다. 이에 대한 비판으로서 양창수, "목

우가 있음은 위에서 이미 살펴보았다.

> **[판결 3] 취득시효를 원인으로 한 소유권이전등기청구권: 대판(전) 1995.3.28,**
> **93다47745**

    1. 원심판결 이유에 의하면 원심은, 이 사건 임야는 원래 소외 1의 소유였
는데 1964.5.7. 소외 2의 명의로, 1967.11.6. 소외 서산군의 명의로 각 소유권이
전등기가 경료된 사실, 소외 대산감리교회는 1956.11.8. 이 사건 계쟁임야부분
을 소외 1로부터 매수하여 그 지상가옥을 교회로 사용하는 등으로 위 임야부분
을 점유한 사실, 원고는 1986.2.16. 위 교회로부터 위 임야 및 그 지상건물을 금
8,000,000원에 매수하여 위 임야부분을 인도받아 점유하여 온 사실을 인정한 다
음, 지방교육자치에관한법률에 따라 위 서산군의 지위를 승계한 피고에 대하여
위 교회를 대위하여 위 교회에게 이 사건 계쟁임야부분에 관한 1976.11.8. 취득
시효완성을 원인으로 한 소유권이전등기절차의 이행을 구하는 원고의 청구에
대하여, 위 교회가 위 임야부분을 원고에게 인도함으로써 그 점유를 상실한 이
상 피고에게 스스로 취득시효의 완성을 주장하여 소유권이전등기청구를 할 수
없다 할 것이고, 위 교회가 점유를 잃게 된 원인이 이를 원고에게 매도하였기
때문이고 원고에게 소유권이전등기의무를 지고 있다고 하여도 마찬가지라 할
것이므로 위 교회가 취득시효완성을 원인으로 한 소유권이전등기청구를 여전히
행사할 수 있음을 전제로 한 원고의 청구는 이유 없다고 하여 이를 기각하였다.
    2. 원래 취득시효제도는 일정한 기간 점유를 계속한 자를 보호하여 그에게
실체법상의 권리를 부여하는 제도이므로, 부동산을 20년간 소유의 의사로서 평
온 공연하게 점유한 자는 민법 제245조 제1항에 의하여 점유부동산에 관하여
소유자에 대한 소유권이전등기청구권을 취득하게 되는 것이며, 점유자가 취득시
효기간의 만료로 일단 소유권이전등기청구권을 취득한 이상, 그 후 점유를 상실
하였다고 하더라도 이를 시효이익의 포기로 볼 수 있는 경우가 아닌 한, 이미
취득한 소유권이전등기청구권은 소멸되지 아니한다고 할 것이다(당원 1989.4.25.
선고 88다카3618 판결; 1990.11.13. 선고 90다카25352 판결; 1992.11.13. 선고 92다
14083 판결 등 참조).
    그리고 전 점유자의 점유를 승계한 자는 그 점유자체와 하자만을 승계하는
것이지 그 점유로 인한 법률효과까지 승계하는 것은 아니므로 부동산을 취득시

적토지상 근저당권의 피담보채무를 변제한 시효취득자의 채무자에 대한 구상권 — 대법
원 2006년 5월 12일 판결 2005다75910 사건(판례공보 2006상, 1039면)", 민법연구 9, 2007,
259 이하.

효기간 만료 당시의 점유자로부터 양수하여 점유를 승계한 현 점유자는 자신의 전 점유자에 대한 소유권이전등기청구권을 보전하기 위하여 전 점유자의 소유자에 대한 소유권이전등기청구권을 대위행사할 수 있을 뿐, 전 점유자의 취득시효 완성의 효과를 주장하여 직접 자기에게 소유권이전등기를 청구할 권원은 없다고 할 것이다.

이와 견해를 달리하여 점유자가 그 점유 당시 취득시효가 완성되었다고 하더라도 이를 현 점유자에게 인도하여 점유를 상실한 이상 등기부상 소유자에 대하여 스스로 취득시효완성을 주장하여 소유권이전등기를 청구할 수 없고, 이는 직전 점유자가 점유를 잃게 된 원인이 이를 현 점유자에게 매도하였기 때문이고, 직전 점유자가 현 점유자에게 소유권이전등기의무를 지고 있다고 하여도 마찬가지라는 취지의 견해를 표명한 바 있는 당원 1991.12.10. 선고 91다32428 판결은, 이를 폐기하기로 한다.

3. 결국 이 사건 계쟁임야부분에 대한 취득시효가 완성될 당시 점유자인 소외 대산감리교회가 원고에게 이를 매도하여 인도함으로써 위 임야부분에 대한 점유를 상실하였으므로 위 교회가 피고에게 취득시효완성을 주장하여 소유권이전등기청구를 할 수 없다는 전제에서 원고의 청구를 기각한 원심의 조치는 필경 취득시효에 관한 법리를 오해한 위법을 저지른 것이라 하지 않을 수 없고, 이를 지적하는 논지는 이유 있다.

그러므로 원심판결을 파기하고 사건을 원심법원에 환송하기로 하여, 대법관 천경송, 대법관 김형선, 대법관 신성택을 제외한 관여 법관의 일치된 의견으로 주문과 같이 판결한다.

대법관 천경송, 대법관 김형선, 대법관 신성택의 반대의견은 다음과 같다.

1. 다수의견은, 부동산에 대한 취득시효기간이 만료되면 그 당시의 점유자가 소유자에 대한 실체법상의 소유권이전등기청구권을 취득하고, 그 사람이 그 후 점유를 상실하였다 하더라도 이를 시효이익의 포기로 볼 수 있는 경우가 아닌 한, 이미 취득한 소유권이전등기청구권은 소멸되지 아니하며, 취득시효 완성 당시의 점유자로부터 점유를 승계한 현 점유자는 전 점유자의 소유자에 대한 소유권이전등기청구권을 대위행사할 수 있을 뿐, 직접 자기에게 취득시효 완성을 원인으로 한 소유권이전등기를 청구할 권원이 없다고 보면서, 이러한 견해에 어긋나는 당원 1991.12.10. 선고 91다32428 판결은 폐기되어야 한다고 하고 있다.

그러나 다수의견의 이러한 견해는 취득시효 완성으로 인한 소유권이전등기청구권 및 점유승계에 관한 법리를 오해한 데에서 비롯된 것으로 볼 수밖에 없어 찬성할 수 없으므로, 다음과 같은 반대의견을 표시하는 것이다.

즉 점유취득시효기간이 만료된 이후 부동산에 대한 점유를 상실한 사람은 그 상실원인이 무엇이든지 간에 등기부상 소유자를 상대로 시효취득을 주장하여 소유권이전등기를 청구할 수 없고, 취득시효기간만료 후 부동산에 대한 점유승계가 이루어진 경우에는 점유를 승계한 현 점유자는, 민법 제199조 제1항에 의하여 자기의 점유와 전 점유자의 점유를 아울러 주장할 수 있으므로(즉, 자기의 점유기간과 승계한 전 점유자의 점유기간을 병합하여 그 전기간에 대한 법률효과를 주장할 수 있으므로), 승계한 점유의 시초부터 현재까지 자기가 점유를 계속한 경우와 동일하게 전 점유자를 대위할 필요 없이, 등기부상 소유자에 대하여 직접 취득시효 완성을 원인으로 한 소유권이전등기를 청구할 수 있다고 봄이 상당하다.

2. 그렇게 보는 이유는 다음과 같다.

첫째로, 부동산을 현실적으로 점유하고 있는 자에 한하여 점유취득시효를 주장할 수 있다고 해석하는 것이 취득시효제도의 존재이유에 부합하기 때문이다.

원래 부동산에 대한 취득시효제도는 부동산을 점유 즉 사실상 지배하는 상태가 오랫동안 계속된 경우 이러한 권리자로서의 외형을 지닌 사실적 지배상태를 존중하여, 그것이 실제의 권리관계를 반영하고 있는지를 묻지 아니하고, 그 외형에 맞는 권리를 인정하여 줌으로써 사회질서의 안정을 도모하는 한편, 영속된 사실상태는 진실한 권리관계와 일치될 개연성이 높다는 고려에서 권리관계에 관한 분쟁이 생긴 경우 점유자의 입증곤란을 구제하기 위하여 마련된 제도라 할 것이므로, 이러한 취득시효제도의 존재이유에 비추어 본다면, 시효기간만료를 원인으로 시효취득을 주장할 수 있는 권리자는 목적부동산을 현실적으로 점유하고 있어 권리자의 외형을 보유하고 있는 자에 한정하고, 과거에 부동산을 장기간 점유하였던 자라도 점유를 상실하여 권리자의 외형을 갖추지 못하고 있는 자는 시효취득 주장을 할 수 없다고 하는 것이 취득시효제도의 본래의 취지에 비추어 당연한 것이라고 생각된다.

둘째로, 민법 제245조 제1항은 '20년 간 소유의 의사로 평온·공연하게 부동산을 "점유하는 자"는 등기함으로써 소유권을 취득한다'고 규정하고 있는바, 그 문리상 현재 부동산을 점유하고 있는 자만이 점유취득시효 주장을 할 수 있는 것으로 규정하고 있는 것임이 분명하다고 할 것이다.

의용민법하에서는 취득시효의 완성 당시의 점유자가 점유부동산의 소유권을 취득하게 되므로(의용민법 제162조 제1항), 그 후 점유가 타인에게 이전되더라도 취득시효 완성 당시의 점유자는 여전히 소유권에 기한 또는 소유권의 변동과정과 일치시키기 위한 등기청구권을 갖는다고 해석할 수 있지만, 형식주의를 취한 현행 민법하에서는 부동산을 소유의 의사로 평온 공연하게 20년간 점유하였다는 것만으로는 소유권을 취득할 수 없고 등기하여야만 비로소 소유권을 취득하게 되므로, 의용민법하에서의 취득시효 완성으로 인한 등기청구권과는 그 본질이 다르다고 아니할 수 없다. 그것은 민법 부칙 제10조 제3항의 규정에 비추어 보더라도 의문의 여지가 없다.

현행 민법하에서는 소유의 의사로 평온·공연하게 20년간 계속된 장기점유권 자체의 권능으로서 현재의 점유자만이 소유자에 대하여 취득시효 완성으로 인한 소유권이전등기청구를 할 수 있고, 따라서 점유를 잃으면 그 등기청구권도 없게 되는 것이라고 함이 민법 제245조 제1항에 충실한 해석이라고 할 것이다.

셋째로, 다수의견에 의하면, 취득시효제도의 근본 취지와 상충되는 다음과 같은 문제점이 따르게 된다.

다수의견과 같이 취득시효 완성으로 인한 소유권이전등기청구권을 점유와 분리하여 행사할 수 있는 것이라고 하면, 취득시효 완성 당시의 점유자는 타인에게 부동산을 양도하여 점유를 이전한 후에도 점유자를 제쳐 놓고 소유자와 야합하여 시효이익을 포기할 수도 있고, 또 점유자 이외의 제3자에게 부동산을 이중으로 양도하여 그 사람이 등기를 마쳐 버리면 점유자는 소유권을 취득할 수 없게 되어 부동산에 대한 현실적 지배를 보호하려는 취득시효제도의 취지에 반하는 결과가 된다.

또한, 다수의견과 같이 취득시효만료 당시의 점유자로부터 점유를 승계한 현 점유자는 전 점유자의 소유자에 대한 소유권이전등기청구권을 대위행사할 수 있을 뿐, 직접 자기에게 시효취득을 원인으로 한 소유권이전등기를 청구할 권원이 없다고 한다면, 이는 전 점유자의 점유를 승계한 현 점유자의 민법 제199조에 터잡은 점유승계의 주장과 효과를 아무런 근거없이 제한하는 것이 될 것이다.

그리고 다수의견은 취득시효 완성으로 인한 등기청구권의 법적 성질을 물권적인 것으로 파악하는지 채권적인 것으로 파악하는지 밝히고 있지 않지만, 만일 채권적인 것으로 보는 것이라면, 그 등기청구권은 점유를 이전한 후 10년을 경과함으로써 소멸시효가 완성되고 이를 소유자 측에서 주장하면 현 점유자로서는 속수무책이 되고 말 것이다.

넷째로, 취득시효관련소송의 절차적인 측면에 비추어 보아도 위의 견해가 다수의견의 견해에 비하여 보다 합리성이 있다고 할 것이다.

취득시효기간이 만료된 후 부동산에 대한 점유가 전전 이전된 경우, 다수의견에 따른다면 최후의 점유자가 취득시효 완성을 원인으로 한 소유권이전등기를 소송으로 청구하자면 (1) 소유자 뿐 아니라 취득시효기간 만료 당시 및 그 후의 전 점유자도 피고로 삼아야 하고 (2) 부동산을 20년 간 점유한 사실 외에 취득시효기간만료후 전전 이전된 점유자들 사이의 법률관계가 무엇인지를 밝혀서 그것이 순차적으로 채권자 대위를 가능하게 하는 법률관계임을 주장, 입증하여야만 하는 반면, 현 점유자가 소유자를 상대로 직접 청구가 가능하다는 견해를 취할 경우에는 현재의 점유자는 (1) 소유자만을 피고로 하면 되고 (2) 입증사항도 목적부동산의 점유관계만 입증하면 되는 것이라 할 것이므로, 이러한 소송절차적인 측면을 비교하여 보더라도 다수의견이 취하는 견해는 소송경제적인 측면에서도 불합리할 뿐아니라, 취득시효제도에 걸맞지 아니한 것임을 쉽게 알 수 있다.

그리고 취득시효를 주장하는 자가 장기간에 걸쳐 순차 이어지는 점유승계의 원인된 법률관계가 무엇인지, 특히 채권자 대위의 근거로 삼을 수 있는 소유권이전의 합의가 있었다는 사실을 입증하는 것은 결코 용이한 일이라고 할 수 없을 것인데, 이 점에 대한 입증부족 때문에 시효취득 주장이 배척된다면 그러한 결과는 영속된 사실상태를 권리관계로 끌어올려 보호하는 한편, 분쟁이 생긴 경우 점유자의 입증곤란을 구제하기 위하여 마련된 취득시효제도 본래의 취지에 반하는 것이라고 할 것이다. 더구나 부동산 소유자로 등기된 자가 따로 있고 그 이외의 사람들 사이에 점유승계가 순차 이루어진 통상의 경우에 있어서 점유자들 사이에 부동산에 대한 점유의 승계에 관한 합의 이외에 목적부동산의 소유권이전에 관한 합의까지 하였다고 볼 수 있는 경우도 많지 아니 할 것이다. 왜냐하면 자기가 가지고 있는 권리 이상을 남에게 넘겨 준다는 것은 이례적인 일이기 때문이다.

3. 이상의 이유로 다수의견에는 찬동할 수 없고, 다수의견과 견해를 같이 하는 당원 1989.4.25. 선고 88다카3618 판결; 1990.11.13. 선고 90다카25352 판결; 1992.11.13. 선고 92다14083 판결; 1992.12.11. 선고 92다29665, 29672 판결 등은 모두 폐기되어야 할 것이다.

4. 돌이켜 이 사건에 관하여 살피건대, 원심이 이러한 견해에 따라 소외 대산감리교회가 1956. 11. 8.부터 이 사건 임야를 점유하기 시작하여 그로부터 20년이 경과한 1976.11.8. 그 취득시효가 완성됨으로써 이 사건 임야에 대한 소유권이전등기청구권을 취득한 바가 있었다고 하더라도, 1986.2.16. 원고에게 이 사건 임야를 매도하고 그 점유를 이전한 이상 이 사건 임야에 대한 등기부상 소유자인 피고에 대하여 소유권이전등기를 청구할 수 없다는 이유로 자신의 위

교회에 대한 소유권이전등기청구권을 보전하기 위하여 위 교회의 피고에 대한
소유권이전등기청구권을 대위행사하고 있는 원고의 청구를 기각한 조치는 정당
하고, 거기에 소론과 같이 취득시효 완성을 원인으로 한 소유권이전등기청구권
에 관한 법리를 오해한 위법이 있다고 볼 수 없다.

그리고 석명권이라 함은 당사자가 사실상 또는 법률상의 어떤 주장을 하였
으나, 그 취지나 내용이 애매모호하거나 불명확한 경우에 법원이 소송관계를 명
확히 하기 위하여 필요한 발문을 하고 또는 입증을 촉구할 수 있는 것으로서
법원이 당사자가 의도하지도 아니한 새로운 주장을 하도록 발문하거나 유도하
는 것은 변론주의의 원칙상 허용될 수 없다고 할 것이므로(당원 1991.3.12. 선고
90다15198 판결; 1992.6.9. 선고 91다35106 판결 각 참조), 원고가 위 교회를 대위하
여 이 사건 임야에 대하여 취득시효 완성을 원인으로 한 소유권이전등기청구를
하고 있음이 기록상 명백한 이 사건에 있어서, 원심이 원고에 대하여 피고를 상
대로 직접 원고에게 취득시효 완성을 원인으로 한 소유권이전등기를 청구할 수
있다는 점에 대한 의견진술의 기회를 주지 아니하였다 하여 석명권불행사의 위
법이 있다고 할 수 없다.

결국 원고의 상고이유는 모두 이유 없으므로 원고의 상고는 이를 기각함이
타당하다고 할 것이다. 다만, 사실관계가 원심이 확정한 바와 같다면, 이후라도
원고는 피고를 상대로 이 사건 임야에 대하여 위 대산감리교회를 대위하지 아
니하고 직접 자기 앞으로 취득시효 완성을 원인으로 한 소유권이전등기를 경료
할 것을 청구하여 구제받을 수 있음을 부연하여 둔다.

[판결 3]에 관하여 생각할 점

1. 이 판결의 첫째 쟁점은 점유취득시효 완성 후 점유를 상실한 경우 이전등기청
구권의 운명이다. 이에 관하여는 상반된 판결들이 존재하고 있었다. 우선 이 판
결에 의하여 폐기된 대판 1991.12.10, 91다32428은 이 경우 소유권이전등기청구
를 할 수 없다는 태도를 취하였다. 한편 이와 달리 점유자가 취득시효기간 완
성 후 점유를 상실하였더라도 이를 시효이익의 포기와 동일시할 수 없는 한 이
미 취득한 소유권이전등기청구권은 소멸하지 않는다는 판결들(대판 1973.6.22, 72
다2107; 대판 1989.4.25, 88다카3618; 대판 1990.11.13, 90다카25352; 대판 1991.2.26, 90
다12267)도 있었다. 이 판결은 후자의 입장을 취하였다. 어떻게 생각하는가?
2. 이 판결의 둘째 쟁점은 전 점유자가 이미 취득시효기간 완성으로 소유권이전등
기청구권을 취득한 경우, 그 점유승계자가 취득시효완성을 원인으로 소유권이

전등기를 하려면 어떤 방법을 취해야 하는가 하는 점이다. 우선 전 점유자를 대위하여 소유권이전등기청구를 하는 방법이 있다. 이 경우 먼저 전 점유자에게 소유권이전등기가 행하여진 후 점유승계자가 다시 그로부터 소유권이전등기를 받게 된다. 한편 점유승계자가 직접 소유자로부터 소유권을 이전받는 방법이 있다. 각 방법에는 어떤 문제점이 있는가? 가령 대위에 의한 방법에 관한 반대의견의 비판에 대하여 어떻게 생각하는가? 또한 직접 이전받는 방법에 관하여, 이미 전 점유자가 이전등기청구권을 취득하였다면 그가 그 청구권의 행사주체가 되어야 하고, 점유승계만으로 그 청구권이 당연히 점유승계자에게 넘어오는 것은 아니라는 지적에 대하여는 어떻게 생각하는가?

3. 시효완성으로 인한 소유권이전등기청구권은 점유상실 시부터 10년의 소멸시효에 걸린다는 판례의 태도에 의하면, 위와 같은 점유승계인은 점유승계 시부터 10년 안에 소유자에 대하여 소유권이전등기를 대위청구하지 아니하는 때에는 피대위권리의 시효소멸로 더 이상 대위청구를 할 수 없게 된다. 이때 그는 자신의 점유기간과 전 점유자인 시효점유자의 점유기간을 합하여 주장함으로써 자신의 시효취득에 기하여 소유자에 대하여 소유권이전등기를 청구할 수 있는가?

(나) 소유권이전등기 이후(以後)

일단 시효점유자가 소유자로 등기되면, 부동산의 소유권을 취득한다. 이 소유권 취득은 승계취득이 아니라 원시취득이다.[86] 그러므로 시효취득자는 취득시효의 완성 전에 부동산 소유권을 취득한 사람에 대하여 소유권등기를 구할 수 있음은 물론이고, 그에 존재하던 제한물권 등의 부담을 지지 않는다.[87] 그러나 시효취득자가 용인하면서 점유하여 온 부담이나 시효완성 후 등기 전에 설정된 부담은 시효취득자가 이를 인수한다.[88]

---

86) 통설의 입장이고 대판 1992.2.25, 91다9312(시효취득의 대상이 타인의 소유물이거나 종전 소유자가 특정될 필요가 없다는 것, 성명불상자의 소유물도 시효취득의 대상이 될 수 있는 것을 이로써 설명한다); 대판 2004.9.24, 2004다31463 등 판례의 입장이기도 하다. 원시취득이므로 이전등기가 아니라 보존등기를 해야 한다는 견해도 있으나 실무상으로는 이전등기를 하고 있고, 원시취득이라고 해서 반드시 보존등기를 해야 하는 것도 아니다.

87) 前註의 대판 2004.9.24.는 그러한 취지를 명언하고, 소유권이전등기청구권의 가등기에 의하여 보전된 매매예약상의 매수인의 지위가 시효취득으로 소멸된다고 한다.

88) 대판 2015.2.26, 2014다21649는 진정한 권리자가 아니었던 채무자 또는 물상보증인이 채무담보의 목적으로 채권자에게 부동산에 관하여 저당권설정등기를 경료하여 준 후 그 부동산을 시효취득하는 경우에는, 채무자 또는 물상보증인은 피담보채권의 변제의무 내지

그 소유권 취득의 효력은 점유를 개시한 때로 소급한다(제247조 제1항). 그러므로 그의 점유나 과실수취 등의 이용 기타 권리행사는 처음부터 적법한 것이 된다. 나아가 그 사이에 일어난 제3자의 소유권침해에 대하여도 그 책임을 물을 수 있다. 다만 원래의 소유자도 소유권이전등기를 해 줄 때까지는 엄연히 소유자의 지위에 있었던 것이므로 그 이전까지 그가 소유자로서 소유권침해에 대해 권리 행사를 하는 것도 가능하다. 따라서 소유권침해를 이유로 수령한 손해배상금을 그 이후 시효취득으로 소유권이전등기를 마친 점유자에게 반환할 필요는 없다.

(2) 등기부취득시효 완성의 효과

등기부취득시효가 완성되면, 점유자는 즉시 소유권을 취득한다(제245조 제2항). 이 경우에도 소유권 취득의 효력은 점유를 개시한 때, 즉 시효기간의 기산시로 소급한다(제247조 제1항). 그 결과 원소유자는 소급하여 소유권을 상실한다. 한편 원소유자가 아닌 무권리자가 부동산을 제3자에게 매도하여 매매대금을 지급받고, 그 후 매수인 제3자가 등기부취득시효로 소유권을 취득한 경우, 원소유자는 매도인인 무권리자에게 매매대금 상당의 부당이득반환을 구할 수 없다. 부당이득반환청구를 하려면 그 청구 주체에게 손실이 있어야 한다.[89] 그런데 원소유자는 등기부취득시효 전에는 매수인에게 자신의 소유권을 행사할 수 있었으므로 손실이 없었고, 등기부취득시효 후 원소유자는 소유권을 상실하지만 이는 위 매매계약과는 무관하게 등기부취득시효 완성의 효과로서 인정될 뿐이기 때문이다.[90]

책임이 있는 사람으로서 이미 저당권의 존재를 용인하고 점유하여 온 것이므로 저당목적물의 시효취득으로 저당권자의 권리는 소멸하지 않는다고 하면서, 이러한 법리는 양도담보권설정자가 양도담보부동산을 시효취득하는 경우에도 적용된다고 한다.
89) 대판 2022.12.29, 2019다272275.
90) 양창수, "매수인의 등기부취득시효 완성과 매도인에 대한 원소유자의 반환청구", 법률신문 5080호(2023.5.11.자), 10면의 판례평석 참조.

Ⅲ. 동산 소유권 및 기타 재산권의 시효취득

1. 동산 소유권의 시효취득

평온·공연한 자주점유가 일정한 기간 계속되면 동산 소유권도 시효취득할 수 있다. 그 기간은 점유자가 악의이거나 선의라도 과실 있으면 10년이고, 선의·무과실이면 5년이다(제246조 제1항, 제2항). 악의인지, 과실이 있는지는 점유가 개시되는 때를 기준으로 하여 판단한다. 점유의 평온·공연 및 선의점유에 대한 추정, 점유의 계속, 전 점유자가 점유한 기간의 승계, 시효의 중단 및 정지(제247조 제2항) 등은 앞서 부동산 소유권의 시효취득에서 설명한 바와 같다. 위와 같은 요건이 충족되면 점유자는 그 기간의 경과로 바로 동산 소유권을 취득한다. 그리고 그러한 효과는 점유를 개시한 때로 소급한다(동조 제1항).

동산 소유권의 시효취득은 실제로는 거의 원용되지 않는다. 무엇보다도 선의·무과실의 점유는 선의취득제도에 의하여 보호되므로(도품·유실물이라도 도난·유실로부터 2년이 경과하면 선의취득할 수 있다), 시효취득의 주장까지 할 필요가 없는 경우가 많다. 악의 또는 과실 있는 점유의 경우에는 시효취득이 가능해진다. 하지만 동산은 통상 소비되는 경우가 많아서 10년 동안 점유되는 경우가 드물다. 또한 동산은 보통 계속 유통되는 관계로 그 소재를 알기 어렵기도 하다. 만약 동산의 소재가 파악되더라도 형사적으로 처리하는 것이 더욱 간편한 측면도 있다. 그러므로 이에 관한 민사분쟁은 실제로는 거의 발생하지 않는다.

2. 소유권 이외의 재산권의 시효취득

소유권 이외의 재산권으로서 시효취득의 대상이 되는 것으로는 지상권·지역권·전세권·질권과 그에 유사한 광업권·어업권, 특허권 등의 지식재산권, 주주권과 같은 사원권 등이 있다. 그러나 이들 권리의 시효취득은 실제로는 별로 문제되지 않는다.

이들 중 지상권·전세권·질권 등과 같이 점유를 수반하는 권리는 점유가, 그렇지 아니한 권리에서는 준점유, 즉 사실상 그 권리를 행사하는 것(제210조)이 요건이 된다. 또 점유 또는 권리행사는 「소유의 의사」가 아니라 그 권리자의 의사로 할 것을 요한다. 시효기간은 권리의 목적물이 부동산인지 동산인지 또는 이 중 어느 편에 가까운지, 등기·등록과 같은 공시방법을 갖추었는지, 선의·무과실인지에 따라 제245조와 제246조를 준용하여 20년, 10년 또는 5년이 된다.

제3장 부합 및 종물

Ⅰ. 서

　　일물일권주의에 따라 하나의 물건에는 하나의 물권이 성립한다. 따라서 수개의 물건은 원칙적으로 각각 다른 소유권의 객체로서 다른 사람에 의하여 소유될 수 있고, 별개로 처분될 수 있다. 그런데 수개의 물건에 대한 소유권을 동일인에게 귀속시키거나 그 분리처분을 제한함으로써 물건의 경제적 효용이 더욱 잘 보전되는 경우가 있다. 지상권설정자 또는 지상권자의 지상물매수청구권(제283조 제2항, 제285조 제2항), 전세권설정자 또는 전세권자의 부속물매수청구권(제316조), 저당권자의 일괄경매청구권(제365조), 토지임차인의 지상물매수청구권(제643조), 임차인 또는 전차인의 부속물매수청구권(제646조, 제647조), 민사집행에 있어서의 일괄매각절차(민집 제98조 이하), 집합건물에 있어서 전유부분과 대지사용권의 일체성(집합건물 제20조) 등은 모두 이러한 경제적 효용을 도모하기 위한 규정들이다.

　　이 장에서 살펴볼 부합과 종물에 관한 규정도 이러한 맥락에서 더 잘 이해할 수 있다. 부합은 수개의 물건에 대한 소유권을 동일인에게 강제로 귀속시켜 물건의 경제적 효용을 유지하되, 그로 인한 경제적 가치의 이동(移動)에 따라 발생하는 불공평은 부당이득반환제도의 일종인 보상청구권을 통하여 조정하는 제도이다. 또한 종물은 그 개념상 주물과 동일인에게 속할 것이 요구되므로 부합과 달리 보상의 문제는 발생하지 않지만, 동일인에게 속한 여러 물건의 분리처분을 제한하여 그 물건들의 경제적 효용을 유지하려고 한다는 점에서는 같은 사고 위에 기반하고 있다. 아래에서는 차례대로 부합과 종물에 관하여 살펴보기로 한다.

Ⅱ. 부　　합

1. 의　　의

(1) 생산활동의 중요 부분을 이루는 물건의 제작은 원자재를 가공하거나 부품을 결합하여 행하여진다. 또 농업은 토지에 씨를 뿌리고 나무를 심고 비료를 주는 등의 방법으로 행하여진다. 여기서는 원자재나 부품 등의 물건과 사람의 노무가 합쳐진다. 그렇게 해서 만들어진 물건을 원래의 상태로 복원할 수 없거나 복원하여서는 안 되는 것이라면, 원래 물건의 소유권을 소멸시키면서 새로운 물건의 소유권 귀속을 정해야 한다. 물론 재료와 노무가 모두 동일한 사람에게 속하였다면 문제가 없다. 하지만 서로 다른 사람에게 속하는 물건이 결합하였거나 재료와 노무가 서로 다른 사람에게서 나온 경우에는 이해관계의 조정이 필요하다. 이러한 법문제를 처리하는 것이 바로 부합·혼화·가공(제256조 내지 제261조)이다. 이들을 합하여 첨부(添附)[1]라고 부른다.

(2) 부합(附合)은 수개의 물건이 부착·합체하는 것 또는 그로 인하여 1개의 물건으로 되는 것을 말한다(제256, 257조). 혼화(混和)는 서로 다른 소유자에 속하는 동종의 동산이 뒤섞여서 각자의 소유물이 어느 것인지 식별할 수 없거나 분리에 과다한 비용이 필요하게 된 것을 말한다(제258조). 가공(加功)은 타인 소유의 동산(재료)에 공작(노무)을 가하여 새로운 물건을 만들어내는 것을 말한다(제259조). 이러한 첨부에 관하여 오래 전부터 다양한 점들이 논의되어 왔다. 한편 민법은 그중 (i) 언제 새로운 물건의 성립을 인정하여 복원을 허용하지 않는가, (ii) 새로운 물건은 누구에게 귀속되는가(이상 제256조 내지 제259조), (iii) 종전의 물건에 존재하였던 제3자의 권리는 어떻게 되는가(제260조), (iv) 이들에 의하여 소유권을 상실하는 사람의 손실은 어떻게 처리하는가(제261조)에 대하여 각각 정한다.

(3) 첨부의 유형 가운데 현실적으로 가장 빈번하게 문제되는 것은 부합이

---

1) 이는 로마법의 accessio를 번역한 말이다. 부합·혼화·가공의 법리는 대체로 로마법으로부터 나온 것이다.

다. 또한 혼화나 가공이 동산에 관하여만 문제되는 반면, 부합은 부동산이 부
합의 기체(基體)가 되는 경우까지 적용되는 포괄적인 것이다. 혼화에 관하여는
동산간의 부합에 관한 규정이 준용되는 것 등에서 알 수 있듯이 부합은 첨부의
가장 기본적 유형이라고 할 수 있다. 아래에서는 부합에 관하여서만 살펴본다.

2. 요   건

(1) 부동산에의 부합

(가) 부합의 기체(基體)²⁾가 되는 부동산은 토지든 건물이든 상관없다. 부합
하는 것(「부합물」)은 동산에 한한다는 것이 다수설이다. 토지와 별개의 부동산
으로 취급되는 건물은 토지에 부합하지 않는다. 건물의 증축·개축의 부합 여
부가 문제되는 경우가 많다. 이때에도 증축 부분이 물리적 구조 및 용도·기능
의 면에서 원래의 건물과 독립한 것으로서 거래상 다른 소유권의 객체가 될
수 있는 부동산이라면 이는 별개의 건물이므로 부합의 대상이 아니다. 그 소유
권은 증축자에게 귀속될 뿐이다.³⁾

(나) 부합은 부착·합체를 의미한다. 이러한 부착·합체는 기체인 부동산
또는 부합한 동산을 훼손하거나 과다한 비용을 들이지 않고서는 분리할 수 없
는 정도(제257조 참조)에 이르러야 한다.⁴⁾ 그에 해당하는지는 거래관념상 독립
성 유무에 의하여 제반 사정을 고려하여 판단한다. 그 결과, 건물에 지붕을 새
로 만드는 것과 같이 부합물이 부동산의 구성부분이 되어 독립한 물건으로 분
리될 가능성이 전혀 없게 되는 경우도 있고(강한 부합),⁵⁾ 토지에 수목을 심는
것과 같이 그러한 정도까지는 아니어서 부합이 있어도 여전히 이를 분리하면

---

2) 이를 부합의 주물(主物)이라고 표현하기도 한다.
3) 대판 1985.11.12, 85다카246; 대판 1988.2.23, 87다카600 등. 한편 대판 1982.1.26, 81다
   519는 건물의 증축부분이 축조 당시는 독립한 건물이라고 할 수 없어도 후에 구조의 변
   경 등으로 독립한 건물로 될 수 있다고 한다.
4) 예를 들면 대판 1995.6.29, 94다6345는 주유소의 지하에 매설된 유류저장탱크는 이를 토
   지로부터 분리하는 데 과다한 비용이 들고 이를 분리하여 발굴할 경우 그 경제적 가치가
   현저히 감소한다고 하여 그 탱크가 토지에 부합되었다고 한다. 그러나 대판 1980.3.25,
   79도3139는 선박에 비치된 나침반과 쌍안경은 이를 선박으로부터 분리함에 있어 훼손되
   거나 비용을 요하지 아니하므로 선박에 부합한 것이 아니라고 한다.
5) 대판 1958.5.22, 4290민상460(염전용지에 염전시설을 한 사안); 대판 1985.4.23, 84도
   1549(건물의 임차인이 건물의 내부벽에 석재를 붙이거나 그 내부 천정에 합판을 부착한
   사안).

독립한 물건이 될 가능성이 있는 경우도 있다(약한 부합).[6] 또한 토지에 아스콘 포장을 씌운 경우처럼 토지로부터 아스콘을 제거하는 데 큰 어려움이 없다면 부합이 발생하지 않는다.[7]

(2) 동산 간 부합

(가) 서로 다른 소유자에게 속하는 동산이 부합하여 "훼손하지 아니하면 분리할 수 없거나 그 분리에 과다한 비용을 요"하게 되었어야 한다(제257조 제1 문). 동일한 소유자에게 속하는 동산인 경우에는 비록 타인의 노무로 부합되었 어도, 새로운 물건이 누구에게 귀속하는가의 문제가 발생하지 않는다.

부합 여부는 거래관념상 독립성 유무에 의하여 판단한다. 한편 동산 간의 부합에서도 「강한 부합」과 「약한 부합」을 구분할 수 있으나, 여기서는 부동산 에의 부합에서와 같은 소유권귀속의 예외(제256조 단서 참조)가 인정되지 않으 므로 그 구분에 별다른 실익이 없다.

(나) 부합된 동산 사이에 주된 것과 종된 것을 구별할 수 있는 경우에는 주된 동산의 소유자가 합성물의 소유권을 취득한다(제257조 제1문). 다른 물건 의 이용에 도움을 주거나 그것을 장식 또는 보완하는 물건은 통상 종된 물건 일 것이다. 이러한 용도 외에 각 물건의 가격도 고려된다. 그 주종은 주물과 종물의 구분(제100조)과 꼭 일치하지는 않는다. 종된 물건의 소유자로서 부합으 로 소유권을 상실한 사람은 소유권을 취득한 사람에게 보상청구권을 가진다. 주종을 구별할 수 없을 때에는 각 동산의 소유자는 부합 당시의 가액의 비율 로 합성물을 공유한다(제257조 제2문).

3. 효 과

(1) 부합물의 소유권 취득과 소멸

(가) 부동산에 부합하는 경우에는 부합의 기체인 부동산의 소유권은 부합 된 동산에도 미친다(제256조 본문). 즉 그 동산은 본래 소유자를 달리하는 별개 의 물건이지만[8] 부동산에 결합하여 거래관념상 부동산과 하나의 물건처럼 됨

---

6) 같은 취지에서 대판 1970.11.30, 68다1995는, 타인의 임야에 권한 없이 植付한 임목의 소 유권은 민법 제256조에 의하여 임야소유자에게 귀속한다고 한다.

7) 대판 2020.4.9, 2018다264307.

8) 민법 제256조는 "부동산의 소유자는 그 부동산간에 부합한 물건의 소유권을 취득한다."

으로써 부동산 소유자가 그 소유권을 원시취득하게 되는 것이다. 이러한 부합과 소유권의 취득은 부동산 소유자의 의사와 무관하게 법률에 의해 발생한다. 따라서 부동산 소유자는 자신이 그 부합물을 원하지 않는다는 이유로 방해배제청구권에 기하여 부합물의 철거를 청구할 수 없다.[9] 한편 부동산에 설정된 저당권의 효력은 부합이 저당권 설정 전후 언제 이루어졌는지를 불문하고 부합물에 미친다(제358조).

부동산에 부합된 부합물의 가액이 부동산보다 고액이라도 부동산 부합에는 영향이 없다.[10] 도품이나 유실물은 선의취득의 요건이 갖추어지더라도 원소유자의 반환청구의 대상이 되지만(제250, 251조), 부합의 요건이 갖추어지면 더 이상 반환청구의 대상이 되지 않게 된다.

(나) 한편 부합으로 인하여 부합물의 본래 소유권은 소멸한다. 이와 같이 부합물의 소유권이 소멸하면, 그 물건을 목적으로 하는 제3자의 권리도 소멸한다(제260조 제1항). 다만 질권자는 종전 소유자가 받을 보상금(제261조)에 물상대위를 할 수 있다(제342조). 한편 부합으로 종전 물건의 소유자가 새로운 물건을 단독으로 소유하게 되는 경우에는 종전의 물건에 대한 제3자의 권리는 합성물에 존속하고, 그 공유자가 된 경우에는 그 지분 위에 존속한다(제260조 제2항).

(2) 보상청구권

(가) 본래 부합에 관한 규정은 물권법상의 외적 명확성을 확보하기 위하여 부합의 기체인 부동산의 소유자에게 부합물의 법적 소유권을 귀속시키는 것이지, 내부적으로 부합물의 경제적 가치까지 종국적으로 귀속시키려는 것은 아니다. 따라서 부합으로 말미암아 자신의 권리가 소멸하여 불이익을 받은 사람은 부당이득 관련 규정에 의하여 보상을 청구할 수 있다(제261조). 이는 궁극적으로 위 부동산 소유자가 부합물을 유상으로 매수하는 것과 같은 효과를 가져온다. 이러한 법리는 부합뿐만 아니라 가공, 혼화와 같은 첨부의 다른 유형에도 그대로 적용된다. 따라서 부합은 법적 소유권뿐만 아니라 그 경제적 가치까지 온전하게 가져가는 선의취득과는 구별되어야 한다.

라고 규정하여 부합의 기체와 부합물의 소유자가 다를 것을 전제하고 있다.

9) 대판 1995.12.24, 84다카2428; 대판 2008.5.8, 2007다36933.

10) 가령 대판 1981.12.8, 80다2821은 증축부분이 기존 건물 면적의 2배이고 그 평당가격이 훨씬 높음에도 불구하고 기존 건물에 대한 부합을 인정하고 있다.

(나) 이는 단지 부당이득의 법률효과만이 아니라 그 법률요건도 부당이득법이 정하는 바에 따르도록 하는 것이다(이른바 요건준용).[11] 그러므로 여기서의 보상청구권이 그 성질상 부당이득반환청구권임은 당연하고, 그중에서 침해이득반환청구권의 성격을 가진다.[12] 그러므로 권리소멸자에게 「손실」이 있어야 하고, 상대방은 그로 인하여 「이익」을 얻어야 한다(제741조). 또 수익자가 선의이면 현존이익의 범위에서 반환의무를 부담하고, 악의이면 이자를 부가하며 나아가 손해가 있으면 이것도 배상해야 한다(제748조).

(다) 이 규정은 계약상의 비용상환청구권과 어떠한 관계가 있는가? 예를 들어 건물의 임차인이 그 건물을 개축하여 그 개축부분이 건물에 부합되면 임차인은 임대인에게 비용상환청구권을 가진다(제626조). 이 권리는 목적물이 반환된 때로부터 6개월 내에 행사되어야 한다(제654조, 제617조). 그러나 일반적으로 계약관계에 있는 사람 사이의 법률관계는 특히 부당이득과의 관계에서는 해당 계약에 고유한 사정을 전형적으로 배려하여 마련된 계약법의 규율에 따르도록 하는 것이 타당하다(이른바 「계약법의 우위」). 그러므로 위 규정이 적용되는 범위에서는 부당이득법은 적용되지 않는다.

(라) 부합으로 인하여 자신의 권리가 소멸한 사람은 불법행위의 요건이 갖추어지면 이를 이유로 손해배상을 청구할 수도 있다. 이에 대하여는 규정이 없으나, 이를 부정할 아무런 이유가 없다.

(3) 권원에 기하여 행하여진 부합

부동산에의 부합이 타인의 권원에 기하여 행하여진 경우에는 부합물의 소유권은 그 타인에게 여전히 유보되므로 보상의 문제도 발생하지 않는다(제256조 단서). 「권원」이라 함은 지상권, 전세권, 임차권 등과 같이 타인의 부동산을 이용할 수 있는 권리를 말한다. 그러므로 토지의 임차인이 임차권에 기하여 심은 수목은 그의 소유에 속한다.[13] 따라서 그 토지에 설정된 저당권의 효력은

---

11) 대판 2016.4.28, 2012다19659.

12) 이러한 견지에서 대판 2009.9.24, 2009다15602는 위 보상청구가 인정되려면 그에 관한 민법 제261조 자체의 요건만이 아니라 부당이득의 요건이 모두 충족되어야 한다고 판시한다.

13) 그 반대 해석상 권원 없는 자에 의하여 식재된 수목은 토지에 부합되고, 수목의 소유자는 그 소유권을 상실한다. 대판 1970.11.30, 68다1995 참조. 그런데 농작물에 대하여는 예외를 인정하여 비록 그 경작이 권원 없는 자에 의한 경우라도, 그것이 어느 정도 자라

그 수목에 미치지 않는다. 반면 소유자가 아닌 임차인으로부터 승낙을 얻어 제
3자가 심은 수목은 특별한 사정이 없는 한 소유자와의 관계에서 권원에 기하
여 심은 것이 아니다.[14]

다만 「강한 부합」의 경우에는 위와 같은 권원 있는 사람이 부합시킨 것이
라도 부동산 소유자에게 귀속된다. 즉 부동산에 부합된 물건이 사실상 분리복
구가 불가능하여 거래상 독립한 권리의 객체성을 상실하고 그 부동산과 일체
를 이루는 부동산의 구성부분이 된 경우에는 타인이 권원에 의하여 이를 부합
시켰더라도 그 물건의 소유권은 부동산의 소유자에게 귀속된다.[15] 그 부합물은
부동산의 구성부분이 되어 이를 분리하여서는 독립한 물건으로서의 효용을 가지
지 못하기 때문이다.[16] 따라서 민법 제256조 단서는 「약한 부합」에만 적용된다.

[판결 1] 건물 증축과 부합: 대판 2002.10.25, 2000다63110

1. 상고이유 제1점, 제2점에 대하여

건물이 증축된 경우에 증축 부분이 기존건물에 부합된 것으로 볼 것인가
아닌가 하는 점은 증축 부분이 기존건물에 부착된 물리적 구조뿐만 아니라, 그
용도와 기능의 면에서 기존건물과 독립한 경제적 효용을 가지고 거래상 별개의
소유권 객체가 될 수 있는지의 여부 및 증축하여 이를 소유하는 자의 의사 등
을 종합하여 판단하여야 한다(대법원 1994.6.10. 선고 94다11606 판결, 1996.6.14.
선고 94다53006 판결, 2002.5.10. 선고 99다24256 판결 등 참조).

원심판결 이유에 의하면, 원심은 그 채택한 증거들을 종합하여, 소외 1은
군포시 당동 270-7 지상에 지하 1층, 지상 7층의 주상복합건물을 신축하면서
불법으로 위 건물 중 주택 부분인 7층(이 사건 건물의 하층)의 복층으로 이 사건

서 독립한 물건으로서 거래의 대상이 될 수 있게 된 때에는 그 소유권은 농지소유자가
아니라 그 경작자에 속한다고 한다. 대판 1963.2.21, 62다913; 대판 1968.3.19, 67다2729;
대판 1969.2.18, 68도906 등 참조. 수목과 농작물을 달리 취급하는 이유에 관하여 위 68
다1995 판결은 "농작물에 관한 본원의 판례는 농작물의 경우에는 파종시부터 수확까지
수개월밖에 안 걸리고 경작자의 부단한 관리가 필요하며 점유의 귀속이 비교적 명백함에
반하여, 임야의 경우에는 이와 판이하여 임목의 성장이 장기간을 요하고 그 점유상태도
보통 명백한 것이 아니"기 때문이라고 설명한다. 따라서 농지소유자는 경작자에 대하여
농작물의 인도(제213조)를 청구하지 못하나, 부당이득으로 농지의 사용이익의 반환을 청
구할 수는 있다(제741조, 제747조 제1항).

14) 대판 1989.7.11, 88다카9067.
15) 대판 2008.5.8, 2007다36933, 36940.
16) 대판 1985.4.23, 84도1549.

건물의 상층을 건축한 사실, 소외 망 2는 1992. 11.경 소외 1에 대한 대여금 채권을 담보하기 위하여 위 건물 7층 부분에 대하여 근저당권설정등기를 경료받았고, 1994. 1. 24.경 위 근저당권에 기하여 위 건물 7층 부분에 대하여 수원지방법원 94타경3222호 부동산임의경매를 신청하여 그 경매절차에서 위 건물 7층 부분을 낙찰받아 같은 해 6. 16. 소외 2 명의로 소유권이전등기를 경료하였는데, 소외 2가 1995. 8. 2. 사망하자 그의 처인 원고가 협의분할에 의하여 위 건물 7층 부분을 단독으로 상속받아 소유권이전등기를 경료한 사실, 이 사건 건물은 상·하층 복층 구조로서 상층은 독립된 외부 통로가 없이 하층 내부에 설치된 계단을 통해서만 출입이 가능하고, 별도의 주방시설도 없이 방과 거실로만 이루어져 있으며, 위와 같은 사정으로 상·하층 전체가 단일한 목적물로 임대되어 사용되던 중, 소외 1은 소외 2가 위 7층 부분을 낙찰받은 이후인 1994. 6.경 이 사건 건물의 상층 부분의 출입을 위해 사용하던 그 하층 내부 계단설치 부분을 임의로 막고, 무단으로 이 사건 건물 외벽 쪽으로 철제통로 및 상층 부분의 독립된 출입문을 축조한 사실을 인정한 다음, 이 사건 건물 중 상층의 축조 경위, 구조 및 사용관계 등에 비추어 보면, 이 사건 건물의 상층은 축조 당시 이 사건 건물 하층의 구성 부분에 불과하여 이 사건 건물 하층과 분리하여서는 경제상 독립물로서의 효용을 갖지 못하여 독립하여 소유권의 객체가 될 수 없는 것으로서 위 근저당권의 목적물에 포함된다 할 것이고, 위 경매에 의하여 이 사건 건물 하층과 일체로 소외 2에게 소유권이 귀속된 후 원고에게 단독 상속되었다고 판단하였다.

기록에 비추어 살펴보면, 원심의 그와 같은 사실인정과 판단은 정당하고, 거기에 채증법칙 위배로 인한 사실오인의 위법이나 부합에 관한 법리오해의 위법이 없다. 이 점을 다투는 상고이유의 주장은 이유 없다.

2. 상고이유 제3점에 대하여

건물의 증축 부분이 기존건물에 부합하여 기존건물과 분리하여서는 별개의 독립물로서의 효용을 갖지 못하는 이상 기존건물에 대한 근저당권은 민법 제358조에 의하여 부합된 증축 부분에도 효력이 미치는 것이므로 기존건물에 대한 경매절차에서 경매목적물로 평가되지 아니하였다고 할지라도 경락인은 부합된 증축 부분의 소유권을 취득한다(대법원 1992.12.8. 선고 92다26772, 26789 판결, 2002.5.10. 선고 99다24256 판결 등 참조) 할 것인바, 이 사건 경매절차에서 경매목적물로 평가되지 아니한 이 사건 건물의 상층 부분에 대하여는 경락인이 소유권을 취득할 수 없다는 이 부분 상고이유의 주장 또한 그 이유 없어 받아들일 수 없다.

[판결 1]에 관하여 생각할 점

1. 원고는 이 사건 건물 상층 부분의 소유자라고 주장하면서 그 부분을 점유하는 피고들을 상대로 건물명도를 구하고 있다. 원고는 어떤 경위로 상층 부분의 소유권을 취득한 것인가? 특히 이 사건 사실관계를 읽어보면 상층 부분은 본래 경매목적물로 평가되지 않았다. 그런데도 원고가 상층 부분에 대하여 소유권을 취득하였다고 하는 이유는 무엇인가?
2. 부합의 요건은 무엇인가? 법원은 이 사례에 관하여 어떠한 점에서 상층 부분에 관하여 부합의 요건이 충족되었다고 판단하였는가?

Ⅲ. 종　물

1. 의　의

　　"물건의 소유자가 그 물건의 상용(常用)에 공(供)하기 위하여 자기 소유인 다른 물건을 이에 부속하게 한 때"에 그 부속물을 종물(從物)이라고 하고(제100조 제1항), 종물이 부속되는 대상물을 주물(主物)이라고 한다. 종물은 독립한 물건이지만 다른 물건(주물)의 효용을 돕는다는 기능으로 인하여 주물에 대하여 종속적 지위에 있다. 앞서 살펴 본 부합은 기본적으로 물리적 일체성이 중요한 판단기준이 되지만, 종물은 독립된 물건의 상호관계에 관한 것이므로 경제적 일체성이 중요한 판단기준이 된다.

　　이처럼 주물과 경제적 기능을 같이 하는 종물은 그 법적 운명도 주물과 같이하여 물건의 효용을 유지하도록 하는 것이 당사자의 통상의 의사이므로, "종물은 주물의 처분에 따른다"는 규정을 두었다(동조 제2항). 그리고 주물에 대한 저당권의 효력은 원칙적으로 종물에도 미친다(제358조). 전자는 주물의 처분에 관한 법률행위에 있어서의 의사해석규정이고, 후자는 일단 설정된 저당권의 물적 효력에 대한 객관적 규범이다.[17)]

　　이러한 기능적 종속관계는 비단 물건과 물건 사이에서뿐만 아니라, 물건과 권리 사이 또는 권리와 권리 사이에도 존재할 수 있다. 그러므로 제100조

---

17) 물론 제358조 본문은 "설정행위에 다른 약정"이 있는 경우에는 그 적용이 배제되나(동조 단서), 이 특약은 등기되어야 제3자에 대항할 수 있다(구 부등 제139조 참조).

제2항은 이들 관계에도 그 성질에 반하지 않는 한 유추 적용된다.

2. 요 건

(1) 종물은 우선 「주물의 상용(常用)에 공(供)」하는 것, 즉 사회관념상 주물의 경제적 효용이 발휘되도록 계속적으로 돕는 것이어야 한다. 재판례에 나타난 것을 보면, 가재도구 보관용 창고·연탄창고·공동변소, 횟감용 수족관 건물, 백화점 건물의 지하 2층 기계실에 설치된 전화교환시설 등은 각기 본채 가옥, 횟집 점포건물, 백화점 건물의 종물이다.[18] 한편 종물은 주물에 대한 물적 관계에 기초하여 인정되므로 주물의 소유자나 이용자의 편의를 돕는 것만으로는 종물이 되지 않는다. 예를 들어 호텔용 건물에서 각 방실에 설치된 텔레비전·전화기 등은 종물이라고 할 수 없다.[19] 또한 가옥대장이나 등기부에 부속건물로 표시되어 있다는 사정만으로 이를 종물이라고 단정할 수는 없다.[20]

(2) 종물은 주물에 「부속된 것」이어야 한다. 이는 기능적 종속관계에 상응한 장소적 관계에 있어야 한다는 의미로 이해되고 있다.

(3) 종물은 주물과 소유자를 같이하는 독립한 물건이어야 한다. 우선 종물도 독립한 물건이라야 한다. 주물의 일부라면 당연히 주물의 처분에 따르기 때문에 제100조 제2항이 적용될 이유가 없다. 종물은 독립한 물건이면 족하고, 부동산·동산을 가리지 않는다. 또한 종물과 주물의 소유자가 같아야 한다.[21] 법문(法文)은 종물을 "자기 소유인 다른 물건"으로 표현함으로써 이를 명백하게 하고 있다. 그러므로 제3자의 소유물은 비록 종물의 다른 요건을 갖추었어도 주물과 함께 처분되지 않고, 선의취득의 대상이 될 수 있을 뿐이다. 한편 법문(法文)은 부속행위 자체를 주물의 소유자가 행할 것을 요구하는 것처럼 보이나, 타인이 부속시킨 물건이 후에 주물의 소유자에게 속하게 된 경우에도 종물성(從物性)을 부정할 이유는 없다.

---

18) 각각 대판 1991.5.14, 91다2779; 대판 1993.2.12, 92도3234; 대판 1993.8.13, 92다43142의 사례.
19) 대판 1985.3.26, 84다카269.
20) 대결 1966.10.5, 66마222.
21) 대판 2008.5.8, 2007다36933, 36940.

[판결 2] 백화점 전화교환설비를 종물로 본 사례: 대판 1993.8.13, 92다43142

　　원심판결 이유를 보면 원심은, (1) 그 설시 증거들을 종합하여, 원래 소외 주식회사 크리스탈 백화점 소유이던 이 사건 건물에 대하여 1986.1.28. 소외 대한투자금융주식회사를 근저당권자로 한 근저당권설정등기 등이 경료되어 있었는데, 소외 1, 2가 1988.5.21. 위 근저당권자의 신청으로 개시된 임의경매절차에서 이를 경락받고 그 무렵 경락대금을 완납하였으며, 원고는 위 소외인들로부터 이를 매수하여 같은 해 9.20. 소유권이전등기를 마친 사실, 피고는 1987.1.26. 위 주식회사 크리스탈 백화점에 대한 유체동산가압류결정정본에 기해 위 건물 내에 있는 이 사건 물건들에 대하여 가압류집행을 한 데 이어 1987.5.14. 같은 회사에 대한 집행력 있는 판결정본에 터잡아 위 물건에 대하여 조사조서를 작성한 사실, 이 사건 건물은 원심판결 첨부 별지부동산목록의 내역란 기재와 같은 용도로써, 불특정 다수인의 상시 출입을 전제로 하여 각종 물품의 도·산매업, 레저·스포츠업 등의 경영을 위하여 건축된 백화점인 사실, 이 사건 물건들은 위 백화점 건물의 지하 2층 기계실에 설치되어 있는 전화교환설비로서, 국선과 내선에 연결되어 구내전화 교환에 쓰이는 전자식 구내자동교환기, 국선과 내선의 착신·발신·입력 등 전체를 관장하는 센타열, 256회선의 내선, 32회선의 국선, 위 전자식 구내자동교환기에 연결되어 국선을 구내에 연결하는 중계대, 전자식 구내자동교환기에 전원을 공급하는 정류기, 정류기에 전원을 공급하는 전원장치 각 1세트로 구성되어 있고, 이 사건 건물의 원소유자이던 위 크리스탈 백화점이 설치한 부속시설이며, 이 사건 건물은 당초부터 그러한 시설을 수용하는 구조로 건축된 사실, 위 시설들은 볼트와 전선 등으로 이 사건 건물에 고정되어 각 층, 각 방실까지 이어지는 전선 등에 연결되어 있을 뿐이어서 과다한 비용을 들이지 않고도 분리할 수 있고, 분리하더라도 독립한 동산으로서 가치를 지니며, 그 자리에 다른 것으로 대체할 수 있는 사실을 인정할 수 있으므로, (2) 이 사건 물건들은 독립한 물건이기는 하나, 그 용도, 설치된 위치와 그 위치에 해당하는 이 사건 건물의 용도, 이 사건 건물의 형태, 목적, 용도에 대한 관계를 종합하여 볼 때, 이 사건 건물에 연결되거나 부착하는 방법으로 설치되어 이 사건 건물이 10층 백화점의 효용과 기능을 다하기에 필요불가결한 시설들로서, 이 사건 건물의 상용에 제공된 종물이라 할 것이고, (3) 한편 부동산의 종물은 주물의 처분에 따르고, 저당권은 그 목적 부동산의 종물에 대하여도 그 효력이 미치기 때문에, 저당권의 실행으로 개시된 경매절차에서 부동산을 경락받은 자와 그 승계인은 종물의 소유권을 취득하고, 그 저당권이 설정된 이후에 종물에 대하여 강제집행을 한 자는 위와 같은 경락인과 그 승계인에게 강제집행의 효력을 주장할 수 없다 할 것인데, (4) 앞서 본 바와 같이 이 사건 물건들은 이 사건 건물의 종물이고, 피고는 위 임의경매의 원인이 된 근저당권이 설정된 뒤에 이 사건 강제집행을 실시하였으며, 원고는 이 사건 건물을 위에서 본 경위로 이를 승계 취득하였으니, 결국 이 사건 강제집행은 소외 주식회사 크리스탈 백화점에 대한 채무명의에 터잡아 원고 소유의 이 사건 물건에 대하여 이루어진 것이므로 위법하다고 판단하였는바, 원심의 이러한 판단은 옳고(당원 1985.3.26. 선고 84다카269 판결 참조), 거기에 소론과 같이 종물 및 근저당권의 효력이 미치는 범위에 관한 법리오해의 위법이 있다고 할 수 없으므로, 논지는 이유가 없다.

[판결 2]에 관하여 생각할 점

1. 원고는 이 사건에서 피고의 강제집행의 집행력을 배제하기 위하여 제3자이의의 소를 제기하였다. 제3자이의의 소는 무엇이고 그 효과는 어떠한가?
2. 이 사건 사실관계를 읽어보면서 이 사건 물건이 종물의 요건을 충족하고 있는지 살펴보라.
3. 부합물과 종물 사이에는 어떠한 차이가 있는가? 이 사건 물건이 백화점 건물에 부합되었다고 볼 수 있는가?

3. 종물의 효과

(1) "종물은 주물의 처분에 따른다"(제100조 제2항). 이는 통상 주물의 처분이 있으면 종물에도 같은 처분이 행하여진다는 의미로 이해되고 있다. 여기에서의 처분은 소유권의 양도나 담보물권의 설정과 같은 물권적 처분 이외에도 매매나 임대차와 같은 채권적 처분도 포함하고,[22] 나아가 가압류와 같은 공법상 처분도 포함한다.[23]

처분이 당사자의 의사만으로 행하여지는 경우에는, 주물의 처분행위는 통상 종물을 같은 내용으로 처분하는 의사를 포함한다고 해석되므로, 결국 위와 같은 의미로 이해되어도 좋을 것이다. 그러나 종물의 처분에 당사자의 합의뿐만 아니라 등기나 인도와 같은 별도의 실행행위가 요구되는 경우에, 종물에 대한 이러한 실행행위 없이도 주물의 처분에 의하여 당연히 처분이 행하여진 것

---

22) 곽윤직/김재형, 물권법, 238면.
23) 대판 2006.10.26, 2006다29020.

으로 볼 수는 없다.[24] 요컨대 제100조 제2항은 종물에 관하여 「법률의 규정에 의한 물권변동」(제187조)을 정하는 것이라고 이해되어서는 안 된다. 그러므로 가령 주물에 질권이 설정되었다고 하여 그 효력이 종물에도 미치는 것은 아니며, 별도로 종물의 인도를 요한다(제330조). 또 주된 건물이 양도되었다고 하여 종된 건물이 등기 없이도 당연히 양수인에게 귀속되는 것은 아니다. 한편 저당권에 관하여는 위에서 본 대로 그 효력이 저당부동산의 종물에도 미친다고 규정되고 있는데(제358조), 이는 예외적으로 위와 같은 별도의 행위가 없어도 바로 종물에 저당권의 효력이 미치도록 한 점에 의미가 있다고 하겠다. 또 위의 규정은 저당권의 목적이 된 주물의 소유권이 경매 등으로 제3자에게 이전될 때 종물 역시 원칙적으로 그 이전대상에 포함된다는 것을 의미한다.

   (2) 이상과 같은 해석은 물건과 이에 종된 권리 사이 및 주된 권리와 종된 권리 사이에도 마찬가지이다. 한편 제183조는 주된 권리의 소멸시효 완성의 효과가 「종속된 권리」에도 미침을 정하고 있다.[25] 물론 이는 처분에 관한 법률행위와는 무관한 규정이나, 주된 권리와 종된 권리가 법적 운명을 같이하도록 한다는 의미에서 제100조 제2항과 동일한 사고에 기한 것이다.

   물건과 이에 종된 권리로서 특히 문제되는 것은, 건물과 그 소유를 위한 토지 사용권(임차권이나 지상권)이다. 실무에서는 건물 소유자가 그 건물을 매도한 경우에는 원칙적으로 토지 사용권도 양도하기로 하는 채권적 계약이 있었다고 해석해야 한다는 태도를 취한다.[26] 이는 종물은 주물의 처분에 따른다는 것을 일반적인 당사자의 의사로 이해하는 것과 일맥상통한다. 한편 이때 제100조 제2항을 들어, 건물 소유권이 양도되면 그 토지사용권이 물권인 지상권인 경우에도 등기 없이 당연히 양수인에게 귀속된다는 견해도 있으나,[27] 앞서 본 대로 제100조 제2항은 그러한 취지로 이해되어서는 안 되며 위의 경우는 제186조의 원칙에 의하여 처리해야 한다. 따라서 토지 소유권이전등기가 이루

---

24) 앞서 본 대로 위의 규정은 종물은 주물과 법적 운명을 같이하여 물건의 효용을 유지하도록 하는 것이 당사자의 통상의 의사임에 유래하는 것이므로, 법률이 일정한 이유에 기하여 처분의 요건으로 당사자의 합의 외에 실행행위를 요구하는 경우에는 이는 당사자의 의사와는 별도로 충족되어야 한다.

25) 한편 제429조 제1항의 「주채무에 종속한 채무」도 참조.

26) 대판 1981.9.8, 80다2873; 대판 1988.9.27, 87다카279 등.

27) 서민, "법정지상권 양수인의 법적 지위", 민사판례연구 6, 1984, 61 이하.

어졌다고 그 토지에 대한 지상권이 자동적으로 이전되지는 않는다. 지상권에 대해서는 별도의 이전등기를 해야 한다.

다만 건물저당권의 효력은 제358조[28]의 유추 적용에 의하여 건물의 소유를 위한 지상권과 같은 종된 권리에도 등기 없이 미친다고 해석되고 있다.[29] 저당권의 실행으로 건물이 경매되어 경락되면, 경락인은 이 경우에는 제187조에 의하여 지상권을 등기 없이도 취득하게 된다.[30]

주된 권리와 종된 권리의 관계에 있는 것으로서는, 원본채권과 이자채권, 원래의 채권과 그 채무불이행으로 인한 손해배상채권, 집합건물의 전유부분에 대한 소유권과 대지권[31] 등을 들 수 있다.

(3) 제100조 제2항은 앞서 본 대로 의사해석규정으로서 임의규정이므로, 당사자는 이와 반대의 약정을 할 수 있다. 그러므로 당사자는 종물 또는 종된 권리를 처분 대상에서 제외하거나 이를 별개로 처분할 수 있다.[32]

4. 부합물과 종물의 비교

부합물과 종물은 모두 물건의 경제적 효용을 높이기 위하여 그 법적 소유권의 귀속을 정하려는 사고 위에서 인정된다는 점에서 공통된다.

그런데 그 소유권의 귀속을 통일시킬 필요성은 부합에 있어서 더욱 크게 나타난다. 부합은 부합의 기체와 부합물을 훼손하거나 과다한 비용을 들이지 않고서는 분리할 수 없는 정도(제257조 참조)에 이르러야 비로소 인정된다. 그만큼 부합의 기체와 부합물 사이의 물리적 결합관계가 강할 것을 요구하고, 양자의 소유권을 일치시킬 필요성도 이에 비례하여 커진다. 이에 비하여 종물은 주물의 상용에 이바지하고 장소적으로 밀접한 관계를 가져야 한다는 점에서 주물에 기능상 종속되기는 하지만, 여전히 독립한 별개의 물건이라는 점에서 그 물리적 결합관계가 상대적으로 약하다.

---

28) 제358조는 "저당권의 효력은 저당부동산에 부합된 물건과 종물에 미친다. 그러나 법률에 특별한 규정 또는 설정행위에 다른 약정이 있으면 그러하지 아니하다."라고 규정한다.
29) 대판 1992.7.14, 92다527; 대판 1993.4.13, 92다24950 등.
30) 대판 1996.4.26, 95다52864 참조. 한편 대판 1993.4.13, 92다24950은, 경락인이 경락에 의하여 건물소유권과 함께 토지임차권을 취득한 경우에, 그 임차권의 양도에 대하여는 임대인의 동의를 요한다고 한다(제629조 참조).
31) 대판 2006.10.26, 2006다29020.
32) 대판 1978.12.26, 78다2028; 대판 2012.1.26, 2009다76546.

이러한 차이는 효과상의 차이를 가져온다. 민법 제256조 단서에 해당되지 않는 한 부합물의 소유권은 본래 소유자의 의사와는 무관하게 부합의 기체를 소유하는 자에게 귀속되고, 그 결과 본래의 소유권은 소멸한다. 반면 종물은 이미 그 요건에 있어서 주물과 동일인의 소유일 것을 요함으로써 타인의 소유권이 강제로 소멸하는 일은 발생하지 아니하고, 그 처분에 있어서 법률적 운명을 같이 하는 것이 원칙이긴 하지만 당사자의 의사에 의하여 이를 분리처분할 수도 있다. 그러한 점에서 부합은 더욱 강한 형태로 소유권의 단일한 귀속을 강제하고 있다고 할 수 있다.

부합물과 종물은 특히 경매실무에서 중요하게 취급된다. 경매를 통하여 채무자 또는 물상보증인의 물건이 제3자에게 매각·환가되는데, 이때 부합물 또는 종물과 관련하여 경매대상의 범위가 어디까지인가, 바꾸어 말하면 경매목적물로 평가되어야 하는 대상이 무엇인가가 종종 문제되기 때문이다. 양자 모두 그 처분에 있어서 부합의 기체 또는 주물과 법률적 운명을 같이 하는 것이 원칙이므로 경매목적물을 평가함에 있어서 부합물과 종물은 모두 그 평가대상에 포함되어야 한다. 이와 같이 부합물과 종물이 그 각각의 주물과 일체로 평가되어 매각됨으로써 이들의 처분이 분리됨으로써 발생할 수 있는 경제적 손실을 방지할 수 있다.

한편 그 결합관계가 부합의 정도에 이르렀는지, 아니면 종물의 정도에 그치는지는 경매에서 다음과 같은 차이를 가져온다. 저당권의 실행으로 부동산이 경매된 경우에 그 부동산에 부합된 물건은 그것이 부합될 당시에 누구의 소유이었는지를 가릴 것 없이 그 부동산을 낙찰받은 사람이 소유권을 취득한다. 그러나 그 부동산의 상용에 공하여진 물건일지라도 그 물건이 부동산의 소유자가 아닌 다른 사람의 소유인 때에는 이를 종물이라고 할 수 없으므로 부동산에 대한 저당권의 효력에 미칠 수 없어 부동산의 낙찰자가 당연히 그 소유권을 취득하는 것은 아니다. 다만 그 종물이 동산이라면 낙찰자는 선의취득에 의하여 그 소유권을 취득할 가능성이 열려있다. 물론 이때에도 선의취득이 성립하려면 그 물건이 경매의 목적물로 되었고 낙찰자가 선의이며 과실 없이 그 물건을 점유하는 등으로 선의취득의 요건을 구비해야 한다.[33]

---

33) 대판 2008.5.9, 2007다36933, 36940 참조.

제4장 공   유

Ⅰ. 공동소유 일반

공동소유는 하나의 소유권이 여러 사람에게 귀속하는 소유형태이다. 민법은 이와 같은 공동귀속의 형태로서 공유·합유·총유의 세 가지에 관하여 정하고 있다(제262조 이하). 공동소유에 관한 규정은 소유권뿐만 아니라 채권을 포함한 그 외의 재산권에도 적용된다(제278조). 이때의 공동소유를 준공동소유라고 한다.

이와 같이 공동소유에 관한 일반적인 규정을 두는 이외에도 민법이나 그 외의 법률은 소유권 기타 일정한 재산권이 여러 사람에게 귀속하는 경우에 관하여 개별적으로 규정하기도 한다(조합재산에 관한 민법 제704조, 공동상속재산에 관한 민법 제1006조, 공동발명자의 특허권에 관한 특허 제33조 제2항, 공동수탁권리에 관한 신탁 제50조 제1항 등).

민법에 규정된 세 가지 공동소유형태는 인적 결합의 형태가 소유권에 반영되었다고 이해하는 것이 일반적이다.[1] 인적 결합, 즉 단체의 형태는 일단 사단과 조합으로 구분된다. 이 구분은 단체적 생활관계에서 단체 구성원의 독자성이 단체의 단일성에 대응하여 어떻게 발현되는가에 따른 것이다. 그 독자성이 단체의 단일성에 매몰되는 것이 사단이고, 그것이 보다 뚜렷하게 드러나면 조합이다. 조합은 다시 합수적 조합과 지분적 조합으로 나뉘어서, 전자는 공동목적의 달성을 위한 결합이고, 후자는 그러한 결합관계가 없는 것이라고 한다.

---

[1] 김증한, 민법안의견서, 96 이하; 김증한, 물권법, 301 이하 참조.

이와 같이 지분적 조합·합수적 조합·사단이라는 세 가지 단체유형에 대응하는 공동소유형태가 곧 공유·합유·총유라는 것이다. 그런데 현실에 존재하는 무수히 다양한 단체 중에는 위와 같은 단체유형의 속성을 조금씩 나누어가지는 경우도 있다. 따라서 단체의 형태나 이에 대응하는 공동소유의 형태의 경계선이 늘 명확하지는 않다.

공동소유의 단위는 하나의 소유권 또는 하나의 재산권이고, 한 사람이 가지는 권리 및 의무의 총체라는 의미에서의 「재산」이 아니다. 예를 들어 여러 개의 부동산·동산의 소유권 및 기타의 재산권이 공동상속재산을 구성한다면, 그 총체로서의 상속재산에 대하여 하나의 공유가 성립하는 것이 아니라, 그 각각의 소유권 기타 재산권에 대하여 각각의 공동소유가 성립한다. 이는 조합재산 등의 경우에도 마찬가지이다.

Ⅱ. 공유의 의의

1. 공유의 개념

공유는 소유권이 양적으로 분할되어 2인 이상의 주체(공유자)에게 귀속된 것을 말한다. 공유자가 가지는 그러한 양적 일부의 소유권을 「지분」이라고 한다(제262조 제1항 참조).[2] 이는 2분의 1, 10분의 3 등과 같이 일정한 비율로 표시된다. 공유는 공동소유형태 중에서 가장 보편적인 것이다. 공유지분은 자유롭게 처분될 수 있다(제263조). 또한 각 공유자는 공유물의 분할을 청구할 수도 있다(제268조). 이처럼 처분이 자유롭다는 점에서 공유지분은 단독소유권과 유사하다. 그러므로 공유는 양적·비율적으로 나뉜 각자의 부분소유권이 결합한 것으로 관념될 수 있다. 그러나 여러 개의 공유지분은 모두 하나의 물건에 대한 것이므로, 그 물건 자체의 처분·변경이나 사용·수익에 관한 제약을 피할 수 없다.[3] 공유를 학습한다는 것은 곧 이러한 특수성을 학습하는 것이다.

---

2) 그러나 민법은 합유물에 대하여도 「지분」을 인정하므로(제273조 제1항), 공유에 있어서는 이를 「공유지분」이라고 하여 합유에 있어서의 「합유지분」과 구분한다.
3) 한편 공유지분은 관념적인 것이므로 부동산의 사용, 수익을 목적으로 하는 용익물권은 공유지분이 아니라 공유물 자체에 설정된다.

2. 공유의 성립

공유는 법률행위 또는 법규정에 의하여 성립한다.

(1) 법률행위에 의한 공유

법률행위에 의한 공유가 성립하려면 하나의 물건을 수인이 공유 형태로 소유하기로 하는 합의, 즉 공유의 합의가 필요하다. 이는 단독소유자가 소유권의 양적 일부를 타인에게 양도함으로써 할 수도 있고, 애초에 단독소유자로부터 2인 이상의 사람이 소유권을 양수하면서 할 수도 있다. 물건을 공동으로 매수하는 경우에는 그 공동매수인들을 조합원으로 하는 동업체에서 매수하는 등 특별한 사정이 없는 한 공유의 합의가 있는 것으로 해석된다.[4] 이 경우에도 공유의 합의만으로 공유가 성립하는 것은 아니고, 그 당사자들이 실제로 공동으로 소유권을 취득해야 한다. 그러므로 부동산의 공유에는 법률행위 이외에도 공유에 관한 등기가 요구되고(부등 제67조 제1항), 동산의 공유에는 공동점유의 취득이 요구된다. 공유등기에는 각 공유자의 지분이 등기되고, 그 지분등기는

【공유지분등기의 예】

【갑 구】		(소유권에 관한 사항)		
순위번호	등기목적	접수	등기원인	권리자 및 기타사항
1	소유권보존	2007년 10월 14일 제5677호		소유자 김석진 800111-******* 서울 관악구 봉천동 353-2
2	소유권이전	2007년 12월 17일 제8834호	2007년 12월 1일 매매	권리자 박미영 820322-******* 서울 관악구 봉천동 565-4 지분 2분의 1 권리자 정재삼 720426-******* 서울 서초구 서초동 1313-5 지분 2분의 1

---

4) 대판 1979.8.31, 79다13; 대판 1981.2.24, 79다14; 대판 2002.6.14, 2000다30622 등 참조. 또한 민법 제616조, 제654조, 상법 제57조 제1항 등 참조.

제3자에 대하여 대항력을 가진다.

(2) 법 규정에 의한 공유

법 규정에 의하여 공유관계가 성립할 수도 있다. 공동상속재산(제1006조),[5] 경계에 설치된 경계표·담·구거(제239조 본문), 타인의 물건 속에서의 매장물 발견(제254조 단서), 주종을 구별할 수 없는 동산의 부합(제257조 제2문), 혼화(제258조), 귀속 불명의 부부재산(제830조 제2항), 구분건물 또는 집합건물에서의 공용부분(제215조 제1항, 집합건물 제10조 제1항) 등이 그러하다.

3. 공유지분

(1) 공유지분 비율

공유지분 비율은 1차적으로 당사자의 합의나 법률에 정한다. 이에 따라 정할 수 없다면 균등한 것으로 추정한다(제262조 제2항).

한편 공유자가 그 지분을 포기하거나 상속인 없이 사망한 때에는 그의 지분은 다른 공유자들에게 각 지분의 비율로 귀속한다(제267조).[6] 이를 「지분의 탄력성」이라고 한다. 이러한 지분의 탄력성은 비단 물건뿐만 아니라 채권, 근저당권 등 권리를 준공유할 때에도 그대로 적용된다.

[판결 1] 지분의 탄력성: 대판 2008.3.13, 2006다31887

상고이유를 판단한다.

여러 채권자가 같은 기회에 어느 부동산에 관하여 하나의 근저당권을 설정받아 이를 준공유하는 경우 그 근저당권은 준공유자들의 피담보채권액을 모두 합쳐서 채권최고액까지 담보하게 되고, 피담보채권이 확정되기 전에는 근저당권에 대한 준공유비율을 정할 수 없으나 피담보채권액이 확정되면 각자 그 확정된 채권액의 비율에 따라 근저당권을 준공유하는 것이 되므로, 준공유자는 각기 그 채권액의 비율에 따라 변제 받는 것이 원칙이라고 하겠다.

그러나 준공유자 전원의 합의로 피담보채권의 확정 전에 위와 다른 비율을 정하거나 준공유자 중 일부가 먼저 변제받기로 약정하는 것을 금할 이유가 없

---

5) 포괄유증은 법정상속과 같이 취급되므로(제1078조), 공동포괄수유재산도 공유에 속한다.
6) 지분의 포기는 다른 공유자에 대한 일방적 의사표시로써 해야 하고, 등기를 해야 이에 따른 물권변동의 효력이 발생한다(대판 2016.10.27, 2015다52978).

으므로 그와 같은 약정이 있으면 그 약정에 따라야 하며, 이와 같은 별도의 약정을 등기하게 되면 제3자에 대하여도 효력이 있다고 할 것이다.

그리고 근저당권의 준공유자들이 각자의 공유지분을 미리 특정하여 근저당권설정등기를 마쳤다면 그들은 처음부터 그 지분의 비율로 근저당권을 준공유하는 것이 되고, 이러한 경우 다른 특별한 사정이 없는 한 준공유자들 사이에는 각기 그 지분비율에 따라 변제받기로 하는 약정이 있었다고 봄이 상당하므로, 그 근저당권의 실행으로 인한 경매절차에서 배당을 하는 경매법원으로서는 배당시점에서의 준공유자 각자의 채권액의 비율에 따라 안분하여 배당할 것이 아니라 각자의 지분비율에 따라 안분하여 배당해야 하며, 어느 준공유자의 실제 채권액이 위 지분비율에 따른 배당액보다 적어 잔여액이 발생하게 되면 이를 다른 준공유자들에게 그 지분비율에 따라 다시 안분하는 방법으로 배당하여야 할 것이다.

원심판결 이유에 의하면, 원심은 원고와 피고를 비롯한 삼미계열사의 10개 채권은행들이 부도위기에 처한 삼미계열사에 1,320억 원을 대출해 주기로 합의하고, 그 대출금채권을 담보하기 위하여 이 사건 토지 등 68필지의 부동산에 관하여 10개 채권은행별 대출금액 분담비율에 따라 각자 공유지분을 미리 특정하여 준공유하는 취지의 이 사건 근저당권설정등기를 마친 사실, 이 사건 근저당권의 실행을 위하여 진행된 임의경매절차에서 원고가 자신의 지분비율에 따라 배당받을 수 있는 금액보다 적은 채권액을 배당요구한 사실 등을 인정한 다음, 이러한 준공유자들 사이에서는 등기된 근저당권 지분비율에 따라 배당받기로 하는 합의가 있었다고 볼 것이므로 이 사건 배당할 금액을 그에 따라 배당하되, 원고의 배당요구 채권액이 자신의 지분비율에 따른 금액보다 적으므로 원고에게 배당요구 채권액 전부가 배당되어야 하는데, 경매법원이 원고가 배당요구한 금액을 원고의 채권으로 삼아 준공유자 각자의 확정된 채권액의 비율로 안분함으로써 원고에게는 적정한 배당액에 훨씬 못 미치는 금액이 배당되고 그 차액이 다른 근저당권자들에게 배당되어 그 결과 피고에게 적정 배당액을 초과하는 금액이 배당되었다는 이유로 이 사건 배당표가 위법하다고 판단하였다.

원심의 위와 같은 판단은 앞서 본 법리에 따른 것으로 정당하고, 거기에 주장하는 바와 같은 임의경매에 있어서의 배당방법에 관한 법리오해, 채증법칙 위반 등의 위법이 없다.

[판결 1]에 관하여 생각할 점

1. 이 판결에서도 지분의 탄력성이 문제되고 있는가? 만약 그렇다면 민법 제267조

에서 규정하는 지분의 탄력성은 위 판결에 어떤 모습으로 반영되고 있는가?
2. 민법 제262조에 따르면 지분의 비율은 당사자의 합의나 법률에 정함이 없다면 균등한 것으로 추정된다. 그렇다면 다른 약정이 없을 때에는 "피담보채권액이 확정되면 각자 그 확정된 채권액의 비율에 따라 근저당권을 준공유하는 것"이라는 위 판결의 입장은 민법 제262조와 어떠한 관계에 있는가?

(2) 지분의 처분

공유자의 지분에 대한 관계는 기본적으로 소유자의 소유물에 대한 관계와 같다. 공유자는 자신의 지분을 자유롭게 처분할 수 있다(제263조 전단). 그러므로 공유자는 다른 공유자의 동의가 없어도 공유지분을 양도, 담보제공하거나 포기할 수 있다. 이는 공유자가 다른 공유자의 동의 없이 「공유물 자체」를 단독으로 처분할 수 없다는 점과 대비된다. 또한 공유지분이 자유롭게 처분대상이 되는 이상, 이는 처분을 전제로 하는 강제집행의 목적이 될 수도 있다. 그러므로 강제집행을 통해서도 최초의 공유자 구성이 달라질 가능성은 언제든지 열려있다. 그런데 이에 대하여는 특칙이 있다. 부동산지분이 경매되는 경우에 다른 공유자는 우선매수권을 가지고, 그 권리의 효율적인 행사를 위하여 지분에 대한 경매개시결정은 다른 공유자에게 통지하도록 되어 있다(민집 제140조, 제139조).

공유지분에 대한 처분금지특약을 하는 것은 가능하다. 그러나 이는 그러한 특약을 한 당사자에게만 채권적 효력을 가질 뿐이다. 그러므로 이에 위반하여 제3자에게 처분하였어도 그 처분 자체는 여전히 유효하다.

(3) 지분침해에 대한 구제

공유자는 자신의 지분에 대한 침해에 대하여 소유권이 침해된 것과 같은 포괄적인 구제수단을 가진다. 그는 방해의 배제 및 제거를 청구할 수 있으며, 그 침해가 물건에 대한 점유박탈의 형태로 이루어졌다면 그 물건의 반환을 청구할 수 있다(제214조, 제213조). 나아가 공유지분의 확인청구도 가능하다. 또한 불법행위로 인한 손해의 배상과 그 침해로 인한 부당이득의 반환을 청구할 수 있다(제750조, 제741조). 이는 그 침해가 제3자에 의한 것이든 다른 공유자에 의한 것이든 마찬가지이다. 상세한 내용은 뒤에서 설명한다.

Ⅲ. 공유물의 관리·보존과 처분·변경

1. 공유물의 관리·보존

(1) 공유물의 관리

(가) 민법 제265조는 공유물의 관리에 관하여 규정하고 있다. 공유물의 관리란 공유물의 처분·변경에 이르지 아니하는 정도로 그 물건을 보존·이용·개량하는 것을 말한다.[7] 그런데 위 규정은 그중 보존행위에 대하여는 제265조 단서에서 별도로 규율하고 있다. 따라서 보존행위에 관하여는 후술하고, 여기에서는 이용과 개량에 대하여 살펴본다. 이용이란 공유물을 그 경제적 용도에 따라서 사용·수익하는 것이고, 개량이란 공유물의 가치를 증대시키는 것이다. 그중 공유물의 이용, 즉 공유물의 사용·수익은 빈번하게 문제되고 있다.

공유자는 "공유물 전부를 지분의 비율로" 사용·수익할 수 있다(제263조). 지분은 소유권의 양적 일부로서 그 권능은 공유물 전부에 미친다. 그러나 공유자 1인이 공유물을 아무런 제한없이 단독소유한 것처럼 사용하게 되면 다른 공유자의 사용은 불가피하게 제약될 수밖에 없다. 이를 방지하기 위하여 각 공유자로 하여금 각자의 지분 비율대로 사용수익하게 하는 것이다. 그런데 지분 비율로 사용수익한다는 것은 대단히 추상적이고 관념적인 의미를 가진다. 가령 A와 B가 토지에 대하여 각각 2분의 1씩 지분을 가지고 있다면, 그 토지를 지분비율로 사용수익한다는 것은 어떤 의미인가? 토지를 절반씩 나누어 사용한다는 의미인가? 꼭 그렇지는 않다. 지분에 기한 권능은 이와 같이 공유물 전부에 미치므로, 공유자 중 1인이 사전 협의없이 특정 일부를 점용하는 것은 비록 그 부분의 전체 토지에 대한 비율이 그의 지분 내라고 해도 다른 공유자의 용익 권능을 침해하는 것이기 때문이다. 그렇다면 토지를 동일한 시간만큼(가령 하루씩 번갈아가면서) 사용한다는 의미인가? 이 역시 받아들이기 어렵다. 이는 현실적이지도 않고 효율적이지도 않을 뿐만 아니라, 지분에 기한 권능이 이틀에 하

---

7) 대판 2001.11.27, 2000다33638은 나대지에 건물을 신축하는 것은 관리의 범위를 넘는 것이어서, 과반수지분권자라도 이를 할 수 없다고 한다. 그런데 대판 1980.9.9, 79다1131은 공유토지 위에 건물을 축조하는 것이 제265조상의 「공유물의 관리에 관한 사항」에 해당하는 것을 전제로 판단하고 있다.

루씩만 발현한다고 할 수도 없다. 그러므로 지분비율에 따른 사용수익권능은 아래에서 살펴보는 것처럼 일종의 단체적 의사결정에 의하여 그 구체적 내용이 결정되어야 한다.

(나) 위와 같은 관리에 관한 사항은 공유자의 과반수가 아니라 지분의 과반수로써 결정되어야 한다. 그러므로 공유자의 수로는 과반수가 못 되어도, 지분이 과반수이면 족하다.[8] 그 결정은 지분 과반수의 공유자들 나아가 공유자 전원이 계약을 체결하는 방식으로도 할 수 있고, 기타 지분 과반수의 동의 또는 찬성이 있으면 충분하며, 모든 공유자의 의견을 반드시 물어야 하는 것도 아니다.[9] 판례는 공유자 중 1인이 2분의 1을 넘는 지분을 가지는 경우에는 다른 공유자와의 사이에 미리 공유물의 관리방법에 관하여 협의가 없었다 하더라도 공유물의 관리에 관한 사항을 단독으로 정할 수 있고, 그 사항에는 자신이 단독으로 전부 또는 특정 일부를 점유하여 사용·수익하는 것도 포함된다고 한다.[10]

이와 같이 지분 과반수에 따른 결의로 정하여진 바는 공유자 전원을 구속한다. 공유자들은 그 한도에서 단체적 제약을 받는다. 그러므로 그 결정에 좇아 공유물을 점용하는 공유자 중 1인 또는 제3자에 대하여 다른 공유자가 자신의 지분에 기하여 인도 기타 그 점용의 배제를 구할 수 없다.[11] 이러한 제약으로부터 궁극적으로 벗어나려면 지분을 처분하거나 공유물분할을 청구해야 한다. 그러나 이러한 관리 결정이 소수지분권자의 부당이득반환청구권까지 배제하는 것은 아니다. 본래 모든 공유자는 공유물 전부를 지분의 비율로 사용·수익할 수 있기 때문이다.[12] 그러므로 지분 과반수의 결의 또는 과반수지분권자의 단독 결정에 따라 소수지분권자가 공유토지를 사용·수익하지 못하게 되었다면 그 소수지분권자가 사용수익권을 포기하기로 하였다는 사정이 없는 한

---

8) 대판 2005.5.12, 2005다1827은 공유자에 변경이 있고 특약을 변경할 만한 사정이 있는 경우 특약을 변경할 수 있다고 한다. 한편 종전의 결정에 의하여 제3자가 공유자들과의 계약에 기하여 적법하게 공유물을 용익하고 있다면, 그 계약이 효력을 잃지 않는 한 결정변경에 의하여 그 용익이 영향을 받지 않는다. 대판 1968.4.16, 67다2442.

9) 대판 1980.9.9, 79다1131.

10) 대판 1968.11.26, 68다1675; 대판 2002.5.14, 2002다9738 등. 한편 2분의 1 지분만으로는 과반수의 지분이라고 할 수 없다. 대판 2003.11.13, 2002다57935 참조.

11) 대판 2002.5.14, 2002다9738.

12) 대판 1991.9.24, 88다카33855; 대판 2002.10.11, 2000다17803; 대판 2011.7.14, 2009다76522.

그 사용·수익을 전혀 하지 못하는 것에 따른 부당이득 반환청구를 할 수 있
다.[13] 이 경우 공유토지를 사용·수익하는 공유자가 다수라면 불가분채무로서
의 부당이득 반환채무를 부담한다.[14]

(다) 공유자는 공유물의 관리비용 기타의 의무를 지분의 비율로 부담한다
(제266조 제1항). 관리비용은 공유물의 보존·이용·개량을 위하여 지출하는 비
용을 말한다. 기타의 의무로는 공유물에 부과되는 조세 등의 공조공과(公租公
課)를 들 수 있다. 이 규정은 공유자 간의 내부관계에서 의무의 분담을 정하는
것이고, 대외적인 제3자와의 관계에서는 공유자들과 제3자 사이에 체결된 계약
의 해석 등에 의하여 처리된다.[15] 또한 이 규정은 임의규정이므로, 공유자 간
의 약정으로 다르게 정할 수 있다.

(라) 공유물의 사용·수익·관리에 관한 공유자 사이의 특약은 특정승계인
에게도 승계되는 것이 원칙이다. 하지만 그 특약이 지분권자로서의 사용·수익
권을 사실상 포기하는 등으로 공유지분권의 본질적 부분을 침해하는 경우에는
특정승계인이 그 사실을 알고도 공유지분권을 취득하였다는 등의 특별한 사정
이 없다면 특정승계인에게 당연히 승계된다고 볼 수 없다.[16]

---

13) 대판 1991.9.24, 88다카33855; 대판 2014.2.27, 2011다42430. 한편 대판 2002.5.14, 2002
다9738은 이처럼 소수지분권자의 부당이득반환청구를 인정하면서도 과반주 지분의 공유
자로부터 다시 사용·수익을 허락받은 제3자의 점유는 다수지분권자의 공유물관리권에
터잡은 적법한 점유이므로 제3자가 소수지분권자에 대해 부당이득반환의무를 부담하지
는 않는다고 한다.
14) 대판 2001.12.11, 2000다13948.
15) 대판 1991.4.12, 90다20220(과반수지분권자 A가 관리행위에 해당하는 정지공사(整地工
事)를 도급주면서 시공회사에게 공사비용을 스스로 지급하기로 약정하였다면 시공회사에
대한 공사비채무자는 A뿐이지만 그가 실제로 그 비용을 지출하였으면 다른 공유자에게
각 지분비율에 따른 액을 구상할 수 있다). 이와 같은 취지로 대판 1984.11.27, 84다카
317은 공유재산에 관한 취득세와 재산세를 공유자 중 1인이 부담하였다면 특단의 사정
이 없는 한 다른 공유자에 대하여 그 부담부분을 구상할 수 있다고 한다. 한편 제3자와
의 계약해석과 관련하여 변호사와의 보수약정에 관하여 공유자 중 1인이 이를 승낙한 것
으로 추단한 대판 1985.4.9, 83다카1775도 참조.
16) 대판 2009.12.10, 2009다54294, 대판 2012.5.24, 2010다108210, 대판 2013.3.14, 2011다
58701.

[판결 2] 공유물의 사용수익방법에 관한 특약에 관한 몇 가지 쟁점: 대판
     2005.5.12, 2005다1827

1. 제1점 내지 제3점에 대하여

원심판결 이유에 의하면 원심은, 그 채용 증거들에 의하여 판시 사실을 인정한 다음, 소외 1의 사망으로 이 사건 토지를 상속한 원고, 소외 2 내지 7(이하 '원고 등'이라 한다)과 소외 8이 이 사건 토지 위에 지어져 있던 기존의 건물을 철거하고 새로이 이 사건 건물을 건축하였으며, 소외 8이 이 사건 건물에 관한 소유권보존등기를 자신 앞으로 경료한 다음 이 사건 건물에 거주하였음에도 원고 등이 아무런 이의를 제기하지 않았을 뿐만 아니라, 원심 변론종결 당시까지도 소외 8이 이 사건 건물에 거주하고 있는 사실에 대하여는 당사자 사이에 다툼이 없는 점 및 피고가 경매절차를 통하여 이 사건 토지에 관한 소외 8의 지분과 이 사건 건물에 관한 소유권을 취득하자 원고가 소외 1의 나머지 상속인들로부터 이 사건 토지에 관한 그들의 지분을 양수받아 이 사건 건물의 철거를 구하고 있는 점 등을 종합하여 보면, 소외 1의 사망으로 인하여 이 사건 토지의 공유자가 된 소외 8과 원고 등 사이에서는 이 사건 건물을 건축하여 실제 거주할 공유자 중 1인인 소외 8의 소유로 귀속시킴으로써 소외 8이 배타적으로 이 사건 건물을 점유·사용하도록 하려는 의사가 있었고, 그에 따라 원고 등은 이 사건 토지 중 이 사건 건물이 위치한 부분의 토지에 관한 점유·사용권을 포기하였다고 보임에도, 그 후 원고가 소외 8의 지분을 제외한 소외 1의 나머지 상속인들의 지분을 양도받아 피고에게 이 사건 건물의 철거 및 그 부분 토지의 인도를 구하는 것은 신의칙에 위배되거나, 위 철거 및 인도를 구할 권원이 없는 셈이 되어 허용될 수 없다고 판단하였다.

공유자 간의 공유물에 대한 사용수익·관리에 관한 특약은 공유자의 특정 승계인에 대하여도 당연히 승계된다고 할 것이나, 민법 제265조는 "공유물의 관리에 관한 사항은 공유자의 지분의 과반수로써 결정한다."라고 규정하고 있으므로, 위와 같은 특약 후에 공유자에 변경이 있고 특약을 변경할 만한 사정이 있는 경우에는 공유자의 지분의 과반수의 결정으로 기존 특약을 변경할 수 있다고 할 것이다.

기록에 의하면, 소외 1의 사망으로 인하여 이 사건 토지의 공유자가 된 소외 8과 원고 등 사이에서는 이 사건 건물을 건축하여 실제 거주할 공유자 중 1인인 소외 8의 소유로 귀속시키고, 소외 8이 이 사건 건물의 소유 및 사용을 위하여 이 사건 토지 중 위 건물의 부지 부분을 점유·사용할 수 있도록 한다는 내용으로 공유물인 이 사건 토지의 사용수익·관리에 대한 특약을 한 사실을 인

정할 수 있고, 앞서 본 바와 같은 법리에 의하면, 위와 같은 공유자 사이의 특약은 소외 8을 제외한 나머지 공유자들의 공유지분에 관한 특정승계인인 원고와 소외 8의 공유지분에 관한 특정승계인인 피고에 대하여도 승계된다고 할 것이지만, 특약 후에 공유자가 변경되었고 원고가 과반수 지분을 가지고 있으므로, 위 특약을 변경할 만한 사정이 있는 경우에는 원고는 피고에게 위 특약의 변경을 구할 수 있고, 그에 대한 합의가 이루어지지 아니하는 경우, 과반수 지분권자인 원고의 결정에 의하여 특약을 변경할 수 있다고 할 것이다.

나아가 이 사건에서 위 특약을 변경할 만한 사정이 있는지 여부에 대하여 살피건대, 기록에 의하여 인정할 수 있는 다음과 같은 사정, 즉 원고 등은 소외 8이 이 사건 건물의 소유 및 사용을 위하여 이 사건 토지 중 위 건물의 부지 부분을 점유·사용할 수 있도록 하는 내용의 특약을 함으로써 스스로 상당 기간 그 부지 부분에 대한 사용수익의 제한을 용인하였던 점, 원고는 위 특약의 당사자로서 위와 같은 특약의 내용을 잘 알고 있음에도 특약 후 소외 8을 제외한 나머지 공유자들인 누이들로부터 그들의 공유지분을 증여받아 과반수 지분권자가 된 점, 공유자 사이에 공유물의 사용수익·관리에 관한 다툼이 있어 공유관계의 지속을 원하지 아니하는 경우에는 언제든지 공유물을 분할할 수 있는 점, 피고는 공유물 분할을 원하여 원고의 예비적 청구에 따른 원심의 공유물분할 판결을 받아들이고 있는데, 이와 같은 상태에서 공유물 분할에 앞서 과반수 지분권자인 원고의 요구에 따라 위 특약의 변경을 받아들여 그 부지에 대한 점유·사용권이 있었던 이 사건 건물을 철거하는 것은 사회·경제적으로 바람직하지 않다고 보이는 점 등에 비추어 보면, 이 사건에서 위 특약을 변경할 만한 사정이 있다고 보기는 어렵다고 할 것이다.

따라서 위 특약은 원고와 피고에 대하여도 그대로 적용이 된다고 할 것이므로, 원고는 위 특약에 따라 이 사건 토지 중 위 건물의 부지 부분을 점유·사용하는 피고에 대하여 이 사건 건물의 철거 및 토지의 인도를 구할 수 없다고 할 것이다.

결국, 원심이 그 설시에 있어 부적절한 면이 없지는 않으나 원고에게 이 사건 건물의 철거 및 토지의 인도를 구할 권원이 없다고 판단한 결론에 있어서는 정당하다고 수긍이 가고, 원심판결에 상고이유로 주장하는 바와 같이 공유자 사이의 합의 내용 및 피고의 점유 권원 소멸 여부에 관한 심리를 다하지 아니하였거나 공유자 사이의 합의의 대인적 효력 또는 신의칙 내지 권리남용 금지의 원칙에 관한 법리를 오해하는 등의 위법이 있다고 할 수 없다.

2. 제4점에 대하여

원심판결 이유에 의하면 원심은, 원고의 예비적 청구에 대하여, 그 채용 증거들에 의하여 판시 사실을 인정한 다음, 원고가 지분권자로서 이 사건 토지에 대하여 경매에 의한 매각분할을 구하고, 피고 또한 경매에 의한 매각분할 방법에 동의하고 있으며, 이 사건 토지의 일부가 이 사건 건물의 대지로 사용되고 있어 현물분할을 하기에는 물리적으로 곤란할 뿐만 아니라, 사회·경제적으로도 비합리적이므로, 이 사건 토지의 분할은 대금분할의 방법에 의하는 것이 상당하다고 판단하였다.

관련 법리와 기록에 비추어 살펴보면, 원심의 위와 같은 사실인정과 판단은 정당한 것으로 수긍이 가고, 원심판결에 상고이유로 주장하는 바와 같이 심리를 다하지 아니하였거나 공유물분할 방법에 관한 법리를 오해하는 등의 위법이 있다고 할 수 없다.

[판결 2]에 관하여 생각할 점

1. 대판 1975.11.11. 75다82는 공유자들 사이에 공유물분할의 협의(제269조 제1항)가 있은 후 분할등기 전에 지분의 양도가 있는 경우에 그 협의의 효력이 양수인에게 당연히 미치지 않는다고 한다(또한 단독소유자로부터 토지의 사용수익권을 얻었어도 그 후 그 소유자로부터 지분을 취득한 제3자에 대하여 그 권리를 주장할 수 없다고 하는 대판 1962.12.27. 62다744; 대판 1966.3.22. 65다2618; 대판 1990.2.13. 89다카19665 등도 참조). 그런데 위 판결은 "공유자 간의 공유물에 대한 사용수익·관리에 관한 특약은 공유자의 특정승계인에 대하여도 당연히 승계된다."고 한다. 이에 관해서는 생각할 점이 적지 않다. 우선 위 판결의 태도에는 이해할 수 있는 측면이 있다. 만약 이렇게 해석하지 않는다면 공유자간의 특약은 언제든지 공유지분의 양도로 파기되는 결과가 발생하여 공유관계의 안정성을 해치게 된다. 하지만 다음과 같은 우려도 있다. 즉 이러한 특약이 등기되지 않은 경우에 그 특약의 내용을 알지 못한 채 공유지분을 양수한 자는 예상하지 못한 특약상의 부담을 안게 될 수 있다. 일본민법 제254조나 독일민법 제746조는 이러한 특약의 승계에 관하여 명문 규정을 두고 있지만, 우리 민법에는 그러한 규정이 없다. 다만 집합건물에 관하여는 집합건물법 제18조에서 공유자가 공용부분에 관하여 다른 공유자에 대하여 가지는 채권은 그 특별승계인에 대하여도 행사할 수 있다고 규정하고, 동법 제42조 제1항은 규약 및 관리단집회의 결의는 구분

소유자의 특별승계인에게도 효력이 있다고 규정한다.

　이러한 사정을 염두에 두고 다음 문제에 대해서 생각해 보라. 특약 당사자가 아닌 공유지분의 특정승계인에게 특약의 효력을 미치게 하는 근거는 무엇인가? 이는 계약에 있어서 자기결정과 자기책임의 정신에 어긋나는 것 아닌가? 만약 그러한 특약이 등기로 공시되었다면 어떠한가?

2. 위 판결은 공유자에 변경이 있고 특약을 변경할 만한 사정이 있다면 특약을 변경할 수 있다고 한다. 그런데 공유자에 변경이 없다면 특약을 변경할 수 없는 것인가? 또한 '특약을 변경할 만한 사정'이 없더라도 지분 과반수 이상이 특약을 변경해야 한다고 결정하면 그 결정에 효력을 부여해야 마땅하지 않은가?

3. 제3자가 공유자들과의 계약에 기하여 적법하게 공유물을 용익하고 있는데 그 후 공유자의 변경이 있고 그 용익을 허용하지 말자는 결정이 있었다면, 용익권자는 그것으로서 더 이상 용익을 할 수 없는 것인가? 이에 관하여 대판 1968. 4.16, 67다2442를 참조하라.

(2) 공유물의 보존

　공유물의 보존행위란 공유물의 멸실·훼손을 방지하는 등으로 그 가치를 유지하기 위하여 하는 행위를 말한다. 손괴될 우려가 있는 공유건물을 수리한다든가, 부패의 염려 있는 공유물을 매각하여 금전으로 보관하는 것, 공유물에 대한 원인무효 등기의 말소를 구하는 것[17] 등이 그것이다.[18] 이러한 보존행위는 다른 공유자에게도 이익이 되므로, 각 공유자는 지분이 얼마인지를 불문하고 이를 단독으로 할 수 있다(제265조 단서).

　원만한 공유관계를 장래를 향하여 실현하는 물권적 청구권의 행사도 보존행위에 해당한다. 따라서 제3자가 공유물을 무단으로 점유할 때 그 배제를 구하는 것도 보존행위에 속한다. 다른 공유자도 보존행위의 상대방이 될 수 있

---

17) 대판 2005.9.29, 2003다40651.
18) 한편 공유자가 공유물의 취득시효를 중단시키는 것에 대하여 통설은 이를 공유관계의 확인을 구하는 것 등과 함께 「공유관계의 대외적 주장」으로서 공유자 전원이 공동으로 해야 한다는 태도를 취한다. 대판 1979.6.26, 79다639도 같은 취지이다. 하지만 이는 보존행위에 해당하므로, 단독으로 제3자에 대하여 공유물의 반환 또는 등기 전부의 정정을 청구하면, 공유물 전부에 대하여 취득시효가 중단된다고 보아야 한다. 단 그가 자신의 지분에 관하여만 등기정정청구를 하였으면 시효중단의 효력은 그 지분에만 미친다. 대판 1999.8.20, 99다15146은 그러한 취지로 판시한다.

다. 그러나 공유물의 침해를 이유로 하는 손해배상청구 등과 같이 과거의 침해로 인한 결과를 시정하는 것은 보존행위에 해당하지 않는다.[19]

공유자 중 1인인 피고가 공유물을 독점적으로 점유하고 있어 다른 공유자인 원고가 피고를 상대로 공유물의 인도를 청구하는 경우, 그러한 행위는 보존행위에 해당하는가? 종래 판례는 이를 보존행위로 보았으나[20] 그 이후 태도를 변경하였다. 현재 판례에 따르면 보존행위를 공유자 중 1인이 단독으로 할 수 있도록 한 것은 보존행위가 다른 공유자에게도 이익이 되기 때문인데, 위와 같은 인도청구는 공유물을 점유하는 피고의 이해와 충돌하므로 보존행위가 아니라고 한다.[21]

> ### [판결 3] 공유물 소수지분권자의 방해배제 및 인도청구: 대판(전) 2020.5.21, 2018다287522

1. 사건 개요와 쟁점

원고는 이 사건 토지의 1/2 지분을 소유하고 있는 이른바 소수지분권자로서, 그 지상에 소나무를 식재하여 토지를 독점적으로 점유하고 있는 피고를 상대로 소나무 등 지상물의 수거와 점유 토지의 인도 등을 청구하였다. 원심은 원고가 공유물의 보존행위로서 공유 토지에 대한 방해배제와 인도를 청구할 수 있다고 보아 원고의 청구를 모두 받아들였다.

이 사건의 주된 쟁점은 공유 토지의 소수지분권자인 피고가 다른 공유자와 협의 없이 공유 토지의 전부 또는 일부를 독점적으로 점유하는 경우 다른 소수지분권자인 원고가 공유물의 보존행위로서 방해배제와 인도를 청구할 수 있는지 여부이다.

2. 공유물의 소수지분권자가 공유물을 독점적으로 점유하는 다른 소수지분권자를 상대로 방해배제와 인도를 청구할 수 있는지 여부

가. 기존 대법원 판례

원고와 피고 모두 소수지분권자이고 공유자들 사이에 공유물의 관리에 관하여 합의나 과반수 지분에 의한 결정이 없는 경우 원고가 피고를 상대로 보존행위로서 공유물에 관한 방해배제와 인도를 청구할 수 있는지 문제 된다. 기존

---

19) 또한 다른 공유자의 지분확인청구와 같이 공유물의 가치보존과 관련없는 것도 보존행위에 해당하지 않는다. 대판 1994.11.11, 94다35008.
20) 대판(전) 1994.3.22, 93다9392, 9408.
21) 대판(전) 2020.5.21, 2018다287522.

대법원 판례는 공유자는 다른 공유자와 협의하지 않고서는 공유물을 독점적으로 점유하여 사용·수익할 수 없으므로, 다른 공유자는 소수지분권자라고 하더라도 공유물의 보존행위로서 점유 공유자에 대하여 방해배제와 인도를 청구할 수 있다고 하였다(대법원 1974.6.11. 선고 73다381 판결, 대법원 1994.3.22. 선고 93다9392, 9408 전원합의체 판결, 대법원 2014.5.16. 선고 2012다43324 판결 등 참조).

나. 소수지분권자가 공유물을 독점적으로 점유하는 다른 소수지분권자를 상대로 공유물의 인도를 청구할 수 있는지 여부

공유물의 소수지분권자인 피고가 다른 공유자와 협의하지 않고 공유물의 전부 또는 일부를 독점적으로 점유하는 경우 소수지분권자인 원고가 피고를 상대로 공유물의 인도를 청구할 수는 없다고 보아야 한다. 상세한 이유는 다음과 같다.

(1) 민법 제265조는 "공유물의 관리에 관한 사항은 공유자의 지분의 과반수로써 결정한다. 그러나 보존행위는 각자가 할 수 있다."라고 정하고 있다. 여기에서 보존행위는 공유물의 멸실·훼손을 방지하고 그 현상을 유지하기 위하여 하는 사실적, 법률적 행위를 뜻한다. 이러한 보존행위를 공유자가 다른 공유자와 협의하지 않고 단독으로 할 수 있도록 한 취지는 보존행위가 긴급을 요하는 경우가 많고 다른 공유자에게도 이익이 되는 것이 보통이기 때문이다(대법원 1995.4.7. 선고 93다54736 판결 등 참조). 그런데 공유자 중 1인인 피고가 공유물을 독점적으로 점유하고 있어 다른 공유자인 원고가 피고를 상대로 공유물의 인도를 청구하는 경우, 그러한 행위는 공유물을 점유하는 피고의 이해와 충돌한다. 애초에 보존행위를 공유자 중 1인이 단독으로 할 수 있도록 한 것은 보존행위가 다른 공유자에게도 이익이 되기 때문이라는 점을 고려하면, 이러한 행위는 민법 제265조 단서에서 정한 보존행위라고 보기 어렵다.

(2) 모든 공유자는 공유물 전부를 지분의 비율로 사용·수익할 수 있다(민법 제263조). 이는 공유물 관리에 관하여 공유자들 사이에 합의나 과반수 지분에 의한 결정(민법 제265조 본문)이 없는 경우에도 마찬가지이다. 공유자가 공유물에 대하여 가지는 공유지분권은 소유권의 분량적 일부분이지만 하나의 독립된 소유권과 같은 성질을 가지므로, 공유자는 소유권의 권능에 속하는 사용·수익권을 갖는다. 민법 제263조는 이러한 사용·수익권이 소유권인 공유지분권의 내용을 구성하되, 1개의 소유권이 여러 공유자에게 나뉘어 귀속됨에 따라 소유권을 행사하는 데 일정한 제약이 따른다는 것을 뜻한다. 따라서 소수지분권자인 피고가 공유물을 독점적으로 점유하여 사용·수익하고 있더라도, 공유자 아닌 제3자가 공유물을 무단으로 점유하는 것과는 다르다. 피고가 다른 공유자를 배

제하고 단독 소유자인 것처럼 공유물을 독점하는 것은 위법하지만, 피고는 적어도 자신의 지분 범위에서는 공유물 전부를 점유하여 사용·수익할 권한이 있으므로 피고의 점유는 그 지분비율을 초과하는 한도에서만 위법하다고 보아야 한다. 물건에 대한 점유를 지분에 따라 물리적으로 나눌 수 없더라도 그 점유가 지분 범위 내에서 보호할 만한 것인지 여부를 법적으로 평가하는 것은 별개의 문제이다.

따라서 피고가 공유물을 독점적으로 점유하는 위법한 상태를 시정한다는 명목으로 원고의 인도청구를 허용한다면, 피고의 점유를 전면적으로 배제함으로써 위에서 본 바와 같이 피고가 적법하게 보유하는 '지분비율에 따른 사용·수익권'까지 근거 없이 박탈하는 부당한 결과를 가져온다.

(3) 일반적으로 물건의 '인도'는 물건에 대한 현실적·사실적 지배를 완전히 이전하는 것을 뜻한다. 민사집행법상 인도청구의 집행은 집행관이 채무자로부터 물건의 점유를 빼앗아 이를 채권자에게 인도하는 방법으로 한다(민사집행법 제257조, 제258조). 따라서 원고의 인도청구를 허용하면 원고는 강제집행을 통해 공유물을 점유하던 피고로부터 점유를 빼앗아 이를 단독으로 점유하게 된다.

원고의 피고에 대한 물건 인도청구가 인정되려면 먼저 원고에게 인도를 청구할 수 있는 권원이 인정되어야 한다. 원고에게 그러한 권원이 없다면 피고의 점유가 위법하더라도 원고의 청구를 받아들일 수 없다. 그런데 이 사건과 같이 원고 역시 피고와 마찬가지로 소수지분권자에 지나지 않으므로 원고가 공유자인 피고를 전면적으로 배제하고 자신만이 단독으로 공유물을 점유하도록 인도해 달라고 청구할 권원은 없다.

기존 대법원 판례는 원고가 공유자인 피고에 대해 보존행위로서 공유물 전체의 인도를 청구할 수 있다고 하였다. 보존행위 이론이 원고가 자신의 지분비율을 초과하여 공유물 '전부'에 대한 일정한 청구를 할 수 있는 근거를 제공할 수는 있지만, 원고가 공유자로서 아래 다.항에서 보는 것처럼 피고가 공유물을 독점하는 방해 상태를 제거할 것을 청구하는 것을 넘어서서 다른 공유자에 대한 관계에서 공유물을 '자신에게 인도하라'고 청구할 수 있는 근거가 될 수는 없다. 원고는 공유물을 점유할 아무런 권리가 없는 제3자에 대해서는 소유자, 정확하게는 공유물에 대한 지분권자로서 공유물을 점유할 권원이 있는 자신에게 그 반환을 청구할 수 있지만, 공유자인 피고에 대해서는 소수지분권자에 불과하여 공유물을 단독으로 점유할 권원이 없다. 원고는 피고와 마찬가지로 소수지분에 따라 서로 제한된 권한을 가지고 있을 뿐이므로, 공유물의 관리에 관한 결정이 없는 이상 원고가 공유물을 인도받아 자신만이 점유하겠다고 주장할 근거가 없다.

(4) 공유물에 대한 인도 판결과 그에 따른 집행의 결과는 원고가 공유물을 단독으로 점유하며 사용·수익할 수 있는 상태가 되어 '일부 소수지분권자가 다른 공유자를 배제하고 공유물을 독점적으로 점유'하는 인도 전의 위법한 상태와 다르지 않다. 위법 상태를 시정하기 위하여 또 다른 위법 상태를 만들어내는 결과를 가져오는 것이다. 그 결과 원고가 공유물을 인도받은 다음 자발적으로 피고에게 공유물의 공동 사용을 허락하지 않으면, 피고는 공유물에 대한 자신의 권리를 행사하기 위해 다시 원고를 상대로 소를 제기해야 하는 처지가 된다. 판결에 따른 집행의 결과는 공유물을 적법한 점유 상태에 두는 것이어야 한다. 그런데 위와 같은 결과는 분쟁의 종국적 해결을 위해 판결과 집행이 달성해야 할 적법한 상태라고 할 수 없다.

대법원 1994.3.22. 선고 93다9392, 9408 전원합의체 판결의 다수의견에 대한 보충의견은 물건의 인도가 종전 점유자의 점유를 배제하고 인도받는 사람이 물건을 사실상 지배하게 되는 것을 뜻하지만 사용·수익과는 별개의 문제이고, 따라서 물건을 인도받아 사실상 지배는 하되 공유자들을 위해 보관만 하는 경우와 같이 사용·수익은 하지 않는 경우도 있을 수 있으며, 공유물 보존행위에 기한 인도청구는 후자의 목적 범위에서만 허용된다고 한다. 그러나 위 (3)에서 본 바와 같이 민사집행법상 인도청구의 집행은 집행관이 채무자로부터 물건의 점유를 빼앗아 채권자에게 이를 인도하는 방법으로 하는 것이다(민사집행법 제257조, 제258조). 집행관이 채무자를 배제하고 채권자로 하여금 물건의 현실적 점유를 취득하게 함과 동시에 집행절차가 완료되며, 채권자는 그 후 인도받은 물건을 사용·수익하는 데 집행절차상 아무런 제약을 받지 않는다. 위 보충의견은 인도 집행에 따라 채권자가 단독으로 물건에 관한 제한 없는 점유를 취득한다는 점을 간과하고, 인도의 의미를 채무자의 독점적 점유만을 해소시키는 '방해배제'의 의미 정도로 축소하여 해석한 것으로 옳지 않다.

(5) 기존 대법원 판례가 공유자 사이의 공유물 인도청구를 보존행위로서 허용한 것은, 소수지분권자가 자의적으로 공유물을 독점하고 있는 위법 상태를 시정하기 위해서 인도청구를 가장 실효적인 구제수단으로 보았기 때문이라고 할 수 있다(위 대법원 93다9392, 9408 전원합의체 판결의 다수의견에 대한 보충의견 참조). 그러나 원고는 아래 다.항에서 보는 것처럼 공유물을 독점적으로 점유하면서 원고의 공유지분권을 침해하고 있는 피고를 상대로 지분권에 기한 방해배제청구권을 행사함으로써 위와 같은 위법 상태를 충분히 시정할 수 있다. 따라서 피고의 독점적 점유를 시정하기 위해 종래와 같이 피고로부터 공유물에 대

한 점유를 빼앗아 원고에게 인도하는 방법, 즉 피고의 점유를 원고의 점유로 대체하는 방법을 사용하지 않더라도, 원고는 피고의 위법한 독점적 점유와 방해 상태를 제거하고 공유물이 그 본래의 취지에 맞게 공유자 전원의 공동 사용·수익에 제공되도록 할 수 있다.

다. 소수지분권자가 공유물을 독점적으로 점유하는 다른 소수지분권자를 상대로 방해배제를 청구할 수 있는지 여부

(1) 모든 공유자는 공유물 전부를 지분의 비율로 사용·수익할 수 있다(민법 제263조). 공유물을 구체적으로 어떻게 사용·수익할지, 예를 들어 공유 토지를 교대로 혹은 면적을 나누어 사용할지, 전체를 특정인에게 이용하게 하고 그 대가를 받을지 등은 원칙적으로 공유자들이 지분의 과반수로써 결정한다(민법 제265조). 그러한 결정이 없는 경우 개별 공유자는 누구도 공유물을 독점적으로 사용·수익할 수 없다(대법원 2001.12.11. 선고 2000다13948 판결 등 참조).

한편 공유자들은 공유물의 소유자로서 공유물 전부를 사용·수익할 수 있는 권리가 있고(민법 제263조), 이는 공유자들 사이에 공유물 관리에 관한 결정이 없는 경우에도 마찬가지임은 위에서 본 바와 같다. 공유물을 일부라도 독점적으로 사용할 수 없는 등 사용·수익의 방법에 일정한 제한이 있다고 하여, 공유자들의 사용·수익권이 추상적·관념적인 것에 불과하다거나 공유물 관리에 관한 결정이 없는 상태에서는 구체적으로 실현할 수 없는 권리라고 할 수 없다.

공유지분권의 본질은 소유권이고 소유권은 물건을 직접 지배하는 것을 내용으로 하는 물권이다. 물건의 사용·수익권능은 물권인 소유권의 가장 기본적이고 핵심적인 권능에 속한다(민법 제211조). 민법 제263조는 이러한 소유권의 권능이 공유지분권에도 마찬가지로 존재하되, 공유관계에서는 1개의 소유권이 여러 공유자에게 나누어 귀속됨에 따라 각 공유자는 다른 공유자의 사용·수익권을 침해하면 안 된다는 제약이 따른다는 것을 뜻할 뿐이다. 따라서 공유자들 사이에 공유물 관리에 관한 결정이 없는 경우 공유자가 다른 공유자를 배제하고 공유물을 독점적으로 점유·사용하는 것은 위법하여 허용되지 않지만, 다른 공유자의 사용·수익권을 침해하지 않는 방법으로, 즉 비독점적인 형태로 공유물 전부를 다른 공유자와 함께 점유·사용하는 것은 자신의 지분권에 기초한 것으로 적법하다.

(2) 일부 공유자가 공유물의 전부나 일부를 독점적으로 점유한다면 이는 다른 공유자의 지분권에 기초한 사용·수익권을 침해하는 것이다. 공유자는 자신의 지분권 행사를 방해하는 행위에 대해서 민법 제214조에 따른 방해배제청구권을 행사할 수 있고, 공유물에 대한 지분권은 공유자 개개인에게 귀속되는

것이므로 공유자 각자가 행사할 수 있다.

공유물에 대한 방해배제청구의 구체적 모습으로, 공유 토지에 피고가 무단으로 건축·식재한 건물, 수목 등 지상물이 존재하는 경우 지상물은 그 존재 자체로 다른 공유자의 공유 토지에 대한 점유·사용을 방해하므로 원고는 지상물의 철거나 수거를 청구할 수 있다(이는 대체집행의 방법으로 집행된다). 지상물이 제거되고 나면 공유 토지는 나대지 상태가 되고 피고가 다시 적극적인 방해행위를 하지 않는 한 원고 스스로 공유 토지에 출입하여 토지를 이용할 수 있으므로, 일반적으로 공유 토지에 피고의 지상물이 존재하는 사안에서 지상물의 제거만으로도 공유 토지의 독점적 점유 상태를 해소시킬 수 있다. 지상물 제거 후에도 피고가 원고의 공동 점유를 방해하는 행위를 하거나 그러한 행위를 할 것이 예상된다면, 원고는 피고를 상대로 그러한 방해행위의 금지, 예를 들어 원고의 공유 토지에 대한 출입이나 통행에 대한 방해금지를 청구할 수 있다.

그 밖에도 원고는 공유물의 종류(토지, 건물, 동산 등), 용도, 상태(피고의 독점적 점유를 전후로 한 공유물의 현황)나 당사자의 관계 등을 고려해서 원고의 공동 점유를 방해하거나 방해할 염려 있는 피고의 행위와 방해물을 구체적으로 특정하여 그 방해의 금지, 제거, 예방(작위·부작위의무의 이행)을 청구하는 형태로 청구취지를 구성할 수 있다. 법원은 이것이 피고의 방해 상태를 제거하기 위하여 필요하고 원고가 달성하려는 상태가 공유자들의 공동 점유 상태에 부합한다면 이를 인용할 수 있다. 위와 같은 출입 방해금지 등의 부대체적 작위의무와 부작위의무는 간접강제의 방법으로 민사집행법에 따라 실효성 있는 강제집행을 할 수 있다.

이와 같이 피고의 독점적 점유 상태를 제거하기 위해서 종래와 같이 피고로부터 공유물을 빼앗아 원고에게 인도하는 방법을 사용하지 않더라도, 공유지분권에 기한 방해배제청구를 인정함으로써 원고는 피고의 위법한 독점적 점유와 방해 상태를 제거하고 공유물이 그 본래의 취지에 맞게 공유자 전원의 사용·수익에 제공되도록 하는 적법한 상태를 달성할 수 있다.

라. 판례 변경

이와 같이 공유물의 소수지분권자가 다른 공유자와 협의 없이 공유물의 전부 또는 일부를 독점적으로 점유·사용하고 있는 경우 다른 소수지분권자는 공유물의 보존행위로서 그 인도를 청구할 수는 없고, 다만 자신의 지분권에 기초하여 공유물에 대한 방해 상태를 제거하거나 공동 점유를 방해하는 행위의 금지 등을 청구할 수 있다고 보아야 한다. (후략)

[판결 3]에 관하여 생각할 점

1. 이 판결은 대판(전) 1994.3.22, 93다9392, 9408의 결론을 뒤집었다. 1994년 전원
   합의체 판결 당시 대법원은 다수의견 7, 반대의견 6으로 소수지분권자의 인도
   청구를 긍정하였다. 그런데 대법원은 위 판결에서 다수의견 7, 반대의견 6으로
   소수지분권자의 인도청구를 부정하면서 방해배제청구는 긍정하였다. 이에 대해
   서는 대법관 5인의 반대의견(반대의견 1)과 대법관 1인의 반대의견(반대의견 2)이
   있었다. 반대의견 1은 1994년 전원합의체 판결처럼 소수지분권자는 보존행위로
   서 다른 소수지분권자가 위법하게 점유하는 목적물의 인도를 청구할 수 있다고
   보았다. 이를 통해 원고가 취득하는 점유는 모든 공유자들을 위한 점유이므로
   피고의 위법한 단독점유와는 성격을 달리하고, 인도집행 과정에서 공유자의 일
   원이기도 한 피고가 배제되는 것은 위법 상태를 해소하기 위한 일시적 현상에
   불과하다고 보았다. 반대의견 2는 민법 제263조에 근거한 공유물의 사용·수익
   권은 법령에 의하여서는 권리의 내용이 정하여져 있지 아니한 일반적·추상적
   권리에 지나지 아니하므로, 공유물의 사용·수익 방법에 관하여 공유자들 사이
   에 과반수 지분에 의한 정함이 없는 경우에는 어느 공유자도 그 내용이 어떠하
   든지 간에 자신이 주장하는 바와 같은 방법으로 공유물을 사용·수익할 권리가
   있다고 할 수 없다고 보았다. 따라서 소수지분권자의 인도청구와 방해배제청구
   는 모두 허용되지 않는다고 보았다. 요컨대 다수의견은 「인도청구 부정, 방해배
   제청구 긍정」, 반대의견 1은 「인도청구 긍정, 방해배제청구 부정적 유보」, 반대
   의견 2는 「인도청구 부정, 방해배제청구 부정」이라는 입장을 취하였다.
   한편 이 판결 이후 집합건물 공용부분의 공유자가 공용부분을 독점적으로 점유
   하는 경우에도 대상판결의 법리가 적용된다는 후속판결이 선고되기도 하였다
   (대판 2020.10.15, 2019다245822).
2. 과반수 지분에 의한 공유물 사용·수익 방법의 결정이 불가능한 상태에서 공유
   자 각자가 가지는 개별적·구체적 권리로서의 공유물 사용·수익권은 구체적으
   로 어떻게 구현될 수 있을까? 예컨대 컴퓨터나 도서를 2명이 2분의 1 지분씩
   가지는 형태의 공유에서 2명은 어떻게 공유물을 사용·수익할 수 있는가?
3. 이 판결은 소수지분권 공유자의 1인(피고)이 나머지 소수지분권 공유자(원고)의
   의사에 반하여 공유물 전체를 독점적·배타적으로 점유·사용·수익하는 경우
   원고의 피고에 대한 인도청구는 보존행위에 해당하지 않는다는 것이 이 판결의

태도이다. 그렇다면 공유물 전체를 독점적·배타적으로 점유·사용·수익하는 주체가 공유자 중 1인이 아니라 제3자라면 어떠한가? 그 제3자를 상대로 공유자 중 1인이 보존행위로서 단독으로 인도청구를 할 수 있는가? 만약 그렇다면 상대방이 공유자 중 1인인 경우와 제3자인 경우를 달리 취급하는 이유는 무엇인가?

2. 공유물의 처분, 변경

각 공유자는 단독으로 자신의 공유지분을 처분할 수 있다. 그러나 공유자가 공유물 자체를 처분하거나 변경하려면 공유자 전원의 동의를 얻어야 한다(제264조). 공유물의 처분·변경은 공유자 모두에게 영향을 미치므로, 공유자 전원의 동의를 요하도록 한 것이다. 여기서의 처분에는 공유물 위에 지상권·전세권 등의 용익물권을 설정하는 것이 포함된다.

그런데 이 규정은 공유자 중 1인이 다른 공유자의 동의 없이 공유물의 전부 또는 일부를 처분하는 것은 그 목적물에 대한 처분으로서의 효력이 없다는 의미일 뿐이고, 자기 지분의 처분으로서도 효력이 없다는 것은 아니다. 그러므로 공유자 중 1인이 공유물을 처분한 것은 그의 지분범위에서는 유효하고, 그가 특정 일부를 타인에게 양도하였다면 그 부분에 대한 그 지분범위에서 역시 유효하다.[22]

이처럼 각 공유자가 단독으로 자신의 공유지분을 처분할 수 있지만, 공유물 자체의 처분을 위해서는 공유자 전원의 동의를 얻어야 한다는 법리는 준공유에도 그대로 적용된다. 이와 관련하여 복수의 권리자가 매매예약완결권을 준공유하는 경우 매매예약완결권의 행사는 매매예약완결권 자체의 처분행위이므로 그 채권자 전원이 함께 행사해야 하고, 따라서 채권자가 채무자에 대하여 예약이 완결된 매매목적물의 소유권이전의 본등기를 구하는 소는 필수적 공동소송이라는 일련의 판결들이 선고된 바 있다.[23] 그런데 아래 전원합의체 판결은 위 판결들을 모두 폐기하면서, 복수의 권리자가 공동으로 매매예약완결권을 행사해야 하는지 여부는 일률적으로 정할 것이 아니라 매매예약의 해석에 따

---

22) 대판 1967.6.13, 67다558; 대판 1994.12.2, 93다1596 등.
23) 대판 1984.6.12, 83다카2282; 대판 1985.5.28, 84다카2188; 대판 1985.10.8, 85다카604; 대판 1987.5.26, 85다카2203.

라 사안별로 정해야 한다고 판시하였다.

> **[판결 4] 매매예약완결권의 공동귀속: 대판(전) 2012.2.16, 2010다82530**

1. 상고이유 제1점에 관하여

가. 수인의 채권자가 각기 그 채권을 담보하기 위하여 채무자와 채무자 소유의 부동산에 관하여 수인의 채권자를 공동매수인으로 하는 1개의 매매예약을 체결하고 그에 따라 수인의 채권자 공동명의로 그 부동산에 가등기를 마친 경우, 수인의 채권자가 공동으로 매매예약완결권을 가지는 관계인지 아니면 채권자 각자의 지분별로 별개의 독립적인 매매예약완결권을 가지는 관계인지는 매매예약의 내용에 따라야 하고, 매매예약에서 그러한 내용을 명시적으로 정하지 않은 경우에는 수인의 채권자가 공동으로 매매예약을 체결하게 된 동기 및 경위, 그 매매예약에 의하여 달성하려는 담보의 목적, 담보 관련 권리를 공동 행사하려는 의사의 유무, 채권자별 구체적인 지분권의 표시 여부 및 그 지분권 비율과 피담보채권 비율의 일치 여부, 가등기담보권 설정의 관행 등을 종합적으로 고려하여 판단하여야 한다.

이와 달리 1인의 채무자에 대한 수인의 채권자의 채권을 담보하기 위하여 그 수인의 채권자와 채무자가 채무자 소유의 부동산에 관하여 수인의 채권자를 권리자로 하는 1개의 매매예약을 체결하고 그에 따른 가등기를 마친 경우에, 매매예약의 내용이나 매매예약완결권 행사와 관련한 당사자의 의사와 관계없이 언제나 수인의 채권자가 공동으로 매매예약완결권을 가진다고 보고, 매매예약완결의 의사표시도 수인의 채권자 전원이 공동으로 행사하여야 한다는 취지의 대법원 1984.6.12. 선고 83다카2282 판결, 대법원 1985.5.28. 선고 84다카2188 판결, 대법원 1985.10.8. 선고 85다카604 판결, 대법원 1987.5.26. 선고 85다카2203 판결 등은 이 판결의 견해와 저촉되는 한도에서 변경하기로 한다.

나. 원심은, 원고가 2005. 3. 11. 피고에게 1억 원을 대여하면서 이를 담보하기 위하여 피고에 대한 다른 채권자들인 소외 1, 2, 3, 4, 5와 공동명의로 피고와 이 사건 부동산 중 피고 소유의 1,617분의 1,607 지분(이하 '이 사건 담보목적물'이라고 한다)에 관하여 매매예약을 체결한 사실, 이에 따라 이 사건 담보목적물에 관하여 원고는 2,498,265분의 241,050 지분(이하 '이 사건 지분'이라 한다), 소외 1은 2,498,265분의 1,205,250 지분, 소외 2는 2,498,265분의 795,465 지분, 소외 3은 2,498,265분의 120,525 지분, 소외 4는 2,498,265분의 72,315 지분, 소외 5는 2,498,265분의 48,210 지분(위 각 지분은 원고 등 6인 각자의 채권액의 비율

에 따라 산정되었다)으로 특정하여 이 사건 가등기를 마친 사실을 인정한 다음, 원고를 포함한 6인의 채권자가 각자의 지분별로 별개의 독립적인 매매예약완결권을 갖는 것으로 보아, 채권자 중 1인인 원고는 단독으로 이 사건 담보목적물 중 이 사건 지분에 관하여 매매예약완결권을 행사할 수 있고, 이에 따라 단독으로 이 사건 지분에 관하여 가등기에 기한 본등기절차의 이행을 구할 수 있다고 판단하였다.

앞서 본 법리에 비추어 보면 원심의 이러한 판단은 정당하고, 거기에 상고이유에서 주장하는 바와 같이 매매예약완결권의 행사와 필수적 공동소송에 관한 법리를 오해한 위법은 없다.

2. 상고이유 제2점에 관하여

공동명의로 담보가등기를 마친 수인의 채권자가 각자의 지분별로 별개의 독립적인 매매예약완결권을 가지는 경우, 채권자 중 1인은 단독으로 자신의 지분에 관하여 가등기담보 등에 관한 법률이 정한 청산절차를 이행한 후 소유권이전의 본등기절차이행청구를 할 수 있다고 할 것이다.

같은 취지의 원심 판단은 위와 같은 법리에 따른 것으로 정당하고, 거기에 상고이유에서 주장하는 바와 같이 가등기담보 등에 관한 법률이 정하는 담보권실행 통지에 관한 법리를 오해한 위법은 없다.

3. 결   론

그러므로 상고를 기각하고 상고비용은 패소자가 부담하도록 하여 관여 법관의 일치된 의견으로 주문과 같이 판결한다.

[판결 4]에 관하여 생각할 점

1. 위 전원합의체 판결에 의하여 폐기된 판결들은 모두 채권담보 목적으로 채무자의 부동산에 관하여 매매예약을 체결하고 이에 따른 가등기를 마쳤던 사안들에 관한 것이었다. 반면 명의신탁해지를 원인으로 하여 발생한 소유권이전청구권을 보존하기 위하여 매매예약 형식으로 가등기를 마쳤던 사안에서는 권리자 중 1인이 자신의 지분에 관하여 단독으로 그 가등기에 기한 본등기를 청구할 수 있다고 본 판례(대판 2002.7.9, 2001다43922, 43939)도 있다. 만약 채권담보 목적이 아니라 순수한 매매예약 체결 및 가등기가 이루어진 사안이 있다면 그 사안에도 이 판결의 취지가 그대로 적용될 수 있을까?

2. 위 전원합의체 판결은 수인의 채권자가 공동으로 매매예약완결권을 가지는 관계인지 아니면 채권자 각자의 지분별로 별개의 독립적인 매매예약완결권을 가

지는 관계인지는 매매예약의 내용에 따라야 한다고 판시한다. 만약 수인의 채권자가 공동으로 매매예약완결권을 가지는 관계라면 그 권리의 귀속형태는 무엇인가? 매매예약완결권의 준공유에 해당하는가?

3. 복수의 권리자들이 매매예약완결권을 준공유한다면 언제나 그 권리자들은 공동으로 매매예약완결권을 행사해야 하는가? 즉 「매매예약완결권의 행사 = 매매예약완결권의 처분」인가?

4. 복수의 권리자들이 늘 매매예약완결권을 공동으로만 행사해야 한다면 어떤 폐해가 있는가? 가령 권리자 중 일부가 행방불명이라면 어떠한가? 권리자들 사이에 협의가 이루어지지 않으면 어떠한가? 그 사이에 제척기간이 도과되면 어떠한가?

IV. 공유물 또는 지분에 대한 침해

제3자에 의한 침해와 다른 공유자에 의한 침해를 구분하여 살피기로 한다.

(1) 공유물 자체가 제3자에 의하여 권한 없이 점유되거나 제3자 앞으로 소유권등기가 되어 있는 등으로 위법한 방해를 받고 있으면, 이는 동시에 공유자의 지분을 침해하는 것이 된다. 그러므로 각 공유자는 그의 지분에 기하여 반환 또는 방해의 제거를 청구할 수 있다.[24]

(가) 이 경우에 공유자가 자신의 지분에 관하여 반환 또는 방해의 배제를 청구할 수 있음은 물론이다. 나아가 그는 물건 자체의 반환 또는 등기 전부의 정정을 청구할 수 있다.[25] 지분권자가 등기 전부의 정정을 청구할 수 있는 것은 그 청구의 목적이 불가분(제409조)이어서가 아니라 그러한 청구가 보존행위에 해당하여 이를 단독으로 할 수 있기 때문이다.[26] 그러나 공유물을 침해한 제3자에 대하여 그로 인한 부당이득의 반환이나 손해의 배상을 구하는 것은 과거에 있은 침해의 결과를 처리하는 것으로서 공유물의 보존에 해당하지 않

---

24) 방해의 염려가 있으면 그 예방도 청구할 수 있음은 물론이나, 여기서는 굳이 따로 논하지 않는다.

25) 대판 1968.9.17, 68다1142; 대판 1993.5.11, 92다52870 등 확고한 판례. 또 대판 2005.9.29, 2003다40651은 각 공유자의 지분별로 진정명의회복을 원인으로 한 소유권이전등기를 할 것을 공유자 중 1인이 단독으로 청구할 수 있다고 한다.

26) 자신의 지분에 관해서만 등기의 정정을 구하는 것은 얼마든지 가능하고, 그것이 공유물 전체에 관하여 불가분이라고 할 수 없다.

으므로, 공유자는 자신의 지분비율 범위 내에서만 이를 할 수 있다.[27]

(나) 한편 공유물이 아니라 그 지분만 제3자에 의하여 침해될 수도 있다. 자신의 지분에 대하여 제3자 앞으로 소유권등기가 되어 있는 경우 등이 그러한데, 그 경우에는 그 지분에 관하여 등기의 정정을 청구할 수 있다. 한편 제3자가 다른 공유자의 지분만을 침해하고 있는 경우에는 당연히 방해배제청구 기타 구제수단을 가지지 못한다. 또 그 침해를 받는 다른 공유자의 지분에 관하여 확인을 구하는 것이 보존행위에 속하지도 않는다.[28]

(2) 공유물 또는 지분이 다른 공유자에 의하여 침해되는 경우는 어떠한가?

(가) 어떠한 부동산이 공유임에도 공유자 중 1인인 A의 단독명의로 소유권등기가 되어 있으면, 다른 공유자는 그 등기 전부가 아니라 A의 지분을 넘는 범위에서 그 말소 등 정정을 청구할 수 있다.[29]

(나) 공유자는 공유물 전부를 지분의 비율로 사용·수익할 수 있으므로, 공유자 중 1인이 지분 과반수의 결정 없이 공유물의 전부 또는 특정 일부를 단독으로 점용하는 것은 다른 공유자의 지분을 위법하게 침해하는 것이다. 이는 그 점용부분의 비율이 자신의 지분비율에 상응하거나 그보다 적은 경우에도 다를 바 없다. 그와 같이 지분이 침해된 공유자는 단독점용공유자를 상대로 방해배제 또는 물건의 반환을 청구할 수 있다.[30] 또 지분의 침해로 얻은 부당이득의 반환 및 그로 인하여 발생한 손해의 배상을 청구할 수 있다.[31]

---

27) 대판 1970.4.14, 70다171(불법행위로 인한 손해배상청구); 대판 1979.1.30, 78다2088(부당이득반환청구).

28) 대판 1994.11.11, 94다35008.

29) 대판 1965.5.31, 65다690; 대판 1988.2.23, 87다카961 등. 엄밀하게 말하면 정정을 구하는 공유자의 지분범위에서는 그 지분에 기한 방해배제로서, 그것을 넘는 범위에서는 공유물의 보존행위로서 청구할 수 있다.

30) 대판 1966.4.19, 65다2033 이래 대판(전) 1994.3.22, 93다9392를 포함하여 다수의 재판례가 있다. 그런데 위 전원합의체 판결에서 소수의견은, 다른 공유자는 지분의 과반수를 소유하거나 민법 제265조의 규정에 따른 공유물의 관리방법에 관한 결정에 의하지 아니하는 한 공유물의 인도를 구할 수 없고, 단지 자신의 지분범위 내에서 단독점용공유자에 대하여 공유물을 공동으로 점유하여 사용수익할 수 있도록 허용할 것을 청구하거나 지분의 비율에 따른 사용수익을 방해하지 말라는 부작위의무의 이행을 청구할 수 있을 뿐이라는 견해를 제시한 바 있다.

31) 대판 1972.12.12, 72다1814; 대판 2001.12.11, 2000다13948(이상 부당이득); 대판 1991.9.24, 91다23639(손해배상) 등.

V. 공유물분할

1. 의   의

공유물의 분할은 공유자들에게 그 지분의 청산을 행함으로써 공유관계를 해소하는 것을 말한다. 공유물분할은 다른 공유자와의 합의 없이도 공유관계를 해소할 수 있다는 데에 그 특징이 있다. 또한 공유물분할은 하나의 물건에 대한 공유관계를 개별적으로 해소한다는 점에서 상속재산에 대한 포괄적 청산인 공동상속에서의 재산분할(제1012조 이하)[32] 또는 부부의 공유재산 및 특유재산의 포괄적 청산인 이혼부부의 재산분할(제839조의2, 제843조)과 구별된다.

2. 분할청구

(1) 공유자는 공유물의 분할을 청구할 수 있다(제268조 제1항 본문). 이는 공유물 분할의 자유를 선언한 것이다. 공유는 비율적으로 나뉜 각자의 부분소유권이 결합한 것이므로 공유자가 원하는 경우에는 그 지분의 청산을 행하도록 하는 것이다. 또한 공유물분할청구권은 공유권에 기한 것이므로 시효로 소멸하지 않는다. 금전채권자는 극히 예외적인 경우가 아니라면 채무자의 부동산에 관한 공유물분할청구권을 대위행사할 수 없다는 것이 판례의 태도이다.[33]

(2) 공유자들 전원의 합의로 분할을 하지 아니할 것을 정할 수 있다. 이러한 불분할특약은 각 공유자의 자유를 지나치게 제약하여서는 안 되므로, 5년을 넘지 않는 한도에서만 허용된다(동조 제1항 단서). 이 기간은 갱신할 수 있지만, 그 기간은 갱신한 때로부터 5년을 넘지 못한다(동조 제2항). 부동산의 경우에는 불분할약정을 등기해야 제3자에게 효력이 있다(부등 제67조 제2항).

(3) 건물의 구분소유에서의 공용부분(제215조), 경계선상의 경계표 등(제239조)에 대하여는 공유물 분할의 자유는 인정되지 않는다(제268조 제3항). 또한 집합건물의 구분소유자로서 건물의 대지를 공유하는 사람은 그 건물 사용에 필요한 범위의 대지에 대하여는 분할을 청구할 수 없다(집합건물 제8조).

---

32) 상속재산분할의 효과는 상속개시시, 즉 피상속인의 사망시로 소급됨(제1015조, 제997조)에 반하여 공유물분할의 효과에는 그러한 소급효가 없다.

33) 대판(전) 2020.5.21, 2018다879.

(4) 공동명의수탁을 받은 경우 수탁자들이 수탁받은 부동산에 대하여 공유물분할을 하는 것은 명의신탁의 목적에 반한다고 하여 이를 허용하지 않는 것이 판례의 태도이다.[34]

(5) 공동상속인은 상속재산의 분할에 관하여 공동상속인 사이에 협의가 성립되지 아니하거나 협의할 수 없는 경우에 가사소송법이 정하는 바에 따라 가정법원에 상속재산분할심판을 청구할 수 있을 뿐이고, 상속재산에 속하는 개별 재산에 관하여 민법 제268조의 규정에 따라 공유물분할청구의 소를 제기하는 것은 허용되지 않는다.[35]

3. 분할방법

(1) 협의분할

먼저 공유자들의 협의가 있으면 그에 따른다(제269조 제1항. 「협의분할」). 이 협의는 공유자 전원이 당사자가 되어야 한다.[36] 여기서 분할의 구체적인 방법은 공유자가 현물분할, 대금분할, 가액보상 등의 형태로 자유로이 정할 수 있다. 공유물분할에 관한 협의는 공유자 1인의 분할청구가 있기 전이라도 미리 할 수 있다.[37] 협의대로 이행하지 않는 공유자에 대하여는 협의에 따라 지분이전청구 또는 대금지급청구를 하면 족하다.[38]

(2) 재판상 분할

당사자의 협의가 성립되지 않으면 각 공유자는 법원에 그 분할을 청구할 수 있다(동항. 「재판상 분할」). 즉 공유자들 사이에서 합의를 모색하였으나 협의가 이루어지지 않았거나 애초 협의를 할 수 없는 경우에는, 공유물분할소송을

---

34) 대판 1993.2.9, 92다37482 참조.

35) 대판 2015.8.13, 2015다18367.

36) 대판 1968.5.21, 68다414. 따라서 일부 공유자가 협의에서 빠진 경우 협의의 효력이 발생하지 않는다.

37) 통설은 공유자의 분할청구권은 형성권으로 그 행사가 있으면 공유물의 분할을 실현해야 할 법률관계가 발생한다고 하는데(대판 1981.3.24, 80다1888도 공유물분할청구권은 공유관계에서 수반되는 형성권이므로 공유관계가 존속하는 한 그 분할청구권만이 독립하여 시효소멸될 수 없다고 한다), 그렇다고 해서 미리 분할의 내용에 관한 약정을 할 수 없다고 할 것은 아니다.

38) 이때에는 공유물분할소송을 제기하더라도 그 소는 각하된다. 대판 1995.1.12, 94다30348, 94다30355.

제기할 수 있다. 이 소는 공유자 전원이 당사자가 되어야 하는 필수적 공동소송이다.[39] 또 판결의 확정으로 법률관계가 즉각 새롭게 형성되는「형성의 소」, 그중에서도 원고의 구체적인 청구내용에 구애되지 아니하고 법원이 심판할 수 있는「형식적 형성의 소」에 해당한다.[40] 공유물분할판결은 형성판결이므로 등기 없이도 물권변동의 효과가 발생하고, 가집행선고는 붙이지 않는다. 그러나 공유물분할조정은 본질적으로 협의에 의한 공유물분할과 다를 것이 없으므로 이러한 형성적 효력을 인정할 수 없다.[41]

(가) 현물분할의 원칙

재판상 분할에서는 현물분할을 명하는 것이 원칙이다. 여기서의 현물분할은 각 공유자에게 공유물의 특정 일부씩을 귀속시킴으로써 하는 것(개별분할)이 통상이다. 그러나 현물분할은 그 이외에도 다양한 모습으로 행하여진다. 예컨대 각 공유자에게 공유물의 특정 일부씩을 귀속시키면서도 일부의 공유자에게 다른 공유자에게 금전을 지급할 것을 명할 수도 있다(부분적 가액보상에 의한 현물분할).[42] 이는 현물분할과 뒤에서 보는 가액보상의 혼합이라고 할 수 있다. 또 일부의 공유자는 그대로 공유로 남고, 나머지 공유자에 대해서만 특정 부분에 대한 단독소유권을 창설하는 것도 허용된다(일부분할).[43] 그러나 공유관계의 유지를 원하지 않아 분할청구를 한 자들을 여전히 공유로 남기는 방식으로 현물분할하는 것은 허용되지 않는다.[44] 한편 복수의 물건이 동일인들의 공유인 경우에는 공유자가 각자 물건을 나누어 단독소유하는 방법도 막을 이유가 없다(일괄분할). 법원은 구체적으로 어떠한 내용으로 현물분할을 명할 것인지와 관련하여 합리적 재량을 발휘해야 한다. 공유물의 위치, 주변 상황, 점유내용이나 이용상태, 공로로의 출입 등 다양한 요소를 고려하여, 지분의 실제 가치에 상응하는 등 공유자들의 합리적 기대를 일정한 정도 이상으로 훼손하지 않는 분할이 이루어지도록 해야 한다. 토지의 개별분할에서도 각 공유자에게 귀

---

39) 대판 2017.9.21, 2017다233931.
40) 대판 1969.12.29, 68다2425("공유물분할청구는 공유관계를 폐기하고 각자의 단독소유권을 취득케 하는 형성의 소로서 공유자 사이의 권리관계를 정하는 창설적 판결을 구하는 것") 등.
41) 대판(전) 2013.11.21, 2011두1917.
42) 대판 1990.8.28, 90다카7620; 대판 1991.11.12, 91다27228 등.
43) 대판 1993.12.7, 93다27819.
44) 대판 2015.3.26, 2014다233428; 대판 2015.7.23, 2014다88888.

속되는 부분의 면적이 반드시 지분비율에 상응해야 하는 것은 아니나, 이 역시 고려되어야 한다.

(나) 대금분할

현물로 분할할 수 없거나 분할로 인하여 현저히 그 가액이 감손될 염려가 있는 때에는 목적물을 경매하여 얻은 대금을 분할한다(제269조 제2항. 「대금분할」). 이 경우의 경매절차에 대하여는 민사집행법에서 정한다(동법 제274조).[45) 여기서 "현물분할로 인하여 현저히 가격이 감손된다"는 의미에는 공유물 전체의 교환가치가 현물분할로 인하여 현저하게 감손되는 경우뿐만 아니라 공유자들에게 공정한 분할이 이루어지지 아니하여 그중의 한 사람이라도 현물분할에 의하여 단독으로 소유하게 될 부분의 가액이 공유물분할 전의 소유지분가액보다 현저하게 감손될 경우도 포함된다.[46) 나아가 현물분할로써는 각 공유자의 지분비율에 따른 공평한 분할이 이루어질 수 없는 경우에는 대금분할에 의해야 한다.[47) 다만 판례는 현물분할이 원칙이므로 단순히 공유자들 사이에 분할 방법에 관하여 의사가 합치하고 있지 않다는 정도의 사정만으로 대금분할을 해서는 안 된다고 한다.[48) 한편 위 규정은 "현물분할이 아니면 경매분할"이라는 양자택일을 강요하는 것이 아니며, 예외적으로 공유물을 공유자 1인에게 귀속시키고 그로 하여금 다른 공유자에게 금전으로 보상하도록 명하는 것도 허용된다(가액보상).[49) 이때 가액은 공유물분할 시점의 객관적인 교환가치에 해당하는 시장가격 또는 매수가격을 기준으로 한다.[50)

---

45) 이는 목적물의 현금화를 위한 이른바 「환가를 위한 경매」로서, 채권의 만족을 위한 강제경매나 담보권자의 우선변제권능의 실현을 위한 임의경매와는 구분된다.

46) 대판 1985.2.26, 84다카1194.

47) 대판 1993.1.19, 92다30603(나아가 이 사건에서 공유토지를 지분비율에 따라 현물분할할 경우 공유자 1인이 소유할 부분이 너무 작아서 지상에 건축이 불가능하게 된다면 그 부분의 가액은 분할 전 건축이 가능한 대지의 지분가액보다 현저하게 감손될 것이 명백하여 공정한 분할이라고 보기 어렵다고 한다).

48) 대판 2009.9.10, 2009다40219, 40226.

49) 대판 2004.10.14, 2004다30583. 이 경우에는 판결의 확정으로 다른 공유자는 지분을 상실하면서 채권인 가액보상청구권을 취득함에 그치므로 그 채권의 실효적인 실현방안이 문제된다. 이에 대하여는 양창수, "전면적 가액보상에 의한 공유물분할판결과 등기문제", 민법연구 9, 2007, 127 이하 참조.

50) 대판 2022.9.7, 2022다244805.

[판결 5] 가액보상 방법에 의한 공유물 분할: 대판 2004.10.14, 2004다30583

1. 원심의 판단 요지

원심판결 이유에 의하면, 원심은 원고가 21,900분의 21,205 지분, 피고가 21,900분의 695 지분의 각 비율로 소유하고 있는 이 사건 토지와, 이 사건 토지 상에 건축되어 구분소유의 대상이 되지 않는 1동의 건물로서 원고가 56,138분의 54,419 지분, 피고가 56,138분의 1,719 지분으로 소유하고 있는 이 사건 건물에 대하여 그 분할방법을 명함에 있어, 이 사건 토지는 하나의 필지로 되어 있는 건물의 부지이고, 이 사건 건물은 집합건물과 같은 독립성이 인정되지 않는 하나의 건물이므로, 이 사건 토지 및 건물에 대한 현물분할은 곤란하거나 분할로 인하여 현저히 그 가액이 감손될 염려가 있다고 인정되고, 또한 협의분할과는 달리 재판상 분할에 있어서는 특정 공유자인 피고에게 가격보상만을 하여 그를 현물분할에서 완전히 배제하는 방법은 형평의 원칙에 반하여 인정되지 아니하므로 결국 이 사건 토지 및 건물을 경매에 부쳐 매각한 대금을 그 공유지분의 비율로 분할함이 상당하다고 판단하였다.

2. 대법원의 판단

공유물의 분할은 공유자 간에 협의가 이루어지는 경우에는 그 방법을 임의로 선택할 수 있으나 협의가 이루어지지 아니하여 재판에 의하여 공유물을 분할하는 경우에는 법원은 현물로 분할하는 것이 원칙이고, 현물로 분할할 수 없거나 현물로 분할을 하게 되면 현저히 그 가액이 감손될 염려가 있는 때에 비로소 물건의 경매를 명하여 대금분할을 할 수 있는 것이다.

그리고 공유물분할의 소는 형성의 소로서 공유자 상호간의 지분의 교환 또는 매매를 통하여 공유의 객체를 단독 소유권의 대상으로 하여 그 객체에 대한 공유관계를 해소하는 것을 말하므로, 법원은 공유물분할을 청구하는 자가 구하는 방법에 구애받지 아니하고 자유로운 재량에 따라 공유관계나 그 객체인 물건의 제반 상황에 따라 공유자의 지분 비율에 따른 합리적인 분할을 하면 되는 것이다(대법원 1993.12.7. 선고 93다27819 판결, 1997.9.9. 선고 97다18219 판결 등 참조).

따라서 여러 사람이 공유하는 물건을 분할하는 경우에는 원칙적으로는 각 공유자가 취득하는 토지의 면적이 그 공유지분의 비율과 같도록 하여야 할 것이나, 반드시 그런 방법으로만 분할하여야 하는 것은 아니고, 분할 대상이 된 공유물의 형상이나 위치, 그 이용 상황이나 경제적 가치가 균등하지 아니할 때에는 이와 같은 제반 사정을 고려하여 경제적 가치가 지분 비율에 상응되도록 분할하는 것도 허용되며 일정한 요건이 갖추어진 경우에는 공유자 상호간에 금전으로 경제적 가치의 과부족을 조정하게 하여 분할을 하는 것도 현물분할의 한 방법으로 허용되고, 나아가 공유관계의 발생원인과 공유지분의 비율 및 분할된 경우의 경제적 가치, 분할 방법에 관한 공유자의 희망 등의 사정을 종합적으로 고려하여 당해 공유물을 특정한 자에게 취득시키는 것이 상당하다고 인정되고, 다른 공유자에게는 그 지분의 가격을 취득시키는 것이 공유자 간의 실질적인 공평을 해치지 않는다고 인정되는 특별한 사정이 있는 때에는 공유물을 공유자 중의 1인의 단독소유 또는 수인의 공유로 하되 현물을 소유하게 되는 공유자로 하여금 다른 공유자에 대하여 그 지분의 적정하고도 합리적인 가격을 배상시키는 방법에 의한 분할도 현물분할의 하나로 허용된다고 할 것이다. 만일 그런 방법이 허용되지 않는다고 한다면 특히 구분건물의 대상이 되지 않는 건물의 공유자가 분할을 원하는 경우에는 그 지분이 적정하고 합리적으로 평가되고, 상대방 공유자가 그 대금을 지불할 능력이 있어 대금분할보다는 가격배상에 의한 분할방법이 더 공평한 방법이 될 수 있는 때에도 항상 경매에 의한 대금분할을 명하여야 하는 불합리한 점을 극복할 수 없게 된다.

그럼에도 불구하고, 이와 달리 가격배상에 의한 분할방법은 허용되지 않는다는 이유로 이러한 방법에 의한 공유물분할이 공평한 분할이 되는지 여부에 관하여 전혀 심리하지도 않고 이 사건 토지 및 건물에 대한 현물분할은 곤란하거나 분할로 인하여 현저히 그 가액이 감손될 염려가 있다고 인정하여 곧바로 경매에 의한 대금분할을 명한 원심판결에는 공유물분할에 관한 법리를 오해하여 심리를 다하지 아니함으로 인하여 판결 결과에 영향을 미친 위법이 있다. 이 점을 지적하는 상고이유의 주장은 이유 있다.

[판결 5]에 관하여 생각할 점

1. 협의분할에 의하여 위와 같이 가액보상에 의한 분할을 하는 것이 가능한가?

2. 우리 민법은 재판상 분할에 관하여 원칙적으로 현물분할, 예외적으로 대금분할을 하는 것으로 규정하고 있다. 그렇다면 가액보상에 의한 분할은 그중 어느 분할방법에 속하는가? 또는 민법에서 예정하고 있지 않지만 법원에 의하여 창설된 새로운 공유물분할방법인가?

3. 가액보상에 의한 분할이 허용되면, 공유자 일방이 다른 일방의 의사에 반하여 그의 지분권을 수용(收用)하는 결과를 가져오는 것이 아닌가? 위 판결은 이러한 결과를 방지하기 위하여 어떠한 기준을 채용하고 있는가?

4. 공유물을 현물분할하되 경제적 가치의 과부족 조정을 위해 일부는 가액보상으

로 해결하는 부분적 가액보상의 경우를 생각해보자. 예컨대 갑이 을을 상대로 제기한 공유물분할청구의 소에서 공유물 중 (가), (나) 부분 토지는 을의 소유로, (다) 부분 토지는 갑의 소유라 각 분할하되, 갑이 을로부터 가액을 보상받기로 한 경우, 갑은 가액을 보상받을 때 비로소 (가), (나) 부분 토지에 대한 소유권이전등기의무를 부담하는가? 아니면 가액 보상 지급과 무관하게 위 판결이 확정될 때 곧바로 갑의 (가), (나) 부분에 대한 공유지분이 을에게 이전되는가? 만약 후자라면 갑은 소유권을 먼저 넘겨주고 가액은 나중에 보상받게 되거나 또는 을의 상황에 따라서는 실제로 보상받지 못하게 될 수도 있어 불공평하지 않은가? 이와 관련해서는 아래 "분할의 효과"에 관한 설명과 대판 2020.8.20, 2018다241410, 241427을 참고하라.

4. 분할의 효과

분할의 효과로 공유관계가 종료되고 협의 또는 재판으로 정해진 내용에 따라 분할관계가 형성된다.

(1) 공유물분할에 관한 협의는 일종의 계약이고, 그 협의가 성립하면 협의 내용에 따른 계약상 효과가 발생한다. 그리고 협의분할에 기한 공유자의 단독 소유권 취득은 법률행위에 의한 물권변동에 해당한다. 그러므로 등기 또는 인도가 있어야 비로소 협의된 대로 소유권을 취득한다.[51] 재판상 분할에서 현물분할을 명하는 판결은 형성판결이므로, 판결의 확정과 동시에 판결내용대로 물권변동이 일어나고 별도의 등기 등은 요구되지 않는다(제187조).[52] 경매분할을 명하는 판결이 확정되면, 각 공유자는 원고·피고를 막론하고 경매를 신청할 수 있다.[53] 가액보상을 명하는 판결이 확정되면 그에 따른 가액보상청구권이 발생한다.

(2) 공유자는 다른 공유자가 분할로 인하여 취득한 물건에 대하여 그 지분의 비율로 매도인과 동일한 담보책임을 진다(제270조).

---

51) 따라서 공유토지 일부의 단독소유권을 취득하려면 분할등기가 선행되어야 한다.

52) 대판 1969.12.29, 68다2425는 공유물분할판결의 확정으로 각자의 취득부분에 대하여 비로소 단독소유권이 창설된다고 한다. 따라서 그 판결 전에는 이전등기 등 분할물의 급부를 청구할 권리는 발생하지 않고 미리 그 부분에 대한 소유권확인청구도 할 수 없다고 한다.

53) 대결 1979.3.8, 79마5. 그 경매절차에 대하여는 민사집행법 제274조 참조.

(가) 공유물분할은 공유지분의 매매와는 다르다. 특히 재판상 분할은 공유자들의 의사와 무관하게 공유물분할관계를 형성하므로 더욱 더 공유지분의 매매와는 구별된다 하지만 어떤 형태의 공유물분할이건 실질적으로 보면 지분의 교환(현물분할의 경우) 또는 그 매매(대금분할의 경우)와 유사하다. 이 경우에도 매매 또는 그 밖의 유상행위처럼 교환 전후의 경제적 등가성이 보장되어야 한다. 따라서 공유물분할에도 경제적 등가성 보장을 염두에 둔 담보책임 규정을 준용하는 것이다.

(나) 담보책임은 협의분할이건 재판상 분할이건 현물분할의 경우에 실제로 문제된다. 대금분할에서는 공유자가 공유물분할로 인하여 물건을 취득하지 않기 때문이다. 한편 현물분할로 공유물을 취득한 공유자는 그 공유물에 권리상 또는 물건상의 「하자」가 있으면, 민법 제570조 이하의 규정에 따라 손해배상·대금감액·계약해제 등을 할 수 있다. 그러나 재판상 분할의 경우 일방의 계약해제를 허용하는 것은 법원의 공유물분할판결을 일방적으로 실효시키는 결과가 되므로 인정할 수 없다.

(다) 공유자의 지분 위에 존재하던 저당권 등 담보물권은 분할에 의하여 불리한 영향을 받아서는 안 된다. 부동산의 일부 공유지분에 관하여 저당권이 설정된 후 그 부동산이 분할된 경우, 그 저당권은 분할된 각 부동산 위에 종전의 지분비율대로 존속하고, 분할된 각 부동산은 저당권의 공동담보가 된다.[54]

그런데 대금분할 또는 가액보상으로 인하여 저당권설정자인 공유자가 대금에 대한 권리만 가지게 된 경우에 위와 같은 내용으로 원래의 물건에 대한 저당권자의 추급을 인정함으로써 족한가, 아니면 그 외에 위와 같은 금전지급청구권에 대한 물상대위(제342조, 제370조)도 인정할 것인가가 문제된다. 현행 민법은 의용 민법과는 달리 담보목적물의 매각·임대와 같은 법률행위에 기한 대위물에 대하여는 물상대위를 인정하지 않고 멸실·훼손·공용징수와 같이 담보물권자의 추급이 차단되거나 저해되는 경우에만 물상대위를 허용한다. 한편 공유물분할을 위한 경매(형식적 경매에 해당함)에서 제3자가 부동산을 매수하는 것은 일종의 매매이므로 물상대위 사유에 해당하지 않는다. 그러므로 이 경우 물상대위는 부인할 것이다.[55] 다만 저당권자 등 담보권자는 추급권을 행사하는

---

54) 대판 1993.1.19, 92다30603; 대판 2012.3.29, 2011다74932.
55) 同旨: 김증한, 물권법, 325; 민법주해[V], 600 (민일영).

것 이외에도 공유물분할을 위한 경매에서 자신의 채권을 만족받는 길도 있다. 판례는 공유물분할을 위한 경매도 강제경매나 담보권 실행을 위한 경매와 마찬가지로 원칙적으로 목적부동산 위의 부담을 소멸시키는 것을 법정매각조건으로 하여 실시된다고 본다.[56] 이 경우 담보물권자는 경매절차 내에서 매각대금에서 자신의 채권을 만족받을 수 있기 때문이다.

---

56) 대판 2009.10.29, 2006다37908.

Ⅰ. 서　　설

아파트·연립주택·상가건물·오피스텔·사무실 빌딩 등에서는 1동의 건물 전체가 아니라 구조상 구분된 각개의 건물부분이 독립적으로 거래의 대상이 된다. 이러한 집합건물들은 현재 건물에 대한 수요의 상당 부분을 메우고 있다.

민법도 제215조에서 「건물의 구분소유」, 즉 "수인이 한 채의 건물을 구분하여 각각 그 일부분을 소유"하는 경우에 대하여 규정을 두고 있다.[1] 그런데 그 규정의 내용은, "건물과 그 부속물 중 공용하는 부분"은 구분소유자들의 공유로 추정하고, 공용부분의 보존에 관한 비용 기타의 부담은 각자의 소유부분의 가액에 비례하여 분담한다는 것에 그친다.[2] 이는 건물의 고층화가 별로 진행되지 아니하던 시대에 비교적 규모가 작은 건물을 주로 세로로 구분하는 것을 염두에 두고 마련된 것이다.[3]

그런데 이러한 간단한 규정만으로는 오늘날 대량으로 건설되어 분양되는 집합건물에 관한 다양한 법문제에 대응할 수 없다. 무엇보다도 건물의 구분소유에서는 그 대지에 대한 소유권 지분 등의 권리가 일체로 처리되어야 한다. 나아가 하나의 집합건물을 구분소유하고 있는 다수의 소유자 간의 이해관계를 민주적 의사결정절차를 거쳐 적절히 조절하는 것도 절실히 요구된다. 이는 집

---

1) 구분소유는 건물에 관하여만 인정될 뿐 토지에 관하여는 인정되지 않는다. 토지는 구분소유적 공유의 대상이 될 뿐이다(제3편 제6장 명의신탁 참조).
2) 나아가 공용부분에 대한 공유물분할이 금지됨을 정한다(제268조 제3항).
3) 제215조는 종래 상린관계에 관한 규정의 하나로 설명되어 왔다. 그러나 집합건물법이 새로 마련된 이상, 집합건물·구분건물에 관한 시원적(始原的) 규정으로 이해할 것이다.

합건물의 유지·보수 기타 관리에 있어서도 그렇지만, 나중에 집합건물을 재건축하려는 경우에도 문제된다. 또한 집합건물을 건설하여 분양한 사람의 담보책임에 대하여도 민법의 규정(제580조 이하, 제667조 이하)과는 다른 규율이 필요하다.

이에 따라 1984년에는 제215조 및 그 해석으로 전개된 법리를 기초로 하여 「집합건물의 소유 및 관리에 관한 법률」(이하 '집합건물법'이라고 한다)이 새로 제정되었고, 그에 상응하여 부동산등기법에 다수의 새로운 규정들이 마련되었다.

Ⅱ. 구분소유권·공용부분·대지권

1. 구분소유권

(1) 구분소유권의 개념과 성립요건

집합건물법은 구조상 구분된 여러 개의 건물부분이 독립한 건물로서 사용될 수 있는 때에는 각 부분마다 별개의 소유권이 성립함을 인정한다(집합건물법 제1조). 그 소유권을 「구분소유권」, 구분소유권의 목적인 건물부분을 「전유부분(專有部分)」[4]이라고 부른다(동법 제1조, 제2조 제1호, 제3호). 뒤에서 보는 공용부분은 구분소유권의 대상이 아니다.[5]

구분소유가 성립하려면 구분소유 대상에 구조상 및 이용상의 독립성이 갖추어져야 하고, 이를 구분소유권의 객체로 하려는 구분행위가 있어야 한다.[6] 다만 상가건물의 구분소유에 관해서는 특정한 방식으로 건물 부분이 이용상 구분되는 경우에는 구본소유권의 성립을 인정함으로써 구조상 독립성 요건을 요구하지 않는다(동법 제1조의2).

구분소유의 성립요건으로 요구되는 구분행위는 건물의 물리적 형질에 변경을 가함이 없이 건물의 특정 부분을 별개의 소유권의 객체로 하려는 일종의

---

4) 이하에서 1동의 건물 전체를 가리킬 때는 집합건물, 구분소유권의 목적이 되는 건물부분은 이를 단지 구분건물이라고 부르기로 한다. 「전유부분」이라는 말은 1동의 건물의 물리적 구성부분을 나타낼 때 쓰기로 한다.
5) 대판 2016.5.27, 2015다77212.
6) 대판(전) 2013.1.17, 2010다71578.

법률행위이다. 구분행위는 그 시기나 방식에 특별한 제한이 있는 것은 아니고 처분권자의 구분의사가 객관적으로 외부에 표시되면 인정된다.[7]

(2) 공동의 이익을 보호하기 위한 행위금지·사용금지·경매청구

(가) 행위금지

구분소유자는 건물의 보존에 해로운 행위나 그 밖에 건물의 관리 및 사용에 관하여 구분소유자 공동의 이익에 어긋나는 행위를 하여서는 안 된다(동법 제5조 제1항).[8] 구분소유자가 이러한 행위를 하거나 할 우려가 있으면 관리인 또는 관리단집회의 결의로 지정된 구분소유자(이하 「관리인 등」)는 구분소유자 공동의 이익을 위하여 그 행위를 정지하거나 그 행위의 결과를 제거하거나 그 행위의 예방에 필요한 조치를 할 것을 청구할 수 있다(동법 제43조 제1항).[9] 이에 따른 소 제기에는 관리단집회의 결의가 필요하다(동법 제43조 제2항).

이상과 같은 행위의 금지는 전유부분의 점유자에게도 적용된다(동법 제5조 제4항, 제44조 제3항). 점유자가 그러한 행위를 한 경우에는 관리인 등은 앞서 본 금지청구 외에도 일정한 요건 아래서 관리인 등은 점유자가 해당 전유부분을 목적으로 하는 계약의 해제 및 그 전유부분의 인도를 청구할 수 있다(동법 제46조 제1항). 이와 같이 제3자가 자신의 이름으로 행사할 수 있는 계약해제권은 계약의 당사자만이 계약을 해제할 수 있다는 일반 법리에 대한 드문 예외이다. 관리인 등은 이에 따라 전유부분을 인도받은 경우 지체 없이 그 전유부분을 점유할 권원이 있는 자에게 인도해야 한다(동법 제46조 제3항)

(나) 사용금지

구분소유자의 위반 정도가 현저하여 이러한 청구만으로 실익이 크지 않는 때에는 관리자 등은 관리단집회의 결의에 근거하여 소(訴)로써 적당한 기간 동

---

7) 대판(전) 2013.1.17, 2010다71578.

8) 대판 1987.5.26, 86다카2478은, 모든 전유부분이 사무실로 사용되고 있는 빌딩 내에서 독서실을 개설하는 것은 집합건물법 제5조 제1항에 정하는 '구분소유자의 공동의 이익에 반하는 행위'라고 한다.

9) 가령 구분소유자 중 1인이 집합건물의 복도나 계단과 같은 공용부분을 단독으로 점유, 사용하고 있다면 관리인 등은 그 점유의 이전을 구할 수 있다. 다만 이 경우에도 다른 구분소유자가 부당이득반환청구를 할 수는 없다. 이는 본래 어떤 구분소유자도 공용부분 이외의 용도로 사용, 수익할 수 있는 대상이 아니어서 위와 같은 행위로 인해 어떤 손해가 발생하였다고 볼 수 없기 때문이다. 대판 2014.7.24, 2014다202608 참조.

안 해당 구분소유자의 전유부분 사용금지를 청구할 수도 있다(동법 제44조 제1항). 전유부분 점유자는 사용금지청구의 대상이 아니다. 그에 대해서는 앞서 본 전유부분의 인도를 청구할 수 있기 때문이다(동법 제46조 제1항 참조).

(다) 경매청구

전유부분이 주거의 용도로 분양된 것인 경우에 구분소유자는 정당한 사유 없이 그 부분을 주거 이외의 용도로 사용하거나 그 내부 벽을 철거하거나 파손하여 증축·개축하는 행위를 하여서는 아니 된다(동법 제5조 제2항). 이에 반하는 행위 또는 앞서 본 구분소유자들 공동의 이익에 어긋나는 행위를 하거나 규약상 의무를 현저히 위반하여 공동생활의 유지가 매우 곤란하게 된 경우에는 관리인 등은 해당 구분소유자의 전유부분 및 대지사용권의 경매를 명할 것을 법원에 청구할 수 있다(동법 제45조 제1항). 이러한 경매청구권은 공동생활의 유지와 보존을 위해 일정한 구분소유자를 공동생활에서 축출하는 방법으로 두고 있는 법적 장치이다.[10] 이에 따라 경매를 명한 재판이 확정되면 청구자는 6개월 이내에 경매를 신청할 수 있고, 위반 당사자인 구분소유자는 경매에서 경락인이 되지 못한다(동법 제45조 제4, 5항).

[판결 1] 구분소유의 성립요건: 대판(전) 2013.1.17, 2010다71578

1. 구분소유의 성립요건 및 성립시기에 관한 법리오해 등 주장에 대하여

집합건물의 소유 및 관리에 관한 법률(이하 '집합건물법'이라고 한다)은 "1동의 건물 중 구조상 구분된 여러 개의 부분이 독립한 건물로서 사용될 수 있을 때에는 그 각 부분은 이 법이 정하는 바에 따라 각각 소유권의 목적으로 할 수 있다."고 규정하고(제1조), 1동의 건물 중 독립한 건물로서 사용될 수 있는 건물부분, 즉 전유부분을 목적으로 하는 소유권을 구분소유권이라고 정의하고 있다(제2조 제1호, 제3호). 그리고 이와 같이 1동의 건물에 대하여 구분소유권이 성립하는 경우, 그 1동의 건물을 집합건물이라고 하고 1동의 건물 중 구분된 건물부

---

10) 대판 1995.3.14, 94다52966. 그런데 위와 같은 경매청구권이 행사되면 해당 구분소유자로서는 자신의 의사에 반하여 그 전유부분에 대한 소유권 및 대지사용권을 상실하고 집합건물의 공동생활로부터 축출되는 중대한 결과가 발생하므로, 경매청구권의 요건 판단은 신중하게 해야 하고, 단지 해당 구분소유자의 권리행사 등 일정한 행위가 다수의 다른 구분소유자들의 의사와 계속적·반복적으로 배치된다거나 관리단 또는 다른 구분소유자들과의 사이에 갈등이나 반목이 발생하였다는 것만으로 쉽사리 이를 긍정하여서는 아니 된다. 대판 2009.12.24, 2009다41779 참조.

분을 구분건물이라고 한다.

1동의 건물에 대하여 구분소유가 성립하기 위해서는 객관적·물리적인 측면에서 1동의 건물이 존재하고 구분된 건물부분이 구조상·이용상 독립성을 갖추어야 할 뿐 아니라 1동의 건물 중 물리적으로 구획된 건물부분을 각각 구분소유권의 객체로 하려는 구분행위가 있어야 한다(대법원 1999.7.27. 선고 98다35020 판결 등 참조). 여기서 구분행위는 건물의 물리적 형질에 변경을 가함이 없이 법률관념상 그 건물의 특정 부분을 구분하여 별개의 소유권의 객체로 하려는 일종의 법률행위로서, 그 시기나 방식에 특별한 제한이 있는 것은 아니고 처분권자의 구분의사가 객관적으로 외부에 표시되면 인정된다. 따라서 구분건물이 물리적으로 완성되기 전에도 건축허가신청이나 분양계약 등을 통하여 장래 신축되는 건물을 구분건물로 하겠다는 구분의사가 객관적으로 표시되면 구분행위의 존재를 인정할 수 있고, 이후 1동의 건물 및 그 구분행위에 상응하는 구분건물이 객관적·물리적으로 완성되면 아직 그 건물이 집합건축물대장에 등록되거나 구분건물로서 등기부에 등기되지 않았더라도 그 시점에서 구분소유가 성립한다(대법원 2006.3.10. 선고 2004다742 판결 등 참조).

이와 달리 구분소유는 건물 전체가 완성되고 원칙적으로 집합건축물대장에 구분건물로 등록된 시점, 예외적으로 등기부에 구분건물의 표시에 관한 등기가 마쳐진 시점에 비로소 성립한다는 취지로 판시한 대법원 1999.9.17. 선고 99다1345 판결, 대법원 2006.11.9. 선고 2004다67691 판결 등의 견해는 이 판결의 견해와 저촉되는 한도에서 이를 변경하기로 한다.

원심판결 이유에 의하면, 원심은 그 채택 증거에 의하여 판시 사실을 인정한 다음, 이 사건 아파트는 2003. 8. 25.까지 지하 2층부터 지상 12층까지 각 층의 기둥, 주벽 및 천장 슬래브 공사가 이루어져 2003. 8. 25.경에는 1동의 건물 내부의 각 전유부분이 구조상·이용상의 독립성을 갖추었고, 그보다 앞서 2002. 5. 15.경부터 피고가 이 사건 아파트를 신축하면서 그 내부의 구분건물 각각에 대하여 분양계약을 체결함으로써 구분의사를 외부에 표시하였으므로 구분행위의 존재도 넉넉히 인정된다고 보아, 이 사건 토지에 관하여 부동산담보신탁계약이 체결되고 이 사건 신탁등기가 마쳐진 2003. 9. 4.경에는 이 사건 아파트의 전유부분에 관하여 이미 구분소유권이 성립한 상태였다는 취지로 판단하면서, 당시 이 사건 아파트에 관하여 아직 건축물대장에 구분건물로 등록이 이루어지지 않았으므로 구분소유가 성립하지 않았다는 피고의 주장을 배척하였다.

앞서 본 법리와 기록에 의하면 원심의 위와 같은 사실인정과 판단은 정당하고, 거기에 구분소유의 성립요건과 성립시기 등에 관한 법리를 오해하거나 석명권을 행사하지 아니한 위법이 없다.

(중략)

5. 대법관 김창석, 대법관 김신의 반대의견

가. 민법은 하나의 물권의 객체는 하나의 독립된 물건이어야 한다는 이른바 일물일권주의를 원칙으로 하면서, 민법 제215조 제1항은 "수인이 한 채의 건물을 구분하여 각각 그 일부분을 소유한 때에는 건물과 그 부속물 중 공용하는 부분은 그의 공유로 추정한다."라고 정하고, 나아가 집합건물법 제1조는 "1동의 건물 중 구조상 구분된 여러 개의 부분이 독립한 건물로서 사용될 수 있을 때에는 그 각 부분은 이 법에서 정하는 바에 따라 각각 소유권의 목적으로 할 수 있다."라고 정하여 일물일권주의의 예외인 건물의 구분소유를 인정하였다.

건물의 구분소유는 일물일권주의의 예외이기는 하나 건물의 일부분이 독립한 소유권의 객체가 된다는 점에서 보면, 구분소유권 역시 물건에 대한 배타적 지배를 내용으로 하는 물권으로서 대세적 효력이 있다. 이와 같이 구분소유권은 물권으로서의 기본적 성격인 배타성과 대세적 효력이 있으므로 그에 관한 법률관계는 이해당사자들이 쉽게 인식할 수 있도록 명확하게 정해져야 한다. 즉 구분소유권이 언제 성립하고 누구에게 귀속되는지, 그 법률관계의 내용이 무엇인지가 명확하게 정해져야 하고, 이를 외부에서 쉽게 알 수 있어야 한다.

특히 집합건물법에 의한 구분소유권의 성립과 그에 따른 법률관계의 확정은 다음과 같은 점에서 중요한 의미가 있다.

일부 국가의 법제에서는 건물을 토지의 구성부분으로 보아 토지와 그 지상 건물을 일체적으로 파악하는 경우가 있으나, 우리 법제는 건물을 토지로부터 완전히 독립한 별개의 부동산으로 취급하여 건물이 토지와 따로 물권의 객체가 되는 이원적 체계를 취하고 있다.

그런데 집합건물법은 1동의 건물에 구분소유관계가 성립되면 1동의 건물 중 전유부분에 대하여는 구분소유자들에게 각각 배타적인 구분소유권을 보유하게 하고 나머지 공용부분에 대하여는 구분소유자 전원이 공유의 형태로 소유하게 하면서, 각각의 구분소유자의 공용부분에 대한 공유지분은 전유부분의 처분에 따르고 전유부분과 분리하여 처분할 수 없도록 함으로써 전유부분과 공용부분에 대한 지분을 일체로 결합시킨 다음(집합건물법 제10조 제1항, 제13조 제1항, 제2항), 구분소유자가 전유부분을 소유하기 위하여 건물의 대지에 대하여 가지는 권리인 대지사용권을 인정하여, 구분소유권과 대지사용권의 분리처분을 금지하고 대지사용권은 전유부분의 처분에 따르는 것으로 하여 전유부분과 대지사용권의 일체성도 인정하고 있다(집합건물법 제20조 제1항, 제2항).

이러한 규정에 비추어 보면, 집합건물법은 구분소유권이 성립된 전유부분과 공용부분, 대지사용권을 별개로 취급하는 것이 아니라 전유부분을 축으로 하여 공용부분, 대지사용권을 일체화시키는 방법으로 집합건물과 관련된 법률관계를 규율하고 있는바, 이것은 토지와 건물의 합리적 공동이용이라는 집합건물법의 입법 취지에 부합한다. 따라서 집합건물법에 의해 구분소유권이 성립되는 과정은 단순히 일물일권주의에 대한 예외로서 1동의 건물 중 일부에 대한 소유권이 인정된다는 차원을 넘어 종래에 건물에 대한 소유권과 그 대지에 대한 소유권으로 분화되어 있던 것이 구분소유권의 성립에 따라 구분건물과 그 대지가 일체화되는 과정이 포함되어 있는 것이다.

그런데 이와 같이 구분소유권이 성립한다는 것, 그에 따라 건물과 그 대지가 일체적으로 취급되는 법적 효력이 주어지는 것은 선험적인 법실질에 따른 것이 아니라 부동산 물권으로서 구분소유권의 성립에 요구되는 필요한 요건을 갖춘 경우에 규범적으로 그 효력이 부여됨에 따른 결과이다. 여기에서 구분소유권이 성립하여 건물과 그 대지인 토지가 일체화되는 시기와 일체화된 법률관계의 내용을 명확하게 정하는 것은 거래의 안전에 매우 중요한 의미를 갖게 되며, 그러한 점에서 명료한 기준 설정의 필요성이 강력하게 요청되는 것이다.

나. 구분건물이 되기 위해서는 각 건물부분이 객관적·물리적 측면에서 구조상·이용상의 독립성을 갖추어야 하고 해당 건물을 구분소유권의 객체로 하는 행위, 즉 구분행위가 있어야 한다는 점은 종래 대법원이 여러 차례 밝혔고, 이 점에 있어서는 다수의견이나 반대의견 사이에 차이가 없다.

(1) 다수의견은 구분행위를 폭넓게 인정하여 구분의사가 대외적으로 표시되면 충분하다고 보아, 건축허가신청, 분양계약 등도 구분행위의 범주에 포섭시키고, 나아가 구분건물로서의 물리적 요건 구비와 구분행위의 시간적 선후를 묻지 않고 분양계약 등의 구분행위가 구분건물로서의 물리적 완성보다 선행하는 것도 가능하다는 입장에 서 있다. 즉 구분행위의 의미를 구분건물로서의 구조상·이용상 독립성이라는 물리적 요건에 부합하는 대외적인 의사표시의 존재 정도로 파악하고 있는 것으로 보인다.

그러나 구분건물의 성립요건으로서의 구분행위는 구분건물로서의 구조상·이용상 독립성이라는 물리적 요건의 구비와는 다른 차원의 문제이다. 구분소유의 성립요건의 하나인 구분행위는 1동의 건물에 관한 단일한 소유권의 내용을 변경시켜 구분소유권을 창설하는 형성적 효력을 가지는 법적 행위로서 구분소유의 물리적 요건과는 분명하게 구별되어 그에 흡수되거나 환원되지 않는다.

대법원은 종래 최소한의 기둥과 지붕 그리고 주벽이 이루어지면 독립한 부동산으로서의 건물의 요건을 갖춘 것으로 보아 원시취득을 인정하였는데, 이와 같이 1동의 건물이 신축에 의해 성립하는 경우, 대장등록이나 등기라는 공시방식이 없이도 그 소유권이 원시취득되는 것은 그 건물의 물리적 존재 자체로 그 소유권의 성립을 공시하는 역할을 명확하게 하고 있기 때문이나, 구분소유권의 성립에는 구분건물로서의 물리적 존재만으로는 구분건물과 관련된 법률관계가 명확하게 정해지지 않고 그 내용의 공시에도 부족하다.

1동의 건물이 구조상·이용상으로 구분되어 독립성을 갖추고 있더라도 그 1동의 건물 전체를 하나의 소유권의 객체로 삼아 1인이 단독 소유하거나 수인이 공유할 수도 있고, 구분된 부분을 수인이 이른바 상호명의신탁 내지 구분소유적 공유의 형태로 구분하여 소유할 수도 있다.

또한 1동의 건물이 구조상·이용상으로 구분되어 독립성을 갖추고 있더라도 그 외관대로 구분소유권이 성립하는 것도 아니다. 예를 들어 3층 규모의 1동의 상가건물이 각 층마다 3개 점포로 물리적으로 구분되어 있는 경우라 하더라도 반드시 9개의 구분건물이 성립하는 것이 아니다. 1층은 3개의 점포인 구분건물로, 2층과 3층은 각각 1개의 점포인 구분건물로도 성립할 수 있기 때문이다.

한편 앞에서 보았듯이 집합건물법은 구분건물과 그 대지사용권을 일체화시켜 구분소유권과 대지사용권의 분리처분을 금지하고 대지사용권은 전유부분의 처분에 따르도록 하고 있는데, 이러한 효력으로 말미암아 구분소유권이 언제 성립하는지에 따라 그 토지에 관하여 권리관계를 맺은 자와 구분건물의 권리자 사이의 이해의 충돌을 피할 수 없게 되었다.

이와 같이 구조상·이용상으로 구분되어 있는 1동의 건물이 일반건물로 되는지 아니면 구분건물로 되는지, 나아가 구분건물이 되더라도 어떤 형태와 내용의 구분건물이 되는지, 그리고 구분건물에 의해 일체화된 공용부분, 대지사용권의 범위와 내용이 어떠한지는 모두 구분행위에 의해 비로소 확정된다. 그리고 이렇게 확정되어 성립된 구분소유권의 범위와 내용은 물권으로서 대세적인 효력을 갖게 되어 제3자의 법률관계에 중대한 영향을 미친다.

이러한 점에서 볼 때 법률관계의 명확성과 안정성을 담보하기 위해서는 부동산 소유권의 내용을 변경시키는 법적 행위로서의 구분행위는 부동산 물권변동에 있어서 요구되는 공시방법인 등기에 준할 정도로 명료한 공시기능을 갖추는 것이 반드시 필요하다.

(2) 집합건축물대장에의 등록은 1동의 건물이 독립한 부동산으로 존재하고 1동에 존재하는 전유부분이 구조상·이용상 독립성이라는 물리적 요건이 구비되었음을 전제로, 그 건물의 소유자와 같이 처분권한 있는 자가 건물의 단독소

유권을 구분소유권으로 변동시키는 구분행위의 필수적인 방식으로 보아야 한다. 이러한 확정적인 구분행위인 집합건축물대장 등록이 이루어지기 전에 이루어진 건축허가신청, 분양계약 등의 행위에서 어떤 구분의사가 표시되었는지는 구분소유권의 성립에 영향을 미치지 않는다.

우리나라는 등기를 부동산 물권변동의 성립요건으로 이해하는 형식주의를 채택하고 있고 넓게 보면 구분행위도 물권변동의 원인이 되는 물권행위이므로 이에 관한 등기까지 마쳐야 구분소유가 성립한다고 볼 여지도 있지만, 우리나라에서는 등기부와 대장의 이원적 공시제도를 두고 부동산의 표시에 관한 사항은 등기부가 아닌 대장이 일차적으로 공시하고 있어서, 부동산의 표시에 관한 사항에 국한된 구분행위에 대하여 등기에 대신하여 대장등록을 공시방식으로 요구하는 것일 뿐이므로, 구분행위의 방식으로 이러한 공시방식을 요구하는 것은 전혀 이례적인 것이 아니고, 오히려 우리나라의 민법 체계에 부응하는 것이다.

따라서 구분소유권은 대법원이 여러 차례 밝힌 바와 같이 원칙적으로 건물 전체가 완성되어 당해 건물에 관한 건축물대장에 구분건물로 등록된 시점에 성립하고(대법원 1999.9.17. 선고 99다1345 판결, 대법원 2006.11.9. 선고 2004다67691 판결 등 참조), 다만 예외적으로 건축물대장에 등록되기 전에 등기관이 집행법원의 등기촉탁에 의하여 미등기건물에 관하여 소유권 처분제한의 등기를 하면서 구분건물의 표시에 관한 등기를 할 경우에는 그 등기된 시점에 구분소유권이 성립한다.

(3) 그리고 이러한 방식에 의한 구분행위는 집합건물법이 예정하고 있는 것이기도 하다. 즉 집합건물법 제1조는 1동의 건물 중 구조상·이용상 독립성을 갖춘 건물부분을 '이 법에서 정하는 바에 따라 각각 소유권의 목적으로 할 수 있다'라고 규정하고 있고, 집합건물법 제53조 이하에서 건물을 신축한 자의 신청에 따라 구분건물로서 건축물대장에 등록을 하도록 하고, 기존 건물의 등록된 사항을 변경하는 경우에는 변경등록을 하도록 하여 구분건물의 건축물대장에 관한 사항을 규정하고 있는데, 제1조에서 말하는 '이 법이 정하는 바에 따라'라는 것은 집합건물법이 규정하는 건축물대장 등록을 의미하는 것으로 보아야 한다.

(4) 부동산 물권에 관하여 대장과 등기부라는 이원적 공시제도를 취하는 우리 법제하에서 법적 관계의 명확성과 공시를 위하여 물권의 내용에 변경이 있는 경우 대장등록이라는 방식을 요구하는 것이 구분소유권의 성립에서만 있는 이례적인 것도 아니다. 토지의 분할 및 합병, 건물의 분할 및 합병은 민법 제186조에서 말하는 부동산 물권의 변동은 아니지만 물권 자체의 내용에 관하여 변경이 있게 되는데, 그 변경을 위해서는 토지대장 및 건축물대장의 분할등

록·합병등록이라는 필수적인 공시방식을 선행하도록 하고 있고, 그 후 이루어지는 등기는 대장등록에 의하여 변경된 물권의 내용을 반영하는 사후절차이다. 이러한 점에 비추어 보면 구분소유권의 성립에 대장등록의 공시방식을 요구하는 것은 오히려 너무나 당연한 것으로 여겨질 뿐이다.

다. 다수의견이 구분행위로 포섭하는 건축허가신청, 분양계약 등은 대세적 효력을 갖는 구분소유권, 구분소유권과 일체화된 공용부분 및 대지사용권의 범위와 내용을 확정하고 공시하는 기능을 수행할 수 없다.

(1) 무엇보다 이러한 방법에 따르면 그 공시의 내용이 서로 차이가 생길 수 있고, 공시된 내용이 확정적이 아니고 유동적이어서 구분소유권과 관련된 법률관계를 확정하고 공시하는 명확한 기준이 될 수 없다. 왜냐하면 건축허가신청, 분양계약 등에 나타난 건축주의 의사는 상황에 따라 변경될 수 있는 불확정적이고 유동적인 것이라는 점을 부정할 수 없기 때문이다.

(2) 다수의견은, 구분행위의 시기에 제한이 없으므로 집합건물이 물리적으로 완성되기 전에도 건축허가신청, 분양계약 등의 구분행위가 있으면 그 후 구분건물이 객관적·물리적으로 완성되면 그 시점에 구분소유권이 성립한다는 것인데, 공동주택 등 대형건축물의 선분양이 일반화된 우리 현실에서 다수의견에 의하면 결국 구분건물의 구조상·이용상 독립성을 구비하였는지에 의해 구분소유권의 성립 여부가 결정되게 된다.

그러나 1동의 건물이 외형상 완성된 경우라 하더라도 그 건물 내의 전유부분이 구조상·이용상 독립성을 갖춘 것인지를 제3자가 쉽게 접근하여 객관적으로 확인하고 그 증거를 확보할 수 없는 것이 현실이다. 이러한 현실에서 구분소유권의 대상이 되는 전유부분이 구분건물로서의 물리적 요건에 부합할 정도로 완성되었는지를 판정하는 것이 매우 어렵고, 그 결과 구분소유권이 성립하는 시점이 매우 모호하여 오히려 법적 분쟁을 심화시키는 폐해를 가져올 가능성이 크다는 점을 지적하지 않을 수 없다.

(3) 전유부분에 대한 구분소유권이 성립하는 시점에 공용부분 및 대지사용권은 전유부분과 일체화되어 거래의 대상이 되므로 그 범위와 내용이 분명하게 정해져야 하는데, 다수의견에 따를 경우의 그와 관련된 문제점을 아파트와 같은 공동주택이 여러 필지에 걸쳐 여러 동 신축되는 통상적인 건축현장의 경우를 예로 들어 살펴본다.

다수의견에 따르면 분양계약 등의 구분행위가 선행되어 있으면 전유부분의 구조상·이용상 독립성이 구비된 1동의 건물이 시기를 달리하여 완공될 때마다 완공된 1동에 있는 각 전유부분에 구분소유권이 성립되게 된다.

그런데 건축현장의 현실은 1동의 건물의 대지를 그 건물이 서게 될 토지만으로 할 것인지 다른 토지를 포함시킬 것인지를 미리 확정하지 않고 있고, 나아가 건물의 순차 완공을 예정하여 장차 완공될 건물 각각을 위한 대지사용권을 별도로 구분하여 유보하는 조치를 취하고 있지는 않은 것으로 보인다.

그러한 현실에서 일부 건물이 완공된 경우 일부 완공된 건물의 각 전유부분과 일체화가 되는 토지가 그 건물이 서 있는 필지만인지 다른 토지도 포함되는 것인지 확정할 수 없다. 또한 완공되지 않은 건물의 전유부분에 관하여는 구분소유권이 성립할 수 없으므로 완공된 일부 건물과 대지 전체 사이에 일체화가 성립된 것으로 볼 수밖에 없을 것인데, 그 경우 순차적으로 완공된 건물의 전유부분에 대한 대지사용권을 인정하려면 먼저 성립한 전유부분의 대지사용권의 비율이 순차적으로 변경되어야 한다는 수긍하기 어려운 법리 구성을 취할 수밖에 없다. 나아가 이미 구분소유가 성립한 전유부분에 대하여 다른 권리관계가 설정된 상황을 가정하면 그러한 해석론이 매우 어려운 문제를 야기할 것임은 분명하다.

한편 집합건물법 제3조 제2항에 의하면 당초 전유부분이었던 부분도 규약이나 공정증서로써 공용부분으로 정할 수 있도록 규정하고 있는바, 공동주택의 건축은 여러 사정에 의해 변경이 있을 수 있으므로, 건축물대장에 의해 공적 등록이 이루어지기 전까지는 전유부분 및 공용부분의 범위 및 내용 역시 유동적이거나 불확정적일 수밖에 없다.

결국 건축물대장 등록 외의 다수의견에서 인정하는 구분행위에 따른 구분소유권의 성립을 인정하게 되면 그 성립시점에서의 구분소유권과 일체화된 공용부분 및 대지사용권의 범위와 내용이 확정적으로 결정되지 않는 근본적인 문제점이 발생하고, 이것이 거래의 안전을 심각하게 위협할 것임은 자명하다.

(4) 대법원은 각 층이 물리적으로 구분된 1동의 건물을 신축하여 그중 1층은 수개의 점포로 구분하여 분양하고 지하층과 2, 3층은 각 따로 매도하면서 이를 구분등기하지 않고 수분양자 또는 매수인들에게 건물 전체 면적 중 분양 면적 또는 매도 면적에 해당하는 비율로 공유지분등기를 마쳐 줌으로써 그 건물 각 층의 구분소유자들 사이에 상호명의신탁관계 내지 구분소유적 공유관계가 성립한 사안에서, 건물 각 층의 구분소유자들은 다른 층 소유자들과 사이에 상호명의신탁을 해지하는 한편 건물에 대하여 구분건물로 건축물대장의 전환등록절차 및 등기부의 구분등기절차를 마치고 각 층별로 상호 간에 자기가 신탁받은 공유지분 전부를 이전하는 방식으로 건물에 대한 구분소유적 공유관계를 해소할 수 있다고 판시하였다(대법원 2010.5.27. 선고 2006다84171 판결 참조). 이러

한 대법원의 입장은 구분소유권이 성립하기 위해서는 건축물대장 등록이 필요하다는 종래 대법원의 견해와 궤를 같이 하는 것이다.

다수의견에 따른다면 채권행위인 분양계약만으로도 구분행위가 성립된다고 보고 있으므로, 위와 같은 사안에서 구분소유적 공유관계를 해소하고 구분건물에 관한 구분소유관계를 성립시키기 위해서 건축물대장 등록 없이 다른 구분행위, 즉 상호명의신탁의 해지 또는 구분소유적 공유관계 해소의 합의라는 방식만으로도 가능하다고 보아야 논리적 정합성이 유지될 수 있을 것인데, 과연 다수의견이 그러한 방식의 구분행위에 의한 구분소유권의 성립까지 긍정하는 것인지 의문이 아닐 수 없다.

나아가 위와 같은 사안은 물리적으로 구분소유권이 성립할 수 있는 상황이라는 것과 구분소유권이 실제로 성립하는 것은 전혀 다른 문제이고, 구분소유권의 성립을 위해서는 건축물대장 등록이라는 법적 행위가 필요하다는 점을 잘 보여주는 것이라 하겠다.

라. 다수의견은 아파트 등 공동주택을 선분양한 후 신축하여 1동 건물의 독립성이나 각 전유부분의 구조상·이용상 독립성이 갖추어졌는데도 어떠한 이유에서 사용승인을 받지 못하여 건축물대장에 등록하지 못하고 장기간 미등록 건물로 방치될 가능성이 있고, 경우에 따라서는 이런 상태에서 수분양자들의 입주까지 이루어지는 현실에서, 건축물대장에 등록하여야만 구분소유권이 성립한다는 견해를 취하면 미등록 건물을 분양받은 수분양자에 대한 유력한 보호장치인 집합건물법 제20조의 대지사용권의 분리처분금지 원칙의 적용이 배제된다는 점을 중요한 근거로 삼고 있는 것으로 보인다.

그러나 집합건물법 제20조에 의한 분리처분금지의 효과는 원래 토지와 건물로 이원화된 법률관계가 구조상·이용상 독립성이라는 물리적 요건 외에도 물권으로서의 대세적 효력에 부합하는 공시기능을 하는 구분행위를 갖추어 건물과 그 대지인 토지가 법률적으로 일체화됨에 따라 규범적으로 부여되는 효력임은 앞에서 본 바와 같다. 선분양이 공동주택 공급의 일반적인 거래 방법이고 미등록 상태가 장기화될 가능성이 있는 현실에서 수분양자들의 보호를 도외시할 수는 없지만, 물권으로서 대세적 효력이 있는 구분소유권과 그 법률관계의 명확성 요청이라는 기본원칙을 포기하면서까지 집합건물법 제20조에 의한 분리처분금지의 효력 발생시점을 앞당기기 위하여 무리한 해석론을 취하여 규범적 효력을 부여하는 방식으로 수분양자들의 보호를 꾀하는 것은 법정책적으로 보아도 타당하다고 할 수 없다.

오히려 구분소유권의 성립시기에 관한 명확한 기준이 정립되지 않아 그로

인하여 전유부분, 공용부분, 대지사용권의 법률관계에 관한 수많은 법적 분쟁이
야기되었음은 주지하는 바인데, 대법원이 구분소유권의 성립에 확정적이며 공적
인 구분행위인 건축물대장 등록이 필요하다는 견해를 취하여 거래계에 분명한
기준을 제시하면 그 불명확성으로 인한 법적 분쟁의 발생을 미리 예방할 수 있
을 것이다.

또한 집합건물법 제20조의 분리처분금지 원칙 외에도 수분양자들이 보호될
수 있는 다른 법적 장치들이 있으므로 분리처분금지의 원칙을 적용하기 위하여
다수의견과 같은 해석론을 취할 필요는 없다. 먼저 건축물대장 등록 전에 대지
소유권만이 제3자에게 양도되더라도 건물 소유를 위한 법정지상권이 성립할 수
있다. 그리고 수분양자는 분양계약상의 권리를 피보전권리로 하여 대지에 대하
여 보전처분을 하여 두면 분리처분금지의 원칙이 적용되지 않더라도 분리처분
의 위험에서 벗어날 수 있다. 나아가 주택법에는 일정 규모 이상의 주택건설사
업의 경우에는 수분양자 보호를 위하여 주택과 대지의 분리처분을 예방하는 규
정을 두고 있다(주택법 제40조 참조). 공동주택을 선분양한 후 신축하여 1동 건물
의 독립성이나 각 전유부분의 구조상·이용상 독립성이 갖추어졌음에도 건물에
관한 사용승인을 받지 못하여 건축물대장에 등록하지 못하고 있다면, 수분양자
로서는 분양계약상의 권리를 피보전권리로 미등록 구분건물에 처분금지가처분
신청을 하여 집행법원의 등기촉탁과 등기관의 직권등기를 통해 구분소유권을
성립시킴으로써 분리처분금지 원칙의 적용을 받을 수 있는 방법이 있고, 또한
대지의 분리처분의 거래상대방이 대지처분권자의 분리처분에 적극 가담한 경우
에는 집합건물법에 의한 분리처분금지 원칙을 적용하지 않더라도 분리처분의
원인행위가 사회질서에 반하여 무효가 될 것이다.

물론 이러한 법적 보호장치로도 보호되지 않는 영역이 있을 것이나, 이것은
토지와 건물을 이원적으로 파악하는 우리 법제하에서 불가피한 문제이므로, 이
러한 문제는 입법을 통하여 해결하여야 할 것이지, 부동산 물권에 관한 기본원
칙을 허무는 해석론으로 해결할 것은 아니다. 다수의견에 의하더라도 수분양자
보호시기가 상대적으로 앞당겨질 뿐 분리처분 위험을 완전히 해결할 수 있는
것은 아니므로, 수분양자 보호는 별도의 대책이 필요한 것이지 구분소유권의 성
립시기를 앞당겨 해결할 문제는 아닌 것이다.

마. 원심이 인정한 사실에 의하면, 이 사건 신탁등기가 이루어진 2003. 9.
4. 무렵 이 사건 아파트에 관하여 건축물대장에 구분건물로 등록이 이루어지거
나 등기부에 구분건물로 등기가 이루어지지 아니하였음이 분명하므로 아직 구
분소유권이 성립되었다고 할 수 없다.

그런데도 이와 달리 이 사건 신탁등기가 이루어질 무렵 이 사건 아파트의 각 전유부분이 구조상·이용상 독립성을 갖추었고, 그에 관한 각 분양계약이 그 이전에 이루어졌다는 사정만으로 구분소유권이 성립하였다고 판단한 원심판결에는 구분소유권의 성립요건 내지 성립시기에 관한 법리를 오해하여 판결에 영향을 미친 위법이 있다. 따라서 다수의견의 결론과 달리 원심판결은 파기되어야 한다.

　6. 다수의견에 대한 대법관 박병대, 대법관 김용덕의 보충의견 (생략)
　7. 반대의견에 대한 대법관 김창석의 보충의견 (생략)

[판결 1]에 관하여 생각할 점

1. 이 판결은 다음과 같은 사안을 다루었다. 갑이 아파트를 신축하면서 수분양자들과 아파트 내부 각각의 구분건물에 대하여 분양계약을 체결하였다. 그 후 갑은 집합건축물대장에 구분건물 등록을 하거나 구분건물 등기를 하지 않은 상태에서 아파트 대지에 관하여 을 주식회사와 부동산담보신탁계약을 체결하고 을 주식회사에게 신탁등기를 마쳐 주었다. 문제되었던 것은 부동산담보신탁계약의 유효성이었다. 만약 분양계약의 체결로 구분소유권이 성립한다고 보면, 그 이후 그 아파트의 대지만 별도로 분리하여 담보신탁의 목적물로 제공한 것은 분리처분금지원칙에 위반하여 무효가 된다. 만약 건축물 대장 또는 등기부에 구분건물로 등록 또는 등기가 이루어져야 구분소유권이 성립한다고 보면, 분양계약만 체결한 단계에서는 아직 구분소유권이 성립하지 않아 분리처분금지원칙이 적용되지 않고, 부동산담보신탁계약의 효력에는 문제가 없다. 따라서 구분소유권의 성립 요건으로 위와 같은 등록이나 등기가 필요한가가 쟁점이 되었다. 이에 대해서는 긍정하는 판례(대판 1999.9.17, 99다1345; 대판 2006.11.9, 2004다67691)와 부정하는 판례(대판 2006.3.10, 2004다742)가 공존하여 왔는데 이 전원합의체 판결로 위와 같은 요건은 부정하는 것으로 대법원의 입장이 정리되었다.

2. 반대의견은 구분소유권의 물권적 성격을 강조하면서 구분소유권의 성립시점과 귀속주체, 내용이 외부에서 쉽게 알 수 있도록 명확하게 정해져야 한다는 점을 강조한다. 이러한 명확한 기준 설정의 필요성에 기초하여 볼 때 다수의견이 채택한 구분행위의 개념은 구분소유권을 공시하는 데에 불충분하다고 지적한다. 그렇다면 다수의견은 왜 구분행위가 있으면 구분소유권이 성립한다는 입장을 채택한 것인가? 이러한 입장에는 어떠한 장점이 있는가? (다수의견에 대한 보충

의견 참조)

2. 공용부분

(1) 집합건물에는 전유부분 외에 외벽이나 지붕 등과 같이 건물의 공통적 구조를 이루는 부분, 그리고 복도, 계단, 기계·보일러실, 경비실, 공동화장실, 지하주차장 등과 같이 구분건물 전부 또는 일부의 공동 용도에 봉사하는 부분이 포함된다.[11] 또한 집합건물의 일부를 이루지는 않으나 집합건물의 유지나 이용 등을 계속적으로 돕기 위한 별개의 창고, 쓰레기장, 경비실, 공동대피소 등의 부속설비도 존재한다. 집합건물법은 이와 같은 전유부분 외의 건물부분, 전유부분에 속하지 않는 건물의 부속물 및 규약에 따라 공용부분으로 하기로 한 건물부분[12]을 「공용부분」이라고 부르고(동법 제2조 제4호), 이들을 동일한 규율에 따르도록 한다.[13] 또한 일부의 구분소유자만이 공용하도록 제공되는 것임이 명백한 공용부분은 「일부공용부분」이라고 부른다(동법 제10조 제1항). 공용부분인지 여부는 소유자들 사이에 특단의 합의가 없는 한 건물의 구조에 따른 객관적 용도에 의하여 결정한다.[14]

(2) 공용부분은 구분소유권의 객체가 되지 않고 구분소유자 전원(일부공용부분의 경우에는 관련 구분소유자 전원)의 공유에 속한다. 그 지분은 각 전유부분의 면적 비율에 따라 정해진다(동법 제10조 제1항, 제12조 제1항). 그러나 각 공유자는 그 지분의 비율에 상관없이 공용부분을 용도에 따라 사용할 수 있다(동법 제11조). 구분소유자 중 일부가 정당한 권원 없이 공용부분을 배타적으로 점

---

11) 대판 1989.10.27, 89다카1497은 건물의 어떤 부분이 이러한 공용부분인지 여부는 원칙적으로 건물의 구조에 따른 객관적인 용도로 결정된다고 한다.

12) 구분소유권의 목적이 될 수 있는 건물부분(예: 구조상 구분된 집회실·관리실 등)도 구분소유자들의 자치법규인 규약(집합건물 제28조 이하) 또는 별도의 공정증서에 의하여 공용부분으로 정할 수 있다(동법 제3조 제2, 3항). 이 경우 그 취지는 등기되어야 한다(동법 제3조 제4항). 이를 「규약공용부분」이라고 하여, 본문에서 본 「법정공용부분」과 구별한다.

13) 한편 대판 1992.4.24, 92다3151은 집합건물의 공용부분을 전유부분으로 변경하려면 그 부분이 구조상 및 이용상의 독립성을 갖추는 외에도 집합건물법 제15조에 의한 공용부분의 변경에 관한 집회결의와 그 공용부분의 변경으로 특별한 영향을 받게 되는 구분소유자의 승낙을 얻어야 한다고 한다. 따라서 대판 1992.4.10, 91다46151은 집합건물의 일부인 공동대피소를 주거용 방실로 개조하였다고 해도 그 부분이 따로 구분소유권의 목적이 되지는 않는다고 한다.

14) 대판 2016.5.27, 2015다77212.

유·사용한 경우 그는 관리단 또는 다른 구분소유자들에게 부당이득을 반환할 책임이 있다.[15] 공용부분의 관리업무는 기본적으로 구분소유자들로 구성된 관리단과 이를 대표하는 관리인에게 있다.[16]

(3) 집합건물의 설치 또는 보존의 하자로 인하여 타인에게 손해를 가한 때에는 그 하자는 공용부분에 존재하는 것으로 추정한다(동법 제6조). 이 규정의 취지는 무엇일까? 민법 제758조 제1항은 공작물의 설치·보존의 하자로 인하여 타인에게 손해를 가한 때 1차적으로 공작물의 점유자가 손해배상책임을 지고, 점유자가 주의의무를 이행하였음을 증명하면 2차적으로 공작물의 소유자가 그 책임을 진다고 규정한다. 만약 하자가 전유부분에 존재한다면 하자로 인한 손해배상책임은 그 전유부분의 점유자나 구분소유자 개인이 부담한다. 반면 하자가 공용부분에 존재한다면 하자로 인한 손해배상책임은 그 공용부분의 점유자나 구분소유자 전원이 부담한다. 피해자의 입장에서는 후자가 유리하다. 따라서 하자는 공용부분에 존재한다고 추정하는 것이다.

3. 대지사용권과 대지권

(1) 집합건물은 대지 위에 서 있으므로 그 대지를 사용할 권원이 있어야 한다. 그런데 집합건물은 구분소유대상이므로 다수의 구분소유자들이 존재한다. 따라서 그 대지를 사용할 권원도 다수의 구분소유자들이 나누어 가진다. 그리고 이는 집합건물의 존속을 위해 상호 구속을 받아야 하는 상태에 있다. 집합건물법은 대지사용을 둘러싼 법률관계에 관하여 규율하고 있다.

우선 구분소유자가 각자의 전유부분을 소유하기 위하여 건물의 대지에 대하여 가지는 권리를 「대지사용권」이라고 부른다(동법 제2조 제6호). 여기에서 "건물의 대지"는 전유부분이 속하는 1동의 건물이 있는 토지 및 그 이외에 규약에 따른 건물의 대지를 의미한다(동법 제2조 제5호).

대지사용권은 건물의 존립을 위하여 일반적으로 건물 소유자가 가지는 대지의 소유권 또는 공유지분이나 대지에 대한 지상권, 임차권 등의 용익권을 모두 포함하는 포괄적인 개념이다. 나아가 전유부분과 함께 대지지분을 매수하여 대지지분에 관하여 이전등기를 받지 못하였지만 「점유할 권리」(민법 제213조 단

15) 대판(전) 2020.5.21, 2017다220744.
16) 대판 2019.9.26, 2015다208252.

서 참조)를 가지고 대지를 점유하는 매수인의 권리도 대지사용권의 개념에 포함된다.[17] 대지사용권은 등기되는 것이 보통이다. 하지만 미등기토지의 소유권이나 미등기임차권, 또는 매수인의 점유할 권리처럼 등기 없는 대지사용권도 존재할 수 있다.

(2) 대지사용권으로서 규약이나 공정증서로써 특별히 분리처분할 수 있음을 정하지 아니하여 건물과 일체불가분성이 있는 것을 「대지권」이라고 한다(부등 제40조 제3항). 앞서 본 것처럼 대지권은 지상권 등 용익권의 형태를 띨 수도 있지만, 실제 대부분의 대지권은 소유권(공유권)의 형태로 존재한다.[18] 이는 부동산등기부에서는 "소유권대지권"이라고 기재된다.

4. 집합건물 · 구분건물 · 대지권에 관한 등기

(1) 집합건물, 구분건물 및 대지권은 부동산등기법상 특별한 취급을 받는다. 우선 집합건물에 하나의 등기기록을 두면서, 그에 속하는 구분건물 각각에 대하여 다시 등기기록을 따로 둔다(부등 제40조 제2항).

(2) 또 대지권에 있어서도 대지권의 목적인 토지의 표시를 집합건물에 대한 등기기록의 표제부에 하고, 대지권 자체의 표시는 구분건물에 대한 등기기록의 표제부에 하도록 한다(부등 제40조 제3항). 이는 본래 토지에 관한 등기부에 등기되어야 할 대지권의 변동을 건물에 관한 등기부에 등기하는 것으로서, 구분소유권과 대지권의 일체성을 등기부상 관철하기 위한 조치이다.

5. 공용부분 · 대지사용권의 구분소유권에 대한 종속적 일체성

(1) 공용부분에 대한 구분소유자의 지분은 구분소유권과 종속적인 일체를 이룬다(종속적 일체성). 즉 구분소유권에 대한 처분은 당연히 그 지분에 미치므로 공용부분에 대한 물권의 득실변경은 구분소유권의 득실변경에 따라 등기 없이도 그 효력이 발생한다(집합건물 제13조 제1항, 제3항).[19] 그리고 그 지분은

---

17) 대판(전) 2000.11.16, 98다45652; 대판 2008.9.11, 2007다45777.
18) 다수인이 건물을 구분소유하는 집합건물의 특성상 대지의 소유권은 공유의 형태로 존재한다. 대지의 공유자는 그 건물의 사용에 필요한 범위 내의 대지에 대하여는 분할을 청구하지 못한다(집합건물 제8조).
19) 집합건물법의 시행 이전에 이미 대판 1976.4.27, 74다1244 등은 집합건물의 공용부분에 대하여 독자적인 등기능력을 부인하였다. 원래 종된 권리가 부동산물권인 경우에는 그것

구분소유권과 분리되어 처분될 수 없다(동조 제2항).

(2) 이러한 구분소유권에의 종속적 일체성은 대지사용권에도 인정된다. 구분소유권과 대지사용권은 형식상 별개의 권리이지만 실질적으로는 하나의 권리 묶음처럼 취급되는 속성을 가진다(일체성). 또한 대지사용권은 "전유부분을 소유하기 위하여"(집합건물 제2조 제6호) 존재한다는 속성을 가진다(종속성). 판례에서는 이러한 두 가지 속성을 합쳐서 '종속적 일체불가분성'이라는 표현을 사용하기도 한다.[20] 이러한 속성들은 집합건물법 여러 규정에 반영되어 있다. 예컨대 구분소유권에 대한 처분의 효력은 대지사용권에 미치고(동법 제20조 제1항), 규약에서 달리 정하지 않는 한 구분소유권과 분리되어 처분될 수 없다(동조 제2항 및 부등 제40조 제3항).[21] 이러한 분리처분행위는 무효이다.[22] 다만 대지권이 구분소유권과 분리되어 처분될 수 없다는 취지가 등기되지 않으면 선의로 물권을 취득한 제3자에게 이를 대항할 수 없다(동법 제20조 제3항). 여기에서 선의의 제3자는 원칙적으로 집합건물의 대지로 되어 있는 사정을 모른 채 대지사용권의 목적이 되는 토지를 취득한 제3자를 의미한다.[23] 일반적으로 제3자가 토지를 거래할 당시에 그 토지 위에 집합건물의 모습을 갖춘 건축물이 존재하였다면 그를 선의라고 할 수 없다.[24]

대지사용권의 독립적 처분을 원칙적으로 금하는 것은 집합건물의 전유부분과 대지사용권이 분리되는 것을 최대한 억제하여 대지사용권 없는 구분소유권의 발생을 방지함으로써 집합건물에 관한 법률관계의 안정과 합리적 규율을

이 주물 또는 주된 권리의 처분에 당연히 수반하는 것이 아니라, 등기가 있어야 한다. 민법 제100조 제2항은 주물의 처분의 의사표시는 다른 특별한 사정이 없는 한 종물에도 미친다는 의사표시에 관한 해석규정일 뿐, 의사표시와는 별도로 물권행위의 성립요건으로 등기나 인도 등이 요구되지 않는다는 의미가 아닌 것이다. 그러나 집합건물의 공유부분은 등기능력이 없어서 그에 관한 물권변동을 등기할 길이 애초 없으므로, 제13조 제3항은 당연한 규정이다.

20) 대결 1997.6.10, 97마814; 대판 2008.3.13, 2005다15048.
21) 이처럼 구분소유권과 대지사용권의 분리처분을 금하는 것이므로 구분소유자 아닌 자가 전유부분 소유와 무관하게 집합건물의 대지로 된 토지에 대하여 가지고 있는 권리를 처분하는 것은 가능하다. 대판 2013.10.24, 2011다12149, 12156 참조.
22) 대판(전) 2000.11.16, 98다45652; 대판 2012.1.27, 2011다73090; 대판 2013.7.25, 2012다18038.
23) 대판(전) 2013.1.17, 2010다71578.
24) 대판(전) 2013.1.17, 2010다71578의 사실관계 참조.

도모하기 위함이다. 따라서 전유부분에 설정된 저당권의 효력은 별도의 등기가 없어도 종된 권리인 대지사용권에도 미치고(민법 제358조 참조),[25] 전유부분에 대한 경매에서 경락을 받은 사람은 대지사용권을 함께 취득한다.[26] 그리고 구분건물을 분양받은 A가 전유부분에 관해서만 소유권이전등기를 마치고 대지지분에 대하여 이전등기를 받지 못한 상태에서 다시 구분건물을 B에게 매도하고 그 앞으로 전유부분에 관해서만 소유권이전등기를 마쳐준 후에 대지지분을 취득하였으면, A는 대지지분을 B 아닌 제3자에게 따로 처분하지 못하며, 그러한 대지지분의 처분은 그 효력이 없다.[27] 다음 판결을 통해 그 법률관계에 대해서 생각해 보자.

[판결 2] 대지지분 분리처분의 효력: 대판(전) 2000.11.16, 98다45652

1. 상고이유 제1점에 대하여

가. 집합건물의소유및관리에관한법률(이하 '집합건물법'이라 한다)은, 제20조에서, 구분소유자의 대지사용권은 그가 가지는 전유부분의 처분에 따르고(제1항), 구분소유자는 규약으로써 달리 정하지 않는 한 그가 가지는 전유부분과 분리하여 대지사용권을 처분할 수 없으며(제2항), 위 분리처분금지는 그 취지를 등기하지 아니하면 선의로 물권을 취득한 제3자에 대하여 대항하지 못한다(제3항)고 규정하고 있는바, 위 규정의 취지는 집합건물의 전유부분과 대지사용권이 분리되는 것을 최대한 억제하여 대지사용권 없는 구분소유권의 발생을 방지함으로써 집합건물에 관한 법률관계의 안정과 합리적 규율을 도모하려는 데 있다고 할 것이다.

한편 아파트와 같은 대규모 집합건물의 경우, 대지의 분·합필 및 환지절차의 지연, 각 세대당 지분비율 결정의 지연 등으로 인하여 전유부분에 대한 소유권이전등기만 수분양자를 거쳐 양수인 앞으로 경료되고, 대지지분에 대한 소유권이전등기는 상당기간 지체되는 경우가 종종 생기고 있는데, 이러한 경우 집합건물의 건축자로부터 전유부분과 대지지분을 함께 분양의 형식으로 매수하여

---

25) 同旨: 대판 2001.9.4, 2001다22604(구분건물의 매수인이 전유부분만에 대한 소유권이전등기를 경료한 상태에서 그에 관하여 저당권을 설정해 주었는데 그 후 대지지분에 관한 등기를 마쳐서 전유부분과 대지권이 동일 소유자에게 귀속하게 되었다면 저당권의 효력은 당연히 종된 권리인 대지권에까지 미친다).
26) 대판 2001.9.4, 2001다22604 등.
27) 대판 2006.3.10, 2004다742.

그 대금을 모두 지급함으로써 소유권 취득의 실질적 요건은 갖추었지만 전유부분에 대한 소유권이전등기만 경료받고 대지지분에 대하여는 앞서 본 바와 같은 사정으로 아직 소유권이전등기를 경료받지 못한 자는 매매계약의 효력으로써 전유부분의 소유를 위하여 건물의 대지를 점유·사용할 권리가 있다고 하여야 할 것인바, 매수인의 지위에서 가지는 이러한 점유·사용권은 단순한 점유권과는 차원을 달리하는 본권으로서 집합건물법 제2조 제6호 소정의 구분소유자가 전유부분을 소유하기 위하여 건물의 대지에 대하여 가지는 권리인 대지사용권에 해당한다고 할 것이고, 수분양자로부터 전유부분과 대지지분을 다시 매수하거나 증여 등의 방법으로 양수받거나 전전 양수받은 자 역시 당초 수분양자가 가졌던 이러한 대지사용권을 취득한다고 할 것이다(대법원 1995.3.14. 선고 93다60144 판결, 1998.6.26. 선고 97다42823 판결 등 참조).

그리고 앞서 본 집합건물법의 규정내용과 입법취지를 종합하여 볼 때, 대지의 분·합필 및 환지절차의 지연, 각 세대당 지분비율 결정의 지연 등의 사정이 없었다면 당연히 전유부분의 등기와 동시에 대지지분의 등기가 이루어졌을 것으로 예상되는 경우, 전유부분에 대하여만 소유권이전등기를 경료받았으나 매수인의 지위에서 대지에 대하여 가지는 점유·사용권에 터잡아 대지를 점유하고 있는 수분양자는 대지지분에 대한 소유권이전등기를 받기 전에 대지에 대하여 가지는 점유·사용권인 대지사용권을 전유부분과 분리 처분하지 못할 뿐만 아니라, 전유부분 및 장래 취득할 대지지분을 다른 사람에게 양도한 후 그중 전유부분에 대한 소유권이전등기를 경료해 준 다음 사후에 취득한 대지지분도 전유부분의 소유권을 취득한 양수인이 아닌 제3자에게 분리 처분하지 못한다 할 것이고, 이를 위반한 대지지분의 처분행위는 그 효력이 없다고 봄이 상당하다 할 것이다.

이와 달리, 전유부분과 함께 그 대지지분을 매수하고 그 대금을 모두 지급하는 등 하여 대지지분 취득의 실질적 요건을 다 갖추었으나 등기절차상의 사유로 대지지분에 대한 소유권 이전등기를 경료하지 못한 매수인의 지위에서 가지는 권리가 집합건물법 제2조 제6호 소정의 대지사용권에 해당하지 아니한다는 대법원 1996.12.20. 선고 96다14661 판결은 위 견해와 저촉되는 한도에서 이를 폐기하기로 한다.

나. 원심판결 이유 및 기록에 의하면, 피고 1(반소원고, 이하 '피고 1'라 한다)이 아들인 피고 2명의로 이 사건 아파트 전유부분(이하 '이 사건 아파트'라 한다)과 그 대지지분을 소외 임광토건 주식회사로부터 분양받아 대지지분에 대하여는 아직 대지권 등기가 이루어지지 아니하여 소유권이전등기를 경료받지 못한

채, 1990. 1. 23. 이 사건 아파트에 대하여만 피고 2명의로 소유권이전등기를 경료받았는데, 피고 2가 1992. 4. 23. 처인 원고(반소피고, 이하 '원고'라 한다)와 협의이혼을 하기로 하면서 위자료 지급에 갈음하여 이 사건 아파트와 그 대지지분을 원고에게 양도하기로 하고 1992. 4. 25. 협의이혼을 한 후 같은 달 27일 원고에게 이 사건 아파트에 대하여만 증여를 원인으로 한 소유권이전등기를 경료하여 주고 이를 명도한 사실, 그런데 피고 1이 1994년 2월경 피고 2를 상대로 이 사건 대지지분에 대하여 명의신탁해지를 원인으로 한 소유권이전등기청구의 소를 제기하여 의제자백에 기한 승소판결을 받은 다음 피고 2를 대위하여 위 대지지분에 대하여 피고 2명의로 소유권이전등기를 경료하고 이어 피고 1명의로 소유권이전등기를 경료한 사실을 알 수 있다.

그렇다면, 앞서 본 법리에 비추어 볼 때, 피고 2는 이 사건 아파트에 대한 소유권이전등기를 경료받을 당시 그 대지지분에 대한 소유권이전등기를 경료받지는 못하였지만 이를 분양받아 그 대금을 모두 지급한 매수인의 지위에서 이 사건 아파트를 소유하기 위하여 대지에 대하여 가지는 점유·사용권인 대지사용권을 취득하였고, 원고 역시 피고 2로부터 이 사건 아파트와 대지지분을 증여받아 그 아파트에 대한 소유권이전등기를 경료함으로써 이와 같은 대지사용권을 취득하였다 할 것이고, 따라서 이 사건 아파트의 구분소유자였던 피고 2는 원고에게 그 전유부분에 대한 소유권이전등기를 경료해 준 다음 사후에 취득한 이 사건 대지지분을 전유부분의 소유자인 원고가 아닌 제3자에게 분리 처분하지 못하고, 이를 위반하여 대지지분을 처분하였다 하더라도 그 처분행위는 효력이 없다고 할 것이며, 이러한 법리는 피고 2가 이 사건 대지지분에 대한 명의신탁이 해지됨에 따라 피고 1에 대하여 이 사건 대지지분에 대한 소유권이전등기 의무를 부담하게 되어 그 의무를 이행하는 경우에도 마찬가지로 적용된다고 할 것이다.

다. 원심판결은 그 이유 설시에 있어 부적절한 점이 없지 아니하나 이 사건 대지지분에 대하여 분리처분금지가 적용되어 피고 1 앞으로 마쳐진 이 사건 대지지분에 대한 소유권이전등기가 무효라고 본 결론에 있어서는 정당하다고 할 것이고, 거기에 대지사용권의 분리처분금지에 관한 법리를 오해한 위법이 있다고 할 수 없다.

이 부분 상고이유의 주장은 이유 없다.

2. 상고이유 제2점에 대하여

앞서 본 바와 같이 피고 1앞으로 경료된 이 사건 대지지분의 소유권이전등기가 무효인 이상, 피고 1이 이 사건 대지지분을 유효하게 취득하였음을 전제로 하여 원고에 대하여 이 사건 대지지분에 대한 차임 상당의 부당이득금의 반환을 구하는 피고 1의 반소청구는 그 이유가 없다 할 것이므로, 같은 취지에서 피고 1의 반소청구를 배척한 원심의 조치도 정당하고, 거기에 부당이득금 산정에 관한 법리오해 등의 위법이 있다고 할 수 없다.

이 부분 상고이유의 주장도 이유 없다.

[판결 2]에 관하여 생각할 점

1. 전유부분의 소유권과 대지사용권을 분리하여 처분하지 못하게 하는 이유는 무엇인가?

2. 집합건물법 제20조 제3항은 분리처분금지는 그 취지를 등기하지 아니하면 선의로 물권을 취득한 제3자에 대하여 대항하지 못한다고 규정한다. 이 사건에서 피고 1이 위 규정에 따라 보호될 여지는 없는가?

3. 다음 서술은 옳은가?

"이 사건에서 피고 2는 원고에게 이 사건 아파트 전유부분을 처분한 이후에 비로소 대지지분에 관한 소유권이전등기를 경료하였다. 그런데 분리처분은 전유부분에 대한 소유권과 대지권이 모두 존재하는 경우에 이를 분리하여 처분하는 것을 의미한다. 한편 피고 2가 이 사건 아파트 전유부분을 처분할 당시에는 피고 2는 대지지분에 대한 소유권이전등기를 받지 못하여 대지권을 가지지 못한 상태였다. 그러므로 피고 2가 피고 1에게 대지지분을 처분한 것은 분리처분에 해당하지 않는다."

4. 대판 2006.3.10, 2004다742는 다음 사안을 다루고 있다. 한국수자원공사로부터 토지를 분양받은 집합건물의 건축주가 토지상에 아파트 및 상가를 신축하다가 부도를 냈다. 그러자 건축주의 채권자들이 건축의 마무리 공사를 진행하고 신축건물에 관하여 건축주 명의의 소유권보존등기와 건물 수분양자들 명의의 이전등기를 마쳤다. 이처럼 건물에 관한 등기는 이루어졌지만 그 건물이 소재하는 토지에 대한 등기는 마치지 않은 상태에서 건축주의 다른 채권자가 건축주의 한국수자원공사에 대한 소유권이전등기청구권을 가압류하고 그 이후 이를 본압류로 전이하였다. 이러한 소유권이전등기청구권의 가압류는 효력이 있는가? 이때 향후 집행절차의 진행에 따라 건물 전유부분과 대지사용권의 분리처분이 발생할 가능성이 없는가? 위 판결문을 읽고 생각해 보라.

5. 구분소유권이 이미 성립한 집합건물이 증축되어 새로운 전유부분이 생긴 경우,

새로운 전유부분을 위한 대지사용권이 인정되는가? 이 문제는 전유부분과 대지사용권의 일체성과 어떤 관련성이 있는가? 대판 2017.5.31. 2014다236809를 참고하라.

[판결 3] 구분소유자 아닌 대지지분권자의 부당이득반환청구: 대판(전) 2022.8. 25, 2017다257067

1. 사안의 개요와 쟁점

가. 원고는 이 사건 집합건물의 구분소유권을 가지고 있지 않으면서 그 대지인 이 사건 토지의 공유지분을 가지고 있는데, 구분소유자인 피고를 상대로 대지의 사용·수익에 따른 차임 상당의 부당이득반환을 청구하였다.

피고는 구분소유자로서 그 소유의 전유부분 면적 비율에 상응하는 대지 공유지분을 가지고 있지만, 원심은 이와 무관하게 피고가 전유부분 면적 비율에 따라 대지를 점유·사용하여 이익을 얻고 원고에게 같은 금액 상당의 손해를 가하였다고 판단하여 원고의 청구를 인용하였다.

나. 「집합건물의 소유 및 관리에 관한 법률」(이하 '집합건물법'이라 한다)은 제2조 제5호에서 "건물의 대지"는 전유부분이 속하는 1동의 건물이 있는 토지와 제4조의 규약에 따라 건물의 대지로 된 토지를 말한다고 정하고, 제2조 제6호에서는 "대지사용권"은 구분소유자가 전유부분을 소유하기 위하여 건물의 대지에 대하여 가지는 권리를 말한다고 정하고 있다. 대지사용권은 집합건물이 존재하고 구분소유자가 전유부분을 소유하기 위하여 그 대지를 사용할 수 있는 권리를 보유하면 성립하는 것이다(대법원 2009.6.23. 선고 2009다26145 판결 등 참조).

이 사건의 쟁점은 집합건물의 구분소유자가 아니면서 대지 공유지분을 가지고 있는 사람(이하 '구분소유자 아닌 대지 공유자'라 한다)이 대지사용권으로서 전유부분 면적 비율에 상응하는 대지 공유지분(이하 '적정 대지지분'이라 한다)을 가진 구분소유자를 상대로 대지의 사용·수익에 따른 부당이득반환을 청구할 수 있는지 여부이다.

2. 구분소유자 아닌 대지 공유자가 적정 대지지분을 가진 구분소유자를 상대로 부당이득반환을 청구할 수 있는지 여부

가. 민법상 공유물에 관한 일반 법리와 대법원 판례

1) 공유자는 공유물 전부를 지분의 비율로 사용·수익할 수 있기 때문에(민법 제263조 후단) 공유자 중 일부가 공유토지의 특정 부분을 배타적으로 사용·수익하는 경우에 비록 그 특정 부분이 자기의 지분비율에 상당하는 면적의 범

위 내라 할지라도 다른 공유자들 중 지분은 있으나 사용·수익은 전혀 하지 않고 있는 자에 대하여는 배타적 사용·수익을 하고 있는 모든 공유자가 사용·수익을 하지 못하는 공유자의 지분에 상응하는 부당이득을 하고 있다는 것이 민법상 공유물에 관한 일반 법리이다(대법원 1972.12.12. 선고 72다1814 판결, 대법원 1991.9.24. 선고 88다카33855 판결 등 참조).

　2) 집합건물 대지의 경우에도 위와 같은 공유물에 관한 일반 법리가 적용되는지 문제된다. 대법원은 집합건물의 대지 공유자와 구분소유자 사이의 관계에서도 공유물에 관한 일반 법리에 따라, '공유자 중의 일부가 대지 전부를 배타적으로 점유·사용하고 있다면 다른 공유자들 중 지분은 있으나 사용·수익은 전혀 하지 않고 있는 자에 대하여는 그 자의 지분에 상응하는 부당이득을 하고 있다'고 판시하였다(대법원 2001.12.11. 선고 2000다13948 판결, 대법원 2011.7.14. 선고 2009다76522, 76539 판결 등 참조). 또한 구분소유자 아닌 대지 공유자가 이 사건 사안과 달리 적정 대지지분을 가지지 못한 구분소유자를 상대로 부당이득반환을 청구한 사안에서도, 판례는 '구분소유자들은 대지에 관하여 구분소유자 외의 다른 공유자가 있는 경우에는 공유물에 관한 일반 법리에 따라 대지를 사용·수익·관리할 수 있다고 보아야 하므로, 특별한 사정이 없는 한 구분소유자 아닌 대지 공유자는 그 대지 공유지분권에 기초하여 구분소유자들을 상대로 부당이득반환을 청구할 수 있다'고 판시한 바 있다(대법원 2013.3.14. 선고 2011다58701 판결 등 참조).

　한편 대법원 판례는 구분소유자의 대지 사용·수익에 따른 부당이득반환의무를 판단할 때 민법상 공유물에 관한 일반 법리를 그대로 따르지 않는 경향을 보이기도 한다. 대법원은 구분소유자 아닌 대지 공유자가 구분소유자들을 상대로 부당이득반환을 청구한 사안에서, '전유부분의 면적 비율에 따른 대지지분을 가진 구분소유자들은 대지권으로 등기된 지분에 기하여 대지를 정당하게 점유하고 있고 이들은 어떠한 이익을 얻거나 손해를 입고 있다고 할 수 없다'고 판단한 원심이 정당하다고 보았다(대법원 1992.6.23. 선고 91다40177 판결 참조). 또한 판례는 부당이득반환청구의 상대방인 구분소유자가 대지지분을 가지지 않았던 사안에서는, '대지사용권 없는 전유부분의 소유자는 그 대지 중 전유부분의 대지권으로 등기되어야 할 지분(또는 전유부분이 집합건물 전체 전유면적에서 차지하는 비율과 동일한 지분)의 소유자에게 그 지분에 상응하는 면적에 대한 차임 상당의 부당이득을 반환할 의무가 있다'는 취지로 판시하기도 하였다(대법원 2011.1.27. 선고 2010다72779, 72786 판결, 대법원 2018.6.28. 선고 2016다219419, 219426 판결 등 참조).

3) 이 사건의 쟁점은 집합건물 대지의 공유관계에서 민법상 공유물에 관한 일반 법리를 그대로 적용할 수 있는지의 논의에서 출발한다.

나. 쟁점에 대한 판단

공유자는 공유물 전부를 지분의 비율로 사용·수익할 수 있으므로 공유토지의 일부를 배타적으로 점유하면서 사용·수익하는 공유자는 그가 보유한 공유지분의 비율에 관계없이 다른 공유자에 대하여 부당이득반환의무를 부담한다. 그런데 일반 건물에서 대지를 사용·수익할 권원이 건물의 소유권과 별개로 존재하는 것과는 달리, 집합건물의 경우에는 대지사용권인 대지지분이 구분소유권의 목적인 전유부분에 종속되어 일체화되는 관계에 있으므로, 집합건물 대지의 공유관계에서는 이와 같은 민법상 공유물에 관한 일반 법리가 그대로 적용될 수 없고, 이는 대지 공유자들 중 구분소유자 아닌 사람이 있더라도 마찬가지이다.

집합건물에서 전유부분 면적 비율에 상응하는 적정 대지지분을 가진 구분소유자는 그 대지 전부를 용도에 따라 사용·수익할 수 있는 적법한 권원을 가지므로, 구분소유자 아닌 대지 공유자는 그 대지 공유지분권에 기초하여 적정 대지지분을 가진 구분소유자를 상대로는 대지의 사용·수익에 따른 부당이득반환을 청구할 수 없다고 봄이 타당하다. 그 상세한 이유는 다음과 같다.

1) 일반 법리와 다른 집합건물 대지의 공유관계 법리

가) 토지와 건물은 독립한 별개의 부동산이고 건물은 토지 없이는 존재할 수 없다. 건물소유자가 대지 위에 건물을 소유하기 위해서는 대지를 사용·수익할 권원이 필요하고, 대지에 대한 이와 같은 권원 없이 건물을 소유하면 그로 인하여 대지소유자의 권리를 침해한다. 일반 건물의 대지가 공유관계에 있는 경우에는, 공유자 중 1인이 공유토지의 일부를 배타적으로 점유하면서 사용·수익한다면 그가 보유한 공유지분의 비율에 관계없이 다른 공유자의 지분권에 기초한 사용·수익권을 침해한다는 민법상 공유물에 관한 일반 법리가 그대로 적용된다. 따라서 건물소유자가 대지를 사용·수익할 권원으로서 대지 공유지분 전부를 확보하지 않는 이상 위와 같은 일반 법리에 따라 대지 공유자의 지분권을 침해한다고 볼 수밖에 없다. 또한 공유자는 그 지분을 자유롭게 처분할 수 있으므로(민법 제263조 전단), 건물소유자는 대지를 사용·수익할 권원으로 확보한 대지지분만을 상실할 수도 있다.

나) 집합건물의 경우 구분소유자들이 각 소유하는 전유부분에 대해서도 대지를 사용·수익할 권원으로서 대지사용권이 확보되어야 한다. 대지사용권은 통상 다수의 구분소유자들이 대지의 소유권을 공유하거나 지상권, 전세권, 임차권 등의 용익권 등을 준공유하는 형태이다. 그런데 집합건물법은 구분소유자의 대

지사용권은 그가 가지는 전유부분의 처분에 따르고(제20조 제1항), 구분소유자는 규약에 달리 정한 경우를 제외하고는 그가 가지는 전유부분과 분리하여 대지사용권을 처분할 수 없다고 정하여(제20조 제2항) 전유부분과 대지사용권의 종속적 일체불가분성을 선언하고 있다. 대법원 판례 역시 전유부분과 대지사용권 사이에 일체불가분성에 따른 상호대응관계를 인정한다(대법원 2008.3.13. 선고 2005다15048 판결, 대법원 2015.9.10. 선고 2013다46047 판결 등 참조). 또한 집합건물법 제7조는 대지사용권을 가지지 아니한 구분소유자가 있을 때 그 전유부분의 철거를 청구할 권리를 가진 자는 그 구분소유자에 대하여 구분소유권을 시가로 매도할 것을 청구할 수 있다고 정하는데, 구분소유자 아닌 대지 공유자는 대지사용권 없는 구분소유자를 상대로 구분소유권의 매도청구권을 행사함으로써 전유부분과 대지사용권 사이의 일체화가 이루어진다.

이에 따르면, 구분소유자가 대지를 사용·수익할 권원으로 확보한 대지지분은 특별한 사정이 없는 한 구분소유권의 목적인 전유부분과 개별적으로 일체화되어 전유부분에 결합되는 관계에 있으므로, 대지지분에 대한 권리관계는 전유부분과 분리해서 볼 수 없다. 이와 같이 집합건물 대지의 공유관계에는 일반적인 공유관계와 다른 특수성이 존재하므로 민법상 공유물에 관한 일반법리가 그대로 적용될 수 없다.

다) 집합건물법 제8조는 대지 위에 구분소유권의 목적인 건물이 속하는 1동의 건물이 있을 때에는 그 대지의 공유자는 그 건물 사용에 필요한 범위의 대지에 대하여는 분할을 청구하지 못한다고 정하고, 제22조는 대지사용권에 대하여는 공유자가 그 지분을 포기하거나 상속인 없이 사망한 때에 그 지분이 다른 공유자에게 각 지분의 비율로 귀속하도록 한 민법 제267조를 적용하지 않는다고 정한다. 이는 집합건물의 전유부분과 대지사용권 사이의 일체불가분성을 해치지 않기 위하여 민법과 달리 구분소유자 아닌 대지 공유자의 지분권 행사 및 추가 지분 취득을 일부 제한하는 것이다. 이와 같은 집합건물법의 규정 및 취지 등을 종합하면, 대지 공유자들 중 구분소유자 아닌 사람이 있는 경우에도 대지 공유관계의 특수성이 고려되어야 하므로 민법상 공유물에 관한 일반 법리가 그대로 적용될 수 없는 것은 마찬가지이다.

2) 부당이득 성립요건의 미충족

가) 집합건물법은 위에서 본 바와 같이 전유부분과 대지사용권 사이에 일체불가분성을 인정할 뿐만 아니라(제20조), 각 공유자의 지분은 그가 가지는 전유부분의 면적 비율에 따르고(제12조 제1항), 구분소유자가 둘 이상의 전유부분을 소유한 경우에 규약으로써 달리 정하지 않는 한 대지사용권은 전유부분의

면적 비율대로 각 전유부분의 처분에 따르도록 정하고 있다(제21조 제1항, 제12조). 이러한 규정에 의하면 구분소유자가 대지사용권으로 보유하여야 할 적정 대지지분은 원칙적으로 전유부분의 면적 비율에 따라야 한다는 것이 집합건물법의 취지라고 할 수 있다(대법원 2017.1.25. 선고 2012다72469 판결 참조). 구분소유자가 이와 같은 취지에 따라 대지사용권으로 취득해야 할 적정 대지지분을 모두 확보한 경우에는 전유부분을 소유하기 위하여 대지 전부를 온전히 사용·수익할 권리를 가진다고 볼 수 있다. 이는 단순히 공유자의 지분은 균등한 것으로 추정되고, 공유자는 공유물 전부를 지분의 비율로 사용·수익할 수 있을 뿐인 일반 공유관계와 차이가 있다(민법 제262조 제2항, 제263조 후단).

나) 적정 대지지분을 가진 구분소유자는 전유부분을 소유하기 위하여 집합건물법에서 필요로 하는 대지사용권의 범위를 모두 충족하였으므로 다른 대지 공유지분을 추가로 취득할 필요가 없고, 자신의 적정 대지지분에 기하여 대지를 전유부분 면적 비율로 사용·수익하는 것인 이상 다른 대지 공유자의 지분을 수익할 필요도 없다. 따라서 적정 대지지분을 가진 구분소유자는 전유부분을 소유하기 위하여 대지를 사용·수익하면서 다른 대지 공유자의 지분권을 침해한다고 볼 수 없다. 또한 집합건물의 전유부분과 대지사용권으로서 대지지분이 개별적으로 일체화되는 관계임을 고려하면, 적정 대지지분을 가진 구분소유자는 다른 구분소유자인 대지 공유자뿐만 아니라 구분소유자 아닌 대지 공유자에 대해서도 대지의 사용권원으로서 대지 전부를 용도에 따라 온전히 사용·수익할 수 있는 권리를 가진다고 할 것이므로, 적정 대지지분을 가진 구분소유자가 대지를 점유·사용함으로써 법률상 원인 없는 이익을 얻는 것도 아니다.

다) 나아가 구분소유자 아닌 대지 공유자와 구분소유자 사이에 대지의 사용·수익으로 인한 이해관계를 부당이득반환을 통하여 조정할 때에는 공평·정의의 이념에 기초하는 부당이득반환제도의 취지를 함께 고려할 필요가 있다. 적정 대지지분을 가진 구분소유자는 집합건물법의 취지에 따라 필요한 대지사용권을 모두 확보하였고, 다른 대지 공유자의 지분 취득 또는 상실에 관여할 수 없어서 구분소유자 아닌 대지 공유자가 존재하게 된 데에 어떤 원인을 제공한 바도 없다. 따라서 구분소유자 아닌 대지 공유자가 구분소유자와 사이에서 대지를 사용·수익하지 못하여 입게 된 불이익을 조정할 때, 적어도 적정 대지지분을 가진 구분소유자는 제외하는 것이 공평과 정의에 근거한 부당이득반환제도의 취지에 부합한다.

3) 현실적인 필요성

가) 적정 대지지분을 가진 구분소유자는 다른 구분소유자인 대지 공유자뿐

만 아니라 구분소유자 아닌 대지 공유자에 대한 관계에서도 적정 대지지분을 보유하였다는 이유로 부당이득반환의 법률관계에서 제외될 수 있다면, 구분소유자로서는 부당이득반환의무의 부담 없이 전유부분을 안정적으로 소유하기 위하여 적정 대지지분을 확보하고자 하는 동기를 가지게 된다. 이는 전유부분과 대지사용권의 일체성을 확보하고 양자가 분리되는 것을 최대한 억제하여 대지사용권 없는 구분소유권의 발생을 방지함으로써 집합건물에 관한 법률관계의 안정과 합리적 규율을 도모하려는 집합건물법 제20조의 취지에 부합한다(대법원 2012.1.27. 선고 2011다73090 판결 등 참조).

　　나) 민법상 공유물에 관한 일반 법리에 따라 구분소유자 전원이 각자 보유한 대지지분의 비율과 관계없이 구분소유자 아닌 대지 공유자에 대하여 전유부분 면적 비율에 따라 부당이득반환의무를 부담한다면, 구분소유자 아닌 대지 공유자로서는 대지를 사용·수익하지 못하는 손해를 전보받기 위하여 모든 구분소유자들을 상대로 부당이득반환을 청구하여야만 한다. 이 경우 적정 대지지분을 가지고 있음에도 부당이득반환의무를 부담하게 된 구분소유자가 그 손실을 회복하기 위하여 다시 다른 구분소유자를 상대로 자신의 지분권 침해에 따른 부당이득반환을 청구할 수 없다고 한다면, 적정 대지지분을 가진 구분소유자가 종국적으로 그 손실을 부담하는 반면 적정 대지지분을 가지지 못한 구분소유자가 부담하게 되는 손실은 그만큼 적어지게 되고, 이는 정의 관념에 어긋나는 결과로서 받아들이기 어렵다. 반면, 이러한 경우 적정 대지지분을 가진 구분소유자가 다시 다른 구분소유자를 상대로 부당이득반환을 청구할 수 있다고 한다면, 이는 연쇄적 소송으로 이어져 모든 구분소유자들이 경우에 따라서는 여러 차례에 걸쳐 소송에 휘말리게 되고 부당이득반환에 따른 법률관계가 지나치게 복잡해진다. 따라서 적어도 적정 대지지분을 가진 구분소유자는 당초 이와 같은 부당이득반환의 법률관계에서 제외하는 것이 정의 관념과 소송경제 등의 측면에서 합리적이다.

다. 판례의 변경

이와 같이 집합건물 대지의 공유관계에서는 민법상 공유물에 관한 일반 법리가 그대로 적용되지 않으므로 구분소유자 아닌 대지 공유자는 적정 대지지분을 가진 구분소유자를 상대로 대지의 사용·수익에 따른 부당이득반환을 청구할 수 없다고 보아야 한다. 이와 달리 구분소유자가 적정 대지지분의 보유 여부를 불문하고 구분소유자 아닌 대지 공유자(또는 그로부터 대지 공유지분을 양수한 구분소유자)에 대하여 민법상 공유물에 관한 일반 법리에 따라 전유부분 면적이 차지하는 비율에 따른 차임 상당의 부당이득반환의무를 부담한다고 판단한 대법원 2001.12.11. 선고 2000다13948 판결, 대법원 2011.7.14. 선고 2009다76522, 76539 판결 등은 이 판결의 견해와 배치되는 범위에서 변경하기로 한다.

3. 이 사건에 대한 판단

가. 원심판결 이유에 따르면 다음 사실을 알 수 있다.

1) 원고는 아버지인 소외인으로부터 1978. 7. 10. 이 사건 토지 중 39.188/461.4 지분을 증여받고, 2011. 5. 10. 이 사건 토지 중 58.78/461.4 지분을 상속받아, 현재 이 사건 토지 중 97.968/461.4 지분을 소유하고 있다.

2) 이 사건 집합건물(건물 연면적 1,118.88㎡)은 1980. 12. 5. 건축되었는데, 원고나 소외인은 현재까지 이 사건 집합건물을 소유한 적이 없다.

3) 피고는 2003. 8. 29. 이 사건 집합건물 중 (호수 생략)(면적 43.93㎡, 이하 '이 사건 전유부분'이라 한다)과 이 사건 토지 중 18.12/461.4 지분에 관하여 매매를 원인으로 한 소유권이전등기를 마쳤다.

4) 한편 이 사건 토지에는 이 사건 집합건물 외에 다른 구분소유자가 소유한 가건물(면적 93.3㎡)도 소재하고 있다.

나. 위와 같은 사실관계를 위에서 본 법리에 비추어 살펴보면 다음과 같이 판단할 수 있다.

피고가 소유한 이 사건 토지의 공유지분 비율은 0.0392(소수점 넷째 자리 미만은 버림)이고, 이는 이 사건 토지 위에 있는 가건물을 제외한 이 사건 집합건물의 전체 전유부분 면적 대비 이 사건 전유부분의 면적 비율과 일치한다(이 사건 집합건물의 전체 전유부분 면적에 가건물의 면적을 합산하여 계산하더라도 피고는 구분소유자로서 취득하여야 할 대지지분을 모두 확보하였다).

따라서 피고는 이 사건 전유부분을 소유하기 위하여 필요한 적정 대지지분을 가지고 있다. 피고는 대지의 점유·사용으로 인해 구분소유자 아닌 대지 공유자인 원고의 지분권을 침해하여 손해를 가하였다거나 법률상 원인 없이 이익을 얻었다고 볼 수 없으므로, 원고에 대하여 부당이득반환의무를 부담하지 않는다고 보아야 한다.

다. 그럼에도 원심은, 피고가 전유부분 면적 비율에 상응하는 대지지분을 소유하였는지를 살피지 않은 채 원고의 대지 공유지분에 해당하는 차임 상당액 중 이 사건 전유부분 면적이 차지하는 비율에 따라 계산한 금액에 대하여 피고의 부당이득반환의무가 인정된다고 판단하였다. 이러한 원심의 판단에는 적정 대지지분을 가진 구분소유자의 부당이득반환의무에 관한 법리를 오해하여 판결에 영향을 미친 잘못이 있다. 이를 지적하는 피고의 상고이유 주장은 이유 있다.

[판결 3]에 관하여 생각할 점

1. 대지사용권의 구분소유권에 대한 일체적 종속성은 집합건물법에 어떻게 반영되어 있는가? 집합건물법 제20조, 제7조, 제12조 등을 참고하라.

2. 이 판결은 소송경제와 어떤 관련성이 있는가? 변경 전 판례와 이 판결을 비교하면 무엇이 더 소송경제에 부합하는가?

3. 민법상 공유권은 공유물 전부에 미치므로 공유자는 공유물 전부를 자기의 지분 비율에 따라 사용·수익할 수 있다(민법 제263조 후단). 그런데 특정 공유자가 공유물을 배타적으로 사용·수익하면 다른 공유자들은 그 공유물을 사용·수익할 수 없게 된다. 이 경우 배타적 사용·수익의 주체인 특정 공유자는 다른 공유자들에게 부당이득 반환의무를 부담한다. 이러한 민법상 공유의 일반 법리는 이 판결에서 어떻게 변형·적용되었는가? 그 이유는 무엇인가?

Ⅲ. 집합건물의 관리 및 재건축

1. 집합건물의 관리

(1) 관리단의 구성

어떠한 건물에 대하여 구분소유관계가 성립하면 어떠한 조직행위 없이도 구분소유자 전원으로 당연히 「관리단」이 구성되어 집합건물 및 그 대지와 부속시설의 관리에 관한 결정을 한다(동법 제23조 제1항).[28] 일부공용부분을 위한 관리단도 구성될 수 있으나 일반적인 관리단과는 달리 당연히 구성되는 것은 아니다(동법 제23조 제2항). 관리단은 건물의 관리 및 사용에 관한 공동이익을 위하여 필요한 구분소유자의 권리와 의무를 선량한 관리자의 주의로 행사하거나 이행해야 한다(동법 제23조의2). 관리단은 관리인을 대표자로 하여 관리단집회의 결의 또는 규약에서 정하는 바에 따라 공용부분의 관리에 관한 사항에 관련된 재판상 또는 재판 외 행위를 할 수 있다(동법 제16조, 제23조, 제23조의2, 제25조).[29]

---

28) 한편 여러 동의 집합건물이 하나의 단지를 형성하고 있는 경우에는 그 단지 전체의 구분소유자들은 「단지관리단」을 구성하여 이로 하여금 그 단지 전체의 집합건물 및 그 대지와 부속시설의 관리에 관한 결정을 하게 할 수 있다(동법 제51조).

29) 따라서 관리단은 관리단집회의 결의나 규약에서 정한 바에 따라 집합건물의 공용부분이나 대지를 정당한 권원 없이 점유하는 사람에 대하여 부당이득반환소송을 할 수 있다.

구분소유자의 지위는 관리단 구성원과 밀접하게 연관되어 있으므로, 구분소유자이면서 관리단 구성원이 되는 것을 거부할 수 없고, 구분소유권이 이전되면 관리단 구성원의 지위도 이전된다. 이러한 관리단의 구성은 다수의 이해관계가 걸쳐있는 집합건물을 효율적으로 관리할 수 있도록 하기 위함이다. 다만 관리단이 관리를 개시할 때까지는 분양자가 선량한 관리자의 주의로 건물과 대지 및 부속시설을 관리해야 한다(동법 제9조의3 제1항). 실제로는 관리단이라는 이름의 단체가 결성, 운영되기보다는 상가번영회 등의 이름으로 존재하는 경우가 많다. 상가번영회에는 구분소유자 이외에도 세입자가 포함되어 있는 경우가 많지만 이는 구분소유자의 범위 내에서는 관리단의 성격도 함께 가진다고 볼 수 있다.[30]

(2) 관리인의 선임 및 그 권한과 의무

구분소유자가 10인 이상이면 반드시 관리단집회의 결의에 의하여 관리인을 선임해야 하고, 그 관리인이 관리단을 대표하여 관리단의 업무를 대외적으로 집행한다(동법 제24조, 제25조). 관리인은 구분소유자 중에서 선출할 필요가 없고, 자연인이나 법인 모두 관리인이 될 수 있다.

관리인은 ① 공용부분의 보존·관리 및 변경을 위한 행위, ② 관리단의 사무 집행을 위한 분담금액과 비용을 각 구분소유자에게 청구·수령하는 행위 및 그 금원을 관리하는 행위, ③ 관리단의 사업 시행과 관련하여 관리단을 대표하여 하는 재판상 또는 재판 외의 행위, ④ 그 밖에 규약에 정하여진 행위를 할 수 있다(동법 제25조 제1항).

관리인의 대표권은 제한할 수 있지만 선의의 제3자에게는 대항할 수 없다(동법 제25조 제2항). 보존행위는 각 공유자 또는 관리인이 할 수 있다(동법 제16조 제1항 단서, 제25조 제1항 제1호). 구분소유자는 공유부분에 대한 공유지분권자의 지위에서 공유부분을 불법으로 점용하는 자에 대하여 물권적 청구권, 부당이득반환청구권 등의 구제수단을 가진다.[31] 그러나 구분소유자가 공용부분과

그리고 그 확정판결의 효력은 구분소유자들에게도 미친다(민사소송법 제218조 제3항). 대판 2022.6.30, 2021다239301 참조.

30) 대판 1996.8.23, 94다27199.

31) 대판 2003.6.24, 2003다17774는 1차적으로 구분소유자가 각각 또는 전원의 이름으로 방해배제 등 청구를 할 수 있고, 나아가 관리인이 선임되면 관리인이 관리단을 대표하여

대지에 대해 그 지분권에 기해 권리를 행사할 때 이것이 다른 구분소유자들의
이익에 어긋날 수 있는 경우에는 그 권리 행사를 보존행위라고 볼 수 없고, 관
리단의 결의를 거쳐야 하는 관리행위라고 보아야 한다.[32]

　　관리인은 구분소유자에게 사무에 관한 보고의무를 부담한다(동법 제26조
제1항). 또한 관리인은 매년 회계연도 종료 후 3개월 이내에 정기 관리단집회
를 소집할 의무를 부담한다(동법 제32조). 그 이외에 임시 관리단집회를 소집할
수 있는 경우도 있다(동법 제33조). 관리단집회에서 구분소유자는 원칙적으로
지분비율에 따라 할당된 의결권을 서면 또는 전자적 방법으로 직접 또는 대리
인을 통해 행사할 수 있다(동법 제37조, 제38조).

　　관리단에는 규약으로 정하는 바에 따라 관리위원회를 두어 관리인의 사무
집행을 감독하게 할 수 있다(동법 제26조의3).

■ 관리단과 입주자대표회의

　　의무관리대상 공동주택(공동주택관리법 제2조 제1항 제2호 참조)을 건설한 사
업주체는 입주예정자의 과반수가 입주할 때까지 그 공동주택을 관리해야 하
며, 입주예정자의 과반수가 입주하였을 때에는 입주자등에게 대통령령으로 정
하는 바에 따라 그 사실을 통지하고 해당 공동주택을 관리할 것을 요구해야
한다(공동주택관리법 제11조 제1항). 입주자등이 이러한 요구를 받았을 때에는
그 요구를 받은 날부터 3개월 이내에 입주자를 구성원으로 하는 입주자대표회
의를 구성해야 한다(동법 제11조 제2항). 입주자대표회의는 공동주택의 입주자
등을 대표하여, 관리에 관한 중요사항을 결정하기 위하여 구성하는 자치 의결
기구이다(동법 제2조 제1항 제8호). 입주자대표회의는 4명 이상으로 구성하되,
동별 세대수에 비례하여 관리규약으로 정한 선거구에 따라 선출된 대표자(동
별 대표자)로 구성한다(동법 제14조 제1항). 입주자대표회의는 공동주택을 자치
관리할 수도 있고 주택관리업자에게 위탁하여 관리할 수도 있다(동법 제5조 제
1항, 제6조, 제7조). 관리주체의 업무를 집행하기 위하여 관리사무소장을 둔다
(동법 제64조). 관리사무소장은 비법인사단인 입주자대표회의의 업무집행기관에
해당할 뿐 권리·의무의 귀속주체는 아니므로 설령 관리사무소장이 자기 명의

　　그와 같은 재판상 또는 재판외의 행위를 할 수 있다고 한다(동법 제25조 제1항 제3항).
32) 대판 2019.9.25, 2015다42360.

로 공동주택의 관리업무에 관한 계약을 체결하였더라도 그 계약의 당사자는 입주자대표회의이고 계약에 따른 권리·의무도 입주자대표회의에게 귀속된다.[33]

얼핏 보면 입주자대표회의는 관리단과 매우 유사한 단체인 것처럼 보인다. 그러나 입주자대표회의의 구성원은 입주자인 반면, 관리단의 구성원은 구분소유자 전원이다. 따라서 입주자대표회의는 구분소유권에 기초한 권리는 행사할 수 없다. 가령 입주자대표회의는 공용부분의 보존행위로서 공용부분을 침해하는 제3자에 대하여 방해배제청구를 하거나 부당이득반환 또는 손해배상을 청구할 수 없다.[34] 이는 구분소유권에 기초하여 인정되는 청구권들이기 때문이다.[35] 다만 집합건물 관리단이 적법한 절차를 거쳐 입주자대표회의에 관리업무를 위임하는 것은 가능하다.[36]

(3) 규 약

집합건물 및 그 대지와 부속시설의 관리 또는 사용에 관한 구분소유자 상호간의 사항은 규약으로 정할 수도 있다. 이러한 규약은 관리단집회에서 구분소유자 및 의결권[37]의 각 4분의 3 이상의 찬성을 얻어 설정·변경 및 폐지된다(동법 제28, 29조). 이러한 규약의 제정은 단체자치의 원칙에 따라 이루어지는 것이지만, 그 규약의 내용이 강행법규에 위배되거나, 구분소유자의 소유권을 과도하게 침해 내지 제한하여 사회관념상 현저히 타당성을 잃었다고 인정되는 경우에는 무효이다.[38]

한편 이러한 규약이 특정승계를 통하여 새롭게 구분소유자가 되는 자에게

---

33) 대판 2015.1.29, 2014다62657.
34) 대판 2003.6.24, 2003다17774.
35) 그런데 입주자대표회의는 법적으로나 현실적으로 일정한 조직행위를 통하여 구성되어 활동하지만, 관리단은 아무런 조직 행위없이 당연히 성립되는 것으로서 실제로도 그 활동이 미미하여 그 존재가 거의 인식되지 않는 경우도 있다. 따라서 입주자대표회의가 아닌 관리단에 의하여서만 행사될 수 있는 권리영역에서는 법과 현실 사이의 괴리로 인한 공백이 생긴다.
36) 대판 2017.3.16, 2015다3570.
37) 의결권은 원칙적으로 전유부분의 면적의 비율로 정하여진다(동법 제37조 제1항).
38) 대판 2009.4.9, 2009다242(집합건물의 관리인에게 건물 전체 또는 상당 부분에 대한 임대권한을 위임하는 내용의 규약은, 구분소유자가 원칙적으로 독점적·배타적 사용·관리 권한을 가지는 전유부분에 대하여 다른 구분소유자와의 조정의 범위를 초과하는 사용제한을 설정한 것으로서 구분소유자의 소유권을 과도하게 침해 내지 제한함으로써 사회관념상 현저히 타당성을 잃은 것으로서 무효라고 한 사례임).

도 효력이 미치는지가 문제된다. 계약과 달리 규약은 단체자치규범의 성격을 띠고 있어서 특정승계인에게도 일률적으로 효력을 미치게 할 필요성이 있다. 만약 특정승계인이 동의하지 않았다고 하여 그를 규율범위에서 제외한다면 집합건물에 관한 법률관계를 통일적으로 규율하는 것은 불가능할 것이다. 하지만 다른 한편 그 규약이 특정승계인에게 지나치게 불리하다면, 그 규약제정에 아무런 의결권을 행사하지 못하였고 그 내용을 알지도 못한 특정승계인으로서는 그 규약에 구속되는 것이 타당하지 않다고 할 수도 있다. 이에 관하여 집합건물법에서는 일견 대립되는듯한 조항들을 두고 있다. 우선 집합건물법 제28조 제3항은 관리규약은 구분소유자 이외의 자의 권리를 해하지 못한다고 규정한다. 한편 동법 제18조는 공유자가 공용부분에 관하여 다른 공유자에 대하여 가지는 채권은 그 특별승계인에 대하여도 행사할 수 있다고 규정하고, 동법 제42조 제1항은 규약 및 관리단집회의 결의는 구분소유자의 특별승계인에게도 효력이 있다고 규정한다.

이와 관련하여 가장 두드러지게 문제되었던 사건은 이전 구분소유자가 체납한 관리비가 새로운 구분소유자에게 승계되도록 하는 규약의 효력에 관한 것이었다. 아래 판결은 이러한 사건을 다루고 있다. 이는 현행법의 테두리 내에서 「집합」건물에 거주하는 「개인」들의 법률관계에 있어서 단체적 요청과 개인적 요청의 균형을 어떻게 설정할 것인가의 문제를 다루는 것이기도 하다.

[판결 4] 연체관리비의 승계: 대판(전) 2001.9.20, 2001다8677

1. 원심판결의 요지

원심판결 및 원심이 일부 인용한 제1심판결 이유에 의하면 원심은, 원고가 1998. 12. 11. 피고 관리의 이 사건 아파트를 경락받아 같은 달 30일 그 대금을 납부하였는데, 이 사건 아파트의 전 소유자인 소외 1이 같은 해 1월부터 12월까지의 관리비(이 사건에서는 공동주택관리령 제3조 제1항 제3호 소정의 '관리비'에 사용료, 공과금 등의 개념이 모두 포함된, 각 입주자에게 현실적으로 부과되는 관리비 명목의 모든 비용을 의미하는 것으로 사용한다)와 이에 대한 연체료로 합계 금 2,693,170원을 체납한 사실 (다툼이 없는 사실), 공동주택관리령 제9조 제1항은 "공동주택의 입주자 등은 공동주택의 관리 또는 사용에 관한 공동주택관리규약을 정하여야 한다.", 제9조 제3항 제3호는 "관리규약의 내용에는 입주자 등의 권리 및 의무, 관리비, 사용료 및 특별수선충당금의 세대별 부담액 산정방법, 징수, 보관, 예치 및 그 사용절차와 이를 납부하지 아니한 자에 대한 조치가 포함되어야 한다.", 제9조 제4항은 "관리규약은 입주자의 지위를 승계한 자에 대하여도 그 효력이 있다."고 각 규정하고 있는데, 위와 같은 공동주택관리령의 규정에 따라 제정된 이 사건 아파트의 공동주택관리규약은 제6조에서 "관리규약은 입주자의 지위를 승계한 자에 대하여도 그 효력이 있다."고 하는 한편, 제13조 제1항에서는 "관리주체는 관리비, 사용료 및 특별수선충당금에 대한 채권은 입주자의 지위를 승계한 자에 대하여도 행사할 수 있다."고 규정하고 있는 사실을 인정한 다음, 다음과 같은 근거에 기하여 원고는 전 입주자의 체납관리비를 승계하지 아니한다고 판단하였다.

가. 이 사건 관리규약의 해석에 관하여

체납관리비를 승계되는 것으로 하지 않으면 이에 대한 처리가 불가능한 것이라고 할 수도 없을 뿐만 아니라 승계인으로 하여금 전 입주자의 관리비 체납 사실을 미리 알 수 있도록 하는 아무런 제도적 장치도 없고 승계되는 체납관리비의 액수의 한도도 없는 상황에서, 승계인의 의사 여하 또는 그 선의, 악의를 불문하고 전 입주자의 체납관리비를 승계하도록 하여 승계인에게 불측의 재산상 손해를 입게 할 수 있는 이 사건 관리규약 제13조 제1항의 규정은, 관리비의 원활한 징수를 통한 공동주택의 효율적 관리 및 대다수 입주자들의 이익 보호라는 목적을 이루기 위한 수단으로서의 적정성을 갖추지 못하였을 뿐만 아니라 피해의 최소성원칙에도 어긋나 헌법상 기본권 제한의 한계로서의 비례의 원칙을 일탈하여 승계인의 재산권의 본질적 내용을 침해하는 것이다.

또한, 위 규약 제6조 및 제13조 제1항이 전 입주자의 사용·수익과 관련하여 발생한 체납관리비까지도 새로운 입주자의 의사에 반하여 입주자 전체의 집단 의사로 승계시킬 수 있다고 해석되는 것이라면, 이는 당사자의 승낙 없이 타인의 채무를 강제로 인수시키는 결과가 되는 반면, 일정 목적물의 점유 또는 소유에 의하여 공동체가 구성되고 특정 구성원이 그 소유 목적물의 사용·수익으로 인한 채무를 불이행함으로써 그 공동체 구성원 전체에게 귀속되어야 할 손해에 대하여 그 특정 구성원의 채무와 관계없이 단순히 그 목적물만을 취득한 자에게 그 특정 구성원의 채무를 부담시키는 것이 공공의 이익을 실현하는 것이라고 볼 수도 없으므로, 위 규정은 사적 자치의 원칙에 반하거나 사회적 타당성을 잃은 것이라 할 것이다.

결국, 위 관리규약은 헌법상 요구되는 비례의 원칙에 위반하여 승계인의 재산권을 과도하게 침해할 뿐만 아니라 사적 자치의 원칙에 반하거나 사회적 타당성을 잃은 것이기 때문에, 민법 제103조 소정의 선량한 풍속 기타 사회질서에 위반되어 그 효력이 없다.

나. 공동주택관리령의 해석에 관하여

공동주택관리령 제9조 제4항 및 이 사건 관리규약 제6조와 같은 규정은 공동주택의 입주자들이 공동생활의 질서유지와 주거생활의 향상을 위하여 공동주택의 관리, 사용 등의 사항에 관하여 관리규약으로 정한 내용은 그것이 승계 이전에 제정된 것이라고 하더라도 승계인에 대하여 효력이 있다는 뜻으로서 관리비와 관련하여서는 승계인도 입주자로서 관리규약에 따른 관리비를 납부하여야 한다는 의미로 해석될 뿐, 동 규정에 의하여 승계인이 전 입주자의 체납관리비까지도 승계하여 부담하는 것으로 해석되지는 않는다고 할 것이며, 그렇지 아니하고 위 공동주택관리령의 규정에 의하여 승계인에게 전 입주자의 체납관리비 채무가 승계되는 것으로 해석된다고 한다면, 위 규정은 앞에서 본 바와 마찬가지의 이유로 기본권 제한의 한계로서의 비례의 원칙을 일탈하여 승계인의 재산권을 과도하게 침해함으로써 재산권의 본질적 내용을 침해하는 위헌적인 규정이라고 아니할 수 없다.

다. 집합건물의소유및관리에관한법률(이하 '집합건물법'이라고 약칭함) 제18조의 해석에 관하여

집합건물법 제18조가 "공유자가 공용부분에 관하여 다른 공유자에 대하여 가지는 채권은 그 특별승계인에 대하여도 행사할 수 있다."고 규정하고 있기는 하나, 피고의 체납관리비 채권은 이 사건 아파트의 전 소유주의 전유부분의 사용에 따른 대가관계에서 발생한 것으로서 '공용부분에 관하여 가지는 채권'이 아닐 뿐만 아니라, 피고는 자치적 관리기구일 뿐 이 사건 아파트의 공용부분에 대하여 지분을 가진 공유자로 볼 수도 없으므로, 집합건물법 제18조의 규정에 의해 원고가 전 소유자의 관리비 채무를 승계한다고 할 수도 없다.

라. 승계의사 존재 여부

원고가 이 사건 아파트의 관리비가 연체되었음을 알고 경매를 통하여 낮은 가격에 이 사건 아파트를 취득하였다고 하여도, 관리비 연체사실을 알고 있었다는 사실만으로 그 납부의무를 승계할 의사가 있었다고 볼 수 없다.

2. 대법원의 판단

가. 이 사건 관리규약 및 공동주택관리령의 해석에 관하여

이 사건 관리규약 제13조 제1항은, 체납관리비 채권 전체에 대하여 입주자의 지위를 승계한 자에 대하여도 행사할 수 있도록 규정되어 있기는 하지만, 관리규약이 구분소유자 이외의 자의 권리를 해하지 못한다고 규정하고 있는 집합건물법 제28조 제3항에 비추어, 관리규약으로 전 소유자의 체납관리비를 양수인에게 승계시키도록 하는 것은 입주자 이외의 자들과 사이의 권리, 의무에 관련된 사항으로서 입주자들의 자치규범인 관리규약 제정의 한계를 벗어나는 것인 점, 개인의 기본권을 침해하는 사항은 법률로 특별히 정하지 않는 한 사적자치의 원칙에 반한다는 점 등에 비추어, 특별승계인이 그 관리규약을 명시적, 묵시적으로 승인하지 않는 이상 그 효력이 없다고 할 것이며, 위 관리규약 제6조와 공동주택관리령 제9조 제4항 및 별개의견이 지적하고 있는 집합건물법 제42조 제1항 각 규정은 공동주택의 입주자들이 공동주택의 관리, 사용 등의 사항에 관하여 관리규약으로 정한 내용은 그것이 승계 이전에 제정된 것이라고 하더라도 승계인에 대하여 효력이 있다는 뜻으로서, 관리비와 관련하여서는 승계인도 입주자로서 관리규약에 따른 관리비를 납부하여야 한다는 의미일 뿐, 그 규정으로 인하여 승계인이 전 입주자의 체납관리비까지 승계하게 되는 것으로 해석할 수는 없다 할 것이다.

　　같은 취지의 이 부분 원심의 판단은 정당하고 거기에 상고이유로서 주장하는 취지와 같은 법리오해 등의 위법이 있다고 할 수 없다(다만, 뒤에서 보는 바와 같이 집합건물법 제18조를 해석하면 그 취지에 따라 위 관리규약 제13조 제1항이 제정된 것으로 볼 수 있게 되어 위 규약 중 공용부분 관리비에 관한 부분은 유효하게 되므로 그 범위 내에서 원심의 이 판단 부분은 위법하게 된다).

나. 집합건물법 제18조의 해석에 관하여

　　구 민법(1958. 2. 22. 법률 제471호로 제정된 현행 민법에 의하여 폐지된 법률) 제254조는 "공유자의 1인이 공유물에 관하여 다른 공유자에 대하여 가지고 있는 채권은 그 특정승계인에 대하여도 주장할 수 있다."고 규정되어 있었으나 현행 민법에서 이 부분이 삭제되었다가, 그 후 집합건물법이 제정되면서 다시 삭제되었던 위 구 민법의 규정과 같은 집합건물법 제18조를 두게 된 것인바, 집합건물의 공용부분은 전체 공유자의 이익에 공여하는 것이어서 공동으로 유지·관리해야 하고 그에 대한 적정한 유지·관리를 도모하기 위하여는 소요되는 경비에 대한 공유자간의 채권은 이를 특히 보장할 필요가 있어 공유자의 특별승계인에게 그 승계의사의 유무에 관계없이 청구할 수 있도록 특별규정을 둔 것으로서, 이는 구분소유권을 타인에게 매각하는 등의 행위를 통해 공용부분에 대한 책임을 회피하는 것을 방지하면서도 다른 한편, 공용부분에 대한 비용과 관계없는 전 소유자의 전유부분에 대한 체납관리비에 대해서까지 이를 제3자에게 승계시키는 것은 특별승계인에게 지나친 손해를 입게 하는 것이 되므로 그 조화를 꾀하고, 집합건물의 특별승계가 이루어질 경우 체납관리비에 대한 공시제도가 마련되지 않아 특별승계인에게 발생할 수 있는 불이익도 고려하여 승계되는 채무의 범위를 공용부분 관리비에 한정하려는 규정으로 보아야 할 것이다.

그리고 비록 피고와 같은 관리단은 집합건물법 제18조가 규정한 공유자는 아니라고 할지라도, 원래 각 공유자는 민법의 공유관계 규정에 따라 공용부분을 관리하여야 하고 자기 지분을 넘는 비용을 지출한 공유자는 그렇지 아니한 다른 공유자에 대하여 이를 청구할 수 있는데 (민법 제266조 참조), 집합건물의 구분소유자의 단체인 피고와 같은 관리단 등이 행사하는 공용부분에 대한 관리비 징수권은 위와 같은 각 공유자의 청구권에 기초하여 부여된 것이라고 할 것이므로, 피고는 집합건물법 제18조 소정의 채권을 행사할 수 있는 공유자에 준한 지위를 가진다고 보아도 무방할 것이다.

또, 목적의 정당성과 필요성에 비추어 공용부분 관리비에 대하여 특별승계인에게 법률로 이를 승계시키는 것이 비례의 원칙을 일탈하여 재산권의 본질적 내용을 침해한 것이라고 볼 수 없다.

한편 위와 같이 해석하면, 경매 목적물의 법적 부담으로 인해 경락인이 불측의 손해를 입게 될 우려가 있다고 하나, 이러한 문제는 공용부분 관리비에 국한되는 것이 아니고 경매 목적물에 하자가 있는 때에도 일어날 수 있는 문제로서 이는 경매제도상 불가피한 현상이고, 경락인이 구분소유 건물을 경락받을 때 전 소유자의 관리비 체납 여부에 대하여 조사하는 것도 불가능하다고 할 수는 없으며 그 밖에 이 사건 아파트관리비를 공용부분과 전유부분에 관한 것으로 구분하는 것 또한 불가능하다고는 보이지 않는다.

그렇다면 이 사건 관리규약 제13조 제1항 중 공용부분 관리비에 관한 부분은 집합건물법 제18조에 터잡은 것으로서 유효하다고 할 것이므로, 이 사건 아파트의 특별승계인인 원고는 전 입주자의 체납관리비 중 공용부분에 관하여는 이를 승계하여야 한다고 봄이 타당하다.

따라서 원심으로서는 이 사건 체납관리비 중 어느 항목이 공용부분에 관한 것인지 더 심리하여 그에 해당하는 관리비는 원고에게 승계된다고 판단하여야 할 것임에도 불구하고, 이에 이르지 아니한 원심판결에는 아파트 전 소유자의 체납관리비에 대한 특별승계인의 책임에 관한 법리를 오해한 결과 이 점에 대한 심리를 다하지 아니한 위법이 있다고 할 것이므로, 이를 지적하는 취지의 상고이유의 주장은 이유 있다.

(이하 생략, 이 판결에는 별개의견과 반대의견이 있다)

[판결 4]에 관하여 생각할 점

1. 이 판결의 별개의견은 전 소유자의 체납관리비는 공유부분과 전유부분을 구분
   하지 않고 특별승계인에게 승계된다고 하면서, 여러 가지 논거들을 제시한다.
   다음 논거들에 대하여 어떻게 생각하는가?

   - 집합건물법 제28조 제3항은 규약으로 「구분소유자 외의 자」의 권리를 해하
     지 못한다고 규정하고 있지만, 이 규정에서 말하는 「구분소유자」에는 규약
     제정 당시의 구분소유자뿐만 아니라 규약이 제정된 뒤 구분소유자가 된 사람
     도 포함되므로, 규약으로 구분소유자의 특별승계인의 권리를 제한하는 것이
     집합건물법 제28조 제3항에 어긋나지 아니한다.
   - 구분소유자의 특별승계인이 구분소유권을 취득함으로써 관리단에 가입하는
     것은 곧 규약과 관리단집회의 기존 결의를 최소한 묵시적으로 승인한 것이라
     고 보아야 한다.
   - 특별승계인이 규약에 따라 전 소유자의 체납관리비를 승계하더라도, 실제에
     있어서는 전 소유자의 관리비 체납 액수를 손쉽게 파악하여 구분소유권 취득
     가액에서 이를 공제함으로써 체납관리비에 대한 부담을 간단히 해소할 수 있
     고, 또 전 소유자의 체납관리비를 납부한 경우에는 구상권을 행사하여 전 소
     유자로부터 이를 상환받을 수 있다. 반면 특별승계인이 이를 승계하지 않으면
     전소유자로부터 관리비를 징수하기는 어려워 결국 다른 구분소유자들의 부담
     으로 귀착되고 관리비 상승으로 이어진다. 따라서 이러한 규약의 규정은 재산
     권의 본질적 내용을 침해하지 아니하고 비례의 원칙에도 어긋나지 아니한다.
   - 공유부분과 전유부분에 관한 관리비의 명확한 구분이 어려워 또 다른 분쟁을
     일으킬 수 있다.

2. 이 판결의 반대의견은 다수의견이나 별개의견과는 달리 특별승계인에게 미납관
   리비 지급의무를 부과할 수 없다고 한다. 그 근거 중 하나로 특별승계인이 일
   단 미납관리비를 납부한 후 전 공유자의 소재를 찾아내어 구상권을 행사하는
   것은 용이하지 않지만, "관리단은 전 공유자의 전출 등 사항을 파악하고 있어
   그의 전출소재지 등 관련정보를 보유하고 있을 뿐만 아니라 재판상, 재판 외에
   서 그러한 업무를 본무로 삼는 관리인이 선임되어 있어서(집합건물 제25조 제1항,
   공동주택관리령 제3조 제1항 참조) 그 징수업무처리가 용이"하다는 점을 든다. 이
   를 위 별개의견과 비교하여 보라. 소재를 찾거나 구상권을 만족받기 어려운 「위

험」은 누구에게 부담시키는 것이 타당한가? 누가 더 적은 비용으로 그 위험을 회피할 수 있는가?

2. 집합건물의 재건축

(1) 집합건물법상 재건축

(가) 사인(私人)은 원칙적으로 자유롭게 자기 건물을 철거하고 새로운 건물을 건축할 수 있다. 하지만 다수인이 건물을 구분소유하는 건물에서는 한 명의 소유자가 자기의 구분소유부분만 재건축하는 것은 타인의 구분소유권을 중대하게 침해할 뿐만 아니라 물리적으로도 실행하기가 곤란하다. 따라서 집합건물법에서는 노후화 또는 일부의 멸실 등의 이유로 집합건물을 철거하고 그 대지 위에 새로운 건물을 건축하는 「재건축」[39]을 위하여는 구분소유자 및 의결권의 각 5분의 4 이상에 의한 관리단집회의 결의를 요구한다. 하나의 단지 내의 여러 동의 집합건물을 일괄하여 재건축하고자 하는 경우에도 각 동마다 위와 같은 결의요건을 갖추어야 한다.[40] 또한 재건축결의의 내용을 변경하는 결의를 함에 있어서도 마찬가지의 의결정족수가 요구된다. 이들 결의는 서면이나 전자적 방법 또는 서면과 전자적 방법에 의한 합의로 할 수 있다(동법 제41조 제1항). 그 결의에 기한 재건축사업을 추진하기 위하여 통상적으로 구분소유자들에 의하여 조직되는 이른바 재건축조합은 그 명칭에도 불구하고 법인 아닌 사단의 성질을 가진다.[41]

(나) 이러한 재건축결의에 있어서는 ① 신건물의 설계의 개요, ② 건물의 철거 및 신건물의 건축에 소요되는 비용의 개산액(概算額), ③ 비용의 분담에 관한 사항, ④ 신건물의 구분소유권의 귀속에 관한 사항을 정해야 한다(동법 제47조 제3항). 이들은 결국 「각자 어느 정도의 비용을 부담하여 어떤 건물 소유권을 취득하게 되는가」에 관한 사항으로서, 결의에 앞서서 이에 관한 정보가 재건축참가 여부를 결정해야 하는 구분소유자에게 제공되어야 한다.

---

39) 주택의 재건축에 관한 일반적인 사항은 도시 및 주거환경 정비법(종전에는 도시재개발법, 주택건설촉진법 등)이 이를 정한다. 동법 제35조 제3항은 재건축사업의 추진위원회가 조합을 설립하려는 때 주택단지의 공동주택의 각 동 구분소유자들의 동의정족수요건에 대하여 별도로 정하고 있다.

40) 대판 1998.3.13, 97다41868 등.

41) 대판(전) 2005.4.21, 2003다4969.

(다) 재건축을 하기로 하는 유효한 결의가 있으면, 그 결의에 찬성하지 아니한 구분소유자에 대하여 결의내용에 따른 재건축에 참여할 것인지 여부를 회답할 것을 서면으로 최고하고, 최고를 받은 때로부터 2개월 내에 회답하지 아니하거나 참여하지 않을 뜻을 회답한 사람에 대하여는 그 결의에 찬성한 구분소유자 등이 그의 구분소유권을 자신에게 매도할 것을 청구할 수 있다(동법 제48조). 집합건물법상의 매도청구권은 재건축사업의 원활한 진행을 위하여 집합건물법이 재건축불참자의 의사에 반하여 매매계약의 성립을 강제하는 수단으로서,[42] 결국 재산권 박탈의 효과를 가져오므로 그 실질에 있어서 헌법 제23조 제3항의 공용수용과 같다.[43] 이러한 매도청구권은 형성권으로서, 위 회답기간(최고 받은 때로부터 2개월)의 만료시로부터 2개월 내의 제척기간 내에 행사되어야 한다.[44]

(2) 도시정비법상 재건축

도시 및 주거환경정비법(이하 '도시정비법'이라고 한다)은 도시기능 회복을 위한 정비사업에 관한 법으로서 2003년 7월 1일부터 시행되었다. 도시정비법 제2조 제2호에 의하면 정비사업은 ① 주거환경개선사업, ② 주택재개발사업, ③ 주택재건축사업, ④ 도시환경정비사업, ⑤ 주거환경관리사업, ⑥ 가로주택정비사업의 여섯 가지로 나누어진다. 이처럼 주택재건축사업이 도시기능 회복을 위한 공공사업의 하나에 포함됨으로써 재건축사업은 더욱 강한 공법적 규제를 받게 되었다. 또한 민법상 비법인사단의 성격을 가지던 재건축조합은 도시정비법의 적용을 받는 한 동법 제38조 제1항에 의하여 법인격을 부여받고 공법상 행정주체의 성격을 가지게 되었다.[45]

집합건물법상 재건축은 집합건물을, 도시정비법상 재건축은 주택을 대상

---

42) 대판 2008.7.10, 2008다12453은 그 처분에 있어서 정관변경이 필요한 재단법인의 기본재산이 매도청구의 대상이라면 매도청구권의 행사는 비단 매매계약의 성립 뿐만 아니라 정관변경까지도 강제하는 효과가 있다고 한다. 한편 재단법인의 정관변경은 주무관청의 허가를 받아야 비로소 그 효력이 발생하고(제42조 제2항), 그 허가신청은 재단법인이 해야 하는 것이므로 정관변경이 강제되었다고 하여 바로 매도청구권자가 그 기본재산을 취득할 수는 없다. 그러므로 매도청구권자는 재단법인을 대상으로 정관변경허가신청절차의 이행을 소구해야 한다.
43) 헌재결 2006.7.27, 2003헌바18.
44) 대판 2000.6.27, 2000다11621.
45) 대판 2007.4.27, 2007도694.

으로 하므로 집합건물이면서 주택이 아닌 상가건물의 재건축은 집합건물법의 적용만 받는 반면, 주택이면서 집합건물이 아닌 단독주택단지의 재건축은 도시정비법의 적용만 받는 등 양자의 적용범위가 완전히 일치하는 것은 아니다. 그러나 현실적으로 대부분의 재건축이 집합건물인 공동주택의 재건축의 형태로 이루어지므로 집합건물법과 도시정비법은 함께 적용된다. 그런데 도시정비법이 집합건물법보다 새롭게 제정되었고 훨씬 자세한 규정들을 두고 있으므로, 이제 주택재건축사업에 관하여서는 도시정비법의 비중이 훨씬 높아지게 되었다. 도시정비법에서는 주택재건축사업절차에 관한 상세한 규정들을 두고 있는데, 재건축에 관한 단체적 의사결정방법으로서 집합건물법과 달리 「결의」가 아니라 일정 정족수 이상의 「서면동의」를 채택하고 있음에 유의한다(도정 제16조 참조). 따라서 재건축을 위한 단체적 의사결정은 집회에서 동시에 이루어지는 것이 아니라, 일정한 기간 동안 개별적인 동의의 축적을 통하여 점층적으로 이루어지게 된다.[46]

---

46) 이러한 의사결정의 특징에 대해서는 권영준, "재건축에 관한 의사결정", 민사법학 45, 2009 참조.

제6장 명의신탁

I. 의　　의

　　명의신탁의 법리는 주로 부동산의 소유권에 관하여 판례의 축적을 통하여 형성되어 왔다. 이에 의하면 명의신탁은 명의신탁자와 명의수탁자(이하「신탁자」와「수탁자」라고 한다) 사이의 합의(이를「명의신탁약정」이라고도 부른다)에 기하여 신탁자가 부동산을 대내적으로 소유하면서 대외적으로는 수탁자가 이를 보유하는 것이다. 이러한 명의신탁은 부동산의 지분에 대해서도 행해질 수 있다.[1] 명의신탁에서는 소유권의 귀속이 관계에 따라 분열된다는 특징이 있다. 즉 신탁자와 수탁자 사이의 대내적 관계와 그 이외의 제3자와의 대외적 관계를 나누어 소유권이 전자에서는 신탁자에게, 후자에서는 수탁자에게 귀속한다는 이른바「상대적 소유권」의 개념을 도입하는 것이다.[2] 그리고 그와 같이 대외적으로 소유권이 수탁자에게 귀속되는 것은 수탁자 앞으로 되어 있는 소유권등기에 의하여 표상된다.

---

1) 대판(전) 1999.6.17, 98다58443. 이 판결에서는 여러 부동산 공유지분에 대한 명의신탁 후 공유물분할을 통해 그 공유지분들에 갈음하여 명의수탁자가 특정 부동산의 단독소유권을 취득하게 된 경우 명의신탁관계는 그 단독소유권에 관하여 여전히 존속한다고 보았다.

2) 소유권 귀속의「관계적 분열」이라는 법사고는 그 외에도 재단법인에 출연된 부동산의 귀속시기에 관한 대판(전) 1979.12.11, 78다481에서도 발견할 수 있다. 그 자세한 내용에 관하여는 민법 3 교재를 참고하라.

■ 신탁법상 신탁

이와 같이 명의신탁은 대내적 소유권과 대외적 소유권이 분리된다는 점에서 대내외적으로 소유권이 모두 수탁자에게 이전되는 신탁법상 신탁[3]과 구별된다. 신탁은 최근 그 중요성을 더하여 가고 있으므로, 명의신탁을 설명하는 본장에 즈음하여 간단하게 다루고 넘어간다.

신탁법상 신탁은 신탁을 설정하는 자(위탁자)와 신탁을 인수하는 자(수탁자) 간의 신임관계에 기하여 위탁자가 수탁자에게 특정의 재산을 이전하거나 담보권의 설정 또는 그 밖의 처분을 하고 수탁자로 하여금 일정한 자(수익자)의 이익 또는 특정의 목적을 위하여 그 재산의 관리, 처분, 운용, 개발, 그 밖에 신탁 목적의 달성을 위하여 필요한 행위를 하게 하는 법률관계를 말한다(신탁 제2조). 예를 들면, 아직 어린 수익자 C의 장래를 위하여 위탁자 A가 일정한 재산을 수탁자 B에게 이전하고 B로 하여금 이를 관리·운용하여 얻은 수익을 C의 교육비 기타 복리 증진에 쓰게 하는 경우이다.

신탁법에서 가장 핵심적인 요청은 수익자[4](위의 사례에서는 C)의 보호이다. 이를 위하여 신탁재산을 수탁자의 고유재산과 분리하여 별도의 특별재산으로 한다. 그 결과 신탁재산에 속하는 채권과 신탁재산에 속하지 아니하는 채무는 상계하지 못하고(동법 제25조), 신탁재산에 대한 강제집행, 담보권 실행 등을 위한 경매, 보전처분 또는 국세 등 체납처분이 원칙적으로 금지되며(동법 제22조 제1항), 수탁자가 파산한 경우에도 신탁재산은 수탁자의 파산재단, 회생절차의 관리인이 관리 및 처분 권한을 갖고 있는 채무자의 재산이나 개인회생재단을 구성하지 않는다(동법 제24조). 또한 신탁재산과 고유재산 또는 서로 다른 신탁재산 사이에는 혼동의 법리가 적용되지 않는다(동법 제26조). 신탁재산은 수탁자의 상속재산에 속하지 않고(동법 제23조). 신탁재산의 물상대위가 인정되어 신탁재산의 형태가 변형되더라도 그 변형된 형태대로 신탁재산이 유지된다

---

3) 대판 2002.4.12, 2000다70460에서 판시하듯이 "부동산의 신탁에 있어서 수탁자 앞으로 소유권이전등기를 마치게 되면 대내외적으로 소유권이 수탁자에게 완전히 이전되고, 위탁자와의 내부관계에 있어서 소유권이 위탁자에게 유보되어 있는 것은 아니라 할 것이며, 이와 같이 신탁의 효력으로서 신탁재산의 소유권이 수탁자에게 이전되는 결과 수탁자는 대내외적으로 신탁재산에 대한 관리권을 갖는 것이고, 다만 수탁자는 신탁의 목적 범위 내에서 신탁계약에 정하여진 바에 따라 신탁재산을 관리하여야 하는 제한을 부담함에 불과하다."

4) 신탁자 자신도 수익자가 될 수 있다(신탁 제99조도 참조). 이러한 신탁을 자익신탁(自益信託)이라고 하여, 수익자가 신탁자가 아닌 제3자인 타익신탁(他益信託)과 구별한다.

(동법 제27조). 나아가 신탁재산의 관리, 보전을 위하여 필요한 경우 신탁관리인을 두고 법원의 감독을 받게 하는 등 여러 가지 고유한 법적 장치가 마련되어 있다(동법 제67조, 제105조). 이러한 일련의 장치들은 신탁이익의 최종 귀속주체이면서도 신탁재산을 직접 지배하지 못하는 수익자의 지위를 보호하기 위한 것들이다.

신탁은 타인에게 일정한 업무의 처리를 지속적으로 맡김과 동시에 그 앞으로 그 처리를 위한 자금의 원천을 양도함으로써 항구적인 관계를 구축할 수 있는 장치로서 매우 유용하다. 특히 위탁자가 스스로 재산을 관리할 수 없는 사정이 있는 경우에 재산의 관리·운용에 관한 수탁자의 전문적 경험이나 능력을 빌어 이를 충족하는 것을 가능하게 한다.[5] 나아가 신탁재산이라는 특별재산을 일반 책임재산에서 절연시킴으로써 강제집행이나 파산시 발생하는 법적 위험에서 벗어나 신탁목적의 달성을 원활하게 하는 효과도 가진다. 부동산신탁을 중심으로 그 법률관계에 관하여 간단히 설명하면 아래와 같다.

(1) 수탁자는 신탁관계의 존속 중 신탁자에 대하여 신탁의 목적(담보, 추심, 관리·운용, 보존 등)에 좇아 신탁재산을 보존·관리 또는 처분할 채권적 의무를 부담하고, 또 그렇게 할 권리를 가진다. 이러한 신임관계는 신탁제도의 존립기반이다. 그 권리의무의 구체적인 내용은 신탁약정, 그리고 보충적으로 위임에 관한 규정에 의하여 정하여진다. 수탁자가 그 의무에 위반한 경우에는 그는 채무불이행을 이유로 그로 인한 손해를 배상하여야 한다.

(2) 수탁자는 신탁부동산의 소유자가 된다. 소유권 귀속의 「관계적 분열」또는 「상대적 소유권」의 개념은 부인되고, 수탁자는 대내적으로도 대외적으로도 소유권을 가진다.

(가) 그러므로 제3자가 목적물을 권한 없이 점유·사용 기타 침해하는 경우에는 오로지 수탁자만 침해자에 대하여 소유물반환청구권 등 물권적 청구권, 불법행위 또는 부당이득을 이유로 하는 청구권을 가진다.[6] 또 목적물은 수탁자의 책임재산에 속한다. 그러므로 신탁자는 수탁자의 채권자가 신탁목적물을 압류하는 것을 막을 수 없다(신탁 제22조 제1항 단서). 반대로 신탁자의 채권자

---

5) 예를 들어, 투자신탁에서는 상당한 위험이 따르는 주식 등 투자에 관한 전문가의 경험과 능력을 빌릴 수 있고, 부동산신탁에서도 복잡한 건축승인 및 분양의 절차, 시장의 개척 등의 어려움이 따르는 부동산의 개발을 그 전문가에게 맡길 수 있다.

6) 명의신탁에 관한 대판(전) 1979.9.25, 77다1079가 판시하는 바와 같이, 신탁자는 수탁자를 대위하여서만 제3자에 대한 물권적 청구권을 행사할 수 있다.

가 이를 압류하는 것은 허용되지 않고, 수탁자는 그에 대하여 제3자이의의 소(민집 제48조)를 제기하여 그 강제집행을 저지할 수 있다. 다만 당사자들이 도산한 경우에는 도산채권자 전원의 집합적 만족을 위하여 파산자가 가지는 실질적 재산가치가 파악되어야 하므로, 신탁의 실제적 목적인 담보 등이 법적인 귀속 여하보다 전면에 나서야 한다. 그러므로 수탁자가 파산한 경우에 신탁자는 신탁의 목적에 반하지 않는 한도에서 환취권(회생파산 제407조 이하)을 가진다.

(나) 수탁자는 부동산의 소유자로서, 이를 처분할 권능이 있다. 그러므로 수탁자로부터 목적물을 양수하거나 저당권을 설정 받거나 기타 처분의 상대방이 된 사람은 그가 목적물이 신탁의 대상임을 알았다고 하여도 그 권리를 유효하게 취득하는 것이 원칙이다. 다만 상대방이 신탁자를 해할 목적으로 수탁자의 신탁자에 대한 채권적 의무에 반하는 배신적 처분행위에 적극적으로 가담하는 등으로 처분의 원인행위가 공서양속에 반하여 무효인 경우에는 예외적으로 수탁자의 처분의 효력을 부인할 것이다.[7]

(다) 신탁은 신탁 목적의 달성(예: 양도담보에서 피담보채무의 변제 등 소멸) 또는 달성불능, 신탁행위로 정한 종료사유 발생, 위탁자와 수탁자 사이의 합의, 법원의 명령 등으로 종료한다(더 상세한 사유는 동법 제98조 내지 제100조 참조). 신탁이 종료되면 신탁재산은 수익자(신탁행위로 신탁재산의 잔여재산이 귀속될 자를 정한 경우에는 그 귀속권리자)에게 귀속하고(동법 제101조 제1항), 수익자 또는 귀속권리자로 지정된 자가 신탁의 잔여재산에 대한 권리를 포기한 경우 잔여재산은 위탁자와 그 상속인에게 귀속하며(동법 제101조 제2항), 이에 따라 잔여재산의 귀속이 정하여지지 않는 경우에는 잔여재산은 국가에 귀속된다(동법 제101조 제5항). 판례는 부동산 신탁 종료시 수탁자는 수익자나 위탁자에게 그 부동산의 소유권을 이전할 의무를 부담하게 될 뿐 그 소유권이 당연히 수익자나 위탁자에게 복귀되지는 않는다고 한다.[8]

---

7) 이는 처분의 효력을 정함에 있어서 상대방이 선의인지 악의인지, 선의라도 그에 과실이 있는지 여부라는 판단이 결코 용이하지 않은 — 따라서 당사자들에게도, 법원에게도 상당한 부담을 지우는 — 실질적 기준을 수탁자의 소유권에 기한 처분권능이라는 획일적·형식적 기준에 의하여 배제함을 의미한다.

8) 대판 1991.8.13, 91다12608.

II. 명의신탁에 관한 법리의 발전과 이에 관한 규제

1. 명의신탁 법리의 탄생

일제가 진행한 토지조사사업에서는 토지와 임야의 소유자로 하여금 그 소유관계를 신고하여 당국의 사정(査定)을 받도록 하였다.[9] 그런데 종중 소유의 토지에 관해서는 종중에 대한 이해 부족으로 그 명의로 사정을 받는 것이 인정되지 않았다. 따라서 종중 대표자 기타 종원 중 1인 또는 수인의 명의로 사정을 받아 그 앞으로 소유권등기를 하게 되었다.[10] 하지만 이 경우에도 그 부동산은 실질적으로 개인이 아닌 종중의 소유로 관념되었다. 그 후 명의인이 종중재산을 처분하거나 명의인의 채권자가 이를 압류하는 등으로 분쟁이 일어났는데, 위와 같이 종중재산이 종원 명의로 사정·등기된 것을 법적으로 어떻게 파악할 것인가가 문제되었다. 조선고등법원은 일찍부터 이를 종중이 명의인에게 사정받을 「명의를 신탁」하여 그 소유권을 신탁적으로 양도한 것으로서, 내부적으로는 소유권이 이전되지 않으나 대외적인 관계에서는 명의인이 진정한 소유자이므로 이를 제3자에게 양도 기타 처분한 것은 유효하다는 태도를 취하였다.[11]

이러한 연혁 때문에 명의신탁에 관한 분쟁 가운데에는 종중과 종원 사이의 분쟁이 많다. 이때 부동산이 종원에게 명의신탁된 것인지, 아니면 종원의 진정한 소유인지를 판단하기는 쉽지 않다. 판례에 따르면 명의신탁이 행하여졌다고 주장되는 시점 당시 유기적 조직을 가진 종중이 존재하였는지,[12] 또한 종

---

9) 토지조사사업에 관한 기본법령은 1912년의 토지조사령과 1918년의 조선임야조사령인데 이들의 각 제15조는 "소유자의 권리는 사정(査定)의 확정 또는 재결에 의하여 확정된다"고 규정한다. 대판 1984.1.24, 83다카1152; 대판 1991.1.25, 90다10858 등 우리 판례는 위 법령에 의하여 사정을 받은 사람은 그가 실질적인 소유자인지 여부를 묻지 않고 "소유권을 원시적·창설적으로 취득"한다는 태도를 취한다.

10) 1930년에 이르러 비로소 조선부동산등기령에 제2조의4("종중, 문중 기타 법인이 아닌 사단 또는 재단으로서 조선총독이 정하는 것에 속하는 부동산의 등기에 관하여는 …")가 신설됨으로써 종중에 등기능력이 인정되었다.

11) 朝高判 1915.9.28(조록 3, 285); 同 1917.11.13(조록 4, 956) 등.

12) 대판 1997.2.25, 96다9560; 대판 1998.9.8, 98다13686; 대판 2002.7.26, 2001다76731. 이를 판단하기 위해서는 시제 등 활동 여부, 종중규약과 대표기관의 존재, 등록 여부 등을 살펴본다.

중이 등기필증을 소지하고 세금 등 공과금을 납부하며 해당 부동산을 스스로 사용수익하는 등 종중 소유를 인정할 만한 간접자료들이 존재하는지 여부에 따라 명의신탁 여부를 판단한다.[13] 아래 판결의 사실관계를 읽고 그 판단방법에 대해서 생각해 본다.

[판결 1] 종중과 명의신탁: 대판 2002.7.26, 2001다76731

1. 주위적 청구에 대한 원심판결의 요지

원심은, 이 사건 각 임야 등으로 분할되기 전의 전남 영암군 군서면 월곡리 334 임야 10,918평과 그에 이웃한 같은 리 336 임야 176평 및 같은 리 338 임야 626평(이하 이들을 통틀어 '분할전 임야들'이라고 한다)은 1914. 12. 31. 소외 1 명의로 사정된 사실, 분할전 임야들 중 이 사건 제1 내지 4 임야들에 관하여는 1977. 3. 25. 내지 1983. 12. 8.에 이른바 특별조치법에 의거하여 소외 1 명의의 소유권보존등기가 각 마쳐졌고, 이 사건 제5 내지 7 임야들에 관하여는 1981. 4. 28.에 이른바 특별조치법에 의거하여 피고 1(소외 1의 증손자이다) 명의의 소유권보존등기가 마쳐진 사실, 소외 1은 1936. 8. 4. 사망하여 그의 호주상속인인 소외 2가 단독 재산상속인이 되었고, 소외 2도 1964. 4. 23. 사망하여 피고 1을 제외한 나머지 피고들이 최종적으로 그 재산상속인이 된 사실을 인정한 다음, 분할전 임야들은 원래 원고 종회의 실질적 소유이나 소외 1에게 그 소유명의를 신탁하여 사정을 받았고, 소유권보존등기를 하면서는 편의상 이 사건 제1 내지 4 임야 부분에 관하여는 소외 1과의 종전 명의신탁 관계를 그대로 유지하고, 제5 내지 7 임야 부분에 관하여는 피고 1에게 새로이 그 소유명의를 신탁하였음을 전제로 한 원고의 주위적 청구에 대하여 이 사건 각 임야가 본래 원고종회의 실질적 소유라거나 혹은 원고가 편의상 소외 1 내지 피고 1에게 그 소유명의만을 신탁하여 그들 앞으로 소유권보존등기를 마쳐두었을 뿐이라는 점에 부합하는 듯한 증거들은, 그 반증 및 그에 의하여 인정되는 사정들, 즉 ① 분할전 임야들과 같은 날 사정되고 원고 명의로 보존등기된 다른 토지들은 소외 1을 포함하여 소외 3 외 30인 명의로 사정되었을 뿐 아니라 사정 명의인 이름 옆에 종중 재산이라는 취지가 부기된 점(그 밖에 1918년 사정된 토지들도 소외 1 외 7인

---

13) 이를 판단하기 위해서는 사정명의인과 종중과의 관계, 명의수탁자가 종손인지 여부, 등기권리증의 소지 여부, 세금 기타 공과금의 납부주체, 관리주체, 수익(보상금 포함)의 귀속주체, 해당 토지에 종중원들(특히 공동시조 내지 중시조)의 분묘가 존재하는지 여부, 분묘수호와 봉제사의 실태 등을 살펴본다.

또는 소외 1 외 11인 공동 명의로 사정되었다.), ② 소외 1은 이 사건 제1 내지 4 임야 보존등기 당시 이미 사망한 자이고, 피고 1이 이 사건 제5 내지 7 임야에 관해 이른바 특별조치법에 의하여 보존등기를 할 때 그 원인서류인, 그 임야가 사실상 피고 1 소유라는 취지의 보증서를 작성한 소외 4 등이 원고 종원인 점, ③ 피고들과의 분쟁 발생 후 원고가 소외 5 등을 통해 수차 피고측에게 선조들의 분묘가 설치된 이 사건 제4 임야 등을 매도할 것을 제의한 점 등에 비추어 믿지 아니하고, 일부 증거만으로는 위 사실을 인정하기에 부족하며, 달리 증거가 없으므로, 이 사건 각 임야가 본래 원고 종회의 실질적 소유인데 원고가 소외 1이나 피고 1에게 그 소유명의만을 신탁하여 둔 재산임을 전제로 한 원고의 주위적 청구는 이유 없다고 판단하여, 이를 배척하였다.

2. 대법원의 판단

가. 그러나 원심의 위 판단은 다음과 같은 이유로 수긍하기 어렵다.

나. 어떤 토지가 종중의 소유인데 사정 당시 종원 또는 타인 명의로 신탁하여 사정받은 것이라고 인정하기 위하여는, 사정 당시 어느 정도의 유기적 조직을 가진 종중이 존재하였을 것과 사정 이전에 그 토지가 종중의 소유로 된 과정이나 내용이 증명되거나, 또는 여러 정황에 미루어 사정 이전부터 종중 소유로 인정할 수밖에 없는 많은 간접자료가 있을 때에 한하여 이를 인정할 수 있을 뿐이고, 그와 같은 자료들이 충분히 증명되지 아니하고 오히려 반대되는 사실의 자료가 많을 때에는 이를 인정하여서는 아니 된다고 할 것이며(대법원 1994.10.25. 선고 94다29782 판결, 1997.2.25. 선고 96다9560 판결, 1998.9.8. 선고 98다13686 판결 등 참조), 그 간접자료가 될 만한 정황으로서는, 사정명의인과 종중과의 관계, 사정명의인이 여러 사람인 경우에는 그들 상호간의 관계, 한 사람인 경우에는 그 한 사람 명의로 사정받게 된 연유, 종중 소유의 다른 토지가 있는 경우에는 그에 대한 사정 또는 등기관계, 사정된 토지의 규모 및 시조를 중심으로 한 종중 분묘의 설치 상태, 분묘수호와 봉제사의 실태, 토지의 관리 상태, 토지에 대한 수익이나 보상금의 수령 및 지출 관계, 제세공과금의 납부 관계, 등기필증의 소지 관계, 그 밖의 모든 사정을 종합적으로 검토하여야 한다(대법원 1998.9.8. 선고 98다13686 판결 등 참조)는 것이 당원의 확립된 견해이다.

다. 위 법리에 비추어 보건대, 이 사건에서는 사정 이전에 원고 종회가 분할전 임야들을 취득한 사실을 직접 증명할 자료를 기록상 찾아볼 수 없으므로, 결국 이 사건 각 임야가 원고 종회의 실질적 소유로서 소외 1에게 명의를 신탁하여 사정을 받았는지 여부 등은 위 법리에서 들고 있는 여러 간접자료를 살펴 사정 이전부터 원고 종회 소유였을 것으로 인정할 수 있는지 여부 및 반대되는 사실의 자료가 있는지 여부에 의하여 판단하여야 할 것이다.

　라. 그러므로 위 간접자료들을 기록에 비추어 살펴보면, ① 원고 종회는 함양 박씨 10세손인 000을 공동선조로 한 종중으로서, 이 사건 사정 이전부터 매년 음력 10. 11. 위 000의 시제를 봉행하고, 음력 10. 20.에는 이 사건 제4임야 지상에 분묘가 설치된 △△(함양 박씨 16세손)을 비롯한 선조들의 시제를 봉행하는 등 종중으로서 성립되어 활동하고 있었던 사실, ② 소외 1은 원고 종회의 종손은 아니나, 이 사건 사정 당시 원고 종회의 종손은 절손되었고, 소외 1이 원고 종회의 대표자(유사)여서 사정 당시 사정 절차를 주도하였고, 대부분의 원고 종회 소유 부동산에 소외 1이 명의수탁자의 일인으로 들어가 있는 사실, ③ 이 사건 제4 및 6 임야(이들 임야는 위 월곡리 334 임야 10,918평과 같은 리 338 임야 626평에서 분할된 것이다.) 지상에는, 비록 원고 종회 시조 000의 분묘는 설치되어 있지 않으나, 위 △△을 비롯하여 35기 53위나 되는 원고 종원들의 선대들 분묘가 설치되어 있고, 그 중에서도 19기는 이 사건 사정 이전에 설치된 것으로서 가장 앞선 것은 조선시대 숙종 시절(1700년대)에 사망한 선조의 것인 반면, 피고들 선대의 묘는 설치되어 있지 아니하고, 후대의 묘만 1기 설치되어 있을 뿐인 사실, ④ 이 사건 각 임야 주변에 원고 종회 소유의 임야가 적지 아니함에도 유독 이 사건 제4, 6 임야에만 원고 종원들의 분묘가 설치되고, 다른 임야에는 분묘가 거의 설치되지 아니하였는데, 원고 종원들은 소외 1 및 그 아들인 소외 2나 피고들의 허락 없이 위 임야에 분묘를 설치하였고, 피고들은 이에 대하여 이의를 한 적이 없는 사실(피고들이 이를 자인하고 있다.), ⑤ 위 임야에 설치된 분묘들은 원고 종회에서 수호하고, 봉제사도 계속하였는바, 그 관리 상태가 양호한 사실, ⑥ 이 사건 각 임야로 분할되기 전인 1942.경부터 원고 종회가 산지기를 두어 분할전 임야 모두를 관리하였을 뿐 아니라, 일부 임야를 개간, 타에 임대하고 임대료를 받아들여 원고 종회의 운영비 및 분묘 관리비 등으로 사용하였고, 또 분할전 임야들 중 일부가 수로 등으로 편입됨에 따른 보상금이 나오자 원고 종회가 이를 모두 수령하였던바, 소외 1의 아들인 소외 2는 1942. 당시뿐만 아니라 그 생전에 원고 종회의 유사를 9회에 걸쳐 역임하였음에도 원고 종회의 위와 같은 관리에 관하여 전혀 이의를 제기하지 아니하였을 뿐만 아니라, 1956.경 함양 박씨 파보를 편찬할 당시 주간(主幹)을 맡고서는 위 파보에 원고 종회의 선대들의 묘소가 분할전 임야들의 지명인 호동(虎洞)에 있다고 기재하면서 이를 호동선산(虎洞先山) 또는 군서 호동선영(虎洞先塋)이라고 명기하고, 위 함양 박씨 파보 첫머리에 분할전 임야들을 직접 붓으로 자세히 그려 넣기까지 한 사실, ⑦ 일찍이 1694.에 간행된 함양 박씨 대동보 하권, 1788. 발간된

함양 박씨 세보, 1879. 발간된 함양 박씨 세보 현권, 함양 박씨 파보 상권 등에도 분할전 임야들을 호동선영이라고 지칭하며 분할전 임야들에 원고 종회 선대들의 분묘가 위치하고 있는 것으로 기재되어 있는 사실, ⑧ 그리고 늦어도 1990.경부터는 원고 종회가 이 사건 각 임야에 부과되는 제세공과금을 납부한 것으로 보이고, 심지어 영암군의 문서에는 이 사건 각 임야가 원고 종회 소유인 것으로 등재되어 원고 종회에 종합토지세가 부과된 반면, 피고측이 세금을 납부하거나 이의를 제기한 것으로는 보이지 아니하는 사실, ⑨ 피고 1에게 이 사건 제5 내지 7 임야에 관하여 소유권보존등기가 경료되기는 하였으나, 피고 1은 수사기관에서 그 경료 경위에 관하여 "당숙뻘 되는 사람이 전화를 하여 같은 피고 앞으로 등기를 경료하겠다고 하여 승낙하였더니 위와 같이 소유권보존등기가 경료되었다."고 진술하고 있는 사실 등을 인정할 수 있다.

마. 사실관계가 이러하다면 원고 종회는 이 사건 사정 이전에 성립하여 유기적인 실체를 갖추고 활동을 하고 있었다 할 것이고, 이러한 원고 종회의 종원들이 원고 종회 소유의 다른 임야도 주변에 많이 있음에도 불구하고 굳이 이 사건 제4 및 6 임야에만 집중하여 1700년대 이래 계속하여 위와 같이 많은 분묘를 설치한 점, 1942. 이래로 원고 종회가 이 사건 각 임야를 관리하고 타에 임대까지 하였으며 제세공과금을 부담한 점, 그럼에도 피고들의 선대 및 피고들이 분묘 설치나 원고 종회의 관리 등에 대하여 아무 이의를 제기하지 아니한 점 등을 종합하여 보면, 특별한 사정이 없는 한 이 사건 각 임야는 이 사건 사정 이전부터 원고 종회의 실질적 소유였는데 소외 1에게 명의를 신탁하여 사정을 받은 것으로 볼 여지가 많다 할 것이고, 그 후 피고 1 명의의 소유권보존등기도 피고 1이 매수하거나 소외 1의 상속인들에 의하여 증여가 이루어졌다는 등의 사정도 없이 원고 종원 중 1인의 전화 연락만 받았는데 등기가 경료된 것이라면 원고 종회가 명의신탁을 한 것이라는 원고의 주장도 인정될 여지가 있다 할 것이다.

바. 한편, 기록에 비추어 원심이 인정한 반대사실들에 관하여 살펴보면, ① 같은 날 사정받은 원고 종회 소유 다른 임야들에는 종중재산임을 명기하였다고 할지라도, 당시 조선임야조사령에 의한 임야의 소유신고가 반드시 같은 날 일괄하여 이루어졌다거나 종중 소유인 경우에는 반드시 종중 소유임을 명기하였다고 단정할 자료도 없을뿐더러, 원고 종회 소유 다른 임야들과 달리 분할전 임야들만 소외 1 단독 명의로 사정을 받았다고 하더라도, 현재 원고 종회 소유로 등기명의가 회복된 같은 리 132의 1 전(현재는 대지) 318평(사정 당시)도 1914. 12. 31. 원고 종원이었던 박규동 1인 명의로 사정을 받은 사실 등에 비추어 그 사실

만을 가지고 이 사건 분할전 임야들이 원고 종회 소유가 아니라고 단언할 수는 없다 할 것이고, ② 이 사건 제1 내지 4 임야 보존등기 당시 소외 1이 이미 사망한 후임에도 불구하고 그 명의로 보존등기가 경료된 점은 그가 사정명의인인 점 때문으로 보이고, 피고들이 자신들의 재산 보존을 위하여 이른바 특별조치법에 의하여 소유권보존등기를 한다면 피고들의 명의로 하지 굳이 소외 1의 명의로 할 이유가 없어, 이는 오히려 원고 종회의 소유여서 원고 종회가 보존등기를 한 것이라는 원고의 주장을 뒷받침할 자료로 볼 여지도 있어 보이며, ③ 피고 1이 이 사건 제5 내지 7 임야에 관해 이른바 특별조치법에 의하여 보존등기를 할 때 그 임야가 사실상 피고 1 소유라는 취지의 보증서를 작성한 소외 4 등이 원고 종원이라 할지라도, 이 사건 각 임야가 원고 종회 소유인데 피고 1에게 명의신탁을 한 것이라면 원고 종원들이 보증을 하는 것은 당연하다 할 것이어서, 위 사실은 오히려 원고 종회가 피고 1에게 명의신탁을 한 자료로 볼 여지도 있다 할 것이고, ④ 피고들과의 분쟁 발생 후 원고가 소외 5 등을 통해 수차 피고 측에게 선조들의 분묘가 설치된 이 사건 제4임야 등을 매도할 것을 제의한 사실이 있다 할지라도 이는 원만한 분쟁 해결을 위한 것으로 못 볼 바 아니므로, 이 역시 이 사건 각 임야가 원고 종회 소유로서 소외 1 등에게 명의신탁을 한 것이라는 사실을 인정하는 데 방해가 되는 자료라고만 할 수는 없다.

　　사. 그렇다면 이 사건에서는 이 사건 각 임야가 이 사건 사정 이전부터 원고 종회 소유라고 인정할 많은 간접자료가 있고, 반대되는 사실의 자료가 부족한 것으로 보임에도 불구하고, 원심은 그 판시 반대사실만을 들어 이 사건 각 임야가 원고 종회 소유로서 소외 1 및 피고 1에게 명의신탁된 것이라는 증거를 배척하고 달리 이를 인정할 증거가 없다고 판단하여 원고의 주위적 청구를 배척하고 말았으니, 이러한 원심판결에는 종중 소유 토지의 명의신탁 여부에 관한 법리를 오해하였거나 채증법칙에 위반하여 사실을 오인함으로써 판결 결과에 영향을 미친 위법이 있다 할 것이다. 이 점을 지적하는 상고이유는 이유 있다.

[판결 1]에 관하여 생각할 점

1. 위 판결은 종중이 부동산에 관한 소유권명의를 종원에게 신탁하였는가를 다룬다. 그런데 원심과 대법원은 동일한 사실관계에 기초하여 각각 다른 결론에 이르렀다. 원심이 주목한 사실관계는 무엇인가? 한편 대법원이 주목한 사실관계는 무엇인가? 어떠한 평가가 정당하다고 생각하는가?

2. 종중의 명의신탁 여부를 판단하는 요소 중 「명의신탁 당시 종중이 성립하여 유

기적인 실체를 갖추고 활동을 하고 있었는지 여부」가 있다. 그런데 대법원 판
례에 따르면 종중은 자연발생적 집단으로서 특별한 조직행위를 필요로 하는 단
체가 아니고, 규약이나 대표자, 특정한 명칭 등이 반드시 요구되는 것도 아니다
(대판 1995.11.14, 95다16103; 대판 1996.3.12, 94다56999 등 다수). 즉 종중의 유기적인
실체나 실제적인 활동은 종중의 성립요건이 아니라는 것이다. 그런데도 명의
신탁을 긍정하는 요소로서 「유기적인 실체」와 「활동」을 요구하는 이유는 무엇
인가?

2. 명의신탁 법리의 전개

(1) 법리의 적용 범위 확장

대법원은 이와 같이 법적인 불비로 불가피하게 행하여진 사안 유형에서
비롯된 법리에 「명의신탁」이라는 이름을 붙여 통상의 신탁과는 구별되는 독자
적인 법개념으로 자리 잡게 하였다.[14] 그리고 그것을 종중 기타 관습상 단체의
부동산 소유라는 범위를 훨씬 넘어서 적용하였다.

예를 들어, 후술하는 바와 같이 1필의 토지 중 특정 일부를 매도하면서
지분이전등기를 한 이른바 구분소유적 공유를 매도인과 매수인 상호간의 명의
신탁으로 구성하였고, 나아가 애초의 매도인과 매수인 사이뿐만 아니라 그로부
터의 전전양수인 사이에도 명의신탁관계를 인정한다.[15] 또한 토지의 소유자가
그 일부를 매도하였으나 이전등기는 매수인의 청구가 있으면 분할해 주기로
하여 등기를 매도인 앞으로 그대로 둔 경우에도 명의신탁관계가 성립한다고 한
다.[16] 나아가 이러한 명의신탁의 법리는 비단 부동산뿐만 아니라 공부에 의하
여 소유관계가 표시되는 동산이나 주식, 채권 등에도 광범위하게 적용된다.[17]

---

14) 「명의신탁」의 용어가 정면으로 대법원판결에 등장하는 것은 대판 1965.5.18, 65다512에
  서부터라고 여겨진다.
15) 대판 1962.2.22, 4294민상1025 이래 그러하다.
16) 대판 1974.9.24, 74다1204; 대판 1987.2.24, 86다카2273.
17) 가령 선박(대판 1988.11.8, 87다카2188), 주식(대판 2004.3.26, 2002다29138), 자동차(대
  판 2007.1.11, 2006도4498), 예금채권명의(대판 2001.1.5, 2000다49091. 한편 차명예금거
  래의 예금주의 판단에 관한 대판(전) 2009.3.19, 2008다45828도 참조)가 그러하다. 하지
  만 공부상 소유관계가 공시되지 않는 동산에 관하여는 명의신탁이 성립할 여지가 없다
  (대판 1994.10.11, 94다16175).

(2) 내부적 소유권 인정에 따른 법리의 전개

앞서 본 대로 판례가 전개하는 명의신탁법리의 특징은 「내부적 소유권」을 인정하는 데 있다. 그러므로 신탁자는 수탁자에 대하여 소유권의 확인을 구할 수 있고,[18] 신탁자는 명의신탁을 해지한 경우에 수탁자에 대하여 그 해지로 인한 채권적 등기정정청구권과는 별도로 소유권에 기한 물권적 등기정정청구권을 가지고[19] 이 후자의 권리는 소멸시효에 걸리지 않으며,[20] 수탁자의 목적물 점유는 타주점유라고 한다.[21]

그 외에도 신탁자는 목적물을 자신 또는 제3자에 의하여 사용수익할 수 있다. 그러므로 수탁자는 신탁자로부터의 임차인 등과 같이 신탁자의 의사에 기하여 목적물을 점용하는 사람에 대하여 그 인도나 사용이익의 부당이득반환을 청구하지 못한다. 또한 신탁자는 수탁자로부터 처분수권을 받았다고 할 것이므로, 신탁자로부터 부동산을 매수하여 수탁자의 협력에 기하여 소유권등기를 얻은 사람은 소유권을 유효하게 취득한다.[22] 같은 이유로 신탁자에게 아무런 부담이 지워지지 않은 채 재산이 수탁자에게 명의신탁된 경우에는 특별한 사정이 없는 한 그 재산의 처분 기타 권한행사에 있어서 신탁자가 수탁자의 명의를 사용하도록 포괄적으로 허용되었다고 봄이 상당하다.[23] 따라서 신탁자가 신탁재산의 처분에 관하여 수탁자 명의의 매매계약서, 등기위임장 등을 작성하였더라도 사문서위조등 행사죄가 성립하지 않는다.[24]

(3) 명의신탁관계의 종료

명의신탁관계는 명의신탁약정에서 정한 사유에 의하여 종료되지만, 그에 관한 약정이 없으면 명의신탁관계의 목적에 반하지 않는 범위에서 위임에 관

---

18) 대판 1977.10.11, 77다1316 등.
19) 대판(전) 1980.12.9, 79다634. 나아가 이 두 개의 등기정정청구권은 각각 별개의 소송물을 이룬다고 한다. 그러나 그 후 대판 1982.8.24, 82다카416은 명의신탁을 해지하더라도 외부관계에 있어서 부동산 소유권은 여전히 수탁자에게 있다고 한다. 결국 1980년 전원합의체 판결은 신탁자는 수탁자에 대한 내부관계에서 내부적 소유권에 기한 물권적 등기정정청구권을 가진다는 취지로 이해해야 한다.
20) 대판 1976.6.22, 75다124; 대판 1991.11.26, 91다34387 등.
21) 대판 1976.9.28, 76다594 등.
22) 대판 1988.9.13, 86다카1332; 대판 1996.8.20, 96다19581도 참조.
23) 대판 1983.10.25, 83도1213.
24) 대판 1983.10.25, 83도1213.

한 규정을 준용하여 그 종료 여부를 판단한다. 명의신탁약정의 주된 종료 원인
은 해지이다. 신탁자는 수탁자에 대하여 명의신탁약정을 해지하고 그 신탁재산
의 반환을 구할 수 있다.[25] 해지는 신탁자의 의사표시와 그 도달에 의하여 이
루어지는데, 그 해지가 묵시적으로 이루어졌다고 보아야 하는 경우도 있다. 한
편 명의신탁에서는 그 당사자 일방이 사망해도 신탁관계가 종료하지 않으며,
상속인들 사이에 명의신탁관계가 이어진다.[26]

3. 명의신탁의 유형

(1) 양자간 명의신탁

양자간 명의신탁은 명의신탁자와 명의수탁자의 두 당사자가 관여하는 명
의신탁으로 명의신탁의 가장 전형적인 모습이다. 즉 부동산 소유자인 A(신탁
자)가 B와의 명의신탁약정에 기하여 자신의 부동산 소유명의를 B(수탁자)에게
이전하는 것이다.

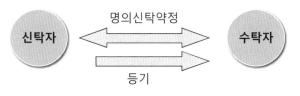

[그림 1] 양자간 명의신탁

(2) 삼자간 명의신탁

삼자간 명의신탁(이는 「중간생략등기형 명의신탁」이라고도 한다)은 A(매도인)
로부터 부동산을 매수한 B(신탁자＝매수인)가 C(수탁자)와 합의하여 A로부터 C
앞으로 직접 소유권등기를 이전하되 B가 목적물을 자신의 소유물과 같이 지배
하는 명의신탁 유형이다. 이때에는 B와 C 사이에 명의신탁관계가 있다.

---

25) 이때 명의신탁해지에 기한 채권적 정정청구권과 내부적 소유권에 기한 물권적 정정청구
    권을 모두 가지는 것은 위에서 살펴본 바와 같다.
26) 대판 1967.11.21, 67다1844 등. 한편 위임에서 당사자의 사망을 종료사유로 정하는 제
    690조는 적용되지 않는 것인가? 이는 임의규정이므로 신탁약정에서는 통상 반대특약이
    있다고 하면 족하다.

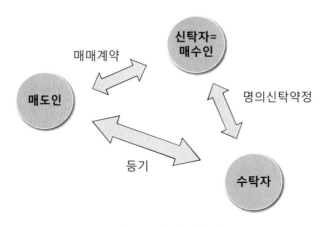

[그림 2] 삼자간 명의신탁

(3) 계약명의신탁

나아가 판례는 계약명의신탁도 인정한다. 이는 A(신탁자)가 B(수탁자＝매수인)로 하여금 C(매도인)와의 부동산매매계약을 통하여 B 명의로 부동산을 취득하게 하는 경우의 명의신탁관계이다. 이때 신탁자는 A이지만, 부동산매매계약의 당사자는 B와 C이다.[27] 이처럼 계약명의신탁에서는 신탁자가 부동산매매계약의 당사자가 아니라는 점에서 신탁자가 부동산매매계약의 당사자인 삼자간 명의신탁과 구별된다.[28] 다만 이때 부동산매매계약의 당사자가 B라고 하려면 우선 계약당사자 확정작업을 통해 B가 당사자로 인정되어야 한다. 후술하는 바와 같이 계약명의신탁은 부동산실명법 제4조 제2항 단서에서 다른 유형의 명의신탁과 달리 명의신탁약정이 유효한 경우가 있으므로 이를 구별하여 논할 실익이 있다.

---

27) 예를 들면 대판 1989.11.14, 88다카19033(L 공사가 분양하는 공단토지의 수분양자격을 갖추지 못하는 원고가 N 회사의 이름을 빌려 그 명의로 L 공사와의 사이에 분양계약을 체결한 사안에서, "L 공사와의 관계에서는 분양계약명의인인 N 회사가 계약당사자이고, 원고는 N 회사와의 내부관계에서만 자신이 피분양자임을 주장할 수 있는 것이므로 원고와 N 회사와의 사이에서는 명의신탁관계가 성립한다"); 대판 1993.4.23, 92다909 등. 나아가 판례는 아파트 수분양자가 타인과 명의신탁약정을 맺으면서 대내적으로는 수분양권을 계속 보유하되 대외적으로는 수분양자의 지위를 명의수탁자에게 이전하는 계약인수약정을 체결하고 명의신탁의 존재를 모르는 분양자가 동의 내지 승낙을 한 경우에도 계약명의신탁의 법리를 적용한다(대판 2015.12.23, 2012다202932).
28) 대결 2013.10.7, 2013스133.

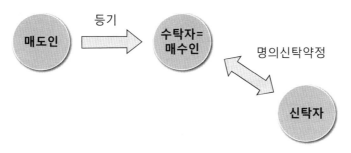

[그림 3] 계약명의신탁

4. 명의신탁에 대한 법적 규제

(1) 부동산에 관하여 타인의 명의를 빌려 소유권이전등기를 행하는 것에 대하여는 이전부터 규제가 이루어져 왔다. 명의신탁은 조세부과나 강제집행을 면하기 위한 비난받을 만한 의도에서 행하여지는 경우가 많았기 때문이다. 또한 명의신탁은 경제적 이해관계와 법적인 이해관계의 주체를 분리시킨다. 따라서 양 주체가 일치한다는 것을 전제로 하여 일정한 행위를 유도하게 하는 각종 정책(예컨대 부동산 소유의 편중을 막기 위하여 부동산 소유자에게 중과세를 부과함으로써 1인이 다수의 부동산을 소유하지 않게 하는 정책)의 효과를 왜곡시키는 문제도 있다.

(2) 이러한 문제를 막기 위한 규제의 일환으로 우선 명의신탁을 수탁자에 대한 증여로 보아 이에 대하여 증여세를 부과하는 세법 규정이 시행된 바 있다.[29] 그 후 부동산등기특별조치법(1990년 8월 1일의 법률 제4244호)은 "조세부과를 면하려 하거나 다른 시점 간의 가격변동에 따른 이득을 얻으려 하거나 소유권등 권리변동을 규제하는 법령의 제한을 회피할 목적으로 타인의 명의를

---

29) 1981년 12월 31일의 법률 제3474호로 신설된 상속세법 제32조의2 제1항은 "제3자 명의로 등기 등을 한 재산에 대한 증여의제"라는 표제 아래 명의신탁에서 일률적으로 수탁자에의 증여를 의제하고 있다. 이에 대하여 헌재결 1989.7.21, 89헌마38은 이 규정은 조세회피의 목적이 없음이 명백한 경우에는 이를 증여로 보지 않는다고 해석하는 한에서만 합헌이라는 한정합헌결정을 하였다. 이 규정은 1990년 12월 20일의 법률 제4805호에 의하여 대체로 위 헌법재판소의 결정취지대로 개정되었는데, 1996년 12월 30일의 법률 제5193호로 전문개정된 「상속세 및 증여세법」에서는 토지와 건물에 대한 명의신탁이 증여의제의 범위에서 제외되었다. 뒤에서 보는 부동산실명법의 시행으로 명의신탁에 과징금(동법 제5조 제1항)이 부과되는 데 따라 이중처벌을 피하기 위한 것이라고 한다.

빌려 소유권이전등기를 신청하여서는 아니된다"고 정하고, 이에 위반한 자에게 형사처벌을 부과하였다(제7조, 제8조 제3호). 그런데 이 규정이 강행법규인지에 대하여는 논의가 있었으나, 판례는 강행법규가 아니라고 하여[30] 여전히 명의신탁약정이 유효하다는 태도를 취하였다. 이로 인하여 부동산등기특별조치법의 시행에도 불구하고 명의신탁은 계속 횡행하였다.

(3) 1995년 3월 30일의 법률 제4944호로 「부동산 실권리자 명의 등기에 관한 법률」(이하 「부동산실명법」)이 제정되어 동년 7월 1일부터 시행되었다. 이는 명의신탁이 그 자체로 윤리에 반하여 금지되어야 할 것은 아니나, 조세의 포탈, 강제집행의 면탈 또는 법령이 정하는 부동산거래에 관한 각종 제한의 회피에 오용될 위험이 있으므로 정책상 이를 막기 위하여 마련된 것이다.[31] 한편 이 법은 기본적으로 명의신탁에 관한 재판 실무의 법적 이해, 특히 「내부적 소유권」 등의 개념을 전제로 하면서(제2조), 원칙적으로 명의신탁약정과 그에 기한 물권변동의 사법적 효력을 부인한다(제4조).[32] 이는 위에서 살펴 본 종전의 판례법리를 실정법률에 의하여 근본적으로 수정하는 것이다.[33] 다만 이는 어디까지나 부동산 명의신탁에 관한 것이므로 공부상 소유관계가 표시되는 동산이나 주식이나 채권 등의 명의신탁에 대하여는 여전히 종전의 판례 법리가 적용된다.

---

30) 대판 1993.8.13, 92다42651 등.

31) 대판 2003.11.27, 2003다41722 참조.

32) 부동산실명법 제4조의 해석에 대하여는 양창수, "부동산실명법의 사법적 규정에 의한 명의신탁의 규율", 민법연구 5, 1999, 135 이하 참조.

33) 그 외에 명의신탁에 대한 과징금, 이행강제금 등 행정제재, 나아가 형사처벌을 과한다(제5조 내지 제7조). 또한 위 법 시행 당시 이미 행하여진 기존의 명의신탁에 대하여도 그 시행일로부터 1년의 기간 내에 「실명등기」로 전환할 것을 명하고, 그 기간 내에 실명전환이 없으면 그에 제4조 내지 제6조를 적용한다(제11조, 제12조). 실명전환에 관한 재판례에 대하여는 양창수, "명의신탁부동산의 실명전환", 민법연구 6, 2001, 187 이하 참조.

Ⅲ. 부동산실명법상의 명의신탁

1. 명의신탁약정 무효의 원칙과 그 예외

(1) 명의신탁약정 및 이에 기한 물권변동의 무효

(가) 부동산실명법에 따르면 명의신탁약정은 무효이고, 나아가 그에 기하여 행하여진 물권변동도 원칙적으로 무효이다(제4조). 이는 강행규정이므로 명의신탁약정을 유효하다고 보았던 종전 판례의 태도는 더 이상 타당하지 않게 되었다. 그러므로 종전 판례이론은 부동산실명법 제4조의 적용을 받지 않는 경우에만 예외적으로 적용된다.

(나) 명의신탁약정 무효의 원칙은 명의신탁의 모든 유형에 적용된다. 명의신탁약정이 무효이므로 수탁자는 이에 기하여 자신에게 소유명의를 이전하라고 청구할 권리도 없고, 목적물을 보유하거나 관리할 의무도 부담하지 않는다. 신탁자와 수탁자 사이에 사실상의 위탁관계가 존재할 수는 있으나, 이는 법적으로 보호할 만한 신임관계에 해당하지 않으므로 수탁자가 부동산을 임의로 처분하더라도 횡령죄가 성립하지 않는다.[34] 명의신탁약정이 무효이므로 그 유효성을 전제로 한 명의신탁약정의 해지는 가능하지도, 필요하지도 않다. 따라서 명의신탁약정해지를 원인으로 한 소유권이전등기청구권은 발생하지 않고, 이를 보전하기 위한 가등기도 무효이다.[35] 한편 계약명의신탁의 경우 신탁자가 수탁자에게 부동산매수자금을 지급하는 경우가 많은데, 이때에도 신탁자와 수탁자 사이의 명의신탁약정이 무효이므로 위 금전은 부당이득으로서 신탁자에게 반환되어야 한다.[36] 이 경우 신탁자의 요구에 따라 수탁자가 그 부동산 소유명의를

---

34) 대판(전) 2021.2.18, 2016도18761.

35) 부동산실명법 제2조 제1호가 이를 규정하고 있다. 그 이외에 대판 1998.12.11, 98다43250, 대판 2010.12.23, 2009다97024 등 참조.

36) 대판 2005.1.28, 2002다66922; 대판 2010.10.14, 2007다90432. 이는 위임사무 처리를 위하여 미리 지급된 비용인데, 명의신탁약정의 무효로 그 위임계약이 효력을 잃었으므로 반환되어야 하고, 그 자금으로 구입한 부동산 자체를 반환할 것이 아니다. 이때 신탁자가 부동산을 점유하더라도 수탁자에 대하여 가지는 부당이득반환청구권에 기하여 유치권을 행사할 수 없다(대판 2009.3.26, 2008다34828). 한편 대판 2002.12.26, 2000다21123은 부동산실명법 시행 전의 계약명의신탁에 대하여 유예기간 내에 실명전환이 이루어지지 않아서 법 제4조 제1항의 적용을 받는 경우에 부동산 그 자체를 부당이득으로 반환해야 한다고 판시하였으나, 의문이다. 이와 관련해서 대판 2009.7.9, 2009다23313은 이러한 부

이전하기로 하는 약정을 하였거나 그 이전등기청구권을 확보하기 위해 가등기를 마친 뒤 본등기를 마쳐 주기로 약정하였더라도 이러한 약정 역시 무효이다.[37]

(다) 명의신탁약정에 기하여 행하여진 물권변동도 무효이다. 따라서 수탁자 명의로 소유권이전등기가 이루어지더라도 그 소유권 변동이 발생하지 않으므로 수탁자는 대외적으로 소유권을 행사할 수 없다. 양자간 명의신탁의 경우 신탁자는 여전히 소유권을 가지므로 이에 기초하여 그 소유명의의 말소를 구할 수 있다.[38] 신탁자의 수탁자에 대한 등기 이전은 특별한 사정이 없는 한 불법원인급여(제746조 본문)에 해당하지 않는다.[39] 삼자간 명의신탁의 경우 부동산의 본래 소유자(매도인)가 여전히 소유자이므로 수탁자를 상대로 등기말소를 구할 수 있다. 신탁자는 소유자가 아니므로 수탁자가 신탁받은 부동산을 임의로 처분하더라도 신탁자에 대한 관계에서 횡령죄가 성립하지 않는다.[40] 그러나 민사상 불법행위책임을 부담할 수 있다.[41] 판례는 수탁자의 처분대금을 부당이득으로 신탁자에게 반환하여야 한다고 한다.[42] 신탁자는 부동산의 본래 소유자(매도인)에 대한 소유권이전등기청구권을 보전하기 위해 그를 대위하여 수탁자 명의 등기말소를 구한 뒤 다시 부동산매매계약에 기해 매도인에게 자신에 대한 소유명의의 이전을 구할 수 있다.[43] 이때 신탁자 겸 부동산 매수인이 목적물을 인도받아 계속 점유하는 경우 소유권이전등기청구권의 소멸시효는 진행되지 않는다.[44]

당이득 반환을 위한 명의신탁자의 등기청구권은 명의신탁자가 그 부동산을 점유·사용하여 온 경우에도 10년의 소멸시효에 걸린다고 한다(부동산을 인도받아 점유 중인 매수인의 등기이전청구권의 소멸시효 진행을 부정하는 대판(전) 1976.11.6, 76다148과 비교하라). 이와 달리 삼자간 명의신탁에서 명의신탁자가 부동산을 매수하여 점유하는 경우 부동산 매도인에 대해 가지는 소유권이전등기청구권은 소멸시효에 걸리지 않는다는 대판 2013.12.12, 2013다26647에 유의하라.

37) 대판 2015.2.26, 2014다63315.
38) 신탁자가 여전히 소유권을 가지므로 그로부터 부동산을 양수하되 등기명의만 수탁자로부터 넘겨받은 경우에도 그 등기는 실체관계에 부합하는 유효한 등기이다. 대판 2008.12.11, 2008다45187.
39) 대판 2003.11.27, 2003다41722; 대판(전) 2019.6.20, 2013다218156.
40) 대판(전) 2016.5.19, 2014도6992.
41) 대판 2021.6.3, 2016다34007.
42) 대판(전) 2021.9.9, 2018다284233.
43) 대판 1999.9.17, 99다21738.
44) 대판 2013.12.12, 2013다26647.

(라) 물권변동 무효의 원칙은 계약명의신탁과 관련하여 유의할 점이 있다. 부동산실명법 제4조 제2항 단서에서는 계약명의신탁에 있어서 계약상대방이 명의신탁사실을 알지 못하였다면 물권변동이 유효하다고 한다. 이는 물권변동 무효의 원칙에 대한 예외라고 볼 수도 있지만 실상은 그렇지 않다. 계약명의신탁에서 수탁자와 상대방 사이의 계약은 신탁자와 수탁자 사이의 명의신탁약정이 무효라고 하여 당연히 무효가 되는 것은 아니다. 양자는 각각 다른 당사자 사이에 별도로 체결된 다른 계약이기 때문이다. 따라서 수탁자와 상대방 사이의 계약은 유효하고, 이에 기한 수탁자의 물권취득도 유효하다. 그런데 이렇게 되면 신탁자와 수탁자 사이의 명의신탁을 허용하는 셈이 되어 부동산실명법의 입법취지에 반한다. 따라서 동법은 그 입법취지를 살리기 위하여 상대방이 악의인 경우에는 물권변동을 무효로 하되, 상대방이 선의인 경우에는 원칙으로 돌아가 물권변동을 유효하게 하는 것이다. 이에 따르면 A(신탁자)와 B(수탁자) 사이에 명의신탁약정을 체결하고, 이에 기하여 B가 A를 위하여 C(상대방)로부터 부동산을 매수하여 등기를 마친 경우, C가 악의이면 B에게의 소유권이전은 무효이지만, C가 선의이면 B에게의 소유권 이전은 유효하게 된다.[45] 후자의 경우 A가 B에게 매수자금을 제공하였더라도 B가 완전한 소유권을 취득하는 데에는 지장이 없다. 다만 B는 A에게 매수자금 상당액을 부당이득으로 반환할 의무가 있을 뿐이다.[46] 요컨대 위 제4조 제2항 단서는 본래 유효한 물권변동을 일정한 경우(상대방이 악의인 경우) 정책적으로 무효화한다는 점을 선언한 것이다.

(2) 예 외

그런데 명의신탁약정의 무효원칙에는 예외가 인정된다. 부동산실명법 제2

---

45) 이때 B는 C뿐만 아니라 A와의 관계에서도 완전한 소유자의 지위에 선다. 따라서 그 부동산을 제3자에게 처분하는 것은 자신의 부동산을 처분하는 것일 뿐 남의 부동산을 처분하는 것이 아니다. 이러한 맥락에서 대판 2000.3.24, 98도4347은 "당해 부동산에 관한 물권변동은 유효하고, 한편 신탁자와 수탁자 사이의 명의신탁약정은 무효이므로, 결국 수탁자는 전소유자인 매도인뿐만 아니라 신탁자에 대한 관계에서도 유효하게 당해 부동산의 소유권을 취득한 것으로 보아야 할 것"이라고 하고, 목적물을 제3자에게 처분한 수탁자의 횡령죄를 부정한다.

46) 대판 2005.1.28, 2002다66922. 다만 B가 그 매수자금반환의무의 이행에 갈음하여 사후적으로 A와의 합의에 기해 A에게 부동산을 양도하고 소유권이전등기를 마쳐주는 것은 원칙적으로 유효하다. 대판 2014.8.20, 2014다30483.

조 제1호에 의하면 양도담보와 가등기담보, 구분소유적 공유관계, 신탁법상 신탁에는 이 법이 적용되지 않는다. 또한 이 법 제8조에 의하면 종중의 명의신탁, 배우자[47]에 대한 명의신탁으로서 조세포탈, 강제집행의 면탈 또는 법령상 제한의 회피를 목적으로 하지 않는 경우에는 명의신탁약정의 무효를 정한 제4조 등이 적용되지 않는다. 양도담보와 가등기담보에 대해서는 가등기담보법, 신탁법상 신탁에는 신탁법이 각각 적용되고, 나머지 경우에는 여전히 종전 판례의 법리가 적용된다.

2. 제3자에 대한 관계

명의신탁약정과 명의신탁등기의 무효는 "제3자에게 대항하지 못한다"(제4조 제3항). 따라서 명의신탁된 부동산을 취득하거나 그 부동산에 권리를 설정한 제3자는 자신의 권리를 잃지 않는다. 또한 제3자가 명의신탁된 부동산의 소유권을 유효하게 취득하면 명의신탁자는 소유권을 상실한다.[48] 법문(法文)은 보호대상을 "선의의 제3자"로 한정하지 않는다. 따라서 제3자가 악의인 경우에도 그에게 명의신탁의 무효로써 대항하지 못한다.[49] 그러나 제3자가 수탁자의 배신적 처분을 권유하거나 그에 적극 가담하였다면 그 원인행위가 공서양속에 반하여 무효가 될 수 있다.

위에서의 「제3자」는 민법 제108조 제2항에서의 제3자와 다를 바 없다. 즉 제3자는 수탁자의 소유명의를 기초로 새로운 이해관계를 맺은 사람을 말한다.[50] 따라서 수탁자는 목적물의 소유자가 아님에도 불구하고 제3자에 대한 목적물 처분이 유효하게 되어,[51] 그로부터의 양수인, 저당권을 설정받은 사람 등은 적법하게 권리를 취득한다. 나아가 판례에 따르면, 목적물을 압류 또는 가압류한 수탁자의 채권자, 파산관재인도 여기서의 제3자에 해당한다.[52]

---

47) 사실혼의 배우자는 여기에서 제외된다. 대판 1999.5.14, 99두35.
48) 대판 2013.2.28, 2010다89814.
49) 대판 2009.3.12, 2008다36022.
50) 대판 2007.12.27, 2005다54104.
51) 다만 이때 수탁자는 신탁자 소유의 목적물을 처분한 것이므로 횡령죄의 책임을 진다(대판 2000.2.22, 99도5227 등).
52) 대판 2009.3.12, 2008다36022. 한편 대판 2004.8.30, 2002다48771은 여기서의 「제3자」란 명의수탁자가 물권자임을 기초로 그와 새로운 이해관계를 맺은 자만을 말한다고 하고, 신탁자와 부동산에 관한 계약을 체결하고 등기명의만을 명의수탁자로부터 경료받은 제3

그러나 이는 전자(前者)가 가지는 무권리의 흠을 치유할 뿐이므로, 수탁자로부터의 가장양수인이나 공서양속에 반하여 양도를 받은 자와 같이 그 권리취득이 다른 이유로 무효인 사람은 이에 해당하지 않는다. 한편 판례는 전득자, 예를 들면 수탁자로부터의 가장양수인으로부터 다시 유효한 원인에 기하여 권리를 취득한 사람 등은 여기서의 제3자에 해당하지 않는다고 한다. 이에 관하여는 아래의 판결을 참고하라.

[판결 2] 명의신탁과 제3자: 대판 2005.11.10, 2005다34667

1. 상고이유 제1점에 관하여

부동산 실권리자명의 등기에 관한 법률(이하 '부동산실명법'이라 한다) 제4조 제3항에서 "제3자"라고 함은 명의신탁 약정의 당사자 및 포괄승계인 이외의 자로서 명의수탁자가 물권자임을 기초로 그와의 사이에 직접 새로운 이해관계를 맺은 사람을 말한다고 할 것이므로, 명의수탁자로부터 명의신탁된 부동산의 소유명의를 이어받은 사람이 위 규정에 정한 제3자에 해당하지 아니한다면 그러한 자로서는 부동산실명법 제4조 제3항의 규정을 들어 무효인 명의신탁등기에 터 잡아 마쳐진 자신의 등기의 유효를 주장할 수 없고, 따라서 그 명의의 등기는 실체관계에 부합하여 유효라고 하는 등의 특별한 사정이 없는 한 무효라고 할 것이다(대법원 2003.5.16. 선고 2003다11714 판결, 2004.8.30. 선고 2002다48771 판결 등 참조).

그리고 위와 같이 등기부상 명의수탁자로부터 소유권이전등기를 이어받은 자의 등기가 무효인 이상, 부동산 등기에 관하여 공신력이 인정되지 아니하는 우리 법제 아래서는 그 무효인 등기에 기초하여 새로운 법률원인으로 이해관계를 맺은 자가 다시 등기를 이어받았다면 그 명의의 등기 역시 특별한 사정이 없는 한 무효임을 면할 수 없다고 할 것이고, 이렇게 명의수탁자와 직접 이해관계를 맺은 것이 아니라 부동산실명법 제4조 제3항에 정한 제3자가 아닌 자와 사이에서 무효인 등기를 기초로 다시 이해관계를 맺은 데 불과한 자는 위 조항이 규정하는 제3자에 해당하지 않는다고 보아야 할 것이다.

원심이 같은 취지에서, 이 사건 토지는 원래 피고(반소원고, 이하 '피고'라 한다)가 매입하여 등기한 피고의 소유로서 이를 소외 1에게 명의신탁한 것인데, 소외 2가 자신이 실제 소유자라고 주장하면서 소외 1을 상대로 이전등기 소송

자는 이에 해당하지 않는다고 한다. 그러나 그러한 제3자의 등기는 실체관계에 부합하여 유효하다.

을 제기하고는 소외 1의 인낙을 받아 그 소유권을 취득하였으므로, 소외 2는 명의수탁자 소외 1이 이 사건 토지의 소유자임을 기초로 소유권을 이어받은 것도 아니고 소외 1과 사이에 새로운 법률원인으로 이해관계를 맺은 것도 아닐 뿐 아니라, 소외 2의 소유권취득은 피고로부터 소유명의를 수탁받은 소외 1의 배임행위에 적극 가담하여 이루어진 반사회적 법률행위에 해당하여, 소외 2는 부동산실명법 제4조 제3항에 정한 제3자에 해당한다고 할 수 없어 소외 2 명의의 등기는 무효이고, 나아가 소외 2로부터 이 사건 토지를 증여받은 원고(반소피고, 이하 '원고'라 한다)도 무효인 소외 2명의의 등기를 승계하였을 뿐 명의수탁자인 소외 1과 사이에 새로운 이해관계를 맺은 것이 아니어서 역시 위 규정에 정한 제3자에 해당하지 아니하므로 이 사건 토지에 관한 원고 명의의 등기도 무효라고 판단한 것은, 앞서 본 법리에 따른 것으로 모두 정당하다고 수긍이 가고, 거기에 상고이유에서 지적하는 바와 같이 부동산실명법 제4조 제3항에 정한 제3자에 관한 법리를 오해한 위법이 있다고 할 수 없다.

　　(이하 생략)

[판결 2]에 관하여 생각할 점

1. 이 판결의 사실관계를 이해하려면 우선 「청구의 인낙」을 이해할 필요가 있다. 이에 관하여는 민사소송법 시간에 자세하게 배우겠지만, 이 사건의 사실관계 이해에 필요한 범위 내에서 간단하게 설명한다. 청구의 인낙은 피고가 원고의 소송상 청구가 이유있다고 자인하는 법원에 대한 일방적인 의사표시이다. 이러한 의사표시가 있으면 청구의 인낙조서가 작성되고, 그 조서는 확정판결과 동일한 효력이 있다. 이 사건에서 소외 1은 소유명의만 가지고 있을 뿐 소유자가 아님에도 불구하고, 소외 2가 소외 1을 상대로 제기한 소송에서 청구를 인낙함으로써 결과적으로 소외 2가 승소확정판결을 받은 것과 같은 상태를 작출한 것이다. 원심은 이를 반사회적 행위로 보았다.

2. 이 판결에 대한 비판적 고찰로는 양창수, "전득자는 부동산실명법 제4조 제3항의 「제3자」에 해당하는가?", 민법연구 9, 2007, 101 이하의 아래 논지를 참고하라. 이 판결은, 전자의 등기가 무효인 이상, 부동산등기에 관하여 공신력이 인정되지 아니하는 우리 법제 아래서 그 등기에 기초하여 새로운 이해관계를 맺은 자의 등기 역시 특별한 사정이 없는 한 무효임을 면할 수 없다고 한다. 그러나 바로 그처럼 등기에 공신력이 없는 경우를 포함하여 전자의 무권리로 인하여 권리를 취득하지 못하는 사람을 특별히 보호하려는 것이 부동산실명법 제4

조 제3항 또는 민법 제108조 제2항을 포함한 제3자 보호규정 일반의 중요한 존
재이유이다. 따라서 위와 같은 경우에도 전자의 무권리의 흠이 위 규정에 의하
여 치유된다고 하지 못할 이유가 없으므로, 위 판결의 타당성은 의문스럽다.

Ⅳ. 상호명의신탁

1. 개 관

본래 1필지의 토지 중 위치·평수가 특정된 일부를 양수하였다면 그 일부
를 분필절차에 의하여 독립된 부동산으로 만든 뒤 소유권이전등기를 하는 것
이 원칙적인 모습이다. 일물일권주의의 원칙상 토지 1필지의 일부에 대한 소유
권이전등기는 불가능하기 때문이다. 그런데 이러한 분필에 따른 소유권이전등
기를 하지 않고, 편의상 그 필지의 전체 평수에 대한 양수 부분의 면적비율에
상응하는 공유지분이전등기를 하는 경우가 있다. 예를 들어 A와 B가 100평 토
지를 공동매수하면서, A는 동쪽 50평, B는 서쪽 50평을 각각 단독소유하기로
하였으나, 편의상 등기부상으로는 A와 B가 각각 100평 전체 중 2분의 1 지분
씩을 공유하는 것으로 등기하는 경우이다. 이러한 공유등기는 분필절차의 번잡
함을 피하려고 의도적으로 행해지기도 하고, 일정한 크기 이하의 토지분필이
행정적으로 제한되는 관계로 부득이하게 행해지기도 한다.[53]

이러한 등기가 행하여지면 형식(토지 전체에 대한 공유)과 실질(토지 각 부분
에 대한 단독소유) 사이에 괴리가 발생한다. 판례는 전통적인 명의신탁법리를
확장하여 이를 상호명의신탁으로 구성한다. 위 사례에서 A는 자신이 단독소유
하기로 한 동쪽 50평 부분 중 2분의 1 지분에 관하여 B에게 명의신탁을 하고,
B는 자신이 단독소유하기로 한 서쪽 50평 부분 중 2분의 1 지분에 관하여 A
에게 명의신탁을 하였다고 파악하는 것이다.[54] 물론 A와 B 사이에 명시적으로
상호명의신탁의 합의를 하는 경우는 많지 않다. 하지만 위와 같은 관계를 설정
하기 위해 공유등기를 할 때 A와 B 사이에 묵시적으로 이러한 합의가 있었다
고 보는 것이다. 이때 그 전제로서 토지의 위치와 면적을 특정하여 매수함으로

---

53) 국토이용 제56조 제1항 제4호, 건축 제57조, 집합건물 제8조 및 제19조 등.
54) 대판(전) 1980.12.9, 79다634; 대판 1991.5.10, 90다20039 등.

써 이를 구분소유한다는 기본적 사실관계에 관하여 의사의 합치가 요구되는 것은 당연하다.[55] 부동산실명법 제2조 제1호는 그 효력을 인정하지 않는 일반적인 명의신탁과 달리 이러한 상호명의신탁의 효력을 인정한다. 이를 통하여 형성된 외견상의 공유관계를 구분소유적 공유관계라고 한다(아래에서는 구분소유적 공유자들을 "구분공유자"라고만 한다).

이러한 구분소유적 공유관계는 내부적으로는 구분공유자들이 특정 부분을 구분하여 각각 단독소유하되 외부적으로는 그 소유부분의 일부 지분에 관하여 다른 공유자의 명의를 빌린다는 점에서, 토지 전체에 관하여 지분범위 내에서만 소유하는 일반적인 공유관계와 구별된다. 구분소유적 공유관계는 일반적으로 토지에서 발생하지만 건물에서도 발생할 수 있다.[56] 한편 이러한 공유관계의 용이한 해소를 위하여 절차의 간이화를 주된 내용으로 하는 「공유토지 분할에 관한 특례법」이 1986년부터 3차례에 걸쳐 한시법으로 제정되어 시행된 바 있다.[57]

2. 구분소유적 공유의 대내관계와 대외관계

(1) 구분소유적 공유의 대내관계

(가) 각 구분공유자는 다른 구분공유자에 대한 관계에서는 특정된 전유부분을 단독으로 소유한다.[58] 그러므로 각자의 전유부분을 처분·변경하는 데 다른 구분공유자 전원의 동의를 요하지 않으며(제264조 참조), 그 위에 단독으로 건물을 신축하여 소유할 수 있다. 또 구분공유자는 자신의 전유부분에 대한 다른 구분공유자의 방해에 대하여 배제를 청구할 수 있다. 다른 구분공유자가 토지 전체를 불법으로 점유하면 구분공유자는 그에 대하여 통상의 공유에서는 인정되는 공유물 전부의 반환이 아니라 침해된 전유부분의 인도만을 구할 수 있을 뿐이다.

(나) 전체 면적에 대한 전유부분의 비율보다 적은 지분에 관하여 등기를

---

55) 대판 2005.4.29, 2004다71409. 이러한 의사합치를 부정한 사례로서 대판 2009.3.26, 2008 다44313.
56) 대결 2001.6.15, 2000마2633.
57) 마지막은 2003년 12월 31일의 법률 제7037호로서, 2006년 12월 31일까지 효력을 가졌다.
58) 만약 전유할 위치 및 면적이 특정되지 않으면 구분소유적 공유관계가 성립하지 않는다. 대판 2014.2.27, 2011다42430.

얻은 구분공유자는 다른 구분공유자에 대하여 나머지 지분의 이전등기를 청구
할 수 있다. 반대로 그 비율보다 많은 지분에 관하여 등기를 얻은 경우에 그
과잉지분에 관한 부분은 부실등기로서 정정의 대상이 된다.

(2) 구분소유적 공유의 대외관계

각 구분공유자는 제3자에 대한 관계에서 통상의 공유에서와 다를 바 없다.

(가) 제3자가 물건의 소유권을 침해한 경우에는 구분공유자는 그 침해당
한 것이 자신의 전유부분이 아니더라도 그 배제를 청구할 수 있다.[59] 그 침해
가 불법점유이면, 그 물건을 자신에게 인도할 것을 청구할 수도 있다. 그에 대
한 손해배상이나 부당이득반환에 관하여는 통상의 공유에서와 마찬가지로 자
신의 지분비율로 이를 청구할 수 있다.[60]

(나) 구분공유자로부터 지분 또는 전유부분을 양수한 사람은 여기서 말하
는 「제3자」에 속한다. 그런데 판례는 구분공유자가 지분이전등기의 방법으로
전유부분에 대한 내부적 소유권을 양도할 수 있다는 태도를 취한다.[61] 즉 양도
당사자들 사이에 그러한 내용의 양도합의가 있으면, 구분공유합의의 효력은 다
른 공유자의 별도 동의 없이도 그 양수인에게 승계되어 양수인은 다른 공유자
와 구분공유관계에 들어간다는 것이다. 하지만 구분공유관계를 알지 못하는 사
람이 지분을 양수하였거나, 그 관계를 알았더라도 구분공유관계의 승계를 의욕
하지 않았다면 그 승계가 인정될 여지가 없다. 따라서 그에게 구분공유관계로
대항할 수 없다. 통상의 명의신탁에서 수탁자가 제3자에게 신탁재산을 처분하
면 제3자가 등기된 대로 권리를 취득하듯이, 구분공유관계에서도 제3자는 전유
부분에 대한 단독소유권이 아니라 등기되어 있는 대로 부동산 전체에 대한 공
유지분을 취득한다. 이는 공유지분 위에 설정된 근저당권에 기한 경매절차에서
제3자가 그 공유지분을 매수한 경우[62]에도 원칙적으로 그러하다. 이러한 법리

59) 대판 1994.2.8, 93다42986.
60) 대판 1993.11.23, 93다22326.
61) 대판 1990.6.26, 88다카14366("전유부분이 전전 양도되고 그에 따라 공유지분등기도 전
   전 경료되면, 위와 같이 상호 명의신탁한 지위도 전전 승계되어 최초의 양도인과 전유부
   분의 최후의 양수인 사이에 명의신탁관계가 성립한다") 등 다수의 재판례가 있다.
62) 대판 1991.8.27, 91다3703은 "구분공유관계를 표상하는 지분등기에 근저당권이 설정된
   후 그 실행으로 공유지분을 취득한 경락인은 구분공유관계를 그대로 승계한다"고 하였으
   나, 대판 2008.2.15, 2006다68810, 68827은 "등기부상 공유지분을 특정 부분에 대한 표

는 구분소유적 공유관계를 표상하는 공유지분 위에 근저당권이 설정된 후 구분소유적 공유관계가 해소된 경우에도 적용된다. 따라서 이때 그 근저당권은 종전의 구분소유적 공유지분의 비율대로 분할된 토지들 전부의 위에 그대로 존속하는 것이고, 근저당권설정자의 단독소유로 분할된 토지에 당연히 집중되는 것은 아니다.[63]

(다) 구분공유자의 전유부분이 시효취득되었다면 부동산의 일부에 대한 시효취득에 해당한다. 이때 시효취득자는 구분공유자의 지분 전부에 대하여 이전등기를 청구할 것이 아니라, 공유자 전원에 대하여 그 특정 일부에 대한 각자의 지분에 관하여 이전등기를 청구해야 한다.[64] 한편 B가 A의 전유부분을 시효취득한 후 소유권등기를 마치기 전에 다른 구분공유자들의 지분에 관하여 C 앞으로 이전등기가 행하여졌다면, 이는 점유취득시효 완성 후 소유 명의자가 변동된 경우에 해당한다. 따라서 B는 C에게 자신의 시효완성으로 대항할 수 없다.[65]

3. 구분소유적 공유관계의 해소

구분소유적 공유관계는 그 해소방법이 일반적인 공유관계와 다르다. 일반적인 공유관계는 공유물분할을 통하여 해소되지만, 구분소유적 공유관계는 상호명의신탁의 해지를 통하여 해소된다.[66] 위 사례에서 A는 자신이 단독소유하는 동쪽 50평에 관하여 B에게 명의신탁된 2분의 1 지분에 관하여 명의신탁해지를 원인으로 한 지분등기이전절차의 이행을 구하고, B는 반대로 서쪽 50평

상으로서 이전하는 경우"와 "등기부의 기재대로 1필지 전체에 대한 진정한 공유지분으로 처분하는 경우"를 나누어, 전자의 경우에는 경락인에게 구분소유적 공유관계가 승계되나, 후자의 경우에는 경락인은 부동산 전체에 대한 공유지분을 취득하고 구분소유적 공유관계는 소멸한다고 하면서, 특정 부분에 대한 경매실시의 입증이 없는 한 경매목적물은 원칙적으로 1필지 전체에 대한 공유지분이라고 한다. 경락에 의한 소유권취득이 승계취득이라고 해도, 경매의 대상이 된 것은 어디까지나 근저당권이 설정된 공유지분이고 전유부분에 대한 단독소유권이 아니므로, 구분소유적 공유관계의 외부에 있는 경락인에게 구분공유관계의 당연 승계를 원칙적으로 인정할 것은 아니다. 따라서 이러한 태도는 타당하다.

63) 대판 2014.6.26, 2012다25944.
64) 대판 1997.6.13, 97다1730 등.
65) 대판 2006.10.12, 2006다44753.
66) 대판 2010.5.27, 2006다84171.

에 관하여 지분등기이전을 구함으로써 상호명의신탁이 해소된다.[67] 이때 구분
공유자 상호간의 지분이전등기의무는 동시이행관계에 있다.[68] 물론 쌍방이 모
두 명의신탁을 해지해야 하는 것은 아니다. 위 사례에서 A만 명의신탁을 해지
하여 부분적으로 상호명의신탁관계를 해소하는 것도 가능하다.

[판결 3] 상호명의신탁: 대판(전) 1980.12.9. 79다634

1. 원고의 주청구에 대한 상고에 대하여,

원고는 상고취지로서 원심판결 중 원고의 패소부분의 파기를 구하였으나,
주청구에 관한 패소부분에 대하여는 상고이유서를 제출하지 아니하였으므로, 민
사소송법 제399조에 의하여 위 상고를 기각하기로 하고, 이 부분에 관한 상고비
용은 원고의 부담으로 한다.

2. 원고 소송대리인의 상고이유에 대하여 본다.

제1점에 대하여,

원심판결 이유에 의하면, 원심은 원고의 제1예비적 청구에 대하여 그 청구
원인을 다음과 같이 정리하고 있다. 즉, 소외 1 소유였던 대구시 남구 대명동
2523번지의 4 전 833평은 환지처분에 의하여 원심판결 별지 제3목록 토지(이하
이 건 토지라고 부른다)와 제1목록 토지로 환지되었는데, 아직 환지확정이 되기
전 이 건 토지와 위 제1목록 토지가 위 종전 토지에 대한 환지로 예정지 지정
처분이 되어 있을 때, 소외 2가 위 종전 토지에 대한 환지예정지의 하나인 이
건 토지부분을 특정하여 매수하고, 피고는 다른 환지예정지인 위 제1목록 토지
중의 일부를 위치 특정하여 매수하고, 다만 등기 관계는 당시 위 토지를 분할할
수 없었던 관계로 편의상 소외 2는 위 종전 토지에 관하여 3분의1 지분소유권
이전등기를 경료하고 피고는 위 종전토지에 관하여 833분의 66 지분소유권이전
등기를 경료하여 두었는데, 그 후 위 종전 토지가 이 건 토지와 위 제1목록토지
로 환지처분이 된 후 원고가 소외 2로부터 이 건 토지를 특정하여 매수하였으
며, 한편 환지처분으로 인하여 이 건 토지에 관하여는 위 종전 토지에 관하여
경료되었던 소외 2와 피고의 각 지분이전등기가 등기부에 그대로 전사되었고,
원고는 소외 2가 미처 이 건 토지에 관하여 등기부상 단독 소유로 정리하여 두
지 않았기 때문에 부득이 우선 이 건 토지에 관하여 소외 2 명의의 3분의 1 지
분을 이전 받는 지분이전등기 절차를 경료하였는데, 경위가 이와 같으니 이 건

67) 대판 1996.2.23, 95다8430.
68) 대판 2008.6.26, 2004다32992.

토지는 원고의 단독 소유라 할 것이고, 이 건 토지에 관하여 등기부상 전사되어 있는 피고 명의의 833분의 66 지분은 피고에게 명의신탁된 것에 불과하다고 할 것이니, 피고는 원고가 이미 1973. 7. 7자로 위 명의신탁을 해지한 바 있으니 원고에게 위 날짜 명의신탁 해지를 원인으로 하여 위 지분의 이전등기 절차를 이행할 의무가 있다는 것이다. 원심은 원고의 주장을 위와 같이 파악한 다음에 그 거시의 증거를 종합하여, 원고는 이미 피고를 상대로 1973. 7. 7자 신탁해지를 원인으로 한 위 피고 지분의 이전등기 절차의 이행을 구하는 소를 제기하여 1975. 6. 19 그 승소의 판결을 받은 바 있는데 그 후 피고의 항소에 의하여 위 소송이 대구고등법원에 계속되어 있던 중 1977. 7. 22 위 소를 적법히 취하하였던 사실을 확정한 다음, 원고의 위 제1예비적 청구는 위 취하하였던 전소와 동일한 소로서 부적법하므로 각하를 면할 수 없다고 판시하고 있다. 무릇 여러 사람이 1필의 토지를 각 위치 특정하여 그 일부씩 매수하고 편의상 그 소유권이전등기만은 공유지분이전등기를 경료한 경우에, 관계 당사자 내부관계에 있어서는 각 특정매수 부분의 소유권을 취득하고 각 공유지분등기는 각자 특정 매수한 부분에 관하여 각 상호 명의신탁하고 있음에 지나지 아니한다 할 것이고(대법원 1973.2.28. 선고 72다317 판결 참조), 한편, 원래 단순한 명의신탁에 있어서는 특별한 사정이 없으면 신탁자는 언제든지 신탁을 해지하고, 수탁자에 대하여 신탁관계의 종료 그것만을 이유로 하여 소유 명의의 이전등기 절차의 이행을 구할 수 있다고 할 것은 물론이거니와, 신탁해지를 원인으로 하고 소유권에 기해서도 그와 같은 청구를 구할 수 있다고도 하여야 할 것이고(같은 취지의 대법원 1976.6.22. 선고 75다124 판결 참조), 이와는 견해를 달리하여, 신탁해지만으로써는 그 부동산에 대한 소유권이 당연히 신탁자에게 귀속되는 것이 아니어서 신탁자는 수탁자에게 신탁해지를 이유로 하여서만 그 부동산의 소유권이전등기를 청구할 수 있을 뿐이라는 종전의 당원의 판례(1970.5.12. 선고 70다370 판결)는 본 판결로써 변경하기로 하는바, 이와 같은 법리는 위에서 본 상호명의신탁의 경우에 그대로 적용되고, 또 그와 같은 지위를 승계한 자와의 관계에 있어서도 마찬가지로 적용된다고 봄이 상당하다 할 것이다. 그런데, 기록에 의하면(기록 171장 이하의, 원고의 1978. 11. 14자 청구취지 확장신청서 기재참조), 원고는 위 제1예비적 청구의 원인을 1973. 7. 7자 신탁해지를 원인으로 하고 소유권에 기하여 그 청구를 한다는 취지의 주장을 한 사실이 있음을 알 수 있는바, 그럼에도 불구하고 원심이 원고의 주장하는 바가 위 1973. 7. 7자 신탁해지에 따른 신탁관계의 종료 그것만을 그 청구원인으로 하는 것인지 아니면 위 신탁을 해지하고 소유권에 기하여 그 청구를 하는 것인지를 가려보지 아니하고, 위 제1예비적 청구의 청구원인이 전소의 청구원인과 동일한 것으로 속단한 나머지 이를 부적법한 것이라고 판단하였음은 필경 원고의 주장하는 바를 올바르게 파악하지 못한 채 판결에 이른 위법이 있다 하겠으니, 논지는 이유있어, 원심판결 중 위 제1예비적 청구를 기각한 부분은 파기를 면할 수 없다. 나아가 원심판결 중 위 제1예비적 청구 부분이 파기를 면할 수 없는 이상, 위 제1예비적 청구가 이유없다는 판단 아래 원고의 제2예비적 청구에 대한 심리에 들어가 이를 이유없다고 기각한 원심판결 판단부분 또한 다른 상고이유를 살필 것 없이 파기될 수밖에 없으며, 또 같은 이치로, 제3예비적 청구를 인용한 원심판결부분 역시 파기를 면치 못할 것이다. 이에 원심판결 중 원고의 제1예비적 청구에 대한 부분과 제2예비적 청구에 대한 부분 및 제3예비적 청구에 대한 부분을 모두 파기하고, 이 부분 사건을 원심인 대구지방법원 합의부에 환송하기로 한다.

(후략)

[판결 3]에 관하여 생각할 점

1. 명의신탁도 다른 계약과 마찬가지로 쌍방의 합의가 있을 때 성립한다. 그런데 상호명의신탁에서 관련 당사자들 사이에도 이러한 합의가 존재하는가?

2. 가령 A와 B가 동쪽과 서쪽의 50평씩 구분소유하면서 각각 2분의 1 지분등기를 마친 사례에서, A가 C에게 2분의 1 지분을 이전하여 주면 C가 취득하는 것은 2분의 1 지분인가, 아니면 그 지분이 표상하는 동쪽 50평 부분인가? C가 구분소유적 공유관계를 알았던 경우와 몰랐던 경우에 결과가 달라지는가? 이와 관련하여 대판 1996.10.25, 95다40939와 대판 1993.6.8, 92다18634를 비교하라. 만약 그 지분이 민사집행절차에서 매각대상이었던 경우는 어떠한가? 이와 관련하여 대판 2008.2.15, 2006다68810, 68827을 읽어보라.

3. 구분소유적 공유관계를 해소하기 위하여 어떠한 절차를 거쳐야 하는가? 공유물분할소송을 통하여 해소하는 것도 가능한가? 이와 관련하여 대판 1996.2.23, 95다8430을 읽어보라.

제7장 상린관계

I. 의 의

민법은 서로 인접한 부동산의 이용을 조절하기 위하여 그 소유자들 상호
간의 권리관계를 규정한다(제215조 내지 제244조).[1] 그 권리관계를 「상린관계」
라고 한다. 상린관계는 부동산 소유권의 내용을 이웃 부동산에 대한 소유권 기
타 권리와의 관계에서 법으로 정하는 것이다.

상린관계의 구체적인 내용은 그 성질상 관습이 있으면 이에 따르도록 하
는 경우가 적지 않다(제224조, 제234조, 제237조 제3항, 제242조 제1항 참조). 그러
나 상린관계에 관한 규정은 상린관계에 관한 표준을 정립하는 것일 뿐이고 당
사자들의 자율적인 처리를 배척하는 것은 아니므로, 임의규정에 해당한다.[2] 그
런데 그에 관한 약정은 부동산의 특정승계인이 이를 인수하지 아니하는 한 그
효력이 그에게 당연히 미친다고 할 수 없고,[3] 그러한 의미에서 민법규정과 달
리 정한 약정의 효력은 인적(人的) 범위에 있어서 제한된다. 반면 상린관계에
관한 규정은 당사자가 달리 정하지 않는 이상 모든 사람에게 그 효력이 미친
다는 점에서 의미가 있다.

상린관계에 관한 규정들은 매우 다양한 내용을 포함하고 있다. 그러나 그
가운데에는 현대 사회에서는 그다지 문제되지 않는 것들도 있다. 아래에서는

---

1) 이는 지상권과 전세권에 준용된다(제290조, 제319조). 그리고 이용의 조절이라는 점에서
   임대차에도 준용된다.
2) 대판 1962.11.1, 62다567(제242조에 대하여); 대판 1982.10.26, 80다1634(제244조에 대
   하여).
3) 다만 그 약정을 안 특정승계인은 이를 묵시적으로 인수하였다고 볼 경우가 많을 것이다.

상린관계에 관한 규정들 중 자주 문제되는 주위토지통행권과 생활방해에 대하여만 설명한다.

Ⅱ. 주위토지통행권(제219조 제1항)

1. 개　념

　주위토지통행권이란, 어느 토지와 공로 사이에 그 토지의 용도에 필요한 통로가 없는 경우에 그 토지의 소유자 등이 주위의 토지를 통행할 수 있는 권리를 말한다. 어느 토지(피포위지)가 타인 소유의 토지에 둘러싸여 있거나 공로와의 사이에 험한 낭떠러지가 있는 등의 이유로 타인의 토지를 이용하지 않으면 공로로 출입할 수 있는 방도가 없거나 그 출입에 과다한 비용이 드는 경우에는 그 주위에 있는 타인의 토지(포위지)를 통행하거나 그 위에 통로를 개설하여 공로로 출입할 수 있다는 것이다. 물론 이러한 경우에 피포위지의 소유자는 자신의 토지를 위하여 통행지역권이나 임차권 등을 취득할 것을 시도할 수도 있다. 그러나 그와 같이 별도의 권리를 설정받지 않더라도 주위토지통행권에 관한 규정에 기하여 타인의 토지를 통행에 이용할 수 있다. 즉 주위토지통행권은 당사자의 의사와 무관하게 법률의 규정으로 성립되는 법정통행권이다. 또한 주위토지통행권은 소유권과 독립된 별도의 물권이 아니므로 독립하여 등기할 수도 없다. 아울러 토지가 이전되면 그 토지에 부착된 주위토지통행권도 함께 이전한다.

2. 성립요건

(1) 통로의 부존재

　어느 토지와 공로 사이에 그 토지의 용도에 필요한 통로가 없어야 한다. 여기서 「공로」라 함은 널리 공중의 통행에 공용되는 도로를 말한다. 이는 반드시 도로법상의 도로에 한정되지는 않으며 사도(私道)라도 공중이 자유롭게 통행할 수 있으면 여기에 해당한다. 또한 기존의 통로가 실제로 그 토지의 이용에 적합한 통로로 기능하지 못하고 있는 경우에도 이 요건이 충족된다.[4] 그러

---

[4] 대판 1977.9.13, 77다792; 대판 1992.3.31, 92다1025; 대판 1994.6.24, 94다14193 등. 가령 한 사람이 간신히 지나갈 수 있는 좁은 길이 있는 것으로는 부족하고, 최소한 물건을

나 이미 통로가 있다면 그 통로를 이용하면 될 것이고, 주위 토지를 통하여 공로에 이르는 것이 더욱 편리하다는 이유만으로는 주위토지통행권을 주장할 수 없다.[5] 또한 토지 소유자 자신이 토지와 공로 사이의 통로를 막는 건물을 축조한 경우에도 주위토지통행권은 생기지 않는다.[6] 통로가 필요한지는 토지의 용도를 기준으로 하여 객관적으로 정한다.

(2) 통행불가능 내지 과다한 비용발생

주위의 타인 토지를 통행하지 않으면 공로로 통행할 수 없거나 과다한 비용이 발생해야 한다. 그러므로 통행권의 객체인 주위 토지, 즉 포위지는 타인의 토지라야 한다. 「과다한 비용을 요한다」고 함은 타인 토지의 통행 없이 공로에 출입하기 위하여 들여야 하는 비용이나 노력이 타인 토지의 통행으로 그 타인이 입게 될 불이익에 비하여 사회관념상 용인될 수 없을 정도로 많은 경우를 말한다.[7] 피포위지의 소유자가 주위토지통행권이 인정되기 위해 현실적으로 통행하고 있어야 하는 것은 아니다.

3. 권리주체

이러한 요건이 충족되면 소유자 등은 타인의 토지를 통행하거나 통로를 개설할 권리를 가진다. 소유자 외에도 일반적으로 상린관계의 주체가 되는 지상권자·전세권자·임차인도 이러한 권리를 가진다.[8] 그러나 토지를 사용할 권리가 없는 불법점유자 등에게는 이러한 권리가 인정되지 않는다.[9] 대외적으로 토지 소유자로 취급되지 않는 명의신탁자에게도 주위토지통행권이 인정되지 않는다.[10]

나르는 등 일상생활의 영위에 필요한 통로가 있어야 한다.
5) 대판 1991.4.23, 90다15167; 대판 1995.6.13, 95다1088 등.
6) 대판 1972.1.31, 71다2113.
7) 가령 대판 1970.6.30, 70다639는 원고가 다른 통로를 이용하려면 원고 소유 가옥의 부엌, 방 1칸과 담장을 헐고 새로 대문을 내는 등 근본적인 가옥개조를 해야 하는 사안에서 과다한 비용이 든다고 한다. 한편 대판 1975.6.24, 75다761은 협소한 뒷뜰에서 부엌으로 통하는 길을 통로로 삼게 되어 불편을 준다고 하여 토지의 용도에 적합하지 아니한 통로라 할 수 없다고 한다.
8) 다만 임차인에 대해서는 견해의 대립이 있다.
9) 대판 1976.10.29, 76다1694.
10) 대판 2008.5.8, 2007다22767.

한편 포위지를 현실적으로 점유·이용하는 자는 통행권자의 통행 또는 통로개설을 인용할 의무가 있다. 그 의무를 부담하는 소유자 기타 물권자는 자신의 권리에 기하여 통행의 금지 등 방해제거를 청구할 수 없다.

4. 권리내용

(1) 통행권자는 포위지를 통행하거나 통로를 개설할 권리를 가진다. 가령 모래나 자갈을 깔거나, 계단을 만들거나, 장해가 되는 나무를 제거하는 등의 방법으로 통로를 개설할 수도 있다.[11] 이때 그 개설과 유지의 비용은 통행권자가 부담한다.[12] 그러나 이 권리는 포위지의 소유자의 희생 하에 인정되는 것인데 그 희생은 최소한에 그쳐야 하므로 그에게 가장 손해가 적은 장소와 방법을 선택해야 한다(제219조 제1항 단서). 따라서 피포위지의 소유자가 포위지를 이용하기 위하여 필요한 최소한도의 폭에 대하여 통행권을 인정하는 것이 원칙이다. 여기에서 "최소한도의 폭"은 일반적으로 사람이 주택에 출입하여 다소의 물건을 공로로 운반하는 등 일상생활을 영위하는 데 필요한 정도의 폭을 의미한다. 이는 쌍방 토지의 지형적·위치적 형상 및 이용관계, 부근의 지리현황, 각 토지이용자의 이해득실, 현재의 통행 또는 통로의 실정 기타 제반사정을 고려하여[13] 구체적·개별적으로 판단해야 한다.[14] 또한 토지의 용도에 적합한 범위에서 통행 시기나 횟수, 통행방법 등을 제한하여 인정할 수도 있다.[15]

자주 문제되는 것은 자동차 통행에 필요한 정도로 통행권을 인정할 것인지 여부이다. 토지의 이용방법에 따라서는 이러한 통행권이 꼭 인정되어야 하는 경우도 있겠지만, 제219조 제1항 단서의 정신에 비추어 판례는 단지 토지

---

11) 대판 2003.8.19, 2002다53469는 "통행지 소유자의 이익을 해하지 않는다면 통로를 포장하는 것도 허용된다"고 한다.
12) 대판 2006.10.26, 2005다30993.
13) 대판 1996.11.29, 96다33433, 33440.
14) 대판 1992.4.24, 91다32251은 이러한 취지를 밝히면서, 건축 관계 법령에서 정하는 도로의 폭이나 면적 등과 같은 주위토지통행권이 그대로 인정되는 것은 아니나, 그것은 통행권의 범위와 내용을 정하는 데 하나의 참작요소가 된다고 한다. 또 대판 1994.10.21, 94다16076; 대판 2006.6.2, 2005다70144는 토지의 이용상황에 따라 자동차의 통행이 허용되어야 하는 경우도 없지는 않겠으나 "단지 토지이용의 편의를 위해 다소 필요한 상태라고 여겨지는 정도에 그치는 경우까지 자동차의 통행을 허용할 것은 아니다"라고 하여 보다 소극적인 태도를 취한다.
15) 대판 2017.1.12, 2016다39422.

이용의 편의를 위해 다소 필요한 상태라고 여겨지는 정도라면 이를 부정한
다.[16] 재판례들을 보면 차량의 통행을 허용하는 경우에는 3m 이상, 그렇지 않
은 경우에는 3m 미만 정도로 통행로의 폭을 정하는 경향이 있다.[17]

(2) 일반적으로는 기존의 통로를 이용하는 것이 새로 통로를 개설하는 것
보다는 낫고, 어차피 통로로 쓸 수밖에 없는 부분이 있다면 그곳이 가장 손해
가 적은 장소이기 쉬울 것이다. 그 이외에도 타인의 사생활을 침해할 우려가
있거나 건축 관계 법령 등을 위반하는 결과가 되는 것은 피해야 한다. 한편 통
행로를 정함에 있어서는 현재의 토지의 용법에 따른 이용의 범위에서 정하면
족하고, 장차의 이용상황까지 미리 대비하여 하는 것은 아니다.[18]

(3) 주위토지통행권에 대하여는 수도 등 시설권의 경우와는 달리 사정의
변경에 좇은 통로 등의 변경을 명문으로 허용하고 있지는 않다. 그러나 토지의
효용을 조절한다는 제도의 취지상 이를 허용해야 한다.[19] 나아가 통행권이 발
생한 후에 통행권자의 토지에 접하는 공로가 개설되거나 통행권자가 주위 토
지를 취득하여 주위토지통행권을 인정할 필요성이 없어진 경우에는 통행권이
소멸한다.[20]

(4) 주위토지통행권은 당장 토지를 현실적으로 이용하고 있지 않더라도
현재 토지의 용법에 따를 때 장차 토지 이용에 필요한 범위 내에서도 인정할
수 있다.[21] 다만 현재 토지의 용법에 따른 이용 범위를 벗어나 장차 있을 수도
있는 이용 상황을 미리 대비하여 통행로를 인정할 수는 없다. 예컨대 장래 토

---

16) 대판 2006.6.2, 2005다70144.
17) 대판 1994.10.21, 94다16076에서는 "노폭 2m는 원고 가족이 별다른 방해나 지장을 받지
   않고 통행하기에 충분한 범위"라고 판시하였고, 대판 1996.11.29, 96다33433, 33440은
   "사람이 출입하고, 일상생활을 영위할 가재도구 등의 운반이 가능한 폭 2m 정도로 정함
   이 상당하다"고 한 원심의 판단을 수긍하였다.
18) 대판 1996.11.29, 96다33433, 33440. 이는 통행권 범위 결정의 문제이므로 장래의 이용을
   위해 통행권을 인정할 수 있다는 대판 1988.2.9, 87다카1156의 취지와는 구별해야 한다.
19) 대판 1989.5.23, 88다카10739도 그러한 취지를 설시하고, 주위토지통행권은 사실심변론
   종결시를 기준으로 판단된다고 한다. 또 대판 2004.5.13, 2004다10268은 주위토지의 현
   황이나 구체적 이용상황에 변동이 생긴 경우, 기존의 확정판결 등이 인정한 통행장소와
   다른 곳을 통행로로 삼아 다시 통행권확인 등의 소를 제기하는 것은 위 확정판결 등의
   기판력에 저촉되지 않는다고 한다.
20) 대판 1998.3.10, 97다47118; 대판 2014.12.24, 2013다11669.
21) 대판 1988.2.9, 87다카1156.

지에 건축할 것을 대비하여 건축허가에 필요한 통행로를 미리 확보하기 위한 주위토지통행권은 허용되지 않는다.[22]

(5) 포위지의 소유자 등은 통행을 수인할 소극적 의무가 있을 뿐 적극적으로 통로를 개설하여 줄 의무를 부담하지 않는다.[23] 그러나 수인의 의무라고 해도 어떠한 경우에나 소극적인 부작위로 족한 것은 아니고, 그 통행에 방해가 되는 담장 등 축조물을 설치한 경우에는 그 통행권의 본래적 기능이 발휘되도록 하기 위하여 포위지 소유자가 이를 철거해야 한다.[24] 이때 철거비용은 포위지 소유자가 부담한다. 그런데 대판 2006.10.26, 2005다30993에서는 배수로 철거는 피포위지 소유자가 부담할 성격의 것이라고 한다. 이 두 가지 상반되는 듯한 입장은 "통행방해제거"와 "통행로개설"의 차이로 설명할 수 있을 것이다. 담장은 통행방해물이므로 담장소유자가 철거해야 한다. 배수로는 통행방해물에는 이르지 않고 다만 통행로를 개설할 때 철거 또는 매립해야 할 대상이므로 그 철거 또는 매립비용은 통행로개설비용에 해당하여 피포위지 소유자가 부담해야 할 성격의 것이다.

(6) 한편 통행권자는 그 권리의 범위 내에서 포위지를 사용할 수 있을 뿐이고 그 토지에 대한 포위지 소유자의 점유를 배제할 권한은 없다. 즉 통행권자에게 당연히 그 토지를 점유할 권리가 생기는 것은 아니다. 그러므로 통행권자가 통행지를 통행하는 것을 넘어서서 이를 배타적으로 점유한다면 통행지 소유자는 그에게 인도를 청구할 수 있다.[25]

5. 보   상

(1) 통행권자는 포위지소유자에 대하여 그로 인한 손해를 보상해야 한다 (제219조 제2항). 여기서의 「보상」은 법적으로 허용되지 않는 타인의 행위로 인한 손해를 그 행위자에게 전가하는 「배상」(제390조, 제750조 등)과는 달리, 타인의 적법한 행위로 인하여 발생한 특별한 희생을 그 행위로 이익을 얻는 이로부터 전보받기 위하여 인정되는 것이다.

---

22) 대판 1991.5.28, 91다9961.
23) 대판 2006.10.26, 2005다30993 등.
24) 대판 1990.11.13, 90다5238; 대판 2006.6.2, 2005다70144 등.
25) 대판 1993.8.24, 93다25479.

(2) 보상대상에는 통행 또는 통로 개설로 인하여 토지의 이용에 제한을 받는 소극적 손해는 물론, 담장 등을 철거하게 됨으로 인한 적극적 손해도 포함한다. 보상금은 당사자들의 협의로 정할 수 있으나, 협의가 없으면 법원이 이를 정한다(제366조 유추). 이는 정기금이나 일시금 중 어느 것으로도 할 수 있고, 이를 미리 지급할 필요는 없다.[26)]

(3) 보상의무가 인정되지 않는 무상토지통행권도 있다. 즉 분할 또는 일부 양도로 인하여 공로로 통하지 못하는 토지가 생기게 된 때에는 그 토지의 소유자는 공로에 출입하기 위하여 다른 분할자의 토지 또는 나머지 토지를 통행할 수 있지만 이때에는 보상의무가 없다(제220조). 이와 같이 무상통행권이 인정되는 이유는 통행지 소유자는 분할 또는 일부 양도의 당사자로 관여하여 자신의 토지가 통행대상이 될 것을 충분히 예견할 수 있었기 때문이다. 그렇다면 통행지 소유자는 분할 또는 일부 양도에 관여할 당시 그 가격에 이미 이러한 통행에 대한 보상액을 반영하거나 무상통행을 감수하였을 것이다.

여기서의 「분할」은 공유물분할을 의미하지만, 규정취지상 공유물의 재판상 분할(제269조 제1항)은 포함되지 않는다. 한편 「일부 양도」란 1필의 토지 중 일부가 양도된 경우뿐만 아니라 동일인 소유의 여러 필지 중 일부가 양도된 경우도 포함한다.[27)] 이러한 무상통행권이 인정되면 제219조의 적용이 배제되어, 그는 제3자 소유의 다른 주위 토지를 통행할 권리를 가지지 못한다.[28)] 그가 주위 토지를 소유하는 제3자와의 계약으로 그 토지의 통행권을 가진다고 해서 위 무상토지통행권이 소멸하는 것은 아니다.[29)]

한편 판례는 무상통행권에 관한 제220조는 무상통행권자 소유의 토지 또는 통행지가 제3자에게 양도된 경우에서와 같이 그 토지의 특정승계인에게는 적용되지 않는다는 태도를 취한다.[30)] 그러므로 그 경우에는 제219조의 일반규정으로 돌아가 판단해야 한다는 것이다.[31)] 이에 대하여는 그와 같이 해석하면

---

26) 민법의 제정과정에서 상린관계상의 보상금에 대하여 미리 지급하도록 할 것이 아닌가를 논의한 끝에 굳이 이를 요구하지 않기로 하였다. 민법안심의록 상권, 138.
27) 대판 1993.12.14, 93다22906; 대판 2005.3.10, 2004다65589 등.
28) 대판 1970.5.12, 70다337; 대판 2005.3.10, 2004다65589 등.
29) 대판 1995.2.10, 94다45869.
30) 대판 1965.12.28, 65다950; 대판 1985.2.8, 84다카921 등.
31) 다만 통로 부분이 무상통행제공된 사실을 알고도 매수한 뒤 통행료를 청구하는 것은 신의칙에 반한다는 판결(대판 1992.2.11, 91다40399)이 있다.

잔여 토지 등은 타인에의 양도로 쉽사리 무상통행의 부담에서 벗어날 수 있고 피포위지의 새로운 취득자로서는 보상금 지급의 부담을 안게 되며 경우에 따라서는 제3자 소유의 주위 토지에 통행 수인의 부담을 줄 수 있어 제220조의 입법취지가 감쇄된다는 이유로 이에 반대하는 견해도 있다.[32] 그러나 그 특정 승계인으로서는 분할 또는 일부 양도에 직접 관여하지 않았으므로 제220조를 적용하기에는 적절하지 않다.

재판례 가운데에는 토지에 대한 독점적이고 배타적인 사용수익권의 포기를 무상통행권의 부여와 유사한 개념으로 사용하는 것들도 발견되지만,[33] 이때의 무상통행권은 단지 토지 소유자가 사용수익권을 포기함으로서 그 토지를 무상으로 자유롭게 통행할 수 있게 된 사실상의 이익을 일컫는 것일 뿐이므로 민법 제220조에서 규정하는 물권으로서의 무상통행권과는 다른 개념으로 이해되어야 한다.[34]

[판결 1] 주위토지통행권에 관한 몇 가지 쟁점: 대판 2006.10.26. 2005다30993

상고이유를 본다.

1. 원심의 판단

원심판결 이유에 의하면 원심은, 원고가 당초 이 사건 토지에 진입로가 없다는 것을 알고 이를 매입한 점, 원고는 1989. 8. 주택조합 설립인가를 받았으나 1991. 8. 그 인가가 취소되었을 뿐 아니라 그 후에도 진입로를 확보할 기회가 있었음에도 10년 이상이나 아파트 건설사업을 제대로 진행하지 못한 점, 이 사건 토지 대부분은 자연녹지지역으로 아파트 건설은 불가능하고, 건축이 가능한 부분에 대하여 관련 법령상 건폐율 및 용적률의 최대치를 적용해도 24평형 20세대 정도밖에 건축할 수 없어 아파트 건설사업을 계속 추진할 것인지도 불가능한 점, 현재 이 사건 토지는 아무도 점유하거나 관리하고 있지 않은 반면 피고의 주위토상상에 건설된 아파트는 이미 준공검사까지 마친 상태인 점, 원고 주장대로 폭 6m의 통행로를 인정한다면 피고의 토지 위에 건축된 옹벽의 일부까지 철거하여야 하는 점 등에 비추어 보면, 원고가 향후 이 사건 토지상에 2개

---

32) 이재성, "당사자의 교체와 무상주위지통행권", 법률신문 1593, 1985.2.8, 12.
33) 대판 1989.7.11, 88다카16997; 대판 1991.7.9, 91다11889.
34) 이에 관해서는 권영준, "배타적 사용수익권 포기 법리에 관한 비판적 검토", 법학(서울대) 47−4, 2006 참조.

동 200세대 아파트를 신축할 계획을 갖고 있다는 사정만으로 피고의 토지상에 원고가 건축허가를 받기 위하여 필요한 폭 6m의 통행로를 보장하는 주위토지통행권이 인정된다고 할 수는 없으므로, 원고가 주위토지통행권을 행사할 수 있는 범위는 사람이 이 사건 토지에서 공로에 출입할 수 있을 뿐 아니라 다소의 물건을 운반할 정도의 폭이 확보되고, 피고로서도 그 소유지상에 건축된 아파트 내부의 사용을 방해받지 않는 범위인 피고 토지에 설치된 옹벽 바깥 부분(약 3~6m 정도의 폭)으로 봄이 상당하고, 나아가 그 통행을 보장하기 위하여 피고는 원고에게 옹벽 바깥 부분에 설치한 배수로 중 위 통행권이 인정되는 범위 내에 있는 부분을 철거할 의무가 있다고 판단하였다.

  2. 원고의 상고이유 중 사실오인 주장에 대하여

  기록에 비추어 검토하여 보면, 원고가 맹지인 이 사건 토지를 취득한 경위 및 그 후 진입로를 확보하기 위한 별다른 노력이 없었고 이 사건 토지상에 대규모의 아파트 건축은 사실상 불가능하다는 점에 대한 원심의 위와 같은 사실인정은 정당한 것으로 넉넉히 수긍할 수 있고, 거기에 원고가 상고이유로 주장하는 바와 같이 채증법칙 위배 또는 심리미진으로 인한 사실오인 등의 잘못이 있다고 할 수 없다.

  3. 원고의 상고이유 및 피고의 상고이유 중 각 주위토지통행권의 범위에 관한 법리오해 주장에 대하여

  원심이 원고에게 인정한 주위토지통행권의 범위에 관하여, 원고는 그 범위가 너무 작다고 다투고, 피고는 반대로 그 범위가 너무 넓다고 다투면서, 각각 원심의 조치에는 주위토지통행권의 범위에 관한 법리를 오해한 위법이 있다고 주장하므로, 이 부분 원고와 피고의 상고이유를 함께 본다.

  건축 관련 법령에 정한 도로 폭에 관한 규정만으로 당연히 피포위지 소유자에게 그 반사적 이익으로서 건축 관련 법령에 정하는 도로의 폭이나 면적 등과 일치하는 주위토지통행권이 생기는 것은 아니고, 그러한 법령의 규제내용도 그 참작사유로 삼아 피포위지 소유자의 건축물 건축을 위한 통행로의 필요도와 그 주위토지 소유자가 입게 되는 손해의 정도를 비교형량하여 주위토지통행권의 적정한 범위를 결정하여야 할 것이고(대법원 1992.4.24. 선고 91다32251 판결, 1994.2.25. 선고 93누20498 판결 등 참조), 그 범위는 현재의 토지의 용법에 따른 이용의 범위에서 인정되는 것이지 더 나아가 장차의 이용상황까지 미리 대비하여 통행로를 정할 것은 아니다(대법원 1996.11.29. 선고 96다33433, 33440 판결 참조).

  이 사건에서 사실관계가 원심이 인정한 바와 같다면, 원고에게 그 주장과 같은 아파트 건축에 객관적 상당성이 인정되지 않고 장래의 이용상황도 불투명

하여 원고의 아파트 건축을 위한 폭 6m의 통행로의 필요도는 그다지 크지 않다
고 보이는 반면, 이미 준공검사까지 받은 아파트 단지의 옹벽을 헐어내면서까지
폭 6m의 통행로를 확보하여 주는 것은 주위토지의 소유자인 피고에게 지나친
손해를 강요하는 것이 됨은 명백하므로, 원심이 원고에게 이 사건 토지를 위하
여 피고 소유의 주위토지통행권을 인정하면서 그 범위를 원고가 주장하는 폭
6m 전부로 정하지 아니하고 피고 소유의 주위토지에 설치된 옹벽 바깥 부분만
으로 정한 조치에, 주위토지통행권의 범위에 관한 법리를 오해하여 그 범위를
너무 적게 인정한 잘못이 있다고 할 수 없다.

　　한편, 원심이 원고에게 통행권을 인정한 범위는 피고 소유의 주위토지 중
그 지상에 성토되어 건축된 아파트 단지에서 옹벽과 철망으로 경계 지워진 바
깥 부분으로, 위 토지보다 더 고지인 피고 소유의 이 사건 토지로부터의 배수를
위하여 설치한 배수로와 관련한 사항 외에는 그 지상에 건축된 아파트 주민들
이나 피고의 직원들이 통행하거나 사용할 가능성이 거의 없는 부분이라고 할
것이므로, 앞서 본 주위토지통행권의 범위에 관한 법리에 따라 원고의 통행로의
필요도와 피고의 손해의 정도를 비교형량하여 볼 때, 위와 같은 원심의 조치에
주위토지통행권의 범위에 관한 법리를 오해하여 그 범위를 너무 넓게 인정한
잘못이 있다고 할 수도 없다.

　　따라서 원심판결에 주위토지통행권의 범위에 관한 법리오해의 위법이 있다
는 원고와 피고의 각 상고이유의 주장은 모두 받아들일 수 없다.

　　4. 피고의 상고이유 중 배수로 철거에 관한 법리오해 내지 심리미진 주장
에 대하여

　　원심은 그가 판시하는 범위 안의 토지에 관하여 원고에게 주위토지통행권
이 있다고 판시하면서, 그 부분의 통행을 보장하기 위해 피고에게 그 토지 안에
설치되어 있는 배수로의 철거를 명하고 있으나 이 점은 매우 의문이다.

　　민법 제219조 제1항 본문에 의하여 주위토지통행권자가 통로를 개설하는
경우 통행지 소유자는 원칙으로 통행권자의 통행을 수인할 소극적 의무를 부담
할 뿐 통로개설 등 적극적인 작위의무를 부담하는 것은 아니고, 다만 통행지 소
유자가 주위토지통행권에 기한 통행에 방해가 되는 담장 등 축조물을 설치한
경우에는 주위토지통행권의 본래적 기능발휘를 위하여 통행지 소유자가 그 철
거의무를 부담하게 되는 것이며(대법원 1990.11.13. 선고 90다5238, 90다카27761 판
결, 2006.6.2. 선고 2005다70144 판결 등 참조), 나아가 주위토지통행권이 인정되는
때에도 그 통로개설이나 유지비용은 주위토지통행권자가 부담하여야 함은 물론,
그 경우에도 민법 제219조 제1항 후문 및 제2항에 따라 그 통로개설로 인한 손

해가 가장 적은 장소와 방법을 선택하여야 하고 통행지 소유자의 손해를 보상하여야 하는 것이다.

따라서 피고에게 위 배수로의 철거를 명하기 위해서는 먼저 그 배수로가 과연 철거를 명할 정도로 통행에 방해를 줄 것인지 여부를 심리하여야 할 것이고, 나아가 통행에 방해가 된다고 인정된다 하더라도 배수로의 원래의 기능이 무엇이며 이를 철거하는 경우에 피고가 받는 불이익이 무엇인지도 심리·교량한 다음, 그 배수로를 철거하지 않고 교량을 설치하든가 이를 복개하는 방법으로 통행 장애를 극복할 방법이 있다면 그러한 방법을 택함이 합리적일 것이며, 이 경우 그에 필요한 비용은 통로의 개설에 필요한 비용으로서 원고가 부담할 성질이라 할 것이고(대법원 2003.8.19. 선고 2002다53469 판결 참조), 궁극적으로 배수로를 철거하지 않으면 통행을 하기 어렵다고 판단되는 경우에도 이를 철거하는 비용을 과연 피고로 하여금 부담하게 할 것인지 여부도 매우 의문이므로 이 점에 관해서도 더 심리가 필요하다 하겠다(배수로를 철거하는 방법으로 단지 흙 등으로 매립하는 것만으로 충분하다면 이는 전체적으로 통로개설에 필요한 비용으로서 원고가 부담할 것으로 못 볼 바 아니다).

그럼에도 불구하고, 그러한 심리에 나아가지 아니한 채 아무런 이유의 설시도 없이 바로 피고에게 배수로 철거의무가 있다고 인정한 원심의 조치에는, 주위토지통행권의 효력에 관한 법리오해, 이유불비 내지 심리미진으로 인하여 판결 결과에 영향을 미친 위법이 있다고 할 것이고, 이를 지적하는 피고의 이 부분 상고이유의 논지는 이유 있다.

5. 결   론

그러므로 원심판결 중 배수로 철거에 관한 부분을 파기하여, 이 부분 사건을 다시 심리·판단하게 하기 위하여 원심법원으로 환송하기로 하고, 원고의 상고와 피고의 나머지 상고는 모두 기각하기로 하여 관여 대법관의 일치된 의견으로 주문과 같이 판결한다.

[판결 1]에 관하여 생각할 점

1. 이 사건에서 대법원이 통행로가 폭 6m에 달할 필요가 없다고 본 이유는 무엇인가? 사실관계를 읽어보고 대법원이 고려한 요소들에 대하여 생각하여 보라. 특히 원고와 피고 사이의 이익요소들을 어떻게 형량하였는지에 주목하라.

2. 대판 1990.11.13. 90다5238, 90다카27761은 "주위토지통행권의 본래적 기능발휘를 위하여는 그 통행에 방해가 되는 이 사건 담장과 같은 축조물도 위 통행

권의 행사에 의하여 철거되어야 하는 것이고, 그 담장이 비록 당초에는 적법하게 설치되었던 것이라 하더라도 그 철거의 의무에는 영향이 없는 것이다"라고 판시하였다. 이때 담장철거비용은 철거자, 즉 포위지의 소유자가 부담한다. 그런데 위 판결에서는 배수로철거비용은 원고, 즉 피포위지의 소유자가 부담할 성질의 것이라고 한다. 두 판결의 입장은 어떻게 조화롭게 이해할 수 있는가?

3. 위 사건에서 원고는 피고에게 보상해야 하는가? 그 보상금은 어떻게 결정하는가? 또한 그 보상금의 지급을 지체하면 어떻게 되는가?

III. 생활방해(제217조)

1. 의   의

(1) 어떤 토지나 그 위의 공장·영업 기타의 시설로부터 나오는 매연·열기·음향·먼지 등이 이웃 토지에 들어감으로써 그 이웃 토지의 이용이나 거기서의 생활을 방해할 수 있다. 이러한 일은 도시화·산업화의 진행과 함께 그 범위가 획기적으로 확대되어 간다. 그런데 이러한 유출물에 의한 생활방해는 경제나 사회의 발전에 필연적으로 따르는 것이므로, 이를 무한정 금지하는 것만이 능사는 아닐 것이다. 민법은 그 한계를 「토지의 통상의 용도에 적당한 것」으로 정하여 인접하는 토지의 이용을 조절한다(제217조 제2항).[35]

(2) 제217조는 기본적으로 토지 소유자의 토지 「사용」의 한계를 정하는 규정이다. 이를 이웃 토지의 소유자나 지상권자·전세권자[36] 등의 입장에서 말

---

35) 이 규정은 독일민법 제906조의 영향을 받은 것이나(민법안심의록 상권, 137 하단 참조), 독일에서는 1960년에 위 규정을 대폭 개정하고 또 1974년에는 「연방임미시온보호법」(원래의 이름은 「대기오염, 소음, 진동 기타 유사한 사상(事象)에 의한 유해한 환경침해에 대한 보호를 위한 법률」)을 제정하여 매우 상세한 사전·사후의 규율을 두기에 이르렀다. 이 법률에 대하여는 우선 정재길, "서독의 「임미시온」보호법", 법학(서울대) 22-1, 1981, 180 이하.
36) 민법 제217조는 지상권자(제290조), 전세권자(제319조)에게도 준용된다. 한편 건물 소유자나 부동산임차인에 대하여는 이를 유추 적용할 수 있다. 김재형, "소유권과 환경보호 ― 민법 제217조의 의미와 기능에 대한 검토를 중심으로", 인권과 정의 276, 1999, 24 이하.

하면, 이는 자신의 권리에 대한 방해가 인접하는 토지로부터의 불가량물(不可量物)의 유입이라는 모습으로 발생하는 경우에 그 물권에 기한 방해제거청구권(제214조, 제290조 제1항, 제319조 등)(또는 불법행위의 요건으로서의 위법성)을 어떠한 기준에 의하여 적용할 것인가에 관한 특별규정이다. 이는 그 불가량물의 유입을 인용(忍容)해야 하는 한계를 정하는 것이다. 즉 그 한계를 넘게 되면 토지소유자는 이러한 생활방해를 하지 않도록 적당한 조처를 할 의무를 부담하지만, 그 한계에 이르지 않으면 오히려 상린자가 이를 인용할 의무를 부담한다. 그런데 「토지의 통상의 용도에 적당한 것」이라는 한계설정의 기준은 추상적이고 모호하다. 따라서 그 구체적인 적용에는 현저한 어려움이 있다.[37]

(3) 이 규정은 오늘날 빈번하게 문제되는 환경보호, 나아가 공해의 규율과의 관련에서 이해되고 있다. 하지만 이 규정은 본래 인접하는 토지 사이의 이용을 조절하기 위한 것으로서, 환경보호에 관한 일반적인 사법규정이라고 할 수는 없다.[38] 다만 이 규정이 환경분쟁의 법적 처리에서 빈번하게 제기되는 '참을 한도'의 문제와 밀접한 관련을 가지는 것은 사실이다.[39]

2. 요 건

이 규정의 적용요건에 대하여 살펴본다.

(1) 매연 등 불가량물이 토지로부터 방출되어 이웃 토지에 유입되어야 한다. 법문은 "매연·열기체·액체·음향·진동 기타 이에 유사한 것"을 든다. 「이에 유사한 것」은 일종의 개방적 구성요건으로서 여기에 포함되는 것으로는 가스, 냉기, 먼지, 불꽃, 광선, 연기 등을 들 수 있다. 다수설에 따르면 여기서는 이와 같이 공중으로 방산되거나 땅 속으로 흘러들어 그 양을 측정할 수 없는 것, 즉 불가량물만 문제된다.[40] 이에 따르면 그 외에 돌 파편이나 가축, 탄

---

37) 제217조의 적용례가 적은 것은 이러한 사정이 크게 작용한 것으로 추측된다.
38) 환경의 보호에 관하여는 환경정책기본법, 자연환경보전법, 수질환경보전법, 먹는물관리법, 토양환경보전법, 대기환경보전법 등 기본적으로 공법의 성질을 가지는 일련의 법률이 있다.
39) 이에 관하여는 김재형, 위 논문, 24 참조.
40) 그런데 대판 1974.12.24, 68다1489는 병원시체실의 설치로 인하여 악취, 곡성뿐만 아니라 시체운구의 빈번한 목격으로 인한 "죽음에 대한 공포와 생에 대한 불안감 기타 신경의 긴장"을 일으켰다면 이에 대하여도 민법 제217조에 비추어 방해사유의 제거 내지 예방을 위하여 적당한 조치를 할 의무가 있다고 판시한다.

환, 땅 위를 흐르는 오수(汚水) 등과 같이 공중으로 방산되지 않는 고체·액체는 이에 해당하지 않는다. 한편 그것이 토지로부터 방출되어 이웃 토지에 유입되어야 한다. 여기서 「이웃 토지」라 함은 경계가 접하여 직접 인접하는 토지에 한정되지 않는다.

(2) 그것이 위와 같은 유입으로 이웃 토지의 사용을 방해하거나 이웃 거주자의 생활에 고통을 주는 성질의 것이어야 한다. 그런데 「생활에 고통을 준다」는 것은 법에서 흔히 쓰이지 않는 표현으로 그 내용이 극히 막연하다. 따라서 이러한 고통을 받지 않고 생활할 수 있는 이익, 즉 이른바 생활이익이라는 것 자체를 곧바로 법적으로 보호되는 이익으로 인정하여서는 안 된다.[41] 요컨대 사회관념에 비추어 그 이익이 법적으로 보호되는 것인지를 객관적으로 판단할 수밖에 없을 것이다.

(3) 그것이 불가량물이 유입되는 토지의 「통상의 용도에 적당한 것」이 아니어야 한다(제217조 제2항). 이것이 이 규정의 핵심적인 내용이다.

(가) 법문은 "이웃 거주자는 전항의 사태가 이웃 토지의 통상의 용도에 적당한 것인 때에는 이를 인용할 의무가 있다"라고 규정한다. 여기서 「이웃 거주자」는 피해지의 거주자임이 명백하다. 하지만 「이웃 토지」가 가해지와 피해지 중 어디인지는 명백하지 않다. 그 조항의 주어인 이웃 거주자를 기준으로 그의 이웃 토지, 즉 불가량물이 나오는 가해지로 볼 여지도 있다. 그러나 제217조 제1항은 「이웃 토지」를 불가량물이 유입되는 토지, 즉 피해지로 상정하고 있다. 한편 제2항은 피해자로 상정된 이웃 거주자의 인용한도를 정하고 있는데 이는 그가 거주하는 토지, 즉 피해지가 일반적으로 인용할 한도에 따라 정하는 것이 합리적이다. 그러므로 통상의 용도는 피해지를 기준으로 하는 것이 타당하다.[42]

(나) 「통상의 용도」는 해당 토지의 위치와 현황, 주변 환경, 그 지역에서의 상례적인 이용양태, 그 이용의 선후관계 등을 고려하여 정하여진다. 이를

---

41) 사권(私權)으로서의 환경권을 부인하는 대결 1995.5.23, 94마2218의 설시 참조. 또 예를 들어 대판 1997.7.22, 96다56153 등 환경 침해에 관한 일련의 재판례는 "어느 토지나 건물의 소유자가 종전부터 향유하고 있던 경관이나 조망, 조용하고 쾌적한 종교적 환경 등이 그에게 하나의 생활이익으로서의 가치를 가진다고 객관적으로 인정된다면 법적 보호의 대상이 될 수 있다"고 설시한다.

42) 대판 2016.11.25, 2014다57846 참조.

판단할 때는 주위 토지의 실제 이용현황과 비교할 필요가 있다. 가령 해당 토
지가 소재한 곳이 주거지역이라면 일상적인 생활의 영위로 일어나는 소음 · 냄
새 등은 용인되어야 한다. 하지만 나아가 공업지역에서 통상적으로 용인되는
정도의 소음, 냄새 등까지 용인하도록 요구할 수는 없다. 또한 해당 지역으로
이전해 온 경우 해당 지역의 상황에 대해 알았거나 예견할 수 있었는지도 고
려되어야 한다.[43]

3. 토지 소유자의 조치

토지의 소유자는 이상의 요건에 해당하는 매연 등 불가량물이 이웃 토지
에 유입되도록 하여서는 안 된다.

(1) 법문은 "적당한 조처를 할 의무가 있다"고 정한다. 이는 불가량물이
이웃 토지에 유입되지 않도록 할 의무를 전제로 그 이행을 위한 조처를 취해
야 함을 정한 것이다. 이러한 조처의무에 대한 강제집행 방법은 그 조처의무의
내용에 따라 달라지는데, 대체집행(제389조 제2항 후단)이나 간접강제(민집 제261
조)의 방법이 많이 동원된다.

(2) 그 의무를 위반한 결과 불가량물이 이웃 토지에 유입하여 이웃 토지
의 사용을 방해하거나 이웃 거주자의 생활에 고통을 주면, 이는 위법한 것으로
평가된다. 따라서 소유권 등 물권을 가지는 이는 그 방해의 배제를 청구할 수
있고(제214조),[44] 나아가 소유자 등이나 이웃 거주자는 가해자의 고의 · 과실이
있으면[45] 불법행위를 이유로 그로 인하여 발생한 손해의 배상을 청구할 수 있
다(제750조).

---

43) 대판 2015.9.24, 2011다91784.

44) 제217조의 "적당한 조처"를 청구하는 것과 제214조에 기하여 "소유권방해의 제거나 예
  방"을 청구하는 것의 상관관계는 어떠한가? 대판 1995.9.15, 95다23378(이른바 부산대학
  교 사건)에서는 교육환경 저해 등을 이유로 부산대학교 첨단과학관 인근에 일정한 높이
  이상의 아파트를 건축하지 못하도록 가처분을 신청한 사건에서 "…그 방해가 사회통념상
  일반적으로 수인할 정도를 넘어선다고 인정되는 한 그것이 민법 제217조 제1항 소정의
  매연, 열기체, 액체, 음향, 진동 기타 이에 유사한 것에 해당하는지 여부를 떠나 그 소유
  권에 기하여 그 방해의 제거나 예방을 청구할 수 있고…"라고 하여 제217조의 규율대상
  이 아니더라도 제214조에 기한 소유권방해배제청구가 가능하다고 한다.

45) 물론 허용되지 않는 불가량물을 배출한 자에게 과실이 인정되기는 쉽겠으나, 그렇다고
  ― 환경정책기본법 제44조와 같은 명문의 규정이 없는 이상 ― 당연히 과실이 인정된다
  거나 고의 · 과실이 요구되지 않는다고 할 수는 없다.

[판결 2] 종합병원의 생활방해: 대판 1997.10.28, 95다15599

　　1. 원심판결 이유에 의하면, 원심은, 피고는 인천 서구 석남동 522의 1, 6 및 같은 동 523의 13, 24 지상의 건물에서 성민병원을 운영하는 의료법인이고, 원고들은 1990. 4.경 위 성민병원 부지와 인접한 같은 동 522의 7 지상 연립주택인 충인빌라 시(C)동과 디(D)동 중 원심판결 별지 거주현황표 기재의 각 부분을 분양받은 이래 그 곳에서 거주하여 온 사실(다만, 위 충인빌라 시동 지층 2호에서 거주하는 원고 양미영은 1994. 2.경 일시 거주지를 옮겼다가 같은 해 5.경 다시 위 지층 2호로 이사하여 왔음.), 위 성민병원은 1993. 6. 26.경 준공된 의료시설(종합병원, 지하 2층 및 지상 6층 연면적 5,277.56㎡)로서 입원실 병상 수는 206개이고, 1일 평균 입원환자는 150여 명 정도이며, 1일 평균 외래 환자 수는 약 150명 내지 200여 명인 사실, 위 충인빌라의 시동과 디동은 위 병원 건물의 좌측면 옆 약 3m의 거리에 건축되어 있고 원고들의 각 연립주택 전면에서는 위 병원의 응급실 앞 공터와 영안실 입구가 바로 내다보이며, 위 병원의 3층 산부인과 입원실의 위 충인빌라 쪽 창문은 차면시설이 되어 있지 않아 그 곳의 환자들이 원고들의 주거 내부를 볼 수 있도록 되어 있었는데, 이 사건 제1심판결 선고 후인 1995. 1.경에야 피고측에서 위 창문에 창호 가리개를 설치한 사실, 위 성민병원의 지하 1층에는 1993. 10. 17.경 약 64평 규모의 사체 6구를 안치할 수 있는 영안실이 설치되어 그 곳에서는 월 평균 2구의 사체가 처리되는데, 그 사체의 운구 경로는 영안실에서 승강기를 통하여 지상 1층으로 올라온 후 지상 1층의 영구차용 복도에서 영구차에 입관하도록 되어 있으나, 측면에서 입관하도록 만들어진 영구차일 경우에는 부득이 관을 병원 앞 공터(충인빌라 시동 전면 약 3m 거리)까지 옮겨야 하고, 또 위 영안실의 조문객을 위한 대기실은 약 16평에 불과하여 위 공터에서 발인제를 지내는 경우도 있으며, 구급차에 실려 온 응급환자들 또는 사체는 위 공터에서 들것에 실려 지상 1층에 설치된 응급실로 들어가게 되어 있어 위 연립주택의 거주자들이 그 광경을 바로 볼 수 있는 한편, 유족들의 곡소리, 문상객들이 내는 소음, 구급차의 경음이 위 연립주택의 거주자들에게 그대로 들린다는 사실을 인정한 다음, 위 성민병원을 운영하는 피고의 대표자인 이사장 등으로서는 위와 같은 종합병원을 개설, 운영함에 있어서 위와 같은 유족들과 문상객들 및 구급차의 소음을 인근 주택의 거주자들에게 전파되지 않도록 하거나 사회관념상 수인할 수 있을 정도로 감소시키는 조치, 사체나 중상해를 입은 사람들이 운반될 때 위 거주자들에게 노출되지 않도록 하는 조치, 입원실 창문에 차면시설을 설치하는 등 하여 입원실에서 인근 주택의 내부를 볼 수 없도록 하는 조치 등 인근 주택 거주자들의 평온한 생활을 방해하지

아니하는 제반 조치를 취하여야 할 직무상의 주의의무가 있음에도 이러한 조치를 취하지 아니한 잘못으로 위 병원에 인접한 위 충인빌라에 거주하는 원고들과 그 가족들로 하여금 위 소음에 시달리게 하고 일반인들이 직접 보기를 꺼려하는 입원환자와 중상해를 입은 사람 및 사체의 운구를 빈번히 보게 하였을 뿐만 아니라 자기들의 생활 모습이 외부에 노출되게 하여 정신위생에 해로운 결과를 가져오게 하고 또 생활 환경의 안정을 심히 저해시키게 함으로써 원고들에게 심한 정신적 고통을 입혔다 할 것이고, 원고들의 이러한 고통은 위 종합병원에 영안실과 응급실의 설치가 필요불가결하고 그 운영으로 인근 주민의 복지가 증진된 점을 고려하더라도 사회관념상 일반적으로 요구되는 수인의 한도를 초과하는 것이라고 인정되므로 피고는 원고들의 위 정신적 고통을 금전으로 위자할 의무가 있다고 판단하였다.

원심이 적법하게 인정한 사실과 기록에 의하면, 피고가 운영하는 성민병원의 부지와 원고들이 거주하는 충인빌라의 부지는 상고이유의 지적처럼 모두 도시계획법에 의하여 일반상업지역으로 지정된 지역 내에 위치하고 있기는 하지만, 그 지역의 현황은 상가 등 근린생활시설과 주택이 혼재하여 있고, 위 충인빌라의 전면이 위 병원의 부지 쪽을 향하여 건축된 다음 상당한 기간이 지난 후에 위 병원이 건축되었으며 위 충인빌라 부지와 병원 부지 사이의 경계로부터 위 병원의 3층 산부인과 입원실의 충인빌라 쪽 창문까지의 직선거리는 차면시설의무가 있는 법정 거리인 2m에 미치지 못하는 사실 등을 알 수 있는바, 비록 위 병원이 그 부지의 도시계획상 용도에 적합한 시설이고 위 병원과 같은 종합병원은 공익시설이며 이를 운영함에 있어서 응급실과 영안실의 설치가 필수적이라고 하더라도 위 병원 및 충인빌라의 현황과 그 위치한 지역의 형태, 토지 이용의 선후 관계, 피고로서는 위 병원의 운영에 지장을 초래하지 않는 범위 내에서 원고들의 생활방해를 방지하거나 감소시키기 위한 조치를 할 수 있었을 것으로 보이는 점 등 이 사건 확정된 사실의 제반 사정에 비추어 볼 때, 피고가 위와 같은 조치를 하지 아니함으로써 발생한 이 사건 생활방해는 원고들에게 사회통념상 요구되는 수인의 한도를 넘은 것이라고 봄이 상당하다 할 것이므로, 이와 취지를 같이하여 피고에게 위 생활방해로 인하여 원고들이 입은 정신적 고통에 대한 위자료를 지급할 의무가 있다고 본 원심의 판단은 정당하고, 거기에 상고이유로 주장하는 바와 같은 도시계획법 및 상린자 상호간의 수인의무의 정도에 관한 법리 등을 오해한 위법이 있다고 할 수 없다. 따라서 피고의 첫째 상고이유는 받아들일 수 없다.

2. 원심은 피고측에서 이 사건 생활방해를 방지하거나 감소시키기 위한 담

장 및 차면시설을 설치하지 못한 것은 오로지 원고들의 방해 때문이었다는 점을 인정할 수 없다고 하면서, 다만 피고측에서 위 병원 건물의 신축 중인 1993. 6.경 위 병원과 충인빌라의 부지 경계 상에 담장을 설치하기 위하여 위 충인빌라의 부지에 출입하려고 하였으나 위 병원 건물의 신축으로 인한 피해 보상을 요구하는 원고들 등 위 충인빌라의 주민들이 그 부지 내로의 출입을 하지 못하도록 다소 방해한 잘못을 인정한 다음, 위와 같은 원고들의 잘못은 피고의 이 사건 위자료 지급책임을 면하게 할 정도에는 이르지 아니하고 이를 피고가 원고들에게 지급하여야 할 위자료액을 정함에 있어서 참작하기로 하였는바, 기록에 비추어 살펴보면, 원심의 이러한 조치는 정당하고 거기에 상고이유로 주장하는 바와 같은 채증법칙 위반, 심리미진, 신의칙에 관한 법리오해, 이유모순, 이유불비 등의 위법이 있다고 할 수 없다. 따라서 둘째 상고이유도 받아들일 수 없다.

　　3. 그러므로 상고를 기각하고 상고비용은 패소자의 부담으로 하기로 관여 법관의 의견이 일치되어 주문과 같이 판결한다.

[판결 2]에 관하여 생각할 점

1. 위 사건은 불법행위로 인한 손해배상사건이지만 사회생활관계에서 요구되는 상린자 상호간의 수인의무의 기준에 관한 것으로서 제217조의 생활방해와 밀접한 관련이 있다(이와 유사한 사건으로 대판 1974.12.24. 68다1489). 그렇다면 제217조에 위반하는 행위는 곧 불법행위의 위법성 요건을 충족하는가? 또한 이는 위자료청구권을 발생시키는가?
2. 악취나 곡성이 제217조의 규율대상에 포함되는 것은 명백하다. 그런데 사체나 중상해자의 노출로 인한 정신적 침해도 제217조에서 말하는 생활방해에 해당하는가? 만약 해당하지 않는다면 원고는 위자료청구권을 행사할 길이 없는가?
3. 병원이 응급실이나 영안실을 설치하여 운영하는 것은 불가피하다. 그렇다면 이러한 병원들은 늘 생활방해로 인한 법적 책임의 위험을 져야 하는가? 이 사건에서 피고가 취할 수 있었던 적당한 조치는 무엇이었는가? 당신이 피고의 고문변호사라면 이러한 법적 분쟁을 피하기 위하여 어떤 조치를 주문할 것인가? 그러한 조치를 취하는 데 과다한 비용이 들어간다면 어떠한가?

제 4 편

권리 구제 1
— 물권적 청구권, 부당이득

제1장　물권적 청구권

I. 개　관

1. 의　의

(1) 물권은 물건을 직접적, 배타적으로 지배하는 것을 내용으로 한다. 물권이 온전하게 실현되려면 위와 같은 지배가능성이 교란되거나 그 우려가 있을 때 이를 회복하거나 예방할 수 있는 법적 수단이 필요하다. 물권적 청구권은 이처럼 물권의 온전한 실현을 위하여 법에서 인정하는 구제수단이다.

이와 같은 목적 달성을 위해 물권적 청구권은 다른 일반적 구제수단, 가령 불법행위로 인한 손해배상청구권(제750조 이하), 부당이득반환청구권(제741조 이하)과 비교하여 다음과 같은 현저한 특징들을 가진다.

우선 요건의 「단순성」을 들 수 있다. 즉 물권적 청구권을 주장하는 자는 자신의 물권이 상대방에 의하여 객관적으로 침해되고 있음을 밝히는 것으로 충분하다. 이에 대해 상대방은 그 침해가 정당한 권원에 기한 것임을 밝혀야 한다. 이때 상대방에게 그 침해에 대한 귀책사유가 있는지, 그 침해로 인하여 상대방이 이익을 얻었거나 권리자에게 손해가 발생하였는지, 그 이익이나 손해의 액이 얼마인지 등은 물권적 청구권을 행사하는 데 문제되지 않는다. 불법행위로 인한 손해배상청구권이나 부당이득반환청구권을 행사하는 경우와 구별되는 점이다. 이는 물권적 청구권이 현재의 소유권침해상태를 장래에 향하여 근원적으로 교정하는 것을 내용으로 하는 데 반하여, 물권과 관련된 불법행위나 부당이득에 기한 청구권은 과거에 이미 일어난 물권의 침해로 인하여 권리자가 입은 손해를 보전하거나 침해자가 취한 이득을 권리자에게 반환하는 것을 내용으로 하기 때문이다.

다음으로 효과의 「유연성」을 들 수 있다. 물권적 청구권의 내용은 물권 침해의 모습에 따라 다양하게 나타난다. 예를 들어, 침해가 부실등기의 존재이면 소유자는 그 등기의 정정(원칙적으로 그 등기의 말소)을, 매연의 유입이면 매연제거장치의 설치를, 악기 연주로 인한 소음이면 일정 시간 이후의 연주의 금지를 각각 청구할 수 있다. 그러므로 「방해제거청구권」이라고 하여도, 그것은 단지 추상적으로 방해의 배제를 청구하는 것이 아니라, 방해의 태양에 따라 방해의 원인을 제거할 수 있는 상대방의 구체적인 행위를 청구하는 것이다. 이것은 불법행위로 인한 손해배상청구권이 일반적으로 금전의 지급만을 내용으로 하고(제763조, 제394조), 부당이득에서도 많은 경우에 그에 귀착하는 것(제747조 제1항, 제748조)과 명백한 대조를 이룬다. 다시 말하면 물권적 청구권은 침해의 태양에 상응하여 그 구체적인 내용이 정하여지는 「유연하고 신축적인 권리」이다.

(2) 이처럼 물권적 청구권은 요건이 상대적으로 단순하면서 그 효과는 다양하고 본원적이기 때문에 이를 가장 근본적이고 포괄적인 구제수단이라고 부른다. 이러한 물권적 청구권이 가지는 모권성(母權性) 때문에 물권과 유사한 다른 권리에도 물권적 청구권과 유사한 청구권이 인정되기도 한다.

예를 들어 특허법이나 실용신안법, 디자인보호법, 상표법, 저작권법 등 지식재산권법령에서는 지식재산권의 침해에 대하여 물권적 청구권과 유사한 침해배제청구권을 인정한다(특허 제126조, 신안 제30조, 디보 제113조, 상표 제107조, 저작 제123조). 또한 물권처럼 절대권적 성격을 지닌 인격권이 침해된 경우에도 판례는 물권적 청구권과 유사한 방해제거 및 방해예방의 청구권이 허용된다는 입장을 견지하여 왔다.[1] 따라서 출판물로 인하여 명예·사생활 등 인격권이 침해되고 있는 경우에는 그 출판물의 수거·폐기 등을 청구할 수 있다. 또한 제3

---

[1] 대판 1996.4.12, 93다40614, 40621(비방광고로 인한 회사인격권의 침해)("인격권은 성질상 일단 침해된 후의 구제수단(금전배상이나 명예회복처분 등)으로는 피해의 완전한 회복이 어렵고 손해전보의 실효성을 기대하기 어려우므로, 사전(예방적) 구제수단으로 침해행위의 정지·방지 등의 금지청구권도 인정된다"); 그 이외에 대판 1996.12.6, 95다24517(금융부실거래처 등록의 해소청구); 대판 1997.10.24, 96다17851(종중의 명예훼손 중지청구) 등. 한편 언론보도로 인한 인격권 침해의 정지와 예방에 대하여는 「언론중재 및 피해구제 등에 관한 법률」 제30조 제3항에서 규정하고 있다. 그 규정은 「언론의 고의 또는 과실」을 인격권 침해정지 등 청구권의 요건으로 정하는 것처럼 읽힐 수도 있지만, 권리의 성격상 이 경우에도 침해자의 귀책사유는 요구되지 않는다.

자가 강제집행의 목적물에 대하여 소유권 등의 배타적 권리를 가진다고 주장하면서 집행저지를 위하여 제기하는 제3자이의의 소(민집 제48조)나 파산선고 후 채무자에 속하지 아니하는 재산을 파산재단으로부터 환취하기 위하여 행사하는 환취권(회생파산 제407조)도 모두 물권적 청구권과 궤를 같이 한다.

(3) 그런데 물권적 청구권으로 모든 권리구제가 마무리되는 것은 아니다. 앞서 언급하였듯이, 이미 일어난 방해의 사후적 교정을 위하여 부당이득반환청구권이나 불법행위로 인한 손해배상청구권이나 부당이득반환청구권 등 다른 구제수단들이 동원되어야 하는 경우도 있다. 가령 B가 A의 소유물을 임의로 가져가서 사용하였다면 A는 B로 하여금 그 소유물을 반환하게 함으로써 소유권질서의 회복을 꾀할 수 있다. 그러나 A가 그 기간동안 소유물을 사용, 수익할 수 없어 발생한 불이익은 단지 소유물의 반환만으로 온전히 교정될 수 없고, 부당이득반환이나 불법행위를 이유로 한 손해배상을 통하여 비로소 온전하게 교정된다. 이러한 이유 때문에 원고가 피고를 상대로 물권적 청구권을 행사하면서 이와 병행하여 부당이득 또는 불법행위를 이유로 한 금전지급청구를 하는 경우는 매우 빈번하게 발생한다. 예를 들어 피고가 아무런 법적 권원 없이 원고의 주택을 점유, 사용, 수익하고 있다면, 원고는 소유권에 기하여 주택의 점유를 반환할 것을 청구(물권적 청구권)함과 동시에 차임 상당의 사용이익 반환을 청구(부당이득반환청구)하거나 불법점유를 이유로 하는 차임 상당의 손해배상을 청구(불법행위로 인한 손해배상청구)할 수 있고, 실제로도 이는 재판실무상 흔한 사건유형이기도 하다. 따라서 물권적 청구권은 민법 물권편에, 부당이득과 불법행위로 인한 청구권은 민법 채권편에 규정하고 있다고 하여 이를 분리하여 학습할 것이 아니라, 민법전에 산재(散在)하는 위 구제수단들을 하나로 묶어 기능적으로 통찰하는 훈련이 필요하다.

2. 법적 성질

(1) 「물권적」 「청구권」

물권적 청구권은 물권으로부터 발생한다. 또한 물권과 분리하여 처분하거나 유보할 수 없다.[2] 물권과 별도로 소멸시효에 걸리지도 않는다.[3] 이처럼 그

---

2) 대판 1980.9.9, 80다7.
3) 대판 1982.7.27, 80다2968.

성립과 존속에 있어서 물권에 의존한다는 면에서 이 권리는 「물권적」이다. 한편 이 권리는 특정인을 상대로 특정한 행위를 요구하는 권리이다. 이러한 면에서 물권적 청구권은 「청구권」으로서의 성격을 가진다. 따라서 이행지체(제387조 이하), 변제(제406조 이하), 수령지체(제401조 이하) 등 채권편의 청구권 관련 규정들은 성질에 반하지 않는 한 물권적 청구권에도 적용된다.[4] 또한 민법 제404조에서는 채권자대위권에 관하여 규정하고 있는데, 판례는 이때 채권자대위권의 피보전권리가 되는 채권을 청구권의 의미로 파악하여 물권적 청구권도 피보전권리가 될 수 있다고 한다.[5]

한편 물권적 청구권은 물권과는 별개의 권리이다. 예컨대 소송절차상 소유권확인의 소와 소유권에 기한 인도청구의 소는 별개로 취급된다. 물론 물권적 청구권은 그 목적상 모권(母權)인 물권과 일정한 모습으로 결합되어 있다. 하지만 그렇다고 하여 그것이 소유권의 한 내용 또는 그 외부적 작용에 불과한 것이 아니고, 물권과는 독자적으로 존재하는 권리이다.

> **[판결 1] 물권적 청구권의 이행불능과 전보배상청구권: 대판(전) 2012.5.17, 2010다28604**

1. 원심의 판단

가. 원심이 인정한 사실은 다음과 같다.

경기 화성군 팔탄면 매곡리 (지번 생략) 임야 5,109㎡(이하 '이 사건 토지'라고 한다)에 관하여 1974. 6. 26. 피고 앞으로 소유권보존등기가 경료되었고, 이 사건 토지 중 각 5,109분의 2,554.5 지분에 관하여 1997. 12. 2.자 매매를 원인으로 하여 1998. 1. 22. 소외 1 및 소외 2(이하 '소외 1 등'이라고 한다) 앞으로 각 소유권이전등기가 경료되었다.

원고가 피고를 상대로 위 소유권보존등기(이하 '이 사건 소유권보존등기'라고 한다)의, 소외 1 등을 상대로 위 소유권이전등기의 각 말소등기를 청구한 소유권보존등기말소 등 사건(서울중앙지방법원 2008가합94375호)에서 법원은 2009. 4. 2.에 피고에 대한 청구는 인용하고, 소외 1 등에 대한 청구는 이를 기각하는 판

---

4) 바꾸어 말해 성질상 채권편의 규정들이 물권적 청구권에 적용되지 않는 경우도 있다. 가령 대판(전) 2012.5.17, 2010다28604에서는 물권적 청구권의 이행불능을 이유로 해서는 민법 제390조의 손해배상청구권을 행사할 수 없다고 한다.
5) 대판 2007.5.10, 2006다82700, 82717.

결을 선고하였다. 그 이유는, "원고의 선대인 소외 3이 이 사건 토지를 사정받은 것으로 추정되고, 피고 명의의 이 사건 소유권보존등기는 원인무효이므로, 피고는 소외 3의 재산을 최종적으로 단독상속한 원고에게 그 말소등기절차를 이행할 의무가 있고"고, 한편 "이 사건 토지에 관한 소외 1 등 명의의 소유권이전등기가 경료된 날로부터 10년이 경과한 2008. 1. 22. 등기부취득시효가 완성되었으므로, 소외 1 등의 소유권이전등기는 실체관계에 부합하는 유효한 등기"라는 것이다. 이 판결은 2009. 4. 30.에 최종 확정되었다(이하 이를 '이 사건 선행소송'이라고 한다).

나. 이어서 원심은 원고의 손해배상청구에 대하여 다음과 같이 판단하였다.

위 인정사실에 의하면, 이 사건 소유권보존등기는 원인무효의 등기이므로, 피고는 이 사건 토지의 소유권을 상속한 원고에게 위 소유권보존등기의 말소등기절차를 이행할 의무가 있다고 할 것인데, 피고 명의의 이 사건 소유권보존등기에 터잡아 소외 1 등 명의로 소유권이전등기가 경료된 이후 이 사건 선행소송에서 소외 1 등 명의의 소유권이전등기가 취득시효 완성을 이유로 유효한 것으로 인정됨에 따라 피고의 위 말소등기절차 이행의무는 결국 이행불능이 되었다고 할 것이다. 따라서 피고는 특별한 사정이 없는 한 원고에게 위 말소등기절차 이행의무의 이행불능으로 인한 손해를 배상할 의무가 있다.

나아가 피고에게 아무런 귀책사유가 없다는 피고의 주장을 그 판시와 같은 이유로 배척하고, 그 손해배상의 범위에 대하여는, 피고의 소유권보존등기 말소등기절차 이행의무는 위 소송에서 원고의 패소판결이 최종 확정된 때인 2009. 4. 30.에 이행불능에 이르렀다고 할 것이므로, 피고는 그 당시의 이 사건 토지의 시가 상당액을 원고에게 지급할 의무가 있다는 것이다.

2. 그러나 원심이 피고의 말소등기절차 이행의무가 이행불능되었음을 이유로 그로 인한 손해의 배상을 인정한 것은 수긍하기 어렵다.

가. 소유자가 자신의 소유권에 기하여 실체관계에 부합하지 아니하는 등기의 명의인을 상대로 그 등기말소나 진정명의회복 등을 청구하는 경우에, 그 권리는 물권적 청구권으로서의 방해배제청구권(민법 제214조)의 성질을 가진다. 그러므로 소유자가 그 후에 소유권을 상실함으로써 이제 등기말소 등을 청구할 수 없게 되었다면, 이를 위와 같은 청구권의 실현이 객관적으로 불능이 되었다고 파악하여 등기말소 등 의무자에 대하여 그 권리의 이행불능을 이유로 민법 제390조상의 손해배상청구권을 가진다고 말할 수 없다. 위 법규정에서 정하는 채무불이행을 이유로 하는 손해배상청구권은 계약 또는 법률에 기하여 이미 성립하여 있는 채권관계에서 본래의 채권이 동일성을 유지하면서 그 내용이 확장

되거나 변경된 것으로서 발생한다. 그러나 위와 같은 등기말소청구권 등의 물권적 청구권은 그 권리자인 소유자가 소유권을 상실하면 이제 그 발생의 기반이 아예 없게 되어 더 이상 그 존재 자체가 인정되지 아니하는 것이다. 이러한 법리는 이 사건 선행소송에서 이 사건 소유권보존등기의 말소등기청구가 확정되었다고 하더라도 그 청구권의 법적 성질이 채권적 청구권으로 바뀌지 아니하므로 마찬가지이다.

그렇게 보면, 비록 이 사건 선행소송에서 법원이 피고가 원고에 대하여 그 소유권보존등기를 말소할 의무를 부담한다고 판단하고 원고의 등기말소청구를 인용한 것이 변론주의 원칙에 비추어 부득이한 일이라고 하더라도, 원고가 이미 소외 1 등의 등기부취득시효 완성으로 이 사건 토지에 관한 소유권을 상실한 사실에는 변함이 없으므로, 원고가 불법행위를 이유로 소유권 상실로 인한 손해배상을 청구할 수 있음은 별론으로 하고, 애초 피고의 등기말소의무의 이행불능으로 인한 채무불이행책임을 논할 여지는 없다고 할 것이다.

이와 달리 물권적 청구권인 말소등기청구권의 이행불능으로 인하여 전보배상청구권이 인정됨을 전제로 한 대법원 2008.8.21. 선고 2007다17161 판결, 대법원 2009.6.11. 선고 2008다53638 판결 등은 이 판결의 견해와 저촉되는 한도에서 변경하기로 한다.

(중략)

4. 대법원장 양승태, 대법관 이상훈, 대법관 김용덕의 별개의견

원심판결은 소유권 상실로 인한 손해배상을 구하는 이 사건 청구에 관하여 당사자가 주장하지 아니한 소유권보존등기 말소등기절차 이행의무의 이행불능에 기초하여 손해배상을 판단함으로써 처분권주의를 위반하거나 이유를 제대로 갖추지 못한 위법이 있으므로, 이를 이유로 원심판결 중 피고 패소부분이 파기되어야 한다는 점에 관하여는 다수의견과 견해를 같이 한다.

그러나 원심이 물권적 청구권인 말소등기청구권의 이행불능으로 인한 전보배상을 인정한 것이 위법하다는 다수의견에 대하여는 다음과 같은 이유로 찬성할 수 없다.

가. 물권은 특정·독립된 물건을 직접 지배해서 이익을 얻는 것을 내용으로 하는 배타적 권리이다. 물권은 물건에 대한 직접적인 지배를 내용으로 하므로, 그 자체만으로는 다른 사람에 대한 이행 청구가 포함되지 않는다.

그렇지만 물권의 내용 실현이 타인의 행위로 말미암아 방해당하고 있거나 방해당할 염려가 있는 경우에는 그 방해자에 대하여 방해의 제거 또는 예방에 필요한 일정한 행위(작위 또는 부작위)를 청구할 수 있는 권리 즉 물권적 청구권이 인정되며, 이러한 물권적 청구권에 의하여 실질적으로 물권의 실현이 보장된다고 할 수 있다.

물권적 청구권은 물권에서 파생된 것으로서 물권과 분리하여 양도가 금지되는 등의 특수성이 인정되기는 하지만, 특정한 상대방을 향하여 일정한 행위를 청구할 수 있는 권리라는 점에서 물건에 대한 지배를 내용으로 하는 물권과는 그 기본적인 성격이 달라 물권 자체의 작용이 아니라 물권과 독립한 청구권으로서의 독자성이 인정되며, 오히려 그 점에서는 채권 내지는 채권적 청구권과 유사하여 채권에 관한 규정이 준용될 수 있다고 설명된다.

나. 따라서 소유권자가 특정한 상대방에게 물권적 청구권을 행사함에 따라 상대방이 일정한 작위 또는 부작위 의무를 지는 경우에는 그 이행의 문제가 남게 된다. 즉 청구권은 특정인에 대하여 일정한 작위 또는 부작위를 청구할 수 있는 권리이므로, 그 발생의 근거가 채권인지 아니면 물권인지와 무관하게 그 권리의 내용인 그 작위 또는 부작위라는 급부 및 이에 대한 이행의무가 생기게 된다. 이에 따라 물권적 청구권의 경우에도 채권의 경우와 마찬가지로 그 급부 이행의무에 대한 이행지체 및 이행불능의 문제가 발생될 수 있다고 보아야 할 것이다. 그리하여 일반적으로 물권적 청구권의 이행지체에 관하여 민법 제387조 이하의 규정이 준용된다고 함에는 별다른 이론이 없다.

예를 들어 침해자가 타인 소유의 동산을 가져가 소유자가 그 반환을 청구하는 경우에 침해자는 소유자에 대하여 동산을 반환하여야 할 의무를 지게 되고 이는 현실적으로는 동산 인도 의무로 나타날 것인데, 그 동산이 화재 등의 사유로 멸실되면 침해자의 동산 인도 의무는 이행불능의 상태에 이르게 된다. 이와 같은 인도 의무의 이행불능은 채권에 기한 인도 의무에서의 이행불능과 다를 것이 없으며, 그 이행불능에 따른 전보배상 등 청구권자의 권리 보호 및 그에 따른 법률관계는 채권에서 발생된 청구권의 경우와 차등을 둘 필요가 없다.

그리고 소유물이 멸실되어 소유권이 절대적으로 소멸되는 경우뿐 아니라 소유권이 다른 사람에게 귀속됨에 따라 원소유자의 소유권이 소멸되는 상대적 소멸의 경우에도 소유권 반환 의무의 이행불능 및 이에 따른 전보배상이 인정될 수 있음은 마찬가지라 생각된다. 대법원은 강박에 의하여 이루어진 계약이 취소됨에 따라 발생되는 소유권이전등기의 말소등기의무와 진정명의회복을 위한 소유권이전등기의무를 모두 소유권에 기초한 물권적 청구권으로 파악하면서 그 말소등기의무의 이행불능에 대한 전보배상을 허용함으로써 위와 같은 견해를 취하였다(대법원 2005.9.15. 선고 2005다29474 판결, 대법원 2009.1.15. 선고 2007다51703 판결 등 참조). 그리고 제소전화해에 기초하여 이루어진 소유권이전등기

가 제소전화해조서를 취소하는 준재심판결이 확정되어 원인무효로 되거나, 무권
리자가 위법한 방법으로 소유권보존등기나 소유권이전등기를 경료한 경우에, 소
유권에 기한 물권적 청구권에 의하여 등기명의자들이 말소등기의무를 진다고
보고 그 말소등기의무의 집행불능에 대하여 전보배상이 허용됨을 명확히 하였
다(대법원 2006.3.10. 선고 2005다55411 판결, 대법원 2008.8.21. 선고 2007다17161 판
결, 대법원 2009.6.11. 선고 2008다53638 판결 참조). 이와 같이 대법원은 원소유자
의 소유권이 상대적으로 소멸하는 경우에도 소유권에 기한 물권적 청구권의 이
행불능에 따른 전보배상이 허용된다는 일관된 태도를 취하고 있다(이에 따라 만
일 다수의견의 견해를 취한다면 위 판결들이 모두 변경대상이 되어야 할 것이다).

다. 다수의견은 소유권이 상실되면 그 수단적 권리인 물권적 청구권은 이제
그 발생의 기반이 없게 되어 더 이상 그 존재 자체가 인정되지 아니하고, 그에
대한 이행불능은 없다는 취지로 보인다.

그러나 채권의 경우에도 그 대상인 목적물이 소멸되는 등의 사유로 채권이
소멸되는 문제가 발생될 수 있지만, 그 목적물에 관한 청구권에 대응하는 급부
의무의 이행불능 내지는 이에 기초한 손해배상을 부정하는 해석론은 보이지 않
고, 오히려 민법 제390조에 따라 급부 목적물의 소멸에 불구하고 급부의무의 이
행불능에 대한 전보배상이 허용된다. 이와 같은 법리는 채권과 유사한 성질을
가진 물권적 청구권의 경우에도 그대로 준용될 수 있다고 생각되며, 물권의 대
상인 목적물이 소멸되었거나 소유자가 그에 대한 권리를 상실하였다고 하여 이
미 발생된 목적물이나 그 소유권에 대한 반환의무 및 그에 대한 이행불능을 부
정하는 것이 논리필연적이라거나 법리적으로 불가피하다고 볼 필요는 없을 것
이다.

소유자가 소유물을 현실적으로 지배, 관리함에 대하여 방해를 받고 있는 상
황에서 제3자에게 소유물을 양도함으로써 소유권을 상실한 경우에는, 새로운 소
유자가 자신의 소유권 행사에 대한 방해의 금지 또는 예방을 구하면 되므로, 종
전의 소유자에게 그 방해의 금지 또는 예방을 구할 권리나 그에 대응하는 의무를
유지시킬 필요가 없다(대법원 1969.5.27. 선고 68다725 전원합의체 판결 등 참조).

그렇지만 침해자의 행위로 인하여 목적물의 점유 또는 등기가 제3자에게
이전됨으로 말미암아 결국 원소유자의 소유권이 소멸된 경우에는, 그 소유권이
상실되었다는 이유만으로 종전 소유자가 소유물에 대한 점유 또는 등기 명의의
반환을 구할 필요성이 상실되었다고 볼 필요는 없다. 소유물에 대한 점유 또는
등기 명의의 반환청구권은 소유권에 기초하여 발생되지만, 앞에서 본 것처럼 소
유권과는 독립한 청구권으로서 독자성이 인정될 수 있으므로, 일단 그 청구권이

발생되었다면 그 후에는 반드시 소유권의 소멸과 운명을 같이 한다고 새길 것은 아니다. 오히려 침해자로 하여금 소유권을 다시 취득하여 종전 소유자에게 점유나 등기 명의를 반환하는 것이 불가능하지 않다면, 그에 대한 반환의무를 지우는 것이 물권의 대세적인 성격이나 권리 보호 측면에서 타당할 것이며, 점유 또는 등기 명의의 반환을 구할 수 있는 청구권은 이 때에 그 효용을 발할 수 있을 것이다. 이와 같이 침해자에게 그 반환의무의 이행을 추급하였음에도 불구하고 종국적으로 그의 귀책사유로 반환의무를 이행할 수 없게 되었다면 그 의무불이행에 대해 법적 책임을 지는 것이 법률상 의무의 본질에 맞고 형평의 관념에도 부합한다.

　라. 이렇게 볼 때에 소유권의 상실과 소유물·소유권 반환의무의 이행불능의 개념을 반드시 일치시켜 파악할 필요는 없다.

　목적물 반환의무를 지는 침해자의 행위로 인하여 그 소유권이 제3자에게 귀속되어 상대적으로 소멸된 경우에는, 불법행위 측면에서 보면 소유권이 상실되어 그 침해자에 의한 불법행위가 성립된 것으로 볼 수 있을 것이지만, 소유물 반환의무의 측면에서는 그 침해자가 제3자로부터 소유권을 다시 취득하여 이를 원소유자에게 반환할 의무를 계속 부담시키되 제3자를 상대로 제기한 등기말소 등 청구 소송이 패소 확정되는 경우와 같이 그 이행 가능성이 전면적으로 부정되는 경우에 비로소 그 의무가 이행불능에 이른다고 보아 그 이행불능 당시를 기준으로 하여 전보배상을 인정하는 해석론이 가능할 것이고, 판례는 이러한 견해를 채택하여 왔다(대법원 2005.9.15. 선고 2005다29474 판결, 대법원 2008.8.21. 선고 2007다17161 판결, 대법원 2008.6.12. 선고 2007다36445 판결, 대법원 2009.1.15. 선고 2007다51703 판결 등 참조).

　마. 다수의견에 따르면 물권적 청구권의 이행불능으로 인한 전보배상은 전혀 불가능하고 소유권 상실이라는 불법행위로 인한 손해배상 청구만이 가능하게 된다.

　(1) 일반적으로 이행불능으로 인한 전보배상책임과 불법행위로 인한 손해배상책임은 그 요건을 달리하는 별개의 제도이고 상호 보완적인 관계에 있지 않다. 소유권 침해에 대한 가장 원칙적인 보호 방법은 그 침해된 소유권을 원상으로 회복시키는 것인데, 금전적인 배상에 그치는 불법행위책임만으로는 물권자 보호에 미흡하다. 바로 여기에 소유권의 반환을 청구하는 물권적 청구권이 인정되는 실질적인 근거가 있으며, 나아가 권리를 원상으로 회복시키는 것, 즉 소유권의 반환이 불가능할 경우에는 불법행위책임과는 별도로 그 반환청구권 내지는 반환의무의 변형으로서 반환에 갈음하는 전보배상을 인정할 필요가 있다.

그리고 채무의 이행불능으로 인한 전보배상책임은 채무불이행책임에 관한 법리에 따라 이행의무자가 귀책사유의 부존재에 대한 증명책임을 부담하는 반면, 불법행위로 인한 손해배상책임은 원칙적으로 이를 주장하는 사람이 상대방의 귀책사유에 대한 증명책임을 진다. 그리고 이행불능으로 인한 전보배상에 대하여는 일반 채권과 마찬가지로 10년의 소멸시효기간이 적용되는 반면, 불법행위로 인한 손해배상에 대하여는 손해 및 가해자를 안 날부터 3년의 단기소멸시효가 적용된다.

이에 비추어 보면, 소유자로서는 불법행위로 인한 손해배상책임을 묻는 것이 물권적 청구권의 이행불능으로 인한 전보배상을 구하는 것에 비하여 더 불리할 수 있고, 경우에 따라서는 불법행위의 요건을 증명하지 못하거나 시효에 의하여 소멸됨에 따라 손해배상청구 자체가 인정되지 않을 수도 있으므로, 불법행위에 의한 손해배상 청구권만으로는 진정한 소유자의 보호에 미흡하다. 실제로 앞에서 본 대법원 2005.9.15. 선고 2005다29474 판결의 사안에서, 불법행위에 의한 손해배상 청구는 소멸시효기간의 경과를 이유로 배척된 반면, 물권적 청구권에 기초한 소유권이전등기 말소등기의무의 이행불능에 의한 전보배상 청구가 받아들여짐으로써 진정한 소유자가 구제될 수 있었다.

물권은 배타적·절대적인 권리로서 대세적인 효력을 가지고 있어 채권보다 훨씬 더 강력한 권리이며, 물권적 청구권 역시 물권을 광범위하게 보호하기 위하여 인정되는 것이다. 그런데도 채권의 효력으로서도 인정되는 전보배상책임을 물권적 청구권에서 부정한다면, 이는 오히려 물권에 대한 보호를 채권보다 더 소홀히 다루는 셈이 되어 납득하기 어렵다.

따라서 물권적 청구권의 경우에도 채권과 마찬가지로 물권 자체의 상실에 따른 불법행위책임과 별도로 물권적 청구권의 이행불능에 따른 전보배상책임을 인정할 필요성이 존재한다고 할 것이다.

(2) 또한 앞에서 본 바와 같이 소유권의 상실과 소유물 반환의무의 이행불능을 달리 볼 경우에는 소유권 상실 시점과 그 이행불능 시점이 달라질 수 있어 소멸시효의 기산점 내지는 손해배상액 산정 기준이 달라지므로, 이행불능으로 인한 전보배상 인정 여부는 소유자의 권리 보호에 커다란 영향을 미치게 된다.

그동안 대법원은 채권적 청구권의 이행불능 개념 및 그 시점에 관하여 채권자의 보호에 충실한 해석을 하여 왔고, 그 법리를 물권적 청구권에도 확장하여 이행불능 또는 집행불능 당시를 기준으로 하여 소유물에 갈음한 전보배상을 인정하는 해석을 하여 왔는데, 이는 불법행위에 의한 손해배상책임만으로는 소유자를 보호하기에 충분하지 않다는 점을 고려하였기 때문이라 보인다.

다수의견과 같이 소유권 상실에 의한 손해배상청구만 허용하면서도, 소유자를 보호하기 위해서 그 손해의 발생시기를 소유권 상실시기로 보지 않고 종전 판례에서의 이행불능시와 유사하게 소유권 상실의 판결 확정시 등으로 보는 견해가 제시될 수 있을지 모르나, 이는 소유권 상실에도 불구하고 그 후의 소유권 상실의 판결 확정시 내지는 손해 발생시기까지는 실질적으로 소유권의 미상실, 즉 존속을 허용하는 결과가 되어 법리적으로 가능할지 의문이며, 오히려 이행불능으로 인한 전보배상을 허용하는 해석론을 유지하는 것이 법리적으로 더 간명할 것이다.

(3) 그리고 판례는 채권자가 본래적 급부청구인 부동산소유권이전등기 청구에다가 이에 대신할 대상청구로서 금전 지급 청구를 병합하여 소구한 경우에, 대상청구는 본래적 급부청구권이 현존함을 전제로 하여 이것이 판결확정 전에 이행불능되거나 또는 판결확정 후에 집행불능이 되는 경우에 대비하여 전보배상을 미리 청구하는 것으로 보아 이를 허용하여 왔고, 물권적 청구권에 기초한 말소등기청구권의 경우에도 마찬가지로 처리하여 왔다(대법원 2006.1.27. 선고 2005다39013 판결, 대법원 2011.8.18. 선고 2011다30666, 30673 판결 참조). 이와 같이 판례에서 인정하고 있는 대상청구는 본래적 급부청구권을 전제로 하여 그에 대한 의무의 이행불능 또는 집행불능을 기초로 하는 것으로서, 그 급부청구권의 소멸에서 출발하는 불법행위에 의한 손해배상청구와는 그 성격이 다르다고 보인다.

그런데 다수의견과 같이 물권적 청구권에 대한 이행불능을 부정하게 되면 물권적 청구권에 대한 대상청구는 허용될 수 없게 된다. 결국 채권적 청구권인 소유권이전등기청구권의 경우와는 달리, 물권적 청구권인 말소등기청구권의 경우에는 그에 관한 판결과 함께 그 이행불능 또는 집행불능에 의한 전보배상에 관한 판결을 받아 그 이행불능시 또는 집행불능시에 바로 전보배상을 집행할 수 있는 방법이 없고, 별도로 불법행위로 인한 손해배상을 청구하여야 하는데, 과연 대세적인 권리로서의 물권 및 이에 터잡은 물권적 청구권을 이와 같이 채권의 경우보다 현저히 불리하게 처우하는 것이 타당한지 의문이다.

바. 특히 이 사건에서 이행불능에 의한 전보배상 가부가 문제되는 말소등기청구권은 이 사건 선행소송에서 확정되어 기판력이 발생된 청구권임에 유의할 필요가 있다.

이 사건 선행소송에 앞서 이미 소외 1 등의 등기부취득시효의 완성으로 말미암아 원고의 소유권이 상실되었다고 하더라도, 이 사건 선행소송에서 원고가 피고를 상대로 청구한 물권적 청구권인 이 사건 소유권보존등기 말소등기청구권에 관하여 승소판결이 확정되어 기판력이 발생된 이상, 이 사건 소송에서 피고는 그 변론종결 전에 발생된 사유인 소유권의 소멸을 이유로 원고에게 그 말소등기청구권의 부존재나 소멸을 주장할 수 없다. 확정된 전소의 기판력 있는 법률관계가 후소의 소송물 자체가 되지 아니하더라도 후소의 선결문제가 되는 때에는 전소의 확정판결에 의한 판단은 후소의 선결문제로서 기판력이 작용하기 때문이다(대법원 1994.12.27. 선고 94다4684 판결, 대법원 2001.1.16. 선고 2000다41349 판결, 대법원 2001.11.13. 선고 99다32905 판결, 대법원 2003.3.28. 선고 2000다24856 판결 참조). 따라서 이 사건 소송에서 여전히 원고는 피고에게 그 말소등기청구권을 행사할 수 있고, 피고는 그 말소등기의 의무를 지고 있으며 나아가 그에 대한 이행을 명한 이 사건 선행소송의 확정판결의 집행을 받아들일 의무가 있으므로, 원고가 소외 1 등을 상대로 제기한 소송에서 패소하여 실질적으로 그 확정판결을 강제집행할 수 없게 됨에 따른 전보배상을 허용하는 것은 법리적으로도 타당하다고 생각된다.

그렇지 않고 그 판결의 집행불능 및 이로 인한 손해의 배상을 부정하게 되면, 이는 기판력에 의하여 차단되어야 할 이 사건 소유권보존등기 말소등기청구권의 부존재 내지는 소멸을 인정하는 셈이 되어, 민사소송에서의 기판력에 관한 일반 이론과 배치되는 결과를 낳는다.

사. 결론적으로 청구권이 발생한 기초가 되는 권리가 채권인지 아니면 물권인지와 무관하게 이미 성립한 청구권에 대하여는 그 이행불능으로 인한 전보배상을 인정하는 것이 법리적으로 불가능하지 아니하며, 이를 허용할 것인지 여부는 법률 정책적인 결단이라 생각한다. 따라서 이미 대법원에서 이를 허용하여 채권에 못지않게 물권을 보호하는 견해를 취한 것은 구체적 타당성 면에서 옳고, 확정판결을 거쳐 기판력이 발생되어 있는 경우에는 더욱 그러하다고 보이며, 장기간 이와 같은 견해를 유지하여 온 판례들을 뒤집어 물권 내지는 물권자의 보호에서 후퇴하여야 할 이론적·실무적인 필요성을 느낄 수 없다.

그러므로 이미 이 사건 선행소송에서 본래적 급부의무인 이 사건 소유권보존등기 말소등기절차를 이행할 의무가 현존함이 확정되었으므로, 그 이행불능 또는 집행불능에 따른 전보배상책임을 인정하는 것이 가능하며, 이와 같은 취지로 판시한 원심판결 부분은 정당하고, 이를 파기사유로 삼을 수 없다고 할 것이다.

이상과 같은 이유로 다수의견의 결론에는 찬성하나 그 논거에 관하여는 견해를 달리하므로 별개의견으로 이를 밝혀 둔다.

5. 다수의견에 대한 대법관 양창수의 보충의견

물권적 등기말소청구권에 있어서도 그 이행불능을 이유로 하는 전보배상청구권이 인정되어야 한다는 별개의견에 대하여 다음과 같이 다수의견을 보충하는 의견을 밝힌다.

가. 물권적 청구권에 대하여는 통상 채권편의 규정이 "성질에 반하지 않는 한" 준용된다고 일컬어진다. 문제는 그렇다면 채권편 규정 중 구체적으로 어떠한 것이 물권적 청구권에 준용되어서는 안 되는가, 이 사건에 관하여 개별적으로 말하자면 이행불능을 이유로 하는 채무불이행책임에 관한 규정을 물권적 청구권에 준용하는 것이 '물권적 청구권의 성질에 반하지 않는가' 하는 점이다. 다수의견은 그 준용이 물권적 청구권의 성질에 반하여 허용되지 아니한다는 것이므로, 단지 물권적 청구권에 적용되는 채권편 규정에 관한 위와 같은 일반적 설명만으로는 문제가 해결되지 아니한다.

나. 별개의견은 "채권의 경우에도 그 대상인 목적물이 소멸되는 등의 사유로 채권이 소멸되는 문제가 발생할 수 있지만, 그 목적물에 관한 청구권에 대응하는 급부의무의 이행불능 내지는 이에 기초한 손해배상을 부정하는 해석론은 보이지 않고, 오히려 민법 제390조에 따라 급부 목적물의 소멸에 불구하고 급부의무의 이행불능에 대한 전보배상이 허용된다"고 하고, 이와 같은 법리는 "물권적 청구권의 청구에도 그대로 준용될 수 있다고 생각"되며, "물권의 대상인 목적물이 소멸되었거나 소유자가 그에 대한 권리를 상실하였다고 하여 이미 발생된 목적물이나 그 소유권에 대한 반환의무 및 그에 대한 이행불능을 부정하는 것이 논리필연적이라거나 법리적으로 불가피하다고 볼 필요는 없을 것"이라고 한다(위 4. 다. 부분).

그러나 예를 들어 매매계약에 있어서 매도인이 소유권이전 또는 인도의 채무를 부담하는 물건이 멸실하였다고 하더라도, 그것만으로 매도인의 소유권이전 또는 인도의 채무가 바로 소멸하지 아니한다. 매수인이 그 채무의 이행불능을 이유로 채무불이행책임을 물을 수 있는 한 매도인의 그러한 채무는 여전히 존속한다. 채권은 채무자로 하여금 채권자에게 급부의 이행을 '청구'하는 것을 핵심으로 하는 권리로서 소유권 기타 물권에 있어서 이미 목적물에 관한 이익이 소유자 기타 물권자에게 '귀속'되어 있는 것과 대비된다. 그리하여 채무자가 채권관계상의 급부를 이행하지 아니하는 경우, 즉 채무불이행이 있는 경우에는 채권자로 하여금 채무자가 채무를 제대로 이행하였다면 있었을 재산상태 등을 달성하는 것, 즉 채권을 원래의 의미에 맞게 경제적·내용적으로 실현할 것을 요구할 수 있도록 하는 것이 바로 민법 제390조에서 정하는 채무불이행을 이유로 하는 손해배상청구권인 것이다. 따라서 이는 채권의 존속을 전제로 한다. 다만 이행불능의 경우에는 그 원래의 급부청구는 무의미하여 허용되지 아니하므로,

그 채권의 내용이 전보배상으로 전환되는 것뿐이다.

이러한 채무의 존속은 그 채권자인 매수인이 채무불이행책임의 다른 한 내용으로 계약의 해제를 선택하는 경우에 더욱 명백하게 드러난다. 이때에 매수인이 계약 해제의 의사표시를 함으로써 비로소 매매계약은 효력을 상실하게 되고, 이로 인하여 매도인의 채무가 — 매수인의 대금지급채무와 함께 — 소멸한다. 즉 매도인의 채무는 목적물의 멸실에도 불구하고 계속 그 존재를 유지하며, 위와 같은 계약 해제의 의사표시가 있는 때에 비로소 그 해제의 효과로써 소멸하는 것이다.

그러나 방해배제청구권 기타의 물권적 청구권(이하에서는 소유권에 기한 물권적 청구권만을 앞세워 논의를 진행하기로 한다)은 소유자에게 법적으로 이미 '귀속'되어 있는 목적물에 관한 제반 이익을 현실적으로는 소유자가 누리지 못하는 경우에 그러한 권리방해상태의 원인을 제공하고 있는 자에게 그 방해의 제거를 청구할 수 있다는 것으로서, '귀속적합적 상태의 객관적 실현을 도모하는 권리보호수단'인 것이다. 즉 물권적 청구권은 비록 그 현상형태로서는 소유자의 방해자에 대한 방해제거청구로 나타나나 그 핵심은 그 실현이 방해되고 있는 상태에 대한 소유권의 한 작용으로서 인정되는 말하자면 제2차적인 보호청구권에 다름아니다. 이와 같이 소유권이 보장하는 '물적 이익 보호'의 연장선에 있는 권리라는 의미에서 애초부터 급부의 청구를 중심적 내용으로 하여 '사람과 사람과의 관계'를 규율하는 채권과는 그 기본적 지향을 달리한다. 그러므로 물권적 청구권은 소유자가 그의 소유권을 상실하는 경우에는 이미 이를 인정할 필요가 바로 없게 되어 소멸하는 것이고, 이는 방해가 종료되거나 별개의견이 예로 드는 물건이 소멸하는 경우에도 마찬가지인 것이다.

물건이 멸실하면 그에 대한 소유권은 바로 소멸한다. 소유권의 핵심인 '지배'는 그 대상을 전제로 하는 것이고, 대상이 없는 소유권이란 형용모순이라고 할 수 있다. 그리고 물권적 청구권은 소유권의 원만한 실현을 위하여 인정되는 권리이므로, 소유권이 없는 이상 물권적 청구권이란 그 존재이유가 없는 것이다. 이는 물건의 멸실과 같이 소유권이 절대적으로 소멸한 경우뿐만 아니라 물건의 소유권이 제3자에게 이전되어 종전의 소유자가 그 소유권을 상실하는 등의 이른바 상대적 소멸의 경우에도 조금도 다를 바 없다. 이는 일찍이 대법원 1969.5.27. 선고 68다725 전원합의체 판결이 명확하게 판시한 바로서 의문의 여지가 없다.

따라서 부동산의 소유자가 부실의 소유권등기명의인을 상대로 소유권에 기하여 그 등기의 말소를 청구할 수 있는 권리, 즉 방해배제청구권으로서의 소유권등기말소청구권을 가지고 있었다고 하더라도, 그가 더 이상 소유권을 가지지 못하게 되었다면, 그로써 바로 그의 위와 같은 등기말소청구권은 소멸한다. 이러한 등기말소청구권의 당연 소멸은 물권적 청구권이 '소유권으로부터 나오는' 권리, 즉 앞서 본 대로 소유권의 원만한 실현을 달성하기 위한 수단적 권리라는 성질에서부터 자연스럽게 귀결되는 것이다.

이와 같이 소유권의 상실로 등기말소청구권이 소멸하는 것은 매매계약의 목적물이 멸실되거나 매도인이 이를 제3자에게 양도함으로써 매도인이 부담하는 소유권이전 등의 채무가 이행불능이 되어 그가 매수인에게 전보배상을 하여야 하는 등의 법적 책임을 지는 것과는 그 성질을 달리하는 것으로서, 등기말소의무가 '이행불능'이 된 것이 아니라 그 의무의 기초가 상실되어 아예 없어진 것이다. 이는 불법점유자가 소유자에 대하여 목적물을 인도할 의무를 부담하다가 그 점유를 제3자에게 이전하여 그가 이제 더 이상 소유자에게 '인도할 수 없게' 되었다고 하더라도, 이는 그의 소유물반환의무(민법 제213조 참조)가 이제 그 요건을 갖추지 못하여 없어지는 것일 뿐이고, 이를 그 의무의 '이행불능'으로 파악하여 무슨 전보배상의 채무불이행책임을 논의할 여지가 없는 것과 하등 다를 바 없다. 이와 같이 채무의 이행불능을 이유로 하는 손해배상채무(민법 제390조) 등의 채무불이행책임은 물권적 청구권의 성질에 반하므로, 그 한도에서 민법 제390조는 물권적 청구권에 준용될 수 없다.

다. 별개의견은 앞서 본 소유권의 이른바 상대적 소멸의 경우와 관련하여, "침해자의 행위로 인하여 제3자에게 점유 또는 등기가 이전됨으로 말미암아 결국 그 소유권이 소멸된 경우에는, 그 소유권이 상실되었다는 이유만으로 종전 소유자가 소유물에 대한 점유 또는 등기 명의의 반환을 구할 필요성이 상실되었다고 볼 필요는 없다. 소유물에 대한 점유 또는 등기 명의의 반환청구권은 소유권에 기초하여 발생되지만, 앞에서 본 것처럼 소유권과는 독립한 청구권으로서 독자성이 인정될 수 있으므로, 일단 그 청구권이 발생되었다면 그 후에는 반드시 소유권의 소멸과 운명을 같이 한다고 새길 것은 아니다. 오히려 침해자로 하여금 소유권을 다시 취득하여 종전 소유자에게 점유나 등기 명의를 반환하는 것이 불가능하지 않다면, 그에 대한 반환의무를 지우는 것이 물권의 대세적인 성격이나 권리 보호 측면에서 타당할 것이며, 점유 또는 등기 명의의 반환을 구할 수 있는 청구권은 소유권이 상실되었을 때 그 효용을 발할 수 있을 것"이라고 한다(위 4. 다. 말미 부분).

그러나 애초부터 소유권이전 등의 채무를 부담하는 매도인에 대하여는 그 채무의 이행을 위하여 제3자에게 이전된 소유권을 다시 취득하여 이를 매수인에게 이전하도록(민법 제570조 본문 참조) 요구할 수 있을지 모른다. 그러나 그러한 채무가 없이 단지 점유(여기서는 이에 한정하여 논의하기로 한다)를 가지고 있었다는 이유에서 소유자의 인도청구의 상대방이 되었던 것에 불과한 지위에 있다가 그 점유를 제3자에게 이전함으로써 이미 반환청구의 상대방이 아니게 된 사람에 대하여 종전의 소유자가 그 점유를 반환받도록 요구할 근거는 전혀 없다고 할 것이다. 종전의 소유자는 현재의 불법점유자를 상대로 목적물의 인도를 구할 것이고, 이러한 소송의 반복을 피하고 싶다면 점유이전금지가처분 등의 다른 구제수단을 강구하면 족하다.

라. 나아가 별개의견은, 물권이 채권에 비하여 더욱 강력한 권리라고 할 것인데 "채권의 효력으로서도 인정되는 전보배상책임을 물권적 청구권에서 부인한다면, 이는 오히려 물권에 대한 보호를 채권보다 더 소홀히 다루는 셈이 되어 납득하기 어렵다"고 한다.

(1) 그러나 "채권의 효력으로 인정되는 전보배상책임"은 채무자에 대한 관계에서만 인정되는 것이다.

소유권 기타 물권이 채권에 비하여 더욱 강력한 권리라고 하는 것은 기본적으로 그 대세적 효력을 바탕으로 한다. 따라서 소유자는 원칙적으로 누구에 대하여도 자신의 법적 권능을 관철할 수 있고, 소유권의 원만한 실현을 원칙적으로 누구에 대하여도 구할 수 있어서 그 권리를 침해하는 또는 침해할 우려가 있는 사람이라면 누구에 대하여도 그 방해의 배제 또는 방해의 예방을 청구할 수 있다. 그러나 채권자는 자신의 채권이 원만하게 실현되지 아니하는 때, 즉 채무불이행이 있는 때에도 오로지 채무자에 대하여만 채권의 강제적 실현 및 채무불이행책임을 청구할 수 있으며, 채무자 아닌 제3자에 대하여는 원칙적으로 자신의 법적 권능을 관철할 수 없어서 그 권리를 침해하는 또는 침해할 우려가 있는 제3자에 대하여도 다른 특별한 사정이 없는 한 그 방해의 배제 또는 방해의 예방을 청구하거나 — 불법행위를 이유로 — 손해배상책임을 물을 수 없다.

한편 채권자는 채무자 1인에 대한 관계에 있어서는 그의 채무불이행으로 채권이 원만하게 실현되지 아니하는 경우에 채무의 강제적 실현(민법 제389조), 손해배상(민법 제390조)·계약해제(민법 제544조 이하) 등의 채무불이행책임을 포함하여 다양한 법적 권능을 가지는데, 소유자가 실제의 구체적 방해자 1인에 대하여 가지는 법적 권능이 그 채무자에 대한 법적 권능보다 강력하다고 말할 수 있는지 쉽사리 단정할 수 없다. 별개의견이 말하는 대로 귀책사유의 입증이나 소멸시효기간 등의 점에서는 오히려 후자가 더 강하다고 보아야 할 것이다.

(2) 여기서의 문제는 다름이 아니라 위와 같이 소유권의 대세적인 권능에

기하여 방해자 누구를 상대로 하여서도 긍정되는 물권적 청구권을 위하여 채무자 1인에 대하여만 인정되는 이행불능으로 인한 전보배상과 같은 채무불이행 고유의 구제수단을 인정할 것인가 하는 점이다.

그리고 이 문제는 부정적으로 대답되어야 하고, 물권적 청구권이 소유권의 상실 등으로 소멸한 경우라면 앞에서 설명한 이유에 기하여 원칙으로 돌아가 종전의 소유자는 채권관계의 당사자 아닌 사람에게도 일반적으로 허용되는 불법행위책임을 묻는 것이 타당하다고 할 것이다. 무엇보다도 애초 채권관계가 없었던 사람에게 채무자에 대한 관계에서만 인정되는 특별한 법적 구제수단을 인정하는 것은 오히려 일시적으로 소유권을 객관적으로 침해한 사실이 있었다고 하는 것만으로 부당하게 엄격한 책임에 처하게 하는 가혹한 결과가 된다. 이것이야말로 이 사건과 같은 경우에 이행불능으로 인한 전보배상책임이 부인되어야 하는 실질적인 이유로서 가장 중요한 것이다. 그 외에 위와 같은 물음이 부정적으로 대답되어야 하는 이유는 앞에서 본 바와 같다.

마. 이 보충의견은 별개의견이 시사하는 바와 같이 물권적 청구권에 대하여는 채무불이행책임의 한 모습으로서의 이행불능에 관하여 대법원 1992.5.12. 선고 92다4581 판결 등 이래 인정되어 온 것과 같은 실체법적인 대상청구권은 이행불능을 이유로 하는 전보배상청구권이 부인되어야 하는 것과 마찬가지의 이유로 부인되어야 한다고 생각한다.

그리고 별개의견은 물권적 청구권으로서의 말소등기청구권에 관하여 인정되어 왔다는 '대상청구', 즉 본래적 급부청구인 말소등기청구 등이 이행불능 또는 집행불능된 경우에 대비하여 손해배상청구 등 금전지급청구를 병합하는 것을 판례가 인정하여 왔다고 한다.

그러나 별개의견이 말하는 것과 같은 이른바 대상청구의 가부는 이 사건에서 논의되고 있는 문제와는 각도를 전혀 달리하여 기본적으로 위와 같은 형태의 청구병합이 소송상 허용되는가를 중심으로 논의되어 왔던 것이다. 그리고 대법원 1975.7.22. 선고 75다450 판결 이래 최근의 대법원 2006.1.27. 선고 2005다39013 판결에 이르기까지 판례는 일관하여 이를 단순병합, 즉 현재의 등기 관련 청구와 장래의 금전지급청구의 병합으로 이를 허용하는 태도를 취하여 왔음은 주지하는 대로이다. 그리고 거기서 말하는 '이행불능' 또는 '집행불능'으로 인한 금전지급청구권의 구체적인 법적 의미에 대하여는 별로 천착된 바가 없으나, 다수의견의 관점에서 보면 물권적 청구권으로서의 등기말소청구와 그것이 인정 또는 실현되지 아니하는 경우에 대비한 장래의 청구로서 불법행위를 원인으로 하는 손해배상청구가 위와 같은 단순병합으로 허용되지 아니할 리가 없다.

그러므로 별개의견이 다수의견에 의하면 물권적 청구권에 대하여 위와 같이 청구병합형태로서의 '대상청구'가 "허용될 수 없다"고 단정하는 것에는 쉽사리 찬성할 수 없다.

바. 또한 별개의견은, 이 사건 선행소송에서 원고의 말소등기청구권을 시인하는 판결이 확정되어 그에 관한 기판력이 발생하였으므로, "원고는 피고에게 그 말소등기청구권을 행사할 수 있고 피고는 그 말소등기의 의무를 지고 있으며 나아가 그 확정판결의 집행을 받아들여야 하는 의무를 지게 되므로, 원고의 소외 1 등에 대한 패소로 인하여 실질적으로 그 확정판결을 강제집행할 수 없게 됨에 따른 전보배상을 허용하는 것은 법리적으로도 타당하다고 생각된다. 그렇지 않고 그 판결의 집행불능 및 이로 인한 손해의 배상을 부정하게 되면, 이는 기판력에 의하여 차단되어야 할 이 사건 소유권보존등기 말소등기청구권의 부존재 내지는 소멸을 인정하는 셈이 되어, 민사소송에서의 기판력에 관한 일반이론과 배치되는 결과를 낳는다"고 주장한다(위 4. 바. 참조).

(1) 그러나 이 사건 선행소송에서 피고를 상대로 하여 얻은 확정판결의 기판력은 확고한 판례 및 통설에 따르면 소송법적 효력을 가지는 데 그친다. 그에 의하면, 기판력은 오로지 소송법상으로 법원을 기속하는 효력이고, 실체법상의 권리관계와는 무관한 것이라고 이해된다. 즉 확정판결은 재판기관의 판단 통일을 위하여 별소에서 법원이 이에 저촉되는 판단을 하는 것은 허용되지 아니한다는 것이다.

따라서 원고가 이 사건 선행소송에서 원고가 피고를 상대로 자신의 말소등기청구권을 시인하는 확정판결을 얻었다고 하더라도 그 말소등기청구권의 법적 성질이 예를 들면 채권관계에 기한 말소등기청구권으로 변하지 아니함은 물론이다. 또한 채권을 전제로 하여서 말하더라도, 일반적으로 어떠한 채무의 불이행으로 인한 손해배상청구는 그 채무 자체의 이행청구와는 그 소송물을 달리하는 것으로서, 앞서의 소송에서 채무의 존재가 소송상으로 확정되었다고 하더라도 법원이 그 채무의 불이행을 이유로 하는 손해배상청구까지 당연히 시인하여야 하는 것은 아니다.

그렇다면 위와 같은 확정판결의 효력은 법원에 대하여 말소등기청구권이 이행불능되었음을 이유로 하여 원고가 민법 제390조에 기한 전보배상청구권을 가진다고 판단하여야 함을 요구하지 아니한다. 그러한 전보배상청구권이 인정되는지 여부의 판단은 이 사건 선행소송의 확정판결이 가지는 기판력의 범위를 벗어나는 것이다. 별개의견은 앞서 다수의견이 "민사소송에서의 기판력에 관한 일반이론과 배치되는 결과를 낳는다"고 주장하나, 오히려 별개의견의 위와 같은 주장이 민사소송에서의 기판력에 관한 일반이론에 배치되는 것이다.

(2) 실질적으로 보아도 별개의견과 같은 주장은 부당하다고 할 것이다.

물론 이 사건 선행소송에서 원고의 피고에 대한 말소등기청구권이 확정판결에 의하여 인정되기는 하였다. 그러나 이는 인정되어서는 안 될 것이었다. 원고는 이 사건 선행소송의 사실심 변론종결 당시 이미 이 사건 부동산에 대한 소유권을 상실하였고, 따라서 실체법적으로 보면 소유권에 기하여 피고에 대하여 말소등기를 청구할 권리를 가지고 있지 못하였다. 따라서 피고가 이 사건 선행소송에서 이 점을 주장하였다면 원고는 피고에 대하여 승소하지 못하였을 것이다(대법원 1995.3.3. 선고 94다7348 판결은 바로 그와 같은 취지로 판단하여 원고의 청구를 기각하고 있다). 피고가 이 사건 선행소송에서 그와 같이 제대로 방어하지 못한 탓으로 위와 같은 확정판결이 있었던 것이다(이와 관련하여서 대법원 1991.4.12. 선고 90다9872 판결은 "순차 경료된 등기 … 의 말소청구소송은 권리관계의 합일적인 확정을 필요로 하는 필요적 공동소송이 아니라 보통공동소송이며, 이와 같은 보통공동소송에서는 공동당사자들 상호간의 공격방어방법의 차이에 따라 모순되는 결론이 발생할 수 있고, 이는 변론주의를 원칙으로 하는 소송제도 아래서는 부득이한 일로서 판결의 이유모순이나 이유불비가 된다고 할 수 없다"고 판시한 바 있다).

그렇다면 단지 피고에 대하여 등기말소청구권에 관한 확정판결을 얻었다는 것만으로 "피고는 그 말소등기의 의무를 지고 있으며 나아가 그 확정판결의 집행을 받아들여야 하는 의무를 지게 된다"(그 의무가 실체법상으로는 근거 없는 것임은 앞에서 본 바와 같다)는 이유를 들어 "원고의 소외 1 등에 대한 패소로 인하여 실질적으로 그 확정판결을 강제집행할 수 없게 됨에 따른 전보배상을 허용하는 것이 법리적으로 타당하다"고 말할 수 있는지 의문이 아닐 수 없다.

사. 한편 별개의견은 강박 등에 의하여 이루어진 계약 또는 제소전화해의 취소로 그 계약에 기하여 이루어진 소유권이전등기의 말소를 구하는 사안에 있어서 대법원이 소유권을 기초로 한 말소등기청구권이 '이행불능'된 것을 이유로 전보배상을 일관하여 허용하여 왔다고 한다(위 4. 나. 마지막 문단 부분). 그러나 여기서 등기의 원인이 된 계약 등이 강박 등으로 취소된 경우에 말소등기청구는, 만일 종전의 소유자가 그 계약 등을 원인으로 소유권이전등기를 행하였다면 이제 그 소유권의 복귀로 말미암아 물론 소유권에 기하여 이를 하는 것도 가능하나, 그와는 별도로 — 종전의 소유자가 소유권이전등기를 경료한 경우가 아니더라도 — 계약 등에 기하여 행하여진 소유권이전등기 등의 급부에 관하여 그 취소와 같은 법률상 원인의 소멸로 인하여 그 '반환'을 구하는 채권적 성질의 원상회복청구권이 발생한다(한편 대법원 1988.9.13. 선고 86다카1332 판결, 대법원

1993.9.14. 선고 92다1353 판결 및 대법원 1994.1.25. 선고 93다16338 전원합의체 판결 등은 등기말소청구권이 계약 자체에 기하여 채권적 성질을 가지는 권리로서 발생할 수 있음을 정면에서 시인하고 있다). 그리고 별개의견이 드는 재판례들은 별개의견이 말하는 것과는 달리 과연 소유권에 기하여 발생하는 물권적 등기말소청구권에 관한 것인지 단정할 수 없다. 그러므로 별개의견이 종전의 대법원의 '일관된 태도'라고 지칭하는 것은 명확하지 아니하여, 이 판결로 그것을 폐기할 것이 되지 못한다.

[판결 1]에 관하여 생각할 점

1. 이 판결의 다수의견은 물권적 청구권이 이행불능된 경우에는 채권적 청구권이 이행불능에 빠진 경우에 관한 전보배상청구 규정이 준용되지 않는다고 한다. 그런데 이에 따르면 더 강력한 보호를 받아야 할 물권적 청구권자가 채권적 청구권자보다 더 약한 보호를 받게 되는 것이 아닌가? 특히 이 사안처럼 물권적 청구권을 이미 행사하여 판결로 말소등기의무가 확정되어 이행만 남겨 놓은 상태에서는 이행청구를 하는 채권자와 본질적으로 무엇이 다른가?

2. 이 판결의 별개의견은 물권적 청구권이 이행불능된 경우에도 채권적 청구권이 이행불능에 빠진 경우에 관한 전보배상청구 규정이 준용되어야 한다고 한다. 그런데 논리적으로 소유권을 상실하여 물권적 청구권도 상실하였다면 전보배상의 형태로 보호할 대상 자체가 없어진 것 아닌가? 물권적 청구권의 상실과 채권적 청구권의 이행불능을 동일선상에 놓고 비교할 수 있는가?

(2) 행위청구권

물권적 청구권은 상대방에게 물권의 원만한 실현을 위한 행위(즉 인도나 방해원인의 제거·예방의 행위)를 적극적으로 청구할 수 있는 권리인가, 아니면 물권적 청구권자가 행하는 그 실현행위를 상대방이 소극적으로 인용(忍容)할 것을 청구할 수 있는 권리에 그치는가?

학설은 이 문제를 그러한 행위의 비용을 누가 부담할 것인지의 문제와 연동시켜 논하면서, 전자이면 상대방이, 후자이면 물권적 청구권자가 비용을 부담하는 것으로 귀결된다고 한다. 따라서 그 침해에 대하여 누구에게 귀책사유가 있는지에 의한다는 견해,[6] 원칙적으로는 행위청구권이지만 반환청구에 대해

---

6) 곽윤직/김재형, 물권법, 31－32; 김용한, 물권법론, 80.

서는 인용만으로도 그 목적을 이룰 수 있으면 상대방은 그 이상의 의무를 지지 않는다는 견해[7]도 주장된다. 이들 견해는 모두 민법규정의 표현에 비추어 원칙적으로 물권적 청구권을 행위청구권으로 보아야 한다는 점에 동의하면서도, 돌담이 이웃 토지로 무너져 내린 때와 같이 반환청구권과 방해제거청구권이 경합·충돌하는 경우[8]에는 어느 편이든 그 청구를 먼저 한 이가 그 비용부담을 면하는 결과가 되어 부당하므로 이 문제점을 해결하기 위하여 위와 같은 해결책을 제시하는 것이다.

그러나 물권적 청구권의 내용 내지 성질을 논함에 있어서 새삼 귀책사유의 존부를 끌어들여서 그 요건의 「단순성」을 해칠 일이 아니다. 그리고 비용부담의 문제는 불법행위 또는 사무관리 등 다른 법장치로 충분히 처리할 수 있다. 그러므로 물권적 청구권은 민법의 문언에 좇아 예외 없이 행위청구권이다.[9]

3. 종   류

물권적 청구권은 여러 가지 기준에 따라 분류할 수 있으나, 가장 전형적인 분류방식은 민법 제213조 및 제214조에서 분류하듯이 점유반환청구권, 방해제거청구권, 방해예방청구권의 세 가지로 분류하는 방식이다. 이처럼 소유권에 기한 물권적 청구권을 정하는 민법 제213조, 제214조는 유치권과 질권을 제외한 제한물권에도 준용된다. 이하에서는 소유권을 기준으로 세 가지 청구권에 관하여 차례대로 살펴본다.

---

7) 김증한, 물권법, 26 이하는 명확하지는 않으나 이러한 견해인 것으로 이해된다.
8) 이들 견해는 돌담이 이웃 토지로 무너져 내린 경우에는 반환청구권과 방해제거청구권이 경합·충돌한다고 하는데, 의문이다. 단지 돌담이 자신의 토지 안으로 무너졌다고 해도 아직 점유설정의사가 없는 한 이를 점유한다고 할 수 없으므로, 이때에는 토지 소유자의 방해제거청구권이 성립할 뿐이다. 한편 위의 예에서 돌담소유자가 남의 토지 안에 들어가 돌담을 수거해 올 권리와 관련해서는 인지사용청구권(隣地使用請求權)에 관한 민법 제216조를 유추할 수 있다.
9) 재판실무에서는 예외 없이 상대방에게 「인도」, 「방해의 제거」 등 적극적인 행위를 명한다. 그리고 그 강제집행 등 실행의 비용은 채무자인 상대방이 부담한다(민집 제53조 제1항).

Ⅱ. 소유물반환청구권

1. 개   관

소유물반환청구권은 소유권의 실현이 타인의 점유라는 형태로 방해받고 있을 때 그 소유물의 점유반환을 구하는 물권적 청구권이다(제213조). 소유물반환청구소송에서 소유자인 원고는 그 목적물이 자기 소유라는 점과 상대방이 현재 그 목적물을 점유하고 있는 점을 주장, 증명하고, 이에 대하여 점유자인 피고는 자신이 그 목적물을 점유할 권리가 있다는 점을 항변, 증명하는 방식으로 이루어진다. 소유자의 입장에서는 목적물의 소유권과 이에 대한 상대방의 점유사실만 증명하면 족하고 그 증명도 용이하기 때문에 다른 권리구제수단이 있는 경우에도 소유물반환청구권을 활용하는 때가 많다. 가령 소유자인 임대인은 임대차 종료를 이유로 임차인을 상대로 목적물의 반환청구소송을 제기함에 있어서 우선 소유권에 기한 반환청구권을 청구원인으로 하는 경우가 대부분이다. 그리고 그 후 임차인이 임대차관계의 존속에 기한 「점유할 권리」를 주장함으로써 비로소 소송의 핵심이라고 할 임대차관계의 종료 여부의 심리로 넘어가는 것이다.

2. 요   건

(1) 청구자가 소유자일 것

소유물반환청구권을 행사하려면 그 청구자에게 소유권이 인정되어야 한다. 소유자인지 여부는 일반적인 물권변동이론에 따라 판단한다.

예를 들어 미등기 무허가건물의 양수인이나,[10] 부동산을 매수하고 대금을 다 지급하고 인도받았으나 아직 등기를 마치지 않은 등의 이른바 「사실상의 소유자」[11]는 소유자에 해당하지 않는다.[12] 반대로 부동산을 매도하고 대금을

---

10) 대판 2016.7.29, 2016다214483등.

11) 각종의 「등기특별조치법」의 「사실상의 소유자」 또는 「사실상의 양수인」(예를 들면, 「부동산소유권이전등기 등에 관한 특별조치법」(2005년 법률 제7500호) 제5조 제1항), 지방세법 제107조 제1항 등 참조. 또한 미등기 무허가건물의 양수인이라도 등기를 마치지 않았다면 소유권을 취득할 수 없으므로 그 건물의 불법점거자에 대하여 소유권에 기한 명도청구권을 행사할 수 없다고 한 대판 2007.6.15, 2007다11347도 참조.

12) 물론 이들은 전자에 대한 소유권이전채권에 기하여 법적인 소유자의 물권적 청구권을 대

다 지급받고 등기에 필요한 서류를 모두 매수인에게 교부하였어도 아직 실제
로 등기가 넘어가지 않았으면 그 매도인은 여전히 소유자에 해당한다. 또한 상
속인과 같이 법률의 규정에 의하여 소유권을 취득한 사람은 자신 앞으로 소유
권이전등기를 하지 않았어도 소유자에 해당한다. 또한 소유자이면 그것으로 족
한 것이고, 반드시 소유물의 점유를 취득하였다가 상실한 소유자일 필요도 없
다. 따라서 제3자가 불법으로 점유하고 있는 물건의 소유권을 취득한 새로운
소유자도 불법점유자를 상대로 소유물반환청구권을 행사할 수 있다. 양도담보
권자나 부동산실명법 시행 전 또는 그 적용을 받지 않는 명의수탁자도 대외적
으로 소유자에 해당하므로 위 청구권을 가진다. 소유자가 제3자에게 지상권 등
제한물권을 설정해 주었어도 소유권이 그 범위 내에서 제한될 뿐 소유자임에
는 변함이 없으므로, 불법점유자에 대하여 소유물반환청구권을 행사할 수 있
다.[13] 소유자가 제3자에게 소유물의 처분권한을 수여하였으나 제3자의 처분이
실제로 유효하게 행하여지지 않는 동안에도 그 소유자는 물권적 청구권을 행사
할 수 있다.[14] 공유자도 여기서의 소유자에 해당한다. 그는 물건을 불법점유하
는 제3자에 대하여 물건을 공유자 전원이 아니라 자신에게 반환할 것을 단독으
로 청구할 수 있다.[15] 이러한 청구는 보존행위의 일종이다(제265조 단서). 합유
자도 위와 같은 청구를 할 수 있다(제272조 단서). 하지만 총유의 경우 비법인사
단이 반환청구를 해야 하고 그 구성원이 단독으로 반환청구를 할 수는 없다.[16]

(2) 상대방은 물건을 점유하는 자일 것

소유물반환청구권의 상대방은 「물건을 점유하는 자」이다. 점유보조자는
여기에 포함되지 않는다. 자주점유인지 타주점유인지는 불문한다. 한편 간접점
유가 여기에 포함되는가에 대하여는 논의가 있다. 판례는 직접점유자만을 상대

위행사할 수 있다. 대판 1980.7.8, 79다1928 참조.
13) 대판 1974.11.12, 74다1150(다만 원칙적으로 임료 상당 손해의 배상을 청구할 수는 없다
고 한다).
14) 대판 2014.3.13, 2009다105215. 이 경우 소유자는 나아가 처분권한의 수여에도 불구하고
그 권한을 수여받은 자의 처분이 유효하게 행하여지지 않는 동안에는 스스로 처분할 수
도 있다. 다만 이 경우 그가 처분권한을 수여받은 자에 대해 채권적인 책임을 져야 하는
경우는 있을 수 있다.
15) 대판 1968.9.17, 68다1142; 대판 1969.3.4, 69다21; 대판 1993.5.11, 92다52870 등 확고한
판례. 목적물이 불가분이므로 불가분채권의 규정(제409조)을 유추 적용할 것이다.
16) 대판(전) 2005.9.15, 2004다44971.

방으로 해야 한다는 태도를 취하나,[17] 간접점유자도 점유자인 이상 반환청구권의 양도에 의한 대용인도(제190조, 제196조 제2항)는 물론이고, 나아가 선택적으로 현실인도도 청구할 수 있다.[18] 공동점유자에 대하여도 반환청구권을 행사할수 있다.[19]

　　한편 토지 위에 건물이 존재하면 그 자체로써 건물의 소유자가 그 부지를 점유한다는 것이 판례의 태도이다.[20] 그러므로 건물 소유자가 토지를 점유할 권리를 가지고 있지 않다면, 토지 소유자는 건물 소유자를 상대로 건물의 철거와 아울러 토지의 인도를 청구할 수 있다.[21] 즉 철거청구의 상대방은 건물의 철거처분권을 가진 건물 소유자이다. 판례는 여기서의 「건물 소유자」에 소유자로부터 건물을 매수하여 인도받은 「사실상의 소유자」도 포함시킨다.[22] 한편 그러한 건물 소유자 이외의 자(예컨대 건물 소유자로부터 건물을 임차한 자)가 건물을 점유하는 경우에 그가 토지를 점유한다고 볼 수 있는가? 그 경우에도 토지는 여전히 건물 소유자가 점유한다고 보아야 하므로 건물 점유자의 토지 점유는 부정된다.[23]

---

17) 대판 1969.2.4, 68다1594; 대판 1983.5.10, 81다187(단 소유권에 기한 청구가 아니라 임대차종료에 기한 청구를 하는 때에는 간접점유자를 상대로도 가능하다고 한다. 대판 1991.4.23, 90다19695도 유사한 취지); 대판 1999.7.9, 98다9045 등.

18) 同旨: 이영준, 물권법, 522 이하. 원래 집행채무자가 아닌 이가 직접점유하는 물건은 그가 제출을 거부하지 않으면 채무자점유물에 준하여 압류할 수 있지만(민집 제191조), 그 제3자가 제출을 거부하면 채무자가 그에 대하여 가지는 목적물인도청구권에 대한 채권집행의 방법(민집 제242조)에 의해야 하는 것과 궤를 같이하여 반환청구권의 양도에 의한 대용인도의 청구를 허용하는 것이다. 또 간접점유자가 직접점유를 취득하는 경우에 대비하여 선택적으로 현실인도청구가 허용되어야 한다. 이는 독일의 통설이다.

19) 공동점유자는 각자의 지분범위 내에서 반환의무를 부담하므로 그중 1인을 상대로 지분범위 내의 반환을 구할 수 있고, 공동점유자 전원을 상대로 하는 필수적 공동소송(민소 제67조)일 필요는 없다. 다만 강제집행은 그 모두에 대한 집행권원을 필요로 한다(부부공유의 공동점유동산에 대하여 그 예외를 정하는 민집 제190조도 참조).

20) 대판 1981.11.10, 80다2712; 대판 1993.10.26, 93다2483; 대판 2009.9.10, 2009다28462.

21) 일반적인 소송에서는 이와 더불어 토지 점유에 대한 부당이득반환청구도 함께 하는 경우가 많다.

22) 同旨: 대판 1967.2.28, 66다2228; 대판 1986.12.23, 86다카1751; 대판 1989.2.14, 87다카3073; 대판 2003.1.24, 2002다61521 등. 이는 현실적으로 건물철거에 관하여 가장 첨예한 이해관계를 가진 「사실상의 소유자」로 하여금 다투도록 하는 것이 쟁송의 실체에 부합하고, 또 대지소유자에게 건물의 현재 법적 소유자를 탐색해야 할 부담을 지울 필요가 없기 때문이다.

23) 다만 건물이 토지사용권 없이 불법으로 존립하고 있는 경우에는, 비록 그가 건물 소유자

(3) 점유자에게 점유할 권리가 없을 것

점유자에게 「점유할 권리」가 없어야 한다. 「점유할 권리」 없는 점유를 「불법점유」라고 한다. 여기서 「점유할 권리」라 함은 소유자에 대하여 점유의 계속적 보유를 정당화하는 법적 지위라는 의미이다. 이는 점유를 내용으로 하는 물권(지상권, 전세권, 유치권, 질권)과 채권(임대차, 사용대차, 임치, 도급, 조합 등)뿐만 아니라, 소유자에 대하여 가지는 동시이행항변권, 나아가 어떠한 권리가 아니라도 현재의 점유를 정당화하는 법적 지위, 가령 매매계약에 따라 목적물을 인도받은 매수인의 지위[24]나 취득시효가 완성된 점유자의 지위,[25] 임대주택을 우선분양받을 수 있는 임차인의 지위[26]라도 족하다. 또한 점유자의 전자(前者)가 소유자와의 관계에서 제3자에게 인도할 수 있는 권한을 가진다면 그 권한에 기하여 그로부터 인도받은 점유자에게도 점유할 권리가 있다.[27] 그러한 권한은 지상권자, 전세권자에게는 명문으로 인정되고 있다(제282조, 제306조). 그러므로 법정지상권이 성립한 건물의 양수인이 법정지상권의 이전에 관한 등기를 마치지 않았어도, 그는 법정지상권 있는 건물양도인으로부터 건물을 인도받아 토지를 점유하는 것이므로, 토지 소유자의 대지인도청구에 대하여 대항할 수 있다.[28] 지상권자·전세권자로부터의 임차인의 경우도 다를 바 없다.[29] 유치권의 경우에는 명문의 규정이 없지만 마찬가지로 새길 수 있을 것이다. 따라서 유치권자로부터 유치물을 유치하기 위한 방법으로 유치물의 점유나 보관을 위탁받은 자는 특별한 사정이 없는 한 점유할 권리가 있음을 들어 소유자의 소

와의 관계에서 적법한 권원에 기하여 건물을 점유하고 있어도 토지 소유자는 건물 점유자에 대하여 방해제거청구로서 건물로부터의 퇴거를 구할 수 있다.

24) 이 경우에는 계약 위반이 있다고 해도, 계약이 그를 이유로 해제되지 않는 한(해제된 경우에 대한 대판 88.6.28, 87다카2895(공 1116) 참조), 점유본권을 상실하지 않는다. 그러나 매도인의 매매대금지급채권에 대하여 소멸시효가 완성되면 점유할 권리가 없어진다.

25) 대판 1988.5.10, 87다카1979 등.

26) 대판 2009.4.23, 2006다81035. 단 이 사건에서 피고의 임차인 지위는 부정되었다.

27) 대판 2020.5.28, 2020다211085 참조.

28) 대판(전) 1985.4.9, 84다카1131은 토지 소유자의 청구를 신의칙을 이유로 배척하여, 동일한 결과를 인정하지만 이는 신의칙을 불필요하게 끌어들인 것이다.

29) 그러나 물건을 소유자로부터 임차한 이는 소유자의 동의 없이는 이를 제3자에게 전대할 수 없다(제629조 제1항). 그러므로 그 동의 없는 전대차에서의 전차인은 점유본권이 없다.

유물반환청구를 거부할 수 있다.[30] 그러나 그것이 단지 유치의 수단으로 행해진 위탁이 아니라 유치물의 대여 또는 담보제공에 이른다면 소유자의 승낙이 있지 않은 한 그 임차인 또는 담보권자는 소유자에게 대항할 수 없다(제324조 제2항 참조).[31]

아직 등기를 넘기지 않은 매도인이 매수인으로부터 다시 매수한 자 또는 임차한 자에 대하여 소유권에 기하여 반환청구를 할 수 없는 것도 위와 같은 법리에 기한 것이다.[32] 아래에서 보게 될 〔판결 2〕도 이 문제를 다루고 있다.

소유물반환청구소송에서 이상과 같은 요건은 사실심변론종결시를 기준으로 판단된다. 그러므로 소송의 제기 당시에는 소유자였어도 그 사이에 소유권을 상실하면, 새로운 소유자가 소송승계의 절차(민소 제81조 등)를 밟지 아니한 한 그 청구는 기각된다. 이는 점유에 대해서도 마찬가지여서 소송 제기 후 점유가 제3자에게 이전되면 소유자의 청구는 기각된다. 이러한 사태를 방지하려면 소유자는 소송 제기에 앞서 점유이전금지의 가처분을 얻을 필요가 있다. 이를 얻으면 그 후에 점유가 이전되더라도 원래의 점유자를 상대로 한 반환청구는 인용되고, 이 승소판결에 기하여 그 후의 점유자에 대하여 집행할 수 있다(當事者恒定의 효력).

[판결 2] 점유할 권리: 대판 2001.12.11, 2001다45355

토지의 매수인이 아직 소유권이전등기를 경료받지 아니하였다 하여도 매매계약의 이행으로 그 토지를 인도받은 때에는 매매계약의 효력으로서 이를 점유·사용할 권리가 생기게 된 것으로 보아야 하고, 또 매수인으로부터 위 토지

30) 대판 2014.12.24, 2011다62618.
31) 대결 2002.11.27, 2002마3516; 대판 2011.2.10, 2010다94700 참조.
32) 대판 1988.4.25, 87다카1682도 같은 결과를 인정한다(토지매수인이 건물을 신축하여 이를 피고에게 양도하였는데 토지매도인이 소유권에 기하여 건물의 철거를 청구한 사안). 또 대판(전) 2000.11.16, 98다45652도, 아파트의 건축자로부터 그중 한 세대의 전유부분과 대지지분을 매수하여 대금을 모두 지급한 자가 대지지분에 대하여 소유권이전등기를 받지 못하여도 매수인은 매매계약의 효력으로 그 대지를 「점유할 권리」를 가지며, 이는 그 세대를 전전매수하였으나 대지지분에 관하여 이전등기를 받지 못한 이의 경우에도 같다고 한다(위 판결은 이를 애초 매수인의 계약상 권리가 집합건물법 제2조 제6호의 「대지사용권」에 해당하고, 이를 전전매수인들이 취득한 것이라고 한다). 또한 대판 1995.10.12, 95다22283(부동산실명법 시행 전 명의신탁자로부터의 임차인에 대하여 명의수탁자가 반환청구를 한 사안) 등도 참조.

를 다시 매수한 자는 위와 같은 토지의 점유사용권을 취득한 것으로 봄이 상당하므로 매도인은 매수인으로부터 다시 위 토지를 매수한 자에 대하여 토지 소유권에 기한 물권적 청구권을 행사하거나 그 점유·사용을 법률상 원인이 없는 이익이라고 하여 부당이득반환청구를 할 수는 없다고 할 것인바(대법원 1996.6. 25. 선고 95다12682, 12699 판결, 1998.6.26. 선고 97다42823 판결 등 참조), 이러한 법리는 대물변제 약정에 의하여 매매와 같이 부동산의 소유권을 이전받게 되는 자가 이미 당해 부동산을 점유·사용하고 있거나, 그로부터 다시 이를 임차하여 점유·사용하고 있는 경우에도 마찬가지로 적용된다고 할 것이다.

　　원심판결은 그 채용한 증거에 의하여, (1) 원고들 및 원심 공동원고 000 등 8인(이하 '원고 등'이라고 한다)은 서울 서초구 반포4동 91-9 소재 2층 연립주택 8세대의 각 소유자로서, 1992. 5. 30. 소외 1과 위 연립주택을 철거하고 그 자리에 연립주택 15세대(이하 '이 사건 연립주택'이라고 한다)를 신축하기로 하는 내용의 건축도급계약을 체결함과 아울러 공사대금의 지급에 갈음하여 신축 연립주택 중 원고 등이 각 1세대씩 입주하고 남는 나머지 7세대(103호, 301호, 302호, 303호, 304호, 401호, 402호. 이 중 301호, 302호, 304호, 401호, 402호가 이 사건 계쟁 주택이다)를 소외 1에게 이전하여 주기로 약정한 사실, (2) 그런데 소외 1은 이 사건 연립주택 신축공사를 진행하던 중 1993년 3월경 자금 부족으로 더 이상 공사를 진행할 수 없게 되자 같은 해 4월 30일 소외 2와, 그가 이 사건 연립주택의 나머지 공사를 하고 이 사건 계쟁 주택을 포함한 위 7세대에 관한 권리를 모두 양수하되 위 공사를 완료한 후 위 7세대를 분양 또는 임대하여 얻게 되는 분양대금 등에서 그의 공사비를 먼저 공제하고 그 나머지가 있으면 소외 1과 다시 정산하기로 약정한 사실, (3) 소외 2는 1993. 5. 4. 원고 등과의 사이에 위와 같이 소외 1로부터 이 사건 연립주택의 시공권을 양수하였음을 알리면서 자신이 이 사건 연립주택 공사를 하되 그 공사대금은 이 사건 계쟁 주택을 포함한 위 7세대의 이전으로 대체하기로 하는 내용의 도급계약(이하 '이 사건 도급계약'이라고 한다)을 체결한 사실, (4) 소외 2는 이 사건 연립주택의 나머지 공사를 진행하여 1993. 6. 10. 이를 완공한 후 그 무렵부터 1997년 3월경까지의 사이에 피고들에게 이 사건 계쟁 주택을 각각 임대하여 그 임대보증금으로 공사대금에 충당한 사실, (5) 한편, 소외 2는 1993년 11월경 원고 등을 상대로 이 사건 계쟁 주택을 포함한 위 7세대에 관하여 위 1993. 5. 4.자 약정을 원인으로 한 소유권이전등기절차의 이행을 구하는 소를 제기하여 그 항소심에서 1998. 7. 22. 소외 2가 원고 등에게 241,079,210원 및 그 지연손해금을, 하도급업자 1에게 3,700만 원, 하도급업자 2에게 1,300만 원, 하도급업자 3에게 400만 원, 하도급업자 4에게 4,400만 원을 각 지급하는 것과 상환으로 원고 등은 소외 2에게 위 7세대에 관하여 위 1993. 5. 4. 약정을 원인으로 한 소유권이전등기절차를 이행하라는 판결(서울고등법원 1998.7.22. 선고 97나4151 판결)을 선고받았고, 위 판결은 1998. 12. 22. 상고 기각으로 확정된 사실 등을 인정하였고, 한편 기록에 의하면 원고 등은 모두 공사가 마쳐진 1993. 6. 10.경 이 사건 연립주택 중 그들이 취득하기로 한 각 세대를 소외 2로부터 인도받아 입주하였음을 알 수 있다.

사실관계가 그렇다면 앞에서 본 법리에 비추어 볼 때, 원고 등이 아직 이 사건 계쟁 주택 5세대에 대한 소유권이전등기절차의무를 이행하지 아니하여 여전히 그 소유자라고 하더라도 위 대물변제약정을 이행하는 과정에서 이를 점유·사용할 권리가 있는 소외 2로부터 이를 각 임차하여 점유하고 있는 피고들에 대하여는 소유권에 기한 명도 청구 및 그 점유·사용에 대한 부당이득반환청구를 할 수 없다고 할 것이다.

그리고 위 대물변제약정에 의하여 원고 등이 소외 2에 대하여 부담하는 의무와 소외 2와 원고 등 사이의 전 소송에서 이루어진 위 확정판결에 의하여 인정된 소외 2의 금전지급청산의무 사이에 동시이행관계가 있었다고 하더라도 이미 소외 2에게 이행된 것으로 볼 수 있는 부분에 대하여는 동시이행의 항변권이 인정될 여지가 없다.

나아가 원고 등과 소외 2 사이의 위 도급계약에서 정한 특약사항 또한 소외 2의 피고들에 대한 이 사건 임대행위를 위 대물변제약정에 의한 소유권이전청구권자의 지위에서 한 것으로 보는 한 소외 2와의 사이에서만 효력이 있고, 제3자인 피고들에 대한 관계에서는 그 선의 여부에 상관없이 대항할 수 없다고 볼 것이다.

결국 원심이 그 이유는 다소 다르나 이 사건 계쟁 주택 5세대를 포함한 위 7세대의 연립주택에 관하여 원고 등과 소외 2 사이에 위 대물변제약정이 체결되었음을 근거로 들어 이 사건 계쟁 주택 5세대의 소유권에 기하여 하는 원고들의 이 사건 건물명도 및 부당이득반환청구를 모두 배척한 결론은 정당하고, 거기에 상고이유에서 주장하는 바와 같은 동시이행의 법리를 오해하거나 이 사건 도급계약에서 정한 위 특약사항에 관한 피고들의 악의에 대한 심리미진으로 인하여 판결 결과에 영향을 미친 위법이 있다고 할 수 없으므로 상고이유의 주장은 모두 받아들일 수 없다.

[판결 2]에 관하여 생각할 점

1. 소유자의 소유물반환청구에 대항할 수 있는 "점유할 권리"는 구체적으로 무엇을 의미하는가? 이것은 반드시 점유를 내용으로 하는 물권 또는 채권이어야 하는가? 위 사안에서 피고들은 어떤 "점유할 권리"를 가지고 있는가?
2. 위 판결을 대판 1988.4.25, 87다카1682와도 비교하여 보라. 이 판결은 토지매수인이 건물을 신축하여 이를 피고에게 양도하였는데 토지매도인이 소유권에 기하여 건물의 철거를 청구한 사안을 다루고 있다.

3. 효 과

(1) 소유자는 점유할 권리가 없는 불법점유자에 대하여 그가 점유하는 소유물의 반환을 청구할 수 있다. 반환의 대상은 소유권의 객체인 구체적인 특정의 물건 그 자체이다. 이는 금전의 경우에도 물건으로서의 동일성이 확인되는 한 다를 바 없다. 「반환」이란 소유자의 수거를 인용하는 데 그치는 것이 아니라 적극적으로 물건의 점유를 소유자에게 이전함을 의미한다. 점유자는 현상대로 반환하면 족하고, 원상으로 회복하여 반환할 필요(제615조, 제654조 참조)는 없다. 반환은 물건이 현존하는 곳에서 해야 한다(제467조 제1항).

임대인의 동의 없는 전대차에서와 같이 직접점유자는 소유자에 대한 관계에서 「점유할 권리」가 없으나 간접점유자는 그것을 가지는 경우[33] 소유자는 이를 간접점유자에게 반환할 것을 청구할 수 있고, 단지 간접점유자 등이 이를 받을 수 없거나 이를 원하지 아니하는 경우에 한하여 자신에게 반환할 것을 청구할 수 있다(제207조 제2항 참조). 양도담보 같이 애초 소유자(양도담보권자)에게 이를 직접점유할 권리가 없는 경우에도 마찬가지이다.

한편 직접점유자와 간접점유자가 모두 소유자에 대한 관계에서 「점유할 권리」가 없는 경우 소유자는 직접점유자뿐만 아니라 간접점유자를 상대로도 반환을 청구할 수 있다. 예를 들어 점유할 권리가 없는 A가 그 물건을 점유하다가 B에게 대여한 경우 소유자는 B 이외에도 A(간접점유자)를 상대로 반환을 구할 수 있다. 이 경우 그 반환청구의 내용이 무엇인가에 대해서는 의견이 일치하지 않는다. A를 상대로 현실인도를 구하거나 A가 B에 대해 가지는 반환청

---

33) 가령 소유자인 임대인이 무단전대를 이유로 하는 해지권(제629조 제2항)을 행사하지 아니하는 경우가 그러하다.

구권의 양도를 구할 수 있다고 보아야 할 것이다.[34]

(2) 소유물반환청구권과 다른 반환청구권과의 관계도 문제된다.

소유자는 물권적 반환청구권 외에 점유자에 대하여 계약상 반환청구권을 가지는 경우가 있다. 특히 임대차 등 물건사용계약이 종료하면 흔히 이들 두 반환청구권이 병존하게 된다. 또 소유자는 부당이득을 이유로 하는 원상회복청구로서 반환청구권을 가지기도 한다. 예를 들면 매매 등 물건의 인도를 포함하는 계약이 무효이거나 취소·해제되거나 해제조건이 성취된 경우가 그러하다.[35] 이상의 채권적 반환청구권들은 각각 소유물반환청구권과 청구권경합의 관계에 있다.[36] 그러므로 어느 하나에 기하여 물건이 반환되면, 다른 것은 당연히 소멸한다. 또 소유권이 제3자에게 이전되어 물권적 반환청구권은 없게 되었다고 해도, 채권적 반환청구권은 여전히 남는다.[37]

또한 물권적 청구권은 불법행위에 기한 손해배상청구권과도 병존할 수 있다. 물권적 청구권에서는 상대방의 귀책사유를 요구하지 않고, 손해배상청구권에서는 이를 요구하는 것이 원칙이므로 양자가 늘 병존하는 것은 아니지만, 양자의 요건을 모두 갖춘 경우에는 둘 중 하나의 권리만 행사하거나 양자를 모두 행사할 수 있다.

---

34) 민법주해 V, 221 (양창수). 간접점유자를 상대로 현실인도를 구하는 것이 이상하게 느껴질 수 있으나, 당장은 집행불능의 판결이라도 소유자로서는 장차 간접점유자가 직접점유자로부터 직접점유를 다시 취득하는 경우에 대비하여 그러한 판결을 받아둘 실익이 있다.

35) 한편 위와 같은 급부부당이득의 경우가 아니라, 소유자로부터 물건이 도취 기타 점유이탈된 것과 같은 경우에는 이른바 「점유의 부당이득」이 부인되므로, 부당이득에 기한 반환청구권은 인정되지 않는다.

36) 이러한 반환청구권의 경합은 물권적 등기정정청구권과 채권적 등기정정청구권의 경합에 대응하는 것이다.

37) 同旨: 대판 1964.12.29, 64다804(토지임대인 A가 그 소유토지를 Y에게 임대하였다가 이를 해지한 후 다시 X에 임대하였으나 그 후 A가 소유권을 제3자에게 양도하여 이제 소유자가 아닌 사안에서, A는 위 임대차계약의 해지로 Y에 대하여 채권적인 반환청구권을 가지므로, X는 A를 대위하여 Y에 대하여 이 권리를 행사할 수 있다고 한다). 또한 대판(전) 1994.1.25, 93다16338(근저당권 설정 후 그 부동산의 소유권이 제3자에게 이전된 경우 현재의 소유자가 자신의 소유권에 기하여 피담보채무의 소멸을 원인으로 근저당권설정등기의 말소를 구할 수 있지만, 이와 별도로 근저당권설정자인 종전의 소유자도 근저당권설정계약의 당사자로서 그 계약상 권리에 터잡아 근저당권자에게 피담보채무의 소멸을 이유로 근저당권설정등기의 말소를 구할 수 있다고 한다).

III. 소유물방해제거청구권

1. 개 관

소유물방해제거청구권은 소유권의 실현이 타인의 점유 이외의 방법으로 방해되고 있을 때 그 방해의 제거를 구하는 물권적 청구권이다(제214조 전단). 이는 가장 일반적인 형태의 방해제거청구권이고, 그 이외에 특히 상린관계에서 개별적인 방해제거 관련 규정(제217조, 제236조, 제241조 내지 제243조)들이 존재하여 일정한 경우에 이를 구체화하고 보충한다.[38] 민법 제213조의 소유물반환청구권도 넓게 보면 민법 제214조의 소유물방해제거청구권의 한 특수한 형태로 분화되어 나간 것이다.

소유권의 방해는 매우 다양한 원인과 모습으로 이루어지고 있으므로 방해제거청구권도 이에 상응하여 다양한 형태로 행사된다. 이 권리는 주로 부동산에 관하여 행사되고 동산에서는 매우 드물게 문제될 뿐이다.

2. 요 건

우선 요건으로서의 「소유자」에 대하여는 앞의 소유물반환청구권의 요건으로 설명한 것이 그대로 타당하다. 따라서 아래에서는 방해에 관한 요건을 설명한다.

(1) 방 해

(가) 소유물방해제거청구권을 행사하려면 우선 소유권에 대한 「방해」가 있어야 한다. 방해는 전면적 지배권으로서의 소유권이 사용·수익·처분 등 어떠한 측면에서든 타인의 개입으로 인하여 원래의 내용대로 실현되지 않고 있는 상태로서 점유의 유보 이외의 것을 의미한다. 방해는 타인의 토지 위에 건물이나 분묘 기타 시설물이 존재하는 것과 같이 소유자의 원만한 사용수익을 저해하는 사실적인 방해일 수도 있고, 실체적 물권관계와 일치하지 않는 부실등기와 같이 소유권의 법적 처분 기타의 권리행사를 어렵게 하는 추상적 성질

---

38) 이러한 특별규정들이 존재한다고 하여 민법 제214조의 적용이 배제되는 것은 아니다. 대판 1998.4.28, 97다48913 참조.

의 것일 수도 있다.[39] 또한 방해는 사람의 의식적 행위를 통하여 이루어질 수
도 있지만(행위방해), 의식적 행위가 없더라도 방해상태 자체가 그가 지배하는
영역으로부터 기인함으로써 이루어질 수도 있다(상태방해).

(나) 방해는 다양한 모습으로 나타난다. 타인 소유의 부동산에 부실등기를
마치는 경우에는 등기로써 그 소유권을 방해하므로 그 등기 말소를 구할 수
있다. 타인 소유의 토지에 무단으로 건물을 세우는 행위는 토지 소유권을 방해
하는 행위이고, 그 건물은 철거청구의 대상이 된다. 타인 소유의 토지에 실제
건물을 세우지는 않았지만 마치 그 토지 위에 자신의 건물이 있는 것처럼 건
축물 대장에 지번을 잘못 기재하였다면 그 기재 역시 토지 소유권을 방해하므
로 지번정정청구의 대상이 된다.[40] 자기 소유의 토지 위에 공작물을 설치한 행
위가 인근 건물의 소유자에 대한 관계에서 권리남용에 해당하고, 그로 인하여
인근 건물 소유자의 건물 사용수익이 실질적으로 침해되었다면 공작물 설치행
위는 소유권 방해행위이고 그 공작물은 철거청구의 대상이 된다.[41] 특정한 토
지나 건물에 대한 일조나 통풍 등의 이익 실현을 방해하는 행위도 소유권 방
해행위로 파악하여 이를 배제할 수 있다.[42] 가령 이웃 토지의 소유자가 그 위
에 건물을 축조함으로써 일조 등을 막는 경우가 대표적인 예이다.[43] 환경권(헌

---

39) 따라서 실제의 소유관계를 표상하지 않는 등기의 말소청구도 본질에 있어서 소유물방해
제거청구권이다. 대판 1993.10.8, 93다28867 참조. 또한 등기부 이외의 공적 장부상의 기
재 — 예컨대 무허가건물대장상의 소유자 기재 — 도 그것이 철거보상금 지급의 기준이
되는 등 구체적인 이해관계와 관련되는 경우에는 소유권을 방해하는 것으로서 그 정정을
청구할 수 있다. 대판 1998.6.26, 97다48937 참조.
40) 대판 2014.11.27, 2014다206075(건축물대장에 건축물 대지로 잘못 기재된 지번의 토지
소유자라고 주장하는 자는 이로 인해 그 토지 위에 다른 건축물을 세우거나 보존등기를
하기 어렵게 되는 불이익을 입게 되므로, 지번의 정정신청을 거부하는 건축물 소유자를
상대로 소유권에 기한 방해배제청구로서 건축물대장 지번정정신청절차의 이행을 구할 수
있다고 한 사례).
41) 대판 2014.10.30, 2014다42967.
42) 일조에 대하여 대판 1989.5.9, 88다카4697; 대판 1999.1.26, 98다23850 등. 한편 조망 내
지 경관의 이익도 부동산의 위치나 주위 환경, 종전의 이용실태 등에 비추어 그것이 특
별히 해당 부동산의 물질적 성질의 일부를 이룬다고 평가되는 경우에는 소유권에 기한
방해배제청구의 보호대상이 될 수 있다. 대판 2004.9.13, 2003다64602; 대판 2007.6.28,
2004다54282 등 참조. 다만 이들 재판례는 일조·조망 등의 침해를 들어 불법행위를 이
유로 손해배상청구를 한 사안에 대한 것이다.
43) 이 경우는 주로 그 방해가 참을 한도를 넘어서 위법한 것으로 평가될 것인지가 초점이
된다.

법 제35조 제1항)을 사법상의 권리로 인정하지 않고 있는 상황에서[44] 소유권에
기한 방해제거청구권은 환경적 이익의 침해에 대한 중요한 구제수단으로 주목
되고 있다. 또한 근로관계에 있어서 사용자(使用者)는 노동조합의 불법쟁의행위
로 인하여 생산시설이나 경비시설 등 기업시설에 대한 사용자의 소유권이 원
만하게 실현되지 않고 있는 경우 이를 기업시설에 대한 방해로 보아 업무방해
금지청구를 할 수 있다.

　(다) 위와 같은 방해는 이미 종료하여서는 안 되고 현재 일어나고 있어야
한다. 방해제거청구권은 방해로 일어난 손해를 전보하는 것이 아니라[45] 현재
존재하는 방해의 원인을 제거하는 것을 내용으로 한다.[46] 전자는 손해배상법의
영역으로서 그 방해로 인하여 발생한 손해의 불이익을 가해자에게 전가하려면
방해자의 귀책사유가 요구되는 데 비하여, 후자는 물적 지배질서를 실현하기
위하여 방해자의 귀책사유 없이도 청구할 수 있다.[47] 방해의 개념을 과도하게
확장하여 손해의 영역까지 잠식하면 손해배상법이 지향하는 유책성의 원리가
무색해질 수 있다.

　(라) 방해자에게 위와 같은 「방해」를 정당화하는 권리가 없어서 「방해」가
위법한 것이어야 한다. 그러므로 지상권에 기하여 건물을 소유하는 자에 대하
여 토지 소유자가 그 건물의 철거를 청구하지 못함은 물론이다. 이와 같이 상

---

44) 대결 1995.5.23, 94마2218은 "헌법상의 기본권으로서의 환경권에 관한 규정[제35조 제1
항]만으로는 그 보호대상인 환경의 내용과 범위, 권리의 주체가 되는 권리자의 범위 등
이 명확하지 못하여 그것이 개개 국민에게 직접 구체적인 사법상의 권리를 부여한 것이
라고 보기 어렵고, 사법적 권리로서의 환경권을 인정하면 상대방의 활동의 자유와 권리
를 불가피하게 제약할 수밖에 없으므로, 그것이 인정되려면 그에 관한 명문의 법률규정
이 있거나 관계 법령의 규정취지나 조리에 비추어 권리의 주체·대상·내용·행사방법
등이 구체적으로 정립되어야 한다"고 판시하고 있다.
45) 손해는 제거되는 것이 아니라 전보되는 것이다.
46) 물론 과거의 방해는 장래 방해의 우려를 객관적으로 정당화할 수도 있으나, 이는 방해
예방청구의 문제이다. 또 이미 일어난 방해의 결과가 현재 방해를 일으키고 있을 수도
있다.
47) 同旨: 대판 1971.1.26, 70다2600; 대판 1981.3.10, 80다2832(토지 소유자가 충분한 예방
공사를 하지 아니한 채 건물 건축을 위한 심굴굴착공사를 함으로써 인접 대지의 일부 침
하와 건물 균열 등의 위험이 발생하였어도 나머지 공사의 대부분이 지상건물의 축조이어
서 더 이상 심굴굴착공사의 필요성이 없고 침하와 균열이 더 확대된다고 볼 사정이 없다
면 토지심굴금지청구권과 방해예방 또는 방해제거의 청구권에 기한 공사중지가처분을 허
용할 수 없다고 한다). 방해와 손해의 구별에 관하여는 김형석, "소유물방해배제청구권에
서 방해의 개념", 법학(서울대) 45-4, 2004 참조.

대방이 반대의 권리로서 방해를 정당화하는 제한물권 또는 소유자에 대한 채권을 가지고 있는 경우에 여기서 요구하는 위법성의 요건을 갖추지 못함은 물론이다.[48] 나아가 위법성의 요건은 그 「방해」가 소유권의 보호와 대립하는 상대방의 일정한 이익에 의하여 뒷받침되는 경우에 이들 이익을 비교형량하여 방해의 허용 여부를 정하는 데 중요한 역할을 한다. 판례는 방해가 일반적인 사회관념에 비추어 참고 넘겨야 할 한도를 넘는 경우에는 방해제거청구를 인용한다.[49]

[판결 3] 방해와 손해: 대판 2003.3.28, 2003다5917

원심판결에 의하면 원심은, 그 채용 증거들을 종합하여, 광명시 일직동 75 전 1,622㎡(이하 '이 사건 토지'라 한다)는 원고와 소외 1 등 6인의 공동소유였는데 원고가 다른 공유자들의 지분을 매수하여 1997. 10. 27. 원고 앞으로 지분소유권이전등기를 마쳐 원고 단독소유가 된 사실, 이 사건 토지는 원래 지반이 인접토지보다 3m 정도 낮고, 웅덩이가 패어진 상태로 폐 하천 인접지역의 황무지로 방치되어 있었고, 그 일대가 상습침수지역으로서 인근 농경지까지 침수되는 경우가 잦았던 사실, 이에 피고는 1983. 초경 이 사건 토지를 포함한 5필지의 토지에 대하여 피고 시에서 발생하는 오물(진개)을 매립함으로써 이를 위생적으로 처리하고 하천 유수에 의하여 훼손된 농지를 양질의 농지로 조성하는 내용의 '오물(진개)매립 및 농지조성계획'을 수립하였고, 피고는 위 계획에 따라 1984. 1.경 이 사건 토지의 공유자인 원고 등 6인에게 이 사건 토지에 연탄재 등의 쓰레기를 매립하여 양질의 농지로 만들어주겠다고 제의하여 원고 등 6인으로부터 쓰레기 매립장 설치에 대한 동의서를 받은 다음, 1984. 7. 13. 이 사건 토지에 대한 쓰레기 매립 공사에 착공하여 연탄재를 포함한 쓰레기 등으로 약 3m 가량을 매립한 후 농작물경작이 가능하도록 그 위에 약 2m 가량을 양질의 토양으로 복토하였고, 1985. 2. 28. 토지형질변경 준공검사를 마친 후 1985. 3. 5. 쓰레기장 매립공사를 완공하였으며 이후 이 사건 토지는 그 지상에 비닐하우

---

48) 이 경우에 위법성의 요건은 소유물반환청구권에서 「점유할 권리」의 요건과 같은 기능을 수행한다.

49) 예를 들어 대판 1974.12.24, 68다1489는, 병원 시체실에 근접한 주택의 소유자가 그 병원을 상대로 시체실의 사용금지 등을 청구한 사건에서 병원 운영의 사회적인 기능과 개인의 생활상 이익을 비교형량한 다음, "원고가 받게 될 피해와 고통은 사회관념상 일반적으로 요구되는 수인의 정도를 초과함을 인정할 수 있"다고 하여 원고의 청구를 인용한다.

스가 설치되어 채소를 재배하는 농경지로 사용되어 온 사실, 현재 이 사건 토지 아래에는 생활폐기물, 건설폐기물, 사업장 일반폐기물 등이 별도 구분없이 매립되어 있고 표층으로부터 1, 2m 정도는 토사로 볼 수 있으나 그 아래 매립 부분은 층을 별도 구분하여 처리하기 곤란한 상태로 혼합하여 매립되어 있는 사실을 인정한 다음, '피고가 연탄재만으로 이 사건 토지를 매립하고 복토하여 양질의 토지를 만들어주겠다고 하였음에도 이 사건 토지에 생활쓰레기와 산업쓰레기 등을 위법하게 매립하였고, 그 쓰레기 등이 부패, 소멸되지 않고 현재도 이 사건 토지 지하에 그대로 남아 있어 원고의 소유권을 침해하고 있으므로 원고는 소유권에 기한 방해배제청구권으로서 위 쓰레기의 수거 및 원상복구를 구한다.'는 원고의 주장에 대하여, 소유권에 기한 방해배제청구권에 있어서 '방해'라 함은 현재에도 지속되고 있는 침해를 의미하고, 법익 침해가 과거에 일어나서 이미 종결된 경우에 해당하는 '손해'의 개념과는 다르다 할 것이어서, 소유권에 기한 방해배제청구권은 방해결과의 제거를 내용으로 하는 것이 되어서는 아니되며(이는 손해배상의 영역에 해당한다 할 것이다.) 현재 계속되고 있는 방해의 원인을 제거하는 것을 내용으로 한다고 할 것인데, 이 사건 토지에 원고 등이 매립에 동의하지 않은 쓰레기가 매립되어 있다 하더라도 이는 과거의 위법한 매립공사로 인하여 생긴 결과로서 원고가 입은 손해에 해당한다 할 것일 뿐, 그 쓰레기가 현재 원고의 소유권에 대하여 별도의 침해를 지속하고 있다고 볼 수 없고 따라서 소유권에 기한 방해배제청구권을 행사할 수 있는 경우에 해당하지 아니한다는 이유로 이를 배척하였는바, 기록에 비추어 살펴보면, 원심의 위와 같은 사실인정과 판단은 정당한 것으로 수긍이 되고, 거기에 상고이유에서 주장하는 바와 같이 채증법칙을 위반하여 사실을 오인하거나 소유권에 기한 방해배제청구권에 관한 법리를 오해한 위법이 있다고 할 수 없다.

[판결 3]에 관하여 생각할 점

1. 이 사건의 사실관계와 소송의 경과를 아는 것은 쟁점의 절실성을 이해하는 데에 도움이 될 것이다. 원고는 1심에서 피고시가 약속에 반하여 연탄재 등 상호 합의된 쓰레기 이외에도 각종 폐기물을 혼합하여 매립함으로써 더 이상 토지에서 농작물을 재배하기 어려울 정도가 되었다고 주장하면서 피고시를 상대로 토지의 원상복구비용 상당의 손해배상을 구하였다. 그러나 1심 법원은 쓰레기장 매립 및 복토 후 농지조성사업은 1985. 3. 5. 완공되었고, 원고의 이 사건 소는 이로부터 10년이 경과한 1999. 1. 27.자로 제기되었으므로 불법행위에 기한 손

해배상청구권은 이미 시효로 소멸하였다고 판단하였다. 이에 원고는 항소심에서 선택적 청구로서, 피고가 이 사건 토지에 각종 폐기물을 위법하게 매립하여 그 폐기물이 부패, 소멸되지 않고 토지 지하에 그대로 남아 있어 원고의 토지 소유권을 침해하고 있으므로 소유권에 기한 방해제거청구권으로서 위 폐기물의 수거 및 원상복구를 구한다는 청구를 추가하였다. 원고의 손해배상청구는 소멸시효 항변에 의하여 봉쇄된 상태였으므로 이를 소유권의 방해로 볼 것인지, 손해로 볼 것인지는 이 사건의 향방을 좌우하는 매우 중요한 쟁점이었다.

2. 방해와 손해는 왜 구별되어야 하는가? 또한 어떠한 기준에 따라 구별될 수 있는가? 이 사안에서 토지에 쓰레기가 매립되어 있는 상태는 방해인가, 손해인가?

3. 대법원은 "이 사건 토지에 원고 등이 매립에 동의하지 않은 쓰레기가 매립되어 있다 하더라도 이는 과거의 위법한 매립공사로 인하여 생긴 결과로서 원고가 입은 손해에 해당한다 할 것일 뿐, 그 쓰레기가 현재 원고의 소유권에 대하여 별도의 침해를 지속하고 있다고 볼 수 없"다고 한다. 그렇다면 토지 소유자가 그 건축에 동의하지 않은 가건물을 건축하여 현재까지 토지 위에 서 있는 경우는 어떠한가? 이때에는 방해제거청구권을 행사할 수 있는가? 만약 이를 행사할 수 있다면 그 사안과 이 판결의 사안은 어떻게 구별되는 것인가?

[판결 4] 방해가 참을 한도를 넘는지 판단하는 기준: 대판 2016.11.10, 2013다71098

1. 피고의 상고이유 제1, 2점에 대한 판단

가. 토지의 소유권은 정당한 이익이 있는 범위 내에서 토지의 상하에 미치고(민법 제212조), 토지의 상공으로 어느 정도까지 정당한 이익이 있는지는 구체적 사안에서 거래관념에 따라 판단하여야 한다. 항공기가 토지의 상공을 통과하여 비행하는 등으로 토지의 사용·수익에 대한 방해가 있음을 이유로 비행 금지 등 방해의 제거 및 예방을 청구하거나 손해배상을 청구하려면, 토지소유권이 미치는 범위 내의 상공에서 방해가 있어야 할 뿐 아니라 그 방해가 사회통념상 일반적으로 참을 한도를 넘는 것이어야 한다. 이때 방해가 참을 한도를 넘는지 여부는 피해의 성질 및 정도, 피해이익의 내용, 항공기 운항의 공공성과 사회적 가치, 항공기의 비행고도와 비행시간 및 비행빈도 등 비행의 태양, 그 토지 상공을 피해서 비행하거나 피해를 줄일 수 있는 방지조치의 가능성, 공법적 규제

기준의 위반 여부, 토지가 위치한 지역의 용도 및 이용 상황 등 관련 사정을 종합적으로 고려하여 판단하여야 한다.

한편 항공기의 비행으로 토지 소유자의 정당한 이익이 침해된다는 이유로 그 토지 상공을 통과하는 비행의 금지 등을 구하는 방지청구와 금전배상을 구하는 손해배상청구는 그 내용과 요건이 다르다고 할 것이므로, 참을 한도를 판단하는 데 고려할 요소와 중요도에도 차이가 있을 수 있다. 그중 특히 방지청구는 그것이 허용될 경우 소송당사자뿐 아니라 제3자의 이해관계에도 중대한 영향을 미칠 수 있으므로, 방해의 위법 여부를 판단할 때는 그 청구가 허용될 경우 토지 소유자가 받을 이익과 상대방 및 제3자가 받게 될 불이익 등을 비교·형량해 보아야 한다(대법원 2015.9.24. 선고 2011다91784 판결 참조).

나. 원심이 인용한 제1심판결 이유 및 원심판결 이유와 아울러 적법하게 채택한 증거들에 의하면 아래와 같은 사실을 알 수 있다.

(1) 피고 소유의 대전 서구 (주소 1 생략) 대 2,926㎡ 지상에는 1985. 9. 16. 설치된 충남지방경찰청 항공대가 위치하고 있으며, 위 항공대에는 헬기가 이·착륙하는 헬기장(이하 '이 사건 헬기장'이라고 한다)이 있다.

(2) 이 사건 헬기장은 남동쪽 한 면이 대전 서구 (주소 2 생략) 대 3,212㎡(이하 '이 사건 토지'라고 한다)에 접하고 있고, 그 반대쪽인 북서쪽 한 면은 자동차정비업소와 접해 있으며, 남서쪽은 2차로 도로에 접해 있고, 그 도로 반대편에는 갑천이 흐르며, 갑천 너머로 넓은 농경지가 있는 반면, 이 사건 헬기장의 북동쪽으로는 명암마을과 도솔산이 있어 그 방면으로는 헬기가 이·착륙을 할 수 없게 되어 있다. 한편 '충남지방경찰청 항공대의 국지비행 절차도'에 기재된 '장주요도(장주요도)'에는, 헬기가 좌선회를 하면서 이 사건 토지의 상공을 거쳐서 이 사건 헬기장에 착륙하고, 이륙 시에는 갑천 방향으로 이륙하도록 주요 항로가 그려져 있다.

(3) 충남지방경찰청 항공대는 소형 헬기(7인승) 한 대를 보유하고 있고, 이 사건 헬기장은 응급환자 이송 또는 각종 공공 업무를 위하여 위 헬기뿐만 아니라 다른 경찰청 소속 헬기(15인승, 7인승), 충남·충북소방헬기(14인승) 등의 이·착륙 장소로도 사용되어 왔다. 이 사건 헬기장이 사용된 횟수는 2004년경부터 2008년경까지 충남지방경찰청 소속 헬기가 약 571회, 다른 지방경찰청 및 충남·충북소방헬기가 약 51회(그중 충남소방헬기가 2005. 1. 1.부터 2009. 8. 13.까지 약 27회이다)이고, 이·착륙 당시의 풍향과 지상 및 공중의 장애물을 고려하여 이 사건 토지의 상공을 통과하여 접근하는 방식 또는 갑천 쪽에서 접근하는 방식 등을 선택하여 헬기가 이·착륙하여 왔다.

(4) 이 사건 토지는 이 사건 헬기장이 설치되기 전부터 금남교통운수 주식회사의 차고지로 사용되어 왔으며, 이 사건 토지에 있는 제1심판결 별지 목록 기재 건축물(이하 '이 사건 건축물'이라고 한다)은 이 사건 헬기장이 설치되기 약 1년 전인 1984. 7. 10.경부터 위 금남교통운수의 차고지 및 주유소, 정비소로 이용되어 왔다.

(5) 원고는 2008. 2. 13. 대전광역시 서구청장에게 이 사건 토지 지상에 10실의 분향소를 갖춘 지상 4층, 지하 1층 건축면적 640.95㎡, 연면적 3,465.91㎡ 규모로 장례식장 건물을 신축하기 위한 건축허가를 신청하였고, 2008. 8. 19. 대전광역시 서구청장으로부터 이 사건 토지에 관하여 장례식장 건축을 목적으로 한 토지거래허가를 받은 다음, 금남교통운수 주식회사로부터 이 사건 토지를 매수하여 2008. 9. 18. 소유권이전등기를 마쳤다.

(6) 대전광역시 서구청장은 2008. 10. 31. 원고에게, ① 충남지방경찰청장으로부터 헬기 운항 시 하강풍으로 인하여 장례식장을 이용하는 사람들의 인명 피해 등이 우려되어 건축허가를 제한할 중대한 공익상의 필요가 있다는 의견이 제시되었고, ② 명암마을 주민 107명으로부터 이 사건 토지에 장례식장이 입지할 경우 소음, 악취, 주차난, 교통사고 위험, 지가하락 등으로 주거환경이 저해된다는 이유로 집단민원이 지속적으로 발생되고 있다는 등의 사유로 위 건축을 불허가하는 처분(이하 '건축불허가 처분'이라고 한다)을 하였다.

(7) 이에 원고는 2008. 11. 25. 대전광역시 서구청장을 상대로 대전지방법원 2008구합4123호로 건축불허가 처분의 취소를 구하는 소를 제기하였다. 법원은 2009. 9. 30. '이 사건 토지에 장례식장이 입지하게 된다면 이 사건 헬기장에 헬기가 이·착륙하는 경우 발생하는 하강풍으로 인하여 장례식장 이용객들의 인명 피해 우려가 매우 심각할 것으로 판단되고, 이 사건 토지와 민가는 8m 도로를 사이에 두고 있을 뿐이어서 장례식장이 들어설 경우 소음으로 인한 거주환경의 피해가 참을 한도를 넘을 것으로 판단되는 등으로 이 사건 토지에 장례식장의 건축을 제한하여야 할 중대한 공익상 필요가 인정된다'는 이유로 원고의 청구를 기각하는 판결을 선고하였다. 이에 대한 원고의 항소와 상고가 모두 기각되어 그 판결이 그대로 확정되었다.

(8) 원고는 2009. 11. 13. 및 같은 달 19일 이 사건 토지에 관하여 소매점, 일반음식점, 사무소 용도로 건축허가(증축) 및 공작물축조 신청을 하였다. 그러나 대전광역시 서구청장은 2009. 12. 1. 원고에게, ① 충남지방경찰청장으로부터 헬기 운항 시 하강풍으로 인하여 장례식장을 이용하는 사람들의 인명 피해 등이 우려되어 건축허가를 제한할 중대한 공익상의 필요가 있다는 의견이 제시

되었고, ② 이 사건 토지는 대전광역시장이 명암마을 거주자의 보건·휴양 및 정서생활의 향상을 위하여 국토의 계획 및 이용에 관한 법률 제25조의 규정에 따라 대전 도시관리계획(공원) 결정을 위한 행정절차를 거쳐 2009. 12. 중에 대전 도시관리계획(공원) 결정 및 고시가 예정되어 있는 지역이므로 위 공익사업의 추진을 위하여 건축허가를 제한할 중대한 공익상의 필요가 있다는 이유로 불허가 처분을 하였다. 이에 원고는 2009. 12. 10. 이 사건 토지에 관하여 단독주택 용도의 건축허가(증축) 신청을 하였는데, 대전광역시 서구청장은 2009. 12. 17. 위와 같은 이유로 다시 불허가 처분을 하였다.

(9) 원고는 2010. 4. 7. 대전광역시 서구청장에게 이 사건 건축물을 그대로 둔 채, 이 사건 건축물의 용도를 제2종 근린생활시설(사무소)에서 장례식장으로 변경해 달라는 내용의 허가신청을 하였다. 대전광역시 서구청장은 2010. 4. 13. 충남지방경찰청장으로부터 장례식장을 이용하는 이용객들의 안전을 보호하기 위하여 허가를 제한하여야 할 중대한 공익상의 필요가 있어 부동의한다는 의견이 있다는 등의 이유로 위 건축물용도변경 허가신청을 불허가한다는 내용의 처분(이하 '용도변경 불허가처분'이라고 한다)을 하였다.

(10) 이에 원고는 2010. 10. 11. 대전광역시 서구청장을 상대로 대전지방법원 2010구합4089호로 용도변경 불허가처분의 취소를 구하는 소를 제기하였다. 법원은 2011. 8. 10. '헬기의 하강풍으로 인하여 장례식장에 왕래하는 사람들이나 물건들에 심각한 피해를 입힐 우려가 큰 것으로 보이고, 이는 이 사건 건축물의 용도를 장례식장으로 변경하는 것을 거부할 중대한 공익상의 필요가 있는 경우에 해당된다'는 등의 이유로 원고의 청구를 기각하는 판결을 선고하였다. 이에 대한 원고의 항소와 상고가 모두 기각되어 위 판결이 그대로 확정되었다.

다. 원심은 그 판시와 같은 사정을 들어, 피고가 이 사건 헬기장에 헬기를 이·착륙시키면서 이 사건 토지의 소유권이 미치는 상공 부분을 헬기의 이·착륙 항로로 사용함으로써 이 사건 토지에 대한 원고의 소유권을 침해하고 있으므로, 원고는 이 사건 토지의 소유권에 터 잡아 피고를 상대로 이 사건 토지의 상공을 헬기의 이·착륙 항로로 사용하는 행위의 금지를 구할 수 있다고 판단하였다.

라. 위와 같은 사실관계를 거래관념에 비추어 보면, 원고는 헬기의 이·착륙 항로로 사용되는 이 사건 토지의 상공 부분에 대하여 정당한 이익이 있다 할 것이므로 이 사건 토지 소유권은 그 상공 부분에 미친다 할 것이고, 원고는 피고의 위와 같은 사용으로 이 사건 토지의 사용·수익에 상당한 제한을 받고 있다고 할 것이다.

마. 그러나 원고가 피고를 상대로 이 사건 토지의 상공을 헬기의 이·착륙 항로로 사용하는 행위의 금지를 구할 수 있다는 원심의 판단은 그대로 받아들이기 어렵다.

(1) 원심판결 이유와 기록에 의하면, 다음과 같은 사정을 알 수 있다.

① 이 사건 헬기장에 이·착륙하는 헬기는 '장주요도'의 기재와 달리 착륙 당시의 풍향과 지상 및 공중의 장애물을 고려하여 이 사건 토지를 통과하여 접근하는 방식 외에도 갑천 쪽에서 접근하는 방식을 선택하는 등 피고로서는 이 사건 토지에 미치는 손해를 회피하기 위하여 가능한 한 노력을 하고 있다고 보인다.

② 비행원리상 항공기는 맞바람을 받으면서 이·착륙을 하는 것이 안전하고 뒷바람을 맞으면서 이·착륙을 할 경우에는 헬기 성능초과 및 착륙거리 증가로 위험할 수 있다. 그 때문에 이 사건 헬기장을 둘러싼 지형·지상물 및 이·착륙 당시의 풍향에 따라 헬기가 이 사건 토지 상공을 통과하는 것이 불가피한 경우가 발생할 수 있다. 그런 상황에서까지 헬기가 이 사건 토지 상공을 통과하는 것을 막을 경우에는 무리하게 갑천 쪽에서 접근하여 착륙을 시도하다가 위험에 처할 여지도 있다.

③ 원고는 이 사건 토지에 대한 토지거래허가를 받기 이전에 장례식장 건축허가신청을 하면서 2008. 3. 21.경 대전광역시 서구청장으로부터 헬기의 하강풍으로 인한 인적·물적 피해와 비행 안전 등에 대한 대책을 보완하도록 요구를 받았다. 이에 원고는 2008. 8. 20.경 위 서구청장에게 헬기로 인한 사고에 대하여 원고가 모든 책임을 지겠다는 취지의 각서를 제출한 바 있다. 이에 비추어 원고는 이 사건 토지를 매수하기 전에 이미 이 사건 헬기장 및 헬기로 인하여 장례식장 건축허가가 지장을 받았을 수 있다는 점을 알았거나 알 수 있었다고 보인다.

④ 이 사건 헬기장과 토지는 도심과는 떨어진 도솔산의 남서쪽 자락에 위치하고 있고, 현재 이 사건 토지에서는 적법한 행정절차를 거치지 않은 채 장례식장이 운영되고 있는 것으로 보인다.

⑤ 충남지방경찰청장은 원고가 이 사건 토지를 매수하기 23년 전부터 이 사건 헬기장에서 헬기를 운영하여 인명구조 및 긴급환자의 이송, 중요범인 추적 및 실종자 수색 등의 공익업무를 수행하여 왔다. 이 사건 헬기장은 충남지방경찰청 항공대 헬기뿐만 아니라 경찰청과 다른 지방경찰청, 충청남·북도 소방헬기의 연료보급을 위해 활용되고 있어 그 공공성과 사회적 가치가 크다.

(2) 위와 같은 여러 사정들을 앞에서 본 법리에 따라 살펴보면, 원심 판시

와 같은 사정만으로는 이 사건 헬기장에 이·착륙하는 헬기가 이 사건 토지의 상공을 비행하여 통과함으로써 원고의 이 사건 토지 상공에 대한 정당한 이익이 '참을 한도'를 넘어 침해되어 원고가 피고를 상대로 그 금지를 청구할 수 있다고 단정하기 어렵다.

바. 따라서 원심으로서는 앞서 본 법리에 따라 위에서 본 사정들뿐만 아니라 헬기가 이 사건 토지를 통과할 때의 비행고도 및 비행빈도 등 비행의 태양, 이 사건 헬기장의 사회적 기능, 이 사건 토지 상공을 통한 비행이 금지될 경우 이 사건 헬기장의 운영에 초래되는 영향, 이 사건 헬기장의 운영으로 원고가 받는 실질적 피해와 권리행사 제한의 구체적 내용, 이 사건 토지의 이용 현황 및 활용 가능한 대안 등 다른 관련 사정을 좀 더 충실하게 심리한 다음, 이 사건 헬기장에서 헬기가 이·착륙할 때 이 사건 토지 상공을 통과하는 것이 금지될 경우 소송당사자뿐 아니라 지역 주민 등 일반 국민이 받게 될 이익과 불이익을 비교·형량하고, 공공업무 수행에 초래되는 지장의 내용과 대체 방안의 존부 등을 함께 고려하여 상대로 헬기가 이 사건 토지 상공을 통과하는 것의 금지를 청구할 수 있는지를 판단하였어야 한다.

그럼에도 원심은 위와 같은 점을 충분히 살피지 아니한 채 곧바로 원고가 피고를 상대로 이 사건 토지의 소유권에 터 잡아 헬기가 이 사건 토지 상공을 통과하는 것의 금지를 구할 수 있다고 판단하였다. 이러한 원심의 판단에는 토지 상공의 비행으로 인한 토지소유자의 정당한 이익 침해에서 참을 한도 및 방해의 제거 및 예방 등 방지청구권에 관한 법리를 오해하여 필요한 심리를 다하지 아니함으로써 판결에 영향을 미친 잘못이 있다. 이를 지적하는 취지의 상고이유 주장은 이유 있다.

(이하 생략)

[판결 4]에 관하여 생각할 점

1. 토지 소유자가 토지 상공에 대하여 가지는 '정당한 이익'은 상공 어느 부분까지 미치는가? 이 사건에서 토지 소유자의 '정당한 이익'이 미치는 범위에서 토지 소유권의 방해가 발생하였는가? 그 방해는 위법하였는가?

2. 방해제거청구와 손해배상청구의 '참을 한도'에 대한 판단은 같은가, 다른가? 다르다면 어떠한 점에서 다른가?

3. 토지 소유자는 토지 소유권에 기하여 토지 상공의 비행기 통과를 금지시킬 수 있는가? 만약 자신의 정원 20미터 상공에 계속하여 드론(drone)이 떠 있다면

어떠한가?

(2) 방해제거청구의 상대방

(가) 방해제거청구의 상대방은 「방해하는 자」이다. 방해의 원인이 되는 사정을 지배하는 자라는 의미이다.[50] 반드시 그 자가 애초 방해를 발생시켰음을 요하지 않는다. 현재 방해의 원인이 되는 사정을 지배하고 있으면 충분하다. 바꾸어 말하면 과거에 방해행위를 하였더라도 현재 그 방해상태를 지배하고 있지 않으면 방해제거청구의 상대방이 될 수 없다. 또한 그 방해에 고의나 과실이 있어야 하는 것도 아니다. 이 점에서 방해제거청구는 원칙적으로 고의나 과실을 요구하는 손해배상청구의 경우와 구별된다.

(나) 누가 「방해하는 자」에 해당하는가에 대해서 몇 가지 예를 들어 본다. A가 타인의 토지 위에 건물을 무단으로 건축하였고, B가 다시 그 건물을 취득하여 소유하고 있다면 B는 그 건물을 소유함으로써 방해상태를 지배하는 자이다. 또한 A가 점유하는 동물들이 무단으로 B의 주거지에 들어가 있다면 A는 그 동물들의 점유자로서 방해상태를 지배하는 자이다. 그러나 나무가 벼락을 맞아 그 가지가 꺾이면서 이웃 토지에 걸쳐지거나 건물이 적국의 폭격으로 붕괴하여 이웃 토지로 떨어진 때와 같이 사람의 의식적 관여가 완전히 결여된 채 방해상태가 전적으로 독립한 외부적 힘의 작용만에 의하여 발생하여 상대방의 지배영역에서 연유한 것이라고 할 수 없는 경우에는, 그 나무나 건물의 소유자였다는 이유만으로 그를 「방해하는 자」라고 할 수 없다.[51]

3. 효   과

위와 같은 요건이 충족되면, 소유자는 방해의 제거를 청구할 수 있다. 이는 방해의 결과를 제거하는 것이 아니라 방해의 원인을 제거하여 장래 방해상태가 지속되지 않도록 하는 것을 의미한다. 방해제거의 구체적인 내용은 방해의 양태에 따라 달라진다. 등기의 말소나 이전하는 절차에 협력하는 것, 건물

---

50) 대판 1966.1.31, 65다218("소유권의 내용을 실현함에 있어서 타인의 지배에 속하는 사정으로 인하여 방해를 받는 경우에 그 방해하는 사정을 지배하는 자") 참조.

51) RGZ 134, 231; RGZ 149, 205 등 독일의 판례이고 통설이다. 이러한 경우에는 이웃 토지의 소유자가 스스로 그 방해상태를 제거할 부담을 지게 된다. 이는 가해자에게 귀책사유가 없는 경우 피해자가 그 손해를 감수해야 하는 것과 마찬가지이다.

기타 공작물의 소유자가 이를 철거하거나 건물 점유자가 그로부터 퇴거하는 것, 공사·영업 기타 방해를 일으키는 일정한 의식적 행위를 중지하는 것, 상대방의 시설에 일정한 안전설비 또는 배출설비 등을 갖추는 것 등 매우 다양한 모습이 있을 수 있다. 물론 이는 그러한 제거조치가 객관적으로 가능할 것을 전제로 한다.

방해제거청구권은 소유자의 방해제거를 단지 소극적으로 인용할 것을 청구하는 것이 아니라, 상대방에 대하여 적극적으로 그 제거의 행위를 청구하는 권리이다. 그 행위는 많은 경우에「상대방의 일신에 전속하지 아니한 작위」에 해당하므로, 대체집행(제389조 제2항)의 방법으로 강제이행할 수 있다. 한편 소유물방해제거청구권을 통하여 달성하고자 하는 목적은 대부분 민사집행법상 가처분 제도를 통하여 달성할 수 있고(민집 제300조 제2항), 현실적으로도 가처분이 매우 널리 활용되고 있다.

방해제거청구에 대해서는 종종 권리남용이 문제되는 경우가 있음에 유의한다(민법 제2조 제2항 참조). 이는 특히 토지 소유자가 토지 위의 건물이나 시설의 철거를 구하는 경우에 그러하다.[52] 판례는 이 경우에 가해의 의사라는 주관적 요건을 요구하고 있다. 만약 소유권자의 물권적 청구권 행사가 권리남용에 해당한다면 그의 청구는 받아들여지지 않는다. 다만 권리남용을 쉽게 인정하면 소유권을 무색하게 할 위험이 있으므로 권리남용은 예외적인 경우에만 신중하게 인정되어야 한다.

IV. 소유물방해예방청구권

1. 개　관

소유물방해예방청구권은 소유권을 방해할 염려가 있는 자에 대하여 그 방해의 예방이나 손해배상의 담보를 구하는 물권적 청구권이다(제214조 후단). 소유물방해예방청구권은 한편으로는 방해의 현실적인 발생에 앞서서 선제적으로 이에 대한 예방조치 내지 담보조치를 취하는 구제수단이라는 점에서 소유권의

---

52) 대판 1993.5.11. 93다3264; 대판 1999.9.7, 99다27613; 대판 2003.11.27, 2003다40422 등 참조.

보호에 효율적이지만, 다른 한편으로는 함부로 예측하기 어려운 미래의 현상을 미리 판단하여 상대방에게 부담을 지우는 구제수단이라는 점에서 그 동원에 신중을 기해야 하는 측면도 있다. 따라서 "방해할 염려"를 적정하게 판단함으로써 이 두 가지 요청 사이의 균형을 달성할 필요성이 있다.

2. 요　건

「소유자」나 「방해」에 대하여는 앞서 소유물반환청구권이나 소유물방해제거청구권의 요건과 관련하여 설명한 것이 그대로 타당하다.

「방해할 염려」라 함은 현재는 방해가 없으나 그 방해가 객관적으로 근거 있는 상당한 개연성을 가지고 예측되는 것을 말하고, 단순한 관념적 가능성만으로는 부족하다.[53] 과거에 이미 방해가 있었을 것을 요구하지는 않으나, 그 사실은 위와 같은 개연성을 추단케 하는 자료가 될 수 있다.

3. 효　과

위의 요건이 갖추어지면 소유자는 "그 예방이나 손해배상의 담보를 청구할 수 있다." 소유자가 양자 모두를 청구할 수는 없으며 어느 하나를 선택하여 행사해야 한다.

「방해의 예방」이란 방해의 염려를 발생시키는 원인을 제거하여 방해를 미리 막는 데 적절한 조치를 하는 것이다. 이는 상대방의 부작위를 구하는 것이 대부분이나, 안전시설의 설치 등 작위를 청구할 수도 있다.

「손해배상의 담보」(제206조 제1항도 참조)란 장차 방해가 실제로 발생하는 경우의 손해배상의무를 미리 담보하는 것이다. 방해 염려의 발생에 대한 상대방의 귀책사유가 없어도 이를 청구할 수 있다. 담보의 제공은 통상 금전의 공탁으로 행하여지나, 보증인을 세우거나 담보를 설정하는 것으로도 할 수 있다. 실제로 그 담보로부터 손해를 전보받으려면 귀책사유 등 손해배상책임의 요건이 모두 갖추어져야 한다.

---

53) 대판 1995.7.14, 94다50533.

[판결 5] 「방해할 염려」의 판단사례: 대판 1995.7.14, 94다50533

원심판결 이유를 기록에 의하여 검토하여 보면, 원심이 그 판시와 같은 사실을 인정한 다음, 토지의 소유자는 소유권을 방해할 염려가 있는 행위를 하는 자에 대하여 그 예방을 청구할 수 있는데, 위 예방청구권은 방해의 발생을 기다리지 않고 현재 예방수단을 취할 것을 인정하는 것이므로 그 방해의 염려가 있다고 하기 위하여는 방해예방의 소에 의하여 미리 보호받을 만한 가치가 있는 것으로서 객관적으로 근거 있는 상당한 개연성을 가져야 할 것이고 관념적인 가능성만으로는 이를 인정할 수 없다 할 것인바, 이 사건에 있어서 그 판시와 같은 굴토로 인하여 이 사건 토지 부분이 비바람 등 자연적인 현상에 의하여 경사지 흙의 유실 등으로 장차 붕괴할 가능성이 없다고는 할 수 없으나, 위 경사지는 1989.12.경 형성되었음에도 그로부터 4년 이상이 경과한 현재의 이 사건 토지의 형상이 당시보다 지금 바로 원고가 구하는 예방조치를 취하지 아니하면 아니될 정도로 변화되었다고 볼 아무런 증거가 없어 피고에게 이 사건 토지의 붕괴 위험에 대한 예방조치를 강제할 정도로 이 사건 토지부분이 붕괴될 개연성이 상당하다고 볼 수 없을 뿐 아니라 이 사건 토지의 지목이 답이고 1990년경부터 경작되지 아니하고 방치되어 온 점 등의 사정에 비추어 보더라도 이 사건 토지에 관한 원고의 소유권이, 피고에게 원고가 구하는 내용의 예방조치의 이행을 강제할 정도로 방해받을 염려가 있다고도 보기 어렵다고 판단하였는바, 원심의 위와 같은 인정과 판단은 옳다고 여겨지고, 거기에 상고이유의 주장과 같은 채증법칙을 위배하여 사실을 오인한 위법이나 심리를 다하지 아니하여 사실을 오인함으로써 판결 결과에 영향을 미친 위법을 저지른 것으로 볼 수 없다. 상고이유의 주장은 필경 원심의 전권에 속하는 증거의 취사 판단과 사실의 인정을 비난하는 것에 지나지 아니하여 받아들일 수 없다.

[판결 5]에 관하여 생각할 점

1. 대법원은 "방해의 염려"가 인정되기 위한 판단기준으로서 무엇을 제시하고 있는가?

2. 원심법원은 "이 사건 토지의 지목이 답이고 1990년경부터 경작되지 아니하고 방치되어 온 점"을 언급하였고, 대법원도 이를 원심의 판단을 지지하는 하나의 근거로 설시하고 있다. 소유권을 방해할 염려가 있는지 여부를 판단함에 있어서 토지의 지목과 현황이 어떠한 의미를 가지는가? 예를 들어 적극적으로 경작되는 토지와 그렇지 않고 방치된 토지 사이에 소유권의 보호정도가 달라져야

하는가?

3. 만약 위 사건에서 방해의 염려가 인정되었다면 법원은 피고에게 어떠한 예방조
치를 명할 수 있는가?

제2장

소유물반환관계에 따른 부수적 이해조정

Ⅰ. 서 론

1. 민법 제201조 내지 제203조

점유자에게 점유할 권리가 없어 점유물을 소유자에게 인도해야 하는 경우가 있다. 이에 관하여는 본편의 제1장에서 자세하게 학습하였다. 그런데 이때 그 점유물을 소유자에게 인도하는 것 외에도 이와 부수하여 처리할 문제들이 함께 발생하기도 한다. 예를 들어 점유자가 그 점유물로부터 과실을 수취하였다면 그 과실도 점유물과 함께 반환해야 하는가, 물건이 점유자의 고의 또는 과실로 멸실 또는 훼손되었다면 점유자는 이에 상응하여 어떤 책임을 져야 하는가,[1] 또한 점유자가 점유물의 보존이나 수선에 필요한 비용을 지출하였다면 소유자는 점유자에게 그 비용을 상환해야 하는가 등이 그러한 문제들이다. 그러므로 소유물 관련 분쟁을 종국적으로 해결하려면 단순히 점유물을 반환하게 하는 데 그치는 것이 아니라 이에 부수하여 처리할 위와 같은 미시적인 법적 쟁점들까지도 함께 고찰하여 해결해야 한다.

민법은 이와 같이 소유물반환관계에 부수하는 문제들을 점유권에 관한 규정(제201조 내지 제203조)으로 처리한다. 민법 제201조는 점유자의 소유자에 대

---

1) 물건이 멸실하면 소유권이 소멸하므로 그때부터 소유자의 소유물반환청구권도 소멸하고, 따라서 소유물반환관계도 존재하지 않게 된다. 그러나 점유자가 인도의무를 부담하는 동안에 점유물이 멸실되었으므로, 이 역시 소유물반환관계에 부수하는 법문제라고 할 수 있다.

한 과실반환, 제202조는 물건의 멸실·훼손에 대한 점유자의 책임, 제203조는 점유자의 비용상환청구권에 관하여 각각 규정한다. 이러한 조항들은 선의와 악의, 자주와 타주 등 점유의 모습에 따라 차등적으로 점유자에게 보호를 부여하거나 비용지출 시 이해관계를 정교하게 조정하기 위한 특칙들이다.

이러한 특칙들에서 두드러지게 발견되는 특징은 선의의 점유자에 대한 우대이다. 예를 들어 과실 반환의 문제에 대하여 보면, 원래 과실은 이를 수취할 권리가 있는 사람에게 귀속되며(제102조), 그 권리가 없는 자가 이를 수취한 때에는 부당이득으로 그 권리자에게 반환해야 한다. 그 내용 또는 범위는 제747조, 제748조에 의해 정해진다. 가령 선의의 수익자는 현존의 이익을 반환할 의무를 부담한다. 그런데 제201조 제1항은 「선의」의 점유자는 과실수취권이 있어서 그러한 이익의 반환의무도 없다고 정한다. 이때 점유자의 사용이익도 여기서의 과실에 준하여 처리된다. 점유자의 사용이익은 매우 빈번하게 문제되므로 이러한 우대는 극히 중요한 실제적 의미가 있다.[2] 그 외에 멸실·훼손에 대한 책임에 관해서도 「선의」의 자주점유자는 현존이익의 한도에서만 손해배상 책임을 진다(제202조). 한편 제203조는 점유자 일반에 대한 우대 경향을 보여준다. 이 조항은 비용상환에 관한 것이다. 점유물의 반환의무를 지는 점유자가 물건에 비용을 지출하였다고 해도 통상 타인을 위하여 하는 의사가 없어서 사무관리(제734조 이하)는 성립되지 않는다. 결국 소유자는 부당이득의 성립 범위 내에서만 반환책임을 지는 것이 본래의 모습이다. 한편 이 경우 소유자는 대부분 선의일 것이므로 현존이익 범위 내에서만 비용상환의무를 질 것이다(제748조 제1항). 그런데도 민법은 점유자의 비용지출 일반에 대하여 필요비·유익비의 상환청구를 인정한다(제203조).

이와 같이 점유자, 특히 「선의」의 점유자가 특별한 혜택을 받아야 하는 근거는 무엇인가? 유상(有償)으로 물건을 양도받아 그것이 자신의 소유라고 믿고 점유하는데 사실은 소유권을 취득하지 못한 점유자, 즉 선의의 유상·자주점유자라면 혹시 그러한 보호를 줄 만하다고 할 수 있을지 모른다. 그 경우에는 소유권 취득을 위하여 물건의 가액 상당을 지급하였을 것이므로, 물건 자체는 진정한 소유자에게 반환해야 하더라도 과실(果實) 등의 부수적 이해관계에

---

2) 가령 선의로 타인의 건물을 무단점유하는 자는 차임 상당의 사용이익을 반환하지 않아도 되는 특혜를 누리게 된다.

서는 "그 자신의 물건인 것처럼" 취급하는 것도 가능하다.[3] 기본적으로 제201
조 이하의 규정이 뿌리를 두는 로마법에서는, 선의취득제도가 인정되지 않아
유상 양수인의 소유권 취득이 곤란하다는 사정이 함께 작용하여 그러한 고려
가 있었던 것으로 여겨진다. 그러나 제201조 이하의 규정은 그 보호를 선의의
유상·자주점유자에 한정하지 않는다. 그와 같이 광범위한 점유자의 우대가 입
법론상 타당한지는 의문이다. 따라서 위 규정들을 해석함에 있어서도 이 점을
염두에 둘 필요가 있다.

2. 적용범위

제201조 내지 제203조를 학습할 때는 위 규정들의 적용범위를 이해하는
것이 중요하다. 외견상 점유자가 소유자에게 점유물을 반환해야 하는 상황이
존재하더라도 제201조 이하의 규정들이 적용되지 않는 경우들이 있기 때문이다.

우선 제201조 이하의 규정들은 점유자가 점유물을 점유할 권리가 없어 이
를 소유자에게 반환해야 하는 경우에 관한 법 문제들을 규율한다. 만약 점유자
가 점유물을 점유할 권리를 가진다면 그동안 점유자가 수취한 과실의 반환 등
여러 부수적인 법문제는 점유할 권리를 이루는 법률관계에 의하여 우선적으로
규율된다. 가령 A가 B에게 건물을 임대하였다면 그 임대기간 동안 건물의 사
용으로 인한 이익을 어떻게 처리할 것인지, 또는 건물이 B의 과실로 훼손되었
을 때 그 책임관계를 어떻게 규율할 것인지, 건물의 유지나 수선에 필요한 비
용은 누가 궁극적으로 부담할 것인지 등은 제201조 이하의 규정이 아니라 A와
B 사이의 임대차계약에 따라 결정된다.[4] 그러므로 제201조 이하의 규정이 적
용되려면, 각 규정의 요건을 충족하는 사실(과실의 수취, 물건의 멸실·훼손, 비용
지출)의 발생 시점에 점유자에게 점유할 권리가 없어 소유자에 대한 제213조의
인도의무를 부담하고 있어야 한다.

---

3) 그러한 의미에서 제201조 이하에서의 선의점유자에 대한 특혜는 과실 등에 대하여 일종
   의 「작은 선의취득」 내지 「축소된 선의취득」을 정한 것이라고 할 수 있다.
4) 대판 2003.7.25, 2001다64752("제203조 제2항에 의한 점유자의 회복자에 대한 유익비상
   환청구권은 점유자가 계약관계 등 적법하게 점유할 권리를 가지지 않아 소유자의 소유물
   반환청구에 응하여야 할 의무가 있는 경우에 성립되는 것으로서, … 점유자가 유익비를
   지출할 당시 계약관계 등 적법한 점유의 권원을 가진 경우에 그 지출비용의 상환에 관하
   여는 그 계약관계를 규율하는 법조항이나 법리 등이 적용된다") 참조.

한편 점유자가 점유물을 인도할 의무를 부담하지만 그것이 제213조에서 정한 소유자의 소유물반환청구에 따른 것이 아니라 계약 자체에 기하여(예를 들면 계약의 종료에 따른 반환) 또는 급부부당이득을 이유로(예를 들면 계약의 무효에 따른 반환) 하는 때에도 제201조 이하의 규정을 적용할 것인가의 문제가 있다.[5] 이때에는 이를 규율하는 계약법 또는 그 보충규범으로서의 급부부당이득에 관한 법리를 우선적으로 적용하는 것이 타당하다.[6] 계약법은 당사자 사이의 이해관계를 보다 세밀하고 구체적인 사정에 맞게 법적으로 음미한 결과를 나타낸 것이기 때문이다.[7]

이에 관한 문제는 특히 점유자의 소유자에 대한 과실반환의무에 대하여 규정하는 제201조와 관련하여 빈번하게 등장하는데, 이에 대하여는 제201조를 설명하면서 더욱 자세하게 다루기로 한다.

Ⅱ. 점유자의 소유자에 대한 과실반환의무(제201조)

1. 규율대상

이 규정은 일반적으로 점유자가 과실을 수취한 경우의 부당이득책임에 관하여 규율하고, 나아가 악의의 점유자가 과실을 수취할 수 있었으나 수취하지 아니한 경우에 대하여도 규율한다. 물건의 점유 없이 그 과실을 수취하였으면 제201조는 적용되지 않는다.

한편 제201조와 계약해제에 관한 제548조 및 부당이득반환에 관한 제748조와의 상호관계가 문제된다. 제201조에 의하면 선의의 점유자는 과실반환의무를 부담하지 않고, 악의의 점유자는 과실반환의무를 부담한다. 제548조에 의하면 계약해제의 상대방은 그의 선의나 악의를 가리지 않고 원물 외에도 과실 내지 법정이자 반환의무를 부담한다.[8] 또한 제748조에 의하면 선의의 부당이

---

5) 이러한 인도의무는 소유자와의 계약에 기하여 그로부터 점유를 이전받은 경우에 발생한다.

6) 이 문제에 대한 학설상황을 정리한 것으로, 김형석, "점유자와 회복자의 법률관계와 부당이득의 경합", 법학(서울대) 49－1, 2008 참조.

7) 민법주해 Ⅳ, 361－363 (양창수).

8) 민법 제548조 제2항은 금전반환시 법정이자부가의무에 관하여만 규정하지만, 그 취지에

득자는 현존이익을 반환해야 하고, 악의의 부당이득자는 받은 이익과 이자를
반환하고 손해가 있다면 이 역시 배상해야 한다. 결국 계약에 기하여 타인으로
부터 물건을 급부받아 선의로 점유하다가 그 계약이 해제된 경우, 이론적으로
는 선의의 점유자에 대한 제201조 제1항, 계약해제 후 원상회복에 관한 제548
조, 선의의 부당이득자에 대한 제748조 제1항이 모두 적용될 여지가 있다. 그
런데 앞서 본 것처럼 위 조항들은 점유자의 반환범위에 관하여 각각 다른 입
장을 취하고 있으므로 적용의 우열관계가 문제된다.

계약법의 우월성이라는 관점에서 볼 때, 계약해제에 관한 한 이에 대해
구체적으로 규정하고 있는 제548조가 우선적으로 적용되어야 한다. 따라서 그
범위 내에서 제201조나 제748조는 적용되지 않는다. 이에 따르면 계약이 해제
된 경우 계약에 기한 급부를 점유하는 자는 선의나 악의를 불문하고 원물 및
그 과실 내지 법정이자를 반환해야 한다. 판례도 "민법 제548조 제1항 본문은
부당이득에 관한 특별규정의 성질을 가지는 것이므로, 그 반환범위는 이익의
현존 여부나 선의, 악의에 불문하고 특단의 사유가 없는 한 받은 이익의 전부
이다"라고 판시하여 이러한 태도를 취한다.[9]

한편 계약이 해제된 것이 아니라 무효이거나 취소된 때에는 계약해제를
규율하는 제548조가 적용될 여지가 없다. 그러나 제201조와 제748조의 우열관
계가 여전히 문제된다. 본래 제201조의 "과실(果實)"은 물건의 일종으로서 유체
물을 원칙적인 모습으로 상정하는 것이고, 제748조의 "이익(利益)"은 무형적 가
치를 포함하는 것으로서 양자는 서로 다른 개념이다. 하지만 물건의 사용에 따
른 이익도 과실에 준하여 해석하는 것이 일반적이므로 사용이익에 관하여는
제201조와 제748조의 중첩 적용 문제가 빈번하게 발생한다. 이는 특히 선의의
점유자와 관련하여 차이를 발생시키는데, 제201조에 따르면 선의의 점유자는
과실반환의무를 지지 않지만 제748조에 따르면 선의의 점유자라도 현존이익의

비추어 금전이 아닌 물건반환시에도 그 천연과실 내지 사용수익의 가액을 반환해야 한다
고 해석하는 것이 통설과 판례의 태도이다. 가령 대판 1976.3.23, 74다1383, 1384는 "매
수인이 명도받은 건물을 매매계약 해제 후 매도인에게 반환함에 있어서는 매도인이 반환
하는 금액에 법정이자를 부가하는 법의 취지에 견주어 볼 때 그 건물을 사용하였음으로
인하여 얻은 이익을 부가하여 반환하는 것이 형평의 요구에 합당하다"고 한다. 그 이외
에도 대판 1991.8.9, 91다13267 참조.
 9) 대판 1998.12.23, 98다43175.

범위 내에서는 반환의무를 지기 때문이다. 이에 관하여는 앞서 살펴 본 것처럼 계약법의 보충규범으로서의 급부부당이득에 관하여 규정하는 제748조 제1항이 우선적으로 적용되는 것이 타당하다. 하지만 판례는 이러한 태도를 취하지 않고, 제201조가 제748조 제1항의 특칙이라고 보아 제201조가 우선적으로 적용된다는 태도를 취하고 있다.[10]

2. 선의 점유자의 과실취득(제201조 제1항)

(1) 선의의 의미

선의의 점유자는 점유물의 과실을 취득한다(제201조 제1항). 따라서 그 과실에 관한 부당이득반환의무를 부담하지 않는다. 선의의 점유자는 과실을 수취하여 소비하는 것이 보통인데 나중에 수취한 과실을 부당이득으로 반환해야 한다면 그에게 지나치게 가혹하기 때문이다. 가령 자동차를 선의, 무과실로 매수하였는데 상당한 기간을 사용한 뒤에 그것이 도품(盜品)이라는 이유로 진정한 소유자에게 반환해야 하는 경우 그 자동차의 임료 상당 사용이익까지 반환하게 하는 것은 과다하다.

여기서의 「선의」란 과실수취권을 포함하는 본권(소유권, 지상권, 전세권, 임차권 등)[11]을 가지고 있다고 잘못 믿은 것을 말한다.[12] 그러한 권리가 있다고 적극적으로 믿어야 하므로, 단순히 어떠한 사정을 알지 못하는 것(不知)으로 충분하다는 일반적인 선의의 개념과는 구별해야 한다. 민법 제197조에 의하여 점유자는 선의로 점유한 것으로 추정된다. 또한 권원 없는 점유라고 하여 그동안의 점유에 대한 선의의 추정이 깨어지는 것은 아니다.[13] 반면 폭력 또는 은비(隱秘)에 의한 점유자는 선의라도 점유물의 과실취득권을 가질 수 없다(동조 제3항).

(2) 선의 여부의 기준시기

선의 여부의 판단 기준시기는 과실을 수취하는 때이다. 점유 취득 당시에

---

10) 대판 1993.5.14, 92다45025.
11) 반면 질권이나 유치권, 동시이행항변권과 같이 애당초 과실수취권을 포함하지 않는 권리는 이를 가진다고 믿었어도 위 규정의 보호를 받을 수 없다.
12) 대판 1969.9.30, 69다1234.
13) 대판 2000.3.10, 99다63350.

는 선의였어도 그 후 과실을 수취하는 때에 그 권리가 없음을 알았거나 이를 의심하게 되었으면, 그 때부터는 선의라고 할 수 없다(제749조 제1항 참조). 이 경우 법정과실은 선의인 기간의 일수의 비율로 취득하게 된다(제102조 제2항).

(3) 악의 점유자 의제

선의의 점유자라도 본권에 관한 소에서 패소한 때에는 그 소가 제기된 때[14]로부터 악의의 점유자로 본다(제197조 제2항).[15] 점유가 권원 없는 것임을 기초로 하는 소송에서 점유자가 패소하였으면 그가 본권이 있으리라 믿었다고 인정하기 어렵고, 설사 그렇게 믿었다 해도 그러한 신뢰는 보호할 가치가 충분하지 않기 때문이다. 여기서 「본권에 관한 소」란 소유자가 점유자를 상대로 소유권에 기하여 제기한 일체의 소송을 말한다. 소유물반환청구소송은 물론이고 등기말소, 부당이득반환, 불법행위로 인한 손해배상 등 그 소송물의 여하를 묻지 않으며, 반소(反訴)라도 무방하다. 「패소한 때」란 점유자의 패소가 확정되는 때를 말한다.[16] 소유자는 「본소에 관한 소」를 제기하면서 그 소송에서 점유자가 패소할 것을 전제로 하여 부당이득반환 등의 청구를 병합할 수 있다.[17]

(4) 무과실의 필요 여부

선의의 점유자가 무과실일 것도 요구하는가에 대하여는 논란이 있다. 법문(法文)상으로는 무과실일 것을 요구하지 않는다. 하지만 입법론적으로 보면 민법 제201조 제1항은 점유자의 보호에 치우쳤다는 평가를 면할 수 없다. 이러한 점을 고려한다면, 점유자의 과실취득권을 엄격하게 해석할 필요성이 있다. 이러한 맥락에서 판례는 여기서 선의의 점유자란 과실수취권 있는 권원이 있다고 잘못 믿은 점유자라고 하는 데서 더 나아가, 그와 같은 오신을 함에는

---

14) 소장 부본 송달시를 의미한다. 대판 2016.12.29, 2016다242273.
15) 제197조 제2항은 원래 선의점유자의 과실수취권을 정하는 의용 민법 제189조에서 제2항으로 자리잡고 있었던 것을 과실수취 이외의 다른 문제에 대해서도 적용된다는 이유로 그 위치를 바꾸었다(민법안심의록, 상권, 125면 상단). 그러나 이 규정은 여전히 점유자의 과실수취와 관련하여 일차적인 의미가 있다. 또 부당이득에서의 악의의제에 관한 제749조 제2항도 참조.
16) 다만 대판 2002.11.22, 2001다6213(소송제기 당시에는 이유가 있었으나 후에 원고가 소유권을 이전하여 바로 그 이유로 패소하였으면 제197조 제2항이 적용된다) 참조.
17) 그러므로 소유자는 물건의 인도와 아울러 그 제소시부터의 사용이익 반환을 구할 수 있다.

오신할 만한 정당한 근거가 있어야 한다고 한다.[18] 제201조 제1항의 적용이 빈번하게 문제되는 부동산에 관해서는, 대체로 소유권등기명의인을 소유자로 믿고 그와의 양도원인행위에 기하여 인도받은 사람은 이 요건을 충족한다고 할 수 있다. 또한 "오신할 만한 정당한 근거"는 점유자 측에서 주장·증명해야 한다. 이때 "오신할 만한 정당한 근거"가 있다는 것이 "무과실"과 정확하게 일치한다고 할 수는 없지만, 결과적으로는 선의의 점유자의 개념 자체를 좁힘으로써 선의 이외에 무과실을 요구하는 태도에 상당히 근접하게 된다. 이는 제201조 제1항이 소유자에 비하여 점유자를 지나치게 보호하는 쪽으로 흐르지 않도록 하려는 해석론이다.[19] 법문이 요구하지 않는 무과실을 보호요건으로 내세우지 않으면서 목적론적 축소해석을 통하여 소유자와 점유자 사이의 이해관계를 조정하려는 이러한 판례의 태도는 타당하다고 평가할 수 있다.

(5) 과실취득권

선의의 점유자는 점유물의 과실을 취득한다. 이는 그 이익이 현존하더라도 이를 반환할 의무를 지지 않음을 의미한다. 차임과 같은 법정과실도 이에 해당한다. 나아가 통설과 판례는 스스로 사용하여 얻은 이익도 여기서의 과실에 준한다고 한다.[20] 스스로 사용하였다고 해서 이를 타인에게 사용시켜서 대가를 얻은 경우(법정과실, 제101조 제2항 참조)와 달리 처리될 이유가 없기 때문이다. 따라서 타인의 토지 위에 권한 없이 건물을 소유함으로써 토지를 점유하는 자는 선의인 이상 토지 소유자에게 토지의 사용이익을 반환할 의무, 즉 임료 상당액을 지급할 의무(제747조 제1항)를 지지 않는다. 이와 같이 제201조 제1항은 실제로 매우 의미 있는 규정이다.

이 규정에 의하여 점유자가 적극적으로 과실수취권을 가지게 되는 것인

---

18) 대판 1995.8.25, 94다27069는 그것이 「판례의 입장」이라고 한다. 이미 그 전에 대판 1981.8.20, 80다2587; 대판 1988.12.20, 88다카6709; 대판 1992.12.24, 92다22114; 대판 2000.3.10, 99다63350 등이 그러한 취지를 밝힌 바 있다.

19) 오신할 만한 정당한 근거를 부정한 사례로서 대판 1992.12.24, 92다22114; 대판 1995.8. 25, 94다27069 등 참조.

20) 대판 1981.9.22, 81다233("토지를 점유·경작함으로써 얻는 이득은 그 토지로 인한 과실에 준하는 것"); 대판 1986.6.27, 86다카1966("토지를 사용함으로써 얻는 이득은 그 토지로 인한 과실과 동시할 것"), 대판 1996.1.26, 95다44290("건물을 사용함으로써 얻는 이득은 그 건물의 과실에 준하는 것") 등. 여기서의 「사용이익」이란 사용 그 자체의 이익을 말하고, 예를 들어 영업장으로 사용하여 얻은 영업상 이익을 가리키는 것이 아니다.

지, 아니면 단지 점유자가 이미 소비한 과실의 반환의무가 면제되는 것인지에 대하여는 논의가 있다. 전자의 입장에 따르면, 점유자가 수취하였으나 아직 소비하지 않은 과실도 점유자에게 귀속된다. 후자의 입장에 따르면, 이는 아직 소비하지 않았으므로 부당이득으로 반환되어야 한다. 이러한 입장 차이는 선의의 점유자의 과실 수취에 대하여 그에게 과실(過失) 있는 경우에 불법행위를 이유로 하는 소유자의 손해배상청구권을 인정할 것인가 하는 국면에서도 나타난다. 적극적인 과실수취권이 있다면 본래 자신에게 귀속되어야 할 과실(果實)의 수취 과정에 과실(過失)이 있다고 해서 타인에게 불법행위책임을 질 이유가 없다. 하지만 본래 타인에게 귀속되어야 할 과실(果實)을 소비한 경우에 부당이득 반환의무가 면제되는 것에 불과하다면 과실(過失)로 타인의 과실(果實)을 수취하여 타인에게 손해를 입힌 것에 따른 불법행위책임은 별도로 지게 된다.[21]

민법 제201조 제1항은 "선의의 점유자는 점유물의 과실을 취득한다."라고 명확하게 규정하고 있다. 그러므로 이러한 문언에 비추어 보면 선의의 점유자는 적극적으로 과실수취권을 가진다고 해석하는 것이 타당하다. 점유자와 소유자의 균형잡힌 이해관계 조정은 앞서 본 바와 같이 선의의 점유자의 개념을 적정하게 해석함으로써 달성할 수 있다. 판례는 선의의 점유자의 불법행위책임을 긍정하면서도,[22] 다른 한편 점유자의 적극적인 과실수취권을 긍정하는 듯한 설시도 함으로써[23] 다소 혼란스러운 태도를 보이고 있다. 하지만 과실수취권을 인정하는 이상 선의의 과실수취행위에 대해 불법행위책임을 묻는 것은 타당하지 않다. 특히 제202조 제1문 후단에 따르면 선의의 점유자가 점유물 자체를 멸실·훼손하더라도 그의 손해배상책임은 현존이익에 한정되는데, 과실수취의 경우에 일반적인 불법행위책임을 부담하게 하는 것은 균형이 맞지 않는다.

선의의 점유자가 가지는 과실수취권의 대상은 경제법칙에 따라 통상 수취할 수 있는 과실 등에 한정되며, 이를 넘어서 취득한 과실 등은 현존이익의 범

---

21) 다만 선의의 점유자를 선의·무과실의 점유자로 좁혀서 해석한다면 이러한 과실에 의한 수취행위에 따른 불법행위책임은 발생하지 않게 된다는 점에도 유의한다.

22) 오래 전의 것이나 대판 1966.7.19, 66다994. 그 한도에서 여기서의 선의에 「오신할 만한 정당한 근거」를 요구한다고 해도, 그것이 반드시 점유자의 무과실을 의미한다고 단정하기는 어렵게 된다.

23) 대판 1967.11.28, 67다2272; 대판 1978.5.23, 77다2169; 대판 1995.5.12, 97다573, 95다580; 대판 1996.1.26, 95다44290 등.

위에서만 반환되어야 한다는 견해가 있다.[24] 그러나 여기서의 선의란 해당 과실을 수취할 권리를 포함하는 본권을 가진다고 오신하는 것을 말한다. 그러므로 이는 그러한 의미에서 선의인지 여부에 의하여 해결할 것이고, 굳이 우리 법이 채택하지 않는 「경제법칙에 따라 통상 수취가능한 과실」의 개념에 따라 해결할 것은 아니다.

[판결 1] 선의 점유자의 과실취득: 대판 2002.11.22, 2001다6213

　　1. 원심은 내세운 증거들을 종합하여, 소외 1은 원심 판시 별지목록 기재 건물 및 기계기구(이하 '이 사건 부동산'이라고 한다)를 처인 원고 명의로 취득한 다음 이를 이용하여 원고 명의로 성산냉동이라는 냉장창고업을 시작하면서 그 아들인 소외 2에게 성산냉동의 사업과 관련한 실무를 담당하게 한 사실, 소외 2는 성산냉동을 운영하다가 이 사건 부동산 중 일부를 피고 1에게 임대한 후 다시 이 사건 부동산 전부를 피고 2에게 임대하였고 피고 1의 위 임대 부분에 관한 임대기간 만료 후에 피고 2가 이를 다시 피고 1에게 전대한 사실, 위 각 임대차계약에 따라 피고 1은 1997. 10. 9.부터, 피고 2는 1998. 6. 1.부터 이 사건 부동산의 각 일부씩을 점유·사용하였는데 이 사건 부동산은 임의경매절차에서 소외 3에게 낙찰되어 2000. 3. 16. 원고로부터 소외 3의 명의로 소유권이전등기가 경료된 사실을 각 인정한 다음, 피고들의 이 사건 부동산에 대한 각 해당 점유는 소외 2의 무권대리에 의한 임대차계약에 기인한 것으로서 원고에 대하여는 법률상 원인이 없는 것이므로 피고들은 각 해당 점유 부분을 명도 및 인도하고 그 점유 부분에 상응하는 부당이득을 반환할 의무가 있다는 원고의 주장에 대하여 우선 명도 및 인도 청구에 대하여는 원고가 소유권을 상실하였음을 이유로 이를 기각하고, 부당이득반환청구에 대하여는, 피고들은 민법 제197조 제1항에 의하여 선의로 점유한 것으로 추정되고 민법 제201조 제1항에 의하면, 선의의 점유자는 점유물의 과실을 취득할 권리가 있는 것인데, 원심이 믿지 아니하는 증거 이외에는 피고들의 이 사건 부동산에 대한 각 해당 부분 점유가 악의의 점유임을 인정할 증거가 없다는 이유로 원고의 위 주장을 배척하였다.

　　2. 원심판결 중 명도 및 인도 청구를 기각한 부분에 대하여는 상고이유서에 아무런 불복사유의 기재가 없다.

　　3. 부당이득 청구에 관하여 본다.

　　가. 기록에 의하면, 원고는 이 사건 청구원인으로 원고가 이 사건 부동산의

---

24) 이영준, 물권법, 349; 이은영, 물권법, 362.

소유자임을 내세워 피고들을 상대로 각 점유 부분의 명도 및 인도를 구함과 동
시에 부당점유로 인한 이득의 반환을 구하였고, 이에 대하여 피고들은 원고의
대리인인 소외 2로부터 이 사건 부동산을 임차하였다든가 이에 관하여 표현대
리가 성립하였다든가 아니면 소외 2의 임대차계약 체결을 원고가 추인하였다는
등의 사유로 다투었을 뿐 위 부당점유로 인한 이득반환청구 부분에 대하여 민
법 제201조 제1항에 의한 과실수취권이 있다는 취지의 주장을 명시적으로 한
적이 없음을 알 수 있는바, 이 사건 부동산의 임대차에 관한 소외 2의 대리권,
표현대리, 무권대리의 추인에 관한 피고들의 위 주장은 이 사건 부동산의 점유
를 정당하게 하는 본권인 임차권의 존재에 관한 것으로서, 원심이 이 사건 부당
점유로 인한 이득반환청구의 당부를 판단함에 있어서는, 먼저 위 본권인 임차권
의 존재 여부에 관하여 심리한 다음, 그 본권이 인정되는 경우에는 이를 이유로
원고의 청구를 기각하고(원고는 피고들의 임차권이 인정되는 경우에 대비하여서는
예비적으로 불법행위에 기한 손해배상 청구를 하고 있을 뿐 약정 차임 등의 청구는 하
지 아니하고 있다.), 그 본권이 인정되지 아니하여 부당이득반환청구가 일응 이유
있는 것으로 인정되는 경우에 한하여 소송경과에 따라 피고들에 대하여 점유권
그 자체에 기하여 인정되는 과실수취권에 관한 민법 제201조 제1항을 주장하는
것인지에 관한 석명을 구하고, 피고들이 그 과실수취권을 주장하는 경우에는 다
시 원고에 대하여 피고들이 악의의 점유자로 된 시기의 주장·입증과 아래에서
보는 민법 제197조 제2항의 원용 여부 등에 관하여 방어권을 행사할 기회를 주
어, 그 심리 결과에 따라 피고들의 책임 유무 및 범위를 확정하였어야 할 것이다.

　　나. 한편, 민법 제201조 제1항에 의하면, 선의의 점유자는 점유물의 과실을
취득한다고 규정되어 있고, 민법 제197조 제1항에 의하면, 점유는 선의인 것으
로 추정되도록 규정되어 있으나, 같은 조 제2항에는 선의의 점유자라도 본권에
관한 소에 패소한 때에는 그 소가 제기된 때로부터 악의의 점유자로 본다고 규
정되어 있는바, 위 민법 제197조 제2항의 취지와 부당이득반환에 관한 민법 제
749조 제2항의 취지 등에 비추어 볼 때, 여기서의 본권에 관한 소에는 소유권에
기하여 점유물의 인도나 명도를 구하는 소송은 물론 부당점유자를 상대로 점유
로 인한 부당이득의 반환을 구하는 소송도 포함된다고 해석할 것인데, 기록에
의하면, 이 사건에서 원고는 이 사건 부동산의 소유자임을 내세워 피고들을 상
대로 각 점유 부분의 명도 및 인도를 구함과 동시에 부당점유로 인한 이득의
반환을 구하는 소송을 제기하였음이 명백하므로(소제기일은 1998. 12. 3.이다.), 원
심에서와 같이 이 사건 부당이득반환청구에 민법 제201조 제1항, 제197조 제1
항을 적용함에 있어서는, 비록 소유권에 기한 명도 및 인도 청구가 변론종결 전

에 소유권 상실되었음을 이유로 배척된다고 하더라도, 법원으로서는 소유권 상실 이전 기간의 부당이득반환청구와 관련하여 원고의 소유권의 존부와 피고들의 점유 권원의 유무 등을 가려서 그 청구의 당부를 판단하고, 원고의 부당이득 주장이 이유있는 것으로 판단된다면 민법 제201조 제1항, 제197조 제1항에도 불구하고 적어도 그 소제기일부터는 피고들의 점유를 악의로 의제하여 피고들에 대하여 부당이득의 반환을 명하여야 할 것이다.

다. 그럼에도 원심은 피고들이 이 사건 부동산을 점유할 권원이 있는지 여부에 대하여는 아무런 판단을 하지 아니한 채 바로 피고들의 명시적인 주장도 없는 민법 제201조 제1항, 제197조 제1항을 적용하여 피고들의 과실수취권을 인정하였을 뿐 아니라, 위 민법 규정들의 적용에 있어서도 원고의 소유권에 기한 부당이득반환청구의 당부에 대하여 아무런 심리·판단을 하지 아니한 채 만연히 소제기일 이후의 부당이득반환에 대하여도 원고 청구기각의 판결을 하였으니, 이는 민법 제201조 제1항, 제197조 제1항, 제2항에 관한 법리를 오해하여 심리를 다하지 아니한 위법을 저지른 것이라 할 것이다.

[판결 1]에 관하여 생각할 점

1. 대법원은 "피고들의 명시적인 주장도 없는 민법 제201조 제1항, 제197조 제1항을 적용하여 피고들의 과실수취권을 인정"한 원심의 처사가 잘못되었다고 지적하고 있다. 그렇다면 원심법원으로서는 어떠한 조치를 취하였어야 마땅한가?

2. 위 판결은 부당이득반환청구소송도 "본권에 관한 소"에 해당한다는 입장을 취하고 있다. 하지만 부당이득반환청구소송은 본권자만 제기할 수 있는 것은 아니다. 가령 채권의 부당이득에서는 종전 채권자도 그 채권의 반환을 구할 수 있다. 그렇다면 이 사건에서 부당이득반환청구소송을 "본권에 관한 소"라고 인정한 근거는 무엇인가?

3. 악의의 점유자로 의제되는 시기인 "소가 제기된 때"는 구체적으로 언제를 말하는가? 소장을 법원에 접수시킨 때인가? 아니면 소장 부본이 피고에게 송달된 때인가?

3. 악의의 점유자의 과실반환(제201조 제2항)

(1) 악의의 점유자는 앞서 본 선의의 점유자가 아닌 점유자를 말한다. 강포(强暴) 또는 은비(隱秘)에 의한 점유자도 악의의 점유자와 같은 책임을 진다

(제201조 제3항). 점유의 평온·공연은 추정된다(제197조 제1항).

　(2) 악의의 점유자는 수취한 과실을 반환해야 한다. 또 과실(過失)로 과실(果實)을 수취하지 못한 경우에도 그 과실(果實)에 상응하는 가액반환의무를 진다. 악의의 점유자가 진정한 권리자로 하여금 적당한 시기에 과실을 수취할 수 없도록 하고 이로 인하여 진정한 권리자에게 손해를 가하였으므로 그 손해를 배상하게 하려는 취지이다.[25]

　이러한 가액반환의무는 수취한 과실(果實)을 그가 소비하였거나 과실(過失)로 이를 훼손한 경우도 마찬가지이다(이상 제201조 제2항). 여기서 소비나 훼손은 후발적으로 원물을 반환할 수 없게 되는 대표적인 사유를 든 것이므로 이를 유연하게 해석하는 것이 타당하다. 그러므로 소재를 알 수 없는 제3자에게 인도하는 행위처럼 즉각적인 원물반환을 사회관념상 불가능하게 하는 점유자의 적극적 행위도 소비에 해당한다. 사용이익과 같이 애당초 성질상 원물반환할 수 없는 경우에 가액반환의무를 짐은 물론이다. 한편 여기서 「過失」이란 고의를 포함하는 귀책사유를 의미한다.

　(3) 제201조 제2항은 수취한 과실에 대하여는 이를 원물 또는 가액으로 반환해야 한다고 정할 뿐, 그 과실에 이자를 부가할 것인지에 대하여는 침묵한다. 그런데 부당이득에 관한 제748조 제2항에 의하면 악의의 수익자는 그 받은 이익에 이자를 가해야 한다고 규정한다. 그렇다면 악의의 점유자는 수취한 과실을 반환하면 족한가, 아니면 이에 이자를 가하여 반환해야 하는가, 다시 말하면 제201조 제2항이 이자 부가에 대하여 침묵하는 것은 제748조 제2항을 배제하는 의미인가, 아니면 이에 관하여 제748조 제2항에 따른 이자 부가의 가능성을 열어놓은 것인가? 대법원은 후자의 입장을 취한다.[26] 이에 관하여는 제4편 제4장 「부당이득의 반환」에서 자세히 살펴보게 될 것이다.

---

25) 그러한 한도에서 이 부분은 제748조 제2항 후단("악의의 수익자는 … 손해가 있으면 이를 배상하여야 한다")을 점유자의 과실반환의무와 관련하여 구체화한 규정이라고 할 수 있다.

26) 대판 2003.11.14, 2001다61869.

Ⅲ. 물건의 멸실·훼손에 대한 점유자의 책임(제202조)

(1) 제202조는 점유자가 소유물반환의무를 지는 동안에 그 물건이 멸실 또는 훼손된 경우 그가 소유자에 대하여 부담하는 불법행위책임에 대하여 정한다. 타주점유자의 책임, 또는 악의의 자주점유자의 책임은 일반적인 불법행위법을 적용한 결과와 다를 바 없고, 선의의 자주점유자에 대하여만 불법행위책임을 완화한다. 즉 이는 본래 불법행위법에 따라 해결되면 충분한 문제이지만 선의의 자주점유자 보호를 위하여 그 책임을 완화하는 특칙을 둔 것이다.

(2) 여기서 점유물의 멸실은 점유물의 물리적 파손뿐만 아니라 점유물을 분실하거나 소재를 알 수 없는 제3자에게 점유물을 양도한 것과 같이 널리 반환불능을 초래하는 행위 일체를 말한다. 점유물의 훼손은 점유물의 물질적 완전성을 해치는 것을 포함하여 그 가치를 저하시키는 행위 일체를 말한다.

(3) 선의의 자주점유자, 즉 자신에게 「점유할 권리」가 있다고 정당한 근거에 기하여 믿고 소유의 의사로 점유하는 사람은 그에게 「책임 있는 사유」에 의한 점유물의 멸실·훼손에 대하여도 "이익이 현존하는 한도에서" 책임을 진다. 그러한 선의의 자주점유자에게는 원래 의미의 고의 또는 과실이 문제되기 어려우므로, 여기서 「책임 있는 사유」란 의식적 행위 또는 「자기 자신에 대한 주의」의 결여를 의미한다.

"이익이 현존하는 한도에서" 배상해야 하는 것이므로, 예를 들어 건물 점유자가 이를 파괴하여 그 재료를 점유하고 있으면 그것을 그대로, 제3자에게 양도한 경우에는 그 받은 대가의 범위에서 현존의 이익을 반환하면 족하다. 「이익」은 점유자가 물건을 점유하는 동안에 취득한 모든 이익이 아니라, 그 멸실·훼손으로부터 얻은 것만을 말한다.

(4) 기타의 점유자는 일반적인 불법행위책임(제750조, 제763조, 제393조)을 진다. 여기서 「손해의 전부를 배상」해야 한다는 것은 일반의 불법행위자와 같이 책임을 진다는 의미이다. 폭력 또는 은비에 의한 점유자는 악의의 점유자와 같이 취급할 것이다(제201조 제3항의 유추 적용).

Ⅳ. 점유자의 소유자에 대한 비용상환청구권(제203조)

제203조는 점유자가 그 점유물에 비용을 지출한 경우 소유자에 대하여 가지는 비용상환청구권에 대하여 정한다. 비용상환은 본질적으로 부당이득반환의 성격을 가진다. 따라서 본래 부당이득에 관한 규정이 적용되어야 한다. 그런데 민법은 제203조에서 이에 대한 특칙을 둔 것이다. 현실적으로는 소유자가 점유자에게 점유물반환청구의 소를 제기하면 점유자는 비용상환청구권에 기한 유치권 항변[27]을 하거나 반소로 비용상환청구를 하는 경우가 많다. 소유자와 점유자 사이에 점유에 관한 계약관계(예컨대 임대차관계)가 있고, 그 계약관계에 해당하는 법조항이나 법리에서 별도로 비용상환청구의 문제를 규율한다면(예컨대 민법 제626조) 민법 제203조가 아니라 그 법조항이나 법리가 적용된다.[28]

1. 비용지출의 의미

여기서 「비용지출」은 물건 자체에 기여하기 위한 모든 재산 소비를 말한다. 여기에는 점유자 자신의 노력을 제공하는 것도 포함된다. 소유자의 재산계획에 반하는지, 실제로 물건에 이익을 부여하였는지는 묻지 않으며, 비용지출이 그 지출자에게 타인을 위한 재산적 희생으로 의식되어야 할 필요도 없다. 물건 자체에 대한 기여를 목적으로 하지 않는 비용, 예를 들어 점유물의 취득비용 또는 자동차의 운행을 위한 휘발유와 같이 물건의 직접적인 사용에 드는 비용은 이에 해당하지 않는다.

비용은 필요비 · 유익비 · 사치비로 구분된다.

필요비는 물건의 보존 · 관리 내지 통상적 사용을 위하여 지출하는 비용이다. 보존비(그 물체의 원상을 유지하고 그것이 멸실 · 훼손하는 것을 방지함에 있어서 불가결한 비용), 수리비, 동물의 사육비, 공조공과(公租公課), 보관비, 부품교체비 등이 그 예이다. 이는 다시 통상의 필요비(통상비)와 그 외의 특별한 필요비(임시비)로 구분된다. 통상비는 물건의 평상적인 보존 · 관리에 필요한 비용으로서 통상 반복되는 지출비용이다. 정기적인 점검비용, 사용에 따라 자연스럽게 마

---

27) 비용상환청구권은 민법 제320조에서 말하는, 물건에 관하여 생긴 채권에 해당한다.
28) 대판 2014.3.27, 2011다101209.

모되거나 손상된 부품을 교체·수리하는 비용,[29] 그 물건에 부과되는 조세 등이 여기에 해당한다. 임시비는 통상적으로 반복되리라고 예상되는 범위를 넘어선 필요비이다. 태풍으로 인한 대수선 비용이 여기에 해당한다. 통상비와 임시비의 구분은 제203조 제1항(점유자 과실취득시 통상비 청구불가능) 및 제611조 제1항(사용차주는 차용물의 통상비 청구 불가능)과 관련하여 의미가 있다.

유익비는 물건의 개량 기타 그 효용의 적극적인 증진을 위하여 지출하는 비용이다. 가령 타인의 돌산을 개간하여 과수원을 조성하였다면 그 개간비용은 유익비에 해당한다.[30] 한편 필요비 또는 유익비의 범위를 넘어서는 지출비용은 사치비(奢侈費)에 해당한다. 사치비는 비용지출자가 스스로 부담해야 할 성격의 것으로서 상환청구의 대상이 되지 않는다.

2. 필요비상환청구권(제203조 제1항)

(1) 점유자는 회복자에게 필요비의 상환을 청구할 수 있다. 필요비상환청구권을 행사하는 점유자가 선의인지 악의인지, 또 자주점유자인지 타주점유자인지는 불문한다. 선의의 자주점유자가 자기 물건에 대한 지출인 것으로 잘못 알았어도(따라서 소위 사무관리의사가 없었더라도) 비용상환청구권을 가진다.

(2) 다만 점유자가 과실을 취득한 경우에는 통상의 필요비는 그 상환을 청구할 수 없다(제203조 제1항 단서). 이는 필요비를 지출한 사람이 다른 한편으로 과실을 취득하였다면 양자의 반환 내지 상환문제를 간이하게 처리하기 위하여 일률적으로 통상비와 과실을 서로 맞비기게 한 것이다. 반면 임시의 필요비는 점유자가 과실을 취득한 경우에도 상환을 청구할 수 있다.

(3) 필요비상환청구권은 필요비를 지출할 때에 바로 행사할 수 있는 것이 아니라 점유자가 회복자로부터 점유물의 반환을 청구받거나 회복자에게 점유물을 반환한 때에 행사할 수 있다.[31]

---

29) 대판 1996.7.12, 95다41161.

30) 대판 1993.12.28, 93다30471. 한편 대판 1966.12.20, 66다1857은 농지임차인이 생산고를 높이기 위하여 토지에 적지 않은 퇴비 기타 비료를 넣고 또 배토 등을 하여 완전한 熟田으로 만드는 데 든 비용은 "토지를 경제적 용법에 따라서 사용수익하기 위한 통상의 비용"으로서 통상의 필요비라고 하나 의문이다.

31) 대판 1994.9.9, 94다4592.

3. 유익비상환청구권(제203조 제2항)

(1) 점유자는 회복자에게 유익비의 상환을 청구할 수 있다. 이를 청구하려면 비용지출로 인한 물건 가액의 증가가 현존해야 한다. 그 현존의 기준시기는 비용상환청구권이 발생하는 때, 즉 점유자가 물건을 반환하거나 소유자로부터 인도청구를 받은 때이다.[32] 가액증가의 현존은 상환청구를 하는 측이 주장·증명해야 한다.

(2) 점유자는 인도청구를 하는 회복자의 선택에 좇아 지출금액 또는 가치증가액을 청구할 수 있다. 즉 상환청구의 주체는 점유자이지만 지출금액과 가치증가액 중 하나를 선택하는 것은 회복자이다.[33] 이는 선택채권(제380조 이하)의 성질을 가진다.

(3) 유익비상환청구권이 행사된 경우에, 법원은 회복자의 청구에 의하여 상당한 상환기간을 허여할 수 있다(동조 제3항). 이와 같이 설정된 유예기간 동안에는 회복자는 비용상환의무를 이행하지 않아도 지체책임을 지지 않는다. 통설은 그 유예기간 동안에는 이행기가 도래하지 않으므로 점유자는 그 사이에 유익비상환청구권에 기하여 유치권을 취득할 수 없게 된다고 한다.[34] 그러나 여기서의 유예기간으로 말미암아 비용상환청구권이 있음에도 점유자에게 유치권이 없어서 물건을 반환해야 한다는 것은 점유자에게 가혹하다.[35] 따라서 그 유예기간으로 이행기의 도래가 늦추어지지는 않고, 단지 지체책임이 발생하지

---

32) 대판 1993.12.28, 93다30471, 30488.

33) 지출금액과 가치증가액 양자가 모두 선택되기 전에 회복자가 '점유자가 주장하는 지출금액과 감정 결과에 나타난 현존 증가액 중 적은 금액인 현존 증가액을 선택한다'는 취지의 의사표시를 하였더라도, 특별한 사정이 없는 한 이를 곧바로 '실제 증명된 지출금액이 현존 증가액보다 적은 금액인 경우에도 현존 증가액을 선택한다'는 뜻까지 담긴 것으로 해석해서는 안 된다. 대판 2018.6.15, 2018다206707.

34) 제320조 제1항은 유치권이 성립하려면 물건의 점유자가 가지는 일정한 채권이 변제기에 있을 것을 요구한다.

35) 민법 제203조 제3항에 해당하는 의용 민법 제196조 제2항 단서는 악의점유자의 비용상환청구권에 대해서만 유예기간의 허여를 정하였다. 따라서 악의점유자에 유치권을 부인하는 것이 적절하다면, 이를 동원할 필요가 있는지 모른다. 그러나 민법은 위 규정을 선의점유자에게도 적용하므로, 이를 일률적으로 이행기의 유예로 파악하는 것은 타당하지 않다. 한편 악의점유자의 비용상환청구권에 기한 유치권의 허용 여부는 제320조 제2항에 의하여 해결할 것이다.

않을 뿐이라고 보아야 한다.

4. 비용상환청구권과 유치권, 비용상환청구권의 존속기간

점유자의 비용상환청구권은 제320조 소정의 「물건에 관하여 생긴 채권」이다. 그러므로 점유자는 불법행위로 점유를 취득한 것이 아닌 이상,[36] 그 비용의 변제를 받을 때까지 물건에 관하여 유치권을 가진다(제320조 제1항). 물론 그 물건의 점유를 상실하여 유치권을 행사할 수 없게 되더라도, 이와 무관하게 비용상환청구권을 행사할 수 있다.[37]

한편 이 청구권의 존속기간에 대하여는 임차인의 비용상환청구권(제654조, 제617조)에서와 같은 제척기간의 규정이 없으므로 통상의 소멸시효가 적용된다고 할 수밖에 없다.

5. 비용지출자와 비용상환자

비용상환청구권은 본질에 있어서 부당이득반환청구권의 일종이다. 즉 타인의 비용으로 이익을 얻은 자로 하여금 그 타인에게 그 이익을 반환하게 하는 권리이다. 따라서 누가 누구에게 반환해야 하는가의 문제를 해결하려면 누가 비용지출자이고 누가 이익을 취득하였는가를 판단해야 한다. 만약 A 소유의 건물을 점유하는 B가 C에게 보수공사를 도급주었고, C가 건물을 직접점유하면서 이를 수리하여 A 소유의 건물가치가 증가하였다면 누가 비용지출자인가? 이 사례에서는 도급인인 B가 건물을 간접점유하면서 궁극적으로 자신의 계산으로 비용지출과정을 관리하였으므로 도급인인 B가 비용지출자이고, 수급인인 C는 비용지출자에 해당하지 않는다.[38] 따라서 A에 대하여 비용상환청구권을 행사할 수 있는 자는 C가 아니라 B이다. 한편 사례를 달리하여 점유자인 A가 소유자 B의 건물에 비용을 지출하여 그 건물가치가 증가하였는데, 그 이후 B가 C에게 건물의 소유권을 이전하였다면 누가 A에게 비용을 상환해야 하

---

36) 그러나 권원 없는 점유자가 악의이거나 과실 있는 동안에 지출한 비용의 상환청구권에 기하여는 그 점유가 불법행위에 해당하여 유치권이 인정되지 않는다(제320조 제2항 참조).
37) 민법 제626조에 의하여 인정되는 임차인의 비용상환청구권도 목적물 반환 이후에 행사할 수 있다(제654조, 제617조).
38) 대판 2002.8.23, 99다66564.

는가? 이때에는 그 건물의 증가가치를 궁극적으로 보유하게 된 C가 비용상환
의무자에 해당한다.[39)]

그런데 이는 어디까지나 민법 제203조가 적용되는 경우를 전제로 하는 것
이다. 만약 민법 제203조에 우선하여 적용되는 계약 또는 그 계약을 규율하는
법조항이나 법리가 있다면 그 규율을 받게 된다는 점에 유의할 필요가 있다.
아래 판결은 그러한 문제를 다루고 있다.

> **[판결 2] 유익비상환청구권과 계약관계: 대판 2003.7.25, 2001다64752**

1. 원심 판단의 요지

가. 원심은 내세운 증거에 의하여, 이 사건 건물(지하 3층, 지상 4층 규모의
건물 중 지하 2층 995.44㎡)은 원래 소외 신흥종합건설 주식회사(이하 '소외 회사'
라 한다)가 볼링장을 운영하기 위하여 지은 것인데 그 시설자금이 부족하자 이
를 원고에게 임대하기로 하여, 원고와 소외 회사는 1997. 3. 15. 이 사건 건물에
관하여 임대차보증금 1억 원, 월차임 300만 원, 임대차기간 1997. 3. 15.부터
2002. 3. 14.까지로 하는 임대차계약을 체결한 사실, 원고는 1997. 6. 1. 서울보
증보험 주식회사(변경 전 상호: 대한보증보험 주식회사, 이하 '서울보증보험'이라 한
다)와 사이에 조흥리스금융 주식회사(이하 '조흥리스'라 한다)를 피보험자로 하여
보험가입금액 3억 8,000만 원의 리스보증보험계약을 체결하고 그 보험증권을
조흥리스에 제출하여 조흥리스로부터 리스자금을 받아 이 사건 건물에 볼링기
계 및 필요한 부대설비를 설치하고 1997. 7. 5.부터 '한바다 볼링센타'라는 상호
로 볼링장 영업을 시작한 사실, 소외 회사는 원고가 서울보증보험과 위와 같은
보증보험계약을 맺음에 있어 이 사건 건물을 담보로 제공하여 1997. 5. 23. 이
사건 건물에 관하여 서울보증보험 앞으로 채무자 원고, 채권최고액 4억 9,400만
원의 근저당권을 설정해 준 사실, 원고가 조흥리스에 대한 리스료의 지급을 연
체하게 되자 서울보증보험은 1998. 6. 12. 조흥리스의 요청에 따라 보험금 3억
8,000만 원을 지급하고 이 사건 건물에 관하여 임의경매신청을 하였고, 피고가
그 경매절차에서 이 사건 건물을 낙찰받아 1999. 8. 17. 그 앞으로 소유권이전
등기를 마친 사실, 피고는 1999. 9. 18. 부동산인도명령의 집행을 통하여 원고로
부터 이 사건 건물을 명도받고, 조흥리스로부터 이 사건 건물에 설치되어 있는

---

39) 대판 1965.6.15, 65다598, 599. 또한 민법주해 Ⅳ, 422 (양창수) 참조. 독일민법은 제999
조 제2항에서 "소유자의 비용상환의무는 그가 소유권을 취득하기 전에 지출된 비용에도
미친다"라고 규정하여 신소유자가 비용상환의무를 부담한다는 점을 명확하게 한다.

리스물건인 볼링기계 및 부대설비를 매입하여 이 사건 건물에서 볼링장을 경영하고 있는 사실 등을 인정하였다.

　　나. 나아가 원심은, 원고가 소외 회사와 이 사건 건물에 대한 임대차계약을 체결한 후 이 사건 건물의 출입구 강화유리문, 바닥 타일, 내부기둥, 벽체, 배선, 배관 등의 내장공사 등에 100,990,179원을 지출하였는데 그 중 현존하는 가치 증가액은 70,088,017원이고, 이 사건 건물은 볼링장 용도로 신축된 것으로서 원고가 볼링장 영업을 위한 내장공사 등에 지출한 비용은 이 사건 건물의 개량 기타 그 효용의 적극적인 증진을 위하여 투입한 비용에 해당한다고 주장하면서, 피고에 대하여 민법 제203조의 규정에 따라 그 유익비의 상환을 구하는 원고의 이 사건 청구에 대하여, (1) 원고 주장의 위 투입비 중 원고가 이 사건 건물을 볼링장으로 운영하기 위하여 설치한 벽면 로고, 광고 핀, 외벽 간판, 신발장의 설치비용은 이 사건 건물의 객관적 가치를 증가시키기 위하여 지출한 비용으로 보기 어렵고, (2) 원고 주장의 나머지 시설물들은 이 사건 건물의 경매절차 당시 모두 그 감정평가 대상에 포함되어 있었다고 보아야 할 것이고, 원고는 이 사건 건물의 임차인이면서 근저당채무의 주채무자로서 스스로 근저당채무를 불이행하여 이 사건 건물에 대한 경매절차가 진행되어 피고가 이를 낙찰 받아 소유권이전등기를 마친 것이므로, 위 감정평가 가격을 기준으로 낙찰가격이 결정되어 그 낙찰대금으로 종국적으로 원고 자신의 서울보증보험과의 리스보증보험계약에 기한 채무를 변제한 결과로 된 이상, 원고는 이미 위 시설물들에 대한 투입비 상당의 이득을 종국적으로 취득하여 더 이상 유익비상환을 청구할 지위에 있지 않다고 하여, 원고의 이 사건 청구를 기각하였다.

　2. 상고이유에 대한 판단

　가. 제3점에 대하여

　　관련 증거들을 기록에 비추어 살펴보면, 원고가 이 사건 건물에서 볼링장을 운영하기 위하여 설치한 벽면로고, 광고 핀, 외벽간판 및 신발장 등은 이 사건 건물에 부합되어 건물의 객관적 가치를 증대시키는 것이라 할 수 없으므로, 같은 취지의 원심의 판단은 정당한 것으로 수긍이 가고, 거기에 상고이유로 주장하는 바와 같은 위법이 있다고 할 수 없다.

　　그리고 점유자의 회복자에 대한 유익비상환청구는 점유자가 점유물을 개량하기 위하여 지출한 비용의 상환을 청구하는 것으로서 피고가 원고 소유의 위 시설에 대하여 원고에게 아무런 대가를 치르지 아니하고 사용함을 이유로 하는 부당이득금반환청구와는 그 법률요건과 효과를 달리하는 것이어서 원고의 이 사건 유익비상환청구에 부당이득금반환청구가 당연히 포함된다고 할 수 없으므

로, 원심이 위 시설물 설치에 따른 유익비상환청구에 대해서만 판단하고 위의
점에 대해서 판단하지 아니하였다고 하여 판단유탈의 위법이 있다고 할 수 없
고, 원심이 위 시설의 설치비용에 대하여 제1심과 달리 판단한다고 하여 원고에
게 그 부분에 대한 석명권을 행사할 의무가 있다고 볼 수 없으므로, 이 점에 대
한 상고이유도 그 이유가 없다.

나. 제1점, 제2점에 대하여

민법 제203조 제2항에 의한 점유자의 회복자에 대한 유익비상환청구권은
점유자가 계약관계 등 적법하게 점유할 권리를 가지지 않아 소유자의 소유물반
환청구에 응하여야 할 의무가 있는 경우에 성립되는 것으로서, 이 경우 점유자
는 그 비용을 지출할 당시의 소유자가 누구이었는지 관계없이 점유회복 당시의
소유자 즉 회복자에 대하여 비용상환청구권을 행사할 수 있는 것이나, 점유자가
유익비를 지출할 당시 계약관계 등 적법한 점유의 권원을 가진 경우에 그 지출
비용의 상환에 관하여는 그 계약관계를 규율하는 법조항이나 법리 등이 적용되
는 것이어서, 점유자는 그 계약관계 등의 상대방에 대하여 해당 법조항이나 법
리에 따른 비용상환청구권을 행사할 수 있을 뿐 계약관계 등의 상대방이 아닌
점유회복 당시의 소유자에 대하여 민법 제203조 제2항에 따른 지출비용의 상환
을 구할 수는 없는 것이다.

이 사건에서 임차인인 원고는 임대차계약에 의하여 이 사건 건물을 적법하
게 점유하고 있으면서 비용을 지출한 것이므로, 임대인인 소외 회사에 대하여
민법 제626조 제2항에 의한 임대차계약상의 유익비상환청구를 할 수 있을 뿐,
낙찰에 의하여 소유권을 취득한 피고에 대하여 이와는 별도로 민법 제203조 제
2항에 의한 유익비의 상환청구를 할 수는 없다고 보아야 할 것이며(다만, 원고가
피고의 목적물인도청구에 대하여 임대인에 대한 위 유익비상환청구권에 기한 유치권으
로써 대항할 수 있었을 것임은 별론으로 한다), 이러한 법리는 이 사건 시설에 관한
비용이 경매절차에서 감정평가 가격에 포함되었는지 여부와 아무런 상관이 없다.

원심이 이 사건 시설 중 벽면로고, 광고 핀, 외벽간판, 신발장 설치비용을
제외한 나머지 시설들은 이 사건 건물에 부합되어 유익비상환청구의 대상이 된
다는 취지로 판시하면서 그 시설들이 이 사건 근저당권에 기한 경매절차에서
감정평가 가격에 포함되어 이를 기준으로 낙찰가격이 결정되었고 그 낙찰대금
이 종국적으로 원고 자신의 채무를 변제한 결과로 된 이상 원고는 유익비상환
을 청구할 지위에 있지 않다고 판단한 것은, 그 설시에 있어서 부정확한 점이
있으나 결론적으로 정당하고, 거기에 민법 제203조 제2항에 의한 점유자의 유
익비상환청구권에 관한 법리를 오해하여 판결에 영향을 미친 위법이 있다고 할

수 없다.

　　3. 그러므로 상고를 기각하기로 하여 관여 법관의 일치된 의견으로 주문
과 같이 판결한다.

[판결 2]에 관하여 생각할 점

1. 이 사건에서는 대항력 없는 임차인이 그의 점유기간 중 유익비를 지출하였는데
   도중에 소유자가 변경된 경우 그 임차인은 종전 임대인과 신소유자 중 누구에
   게 어떤 규정에 의하여 유익비상환청구를 할 수 있는지가 문제된다. 이에 대한
   대법원의 입장은 어떠한가? 그 근거는 무엇인가?
2. 원고는 "점유자"이고 피고는 "회복자"라면 민법 제203조 제2항이 적용되지 않
   을 이유가 있는가?
3. 만약 이 사건에서 원고가 대항력있는 임차인이었다면 결론이 달라지는가?
4. 사용대차에 있어서 차주의 유익비상환청구에는 민법 제203조의 규정이 적용되
   는가? 민법 제611조 제2항과 제594조 제2항을 참조하라.

제3장 부당이득에 대한 일반적 이해

I. 부당이득 일반론

1. 부당이득의 의의

민법 제741조는 법률상 원인 없이 타인의 재산 또는 노무로 인하여 이익을 얻고 이로 인하여 타인에게 손해를 가한 자는 그 이익을 반환해야 한다고 규정한다. 이 조항은 부당이득반환청구권에 대하여 규정하는 것인데, 이 권리는 계약이 아니라 법률로부터 발생하는 것이므로 법정(法定)채권의 성격을 가진다. 예를 들어 A가 B에게 물건을 매도하고 매매대금을 지급받았는데 그 매매계약이 강행규정에 위반하여 무효라면 B는 A에게 계약상 채권을 가지지는 않지만 민법 제741조에 따라 그 매매대금의 반환을 청구할 수 있다. 또한 A가 B로부터 건물을 임차하였는데 그 임대차계약이 종료된 이후에도 계속하여 건물을 사용, 수익하고 있다면 B는 A에게 임대차계약상 차임지급청구권을 가지지는 않지만 민법 제741조에 따라 그 차임에 상응하는 부당이득을 반환하라고 청구할 수 있다.

이와 같이 민법 제741조는 재화가 정당한 권리자에게 귀속되지 않은 경우 그 부당성을 시정하기 위한 일반조항이다. 이와 관련하여 부당이득반환의 이념에 기초하여 민법이 추가로 정하는 특칙들도 있다. 가령 점유자와 회복자 사이의 법률관계에 관한 제201조 내지 제203조, 계약해제에 따른 원상회복관계에 관한 제548조, 유치권자의 상환청구권에 관한 제325조, 연대채무 및 보증채무에서의 구상권에 관한 제425조 및 제441조 이하, 사용차주나 임차인 또는 수치인의 상환청구권에 관한 제617조, 제626조, 제701조, 수임인 또는 사무관리자의 비용상환청구권에 관한 제688조, 제739조는 모두 재화의 이전이 정당하지 않은 경우 그 정당한 귀속주체로의 반환을 규정한다는 점에서 부당이득에 관한 제741조의 특칙에 해당한다.

　　부당이득반환청구권은 계약에 기한 청구권이나 불법행위로 인한 손해배상청구권과 구별되는 독자적인 권리이다. 우선 계약에 기한 청구권이 있다면 부당이득반환청구권은 문제되지 않는다.[1] 왜냐하면 부당이득반환청구권은 계약과 같은 법률상 원인이 없는 경우에 비로소 등장하는 권리이기 때문이다. 다만 계약에 기한 목적물반환청구권(예: 임대차종료 후 임대차목적물의 반환청구권)과는 별도로 그 목적물의 사용·수익으로 발생하는 부당이득의 반환청구권은 성립할 수 있다. 불법행위로 인한 손해배상청구권은 부당이득반환청구권과 요건과 효과가 다른 별개의 권리이므로 양자는 경합한다.[2] 그러므로 권리자는 양자를 함께 행사할 수 있고, 그중 하나만 행사할 수도 있으며, 하나씩 순차적으로 행사할 수도 있다. 다만 동일한 가치를 중복하여 받을 수는 없다. 가령 부당이득반환을 통해 손해가 회복되었다면 그 범위 내에서는 불법행위로 인한 손해배상청구권을 행사할 수 없다. 또한 불법행위로 인한 손해배상을 받았다면 그 범위 내에서는 부당이득반환을 구할 수 있으나 과실상계 등으로 승소액이 제한된 경우 그 제한된 금액에 대해서는 부당이득반환을 구할 수 있다.[3]

2. 부당이득의 유형

　　부당이득법에 있어서 사안별로 다양하게 발생하는 부당이득반환청구권을 하나의 통일적 원리 안에 포함시켜 파악할 수 있는가 하는 점이 논의되고 있다. 민법 제741조는 부당이득 전반에 관하여 일반적으로 적용되는 요건들을 제시하고 있다. 종래에는 부당이득이 통일적인 제도로 규율되고 있음에 주목하면서 이러한 요건들은 형식적·일반적으로는 정당하나 실질적·상대적으로는 부당한 재산이동으로부터 발생하는 모순을 정정하는 형평적 구제수단의 특성을 나타내는 것으로 설명하였다(이른바 공평설 내지 통일설).[4] 그러나 민법 제

---

[1] 대판 1978.10.10, 78다1685; 대판 1992.5.12, 91다28979; 대판 2005.4.28, 2005다3113.
[2] 대판 2013.9.13, 2013다45457.
[3] 대판 2013.9.13, 2013다45457.
[4] 예컨대 곽윤직, 채권각론, 345-346. 또한 대판 2003.6.13, 2003다8862는 "부당이득제도

741조가 제시하는 요건들의 추상성과 그 지배이념으로서의 공평의 이념만으로는 다양한 사안을 적합하게 해결하는 실질적, 구체적 기준을 제시하는 데에 한계가 있다. 이는 결국 법원이 사안별로 공평의 이념에 따라 결론을 내는 것에 이르게 되어 예측가능성을 해칠 위험성을 증가시킨다. 따라서 민법 제741조를 적용함에 있어서는 학설과 판례에 의한 구체화·유형화의 필요성이 크게 증가하고 있다.

이에 따라 독일민법[5] 및 이에 따른 논의의 영향 아래 부당이득을 ① 급부관계가 청산되어야 하는 경우에 발생하는 급부부당이득, ② 타인의 권리를 객관적으로 침해하는 행위가 있는 경우에 발생하는 침해부당이득, ③ 의무없이 객관적으로 타인에 속하는 사무를 자신의 비용으로 처리한 경우에 발생하는 비용부당이득(구상부당이득)으로 나누어 고찰하는 입장(이른바 유형설)이 힘을 얻어가고 있고,[6] 대법원도 이러한 유형설의 입장을 정면으로 받아들이는 판시를 여러 차례 한 바 있다.[7] 이러한 연장선상에서 재판실무에서도 각 사안유형의 특수성을 고려하여 보다 구체적인 이익형량과 가치평가를 동원하는 판결들이 점차 증가하고 있다.

위와 같은 부당이득 유형 중에서 주로 문제되는 것은 급부부당이득과 침해부당이득이므로 이 책에서는 양자를 중심으로 설명하기로 한다. 급부부당이득과 침해부당이득은 여러 가지 면에서 구별된다. 급부부당이득에서는 급부라는 형태로 재산상의 의사결정이 개입하지만, 침해부당이득에서는 그렇지 않다. 급부부당이득은 계약법의 보충규범으로 기능하는 반면, 침해부당이득은 불법행위법의 보충규범으로 기능한다. 채권행위와 물권행위의 유인성 여부에 관한 논의는 급부부당이득에서만 문제된다. 민법 제742조(비채변제), 제743조(기한전의 변제), 제744조(도의관념에 적합한 비채변제), 제745조(타인의 채무의 변제), 제746조(불법원인급여) 등 부당이득반환청구의 제한에 관한 민법 규정들도 모두 급부

는 이득자의 재산상 이득이 법률상 원인을 결여하는 경우에 공평·정의의 이념에 근거하여 이득자에게 그 반환의무를 부담시키는 것"이라고 판시한다.

5) 독일민법 제812조 제1항은 타인의 급부(Leistung)에 의한 부당이득과 기타의 방법(in sonstiger Weise)에 의한 부당이득을 명시적으로 나누고 있다.

6) 민법주해 XVII, 171－172 (양창수); 김형배, 사무관리·부당이득, 66 이하 등 참조.

7) 대판 2008.9.11, 2006다46278; 대판 2012.4.13, 2012다97864; 대판 2018.1.24, 2017다37324. 또한 대판(전) 2020.5.21, 2017다220744 중 다수의견에 대한 보충의견.

부당이득에 관한 것이다. 또한 이른바 삼각관계에서의 부당이득도 급부부당이득과 관련하여 논의되는 문제이다. 한편, 민법 제747조의 원물반환의 원칙은 급부부당이득과 침해부당이득에서 모두 문제될 수 있으나, 대부분 급부부당이득에서 효용을 발휘한다. 부당이득 요건 중 하나인 "법률상 원인"의 유무에 대한 증명책임에 관하여서도 양자는 차이가 있다. 즉 급부부당이득은 부당이득반환청구자가 법률상 원인 없음을 증명해야 하지만, 침해부당이득은 그 상대방이 법률상 원인이 있다는 점을 증명해야 한다.[8] 그 이외에도 부당이득요건으로서의 손해의 의미나 부당이득의 반환범위 등 여러 가지 면에서 급부부당이득과 침해부당이득은 각기 다른 특색을 보이고 있다. 이와 같이 부당이득이라고 하는 포괄적인 제도의 우산 아래에 있더라도 급부부당이득과 침해부당이득은 큰 차이를 보이고 있으므로, 양자를 별도로 살펴보는 것은 유용하다.

다만 이러한 공평설과 유형설이 반드시 정면으로 대립하는 입장이라거나 양립 불가능한 입장이라고는 할 수 없다. 부당이득제도가 궁극적으로는 공평설에서 이야기하는 공평 내지 형평의 관념에 기반하고 있다는 점은 부인하기 어렵다. 그러한 점에서 공평설을 전적으로 배척할 수는 없다. 한편 유형설에서 기울이는 노력은 자칫 공허해질 수 있는 "공평"이라는 추상적인 이념에 구체적 내용을 불어넣는 요긴한 기능을 수행한다. 그러므로 유형화를 통하여 판단기준을 구체화하려는 노력은 지속되어야 한다. 그렇게 본다면 양자는 상호배척관계가 아니라 상호보완관계에 있다. 본장에서는 우선 부당이득반환청구권의 발생요건에 관한 일반론을 간단히 살펴본 뒤, 급부부당이득과 침해부당이득으로 나누어 각각의 유형에 속하는 대표적인 사안들과 그에 관한 문제점들을 다루고자 한다.

3. 부당이득반환청구권의 요건 일반론

부당이득반환청구권의 발생요건은 제741조의 문언으로부터 명확하게 도출된다. 즉 이에 따르면 법률상 원인 없이 타인의 재산 또는 노무로 인하여 이익을 얻고 이로 인하여 타인에게 손해를 가한 자는 그 이익을 반환할 의무를 부담하는 것이므로, 그 발생요건은 ① 수익자의 이득, ② 손실자의 손해, ③ 이

---

8) 대판 2018.1.24, 2017다37324. 대판 2020.10.29, 2018다228868도 침해부당이득에 관하여 같은 태도를 확인한다.

득과 손해 사이의 인과관계, ④ 법률상 원인의 결여로 나누어 볼 수 있다. 급부부당이득의 경우 앞의 세 가지 요건은 (법률상 원인 없이) 급부가 이루어진 사실 자체만으로 충족되므로, 아래에서는 앞의 세 가지 요건을 하나의 항목으로 묶어서 설명한다.

(1) 이익의 취득과 이로 인한 손해의 발생

(가) 부당이득반환청구권이 발생하려면 우선 반환의무자가 타인의 재화나 노무로부터 이익을 취득하였다는 점이 전제되어야 한다. 불법행위로 인한 손해배상청구권과 달리 부당이득반환청구권에 있어서는 「손해」를 「배상」하는 것이 아니라 「이득」을 「반환」하는 것을 목적으로 하기 때문이다. 여기에서의 이득에는 적극적인 재산상 증가뿐만 아니라 지출할 비용이나 채무의 면제도 포함된다.[9] 이득은 물권뿐만 아니라 채권,[10] 지식재산권[11]의 형태를 띠기도 한다. 또한 현재 발생한 이득뿐만 아니라 장차 취할 이득도 포함된다.[12] 점유나 무효인 등기명의의 취득도 여기에 해당한다.

이득을 취한 바가 없다면 부당이득반환의무도 없다. 예컨대 송금의뢰인이 착오로 엉뚱한 사람의 예금계좌에 송금한 경우를 생각해보자. 이때에도 수취인은 그 계좌의 예금원장에 입금기록이 된 때에는 송금의뢰인과 수취인 사이에 계좌이체의 원인인 법률관계가 존재하는지 여부와 무관하게 수취은행에 대하여 예금채권을 취득한다.[13] 그러므로 수취인의 청구에 따라 예금을 지급할 의무를 부담하는 수취은행은 아무런 이득도 취하지 않는다.[14] 따라서 송금의뢰인은 수취은행을 상대로 부당이득반환을 구할 수 없고, 다만 수취인을 상대로 이

---

9) 대판 2017.12.5, 2017다225978, 225985.
10) 대판 1984.2.14, 83다카1645; 대판 1995.12.5, 95다22061; 대판 1996.11.22, 96다34009; 대판 2001.3.13, 99다26948 등.
11) 대판 2004.1.16, 2003다47218.
12) 대판(전) 1975.4.22, 74다1184. 민사소송법 제251조에 따르면 미리 청구할 필요가 있는 때에는 장래의 이행을 청구하는 소를 제기할 수 있다.
13) 대판 2006.3.24, 2005다59673.
14) 대판 2007.11.29, 2007다51239. 한편 수취은행이 수취인에 대한 대출채권 등을 자동채권으로 하여 수취인이 우연하게 가지게 된 위 예금채권과 상계하는 것이 허용되는지에 대해서는 대판 2010.5.27, 2007다66088, 수취인이 위와 같이 예금채권을 가지게 된 것을 이용하여 예금반환을 청구하여 지급받는 행위가 사기죄에 해당하는지에 대해서는 대판 2010.5.27, 2010도3498을 각각 참조하라.

를 구할 수 있을 뿐이다.[15]

한편 수익자에게 수익하고자 하는 의사는 필요하지 않고 수익의 결과가 있는 것으로 충분하다. 부당이득법은 잘못된 재화의 귀속을 바로잡는 데에 목적이 있고, 수익자의 과실행위나 위법행위에 대하여 제재하고자 하는 목적은 없기 때문이다.

(나) 부당이득반환청구권이 발생하려면 상대방의 이득으로 인하여 반환청구권자에게 손해가 발생하였어야 한다. 여기에서의 손해는 반드시 위법한 행위로 인하여 야기된 불이익일 필요가 없다는 점에서 불법행위법에 있어서의 손해와 구별되어야 한다. 참고로 일본민법 제703조(손실, 損失), 독일민법 제812조 제1항(손실, Kosten)에서는 손해(損害, Schaden)와는 구별되는 손실의 개념을 사용한다.

급부부당이득에서는 상대방에게 법률상 원인 없이 급부를 하였다는 사실 자체로부터 손해 요건이 쉽게 충족될 수 있다. 한편 침해부당이득과 관련하여서는 다음과 같은 문제가 있다. 예컨대 A의 소유지를 B가 무단으로 사용, 수익하였다면 A에게 손해가 발생한 것인가? A는 B의 행위로 인하여 자신의 토지를 직접 사용, 수익하지 못하거나 타인에게 이를 임대하여 차임 상당의 수익을 올릴 기회를 상실하였으므로 손해를 입었다고 할 수 있을 것이다. 그런데 본래 A가 그 토지를 직접 사용, 수익하지도 않았고 타인에게 임대할 계획도 가지고 있지 않았던 경우에는 어떠한가? 이때에도 A는 그 토지의 「이용가능성」을 박탈당한 손해를 입었다고 할 수 있다.[16] 이렇게 새기는 이상 일단 타인이 법률상 원인 없는 침해행위로 이득을 얻었다면 그 사실 자체로부터 손해 요건이 충족된다. 따라서 침해부당이득에서 손해요건이 가지는 실제적인 의미는 축소

---

15) 이때에도 송금의뢰인은 수취인에 대하여 부당이득반환청구권을 가질 뿐 예금채권을 직접 보유하거나 그 예금채권의 양도나 인도를 막을 수 있는 권리를 직접 가진다고 보기 어려우므로 수취인 명의의 위 예금채권이 제3자에 의하여 압류 또는 가압류되었더라도 제3자이의의 소를 제기할 수는 없다.

16) 그런데 대판 1985.10.22, 85다카689는 불법행위로 인한 손해배상청구에 관한 것이긴 하지만 "부동산의 소유자는 불법점거자에게 불법점거로 인하여 상실한 임료상당의 이익에 대한 손해배상을 청구할 수 있으나 불법점거가 없었다고 하여도 부동산소유자에게 임료 상당의 이익이나 기타 소득이 발생할 여지가 없는 특별한 사정이 있는 때에는 손해배상을 청구할 수 없다."라고 판시하고 있다. 그리고 이러한 취지는 부당이득의 영역에도 확장 적용되고 있다. 대판 1988.4.25, 87다카1073 및 대판 2002.12.6, 2000다57375 참조.

된다.

(다) 한편 손해와 이득 사이에는 인과관계가 있어야 한다. 통상 법률상 원인없는 급부가 이루어지거나, 침해행위가 이루어짐으로써 일방에게 이득이, 타방에게 손해가 발생하였다면 그 인과관계를 인정하는 데에 별다른 문제가 없다. 다수 당사자 간의 부당이득에서는 인과관계와 관련하여 다소 복잡한 문제가 있다. 다수 당사자간의 부당이득에 관하여는 제4편 제6장에서 자세히 살펴본다.

(2) 법률상 원인의 결여

(가) 부당이득반환청구권이 성립하려면 이익 취득이 법률상 원인 없이 이루어졌어야 한다. 법률상 원인은 재산질서의 정당성을 지향하는 부당이득법의 핵심에 자리 잡고 있는 개념이다. 법률상 원인은 '법률'이라는 표현에서 느껴지는 인상과는 달리 개별 법률뿐만 아니라 계약, 권리, 판결, 행정처분, 경매에서의 배당 결정 등 매우 다양한 형태로 존재할 수 있다. 따라서 법률상 원인은 현재 존재하는 재산질서를 정당화하는 모든 규범적 근거를 표상하는 개념이다. 독일민법 제812조는 우리나라 민법 제741조의 '법률상 원인'에 상응하여 '법적 근거(rechtlichen Grund)'라는 망라적 표현을 사용함으로써 이 점을 잘 드러내고 있다. 법률상 원인의 결여는 급부부당이득과 침해부당이득에 있어서 각각 다른 의미를 가진다.

(나) 우선 급부부당이득에서는 급부근거가 되는 채권행위가 법률상 원인에 해당한다. 채권행위는 대부분 계약이므로, 계약이 유효한가가 주로 문제된다. 만약 계약이 무효이거나 취소 또는 해제되었다면 그 계약은 더 이상 효력을 가지지 않는다. 그러므로 해당 계약을 근거로 이루어진 급부는 부당이득으로 반환되어야 한다. 급부부당이득이 문제되는 경우에는 부당이득반환을 구하는 자가 급부의 근거되는 채권행위가 효력을 가지지 않는다는 점을 주장, 증명해야 한다. 한편 법률의 규정에 의한 급부의 취득에 있어서는 그에 따른 요건을 갖추었는지 여부가 법률상 원인의 유무를 판정하는 기준이 된다. 예를 들어 A, B, C의 순서로 순차적으로 물건이 매도되었는데 A에게 소유권이 유보되어 있어 B가 무권리자였더라도 C가 이를 선의취득하였다면 선의취득 자체가 법률상 원인이 되어 C는 A에게 어떠한 부당이득반환의무도 부담하지 않는다.

(다) 또한 침해부당이득에서는 타인의 권리를 이용할 수 있는 권한이 법률상 원인에 해당한다. 가령 타인이 소유하는 부동산을 타인의 의사에 반하여 사용, 수익하는 것은 금지된다. 하지만 타인과 임대차계약을 체결하였다면 그 임대차계약이 타인의 소유물을 이용할 수 있는 권리를 부여하므로 사용, 수익의 법률상 원인에 해당한다. 따라서 임대차계약에 따른 차임지급의무가 발생하는 것은 별론으로 하고, 사용, 수익에 따른 부당이득의 반환의무를 부담하지는 않는다. 하지만 임대차 종료 후에는 더 이상 임대차계약상 권리를 주장할 수 없으므로, 부동산을 계속 사용, 수익하는 이상 차임에 상당하는 부당이득을 반환해야 한다. 이때 임차인이 임대인에 대한 보증금반환청구권을 가지고 있어 임대차목적물의 반환에 관해 동시이행항변권을 가지는 경우도 있을 수 있으나, 이는 어디까지나 임대차목적물의 반환을 거절할 수 있는 권능일 뿐이므로 더 나아가 임대차목적물을 사용, 수익하는 것까지 정당화해 주는 법률상 원인이라고는 할 수 없다. 한편 침해부당이득 사안에서는 급부부당이득 사안과 달리 부당이득반환청구의 상대방이 그 침해를 정당화할 권리가 있다는 점을 주장, 증명해야 한다. 이는 소유자가 소유권에 기한 반환청구권을 행사할 때 점유자가 자신의 "점유할 권리"를 주장·증명해야 하는 민법 제213조의 경우에 비견할 수 있다.

II. 급부부당이득

1. 개 관

(1) 급부부당이득은 그 급부원인인 채무의 부존재, 무효, 취소 또는 사후적인 소멸 등에도 불구하고 그 급부가 아무런 법률상 원인 없이 이루어진 경우에 발생한다. 가령 A와 B 사이의 매매계약이 무효인데도 A가 B에게 그 무효인 계약에 기하여 매매대금을 지급하였을 때 B는 그 매매대금 상당을 부당이득한 것이다. 한편 계약해제에 관하여는 제548조 제1항에서 계약의 해제에 따른 원상회복의무에 관하여 규정하지만, 계약무효나 취소에 관하여는 그 청산에 관하여 일반적인 규정을 두지 않고 있다. 이때 부당이득에 관한 제741조가 적용되어 이미 이루어진 급부의 원상회복이 이루어지게 되는데, 이러한 원상회

복은 급부이득반환의 성격을 띤다.

　거꾸로 말하자면 유효한 계약을 법률상 원인으로 삼아 급부가 이루어졌다면 급부부당이득의 문제는 발생하지 않는다. 예를 들어 경제적인 관점에서 급부가 과다하다고 평가되더라도 그 계약이 제103조나 제104조 등에 따라 무효가 되지 않는 이상 그 급부를 부당이득이라고 할 수는 없다.[17] 사기나 강박, 착오 등 취소 사유가 있더라도 실제로 계약이 취소되지 않았다면 그 계약에 기한 급부는 부당이득에 해당하지 않는다. 또한 단순히 채무를 이행하지 않고 있다고 하여 그 불이행자가 부당이득을 한 것이 아니다.[18] 왜냐하면 채권자는 계약에 기하여 여전히 채무자에 대한 채권을 보유하고 있어 어떠한 손해를 본 것이 아니고, 채무자는 여전히 채무를 부담하고 있어 어떠한 이득을 얻은 것이 아니기 때문이다. 가령 임차인이 임대인의 동의를 받지 않고 제3자에게 임차권을 양도하거나 전대하는 등의 방법으로 임차물을 사용·수익하게 하더라도, 임대인이 이를 이유로 임대차계약을 해지하거나 그 밖의 다른 사유로 임대차계약이 적법하게 종료되지 않는 한 임대인은 임차인에 대하여 여전히 차임청구권을 가지므로, 임대차계약이 존속하는 한도 내에서는 제3자에게 차임상당 부당이득반환청구를 할 수 없다.[19]

　(2) 급부부당이득은 물권적 청구권과의 상호관계에서 살펴볼 필요가 있다. 통설판례는 물권변동에 관하여 유인주의(有因主義)를 취하고 있으므로, 계약의 무효 또는 취소의 경우 물권변동도 효력을 상실하게 되어 급부자는 그 물권을 다시 보유하게 된다.[20] 그러므로 급부자는 부당이득반환청구권 이외에도 물권적 청구권을 행사할 수 있는 지위에 서게 된다. 물권적 청구권을 행사할 때에는 소멸시효의 적용을 받지 않고 상대방의 점유 권원에 대한 증명책임도 상대방에게 전가할 수 있어 부당이득반환청구권을 행사하는 경우보다 유리하므로 물권적 청구권을 행사하는 경우가 빈번하다. 한편 부당이득반환청구권을 행사

---

17) 대판 1991.3.27, 90다13888; 대판 1996.1.26, 94다36919 등 참조.

18) 대판 2005.4.28, 2005다3113.

19) 대판 2006.12.7, 2005다55121; 대판 2008.2.28, 2006다10323.

20) 반면 무인주의(無因主義)를 취하게 된다면 원인행위인 채권행위가 실효되더라도 그 사유만으로 물권행위가 효력을 잃는 것이 아니므로 본래의 급부자에 대한 물권의 복귀는 발생하지 않게 된다. 따라서 급부자는 물권적 청구권을 행사할 수는 없고 부당이득반환청구권을 행사할 수 있을 뿐이다.

하는 경우에도 물권적 청구권에 관한 특칙이 있다면 그 특칙이 우선하여 적용
되어야 한다.[21] 또한 계약에 기하여 급부한 것이 금전인 경우에는 금전의 특수
성에 비추어 그 금전의 소유권은 그 원인의 유무를 불문하고 직접점유자(즉 금
전수령자)에게 있다. 그러므로 금전의 급부자는 물권적 청구권을 행사할 수 없
고 단지 부당이득반환청구권에 기댈 수 있을 뿐이다.

2. 유형별 고찰

(1) 계약상 급부에 관한 부당이득

(가) 가장 전형적인 급부부당이득사례는 계약의 부존재, 무효, 취소 또는
계약상 채무의 사후적인 소멸로 인하여 부당이득이 발생하는 경우이다. 가령
쌍방의 귀책사유 없이 일방의 채무이행이 불가능하게 된 경우에는 타방의 이
행청구권은 소멸하게 되므로, 그 타방이 이미 급부한 것은 부당이득으로 반환
받을 수 있다.[22] 원시적 불능인 경우에도 계약이 무효이므로 이에 기한 급부를
부당이득으로 반환받을 수 있다.[23] 또한 이미 변제로 인하여 채무가 소멸하였
는데도 다시 이중으로 변제한 경우나 채무자 아닌 자가 잘못 변제한 경우에도
원칙적으로 이를 부당이득으로 반환받을 수 있다.

이처럼 채무가 없는데도 급부를 한 경우에 그 급부의 반환청구를 함에 있
어서는 제742조 내지 제744조에 따른 제한을 염두에 두어야 한다. 하나의 예
만 들어보자면, 제742조에서는 채무 없음을 알고 이를 변제한 때에는 그 반환
을 청구하지 못한다고 규정하여 일정한 경우 부당이득반환청구권의 행사를 제
한하고 있다(이에 관하여는 「제5장 부당이득반환의 제한」에서 설명).

계약이 유동적 무효인 경우에는 부당이득이 성립하는가? 유동적 무효는
법률행위가 현재로서는 무효이지만 본인의 추인이나 관청의 허가 등의 요건을
갖추면 소급하여 유효하게 될 가능성이 있는 상태의 잠정적인 무효를 뜻한다.

---

21) 부당이득반환청구권을 행사하는 경우에도 그 반환범위에 관하여는 민법 제748조 제1항
    에 우선하여 제201조 제1항을 적용해야 한다는 것이 판례의 태도이다. 대판 1967.11.28,
    67다2272; 대판 1978.5.23, 77다2169.
22) 대판 1975.8.29, 75다765.
23) 참고로 대판 2014.11.13, 2012다42666, 42673은 특허발명 실시계약 체결 이후 계약 대상
    인 특허가 무효로 확정된 경우에도 그 실시계약이 원시적 불능상태에 있었다고는 볼 수
    없고 특허무효 확정 시부터 장래를 향하여 이행불능상태에 빠진다고 하면서 그 이전에
    지급한 특허실시료는 부당이득 반환대상이 아니라고 한다.

예컨대 무권대리가 행하여진 경우 본인은 물론 대리인에게도 그 대리행위의 법률효과가 귀속하지 않지만 본인이 추인하면 그 행위의 효과가 소급하여 본인에게 귀속되는데(제133조), 그 추인 전 상태는 일종의 유동적 무효상태이다. 또한 토지거래허가대상임에도 불구하고 허가를 받지 않은 채 행하여진 토지매매계약도 유동적 무효에 해당한다.[24] 아래 판결은 이 경우 토지매매대금을 지급한 자가 계약의 무효를 이유로 부당이득반환을 구할 수 있는지를 다루고 있다.

> **[판결 1] 유동적 무효와 부당이득: 대판 1993.9.14, 91다41316**

… 원심은 이 사건 매매계약이 국토이용관리법상의 허가대상이 되는 거래임에도 불구하고 그 허가를 받음이 없이 체결되었으므로 위 계약은 당연 무효라고 판단하고, 매도인인 피고에 대하여 계약금으로 지급받은 금원을 부당이득으로 반환할 의무가 있다고 판단하였다.

그러나, 국토이용관리법상의 규제구역 내의 토지에 대하여 관할도지사의 허가를 받기 전에 체결한 매매계약은 처음부터 위 허가를 배제하거나 잠탈하는 내용의 계약일 경우에는 확정적으로 무효로서 유효화될 여지는 없으나 이와 달리 허가받을 것을 전제로 한 계약(허가를 배제하거나 잠탈하는 내용의 계약이 아닌 계약은 여기에 해당한다고 볼 것이다)일 경우에는 허가를 받을 때까지는 법률상의 미완성의 법률행위로서 소유권 등 권리의 이전에 관한 계약의 효력이 전혀 발생하지 않음은 위의 확정적 무효의 경우와 다를 바 없지만, 일단 허가를 받으면 그 계약은 소급하여 유효한 계약이 되고 이와 달리 불허가가 된 때에는 무효로 확정되므로 허가를 받기까지는 유동적 무효의 상태에 있다고 보아야 할 것이며, 이러한 유동적 무효상태에 있는 계약을 체결한 당사자는 쌍방 그 계약이 효력 있는 것으로 완성될 수 있도록 서로 협력할 의무가 있다고 할 것이므로(1991.12.24. 선고 90다12243 전원합의체판결 참조), 위와 같이 허가를 배제하거나 잠탈하는 내용이 아닌 유동적 무효상태의 매매계약을 체결하고 매도인이 이에 기하여 임의로 지급한 계약금은 그 계약이 유동적 무효상태로 있는 한 이를 부당이득으로 반환을 구할 수는 없고 유동적 무효상태가 확정적으로 무효로 되었을 때 비로소 부당이득으로 그 반환을 구할 수 있다고 할 것이며, 다만 위와 같은 유동적 무효상태의 계약은 관할도지사에 의한 불허가처분이 있을 때뿐만이 아니라,

---

24) 대판(전) 1991.12.24, 90다12243.

당사자 쌍방이 허가신청을 하지 아니하기로 의사표시를 명백히 한 경우 등에는 유동적 무효상태의 계약은 확정적으로 무효로 된다고 보아야 할 것이다(당원 1993.7.27. 선고 91다33766 판결 참조).

기록에 의하면, 규제구역 내에 있는 이 사건 임야에 대한 이 사건 매매계약은 관할도지사의 허가를 배제하거나 허가를 잠탈할 것을 내용으로 하는 것으로는 보이지 않으므로 위 매매계약은 유동적 무효상태의 계약이라고 할 것이고, 따라서 원심으로서는 위와 같은 유동적 무효상태가 확정적으로 무효가 되었는지를 심리하여 확정적 무효에 이른 경우에 한하여 매도인이 지급받은 계약금을 부당이득으로서 반환할 것을 명하여야 할 것이다.

[판결 1]에 관하여 생각할 점

1. 유동적 무효라도 유효요건이 갖추어지기 전까지는 계약의 효력이 없다는 면에서는 확정적 무효와 다를 바가 없는 것 아닌가? 그럼에도 불구하고 대법원이 확정적 무효의 경우와 달리 매수인의 부당이득반환청구를 배척한 이유는 무엇인가?
2. 이와 관련하여 정지조건부 계약에서 아직 그 정지조건이 성취되지 않아 계약의 효력이 발생하지 않았는데도 계약에 따른 급부가 행하여진 경우에는 어떠한가? 이때 그 급부자는 자신의 급부가 부당이득이라고 주장하여 그 반환을 청구할 수 있는가?
3. 무권대리행위의 이행으로 이루어진 급부는 어떠한가? 가령 무권대리인과 계약을 체결한 상대방이 무권대리인에게 급부를 하였는데, 무권대리인이 아직 본인의 추인을 받지 못하고 있는 상태에서 상대방이 무권대리인에게 그 급부의 반환을 구할 수 있는가?

(나) 계약관계가 종료하여 자신이 수령한 급부를 반환해야 하는데도 이를 반환하지 않는 경우에는 그 급부는 부당이득으로 반환되어야 한다. 이는 임대차계약과 관련하여 자주 문제된다. 예컨대 임대차가 종료하였는데도 임차인이 계속하여 그 건물에서 영업을 하는 경우가 그러하다. 이때 임대인은 임차인을 상대로 소유권에 기하여, 또는 임대차종료를 원인으로 건물의 반환을 청구하면서 이와 아울러 차임 상당의 부당이득을 구하는 경우가 많다.

한편 이러한 사안의 이득요건과 관련하여 대법원은 "법률상 원인없이 이득하였음을 이유로 한 부당이득반환에 있어서 이득이라 함은 실질적인 이익을 가리키는 것이므로 법률상 원인 없이 건물을 점유하고 있다고 하여도 이를 사용수익하지 못하였다면 실질적인 이익을 얻었다고 볼 수 없는 것"이라는 입장을 취한다.[25] 이러한 유형의 사안은 부당이득에 있어서 이득의 개념, 임대차보증금이 수수된 경우 그 보증금반환청구권에 기한 동시이행항변권과의 상호관계 등 여러가지 법적 쟁점들에 대하여 생각할 바를 제공한다. 아래 판결은 바로 이러한 유형의 사안을 다루고 있다.

> **[판결 2] 임대차종료 후 임차건물의 사용·수익에 따른 부당이득: 대판 1998.7.10, 98다8554**

법률상의 원인 없이 이득하였음을 이유로 한 부당이득의 반환에 있어 이득이라 함은 실질적인 이익을 의미하므로, 임차인이 임대차계약관계가 소멸된 이후에 임차건물 부분을 계속 점유하기는 하였으나 이를 본래의 임대차계약상의 목적에 따라 사용·수익하지 아니하여 실질적인 이득을 얻은 바 없는 경우에는, 그로 인하여 임대인에게 손해가 발생하였다고 하더라도 임차인의 부당이득반환의무는 성립하지 아니하는 것이고(대법원 1992.4.14. 선고 91다45202, 45219 판결, 1995.3.28. 선고 94다50526 판결, 1995.7.25. 선고 95다14664, 14671 판결 등 참조), 이는 임차인의 사정으로 인하여 임차건물 부분을 사용·수익을 하지 못하였거나 임차인이 자신의 시설물을 반출하지 아니하였다고 하더라도 마찬가지라고 할 것이다(대법원 1984.5.15. 선고 84다카108 판결 참조).

원심이 적법하게 확정한 바와 같이 피고들이 이 사건 임대차가 종료한 이후인 1996. 6. 20. 이 사건 볼링장의 문을 닫고 더 이상 경영하지 아니하였다면, 피고들은 그 다음날인 1996. 6. 21.부터는 이 사건 볼링장을 이 사건 임대차계약상의 목적에 따라 사용·수익하지 아니하여 실질적인 이득을 얻은 바 없다고 할 것이므로 원고는 피고들이 이 사건 볼링장의 사용·수익을 종료한 날인 1996. 6. 20.까지의 임료 및 부당이득을 구할 수 있을 뿐이다.

원심이 같은 취지에서 피고들이 원고에게 지급하여야 할 1996. 6. 20.까지의 연체임료 및 임료 상당의 부당이득금 합계 금 286,693,800원이 원고가 피고들에게 반환하여야 할 임차보증금 350,000,000원보다 적다는 이유로 원고의 피

---

25) 대판 1984.5.15, 84다카108 이후 다수의 판결들이 있다. 가령 대판 2003.6.13, 2003다 8862에서는 남편의 의뢰에 따라 잠시 자신의 예금계좌로 송금받았다가 그날 돌려준 아내는 실질적인 이익의 귀속자가 아니라고 한다.

고들에 대한 이 사건 청구를 배척한 조치는 정당하고, 거기에 상고이유에서 지적하는 바와 같은 임료 상당의 부당이득에 관한 법리오해 등의 위법이 있다고 할 수 없다. 상고이유는 받아들일 수 없다.

[판결 2]에 관하여 생각할 점

1. 위 사건에서 피고들이 적극적으로 임대차목적물을 사용·수익하지는 않았지만 그 사용·수익가능성을 변함없이 보유함으로써 이득을 취한 것이라고 볼 수는 없는가? 원고가 임대차목적물을 돌려받지 못하여 손해가 발생한 것에는 변함이 없는데, 피고들이 실제로 이를 이용하였는지 여부에 따라 원고의 부당이득 반환청구권의 발생 여부가 좌우되는 것이 타당한가?

2. 위 사건에서 임대인인 원고는 임차인인 피고들이 임대차 종료 이후에도 임차건물을 반환하지 않음으로써, 이를 적기에 반환받았더라면 다른 사람에게 임대함으로써 올릴 수 있었던 차임 상당의 이익을 취하지 못하는 손해를 입었다. 원고의 이러한 손해는 불법점유를 원인으로 한 손해배상청구권으로 전보될 수 있는가? 만약 임차인인 피고들은 건물을 반환하지 않고, 임대인인 원고는 보증금을 반환하지 않고 있다면 어떠한가?

3. 건물 소유를 위한 토지임대차라면 결론이 어떻게 달라질까? 가령 피고가 원고로부터 토지를 임차하여 그 위에 건물을 축조하여 소유하고 있는데, 임대차 종료 이후에 건물을 실제로 사용하지 않은 채 토지 위에 방치하였다면 원고에게 토지 차임 상당의 부당이득반환책임이 있는가? 이에 관하여는 대판 1998.5.8, 98다2389; 대판 2007.8.23, 2007다21856을 참고하라.

4. 동시이행의 항변권을 행사하면서 임차건물의 출입구를 자물쇠로 잠그고 열쇠를 반환하지 않은 경우에는 실질적 이득을 얻은 것인가? 이에 관하여는 대판 1995.7.25, 95다14664, 14671의 사실관계를 참고하라. 만약 동시이행의 항변권을 행사하면서 임차건물을 실제로 거주 또는 영업 목적으로 사용한 경우에는 어떠한가?

5. 별도로 차임을 정하지 않고 전세금만 지급하여 임차건물을 사용하기로 한 것이라면 임대차 종료 후 전세금을 지급받지 못한 상태에서 그 임차건물을 계속 사용·수익하는 것은 부당이득반환청구권을 발생시키는가? 대판 1979.9.25, 79다762를 참고하라.

(2) 공법상 급부에 관한 부당이득

부당이득의 법리는 비단 사법(私法) 분야뿐만 아니라 공법(公法) 분야에도 적용된다. 이러한 맥락에서 공법상 급부에 대한 부당이득이 문제되는 경우가 종종 있다. 조세의 과오납금(過誤納金)의 반환이 그 대표적인 유형이다.[26] 조세의 납부는 ① 행정주체의 과세처분에 따라 이루어지는 경우와 ② 납세의무자의 신고로 이루어지는 경우로 나누어진다.

우선 과세처분에 의하여 납부한 조세가 부당이득이 되려면 과세처분이 부존재하거나 과세처분의 하자가 중대하고 명백하여 당연무효에 이르러야 한다. 이때 국가는 법률상 원인없이 해당 금액을 부당이득한 것이므로 납세자는 국가에 대하여 그 이득의 반환을 청구할 수 있다. 만약 당연무효에 이를 정도의 하자가 아니라면 그 과세처분을 취소하지 않는 이상 그로 인한 조세의 납부가 부당이득이 된다고 할 수 없다. 이는 행정행위의 공정력(公定力)과 관련 있다. 과세처분도 일종의 행정행위이다. 행정행위에는 공정력이 인정된다. 공정력은 행정행위가 위법하다고 하여도 그 하자가 중대하고 명백하여 당연무효라고 보아야 할 사유가 있는 경우를 제외하고는 아무도 그 하자를 이유로 그 효과를 부정하지 못하게 하는 효력이다.[27] 따라서 하자가 중대하고 명백하지 않다면 해당 행정행위가 취소되지 않는 한 그 행정행위에 기하여 실현된 이득을 법률상 원인 없는 이득이라고 말할 수 없는 것이다.

이러한 논리는 과세처분에 갈음하여 납세의무자의 신고행위에 의하여 이루어지는 신고납부방식에 의한 조세에도 적용된다. 신고납부방식의 조세의 경우에는 원칙적으로 납세의무자가 스스로 과세표준과 세액을 정하여 신고하는 행위에 의하여 납세의무가 구체적으로 확정된다. 이때 납세의무자의 신고행위가 중대하고 명백한 하자로 인하여 당연무효가 되지 않는 한, 납부한 조세는 부당이득에 해당하지 않는다.[28]

---

26) 과오납금은 과납금과 오납금을 합하여 일컫는 말이다. 오납금은 무효인 과세처분에 따라 납부, 징수된 경우처럼 납부나 징수할 때 이미 법률상 원인이 없는 세액을 말하고, 과납금은 이와 달리 조세채무의 내용을 확정하는 행위가 당연무효는 아니나 그 확정세액이 과다하여 과세처분의 취소, 감액결정 등으로 감소된 세액을 말한다(대법원 1987.9.8, 85누565 참조).

27) 대판 1994.11.11, 94다28000.

28) 대판 1999.7.27, 99다23284.

어느 경우이건 과세처분이나 신고행위에 중대하고도 명백한 하자가 있는 지 여부가 부당이득 반환청구권의 발생 여부에 중요한 판단기준이 된다. 대법원은 "어느 법률관계나 사실관계에 대하여 어느 법령의 규정을 적용하여 과세처분을 한 경우에 그 법률관계나 사실관계에 대하여는 그 법령의 규정을 적용할 수 없다는 법리가 명백히 밝혀져서 해석에 다툼의 여지가 없음에도 과세관청이 그 법령의 규정을 적용하여 과세처분을 하였다면 그 하자는 중대하고도 명백하다고 할 것이나, 그 법률관계나 사실관계에 대하여 그 법령의 규정을 적용할 수 없다는 법리가 명백히 밝혀지지 아니하여 해석에 다툼의 여지가 있는 때에는 과세관청이 이를 잘못 해석하여 과세처분을 하였더라도 이는 과세요건 사실을 오인한 것에 불과하여 그 하자가 명백하다고 할 수 없다."는 입장을 취한다.[29] 하자의 중대성과 명백성의 개념과 판단 기준에 대한 일반적인 설명은 행정법 교과서들을 참조하라.

> **[판결 3] 조세납부와 부당이득: 대판 2006.1.13, 2004다64340**
>
> **1. 원고들의 부동산 취득이 무상취득인지에 관하여**
>
> 원심판결과 원심이 인용한 제1심판결 이유를 기록에 비추어 살펴보면, 원심이 그 판시와 같은 이유로, 원고들이 각자 점유하고 있는 구분건물 부분에 관하여 대표자 4인들로부터 원고들 앞으로 소유권이전등기를 마칠 당시 실질적으로 아무런 대가의 지급이 없었다고 판단한 것은 정당하고, 거기에 상고이유에서 주장하는 바와 같은 채증법칙 위배로 인한 사실오인 또는 부동산의 무상취득에 관한 법리 등을 오해한 위법이 없다.
>
> **2. 원고들의 신고 · 납부행위가 당연무효인지에 관하여**
>
> 취득세와 등록세는 신고납세방식의 조세로서 이러한 유형의 조세에 있어서는 원칙적으로 납세의무자가 스스로 과세표준과 세액을 정하여 신고하는 행위에 의하여 납세의무가 구체적으로 확정되고, 그 납부행위는 신고에 의하여 확정된 구체적 납세의무의 이행으로 하는 것이며 지방자치단체는 그와 같이 확정된 조세채권에 기하여 납부된 세액을 보유하는 것이므로, 납세의무자의 신고행위가 중대하고 명백한 하자로 인하여 당연무효로 되지 아니하는 한 그것이 바로 부당이득에 해당한다고 할 수 없고, 여기에서 신고행위의 하자가 중대하고 명백하여 당연무효에 해당하는지의 여부에 대하여는 신고행위의 근거가 되는 법규의

---

29) 대판(전) 2018.7.19, 2017다242409.

목적, 의미, 기능 및 하자 있는 신고행위에 대한 법적 구제수단 등을 목적론적
으로 고찰함과 동시에 신고행위에 이르게 된 구체적 사정을 개별적으로 파악하
여 합리적으로 판단하여야 한다(대법원 1995.2.28. 선고 94다31419 판결, 2001.4.27.
선고 99다11618 판결 등 참조).

　　　원심이 같은 취지에서, 이 사건 부동산을 실질적으로 매수한 것은 각 점포
의 입주상인인 원고들이고 대표자 4인은 단지 공매절차의 편의상 원고들을 대
표하여 낙찰을 받은 자에 불과하여 대표자 4인 명의에서 원고들 명의로 다시
소유권이전등기를 하는 데에 대하여 중복하여 취득세와 등록세를 납부하게 되
면 이중과세가 된다고 생각하고 원고들이 수차에 걸쳐 과세관청을 찾아가 이
문제를 시정하여 줄 것을 요청하였는데도, 과세관청에서는 대표자 4인 명의로
이전등기를 마쳤다가 다시 원고들 명의로 소유권이전등기를 마친 이상 낙찰가
액을 과세표준으로 하여 계산된 같은 액수의 취득세와 등록세를 중복하여 납부
할 수밖에 없다고 하면서 계속적으로 자진신고를 유도하는 바람에, 원고들은 그
신고·납부 해태에 따른 가산세 부담을 회피하고 신속하게 소유권이전등기를 마
친 후 이를 담보로 은행에서 대출을 받기 위한 목적 등으로 취득세와 등록세를
이중으로 신고·납부한 다음, 바로 대표자 4인들 앞으로 부과된 취득세와 등록
세에 대하여 취소소송을 제기하였으나 그 청구가 기각될 처지가 되자, 다시 이
사건 소를 제기하여 원고들의 부동산 취득에 아무런 대가의 지급이 없었으므로
'무상취득'에 의한 세액만을 신고·납부하면 되는데도 이를 초과하여 '유상취득'
임을 전제로 하여 계산된 세액을 납부하였음을 이유로 그 정당한 세액을 초과
하는 세액의 반환을 구하고 있다면, 그 초과 부분에 해당하는 원고들의 이 사건
신고·납부행위에는 조세채무의 확정력을 인정하기 어려운 중대하고 명백한 하
자가 있어 당연무효에 해당한다고 판단하였는바, 앞서 본 법리와 기록에 비추어
살펴보면, 원심의 위와 같은 인정과 판단은 정당하고, 거기에 상고이유에서 주
장하는 바와 같은 취득세 및 등록세의 자진 신고·납부행위에 대한 하자에 관한
법리를 오해한 위법 등이 없다.

[판결 3]에 관하여 생각할 점

1. 법원이 원고들의 취득세 및 등록세의 자진 신고·납부행위에 중대하고도 명백
   한 하자가 있다고 인정한 근거는 무엇인가? 가령 조세징수관청의 행태는 법원
   의 판단에 어떠한 영향을 미쳤는가? 이와 관련하여 대판 1995.2.28, 94다31419,
   대판 1996.8.23, 95다44917, 대판 1997.12.12, 97다20373 등을 참고하라. 또한
   원고들이 대표자 4인 앞으로 부과된 취득세와 등록세에 대하여 바로 취소소송

을 제기한 사정은 어떤 의미를 가지고 있는가? 이와 관련하여 대판 1995.11.28, 95다18185를 참고하라.

2. 민법 제162조 제1항은 채권의 소멸시효 기간을 원칙적으로 10년으로 설정하고 있다. 한편 부당이득반환청구권은 법정채권의 일종이다. 그렇다면 원고들이 가지는 부당이득반환청구권도 10년의 소멸시효에 걸리는가?

3. 이 사건에서 세금의 징수관청은 중구청장이었지만 부당이득반환의무자는 피고(서울특별시)가 되었음에 유의한다. 부당이득반환청구의 상대방이 되는 수익자는 실질적으로 그 이익이 귀속된 주체라야 하고(대판 1998.5.8, 95다30390), 이 사건에서 중구청장은 세금을 징수하였을 뿐 그 최종적인 귀속주체는 피고였기 때문이다. 조세 과오납과 관련된 부당이득반환의무자에 관하여는 대판 1997.11.11, 97다8427 및 대판 2003.3.14, 2002다68294도 참조.

4. 납세의무자의 신고행위가 당연무효라고 할 수 없다고 본 사례로 대판 2014.4. 10, 2011다15476을 참조하라. 이 사안에서는 甲이 乙 등에게 금전을 대여하면서 체결한 대물변제약정에 따라 乙 등 소유 부동산에 가등기를 마쳤다가 그 후 소유권이전등기를 하여 관할 지방자치단체에 취득세를 신고·납부하였다. 그런데 乙 등이 제기한 소송에서 위 소유권이전등기가 가등기담보법상 청산절차를 거치지 아니한 채 이루어졌다는 이유로 소유권이전등기의 말소를 명하는 판결이 선고되어 확정되었다. 이에 甲이 지방자치단체를 상대로 취득세 상당액의 부당이득 반환을 구하였다. 원심은 이러한 취득세 신고행위를 당연무효라고 보았으나, 대법원은 이를 당연무효가 아니라고 보았다. 대법원은 甲이 자진하여 적극적으로 취득세를 신고납부하였고, 그 과정에서 과세관청이 적극적으로 관여한 바가 없으며, 위 소유권이전등기가 청산절차를 거치지 않고 이루어져서 무효라는 사정은 사실관계를 구체적으로 조사하여야 비로소 밝혀질 수 있는 것으로서 甲과 乙 사이에도 그 유·무효에 관한 분쟁이 있었던 점에 비추어 보면, 신고행위의 하자가 객관적으로 명백하다고 볼 수 없다고 판단한 것이다.

Ⅲ. 침해부당이득

1. 개   관

(1) 침해부당이득은 본래 법질서에 따라서 특정인에게 배타적으로 할당된 이익이 그 권리내용에 대한 침해에 의하여 다른 사람에게 귀속된 경우에 발생한다. 예를 들어 A가 아무런 권한 없이 B의 건물을 점유, 사용하는 경우나 A가 B의 허락 없이 B의 상품과 유사한 상품에 B의 등록상표를 부착하여 판매함으로써 이로 인하여 그만큼 B의 매출이 줄어들었다면 A는 B에게 침해부당이득을 반환할 의무가 발생한다. 요컨대 침해부당이득은 할당 내용의 객관적 침해로 인한 침해자 이득의 처리 문제에 관한 것이다.

동일한 행위에 의하여 침해부당이득으로 인한 반환청구권과 불법행위로 인한 손해배상청구권이 경합하여 발생하는 경우가 많다. 불법행위는 고의나 과실과 같은 귀책사유가 있어야 하지만, 침해부당이득에서는 이를 요구하지 않는다. 그러나 타인에게 귀속되어야 할 이익을 아무런 권한 없이 사용, 소비, 처분하는 행위에 대한 법적 구제수단이라는 점에서 침해부당이득에 관한 법리는 불법행위법을 보충하는 기능을 수행한다.[30] 그렇다고 하여 권리자가 양자 중 불법행위로 인한 손해배상청구권을 우선적으로 행사하도록 강제되지는 않는다. 불법행위에 기한 손해배상청구권과 부당이득반환청구권은 경합하여 병존하는 것으로서 그중 어느 것이라도 선택하여 행사할 수 있다.[31]

(2) 한편 침해부당이득의 반환청구권은 본래 특정인에게 배타적으로 귀속되어야 할 이익이 타인에 의하여 침해된 경우 그 주관적 귀책사유의 유무와 무관하게 그 침해된 질서를 본래대로 회복하는 것을 지향하는 점에서 물권적 청구권과 논리적 구조를 같이한다. 그러한 점에서 민법 제213조는 침해부당이득의 원형(原型)적 성격을 가진다. 따라서 침해이득의 반환을 주장하는 자는 제213조에 있어서와 유사하게, ① 자신에게 배타적 이익을 보장하는 권리가 있는데, ② 상대방이 이를 침해하여 그 이익을 보유하고 있다거나 보유하고 있었다는 상태를 주장, 증명하면 족하고, 그 상대방이 그러한 이익을 보유할 정당

---

30) 민법주해 XVⅡ, 243 (양창수).
31) 대판 1993.4.27, 92다56087.

한 권리가 있음을 항변하게 된다.[32]

2. 유형별 고찰

(1) 타인의 권리귀속 침해에 기한 부당이득

(가) 타인의 권리를 침해하여 이를 자신에게 귀속시켜 이득을 얻은 자는 그 이득을 보유할 정당한 권원이 없는 이상 이를 침해부당이득으로 반환해야 한다. 예컨대 타인 소유의 물건을 소비하여 그 소유권을 상실시키면서 자신은 그 물건의 가치에 상응하는 이득을 얻었다면 그 가액을 부당이득으로 반환해야 한다. 또한 동산의 선의취득을 비롯하여 선의의 제3자 보호를 위해 무권리자의 처분행위가 유효하게 되고 이로 인해 권리자가 권리를 상실하는 경우 무권리자는 권리자에게 그가 대가로 취득한 것을 침해부당이득으로 반환해야 한다.[33] 선의취득이 인정되지 않는 부동산의 경우에도 소유자가 무권리자의 무효인 처분행위를 추인하여 사후적으로 유효하게 하고 처분자에게 부당이득의 반환을 청구하는 것이 가능하다.[34] 부합 등 첨부(添附)로 인하여 물건에 대한 권리를 취득하면서 그 결과 타인의 권리를 상실하게 한 경우 보상을 하게 하는 제261조도 넓게 보면 침해부당이득 반환의 한 형태를 규정하고 있는 것이다.[35]

(나) 이러한 권리귀속의 침해는 비단 소유권과 같은 물권뿐만 아니라 채권에 관하여도 발생한다. 예컨대 채권의 준점유자에 대한 변제(제470조), 영수증 소지자에 대한 변제(제471조), 채권양도 없는 양도통지로 인한 채무자의 변제(제452조 제1항) 등으로 인하여 무권리자에 대한 변제가 유효하게 되어 본래의 채권자가 그 권리를 상실하게 되었다면 무권리자는 본래의 채권자에게 그가 변제로 수령한 급부를 부당이득으로 반환해야 한다.[36] 또한 가집행선고를

---

32) 민법주해 XVII, 245-246 (양창수).
33) 대판 2011.6.10, 2010다40239(또한 이 판결은 처분행위로 발생한 양도소득세 기타 비용은 반환이익에서 공제할 수 없다고 한다).
34) 대판 1992.9.8, 92다15550; 대판 2001.11.9, 2001다44291.
35) 대판 2018.3.15, 2017다282391; 대판 2023.4.27, 2022다304189.
36) 대판 1999.4.27, 98다61593(피보험자가 보험자로부터 보험금을 지급받은 경우 피보험자가 제3자에 대하여 가지는 손해배상청구권은 보험자대위의 법리에 따라 보험자에게 이전되는데, 피보험자가 보험금을 지급받고도 다시 제3자로부터 손해배상을 받은 경우 보험자가 피보험자에게 부당이득반환을 구하려면 채권의 준점유자에 대한 변제의 요건사실을 주장, 증명해야 한다는 취지임).

받아 이에 기초하여 채권의 압류 및 전부를 받아 전부금을 수령하였는데, 그 이후 가집행선고가 실효되는 경우에는, 가집행선고로 이득을 얻은 자는 그 상대방에게 전부채권액에 상당하는 부당이득을 반환해야 한다.[37]

(2) 타인의 물권이나 권리의 권한 없는 사용·수익에 관한 부당이득

(가) 이 역시 빈번하게 문제되는 침해부당이득의 유형이다. 본래 어떠한 물건을 사용, 수익하는 권능은 소유자나 용익권자에게 속하는 것이므로, 그 이외의 사람은 별도로 이를 사용, 수익할 권리를 가지지 않는 한 타인의 물건을 사용, 수익할 수 없고, 이로 인하여 얻은 이익은 특별한 사정이 없는 한 부당이득으로 반환해야 한다. 타인의 물건을 점유할 권리 등이 있더라도 그 권리의 범위를 넘어서서 수익을 얻는 것도 부당이득에 해당한다. 예를 들어 유치권자는 자신의 채권을 변제받을 때까지 그와 관련된 타인의 물건을 유치할 권리를 가지지만(제320조 제1항), 채무자의 승낙 없이는 이를 사용, 대여하거나 담보제공할 수 없으므로(제324조 제2항 본문) 채권자가 유치물을 사용하여 얻은 이익은 부당이득으로 반환해야 한다. 나아가 유치권자는 유치물의 보존에 필요한 경우에는 이를 사용하는 것이 예외적으로 허용되지만(제324조 제2항 단서), 이때에도 그 사용을 통하여 이익을 얻는 것까지 당연히 정당화되는 것은 아니다. 가령 공사대금채권자가 유치물인 주택에 거주하여 왔다면 그 차임 상당 이득을 소유자에게 반환해야 한다.[38] 이처럼 자신의 권리범위를 넘어선 이용으로 인한 부당이득의 문제는 공유자 간에도 그대로 발생하게 된다. 따라서 공유자 중 1인 또는 일부가 지분 과반수의 동의없이 공유물의 전부 또는 일부를 독점적·배타적으로 사용·수익하는 경우 다른 공유자는 그에 대하여 각자의 지분비율에 좇아 그 용익으로 인한 이익의 반환을 부당이득으로 구할 수 있다.[39]

(나) 그런데 우리 판례는 부당이득반환에 대해서 민법 제201조를 우선적으로 적용한 결과 타인의 물건을 선의로 점유하면서 사용한 경우에 그 사용이

---

37) 대판 1993.1.15, 92다38812. 만약 이를 현실적으로 추심하지 못하였다면 그 부당이득의 반환은 채권 자체의 양도 및 양도통지의 형태로 이루어지게 된다. 대판 1995.12.5, 95다22061 참조.

38) 대판 2006.1.26, 2004다69420; 대판 2009.9.24, 2009다40684; 대판 2013.4.11, 2011다107009 등.

39) 대판 1995.7.14, 94다15318 등.

익은 과실에 준하는 것으로서 선의점유자의 과실취득권의 대상이 되므로 부당
이득으로 반환할 필요가 없다는 태도를 취하고 있다.[40] 그러므로 타인의 물건
이나 권리를 권한 없이 점유하여 사용·수익하는 경우에는 악의의 점유자의 부
당이득반환이 문제될 것이다.

   (다) 이와 관련하여 지방자치단체가 적법한 보상절차 없이 무단으로 타인
의 토지를 사실상의 도로부지로 점유·사용하는 경우는 재판실무에서 자주 문
제되는 사안유형이다. 이때 토지 소유자는 원칙적으로 지방자치단체를 상대로
물권적 청구권이나 부당이득반환청구권 등 금전적 청구권을 행사할 수 있는데,
대부분의 소송은 부당이득반환청구소송의 형태로 이루어진다. 이러한 소송에서
는 지방자치단체가 과연 해당 토지를 「점유」하는 것인가 하는 쟁점[41]과 함께
토지 소유자가 해당 토지에 대한 독점적이고 배타적인 사용수익권을 포기하였
는가 하는 쟁점이 문제되기도 한다.[42] 본래 지방자치단체가 공용수용에 따른
보상절차를 밟지 않은 채 무단으로 사유토지를 점유하여 도로로 사용하여 왔
다면 그 토지 소유자에게 차임 상당의 부당이득을 반환해야 하는 것은 당연하
다. 그런데 대법원은 배타적 사용수익권 포기라는 독특한 법적 구성을 통하여
사실상 도로에 관한 부당이득반환청구를 일정한 범위 내로 제약한다. 즉 소유
자가 도로 부지에 관한 배타적 사용수익권을 포기하였다고 의사해석을 한 뒤,
토지 소유자에게 어떠한 손실이 발생하였다고 볼 수 없으므로 그 발생을 전제
로 하는 부당이득반환청구는 허용되지 않는다는 결론에 이른다. 이러한 법리가
타당한가에 대해서는 논란이 있으나, 대판(전) 2019.1.24, 2016다264556에서는
이 법리가 여전히 유효하다는 점을 다시 확인하였다. 이 판결에서 배타적 사용
수익권 '제한'이라는 개념을 사용하고 있는 점에 주목할 필요가 있다.

---

40) 대판 1967.11.28, 67다2272; 대판 1978.5.23, 77다2169; 대판 1981.9.22, 81다233; 대판
    1987.9.22, 86다카1996, 1997; 대판 1996.1.26, 95다44290 등 참조.
41) 통상 지방자치단체가 직접 도로를 개설하거나 포장 또는 하수도공사를 하는 경우에는 비
    교적 쉽게 점유사실이 인정된다. 대판 2002.3.12, 2001다70900; 대판 2000.5.12, 98다
    59262 등 참조.
42) 이에 관하여는 권영준, "배타적 사용수익권 포기 법리에 관한 비판적 검토", 법학(서울
    대) 47-4, 2006 참조.

[판결 4] 배타적 사용수익권 제한과 부당이득: 대판(전) 2019.1.24, 2016다
264556

1. 사건의 개요와 쟁점

가. 원고는 용인시 처인구 (주소 생략) 전 1,587㎡(이하 '이 사건 토지'라 한다)
의 소유자로서 이 사건 토지에 매설된 우수관(이하 '이 사건 우수관'이라 한다)의
관리 주체인 피고를 상대로 이 사건 우수관 철거와 함께 그 부분 토지 사용에
따른 차임 상당의 부당이득반환을 구하고 있다. 이에 대하여 피고는, 이 사건
토지 중 우수관이 매설된 부분(이하 '이 사건 계쟁토지 부분'이라 한다)을 소유하던
소외 1(원고의 부, 이하 '망인'이라 한다)이 우수관 매설 당시 이 사건 계쟁토지 부
분에 대한 독점적이고 배타적인 사용·수익권을 포기하였다고 주장하였다.

나. 제1심은 피고의 주장을 배척하고 원고의 청구를 전부 받아들였으나, 원
심은 피고의 주장을 받아들여 망인이 우수관 매설 당시 이 사건 계쟁토지 부분
에 대한 독점적이고 배타적인 사용·수익권을 포기하였고, 상속인인 원고도 그
러한 제한이 있는 토지를 상속하였다고 판단하여 원고의 이 사건 우수관 철거
및 부당이득반환청구를 기각하였다.

원고는, 이 사건 우수관은 하수도법상 '공공하수처리시설'에 해당하므로 법
령이 정한 절차에 따라 이 사건 토지에 대한 수용 및 손실보상이 이루어져야
하고, 배타적 사용·수익권 포기에 관한 대법원 판례가 적용되어서는 안 되며,
원심이 든 여러 사정들만으로는 이 사건에서 배타적 사용·수익권의 포기가 있
었다고 볼 수 없다고 주장하며 상고하였다.

다. 이 사건의 쟁점은 독점적·배타적인 사용·수익권 포기에 관한 기존의
대법원 판례를 적용하여 원고의 이 사건 우수관 철거 및 부당이득반환청구를
배척할 수 있는지 여부이다. 쟁점에 대한 판단을 위하여 먼저 이에 관한 기존의
대법원 판례를 재검토하고, 그 판단 기준이나 적용 범위 등에 관하여 살펴보기
로 한다.

2. 토지 소유자의 독점적·배타적인 사용·수익권 행사의 제한에 관한 대법원 판례

가. 판례의 전개와 그 타당성

대법원 1973.8.21. 선고 73다401 판결과 대법원 1974.5.28. 선고 74다399
판결은, 토지 소유자가 택지를 분양하면서 그 소유의 토지를 택지와 공로 사이
의 통행로로 제공한 경우에 토지 소유자는 택지의 매수인, 그 밖에 주택지 안에
거주하게 될 모든 사람에게 그 토지를 무상으로 통행할 수 있는 권한을 부여하
여 그들의 통행을 인용할 의무를 부담하기 때문에 그 토지에 대한 독점적이고

배타적인 사용·수익권을 행사할 수 없다고 판단하였고, 이러한 판시는 대법원 1985.8.13. 선고 85다카421 판결에서도 원용되었다. 이후 대법원 1989.7.11. 선고 88다카16997 판결, 대법원 1991.2.8. 선고 90다7166 판결, 대법원 1993.5.14. 선고 93다2315 판결 등을 통하여 토지 소유자 스스로 그 소유의 토지를 일반 공중을 위한 용도로 제공한 경우에 그 토지에 대한 소유자의 독점적이고 배타적인 사용·수익권의 행사가 제한되는 법리가 확립되었고, 대법원은 그러한 법률관계에 관하여 판시하기 위하여 '사용·수익권의 포기', '배타적 사용·수익권의 포기', '독점적·배타적인 사용·수익권의 포기', '무상으로 통행할 권한의 부여' 등의 표현을 사용하여 왔다.

　이러한 법리는 대법원이 오랜 시간에 걸쳐 발전시켜 온 것으로서, 현재에도 여전히 그 타당성을 인정할 수 있다. 다만 토지 소유자의 독점적이고 배타적인 사용·수익권 행사의 제한 여부를 판단하기 위해서는 토지 소유자의 소유권 보장과 공공의 이익 사이의 비교형량을 하여야 하고, 원소유자의 독점적·배타적인 사용·수익권 행사가 제한되는 경우에도 특별한 사정이 있다면 특정승계인의 독점적·배타적인 사용·수익권 행사가 허용될 수 있다. 또한, 토지 소유자의 독점적·배타적인 사용·수익권 행사가 제한되는 경우에도 일정한 요건을 갖춘 때에는 사정변경의 원칙이 적용되어 소유자가 다시 독점적·배타적인 사용·수익권을 행사할 수 있다고 보아야 한다. 구체적으로 살펴보면 다음과 같다.

나. 구체적인 내용

(1) 판단 기준과 효과

　토지 소유자가 그 소유의 토지를 도로, 수도시설의 매설 부지 등 일반 공중을 위한 용도로 제공한 경우에, 소유자가 토지를 소유하게 된 경위와 보유기간, 소유자가 토지를 공공의 사용에 제공한 경위와 그 규모, 토지의 제공에 따른 소유자의 이익 또는 편의의 유무, 해당 토지 부분의 위치나 형태, 인근의 다른 토지들과의 관계, 주위 환경 등 여러 사정을 종합적으로 고찰하고, 토지 소유자의 소유권 보장과 공공의 이익 사이의 비교형량을 한 결과, 소유자가 그 토지에 대한 독점적·배타적인 사용·수익권을 포기한 것으로 볼 수 있다면, 타인[사인(사인)뿐만 아니라 국가, 지방자치단체도 이에 해당할 수 있다, 이하 같다]이 그 토지를 점유·사용하고 있다 하더라도 특별한 사정이 없는 한 그로 인해 토지 소유자에게 어떤 손해가 생긴다고 볼 수 없으므로, 토지 소유자는 그 타인을 상대로 부당이득반환을 청구할 수 없고(대법원 1989.7.11. 선고 88다카16997 판결, 대법원 1991.7.9. 선고 91다11889 판결, 대법원 1996.11.29. 선고 96다36852 판결, 대법원 2004.8.20. 선고 2004다22407 판결, 대법원 2013.9.12. 선고 2013다33454 판결 등 참조), 토지의 인도 등을 구할 수도 없다(대법원 2011.5.26. 선고 2010다84703 판결, 대법원 2013.11.14. 선고 2011다63055 판결 등 참조). 다만 소유권의 핵심적 권능에 속하는 사용·수익 권능의 대세적·영구적인 포기는 물권법정주의에 반하여 허용할 수 없으므로(대법원 2009.3.26. 선고 2009다228, 235 판결, 대법원 2009.7.9. 선고 2007다83649 판결, 대법원 2012.6.28. 선고 2010다81049 판결, 대법원 2013.8.22. 선고 2012다54133 판결, 대법원 2017.6.19. 선고 2017다211528, 211535 판결, 대법원 2017.10.26. 선고 2017두50843 판결 등 참조), 토지 소유자의 독점적·배타적인 사용·수익권의 행사가 제한되는 것으로 보는 경우에도, 일반 공중의 무상 이용이라는 토지이용현황과 양립 또는 병존하기 어려운 토지 소유자의 독점적이고 배타적인 사용·수익만이 제한될 뿐이고, 토지 소유자는 일반 공중의 통행 등 이용을 방해하지 않는 범위 내에서는 그 토지를 처분하거나 사용·수익할 권능을 상실하지 않는다(대법원 2001.4.13. 선고 2001다8493 판결, 대법원 2004.9.24. 선고 2004다26874 판결 참조).

(2) 적용 범위

(가) 물적 범위

위와 같은 법리는 토지 소유자가 그 소유의 토지를 도로 이외의 다른 용도로 제공한 경우에도 적용된다(대법원 2017.3.9. 선고 2015다238185 판결 등 참조).

또한, 토지 소유자의 독점적·배타적인 사용·수익권의 행사가 제한되는 것으로 해석되는 경우 특별한 사정이 없는 한 그 지하 부분에 대한 독점적이고 배타적인 사용·수익권의 행사 역시 제한되는 것으로 해석함이 타당하다(대법원 2009.7.23. 선고 2009다25890 판결 참조).

(나) 상속인의 경우

상속인은 피상속인의 일신에 전속한 것이 아닌 한 상속이 개시된 때로부터 피상속인의 재산에 관한 포괄적 권리·의무를 승계하므로(민법 제1005조), 피상속인이 사망 전에 그 소유 토지를 일반 공중의 이용에 제공하여 독점적·배타적인 사용·수익권을 포기한 것으로 볼 수 있고 그 토지가 상속재산에 해당하는 경우에는, 피상속인의 사망 후 그 토지에 대한 상속인의 독점적·배타적인 사용·수익권의 행사 역시 제한된다고 보아야 한다.

(다) 특정승계인의 경우

원소유자의 독점적·배타적인 사용·수익권의 행사가 제한되는 토지의 소유권을 경매, 매매, 대물변제 등에 의하여 특정승계한 자는, 특별한 사정이 없는 한 그와 같은 사용·수익의 제한이라는 부담이 있다는 사정을 용인하거나 적어도 그러한 사정이 있음을 알고서 그 토지의 소유권을 취득하였다고 봄이 타당하므로, 그러한 특정승계인은 그 토지 부분에 대하여 독점적이고 배타적인 사용·수익권을 행사할 수 없다(대법원 1994.9.30. 선고 94다20013 판결, 대법원 1999. 5.11. 선고 99다11557 판결, 대법원 2007.2.22. 선고 2006다32552 판결, 대법원 2011.5. 26. 선고 2010다84703 판결, 대법원 2012.7.12. 선고 2012다26411 판결, 대법원 2013. 11.14. 선고 2011다63055 판결 등 참조).

이때 특정승계인의 독점적·배타적인 사용·수익권의 행사를 허용할 특별한 사정이 있는지 여부는 특정승계인이 토지를 취득한 경위, 목적과 함께, 그 토지가 일반 공중의 이용에 제공되어 사용·수익에 제한이 있다는 사정이 이용현황과 지목 등을 통하여 외관에 어느 정도로 표시되어 있었는지, 해당 토지의 취득가액에 사용·수익권 행사의 제한으로 인한 재산적 가치 하락이 반영되어 있었는지, 원소유자가 그 토지를 일반 공중의 이용에 무상 제공한 것이 해당 토지를 이용하는 사람들과의 특별한 인적 관계 또는 그 토지 사용 등을 위한 관련 법령상의 허가·등록 등과 관계가 있었다고 한다면, 그와 같은 관련성이 특정승계인에게 어떠한 영향을 미치는지 등의 여러 사정을 종합적으로 고려하여 판단하여야 한다.

(3) 사정변경의 원칙

토지 소유자의 독점적·배타적인 사용·수익권 행사의 제한은 해당 토지가 일반 공중의 이용에 제공됨으로 인한 공공의 이익을 전제로 하는 것이므로, 토지 소유자가 공공의 목적을 위해 그 토지를 제공할 당시의 객관적인 토지이용현황이 유지되는 한도 내에서만 존속한다고 보아야 한다. 따라서 토지 소유자가 그 소유 토지를 일반 공중의 이용에 제공함으로써 자신의 의사에 부합하는 토지이용상태가 형성되어 그에 대한 독점적·배타적인 사용·수익권의 행사가 제한된다고 하더라도, 그 후 토지이용상태에 중대한 변화가 생기는 등으로 독점적·배타적인 사용·수익권의 행사를 제한하는 기초가 된 객관적인 사정이 현저히 변경되고, 소유자가 일반 공중의 사용을 위하여 그 토지를 제공할 당시 이러한 변화를 예견할 수 없었으며, 사용·수익권 행사가 계속하여 제한된다고 보는 것이 당사자의 이해에 중대한 불균형을 초래하는 경우에는, 토지 소유자는 그와 같은 사정변경이 있은 때부터는 다시 사용·수익 권능을 포함한 완전한 소유권에 기한 권리를 주장할 수 있다고 보아야 한다. 이때 그러한 사정변경이 있는지 여부는 해당 토지의 위치와 물리적 형태, 토지 소유자가 그 토지를 일반 공중의 이용에 제공하게 된 동기와 경위, 해당 토지와 인근 다른 토지들과의 관계, 토지이용상태가 바뀐 경위와 종전 이용상태와의 동일성 여부 및 소유자의 권리행사를 허용함으로써 일반 공중의 신뢰가 침해될 가능성 등 전후 여러 사정을 종합적으로 고려하여 판단하여야 한다(대법원 2013.8.22. 선고 2012다54133 판결 참조).

3. 이 사건에 대한 판단

가. 원심판결 이유와 기록에 의하면, 다음의 사실을 알 수 있다.

(1) 이 사건 우수관이 설치되기 전에는 저지대인 이 사건 토지로 빗물과 인접 토지의 생활하수가 흘러와 도랑의 형태로 이 사건 토지를 가로질러 악취를 풍기고 주변경관을 해치고 있었다.

(2) 이 사건 토지를 소유하던 망인을 포함한 마을 주민들은 1970~1980년경 새마을운동 사업을 추진하면서 주민회의를 거쳐 이 사건 토지에 우수관 시설을 설치하여 인근에 위치한 주택들에서 나오는 오수가 유입되도록 함으로써 악취 및 경관 문제를 해결하기로 하였다. 이에 따라 이 사건 토지를 관통하던 도랑을 대체하여 이 사건 우수관이 매설되었는데, 이로써 이 사건 토지 중 실제 밭으로 이용할 수 있는 면적이 증대되었다.

(3) 이후 망인이 1994년경 사망하였고, 원고가 1995. 5. 29. 협의분할에 의한 상속을 원인으로 이 사건 토지의 소유권이전등기를 마쳤다.

(4) 이 사건 토지 진입로 부분(원심판결 별지 도면의 15, 37의 각 점 주변 부분)부터 이 사건 단독주택(망인이 1987. 3. 3. 건축한 연면적 221.19㎡의 스레트 연와목구조 단독주택으로서 원심판결 별지 도면의 12, 13, 31의 각 점 주변 부분에 위치하고 있다가 2011년경 이후 철거되었다)이 위치하던 곳의 앞부분까지는 콘크리트로 포장되어 있고, 포장도로 중간에 둥근 맨홀이 설치되어 있으며, 그 출입구 부근에 사각형의 이 사건 우수관 맨홀 덮개가 설치되어 있다.

(5) 피고는 2008. 11. 19. 이 사건 토지의 좌측 상단부(원심판결 별지 도면의 2, 3, 28의 각 점 주변 부분)에 한강수계개발사업의 일환으로 우수관을 설치한 바 있는데, 그 우수관의 위치가 이 사건 우수관과 일부 중첩된다.

(6) 이 사건 단독주택이 철거되기 전까지 망인과 원고는 피고에게 이 사건 우수관의 철거 또는 부당이득반환을 요구한 적이 없다.

(7) 이 사건 우수관은 이 사건 토지 주변 주민들의 편익을 위한 시설일 뿐만 아니라 공공수역의 수질보전 역할도 하고 있다. 이 사건 우수관이 철거될 경우 인근 주민들이 그들의 주택에서 우수와 오수를 배출하기 곤란해진다.

나. 위와 같은 사실관계를 앞에서 본 법리와 판단 기준에 비추어 살펴보면, 이 사건 우수관 설치 당시 망인은 자신이 소유하던 이 사건 토지와 그 지상 단독주택의 편익을 위하여 자발적으로 이 사건 우수관을 설치하도록 한 것으로 볼 수 있고, 망인의 독점적이고 배타적인 사용·수익권의 행사를 제한하는 것을 정당화할 정도로 분명하고 확실한 공공의 이익 또한 인정되므로, 망인은 이 사

건 계쟁토지 부분을 포함한 이 사건 토지에 대하여 독점적이고 배타적인 사용·수익권을 행사할 수 없게 되었고, 망인의 상속인인 원고의 독점적이고 배타적인 사용·수익권의 행사 역시 제한된다고 보아야 한다.

따라서 피고에 대한 원고의 이 사건 우수관 철거 및 그 부분 토지 사용에 따른 차임 상당의 부당이득반환청구는 받아들일 수 없다. 같은 취지의 원심판단에 상고이유 주장과 같이 토지 소유자의 독점적·배타적인 사용·수익권 행사의 제한에 관한 법리를 오해하는 등으로 판결 결과에 영향을 미친 잘못이 있다고 볼 수 없다.

[판결 4]에 관하여 생각할 점

1. 배타적 사용수익권 포기는 어떠한 경우에 인정되는가? 이에 관하여는 대판 1997.12.12. 97다27114 등 여러 대법원 판결들에서 반복하여 나타나는 다음 판시사항을 참고하라.

   『어느 사유지가 종전부터 자연발생적으로 또는 도로예정지로 편입되어 사실상 일반 공중의 교통에 공용되는 도로로 사용되고 있는 경우, 그 토지의 소유자가 스스로 그 토지를 도로로 제공하여 인근 주민이나 일반 공중에게 무상으로 통행할 수 있는 권리를 부여하였거나 그 토지에 대한 독점적이고 배타적인 사용수익권을 포기한 것으로 의사해석을 함에 즈음하여서는, 그가 당해 토지를 소유하게 된 경위나 보유 기간, 나머지 토지들을 분할하여 매도한 경위와 그 규모, 도로로 사용되는 당해 토지의 위치나 성상, 인근의 다른 토지들과의 관계, 주위 환경 등 여러 가지 사정과 아울러 분할 매도된 나머지 토지들의 효과적인 사용·수익을 위하여 당해 토지가 기여하고 있는 정도 등을 종합적으로 고찰하여 신중하게 판단하여야 할 것이다.』

2. 소유권 중 "배타적 사용수익권"만 별도로 포기하는 것이 가능한가? 이러한 권리포기는 어떻게 공시되는가? 토지 소유자가 배타적 사용수익권을 포기한 뒤 제3자가 그 토지 소유권을 이전받았다면, 제3자는 부당이득반환청구권을 행사할 수 있는가? 이에 관하여는 이 판결의 반대의견을 읽어보라.

3. 배타적 사용수익권의 포기와 물권적 청구권의 행사가능성 사이의 상호관계는 어떠한가? 예컨대 배타적 사용수익권을 포기한 이후에는 소유권에 기한 방해제거청구권을 행사하는 것이 허용되지 않는가? 이에 대하여는 우선 대판 2001.4.13. 2001다8493, 대판 2013.8.22. 2012다54133을 참고하라. 아울러 대판 2009.

3.26, 2009다228의 아래 판시 내용도 참고하라.

『소유권은 외계 물자의 배타적 지배를 규율하는 기본적 법질서에서 그 기초를 이루는 권리로서 대세적 효력이 있으므로, 그에 관한 법률관계는 이해당사자들이 이를 쉽사리 인식할 수 있도록 명확하게 정하여져야 한다. 그런데 소유권의 핵심적 권능에 속하는 사용·수익의 권능이 소유자에 의하여 대세적으로 유효하게 포기될 수 있다고 하면, 이는 결국 처분권능만이 남는 민법이 알지 못하는 새로운 유형의 소유권을 창출하는 것으로서, 객체에 대한 전면적 지배권인 소유권을 핵심으로 하여 구축된 물권법의 체계를 현저히 교란하게 된다. 종전의 재판례 중에는 타인의 토지를 도로 등으로 무단 점용하는 자에 대하여 소유자가 그 사용이득의 반환을 사후적으로 청구하는 사안에서, 이른바 공평을 이념으로 한다는 부당이득법상의 구제와 관련하여 그 청구를 부인하면서 소유자의 '사용수익권 포기' 등을 이유로 든 예가 없지 않다. 그러나 그 당부는 별론으로 하고, 그 논리는 소유권의 내용을 장래를 향하여 원만하게 실현하는 것을 내용으로 하여 소유권의 보호를 위한 원초적 구제수단인 소유물반환청구권 등의 물권적 청구권과는 무관한 것으로 이해되어야 한다.』

4. 배타적 사용수익권 제한과 사정변경의 상호관계에 관하여 판시한 부분도 주목하여 읽어보라. 이에 대해서는 대판 2022.7.14, 2022다228544도 참조.

(3) 확정판결 내지 경매절차에 따른 부당이득

확정판결 내지 경매절차에 따른 부당이득의 문제는 법원이 개입하여 발생한다는 공통점을 가진다. 이 문제는 특히 법원의 확정판결이 가지는 기판력 및 집행력과 밀접한 관련성을 가지고 있다는 점에 주목할 필요가 있다.

(가) 채권자에게 실제 채권이 존재하지 않는데도 법원의 승소확정판결을 받아 강제집행을 통하여 이득을 실현하였다면 이는 부당이득에 해당하는가? 부당이득이 성립하려면 법률상 원인이 결여되어 있어야 하는데, 이 경우에는 확정판결 자체가 이득의 법률상 원인으로 기능하므로 그 집행으로 인하여 얻은 이익은 부당이득에 해당하지 않는다.[43] 이처럼 실체적 진실에 반한 확정판결에도 법률상 원인으로서의 지위를 부여하는 것은 우선 확정판결의 기판력 때문이다. 만약 소송절차를 거쳐 판결이 최종적으로 확정되었는데도 그 이후에 그

---

43) 대판 1977.12.13, 77다1753; 대판 1991.2.26, 90다6576; 대판 1992.6.26, 92다10425; 대판 2000.5.16, 2000다11850.

확정판결이 잘못되었다는 이유로 다시 다투어 그 효력을 쉽게 부정할 수 있게 한다면 재판제도에 관한 법적 안정성은 쉽게 저해된다. 그러므로 확정판결에 기한 집행으로 얻은 이득을 부당이득으로 반환청구하려면 우선 그 확정판결이 재심절차를 거쳐 취소되어 그 효력이 상실되어야 한다. 한편 2차적으로는 확정판결의 집행력도 고려되어야 한다. 확정판결의 효력 자체가 재심을 통해 상실되지 않더라도, 확정판결의 집행력이 소멸되면 부당이득반환청구가 가능해진다. 예컨대 청구이의의 소(민집 제44조)가 제기되어 그 확정판결에 기한 집행을 불허하는 청구이의판결이 확정되었는데도, 종전의 확정판결에 기하여 집행이 이루어져 채권자가 일정한 이득을 얻었다면, 이는 법률상 원인이 없는 부당이득이 된다.[44)

[판결 5] 확정판결에 기한 강제집행과 부당이득: 대판 1995.6.29, 94다41430

원심은 피고가 소외 망 1에게 금 75,000,000원을 대여하였다가 위 소외인이 사망하자, 그 상속인들인 원고들을 상대로 위 대여금 및 그 이자의 지급을 구하는 대여금반환청구소송을 제기하여 승소판결을 받았고, 그 판결이 확정되자 그에 기하여 강제집행을 신청하여 그 절차에서 원리금으로 금 117,026,360원을 받은 사실은 당사자 사이에 다툼이 없다고 한 후, 원고들이 이 사건 청구로 피고가 위 소외 1로부터 위 대여금 중 금 25,000,000원을 변제받고도 이를 속이고, 위 대여금 전액에 대하여 소송을 제기하여 승소 확정판결을 받은 후 강제집행에 의하여 위 금원을 수령하였으므로, 그 금원 중 금 25,000,000원의 원금 및 그에 대한 이자상당액은 법률상 원인 없는 이득으로 반환하여야 하거나 또는 피고가 법원을 기망하여 원고들로부터 편취한 금원이므로, 원고들에게 위 금원 상당의 손해를 배상하여야 한다고 주장하자 그중 부당이득반환청구에 관하여는 위 변제주장은 위 대여금반환청구소송의 확정판결 전의 사유로서 위 판결이 재심의 소 등으로 취소되지 아니하는 한 위 판결의 기판력에 저촉되어 원고들이 이를 주장할 수 없으므로, 위 확정판결의 강제집행으로 교부받은 금원을 법률상 원인 없는 이득이라고 할 수 없다는 이유로 배척하였고, 그중 손해배상청구에 관하여는 위 변제주장을 인정할 만한 증거가 없다는 이유로 배척하였다.

살피건대 위 대여금반환청구소송의 확정판결의 기판력이 이 사건 부당이득반환청구에 미친다고 본 원심의 판단은 정당하고, 거기에 소론과 같은 기판력

---

44) 대판 2010.12.23, 2009다37725.

및 재심에 관한 법리오해나 이유모순의 위법이 있다고 할 수 없으며, 기록에 의
하여 관계 증거를 살펴보면 원고들의 변제주장에 부합하는 증거들을 배척한 원
심의 조처 또한 정당한 것으로 수긍이 가고, 거기에 소론과 같은 채증법칙 위배
의 위법이 있다 할 수 없다.

[판결 5]에 관하여 생각할 점

1. 판결의 기판력이란 무엇인가? 기판력의 존재는 부당이득반환청구권의 요건 중
   하나인 「법률상 원인」과 어떠한 관계에 있는가?
2. 피고가 판결을 편취[45]하였다고 가정해 보자. 원고가 피고를 상대로 편취금액
   상당액의 부당이득반환청구를 할 수 없다면, 그 이외의 구제수단은 없는 것인
   가? 가령 집행단계에 있어서 청구이의의 소(민집 제44조)는 어떠한가? 이에 관
   하여는 대판 2001.11.13, 99다32899 등을 참조하라. 또한 집행이 완료된 이후에
   불법행위로 인한 손해배상청구를 하는 것은 가능한가?
3. 전부명령 확정 후 그 집행권원인 집행증서의 기초가 된 법률행위가 무효로 판
   명된 경우 집행채권자는 부당이득을 한 것인가? 이에 관하여는 대판 2005.4.
   15, 2004다70024를 참고하라.

　　(나) 배당과 부당이득의 문제에 관하여도 상당수의 재판례가 존재한다. 그
이해의 편의를 위하여 우선 강제경매절차를 중심으로 배당절차에 관하여 간단
하게 설명한다.

　　강제경매절차는 목적물을 「압류」하여 매각을 통하여 「환가」한 후 그 매각
대금을 「배당」하는 세 가지 단계로 진행된다. 배당은 이처럼 목적물을 환금(換
金)한 뒤 이를 채권자들에게 나누어주는 법원의 행위이다. 만약 목적물의 매각

---

45) 판결의 편취는 판결의 성립과정에 있어서 원고가 피고를 해할 의도로 작위 또는 부작위
　　에 의하여 피고의 소송절차에 대한 관여를 방해하거나 혹은 허위의 사실을 주장하여 법
　　원을 기망하는 등의 부정한 행위를 하고 그 결과 본래 있어서는 아니 될 내용의 확정판
　　결을 취득하거나 또는 당사자 쌍방이 공모통정하여 허위의 진술을 함으로써 확정판결을
　　취득한 경우이다. 판결의 편취의 형태로는, 피고의 주소를 알고 있음에도 소재불명이라
　　고 법원을 기망하여 공시송달명령을 받아 피고도 모르는 사이에 승소판결을 받거나 피고
　　의 주소를 허위로 기재하여 그 주소로 소장 등을 송달케 한 후 의제자백으로 승소판결을
　　받는 경우, 피고와 사이에 소취하의 합의를 하여 불출석하게 한 후 소취하를 하지 아니
　　하고 피고가 불출석한 허점을 이용하여 승소판결을 받는 경우, 타인의 성명을 모용하여
　　판결을 받는 경우, 당사자 쌍방이 통모하여 허위진술로 판결을 받는 경우 등이 있다.

대금으로 채권자들의 채권을 모두 만족시킬 수 없다면 법원은 법률에서 정한 우선순위가 적용되면 그 우선순위에 따라, 그러한 우선순위가 없거나 순위가 같은 경우에는 안분비례(按分比例)의 방법으로 채권자들에게 매각대금을 배당해야 한다. 한정된 매각대금으로 어느 채권자에게 우선적으로, 또는 더 많은 액수를 배당하면 다른 채권자는 이로 인하여 배당을 못 받거나 덜 받게 되는 반대의 이해관계를 가지고 있으므로 민사집행법은 배당의 공정성을 확보하기 위하여 일정한 배당절차를 법정(法定)하고 있다.

우선 집행법원은 일종의 초안에 해당하는 배당표원안(配當表原案)을 작성하여 일정한 기간 열람목적으로 비치하고, 배당기일을 지정하여 그 기일에 출석한 이해관계인과 배당요구채권자들을 심문한 뒤 배당표를 최종적으로 확정해야 한다(민집 제149조). 이때 기일에 출석한 채무자나 채권자는 다른 채권자의 채권 또는 그 순위에 대하여 이의할 수 있다(민집 제151조). 만약 이의된 사항에 관하여 이해관계인들 사이에 합의가 이루어져서 배당표가 경정(更正)된 경우에는 이에 따라 배당을 실시하면 충분하다. 그렇지 않은 경우 채권자는 배당이의의 소(채무자는 청구이의의 소)를 제기하여 이를 해결해야 한다(민집 제152, 154조). 배당이의의 소가 제기된 법원은 배당액에 대한 다툼이 있는 부분에 관하여 판결로서 배당을 받을 채권자와 그 액수를 정해야 한다(민집 제157조). 이를 정하는 것이 적당하지 아니하다고 인정한 때에는 법원은 배당표를 다시 만들고 다른 배당절차를 밟도록 판결로 명해야 한다(민집 제157조).

이와 같이 배당에 관하여는 배당기일에서의 배당이의진술 및 배당이의의 소라는 별도의 구제절차가 마련되어 있어 부당하게 자신의 배당분을 박탈당한 자는 그 권리를 실현할 길이 열려있다. 그런데 배당이의의 소는 배당기일에 출석하여 이의를 진술한 자에 한하여 허용되고, 배당기일로부터 1주일 내에 제기해야 할 뿐만 아니라(민집 제154조 제3항), 이의한 사람이 배당이의의 소의 첫 변론기일에 출석하지 아니한 때에는 소를 취하한 것으로 간주하는 등(민집 제158조),[46] 그 요건을 상당히 엄격하게 설정하고 있다. 더구나 배당에 동원되는 실체법적 기준은 매우 복잡하기 때문에 법에 정통하지 못한 일반인들로서는 배당의 옳고 그름을 검토하여 제때 이의를 제기하는 것도 쉽지 않다.

---

46) 이는 2회의 불출석을 소 취하간주의 요건으로 설정한 민사소송법 제268조의 요건을 더욱 엄격하게 한 것이다.

이와 관련하여 대법원은 해당 배당절차에서 배당을 받아야 할 채권자가 배당을 받지 못하였고 배당이의절차를 통한 구제도 받지 못하였다면 그는 배당을 부당하게 더 받은 채권자를 상대로 부당이득반환청구를 할 수 있다는 입장을 취한다.[47]

다만 다음 두 가지 경우에는 이를 부정한다. 첫째, 배당이의의 소가 제기되어 판결이 확정되었다면 그 이후 부당이득반환소송에서는 위 판결의 판단에 구속된다고 한다.[48] 이는 배당이의소송에서 판결이 확정되면 그 기판력이 실체적인 배당수령권의 존부에 미치기 때문이다. 둘째, 배당요구를 해야 우선변제를 받을 수 있는 채권자(민집 제148조, 제88조)[49]라면 그가 적법한 배당요구를 하지 아니하여 배당에서 제외된 경우에는 배당받은 후순위채권자를 상대로 부당이득의 반환을 청구할 수 없다.[50] 위와 같은 채권자는 적법한 배당요구를 한 때에 한하여 그 배당절차에 참여하여 우선적으로 배당을 받을 수 있다. 그러므로 그가 스스로 그러한 배당요구를 하지 않았다면 그에게는 그 배당절차에서 우선변제를 받을 지위가 없다. 따라서 그를 제외하고 다른 권리자가 배당을 받았다고 해서, 다른 권리자가 그에 대하여 부당이득을 취하였다고 할 수 없다.

[판결 6] 배당과 부당이득: 대판(전) 2019.7.18, 2014다206983

1. 사건의 개요와 쟁점

가. 원고는 일반채권자로서 담보권 실행을 위한 부동산경매절차에 참가하여 배당요구를 한 후 배당기일에 출석하였지만 배당표에 이의하지 않았다. 다른 일반채권자인 피고는 배당기일에서 근저당권자인 주식회사 현대상호저축은행(이하

---

47) 대판 2004.4.9, 2003다32681 등 다수.
48) 대판 2000.1.21, 99다3501.
49) 따라서 저당권자와 같이 별도의 배당요구를 하지 않더라도 그 우선순위에 따른 배당을 받을 수 있는 자는 그 배당을 받지 못하였을 때 추후 부당이득반환청구를 하는 데에 아무런 장애가 없다.
50) 대판 1998.10.13, 98다12379(주택임대차보호법상의 임대차보증금반환채권은 배당요구가 필요한 채권이므로, 임차인이 적법한 배당요구를 하지 아니하여 배당에서 제외된 경우, 배당받은 후순위채권자를 상대로 부당이득의 반환을 청구할 수 없다) 등. 단 대결 1990.3.27, 90다카315, 322, 339는 소액임차권자에게 부당이득반환청구권을 인정하고 있으나, 이는 구 경매법상 배당요구제도 자체가 인정되지 않고 배당요구에 관한 민사소송법의 규정도 준용되지 않았기 때문이므로(대결 1990.3.27, 90그8 참조), 현행법 하에서 그대로 적용될 판례는 아니다.

'현대상호저축은행'이라 한다)을 상대로 이의한 다음 배당이의의 소를 제기하여 확정된 화해권고결정에 따라 배당금을 수령하였다. 원고는 피고가 수령한 배당금 중 원고의 채권액에 비례한 안분액에 대해서 부당이득반환을 구하고 있다.

이 사건의 쟁점은 배당절차에 참가한 채권자가 배당기일에 출석하고도 이의하지 않아 배당표가 확정된 후에도 그 배당절차에서 배당금을 수령한 다른 채권자를 상대로 부당이득반환 청구를 할 수 있는지 여부이다.

나. 이 사건 쟁점에 관한 아래의 논의에는 적법한 배당요구를 하여 배당절차에 참가한 채권자로서 배당기일에 출석하고도 배당이의를 하지 않은 경우는 물론, 적법한 통지를 받고도 배당기일에 출석하지 않아 배당표에 따른 배당의 실시에 동의한 것으로 간주되는 경우(민사집행법 제153조 제1항), 배당이의를 하였다가 이의를 취하한 경우, 배당이의의 소를 제기하고도 제1회 변론기일에 출석하지 않아 배당이의의 소를 취하한 것으로 간주되는 경우(이하 위와 같은 채권자들을 통틀어 '배당이의 등을 하지 않은 채권자'라 한다)를 포함한다. 그러나 ① 배당요구를 하여야 배당을 받을 수 있는 채권자(민사집행법 제148조 제2호)가 배당요구의 종기까지 적법한 배당요구를 하지 않아 배당에서 아예 제외된 경우와 ② 배당기일에서 이의한 채권자가 배당이의의 소제기 증명서류 제출기간을 지키지 못한 경우처럼 민사집행법 제155조에 명시적인 규정을 두고 있는 경우는 제외된다.

2. 배당이의 등을 하지 않은 채권자의 부당이득반환 청구 허용 여부
가. 민사집행법 제155조의 입법 연혁과 종래 대법원 판례
(1) 민사집행법 제155조의 입법 연혁

민사집행법 제155조는 '이의한 채권자가 제154조 제3항의 기간(배당이의의 소제기 증명서류 제출기간)을 지키지 않은 경우에도 배당표에 따른 배당을 받은 채권자에 대하여 소로 우선권 및 그 밖의 권리를 행사하는 데 영향을 미치지 않는다.'고 정하고 있다. 위 조항의 입법 연혁은 다음과 같다.

1960. 4. 4. 법률 제547호로 제정된 민사소송법 제593조는 "이의를 당한 채권자가 전조의 기간을 해태한 경우에도 배당표에 의한 배당을 받은 채권자에 대하여 소로 우선권을 주장하는 권리는 영향을 받지 아니한다."라고 정하고 있었다. 이는 의용 민사소송법 제634조를 통해서 독일 구 민사소송법 제764조 제2항(현재의 독일 민사소송법 제878조 제2항으로 유지되고 있다)을 받아들인 것이다. 독일에서는 위 규정의 입법 취지를 배당절차가 실체법상 권리관계까지 결정하는 것은 아니라는 점을 확인하는 규정으로 보면서 배당기일에 출석하지 않거나 이의하지 않은 채권자의 부당이득반환 청구를 폭넓게 허용하고 있다. 독일은 배

당표에 기판력이나 배당참가자들에 대한 기속력을 인정하지 않고 있어 배당결과가 실체적 권리관계와 달라질 여지가 많다는 점에서 우리 법제와 유사한 측면이 있다.

제정 민사소송법 제593조는 1963. 12. 13. 법률 제1499호로 일부 개정되면서 '이의를 당한' 부분이 '이의를 신청한'으로, '우선권을' 부분이 '우선권 기타를'로 각 변경되었고, 이는 2002. 1. 26. 법률 제6627호로 제정된 민사집행법에서도 그대로 유지되었다(다만 '우선권 기타' 부분의 표현을 '우선권 및 그 밖의 권리'로 바꾸었다).

위 민사소송법 규정은 1963. 12. 13. 개정 당시 '우선권' 부분이 '우선권 기타'로 개정되었는데, 그 개정이유에 대해서는 독일과 달리 평등주의(평등주의)를 채택하고 있는 우리의 법제에서 '순위에 의한 우선권'에 한정할 이유가 없으므로 일반채권자도 배당표에 의해 부당이득을 얻은 사람을 상대로 그 반환청구를 할 수 있음을 명확하게 하는 입법으로 보는 것이 학계의 일반적인 시각이었다.

(2) 종래 대법원 판례

실제로 위와 같은 민사소송법 개정 이후 선고된 대법원 1964.7.14. 선고 63다839 판결은 구 경매법(1962. 1. 15. 법률 제968호로 제정되어 같은 날부터 시행되다가 1990. 1. 13. 법률 제4201호로 폐지되었다)에 따른 임의경매절차 사안에서 배당을 받아야 할 자가 배당을 받지 못하였다면 배당에 관하여 이의를 하였는지 여부나 배당절차가 확정되었는지 여부와 관계없이 부당이득반환 청구권이 발생하고 이는 우선채권과 일반채권의 관계에서도 같다고 판단하였다. 이러한 입장은 경매법이 폐지되고 구 민사소송법(1990. 1. 13. 법률 제4201호로 개정된 것)에서 강제경매와 담보권 실행 등을 위한 경매를 포괄하여 규율하기 시작한 이후에도 계속 유지되었다(대법원 1994.2.22. 선고 93다55241 판결, 대법원 1997.2.14. 선고 96다51585 판결, 대법원 2000.10.10. 선고 99다53230 판결 등 참조). 그 후 민사집행법에 따른 경매절차(강제경매와 담보권 실행 등을 위한 경매를 포함한다) 사안에서도 대법원은 일관되게 같은 취지로 판단함으로써(대법원 2007.2.9. 선고 2006다39546 판결, 대법원 2011.2.10. 선고 2010다90708 판결 등 참조) 이는 대법원의 확립된 입장으로 굳어졌다.

나. 대법원 판례의 법리적 근거

(1) 대법원 판례의 태도

대법원은 배당받을 권리 있는 채권자가 자신이 배당받을 몫을 받지 못하고 그로 인해 권리 없는 다른 채권자가 그 몫을 배당받은 경우에는 배당이의 여부 또는 배당표의 확정 여부와 관계없이 배당받을 수 있었던 채권자가 배당금을 수령한 다른 채권자를 상대로 부당이득반환 청구를 할 수 있다는 입장을 취해왔다.

이러한 법리의 주된 근거는 배당절차에 참가한 채권자가 배당이의 등을 하지 않아 배당절차가 종료되었더라도 그의 몫을 배당받은 다른 채권자에게 그 이득을 보유할 정당한 권원이 없는 이상 잘못된 배당의 결과를 바로잡을 수 있도록 하는 것이 실체법 질서에 부합한다는 데에 있다. 나아가 위와 같은 부당이득반환 청구를 허용해야 할 현실적 필요성(배당이의의 소의 한계나 채권자취소소송의 가액반환에 따른 문제점 보완), 현행 민사집행법에 따른 배당절차의 제도상 또는 실무상 한계로 인한 문제, 민사집행법 제155조의 내용과 취지, 입법 연혁 등에 비추어 보더라도, 종래 대법원 판례는 법리적으로나 실무적으로 타당하므로 유지되어야 한다. 그 이유는 아래와 같다.

(2) 잘못된 배당과 부당이득반환 청구권의 성립

(가) 민법 제741조는 "법률상 원인 없이 타인의 재산 또는 노무로 인하여 이익을 얻고 이로 인하여 타인에게 손해를 가한 자는 그 이익을 반환하여야 한다."라고 정하고 있다. ① 이득의 취득과 이로 인한 손해의 발생, ② 이득에 대한 법률상 원인의 결여라는 요건을 충족하면 부당이득이 성립한다. 경매절차에 참가한 채권자들은 정해진 매각대금을 둘러싸고 어느 채권자에게 우선적으로 또는 더 많은 액수가 배당되면 다른 채권자가 배당을 받지 못하거나 덜 받게 되는 반대의 이해관계를 가진다. 경매목적물의 매각대금이 잘못 배당되어 배당받을 권리 있는 채권자가 배당받을 몫을 받지 못하고 그로 인해 권리 없는 다른 채권자가 그 몫을 배당받은 경우에는, 배당금을 수령한 다른 채권자는 배당받을 수 있었던 채권자의 권리를 침해하여 이득을 얻은 것이 된다. 위와 같이 배당금을 수령한 다른 채권자는 그 이득을 보유할 정당한 권원이 없는 이상 이를 부당이득으로 반환할 의무가 있다.

(나) 민사집행법상 배당의 순위는 민법, 상법 그 밖의 법률에 의한 우선순위에 따라야 하고(제145조 제2항), 배당에 참가한 채권이 모두 일반채권이면 채권자평등 원칙에 따른 안분비례(안분비례)의 방법으로 배당되어야 한다. 그러나 확정된 배당표에 따라 배당이 실시되었다는 사정만으로 배당금을 수령한 다른 채권자가 그 이득을 보유할 정당한 권원, 즉 민법 제741조가 규정한 '법률상 원인'이 있다고 할 수는 없다. 배당절차는 실체적 권리를 실현하는 수단이 되는 경매절차의 일부를 이루는 데 그칠 뿐, 이에 따라 실체적 권리를 확인하거나 형성하는 절차가 아니기 때문이다. 이는 배당에 관한 민사집행법 규정 자체가 실체적 권리와 그 내용을 규율하는 것이 아니라, 절차적 처리에 초점을 맞추고 있

는 점을 감안하면 더욱 그러하다. 따라서 채권자가 배당기일에 출석하지 않아 민사집행법 제153조 제1항에 따라 배당표와 같이 배당을 실시하는 데에 동의한 것으로 간주되거나 배당기일에 출석하고도 배당이의를 하지 않은 경우에도, 이는 배당절차에서 '배당표에 따른 배당 실시'라는 절차의 진행에 동의한 것일 뿐 다른 채권자의 실체법상 권리를 승인한 것으로 볼 수 없다. 더욱이 민사집행법 은 배당이의를 하지 않거나 배당이의의 소를 제기하지 않은 채권자의 권리를 상실하게 하는 규정을 두고 있지 않고, 확정된 배당표에 기판력이나 배당참가자 들에 대한 기속력을 인정하고 있지도 않다.

(다) 적법한 배당요구가 필요함에도 이를 하지 않아 배당에서 제외된 선순위 채권자는 대신 배당받은 후순위 채권자를 상대로 부당이득반환을 청구할 수 없다(대법원 1997.2.25. 선고 96다10263 판결, 대법원 1998.10.13. 선고 98다12379 판결 등 참조). 채권자가 배당요구를 하기 전의 단계에서는 채무자의 책임재산으로부터 액수 미상의 돈을 분배받으리라는 잠재적이고 추상적인 기대를 가질 뿐이다. 그러나 채권자가 배당요구를 하여 배당절차에 참가하고 경매절차의 진행으로 배당요구의 종기가 지나면 특정 금액의 배당금을 자신에게 귀속시킬 수 있는 구체적인 권리를 가진다. 따라서 어느 채권자가 자신이 배당받을 수 있는 금액을 넘어 배당을 받거나 배당받을 지위에 있지 않음에도 다른 채권자에게 귀속되어야 할 배당금을 받아갔다면, 그는 다른 채권자의 손실로 인하여 법률상 원인 없이 이득을 얻은 것으로 보아야 한다.

(라) 민사집행법 제150조 제2항은 '배당기일에 출석한 이해관계인과 배당을 요구한 채권자가 합의한 때에는 이에 따라 배당표를 작성'하도록 하고, 제152조 제2항은 '배당이의에 관계된 채권자가 이의를 정당하다고 인정하거나 다른 방법으로 합의한 때에는 집행법원은 이에 따라 배당표를 경정하여 배당을 실시'하도록 정하고 있다. 그러나 이는 어디까지나 배당절차에 참가한 이해관계인과 채권자들 사이에 '합의'나 배당이의에 관계된 채권자의 '동의'가 있음을 전제로 그들 상호 간에 배당관계를 자주적으로 정할 수 있도록 한 것이다. 따라서 위와 같은 합의나 동의 없이 단지 배당이의 등을 하지 않아 배당표가 확정되었다는 사정만으로, 잘못된 배당의 결과로 수령한 배당금을 보유할 정당한 권원, 즉 '법률상 원인'이 생기는 것은 아니다.

(마) 민사집행법 제155조는 채권자가 배당이의 등과 같은 일정한 절차를 밟지 않았는지 여부나 배당이의의 소의 소송계속이 소멸하였는지 여부와 상관없이 그로 인해 자신의 실체법상 권리까지 잃게 되는 것이 아님을 확인한 규정으로 해석함이 타당하다.

(3) 부당이득반환 청구 허용의 필요성

(가) 배당이의의 소의 한계 보완

민사집행법은 배당기일에서 이의진술과 그에 따른 배당이의의 소와 같이 채권자가 자신의 실체법상 권리를 주장할 수 있는 별도의 권리구제수단을 마련하고 있다. 그러나 배당이의의 소는 제소권자를 '배당기일에 이의를 진술한 채권자나 채무자'에 한정하고 제소기간을 '1주일'이라는 짧은 기간으로 정하는 등 그 행사요건을 엄격하게 정하고 있다. 이러한 제한은 배당절차의 조속한 확정을 위한 것이지만, 잘못된 배당으로 인한 결과를 실체법적 권리관계에 부합하도록 교정할 수 있는 기회를 당사자에게 제공하는 측면에서는 분명히 한계가 있다.

대법원의 확립된 판례에 따르면 채권자가 제기한 배당이의의 소에서는 원고의 청구가 이유 있으면 '배당이의를 하지 않은 다른 채권자의 채권을 참작할 필요 없이' 피고가 배당받을 수 없게 된 금액을 원고의 채권액에 달할 때까지 원고에게 배당하는 것으로 배당표를 경정하도록 하고 있다(이른바 '흡수설', 대법원 1998.5.22. 선고 98다3818 판결 등 참조). 이는 배당이의소송 제도의 본질이 배당이의에 관계된 당사자들 사이의 상대적인 해결을 도모하는 데 기인한 것으로 소송심리의 효율성이 확보되는 이점이 있다. 그러나 이러한 법리를 따를 경우 당초 권리 없는 피고를 제외하고 배당을 실시하였을 경우 받을 수 있었던 배당액 이상을 원고가 보유하도록 하는 결과가 생길 수 있는데, 이러한 결과는 채권자평등 원칙에 부합하지 않는다. 배당이의의 소를 제기하지 못한 채권자의 부당이득반환 청구를 허용하면 위와 같은 배당결과가 사후적으로라도 채권자평등 원칙에 맞게 조정될 수 있다.

나아가 부당이득반환 청구소송에서는 청구권자의 손해를 한도로 하면서 배당에 참가한 다른 채권자의 채권도 참작하여 반환할 부당이득의 범위가 정해지므로, 배당이의소송과 달리 채권자평등 원칙에 맞는 결론을 도출해낼 수 있다. 따라서 배당절차 종료 후 채권자의 부당이득반환 청구를 허용하는 것은 위와 같은 배당이의소송 제도의 한계를 보완하는 기능을 한다.

(나) 사해행위 취소소송에서 가액반환의 문제점 보완

부동산에 대한 (근)저당권설정행위가 사해행위에 해당하는 경우 원칙적으로 취소채권자는 원상회복으로서 (근)저당권설정등기의 말소를 구하여야 하지만 부동산에 대한 경매절차가 개시되어 부동산이 매각되고 매수인이 대금을 납부하여 저당권설정등기가 집행법원의 촉탁에 따라 말소되면 취소채권자는 더 이상 원상회복으로서 (근)저당권설정등기의 말소를 구할 수 없게 되므로, 이러한 경우에는 원상회복의 방법으로서 가액반환이 허용된다(대법원 2001.2.27. 선고 2000

다44348 판결 등 참조). 취소채권자는 이미 배당금을 현실적으로 수령한 수익자인 (근)저당권자에 대하여 직접 자기에게 배당금을 반환할 것을 청구할 수 있으나(대법원 1998.5.15. 선고 97다58316 판결, 대법원 1999.9.7. 선고 98다41490 판결 등 참조), 취소채권자가 회복해 온 재산(배당금)은 모든 채권자를 위한 공동담보로 제공되어야 한다(민법 제407조 참조). 원상회복된 배당금에 대하여 취소채권자는 우선권을 가지지 않지만, 실제로는 취소채권자가 수령한 배당금을 채무자에게 반환할 채무와 채무자에 대한 자신의 채권과 상계하는 등으로 사실상 우선변제 받는 것을 막을 수 없어 민법 제407조의 채권자평등 원칙에 위반된다는 지적이 있어 왔다.

현행법상 제도적 미비로 인해 취소채권자가 독점적 이득을 취득할 수도 있게 되는 문제가 있지만, 종래 대법원 판례에 따라 배당절차에서 배당이의 등을 하지 않은 다른 채권자들도 취소채권자를 상대로 부당이득반환 청구를 할 수 있으므로, 결과적으로 배당절차에 참가한 채권자들 사이에 채권자평등 원칙이 구현될 수 있는 기회가 어느 정도 보장되어 있다. 그런데 만일 대법원 판례를 변경하여 배당이의 등을 하지 않은 채권자의 부당이득반환 청구를 원칙적으로 금지하게 되면 위와 같이 사해행위취소에 따른 가액반환 사안에서 취소채권자의 독점적 이득 취득 문제를 보완하거나 교정할 수 있는 수단을 잃게 되는 문제가 있다.

(4) 현행 민사집행법에 따른 배당절차의 제도상 또는 실무상 한계로 인한 문제

(가) 배당기일 통지와 관련한 문제

배당절차는 법원사무관 등이 이해관계인과 배당을 요구한 채권자에게 배당기일을 통지하고 채권계산서의 제출을 최고함으로써 시작한다(민사집행법 제146조, 민사집행규칙 제81조). 위와 같은 통지와 최고는 상당하다고 인정되는 방법으로 할 수 있다(민사집행규칙 제8조 제1항). 그런데 현재의 배당기일 통지 실무는 배당기일 통지서를 등기부상 주소나 채권자가 신고한 주소로 우편송달하고 송달불능이 되면 발송송달하며 채권자의 주소를 알기 어려운 경우 직권으로 공시송달을 하고 있어 채권자의 귀책사유 없이 배당기일을 알지 못하여 배당절차에 참여하지 못하는 경우가 적지 않게 발생할 수 있다. 특히 등기된 가압류권자의 주소가 경매개시결정 전에 변경되어 주소를 알 수 없게 된 경우가 그러하다. 가압류등기는 가압류 당시 집행법원의 촉탁에 의해 이루어지므로(민사집행법 제293조 참조), 가압류권자로서는 변경된 주소만을 별도로 신고하여 등기할 방법이 없는데, 이 때문에 송달을 받지 못하여 배당절차에 참여하지 못한 것을 가압류권

자의 책임으로 돌리기도 어렵다.

현행 민사집행법에 따른 배당기일 통지 실무상 적법한 발송송달이나 공시송달을 받은 채권자임에도 배당이의 등을 할 기회를 실질적으로 보장받지 못하는 경우가 있을 수 있으므로 함부로 부당이득반환 청구권의 행사를 제한할 것은 아니다.

(나) 단기간의 배당표원안 열람기간 및 배당이의의 소 제기기간에 따른 문제

채권자들이 제출한 계산서와 집행기록을 토대로 사법보좌관이 작성한 배당표원안(배당표원안)은 채권자와 채무자에게 보여주기 위하여 배당기일 3일 전에 법원에 비치되어야 한다(민사집행법 제149조 제1항). 채권자는 배당기일에 출석하여 다른 채권자의 채권 또는 그 채권의 순위에 대해 이의할 수 있다(민사집행법 제151조 제3항). 다른 채권자에 대해 이의한 채권자는 배당기일부터 1주 이내에 배당이의의 소를 제기한 사실을 증명하는 서류를 제출해야 한다(민사집행법 제154조 제1항, 제3항).

현행 민사집행법에서는 배당에 참가한 채권자가 권리관계나 순위 등을 확인하고 배당이의 여부를 결정하는 데에 필요한 배당표원안의 열람기간도 최대 '3일'에 불과하다. 따라서 배당기일 전에 배당표원안을 열람하지 못하거나 열람하더라도 짧은 기간 내에 배당표를 검토하여 이의하는 것이 쉽지 않다. 가장 임차인, 가장 임금채권자나 사해행위의 수익자인 근저당권자와 같이 배당을 받아서는 안 되는데도 배당채권자로 기재된 경우를 가려내어 이의하고 배당기일부터 1주 이내에 배당이의의 소를 제기하는 것은 더욱 어려운 일이다.

(다) 채무자의 부당이득반환 청구에 관한 문제

채권이 없음에도 배당이 되었거나 채권의 범위를 초과하여 배당이 이루어진 때에는 배당이의 등을 하지 않은 채권자의 부당이득반환 청구를 제한하더라도 그 채권자가 채무자를 대위하여 부당이득반환 청구를 하는 것까지 막을 방법은 없다. 그런데 채무자가 배당이의 등을 하지 않은 경우 채무자의 부당이득반환 청구를 허용하면서 배당이의 등을 하지 않은 채권자의 부당이득반환 청구를 제한하는 것은 논리적으로 일관되지 않고, 배당이의 등을 하지 않은 채권자가 여전히 채무자를 대위하여 부당이득반환 청구를 할 수 있게 된다면 절차의 안정을 도모하기 위해 판례를 변경하는 실익은 적을 수밖에 없다.

(라) 배당표가 실체적 권리관계와 달리 작성될 여지가 크고 배당표의 옳고 그름을 조사하거나 판단하는 데에 필요한 시간이나 정보가 충분히 확보되지 않는 배당절차의 제도상 또는 실무상 한계를 고려할 때, 배당절차가 종료되었다고 하여 배당요구를 하고 배당절차에 참가한 채권자의 부당이득반환 청구권을 전

면적으로 제한할 경우 진정한 권리자가 부당하게 희생되는 것을 피할 수 없다. 특히 채무자와 통모한 가장 채권자들에 의한 이른바 '배당금 빼돌리기' 등의 문제를 배제할 수 없는 우리의 집행현실에서 단순히 절차를 게을리하였다는 이유로 실체적 권리의 실현요청을 봉쇄하는 것은 더욱 조심스러울 수밖에 없다.

다. 대법원 판례에 대한 비판의 검토

(1) 배당받을 권리 있는 채권자가 잘못된 배당으로 인해 배당을 받지 못한 경우에는 부당이득반환 청구를 할 수 있어야 한다. 이는 앞서 본 바와 같이 민사집행법 제155조를 비롯한 배당절차에 관한 여러 민사집행법 규정의 내용과 취지, 잘못된 배당에 따른 실체법상 부당이득반환 청구권의 성립 여부 등에 근거한 결론이다. 민사집행법 제정 당시 배당요구의 종기를 앞당기는 입법적 결단을 하여 경매절차의 안정을 도모하였다거나 우선주의를 취하고 있는 독일의 법제가 평등주의를 바탕으로 한 우리의 법제와 다르다는 사정은 위와 같은 결론에 별다른 영향을 미칠 수 없다.

다만 종래 대법원 판례에 대해서는 일단 '종결'된 것으로 여겨지는 사항에 대해서 다시 문제제기를 허용하는 결과가 되어 배당절차의 안정성을 해할 수 있다는 지적이 있어 왔다. 특히 배당절차가 모두 종료되었음에도 민사집행법이 예정하지 않은 방법으로 배당결과를 사후적으로 뒤집을 수 있는 길을 열어놓은 것은 배당표에 의한 배당의 결과를 불안정하게 하고 배당절차에 성실하게 참여한 다른 채권자나 이해관계인의 수고를 무시하는 결과를 초래할 염려가 있다는 것이다. 위와 같은 지적이나 비판에는 수긍할만한 부분이 있다.

(2) 그러나 우리 민사집행법에서는 판결이 아닌 배당표, 재판기일이 아닌 배당기일에서 배당받을 권리의 존부와 순위 등이 결정되고 채권자가 배당이의의 소를 제기하더라도 배당이의판결은 상대적 효력만 인정되므로, 배당표가 실체적 권리관계와 달리 작성될 가능성이 높고 배당이의소송을 거치더라도 실체적 권리가 제대로 실현되기 어려운 상황이 발생할 여지가 적지 않다. 따라서 배당절차의 전반적인 제도보완 없이 부당이득반환 청구권의 행사만을 배제하는 것은 또 다른 문제의 시작이 될 염려가 있다.

제도보완이 필요한 부분은 다음과 같다. 먼저 배당의 기초가 되는 배당표 작성이 실체적 권리관계에 부합할 수 있도록 관련 절차를 보완해야 하고, 배당절차의 종료로 실권되는 채권자의 절차보장을 위해 송달제도, 배당표원안 열람제도, 배당기일 운영방식 등을 개선하여 채권의 존부나 우선권 등에 대한 실질적인 조사가 이루어질 수 있어야 한다. 또한 확정된 배당표에 대해서는 배당절차에 참가한 채권자들 모두가 배당표에 기속되도록 하는 법령상의 근거를 마련하거나 민사집행법 제155조의 개정 등의 작업이 필요할 수 있다. 이러한 제도보완이 선행되지 않은 채 절차의 안정만을 강조하여 배당절차 종료 후 부당이득 반환 청구를 함부로 제한할 수는 없다.

(3) 배당이의 등을 하지 않은 채권자의 배당절차 종료 후 부당이득반환 청구가 허용된다고 하더라도 그러한 부당이득반환 청구권의 행사가 신의성실의 원칙에 반하거나 권리남용에 해당해서는 안 된다는 내재적 한계가 있음은 물론이다. 그런데 대법원이 오랫동안 위와 같은 부당이득반환 청구를 허용해 왔지만 소송실무상 배당의 잘못을 이유로 한 부당이득반환 청구소송이 남발되거나 권리남용에 해당하는 소송이 눈에 띄게 증가하였다고 볼만한 현상은 발견되고 있지 않다. 따라서 배당이의 등을 하지 않았다는 사정만으로 일괄적으로 부당이득반환 청구 자체를 원천적으로 봉쇄하기보다는 부당이득반환 청구소송과정에서 충실한 심리와 판단이 이루어질 수 있도록 하는 것이 합리적인 제도운영이라고 할 것이다.

(이하 생략)

[판결 6]에 관하여 생각할 점

대법원은 배당절차에 참가한 채권자가 배당이의 등을 하지 않아 배당절차가 종료되었더라도 그의 몫을 배당받은 다른 채권자에게 그 이득을 보유할 정당한 권원이 없는 이상 잘못된 배당의 결과를 바로잡을 수 있도록 하는 것이 실체법 질서에 부합한다는 고려 하에 채권자의 부당이득반환청구를 허용하여 왔다. 위 판결은 이러한 판례를 유지하였다. 하지만 아래와 같은 반대의견도 있었다.

종래 대법원 판례와 같이 배당절차 종료 후 배당이의 등을 하지 않은 채권자의 부당이득반환 청구를 허용하는 것은 민사집행법 제155조의 문언은 물론이고 민사집행법의 전체적인 취지에 반할 뿐만 아니라, 확정된 배당절차를 민사집행법이 예정하지 않은 방법으로 사후에 실질적으로 뒤집는 것이어서 배당절차의 조속한 확정과 집행제도의 안정 및 효율적 운영을 저해하는 문제점을 드러내고 있다.

그리고 배당절차에서 이의할 기회가 있었음에도 배당이의 등을 하지 않은 채권자는 더 이상 해당 절차로 형성된 실체적 권리관계를 다투지 않을 의사를 소극적으로 표명한 것이므로, 그러한 채권자의 자주적인 태도결정은 배당금의 귀속에 관한 법률상 원인이 될 수 있다. 그런데도 배당절차 종료 후 배당이의 등을 하지 않은 채권자의 부당이득반환 청구를 허용하는 것은 금반언의 원칙에 반하는 것일 뿐만 아니라, 일련의 배당절차와 이에 투입된 집행법원과 절차 참가자들의 노력을 무시하는 결과를 초래한다. 따라서 채권자가 적법한 소환을 받아 배당기일에 출석하여 자기의 의견을 진술할 기회를 부여받고도 이러한 기회를 이용하지 않은 채 배당절차가 종료된 이상, 배당절차에서 배당받은 다른 채권자를 상대로 부당이득반환 청구의 소를 제기하여 새삼스럽게 자신의 실체법적 권리를 주장하는 것을 허용해서는 안 된다고 봄이 타당하다.

이러한 반대의견도 염두에 두면서 다음 사항들을 생각해 보라.

1. 민사집행법 제155조는 배당기일에서 배당이의를 하였으나 배당이의의 소를 제기하지는 못한 채권자의 권리 행사가 허용된다고 규정한다. 그런데 이 판결에서는 배당이의 자체를 하지 않은 사안이 문제되었다. 민사집행법 제155조의 문언만 놓고 보면 이러한 사안은 민법 제155조의 적용 범위 밖에 있다. 그런데도 대법원이 채권자의 부당이득반환청구를 허용하는 태도는 법률해석상 어떻게 정당화될 수 있는가? 가령 위와 같은 민사집행법 제155조의 태도는 배당이의를 하였으나 배당이의의 소를 제기하지 못한 경우 외에는 부당이득반환청구가 부정된다는 것으로 해석될 수 있는가?

2. 반대의견은 배당기일에 배당이의를 하지 않고도 뒤늦게 부당이득반환청구를 하는 금반언적 행태에 주목하고 있다. 이러한 행태는 법적으로 어떻게 평가되어야 하는가? 아울러 다수의견은 이러한 행태에 대해 어떤 시각을 취하고 있는가? 특히 배당이의의 현실적 한계에 대해 어떻게 설명하고 있는가?

제4장 부당이득의 반환

Ⅰ. 부당이득반환의 원칙

부당이득이 성립하면 수익자는 부당하게 취득한 이익을 손실자에게 반환해야 한다. 이러한 설명은 매우 명료하게 보이지만 구체적인 단계로 들어가면 쉽지 않은 문제들이 산적하여 있다.

가령 매매계약에 기하여 매도인은 대금을 지급받고 매수인은 자동차를 인도받아 이전등록까지 마쳤는데 그 매매계약이 무효였다면 매도인과 매수인은 각각 급부받은 바를 상대방에게 반환해야 한다. 이때 매도인은 어떠한 권리에 기하여 매수인에게 반환을 청구할 수 있는가? 반환할 대상은 무엇이고, 어떤 방법으로 반환하는가? 만약 자동차가 제3자의 방화로 소실되었다면 어떻게 되는가? 이때 매수인이 보험금을 지급받았다면 매도인은 매수인에게 그 보험금을 대신 반환하라고 할 수 있는가? 자동차보험에 들었지만 아직 보험금청구를 하지 않은 상태라면 어떠한가? 한편 매수인이 그동안 자동차를 사용, 수익하였다면 그 사용이익은 반환해야 하는가? 또한 매수인이 제3자에게 자동차를 매우 비싼 값에 빌려주어 고수익을 올렸다면 그 수익은 모두 반환되어야 하는가? 반대로 매도인은 대금의 이자를 지급해야 하는가? 그래야 한다면 이율은 어떻게 설정하는가? 매수인이 매매계약의 무효사실을 알았을 때와 몰랐을 때 각각 반환범위가 달라지는가?

이와 같이 부당이득반환에 관하여 해결해야 할 많은 문제들이 있지만, 민법은 제747조와 제748조의 두 가지 조항을 두고 있을 뿐이다. 따라서 부당이득반환에 관하여는 해석론이 큰 역할을 차지한다. 아래에서 살펴보기로 한다.

II. 부당이득반환의 대상(제747조)

1. 원물반환의 원칙

(1) 원물반환의 원칙 및 반환 방법

(가) 민법 제747조 제1항은 "수익자가 그 받은 목적물을 반환할 수 없는 때에는 그 가액을 반환하여야 한다"라고 규정함으로써 「받은 목적물」, 즉 원물을 반환하는 것이 원칙이라는 점을 간접적으로 제시하고 있다. 그러므로 수익자가 어떤 내용의 반환의무를 부담하는가를 파악하려면 우선 수익자가 취득한 대상, 즉 원물이 무엇인지를 특정해야 한다.

(나) 유인주의(有因主義)를 취하는 우리나라에서는 매매와 같은 물권변동의 원인행위가 무효이거나 취소, 해제되는 등의 이유로 그 효력이 인정되지 않으면 물권변동 자체의 효력도 인정되지 않으므로 수익자는 소유권 자체를 취득한 것이 아니라 그 외형인 물건의 점유 또는 등기명의만을 취득한 경우가 대부분이다.[1] 점유나 등기명의의 보유에 대하여도 민법은 권리적법추정 등 여러 법적 보호를 부여하므로 이 역시 일종의 「이득」에 해당한다. 이때 양도인은 소유권에 기한 반환청구권 또는 방해제거청구권(물권적 청구권)을 행사하여 그 점유나 등기의 반환을 구할 수도 있지만, 이와 별도로 부당이득반환청구권(채권적 청구권)을 행사하여 그 반환을 구할 수도 있다.[2] 반환은 점유이전 또는 등기말소의 방법으로 이루어진다.

(다) 이는 채권변동의 경우도 마찬가지이다. 가령 채권양도의 원인행위가 무효이거나 취소, 해제되는 등의 이유로 효력이 인정되지 않으면 채권양도의 효력도 인정되지 않으므로 양수인이 취득한 것은 엄밀히 말하면 채권 자체가 아니라 그 외형인 채권증서 등 채권을 표창하는 객체 또는 채권의 준점유 등 채권의 외형일 뿐이다. 이때 양도인은 양수인에게 그 채권증서 등의 반환을 구할 수 있고, 나아가 이미 채무자에게 양도통지가 이루어져 채무자와의

---

[1] 만약 당사자 사이에 원인행위와 물권행위를 무인(無因)으로 하는 특약이 있어 무인주의(無因主義)가 적용된다면 소유권 자체가 반환대상이 된다.

[2] 대판(전) 1994.1.25, 93다16338(근저당권의 피담보채무가 소멸한 경우 소유권에 기한 등기말소청구와 별도로 근저당권설정계약상 권리에 터잡은 등기말소청구를 할 수 있다고 한 판결)도 이와 맥락을 같이 하는 것이다.

관계에서 채권양도의 외관이 형성되었다면, 양도인은 그 외관을 제거하기 위하여 채무자에 대한 양도통지의 철회를 위한 양수인의 동의를 구할 수 있다(제452조).3)

(라) 한편 이러한 채권과 관련된 부당이득은 일반적인 채권양도의 경우는 물론이고, 가집행선고부판결에 기하여 채무자의 제3채무자에 대한 채권을 압류·전부하였는데 그 이후 본안판결의 변경으로 가집행선고가 실효된 경우(압류·전부한 채권자가 압류된 채권을 부당이득),4) 존재하지 않는 채권에 기한 배당요구가 받아들여져 배당표가 확정되어 배당금지급청구권이 발생하였으나 그 청구권에 대한 가압류 등의 사유로 아직 배당금의 지급이 이루어지지 않은 경우(배당요구자가 배당금지급청구권을 부당이득)5) 등 집행절차와 관련해서도 발생한다. 이 경우는 일반적인 채권양도와 다소 모습을 달리한다. 압류·전부명령 또는 배당표의 확정 등 민사집행절차에 의해 채권 자체를 취득하였으나 그 실체법상 원인이 없는 것으로 밝혀진 경우이기 때문이다. 여기에서 「받은 목적물」은 채권의 외형이 아니라 채권 그 자체이다. 이때에는 그 채권 자체를 부당이득으로 반환해야 한다. 채권의 반환은 부당이득한 채권을 양도하고 그 사실을 채무자에게 통지하는 방법으로 이루어진다.6)

(마) 그 이외에도 법률상 원인없이 물건에 대한 제한물권이 설정되거나 소멸한 경우 수익자는 그 권리의 소멸 또는 재설정의 행위를 함으로써 부당이득을 반환해야 하고,7) 수익자가 부담할 채무를 손실자가 부담한 경우 수익자는 채무의 면책적 인수 또는 변제에 의하여 손실자를 채무로부터 해방시켜야 한다.8)

(2) 원물의 대위물(代位物)

수익자가 원래 취득한 목적물에 갈음하여 취득한 대위물(이를 대상물(代償物)이라고도 한다)은 원물로 취급되어 이를 반환해야 한다. 우리 민법은 이에

---

3) 대판 1993.7.13, 92다4178(채권양도통지를 한 양도인이 양수인의 동의 없이 한 채권양도통지 철회는 효력이 없음). 또한 민법주해 XVII, 557 (양창수) 참조.
4) 대판 1991.8.13, 89다카27420; 대판 2010.12.23, 2009다37725 참조.
5) 대판 1996.11.22, 96다34009; 대판 2001.3.13, 99다26948.
6) 대판 1995.12.5, 95다22061; 대판 2001.3.13, 99다26948 등.
7) 민법주해 XVII, 557 (양창수).
8) 김형배, 사무관리·부당이득, 219.

관한 명문 규정을 두지는 않는다.[9] 하지만 이러한 대위물은 원물의 변형물로서 원물과 동일성이 인정되는 이상 원물의 범주에 포함되는 것으로 해석할 수 있다.

　따라서 목적물의 훼손, 멸실로 인하여 수익자가 제3자에 대한 손해배상청구권을 취득하였다면 수익자는 목적물에 갈음하여 그 손해배상청구권 또는 손해배상금(이미 손해배상금을 수령한 경우)을 반환해야 한다. 또한 목적물에 관한 보상금청구권이나 보험금청구권 또는 그 행사에 따라 수령한 금원도 그러하다. 다만 유인주의(有因主義)와의 관련성 아래에서 유의할 사항이 있다. 유인주의에 따르면 법률상 원인 없이 타인의 목적물을 점유하거나 등기한 수익자는 목적물의 소유권이 아니라 그 외관으로서의 점유나 등기만 취득하는 것이 보통이다. 이때 목적물에 대한 손해배상청구권이나 보상금청구권, 보험금청구권 등은 점유자 또는 등기명의자인 수익자가 아니라 진정한 소유자인 손실자에게 귀속한다. 따라서 이러한 경우에는 대위물로서의 손해배상청구권 등의 반환은 문제되지 않는다. 위와 같은 대위물의 반환은 무인(無因)의 특약이 있어 수익자가 소유권을 취득한 예외적 경우이거나, 채권을 법률상 원인없이 취득한 수익자가 채무자로부터 유효한 변제를 받아 채권이 소멸한 경우[10] 등에 있어서 문제될 것이다.

[판결 1] 「특허를 받을 수 있는 권리」의 양도 후 특허권이 설정되었는데 그 이후 양도계약의 효력이 상실된 경우 부당이득반환대상: 대판 2004.1.16, 2003다47218

---

　1. 원심은, 원고가 1999. 8. 27. 소외 1의 이름으로 채무자 소외 2를 강제집행면탈죄로 고소할 당시에 소외 2와 피고 사이의 1999. 7. 7.자 이 사건 특허권과 당시 특허와 실용신안등록출원중이던 특허와 실용신안을 받을 수 있는 권리에 관한 양도계약이 사해행위에 해당하는 사실을 알았으므로, 그로부터 1년 이상이 지난 2000. 10. 31.에 제기된 주위적 청구인 채권자취소소송은 제소기간이 도과되어 부적법한 소라는 이유로 각하하였는바, 기록에 비추어 살펴보면, 원심의 위와 같은 판단은 정당하여 수긍할 수 있고, 거기에 상고이유로 주장하

---

9) 독일민법 제818조 제1항은 이에 관하여 직접 규정하고 있다.
10) 이때에도 금전채권의 경우 애당초 원물반환이 아니라 가액반환이 문제되는 것이므로, 위 설명은 금전 이외의 물건의 급부를 목적으로 하는 채권에 관하여 타당한 것이다.

는 바와 같은 법령위반의 위법이 없다.

　　2. 양도인이 특허 또는 실용신안(이하 '특허 등'이라 한다)을 등록출원한 후 출원중인 특허 등을 받을 수 있는 권리를 양수인에게 양도하고, 그에 따라 양수인 명의로 출원인명의변경이 이루어져 양수인이 특허권 또는 실용신안권(이하 '특허권 등'이라 한다)의 설정등록을 받은 경우에 있어서 그 양도계약이 무효나 취소 등의 사유로 효력을 상실하게 되는 때에 그 특허 등을 받을 수 있는 권리와 설정등록이 이루어진 특허권 등이 동일한 발명 또는 고안에 관한 것이라면 그 양도계약에 의하여 양도인은 재산적 이익인 특허 등을 받을 수 있는 권리를 잃게 됨에 대하여 양수인은 법률상 원인 없이 특허권 등을 얻게 되는 이익을 얻었다고 할 수 있으므로, 양도인은 양수인에 대하여 특허권 등에 관하여 이전등록을 청구할 수 있다고 해석함이 상당하다.

　　같은 취지에서 원심이, 원고가 1994. 5. 19. 소외 1로부터 그가 소외 2 등에 대한 322,902,100원의 약속어음채권을 양수받고, 소외 1은 그 양도사실을 소외 2에게 통지한 사실, 원고가 소외 2 등을 상대로 양수금청구소송을 제기하여 서울지방법원에서 1995. 7. 6.에 322,902,100원과 그에 대한 지연손해금의 지급을 명하는 원고 승소판결(서울지방법원 94가합62661호)을 선고받고, 그 판결이 그 무렵 확정된 사실, 그런데 소외 2는 강제집행을 면하기 위하여 1997. 6. 30. 피고를 설립한 뒤 1997. 7. 7. 피고와 통모하여 소외 2가 가지고 있던 특허권(1997. 1. 13. 등록 제110603호)과 등록출원중이던 특허와 실용신안을 받을 수 있는 권리를 피고에게 허위로 양도하고, 이를 원인으로 하여 특허권에 관하여 1997. 12. 22. 접수 제1638호로 이전등록을, 특허 등을 받을 수 있는 권리에 관하여 1997. 9. 3. 소외 2로부터 피고에게로 출원인 명의변경신고를 하고, 피고의 명의로 1997. 9. 3. 등록 제122253호로 특허권설정등록을, 2001. 5. 28. 등록 제233403호로 실용신안권설정등록을 각각 받은 사실, 한편 소외 2는 이 사건 변론종결 당시에 자력이 없는 상태에 있는 사실 등을 인정한 다음, 그와 같은 사실관계에 기초하여, 채무자 소외 2를 대위하는 원고의 청구에 따라 피고는 소외 2에게 특허권이전등록의 말소등록절차와 설정등록된 위 특허권과 실용신안권에 관하여 이전등록절차를 이행할 의무가 있다고 판단한 것은 정당하여 수긍할 수 있고, 거기에 상고이유로 주장하는 바와 같은 법령위반의 위법이 없다.

[판결 1]에 관하여 생각할 점

1. 이 사건에서 수익자와 손실자는 각각 누구인가? 원고는 어떠한 지위에 있는가?
2. 특허를 받을 수 있는 권리는 발명의 완성에서부터 특허등록까지의 사이에 발명

자가 가지는 권리로서 양도성이 있다(특허 제37조). 한편 특허출원 전에는 위 권리를 공시할 방법이 없으므로 제3자에게 그 이전을 대항하려면 양수인 명의로 특허출원을 해야 하고(특허 제38조 제1항), 특허출원 후에는 특허출원인명의변경을 해야 한다(특허 제38조 제4항). 이 사건의 쟁점 가운데에는 특허출원 후의 특허를 받을 수 있는 권리의 양도 및 이에 따른 특허출원인명의변경을 통하여 통정허위표시에 기한 허위양도가 이루어졌는데, 그 이후 양수인 명의로 특허권의 설정등록까지 이루어진 경우에 무엇을 부당이득으로 반환할 것인가가 문제되고 있다. 이때 피고가 「받은 목적물」은 무엇인가? 또한 피고는 무엇을 반환해야 하는가? 만약 특허권의 설정등록이 이루어지지 않은 상태라면 어떠한가?

3. 「특허를 받을 수 있는 권리」는 장차 특허등록을 받을 가능성만을 보유하고 있는 반면, 특허권은 그 가능성이 현실화된 권리이다. 이를 현실화하는 단계에서 양수인의 공헌도 있었을지 모른다. 이때 양도인이 전자를 양도하고 후자를 반환받는 것은 오히려 그에게 「현실화된 특허권」에서 「특허를 받을 수 있는 권리」를 공제한 만큼의 부당이득을 안겨주는 것이 아닌가?

(3) 과실, 사용이익, 운용이익의 문제

(가) 원물을 반환할 때 그 원물로부터 발생한 과실 또는 이에 준하는 것으로 취급되는 사용이익도 반환해야 하는가?

우선 일반론으로서는 과실은 원물의 연장(延長)으로 보아 이를 원물과 함께 반환하게 하는 것이 타당하다. 민법의 부당이득에 관한 장(章)에서는 수익자가 과실 또는 사용이익을 반환해야 한다는 명문의 규정을 두지는 않지만 원물뿐만 아니라 과실 내지 이에 준하는 사용이익도 함께 반환하는 것이 부당이득제도의 본래 취지, 즉 부당이득이 없었다면 존재하였을 본래의 상태로 복귀시킨다는 취지에 부합하기 때문이다. 따라서 타인의 돼지를 부당이득한 자는 돼지와 함께 그 돼지가 낳은 새끼도 반환해야 한다. 또한 은행으로부터 이자로 돈을 빌렸는데 그 소비대차계약이 무효로 밝혀졌다면 차용자는 빌린 돈 이외에도 그 법정과실에 해당하는 그때까지의 법정이자도 함께 반환해야 한다. 이러한 논리는 과실에 준하여 취급되는 사용이익에도 적용된다. 따라서 타인의 건물을 무단으로 점유하여 여기에 거주하는 자는 그 건물 이외에도 그 건물의 사용이익(차임 상당의 금원)을 반환해야 한다.

그런데 이는 어디까지나 추상적인 일반론이고, 구체적으로는 민법상 특칙으로 말미암아 이러한 일반론이 수정되기도 한다. 이러한 특칙에 해당하는 것이 점유자와 회복자의 관계에 관한 민법 제201조 제1항과 부당이득의 반환범위에 관한 민법 제748조 제1항이다. 민법 제201조 제1항은 선의의 점유자는 점유물의 과실을 취득한다고 규정한다. 이에 관하여는 이 책 제4편 제2장 「소유물반환관계에 따른 부수적 이해조정」에서 설명하였다. 또한 민법 제748조 제1항은 선의의 수익자는 그 받은 이익이 현존한 한도에서 반환책임이 있다고 규정한다. 이에 관하여는 본장의 아래 부분에서 더욱 자세하게 설명할 것이다. 양 조항은 모두 「선의」인 자에 관하여 규정하므로 악의인 자는 일반론에 따라 과실 내지 사용이익을 반환하면 된다. 한편 선의의 점유자이면서 동시에 선의의 수익자에 해당하는 경우에는 제201조 제1항에 따라 과실반환의무가 없는 것인지, 아니면 제748조 제1항에 따라 현존이익의 범위 내에서나마 과실반환의무가 있는 것인지가 문제된다. 이 문제에 관하여는 아래에서 자세하게 설명할 것이나, 일단 판례는 제201조 제1항을 우선적으로 적용하여 선의의 수익자에게는 과실 내지 사용이익의 반환의무가 없다는 태도를 취한다는 점만 언급한다.[11]

(나) 원물을 운용하여 얻은 운용이익은 부당이득의 반환대상이 되는가? 운용이익도 원물을 사용하여 얻은 이익이라는 점에서는 운용이익과 사용이익의 개념은 서로 중첩되는 면이 있다. 그러나 운용이익은 통상적인 이용을 통하여 당연하게 얻는 이익이 아니라 이를 뛰어넘는 수익자의 능력과 노력에 기초하여 얻는 이익이라는 점에서 사용이익과 구별될 수 있다. 예를 들어 B가 A의 허락없이 A가 소유하는 건물을 C에게 빌려주고 그 임대료를 받은 경우 통상적인 임대료가 월 100만 원인데 B의 탁월한 수완으로 이를 월 300만 원에 빌려주었다고 가정해보자. 이때 월 100만 원은 사용이익으로 A에게 반환해야 하지만, B의 능력에 따라 초과수익한 운용이익 200만 원은 A에게 반환되어야 하는가, 아니면 B가 취득할 수 있는가? 민법은 이에 관하여 침묵하고 있다.

판례는 "수익자가 자신의 노력 등으로 부당이득한 재산을 이용하여 남긴

---

11) 대판 1987.9.22, 86다카1996, 1997; 대판 1993.5.14, 92다45025(쌍무계약이 취소된 경우 선의의 매수인에게 민법 제201조가 적용되어 과실취득권이 인정되는 이상 선의의 매도인에게도 민법 제587조의 유추 적용에 의해 대금의 운용이익 내지 법정이자의 반환을 부정함이 형평에 맞다고 판시).

이른바 운용이익도 그것이 사회통념상 수익자의 행위가 개입되지 아니하였더라도 부당이득된 재산으로부터 손실자가 당연히 취득하였으리라고 생각되는 범위 내의 것이 아닌 한 수익자가 반환하여야 할 이득의 범위에서 공제되어야 한다"라고 하여 사용이익의 범위를 넘어선 운용이익의 반환을 부정하고 있다.[12] 대법원은 운용이익을 "수익자가 자신의 노력 등으로 부당이득한 재산을 이용하여 남긴 이익"이라고 넓게 정의한 뒤, 이를 ① 손실자라도 당연히 취득하였을 운용이익, ② 이를 초과하는 운용이익으로 나누어 전자는 반환해야 하고, 후자는 반환할 필요가 없다고 논리구성하고 있는 점에 유의한다.

[판결 2] 운용이익과 부당이득: 대판 2008.1.18, 2005다34711

(이상 생략)

4. 상고이유 제2점에 대하여

부당이득반환의 경우, 수익자가 반환해야 할 이득의 범위는 손실자가 입은 손해의 범위에 한정되고, 여기서 손실자의 손해는 사회통념상 손실자가 당해 재산으로부터 통상 수익할 수 있을 것으로 예상되는 이익 상당이라 할 것이며(대법원 1997.7.11. 선고 96다31581 판결 참조), 부당이득한 재산에 수익자의 행위가 개입되어 얻어진 이른바 운용이익의 경우, 그것이 사회통념상 수익자의 행위가 개입되지 아니하였더라도 부당이득된 재산으로부터 손실자가 통상 취득하였으리라고 생각되는 범위 내에서는 반환해야 할 이득의 범위에 포함된다고 할 것이다(대법원 1995.5.12. 선고 94다25551 판결, 대법원 2006.9.8. 선고 2006다26328, 26335 판결 참조).

원심은, 이 사건 매매대금에서 발생한 정기예금이자 중 피고가 반환하지 않고 인출·사용한 47,079,030원에 관하여 원고가 손실을 입었다는 주장에 대하여, 이 사건 매매대금을 초과하는 금액은 수익자인 피고의 행위가 개입되지 아니하였더라도 부당이득된 재산인 위 매매대금으로부터 손실자인 원고가 당연히 취득하였으리라고 생각되는 범위 내의 것이라고 볼 수 없어 반환해야 할 이득의 범위에 속하지 않고, 원고가 이 사건 매매계약을 체결하지 아니하였더라도 위 매매대금을 다른 용도로 지출하지 아니한 채 반드시 정기예금이자 이상의 수익이 확실하게 보장되는 예금 등의 상품에 투자하여 관리하였을 것이라고 인정할 증거가 없어 위 정기예금이자 상당액이 원고의 손해라고 볼 수도 없다는

---

12) 대판 1995.5.12, 94다25551.

이유로 원고의 이 부분 청구를 배척하였다.

그러나 앞서 든 법리와 기록에 비추어 살펴보면, 원심의 위와 같은 판단은 아래와 같은 이유로 그대로 수긍하기 어렵다.

금전을 정기예금에 예치함에는 예치자의 특별한 노력이나 비용, 수완 등을 필요로 하지 않고, 실제로 피고 역시 별다른 노력이나 비용 등을 들이지 않고 이 사건 매매대금을 정기예금에 예치하여 그 이자를 수령하였으며, 또한 이 사건 매매대금이 정기예금에 예치되어 있던 기간의 대부분은 외환위기 직후인 1997.말부터 2002. 2.까지로서 예금의 이율이 역사상 이례적으로 높던 시기이므로 일반인의 경우 여유자금이 있다면 통상 은행에 예금할 가능성이 상당히 높다고 할 것이고, 위 매매대금과 같은 거액의 금전을 장기간 예금하는 경우에는 보통예금보다는 정기예금에 예치하는 것이 일반적이라고 볼 수 있으므로 사정이 이와 같다면 다른 특별한 사정이 없는 한, 위 정기예금이자 상당액은 사회통념상 피고의 행위가 개입되지 아니하였더라도 위 매매대금으로부터 원고가 통상 취득하였으리라고 생각되는 범위 내의 이익으로 볼 수 있어, 피고가 반환해야 할 이득의 범위에 포함되는 것으로 보아야 할 것이다.

이와 다른 판단을 한 원심판결에는 부당이득반환책임에 관한 법리를 오해함으로써 판결에 영향을 미친 위법이 있다 할 것이다. 이 점에 관한 상고이유의 주장은 이유 있다.

5. 상고이유 제5점에 대하여

원심이 원고가 이 사건 임야에 관한 소유권이전등기를 마치기 위해 지출한 등록세 8,882,000원 상당의 손해배상청구를 기각한 것은, 피고가 매매대금을 정기예금에 예치하여 얻은 이자는 이를 반환할 의무가 없음을 전제로 하여, 그 초과반환금 상당의 부당이득반환채권을 자동채권으로 한 피고의 상계항변을 받아들였기 때문인데, 앞서 살펴본 바와 같이 원심의 이러한 전제가 잘못된 것인 이상, 위 등록세 상당의 손해배상청구에 관한 원심의 판단 역시 그대로 유지될 수 없다. 이 점에 관한 상고이유의 주장은 결국 이유 있다.

[판결 2]에 관하여 생각할 점

1. 이해의 편의를 위하여 이 사건의 사실관계와 원고의 주장을 요약하면 다음과 같다. 피고(종중)는 원고에게 자신이 소유하던 임야를 매매대금 총 750,000,000원에 매도하기로 하는 계약을 체결하고, 그 이후 매매대금을 모두 지급받고 임야의 등기를 넘겨주었다. 피고는 그 매매대금을 정기예금계좌에 입금하여 보관

하던 중 정기예금에 붙은 이자 47,079,030원을 인출하여 사용하였다. 그런데 그 이후 매매계약의 원인무효를 이유로 원고 명의로 이루어진 등기말소를 명하는 판결이 확정되고, 피고는 정기예금계약을 해지하여 원고에게 잔여예금 전액 및 그때까지의 정기예금 이자를 반환하였다. 원고는 그 이외에도 이미 피고가 인출하여 사용한 정기예금 이자 47,079,030원도 부당이득으로 반환청구하였다. 이 사건의 원심법원은 피고가 원고로부터 받은 매매대금을 정기예금계좌에 예치하여 얻은 이자는 운용이익으로서 반환할 의무가 없다고 판시하였다. 이에 대하여 대법원은 "위 정기예금이자 상당액은 사회통념상 피고의 행위가 개입되지 아니하였더라도 위 매매대금으로부터 원고가 통상 취득하였으리라고 생각되는 범위 내의 이익"에 해당하므로 반환할 의무가 있다고 판시한 것이다. 결국 이 사건의 쟁점은 정기예금이자가 손실자인 원고도 통상 취득하였을 이익인지의 여부였다. 이 쟁점에 관하여 어떻게 생각하는가? 대법원은 어떠한 사실관계에 주목하여 정기예금이자를 부당이득반환대상에 포함시켰는가?

2. 만약 피고가 그 사이에 매매대금으로 주식투자를 하여 정기예금 이자를 훨씬 상회하는 수익을 올렸다면 그 수익은 반환되어야 하는가? 거꾸로 주식투자가 잘못되어 오히려 원본마저 줄어들었다면 어떠한가?

3. 운용이익의 반환제한에 관한 법리는 능력과 수완이 뛰어난 자에게 타인의 재산을 부당이득하게 할 동기를 제공하지는 않는가? 그의 입장에서는 어차피 통상적인 수익에 대한 반환의무만 부담하고 그 수익을 초과하는 부분은 자신에게 귀속되므로 타인의 재산을 부당이득하는 것이 경제적으로 유리한 결과를 가져오지 않는가?

2. 가액반환을 해야 하는 경우

수익자가 원물을 반환할 수 없는 때에는 그 가액을 반환해야 한다(제747조 제1항). 예컨대 타인의 노무로 인하여 무형적 이익을 얻은 경우나 타인의 재산을 무단이용하여 이익을 얻은 경우 등에는 성질상 원물의 반환이 불가능하므로 가액을 반환해야 한다. 또한 본래 원물반환이 가능하였으나 그 원물이 소비, 처분 또는 멸실되어 더 이상 원물 그대로 반환하는 것이 불가능해진 경우에도 가액을 반환한다.[13] 이때 원물반환의 불가능이 수익자의 유책한 행위로

---

13) 이는 대체물의 경우도 포함한다. 따라서 대체물을 취득하였다가 이를 처분하였다면 동종

야기되었을 필요는 없다. 한편 가치표상수단으로서의 금전을 취득하여 이익을 얻은 경우에도 원물로서의 금전을 반환하는 것이 불가능할 뿐만 아니라 그렇게 하는 것이 별다른 의미도 없으므로 가액으로 반환하면 충분하다. 또한 수익자가 얻은 목적물이 부합되어 이를 분리반환하기 곤란하게 된 경우에도 보상금의 형태로 가액반환이 이루어진다(제261조).

여기에서의 「가액」은 원물의 객관적 가치를 금전적으로 환산한 액수이다. 예컨대 A가 시가 200만 원 상당인 B의 물건을 법률상 원인없이 점유하다가 이를 제3자에게 300만 원에 처분하여 그 물건의 반환이 불가능하게 되었다면, B는 A에게 그 물건의 객관적 가치, 즉 200만 원을 반환하게 된다. 하지만 대부분의 경우 처분의 대가가 물건의 객관적 가치로 인정될 가능성이 높다.[14]

3. 관련 문제: 악의의 무상전득자의 반환의무

수익자가 그 이익을 반환할 수 없는 경우에는 수익자로부터 무상으로 그 이익의 목적물을 양수한 악의의 제3자가 그 부당이득반환책임을 부담한다(제747조 제2항). 본래는 수익자가 손실자에게 부당이득을 반환해야 한다. 그런데 수익자가 부당이득을 반환할 수 없는 상태이고 악의의 무상양수인이 존재한다면, 무상양수인보다 손실자를 보호하는 것이 타당하다. 따라서 민법은 특별규정을 두어 악의의 무상양수인에게 그 반환책임을 지우는 것이다. 우리 민법은 일반적으로 제3자 보호규정을 해석하고 운용함에 있어서 제3자가 권리를 무상 취득하였는지 여부는 고려하지 않는 태도를 취하고 있는데, 그 점에서 반환책임요건으로서 악의의 양수인이 "무상"일 것을 요구하는 이 조항은 특기할 만하다. 다만 급부부당이득과 관련하여서는 유인주의(有因主義)를 취하는 이상 손실자는 소유권에 기하여 제3자를 상대로 직접 물권적 청구권을 행사할 수 있으므로 제747조 제2항의 실익은 현저히 줄어들게 된다.

수익자가 그 이익을 반환할 수 없는 경우는 수익자가 원물뿐만 아니라 그 가액도 반환할 수 없는 경우를 의미한다. 여기에는 선의의 수익자가 현존이익도 없는 경우(제748조 제1항 참조), 수익자에 대한 부당이득반환청구권이 시효소멸한 경우 등 법적으로 수익자에게 부당이득반환의무가 없는 경우뿐만 아니라,

---

동량의 물건을 반환하는 것이 아니라 가액을 반환할 것이다.
14) 대판 1995.5.12, 94다25551 등.

수익자에게 원물도 없고 가액을 반환할 자력도 없는 경우, 수익자의 소재를 찾을 수 없는 경우 등 사실상 수익자에게 부당이득반환을 기대할 수 없는 경우도 포함된다. 한편 증여나 유증 등을 원인으로 무상양수가 이루어져야 한다. 마지막으로 제3자가 양수 당시 그 목적물이 양도인에 의하여 부당이득된 것이라는 사실을 알고 있었어야 한다. 이러한 요건이 충족되면 제3자는 원물반환 또는 그것이 불가능하면 가액반환책임을 부담하고, 그 반환범위는 악의의 수익자에 관한 제748조 제2항에서 정한 바에 따른다.

Ⅲ. 부당이득반환의 범위

수익자는 자신이 받은 목적물, 즉 원물을 반환하거나 그것이 불가능하면 가액을 반환해야 한다. 그런데 수익자는 법률상 원인없음을 알고 있었는지 여부에 의하여 선의 수익자와 악의 수익자 중 하나에 속한다. 한편 민법 제748조 제1항은 선의수익자는 받은 이익 중 「현존이익」만 반환하면 된다고 하여 그 반환책임을 감축하고, 제2항은 악의수익자는 받은 이익뿐만 아니라 「이자」도 붙여서 반환하고, 나아가 손해가 있으면 「손해배상」까지 하도록 하고 있어 그 반환책임을 가중한다. 그러므로 이념적으로 수익자의 반환범위는 「받은 이익」(원물 또는 가액의 형태이고, 여기에서의 원물에는 원물로부터 실제로 생긴 과실이나 사용이익이 포함된다)이지만, 민법 제748조의 존재로 말미암아 실제로 적용되는 수익자의 반환범위는 ① 그 받은 이익 중 「현존이익」으로 감축되거나(선의 수익자), ② 「받은 이익」 이외에도 「이자」(실제로 이자 상당의 사용이익을 받았는지는 불문한다) 및 경우에 따라서는 「손해배상」으로 확장된다(악의 수익자).

1. 선의 수익자의 반환범위(제748조 제1항)

(1) 선의의 수익자는 그 받은 이익이 현존하는 한도에서 반환의무를 부담한다. 이는 자신의 재산취득이 유효한 것으로 믿었던 수익자의 신뢰를 보호하기 위한 것이다. 따라서 수익자가 취득한 물건이 아무런 대가 없이 멸실된 경우나 타인에게 무상으로 증여한 경우 등에는 수익자에게 현존이익이 존재하지 않으므로 아무런 반환책임을 지지 않는다. 원물이 손상되었다면 손상된 그대로 반환하면 된다. 또한 수익자가 물건을 취득하는 과정에서 불가결하게 지출한

비용은 그 취득으로 인한 현존이익에서 공제되어야 한다. 반면 원물은 없어졌으나 그로 인하여 재산이 증가하거나 재산의 지출을 면한 경우, 예를 들어 원물의 처분대가를 받아 보유하고 있거나 원물멸실로 인하여 보험금청구권을 취득한 경우에는 이익이 현존하는 것이다.

현존이익은 실제로 반환할 때를 기준으로 결정한다. 다만 그 반환이 소의 제기에 따른 판결로 이루어지는 경우에는 수익자는 그 소가 제기된 때로부터 악의로 간주된다는 점에 유의한다(제749조 제2항).

이러한 현존이익의 존재는 누가 증명해야 하는가는 재판실무상 중요한 문제이다. 판례는 현존이익의 존재는 반환청구자가 증명해야 한다는 태도를 취하는 듯하나,[15] 수익자가 부당이득한 것이 금전 또는 이와 유사한 대체물이라면 그 이익의 현존이 추정된다고 한다.[16] 그러나 법률상 원인없이 타인의 손해에 기초하여 이득을 얻었다면 그 이득 자체를 반환하는 것이 원칙이고, 제748조 제1항은 선의의 수익자에 한하여 이를 수정하는 조항이라는 점을 고려하면, 그 이득이 금전인지 여부를 불문하고 현존이익은 추정되고 선의의 수익자가 그 추정을 깨도록 하는 것이 타당하다.[17]

(2) 민법 제201조 제1항은 점유자와 본권자의 관계에 있어서 선의의 점유자의 과실취득권에 관하여 규정한다. 따라서 본권자가 선의의 점유자를 상대로 점유반환을 구하는 물권적 청구권을 행사하더라도 제201조 제1항 때문에 과실의 반환은 청구하지 못한다. 한편 손실자가 수익자를 상대로 점유반환을 구하는 또다른 형태로서 부당이득반환청구권의 행사가 있다. 그런데 이때는 부당이득의 반환범위에 관한 민법 제748조 제1항이 적용되므로 선의의 점유자라도 현존이익의 범위 내에서는 과실도 반환해야 한다. 그렇다면 본권자 겸 손실자가 선의의 점유자 겸 선의의 수익자를 상대로 점유반환을 구하는 상황, 즉 양 조항이 모두 적용될 수 있는 상황에서 과연 과실반환이 이루어져야 하는가는 둘 중 어느 조항이 적용되는가에 따라 달라진다. 그러므로 둘 중 어느 조항이 우선적용되는가 하는 문제가 발생한다.

---

15) 대판 1970.2.10, 69다2171.

16) 대판 1969.9.30, 69다1093; 대판 1987.8.18, 87다카768; 대판 1996.12.10, 96다32881; 대판 2005.4.15, 2003다60297; 대판 2009.5.28, 2007다20440, 20457.

17) 현존 이익의 추정이 깨진 사례로 대판 2003.12.12, 2001다37002; 대판 2022.10.14, 2018다244488 참조.

이에 대하여 종래 다수의 견해는 원물반환에 있어서는 제201조 제1항이 우선적용되어야 한다고 하면서 다음과 같은 취지로 설명한다.[18] 이러한 입장은 민법 제201조 내지 제203조는 비록 물권편에 위치하고 있지만, 그 실질에 있어서는 점유자가 본권 없이 점유라는 이득을 취하는 경우, 즉 부당이득의 관계를 규율하는 조항들로서 특수한 부당이득반환의 내용을 정하는 특칙이라고 한다. 나아가 점유자에게 본권이 있는 경우(예컨대 無因性의 원칙이 적용되는 경우)는 본권자와 (본권이 없는) 점유자의 관계라고 할 수 없음에도 불구하고 제201조 이하의 규정이 유추 적용되어야 하는데, 그렇게 보지 않으면 본권을 취득한 자의 반환범위[19]가 그렇지 않은 자의 반환범위[20]보다도 더 넓게 되어 균형을 잃기 때문이라고 한다. 그러므로 제201조 제1항이 적용되는 경우, 즉 재산상 이해관계의 조정이 현물반환의 형식으로 행하여지는 범위 내에서는 이를 제748조 제1항의 특칙으로 보아 그 반환범위는 통일적으로 제201조 제1항에 따라 정해야 한다. 판례도 이와 같은 태도를 취하고 있다.[21] 그러나 이러한 입장에 대해서 제201조 내지 제203조는 침해부당이득의 반환에 관한 특칙일 뿐이므로 급부부당이득이 문제되는 경우에는 민법 제747조 및 제748조를 적용해야 한다는 견해가 유력하다.[22]

2. 악의 수익자의 반환범위(제748조 제2항, 제749조)

(1) 악의의 수익자는 받은 이익뿐만 아니라 이자지급 및 손해배상의무도 부담한다(제748조 제2항). 여기에서 악의의 수익자는 법률상 원인 없음을 알면서 이득을 얻은 사람을 말한다. 법률상 원인 없음을 알아야 하므로 단지 법률상 원인이 없도록 만든 사정, 즉 부당이득반환의무의 발생요건에 해당하는 사실이 있음을 인식하는 것만으로는 부족하다.[23] 법률상 원인 없음을 알지 못한 수익자는 선의의 수익자이고 그 알지 못한 데 과실이 있다고 악의의 수익자로

---

18) 이에 관하여는 우선 곽윤직, 채권각론, 349-350 참조.
19) 제748조 제1항에 따라 현존이익 범위 내에서 과실반환의무를 부담한다.
20) 제201조 제1항에 따라 과실반환의무를 부담하지 않는다.
21) 대판 1987.9.22, 86다카1996, 1997; 대판 1993.5.14, 92다45025; 대판 2002.11.22, 2001다6213.
22) 이에 관하여는 우선 민법주해 IV, 361-363 (양창수) 및 민법주해 XVII, 550 (양창수); 이영준, 물권법, 355 참조.
23) 대판 2010.1.28, 2009다24187; 대판 2018.4.12, 2017다229536.

취급되지는 않는다. 한편 선의의 수익자가 도중에 법률상 원인 없음을 알게 되었다면 그때부터 악의의 수익자로서의 책임을 진다(제749조 제1항).

　(2) 부당이득의 수익자가 악의라는 점에 대한 증명책임은 악의를 주장하는 측(악의의 수익자로서의 부당이득반환책임을 주장하는 측)이 부담한다.[24] 악의는 수익자의 주관적인 심리상태 내지 인식상태에 관한 것이므로 직접 증명하기 어렵다. 그러므로 객관적인 사실관계에 비추어 경험칙에 따라 그 심리상태를 추단하는 방식으로 판단하는 것이 일반적이다. 민법 제749조 제2항은 그 대표적인 예를 입법화한 것이다. 이에 따르면 선의의 수익자가 패소한 때에는 그 소를 제기한 때부터 그를 악의의 수익자로 본다(제749조 제2항). 이때의 "소"는 부당이득을 이유로 그 반환을 청구하는 소송을 의미하고,[25] "패소"는 패소확정 판결이 내려진 경우를 의미하며, "소를 제기한 때"는 소장부본이 송달된 날을 의미한다. 이와 같이 부당이득반환청구소송을 당하였고 실제로 패소확정에 이르기까지 한 사건이라면 수익자로서는 최소한 소장부본을 송달받은 날부터는 자신의 이득이 법률상 원인없음을 알았으리라고 보아 이를 법적으로 간주하는 것이다.

　(3) 악의의 수익자가 반환할 대상은 받은 이익과 그 이자이다. 받은 이익은 원물의 형태로 존재할 경우 원물 그대로 반환하고, 원물반환이 불가능하면 그 가액을 반환한다. 이자도 반환 대상이다. 이자는 금전 기타 대체물의 사용대가로 지급하는 금전 기타 대체물로서 약정 또는 법률의 규정에 의하여 발생한다. 부당이득 반환 시 부가하는 이자는 법률의 규정에 의하여 발생하므로 법정이자이다. 반환할 원물이 금전이거나 원물반환이 불가능하여 가액을 반환하는 경우 원칙적으로 연 5%의 법정이율이 적용된다(제379조).[26] 악의의 수익자가 실제 얻은 이익이 연 5%에 미치지 못하더라도 연 5%에 해당하는 법정이자를 반환해야 한다.[27] 이러한 법정이자 반환은 부당이득반환의 성질을 가진다.

---

24) 대판 2018.4.12, 2017다229536; 대판 2022.10.14, 2018다244488.

25) 대판 1974.7.16, 74다525; 대판 1987.1.20, 86다카1372.

26) 다만 부당이득의 기초가 된 급부가 상행위에 기하여 이루어졌고, 부당이득이 그 상행위와 밀접한 관련성이 있어 부당이득반환채무가 상행위로 인한 채무의 변형이라고 인정할 수 있다면, 상사법정이율인 연 6%(상법 제54조)를 적용할 수 있다. 한편 이율에 관한 별도 약정이 있다면 그 약정에 따른다. 그 약정이율이 법정이율보다 낮은 경우에도 약정이율에 따른다.

27) 대판 1994.12.13, 93다951.

법정이자가 발생하는 주된 반환의무가 상대방의 반환의무와 동시이행관계에 있더라도 법정이자는 계속 발생한다. 예컨대 매매계약이 무효이고 매도인이 악의의 수익자인 경우, 매도인의 매매대금 반환의무와 매수인의 소유권이전등기 말소등기절차 이행의무는 동시이행 관계에 있지만 매도인의 매매대금에 기초한 법정이자는 그 와중에도 발생한다.[28] 법정이자의 이행지체 시에는 이에 대한 지연배상을 지급해야 한다.

악의의 수익자는 위와 같은 부당이득의 반환 이후에도 손해가 잔존한다면 그 손해를 배상해야 한다. 여기에서의 손해는 법정이자 상당액을 초과하는 손해를 의미한다. 예를 들어 무효인 대출계약에 따라 대주(貸主)가 얻을 수 있었던 약정이자와 법정이자의 차액[29] 상당액의 손해가 여기에 해당한다. 손해배상의 범위에 관하여는 민법 제393조가 적용된다. 따라서 해당 손해가 특별손해라면 그 손해발생을 상대방이 알았거나 알 수 있었던 경우에 한하여 배상대상이 된다.[30] 부당이득반환을 구하는 주체는 수익자에게 승소판결이 확정되어 악의의 수익자로 판단될 것을 전제로 받은 이익과 더불어 그 이자와 손해배상을 구할 수 있다.[31]

한편 타인의 토지를 권원 없이 사용·수익한 경우처럼 「받은 이익」 자체가 사용이익인 경우에 더 나아가 민법 제748조 제2항에 의하여 여기에 다시 이자를 부가할 것인가? 이는 민법 제201조 내지 제203조가 우선적으로 적용된다는 태도를 취하는 경우에 문제된다. 우선적으로 적용되는 제201조 제2항이 이자 부가 여부에 관하여는 침묵하기 때문이다. 아래 판결이 이 문제를 다루고 있다.[32]

---

28) 대판 2017.3.9, 2016다47478.
29) 예를 들어 은행이 1억원을 연 10%의 이자로 대출하여 주었는데 그 대출계약이 무효였고 차주(借主)가 그에 관하여 악의였다면 차주는 제748조 제2항에 따라 1억 원 및 이에 대한 법정이자 5% 상당액을 반환해야 한다. 하지만 은행이 그 돈을 다른 곳에 정상적으로 대출하여 주었더라면 약정이자 연 10% 상당액의 수익을 올릴 수 있었으므로 결과적으로 '약정이자-법정이자'의 손해를 본 것이다.
30) 대판 2002.2.5, 2001다66369 참조.
31) 대판 2016.7.29, 2016다220044.
32) 이에 관하여는 김재형, "점유자의 소유자에 대한 부당이득반환범위: 민법 제201조와 제 748조의 관계를 중심으로", 판례실무연구 Ⅶ, 2004. 참조.

[판결 3] 민법 제748조 제2항과 제201조 제2항의 반환범위의 관계: 대판 2003.11.14, 2001다61869

원심은, 피고가 아무런 권원 없이 원고 소유 토지의 상공에 송전선을 설치하여 소유함으로써 판시 면적에 해당하는 부분을 사용·수익하였으니 그 구분지상권에 상응하는 임료 상당액을 반환할 의무가 있다고 인정한 다음 나아가 이에 대하여 점유일 이후 소장부본 송달일까지의 법정이자 및 그 이자에 대한 지연손해금을 구하는 청구에 대하여는 민법 제201조 제2항이 민법 제748조 제2항에 우선하여 적용되므로 악의의 점유자는 수취한 과실만을 반환하면 족하고 여기에 이자를 가산하여 지급할 필요가 없다는 이유로 이를 배척하였다.

그러나 위 이자 등 청구 부분을 배척한 원심의 조치는 수긍할 수 없다.

타인 소유물을 권원 없이 점유함으로써 얻은 사용이익을 반환하는 경우 민법은 선의 점유자를 보호하기 위하여 제201조 제1항을 두어 선의 점유자에게 과실수취권을 인정함에 대하여, 이러한 보호의 필요성이 없는 악의 점유자에 관하여는 민법 제201조 제2항을 두어 과실수취권이 인정되지 않는다는 취지를 규정하는 것으로 해석되는바, 따라서 악의 수익자가 반환하여야 할 범위는 민법 제748조 제2항에 따라 정하여지는 결과 그는 받은 이익에 이자를 붙여 반환하여야 한다.

즉, 악의 점유자는 과실을 반환하여야 한다고만 규정한 민법 제201조 제2항이, 민법 제748조 제2항에 의한 악의 수익자의 이자지급의무까지 배제하는 취지는 아니기 때문에, 악의 수익자의 부당이득금 반환범위에 있어서 민법 제201조 제2항이 민법 제748조 제2항의 특칙이라거나 우선적으로 적용되는 관계를 이루는 것은 아니다.

그리고 위 조문에서 규정하는 이자는 당해 침해행위가 없었더라면 원고가 위 임료로부터 통상 얻었을 법정이자상당액을 말하는 것이므로 악의 수익자는 위 이자의 이행지체로 인한 지연손해금도 지급하여야 할 것이다.

그럼에도 원심은 민법 제201조 제2항이 민법 제748조 제2항의 특칙이라는 이유로 임료상당의 부당이득에 대한 점유일 이후 소장부본 송달일까지의 법정이자 및 그 이자에 대한 지연손해금 청구 부분을 배척하고 말았으니 이러한 원심판결에는 부당이득 반환의무의 범위에 관한 법리오해로 인하여 판결 결과에 영향을 미친 위법이 있다. 이 점을 지적하는 상고이유의 주장은 정당하다.

[판결 3]에 관하여 생각할 점

1. 이해의 편의를 위하여 이 사건의 사실관계와 원고의 주장을 요약하면 다음과 같다. 피고(한국전력공사)는 무단으로 원고의 공장용지 상공으로 특별고압가공 송전선을 설치하여 사용하고 있었다. 토지 소유권의 범위는 상공에도 미치는 것이므로 원고는 피고를 상대로 그 상공의 입체면적에 대한 임료 상당액 등의 부당이득반환을 구하였다. 원고가 반환을 구하는 금액을 유형별로 분류하면, ① 원고가 구하는 기간 동안의 임료 상당액, ② 임료 상당액에 대한 법정이자 5%, ③ 위 임료상당액 및 법정이자에 대한 지연손해금이었다. 원심 법원은 임료 상당액(①) 및 이에 대한 지연손해금(③의 일부)은 인용하였지만, 임료 상당액에 대한 법정이자(②)와 이에 대한 지연손해금(③의 일부)은 배척하였다. 대법원에서 다룬 쟁점은 원심이 받아들이지 않은 "임료 상당액에 대한 법정이자(②)와 이에 대한 지연손해금(③의 일부)"도 부당이득반환대상인가 하는 점이었다.

2. 민법 제201조 제2항과 민법 제748조 제2항은 각각 악의의 점유자 내지 악의의 수익자의 반환범위에 관하여 어떻게 규정하는가? 양자는 어떻게 다른가? 양자는 어떻게 조화롭게 해석될 수 있는가?

3. 이 사건에서 민법 제748조 제2항의 "받은 이익"에 해당하는 것은 무엇인가? 또한 "이자"에 해당하는 것은 무엇인가?

4. 이 사건에서 피고가 선의였다면 결론이 어떻게 달라졌을까?

5. 위 판결의 또 다른 쟁점은 점유자가 반환해야 할 법정이자에 지연손해금을 부가할 것인가 하는 부분이다. 점유자가 수취한 과실(이 사건에서는 임료 상당의 부당이득)에 법정이자를 부가하였는데 그 법정이자에 또다시 지연손해금을 부가하는 것은 이중의 불이익을 부담시키는 것이 아닌가? 한편 법정이자와 지연손해금은 어떻게 구별되는가? 이에 관하여 이자에 대한 지연손해금에 관한 대판 1996.9.20, 96다25302 및 지연손해금에 대한 지연손해금에 관한 대판 2004.7. 9, 2004다11582를 참고하라.

IV. 부당이득반환에 관한 기타 문제

1. 부당이득반환과 이행지체

부당이득반환의무는 기한의 정함이 없는 채무이므로 수익자는 이행청구를 받은 때[33]로부터 지체책임을 진다(제387조 제2항).[34] 다만 쌍무계약에 기하여 서로 견련관계에 있는 급부가 행하여진 이후 그 계약이 취소된 경우와 같이 서로 부당이득반환의무를 부담하는 때에는 양 의무 사이에는 동시이행관계가 존재하므로 그 관계가 깨지지 않는 이상 지체책임은 발생하지 않는다.

2. 부당이득반환청구권의 소멸시효

부당이득반환청구권은 그 발생과 동시에 행사할 수 있으므로 그 때부터 시효가 진행된다.[35] 한편 부당이득반환청구권의 소멸시효기간에 관하여 특별한 규정이 없으므로, 채권의 소멸시효기간에 관한 원칙규정인 민법 제162조에 따라 그 기간을 10년으로 보아야 한다.

그런데 단기소멸시효에 걸리는 채권의 원인행위가 무효, 취소 등의 사유로 효력이 없게 되었다면 이를 이유로 한 부당이득반환청구권도 단기소멸시효에 걸리는가? 예컨대 상행위로 인한 채권은 5년의 소멸시효에 걸리는데(상 제64조), 상행위의 무효, 취소 또는 해제로 인한 부당이득반환청구권도 5년의 소멸시효에 걸리는가? 「상행위로 인한 채권」은 계약상 채권이고, 「상행위의 무효, 취소 또는 해제로 인한 부당이득반환청구권」은 법정채권이므로 양자는 성격을 달리하여 전자의 시효기간이 후자에 그대로 적용되지 않는다고 할 여지도 있다. 그러나 상사채권의 시효기간을 단기로 정하는 것은 해당 상사거래관

---

33) 초일불산입 원칙(제157조)을 고려하면, 이는 이행청구를 받은 다음 날을 의미한다.

34) 대판 1995.11.21, 94다45753; 대판 2008.2.1, 2007다8914; 대판(전) 2018.7.19, 2017다242409.

35) 다만 대법원은 법인의 이사회결의가 부존재함에 따라 발생하는 제3자의 부당이득반환청구권처럼 법인이나 회사의 내부적인 법률관계가 개입되어 있어 청구권자가 권리의 발생 여부를 객관적으로 알기 어려운 상황에 있고 청구권자가 과실없이 이를 알지 못한 경우에는 이사회결의부존재확인판결의 확정과 같이 객관적으로 청구권의 발생을 알 수 있게 된 때로부터 소멸시효가 진행된다고 한다. 대판 2003.2.11, 99다66427, 73371; 대판 2003.4.8, 2002다64957, 64964.

계로 인한 분쟁을 단기간 내에 매듭지어 거래의 신속성과 안정성을 제고하기 위함이다. 이러한 요청은 상행위와 관련하여 발생한 부당이득반환청구권에서도 크게 다르지 않다. 따라서 이러한 요청이 존재하는 사안에서는 상법 제64조를 유추 적용하여 상사시효기간에 따르는 것이 타당하다.[36] 물론 이 역시 모든 사안에 기계적으로 관철해야 하는 것은 아니다. 만약 무효, 취소 등의 원인이 경제적 약자를 보호한다는 견지에서 인정되고 이러한 사회법적 성격이 원상회복관계의 상사성을 압도하는 경우에는 민사시효를 적용하는 것이 옳다.[37] 판례는 대체로 상거래로부터 발생한 부당이득반환청구권 또는 (해제의 경우) 원상회복청구권에 상사시효를 적용하고,[38] 상거래채무의 불이행으로 인한 손해배상채권에도 상사시효를 적용한다.[39] 그러나 이와 달리 10년의 민사시효를 적용하는 사례도 있다.[40] 이러한 태도를 혼란스럽다고 표현할 수 있을지 모르나, 대법원이 상사시효와 민사시효 중 어느 것을 적용할지를 판단함에 있어서는 당사자 사이의 청산적인 법률관계를 비교적 단기간 내에 종결시킬 필요성이 있는가에 대한 가치판단의 문제로 보아 사안별로 다른 결론에 이르는 것이라고 해석할 수 있다.

---

36) 이러한 설명은 다른 단기소멸시효와 관련하여서도 적용될 수 있다.

37) 민법주해 XVII, 541 (양창수). 또한 보험계약자가 다수의 계약을 통하여 보험금을 부정 취득할 목적으로 체결한 보험계약이 민법 제103조에 반하여 무효인 경우 보험자의 보험금에 대한 부당이득반환청구권은 상법 제64조를 유추 적용하여 5년의 상사 소멸시효기간이 적용된다고 본 대판(전) 2021.7.22, 2019다277812 참조.

38) 대판 1993.9.14, 93다21569(수리 불능에 따른 중기매매계약 해제로 인한 중기판매업자의 계약금반환채무에 상사시효 적용); 대판 2002.6.14, 2001다47825(주식회사와 은행 사이의 외국환거래약정에 포함된 손해배상금 지급약정이 약관의규제에관한법률에 위반되어 무효로 밝혀져 부당이득반환채권을 취득한 경우 상사시효 적용); 대판 2003.12.26, 2003다55080(이행불능에 따른 상가분양계약 해제로 인한 상가분양업자의 예탁금반환채무에 상사시효 적용); 대판 2007.5.31, 2006다63150(상행위에 해당하는 보증보험계약에 기초한 급부가 이루어짐에 따라 발생한 부당이득반환청구권에 대하여 상사시효 적용); 대판 2008.12.11, 2008다47886(보험사가 피보험자의 질권자에게 화재보험금을 지급하였으나, 그 화재가 피보험자의 고의로 인한 것이라는 이유로 보험금 상당의 부당이득반환청구를 하는 경우 상사시효 적용).

39) 대판 1997.8.26, 97다9260.

40) 대판 2003.4.8, 2002다64957, 64964(상행위에 해당하는 부동산 매매계약의 무효를 이유로 이미 지급한 매매대금 상당액을 부당이득 반환을 구하는 경우 민사시효 적용); 대판 2012.5.10, 2012다4633(임대인과 임차인 모두 주식회사인 건물임대차계약 종료 후 임차인이 임차건물을 무단으로 점유·사용하였다는 이유로 부당이득 반환을 구하는 경우 민사시효 적용).

I. 서　론

급부부당이득의 요건을 갖추었지만 부당이득반환청구권이 발생하지 않는 경우가 있다. 민법은 제742조부터 제746조까지 이에 관하여 규정하고 있다. 부당이득이 법질서의 이념에 따라 재화의 이동을 교정하는 최후의 수단이라는 점을 감안하면, 이러한 특칙들은 일반조항인 민법 제741조가 미처 세세하게 담아내지 못하는 법질서의 요청들을 반영한 조항들이다.

II. 악의의 비채변제(제742조)

1. 비채변제 일반

채무가 존재하지 않는데도 급부를 행하는 경우가 있다. 가령 이미 변제하여 채무가 소멸되었는데도 다시 변제하거나, 계약이 강행법규 위반으로 무효인데도 변제하는 경우 등이 그러하다. 이와 같이 채무가 없음에도 불구하고 행하여지는 변제를 비채변제라고 한다. 부당이득반환의 일반 원칙에 따르면 비채변제로 행하여진 급부는 법률상 원인 없으므로 급부부당이득으로 변제자에게 반환되어야 한다. 이처럼 부당이득반환청구권이 인정되는 본래의 비채변제를 강학상 협의(狹義)의 비채변제라고 부른다.[1] 그런데 민법은 비채변제에 관하여

---

1) 곽윤직, 채권각론, 360.

제742조 이하에서 특칙을 두어 부당이득반환청구권이 인정되는 협의의 비채변제와 달리 부당이득반환청구권이 제한되는 비채변제가 있음을 규정하고 있다. 악의의 비채변제는 그중 제742조에 규정되어 있다.

악의의 비채변제는 채무없음을 알고도 변제하는 비채변제를 말한다. 채무가 없음을 알면서도 변제한 자에게까지 법질서가 부당이득반환청구권을 부여하여 보호하여 주어야 하는가? 민법 제742조는 "채무없음을 알고 이를 변제한 때에는 그 반환을 청구하지 못한다"라고 규정하여 악의의 비채변제자의 부당이득반환청구를 제한한다. 이행거절이라는 간단한 방법으로 자신을 방어할 수 있는데도 그렇게 하지 않고 스스로 비채변제를 하였다가 다시 태도를 바꾸어 그 반환을 구하는 행태는 선행행위와 모순되는 행태이다. 이처럼 변제하지 않아도 되는데 이를 알면서 변제하였다가 다시 되돌려받으려는 행태를 용인하면 불필요한 법적 분쟁을 조장하게 된다. 민법 제742조는 이러한 불필요한 법적 분쟁의 원인을 제공하여 법 또는 법원에 무익한 부담을 제기한 변제자에게 불리한 법적 해결을 줌으로써 그 분쟁을 예방하거나 간명하게 해결하는 조항이다.[2]

2. 악의의 비채변제의 성립요건

(1) 채무이행을 위한 급부

일정한 채무를 변제하기 위한 급부가 행하여졌어야 한다. 이러한 급부에는 변제목적 지향성이 요구된다. 따라서 변제가 아니라 증여나 대여로서 제공된 급부에 대하여는 애당초 비채변제의 문제가 발생하지 않는다.[3] 이러한 급부는 일반적으로 변제의 형태로 이루어지지만, 대물변제, 공탁, 상계와 같이 변제에 준하는 사유에 기하여 이루어질 수도 있다. 그러나 강제집행에 기하여 이루어진 급부는 여기에서의 급부에 해당하지 않는다.

급부는 채무자가 채권자에게 행하는 것이 통상적인 모습이지만, 제3자가 제3자의 채무변제로서 행한 급부(제469조 참조)도 채무이행을 위한 급부에 해당

---

2) 양창수, "비채변제: 민법 제742조의 입법취지에 따른 재조명", 민법연구 제7권(2005), 313면.

3) 다만 증여도 계약의 일종이므로 상대방이 승낙할 때 비로소 증여로서 성립한다. 따라서 급부자만 증여의 의사를 가지고 수령자에게 그러한 의사가 없었다면, 증여계약은 성립하지 않고 부당이득이 된다. 곽윤직, 채권각론, 361.

한다. 따라서 제3자가 채무없음을 알면서도 위와 같이 급부하였다면 민법 제742조에 따라 반환청구를 할 수 없다. 또한 이행의 상대방이 채권자 또는 변제수령권자가 아니어서 변제의 효과를 가지지 못하는 때에도 민법 제742조가 적용된다. 나아가 변제가 채무의 내용에 좇은 것이 아니라도(일부급부나 불완전급부) 이 조항이 적용된다. 원래의 의미의 변제 이외에도 대물변제, 공탁, 상계와 같이 변제에 준하는 사유도 마찬가지로 채무이행을 위한 급부로 파악한다.[4]

(2) 채무의 부존재

변제 당시 채무가 존재하지 않아야 한다. 채무가 처음부터 전혀 존재하지 않은 경우(예컨대 피상속인이 채무를 부담한 바가 없는데도 부담하였다고 생각하여 상속인이 이를 변제하는 경우)뿐만 아니라, 채무발생의 원인인 법률행위가 무효이거나 취소 또는 해제된 경우도 포함한다. 일단 채무가 발생하였다가 변제나 채무면제, 소멸시효[5] 등의 이유로 그 채무가 이미 소멸한 경우도 포함한다. 하지만 취소사유 또는 해제사유가 존재하더라도 실제로 취소 또는 해제되지 않았다면 채무가 여전히 존재하므로 채무의 부존재 요건이 충족되지 않는다.

급부가 불법원인급여에 해당하는 경우에는 민법 제746조가 우선하여 적용된다. 민법 제464조에 따라 채무자에게 양도할 능력, 즉 행위능력이 없어 그 처분행위가 취소된 때에도(법문에서는 이를 "변제가 취소된 때"라고 표현하고 있다) 채무를 발생시킨 원인행위 자체가 취소되지 않았다면 채무는 여전히 존재하고 있으므로 비채변제에 해당하지 않는다.

(3) 변제자가 채무 없음을 알았을 것

변제자가 급부의무의 부존재를 인식하였어야 한다.[6] 이러한 급부의무의 부존재를 인식하고도 스스로 변제로 나아간 후 태도를 바꾸어 반환을 구하는 것은 모순된 행태이므로 이를 허용하지 않겠다는 것이 민법 제742조의 입장이다. 다만 이는 채무 없이 급부한 것을 돌려받지 못하게 하는 결과를 가져오게

---

4) 민법주해 XVII, 390 (양창수).
5) 소멸시효완성의 효과에 관한 절대적 소멸설을 취하는 경우이다. 이때 이러한 비채변제는 동시에 소멸시효 이익의 포기에 해당할 수도 있다(대판 1993.10.26, 93다14936). 한편 소멸시효완성사실을 알지 못하여 변제한 경우는 "채무없음을 알고 한 변제"에 해당하지 않지만 민법 제744조의 도의관념에 적합한 비채변제가 되어 반환을 청구하지 못한다.
6) 이러한 인식은 변제자가 채무자라면 채무자, 제3자라면 제3자를 기준으로 판단한다.

하는 요건이므로 판례는 이 요건을 엄격하게 해석한다. 변제자는 선의로 변제하였다고 추정한다. 일반적으로 채무의 부존재를 알면서 변제하지는 않기 때문이다.[7] 그러므로 부당이득을 반환하지 않으려는 변제수령자는 변제자의 악의를 증명해야 한다.[8] 변제자가 선의라면 과실이 있더라도 민법 제742조가 적용되지 않는다.[9] 따라서 이때 변제자는 급부의 반환을 구할 수 있다. 한편 변제자가 채무 없음을 알았더라도 반환청구권을 유보하였다면 그 유보에 기하여 반환청구를 할 수 있다.[10] 다시 말해 민법 제742조가 적용되지 않는다.

한편 변제자가 채무없음을 알면서도 어쩔 수 없이 변제해야 할 만한 합리적 사정이 있었던 경우에는 반환청구가 배제되지 않는다. 채무없음을 알고 변제한 자를 부당이득제도로 보호하지 않는 것은 스스로의 불이익을 자초한 뒤 그에 모순되는 청구를 하는 자까지 보호할 필요성이 크지 않기 때문인데, 변제할 수밖에 없었던 불가피한 사정이 있었던 자는 여전히 보호할 필요성이 존재하기 때문이다. 판례도 그와 같이 해석하고 있다. 즉 대법원은, 비채변제는 지급자가 채무 없음을 알면서도 임의로 지급한 경우에만 성립하고, 채무 없음을 알고 있었다 하더라도 변제를 강요당한 경우나 변제 거절로 인한 사실상의 손해를 피하기 위하여 부득이 변제하게 된 경우 등 그 변제가 자기의 자유로운 의사에 반하여 이루어진 것으로 볼 수 있는 사정이 있는 때에는 지급자가 그 반환청구권을 상실하지 않는다고 한다.[11] 대체로 지급자가 강제집행의 위험에 직면하고 있거나[12] 상대방에게 변제하지 않으면 불이익을 고스란히 입을 수밖에 없거나[13] 변제하지 않으면 형사책임을 질 수 있는 경우[14] 등 지급자와 상대방 사이에 사실상 힘의 불균형이 존재하는 상황에서 적용된다. 민법 제742조

---

7) 곽윤직, 채권각론, 362.
8) 대판 1962.6.28, 61다1453.
9) 대판 1998.11.13, 97다58453.
10) 대판 1992.2.14, 91다17917.
11) 대표적으로 대판 1988.2.9, 87다432(회사를 인수한 자가 전기를 독점적으로 공급하는 한전으로부터 전기공급을 받기 위해 다른 방도가 없어서 인수하지도 아니한 그 회사의 체납전기요금채무를 부득이 변제하게 된 경우에는 그 반환을 구할 수 있다고 한 사례). 그 이후에도 같은 취지의 판결들이 이어지고 있다. 가령 대판 1992.2.14, 91다17917; 대판 1997.7.25, 97다5541; 대판 2006.7.28, 2004다54633 등.
12) 대판 1967.9.26, 67다1683.
13) 대판 1988.2.9, 87다432; 대판 1992.2.14, 91다17917.
14) 대판 1992.7.28, 92다18535.

와 관련된 대부분의 재판례들은 이 쟁점에 집중되어 있다. 아래에서는 이에 관하여 다른 결론에 이른 두 개의 판결을 살펴보도록 한다.

[판결 1] 악의의 비채변제에 해당한다고 본 사례: 대판 2004.1.27, 2003다46451

　　1. 원심판결 이유에 의하면, 원심은 기초사실로, 원고가 1999. 9. 28. 피고와 사이에 광주시 퇴촌면 오리 13 답 1101㎡와 같은 리 13(14의 오기로 보인다) 답 159㎡(이하 '이 사건 부동산들'이라 한다)에 관하여 채권최고액 7,000만 원의 근저당권설정계약을 체결하고 피고에게 액면금 7,000만 원의 약속어음을 발행하여 준 후, 그 다음날인 29. 이 사건 부동산들에 관하여 피고 앞으로 채권최고액 7,000만 원의 근저당권설정등기(이하 '이 사건 근저당권'이라 한다)를 경료하여 준 사실, 그 후 피고는 2000. 3. 29.경 이 사건 근저당권을 실행하여 수원지방법원 2000타경8115호로 이 사건 부동산들에 관한 임의경매절차가 진행되었고, 2000. 8. 29. 피고가 최고가매수신고인으로 이를 낙찰받은 사실, 원고가 피고에게 위 경매신청을 취하해 달라고 하자 피고는 7,000만 원의 지급을 요구하였고, 이에 따라 원고는 2000. 10. 12. 피고에게 7,000만 원을 지급하였으며, 피고는 그 무렵 이 사건 근저당권을 말소하고 위 경매신청도 취하한 사실을 인정한 다음, 이 사건 근저당권의 피담보채무는 3,000만 원에 불과하므로 피고에게 지급한 7,000만 원 중 4,000만 원은 부당이득으로서 반환하여야 한다는 원고의 주장에 대하여, 채용 증거들에 의하여 이 사건 근저당권의 피담보채무액과 관련한 판시와 같은 사실을 인정한 후, 이에 터잡아 위 피담보채무액은 이 사건 약품대금 채무 중 잔존채무 2,400만 원을 포함한 5,400만 원이라고 판단하고, 원고가 피고에게 이 사건 근저당권의 피담보채무를 초과하여 지급한 1,600만 원은 자신이 채무가 없음을 알면서도 변제를 한 것이므로 원고는 그 반환을 구할 수 없다는 피고의 항변에 대하여는, 원고는 이 사건 부동산들에 관하여 피고가 임의경매신청을 하자 사실상의 손해를 피하기 위하여 피고에게 그 요구금액 전부를 지급한 것으로서 그 변제가 원고의 자유로운 의사에 의한 것이라고 보기 어려우므로 원고가 위 초과지급 부분에 대한 상환청구권을 상실하지 않는다는 이유로 위 항변을 배척하여, 피고의 위 초과지급액 1,600만 원 및 이에 대한 지연손해금 반환의무를 인정하였다.

　　2. 가. 기록에 비추어 살펴보면 위 피담보채무액의 확정에 관한 원심의 조치는 정당한 것으로 수긍할 수 있고, 거기에 채증법칙을 위반하여 사실을 잘못 인정한 위법이 있다고 할 수 없다.

나. 그러나 원심이 피고의 비채변제 항변을 배척한 점은 납득하기 어렵다.

지급자가 채무 없음을 알면서도 임의로 지급한 경우에는 민법 제742조 소정의 비채변제로서 수령자에게 그 반환을 구할 수 없으나, 지급자가 채무 없음을 알고 있었다고 하더라도 변제를 강제당한 경우나 변제거절로 인한 사실상의 손해를 피하기 위하여 부득이 변제하게 된 경우 등 그 변제가 자유로운 의사에 반하여 이루어진 것으로 볼 수 있는 사정이 있는 때에는 지급자가 그 반환청구권을 상실하지 않는다 할 것이나(대법원 1988.2.9. 선고 87다432 판결 등 참조), 이 사건에 있어 원고가 피고에게 지급한 7,000만 원 중 이 사건 근저당권의 피담보채무 5,400만 원을 초과한 1,600만 원 지급 부분이 원고의 자유로운 의사에 반하여 이루어진 것으로서 원고가 그 반환청구권을 상실하지 않는다고 볼 것인지는 의문이 아닐 수 없다.

우선 원심은 이 사건 부동산들에 관한 임의경매가 진행중이었다는 점을 중시하여 원고의 위 변제가 자유로운 의사에 반하여 이루어진 것이라고 본 듯하나 단순히 위 피담보채무의 담보목적물인 이 사건 부동산들에 관한 경매가 진행중이었다는 사실만으로 원심과 같이 볼 수 있는 것은 아니고(대법원 1980.11. 11. 선고 80다71 판결 참조), 기록상 그와 같이 볼 자료도 없어 보이며, 오히려 기록에 의하면 원고는 이 사건 부동산들이 2억 원 이상의 가치가 있다고 주장하고 있는 점{이 사건 부동산들에 관하여 위 경매취하 직후인 2000. 11. 6.자로 채권최고액 2억 원의 근저당권설정등기가 경료되었다(기록 15면 참조)}, 피고는 이 사건 경매절차에서 원고가 주장하는 이 사건 부동산들의 실제가치에 훨씬 못미치는 4,100만 원에 최고가매수신고인으로 신고하여 낙찰허가를 받았고, 특별한 사정이 없는 한 이 사건 근저당권의 피담보채무와 위 낙찰대금을 상계하는 방법으로 새로운 금원 지출 없이도 이 사건 부동산들의 소유권을 취득할 수 있었을 것으로 보이는 점, 원고는 2000. 10. 12. 피고에게 7,000만 원을 지급하고 피고로 하여금 위 경매신청을 취하하게 함으로써 사실상 피고에게 이 사건 부동산들에 대한 낙찰자로서의 지위를 포기하게 한 점, 피고는 그 동안 이 사건 근저당권의 피담보채무액이 7,000만 원이라고 주장하여 왔던 것으로 보여지는 점 등이 인정되는바, 이와 같은 점을 고려하면 원고는 위 7,000만 원의 지급 당시 피고의 이 사건 부동산들에 대한 낙찰자로서의 지위까지 감안하여 그가 주장하는 피담보채무의 존재를 인정한 것으로 볼 여지가 많다고 할 것이다.

결국 원심이 원고의 이 사건 부당이득반환청구를 일부 받아들여 피고에게 1,600만 원의 반환을 명한 것은 심리를 다하지 아니하거나 비채변제에 관한 법리를 오해한 나머지 판결 결과에 영향을 미친 위법을 범한 것이라 할 것이고,

이와 같은 주장이 포함된 것으로 보이는 상고이유의 주장은 그 이유가 있다 할 것이다.

> **[판결 2] 악의의 비채변제에 해당하지 않는다고 본 사례: 대판 1988.2.9, 87다432**

2. 상고이유 2점에 대한 판단

논지는 원심인정의 사실만으로도 원고가 소외회사의 피고에 대한 체납전기요금채무를 인수한 것으로 인정하기에 충분함에도 불구하고 원심이 원고가 소외회사의 채무를 인수하였다는 피고주장을 배척한 것은 이유모순이고, 그렇지 않다고 하더라도 원고는 피고에 대하여 위 체납전기요금을 지급할 채무가 없음을 알면서도 이를 변제하였으므로 그 반환을 구할 수 없다고 하여야 할 것인데 원심이 소외회사의 체납전기요금을 청산하지 않으면 피고가 원고에 대하여 전기공급을 하지 않겠다고 고집하므로 원고가 부득이 이를 변제하게 되었다는 사정만으로 원고의 위변제는 임의의 변제가 아니어서 그 반환을 구할 수 있다고 판단한 것은 당원 1979.11.29. 선고 78다2487 판결 및 1980.11.11. 선고 80다71 판결에 각 배치된다는 것이다.

살피건대, 원심판결에 이유모순의 위법이 있다는 점은 소송촉진등에관한특례법 제11조 제1항 소정의 권리상고사유에 해당되지 아니하므로 그 부분 논지는 더 나아가 볼 것도 없이 이유없으며, 민법 제742조 소정의 비채변제는 지급자가 채무없음을 알면서도 임의로 지급한 경우에만 성립하고 채무없음을 알고 있었다 하더라도 변제를 강제당한 경우나 변제거절로 인한 사실상의 손해를 피하기 위하여 부득이 변제하게 된 경우 등 그 변제가 자기의 자유로운 의사에 반하여 이루어진 것으로 볼 수 있는 사정이 있는 때에는 지급자가 그 반환청구권을 상실하지 않는다고 하여야 할 것인바(당원 1960.9.29. 선고 4293민상208; 1967.9.26. 선고 67다1683; 1976.12.14. 선고 76다2212 판결 등 참조), 원심이 위와 같은 취지에서 원고는 피고가 독점 공급하고 있는 전기공급을 받기 위하여서는 다른 방도가 없어서 인수하지도 아니한 소외회사의 체납전기요금채무를 부득이 변제하게 된 것이므로 그 지급물의 반환을 구할 수 있다는 취지로 판단한 것은 정당하고, 논지가 들고 있는 당원 1979.11.29. 선고 78다2487 판결은 채무없음을 알면서 퇴직금을 추가 지급한 것이 노동청의 지시에 의한 것이기는 하나 지급자가 노동청의 지시에 따르지 않을 수 없어 부득이 지급하게 된 것으로는 볼 수 없고 노동청의 지시가 채무없음을 알면서도 임의변제를 하게 된 하나의 계기가 되었을 뿐이었던 사안에 관한 것이고, 당원 1980.11.5. 선고 80다71판결 또한 상대방의 주장의 채무를 피담보채무로 한 경매가 진행중이었다는 사정만으로 그 변제가 임의의 변제가 아니었던 것으로 단정할 수 없음을 밝힌 것에 불과하여 모두 이 사건에 적합한 것이라 할 수 없으므로 원심판결이 당원의 판례에 배치된다는 논지부분 또한 이유없다.

[판결 1, 2]에 관하여 생각할 점

1. 판결 1, 2의 결론이 달라지게 된 근거는 무엇인가?
2. 민법 제742조는 「채무없음을 알고 한 변제」인지 여부를 중요한 요건으로 설정하고 있다. 그런데 대법원이 「자유로운 의사에 기한 변제」인지 여부에 따라 부당이득반환청구권의 발생 여부를 판단하는 것은 무슨 근거에서인가? 이러한 태도는 타당한가?
3. 판결 1에서 대법원은 원심 법원과 달리 원고가 나름대로의 비용/편익 분석을 통하여 자유로운 의사에 기하여 변제하기로 하는 결정을 내렸다는 점에 주목하여 부당이득반환청구권을 배제하는 취지의 결론에 이르고 있다. 그렇다면 판결 2에도 같은 논리가 적용될 수 없는가? 가령 원고는 소외 회사의 체납전기요금을 청산하지 않으면 전기공급을 받을 수 없는 상황에서 나름대로의 손익계산 내지 비용/편익 분석을 통하여 요금변제가 자신에게 유리하다고 판단한 뒤 자유로운 의사에 기하여 그 요금을 변제하기로 결정한 것 아닌가?

3. 악의의 비채변제에 있어서 부당이득반환청구의 배제

악의의 비채변제가 성립하면 변제자의 부당이득반환청구는 배제된다. 급부가 소유권의 이전 등 물권변동을 내용으로 하는 경우에는 반환청구가 배제되는 반사적 효과로 물권변동 자체가 유효하게 된다. 이는 아래에서 살펴 볼 불법원인급여(제746조)에 관한 대판(전) 1979.11.13, 79다483이 취하는 태도와 같다.

Ⅲ. 기한전 변제 및 기타의 비채변제

1. 기한전 변제(제743조)

민법 제153조는 기한은 채무자의 이익을 위한 것으로 추정되고, 채무자는 스스로 기한의 이익을 포기하고 기한 전에 변제할 수 있다고 규정한다. 한편 민법 제743조는 기한전 변제와 부당이득의 관계에 관하여 규정한다. 이에 따르면 채무자가 기한전에 채권자에게 변제하였더라도 채권자는 그 수령한 바를 부당이득으로 반환할 의무가 없다(제743조 본문). 기한전 변제에서도 채무 자체는 존재하고(따라서 이는 비채변제가 아니다), 채권자는 그 채무에 따른 변제를 받은 것이기 때문이다. 하지만 채권자가 기한 전에 미리 변제받게 됨으로써 발생하게 되는 이용이익(중간이자)은 부당이득에 속하므로 반환되어야 한다(제743조 단서). 다만 채무자가 변제기에 이르지 않았음을 알면서도 미리 변제하였다면 기한의 이익을 스스로 포기하였다고 볼 수 있다.[15] 이러한 경우에는 위와 같은 중간이자에 관한 부당이득반환의무도 없다(제153조 제2항).

민법 제743조는 이미 존재하는 채무에 관하여 변제기 전에 이행이 이루어진 경우에 적용된다. 따라서 아직 발생하지 않은 채무에 관하여는 민법 제743조가 적용되지 않는다. 가령 정지조건부 법률행위에서 아직 조건이 성취되지 않은 동안 그 법률행위에 기하여 장차 발생할 채무에 대하여 채무자가 이행을 한 경우에는 기한전 변제에 관한 제743조가 아니라 비채변제에 관한 제742조가 적용된다.[16] 다만 정지조건 성취 전의 채무이행에 대해서는 그 이행과 수령에 대해 묵시적인 합의가 인정되는 경우가 많다. 만약 이러한 묵시적인 합의가 인정된다면 그 변제는 그 합의에 기하여 이루어졌으므로 부당이득에 해당하지 않는다.

---

15) 대판 1993.8.13, 91다6856.
16) 민법주해 XVII, 408 (양창수).

[판결 3] 중간퇴직금의 수령과 그 법정이자 상당액의 부당이득 여부: 대판 1991.8.13, 91다6856

(1) 상고이유 제1점에 대하여 본다.

원심판결 이유에 의하면 원심은 거시증거에 의하여 원고는 1969. 3. 17. 소외 대한전선주식회사에 입사하여 기능직사원으로 근무하다가 1976. 6.경 5급 관리직 사원으로 보직이 바뀌었고 1978. 6. 6. 4급 관리직 사원으로 승진한 사실, 소외 대한전선은 1983. 2. 5. 피고에게 전자전기 사업부문 및 산업기기 사업부문의 영업을 양도하면서 위 영업양도에 따라 소외 대한전선의 종업원은 1983. 3. 1. 자로 피고가 모두 인수하기로 하되 퇴직금에 관하여는 종업원 개개인이 영업양도시점에서 퇴직금을 수령하지 아니하고 뒤에 피고 회사에서 퇴직할 때 소외 대한전선의 입사일로부터 피고 회사 퇴직일까지의 근속연수를 통산하여 퇴직금을 지급받을 것인지, 또는 소외 대한전선 입사일로부터 영업양도시점인 같은 해 2. 28.까지의 퇴직금을 계산 수령한 후 같은 해 3. 1.부터 피고 회사에 신규입사한 것으로 하고 그때부터 퇴직시까지의 새로운 근속연수를 계산하여 퇴직금을 지급받을 것인지의 여부를 자유의사에 따라 결정하도록 한 사실, 이에 따라 원고는 같은 해 2. 28. 피고 회사 퇴직시에 소외 대한전선의 입사시로부터의 근속연수를 통산하여 퇴직금을 지급받는 쪽을 선택한 사실, 원고는 위 영업양수 후에도 종전과 동일한 직급으로 동일한 업무를 계속하여 오다가 1988. 12. 31. 퇴직한 사실을 인정한 다음 원고의 퇴직금 산정의 기초가 되는 근속기간은 원고가 소외 대한전선에 입사한 때로부터 피고 회사를 퇴직한 때까지의 기간이 된다고 판시하고, 원고가 소외 대한전선 입사시부터 통산하여 퇴직금을 수령하겠다고 하였다가 그 후 위 의사를 스스로 철회하여 입사일로부터 1983. 2. 28. 까지의 퇴직금을 수령한 뒤 같은 해 3. 1. 피고 회사에 새로이 입사하는 절차를 밟았으므로 종전의 근로관계는 단절되었다는 피고의 주장에 대하여는, 원고가 퇴직금지급에 관한 의사를 스스로 철회하고 위 영업양도시점까지의 퇴직금을 수령한 뒤 피고 회사에 신규 입사하였다는 점을 인정하기에 족한 증거가 없는 반면 원고가 같은 해 2. 28. 이후에도 그 이전과 동일한 직급에서 계속 근무하여 온 사실과 피고 회사의 퇴직시까지 소외 대한전선 입사시부터의 근속연수를 통산하여 연차수당 및 근속수당을 지급받아 온 사실이 인정된다는 이유로 이를 배척하였는바 기록에 의하여 살펴보면 원심의 위와 같은 사실인정과 판단은 수긍이 되고 거기에 소론과 같이 채증법칙에 위배한 사실오인이나 심리를 다하지 아니한 위법이 있다고 할 수 없다. 논지는 이유없다.

(2) 상고이유 제2점을 본다.

원심판결 이유에 의하면 원심은 원고에 대한 피고의 중간퇴직처리가 무효라면 원고는 아무런 원인 없이 중간퇴직금을 수령한 것이므로 동 금원에 대한 법정이자 상당액은 부당이득으로서 피고가 원고에게 지급하여야 할 퇴직금에서 공제되어야 한다는 피고의 주장에 대하여 위 중간퇴직금은 원고의 의사에 반하여 피고 스스로 퇴직금의 일부를 미리 지급한 것일 뿐만 아니라 피고가 위 중간퇴직금의 반환청구를 하여 원고로 하여금 부당이득반환채무의 이행지체에 빠지게 하였다는 점에 대한 아무런 주장 입증이 없다는 이유로 이를 배척하였다.

그런데 민법 제743조의 규정에 의하면 채무자가 변제기에 있지 아니한 채무를 착오로 인하여 변제한 때에는 채권자가 이로 인하여 얻은 이익을 반환하도록 규정하고 있으므로 원심이 피고가 원고에게 중간퇴직금을 지급한 것을 변제기 전의 변제라고 인정하면서도 그로 인한 부당이득반환청구의 거부이유를 변제자인 피고의 착오 유무에 두지 않고 수령자인 원고의 자의 여부에 두고 있는 점이나 피고가 변제기 전의 변제로 인하여 원고가 얻은 법정이자 상당액의 부당이득반환을 구함에 대하여 중간퇴직금의 반환지체로 인한 지연손해금의 지급의무 유무를 판단한 점은 잘못이라고 할 것이다.

그러나 민법 제743조 소정의 "착오로 인하여"라 함은 변제기 전임을 알지 못하였음을 의미하므로 변제기가 도래했다고 오신하고서 변제한 경우에 한하고 변제기 전임을 알면서 변제한 자는 기한의 이익을 포기한 것으로 볼 것 이므로 원심의 사실인정과 같이 원고가 피고 회사 퇴직시에 소외 대한전선 입사시로부터의 근속연수를 통산하여 퇴직금을 지급받는 쪽을 선택하였다가 그 후에 중간퇴직방식을 택하기로 스스로 의사를 번복하여 중간퇴직금을 받은 것으로 인정할 수 없다면(오히려 원심이 배척하지 아니한 증인 강용환의 증언 및 변론의 전취지에 의하면, 피고는 관리직 사원들의 퇴직금부담을 줄이기 위하여 원고의 의사에 반하여 원고에게 중간퇴직금을 지급한 것으로 보인다) 피고가 원고에게 중간퇴직금을 지급하고 원고가 이를 수령하였다고 하더라도 이로써 피고가 착오에 의하여 변제기 전의 채무를 변제한 것이라고 보기는 어렵다고 할 것이다. 왜냐하면 피고와 같은 대기업이 위와 같은 중간퇴직처리가 퇴직으로서 아무런 효과가 없다는 것을 모르고 있었다고 보기는 어렵다고 할 것이고 가사 이를 모르고 있었다고 하더라도 이는 중대한 과실에 의한 것일 뿐만 아니라 피고가 중간퇴직처리의 무효를 알고서도 회사의 필요에 의하여 이를 강행한 것이라면 이는 변제기 전의 퇴직금에 대하여 기한의 이익을 포기하면서 이를 지급한 것과 같은 결과가 되었을 뿐이라고 보아야 하기 때문이다.

그렇다면 달리 피고의 위 중간퇴직금지급이 착오에 의한 것임을 인정할 수 있는 사정이 엿보이지 않는 이 사건에 있어서 변제기 전의 변제로 인한 법정이자 상당액의 부당이득을 피고가 원고에게 지급하여야 할 퇴직금에서 공제하여야 한다는 피고의 주장은 배척되어야 할 것이므로 원심의 판단은 그 이유설시에 다소 잘못이 있기는 하나 이를 배척한 결론에 잘못이 없고 판결결과에 영향이 없다 할 것이다. 논지도 이유없다.

[판결 3]에 관하여 생각할 점

1. 위 사건에서 대법원은 민법의 어떤 조항 중 어떤 부분을 적용하여 어떤 결론에 이른 것인가? 복잡하게 얽혀있는 사실관계 속에서 요건사실을 추출하여 법원의 논리를 다시 한번 정리하여 보라.

2. 판례는 근로계약이 존속하는 한 사업주의 퇴직금지급의무는 발생할 여지가 없고 근로계약이 종료되는 때에 비로소 그 지급의무가 생긴다고 한다(대판 1991.6. 28, 90다14560 등 다수). 이 사건에서 원고에 대한 피고의 중간퇴직처리가 무효라면 원고가 그 근로계약의 존속 중에 피고로부터 지급받은 중간퇴직금은 지급의무없이 이루어진 급부로서 기한전 변제에 관한 제743조가 아니라 비채변제에 관한 제742조가 적용되어야 하는 것이 아닌가? 이는 퇴직금청구권의 발생시기를 어떻게 파악할 것인가 하는 점과 관련있다. 퇴직금의 발생시기에 대한 학설로는 ① 퇴직 전에는 채권발생의 기초적 법률관계가 존재하는 것일 뿐 구체적인 퇴직금청구권이 발생하였다고 할 수 없다는 정지조건설과 ② 퇴직금청구권은 재직중에 이미 발생하고 있지만 그 이행기가 불확정시기인 퇴직시로 된 불확정기한부채권이라는 이행기설이 대립하고 있다는 점을 참고하라.[17]

2. 도의관념에 적합한 변제(제744조)

채무 없는 자가 착오로 급부를 한 경우에는 악의의 비채변제가 아니므로 민법 제742조가 적용되지 않는다. 따라서 급부의 반환청구를 할 수 있다. 그런데 민법 제744조는 그 변제가 도의관념에 적합한 것이면 급부의 반환청구를 할 수 없다고 규정한다. 여기에서 「도의관념에 적합」하다는 것은 그 급부에 의하여 도덕적 의무가 이행되는 것이거나 기타 그 급부가 수령자에게 그대로 보

---

17) 조윤신, "퇴직금 감액지급과 퇴직금 중간정산", 대법원판례해설 44, 2004, 987 이하 참조.

유되는 것이 일반 사람의 도덕감정에 맞는 것을 의미한다.[18] 예를 들어 법적인
부양의무(제974조 참조)가 없는 자가 가까운 친척에게 한 부양적인 급부 또는
법적인 부양의무의 범위를 넘어서서 행한 부양적인 급부, 소멸시효가 완성된
이후 시효완성의 사실을 알지 못한 채 채권자에게 행한 변제(시효완성의 효과에
관하여 절대적 소멸설을 취하는 경우),[19] 무상으로 행해진 중요한 재산적 출연 또
는 노무에 대하여 법적인 지급의무가 없는데도 지급한 대가나 포상금 등이 그
예이다. 이처럼 해당 급부가 도의관념에 적합하다면 그 급부에 대한 반환청구
를 할 수 없다. 대법원은 그 대상인 착오에 의한 비채변제가 강행법규에 위반
한 무효의 약정 또는 상대방의 고의·중과실의 위법행위에 기하여 이루어진 경
우에는 그러한 변제행위를 도의관념에 적합한 비채변제라고 속단하여서는 안
된다고 한다.[20] 대법원 판례 가운데에는 도의관념에 적합한 비채변제를 실제로
인정한 사례를 찾아보기 어렵고, 이를 부정한 사례들이 있을 뿐이다.[21]

3. 타인의 채무의 변제(제745조)

채무변제는 채무자가 하는 변제와 제3자가 하는 변제로 나눌 수 있다. 제
3자가 하는 변제는 다시 타인의 채무로서 하는 변제와 자신의 채무로 잘못 알
고 하는 변제로 나눌 수 있다.

타인의 채무를 「타인의 채무로서」 변제한 경우에는 제3자의 변제에 해당
하여 민법 제469조가 적용된다. 민법 제469조에 따르면 제3자에 의한 채무의
변제는 원칙적으로 유효하다. 변제가 유효하면 해당 채무는 소멸한다. 채권자
는 유효한 변제를 법률상 원인으로 하여 그 급부를 수령한 것이므로 채권자와
변제자 사이에는 부당이득의 관계가 성립하지 않는다. 타인의 채무를 변제한

---

18) 민법주해 XVII, 420 (양창수).
19) 시효완성의 사실을 알지 못하였다면 시효이익의 포기가 인정되지 않는다.
20) 대판 2008.10.9, 2007다67654.
21) 대판 1987.9.29, 87다카1137(회사로부터 책임을 추궁당한 경리담당이사가 자신에게 법적
    책임이 있다고 잘못 믿고 손해금의 일부로 금전을 지급하였다가 나중에 그 반환을 구한
    사례); 대판 1996.12.20, 95다52222, 52239(위탁교육 후의 의무재직기간 근무 불이행시
    급여를 반환토록 한 약정에 따라 근로자가 연수기간 중 지급받은 급여 일부를 반환하였
    다가 위 약정이 강행법규에 위반하여 무효라는 점을 이유로 그 급여의 재반환을 구한 사
    례); 대판 2008.10.9, 2007다67654(은행의 악의 또는 중과실이 개입한 부실대출이 실행되
    어 신용보증기관의 대위변제책임이 면제되는데도 신용보증기관이 이를 알지 못한 채 은
    행에 대위변제를 하였다가 그 변제금의 반환을 구한 사례).

변제자와 그 덕분에 자신의 채무를 면한 본래의 채무자 사이에 위임, 사무관리 또는 부당이득[22]의 문제가 발생할 수 있을 뿐이다. 한편 ① 채무의 성질 또는 당사자의 의사표시로 제3자의 변제를 허용하지 아니하는 때, ② 이해관계 없는 제3자의 변제로서 채무자의 의사에 반하는 때에는 그 변제는 효력이 발생하지 않는다(동조 제1항 단서 및 제2항). 이때에는 채권자와 변제자 사이에 부당이득의 관계가 성립하게 된다. 판례는 이러한 경우에 민법 제745조 제1항을 유추 적용하기도 한다.[23]

한편 타인의 채무를 「자기의 채무로서」 변제한 경우에는 민법 제745조가 적용된다.[24] 즉 채무자 아닌 제3자가 자신을 채무자[25]라고 잘못 생각하여 변제한 경우이다. 이는 채무 없는 변제, 즉 비채변제에 해당한다. 변제자는 해당 변제가 악의의 비채변제(제742조)가 아니라면 본래 채권자에게 부당이득의 반환을 구할 수 있어야 한다. 하지만 민법 제745조는 악의의 비채변제가 아니더라도 일정한 경우에 그 반환청구권을 제한하고 있다. 즉 제3자가 착오로 타인의 채무를 자기의 채무로 믿고 변제하였고, 채권자도 유효한 변제를 받았다고 믿었으며,[26] 그 결과 채권자가 채권증서를 없애거나 담보를 포기하거나[27] 시효기간 경과로 그 채권을 잃었다면 변제자는 채권자에게 변제된 급부의 부당이득 반환을 구할 수 없다. 변제가 유효하다고 믿었던 채권자의 신뢰를 보호하기 위한 취지이다. 물론 이 경우에도 변제자는 채무자를 상대로 구상권을 행사할 수 있다(제745조 제2항).

---

22) 이는 전형적인 구상부당이득의 예이다.

23) 대판 2013.11.14, 2012다78702는 채무자의 의사에 반하여 이루어진 제3자의 변제가 무효이고, 채권자가 그러한 사정을 모른 채 담보인 근저당권을 말소한 경우 민법 제745조 제1항을 유추 적용하였다.

24) 대판 1992.2.14, 91다17917.

25) 그 외에 대법원은 보험자의 비채변제에 관하여 민법 제745조를 적용한 바 있다. 대판 2007.12.27, 2007다54450; 대판 2017.6.29, 2017다218307 참조.

26) 이를 진정한 채무자의 변제로 믿었거나 제3자의 유효한 변제라고 믿었던 경우를 모두 포함한다.

27) 이는 질물을 반환하거나 저당권의 등기를 말소하는 등의 형태로 나타날 것이다.

Ⅳ. 불법원인급여

1. 개   관

민법 제746조 본문은 "불법의 원인으로 인하여 재산을 급여하거나 노무를 제공한 때에는 그 이익의 반환을 청구하지 못한다"라고 하여 불법원인급여에 해당하는 경우 급여자의 부당이득반환청구를 원칙적으로 배제하고 있다. 이러한 불법원인급여제도는 스스로 법질서에 의하여 승인되지 않은 급여를 한 자는 법의 보호로부터 제외시킴으로써 정의로운 사법질서와 법적 평화에 이바지하는 제도이다. 대판 1994.12.22, 93다55234에서는 "민법 제746조가 … 규정한 것은, 그에 대한 법적 보호를 거절함으로써 소극적으로 법적 정의를 유지하려고 하는 취지…"라고 판시하여 이러한 취지를 명확하게 한다. 나아가 이는 불법적인 원인행위를 억제하는 정책적 고려도 수반된 제도이다.

이러한 불법원인급여제도의 취지는 불법의 원인이 급여자에게만 존재하는 경우에는 타당하다. 하지만 실제로는 불법의 원인이 급여자뿐만 아니라 수익자에게도 존재하는 경우가 많다. 이때 급여자의 반환청구에 협력하는 것을 거절함으로써 결과적으로 수익자에게 그 급여가 귀속되게 하는 것은 불법원인을 가진 수익자에게 일방적인 이익을 줌으로써 급여자와 수익자를 불공평하게 취급하는 측면도 있다. 이러한 이유로 불법원인급여의 규정에 대하여는 이전부터 입법정책적인 의문이 제기되어 왔다. 나아가 이러한 문제의식은 불법원인급여의 해석론에도 많은 영향을 미치게 되었다.[28]

이러한 점 때문에 불법원인급여를 논의함에 있어서 핵심적인 과제는 이처럼 급여자가 불이익을 입고 수익자가 이익을 입는 구조를 어떻게 정당화할 것인가에 있다. 불법원인급여에서 「불법원인」이나 「급여」를 제한적으로 해석하는 것이나, 이른바 불법성비교설에 따라 제746조 단서를 확장적으로 해석하는 것은 모두 위와 같은 구조로부터 발생하는 긴장관계를 완화시키려는 시도이다.

---

[28] 불법원인급여의 해석론에 관한 것으로서 최봉경, "불법원인급여 — 민법 제746조 본문의 해석과 적용기준을 중심으로", 비교사법 34, 2006 참조.

2. 요   건

불법원인급여는 「불법」의 「원인」으로 재산의 「급여」 또는 노무의 제공이 있을 때에 성립한다. 이를 얼마나 엄격하게 해석할 것인가에 따라 불법원인급여의 적용범위가 영향을 받게 된다.

(1) 불   법

(가) 민법 제746조는 단지 "불법"이라고만 하고 있어 이에 대한 해석이 요구된다. 통설과 판례는 여기서의 「불법」은 민법 제103조의 선량한 풍속 기타 사회질서 위반을 의미한다고 새겨 왔다.[29] 가령 대판(전) 1979.11.13, 79다483은 민법 제746조의 목적을 "민법 제103조의 규정과 함께 사법의 기본이념으로서 사회적 타당성이 없는 행위를 한 사람은 그 형식 여하를 불문하고 스스로 한 불법행위의 무효를 주장하여 그 복구를 소구할 수 없다는 법의 이상을 표현한 것"이라고 판시하였다. 반면 민법 제103조 위반에 이르지 않는 단순한 강행법규 위반은 「불법」에 포함되지 않는다고 하였다.[30] 법률이 강행법규에 의하여 금지되는 행태가 부당이득반환청구의 배제를 통하여 사실상 실현되는 모순된 결과를 가져오기 때문이다. 그러나 민법 제746조의 불법을 민법 제103조의 사회질서 위반과 기계적으로 일치시키는 것은 옳지 않다. 민법 제746조의 불법은 부당이득법의 관점에서 재산질서의 최종적 귀속 문제를 해결하는 과정에서 등장하는 개념으로서 민법 제103조의 사회질서 위반과는 구별되는 독자적 의미와 목적을 가지기 때문이다. 최근의 판례는 이러한 불법 판단의 독자성을 인정한다.[31]

---

29) 대판(전) 1979.11.13, 79다483; 대판 2003.11.27, 2003다41722; 대판 2011.1.13, 2010다77477.

30) 대판 2001.5.29, 2001다1782(구 담배사업법 소정의 등록도매업자 또는 지정소매인이 아닌 자가 담배사재기를 위하여 한국담배인삼공사로부터 담배를 구입키로 하고 지급한 담배구입대금은 불법원인급여에 해당하지 않음); 대판 2003.11.27, 2003다41722(부동산실명법 위반 명의신탁약정에 기한 등기는 불법원인급여에 해당하지 않음) 참조.

31) 대판 2017.3.15, 2013다79887("불법원인급여에서 말하는 '불법'이 있다고 하려면, 급부원인이 된 행위가 그 내용이나 성격 또는 목적이나 연유 등으로 볼 때 선량한 풍속 기타 사회질서에 위반될 뿐 아니라 반사회성 · 반윤리성 · 반도덕성이 현저하거나, 급부가 강행법규를 위반하여 이루어졌지만 이를 반환하게 하는 것이 오히려 규범 목적에 부합하지 아니하는 경우 등에 해당하여야 한다.").

(나) 불법의 인식이 요구되는가? 급여자에 대한 비난가능성 및 이에 대한 제재라는 주관적 측면에 초점을 맞춘다면 이를 요구할 가능성이 큰 반면, 객관적 법질서의 유지라는 객관적 측면에 초점을 맞춘다면 이를 요구하지 않을 가능성이 크다. 또한 불법원인급여의 적용범위를 가급적 좁게 해석하려는 입장에서는 이를 요구할 가능성이 크지만, 그 반대의 입장에서는 불법원인급여의 기능을 위축시킬 우려를 들어 이를 요구하지 않을 가능성이 크다. 민법 제746조의 불법이 반사회성, 반윤리성이 뚜렷한 경우에 한하여 인정된다고 본다면 그러한 불법사유는 객관적 사실에 대한 인식이 있으면 충분하고 따로 그 불법의 인식까지 필요하지는 않다.[32]

[판결 4] 선불금 약정과 불법원인급여: 대판 2004.9.3, 2004다27488, 27495

　　1. 영리를 목적으로 윤락행위를 하도록 권유·유인·알선 또는 강요하거나 이에 협력하는 것은 선량한 풍속 기타 사회질서에 위반되므로 그러한 행위를 하는 자가 영업상 관계 있는 윤락행위를 하는 자에 대하여 가지는 채권은 계약의 형식에 관계없이 무효라고 보아야 한다(민법 제103조, 윤락행위등방지법 제20조 참조).

　　한편, 부당이득의 반환청구가 금지되는 사유로 민법 제746조가 규정하는 불법원인이라 함은 그 원인되는 행위가 선량한 풍속 기타 사회질시에 위반하는 경우를 말하는 것인바(대법원 2003.11.27. 선고 2003다41722 판결 참조), 윤락행위 및 그것을 유인·강요하는 행위는 선량한 풍속 기타 사회질서에 위반되므로, 윤락행위를 할 자를 고용·모집하거나 그 직업을 소개·알선한 자가 윤락행위를 할 자를 고용·모집함에 있어 성매매의 유인·강요의 수단으로 이용되는 선불금 등 명목으로 제공한 금품이나 그 밖의 재산상 이익 등은 불법원인급여에 해당하여 그 반환을 청구할 수 없다고 할 것이다.

　　원심은, 그 채용 증거들에 의하여, 원고(반소피고, 이하 '원고'라 한다)가 운영하는 은하수 식당은 윤락행위를 목적으로 술을 파는 이른바 '방석집'인 사실, 피고(반소원고, 이하 '피고'라 한다)는 2002. 1. 10. 은하수 식당에 종업원으로 취직하면서 선불금 명목으로 1,600만 원을 받고, 월급은 140만 원으로 하되 월급의 합계가 선불금에 이를 때까지 은하수 식당에서 일하기로 한 사실, 피고는 2002. 2. 7.경 은하수 식당에서 12일 정도 일한 상태에서, 전에 있었던 공무집행방해

---

32) 민법주해 XⅦ, 478-479 (박병대).

죄로 지명수배되었다가 경찰에 의하여 검거되는 바람에 더 이상 일하지 못하게 된 사실, 처음에 원고는 피고에게 윤락행위를 뜻하는 '2차'를 나가면 화대비가 20만 원인데 그 중 10만 원은 원고에게 주어야 하나 '2차'를 나갈지 여부는 피고 스스로 결정할 수 있다고 말하였다가 막상 피고가 1,600만 원에 대한 가불증서(갑 제1호증)에 서명하자 원고는 피고에게 윤락행위를 강요하면서 피고가 이를 거부할 때는 월급에서 일정액을 삭감하여 온 사실, 은하수 식당은 저녁 8시부터 다음날 새벽 6시까지만 문을 여는데 양주 한 병에 20만 원씩 받으면서 술이 추가될 때마다 피고를 비롯한 여종업원들이 옷을 벗는 등의 음란행위의 강도를 조절하였고, 매상이 100만 원을 넘게 되면 윤락행위를 할 것을 강요하였으며, 피고는 위와 같은 방식으로 일하면서 1일 평균 2, 3회 정도의 윤락행위를 하여 온 사실 등을 인정한 다음, 원고가 피고를 고용하여 윤락행위를 강요한 것은 선량한 풍속 기타 사회질서에 위반되는 것이고, 선불금은 피고의 윤락행위를 목적으로 교부된 것이므로 선불금 채권은 무효이어서 그 반환을 구할 수 없고, 이는 불법원인급여에 해당하므로 피고는 원고에게 선불금 상당액을 반환할 의무도 없다는 취지로 판단하였다.

  위에서 본 법리 및 기록에 의하여 살펴보면, 원심의 사실인정과 판단은 정당하고, 거기에 채증법칙 위배, 심리미진, 불법원인급여에 관한 법리오해 등의 위법이 없다.

[판결 5] 명의신탁과 불법원인급여: 대판(전) 2019.6.20, 2013다218156

  부동산실명법 규정의 문언, 내용, 체계와 입법 목적 등을 종합하면, 부동산실명법을 위반하여 무효인 명의신탁약정에 따라 명의수탁자 명의로 등기를 하였다는 이유만으로 그것이 당연히 불법원인급여에 해당한다고 단정할 수는 없다(대법원 2003.11.27. 선고 2003다41722 판결 등 참조). 이 사건과 같이 농지법에 따른 제한을 회피하고자 명의신탁을 한 경우에도 마찬가지이다. 구체적인 이유는 다음과 같다.

  가. 부동산실명법은 부동산 소유권을 실권리자에게 귀속시키는 것을 전제로 명의신탁약정과 그에 따른 물권변동을 규율하고 있다.

  첫째, 부동산실명법은 명의신탁약정(제4조 제1항)과 명의신탁약정에 따른 등기로 이루어진 부동산에 관한 물권변동(제4조 제2항 본문)을 무효라고 명시하고 있다. 명의신탁약정에 따라 명의수탁자 앞으로 등기를 하더라도 부동산에 관한 물권변동의 효력이 발생하지 않는다. 이것은 명의신탁약정에 따라 명의신탁자로부터 명의수탁자에게 소유권이전등기가 이루어지는 등기명의신탁의 경우 부동산 소유권은 그 등기와 상관없이 명의신탁자에게 그대로 남아있다는 것을 뜻한다[부동산에 관한 물권을 취득하기 위한 계약에서 명의수탁자가 어느 한쪽 당사자가 되고 상대방 당사자가 명의신탁약정이 있다는 사실을 알고 있는 경우에도 그 등기로 이루어진 물권변동이 무효인데(부동산실명법 제4조 제2항 단서의 반대해석), 이때에는 부동산 소유권이 매도인 등 상대방 당사자에게 귀속하는 것을 전제로 한다. 이 경우에도 불법원인급여에 해당하지 않는다는 점은 마찬가지인데, 이하에서는 등기명의신탁만을 다룬다]. 그 결과 명의신탁자는 부동산 소유자로서 소유물방해배제청구권에 기초하여 명의수탁자를 상대로 그 등기의 말소를 청구할 수 있다.

부동산실명법 제4조 제3항에서는 명의신탁약정과 그에 따른 물권변동의 무효는 "제3자에게 대항하지 못한다."라고 정하고 있다. 이 규정은 제3자를 보호하기 위한 것으로 명의신탁자가 소유자로서 명의수탁자 명의의 등기를 무효라고 주장하면서 그 말소등기절차의 이행을 청구할 수 있다는 것을 전제로 한다. 이와 달리 명의신탁의 경우 부동산 소유권이 명의수탁자에게 귀속된다면, 제3자는 당연히 그 소유권을 기초로 한 권리를 취득할 수 있기 때문에 제4조 제3항의 제3자 보호 규정을 둘 필요가 없을 것이다.

이러한 내용을 담고 있는 부동산실명법 제4조는 부동산실명법의 기본골격을 이루는 규정이다. 이를 벗어나는 해석은 불합리한 결과를 피하기 위하여 반드시 필요한 경우에 한하여 예외적으로만 허용할 수 있다.

둘째, 부동산실냉법은 실권리자명의 등기의무를 위반한 명의신탁자에 대하여 위반행위 자체에 대한 제재로서 과징금을 부과하는 것에 그치지 않고(제5조 제1항 제1호) 부동산에 관한 물권을 지체 없이 명의신탁자의 명의로 등기할 의무를 지우며, 이를 위반할 경우 과징금 외에 이행강제금을 추가로 부과하도록 하고 있다(제6조). 이러한 이행강제금 제도는 명의신탁자에게 심리적 압박을 주어 등기명의와 실체적 권리관계의 불일치 상태를 해소할 것을 간접적으로 강제함으로써 위법상태를 제거하고 부동산실명법의 실효성을 확보하려는 데 그 취지가 있다(대법원 2016.6.28. 선고 2014두6456 판결 등 참조). 이행강제금 제도 역시 명의신탁자로 하여금 신탁부동산에 관한 등기를 회복하도록 명하는 것으로서 신탁부동산의 소유권이 실권리자에게 귀속되는 것을 전제로 하고 있다.

나. 부동산실명법을 제정한 입법자의 의사는 신탁부동산의 소유권을 실권리자에게 귀속시키는 것을 전제로 하고 있다.

부동산실명법 제정 당시 명의신탁을 효과적으로 억제하기 위하여 취할 수 있는 다양한 방안이 논의되었다. 입법자는 신탁부동산의 소유권을 명의수탁자에게 귀속시키는 법률안이 아니라 명의신탁자에게 귀속시키는 법률안을 기초로 부동산실명법을 제정하였다. 국회에는 명의신탁자와 명의수탁자 사이에서는 명의신탁자에게 신탁부동산의 소유권이 귀속된다고 보았던 판례를 바꾸는 내용의 법률안도 제출되어 있었으나, 이것은 채택되지 않았다. 그 이유는 신탁부동산의 소유권을 명의수탁자에게 귀속시킬 경우 발생할 혼란과 당사자들의 반발, 우리 사회의 일반적 법의식을 바탕으로 형성된 오랜 관행과 거래 실무를 존중할 필요가 있다고 보았기 때문이다.

　다. 명의신탁에 대하여 불법원인급여 규정을 적용한다면 재화 귀속에 관한 정의 관념에 반하는 불합리한 결과를 가져올 뿐만 아니라 판례의 태도나 부동산실명법 규정에도 합치되지 않는다.

　민법 제746조의 불법원인급여 규정은 부당이득반환청구권에 대한 특칙으로서, 불법원인급여를 한 자, 즉 반환청구자에 대한 법적 보호를 거절함으로써 소극적으로 법적 정의를 유지하려는 데 그 취지가 있다(대법원 1994.12.22. 선고 93다55234 판결 참조).

　불법원인급여인지가 다루어지는 대부분의 사례에서 정도의 차이는 있지만 불법원인은 급여자와 수익자 모두에게 존재한다. 당사자들 사이에서는 수익자가 급여를 보유하는 것이 정당성을 인정받기 어려운 사정이 있다. 따라서 불법원인급여 규정을 적용한 결과가 실체적 정의에 반한다면 불법원인급여 규정을 적용하는 것을 삼가야 한다. 대법원도 민법 제746조의 '불법'의 개념을 엄격하게 해석함으로써 불법원인급여 규정을 획일적으로 적용하거나 함부로 적용범위를 확장하는 것을 경계해 왔다.

　제3자에게 뇌물을 전달해달라고 교부한 금전은 불법원인급여에 해당하여 금전 소유권이 수익자에게 귀속된다(대법원 1999.6.11. 선고 99도275 판결 참조). 성매매를 할 사람을 고용하면서 성매매의 유인·권유·강요의 수단으로 선불금을 지급한 경우에도 불법원인급여 규정이 적용되어 선불금의 반환청구가 금지된다(대법원 2004.9.3. 선고 2004다27488, 27495 판결, 대법원 2013.6.14. 선고 2011다65174 판결 등 참조). 뇌물제공 목적의 금전 교부 또는 성매매 관련 선불금 지급과 같이 불법원인급여에 해당하는 전형적인 사례에서는 급여자의 급부가 선량한 풍속 그 밖의 사회질서에 반하여 그 반환청구를 거부해야 한다는 데에 우리 사회 구성원 모두가 인식을 같이 하고 있다. 이러한 경우에는 법원이 그 반환청구를 받아들이지 않는 것이 관련 법규범의 목적에도 부합한다. 그러나 명의신탁자를 형사처벌하거나 명의신탁자에게 과징금을 부과하는 등 법률 규정에 따라 제재하는 것을 넘어, 부동산실명법에서 명의신탁을 금지하고 있다는 이유만으로 명의신탁자로부터 부동산에 관한 권리까지 박탈하는 것은 일반 국민의 법감정에 맞지 않는다.

민법 제746조 단서는 '불법원인이 수익자에게만 있는 때'에는 불법의 원인으로 급여한 재산이라 하더라도 급여자가 반환을 청구할 수 있다고 정하고 있다. 선량한 풍속 그 밖의 사회질서를 위반하는 법률행위에 관해 불법원인급여 규정이 적용되는 경우에도 수익자에게만 불법원인이 있다면, 수익자와 동일하게 급여자를 보호하지 않는 것은 법적 정의감에 반하기 때문이다. 나아가 수익자의 불법성이 급여자의 불법성보다 현저히 커서 급여자의 반환청구를 허용하지 않는 것이 오히려 공평과 신의칙에 반하는 경우에는 민법 제746조 본문의 적용을 배제함으로써 급여자의 반환청구를 허용하고 있다(대법원 2007.2.15. 선고 2004다50426 전원합의체 판결 등 참조). 이는 불법원인급여 제도 자체에 내재하고 있는 모순을 극복하는 방향으로 민법 제746조를 해석·적용한 것이다.

명의수탁자는 명의신탁자를 위해 자신의 명의를 빌려주는 행위가 법률에서 금지하는 행위임을 알면서도 명의신탁약정을 하고 또 그에 협조하였다. 이 사건과 같이 농지법에 따른 처분명령을 회피하기 위한 목적으로 이루어진 명의신탁약정의 경우 명의신탁자뿐만 아니라 명의수탁자의 불법성도 작지 않다. 명의수탁자는 신탁부동산을 취득하는 데 아무런 대가를 지급하지 않았다. 그런데도 명의신탁에 대하여 불법원인급여 규정을 적용함으로써 명의신탁약정을 통해 불법에 협조한 명의수탁자에게 부동산 소유권을 귀속시키는 것은 정의관념에 부합하지 않는다.

특히 대법원은 농지임대차가 구 농지법에 위반되어 무효인 경우 임대인이 임차인에게 임대차기간 동안 권원 없는 점용을 이유로 손해배상을 청구한 사안에서 불법원인급여의 '불법'이 있다고 하려면, "급부의 원인이 된 행위가 그 내용이나 성격 또는 목적이나 연유 등으로 볼 때 선량한 풍속 기타 사회질서에 위반될 뿐 아니라 반사회성·반윤리성·반도덕성이 현저하거나, 급부가 강행법규를 위반하여 이루어졌지만 이를 반환하게 하는 것이 오히려 규범 목적에 부합하지 아니하는 경우 등에 해당하여야 한다."라고 판단하였다(대법원 2017.3.15. 선고 2013다79887, 79894 판결 등 참조). 이는 강행법규 위반행위가 민법 제103조 위반에 해당하는 경우에도 위반의 대상이 된 강행법규의 규범 목적을 고려하여 민법 제746조의 적용이 제한될 수 있다는 것을 보여준다.

부동산실명법을 위반하여 무효인 명의신탁등기가 불법원인급여인지를 판단하기 위해서는 부동산실명법의 규정과 그 규범 목적을 고려하여 판단해야 한다. 입법자는 신탁부동산의 소유권이 명의신탁자에게 귀속됨을 전제로 규정함으로써, 민법 제103조와 제746조의 관계를 부동산실명법 자체에서 명확하게 해결하고 있는 것이다. 이러한 입법 체계에 비추어 볼 때 부동산실명법에서 금지한 명의신탁에 관하여 반사회적인지 아닌지를 구분하여 불법원인급여의 적용을 달리하려는 시도는 바람직하지 않다.

    라. 모든 국민의 재산권은 보장되고, 그 내용과 한계는 법률로 정한다(헌법 제23조 제1항). 명의신탁을 금지하겠다는 목적만으로 부동산실명법에서 예정한 것 이상으로 명의신탁자의 신탁부동산에 대한 재산권의 본질적 부분을 침해할 수는 없다.

    만일 부동산실명법에서 명의신탁약정만을 무효로 하고 그에 따른 물권변동을 유효라고 정하였다면, 신탁부동산에 관한 권리가 언제나 명의수탁자에게 확정적으로 귀속되는 결과가 되어 명의신탁자는 그 부동산에 관한 권리를 상실하게 된다. 이러한 경우 명의신탁자는 자신의 재산을 직접적으로 박탈당하는 결과를 감수하여야 하므로 재산권의 본질적 부분을 침해할 소지가 크다. 헌법재판소에서 부동산실명법 제4조 제1항과 제2항 본문을 헌법에 위반되지 않는다고 한 이유도 이와 같다(헌법재판소 2001.5.31. 선고 99헌가18 등 전원재판부 결정 참조).

    부동산실명법은 명의신탁약정과 그에 따른 물권변동을 모두 무효로 함으로써 명의신탁자가 소유권을 온전하게 회복할 가능성을 열어 놓았고, 명의신탁자가 다른 법률관계에 기초하여 등기회복 등의 권리행사를 하는 것까지 금지하지는 않음으로써 명의신탁자의 재산권 보장과 법이 추구하는 목적달성의 조화를 꾀하고 있다(대법원 2002.8.27. 선고 2002다373 판결, 헌법재판소 2001.5.31. 선고 99헌가18 등 전원재판부 결정 참조). 부동산 명의신탁을 규제하되 헌법상의 재산권 보장과 조화를 꾀하고자 한 것이 부동산실명법의 태도이다.

[판결 4, 5]에 관하여 생각할 점

1. 대법원이 위 두 판결에서 각각 다른 결론에 이르게 된 이유는 무엇인가? 그 논리에 동의하는가?

2. 판결 4에서 피고가 선불금을 보유하는 것은 정당한가? 피고의 월급은 140만 원이었지만 선불금으로 1,600만 원을 받았다. 그러면서 피고는 고작 12일밖에 일하지 않았다. 그만두게 된 경위도 자신이 과거에 저질렀던 범죄로 검거되었기 때문이다. 이때 피고가 1,600만 원을 취득하는 것에 대하여는 어떻게 생각하는가?

3. 판결 5에는 반대의견이 있었다. 반대의견은 반사회적 행위인 명의신탁을 방지

할 필요성 및 이에 대한 사회 일반인의 인식, 부동산실명법에 위반한 물권변동의 효력 문제와는 구별되는 불법원인급여 제도의 독자성을 강조하면서, 부동산실명법도 명의신탁 부동산의 소유권을 실권리자에게 반드시 귀속시키는 것을 전제로 하였던 것이라거나 불법원인급여 제도의 적용을 배제하고자 하였던 것으로 해석할 수는 없고, 또 불법원인급여 제도를 적용하여 명의신탁자가 권리를 상실하더라도 재산권의 본질적 침해가 아니라고 보았다. 법정의견인 다수의견과 반대의견 중 어느 쪽이 더 타당하다고 생각하는가?

(2) 원   인

급여의 「원인」이 불법이어야 한다. 법률행위에 의하여 급부가 행하여진 경우에는 그 법률행위(예컨대 성매매계약에 따라 대금을 지급하였다면 그 성매매계약), 법률행위 없이 급부가 행하여진 경우에는 그 급부로 달성하고자 하는 사회적 목적(예컨대 청탁 목적으로 뇌물을 제공하였다면 그 청탁의 목적[33])이 급여의 원인에 해당한다. 급여 원인의 불법은 급여 자체에 불법성이 있는 경우(예컨대 마약밀매계약에 따른 마약 제공), 급여 자체에는 불법성이 없더라도 불법한 행위의 실행을 조건으로 하거나 그에 대한 대가나 비용이 지불된 경우(예컨대 첩과의 동거를 조건으로 한 금전 지급),[34] 표시되거나 상대방에게 알려진 동기가 불법인 경우(예컨대 도박자금으로 사용할 것이라는 동기를 알면서도 대여한 금전)[35]로 나누어 볼 수 있다.[36]

(3) 급   여

불법원인급여는 불법의 원인으로 「재산을 급여하거나 노무를 제공한 때」 성립한다. 즉 급부가 이루어졌어야 한다. 여기서의 급부는 상대방에게 재산적 가치가 있는 이익을 종국적으로 부여하는 것을 의미한다. 따라서 부동산을 급여하였으나 아직 등기를 마치지 않았거나 등기가 원인무효인 경우,[37] 도박채권

---

33) 대판 1995.7.14, 94다51994.
34) 이때 급여의 원인이 이미 일어난 것이건 장차 일어날 것이건 불문한다. 따라서 장차 불륜관계를 맺을 것을 조건으로 하는 금전의 급여도 불법원인급여이다. 대판(전) 1979.11. 13, 79다483 참조.
35) 또한 대판 1962.4.4, 4294민상1296은 도박에 쓰이는 줄 알면서도 백미를 빌려준 경우에도 불법원인급여에 해당한다고 한다.
36) 대판 2001.4.10, 2000다49343 참조.
37) 대판 1966.5.31, 66다531.

담보로 부동산에 관한 근저당권설정등기를 마쳤을 뿐 아직 실행되지 않은 경우,[38] 단순히 채무부담만을 약속한 경우 등에 있어서는 아직 종국적인 급부가 이루어지지 않았으므로 급여자는 그때까지의 급부의 반환을 구할 수 있다. 가령 도박채권담보로 근저당권설정등기만 마쳤을 뿐인데 이를 불법원인급여라고 하여 반환청구를 금지하게 된다면, 채권자의 입장에서는 등기부상 근저당권자로 되어 있지만 실체법상 그 근저당권을 실행할 수 없는 지위에 있게 되고, 채무자의 입장에서는 불법원인급여라는 이유로 근저당권의 말소를 구할 수도 없게 되어 법률관계가 계속하여 부동(浮動)적인 상태에 머무르게 된다. 따라서 이 경우에는 채무자에게 근저당권의 말소를 구할 수 있게 허용하는 것이다.

3. 효   과

(1) 부당이득반환청구권의 배제

불법원인급여인 경우 급여자는 이를 부당이득으로 반환청구할 수 없다(제746조 본문). 원물 또는 가액 중 어떠한 형태의 반환도 허용되지 않고, 급여자의 권리를 승계한 자도 반환청구를 할 수 없다. 하지만 불법원인급여라도 불법원인이 수익자에게만 있다면 급여자는 그 급부의 반환을 청구할 수 있다(제746조 단서). 이와 관련하여서는 이른바 불법성 비교론이 논의되는데, 별도로 설명하기로 한다.

(2) 소유권의 귀속

물권변동에 관한 유인론(有因論)에 따르면, 급부가 불법원인급여임을 이유로 무효인 경우 그 급부 목적물의 소유권은 여전히 급부자에게 남아 있다. 따라서 급부자가 부당이득반환청구를 할 수 없더라도 여전히 소유권에 기한 반환청구를 할 수 있는 것이 아닌가 하는 의문이 제기될 수 있다. 이러한 의문에 대하여 대법원은 불법원인급여제도는 스스로 불법을 자행한 자의 권리 보호를 거부하는 제도라고 하면서도 이는 어디까지나 부당이득반환청구권의 행사를 거부한다는 것일 뿐 물권적 청구권 등 다른 청구권의 행사까지 거부하려는 취지는 아니라고 해석하였다.[39] 따라서 불법원인급여를 하더라도 급여자는 자신

---

38) 대판 1994.12.22, 93다55234.
39) 대판 1977.6.28, 77다728.

의 소유권에 기한 반환청구권을 행사함으로써 급부목적물을 반환받을 수 있는 결과가 되었다. 그러나 대법원은 그 이후 태도를 바꾸어, 급부가 소유권의 이전 등 물권변동을 내용으로 하는 경우에는 반환청구가 배제되는 반사적 효과로 물권변동 자체가 유효하게 된다고 판시하기에 이르렀다. 아래에서 살펴 볼 불법원인급여(제746조)에 관한 대판(전) 1979.11.13, 79다483은 이에 관한 자세한 입장을 밝히고 있다.

이처럼 법적 구성과 무관하게 민법 제746조의 취지를 달성하려고 하는 태도는 불법행위로 인한 손해배상청구에도 확장되고 있다. 따라서 대법원은 불법원인급여를 한 자가 상대방에게도 불법원인이 있음을 이유로 손해배상청구를 할 수 없다고 한다.[40] 만약 이를 허용하면 급여자는 법적 구성을 달리함으로써 민법 제746조가 금지하고자 하는 취지를 회피할 수 있게 되기 때문이다.

[판결 6] 불법원인급여와 소유권의 귀속: 대판(전) 1979.11.13, 79다483

피고 소송대리인의 상고이유 제1점을 본다.

민법 제746조는 불법의 원인으로 인하여 재산을 급여한 때에는, 그 이익의 반환을 청구하지 못한다고 규정하고 있는 바, 일반의 법리에 따른다면, 불법의 원인에 의한 급여는, 법률상의 원인이 없는 것이 되므로, 부당이득이 되어 그 이익의 반환을 청구할 수 있게 되는 것이나, 이러한 청구를 인정하는 것은, 법의 이념에 어긋나는 행위를 한 사람의 주장을 시인하고 이를 보호하는 것이 되어, 공평의 이념에 입각하고 있는 부당이득제도의 근본취지에 어긋날 뿐만 아니라, 법률 전체의 이념에도 어긋나게 되기 때문에, 이 규정은 선량한 풍속, 기타 사회질서에 위반한 사항을 내용으로 하는 법률행위를 무효로 하는 민법 제103조와 표리를 이루어, 사회적 타당성이 없는 행위를 한 사람을 보호할 수 없다는 법의 이념을 실현하려고 하는 것이다.

이리하여 민법 제746조는 민법 제103조와 함께 사법의 기저를 이루는 하나의 큰 이상의 표현으로서 이것이 비록 민법 채권편 부당이득의 장에 규정되어 있기는 하나, 이는 일반적으로 사회적 타당성이 없는 행위의 복구가 부당이득의 반환청구라는 형식으로 주장되는 일이 많기 때문이고, 그 근본에 있어서는 단지 부당이득제도만을 제한하는 이론으로 그치는 것이 아니라, 보다 큰 사법의 기본이념으로 군림하여, 결국 사회적 타당성이 없는 행위를 한 사람은 그 스스로 불

---

40) 대판 2013.8.22, 2013다35412.

법한 행위를 주장하여, 복구를 그 형식 여하에 불구하고 소구할 수 없다는 이상을 표현하고 있는 것이라고 할 것이다.

따라서 급여를 한 사람은 그 원인행위가 법률상 무효라 하여 상대방에게 부당이득을 원인으로 한 반환청구를 할 수 없음은 물론, 그 원인행위가 무효이기 때문에 급여한 물건의 소유권은 여전히 자기에게 있다고 하여, 소유권에 기한 반환청구도 할 수 없는 것이고, 그리하여 그 반사적 효과로서 급여한 물건의 소유권은 급여를 받은 상대방에게 귀속하게 되는 것이라고 해석함이 타당하다고 할 것이다.

이 사건에서 보건대 원심은 제1심 판결을 인용한 그 판결이유에서, 이 사건 임야는 원래 피고의 아버지 소외인의 소유였는데, 그가 원고와 불륜의 내연관계를 맺고 그 대가로 원고에게 이를 증여하여, 소유권이전등기를 넘겨주었다는 취지의 사실을 인정한 다음, 그렇다면 원고는 민법 제746조에 의하여 그대로 그 소유권을 취득한다고 하여, 원고 앞으로 된 위 소유권이전등기가 불법원인급여를 원인으로 한 것이기 때문에 무효라는 취지의 피고의 주장을 배척하고 있는 바, 원심의 위와 같은 판단은 결과적으로 위의 설시와 같은 취지로 보여지므로 정당하고, 거기에 소론과 같은 불법원인급여의 법리를 오해한 위법이 있다고 할 수 없으므로, 논지는 이유없고, 이 법원이 종전의 다른 판결(대법원 1960.9.15. 선고 4293민상57 판결; 1977.6.28. 선고 77다728 판결등)에서, 이와 다르게 판시한 의견은 모두 이 판결로써 변경하기로 한다.

같은 상고이유 제2점을 본다.

소론은 사실심인 원심의 전권사항에 속하는 증거의 취사와 사실의 인정을 들어 원심판결을 비난하는 취지로 밖에 보여지지 아니하는 바, 원심판결이 인용한 제1심 판결을 기록에 의하여 살펴보더라도 그 판시와 같은 사실을 인정하는 데에 거친 채증의 과정에 소론과 같은 채증법칙을 어긴 잘못이 있음을 찾아 볼 수 없고, 그밖에 심리를 다하지 아니하였거나 이유를 제대로 갖추지 아니한 허물이 있다고도 할 수 없다.

논지는 이유없다.

따라서 이 상고는 이유없으므로 이를 기각하기로 하고, 상고 소송비용은 패소자의 부담으로 하여, 상고이유 제1점에 대한 대법원판사 양병호, 임항준 및 김윤행의 반대의견을 제외하고 일치된 의견으로 주문과 같이 판결한다.

대법원판사 양병호, 임항준 및 김윤행의 반대의견은 다음과 같다.

민법 746조는 부당이득의 장에 규정되어 있는 부당이득의 반환청구권에 관한 조문인 바, 채권적 청구권인 부당이득반환청구권을 제한하는 위 법조가 채권적청구권과는 전연 그 근거를 달리하는 물권적 청구권까지를 제한하는 효력이 있다 함은 논리의 비약을 넘어서 법의 규정을 떠난 해석이라고 아니할 수 없다.

원래 민법 746조의 규정을 둔 것은 자기가 불법행위를 하였다는 것을 이유로 하여 권리의 주장을 한다는 것은 우리의 정의감에 반하는 것이므로 동 규정을 두어 다만 청구자가 자기의 불법행위를 청구의 근거로 삼는 것만을 막아 보자는 것 뿐이므로 동 조문이 있다 하여 법률상 이를 저지할 아무런 이유가 없는 다른 청구권까지를 모조리 봉쇄할 수 있다는 해석은 나올 도리가 없다 할 것이다.

즉 물상청구권을 행사함에 있어서는 자기의 소유권만을 주장하면 족하고, 불법행위가 있었다는 것은 법률상의 청구원인으로 할 필요가 없을 것이니 이와 같이 자기에게 불법원인이 있다는 주장은 전연 없이 다만 소유권에 기하여 하는 청구가 어떠한 근거로 당사자 주장도 하지도 않는 불법원인으로 인한 급부라 하여 이를 저지할 수 있을 것인가.

다수의견은 소유권에 기한 청구권도 배척하여 수익자에게 권리가 귀속되게 하는 것이 사법의 기저를 이루는 이상의 표현이라고 설시하였으나 불법원인으로 인한 급부가 이루어지는 경우에는 대개 수익자에게도 불법원인으로 수령하는 경우가 많고 경우에 따라서는 급부자의 불법행위보다도 수령자에게 더욱 중한 불법행위가 있는 경우도 있을 것인데, 이러한 경우에 동 행위는 민법 103조에 위배되어 수령자가 그 소유권을 취득할 수가 없는데 급부자의 반환청구 불능이라는 반사적 효과로 법에 근거없이 수령자가 권리를 취득하는 결과가 된다는 것은 공평의 이념에 맞는다고도 할 수 없고 법률의 이상의 표현이라고는 더욱 보기 어렵다 할 것이요 차라리 급부자에게 원상회복시켜 양자가 다 법률상 근거없는 이득을 취할 수 없게 하는 편이 훨씬 공평의 이념에 부합하는 결과가 된다고 아니할 수 없다.

[판결 6]에 관하여 생각할 점

1. 판례의 태도에 따르면 불법원인급여는 반사회적 행위로서 그 효력을 인정할 수 없으므로 이에 기하여 소유권 변동이 일어난다고는 할 수 없다. 그렇다고 하여 민법 제746조를 근거로 수령자에게 소유권의 귀속까지 인정하는 것은 지나친 확장해석이라고 볼 여지도 있다. 이러한 난점에도 불구하고 대법원이 위와 같은 반사적 소유권 취득론을 채택하게 된 배경은 무엇인가?

2. 수령자가 반사적으로 취득한 소유권은 매매와 같이 일반적인 원인으로 취득한 소유권과 다른가? 예컨대 수령자는 그 소유권에 기하여 방해제거청구권을 행사할 수 있는가? 만약 급여된 부동산에 이미 저당권이 설정되어 있었다면 그 저당권의 운명은 어떠한가?

3. 만약 이때 부동산의 인도만 이루어지고 아직 등기가 넘어가지 않았다면 소유권은 누구에게 있는가? 이와 관련하여 대판 1966.5.31, 66다531을 참고하라. 반대로 부동산의 등기가 넘어갔지만 인도가 이루어지지 않았다면 소유권은 누구에게 있는가?

4. 판례에 따르면 양도인의 배임행위에 제2양수인이 적극적으로 가담하여 이루어진 부동산이중매매는 민법 제103조에 위반하여 무효이다(대판 1972.4.28, 72다343 등 다수). 한편 양도인과 제2양수인 사이의 배임적인 매매행위 및 등기이전은 불법원인급여에 해당하므로 양도인은 제2양수인에게 그 부동산의 반환을 구할 수 없고 부동산의 소유권은 제2양수인에게 반사적으로 귀속된다. 그렇다면 제1양수인이 양도인을 대위하여 제2양수인을 상대로 부동산의 등기말소를 구하는 것은 허용될 수 있는가?

4. 불법성 비교론

민법 제746조 본문은 불법원인급여의 반환청구는 허용되지 않는다고 하면서도 그 단서에서 "그 불법원인이 수익자에게만 있는 때에는" 반환청구를 할 수 있다는 예외를 규정한다. 그 표현대로만 해석하면 불법원인급여의 반환청구가 가능하려면 그 불법원인이 오로지 수익자에게만 있고 급여자에게는 전혀 없는 때라야 한다. 그러나 실제로는 당사자 쌍방이 어느 정도씩 불법원인의 형성에 관여하는 경우가 대부분이고, 이때 급여자가 관여하기만 하면 아무리 수익자에 비하여 그 불법성의 정도가 적더라도 반환청구를 할 수 없게 하는 것은 불법원인급여제도 자체가 표방하는 법적 정의에 부합하지 않는다.

이에 따라 우리 판례는 수익자의 불법성이 급여자의 그것보다 현저히 크고 그에 비하면 급여자의 불법성은 미약한 경우에도 급여자의 반환청구가 허용되지 않는다고 하는 것은 공평에 반하고 신의성실의 원칙에 어긋나므로, 이러한 경우에는 급여자의 반환청구가 허용된다고 해석하고 있다.[41] 이는 불법원

---

41) 대판 1993.12.10, 93다12947; 대판 1997.10.24, 95다49530, 49547.

인의 내용과 그 정도, 쌍방의 불법성의 강약, 기타 여러 사정들을 고려하여 궁극적으로 급여자의 반도덕성 내지 불법성이 반환청구를 거부할 정도로 법적 보호가치가 없다고 인정될 정도에 이르렀는가의 판단이라고도 할 수 있다.[42]

아래 판결은 고리(高利) 대출에 있어서 대주와 차주의 불법성이라는 흥미로운 쟁점을 대상으로 대법관들 사이에 펼쳐진 민법 제746조 단서의 해석 논쟁을 잘 보여주고 있다.

> ### [판결 7] 고율의 이자약정에 기하여 임의로 지급한 이자의 반환청구: 대판(전) 2007.2.15, 2004다50426

상고이유를 판단한다.

(중략)

2. 상고이유 제2점에 대하여

가. 금전 소비대차계약과 함께 이자의 약정을 하는 경우, 양쪽 당사자 사이의 경제력의 차이로 인하여 그 이율이 당시의 경제적·사회적 여건에 비추어 사회통념상 허용되는 한도를 초과하여 현저하게 고율로 정하여졌다면, 그와 같이 허용할 수 있는 한도를 초과하는 부분의 이자 약정은 대주가 그의 우월한 지위를 이용하여 부당한 이득을 얻고 차주에게는 과도한 반대급부 또는 기타의 부당한 부담을 지우는 것이므로 선량한 풍속 기타 사회질서에 위반한 사항을 내용으로 하는 법률행위로서 무효라 할 것이다.

이와 같이 선량한 풍속 기타 사회질서에 위반하여 무효인 부분의 이자 약정을 원인으로 차주가 대주에게 임의로 이자를 지급하는 것은 통상 불법의 원인으로 인한 재산 급여라고 볼 수 있을 것이나, 불법원인급여에 있어서도 그 불법원인이 수익자에게만 있는 경우이거나 수익자의 불법성이 급여자의 그것보다 현저히 커서 급여자의 반환청구를 허용하지 않는 것이 오히려 공평과 신의칙에 반하게 되는 경우에는 급여자의 반환청구가 허용된다고 해석되므로(대법원 1993.12.10. 선고 93다12947 판결 등 참조), 대주가 사회통념상 허용되는 한도를 초과하는 이율의 이자를 약정하여 지급받은 것은 그의 우월한 지위를 이용하여 부당한 이득을 얻고 차주에게는 과도한 반대급부 또는 기타의 부당한 부담을 지우는 것으로서 그 불법의 원인이 수익자인 대주에게만 있거나 또는 적어도 대주의 불법성이 차주의 불법성에 비하여 현저히 크다고 할 것이어서 차주는 그 이자의 반환을 청구할 수 있다고 봄이 상당하다.

---

42) 민법주해 XVII, 508 (박병대).

나. 그럼에도 불구하고, 원심이 1999. 9. 17.부터 2000. 10. 30.까지 사이에 원고로부터 차용한 돈에 대하여 지급한 이자 중 정당한 이율 범위를 초과하는 부분은 부당이득으로서 피고들에게 반환되어야 한다는 피고들의 상계항변을 판단함에 있어서, 위에서 본 법리와는 달리 당사자 사이에 약정된 이율의 일부가 사회질서에 반하는 것으로서 일부 무효가 된다 하더라도 채무자가 그 이율에 따라 이자를 임의로 지급한 경우에는 그 반환을 구할 수 없다고 보아 상계항변을 배척한 데에는 사회질서에 반하여 고율로 약정된 이자의 지급으로 인한 부당이득 내지 불법원인급여 반환에 관한 법리를 오해한 결과 그 무효 사유를 판단하지 아니하여 판결에 영향을 미친 위법이 있다. 이와 같은 점을 지적하는 취지의 상고이유는 이유 있으므로 이를 받아들이기로 한다.

3. 결   론

그러므로 원심판결 중 피고들 패소 부분을 파기하고, 이 부분 사건을 다시 심리·판단하게 하기 위하여 원심법원에 환송하기로 하여 주문과 같이 판결한다. 이 판결에는 상고이유 제2점에 대한 판단에 관하여 대법관 고현철, 대법관 김황식, 대법관 박일환, 대법관 안대희의 반대의견이 있는 외에는 관여 법관들의 의견이 일치하였다.

4. **대법관 고현철, 대법관 김황식, 대법관 박일환, 대법관 안대희가 밝힌 반대의견은 다음과 같다.**

가. 다수의견은, 금전 소비대차계약과 함께 이자의 약정을 하는 경우, 양쪽 당사자 사이의 경제력의 차이로 인하여 그 이율이 당시의 경제적·사회적 여건에 비추어 사회통념상 허용되는 한도를 초과하여 현저하게 고율로 정하여졌다면, 그 한도를 초과하는 부분의 이자 약정은 선량한 풍속 기타 사회질서에 위반한 사항을 내용으로 하는 법률행위로서 무효로 되고, 차주가 그 한도를 초과하는 이자를 임의로 지급하였다고 하더라도 오로지 대주에게만 불법성이 있거나 적어도 대주의 불법성이 차주의 불법성에 비하여 현저히 크다고 보아야 하므로, 차주의 반환청구가 허용되어야 한다고 하고 있다.

나. 그러나 차주가 임의로 지급한 이자의 반환을 구할 수 있다고 본 다수의견에는 다음과 같은 이유에서 찬성할 수 없다.

(1) 금전 소비대차 약정 당시의 경제적·사회적 여건이나 당사자의 경제적 지위 등에 비추어 지나치게 고율의 이자 약정을 한 경우 사회통념상 허용될 수 있는 한도를 초과하는 부분의 이자 약정이 일정한 요건하에 민법 제103조에 위반된 법률행위로서 무효로 평가될 수 있음은 다수의견이 지적하는 바와 같다. 그러나 사회통념상 허용될 수 있는 한도란 약정 당시의 경제적·사회적 여건의

변화에 따라 유동적일 수밖에 없을 뿐만 아니라 법률적인 평가나 가치판단이 개입되어야만 비로소 그 구체적인 범위를 확정할 수 있어, 당사자로서는 무효의 기준과 범위를 명확하게 인식할 수 없다는 문제가 있다.

종래에는 이자제한법에 의해 무효로 되는 이자 약정의 범위를 명확하게 인식할 수 있었지만, 당사자 사이의 이율 결정은 자유로운 시장경제 기능에 맡기는 것이 타당하다는 고려에서 1998. 1. 13. 이자제한법이 폐지된 만큼, 더 이상 이를 기준으로 삼을 수는 없게 되었으며, 다수의견도 구체적으로 무효로 되는 기준과 범위를 제시하지는 못하고 있다. 원심은 이 사건 소비대차 이후에 시행된 대부업의 등록 및 금융이용자보호에 관한 법률 소정의 제한이율을 일응의 기준으로 삼아 이를 초과하는 이자 약정을 무효로 본 것으로 이해되나, 위 법률 소정의 제한이율이 절대적인 기준이 될 수는 없다 할 것이며, 나아가 사회통념상 허용될 수 있는 적정이율(이하 편의상 '적정이율'이라고 한다)이란 오로지 이율만을 기준으로 판단할 문제가 아니라 당시의 경제적 · 사회적 여건이나 당사자의 경제적 지위, 소비대차에 이르게 된 경위 등을 종합적으로 고려하여 판단해야 할 문제인 만큼, 이자제한법이 폐지된 현 상황에서 오로지 이율만을 기준으로 적정이율 여부를 판단하는 것은 결코 타당하다고 할 수 없다.

결국, 일정한 경우 고율의 이자 약정이 무효로 평가될 수 있다 하더라도, 무효의 기준과 범위, 즉 어느 범위 내에서 이자 약정이 무효로 되며 대주가 받아서는 아니 될 이자가 과연 얼마인지에 관하여 대주에게 예측가능성이 있다고 보기는 어려우며, 따라서 대주가 차주로부터 적정이율을 초과하는 이자를 지급받았다고 하더라도 대주가 명확하게 불법성을 인식했다고 평가하기는 어렵다 할 것이다.

(2) 다수의견은 차주가 적정이율을 초과하여 지급한 이자는 불법원인급여에 해당하는 것으로 볼 수 있다고 하면서도, 그 불법성이 오로지 대주에게만 있거나 대주의 불법성이 차주의 불법성에 비하여 현저히 크기 때문에 이 경우 차주의 반환청구는 허용되어야 한다고 하고 있다.

그러나 적정이율을 초과하는 이자 약정이 민법 제103조에 위반되어 무효라고 보더라도 당사자 사이의 약정에 따라 이자가 지급된 것인 이상 그 불법원인은 대주와 차주 쌍방 모두에게 있다고 볼 수밖에 없고, 일반적으로 차주가 대주보다 경제적으로 열악한 지위에 있다는 점을 감안하더라도 앞서 본 바와 같이 대주가 불법성을 명확하게 인식했다고 평가하기는 어렵다는 점에 비추어 보면, 일률적으로 대주의 불법성이 차주의 그것에 비해 현저히 크다고 단정할 수만은 없다고 할 것이다.

특히, 이 사건과 같이 금융기관과 사이의 거래가 아닌 사인 간에 거래를 함에 있어 아무런 물적 담보 없이 차주나 보증인의 신용만을 담보로 금원을 대여하는 경우 대주로서는 차주의 파산이나 도피, 사망 등의 사유로 인해 채권을 회수할 수 없게 되는 위험을 감수하는 대가로 고율의 이자를 요구하는 것이 일반적이고, 반면 차주로서는 금융기관으로부터 대출을 받을 경우에 비해 고율의 이자를 부담해야 하지만 만약 이러한 부담을 감수하지 않는다면 달리 마땅한 자금 융통의 수단이 없기 때문에 다소 고율의 이자를 부담하더라도 그것이 경제적으로 보아 유리하다는 판단 아래 금원을 차용하게 될 것이다. 이와 같이 대주로서는 고수익을 올릴 수 있는 대신 그만큼 고위험의 부담을 안을 수밖에 없는 점, 차주의 경제적 필요에 의해 금전거래가 이루어진다고 볼 수 있는 점 등을 감안하여 볼 때, 오로지 대주에게만 불법성이 있다고 보거나 대주의 불법성만을 지나치게 강조하는 것은 결코 적절치 않다고 할 것이다.

과거 이자제한법이 적용되던 사안에 관하여 대법원은 이자제한법 소정의 제한이율을 초과한 이자를 임의로 지급한 경우 이는 불법원인급여에 해당하고, 그 불법원인이 대주와 차주 쌍방에게 있어 차주는 지급된 이자의 반환을 구할 수는 없다고 판시하여 왔는바(대법원 1961.7.20. 선고 4293민상617 판결, 1988.9.27. 선고 87다카422, 423 판결, 1994.8.26. 선고 94다20952 판결 등 참조), 명확한 무효의 기준이 없어진 현 상황에서 오히려 대주의 불법성을 강조하는 것은 균형이 맞지 않는 해석이라 아니할 수 없다.

임의로 이자를 지급함으로써 이미 거래가 종료된 상황에서 다시 차주의 반환청구를 허용한다면 법적 안정성을 해칠 우려도 있다.

(3) 결국, 차주가 적정이율을 초과한 이자를 임의로 지급한 경우, 오로지 대주에게만 불법성이 있다거나 대주의 불법성이 차주의 불법성보다 현저히 크다고 보기는 어렵다고 할 것이고, 따라서 민법 제746조 본문에 따라 차주의 반환청구는 허용될 수 없다고 봄이 상당하다.

[판결 7]에 관하여 생각할 점

1. 대법원 판결에는 사실관계가 자세하게 소개되어 있지 않으므로 토론의 편의상 이 사건의 사실관계를 소개한다. 이 사건에서 원고는 두 차례에 걸쳐 피고들에게 원금 15,750,000원(선이자와 수수료를 공제한 후 실제 13,000,000원을 교부), 이자는 15일에 10%(연리로 환산하면 연 243%), 변제기는 10일 후로 정하여 돈을 빌려주거나 연대보증을 서게 하였다. 그 이전에도 원고는 피고들에게 고율로 돈

을 빌려주고 그 원리금을 받았다. 원고는 피고들에게 두 차례에 걸친 위 소비
대차의 원리금을 갚으라는 소송을 제기하였다. 피고들은 채무면제, 고율이자약
정의 무효 주장과 함께 피고들이 그 이전에 원고에게 이미 갚았던 고율의 원리
금 중 정당한 이율범위를 벗어난 금원은 부당이득금이므로 그 반환채권을 자동
채권으로 하여 원고의 소비대차채권과 상계한다는 주장도 하였다.

2. 반대의견이 지적하듯이 대법원은 그동안 임의로 지급한 초과이자의 반환을 구
할 수 없다는 태도를 보여왔다(판결이유에 거시한 판례 참조). 그런데 다수의견은
그 반환이 가능하다는 태도를 취하면서도 그 반대취지의 종전 판례들을 폐기하
지는 않았다. 그 이유는 무엇인가?

3. 피고들은 고율의 이자를 스스로 감수하면서 돈을 빌렸고, 그 이후 그 이자를
지급하기도 하였다. 이처럼 적정이율을 초과한 이자를 임의로 지급한 것이 민
법 제742조의 악의의 비채변제에 해당할 여지가 없는가?

4. 대주와 차주의 불법성의 정도에 관하여 다수의견과 반대의견은 입장 차이를 보
이고 있다. 어떤 입장에 찬성하는가?

5. 이와 관련하여 다음과 같은 가상의 사례에 대해서도 생각해 보라. 회사의 대표
이사인 A는 회사를 대표하여 B와 사이에 B에게 회사의 부동산 소유권을 증여
하는 계약을 체결하였다. 사실 B는 A의 첩이었고, 위와 같은 부동산증여는 첩
관계를 유지하는 대가로 이루어진 것이었다. 뒤늦게 이 사실을 알게 된 회사측
은 A를 해임한 뒤 위와 같은 부동산의 소유권 이전이 민법 제103조에 반하여
무효라고 주장하며 B를 상대로 부동산 소유권반환을 구하고 있다. 이 사례에서
불법원인급여가 있는가? 있다면 누가 급여자인가? 위 부동산의 소유권은 궁극
적으로 누구에게 귀속되어야 마땅한가?

5. 임의반환

불법원인급여 이후 수령자가 급여자와의 별다른 약정없이 급여자에게 자
신이 급부받은 것을 임의로 반환하는 것은 허용된다. 민법 제746조는 스스로
불법을 행한 급여자의 반환청구에 대한 법의 조력을 거부하는 것일 뿐이고, 수
령자가 스스로 급여자에게 이를 반환하는 것까지 금지하는 것은 아니기 때문
이다.

한편 급여자와 수령자 사이의 반환 「약정」에 따라 반환한 경우에는 어떠

한가? 우선 급여 전에 불법목적이 달성되지 않을 경우에 대비하여 체결한 반환약정은 사회질서에 반하는 법률행위로서 그 효력을 인정할 수 없다.[43] 이러한 약정은 불법목적이 좌절되더라도 그 급여를 반환받을 수 있도록 사전에 보장함으로써 불법한 행위를 조장하기 때문이다. 반면 급여 후에 급여자와 수령자 사이에 급부물을 반환하기로 약정을 체결하였다면 그 약정의 유효성을 부정할 이유는 없다.[44] 단 반환약정의 목적과 체결경위, 불법원인급여가 이루어진 경위 및 쌍방 당사자의 불법성의 정도 등 제반 사정을 고려할 때 반환약정 자체가 민법 제103조에 위반하는 등 별도의 무효사유가 있다면 그 약정의 효력을 인정할 수 없다. 그러한 무효사유는 무효를 주장하는 자(수익자)가 주장, 증명해야 한다.[45]

　　재판례 가운데에는 급여자와 수령자 사이에 불법원인급여 이후에 체결한 반환 약정도 결국 불법원인급여물의 반환을 구하는 범주에 해당하는 것으로서 무효이고, 그 반환약정에 기하여 약속어음을 발행하였더라도 채권자는 그 이행을 청구할 수 없다고 하여 그 약정의 유효성을 부정한 예가 있다.[46] 그러나 의사시험 합격을 위한 교제비 명목으로 금전을 교부한 계약을 해소시키고 그 금액을 소비대차의 목적으로 하는 새로운 계약이 체결된 경우 그 효력을 인정한 예,[47] 위법하게 수수한 정치자금이 문제될 수 있다는 점 등을 우려하여 이를 반환하기로 한 약정이 무효라는 주장, 증명이 없어 그 약정의 효력을 인정한 예[48]도 있다.

---

43) 대판 1991.3.22, 91다520은 자동차운송사업면허취득을 위한 청탁 명목으로 금원을 지급하면서 만일 그 면허를 취득하지 못하면 그 금원을 반환받기로 약정하였다면 그 약정은 무효라고 판시한다.

44) 대판 1995.7.14, 94다51994는 불법원인급여를 한 후에 그 대가의 반환약정을 한 경우 그 약정을 무효라고 하였으나, 대판 2010.5.27, 2009다12580은 이러한 반환약정을 원칙적으로 유효하다고 보았다.

45) 대판 2010.5.27, 2009다12580.

46) 대판 1995.7.14, 94다51994. 그런데 이 판결은 그 약정의 유효성을 부정하면서 참조판례로서 대판 1991.3.22, 91다520을 들고 있으나, 이는 불법원인급여 이전에 체결된 사전반환약정의 효력에 관한 판례로서 그 취지가 사후반환약정에 그대로 적용될 수 있는지 의문이다.

47) 대판 1976.11.23, 76다2138. 민법주해 XVII, 523 (박병대) 참조.

48) 대판 2010.5.27, 2009다12580.

제6장   다수 당사자가 관련된 부당이득

Ⅰ. 의   의

지금까지는 두 당사자 사이에 부당이득관계가 발생하는 것을 전제로 하여 설명하였다. 그런데 셋 이상의 다수 당사자가 관련된 부당이득관계도 존재할 수 있다. 이때는 두 당사자 사이에서는 발생하지 않는 특수한 문제들이 등장하게 된다. 이러한 다수 당사자의 부당이득 문제는 급부부당이득과 관련하여 발생한다. 여기에서 핵심적인 문제는 그중 누가 누구에게 어떤 내용의 부당이득 반환청구권을 가지는가 하는 점이다.

Ⅱ. 삼각관계에서의 부당이득

A가 B에게 부동산을 매도하고, B는 다시 이를 C에게 전매한 경우를 상정해보자. 이때 A와 B 사이, 그리고 B와 C 사이에는 매매계약관계가 각각 존재하지만 A와 C 사이에는 매매계약관계가 존재하지 않는다. 그런데 B는 A에게, 그리고 C는 B에게 각각의 매매계약관계에 따른 대금지급채무를 부담하므로 대금지급은 'C ⇒ B ⇒ A'의 순서로 이루어진다. 이때 B가 C로 하여금 A에게 직접 지급하도록 지시하는 것은 3자간의 간편한 대금결제방법이다. 따라서 실제 대금지급은 'C ⇒ A'의 형태로 하여 3자간의 대금지급관계를 한꺼번에 해결하는 경우가 빈번하다. 그런데 B와 C 사이의 매매계약이 무효, 취소 등의 사유로 효력이 없게 되었다면 C가 행한 급부의 부당이득반환 문제가 등장한다. 이때 C는 A와 B 중 누구에게 급부부당이득의 반환을 구할 수 있는가?

이러한 유형의 사안을 해결하기 위하여 두 가지 접근방법을 상정할 수 있다.[1]

첫째, 누가 급부를 수령한 것인가 하는 관점에서 접근하는 방법이다. 급부부당이득의 반환은 급부자가 그 급부를 수령한 자에게 구하는 것이기 때문이다. 이와 관련하여 독일에서는 급부를 '일정한 목적을 달성하기 위하여 의식적으로 행하여지는 타인 재산의 증가행위'로 파악하여 급부의 「목적지향성」을 부각시킨 뒤, 「급부를 수령한 자」를 판단함에 있어서도 사실적인 관점이 아니라 목적적인 관점을 동원하고 있다. 이러한 목적적 급부개념에 따르면 위의 사례에서 현실적인 재산이동은 C로부터 A에게로 이루어졌지만 C와 A 사이에는 급부관계가 존재하지 않는다고 한다. 왜냐하면 C가 의도하였던 급부는 자신의 B에 대한 대금지급채무의 변제였고, A도 자신의 B에 대한 대금지급채권을 만족받기 위하여 급부를 수령하였기 때문이다. 그러므로 목적적 급부개념에 따르면 C는 B에게, B는 A에게 급부한 것이고, 다만 관련 당사자들의 편의를 위하여 그 급부가 단축된 형태로 이루어졌을 뿐이다. 따라서 A는 현실적으로는 C로부터 대금을 지급받았지만 규범적으로는 B와의 계약을 「법률상 원인」으로 하여 B로부터 급부를 수령한 것으로서, C와 B 사이의 계약이 무효 또는 취소되는 것에는 영향을 받지 않는다. 결국 그 급부의 반환관계에서도 C는 자신과 급부관계에 있는 B에게 부당이득반환을 청구할 수 있을 뿐, 자신과 급부관계가 없는 A에게 부당이득반환을 직접 강제할 수는 없게 된다.[2]

둘째, 당사자들의 계약관계가 본래 예정하던 실질적인 이익상황을 유지하려는 관점에서 접근하는 방법이다. 이러한 방법의 배후에는 다음과 같은 전제

---

1) 이는 삼각관계의 부당이득 문제에 관하여 독일에서 활발하게 논의되어 온 것으로서 우리나라에도 여러 가지 모습으로 소개되어 왔는데, 그 자세한 내용은 우선 민법주해 XVII, 203 (양창수) 이하 및 김형배, 사무관리·부당이득, 281 이하 참조.
2) 이러한 관점에서 대판 2010.3.11, 2009다98706은 "계약상 금전채무를 지는 이가 채권자 갑의 지시에 좇아 갑에 대한 채권자 또는 갑이 증여하고자 하는 이에게 직접 금전을 지급한 경우 또는 남의 경사를 축하하기 위하여 꽃을 산 사람이 경사의 당사자에게 직접 배달시킨 경우와 같이, 계약상 급부가 실제적으로는 제3자에게 행하여졌다고 하여도 그것은 계약상 채무의 적법한 이행(이른바 '제3자방(제삼자방) 이행')이라고 보아야 한다. 이때 계약의 효력이 불발생하였으면, 그와 같이 적법한 이행을 한 계약당사자는 다른 특별한 사정이 없는 한 그 제3자가 아니라 계약의 상대방당사자에 대하여 계약의 효력불발생으로 인한 부당이득을 이유로 자신의 급부 또는 그 가액의 반환을 청구하여야 한다." 라고 한다.

가 깔려 있다고 생각된다. 급부부당이득법은 계약법의 보충적 규범이다. 따라서 급부부당이득의 반환관계에서도 계약관계가 우선적으로 고려되어야 한다(이른바 「계약법의 우위」). 특히 당사자들 사이에 존재하는 계약관계는 이에 수반되는 이익(예를 들면 계약상 권리)과 불이익(예를 들면 상대방의 무자력으로 인한 권리 실현좌절의 위험)을 충분히 고려한 뒤 자발적인 의사에 기하여 이를 당사자들 사이에 가장 효율적으로 분배한 결과라고 할 수 있다. 그러므로 이러한 결과물은 충분히 존중되어야 한다. 따라서 ① 당사자가 계약관계에서 가지는 대항사유 내지 항변권은 부당이득반환관계에서도 함부로 박탈당하여서는 안 되고, ② 계약상대방의 무자력 위험은 그를 상대방으로 선택하고 신뢰한 자가 스스로 부담해야 하고 이를 제3자에게 전가하여서는 안 된다.[3]

이에 기초하여 위 사안의 예를 본다. 우선 A가 자신의 계약상대방인 B에 대하여 동시이행 항변권 등 대항사유를 가지고 있어 일방적으로 대금을 반환하지 않아도 된다고 가정해 보자. 이때 C가 A에게 직접 부당이득반환청구를 하도록 허용하면 A로서는 B에 대하여 행사할 수 있었던 항변권을 박탈당하게 되어 부당하다. 또한 B가 무자력이라면 그 무자력으로 인한 위험은 그를 계약상대방으로 선택한 C가 스스로 부담해야 한다. 그런데 C가 A에게 직접 부당이득반환청구를 할 수 있도록 허용하면 C는 A로부터 대금을 반환받게 되겠지만, A는 다시 B에게 담보책임 등을 추궁하는 과정에서 그의 무자력으로 인한 위험을 부담하게 되어 부당하다. 그러므로 이러한 당사자들 사이의 이익상황을 실질적으로 평가하면 본래의 계약관계에 따라 C는 B와, B는 A와 각각 그 계약의 청산관계를 해결하는 것이 타당하다.

아래의 판결은 이러한 독일의 논의를 정면으로 받아들인 것으로서 위 두 가지 접근방법을 모두 동원하여 직접청구를 부정하는 결론에 이르고 있다.

[판결 1] 삼각관계에서의 급부부당이득: 대판 2003.12.26, 2001다46730

상고이유를 판단한다.

1. 원심의 판단

원심판결 이유에 의하면, 원심은 채용 증거에 의하여, 피고는 이 사건 상가

---

3) 대판 2003.12.26, 2001다46730; 대판 2017.7.11, 2013다55447; 대판 2018.7.12, 2018다204992.

를 신축한 후 1994. 1. 5. 제1심 공동피고 가인유통 주식회사(이하 '가인유통'이라
한다)와 사이에 이 사건 상가를 대금 230억 원에 매도하는 매매계약을 체결하
고, 가인유통은 그 무렵부터 이 사건 상가를 호수별로 분할하여 분양업무를 개
시한 사실, 원고들은 가인유통과 사이에 이 사건 상가 중 원심 첨부 별지 계약
및 대금납부내역 중 계약물건란 기재 각 부분에 대한 분양계약을 체결한 후 위
계약 및 납부내역 중 대금지급내역란 기재와 같이 분양대금 중 일부를 가인유
통에 지급하거나 가인유통의 지시에 따라 무통장입금의 방법으로 피고가 개설
한 계좌(조흥은행 대흥동지점)로 송금하였으며, 무통장입금표를 가인유통에 제시
하고 가인유통으로부터 다시 입금표를 교부받은 사실, 가인유통은 위 매매계약
당시 입찰보증금 23억 원은 계약금으로 대체하고, 계약 후 3차례에 걸쳐 중도금
및 잔금을 지급하기로 약정하였으나 이 사건 상가에 대한 공사가 완공된 1994.
9.경까지 약정된 중도금을 지급하지 아니하고 그로부터 점포를 재분양받은 사람
들로 하여금 그 분양대금의 일부를 직접 피고 조합에 송금하게 하는 방법으로
중도금 중 극히 일부에 해당하는 금액만을 지급한 상태여서 원고들이 상가를
분양받지 못하고 있는 사실을 각 인정한 다음, 피고가 원고들에 대하여 계약이
행책임을 부인하고 있는 이상 위 대금의 수령권자는 가인유통이고 피고는 이를
수령할 권한이 없으므로, 피고는 법률상 원인 없이 동액 상당의 이득을 얻고 원
고들은 동액 상당의 손실을 입었다고 할 것이어서 특별한 사정이 없는 한 피고
는 원고들에게 각 그 지급받은 대금을 부당이득으로 반환할 의무가 있다고 판
단하였다.

2. 대법원의 판단

원심의 위와 같은 판단은 다음과 같은 이유로 수긍하기 어렵다.

계약의 일방 당사자가 계약상대방의 지시 등으로 급부과정을 단축하여 계
약상대방과 또 다른 계약관계를 맺고 있는 제3자에게 직접 급부한 경우, 그 급
부로써 급부를 한 계약당사자의 상대방에 대한 급부가 이루어질 뿐 아니라 그
상대방의 제3자에 대한 급부로도 이루어지는 것이므로 계약의 일방 당사자는
제3자를 상대로 법률상 원인 없이 급부를 수령하였다는 이유로 부당이득반환청
구를 할 수 없다.

그런데 원심이 인정한 사실관계에 의하면, 이 사건에서 사실상의 급부관계
는 원고들과 피고 사이에 발생하였지만, 그것은 위의 법리에 따라 원고들의 가
인유통에 대한 급부와 가인유통의 피고에 대한 급부가 아울러 이루어진 것으로
볼 수 있으므로, 그렇다면 피고가 원고들로부터 분양대금을 수령한 것은 가인유
통과의 계약관계에 의한 것으로서 정당하게 수령한 것이 되고, 따라서 원고들은

피고에게 부당이득반환청구를 할 수 없다고 할 것이다.

원심은 또 원고들이 가인유통과 사이의 분양계약이 적법하게 해제되었으므로, 이에 기하여도 피고에게 부당이득반환청구권을 행사할 수 있다고 부가적으로 판단하고 있으나, 기록상 원고들이 위 분양계약이 해제되었다는 주장을 한 바 없을 뿐만 아니라, 가사 원고들이 위 분양계약을 적법하게 해제하였다고 하더라도 그 계약관계의 청산은 계약의 상대방인 가인유통과 사이에 이루어져야 하고, 피고를 상대로 분양대금을 지급한 것이 부당이득이라는 이유로 그 반환을 구할 수 없다. 왜냐하면, 원고들이 제3자인 피고에 대하여 직접 부당이득반환청구를 할 수 있다고 보면, 자기 책임하에 체결된 계약에 따른 위험부담을 제3자에게 전가 시키는 것이 되어 계약법의 기본원리에 반하는 결과를 초래할 뿐만 아니라 수익자인 제3자가 계약 상대방에 대하여 가지는 항변권 등을 침해하게 되어 부당하기 때문이다.

그럼에도 불구하고 원심이 피고가 원고들로부터 분양대금을 송금받음으로써 이를 부당이득하였다고 판단하여 원고들의 부당이득반환청구를 인용한 것은 부당이득에 관한 법리를 오해하여 판결 결과에 영향을 미친 위법이 있다. 이 점을 지적하는 피고의 상고이유의 주장은 이유 있다.

[판결 1]에 관하여 생각할 점

1. 위 사안에서 목적적 급부관계는 어떠한 당사자들 사이에 존재하는 것인가?
2. 원심법원은 원고들과 가인유통 사이의 분양계약이 적법하게 해제되었다고 사실 인정하였고, 대법원도 이러한 상황을 기초로 하여 법리를 판시하고 있다. 그런데 만약 원고들과 가인유통 사이의 분양계약은 유효하게 존속하고 있고, 피고와 가인유통 사이의 매매계약이 해제되었다면 부당이득 반환의 문제는 누구와 누구 사이에 발생하는가? 또한 분양계약과 매매계약이 모두 효력을 잃게 되었다면 어떠한가?
3. 대판 2008.9.11, 2006다46278에서도 위 판결의 판시를 반복하고 있다. 이 사안에서는 재건축조합에서 조합원들의 추가부담금 등의 납부를 결정하는 결의를 하였고, 조합원들은 재건축조합의 지시에 따라 재건축조합에 대하여 공사대금 채권을 가지고 있던 피고에게 그 금원을 직접 지급하였다. 그중 일부 조합원들인 원고들은 위 결의가 부존재이거나 무효이므로 원고들은 추가부담금 등을 납부할 법률상 의무가 없음에도 불구하고, 피고는 단독으로 또는 재건축조합과 공동으로 원고들에게 추가부담금 등을 부과, 징수하였으므로 이를 부당이득으

로 반환해야 하는 재건축조합 내지 피고는 이를 재건축조합의 지시에 따라 피고에게 납부하였으므로 피고는 원고에게 부당이득반환의무가 있다고 주장하였고, 원심은 피고가 위 결의에 하자가 있었음을 잘 알고 있었던 이상 원고들에게 그 이득을 반환할 의무가 있다고 판시하여 이를 받아들였다. 그러나 대법원은 원고들이 피고에게 직접 추가부담금 등을 납부한 것을 재건축조합의 지시에 따른 일종의 단축급부로 보았다. 따라서 피고가 수령한 급부는 재건축조합과 피고 사이의 공사계약에 따른 것으로서 유효한 법률상 원인을 보유하고 있으므로, 설령 원고들과 재건축조합 사이에서 문제된 총회 결의가 부존재하거나 무효가 되었다고 하더라도 부당이득반환의무가 없다고 판시하였다. 금원을 수령한 피고가 결의하자를 알고 있었다는 점이 부당이득반환의무에 어떤 영향을 주어야 하는가? 변제를 수령한 채권자가 악의 또는 중과실인 경우 부당이득반환의무를 긍정한 대판 2003.6.13, 2003다8862와도 비교하여 보라.

4. 대판 2015.5.29, 2012다92258은 금전채권의 질권자가 자기채권의 범위 내에서 직접청구권을 행사하는 경우에도 이 법리를 적용하고 있다. 따라서 입질채권의 발생원인인 계약관계에 무효 등의 흠이 있어 입질채권이 부존재하는 경우, 제3채무자가 질권자를 상대로 직접 부당이득반환을 구할 수 없다고 한다. 한편 질권자가 제3채무자로부터 자기채권을 초과하여 지급받았다가 그 초과 부분을 질권설정자에게 그대로 반환한 경우에는 질권자에게 실질적 이익이 없으므로 제3채무자는 질권자에게 초과 지급 부분에 대한 부당이득반환을 구할 수 없다고 한다.

5. 제3자를 위한 계약관계에서 낙약자와 요약자 사이의 법률관계(이른바 기본관계)를 이루는 계약이 해제된 경우 낙약자가 이미 그 계약에 기하여 제3자에게 급부한 것이 있다면 원상회복 또는 부당이득을 원인으로 그 제3자를 상대로 급부한 것의 반환을 구할 수 있는가? 대판 2005.7.22, 2005다7566, 7573과 대판 2010.8.19, 2010다31860, 31877을 참조하라.

Ⅲ. 전용물소권

1. 의   의

전용물소권은 계약상의 급부가 계약상대방인 B 이외에 제3자인 C에게도 이득이 되는 경우 급부를 한 계약당사자 A가 제3자를 상대로 행하는 부당이득 반환청구권을 일컫는다. A와 B 사이에는 계약관계가 존재하므로 A와 B 사이의 경제적 이익의 조정은 그 계약관계에 의하면 충분하다. 그런데 이때 A가 C에게 법률상 원인없이 이득을 취하였다는 이유로 부당이득반환을 구할 수 있는가가 문제된다.

2. 인정 여부

(1) 대법원은 종래 전용물소권의 인정 여부에 관하여 일관된 입장을 취하지 않았다.

우선 결과적으로 이를 인정하는 듯한 재판례들이 있었다. 대판 1966.10.4, 66다1441은 다음과 같은 사안을 다루고 있다. 원고는 광업권자로부터 광산의 운영권을 설정받고 그와의 계약에 따라 노임 및 시설자재비를 지출하였으나 이후 광업권자가 광업권을 피고에게 양도하고 광산을 인도하였다. 이에 원고가 피고에 대하여 자신이 지출한 비용을 부당이득으로 반환청구하였다. 이에 대하여 대법원은 특별한 사정이 없는 한 피고가 본건 광업권의 이전등록을 마친 후 원고의 위 지급으로 인하여 피고가 이익을 얻었을 때에는 원고의 손해와 피고의 이익 간에는 사회관념상 인과관계가 있는 것이라고 하여 부당이득을 인정하였다.

또한 대판 1974.7.26, 73다1637은 다음과 같은 사안을 다루고 있다. 소외 A는 소외 B로부터 토지를 매수하고 원고들에게 토지 성토공사와 석축공사를 도급하여 주었고, 이에 따라 원고들은 그 공사를 상당부분 진행하였다. 그런데 A가 위 토지를 매수할 당시 이미 피고 앞으로 소유권이전등기가 마쳐져 있었다. 원고들은 자신의 공사 결과 토지이용가치가 증대되어 소유자인 피고가 법률상 원인 없이 이익을 취득하였고, 피고가 이에 관하여 선의라도 그 이익이 현존하고 있으므로 피고는 공사비를 지출한 원고들에게 부당이득을 반환해야 한다고 구하였다. 이에 대하여 대법원은 원고들의 주장과 마찬가지로 피고의 원고들에 대한 부당이득을 인정하고, 대지로서의 사용목적에 부응하는 성토 매립 석축 등 공사를 하여 그 공사량이 현존할 때에는 그 현존하는 공사량의 공사비가 곧 현존하는 이익이라고 하여 그 반환의무를 긍정하였다.

　　하지만 전용물소권을 부정한 예도 있다. 대판 1970.11.24, 70다1012는 다음과 같은 사안을 다룬다. 원고가 경기도 고양군수 및 벽제면장으로부터 제방공사를 도급받아 그 공사를 완공한 뒤 보수의 일부를 지급받지 못하자 그 관리청인 경기도가 위 제방공사의 완성으로 인하여 법률상 원인 없이 이득하였다는 이유로 경기도를 상대로 보수금 잔액 상당의 부당이득반환청구소송을 제기하였다. 이에 대하여 대법원은 원고는 여전히 도급인인 경기도 고양군수 및 벽제면장으로부터 그 보수금 잔액을 지급받을 권리를 가지고 있어 어떤 손해를 본 것이 아니므로 그 부당이득반환청구는 이유없다는 태도를 취하였다.

　　(2) 이와 같이 전용물소권의 인정 여부에 관한 대법원 판례의 입장은 명확하지 않았으나, 아래에서 살펴볼 대판 2002.8.23, 99다66564, 66571에 이르러 전용물소권을 명시적으로 부정하는 입장을 확립하였다. 대법원은 ① 자기 책임하에 체결된 계약에 따른 위험부담을 제3자에게 전가시키는 것이 되어 계약법의 기본원리에 반하는 결과를 초래하고, ② 채권자인 계약당사자가 채무자인 계약 상대방의 일반채권자에 비하여 우대받는 결과가 되어 일반채권자의 이익을 해치게 되며, ③ 수익자인 제3자가 계약 상대방에 대하여 가지는 항변권 등을 침해하게 되어 부당하다는 이유로 전용물소권을 인정할 수 없다고 판시하였다. 그 이후에도 이러한 태도가 유지되고 있다.[4]

---

4) 대판 2010.6.24, 2010다9269. 甲 회사의 화물차량 운전자가 甲 회사 소유의 화물차량을 운전하면서 甲 회사의 지정주유소가 아닌 乙이 경영하는 주유소에서 대금을 지급할 의사나 능력이 없음에도 불구하고 상당량의 유류를 공급받아 편취한 다음 甲 회사의 화물운송사업에 사용하고 그 유류대금을 결제하지 않은 사안에서, 乙은 甲 회사에 대하여 직접 부당이득 반환을 청구할 수 없다고 한 사례이다. 그 외에도 대판 2011.11.10, 2011다48568(소비대차계약에 기한 급부 관련 사안); 대판 2013.6.27, 2011다17106(사무관리에 기한 급부 관련 사안); 대판 2023.4.27, 2022다304189(부합으로 인한 부당이득 사안) 참조.

[판결 2] 전용물소권의 인정 여부: 대판 2002.8.23, 99다66564, 66571

1. 원심은, 이 사건 건물에 관하여 원고(반소피고, 이하 '원고'라고만 한다)가 1/2 지분, 소외 1, 2가 각 1/4 지분으로 공유한 사실, 소외 1은 공유자인 원고의 동의 없이 1994. 5. 10. 피고(반소원고, 이하 '피고'라고만 한다)에게 이 사건 건물의 1, 2층 창호공사를 금 250,000,000원에 도급하는 계약을 체결하고 피고가 약정 기간 내에 위 공사를 완료하였으나 피고에게 공사대금을 지급하지 않은 사실, 위 공사로 인하여 이 사건 건물의 가치가 금 149,779,696원 상당 증가한 사실을 인정한 다음, 원고는 피고에게 위 공사로 인하여 이 사건 건물의 가치가 증가한 부분 중 원고 지분에 상응하는 금 74,889,848원을 부당이득 내지 유익비로서 반환할 의무가 있다고 판단하였다.

2. 계약상의 급부가 계약의 상대방뿐만 아니라 제3자의 이익으로 된 경우에 급부를 한 계약당사자가 계약 상대방에 대하여 계약상의 반대급부를 청구할 수 있는 이외에 그 제3자에 대하여 직접 부당이득반환청구를 할 수 있다고 보면, 자기 책임하에 체결된 계약에 따른 위험부담을 제3자에게 전가시키는 것이 되어 계약법의 기본원리에 반하는 결과를 초래할 뿐만 아니라, 채권자인 계약당사자가 채무자인 계약 상대방의 일반채권자에 비하여 우대받는 결과가 되어 일반채권자의 이익을 해치게 되고, 수익자인 제3자가 계약 상대방에 대하여 가지는 항변권 등을 침해하게 되어 부당하므로, 위와 같은 경우 계약상의 급부를 한 계약당사자는 이익의 귀속 주체인 제3자에 대하여 직접 부당이득반환을 청구할 수는 없다고 보아야 할 것이다.

한편, 유효한 도급계약에 기하여 수급인이 도급인으로부터 제3자 소유 물건의 점유를 이전받아 이를 수리한 결과 그 물건의 가치가 증가한 경우, 도급인이 그 물건을 간접점유하면서 궁극적으로 자신의 계산으로 비용지출과정을 관리한 것이므로, 도급인만이 소유자에 대한 관계에 있어서 민법 제203조에 의한 비용상환청구권을 행사할 수 있는 비용지출자라고 할 것이고, 수급인은 그러한 비용지출자에 해당하지 않는다고 보아야 할 것이다.

위와 같은 법리에 비추어 볼 때, 이 사건에서 소외 1로부터 이 사건 건물에 관한 공사를 도급받아 공사를 완료한 피고로서는 이 사건 건물의 공유자 중 1인인 원고에 대하여 직접 부당이득반환을 청구하거나 유익비상환을 청구할 수 없다고 보아야 할 것임에도 불구하고, 원심은 피고에게 원고에 대한 부당이득반환 내지 유익비상환청구권이 있다고 판단하였으니, 거기에는 부당이득반환청구 등에 관한 법리를 오해하여 판결 결과에 영향을 미친 잘못이 있다 할 것이고, 이러한 취지의 상고이유의 주장은 이유 있다.

3. 그러므로 나머지 상고이유에 관하여 판단할 필요도 없이 원심판결 중 원고 패소 부분을 파기하고, 이 부분 사건을 다시 심리·판단하도록 원심법원에 환송하기로 하여, 관여 법관의 일치된 의견으로 주문과 같이 판결한다.

[판결 2]에 관하여 생각할 점

1. 대법원은 "자기 책임하에 체결된 계약에 따른 위험"을 언급하고 있다. 여기에서의 "위험"은 구체적으로 무엇을 상정하는 것인가?
2. 소외 1이 공사대금을 제대로 지급하지 않아 이 사건에 이르게 되었다는 점에서 소외 1은 가장 보호가치가 없는 자이다. 한편 원고는 소외 1과 건물을 공유하는 관계에 있다. 피고는 소외 1과 도급계약을 체결한 관계에 있다. 그렇다면 이 사건에서 소외 1의 공사대금 미지급으로 인한 불이익은 원고와 피고 중 누가 부담하는 것이 타당한가? 어차피 건물의 효용증진을 위하여 꼭 필요한 공사였고, 소외 1에게는 실질적으로 대금을 지급받을 가능성이 거의 없는 경우라면 어떠한가?
3. 채권자평등주의와 전용물소권의 상호관계는 어떠한가?
4. 이 사건에서 피고가 유치권을 행사한다면 사실상 원고로부터 공사대금을 지급받을 수 있는 것인가? 민법 제320조를 참조하라.

IV. 기타 문제

1. 편취·횡령금전에 의한 채무변제와 부당이득

(1) B가 A로부터 금전을 편취하거나 횡령한 뒤 이로써 자신의 채권자인 C에 대한 채무를 변제하였다면 C는 A와의 관계에서 그 금전을 부당이득한 것인가? 이는 두 가지 관점에서 문제된다.

(2) 우선 인과관계의 관점이다. 즉 부당이득반환청구권이 성립하려면 A의 손해와 C의 이득 사이에 인과관계가 인정되어야 하는데, 이러한 손해와 이득은 각각 B의 편취 내지 횡령과 B의 변제라는 중간적 요소의 개입에 따라 발생한 것이므로 양자 사이에 인과관계가 단절되는 것이 아닌가 문제된다. 그런데 이러한 문제에 즈음하여 일본에서는 공평을 이념으로 하는 부당이득제도에 있

어서 탄력성을 유지하기 위하여 부당이득에 있어서의 인과관계는 「직접적 인과관계」가 아니라 「사회관념상의 인과관계」로 완화하여 파악하면 족하다는 입장이 확고하여졌고, 우리나라에서도 부당이득법상의 인과관계를 이처럼 이해하는 견해가 주류를 이루게 되었다.[5] 이러한 이해에 따르면 B의 행위가 중간에 개입하였더라도 A의 손해와 C의 이득 사이에 인과관계를 인정하는 데에는 어려움이 없게 된다.

　(3) 다음으로 법률상 원인의 관점이다. 부당이득반환청구권이 성립하려면 C의 이득에 법률상 원인이 없어야 한다. 그런데 C로서는 자신의 채무에 기하여 변제받은 것이므로 그 금전을 보유할 법률상 원인이 있는 것이라는 의문이 든다. 이에 대하여는 일률적으로 C의 부당이득을 부인할 것이 아니라, 수익자인 C보다 손실자인 A를 보호하는 것이 더 타당하다고 생각되는 경우(예컨대 수익자인 C가 이러한 편취 또는 횡령의 사실을 알고도 변제받았거나 알지 못한 데에 중대한 과실이 있는 경우)에는 공평의 이념을 추구하는 부당이득제도의 취지에 비추어 A의 부당이득반환청구권을 인정해야 한다는 반론도 가능하다.

　우리 판례는 이와 같은 사안에서 A의 손해와 C의 이득 사이에 인과관계를 인정하는 한편, C가 악의 또는 중과실인 경우에는 A의 C에 대한 부당이득반환청구를 인정하는 태도를 취하고 있다.[6] 아래 판결도 그러한 태도를 보여준다.

> **[판결 3] 횡령한 금전에 의한 채무변제와 부당이득: 대판 2003.6.13, 2003다8862**

1. 상고이유 제1점에 관하여

　부당이득제도는 이득자의 재산상 이득이 법률상 원인을 결여하는 경우에 공평·정의의 이념에 근거하여 이득자에게 그 반환의무를 부담시키는 것인바, 채무자가 피해자로부터 횡령한 금전을 그대로 채권자에 대한 채무변제에 사용하는 경우 피해자의 손실과 채권자의 이득 사이에 인과관계가 있음이 명백하고, 한편 채무자가 횡령한 금전으로 자신의 채권자에 대한 채무를 변제하는 경우

---

5) 곽윤직, 채권각론, 354-355.
6) 대판 2003.6.13, 2003다8862; 대판 2008.3.13, 2006다53733; 대판 2012.1.12, 2011다74246.

채권자가 그 변제를 수령함에 있어 악의 또는 중대한 과실이 있는 경우에는 채권자의 금전 취득은 피해자에 대한 관계에 있어서 법률상 원인을 결여한 것으로 봄이 상당하나, 채권자가 그 변제를 수령함에 있어 단순히 과실이 있는 경우에는 그 변제는 유효하고 채권자의 금전 취득이 피해자에 대한 관계에 있어서 법률상 원인을 결여한 것이라고 할 수 없다.

같은 취지에서, 원심이, 채권자가 채무자로부터 변제를 수령함에 있어 과실만 있으면 채권자의 변제수령으로 인한 금전 취득이 피해자에 대한 관계에 있어서 법률상 원인을 결여한 것으로 보아야 한다는 원고의 주장을 받아들이지 아니한 것은 정당하고, 거기에 상고이유로 주장하는 부당이득의 성립요건에 관한 법리오해의 위법이 없다.

2. 상고이유 제2점에 관하여

가. 피고 1에 대하여

원심판결 이유(인용한 제1심판결 이유 포함)에 의하면, 소외 1은 판시와 같이 횡령한 돈 5,620만 원을 원고로부터 퇴직금 중간정산금으로 받은 것이라면서 그 보관을 부탁하며 처인 피고 1의 예금계좌로 송금하였으나, 피고 1이 송금 받은 그 날 남편인 소외 1에게 처분 용도를 문의하여 소외 1의 지시에 따라 2회에 걸쳐 5,600만 원은 소외 1의 예금계좌로 송금하고, 그 이후 나머지 20만 원은 소외 1에게 교부한 사실을 확정하였으면서도, 부당이득의 성립 여부를 판단함에 있어서는 소외 1이 채무변제조로 위 돈을 송금하였음을 전제로 피고 1이 이를 송금 받음에 있어 고의나 중과실이 있는지의 여부를 판단하고 있는바, 이러한 원심판결에는 이유모순의 위법이 있다고 할 것이다.

소외 1이 횡령한 돈 5,620만 원이 처인 피고 1의 예금계좌로 입금되었다고 하더라도, 그로 인하여 피고 1이 위 돈 상당을 이득하였다고 하기 위해서는 피고 1이 위 돈을 영득할 의사로 송금 받았다거나 소외 1로부터 이를 증여받는 등으로 위 돈에 관한 처분권을 취득하여 실질적인 이득자가 되었다고 볼 만한 사정이 인정되어야 할 것인데, 원심이 인정한 사실은, 피고 1이 남편인 소외 1로부터 퇴직금 중간정산금이라며 그 보관을 의뢰 받고 자신의 계좌로 위 돈을 송금 받았다가 송금 받은 그 날 소외 1에게 처분 용도를 물어 소외 1의 지시에 따라 송금된 돈의 대부분을 곧바로 소외 1에게 송금하고 나머지 돈도 그 무렵 소외 1에게 교부하여 주었다는 것인바, 이와 같은 송금 및 반환 경위에 비추어 볼 때 피고 1이 위 돈을 자신의 구좌로 송금받았다고 하여 실질적으로 이익의 귀속자가 되었다고 보기는 어려우므로, 이와 다른 전제에 선 원고의 피고 1에 대한 부당이득반환 주장은 나아가 살필 필요 없이 이유 없다.

결국, 피고 1의 경우 위 돈을 송금받음에 있어 고의·중과실이 있었는지의 여부는 이를 판단할 필요 없이 부당이득이 성립되지 아니하므로 원심의 결론은 정당하다고 할 것이다.

나. 나머지 피고들에 대하여

원심은, 피고 2는 소외 1의 누나, 피고 3은 고등학교 동기동창으로서 절친한 친구, 피고 4는 원고의 주거래 금융기관인 농협 여의도지점의 과장으로서 모두 원고에게 거액의 돈을 차용하여 준 자들로서 소외 1이 원고의 출납담당 과장으로서 각종 자금의 출납업무를 담당하고 있다는 사실을 잘 알고 있었던 사실, 소외 1은 주식투자의 실패 등으로 2000. 4.경부터 이미 7차례에 걸쳐 원고의 공금을 횡령하여 피고들에 대한 이 사건 송금 이전에 횡령한 금액이 7억 원에 이르고 있었던 사실, 피고들에 대한 각 돈의 송금의뢰인이 소외 1개인 명의가 아닌 대한석탄공사로 되어 있었고, 송금받는 사람도 피고들 명의가 아닌 상호명이 기재되어 있었는데도 피고들은 이에 대한 별다른 확인조치를 하지 아니한 사실은 인정할 수 있으나, 한편, 소외 1은 주식투자 실패로 인하여 경제적으로 곤란한 상황에 있었음에도 부족한 금원을 원고의 공금을 몰래 횡령하는 방법으로 보충하면서 송금 당시를 비롯하여 그 전후로 피고들에게 어려운 경제사정을 계속 숨겨왔고, 피고들은 소외 1로부터 송금받은 돈의 전부 또는 일부를 주식에 투자하여 달라며 다시 소외 1에게 맡긴 사실에 비추어 보면, 피고들이 소외 1과 가까운 사이라는 것만으로 소외 1이 원고의 금원을 횡령한 사실을 알았다고 단정하기에 부족하고, 송금의뢰인 및 송금 받는 자의 명의가 소외 1및 피고들의 실명이 아니라는 점을 가볍게 생각하고 이를 확인하여 보지 아니하였다고 하여 피고들이 위 금원을 송금 받아 취득한 것에 중대한 과실이 있다고 보기 어렵다고 판단하였다.

기록에 비추어 살펴보면, 원심의 위와 같은 사실인정과 판단은 정당하고 거기에 상고이유로 주장하는 사실오인이나 중과실에 관한 법리오해의 위법이 없다.

3. 결   론

그러므로 상고를 기각하고 상고비용은 패소자가 부담하는 것으로 하여 관여 대법관의 일치된 의견으로 주문과 같이 판결한다.

[판결 3]에 관하여 생각할 점

1. 위 사건에서 대법원은 원고가 피고에 대하여 부당이득반환청구권을 가지는가의 문제에 관하여 피고의 악의 또는 중과실 여부를 중요한 판단기준으로 제시하고 있다. 대법원이 부당이득반환청구권의 성립에 있어서 다른 사건에서는 요구되

지 않는 위와 같은 요건을 논의하는 이유는 무엇인가? 가령 갑과 을 사이의 계약이 무효인데 을이 그 무효사유에 관하여 악의 또는 중과실이라면 갑은 을을 상대로 이미 이루어진 급부의 반환을 청구할 수 없는 것인가?

2. 왜 "악의 또는 과실"이 아니라 "악의 또는 중과실"인가? 대법원의 이러한 기준에는 어떠한 근거가 있는 것인가? 이에 관하여는 일반 선의취득에 관한 민법 제249조, 지시채권의 선의취득에 관한 민법 제514조, 어음의 선의취득에 관한 어음법 제16조 제2항, 수표의 선의취득에 관한 수표법 제21조를 참조하라.

3. 위와 같은 대법원 판결은 공평설과 유형설 중 어느 입장에 가까운 것인가? 이에 관하여는 양창수, "금전의 부당이득으로 인한 반환의무 — 소위 '편취금전에 의한 변제' 문제 서설 — ", 민법연구 7, 2003, 295 이하 참조.

4. 원고가 소외 1을 상대로 부당이득반환청구권이나 불법행위로 인한 손해배상청구권, 또는 (아마 존재할 지도 모르는) 소외 1의 신원보증인을 상대로 신원보증청구권을 행사하거나 나아가 경우에 따라서는 피고를 상대로 손해배상청구권을 행사하면 충분하지 않은가? 이와 별도로 원고의 피고에 대한 부당이득반환청구권이 인정되어야 할 필요성이 있는가? 이는 근로계약관계에 있는 원고와 소외 1 사이에서 발생하는 위험을 제3자인 피고에게 전가하는 결과를 가져오지는 않는가?

2. 선의취득, 부합과 부당이득

(1) 선의취득은 동산물권에 관한 일정한 처분이 무권리자에 의하여 행하여졌음에도 불구하고 상대방의 선의 기타의 요건이 충족되면 그 처분에 기한 상대방의 권리 취득을 인정하는 제도이다(제2편 제5장 참조). 이때 본래의 권리자는 이로 인하여 자신의 물권을 상실하게 된다. 본래의 권리자는 무권리자를 상대로 부당이득반환청구권을 행사할 수 있을 뿐이고, 선의취득자를 상대로는 이를 행사할 수 없다. 왜냐하면 선의취득을 인정하는 민법 제249조 자체가 「법률상 원인」에 해당하므로 선의취득자를 부당이득자라고 할 수 없기 때문이다. 요컨대 선의취득으로 인하여 자신의 권리가 소멸하는 손해를 입은 자는 중간자(中間者)인 무권리자를 상대로 부당이득반환청구권을 행사할 수는 있어도 최종양수인인 선의취득자를 상대로는 이를 행사할 수 없다.

(2) 한편 부합으로 말미암아 자신의 권리가 소멸하여 불이익을 받은 사람은

부합으로 인하여 이익을 얻은 자에게 보상을 청구할 수 있다(제261조). 따라서 부합은 법적 소유권뿐만 아니라 그 경제적 가치까지 온전하게 가져가는 선의취득과는 구별되어야 한다(제3편 제2장 참조). 여기서의 보상청구권은 성질상 부당이득반환청구권에 해당하므로 그 요건과 효과에 있어서 부당이득 관련 규정의 적용을 받는다.[7] 그런데 부합은 일반적으로 두 명의 소유자에게 속하는 두 개의 물건이 하나로 부착, 합체되어 그 소유권의 귀속을 정해야 하는 경우를 상정하고 있으나, 선의취득과 마찬가지로 삼자관계로 확장될 여지도 얼마든지 있다.

　　(3) 아래에서 살펴볼 대판 2009.9.24, 2009다15602는 부합, 선의취득과 다수 당사자간의 부당이득의 문제가 함께 존재하는 유형의 사안을 다루고 있다. 이 사안에서 원고는 건축자재 매도인이고, 소외 회사는 그 매수인이며, 피고는 소외 회사의 도급인으로서 공장건물을 신축한 자이다. 원고와 소외 회사 사이에는 건축자재의 매매계약관계가 존재하는데, 소유권유보부특약에 따라 원고에게 그 자재의 소유권이 유보되어 있었다. 그런데 소외 회사가 그 자재를 공장건물 건축에 사용함에 따라 그 자재는 피고의 공장건물에 부합되었고 그 결과 피고가 이에 대한 소유권을 취득하게 되었다. 원고는 피고를 상대로 민법 제261조에 따른 보상청구권을 행사하였다. 그런데 이 사안은 두 당사자만 등장하는 일반적인 부합사례와는 달리, 원고와 피고 사이에 중간자(中間者)인 소외 회사가 개입하여 있고, 원고와 소외 회사, 소외 회사와 피고 사이에는 각각 계약관계가 존재한다. 따라서 ① 소유권을 상실한 자에게 부합에 관한 부당이득반환청구권을 인정하는 민법 제261조의 논리와 ② 계약에 따른 위험부담을 부당이득반환의 방법으로 제3자에게 전가할 수 없다는 다수 당사자간 부당이득관계의 논리가 외견상 충돌하는 단면이 생긴다. 대법원은 선의취득의 법리를 유추 적용[8]함으로써 이러한 충돌을 조정하고 있다. 이는 독일의 관련 논의에 터잡은 것으로 보인다.[9] 아래 판결을 읽어보고 부합, 선의취득, 부당이득의 상호관계 속에서 어떻게 당사자 간의 이해관계를 조정하는 것이 타당한지에 대

---

7) 대판 2016.4.28, 2012다19659; 대판 2018.3.15, 2017다282391.

8) 선의취득은 동산을 "양수"하였을 것을 요건으로 하고 있으므로(제249조 참조), 이 사건처럼 피고가 소외 회사로부터 건축자재를 "양수"하지 않은 경우에는 선의취득에 관한 규정이 직접 적용될 수 없다.

9) 독일의 학설, 판례 및 이 판결의 비교에 관해서는 이병준, "소유권이 유보된 재료의 부합과 부당이득 삼각관계", 대법원판례해설 제81호(2009년 하), 110면 이하 참조.

해서 고민해 보라.

[판결 4] 부합, 선의취득과 부당이득: 대판 2009.9.24, 2009다15602

상고이유를 판단한다.

1. 상고이유 1점에 관하여

어떠한 동산이 민법 제256조에 의하여 부동산에 부합된 것으로 인정되기 위해서는 그 동산을 훼손하거나 과다한 비용을 지출하지 않고서는 분리할 수 없을 정도로 부착·합체되었는지 여부 및 그 물리적 구조, 용도와 기능면에서 기존 부동산과는 독립한 경제적 효용을 가지고 거래상 별개의 소유권의 객체가 될 수 있는지 여부 등을 종합하여 판단하여야 할 것이고(대법원 2003.5.16. 선고 2003다14959, 14966 판결 참조), 이러한 부동산에의 부합에 관한 법리는 건물의 증축의 경우(대법원 2002.10.25. 선고 2000다63110 판결 참조)는 물론 건물의 신축의 경우에도 그대로 적용될 수 있다. 위 법리에 비추어 보면, 원심이, 원고의 소유권 유보에도 불구하고 원고 소유이던 이 사건 철강제품이 공장건물들의 증축 및 신축에 사용되어 공장건물들에 부합됨으로써 공장건물들의 소유자인 피고가 이 사건 철강제품의 소유자가 되었다고 인정한 판단은 정당하고, 거기에 상고이유로 주장하는 부합에 관한 법리오해의 위법이 없다.

2. 상고이유 2점에 관하여

가. 민법 제261조에서 첨부로 법률규정에 의한 소유권 취득(민법 제256조 내지 제260조)이 인정된 경우에 "손해를 받은 자는 부당이득에 관한 규정에 의하여 보상을 청구할 수 있다"라고 규정하고 있는바, 이러한 보상청구가 인정되기 위해서는 민법 제261조 자체의 요건만이 아니라, 부당이득 법리에 따른 판단에 의하여 부당이득의 요건이 모두 충족되었음이 인정되어야 한다.

나. 계약 당사자 사이에 계약관계가 연결되어 있어서 각각의 급부로 순차로 소유권이 이전된 경우 계약관계에 기한 급부가 법률상의 원인이 되므로 최초의 급부자는 최후의 급부수령자에게 법률상 원인 없이 급부를 수령하였다는 이유로 부당이득반환청구를 할 수 없다(대법원 2003.12.26. 선고 2001다46730 판결 참조).

이와 달리 매매 목적물에 대한 소유권이 유보된 상태에서 매매가 이루어진 경우에는 대금이 모두 지급될 때까지는 매매 목적물에 대한 소유권이 이전되지 않고 점유의 이전만 있어 매수인이 이를 다시 매도하여 인도하더라도 제3자는 유효하게 소유권을 취득하지 못하므로(대법원 1999.9.7. 선고 99다30534 판결 참조), 위와 같은 계약관계에 의한 급부만을 이유로 제3자는 소유자의 반환 청구를 거부할 수 없고, 부합 등의 사유로 제3자가 소유권을 유효하게 취득하였다면 그 가액을 소유자에게 부당이득으로 반환함이 원칙이다. 다만, 매매 목적물에 대한 소유권이 유보된 경우라 하더라도 이를 다시 매수한 제3자의 선의취득이 인정되는 때에는, 그 선의취득이 이익을 보유할 수 있는 법률상 원인이 되므로 제3자는 그러한 반환의무를 부담하지 않는다고 할 것이다.

다. 그리고 매도인에 의하여 소유권이 유보된 자재를 매수인이 제3자와 사이의 도급계약에 의하여 제3자 소유의 건물 건축에 사용하여 부합됨에 따라 매도인이 소유권을 상실하는 경우에, 비록 그 자재가 직접 매수인으로부터 제3자에게 교부된 것은 아니지만 도급계약에 따른 이행에 의하여 제3자에게 제공된 것으로서 거래에 의한 동산 양도와 유사한 실질을 가지므로, 그 부합에 의한 보상청구에 대하여도 위에서 본 선의취득에서의 이익보유에 관한 법리가 유추적용된다고 봄이 상당하다.

따라서 매도인에게 소유권이 유보된 자재가 제3자와 매수인과 사이에 이루어진 도급계약의 이행에 의하여 부합된 경우 보상청구를 거부할 법률상 원인이 있다고 할 수 없지만, 제3자가 도급계약에 의하여 제공된 자재의 소유권이 유보된 사실에 관하여 과실 없이 알지 못한 경우라면 선의취득의 경우와 마찬가지로 제3자가 그 자재의 귀속으로 인한 이익을 보유할 수 있는 법률상 원인이 있다고 봄이 상당하므로 매도인으로서는 그에 관한 보상청구를 할 수 없다고 할 것이다.

라. 이와 같은 법리에 비추어 보면, 원고에게 소유권이 유보된 이 사건 철강제품이 소외 주식회사에 의한 도급계약상의 급부에 의하여 피고의 공장건물들의 증축 및 신축에 사용됨에 따라 공장건물들에 부합된 이 사건에서, 그 도급계약상의 이행에 의하여 부합이 이루어졌다는 사정만으로는 피고가 그 자재에 관한 이익을 보유할 법률상의 원인이 있다고 할 수 없지만, 피고의 공장건물들에 부합된 이 사건 철강제품의 소유권이 원고에게 유보되어 있다는 사정을 피고가 과실 없이 알지 못하였음이 인정되는 경우에는 피고가 그 자재에 관한 이익을 보유할 법률상의 원인이 있다고 보아 부당이득에 의한 보상청구를 부정하여야 할 것이다.

마. 그렇다면, 자신은 원고와 소외 주식회사 사이의 공급계약에서 제3자에 불과하므로 원고가 피고에게 직접 부당이득을 구할 수 없다는 피고의 주장 부분을 배척한 원심 판단은 정당하고 이를 다투는 피고의 상고이유의 주장 부분은 이유 없다 할 것이지만, 피고가 이 사건 철강제품의 소유권이 원고에게 유보되어 있다는 사정에 관하여 선의임을 주장하고 있는 이 사건에서 그 선의 및 과실 여부에 관하여 판단하지 아니하고 부당이득에 의한 보상청구를 받아들인

원심판결에는 민법 제261조의 해석 및 부당이득 법리를 오해하여 필요한 심리를 다하지 아니한 위법이 있고, 이러한 위법은 판결에 영향을 미쳤음이 분명하므로, 이 점을 지적하는 상고이유 주장 부분은 이유 있다.

[판결 4]에 관하여 생각할 점

1. 대법원의 논리에 따르면 피고의 선, 악의 및 과실 유무에 따라 부당이득반환의무의 성립 여부가 달라진다. 이는 편취금전의 부당이득에서 피고의 악의, 중과실 여부에 따라 부당이득반환의무의 성립 여부를 달리하는 대법원 판례의 태도를 연상시킨다. 그런데 부당이득반환의 일반적인 법리에 따르면 피고의 선, 악의나 과실 유무는 부당이득반환범위에 영향을 미칠지언정 부당이득반환의무의 성립 여부에는 영향을 미치지 않는다. 오히려 중요한 것은 법률상 원인의 존부이다. 피고의 주관적 사정에 따라 결론이 달라지는 대법원의 태도는 어떻게 바라볼 수 있는가? 또한 이 사건에서 피고는 "법률상 원인"에 의해 자재 또는 그 자재가 부합된 건물을 취득한 것인가?

2. 원고는 소외 회사에게 자재대금채권을 보유하고 있다(만약 변제로 그 채권이 소멸하였다면 소유권도 더 이상 원고에게 유보되어 있지 않았을 것이다). 원고가 자재대금채권을 보유한 채 계약상대방이 아닌 피고에게 부당이득반환청구권을 행사할 수 있다면 삼각관계나 전용물소권의 문제에서 본 바와 같이 원고를 필요 이상으로 우대하는 것이 아닌가?

3. 대법원은 선의취득에 관한 규정을 위 사안에 유추 적용하고 있다. 일반적인 선의취득 사안과 위 사안 사이에는 어떤 유사성이 존재하는가? 그 유사성은 유추적용을 정당화할 정도로 큰 것인가?

4. 피고는 부합에 의하여 자재의 소유권을 취득하였다. 한편 피고가 소외 회사에게 자재대금을 포함한 공사대금도 모두 지급하였다고 상정해 보자. 피고가 「수익자」에 해당하는가? 무엇을 이득한 것인가?

5. 만약 자재가 도품이나 유실물이었다면 어떠한가?

6. 대판 2018.3.15. 2017다282391은 판결 4의 법리가 "매도인에게 소유권이 유보된 자재가 본인에게 효력이 없는 계약에 기초하여 매도인으로부터 무권대리인에게 이전되고, 무권대리인과 본인 사이에 이루어진 도급계약의 이행으로 본인 소유 건물의 건축에 사용되어 부합된 경우에도 마찬가지로 적용된다."라고 판시하였다.

제 5 편

권리 구제 2
― 불법행위

제1장

불법행위법에 대한 일반적 이해

Ⅰ. 불법행위 일반론

1. 불법행위법의 의의

(1) 계약 당사자들에게는 계약관계가 존재하므로 이에 따른 계약적 규율이 제공된다. 하지만 법적 문제는 계약 당사자들 사이에만 발생하는 것은 아니다. 가령 자동차를 운전하다가 잠시 한눈을 파는 사이에 행인을 충격하여 상해를 입게 한 경우이거나, 상점 간판이 떨어져 타인의 물건을 손상한 경우에는 자동차 운전자와 행인 사이, 또는 상점 주인과 물건 소유자 사이에 미리 이러한 사고를 염두에 둔 계약관계가 존재하기 어렵다. 이러한 계약을 체결하려 해도 계약 상대방이 너무 많을 뿐만 아니라 이들과 일일이 교섭하고 사고에 따른 법률관계의 내용을 미리 확정하는 데에는 너무 많은 시간과 비용이 들기 때문이다.

그런데 산업화와 정보화가 진전되면서 이제 이러한 사회 내의 비계약적 접촉은 훨씬 다양하고 커다란 규모로 이루어진다. 이 과정에서 무수한 사고가 발생할 위험성이 존재하고, 그 사고로부터 발생하는 손해를 어떤 기준에 따라 누구에게 얼마나 부담시킬 것인가의 문제가 발생한다. 특히 현대 사회에서 대규모의 불법행위(환경오염, 개인정보침해, 증권사기 등)가 빈번하게 일어나면서 그 문제의 심각성은 더욱 커지게 되었다. 이에 대한 법적인 해답은 우선 민법전에 규정된 불법행위법에 의하여 주어진다. 물론 행정규제나 형사시스템, 보험제도, 사회보장제도 등도 이러한 사고와 관련된 법문제를 다루지만, 손해배상을 둘러싼 사법적(私法的) 측면은 궁극적으로 불법행위법에 따라 규율될 수밖에 없다. 이처럼 불법행위법은 사고를 야기하는 이 세상의 숱한 행위들 중 법적으로 허용되는 것과 그렇지 않은 것의 경계선을 제시하고, 그 경계선을 넘었을 때 누가 누구에게 어떠한 책임을 져야 하는가 하는 근본적인 문제를 다루는 규범체계이다. 그러므로 불법행위법의 중요성은 결코 간과되어서는 안 된다.

(2) 우선 불법행위법은 이 세상에서 불가피하게 일어나는 수많은 사고 중 단순한 불운(不運)이 아니라 불법(不法)의 영역에 속하는 것들을 가려내고, 이로 인하여 손해를 입은 자가 그 이전의 상태로 복귀하도록 그 손해를 「회복」시켜 주는 기능을 수행한다. 한편 불법행위법은 사회 내 행위주체들의 바람직한 행위를 유도하고 바람직하지 못한 행위는 억제할 수 있는 행위지침을 제시하고, 그러한 행위로 나아갈 인센티브를 부여함으로써 사고를 「예방」하는 기능을 수행하기도 한다. 다만 이러한 예방의 기능은 행정규제나 형사시스템 등 다른 제도들에 의하여 우월적으로 수행되는 것이므로, 회복의 기능을 주로 수행하는 불법행위법 내에서는 제약된다. 우리 민법은 현실적으로 발생한 손해만을 전보한다는 원칙을 취하여 징벌적 손해배상을 배제하고, 귀책사유의 내용과 무관하게 손해배상을 명하는 입장을 채택함으로써 손해배상의 회복적 기능을 전제로 하고 있다.[1]

(3) 이와 같은 불법행위법은 지극히 이질적이고 다양한 사회현상을 규율한다. 그런데 이에 비하여 민법의 불법행위 규정들은 그 숫자가 많지 않고 충분하게 구체적이지도 않다. 이는 오히려 다양한 사회현상을 탄력성있게 규율하기 위한 것이므로 불가피한 것이기도 하다. 따라서 불법행위법은 고의, 과실, 위법성 등 여러 불확정개념들의 토대 위에서 판사가 사안별 또는 분야별로 법의 의도적 여백을 메워나가며 법형성작용을 분담하는 법, 즉 「판사가 만드는 법」의 속성을 가진다. 그러므로 불법행위법을 학습함에 있어서는 민법전에 나오는 요건을 구체화해 나가는 판례의 법리, 더 나아가 그 법리가 적용된 사안의 구체적인 맥락과 법리의 배후에 있는 가치충돌의 문제에 대하여도 특별한 주의를 기울여야 한다. 나아가 불법행위법의 일반적인 법리가 각각의 사안유형별로 어떻게 변형되어 적용되는지에도 주목할 필요가 있다.

---

1) 이에 관하여는 권영준, "불법행위법의 사상적 기초와 그 시사점 — 예방과 회복의 패러다임을 중심으로 —", 저스티스 109, 2009 참조.

2. 민법상 불법행위 규정들의 체계

민법전 제3편(채권) 제5장(불법행위)에서는 불법행위에 대한 조항들을 두고 있다. 불법행위는 타인에게 손해를 가하는 위법한 행위이다. 물론 불법행위가 오로지 민법에 의하여 규율되는 것은 아니다. 다른 분야와 마찬가지로 기본법인 민법 이외에도 불법행위를 규율하는 많은 특별법들이 존재한다. 그 대표적인 예만 들어보자면, 국가배상법, 실화책임에 관한 법률, 제조물 책임법, 자동차손해배상 보장법, 원자력손해배상법 등이 있다. 이러한 여러 특별법의 존재에도 불구하고 불법행위의 법리는 민법전에서 뿌리를 두고 있는 것이므로 우선 민법 규정들의 체계와 원리를 잘 이해하는 것이 필수적이다. 민법 규정들을 불법행위의 법률관계에 따라 분류하면 아래와 같다.

분류	내용 및 조항
불법행위의 요건	책임능력자(제753, 754조)의 고의 또는 과실 있는 위법한 행위(제750조), 손해(제750, 751조), 양자 사이의 인과관계(제750조)
불법행위의 효과	손해배상책임(제750, 752조) 및 그 특칙(제762조, 제764조), 배상액의 경감청구(제765조), 손해배상청구권의 소멸시효(제766조)
특수한 불법행위에 대한 규율	책임무능력자의 감독자의 책임(제755조), 사용자책임(제756조), 도급인의 책임(제757조), 공작물책임(제758조), 동물점유자의 책임(제759조), 공동불법행위자의 책임(제760조)
기타 관련 규정	법인의 불법행위능력(제35조), 점유자의 회복자에 대한 책임(제202조), 불법행위채권을 수동채권으로 하는 상계금지(제496조)

3. 채무불이행책임과의 관계

(1) 채무자가 채무를 이행하지 않는 때에는 채권자는 그 채권의 성질에 반하지 않는 한 강제이행을 청구할 수 있고(제389조), 손해배상을 청구할 수도 있다(제390조). 불법행위에 대하여는 강제이행에 상응하는 원상회복청구권에 관한 규정이 존재하지 않지만, 손해배상청구권은 인정된다는 점에서 채무불이행과 유사하다.

한편 당사자가 계약에 기한 채무를 이행하지 않은 경우에 채무불이행으로 인한 손해배상청구권을 가지는 것은 물론이고, 불법행위의 요건을 충족하는 한 이로 인한 손해배상청구권도 가진다(청구권경합설). 판례도 이러한 입장을 취하고 있다.[2] 두 권리는 서로 병존하므로 채권자 또는 피해자는 두 권리 중 어느 것이라도 행사하여 손해를 회복할 수 있다. 이러한 실체법적 설명은 소송법에도 적용된다. 판례가 취하는 구소송물이론에 따르면 소송법상으로도 두 권리에 기한 청구는 각각 별개의 소송물로 취급된다. 불법행위책임과 채무불이행책임을 표로 비교하면 다음과 같다.

항목	불법행위	채무불이행
요 건 면		
귀책사유 필요 여부	귀책사유 요구(제750조)	귀책사유 요구(제390조)
책임능력	요구됨(제753, 754조)	요구되지 않으나, 의사능력과 행위능력의 문제가 있음
태아에 관한 특칙	있음(제762조)	없음
정당방위, 긴급피난	위법성 조각사유(제761조)	없음(유추 적용 가능)
귀책사유 증명책임	피해자(제750조)	채무자(제390조)
제3자의 행위로 인한 책임	사용자책임(제756조) – 면책가능	이행보조자책임(제391조) – 면책불가능
효 과 면		
손해배상의 방법	금전배상의 원칙(제394조, 제763조), 명예훼손에 관한 특칙(제764조)	금전배상의 원칙(제394조)
비재산적 손해	배상가능(제751조). 배우자 등 일정한 근친자에게는 고유의 위자료 청구권 인정(제752조)	규정없음 불법행위 관련 규정 유추 적용 가능
배상범위	통상손해배상, 특별손해는 예견가능한 경우에만 배상(제393조, 제763조)	통상손해배상, 특별손해는 예견가능한 경우에만 배상(제393조)

---

2) 대판(전) 1983.3.22, 82다카1533(해상운송인의 고의 또는 과실로 운송물이 훼손된 경우 선하증권 소지인은 채무불이행 및 불법행위로 인한 손해배상청구권 중 어느 쪽이라도 선택적으로 행사할 수 있고, 채무불이행책임에 관한 면책특약이 당연히 불법행위책임에도 효력이 미치는 것은 아니라는 취지. 단 이 사안에서는 그 사실관계에 비추어 면책특약의 효력이 양 책임에 미친다는 결론에 이르렀다). 그 외에 오염된 토지의 유통과 불법행위 성립 여부에 관해 다룬 대판(전) 2016.5.19, 2009다66549도 계약법과 불법행위법의 관계에 대해 생각하게 하는 좋은 소재이다.

과실상계	가능(제396조, 제763조)	가능(제396조)
손해배상액의 예정	규정 없음. 그러나 계약자유의 원칙상 가능하고 제398조 유추 적용도 가능.	가능(제398조)
공동행위자의 책임	공동불법행위자의 연대책임(제760조)	분할책임의 원칙(제408조)
소멸시효	3년 또는 10년(제766조)	일반적으로 10년(제162조)
상계의 가부	고의의 불법행위로 인한 손해배상 채권을 수동채권으로 하는 상계 불가(제496조)	없음
지연손해금의 기산일	불법행위 당일(판례)3)	기한의 유형에 따라 다름(제387조 참조)

(2) 계약관계가 존재하는 경우에도 채무불이행과 불법행위가 모두 문제될 수 있음은 위에서 살펴보았다. 그런데 계약체결을 위한 교섭이 시작되었는데 계약성립 전에 일방이 그 교섭을 부당하게 파기한 경우는 어떠한가? 이때 책임을 부과할 수 있는가? 그 책임은 채무불이행책임인가, 아니면 불법행위책임인가?

계약교섭 중 이를 파기하는 것은 자유롭게 허용되어야 마땅하다. 당사자는 계약을 체결할 자유도 있지만 체결하지 않을 자유도 있기 때문이다. 따라서 계약교섭에 임하는 당사자는 계약교섭이 결렬될 위험과 비용을 부담해야 한다. 그러나 어느 일방이 교섭단계에서 상대방에게 계약이 확실하게 체결되리라는 정당한 기대 내지 신뢰를 부여하여 상대방이 그 신뢰에 따라 행동하였음에도 상당한 이유 없이 계약의 체결을 거부하여 손해를 입혔다면 이에 대하여는 책임을 부과할 필요가 있다. 이는 결국 자율과 신뢰라는 두 가지 가치 사이의 균형점을 도모하는 문제이기도 하다.

한편 이러한 계약교섭의 파기에 따른 책임을 계약책임과 불법행위책임 중 무엇으로 구성할 것인가가 논의되고 있다. 일단 계약교섭단계에 들어가면 비록 계약이 체결되지 않았어도 계약관계와 유사한 관계가 인정되고 이로부터 계약체결상 과실책임이 도출된다는 견해가 있지만,4) 판례는 이를 불법행위책임으로

---

3) 대판 1993.3.9, 92다48413. 단 위자료에 관해서 대판 2011.1.13, 2009다103950 유의.
4) 예컨대 김형배, 채권각론, 125; 지원림, "계약교섭이 부당하게 파기된 경우의 법률관계", 민판연 25, 2003.

보고 있다.[5] 계약체결 이전에는 아직 계약상 권리의무관계가 생기기 전이므로 논리적으로 계약책임은 발생하지 않고, 우리 민법 제750조는 그 적용범위에 특별한 제한을 두고 있지 않는 포괄적이고 신축적인 조항으로서 계약체결 이전 단계에서의 위법한 행위로 인한 손해까지도 충분히 규율대상에 포함시킬 수 있기 때문이다.[6]

> **[판결 1] 계약교섭단계에서의 부당파기와 불법행위: 대판 2003.4.11, 2001다 53059**

1. 상고이유 제1점에 대하여

계약이 성립하기 위하여는 당사자의 서로 대립하는 수개의 의사표시의 객관적 합치가 필요하고 객관적 합치가 있다고 하기 위하여는 당사자의 의사표시에 나타나 있는 사항에 관하여는 모두 일치하고 있어야 하는 한편, 계약 내용의 '중요한 점' 및 계약의 객관적 요소는 아니더라도 특히 당사자가 그것에 중대한 의의를 두고 계약성립의 요건으로 할 의사를 표시한 때에는 이에 관하여 합치가 있어야 계약이 적법·유효하게 성립하는 것이다. 그리고 계약이 성립하기 위한 법률요건인 청약은 그에 응하는 승낙만 있으면 곧 계약이 성립하는 구체적, 확정적 의사표시이여야 하므로(대법원 1992.10.13. 선고 92다29696 판결, 1993.10.22. 선고 93다32507 판결, 1998.11.27. 선고 97누14132 판결 등 참조), 청약은 계약의 내용을 결정할 수 있을 정도의 사항을 포함시키는 것이 필요하다 할 것이다.

기록과 원심판결 이유에 의하면, 피고가 무역센터 부지 내에 수출 1,000억 $ 달성을 기념하는 영구조형물(이하 '이 사건 조형물'이라고 한다)을 건립하기로 하고 그 건립방법에 관하여 분야별로 5인 가량의 작가를 선정하여 조형물의 시안(試案) 제작을 의뢰한 후 그 중에서 최종적으로 1개의 시안을 선정한 다음 그 선정된 작가와 이 사건 조형물의 제작·납품 및 설치계약을 체결하기로 한 사실, 피고는 원고 등 조각가 4인에게 시안(試案)의 작성을 의뢰하면서 시안이 선정된 작가와 조형물 제작·납품 및 설치계약(이하 '이 사건 계약'이라고 한다)을 체결할 것이라는 사실을 알렸으나 당시 이 사건 조형물의 제작비, 제작시기, 설치장소를 구체적으로 통보하지 않은 사실, 피고는 작가들이 제출한 시안 중 원고가 제출한 시안을 당선작으로 선정하고 원고에게 그 사실을 통보한 사실, 그 후

---

5) 대판 2001.6.15, 99다40418; 대판 2003.4.11, 2001다53059; 대판 2004.5.28, 2002다32301.
6) 이러한 점에서 이러한 포괄적인 불법행위의 일반조항을 두지 않은 관계로 계약의 효력을 확장하여 해결하려는 독일과는 그 출발점이 다르다.

피고는 여러 가지 피고 협회의 내부적 사정과 외부의 경제여건 등으로 원고와 사이에 그 제작비, 설치기간, 설치장소 및 그에 따른 제반사항을 정한 구체적인 이 사건 계약을 체결하지 아니하고 있다가 당선사실 통지시로부터 약 3년이 경과한 시점에 원고에게 이 사건 조형물의 설치를 취소하기로 하였다고 통보한 사실을 알 수 있는바, 사실관계가 그러하다면 비록 피고가 작가들에게 시안 제작을 의뢰할 때 시안이 당선된 작가와 사이에 이 사건 계약을 체결할 의사를 표명하였다 하더라도 그 의사표시 안에 이 사건 조형물의 제작·납품 및 설치에 필요한 제작대금, 제작시기, 설치장소를 구체적으로 명시하지 아니하였던 이상 피고의 원고 등에 대한 시안제작 의뢰는 이 사건 계약의 청약이라고 할 수 없고, 나아가 원고가 시안을 제작하고 피고가 이를 당선작으로 선정하였다 하더라도 원고와 피고 사이에 구체적으로 이 사건 계약의 청약과 승낙이 있었다고 보기는 어렵다고 할 것이다.

같은 취지에서 원·피고 사이에 이 사건 계약이 체결되지 아니하였다는 원심의 판단은 정당하고, 거기에 주장과 같은 채증법칙 위배로 인한 사실오인이나 계약의 성립요건에 관한 법리오해의 위법이 없다.

2. 상고이유 제2점에 대하여

어느 일방이 교섭단계에서 계약이 확실하게 체결되리라는 정당한 기대 내지 신뢰를 부여하여 상대방이 그 신뢰에 따라 행동하였음에도 상당한 이유 없이 계약의 체결을 거부하여 손해를 입혔다면 이는 신의성실의 원칙에 비추어 볼 때 계약자유 원칙의 한계를 넘는 위법한 행위로서 불법행위를 구성한다고 할 것이다(대법원 2001.6.15. 선고 99다40418 판결 참조). 그리고 그러한 불법행위로 인한 손해는 일방이 신의에 반하여 상당한 이유 없이 계약교섭을 파기함으로써 계약체결을 신뢰한 상대방이 입게 된 상당인과관계 있는 손해로서 계약이 유효하게 체결된다고 믿었던 것에 의하여 입었던 손해 즉 신뢰손해에 한정된다고 할 것이고, 이러한 신뢰손해란 예컨대, 그 계약의 성립을 기대하고 지출한 계약준비비용과 같이 그러한 신뢰가 없었더라면 통상 지출하지 아니하였을 비용상당의 손해라고 할 것이며, 아직 계약체결에 관한 확고한 신뢰가 부여되기 이전 상태에서 계약교섭의 당사자가 계약체결이 좌절되더라도 어쩔 수 없다고 생각하고 지출한 비용, 예컨대 경쟁입찰에 참가하기 위하여 지출한 제안서, 견적서 작성비용 등은 여기에 포함되지 아니한다고 볼 것이다. 한편 그 침해행위와 피해법익의 유형에 따라서는 계약교섭의 파기로 인한 불법행위가 인격적 법익을 침해함으로써 상대방에게 정신적 고통을 초래하였다고 인정되는 경우라면 그러한 정신적 고통에 대한 손해에 대하여는 별도로 배상을 구할 수 있다고 할 것이다.

돌이켜 이 사건에 관하여 살피건대, 원심판결 이유 및 기록에 나타나는 제반정황에 의하면, 비록 원·피고 사이에 이 사건 계약에 관하여 확정적인 의사의 합치에 이르지는 못하였다고 하더라도 그 계약의 교섭단계에서 피고가 원고 등 조각가 4인에게 시안의 작성을 의뢰하면서 시안이 선정된 작가와 조형물 제작·납품 및 설치에 관한 이 사건 계약을 체결할 것을 예고한 다음 이에 응하여 작가들이 제출한 시안 중 원고가 제출한 시안을 당선작으로 선정하고 원고에게 그 사실을 통보한 바 있었으므로 당선사실을 통보받은 시점에 이르러 원고로서는 이러한 피고의 태도에 미루어 이 사건 계약이 확실하게 체결되리라는 정당한 기대 내지 신뢰를 가지게 되었다고 할 것이고 그 과정에서 원고는 그러한 신뢰에 따라 피고가 요구하는 대로 이 사건 조형물 제작을 위한 준비를 하는 등 행동을 하였을 것임에도, 앞서 본 바와 같이 피고가 원고와는 무관한 자신의 내부적 사정만을 내세워 근 3년 가까이 원고와 계약체결에 관한 협의를 미루다가 이 사건 조형물 건립사업의 철회를 선언하고 상당한 이유 없이 계약의 체결을 거부한 채 다른 작가에게 의뢰하여 해상왕 장보고 상징조형물을 건립한 것은 신의성실의 원칙에 비추어 볼 때 계약자유원칙의 한계를 넘는 위법한 행위로서 불법행위를 구성한다고 할 것이다.

나아가 그 손해배상의 유형과 범위에 관하여 보건대, 이 사건과 같은 피고의 계약교섭의 부당파기는 조형물 작가로서의 원고의 명예감정 및 사회적 신용과 명성에 대한 직간접적인 침해를 가한 불법행위에 해당된다고 할 것이므로 피고는 그로 인하여 원고가 입은 정신적 고통에 대하여 이를 금전으로 위자할 책임이 있다고 할 것이지만, 원고가 재산적 손해라고 주장하는 추정 총 제작비 20% 상당의 창작비 3억 원의 손해는 결과적으로 이 사건 계약이 정당하게 체결되어 그 이행의 결과에 따라 원고가 얻게 될 이익을 상실한 손해와 같은 성질의 것이어서 계약교섭이 중도파기되었을 뿐 종국에 가서 적법한 계약이 체결되지 아니한 이 사건에 있어서 원고로서는 계약의 이행을 청구할 수도 없고 또한 그 불이행책임을 청구할 아무런 법적 지위에 놓여 있지 아니하게 된 이상 계약의 체결을 전제로 한 이와 같은 손해의 배상을 구할 수는 없다고 할 것이고, 또한 이 사건 조형물의 제작을 준비하기 위하여 지출하였다는 비용 중 피고의 공모에 응하여 시안을 제작하는 데 소요된 비용은 아직 피고로부터 계약체결에 관한 확고한 신뢰가 부여되기 이전 상황에서 지출된 것으로서 원고로서는 그 대가로 500만 원을 지급받는 것에 만족하고 그 공모에 응하여 당선되지 않더라도 무방하다고 생각하고 지출한 비용에 불과하여 이 사건에서 용인될 수 있는 신뢰손해의 범위에 속한다고 볼 수도 없다고 할 것이며, 그 이외에 달리 원고가 이 사건 계약의 체결을 신뢰하고 지출한 비용이 있음을 뒷받침할 아무런 자료도 기록상 찾아볼 수 없다.

　　따라서 원고의 위자료 청구를 인용한 반면 주장과 같은 재산상 손해에 관한 청구를 배척한 원심판결은 그 이유설시에 있어 다소 미흡한 점이 있으나 그 결론에 있어서 수긍할 수 있고, 거기에 재판 결과에 영향을 미친 손해배상의 범위에 관한 법리오해의 위법이 없다.

[판결 1]에 관하여 생각할 점

1. 법원이 이를 계약책임이 아닌 불법행위책임으로 인정한 이유는 무엇인가? 이를 계약과 유사한 책임으로 보는 것이 그 실질에 부합하는 것은 아닌가? 계약책임과 불법행위책임 사이에는 어떤 차이가 있는가? 무엇이 원고에게 더 유리한가?

2. 이 사안에서 피고는 원고에게 계약이 확실하게 체결될 것이라는 기대 내지 신뢰를 부여하였는가? 왜 그러한가? 또는 왜 그렇지 않은가?

3. 법원은 손해배상액을 어떠한 기준에 따라 산정하였는가? 특히 신뢰손해의 범위에 관한 판시 부분을 참고하라.

4. 참고판결로 대판 1993.9.10, 92다42897을 읽어보라. 이 판결은 학교법인이 원고를 직원채용시험 최종합격자로 결정하고 발령하겠다는 통지를 한 후에도 원고의 발령을 지체하다가 최종적으로 원고를 직원으로 채용할 수 없다고 통지한 사안을 다루었다. 대법원은 원고가 위 합격자 결정과 발령통지를 신뢰하고 직원으로 채용되기를 기대하면서 다른 취직의 기회를 포기함으로써 입은 손해를 학교법인이 배상할 책임이 있다고 보았다.

5. 또 다른 참고판결로 대판 2022.7.14, 2021다216773을 읽어보라. 이 판결은 피고가 원고에게 어음에 관한 매매계약이 체결되리라는 정당한 기대 또는 신뢰를 부여하여 원고가 그 신뢰에 따라 어음을 매수하였는데도 피고가 상당한 이유 없이 어음매매계약 체결을 거절하였던 사안을 다루었다. 대법원은 피고는 원고에게 원고가 어음을 매수하는 데 지출한 매매비용과 지연손해금을 배상할 의무가 있다고 보았다.

Ⅱ. 일반적 불법행위책임의 발생요건

민법 제750조는 "고의 또는 과실로 인한 위법행위로 타인에게 손해를 가한 자는 그 손해를 배상할 책임이 있다"라고 규정함으로써 고의 또는 과실, 위법행위, 손해, 위법행위와 손해 사이의 인과관계를 불법행위의 성립요건으로 설정하고 있다. 또한 민법 제753, 754조는 책임무능력자의 책임을 부정함으로써 간접적으로 책임능력이 불법행위의 성립요건임을 규정하고 있다. 아래에서는 그 발생요건에 관하여 살펴본다.

1. 고의 또는 과실

(1) 과실책임주의

불법행위법의 대원칙은 과실책임주의이다. 과실책임주의는 사적 자치, 소유권 보장과 함께 근대 민법의 3대 기본원칙의 하나로 꼽히고 있다. 여기에서의 과실은 고의와 과실을 포괄하는 귀책사유의 의미로 이해할 수 있다. 이처럼 과실이 있을 때만 책임을 진다는 원칙은 개인과 기업의 자유로운 활동영역을 보장하고 사회 일반의 주의를 촉진하여 불법행위를 억제하는 기능을 가진다.

그러나 과학 및 산업기술의 발달로 사람들에게 유익을 가져다주는 활동들이 동시에 큰 위험도 수반하게 되었고(자동차나 원자력발전소를 생각해보라), 피해자로서는 그 과실의 증명이 어려운 관계로 과실책임주의만으로는 손해의 공평한 분담과 피해자 보호가 쉽지 않게 되었다. 따라서 이익을 올리는 자는 그에 비례하여 책임도 져야 한다는 보상책임의 원리 또는 위험을 창출한 자는 그에 비례하여 책임도 져야 한다는 위험책임의 원리에 기초하여 무과실책임을 인정하는 입법들이 다수 행해지고 있다. 민법 제758조는 소유자의 공작물책임을 무과실책임으로 하고 있고, 자동차손해배상 보장법 제3조, 원자력 손해배상법 제3조, 환경정책기본법 제44조, 제조물 책임법 제3조, 국가배상법 제5조, 토양환경보전법 제10조의3 등 특별법에서도 그 예들을 많이 찾아볼 수 있다. 증명책임의 전환 및 그 증명 판단의 엄격성을 통하여 사실상 무과실책임처럼 인정되는 예들도 있다. 민법상 사용자책임(제756조)이 그 대표적인 예이다.

하지만 역사적으로 과실책임주의는 불법행위법 내에서 안전(security)과 자유(liberty)의 보호를 균형있게 도모하여 온 것으로 평가받고 있고 우리 민법도 이를 채택하고 있으므로, 불법행위법의 학습에 있어서는 과실책임주의를 이해하는 것이 반드시 필요하다.

(2) 고   의

고의는 일정한 결과가 발생하리라는 것을 알면서 감히 이를 행하는 심리상태이다.[7] 여기에서 "일정한 결과가 발생하리라는 것을 알면서"의 의미에는 "일정한 결과가 발생할지도 모른다는 것을 알면서"도 포함된다. 즉 미필적 고의도 고의이다.

하지만 고의는 위법성의 인식과 구별된다. 즉 자신의 행위가 법질서에 위반된다는 법적 평가까지 인식해야 할 필요는 없다.[8] 형법학에서는 이러한 위법성의 인식을 책임단계의 요건으로 포함시키지만, 민법학에서는 그렇지 않다. 「범죄에 대한 처벌」을 전제한 형법에서는 그 처벌을 정당화하기 위하여 위법성을 인식하고도 범죄를 저질렀다는 점이 전제되어야 하지만, 「있어야 할 재산상태로의 회복」을 전제한 민법에서는 이러한 비난가능성이 꼭 요구되는 것은 아니기 때문이다.

한편 원칙적으로 고의범만 처벌하고 특별한 규정이 있는 경우에만 과실범을 처벌하는 형법과 달리 민법에서는 고의나 과실의 구별은 큰 의미가 없다. 따라서 불법행위가 고의와 과실 중 어느 것에 기한 것인지에 따라 손해배상책임의 내용이 달라지지 않는다. 그러나 고의에 기한 불법행위에 대하여는 일반적으로 위자료가 더 높이 산정되고, 민법 제765조의 배상액 경감청구의 대상이 되지 않으며, 민법 제496조에 따라 고의의 불법행위[9]로 인한 손해배상청구권을 수동채권으로 하는 상계가 금지되며, 개인회생절차에서 면책이 불허(회생파산 제566조 제3호)된다는 차이가 있다. 또한 피해자의 부주의를 이용하여 고의로 불법행위를 저지른 자는 바로 그 피해자의 주의를 이용하여 자신의 책임을 감액하여 달라고 주장할 수 없는데, 이는 과실로 불법행위를 저지른 경우에는 적용되지 않는 법리이다.[10]

---

7) 대판 2002.7.12, 2001다46440.
8) 대판 2002.7.12, 2001다46440.
9) 대판 2006.10.26, 2004다63019(피용자의 고의의 불법행위로 인해 사용자책임이 성립한 경우 사용자는 자신의 고의의 불법행위가 아니라는 이유로 민법 제496조의 적용을 면할 수 없음) 참조.
10) 대판 1995.11.14, 95다30352; 대판 2005.10.7, 2005다32197.

(3) 과   실

과실은 사회생활상 요구되는 주의를 게을리하여 그 결과 일정한 결과가 발생하리라는 것을 인식하지 못한 것을 말한다. 한편 과실은 그 주의의무 위반 정도에 따라 중과실과 경과실로 분류된다. 중과실은 현저하게 주의를 결여한 것이고, 경과실은 그 정도에 이르지 않은 것이다. 불법행위는 경과실만으로도 성립한다. 하지만 민법 제757조(도급 또는 지시에 관한 중과실이 있는 도급인의 불법행위 책임 인정), 제765조(고의 또는 중과실에 의한 손해에 대하여는 배상액경감청구 불가)에서는 그 구분이 의미를 가진다. 또한 「실화책임에 관한 법률」에서도 중과실은 중요한 의미를 가진다. 이 법은 실화(失火)가 중과실에 기한 것이 아니라면 민법 제765조의 요건(즉 생계 곤란)을 갖추지 않더라도 손해배상액의 경감을 청구할 수 있도록 하고 있다.[11]

과실 여부를 판단하려면 먼저 주의의무의 내용을 확정해야 한다. 이러한 주의의무는 누구를 기준으로 확정하는가? 이 지점에서 추상적 과실론과 구체적 과실론이 갈라진다. 행위자가 아니라 사회평균인을 기준으로 하여 정하여지는 과실을 추상적 과실이라고 한다. 반면 행위자 개인의 구체적인 능력이나 사정을 토대로 정하여지는 과실을 구체적 과실이라고 한다. 우리나라의 통설과 판례는 주의의무는 사회평균인을 기준으로 객관적, 추상적으로 확정된다고 하여 추상적 과실론을 취한다.[12] 실제로 사회평균인이 무엇을 의미하는지, 어떤 방법으로 이를 확정해야 하는지, 법원이 사회평균인을 동원하여 행위기준을 확정함에 있어서 고려해야 할 요소들은 무엇인지 등은 어려운 문제이다.[13] 아래에서 보게 될 판결은 범인 검거의 필요성과 범인 신체의 안전이라는 상충되는 요청 사이에서 경찰관이 부담하는 주의의무의 내용과 그 이행 여부를 확정하기가 쉽지 않다는 점을 잘 나타내 보이고 있다.

---

11) 구 실화책임법에서는 중과실이 아닌 실화의 경우 책임을 면제하였으나 헌재결 2007.8. 30, 2004헌가25에서 헌법불합치결정이 내려지면서 2009. 5. 8.자로 중과실에 기하지 않은 실화자에 대하여 면제가 아닌 경감혜택만을 부여하는 개정법이 시행되었다.

12) 여기서의 사회평균인은 추상적인 일반인을 말하는 것이 아니라 그때그때의 구체적인 사례에 있어서의 보통인을 말한다. 대판 2001.1.19, 2000다12532 참조.

13) 권영준, "불법행위의 과실 판단과 사회평균인", 비교사법 22-1, 2015 참조.

**[판결 2] 경찰관이 범인 검거를 위하여 가스총을 사용할 때의 주의의무: 대판
2003.3.14, 2002다57218**

1. 원심 판단의 요지

가. 원심은 그 내세운 증거에 의하여 다음과 같은 기초사실을 인정하였다.

(1) 원고 1(이하 사고의 경위와 관련하여 '원고'라고만 한다)은 1997. 10. 29.
01:40경 세들어 살고 있는 부산 남구 대연3동소재 OOO 소유의 2층 가옥 중 1층
부엌이 딸린 방 안에서 동거녀인 원고 1과 금전문제로 다투던 중 흥분한 나머
지 옷을 다 벗고 알몸인 채로 방과 다락, 부엌 등을 오가면서 옷장 내에 걸려
있던 옷걸이용 쇠파이프를 집어들고 가재도구와 유리창 및 전등을 파손하고 고
함을 치면서 난동을 부렸다.

(2) 신고를 받고 출동한 피고 산하 부산남부경찰서 대연3파출소 소속 경찰
관인 소외 2, 3및 추가로 지원한 소외 4, 5, 6등 5인이 원고에게 난동을 중지하
고 집 밖으로 나올 것을 수차 요구하였음에도 원고는 소외 2를 향하여 쇠파이
프를 휘두르고 유리조각을 집어 던지면서 저항할 뿐 아니라, 가스렌지에 연결된
고무호스를 칼로 끊어 가스렌지를 집어 던진 후, 한 손에는 가스호스를, 다른
손에는 라이터를 들고 "다 죽여버린다."고 고함을 치면서 더욱 격렬하게 난동을
부렸다.

(3) 그 때 원고 1이 밖으로 나와 "원고가 자기 남편인데 팔에 주사 자국이
있고 마약을 한 것 같다."고 하므로 소외 2등은 더욱 긴장하여 원고가 환각상태
에서 가스폭발을 시킬지도 모른다고 생각하고 구경 나온 주민들을 대피시키는
한편, 원고에게 경찰의 지시를 따르지 않으면 가스총을 발사하겠다고 경고하였
다. 그런데도 원고는 이에 불응하였다. 이에 소외 2는 소지하고 있던 가스총을
사용하여 원고를 제압하기로 하고 골목길에서 다락쪽 창문을 통하여 가스탄 1
발을 발사하였으나 효과가 없자, 원고가 다락에서 방으로 내려 왔을 때 다시 1
발을 더 발사한 후 집안으로 들어가 원고를 제압, 검거하게 되었다. 그런데 2번
째 발사시 탄환에서 분리된 고무마개가 원고의 오른쪽 눈에 명중되어 원고로
하여금 우측안구파열상을 입게 하였다.

나. 원심은, 경찰관인 소외 2로서는 원고의 난동을 제지하기 위하여 가스총
을 발사하는 경우 가슴 부위를 향하여 발사함으로써 원고로 하여금 상처를 입
지 않도록 할 주의의무가 있음에도 불구하고, 근접한 거리에서 원고의 우측 눈
을 향하여 가스총을 발사한 결과 가스탄에서 분리된 고무마개가 원고의 우측
눈에 명중되어 원고로 하여금 우측안구파열상(실명)을 입게 하였으므로, 피고는
경찰공무원인 소외 2의 불법행위로 인하여 원고들이 입은 손해를 배상할 책임

이 있다는 원고들의 주장에 대하여, 그 내세운 증거에 의하여, 소외 2가 사용한 가스총(YSR-505)은 최루작용제를 분사하는 5연발 권총으로서 탄환을 장전한 후 방아쇠를 당기면 탄환 속에 분말의 형태로 내장된 가스가 탄환 입구에 끼워져 있는 두께 2~3㎜, 직경 10㎜ 가량 되는 원통형 고무마개를 박차고 나와 분사되고, 그 과정에서 탄환에서 분리된 고무마개는 공기저항으로 인하여 전방 1m 이내에서 낙하하도록 되어 있는 사실, 위 가스총에서 분사된 가스는 고성능 최루작용제로서 인체에 무해하나 10~15분간 사람의 눈을 뜰 수 없게 하고 얼굴을 따끔거리게 하며 재채기를 나오게 하는 효능을 가지고 있는 사실, 위 가스총의 최대분사거리는 약 22m이나 유효분사거리는 8~10m 정도 되는 사실, 위 가스총의 안내문에는 주의사항으로 사람의 안면 가까이에서 발사하지 말도록 기재되어 있는 사실을 인정할 수 있으나, 소외 2가 당시 원고의 눈을 향하여 가스총을 발사하였다는 원고들의 주장은 이를 인정할 증거가 없고, 이 사건 사고 당시 탄환에서 분리된 고무마개가 원고의 눈에 명중할 것이 예상되는 특별한 사정이 있었다는 점에 관한 아무런 주장·입증이 없는 이 사건에서 위 인정 사실만으로는 방안으로 가스총을 발사한 소외 2에게 가스총 발사시의 주의의무를 게을리한 과실이 있다고 단정할 수 없다고 하여 원고들의 주장을 배척하였다.

2. 상고이유에 대한 판단

그러나 원심의 위와 같은 인정과 판단은 그대로 수긍할 수 없다.

가. 경찰관은 범인의 체포 또는 도주의 방지, 타인 또는 경찰관의 생명·신체에 대한 방호, 공무집행에 대한 항거의 억제를 위하여 필요한 때에는 최소한의 범위 안에서 가스총을 사용할 수 있으나, 가스총은 통상의 용법대로 사용하는 경우 사람의 생명 또는 신체에 위해를 가할 수 있는 이른바 위해성 장비로서 그 탄환은 고무마개로 막혀 있어 사람에게 근접하여 발사하는 경우에는 고무마개가 가스와 함께 발사되어 인체에 위해를 가할 가능성이 있으므로, 이를 사용하는 경찰관으로서는 인체에 대한 위해를 방지하기 위하여 상대방과 근접한 거리에서 상대방의 얼굴을 향하여 이를 발사하지 않는 등 가스총 사용시 요구되는 최소한의 안전수칙을 준수함으로써 장비 사용으로 인한 사고 발생을 미리 막아야 할 주의의무가 있다고 할 것이다.

나. 원심 인정 사실과 기록에 의하면, 이 사건 사고 장소는 부엌문과 방문까지의 거리가 1.5m 정도 되고, 부엌은 골목 바닥보다 20㎝가 높고 방은 부엌 바닥보다 20㎝ 정도가 더 높은 사실, 원고가 다락에서 소란을 피우자 소외 2가 다락쪽으로 가스총 1발을 발사하였고 이에 원고가 분사된 가스에 질식되어 방으로 내려와 방 출입문 쪽에 서 있었으며, 그 후 소외 2는 원고가 어렴풋이 보

이자 계속 소동을 부린다는 생각에서 원고를 제압·검거하기 위하여 약 1.5m 떨어진 부엌 출입문 밖에 기대서서 원고가 있는 쪽으로 손전등을 비추며 원고를 향하여 가스총을 발사하였고, 이 때 분리된 고무마개(두께 2㎜, 지름 11㎜)가 원고의 눈에 박혀 이 사건 사고가 발생한 사실을 알 수 있는바, 사정이 이와 같다면, 소외 2가 가스총에서 분리된 고무마개가 원고에게 위해를 가할 수 있는 정도의 근접거리에서 원고의 얼굴을 향하여 가스총을 발사하여 고무마개가 원고의 눈에 명중하게 된 것으로 추단할 수 있고(소외 2의 의사가 어찌하였든 원고의 눈에 고무마개가 박힌 이상 소외 2가 원고의 얼굴을 향하여 가스총을 발사한 것으로 인정하지 않을 수 없다. 그리고 위와 같이 원고가 소외 2가 있는 곳보다 높은 곳에 위치하였으므로 천장을 향하여 가스총을 발사하였다는 소외 2등의 진술도 이와 배치되는 것은 아니라고 할 것이다.), 이 사건 당시 사용한 가스총의 탄환은 고무마개로 막혀 있어 사람의 안면 가까이에서 발사하는 경우 고무마개가 분리되면서 눈 부위 등 인체에 위해를 가할 가능성이 있었으므로, 1.5m 미만의 근접한 거리에서 이를 사용하는 경찰관인 소외 2로서는 원고의 안면 부위를 향하여 가스총을 발사하지 아니함으로써 사람의 눈 부위 등 인체에 대한 위해를 방지하여야 할 주의의무가 있음에도 불구하고 이를 게을리한 채 만연히 원고를 향하여 가스총을 발사한 나머지 가스총에서 분리된 고무마개가 원고의 오른쪽 눈에 명중하여 그로 인하여 원고에게 상해를 가하여 실명에 이르게 하였다고 보아야 할 것이다.

그리고 위에서 본 사고의 경위에 비추어 볼 때 원고가 입은 상해는 위와 같은 상황에서의 가스총 발사행위시에 통상적으로 예견되는 범위 내의 손해라 할 것이고, 이를 특별한 사정에 의한 손해라고는 할 수 없다(원심은 발사시 탄환에서 분리된 고무마개는 공기저항으로 인하여 전방 1m 이내에서 낙하하도록 되어 있다는 사실을 인정하였으나, 을 제4호증의 61의 기재 등 만으로 이와 같은 사실을 인정할 수 있을는지도 의문이려니와, 설사 그렇다고 하더라도 1m를 약간 넘는 근접거리에서 안면부위를 향하여 가스총을 발사하는 경우 상해의 결과를 초래할 수 있음은 충분히 예견가능하다고 할 것이다).

다. 그럼에도 원심은, 소외 2가 당시 원고의 눈을 향하여 가스총을 발사하였음을 인정할 증거가 없고, 이 사건 사고 당시 탄환에서 분리된 고무마개가 원고의 눈에 명중할 것이 예상되는 특별한 사정이 있었다는 점에 관한 아무런 주장·입증이 없다고 하여 소외 2에게 아무런 과실이 없다고 판단하였으니, 거기에는 채증법칙을 위반하여 사실을 잘못 인정하였거나 가스총 사용시의 주의의무에 관한 법리를 오해하여 판결에 영향을 미친 위법이 있다고 할 것이다.

[판결 2]에 관하여 생각할 점

1. 이 판결은 경찰관의 무기사용에 따른 주의의무에 관하여 다루고 있다. 이러한 주의의무가 발생하는 근거는 무엇인가? 법령인가? 조리인가? 이 사안에서는 무엇에 기하여 주의의무의 내용을 확정하였는가?

2. 주의의무의 구체적인 내용을 확정할 때 고려할 요소들은 무엇인가? 이 판결에서는 무엇을 고려하였고, 어떤 요소에 중점을 두었는가? 이에 관하여 원심법원과 대법원은 어떤 입장 차이를 보이고 있는가?

3. 과실판단기준과 관련하여 자주 언급되는 외국의 논의로서 이른바 핸드 공식 (Hand Formula)이 있다. 핸드 공식은 미국의 Learned Hand 판사가 U.S. v. Carroll Towering Co.(159 F. 2d 169, 2d Cir. 1947) 판결에서 제시한 과실판단기준이다. 이에 따르면 손해를 발생시킬 확률을 P, 손해의 크기가 L, 손해를 방지하기 위하여 들어가는 부담이 B라면 과실은 B<PL일 때 성립한다.[14] 즉 주의의무 위반은 사고방지비용이 사고기대손실보다 적은 경우에 성립한다는 것이다. 이러한 논리를 이 사안에 적용하면 어떻게 될까? 경찰관의 무기사용을 가급적 억제함으로써 발생하는 비용(cost)은 무엇인가? 반면 이를 통하여 얻을 수 있는 이익(benefit)은 무엇인가? 무엇이 더 큰가?

2. 위법행위

(1) 민법 제750조는 「위법행위」를 요구하고 있다. 여기서는 주로 「위법성」의 문제를 살펴보겠지만, 이에 앞서 「행위」에 대하여 간단하게 언급한다.

「행위」는 사람의 의식이 개입된 작위 또는 부작위를 의미한다. 따라서 자유를 완전히 박탈당한 채 강제당한 행동이나 수면 중에 한 행동은 사람의 의식이 개입된 것이라고 할 수 없으므로 행위에 속하지 않는다. 그러나 타인을 개입시킨 행위라도 타인을 도구처럼 사용한 것으로 보아 규범적으로는 자신이 한 행위라고 보아야 하는 경우도 있다.[15] 또한 이와 관련하여 법인이 불법행위의 주체가 될 수 있는가도 논의되고 있다. 법인이 대표기관을 통하여 법률행위의 주체가 될 수 있음은 명백한데, 이러한 논리는 불법행위에서도 마찬가지이

---

14) William Landes & Richard A. Posner, The Economic Structure of Tort Law, 1987, 85-86 참조.

15) 대판 2003.7.25, 2002다39616(집행관에게 집행을 위임하여 행한 무권리자의 가압류, 가처분에 대하여 배상책임을 인정한 사례).

다. 민법 제35조에 따르면 법인의 대표기관이 직무에 관하여 타인에게 손해를 가하였다면 그 대표기관 개인의 책임과는 별도로 법인 자체의 불법행위책임이 성립된다. 그런데 대표기관이 아닌 법인의 구성원들이 직무에 관하여 타인에게 손해를 가한 경우 민법 제35조가 아닌 민법 제750조에 기하여 법인 자신의 불법행위책임을 긍정할 수 있는가? 특히 이는 최근에 특정한 피용자 개인의 불법행위라기보다는 대규모의 조직적인 기업 자체의 불법행위가 늘어나고 있는 현실에서 문제된다. 물론 이때는 사용자책임(제756조)이 성립할 수 있다. 그런데 사용자책임의 성립을 긍정하려면 피용자의 행위를 특정하고 그 행위가 일반 불법행위의 요건을 충족함을 주장, 증명해야 하는데 법인 내부의 사정을 알지 못하는 자가 피용자를 특정하고 그 과실을 증명하는 것이 어려운 경우가 많다. 또한 거대한 법인조직 속에서 제한적으로 움직이는 피용자 개인의 주의의무보다 전체로서의 법인의 주의의무가 더 높을 수 있는데, 사용자책임에서는 전자만 검토대상이 되는 것도 문제이다. 또한 앞서 보았듯이 법인이 전면에 나서 주도적으로 불법행위를 하였다고 평가할 수 있는 때에는 법인 스스로의 불법행위를 추궁하는 것이 현상에 부합하는 면도 있다.[16] 이에 대하여는 추후 깊이 있는 논의가 필요하다.[17]

　　(2) 「위법성」은 불법행위의 핵심적인 성립요건이다. 원래 현행 민법 제750조에 대응되는 의용 민법 제709조는 위법성이 아닌 「권리침해」를 요건으로 하고 있었다. 타인의 권리를 침해하는 것은 위법한 행위의 대표적인 유형이기는 하다. 그런데 구체적인 권리가 침해되는 경우에만 불법행위의 성립을 긍정하면

---

16) 예컨대 공해로 인한 환경오염이나 약품제조로 인한 소비자피해에서는 최초의 기획과 설계과정에서부터 연구, 생산, 검증, 홍보, 유통의 전과정이 복합적으로 작용한 결과 손해가 발생하는 경우가 많다. 이때 어느 특정 단계의 특정 피용자가 불법행위를 하였다고 하기보다는 전체로서의 기업이 불법행위를 하였다고 보는 것이 타당하다. 이는 국가의 불법행위에 있어서도 마찬가지이다.

17) 그 이외에도 불법행위의 성립을 위해서 고의와 같이 일정한 인식적 요소가 요구되는 경우가 있는데, 누구의 인식을 법인의 인식으로 귀속시킬 것인가도 문제된다. 이에 관하여는 우선 대판 2005.12.23, 2003다30159 및 송호영, "이른바 인식의 귀속에 관하여 ― 법인의 경우를 중심으로 ―", 비교사법, 8-1, 2001 참조. 또한 법인이 책임을 지는 경우로서 법인이 형해화된 경우에 그 법인의 배후에 있는 개인 또는 별도 법인을 상대로 책임을 추궁할 수 있는가가 주로 채무불이행과 관련하여 법인격남용의 법리로서 논의되고 있는데(대판 1988.11.22, 87다카1671; 대판 2001.1.19, 97다21604; 대판 2004.11.12, 2002다66892; 대판 2008.9.11, 2007다90982), 불법행위책임과 관련하여서도 시사하는 바가 있다.

피해구제의 폭이 너무 좁아진다는 비판이 적지 않았다. 일본에서도 이른바 大學湯 판결[18]에서 아직 권리에 해당하지 않지만 법률상 보호해야 하는 이익도 불법행위법에 의하여 보호되어야 한다고 판시한 이래 「권리침해로부터 위법성」으로의 확장적 해석이 받아들여지기 시작하였다. 그리하여 의용 민법 당시에도 이미 권리침해행위를 법률이 보호하기에 적합한 이익의 침해행위 또는 위법성 있는 행위로 확장해석하는 것이 판례와 학설의 태도였다. 현행 민법은 이를 입법화하기로 하고 불법행위의 성립요건을 위법성으로 확장하여 정한 것이다.

(3) 위법성은 전체로서의 법질서(Rechtsordnung)에 위반되는 상태이다. 위법성의 의미를 이해하려면 ① 무엇이 법질서인지, ② 또한 무엇이 그 법질서에 위반되는 상태인지를 살펴보아야 한다.

첫 번째 질문, 즉 위법성의 판단준거로서의 법질서가 무엇인지에 관하여는 형식적 위법성론과 실질적 위법성론이 논의되어 왔다.[19] 형식적 위법성론은 실정법 질서에 의하여 위법성 판단을 해야 한다는 것이고, 실질적 위법성론은 그 이외에도 실정법의 형태로 존재하지는 않지만 법질서의 일부로 인식되는 선량한 풍속 기타 사회질서까지 포함하여 위법성 판단을 해야 한다는 것이다. 실질적 위법성론이 지배적 견해이다. 실정법은 끊임없이 변화하는 다양한 사회현상을 낱낱이 규율할 수 없는데, 실질적 위법성론은 그 간격을 메울 이론적 근거를 제공하기 때문이다. 한편 여기에서의 법질서는 사인의 법익을 보호하기 위한 법질서를 의미한다. 따라서 사인의 법익 보호와 무관한 법질서(가령 행정기관의 효율적 운영을 위한 법질서)에 위반하였다고 하여 그것이 곧바로 불법행위에서의 위법성 요건을 충족하는 것은 아니다.

두 번째 질문, 즉 법질서에 위반되는 상태의 실질이 무엇인가에 관하여는 결과불법론과 행위불법론이 논의되어 왔다.[20] 결과불법론은 보호법익이 침해된 「결과」에 초점을 두어 법위반상태를 인정하고자 한다. 반면 행위불법론은 보호법익을 침해하는 「행위」 자체에 초점을 두어 법위반상태를 인정하고자 한다. 한편 위법성 판단에 관한 이른바 상관관계설은 이러한 두 가지 측면을 함께

---

18) 最高裁, 大正 14(1925).11.28, 民集4卷, 670.
19) 곽윤직, 채권각론, 398 ‒ 399 참조.
20) 이은영, 채권각론, 801 ‒ 803; 김증한, 채권각론, 782; 민법주해 XVIII, 209 ‒ 210 (이상훈) 참조.

고려하고 있다. 이에 의하면 가해행위의 위법성을 판단함에 있어 피침해이익의
종류와 침해행위의 성질을 상관적으로 고려해야 하고, 피침해이익이 공고한 것
이면 침해행위의 불법성이 약하더라도 위법성이 인정되지만, 피침해이익이 그
다지 공고한 것이 아니면 침해행위의 불법성이 특히 커야만 위법성이 인정된
다고 한다.[21)]

　(4) 그런데 이러한 논의들은 위법성 판단의 유용한 출발점이 될 수 있으
나, 추가적인 유형화가 이루어지지 않는 한 구체성과 예측가능성을 확보하기에
는 여전히 추상적이다. 오히려 위법성에 관하여 "관련 행위 전체를 일체로만
판단하여 결정하여야 하는 것은 아니고, 문제가 되는 행위마다 개별적·상대적
으로 판단하여야 할 것"이라고 하면서,[22)] 법관의 잘못된 재판,[23)] 손실을 야기한
경우 증권회사 임직원의 투자권유,[24)] 일조권이나 조망권의 침해,[25)] 명예훼손[26)]

---

21) 김증한, 채권각론, 786. 이러한 이론은 본래 일본의 我妻榮 교수가 그의 1936년 저서인
"事務管理·不當利得·不法行爲"에서 주장하여 일본의 통설적 지위를 차지하게 된 것이
우리나라에 소개되었다.
22) 대판 2001.2.9, 99다55434; 대판 2003.6.27, 2001다734 참조.
23) 대판 2003.7.11, 99다24218에서는 법관의 재판상 직무수행이 위법하다고 하기 위해서는
단순히 법령의 규정을 따르지 아니한 잘못만으로는 부족하고, 나아가 법관의 위법 또는
부당한 목적 내지 법관의 직무수행기준의 현저한 위반 등의 특별한 사정이 있어야 한다
고 판시한다. 검사의 구속 및 공소제기의 위법성에 관한 대판 2002.2.22, 2001다23447,
경찰관의 직무수행의 위법성에 관한 대판 2004.9.23, 2003다49009에서도 이들의 직무수
행행위의 위법성 인정요건을 엄격하게 해석하고 있다.
24) 대판 2003.1.10, 2000다50312에서는 거래경위와 거래방법, 고객의 투자상황, 거래의 위험
도 및 이에 관한 설명의 정도 등을 종합적으로 고려한 후, 당해 권유행위가 경험이 부족
한 일반투자가에게 거래행위에 필연적으로 수반되는 위험성에 관한 올바른 인식형성을
방해하거나 또는 고객의 투자 상황에 비추어 과대한 위험성을 수반하는 거래를 적극적으
로 권유한 경우에 해당해야 고객에 대한 보호 의무를 저버린 위법한 행위라고 판시한다.
25) 대법원은 일조권이나 조망권을 비롯한 환경권침해에 관하여는 '참을 한도'(과거에는 이를
'수인한도'라고 불렀다)를 위법성 판단의 기준으로 제시한다. 가령 대판 2004.9.13, 2003
다64602(공2004하, 1661)에서는 일조방해행위 및 조망이익침해행위가 사회통념상 수인
한도를 넘어 위법행위로 평가될 수 있는지 여부를 판단함에 있어서 고려해야 할 여러 가
지 요소들을 열거하고 있다.
26) 대법원은 언론매체가 사실을 적시하여 개인의 명예를 훼손하는 행위를 한 경우에도 그것
이 공공의 이해에 관한 사항으로서 그 목적이 오로지 공공의 이익을 위한 것일 때에는
적시된 사실이 진실이라는 증명이 있거나 그 증명이 없다 하더라도 행위자가 그것을 진
실이라고 믿었고 또 그렇게 믿을 상당한 이유가 있으면 위법성이 없다고 보아야 한다고
판시한다. 대판 1998.5.8, 97다34563; 대판 2002.1.22, 2000다37524, 37531; 대판 2004.2.
27, 2001다53387 참조.

등 각 영역별로 나름대로의 특유한 위법성 판단체계를 정립하여 왔던 우리나라 판례의 기본방향이 더욱 실용적이다.

일반적으로 절대권(물권이나 지식재산권 등)의 침해는 그 자체가 위법성을 징표하므로 별도의 위법성조각사유가 없는 한 위법성 판단이 비교적 용이하다. 하지만 상대권(채권)이나 인격권, 그 이외에 법적으로 보호되는 이익의 침해에서는 위법성 판단이 용이하지 않다. 이러한 사건에서는 「이익형량」이 중요한 역할을 수행한다. 이익형량은 보호해야 할 이익과 그 대척점에 있는 비교이익을 가상의 저울에 올려놓고 이를 저울질하여 행위의 위법성을 판단하는 것이다. 가령 명예훼손사건이나 개인정보 공개사건에서는 개인의 명예나 정보자기결정권이라는 보호이익과 표현의 자유 내지 알 권리라는 비교이익이 형량된다.[27] 또한 일조이익침해사건에서는 일조이익이라는 보호이익과 소유권의 행사라는 비교이익이 형량된다. 제3자 채권침해사건에서는 채권의 보전과 실현이라는 보호이익과 자유로운 경쟁의 보장이라는 비교이익이 형량된다. 법원은 이러한 이익형량과정에서 원고의 법익보호 필요성과 피고의 행동자유보호 필요성 사이의 형량에 그치지 않고, 공동체적 가치나 이익까지 반영하여 형량하는 경향을 보인다.[28]

(5) 일단 위법성이 인정되지만, 특별한 요건을 충족하면 예외적으로 그 위법성이 조각되는 경우도 있다. 민법 제761조는 제1항에서 정당방위, 제2항에서 긴급피난의 예를 들고 있다. 그러나 위법성 조각이 이 두 가지 경우에만 엄격하게 제한된다고는 할 수 없다. 따라서 자력구제나 피해자의 승낙, 또한 사회상규에 위배되지 아니하는 정당행위에 대하여는 위법성이 조각된다(형 제20조 내지 제24조 참조).[29]

---

27) 예컨대 대판(전) 2011.9.2, 2008다42430에서는 변호사들의 개인신상정보를 기반으로 인맥지수를 만들어 웹사이트에서 제공한 행위에 있어서 개인정보에 관한 인격권 보호에 의하여 얻을 수 있는 이익과 표현행위에 의하여 얻을 수 있는 이익을 형량한다. 이 사건의 다수의견은 인맥지수 공개행위의 위법성을 인정하였다.

28) 명예훼손에 있어서 공공성을 고려하는 대판 2006.3.23, 2003다52142 등; 제3자 채권침해의 위법성을 판단함에 있어서도 "거래자유 보장의 필요성, 경제·사회정책적 요인을 포함한 공공의 이익"을 고려하는 대판 2003.3.14, 2000다32437 등; 사학의 종교교육의 자유와 학생의 종교의 자유 및 인격적 가치 사이의 이익형량을 함에 있어서 "사회공동체의 건전한 상식과 법감정"을 종국적인 판단기준으로 삼고 있는 대판(전) 2010.4.22, 2008다38288 참조.

29) 대판 1991.5.28, 90다17972(교사의 학생에 대한 체벌과 정당행위); 대판 2002.12.27,

[판결 3] 시민단체의 불매운동과 위법성 판단: 대판 2001.7.13, 98다51091

1. 원심판결의 요지

가. 사실관계

원심판결 이유와 기록에 의하면 이 사건의 사실관계는 다음과 같다.

(1) 원고는 1996년 10월 미국인 팝 가수 마이클 잭슨 내한공연을 개최한 공연기획사이고, 피고들은 뒤에서 보는 위 공연반대 공동대책위원회의 공동대표와 간사들이다.

(2) 원고는 위 공연을 1996. 10. 11.과 같은 달 13일 2회 개최할 예정으로, 1996. 7. 2. 공연윤리위원회의 심의를 거쳐 같은 달 6일 관할관청인 문화체육부 장관에게 공연개최 허가신청을 하였다.

(3) 원고의 위 공연개최에 대하여 사단법인 기독교윤리실천운동본부 등 50개의 시민·사회·종교단체들(이하 '시민단체 등'이라고 한다)은 위 공연이 거액의 출연료를 지불하게 되어 외화를 낭비하는 것이고, 입장료가 과다하여 청소년의 과소비를 조장할 뿐만 아니라 위 가수가 아동 성추행을 한 비행이 있기 때문에 내한공연을 하게 된다면 청소년들에게 도덕적으로 나쁜 영향을 미칠 수 있다는 등의 이유로 연합하여 공연반대운동을 펼치기로 하여 1996. 7. 12. 피고 정광모 등 6인을 공동대표로 한 '마이클 잭슨 내한공연반대 공동대책위원회'를 결성하였다.

(4) 위 공동대책위원회의 공동대표 또는 간사들인 피고들은 다른 공동대표와 참여 시민단체들의 의견을 수렴하여, ① 1996. 7. 13.경 위 공동대책위원회의 명의로 위 공연에 대한 반대성명 발표하고, ② 1996. 7. 25.경부터 여러 차례에 걸쳐 다수의 시민단체 회원을 동원하여 문화체육부 장관실, 문화체육부 공연예술과, 한국관광공사 사장실 및 업계지원부 국장실, 서울방송문화사업부 등을 상대로 위 공연 개최에 대한 항의전화걸기를 하고, ③ 1996. 7. 29.경 주식회사 금강기획과 현대그룹 본사 앞으로 위 회사가 원고와 위 공연에 공동주관사로 참여하는 계약을 체결한 것에 항의하여 위 공연에 대한 후원계획을 철회하지 않으면 위 회사와 현대그룹이 생산하는 제품에 대한 불매운동을 전개할 것이라는 내용의 서한을 위 공동대책위원회의 명의로 발송하여 위 회사로 하여금 위 공연에 공동주관사로 참여하는 것을 포기하고 자금대여 및 지급보증의 형태로 계약내용을 변경하기에 이르도록 하는 등의 일련의 반대운동을 펼쳤다.

(5) 문화체육부 장관은 1996. 7. 30. 위 공동대책위원회의 반대운동을 비롯

2000다47361(부동산의 이중매매위 정당행위); 대판 2004.11.12, 2003다52227(시민단체의 특정후보자에 대한 낙선운동과 정당행위) 참조.

한 사회의 반대여론 등을 감안하여 ① 자극적, 퇴폐적이거나 저속한 언행, 동작 등을 하지 말고 무대의상과 분장 등 공연 전반에 걸쳐 우리의 정서에 어울리도록 할 것, ② 중고등학생 이하의 청소년이 입장할 경우 가급적 보호자를 동반하도록 권유하는 안내문구를 입장권 뒷면에 기재할 것, ③ 청소년 대상 입장료는 가급적 하향 조정하고, 소비심리를 자극하는 지나친 홍보는 자제할 것 등 11가지의 조건을 붙여 원고의 위 공연개최를 허가하였다.

(6) 피고들은 문화체육부 장관의 위 공연 허가에도 불구하고 그 반대운동을 계속하여, ① 1996. 7. 30. 위 공동대책위원회의 명의로 문화체육부의 위와 같은 공연 허가에 대한 비난성명을 발표하고, ② 1996. 8. 5.경 위 공연의 중계가 예상되는 서울방송(S.B.S.) 앞으로 공연을 중계하는 등 위 공연개최에 협력하면 서울방송 프로그램의 시청거부운동을 전개하겠다는 취지의 서한을 보내고, ③ 1996. 8. 20.경 원고와 경호용역계약을 체결하려던 한국보안공사(CAPS) 및 손해보험협회 등에게 원고와 위 공연에 필요한 계약을 체결하면 불매운동을 전개하겠다는 취지의 서한을 보내 이를 받은 위 한국보안공사와 동부화재해상보험 주식회사 등으로 하여금 원고와 계약을 체결하지 않을 것이라는 내용의 회신을 위 공동대책위원회에게 보내기에 이르도록 하였다.

(7) 원고는 위 공연의 입장권을 판매하기 위하여 1996. 8. 21.경 주식회사 서울은행 및 주식회사 한일은행과 입장권판매대행계약을 체결하였는바, 피고들은 위 각 은행에 대하여도 같은 달 23일경 위 공연의 폐해와 이에 대한 반대운동의 취지 및 반대운동의 호응도 등에 대한 설명과 함께, '입장권 판매를 즉각 취하'할 것을 요청하고, 그럼에도 불구하고 입장권을 계속 예매할 경우에는 '전국민적 차원에서 은행의 전 상품 불매운동에 들어갈 예정'임을 밝히는 한편, '이에 대한 은행들의 공식입장을 8월 27일까지 연락해 주기 바라고 연락이 없을 경우 계속진행으로 알고 즉각 불매운동을 전개하겠다'는 문언이 들어 있는 '마이클 잭슨 공연 티켓예매에 관한 취소요청 건'이라는 제목의 서한을 위 공동대책위원회의 명의로 보냈다.

(8) 위와 같은 서한을 받은 한일은행은 같은 달 27일경 원고에게, '위 공동대책위원회로부터 입장권 예매의 즉각적인 취소와 그 거절시 위 은행 상품의 불매운동 등 강력한 대응을 하겠다는 공문을 공식적으로 접수하였는바, 위 은행 상품에 대한 불매운동은 은행의 경영과 업무에 중대한 손실을 입힐 우려가 있고 다수의 고객 이탈 등을 초래하게 될 것이므로 은행으로서는 이러한 불이익을 감수하면서까지 입장권 예매를 대행할 수 없어 원고와 체결한 입장권판매대행계약을 취소한다'는 취지의 통지서를 보냈고, 서울은행도 그 무렵 원고에게

같은 취지로 '마이클 잭슨 내한공연 관람권 예매수납대행 취소 결정 통지서'를
보냈다.

(9) 이에 따라 원고는 부득이 임시 직원을 고용하여 직접 입장권을 판매하
는 등 다른 방법으로 입장권을 판매하여 예정대로 1996. 10. 11.과 같은 달 13
일 위 공연을 개최하였다.

나. 원심의 판단

원고는 이 사건 청구원인으로서, 피고들은 원고와 위 입장권판매대행계약을
체결한 위 각 은행에 대하여 위와 같이 입장권을 판매하지 말도록 요청하고, 이
에 따르지 아니할 경우 위 각 은행의 전 상품에 대하여 불매운동을 벌이겠다고
경고하여 위법하게 위 각 은행으로 하여금 위 입장권판매대행계약을 이행하지
못하게 함으로써, 원고에게 입장권 판매를 위하여 추가로 비용을 지출케 하는
재산적 손해 및 이에 따른 정신적 고통을 입게 하는 불법행위를 하였으므로 피
고들은 원고의 위 손해를 배상할 책임이 있다고 주장하였는바, 이에 대하여 원
심은, 피고들의 위와 같은 행위는 통상 시민단체가 취할 수 있는 전형적인 운동
방법의 하나로서 특별한 사정이 없는 한 불법성이 있다고 보기 어렵고, 그러한
행위로 인하여 위 각 은행의 의사결정의 자유가 본질적으로 침해당한 정도에
이르렀다고 보기도 어려우므로 일반적으로 허용될 수 있는 시민단체의 행위범
위 안에 속하거나 적어도 상대방의 수인범위 안에 속하여 위법하다고 볼 수 없
고, 또한 위 각 은행이 원고와의 위 계약을 취소하기로 한 것은 피고들이 보낸
위 서한으로 인하여 불가피하게 내린 결정이었다기보다는 스스로 입장권판매대
행에 의한 이익과 시민단체의 불매운동으로 인한 영업손실을 비교 교량하여 독
자적인 영업판단에 따라 선택한 결과로 봄이 상당하므로 피고들의 공연반대행
위와 위 각 은행의 입장권판매대행 중단으로 인하여 원고가 입은 손해 사이에
직접적 인과관계가 있다고 할 수도 없다고 하여 원고의 청구를 모두 배척하
였다.

2. 대법원의 판단

시민단체 등의 공익목적수행을 위한 정당한 활동은 바람직하고 장려되어야
할 것이나 그러한 목적수행을 위한 활동이라 하더라도 법령에 의한 제한이나
그러한 활동의 자유에 내재하는 제한을 벗어나서는 안될 것이고, 그러한 활동의
자유의 한계는 그들이 반대의 대상으로 삼은 공연 등의 내용 및 성격과 반대활
동의 방법 및 정도 사이의 상관관계에서 결정되어야 할 것이다.

이 사건에서 원고가 기획한 공연에 피고들의 주장과 같은 부정적인 요소가
없는 것은 아니나 그렇다고 하여 그것이 법에 저촉된다거나 반사회적인 것이라

고 할 수는 없고, 오히려 관계당국인 문화체육부가 공연윤리위원회의 심의를 거쳐 일부 부정적 요소를 제거하기 위한 조건을 붙여 합법적으로 허가해 준 것이다. 그리고 원고가 위 각 은행과 체결한 입장권판매대행계약 또한 적법한 것으로서 그 계약에 기한 원고의 권리도 보호받아야 하는 것이다.

이러한 점들에 비추어 볼 때 피고들이 그들의 공익목적을 관철하기 위하여 일반시민들을 상대로 공연관람을 하지 말도록 하거나 위 각 은행 등 공연협력업체에게 공연협력을 하지 말도록 하기 위하여 그들의 주장을 홍보하고 각종 방법에 의한 호소로 설득활동을 벌이는 것은 관람이나 협력 여부의 결정을 상대방의 자유로운 판단에 맡기는 한 허용된다고 할 것이고, 그로 인하여 원고의 일반적 영업권 등에 대한 제한을 가져온다고 하더라도 이는 시민단체 등의 정당한 목적수행을 위한 활동으로부터 불가피하게 발생하는 현상으로서 그 자체에 내재하는 위험이라 할 것이므로 피고들의 그와 같은 활동이 위법하다고 할 수는 없을 것이다.

그러나 여기서 더 나아가 피고들이 위 각 은행에게 공연협력의 즉각 중지, 즉 원고와 이미 체결한 입장권판매대행계약의 즉각적인 불이행을 요구하고 이에 응하지 아니할 경우에는 위 각 은행의 전 상품에 대한 불매운동을 벌이겠다는 경제적 압박수단을 고지하여 이로 말미암아 위 각 은행으로 하여금 불매운동으로 인한 경제적 손실을 우려하여 부득이 본의 아니게 원고와 체결한 입장권판매대행계약을 파기케 하는 결과를 가져왔다면 이는 원고가 위 각 은행과 체결한 입장권판매대행계약에 기한 원고의 채권 등을 침해하는 것으로서 위법하다고 하여야 할 것이고, 그 목적에 공익성이 있다 하여 이러한 행위까지 정당화될 수는 없는 것이다.

원심은 위 각 은행이 원고와의 위 계약을 불이행한 것은 피고들의 요구에 의한 불가피한 결정이 아니라 독자적인 영업판단에 따라 스스로 선택한 결과로서 피고들의 공연반대행위와 직접적 인과관계가 있는 것이 아니라고 판단하고 있으나, 앞에서 본 사실관계에서 나타난 바와 같이 위 각 은행이 피고들로부터 불매운동의 고지를 포함한 계약파기 요구를 받은 직후 원고에 대하여 피고들의 불매운동으로 인한 경제적 손실이 예상됨을 이유로 들어 부득이 계약을 이행할 수 없다고 통고한 사실을 알 수 있어, 위 각 은행이 내세운 그와 같은 이유가 명목상 내세운 구실에 불과할 뿐 진정한 이유는 불매운동과는 관계없이 위 각 은행 스스로의 반성적 고려에 의한 독자적인 결정임을 알아 볼 수 있는 사정이 심리되지 않고서는 피고들의 행위와 위 각 은행의 계약불이행 및 이로 인한 원고의 손해 사이에 인과관계가 없다고 쉽게 단정할 수는 없을 것이다.

그럼에도 불구하고 원심이 그 판시와 같은 이유만으로 피고들의 행위의 위법성을 부인하고 위와 같은 사정에 관한 심리도 없이 인과관계를 부정한 조치에는 불법행위에 있어서의 위법성이나 인과관계의 법리를 오해하여 판결 결과에 영향을 미친 잘못이 있다 할 것이고, 이를 지적하는 상고이유의 주장은 이유 있다.

[판결 3]에 관하여 생각할 점

1. 원심법원과 대법원은 피고들의 불매운동이 위법한가에 관하여 다른 결론에 이르고 있다. 그 근거는 각각 무엇인가?

2. 이 판결에서는 이 사안을 제3자의 채권침해로 보아 접근하고 있다. 제3자의 채권침해는 무엇인가? 또한 채권침해의 유형에는 어떠한 것이 있는가? 채권침해의 위법성은 어떻게 판단하는가? 이 사안에서 누가 누구의 누구에 대한 어떤 채권을 침해한 것인가? 채권침해에 관해서는 이 판결 이외에도 대판 2001.5.8, 99다38699; 대판 2003.3.14, 2000다32437; 대판 2006.6.15, 2006다13117; 대판 2006.9.8, 2004다55230 등을 참조하라.

3. 원심판결을 지지하는 논리에 따르면, 공익 목적을 위한 불매운동은 당연히 허용되어야 하고, 은행들은 피고들의 이러한 불매운동에 즈음하여 스스로 손익계산과정을 거친 뒤 입장권판매대행계약을 파기하는 것이 자신들의 이익에 부합한다고 생각하여 자발적으로 그러한 행위에 이른 것이라고 주장할 것이다. 이러한 논리에 대하여 어떻게 생각하는가?

4. 만약 위 사안에서 피고들이 은행들을 상대로 직접 불매운동을 고지하지 않고 일반 대중을 상대로 은행들의 금융상품에 가입하지 말라고 대대적으로 호소하였다면 어떻게 되었을까? 또한 피고들이 원고를 상대로 향후 원고가 개최하는 공연에 대한 불매운동을 전개하겠다고 고지하였다면 어떻게 되었을까?

3. 책임능력

(1) 책임능력은 불법행위책임을 변식할 수 있는 정신능력이다. 즉 자기의 행위에 의하여 일반적인 위험 내지 손해가 발생하고, 그것이 법률상 비난받을 만한 것임을 인식할 수 있는 능력이다. 책임능력은 의사능력과 유사하지만, 의사능력은 법률행위의 의미와 결과를 판별할 수 있는 정신능력이므로, 불법행위

의 의미와 결과에 관련된 책임능력과 구별된다. 그러나 행위능력과 달리 획일
적 기준이 존재하지 않고, 개별적 사안에서 구체적으로 판단된다는 점에서 양
자는 공통된다.

민법은 책임무능력자는 불법행위의 다른 요건을 갖추었더라도 손해배상책
임을 지지 않는다고 규정함으로써(제753, 754조), 책임능력의 존재를 불법행위
의 성립요건 중 하나로 인정하고 있다. 외국법 중에는 형평의 원칙상 책임무능
력자에게도 손해배상책임을 지우는 경우들이 있지만,[30] 우리나라는 그러한 제
도를 가지고 있지 않다.

(2) 가장 전형적인 책임무능력자는 나이가 어려서 불법행위책임을 인식하
기 어려운 자들이다(제753조). 우리 민법에서는 책임능력 유무를 판정하는 획일
적인 연령기준을 두지 않고 있다. 판례는 대체로 만 13세와 14세 사이에서 책
임능력을 인정하는 경향을 보이지만,[31] 이는 어디까지나 현실적으로 손해배상
책임을 미성년자와 감독의무자 중 누구에게 부담시키는 것이 형평에 부합하는
가를 고려한 사안별 판단의 결과일 뿐 절대적인 기준이라고는 할 수 없다.

한편 행위 당시 심신상실의 상태에 있었던 자도 책임무능력자이다(제754
조). 하지만 본인이 고의 또는 과실로 심신상실의 상태를 초래하였다면 책임을
면할 수 없다(제754조 단서). 이는 형법상 「원인에 있어 자유로운 행위」에 대응
된다(형 제10조 제3항 참조).

(3) 종래에는 책임무능력자의 활동영역이 좁았기 때문에 불법행위가 크게
문제되지 않았다. 하지만 최근에는 인터넷 환경에서 미성년자의 활동이 크게
증가하면서 책임무능력자의 불법행위가 문제될 여지가 훨씬 커지게 되었다. 이
에 따라 책임무능력자의 보호와 아울러 피해자의 보호도 조화롭게 달성할 필
요성이 커지게 되었다.

민법 제755조가 규정하는 책임무능력자의 감독의무자 책임은 피해자의 보
호를 위한 입법적 배려이다. 이에 따르면 「책임무능력자를 감독할 법정의무있
는 자」(가령 친권자, 후견인 등)와 「감독의무자에 갈음하여 무능력자를 감독하는

---

30) 예를 들어 독일민법 제829조, 스위스민법 제54조 제1항, 오스트리아민법 제1310조 등.
31) 대판 1969.7.8, 68다2406(13세 3개월된 미성년자의 책임능력 인정); 대판 1969.2.25, 68
다1822(14세 3개월된 미성년자의 책임능력 인정); 대판 1978.7.11, 78다729(13세 5개월
된 미성년자의 책임능력 부정); 대판 1978.11.28, 78다1805(14세 2개월된 미성년자의 책
임능력 부정).

자」(가령 학교의 교사, 탁아소의 보모, 정신병원의 의사 등)는 책임무능력자가 제3자에게 가한 손해를 배상할 책임이 있다. 전자는 전면적, 일반적 감독의무를 부담하는 반면, 후자는 장소적, 시간적, 내용적으로 한정되지만 구체적인 감독의무를 부담하게 된다.[32] 따라서 후자의 경우 책임무능력자의 불법행위가 그 한정된 감독의무의 범위를 벗어난 영역에서 이루어졌다면 책임을 부담하지 않는다. 한편 감독의무자 등은 자신이 그 감독의무를 게을리 하지 않았다는 것을 증명하면 면책될 수 있다.

　(4) 한편 책임능력은 있지만 미성년이어서 여전히 자력이 없는 경우에도 여전히 피해자 보호의 요청이 존재한다. 하지만 책임무능력자를 전제로 하는 민법 제755조는 여기에 적용할 수 없다. 이에 대응하여 판례는 책임능력있는 미성년자의 불법행위가 그 감독의무자의 의무위반과 상당인과관계가 있다면 감독의무자는 「일반 불법행위자」로서 손해배상의무가 있다는 입장을 취하고 있다.[33] 판례에 따르면 이때 감독의무위반사실 및 손해발생과의 상당인과관계는 이를 주장하는 자가 증명해야 한다.[34] 이러한 감독의무의 내용은 개별적 사안에서 구체화될 수밖에 없는데, 미성년자의 나이가 낮을수록,[35] 함께 거주하고 있을수록,[36] 미성년자가 감독의무자에게 경제적으로 의존할수록,[37] 미성년자에게 불법행위의 전력(前歷)이 있거나 많을수록[38] 그 의무의 정도가 강하여진다고 할 수 있다. 감독의무자의 책임이 인정되면 이는 책임능력있는 미성년자의 책임과 병존하고, 양자는 서로 부진정연대관계에 있다.

---

32) 따라서 판례는 고등학교 2학년 학생이 점심시간에 장난으로 급우가 앉아있던 의자를 걷어차 급우로 하여금 상해를 입게 한 사건에서 담임교사의 감독자책임을 부정하고 있다. 대판 1993.2.12, 92다13646 참조.

33) 대판(전) 1994.2.8, 93다13605; 대판 1997.3.28, 96다15374; 대판 1998.6.9, 97다49404; 대판 2003.3.28, 2003다5061 등.

34) 대판(전) 1994.2.8, 93다13605.

35) 대판 1991.11.8, 91다32473.

36) 대판 1997.3.28, 96다15374.

37) 대판 1993.8.27, 93다22357.

38) 대판(전) 1994.2.8, 93다13605.

> **[판결 4] 미성년 자녀의 불법행위에 대한 비양육친의 책임: 대판 2022.4.14, 2020다240021**

1) 미성년자가 책임능력이 있어 스스로 불법행위책임을 지는 경우에도 그 손해가 미성년자의 감독의무자의 의무 위반과 상당인과관계가 있으면 감독의무자는 민법 제750조에 따라 일반불법행위자로서 손해배상책임이 있다. 이 경우 그러한 감독의무 위반사실과 손해 발생과의 상당인과관계는 이를 주장하는 자가 증명하여야 한다(대법원 1994.2.8. 선고 93다13605 전원합의체 판결 등 참조).

2) 미성년 자녀를 양육하며 친권을 행사하는 부모는 자녀를 경제적으로 부양하고 보호하며 교양할 법적인 의무가 있다(민법 제913조). 부모와 함께 살면서 경제적으로 부모에게 의존하는 미성년자는 부모의 전면적인 보호·감독 아래 있으므로, 그 부모는 미성년자가 타인에게 불법행위를 하지 않고 정상적으로 학교 및 사회생활을 하도록 일반적, 일상적으로 지도와 조언을 할 보호·감독의무를 부담한다(대법원 1992.5.22. 선고 91다37690 판결, 대법원 1999.7.13. 선고 99다19957 판결 등 참조). 따라서 그러한 부모는 미성년자의 감독의무자로서 위 나. 1)항에서 본 것처럼 미성년자의 불법행위에 대하여 손해배상책임을 질 수 있다.

3) 그런데 이혼으로 인하여 부모 중 1명이 친권자 및 양육자로 지정된 경우 그렇지 않은 부모(이하 '비양육친'이라 한다)에게는 자녀에 대한 친권과 양육권이 없어 자녀의 보호·교양에 관한 민법 제913조 등 친권에 관한 규정이 적용될 수 없다. 비양육친은 자녀와 상호 면접교섭할 수 있는 권리가 있지만(민법 제837조의2 제1항), 이러한 면접교섭 제도는 이혼 후에도 자녀가 부모와 친밀한 관계를 유지하여 정서적으로 안정되고 원만한 인격발달을 이룰 수 있도록 함으로써 자녀의 복리를 실현하는 것을 목적으로 하고(대법원 2021.12.16.자 2017스628 결정 참조), 제3자와의 관계에서 손해배상책임의 근거가 되는 감독의무를 부과하는 규정이라고 할 수 없다. 비양육친은 이혼 후에도 자녀의 양육비용을 분담할 의무가 있지만, 이것만으로 비양육친이 일반적, 일상적으로 자녀를 지도하고 조언하는 등 보호·감독할 의무를 진다고 할 수 없다. 이처럼 비양육친이 미성년자의 부모라는 사정만으로 미성년 자녀에 대하여 감독의무를 부담한다고 볼 수 없다.

다만 비양육친도 부모로서 자녀와 면접교섭을 하거나 양육친과의 협의를 통하여 자녀 양육에 관여할 가능성이 있는 점을 고려하면, ① 자녀의 나이와 평소 행실, 불법행위의 성질과 태양, 비양육친과 자녀 사이의 면접교섭의 정도와 빈도, 양육 환경, 비양육친의 양육에 대한 개입 정도 등에 비추어 비양육친이 자녀에 대하여 실질적으로 일반적이고 일상적인 지도, 조언을 함으로써 공동 양육자에 준하여 자녀를 보호·감독하고 있었거나, ② 그러한 정도에는 이르지 않더라도 면접교섭 등을 통해 자녀의 불법행위를 구체적으로 예견할 수 있었던 상황에서 자녀가 불법행위를 하지 않도록 부모로서 직접 지도, 조언을 하거나 양육친에게 알리는 등의 조치를 취하지 않은 경우 등과 같이 비양육친의 감독의무를 인정할 수 있는 특별한 사정이 있는 경우에는, 비양육친도 감독의무 위반으로 인한 손해배상책임을 질 수 있다.

[판결 4]에 관하여 생각할 점

1. 대판 1975.1.14, 74다1795는 미성년자의 불법행위를 방지할 주의의무를 다하지 못한 감독의무자는 자기 고유의 입장에서 불법행위로 인한 손해배상책임을 면할 수 없다고 하여 민법 제750조에 기한 감독의무자의 일반불법행위책임에 대한 긍정적인 태도를 취하였다. 다만 이 사안에서 미성년자에게 책임능력이 있었는지 여부는 대법원 판결만으로는 분명하지 않다. 그런데 대판 1984.7.10, 84다카474에서는 미성년자에게 책임능력이 있더라도 감독의무자는 배상책임을 진다고 하면서 그 배상책임은 실질적으로는 위험책임과 같은 성질을 가지고 있는 것이라고 하면서 민법 제755조의 확대적용에 의하여 이를 해결하고자 하였다. 그러나 대판(전) 1994.2.8, 93다13605에서는 위 84다카474를 폐기하고 책임능력있는 미성년자의 감독의무자가 일반불법행위책임을 지는 것을 명확하게 하기에 이르렀고, 그 이후 이러한 태도는 계속하여 유지되고 있다.

2. "미성년 자녀의 잘못은 곧 부모의 잘못"이라는 논리와 "자녀도 부모로부터 독립한 인격체이므로 그 잘못으로 부모를 탓할 수 없다"는 논리를 각각 생각해보라. 판례에서는 이러한 논리들이 어떻게 법률적으로 반영되고 있는가?

3. 위 판결에서는 미성년 자녀가 매우 어릴 때 이혼하여 미성년 자녀를 직접 양육하지 않았지만 여전히 부모의 지위를 가지고 있는 비양육친이 미성년 자녀의 불법행위에 대하여 어떤 책임을 지는가를 다루고 있다. 이 판결의 결론에 찬성하는가?

4 이 판결에 따를 경우 비양육친이지만 면접교섭 등을 통하여 적극적으로 미성년 자녀에게 지도나 조언을 한 선의의 비양육친이 불법행위책임을 부담하게 될 가능성이 더욱 높아진다는 비판에 대해서는 어떻게 생각하는가?

4. 손해의 발생

(1) 불법행위가 성립하려면 손해가 발생해야 한다. 손해는 일반적으로 「법익에 관하여 받은 불이익」 또는 「법익에 대한 침해에서 생긴 불이익」으로 정의한다.[39] 여기서의 법익은 법으로 보호할 가치있는 이익을 의미한다. 따라서 단순한 사실상 이익이나 반사적 이익에 관한 불이익은 손해에 해당하지 않는다. 가령 여행 중 행인에게 길을 물어보았는데 잘못된 정보를 제공하여 목적지에 5분 늦게 도착하게 된 사실상 불이익은 법적인 의미의 손해에 해당하지 않는다. 또한 아파트 앞에 다른 아파트가 들어서서 전망이 나빠진 것도 반사적 이익의 상실에 불과하여 손해에 해당하지 않는 경우가 대부분이다. 법으로 보호할 가치가 없는 이익에 관하여도 마찬가지이다. 따라서 법에 의하여 보호할 가치없는 위법소득의 상실은 손해에 해당하지 않는다.[40] 다만 위법소득에 해당하는지는 그 법규의 입법 취지와 그 법령에 위반된 행위의 사법상 효력, 위반행위에 대한 비난가능성의 정도, 특히 그 위반행위가 가지는 위법성의 강도 등을 종합하여 구체적, 개별적으로 판단해야 한다.

(2) 손해는 법익에 대한 침해 그 자체와는 구별해야 한다. 따라서 법익이 침해되었다고 하여 늘 손해가 발생하는 것은 아니다.[41] 이는 소유권의 방해와 손해가 구별되는 개념인 것과 같은 맥락이다(제4편 제1장 참조).[42]

(3) 손해는 재산적 손해와 비재산적 손해,[43] 적극적 손해와 소극적 손해[44] 등으로 분류할 수 있다. 이에 관하여는 민법 Ⅰ의 제5편 제2장 Ⅱ. 손해배상

---

39) 곽윤직, 채권총론, 106.

40) 대판 1992.10.27, 92다34582(사립학교법과 국가공무원법의 관계규정에 의하면 사립학교 교원은 영리를 목적으로 한 업무에 종사하여서는 안 되므로 사립고등학교 교사로 근무하던 피해자가 사망 당시 유흥업소의 밴드원으로 전속출연하여 급료를 받고 있었더라도 이는 위법소득에 해당하여 불법행위로 인한 소극적 손해산정의 기초로 삼을 수 없다).

41) 대판 2004.7.22, 2003다62910; 대판 2008.11.13, 2006다22722.

42) 대판 2003.3.28, 2003다5917.

43) 이를 정신적 손해로 부르는 경우도 많다. 비재산적 손해와 정신적 손해는 같은 의미로 사용되는 경우가 많지만, 엄밀히 말하면 비재산적 손해가 정신적 손해보다 더 넓은 개념이다. 재산적 손해와 정신적 손해 어디에도 속하지 않는 무형적 손해(가령 법인의 신용 훼손, 신체적 고통이나 신체기능의 저하 그 자체 등)도 비재산적 손해에 포함되기 때문이다.

44) 대판(전) 1992.6.23, 91다33070.

부분에서 설명하고 있으므로 자세한 설명은 생략한다.

(4) 불법행위로 배상되어야 할 손해는 「현실로 입은 확실한 손해」라야 한다.[45] 예컨대 불법행위로 인하여 피해자 또는 채권자가 제3자에 대하여 어떤 채무를 부담하게 된 경우 상대방에게 채무액과 동일한 배상을 구하기 위하여는 채무의 부담이 현실적·확정적이어서 실제로 변제할 성질의 것임을 요한다.[46] 또한 집행법원의 과실로 채권가압류결정정본이 제3채무자에게 송달되지 아니하여 가압류의 효력이 생기지 아니하였어도, 그 사실을 안 가압류채권자로서는 피보전채권으로 채무자의 다른 재산에 대하여 강제집행을 함으로써 채권의 만족을 얻을 수 있는 것이므로, 위와 같은 사유만으로 채권액 상당의 손해가 현실적으로 발생하였다고 볼 수 없다.[47] 근저당권설정등기가 불법행위로 원인 없이 말소되었더라도 회복등기 신청절차에 의하여 말소된 등기를 회복할 수 있으므로 위 말소만으로 곧바로 근저당권을 상실하는 손해가 발생하는 것이 아니다.[48]

(5) 한편 채무불이행 또는 불법행위 등 그 원인을 막론하고 일반적으로 손해가 발생하였음을 소송에서 증명하는 것과 관련하여서는, 민사소송법에 일정한 특별한 규정이 마련되어 있다. 즉 동법 제202조의2는 "손해가 발생한 사실은 인정되나 구체적인 손해의 액수를 증명하는 것이 사안의 성질상 매우 어려운 경우에 법원은 변론 전체의 취지와 증거 조사의 결과에 의하여 인정되는 모든 사정을 종합하여 상당하다고 인정되는 금액을 손해배상 액수로 정할 수 있다"는 것이다. 위 규정은 2016년 3월의 개정 법률로 새로 마련되었는데(그 시행은 동년 9월), 이미 그 전에 저작권법 제125조의2 제4항, 부정경쟁방지법 제14조의2 제5항 등에서도 그 각 법률이 정하는 범위에서 손해 액수의 증명에 관하여 기본적으로 동일한 내용을 정하고 있었다. 이제 위와 같은 법리는 손해배상소송 일반에서 인정되기에 이르렀다(위자료의 인정과 관련하여 뒤의 Ⅱ. 2. (4) 말미도 참조). 한편 어떠한 구체적인 사안유형에서 위와 같은 재량적 손해액 산정이 인정될 수 있는가는 주목을 요한다.[49]

---

45) 대판 1998.8.25, 97다4760.
46) 대판 1992.11.27, 92다29948.
47) 대판 2003.4.8, 2000다53038.
48) 대판 2010.2.11, 2009다68408.
49) 대판 2021.7.21, 2020다282513; 대판 2021.7.29, 2016다11257; 대판 2021.10.14, 2020다

(6) 손해가 발생한 경우에도 그중 일정한 범위의 손해만이 배상되는 것인데, 이는 아래의 인과관계 문제와 관련하여 다룬다. 한편 그 일정한 범위의 손해도 금전으로 평가, 환산해야 하는데 이는 제5편 제2장에서 다룬다.

[판결 5] 장애를 갖고 태어난 것 자체가 법률상의 손해인지 여부: 대판 1999.6.11, 98다22857

1. 원심판결 이유에 의하면, 원심이 인정한 사실관계는 다음과 같다.

소외인은 33세에 둘째 딸인 원고를 임신하여 11주쯤 된 때부터 출산일까지 피고 지방공사 강원도춘천의료원에서 그 소속 산부인과 의사인 피고 1로부터 정기적으로 진찰을 받았다.

소외인은 전에 첫딸을 낳았을 때 피고 병원으로부터 첫딸이 선천성 뇌수종이라는 진단을 받고 놀랐으나 그 후 다른 병원에서 선천성 뇌수종이 아닌 것으로 판명되었고 정상아로 잘 자랐으며, 원고의 사촌언니는 수막척수류로 수술을 받았고, 원고의 고종사촌오빠는 생후 3개월 때 담도폐쇄증으로 수술을 받았으나 사망한 터였다.

소외인은 위와 같은 사정으로 인하여 자신이 임신한 원고가 정상아인지에 대하여 특별한 관심을 가지게 되어 1994. 5. 31. 정기진찰을 받으면서 피고 1에게 위와 같은 사정을 말하면서 기형아 검사를 해줄 것을 부탁하였다. 피고 1은 초음파검사에 의하여 태아가 정상이라고 판단하였고 서울에 있는 기형아 전문 검사기관인 이원임상검사센터에 기형아검사를 의뢰하여 소외인은 1994. 6. 1. 그 곳에서 에이.에프.피(AFP)검사(모체혈청 단백질 검사)를 받은 결과 정상수치 범위 내인 23.43ng/ml로 나왔다. 소외인은 위 검사 후에도 계속 태아의 크기가 작다느니, 태동이 없다느니 하면서 피고 1에게 정기적으로 진찰을 받았는데, 그 때마다 피고 1은 소외인에게 태아가 정상이라고 진단하였고, 출생예정일보다 14일 전인 1994. 10. 28. 원고는 다운증후군의 기형아로 태어났다.

다운증후군은 21번 염색체에 이상이 있는 것으로서 낮은 코, 손·발가락의 이상, 선천성 심장판막증, 지능장애, 발육장애 등의 특이한 용모와 증세를 나타내는데 그런 환자는 체내 저항력이 떨어져 폐감염과 백혈병 이환율이 높으며 나이 많은 임산부에게서 태어나는 경우가 많다.

태아기형의 산전진단 방법에는 방사선이나 초음파 또는 태아경으로 관찰하는 방법 이외에, 모체의 혈액을 검사하여 태아기형을 예측하는 간접적 방법과

277306 등 참조.

양수천자 또는 융모세포검사와 같은 직접적 방법이 있고, 모체의 혈액을 검사하는 방법에는 에이.에프.피검사, 에이취.씨.지(hCG)검사, 유.이.3(uE3)검사 등이 있는데 에이.에프.피검사시 다운증후군의 검출률은 약 20% 정도로 낮으며 위 세 가지 검사를 동시에 하는 경우(트리플 마커 검사)에서는 다운증후군의 검출률을 60% 이상으로 높일 수 있지만, 이원임상검사센타에서는 위 소외인이 검사를 받을 당시 위 에이취.씨.지검사, 유.이.3검사는 시행하지 않고 있었고, 양수천자와 융모세포검사는 태아손상, 유산, 모체감염 등의 위험이 있기는 하지만 간접적 검사 방법보다 훨씬 확실한 진단결과를 얻을 수 있다.

2. 원고는 위와 같은 사실관계를 바탕으로 하여 그의 다운증후군이 모자보건법 제14조 제1항 제1호에 의하여 인공임신중절이 허용되는 질환에 해당하므로, 피고 1이 위 소외인에게 기형아 판별확률이 비교적 높은 검사법에 대하여 아무런 설명을 하지 아니하여, 소외인으로 하여금 확실한 검사 방법을 택하여 태아가 기형아인지의 여부를 확인하고 만일 그 태아가 기형아라면 낙태할 수 있는 기회를 상실하게 함으로써, 기형아(다운증후군)인 원고 자신을 태어나게 하였다고 주장하면서, 원고 자신의 향후 치료비 및 양육비 상당의 손해 중 일부를 청구하고 있다.

3. 그러나 모자보건법 제14조 제1항 제1호는 인공임신중절수술을 할 수 있는 경우로 임산부 본인 또는 배우자가 대통령령이 정하는 우생학적 또는 유전학적 정신장애나 신체질환이 있는 경우를 규정하고 있고, 모자보건법시행령 제15조 제2항은 같은 법 제14조 제1항 제1호의 규정에 의하여 인공임신중절수술을 할 수 있는 우생학적 또는 유전학적 정신장애나 신체질환으로 혈우병과 각종 유전성 질환을 규정하고 있을 뿐인데, 기록에 의하면 다운증후군은 유전성 질환이 아님이 명백하다. 따라서 다운증후군은 위 조항 소정의 인공임신중절사유에 해당하지 않음이 명백하여 원고의 부모가 원고가 다운증후군에 걸려 있음을 알았다고 하더라도 원고를 적법하게 낙태할 결정권을 가지고 있었다고 보기 어려우므로, 원고의 부모의 적법한 낙태결정권이 침해되었음을 전제로 하는 원고의 이 사건 청구는 이 점에 있어서 이미 받아들이기 어렵다고 할 것이다.

나아가서 원고는 자신이 출생하지 않았어야 함에도 장애를 가지고 출생한 것이 손해라는 점도 이 사건 청구원인 사실로 삼고 있으나, 인간 생명의 존엄성과 그 가치의 무한함(헌법 제10조)에 비추어 볼 때, 어떠한 인간 또는 인간이 되려고 하는 존재가 타인에 대하여 자신의 출생을 막아 줄 것을 요구할 권리를 가진다고 보기 어렵고, 장애를 갖고 출생한 것 자체를 인공임신중절로 출생하지 않은 것과 비교해서 법률적으로 손해라고 단정할 수도 없으며, 그로 인하여 치료비 등 여러 가지 비용이 정상인에 비하여 더 소요된다고 하더라도 그 장애 자체가 의사나 다른 누구의 과실로 말미암은 것이 아닌 이상 이를 선천적으로 장애를 지닌 채 태어난 아이 자신이 청구할 수 있는 손해라고 할 수는 없다.

　　원심판결은 그 이유는 약간 다르나 그 결론은 같으므로 결국 정당하고, 거기에 상고이유에서 지적하는 바와 같은 심리미진, 인과관계에 관한 법리오해 등의 위법이 있다고 할 수 없다. 그 밖에 단순한 사실오인의 점은 원심의 적법한 사실확정을 비난하는 것으로 적법한 상고이유가 될 수 없다. 상고이유 및 상고이유보충서 중 상고이유를 보충하는 부분은 모두 받아들일 수 없다.

[판결 5]에 관하여 생각할 점

1. 이 사안에서 원고가 침해되었다고 주장하는 이익은 무엇인가? 그 이익은 법적으로 보호되어야 하는가?
2. 어차피 암으로 사망할 수밖에 없는 환자가 암검진을 잘못하여 그 정보를 미리 알려주지 못한 의사를 상대로 손해배상을 청구할 수 있을까? 가령 자신의 병세를 정확하게 알아 죽음에 대비할 수 있는 시간을 빼앗아갔다는 이유로 위자료를 청구할 수는 없는가? 이러한 논의는 이 사건에서 어떻게 적용될까?
3. 의사의 불임수술 잘못으로 아이를 임신하여 출산하게 되었다면 그 의사를 상대로 손해배상청구를 할 수 있을까?(서울고판 1996.10.17, 96나10449, 하집1996, 2-73 참조).

※. 판결 5에 관하여는 윤진수, "의사의 과실에 의한 자녀의 출생으로 인한 손해배상책임", 판례실무연구 Ⅳ, 2000. 9. 및 김신, "원치않은 아이의 출생과 의사의 손해배상책임", 판례연구 12(부산판례연구회), 2001. 참조.

5. 위법행위와 손해 사이의 인과관계

　　(1) 불법행위가 성립하려면 가해자의 위법행위와 피해자의 손해 사이에 인과관계가 있어야 한다. 인과관계를 판단하는 출발점은 행위와 손해 사이에 사실상의 인과관계가 존재하는가를 판단하는 것이다. 사실상의 인과관계는 만약 그 행위가 없었더라면 손해가 발생하지 않았으리라고 인정되는 때에 인정된다. 가령 피고가 원고를 가격하여 원고에게 부상을 입히지 않았더라면 원고

가 치료비를 지출하지 않았을 것이라는 관계가 인정되면 사실상의 인과관계가 인정된다. 그 판단과정에서는 피고의 행위와 원고의 손해를 확정해야 하고, 실제 일어난 사실관계와는 반대의 가정, 즉 피고의 행위가 없었더라면 어떤 사태가 벌어졌을 것인가를 재구성해야 한다. 실제로 이러한 재구성의 과정은 쉽지 않은 때가 많다.

한편 사실상의 인과관계가 존재한다고 하여 바로 행위자에게 모든 책임을 귀속시킬 수는 없다. 가령 A가 야기한 차량사고로 유명한 오페라가수 B가 상해를 입어 C가 주최하는 오페라공연에 출연하지 못하였다면 A는 B의 손해 이외에도 C의 재산적 손해를 모두 배상해야 하는가? 이때 A의 행위로 "인하여" C가 재산적 손해를 입게 된 것은 명백하다. 하지만 그렇다고 하여 C의 손해를 A에게 모두 부담시키는 것에는 주저하게 된다. 이때 이러한 손해배상의 제한을 어떠한 논리에 따라 할 것인지의 문제가 발생한다.

(2) 통설, 판례는 불법행위 성립요건으로서의 인과관계를 「상당인과관계」로 이해함으로써 이를 인과관계 내부의 문제로 해결한다. 상당인과관계는 우연성을 배제한 상당한 개연성에 기초한 인과관계이다. 즉 원인·결과의 관계에 있는 무한한 사실 가운데에서 객관적으로 보아 어떤 선행사실로부터 보통 일반적으로 초래되는 후행사실이 있는 때에 양자 사이에 상당인과관계가 있다고 설명한다. 따라서 우연하거나 특수한 사정으로 손해가 발생한 때에는 사실적인 인과관계는 있을지 몰라도 상당인과관계는 없다고 한다. 이는 A라는 원인과 B라는 결과 사이에 객관적 개연성이 존재하는가 하는 판단을 행한 결과이다.

(3) 그러나 민법은 인과관계 이외의 차원에서 이러한 책임범위의 규범적인 제한을 예정하고 있다. 즉 민법 제763조는 채무불이행으로 인한 손해배상에 관한 민법 제393조를 불법행위로 인한 손해배상에 준용한다. 한편 민법 제393조는 채무불이행으로 인한 손해배상은 통상손해를 한도로 하고, 특별손해는 예견가능성이 있는 때에 한하여 배상대상으로 함으로써 이미 제한배상주의를 채택하고 있다. 통설은 민법 제393조는 바로 상당인과관계설을 입법화한 것이라고 하고, 판례도 같은 태도로 보여진다.[50] 하지만 상당인과관계설은 독일에서 유래하였는데, 이는 우리 민법과 달리 완전배상주의를 취하는 독일적

---

50) 대판 2006.9.8, 2006다24407.

상황에서 책임범위의 적절한 제한을 위하여 탄생하였다. 반면 우리 민법은 제393조를 통하여 이미 제한배상주의를 취하고 있고, 이는 완전배상주의를 취하는 독일민법과는 달리 예견가능성에 따라 배상범위를 제한하는 영미법상 원칙[51]의 영향을 받은 일본민법 제416조를 받아들인 것이다.[52] 그러므로 민법 제393조가 상당인과관계설을 입법화한 것인지는 의문이다. 그러므로 책임범위의 제한은 상당인과관계설에 의할 것이 아니라 민법 제393조의 문면대로 일정한 불법행위로 인한 손해가 통상손해인지, 만약 특별손해라면 예견가능성이 인정되는지의 문제로 환원하여 해결하여도 충분할 것으로 생각된다. 이 책에서는 이 문제를 인과관계의 문제와 구분하여 다음 장에서 손해배상의 범위로서 다루고자 한다.

다만 어떤 입장을 취하건 어차피 법원이 규범적인 판단을 통하여 최종적인 책임범위를 정한다는 점[53]에서는 차이가 없으므로 그 결과가 크게 달라지지는 않을 것으로 생각된다.

> **[판결 6] 집단괴롭힘과 초등학생의 자살 사이의 상당인과관계: 대판 2007.4.26, 2005다24318**

1. 피고 2, 3, 4의 상고에 대한 판단

가. 원심은, 그 판시와 같은 사실을 인정한 다음, 망인은 가해학생들로부터 수개월에 걸쳐 이유 없이 폭행 등 괴롭힘을 당한 결과 충격 후 스트레스 장애 등의 증상에 시달리다 결국 자살에까지 이르게 되었음을 알 수 있고, 가해학생들은 위 사고 당시 만 12세 전후의 초등학교 6학년 학생들로서 자신의 행위로 인한 법률상 책임을 변식할 능력이 없는 책임무능력자라 할 것이므로, 가해학생들의 부모로서 그들을 감독할 법정의무가 있는 위 피고들은 보호감독자로서의 주의의무를 해태하지 아니하였음을 입증하지 못하는 이상 민법 제755조 제1항에 따라 가해학생들의 위와 같은 불법행위로 망인 및 원고들이 입은 손해를 배상할 의무가 있다고 판단하였는바, 기록에 의하여 살펴보면, 원심의 이러한 사

---

51) Hadley v. Boxendale, 156 Eng. Rep. 145 (Ex. 1854). 한편 이 판결은 그 판결이유에 명시적으로 나타나 있듯이 프랑스민법 제1150조(예견가능한 손해의 배상)의 영향을 받았다.

52) 민법주해 IX, 458 (지원림).

53) 대판 1998.5.8, 97다36613(상당인과관계의 유무를 판단함에 있어서는 일반적인 결과 발생의 개연성은 물론이고 더 나아가 직무상 의무를 부과하는 법령 기타 행동규범의 목적이나 가해행위의 태양 및 피해의 정도 등 구체적인 사정을 종합적으로 고려하여야 한다).

실인정과 판단은 정당한 것으로 수긍이 간다. 원심판결에는 상고이유에서 주장하는 바와 같은 심리미진이나 채증법칙 위반으로 인한 사실오인의 위법이 없다.

그리고 초등학교 내에서 발생하는 폭행 등 괴롭힘은 통상 나이가 어리고 정신적으로 성숙하지 못한 피해자에게 육체적·정신적으로 상당한 고통을 주고, 그 폭행 등 괴롭힘이 상당기간 계속될 경우에는 그 고통과 그에 따른 정신장애로 피해자가 자살에 이를 수도 있다는 것은 예측이 가능하다 할 것인데, 이 사건에서 가해학생들은 12세 남짓된 초등학교 6학년 학생들로서 비록 책임을 변식할 지능을 갖추지 못하고 있다고 하더라도 상당한 정도의 자율능력, 분별능력은 가지고 있다고 보아야 할 것이고, 당시 학교에서의 집단 괴롭힘이 사회문제화 되어 학교에서 이에 대한 예방교육이 실시되고 있었으며, 가해학생들 역시 그와 같은 교육을 받아 그 폐해를 잘 알고 있었다 할 것인바, 이러한 사정들을 종합하여 보면, 가해학생들의 폭행 등 괴롭힘과 망인의 자살 사이에는 상당인과관계가 있다 할 것이다. 나아가 망인이 수학여행에서 다른 급우들로부터 따돌림을 당하였고, 자살 당일 부모로부터 꾸중을 듣는 등 다른 원인이 자살에 일부 작용하였다 하더라도 가해학생들의 폭행 등 괴롭힘이 주된 원인인 이상 상당인과관계는 인정된다 할 것이다. 같은 취지의 원심판결은 옳다. 원심판결에는 상고이유의 주장과 같은 손해배상책임에서의 상당인과관계 및 자살에 대한 예측가능성에 관한 법리오해 등의 위법이 있다고 할 수 없다.

이 부분 상고이유의 주장은 모두 받아들일 수 없다.

나. 민법 제755조에 의하여 책임능력 없는 미성년자를 감독할 친권자 등 법정감독의무자의 보호감독책임은 미성년자의 생활 전반에 미치는 것이고, 법정감독의무자에 대신하여 보호감독의무를 부담하는 교사 등의 보호감독책임은 학교 내에서의 학생의 모든 생활관계에 미치는 것이 아니라, 학교에서의 교육활동 및 이와 밀접 불가분의 관계에 있는 생활관계에 한하며, 이와 같은 대리감독자가 있다는 사실만 가지고서 곧 친권자의 법정감독책임이 면탈된다고는 볼 수 없다 할 것이다.

이와 같은 법리에 비추어 기록을 살펴보면, 원심이 가해학생들의 부모인 위 피고들의 보호감독의무의 해태로 인한 과실을 인정하면서, 위 과실과 담임교사인 소외 1과 교장인 소외 2의 보호감독의무의 해태로 인한 과실이 경합하여 이 사건이 발생하였다는 이유로 위 피고들과 피고 경기도에게 공동불법행위자로서의 손해배상책임을 인정한 것은 정당한 것으로 수긍이 간다. 원심판결에는 부모와 담임교사 등의 미성년자에 대한 보호감독책임에 관한 법리오해나 심리미진으로 인한 사실오인 등의 위법이 없다. 이 부분 상고이유의 주장도 받아들일 수 없다.

다. 불법행위로 인한 손해배상사건에서 과실상계 사유에 관한 사실인정이나 그 비율을 정하는 것은 그것이 형평의 원칙에 비추어 현저히 불합리하다고 인정되지 않는 한 사실심의 전권사항에 속한다고 할 것이다(대법원 1993.11.26. 선고 93다1466 판결, 2000.2.22. 선고 98다38623 판결, 2002.1.8. 선고 2001다64493 판결 등 참조).

이와 같은 법리에 비추어 기록을 살펴보면, 원심의 과실상계 사유에 관한 사실인정이나 그 비율판단이 형평의 원칙에 비추어 현저히 불합리하다고 볼 수 없으므로 거기에 채증법칙 위배나 심리미진에 의한 사실오인 등의 위법이 있다고 할 수 없다. 이 점에 관한 상고이유의 주장도 받아들이지 아니한다.

2. 피고 경기도의 상고에 대한 판단

지방자치단체가 설치·경영하는 학교의 교장이나 교사는 학생을 보호·감독할 의무를 지는데, 이러한 보호·감독의무는 교육법에 따라 학생들을 친권자 등 법정감독의무자에 대신하여 감독을 하여야 하는 의무로서 학교 내에서의 학생의 모든 생활관계에 미치는 것은 아니지만, 학교에서의 교육활동 및 이와 밀접 불가분의 관계에 있는 생활관계에 속하고, 교육활동의 때와 장소, 가해자의 분별능력, 가해자의 성행, 가해자와 피해자의 관계, 기타 여러 사정을 고려하여 사고가 학교생활에서 통상 발생할 수 있다고 하는 것이 예측되거나 또는 예측가능성(사고발생의 구체적 위험성)이 있는 경우에는 교장이나 교사는 보호·감독의무 위반에 대한 책임을 진다고 할 것이다(대법원 1994.8.23. 선고 93다60588 판결, 2001.4.24. 선고 2001다5760 판결 등 참조).

원심은, 그 판시와 같은 사실을 인정한 다음, 망인은 가해학생들로부터 수개월에 걸쳐 이유 없이 폭행 등 괴롭힘을 당한 결과 충격 후 스트레스 장애 등의 증상에 시달리다 결국 자살에까지 이르게 되었음을 알 수 있고, 가해학생들의 망인에 대한 폭행 등은 거의 대부분 학교 내에서 휴식시간 중에 이루어졌고, 또한 수개월에 걸쳐 지속되었으며 당시 학교 내 집단 괴롭힘이 심각한 사회문제로 대두되어 있었으므로, 망인의 담임교사인 소외 1로서는 학생들의 동향 등을 보다 면밀히 파악하였더라면 망인에 대한 폭행 등을 적발하여 망인의 자살이라는 결과를 사전에 예방할 수 있었던 것으로 보이며, 나아가 망인에 대한 폭행사실이 적발된 후에도 소외 1, 2는 망인의 정신적 피해상태를 과소 평가한 나머지 망인의 부모로부터 가해학생들과 망인을 격리해 줄 것을 요청받고도 이를 거절하면서 가해학생들로부터 반성문을 제출받고 가해학생들의 부모들로부터 치료비에 대한 부담과 재발방지 약속을 받는 데 그치는 등 미온적으로 대처하였고, 또한 그 이후의 수학여행 중에도 망인에 대하여 보다 특별한 주의를 기울였어야 함에도 불구하고, 특별교우관계에 있는 학생을 붙여주는 이외에 별다른 조치를 취하지 아니함으로써 결과적으로 망인이 자살에 이르게 하도록 한 원인을 제공한 과실이 있다고 할 것이므로, 피고 경기도는 국가배상법 제2조 제1항에 의하여 그 소속 공무원인 소외 1, 2의 위와 같은 공무수행상의 과실로 인하여 망인 및 원고들이 입은 손해를 배상할 책임이 있다고 판단하였다.

원심판결 이유를 앞서 본 법리와 기록에 의하여 살펴보면, 원심의 이러한 사실인정과 판단은 정당한 것으로 수긍이 간다. 원심판결에는 상고이유에서 주장하는 바와 같은 심리미진이나 채증법칙 위반으로 인한 사실오인 또는 손해배상책임에서의 상당인과관계 및 자살에 대한 예측가능성에 관한 법리오해나 교사 등의 안전의무 위반에 관한 법리오해 등의 위법이 없다. 이 부분 상고이유 주장도 받아들일 수 없다.

[판결 6]에 관하여 생각할 점

1. 집단 괴롭힘을 당하다가 자살하였다면 이는 통상손해인가, 특별손해인가? 법원은 이를 어떻게 판단하고 있는가?
2. 위 판결에서는 "초등학교 내에서 발생하는 폭행 등 괴롭힘은 통상 나이가 어리고 정신적으로 성숙하지 못한 피해자에게 육체적·정신적으로 상당한 고통을 주고, 그 폭행 등 괴롭힘이 상당기간 계속될 경우에는 그 고통과 그에 따른 정신장애로 피해자가 자살에 이를 수도 있다는 것은 예측이 가능하다"라고 한다. 이 사건 피고들은 과연 피해자의 자살을 예견할 수 있었을까?
3. 불법행위와 자살 사이의 상당인과관계를 다룬 다음 판결도 참고하라. 대판 1999.7.13, 99다19957(교통사고 후 자살한 고교 1학년 여학생의 사례).

[판결 7] 이사회의 추인결의와 부실대출로 인한 손해발생 사이의 상당인과관계: 대판 2007.5.31, 2005다56995

상고이유를 판단한다.

1. 상고이유 제1점에 대하여

증거의 취사선택과 그에 터잡은 사실의 인정은 그것이 경험칙에 위반되거나 채증법칙에 위배되지 않는 한 사실심의 전권사항이다.

원심이 인정한 사실을 기록과 대조해 보면, 원심이 피고가 2001. 4. 당시 국민상호신용금고 주식회사(이하 '국민금고'라 한다)의 영업부장으로 근무하였으므로 쌍용캐피탈 주식회사(이하 '쌍용캐피탈'이라 한다)의 신용상태가 부실할 뿐만 아니라 2001. 4. 11. 및 7. 10. 대출한 기존대출금도 상환되지 않고 있었던 사정을 잘 알고 있었음에도, 2001. 8. 27. 및 9. 26. 쌍용캐피탈에 대한 25억 원의 추가대출(이하 '이 사건 대출'이라 한다)을 추인하는 이사회 석상에서 이사로서의 선관의무 내지 충실의무를 게을리한 채 만연히 이에 찬성하였다고 사실인정한 것은 옳고, 피고가 주장하는 임무해태에 대한 사실오인 내지 이사의 선관의무에 대한 법리오해 등의 위법이 없다. 이 부분 상고이유는 이유 없다.

2. 상고이유 제2점에 대하여

비록 대표이사에 의해 대출이 이미 실행되었다고 하더라도 이에 대한 추인 행위는 대표이사의 하자 있는 거래행위의 효력을 확정적으로 유효로 만들어 주는 것으로서, 피고가 선관의무를 다하지 아니하여 이와 같은 추인 결의에 찬성하였다면 손해 발생과 인과관계가 인정된다.

또한, 이사회의 추인 결의에 찬성한 이사들의 행위와 이 사건 대출금의 회수 곤란으로 인한 손해 사이의 인과관계는 이사 개개인이 선관의무를 다하였는지 여부에 의해 판단되어야 하고, 다른 이사들이 선관의무에 위반하여 이사회의 추인 결의에 찬성하는 등 행위를 전제로 판단할 것은 아니다. 이사회의 결의는 법률이나 정관 등에서 다른 규정을 두고 있지 않는 한 출석한 이사들의 과반수 찬성에 의해 이루어지는바, 피고의 주장대로 한다면 이사회의 결의를 얻은 사항에 관하여 이사 개개인에게 손해배상책임을 묻는 경우, 당해 이사 개개인은 누구나 자신이 반대하였다고 해도 어차피 이사회 결의를 통과하였을 것이라는 주장을 내세워 손해배상책임을 면하게 될 것이기 때문이다.

또한, 부실대출이 실행된 후 여러 차례 변제기한이 연장된 끝에 최종적으로 당해 대출금을 회수하지 못하는 손해가 발생한 경우, 그에 대한 손해배상책임은 원칙적으로 최초에 부실대출 실행을 결의하거나 이를 추인한 이사들만이 부담하고, 단순히 변제기한의 연장에만 찬성한 이사들은, 그 기한 연장 당시에는 채무자로부터 대출금을 모두 회수할 수 있었으나 기한을 연장함으로써 채무자의 자금사정이 악화되어 대출금을 회수할 수 없게 된 경우가 아닌 한 손해배상책임을 부담하지 않는다고 보아야 한다.

따라서 피고가 퇴임한 이후 이 사건 대출금의 변제기한을 연장하는 결의가 여러 차례 이루어졌다고 해서 인과관계가 단절된다고 할 수 없다.

결국, 이 사건 추인 결의에 찬성한 피고의 행위와 이 사건 대출금의 회수 곤란이라는 결과 사이의 인과관계를 다투는 이 부분 상고이유들은 모두 이유 없다.

　　(이하 생략)

[판결 7]에 관하여 생각할 점

1. 위 사건은 국민금고가 파산한 뒤 그 파산관재인이 국민금고의 이사로서 쌍용캐
   피탈에 대한 부실대출 추인결의에 찬성한 피고를 상대로 불법행위를 원인으로
   한 손해배상을 구하는 사건이다. 상고심에서 이 사건의 쟁점 중 하나는 추인안
   에 찬성한 피고의 행위와 해당 대출금의 회수곤란이라는 결과 사이에 상당인과
   관계가 있는가 하는 점이었다. 다음과 같은 주장에 대하여 어떻게 생각하는가?
   한편 법원은 이에 대하여 각각 어떤 판단을 하였는가?
   － 피고가 이사로 있는 이사회의 결의를 거치기도 전에 이미 대표이사에 의하여
     쌍용캐피탈에게 이 사건 대출이 실행된 상태였다. 한편 그 대출실행과 동시
     에 손해는 이미 발생하였다. 따라서 이사회에서 이를 추인하지 않았더라도
     어차피 손해발생은 돌이킬 수 없는 상황이었다. 따라서 피고의 추인결의 가
     담과 손해 사이에는 상당인과관계가 없다.
   － 당시 이사회 구성분포상 피고가 추인안을 반대하였더라도 해당 추인안은 어
     차피 이사회를 통과할 상황이었다. 이처럼 피고의 추인안 찬성 내지 반대는
     추인결의에 아무런 영향을 미치지 못하였을 것이므로 피고의 추인안 찬성과
     손해 사이에는 상당인과관계가 없다.
   － 피고가 이사직에서 해임된 이후에도 국민금고는 계속적인 이사회 결의를 통
     하여 이 사건 대출의 변제기를 반복 연장하여 주었고 그 이후 영업정지됨으
     로써 결과적으로 대출금을 회수하지 못한 것이므로, 이로써 피고의 추인안
     찬성과 손해 사이의 인과관계는 「단절」되었다고 보아야 한다.
2. 만약 피고가 추인안에 찬성할 당시 쌍용캐피탈은 대출금을 변제할 충분한 자력
   이 있었는데, 그 이후에 자력을 상실하였다면 어떠한가?

　　(4) 인과관계의 인정과 관련하여 다소 난해한 쟁점으로 적법한 대체행위
의 문제(판례의 표현에 따르면 적법행위 선택의 문제)가 있다. 이는 가해자가 위법
한 행위를 하여 피해자에게 손해를 발생시켰지만, 적법한 행위를 하였더라도
어차피 피해자에게 동일한 손해의 전부 또는 일부가 발생하였을 것이라면 가

해자가 이를 이유로 면책을 주장할 수 있는가 하는 문제이다. 예컨대 의사가 수술 전 설명의무를 제대로 하지 않은 채 환자의 승낙을 받았지만, 설명의무를 충실히 이행하였더라도 어차피 환자가 승낙하였을 것이라도 설명의무 위반에 따른 위자료책임을 지는가?[54] 국가 또는 지방자치단체가 위법한 대집행절차에 의해 개인의 건물을 철거하였지만, 그 건물이 어차피 철거될 운명에 있었다면 국가 또는 지방자치단체는 그 개인에게 손해배상책임을 부담하는가?[55]

대판 2005.12.9, 2003다9742가 이 문제를 정면으로 다루고 있다.[56] 결론적으로 대법원은 엄격한 요건 아래 면책가능성을 열어놓고 있다. 첫째, 적법행위를 선택해도 손해가 발생할 수밖에 없었다는 점이 명백히 예상되어야 한다. 만약 적법행위선택과 손해발생의 고리 사이에 피해자나 행정관청 등 제3자의 행위가 끼어 있어 그 행위에 따라 손해발생여부가 좌우된다면 손해발생이 명백히 예상된다고 할 수 없다. 둘째, ① 위반한 법규가 손해방지가 아니라 절차의 엄격한 준수 자체를 주된 목적으로 하지 않거나, ② 피해자의 자기결정권 자체가 중요한 의미를 가지는 경우에 해당하지 않아야 한다. 즉 가해자에게 책임을 지우는 주된 근거가 절차보장이라면, 그 절차보장에 위반하였다는 점만으로 책임을 지울 수 있다.

(5) 인과관계에 대한 증명책임은 원칙적으로 피해자인 원고가 부담한다. 그런데 사안의 특성에 따라서는 인과관계를 증명하기가 쉽지 않은 경우가 있다. 이러한 어려움은 환경침해사건이나 의료사건, 제조물책임사건처럼 인과관계의 증명을 위하여 높은 수준의 자연과학적, 기술적, 의학적 지식이 요구되고 행위로부터 손해발생에 이르는 과정이 복잡다기한 사건유형에서 자주 나타난다. 따라서 이러한 경우 인과관계의 증명책임을 완화하는 시도들이 있어 왔다.

가령 대판 1984.6.12, 81다558은 폐수배출로 인하여 김양식장에 손해를 입은 원고가 제기한 소송에서 "① 피고 공장에서 김의 생육에 악영향을 줄 수

---

54) 대판 1994.4.15, 92다25885; 대판 1995.1.20, 94다3421. 약사의 설명의무에 대해서는 대판 2002.1.11, 2001다27449.

55) 대판 1980.8.19, 80다460; 대판 1991.4.12, 90다20220; 사인간의 관계에 대해서는 대판 1993.3.26, 91다14116.

56) 이 판결은 "…인과관계가 부정된다거나 위법성이 조각된다고 평가할 수 없으므로…"라는 표현을 사용함으로써 적법한 대체행위가 체계적으로 인과관계와 위법성 양자에 모두 관련된 것으로 파악하고 있다.

있는 폐수가 배출되고, ② 그 폐수 중의 일부가 해류를 통하여 이 사건 어장에 도달되었으며, ③ 그 후 김에 피해가 있었다는 사실이 각 모순 없이 증명되는 이상 피고의 위 폐수의 배출과 원고가 양식하는 김에 병해가 발생하여 입은 손해와의 사이에 일응 인과관계의 증명이 있다고 보아야 할 것이고, 이러한 사정아래서 폐수를 배출하고 있는 피고로서는 ① 피고공장 폐수 중에는 김의 생육에 악영향을 끼칠 수 있는 원인물질이 들어 있지 않으며 또는 ② 원인물질이 들어 있다 하더라도 그 혼합율이 안전농도 범위 내에 속한다는 사실을 반증을 들어 인과관계를 부정하지 못하는 이상 그 불이익은 피고에게 돌려야 마땅할 것이다."라고 하여 공해사건에 있어서 인과관계의 증명책임을 대폭 완화하였다.[57] 이는 공해사건에서 피해자인 원고에게 인과관계의 존재에 관하여 과학적으로 엄밀한 증명을 요구하는 것은 공해로 인한 사법적 구제를 사실상 거부하는 결과가 될 우려가 있는 반면, 가해자인 피고는 오히려 원고보다 원인조사가 용이한 경우가 많을 뿐만 아니라 그 원인을 은폐할 염려도 있기 때문이다.[58] 이는 엄밀한 증명은 없더라도 개연성에 대한 증명이 있다면 인과관계의 증명이 있었다고 본다는 의미에서 개연성 이론이라고 부르기도 한다. 이처럼 피해자의 구제를 위한 인과관계의 증명책임 완화는 의료과오사건이나 제조물책임사건에서도 나타나고 있다(자세한 내용은 제5편 제5장 및 제6장 참조).

[판결 8] 역학적 인과관계와 법률적 인과관계: 대판 2013.7.12, 2006다17539

(이상 생략)

라. 인과관계에 관한 법리오해 등의 점

(1) 고엽제 노출과 특이성 질환인 염소성여드름과의 인과관계 유무

원심은 그 채용 증거를 종합하여, 베트남전에 참전한 관련 선정자들에게 베트남전 복무 종료 후 염소성여드름이 발생한 사실, 염소성여드름은 고엽제에 함유된 TCDD에 노출될 경우 발생하는 이른바 '특이성 질환'인 사실 등을 인정하였다.

나아가 원심은 고엽제에 함유된 TCDD에 대한 개개인의 신체적 감수성이 그 발현 여부와 형태에 미치는 영향, TCDD에 노출된 후 염소성여드름이 발병

---

57) 대판 1991.7.23, 89다카1275도 참조.
58) 대판 1984.6.12, 81다558; 대판 2004.11.26, 2003다2123.

하는 기간, 만성적인 염소성여드름의 발생 가능성, 관련 선정자들이 베트남전 복무 종료 후 염소성여드름이 발생하는 데 걸린 기간, 우리나라에서의 염소성여드름 발생 빈도, 우리나라의 폐기물 소각량이나 소각 처리율과 폐기물처리업체 근로자나 일반주민에 대한 혈청 TCDD 농도에 관한 조사 결과, 관련 선정자들이 베트남전 복무 후 귀국하여 국내에서 환경적으로 TCDD에 노출되었을 가능성 등을 종합하여, 관련 선정자들이 베트남전 복무기간 동안 고엽제에 함유된 TCDD에 노출되어 특이성 질환인 염소성여드름이 발생하였을 개연성이 인정되고, 달리 그 개연성을 뒤집을 만한 반증이 없으므로, 관련 선정자들은 베트남전 동안 복무지역 등에 살포되거나 잔류하는 고엽제의 TCDD에 노출되어 염소성여드름이 발생하는 손해를 입게 되었다고 판단하였다.

기록에 비추어 살펴보면, 원심의 위와 같은 판단은 정당하고, 거기에 상고이유에서 주장하는 바와 같이 논리와 경험의 법칙을 위반하여 자유심증주의의 한계를 벗어나거나 인과관계 및 개연성에 관한 법리를 오해한 위법 등이 있다고 할 수 없다.

(2) 고엽제 노출과 비특이성 질환과의 인과관계 유무

(가) 원심은, 임상의학이나 병리학적으로 고엽제에 함유된 TCDD가 인체의 건강에 영향을 미치는 작용기전에 관하여 명확히 밝혀진 것이 거의 없고 그에 관한 인체실험이 가능한 것도 아니므로, 이러한 경우에는 고엽제에 노출된 사람들을 집단적으로 관찰하여 TCDD와 질병 발생 사이에 역학적으로 인과관계가 있음을 밝히고 이러한 역학적 인과관계를 바탕으로 개별 피해자에게 TCDD가 도달한 후 질병이 발생한 사실로부터 개별 피해자의 질병이 TCDD 노출로 인하여 발생하였을 상당한 개연성을 인정할 수 있다고 전제하였다.

나아가 원심은 그 판시와 같은 사정을 들어, 고엽제 노출과 각종 질병 사이의 연관성(association)을 조사한 미국 국립과학원 보고서는 전문성, 종합성, 과학성, 객관성 등의 측면에서 신뢰할 수 있다고 보고, 위 보고서에서 고엽제 노출과 원인적 연관성을 인정할 증거가 충분하다(sufficient)고 분류한 질병 및 고엽제 노출과 원인적 연관성을 인정할 증거가 시사적이지만 제한적(suggestive but limited)이라고 분류한 질병 중 ① 비호지킨임파선암, ② 연조직육종암, ③ 염소성여드름, ④ 만발성피부포르피린증, ⑤ 호지킨병, ⑥ 폐암, ⑦ 후두암, ⑧ 기관암, ⑨ 다발성골수종, ⑩ 전립선암, ⑪ 2형당뇨병(위 11개 질병에서 '염소성여드름'을 제외한 나머지 질병을 '이 사건 비특이성 질환'이라 한다)은 고엽제 노출과 역학적 인과관계를 인정하기에 충분하고, 우리나라 군부대의 베트남에서의 작전지역과 임무, 관련 선정자들의 베트남전 복무기간 및 복무지역, 유해물질이 포함된 고엽제의 살포지역, 살포량 및 살포방법, TCDD의 환경 잔류, 인체흡수 및 축적경로 등을 종합하여, 고엽제가 살포되기 시작한 1965년 1월경부터 우리나라 군대가 철수한 1973년 3월경 사이에 베트남전에서 복무한 관련 선정자들은 그 복무 당시 복무지역과 인근 지역에 살포된 고엽제의 TCDD 또는 그 복무 이전의 고엽제 살포로 그 지역에 잔류하는 TCDD에 직·간접적인 경로를 통하여 노출되었을 상당한 개연성이 있다고 판단하였다.

그리고 원심은 관련 선정자들이 베트남전에서 TCDD에 노출되어 각 보유 질병에 걸렸을 상당한 개연성이 있음을 원고들이 증명한 이상, 피고들이 반증으로 관련 선정자들이 베트남에 복무할 당시 노출된 TCDD가 각 보유 질병을 발생하게 할 정도의 농도가 아니라거나, 그 질병에 관하여 실제 TCDD에 노출된 베트남전 참전군인의 발병률이 TCDD에 노출되지 아니한 집단과 유사하거나 그보다 낮다는 점을 증명하거나, 또는 관련 선정자들의 각 보유 질병이 전적으로 다른 원인에 의하여 발생한 것임을 증명하여야만 그 책임을 면할 수 있는데, 이를 인정할 만한 증거가 없다고 판단하였다.

그리하여 원심은 베트남전에 참전한 관련 선정자들이 피고들에 의하여 제조되고 미국 정부에 판매되어 베트남전에서 살포된 고엽제의 TCDD에 노출됨으로 인하여 각 보유 질병이 발생하는 손해를 입게 되었다고 판단하였다.

(나) 그러나 원심의 위와 같은 판단은 수긍하기 어렵다.

1) 역학(疫學)이란 집단현상으로서의 질병의 발생, 분포, 소멸 등과 이에 미치는 영향을 분석하여 여러 자연적·사회적 요인과의 상관관계를 통계적 방법으로 규명하고 그에 의하여 질병의 발생을 방지·감소시키는 방법을 발견하려는 학문이다. 역학은 집단현상으로서의 질병에 관한 원인을 조사하여 규명하는 것이고 그 집단에 소속된 개인이 걸린 질병의 원인을 판명하는 것이 아니다. 따라서 어느 위험인자와 어느 질병 사이에 역학적으로 상관관계가 있다고 인정된다 하더라도 그로부터 그 집단에 속한 개인이 걸린 질병의 원인이 무엇인지가 판명되는 것은 아니고, 다만 어느 위험인자에 노출된 집단의 질병 발생률이 그 위험인자에 노출되지 않은 다른 일반 집단의 질병 발생률보다 높은 경우 그 높은 비율의 정도에 따라 그 집단에 속한 개인이 걸린 질병이 그 위험인자로 인하여 발생하였을 가능성이 얼마나 되는지를 추론할 수 있을 뿐이다.

한편 특정 병인에 의하여 발생하고 원인과 결과가 명확히 대응하는 '특이성 질환'과 달리, 이른바 '비특이성 질환'은 그 발생 원인 및 기전이 복잡다기하고, 유전·체질 등의 선천적 요인, 음주, 흡연, 연령, 식생활습관, 직업적·환경적 요인 등 후천적 요인이 복합적으로 작용하여 발생하는 질환이다. 이러한 비특이성 질환의 경우에는 특정 위험인자와 그 비특이성 질환 사이에 역학적으로 상관관계가 있음이 인정된다 하더라도, 그 위험인자에 노출된 개인 또는 집단이 그 외의 다른 위험인자에도 노출되었을 가능성이 항시 존재하는 이상, 그 역학적 상관관계는 그 위험인자에 노출되면 그 질병에 걸릴 위험이 있거나 증가한다는 것을 의미하는 데 그칠 뿐, 그로부터 그 질병에 걸린 원인이 그 위험인자라는 결론이 도출되는 것은 아니다.

따라서 비특이성 질환의 경우에는 특정 위험인자와 비특이성 질환 사이에 역학적 상관관계가 인정된다 하더라도, 어느 개인이 그 위험인자에 노출되었다는 사실과 그 비특이성 질환에 걸렸다는 사실을 증명하는 것만으로 양자 사이의 인과관계를 인정할 만한 개연성이 증명되었다고 볼 수 없다. 이러한 경우에는 그 위험인자에 노출된 집단과 노출되지 않은 다른 일반 집단을 대조하여 역학조사를 한 결과 그 위험인자에 노출된 집단에서 그 비특이성 질환에 걸린 비율이 그 위험인자에 노출되지 않은 집단에서 그 비특이성 질환에 걸린 비율을 상당히 초과한다는 점을 증명하고, 그 집단에 속한 개인이 위험인자에 노출된 시기와 노출 정도, 발병시기, 그 위험인자에 노출되기 전의 건강상태, 생활습관, 질병 상태의 변화, 가족력 등을 추가로 증명하는 등으로 그 위험인자에 의하여 그 비특이성 질환이 유발되었을 개연성이 있다는 점을 증명하여야 한다.

2) 원심판결 이유를 위 법리와 기록에 비추어 살펴본다.

대부분의 관련 선정자들이 걸린 당뇨병 등 이 사건 비특이성 질환은 고엽제에 포함된 TCDD 노출에 의하여만 생기는 특이성 질환이 아니라, 다른 여러 선천적·후천적 요인들에 의하여 생길 수 있는 질환이다.

원심이 인과관계를 인정하는 근거로 삼은 미국 국립과학원 보고서는 베트남전에 참전하였다가 고엽제에 노출되어 여러 질병에 걸렸다고 주장하는 미국 참전군인들에 대하여 보훈정책적 목적에서 보상과 지원의 근거를 마련하기 위하여 제정된1991년 고엽제법(Agent Orange Act of 1991, Public Law 102-4)에 따라 미국 연방의회와 보훈처에 관련 자료를 제출하기 위하여 작성된 것이다.

위 보고서는 고엽제 노출과 이 사건 비특이성 질환 사이에 연관성이 있다는 점, 즉 고엽제 노출과 이 사건 비특이성 질환의 발병 위험의 증가 사이에 통계학적 연관성(statistical association)이 있다는 점만을 나타낼 뿐, 양자 사이에 인과관계(causation)가 존재함을 나타내는 것은 아니라는 점을 명확히 하고 있다. 나아가 여기서 말하는 통계학적 연관성은 일반적인 인구군에서 고엽제 노출과 그 결과 사이의 연관성을 나타내는 것일 뿐, 어느 개인이 걸린 질환이 고엽제 노출과 연관되어 있을 가능성이나 고엽제 노출로 인하여 유발될 가능성이 있음을 나타내는 것이 아니라는 점도 밝히고 있다.

또한 위 보고서는 베트남전에 참전한 우리나라 군인이나 미군을 특정 집단으로 설정한 후 다른 일반 집단과 대조하여 직접 역학조사를 실시한 것이 아니라, 주로 산업적·환경적으로 다이옥신에 노출된 인구군을 상대로 한 기존의 논문들을 바탕으로 그 역학적 연구성과를 분석하여 고엽제 노출과 이 사건 비특이성 질환 사이에 통계학적 연관성이 있음을 인정한 것에 불과하다.

이러한 까닭에 위 보고서는 이 사건 비특이성 질환이 베트남전 참전군인들에게서 발병한 비율이 고엽제에 노출되지 아니한 일반 사람들에게서 발병한 비율보다 더 높은지 여부 및 높으면 얼마나 더 높은지를 규명할 수 없고, 고엽제 노출로 인하여 이 사건 비특이성 질환의 발병 위험이 얼마나 증가하는지를 밝힐 수 없다고 하고 있다.

그렇다면 단지 고엽제 노출과 이 사건 비특이성 질환 사이에 통계학적 연관성이 있다는 사정과 베트남전에 참전하였던 관련 선정자들이 이 사건 비특이성 질환에 걸렸다는 사정만으로는 관련 선정자들 개개인의 이 사건 비특이성 질환이 베트남전 당시 살포된 고엽제에 노출됨으로 인하여 생긴 것이라고 인정할 만한 개연성이 있다고 할 수 없다. 이는 관련 선정자들이 베트남전 복무 당시 그 복무지역과 인근 지역에 살포된 고엽제의 TCDD에 노출되거나 그 복무 이전의 고엽제 살포로 그 지역에 잔류하는 TCDD에 직·간접적인 경로를 통하여 노출되었을 상당한 개연성이 있다는 사정을 보태어 보더라도 달라지지 아니한다.

3) 그런데도 원심은 이와 달리 그 판시와 같은 사정만으로 관련 선정자들이 베트남전 복무 당시 TCDD 노출로 인하여 이 사건 비특이성 질환에 걸렸을 개연성이 인정되고, 그 개연성을 뒤집을 만한 피고들의 반증이 없는 이상, 관련 선정자들이 피고들이 제조·판매한 고엽제의 TCDD에 노출됨으로 인하여 이 사건 비특이성 질환이 발생하는 손해를 입게 되었다고 판단하였다.

원심의 위와 같은 판단에는 역학적 인과관계와 개연성에 관한 법리 및 증명책임의 소재에 관한 법리를 오해하고 논리와 경험의 법칙을 위반하여 자유심증주의의 한계를 벗어남으로써 판결에 영향을 미친 위법이 있다. 이 점에 관한 상고이유의 주장에는 정당한 이유가 있다.

(이하 생략)

[판결 8]에 관하여 생각할 점

1. 이 판결은 이른바 고엽제 소송에 대한 대법원 판결이다. 베트남전 참전군인들은

미국 회사들에 의해 제조되어 베트남전에서 살포된 고엽제 때문에 각종 질병에 걸렸다며 그 회사들을 상대로 제조물책임 등에 따른 손해배상을 구하였다. 대법원은 그 질병 중 염소성 여드름은 고엽제의 TCDD에 노출된 경우에만 걸리는 특이성 질환이므로 고엽제 살포와의 인과관계가 인정되지만, 그 이외에 당뇨병 등 다른 요인으로도 걸릴 수 있는 비특이성 질환의 경우 비록 고엽제 살포와 질병 사이에 역학적 인과관계가 인정되더라도 그것만으로 법률적인 인과관계까지 인정할 수는 없다고 보았다.

2. 앞서 환경침해사건이나 의료사건, 제조물책임사건 등에서 증명의 어려움을 들어 인과관계의 증명책임을 완화하는 시도들이 다양하게 이루어져 왔음을 밝혔다. 이러한 증명책임 완화의 필요성은 고엽제 소송에서도 마찬가지로 인정되지 않는가? 그러한 관점에서 보면 고엽제 살포와 질병 사이에 역학적 인과관계가 강하게 나타난다면 이로써 법률적인 인과관계의 존재를 추정할 수 있지는 않을까? 가령 공해사건의 개연성 이론을 여기에도 적용할 수 있지 않을까? 만약 그렇다면 고엽제 살포가 비특이성 질환으로 이어질 개연성이 증명되었는가?

3. 역학적 인과관계를 다룬 판결로 이 판결 이외에 대판 2014.4.10, 2011다22092와 대판 2014.9.4, 2011다7437을 참조하라. 2011다22092 판결은 이른바 담배소송에 대한 대법원 판결이다. 이 판결에서는 폐암이 흡연으로만 생기는 특이성 질환이 아니라 물리적, 생물학적, 화학적 인자 등 외적 환경인자와 생체 내적 인자의 복합적 작용에 의하여 발병할 수 있는 비특이성 질환인 점 등을 들어, 흡연과 비특이성 질환인 비소세포암, 세기관지 폐포세포암의 발병 사이에 역학적 인과관계가 인정될 수 있어도 어느 개인이 흡연을 하였다는 사실과 비특이성 질환에 걸렸다는 사실이 증명되었다고 하여 그 자체로 양자 사이의 인과관계를 인정할 만한 개연성이 증명되었다고 단정하기는 어렵다고 보았다. 2011다7437 판결은 자동차배출가스와 천식 사이의 인과관계를 다룬 판결이다. 이 판결에서도 대법원은 양자 사이의 역학연구결과만으로는 법률적 인과관계를 인정할 수 없다고 보았다.

제 2 장

불법행위로 인한 책임

Ⅰ. 금전배상의 원칙

1. 금전배상

(1) 우리 민법 제750조는 "고의 또는 과실로 인한 위법행위로 타인에게 손해를 가한 자는 그 손해를 배상할 책임이 있다"라고 규정한다. 또한 민법 제763조에 의하여 불법행위에 준용되는 민법 제394조에서는 "다른 의사표시가 없으면 손해는 금전으로 배상한다"라고 하여 금전배상원칙을 선언한다. 따라서 불법행위로 인한 책임의 원칙적인 형태는 금전에 의한 손해배상이다. 그러므로 불법행위책임에서는 손해를 금전으로 환산하는 문제가 개입하게 되고, 이는 비재산적 손해에 있어서도 예외가 아니다.

(2) 금전배상은 일시금과 정기금의 두 가지 형태로 이루어진다. 민법은 일시금배상을 원칙으로 하면서, 제751조 제2항에서 비재산적 손해배상은 정기금채무로 지급할 것을 명할 수 있고 그 이행확보를 위하여 상당한 담보제공을 명할 수 있다고 규정한다. 그런데 정기금지급의 필요성은 비단 비재산적 손해배상에 국한되는 것이 아니다. 정기적으로 치료비나 개호비가 계속 지출되어야 하는 경우처럼 재산적 손해배상에서도 정기금지급의 필요성이 존재한다. 따라서 재판실무상으로는 재산적 손해와 비재산적 손해를 가리지 않고 정기금지급을 허용하고 있다. 어느 방식에 따른 배상을 청구할 것인지는 원칙적으로 피해자가 임의로 선택할 수 있다. 한편 법원도 반드시 피해자의 배상청구방식에 구속되는 것은 아니다. 따라서 피해자가 정기금지급을 청구하였더라도 일시금에

따른 배상을 명할 수 있다. 반대로 피해자가 일시금지급을 청구하였더라도 식물인간 등의 경우처럼 후유장애의 계속기간이나 잔존여명이 단축된 정도 등을 확정하기 곤란한 때에는 정기금에 따른 배상을 명할 수 있다.[1] 아울러 필요한 경우에는 일시금과 정기금을 혼용하여 명할 수도 있다.[2] 그런데 정기금의 지급기간이 길어질수록 사정변경에 따른 정기금의 적정성 문제가 발생한다. 따라서 정기금의 지급을 명한 판결이 확정된 뒤에 그 액수산정의 기초가 된 사정이 현저하게 바뀜으로써 당사자 사이의 형평을 크게 침해할 특별한 사정이 생긴 때에는 그 판결의 당사자는 장차 지급할 정기금 액수를 바꾸어 달라는 소를 제기할 수 있다(민소 제252조 제1항). 한편 위 조항은 일시금배상에 적용되지 않으므로 일시금배상을 명하는 확정판결 이후 현저한 사정변경이 발생하였을 때 어떻게 할 것인가의 문제가 있다. 가령 피해자의 여명이 판결에서 고려한 것보다 훨씬 길어지거나 전혀 예견하지 못하였던 후유장애가 발생하는 등의 사유로 치료비가 현저하게 늘어나는 경우가 있다. 판례는 변론종결 당시 추가 손해의 발생을 예견할 수 없었고 또 그 부분 청구를 포기하였다고 볼 수 없는 등 특별한 사정이 있다면 이에 대한 손해배상청구권은 전소송의 소송물과는 별개의 소송물이어서 전소송의 기판력에 저촉되지 않으므로 새로운 소송을 제기할 수 있다고 하여 구제의 길을 열어놓고 있다.[3] 참고로, 당사자 사이에 화해계약(합의)을 체결하였는데 그 후 예견하지 못했던 사정변경이 발생한 때에도 합의의 효력이 여기에는 미치지 않는다는 이유로 유사한 구제가 주어지고 있다.[4]

2. 금지청구권의 인정 여부

한편 민법은 불법행위의 효과로서 금전에 의한 손해배상청구권 이외에는 불법행위를 금지하거나 그 결과를 제거하는 청구권(이하 '금지청구권')을 명문으로 규정하지 않고 있다. 따라서 우리나라의 다수 견해는 별도의 법률 규정이 없는 이상 금지청구권을 불법행위에 대한 구제수단으로 인정하지 않는다.[5] 판

---

1) 대판 1988.11.8, 87다카1032; 대판 1992.10.27, 91다39368; 대판 1994.1.25, 93다51874 등.
2) 대판 2002.11.26, 2001다72678(피해자가 확실히 생존하고 있으리라고 인정되는 기간 동안의 손해는 일시금, 그 이후의 기간은 정기금의 지급을 명하였음).
3) 대판 2007.4.13, 2006다78640.
4) 대판 2001.9.4, 2001다9496; 대판 2001.9.14, 99다42797.
5) 민법주해 XVIII, 255 (박철) 이하.

례 역시 마찬가지 태도였다.[6] 이러한 입장에 따르더라도 ① 불법행위가 동시에 물권방해행위도 구성하는 경우(제214조), ② 불법행위가 동시에 인격권침해도 구성하는 경우,[7] ③ 법률에서 금지청구권에 관한 명문의 규정을 두고 있는 경우[8]에는 금지청구권이 인정된다. 이때에도 불법행위에 대한 일반적 구제수단으로 금지청구권이 인정되는 것이 아니라, 절대권침해이거나 법률규정이 있기 때문에 인정되는 것으로 파악한다.[9]

하지만 법률의 규정이 없어도 인격권침해에 대한 금지청구권을 인정하는 이상 다른 법익의 침해에 대하여서도 이를 일률적으로 부정할 것은 아니다. 절대권이건 상대권이건 그 권리가 침해되었을 때 금지청구권으로 구제받을 필요성은 본질적으로 다르지 않다.[10] 특히 계속적 불법행위로 인하여 법익이 지속적으로 침해되고 있을 때는 손해배상보다 금지청구가 더 절실하게 요구된다. 판례가 일조이익 등이 문제되는 환경관련사건에서 다소 무리하게 소유권의 개념을 확장하여 금지청구를 인정하는 것도 이러한 맥락에서 이해할 수 있다.[11] 그런데 민법에서 명시적으로 불법행위에 대한 일반적 금지청구권을 규정하지 않는 것은 꼭 이를 부정하는 취지라기보다는 이에 관하여 침묵하고 있는 것이라고 볼 수도 있다. 따라서 불법행위를 금지하지 않으면 실효성 있는 피해자의 구제가 현저히 곤란하고, 그러한 구제를 허용하더라도 가해자와 피해자 사이의

---

6) 대판 1994.3.22, 92다52726; 대판 1997.3.28, 96다10638.
7) 대판 1996.4.12, 93다40614, 40621(인격권은 그 성질상 일단 침해된 후의 구제수단(금전배상이나 명예회복처분 등)만으로는 그 피해의 완전한 회복이 어렵고 손해전보의 실효성을 기대하기 어려우므로, 인격권 침해에 대하여는 사전예방적 구제수단으로 침해행위 정지·방지 등의 금지청구권이 인정됨). 그 이외에도 대판 1997.10.24, 96다17851 참조.
8) 생활방해에 관한 민법 제217조의 "적당한 조처"에는 금지청구가 포함되고, 특허 제126조, 신안 제30조, 디보 제113조, 상표 제65조, 저작 제123조, 정보통신 제48조, 부정경쟁 제4조 및 제10조, 상법 제41조 등에서도 금지청구권을 인정한다.
9) 따라서 이에 대한 대체수단으로 임시의 지위를 정하기 위한 가처분제도(민집 제300조)가 널리 활용되고 있다. 그러나 가처분제도는 어디까지나 임시의 지위를 정하기 위한 것으로서 피보전권리의 존부를 종국적으로 확정하는 기판력이 인정되지 않고, 여러 가지 사유에 기하여 취소될 수 있다(민집 제287조, 제288조, 제301조, 제307조 참조).
10) 대판 1953.2.21, 4285민상129(현행 민법 시행 전의 판례임에 유의). 그러나 그 이후에는 이를 부정한다. 가령 대판 2001.5.8, 99다38699.
11) 조망권이나 일조권, 기타 안온한 환경에 관한 이익을 지켜내기 위하여 소유권의 개념을 확장하는 태도. 예컨대 대판 1997.7.22, 96다56153, 대판 2007.6.15, 2004다37904, 37911 참조. 그러나 이러한 태도가 근본적인 해결방법인지에 대해서는 의문이 있다. 가령 이러한 구도 하에서는 구제의 인적 범위에 제한이 있다.

곤란성의 균형을 깨뜨리지 않는다면 불법행위에 대한 금지청구권을 인정하는 것도 가능한 해석론이라고 생각된다.[12] 이를 직접적으로 허용하는 명문의 규정은 없더라도 해당 사건에 가까운 금지청구권 규정의 개별유추 적용 또는 민법 제214조, 제217조 제1항, 제389조 제3항, 제764조 등으로부터 도출되는 "법이 보호하고자 하는 권리나 이익이 침해되었다면 피해자는 그로부터 회복될 수 있는 가장 유효하고 적절한 수단에 의하여 구제되어야 마땅하다"는 원리에 기하여 법의 흠결을 보충하는 전체유추를 통해 법적 근거가 마련될 수 있다. 궁극적으로는 입법적 해결이 필요하다.

이와 관련해서 2010년에는 아래와 같이 특기할 만한 결정이 있었다. 이 결정에서는 일정한 요건을 갖춘 부정한 경쟁행위가 민법상 불법행위에 해당한다고 한 뒤, 그러한 행위에 대한 금지 또는 예방을 청구할 수 있다고 함으로써, 일정한 요건 아래 불법행위에 대한 금지청구권을 인정할 수 있는 길을 열어 놓았다.[13] 이 판결 이후 2013. 7. 30. 법률 제11963호로 개정된 「부정경쟁방지 및 영업비밀보호에 관한 법률」 제2조 제1호 차.목(현행법에서는 카.목)에서는 "그 밖에 타인의 상당한 투자나 노력으로 만들어진 성과 등을 공정한 상거래 관행이나 경쟁질서에 반하는 방법으로 자신의 영업을 위하여 무단으로 사용함으로써 타인의 경제적 이익을 침해하는 행위"를 부정경쟁행위의 한 유형으로 추가함으로써 이에 대한 금지청구권을 입법적으로 허용한다(동법 제4조 참조).

[판결 1] 불법행위에 대한 금지청구권: 대결 2010.8.25, 2008마1541

1. 채무자의 재항고이유에 관한 판단
가. 피보전권리가 소명되지 아니하였다는 주장에 관하여

(1) 경쟁자가 상당한 노력과 투자에 의하여 구축한 성과물을 상도덕이나 공정한 경쟁질서에 반하여 자신의 영업을 위하여 무단으로 이용함으로써 경쟁자의 노력과 투자에 편승하여 부당하게 이익을 얻고 경쟁자의 법률상 보호할 가치가 있는 이익을 침해하는 행위는 부정한 경쟁행위로서 민법상 불법행위에 해당하는바, 위와 같은 무단이용 상태가 계속되어 금전배상을 명하는 것만으로

---

12) 권영준, "불법행위와 금지청구권", Law & Technology 4-2, 2008 참조.
13) 그 이후에도 대법원은 다른 회사의 광고영업 이익을 침해한 불법행위에 대해 금지청구를 인정한 바 있다. 대판 2014.5.29, 2011다31225.

는 피해자 구제의 실효성을 기대하기 어렵고 무단이용의 금지로 인하여 보호되는 피해자의 이익과 그로 인한 가해자의 불이익을 비교·교량할 때 피해자의 이익이 더 큰 경우에는 그 행위의 금지 또는 예방을 청구할 수 있다고 할 것이다.

(2) 위 법리와 기록에 비추어 살펴본다.

(가) 원심이 적법하게 인정한 사실들에 의하면, 채권자는 장기간 동안 상당한 노력과 투자에 의하여 정보검색, 커뮤니티, 오락 등의 다양한 서비스를 제공하는 국내 최대의 인터넷 포털사이트인 '네이버'(그 도메인 이름은 www.naver.com 이고, 이하 '네이버'라 한다)를 구축하여 인터넷 사용자들로 하여금 위 서비스 이용 등을 위하여 네이버를 방문하도록 하고, 이와 같이 확보한 방문객에게 배너광고를 노출시키거나 우선순위 검색결과 도출서비스를 제공하는 방법 등으로 광고영업을 해 오고 있음을 알 수 있는바, 채권자의 네이버를 통한 이러한 광고영업의 이익은 법률상 보호할 가치가 있는 이익이라 할 것이다.

또한 원심이 적법하게 인정한 사실들에 의하면, 채무자가 제공한 원심 판시 이 사건 프로그램을 설치한 인터넷 사용자들이 네이버를 방문하면 그 화면에 채권자의 광고 대신 같은 크기의 채무자의 배너광고가 나타나거나(이른바 '대체광고 방식'), 화면의 여백에 채무자의 배너광고가 나타나거나(이른바 '여백광고 방식'), 검색창에 키워드를 입력하면 검색결과 화면의 최상단에 위치한 검색창과 채권자의 키워드광고 사이에 채무자의 키워드광고가 나타나는(이른바 '키워드삽입광고 방식') 등으로, 채무자의 광고가 대체 혹은 삽입된 형태로 나타남을 알 수 있다.

그런데 채무자의 이러한 광고는 위와 같이 인터넷 사용자들이 네이버에서 제공하는 서비스 등을 이용하기 위하여 네이버를 방문할 때 나타나는 것이므로, 이는 결국 네이버가 가지는 신용과 고객흡인력을 무단으로 이용하는 셈이 된다. 뿐만 아니라 그 광고방식도 채권자가 제공하는 광고를 모두 사라지게 하거나(대체광고 방식) 채권자가 제공하는 검색결과의 순위를 뒤로 밀리게 하는(키워드삽입광고 방식) 등의 방법을 사용함으로써 채권자의 영업을 방해하면서 채권자가 얻어야 할 광고영업의 이익을 무단으로 가로채는 것이다.

채무자의 위와 같은 광고행위는 인터넷을 이용한 광고영업 분야에서 서로 경쟁자의 관계에 있는 채권자가 상당한 노력과 투자에 의하여 구축한 네이버를 상도덕이나 공정한 경쟁질서에 반하여 자신의 영업을 위하여 무단으로 이용함으로써, 채권자의 노력과 투자에 편승하여 부당하게 이익을 얻는 한편, 앞서 본 바와 같이 법률상 보호할 가치가 있는 이익인 네이버를 통한 채권자의 광고영업 이익을 침해하는 부정한 경쟁행위로서 민법상 불법행위에 해당한다고 할 것이다.

(나) 한편 원심이 적법하게 인정한 사실들에 의하면, 채무자의 위와 같은 광고행위가 일회적인 것이 아니라 이 사건 프로그램을 설치한 인터넷 사용자들이 네이버에 접속할 때마다 계속적으로 반복되는 것임을 알 수 있다. 나아가 이 사건 프로그램에 의한 광고행위의 성질상 채권자가 인터넷 사용자들의 이 사건 프로그램의 설치현황 및 그로 인한 네이버에서의 채무자의 광고현황 등을 일일이 파악하여 대응하기가 매우 곤란할 것으로 보이는 점과 채무자의 광고내용에 따라서는 채권자의 신용, 명성 등 무형적인 가치까지도 손상시킬 수 있을 것으로 보이는 점 등을 고려할 때 채무자에게 금전배상을 명하는 것만으로는 채권자 구제의 실효성을 기대하기 어렵다고 할 것이다. 나아가 채무자의 이 사건 프로그램에 의한 네이버에서의 광고행위를 그대로 방치하는 경우 결국 네이버에서의 광고영업을 그 수익모델로 삼고 있는 채권자 회사의 존립 자체를 위협할 수 있다는 점에서 채무자의 위와 같은 광고행위를 금지함으로써 보호되는 채권자의 이익이 그로 인한 채무자의 영업의 자유에 대한 손실보다 더 크다고 할 것이다. 따라서 채권자는 채무자에 대하여, 네이버에 접속한 인터넷 사용자들의 모니터에서 이 사건 프로그램을 이용한 광고행위를 하는 것의 금지 또는 예방을 청구할 수 있다고 봄이 상당하다.

(다) 결국, 이 사건 가처분신청은 피보전권리가 소명된 것으로 인정된다.

(3) 따라서 원심의 이 부분에 관한 이유설시에 다소 미흡하거나 적절하지 않은 점은 있으나, 이 사건 가처분의 피보전권리가 소명되었다고 판단한 결론에 있어서는 정당하므로 결정에 영향을 미친 잘못이 없다.

나. 보전의 필요성이 소명되지 아니하였다는 주장에 관하여

민사집행법 제300조 제2항의 임시의 지위를 정하기 위한 가처분이 필요한지 여부는 당해 가처분신청의 인용 여부에 따른 당사자 쌍방의 이해득실관계, 본안소송에 있어서의 장래의 승패의 예상, 그 밖의 제반 사정을 고려하여 법원의 재량에 따라 합목적적으로 결정하여야 한다(대법원 2006.11.23. 선고 2006다29983 판결 등 참조).

위 법리와 기록에 비추어 살펴보면, 채권자의 이 사건 가처분신청에 대하여 채무자는 이 사건 프로그램에 의한 광고행위의 적법성을 주장하면서 그 광고영업을 계속할 뜻을 표명하고 있는바, 이 경우 앞서 본 이 사건 프로그램에 의한 광고행위의 과정과 형태 등에 비추어 채권자가 입을 손해가 현저할 것으로 보이는 점, 앞서 본 바와 같이 이 사건 가처분신청을 받아들임으로써 보호되는 채권자의 이익이 그로 인한 채무자의 손실보다 더 큰 점 등 제반 사정을 참작할 때, 이 사건 가처분신청에는 보전의 필요성이 있다고 할 것이다.

　따라서 원심결정이 그 판시와 같이 보전의 필요성이 인정된다고 판단한 것은 정당하고, 거기에 보전의 필요성에 관한 법리오해의 잘못이 없다.

　(이하 생략)

[판결 1]에 관하여 생각할 점

1. 이 사건 원심결정에서는 채무자의 행위가 채권자의 홈페이지에 대한 저작권을 침해하는지, 정보통신망법 제48조 제2항("누구든지 정당한 사유 없이 정보통신시스템, 데이터 또는 프로그램 등을 훼손·멸실·변경·위조하거나 그 운용을 방해할 수 있는 프로그램(악성프로그램)을 전달 또는 유포하여서는 아니 된다")에 위반되는지, 부정경쟁방지법상 영업주체혼동행위에 해당하는지가 문제되었으나 이는 모두 부정되었다. 하지만 위와 같은 채무자의 행위가 민법상 불법행위에 해당한다는 점은 인정되었다. 대법원도 원심결정과 마찬가지로 불법행위 성립을 인정하였다. 채무자의 행위는 불법행위의 성립 요건을 모두 갖추고 있는가? 가령 채무자의 행위는 어떤 이유에서 위법하다고 판단될 수 있는가?

2. 미국의 International News Service v. Associated Press (248 U.S. 215 (1918))판결은 이 사건과 같은 무단이용의 문제를 다루고 있어 간단히 소개한다. 제1차 세계대전 당시 AP사와 INS사는 뉴스를 수집하여 신문사들에게 배포하는 영업 분야에서 미국 전역에 걸쳐 치열한 경쟁관계에 있었다. 그런데 INS사는 연합군에 불리한 보도를 하였다는 이유로 기사를 공급받지 못하게 되는 상황에 이르자 미국 동부 지역에 배포되는 AP사의 뉴스 기사를 무단으로 복제한 뒤 이를 미국 중서부 및 서부 지역에 배포하였다. 경우에 따라서는 INS사와 계약관계에 있는 신문사들이 AP사와 계약관계에 있는 신문사들보다 오히려 먼저 기사를 공급받는 일도 발생하였다. INS사는 이미 공개된 AP사의 신문기사를 전달하는 행위는 허용되어야 한다고 주장하였으나 이 주장은 받아들여지지 않았다. 미국 연방대법원은 비록 뉴스 기사에 대한 AP사의 저작권을 인정할 수는 없지만, AP사와 경쟁관계에 있는 INS사가 상업적 가치를 가지는 AP사의 뉴스를 아무런 투자 없이 마치 자신의 것처럼 배포하는 행위는 부정이용(misappropriation)에 해당하므로 금지되어야 한다고 판시하였다. 이와 유사한 사건으로 National Basketball Association vs. Motorola, Inc. 판결(105 F.3d 841 (2d. Cir. 1997))이 있다.

3. 우리 판례도 불법행위에 대한 금지청구권의 인정 필요성과 이에 대한 명문 규정의 부존재로 인해 발생하는 간극을 위해 여러 가지 대처방안을 강구하여 왔다. 우선은 소유권의 개념을 확장하면서 조용하거나 쾌적한 교육환경(대판 1995.9.15, 95다23378), 일조나 조망(대판 1997.7.22, 96다56153), 안온한 생활환경(대판 2007.6.15, 2004다37904, 37911)의 보호를 위한 금지청구권을 인정하였다. 또한 인격권도 손해배상만으로 피해구제가 어렵다는 이유로 명문의 근거규정이 없는데도 물권과 유사하게 금지청구권을 인정하였다(대판 1996.4.12, 93다40614, 40621). 위 결정도 이러한 일련의 간극 메우기라는 흐름의 차원에서 이해할 수 있다.

4. 위 결정이 마치 손해배상과 마찬가지로 모든 불법행위에 대해 당연히 금지청구권이 인정된다는 취지로 해석될 수 있는가? 위 결정에서는 불법행위에 대한 금지청구권을 인정하기 위한 요건으로 어떠한 것들을 열거하고 있는가? 이 사건에서는 어떠한 이유로 그 요건들이 충족되었다고 판시하고 있는가?

5. 불법행위에 대한 금지청구권을 허용하는 명문의 규정이 없는 상태에서 이를 인정하는 것은 성문법주의에 반하지 않는가? 위 청구권은 어떤 법적 근거에 의해서 인정되는가?

Ⅱ. 손해배상의 범위와 내용

1. 통상손해와 특별손해

(1) 제5편 제1장에서는 불법행위의 성립요건의 하나로서 손해발생을 언급하였다. 그런데 모든 손해가 다 법적으로 배상되어야 하는 것은 아니다. 즉 손해발생의 인정과는 별도로 손해배상의 범위를 확정하는 작업이 필요하다. 한편 그 배상대상으로서의 손해범위가 확정되면 금전배상의 원칙에 따라 이를 금전으로 환산하는 작업도 필요하다. 물론 재산적 손해에 있어서는 일단 손해배상의 범위가 확정되면 이를 금전으로 특정하는 것이 어렵지 않지만, 비재산적 손해에서는 그 손해를 금전으로 환산하는 작업이 쉽지 않다.

(2) 민법 제763조에 의하여 준용되는 민법 제393조는 통상손해와 특별손해의 틀로써 손해배상의 범위를 정한다. 이러한 틀이 채무불이행과 불법행위에서 동일한 모습으로 적용될 수 있는지에 대하여는 의문이 없지 않지만, 일단

현행법상으로는 불법행위법에서도 통상손해 및 예견가능한 특별손해가 배상되어야 할 손해의 내용을 구성한다고 할 수 있다.

(가) 통상손해는 특별한 사정이 없으면 그러한 종류의 불법행위가 있을 때 사회일반의 관념에 따라 통상 발생하는 것으로 생각되는 손해이다. 이러한 손해는 행위와의 사실적 인과관계만 증명되면 배상대상으로서의 손해에 편입된다. 무엇이 통상손해인가는 일률적으로 말할 수 없고 구체적인 사안별로 확정할 수밖에 없다. 몇 가지 예를 들어보면 다음과 같다.

물건이 멸실되었거나, 훼손되었는데 수리가 불가능한 경우에 발생하는 통상손해는 그 물건의 교환가격, 즉 시가이다.[14] 물건이 훼손되어 수리가 가능하다면 그 수리비(다만 수리비가 물건의 교환가치를 초과하는 경우에는 그 교환가치)가 통상손해이다.[15] 한편 훼손된 물건을 수리하였는데도 여전히 감소된 교환가치가 존재한다면, 이는 통상손해이다.[16] 타인의 물건을 아무런 권한 없이 침탈, 점유하였다면 그 차임 상당액이 통상손해이다.[17] 투자자가 증권회사의 직원에게 주식매수가격을 특정하여 매수주문을 하였는데 그 직원이 임의로 그보다 고가로 주식을 매수하였다면 지정된 가격과 실제 체결가격 사이의 차액이 통상손해이다.[18] 부당한 경매절차의 정지로 배당금의 수령이 지연되었다면 그 지연된 기간 동안의 법정이자 상당액이 통상손해이다.[19]

(나) 특별손해는 통상손해 이외의 손해이다. 이러한 손해는 행위와의 사실적 인과관계가 증명된 것만으로는 배상대상으로서의 손해에 편입되지 않고, 더 나아가 예견가능성까지 증명되어야 한다. 일반적으로 특별손해는 통상적이지 않은 우연한 사정에 기초하여 발생한 손해 또는 불법행위로부터 멀리 떨어진 손해이다. 몇 가지 예를 들어보면 다음과 같다.

타인의 물건을 멸실시켰는데 그 이후 물건의 가격이 급등하였다면 그 급등한 가격부분은 특별손해이다.[20] 불법행위로 인하여 재산권이 침해된 경우 재

---

14) 대판 2003.1.10, 2000다34426.
15) 대판 1970.9.22, 70다649; 대판 1999.1.26, 97다39520; 대판 2003.4.25, 2002다64520.
16) 대판 2001.11.13, 2001다52889.
17) 대판 2023.3.13, 2022다293999.
18) 대판 2006.2.10, 2005다57707.
19) 대판 2001.2.23, 98다26484.
20) 채무불이행에 관한 것이지만 대판 1967.11.28, 67다2178; 대판 1978.1.10, 77다963 참조.

산적 손해의 배상으로도 회복될 수 없는 정신적 손해는 특별손해이다.[21] 또한 공장지대의 전신주를 충격하여 전력공급이 중단되어 인근 공장이 입은 영업상 손실[22]이나, 한국전력공사가 관리하는 전기공작물의 고장으로 전력공급이 중단되어 비닐하우스 내 전기온풍기가 작동중지됨으로써 재배물에 발생한 손해[23]도 특별손해이다.

> **[판결 2] 전기공급중단에 따른 손해의 성격: 대판 1996.1.26, 94다5472**

원심판결 이유에 의하면 원심은, 피고 소유의 판시 화물트럭의 운전사이던 소외 1은 1991. 8. 16. 08:30경 위 차량을 운전하여 부산 북구 감전1동 소재 원고 경영의 열경화수지원료(주방기구용 플라스틱) 생산업체인 동아화학공업사 앞 도로 상에서 일시정지를 하다가 위 도로 우측 변에 서 있던 소외 한국전력공사 소유의 전신주를 들이받게 되었고, 그 바람에 위 전신주의 밑부분이 절손됨과 동시에 위 전신주를 통하여 공급되던 전기의 공급이 위 한국전력공사에 의하여 수리가 완료된 같은 날 15:40경까지 중단되게 된 사실, 한편 원고가 경영하는 위 동아화학공업사는 위 전신주를 통하여 전기를 공급받아 제품생산 등의 작업을 하여 왔는데 앞에서와 같이 전기 공급이 중단되는 바람에 그 시간 동안 작업을 하지 못하여 원자재가 굳어져 폐기하는 등의 손해를 입게 된 사실을 인정한 다음, 원고가 위 사고로 인하여 원재료 손실, 영업 손실, 복구작업에 따른 인건비 손해, 전력모터 수리비 및 폐기물 처리비용 등의 손해에 대하여 위 차량의 소유자인 피고에게 그 배상을 구하는 이 사건 청구에 대하여, 원고가 위 사고로 인하여 설령 그 주장과 같은 손해를 입었다고 하더라도 위 인정 사실에 의하면 피고 회사 트럭의 운전사인 소외 1의 불법행위는 소외 한국전력공사 소유의 전신주를 들이받아 이를 손괴한 것으로 그 직접 상대방은 위 한국전력공사일 뿐 원고는 그 직접적 상대방이 아님이 분명한데, 이와 같은 경우에 소외 1의 행위가 직접적 상대방이 아닌 원고에 대하여 불법행위가 되기 위해서는 그 당시 소외 1이 그의 행위로 원고 경영의 위 동아화학공업사의 정전사태가 야기되어 그 때문에 원고가 그 주장과 같은 피해를 입게 되리라는 사정을 알았거나 알 수 있었어야 할 것인데 판시 증거들에 의하여 이 사건 사고 장소가 공장지대 부근이라는 점은 이를 인정할 수 있고 반증이 없으나 그와 같은 사실만으로는 소외

---

21) 대판 1989.8.8, 88다카27249 등 다수.
22) 대판 1996.1.26, 94다5472.
23) 대판 1995.12.12, 95다11344.

1이 사고 당시 위와 같은 사정을 알았거나 알 수 있었다고 인정하기에 부족하고 달리 이 점에 관한 아무런 주장과 입증이 없다는 이유로 원고의 청구를 기각하고 있다.

불법행위의 직접적 대상에 대한 손해가 아닌 간접적 손해는 특별한 사정으로 인한 손해로서 가해자가 그 사정을 알았거나 알 수 있었을 것이라고 인정되는 경우에만 배상책임이 있다고 할 것인바, 이 사건에서 소외 1이 공장지대에 위치한 전신주를 충격하여 전선이 절단됨으로써 그 전선을 통하여 전기를 공급받아 공장을 가동하던 원고가 전력공급의 중단으로 공장의 가동이 상당한 기간 중지되어 영업상의 손실을 입게 될지는 불확실하며 또 이러한 손실은 가해 행위와 너무 먼 손해라고 할 것이므로 이 사건 전주 충격사고 당시 소외 1이 이와 같은 소극적인 영업상 손실이 발생할 것이라는 것을 알거나 알 수 있었다고 보기 어렵다고 할 것이지만, 공장지대에 위치한 위 전주 충격사고로 전선이 절단되는 경우 위 전신주를 통하여 전력을 공급받고 있는 인근 원고의 공장에서 예고 없는 불시의 전력공급의 중단으로 인하여 갑자기 공장의 가동이 중단되는 바람에 당시 공장 내 가동 중이던 기계에 고장이 발생한다든지, 작업 중인 자료가 못쓰게 되는 것과 같은 등의 적극적인 손해가 발생할 수 있을 것이라는 사정은 소외 1이 이를 알거나 알 수 있었을 것이라고 봄이 상당하다.

그럼에도 불구하고 원심이 원고가 위와 같은 적극적 손해를 입을 것이라는 것조차 소외 1이 알았거나 알 수 있었다고 볼 수 없다는 전제에서 원고의 그 부분 손해배상 청구까지 모두 배척한 것은 손해배상의 범위에 관한 법리를 오해한 위법을 저지른 것이라고 할 것이다. 논지는 그 부분에 한하여 이유 있다.

[판결 2]에 관하여 생각할 점

1. 위 사고로 인하여 원고에게 어떤 손해가 발생하였는가? 그중 통상손해는 무엇이고 특별손해는 무엇인가? 법원은 그중 배상되어야 할 손해는 무엇이라고 판단하였는가?

2. 대법원이 전력공급 중단으로 인한 영업상 손실의 예견가능성은 부정하면서, 그로 인하여 가동 중이던 기계의 고장에 대한 예견가능성은 긍정할 수 있다고 한 이유는 무엇일까? 이러한 판단의 뒷면에는 어떠한 사실관계에 대한 고려가 있는 것인가?

3. 비교법적으로 이러한 문제는 이른바 순수재산손해(pure economic loss)의 문제로 활발하게 논의되고 있다. 순수재산손해는 신체나 물건에 대한 침해에 직접 수

반되는 재산상 손해 이외의 재산상 손해 일체를 의미한다. 가령 위법한 경쟁행위로 인하여 다른 경쟁업체에게 가하는 재산상 손해, 태안 기름유출사고와 같이 바다오염으로 인하여 일정한 기간 어업을 할 수 없게 된 경우 어민이나 관련 산업계 종사자가 입는 재산상 손해, 잦은 불법시위로 인하여 시위장소 인근의 가게들이 입게 된 영업이익감소 상당의 재산상 손해, 교통사고 때문에 생긴 교통체증으로 인하여 계약체결에 실패한 사업가의 재산상 손해 등이 그 예이다. 순수재산손해의 논의는 다수가 긴밀하게 얽혀있는 사회공동체에서 한 주체의 행위가 다른 주체들에게 직·간접적으로 재산적 불이익을 야기하는 경우가 허다한데, 이때 손해배상을 너그럽게 허용하기 시작하면 그 배상대상과 범위가 끝없이 확장될 수 있다는 우려에 기초한 것이다. 우리나라의 성문법과 재판례에서는 이러한 개념이 정면으로 사용되지 않는다. 반면 미국, 영국, 독일 등에서는 순수재산손해의 개념을 인정하면서 이에 대한 배상가능성을 원칙적으로 부정하고 있다. 어느 입장에 의하건 손해배상의 범위를 합리적으로 제한하여야 한다는 요청은 어느 법제에서나 존재한다. 우리나라는 통상손해와 특별손해, 인과관계, 위법성 등의 개념을 탄력적으로 사용함으로써 이러한 요청에 답하고 있다.

[판결 3] 영업용 물건이 멸실된 경우 휴업손해가 통상손해인지 여부: 대판(전) 2004.3.18, 2001다82507

1. 원고들의 상고이유에 대한 판단

가. 원심은, 원고들의 피상속인인 소외 1이 이 사건 사고로 인하여 그 소유의 피해 선박이 침몰로 멸실되자 대체 선박을 마련한 후 1999. 11. 9.부터 어업을 재개하였다고 주장하면서 사고일인 같은 해 7. 11.부터 조업재개일인 같은 해 11. 9.까지 약 4개월간 소외 1이 입은 영업수익 상실손해인 금 76,273,648원의 지급을 구하는 원고들의 청구에 대하여, 선박이 침몰하여 멸실된 경우 선박 소유자가 입은 손해액은 그 멸실된 선박의 교환가격에 그치고 그 이외에 선박을 이용하여 얻을 수 있는 수입 상당은 그 교환가격의 이자 상당액에 포괄된다 할 것이어서 교환가격의 배상을 구하는 외에 선박을 이용함으로써 얻을 수 있었던 이익을 별도의 손해로 청구할 수는 없다는 제1심의 판결 이유를 인용하여 원고들의 위 청구를 배척하였다.

그러나 불법행위로 영업용 물건이 멸실된 경우, 이를 대체할 다른 물건을 마련하기 위하여 필요한 합리적인 기간 동안 그 물건을 이용하여 영업을 계속하였더라면 얻을 수 있었던 이익, 즉 휴업손해는 그에 대한 증명이 가능한 한 통상의 손해로서 그 교환가치와는 별도로 배상하여야 하고, 이는 영업용 물건이 일부 손괴된 경우, 수리를 위하여 필요한 합리적인 기간 동안의 휴업손해와 마찬가지라고 보아야 할 것이다.

　이와 달리 불법행위로 영업용 선박, 자동차, 건물 등의 물건이 멸실된 경우에 그 물건의 교환가격 상당액의 배상 이외에 그 물건을 대체할 다른 물건의 제조 또는 구입시까지의 기간 동안 그 멸실된 물건을 사용·수익하지 못하여 입은 손해의 배상을 구할 수 없다는 취지로 판시한 대법원 2001.1.16. 선고 2000다29325 판결, 대법원 1990.10.16. 선고 90다카20210 판결, 대법원 1990.8.28. 선고 88다카30085 판결, 대법원 1980.12.9. 선고 80다1840 판결을 비롯하여 이 판결의 견해에 배치되는 판결들은 그 배치되는 범위 내에서 이를 변경하기로 한다.

　따라서 이와 반대의 견해에서 대체 선박을 마련하는 데 필요한 합리적인 기간 및 그 기간 동안의 조업수입액 등에 관하여 심리하지 아니한 채 원고들의 위 청구를 배척한 원심판결에는 불법행위로 인하여 영업용 물건이 멸실된 경우의 손해배상액 산정에 관한 법리를 오해하여 판결에 영향을 미친 위법이 있다 할 것이다. 이 점을 지적하는 상고이유의 주장은 정당하다.

　(이하 생략)

[판결 3]에 관하여 생각할 점

1. 이 판결이 폐기한 종래의 판결들은 다음과 같은 논리를 취하고 있었다.

"불법행위로 인하여 물건이 멸실된 경우, 그 통상 손해액은 원칙적으로 불법행위 당시의 교환가격, 즉 시가 상당이고, 이러한 교환가격에는 그 물건을 현재 및 장래 통상의 용법에 따라 사용·수익함으로써 얻을 수 있는 이익이 포함되어 있다고 보아야 하므로, 피해자로서는 불법행위 당시 그 물건의 교환가격 상당액의 배상 이외에 그 물건을 대체할 새로운 물건의 제조 또는 구입시까지의 기간 동안 그 멸실된 물건을 사용·수익하지 못하여 입는 손해의 배상을 구할 수는 없는 것이다"(대판 2001.1.16, 2000다29325).

위 논리에 대하여 어떻게 생각하는가?

2. 불법행위로 인한 손해배상금에 대한 지연손해금은 불법행위 당일부터 기산한다 (대판 1993.3.9, 92다48413. 단 위자료에 관해 예외적으로 취급한 대판 2011.1.13, 2009다

103950도 참고로 읽어볼 것). 이 사건의 1심법원은 교환가치에 대한 지연손해금과
별도로 휴업손해를 배상하는 것은 이중배상이라는 이유로 그 배상을 거부하였
다. 반면 위 판결이 설시한 법리에 따르면 교환가치에 대한 지연손해금과는 별
도로 휴업손해가 배상될 것으로 보인다. 이에 대하여는 어떻게 생각하는가?

2. 비재산적 손해

(1) 손해배상의 범위를 확정하고 이를 금전으로 환산하는 작업은 재산적
손해와 비재산적 손해에서 현저히 다른 모습으로 나타난다. 위에서는 재산적
손해를 위주로 설명하였으므로, 비재산적 손해에 관하여 조금 더 설명한다.

(2) 비재산적 손해도 배상대상이 되어야 마땅하다. 민법 제751조는 비재
산적 손해배상의 근거를 제공하고 있다. 또한 민법 제752조는 생명침해 시 피
해자의 직계존비속과 배우자가 재산상 손해가 없는 경우에도 손해배상청구권
을 가진다고 규정한다. 그러나 이는 그 이외의 자는 손해배상청구권이 없다는
의미라기보다는 위에 규정한 자는 정신적 고통을 증명하지 않아도 당연히 손
해배상청구권을 가진다는 의미로 해석된다. 그러므로 그 이외의 자는 여전히
민법 제750조, 제751조에 기하여 손해배상청구를 할 수 있다.[24] 또한 자연인
이외에 법인이나 권리능력 없는 사단 또는 재단도 비재산적 손해에 대한 손해
배상청구를 할 수 있다.[25] 태아 역시 손해배상청구권에 대하여는 이미 출생한
것으로 보므로 비재산적 손해배상청구의 주체가 될 수 있다(제762조 참조).[26]
그러나 동물은 위자료청구권의 귀속 주체가 될 수 없다.[27]

비재산적 손해의 인정은 교통사고,[28] 신체적 자유의 박탈 내지 제한,[29] 징계
권의 남용,[30] 명예훼손,[31] 사생활침해,[32] 개인정보자기결정권 침해,[33] 의사의 설

---

24) 대판 1967.9.5, 67다1307.
25) 대판 1996.4.12, 93다40614, 40621(법인); 대판 1997.10.24, 96다17851(비법인사단).
26) 대판 1962.3.15, 4294민상903; 대판 1993.4.27, 93다4663.
27) 대판 2013.4.25, 2012다118594.
28) 대판 1999.6.22, 99다7046.
29) 대판 2009.6.25, 2008다24050.
30) 대판 1993.10.12, 92다43586.
31) 대판 1999.1.26, 97다10215, 10222.
32) 대판 2013.6.27, 2012다31628.
33) 대판 2014.7.24, 2012다49933.

명의무 위반,[34] 위법한 낙선운동,[35] 상당한 이유 없는 계약체결 거부,[36] 잘못된 신용거래불량자 등록,[37] 조합원들의 의사가 반영되지 않은 채 노조 대표자가 사용자와 체결한 단체협약[38] 등 매우 다양하고 광범위한 맥락에서 인정된다.

그런데 비재산적 손해는 재산적 손해와 비교할 때 무정형하고 객관화하기 어렵다는 특성을 가진다. 이러한 특성 때문에 비재산적 손해의 발생 여부와 범위를 정할 때 법원의 재량이 대폭 개입한다.[39] 그러나 이것이 손해 발생 여부 및 위자료액 산정에 법관의 자의가 허용된다는 점을 의미하지는 않는다.[40] 이러한 자의적 판단의 위험성이 현실화되면 손해배상의 대상이 되는 손해는 확정적이고 현실적인 것이어야 한다는 법리를 사실상 무력화시킬 수도 있다. 나아가 당사자는 재산적 손해로 구할 수 있는 것도 비재산적 손해로 구함으로써 재산적 손해 증명의 엄격함을 회피하고자 할 유인을 가진다.

(3) 그러나 바로 이러한 유연성 때문에 위자료는 재판실무상 요긴한 기능을 수행하기도 한다.

우선 위자료는 가해자 측의 사정(과책의 정도나 변제자력 등)을 고려하여 산정하게 될 경우 단순한 손해전보를 넘어 예방 내지 제재의 기능을 수행하는 요긴한 도구가 된다. 본래 손해배상은 회복을 주된 기능으로 삼는다. 회복기능이 온전히 수행되려면 회복되어야 할 손해액이 정확하게 산정되어야 한다. 그런데 비재산적 손해는 재산적 손해보다 그 정확한 범위를 산정하기 어렵다. 또한 비재산적 손해에 대한 재산적 회복이 가지는 회복기능에도 한계가 있다. 따라서 이에 상응하여 비재산적 손해에 관하여는 예방 내지 제재의 기능이 활동할 영역이 더욱 커지게 된다.

또한 판례에 따르면 재산상 손해의 발생이 인정되는데도 증명곤란 등의 이유로 그 손해액의 확정이 불가능하여 그 배상을 받을 수 없는 사정을 위자료 산정시 증액사유로 참작할 수도 있다.[41] 이는 위자료의 보완적 기능이라고

---

34) 대판 1994.4.15, 92다25885.
35) 대판 2004.11.12, 2003다52227.
36) 대판 2003.4.11, 2001다53059.
37) 대판 2001.3.23, 2000다57511.
38) 대판 2018.7.26, 2016다205908.
39) 대판 2002.11.26, 2002다43165.
40) 대판 2014.1.16, 2011다108057; 대판 2017.11.9, 2013다26708.
41) 이러한 위자료의 보완적 기능에 대한 언급은 대판 1984.11.13, 84다카722에서 처음 발견

일컬어진다. 이러한 기능은 점차 그 적용범위를 넓혀서 인과관계나 손해의 증명이 곤란하여 손해배상을 받기 어려운 경우에 기대권이나 기회의 상실을 이유로 위자료를 인정하는 모습으로 나타나기도 한다.[42]

　　(4) 그런데 이러한 위자료의 보완적 기능에도 한계가 있다. 이는 어디까지나 재산상 손해의 발생이 인정되는데도 손해액의 확정이 불가능하여 그 손해전보를 받을 수 없게 됨으로써 피해회복이 충분히 이루어지지 않는 경우에 이를 참작하여 위자료를 증액함으로써 손해전보의 불균형을 어느 정도 보완하고자 하는 것이다. 그러므로 함부로 그 보완적 기능을 확장하여 그 재산상 손해액의 확정이 가능함에도 불구하고 편의한 방법으로 위자료의 명목 아래 사실상 재산상 손해의 전보를 꾀하는 것과 같은 일은 허용되어서는 안 된다.[43] 특히 대법원은 재산적 손해발생사실은 인정되지만 그 구체적인 손해의 액수를 증명하는 것이 사안의 성질상 곤란한 경우 증거조사의 결과와 변론의 전취지에 의하여 밝혀진 당사자들 사이의 관계, 채무불이행과 그로 인한 재산적 손해가 발생하게 된 경위, 손해의 성격, 손해가 발생한 이후의 제반 정황 등의 관련된 모든 간접사실들을 종합하여 상당인과관계 있는 손해의 범위인 수액을 판단할 수 있다고 하여 재산적 손해배상의 산정에 상당한 재량을 부여하고 있다.[44] 이러한 법리는 민사소송법 제202조의2에 입법화되기도 하였다. 그러므로 위자료의 보완적 기능은 그 법리가 처음 선언된 때와 비교할 때 그 입지가 더욱 축소되었다는 점에 유의해야 한다.

된다.

42) 대판 2003.7.11, 99다24218(헌법재판소 재판관이 일자 계산을 잘못하여 잘못된 각하결정을 하여 본안판단을 받을 기회를 상실하였다면, 설령 본안판단을 하였더라도 어차피 청구기각이 되었을 것이라는 사정이 있다고 하더라도, 이는 인격적 이익의 일종인 본안판단을 받으리라는 청구인의 합리적 기대를 침해한 것으로서 위자료 지급의무 인정); 대판 2006.9.28, 2004다61402(의료상 과실의 입증에도 불구하고 피해자가 과실과 손해 발생 사이에 인과관계를 입증하지 못하는 경우에는 환자에게 적절한 의료를 받거나 일정 시기까지 생존이 예상되는 기대권 내지 기회가 상실되었음을 이유로 위자료 지급의무 인정); 대판 2006.12.7, 2004다14932(군내 사망사고의 초동수사에서 군사법경찰관의 현저한 의무위반이 있었다면 재수사를 하더라도 결론이 바뀌지 않았을 경우에도 유족의 정신적 고통을 이유로 위자료 지급의무 인정).

43) 대판 1984.11.13, 84다카722; 대판 2014.1.16, 2011다108057.

44) 채무불이행에 관한 것으로는 대판 2004.6.24, 2002다6951, 6968; 대판 2008.12.24, 2006다25745. 불법행위에 관한 것으로는 대판 2005.11.24, 2004다48508; 대판 2006.9.8, 2006다21880; 대판 2006.11.23, 2004다60447; 대판 2007.11.29, 2006다3561.

[판결 4] 위자료 인정사례: 서울고판 1992.10.30, 92나23102[45)]

1. 기초사실

당사자 사이에 다툼이 없거나, 갑 제1호증의 1 내지 52, 갑 제4호증의 1 내지 360, 갑 제5호증의 1 내지 14, 을 제2호증의 1 내지 44의 각 기재와 원심증인 000의 증언에 변론의 전취지를 종합하여 인정되는 사실들은 다음과 같다.

가. 원고들은 별지 구매내역 및 위자료표의 구매일란 기재 각 해당 일자에 피고들이 각 경영하는 같은 표의 구매장소란 기재 각 해당 백화점의 상품매장에서 같은 별지 상품명란 기재 각 해당 상품을 구매가격란 기재 란 해당 가격에 구입하였다.

나. 피고들은 모두 백화점의 설치 및 운영에 관한 사업 등을 목적으로 설립된 주식회사로서 피고 1주식회사는 서울 중구 소공동에 (상호 생략)이라는 상호로 백화점을 설치, 경영하는 외에 서울 송파구 잠실동에도 롯데월드라는 상호로 대단위 위락단지를 설치, 경영하면서 그 곳에 백화점 형태의 매장을 설치하여 운영하고 있고, 피고 2 주식회사는 서울 중구 충무로 1가에 (상호 생략)이라는 상호로, 피고 3 주식회사는 서울 중구 남대문로 2가에 (상호 생략)이라는 상호로 각 백화점을 설치, 운영하고 있는바, 피고들이 위 각 백화점의 매장을 운영함에 있어서는 이른바 특정(수수료)매장의 형태를 채택하여, 입점업체에게 백화점 내의 일정 구역을 매장으로 할애하여 각 입점업체로 하여금 자기의 브랜드를 부착한 자기의 상품을 자기의 책임하에 자기의 판매사원으로 하여금 판매하도록 하고 백화점측에 대하여 매장 사용에 대한 대가로 판매액의 일정비율에 해당하는 수수료(매장 임대료)를 지불하도록 하되, 다만 피고 백화점들측으로서도, 담당 구매관을 통하여 입점업체가 백화점에 반입하는 물품의 타당성을 확인한 후 상급관리자들의 결재를 받은 다음 검품과에서 물품의 이상 유무를 확인한 후 백화점의 태그(tag, 물품표)를 붙여 해당 매장에 보내어 판매하도록 하는 등 물품의 반입과정에서도 관여할 뿐만 아니라 그 수수료의 관리를 위하여 각 매장별로 경리직원 1명씩을 파견하여 매출액을 수금 집계한 후 월별로 약정된 수수료를 공제한 매출대금을 입점업체에 지급하였다.

다. 1980년대 후반부터 의류업체가 난립하면서 각 업체들 사이에 판매경쟁이 본격화되자 특히 브랜드의 지명도가 상대적으로 낮은 영세업체와 하이패션 계통의 여성의류 제조업체들이 중심이 되어 가격경쟁을 통한 자구노력의 일환으로 이른바 변칙세일이 성행하게 되었는데, 그들은 유행, 고객의 취향, 계절감

---

45) 하집 1992, 3－96. 이 판결은 상고되었으나 대판 1993.8.13, 92다52665로 상고기각되었다. 대법원 판결은 정신적 손해배상 문제에 대하여는 정면으로 다루지 않았다.

각 등에 부응하여 필요한 물품을 즉시 공급하여야 할 뿐만 아니라 소득수준의 향상과 소비형태의 변화에 따라 고객들도 저가품보다는 고가품을, 정상판매보다는 할인판매를 선호하는 경향이 뚜렷하다는 점에 착안하여, 이미 시중에 출하된 상품의 경우에는 종전 판매가격을 실제보다 높게 표시하여 할인판매를 가장한 정상판매를 기도하거나 할인율을 기망하고, 새로이 출하하는 신상품의 경우에도 당초 제품을 출하할 때부터 당해 상품의 가격표에 제조업체에서 실제로 판매를 희망하는 가격을 일단 할인판매가격으로 표시하고 여기에 제조업체가 임의로 책정한 할인율을 감안하여 역산, 도출된 가격을 위 할인판매가격과 나란히 표시함으로써 마치 위와 같이 역산, 도출된 가격이 종전 판매가격 내지 정상판매가격인 것 같은 외관을 꾸민 다음 백화점 등 각 매장에 진열하고 매장의 광고대에 위 두 가격을 비교한 할인판매율을 표시하여, 당해 상품들이 종전에는 높은 가격으로 판매되던 것인데 할인특매기간에 한하여 특별히 대폭 할인된 가격으로 판매하는 것처럼 광고를 하고, 할인판매기간이 끝난 후에도 판매가격등 환원하지 아니하고 할인특매기간 중의 가격으로 상품판매를 계속하는 등의 변칙적인 방법을 일종의 판매기법으로 동원하였고, 피고들 경영의 백화점측도 담당구매관(바이어)을 통하여 각 입점업체와 어떤 상품을 얼마씩에 매장에 진열할 것인가, 그 판매가격에서 백화점이 취득하는 수수료율은 얼마로 할 것인가 등에 관하여 협의를 하여 왔으며, 그 수수료의 증대를 위한 매장관리의 일환으로 백화점 명의로 일간지나 광고전단 등을 통하여 소비자들에게 할인특매행사에 관한 광고를 하고 통일된 가격표를 작성해 줌과 아울러 매장 내에는 어떤 내용으로 할인판매를 하고 있다는 내용을 적은 소위 매장내 광고대(p.o.p)를 작성하여 게시하였다.

라. 한편, 소외 1은 1978.9.1. 피고 1주식회사에 입사하여 1988.4.1.부터 숙녀의류부장으로서 서울 중구 소공동 1 소재 (상호 생략)2. 3층 여성의류부 매장에 입장하여 영업하고 있는 220 내지 230개의 각 브랜드 또는 입점업체에 대한 전반적인 관리업무를, 소외 2는 1975.7.10. 피고 2 주식회사에 입사하여 1988. 10.22.부터 상품본부의 여성의류부장으로서 (상호 생략)본점, 영등포지점, 미아점, 동방프라자점에 보낼 여성의류를 일괄 사입하는 업무와 상품본부에 소속된 바이어에 대한 관리업무를, 소외 3은 1973.9.1. 피고 3 주식회사에 입사하여 1988.5. (상호 생략)명동점 영업부장으로서 위 백화점의 모든 영업을 총괄하면서 그 매장에 입점영업하고 있는 100여 개 여성의류의 각 브랜드 또는 업체를 관리하는 업무를 각 담당하는 자로서 각 백화점의 매장에 위와 같이 이른바 변칙세일이 행해지고 있다는 사실을 직접 업무처리상 결재과정에서 또는 간접적으

로 들어서 알고 있었고 이러한 변칙세일은 유통질서를 어지럽히고 소비자들을 유혹하여 충동구매를 자극하는 등 합리적인 소비생활을 저해할 우려가 있는 부당한 판매방법으로서 시정되어야만 하는 것임을 인식하고서도 소비자들이 세일을 선호하여 정상적인 가격으로만 판매하는 경우 백화점이나 당해 입점업체의 매출액이 크게 떨어지기 때문에 매출액을 늘려 수수료를 늘리기 위하여 위와 같은 변칙세일을 승인하고 이에 따른 광고를 하였다.

마. 위와 같은 과정에서 원고들은 피고등이 대형유통업체로서 고도의 신용을 바탕으로 정찰제와 품질보증제를 시행하고 있는 것으로 알고 그들이 표시한 별지구매내역 및 위자료표의 표시가격란 기재의 각 금액이 그 각 상품에 대한 종전가격 내지 정상가격인데 특별히 세일기간에 한하여 같은 별지의 할인율란 기재의 각 할인율과 같이 할인되어 가격이 낮게 책정된 것으로 오인하고 위와 같이 같은 별지 각 구매일자에 같은 별지 구매가격란 기재의 각 가격에 같은 별지 상품명란 기재의 각 상품을 구입하였다.

2. 판　단

가. 불법행위의 성부

일반적으로 상품의 선전, 광고에 있어 다소의 과장, 허위가 수반되는 것은 그것이 일반상거래의 관행과 신의칙에 비추어 시인될 수 있는 한 기망성이 결여된다고 하겠으나 거래에 있어서 중요한 사항에 관하여 구체적 사실을 신의성실의 의무에 비추어 비난받을 정도의 방법으로 허위로 고지한 경우에는 사기죄의 기망행위에 해당한다고 할 것이다.

한편 현대산업화 사회에 있어 소비자가 갖는 상품의 품질, 가격에 대한 정보는 대부분 생산자 및 유통업자의 광고에 의존할 수밖에 없고 이 사건 백화점들과 같은 대형유통업체에 대한 소비자들의 신뢰(정당한 품질, 정당한 가격)는 백화점들 스스로의 대대적인 광고에 의하여 창출된 것으로서 이에 대한 소비자들의 신뢰와 기대는 특히 크고 이는 보호되어야 할 것인바 이 사건에서 문제가 되고 있는 위와 같은 변칙세일은 진실규명이 가능한 구체적 사실인 가격조건에 관하여 기망이 이루어진 경우로서 그 사술의 정도가 사회적으로 용인될 수 있는 상술의 정도를 넘은 것이어서 위법성이 있다 할 것이며, 위와 같은 변칙세일이 소비자들의 그릇된 소비심리에 편승한 것이라거나 소비자들도 나름대로 가격을 교량하여 물품을 구매하였을 것이라는 점은 기망행위의 성립에 아무런 영향이 없다 할 것이다.

또한 위 인정사실에 의하면 비록 이 사건에서와 같이 특정매장의 경우 할인판매 여부 및 할인판매가격과 할인율을 입점업체가 주로 결정한다 하더라도 피고들 백화점으로서도 할인판매가격 및 할인율에 따라 취득하는 수수료가 달라지므로 담당구매관을 통해 이를 협의하고 있으며 각 매장의 관리책임자인 위 소외 1, 2, 3등도 위와 같은 변칙세일의 내용을 직접 결재과정을 통해 또는 간접적으로 들어서 알고 있음에도 그 구매력을 높이기 위하여 백화점이 직접 백화점 명의로 일간 신문이나 전단 또는 매장 내 광고대를 통하여 광고를 할 뿐만 아니라 상품의 반입에도 관여하고 있음을 알 수 있다.

따라서 위 성명불상 담당구매관 내지 매장관리인인 소외 1, 2, 3등이 이 사건 변칙세일에 검품, 구매협의, 할인판매의 내용에 관한 결재, 광고 등을 통하여 가공한 행위는 각 입점업체와 공동으로 불법행위를 한 것에 해당한다 할 것이고 피고들은 위 담당구매관 내지 소외 1들의 사용자로서 그들이 직무집행중 저지른 위와 같은 불법행위로 인하여 원고들이 입은 손해를 배상할 책임이 있다 할 것이다.

나. 위 자 료

일반적으로 타인의 불법행위로 인하여 재산권이 침해된 경우에는 그 재산적 손해의 배상에 의하여 정신적 고통도 회복된다고 보아야 할 것이다. 그러나 대형백화점의 세일과 같이 고도의 사회적 신뢰에 기하여 이루어지는 거래에 있어서 그 거래의 내용이 사회적 신뢰에 어긋나는 것일 때에는 거래의 상대방은 재산적 이익을 침해당하는 손해 이외에 그와 같은 고도의 신뢰를 침해당한 데에 따른 별도의 정신적 고통을 받게 된다 할 것인바 이러한 고도의 사회적 신뢰를 공유함으로써 그 사회의 구성원인 개인들이 누리는 안정감과 만족감 그리고 약간은 자랑스러워하는 마음 등은 법이 마땅히 보호하여야 할 인격적 법익에 해당한다 할 것이다. 따라서 이러한 인격적 법익을 침해한 불법행위자는 이로 인한 정신적 고통에 대한 손해도 따로 배상하여야 할 것이다.

이 사건에서 보면 원고들은 평소 피고등 백화점이 고도의 사회적 신뢰를 바탕으로 정찰제와 품질보증제를 시행하고 있는 것으로 알고 피고들의 할인특매에 관한 광고를 전적으로 믿고 거래하였는데 피고들이 표시한 가격이 실제보다 높여서 표시된 것으로 자기들이 구입한 상품이 자기들이 믿었던 가치보다 못하다는 사실을 알게 됨으로 인하여 백화점과의 거래에서 누리게 되는 안정감과 만족감 그리고 자랑스러워하는 마음 등이 무참히 훼손되었다 할 것이므로 이는 단순히 재산권의 침해에만 해당되지 아니하고 인격적 법익의 침해도 된다고 보아야 할 것이어서 이로 인하여 상당한 정신적 고통을 받았을 것임은 경험칙상 명백하다 할 것이다(설사 사기로 인한 피해법익이 재산적 법익에 지나지 아니하여 원고들의 정신적 고통에 대한 위자료가 특별손해에 해당한다 하더라도 앞에서 든 증거들에 변론의 전취지를 종합하면 원고들은 피고들의 위와 같은 변칙사기 세일로 인하여 백화점과의 거래에서 누리게 되는 안정감 등이 훼손되어 정신적 고통을 받았고 피고들 또한 이를 예상할 수 있었던 사실을 인정할 수 있다). 따라서 피고들은 원고들의 위 정신적 고통을 금전지급으로나마 위자할 의무가 있다 할 것인바, 그 액수에 관하여 보건대 원고들이 위 각 상품을 구입한 가격, 할인율과 원고들의 직업, 신분관계 등이 사건 변론에 나타난 여러 사정을 참작하면, 피고들은 그 위자료로서 원고들에게 별지 구매내역 및 위자료표의 위자료란 기재의 각 금액을 지급함이 상당하다 할 것이다.

(이하 생략)

[판결 4]에 관하여 생각할 점

1. 이 판결이 밝히고 있듯이 일반적으로 타인의 불법행위로 인하여 재산권이 침해된 경우에는 그 재산적 손해의 배상에 의하여 정신적 고통도 회복된다고 보아야 한다는 것이 대법원 판례의 태도이다(대판 1989.8.8, 88다카27249 등). 그러한 태도에 비추어 볼 때 이 판결은 어떻게 이해할 수 있는가? 참고로 재산권 침해에 대해 재산적 손해배상 이외에 위자료를 인정한 사례로 대판 1991.6.11, 90다20206(건물의 파손, 균열), 대판 1995.5.12, 94다25551(임야의 훼손) 참조.

2. 이 사건에서 원고들이 백화점이 아니라 할인마트에서 동일한 내용의 기망을 당하였다면 결론이 달라졌을까?

3. 이 사건의 원고들은 총 52명이었다. 서울고등법원은 이들을 세 그룹으로 나눈 뒤 피고에게 각 그룹별로 100,000원, 50,000원, 10,000원의 위자료 지급을 명하였다.

   (1) 이들의 위자료 지급액이 달라지게 된 이유는 무엇일까?

   (2) 같은 위자료를 지급받은 자들은 과연 "정신적 고통"의 크기가 똑같았을까? 사람들이 주관적으로 느끼는 정신적 고통의 천차만별성과 위자료의 정액지급은 어떻게 조화롭게 설명될 수 있는가?

   (3) 이와 관련하여 "위자료의 액수를 정함에 있어서는 피해자들 상호 간의 형평도 중요하게 고려하여야 할 것"이라고 판시한 대판(전) 2013.5.16, 2012다202819도 읽어보라.

Ⅲ. 손해배상액의 조정

1. 과실상계

(1) 채무불이행에 관하여 채권자에게 과실이 있는 경우에 손해배상책임의 유무 및 그 내용(배상액)을 정함에 있어서 이를 참작하는 것을 과실상계라고 한다(제396조). 이는 제763조에 의하여 불법행위에도 준용된다. 과실상계는 실제로는 채무불이행보다는 불법행위에서 더욱 빈번하게 문제된다. 과실상계는 개별적인 사안에 존재하는 제반 사정을 융통성있게 고려하여 당사자간에 손해를 공평하게 분담시키는 조정적 기능을 가진다. 민법 Ⅰ(계약법) 제5편 제2장에서 이미 과실상계에 관하여 다루었으므로 이에 대한 일반적인 설명은 생략한다. 다만 불법행위와 관련하여 중요한 의미를 가지는 몇 가지 점만 언급하면 다음과 같다.

(2) 여기서의 과실은 불법행위의 성립요건으로서의 과실과는 다른 의미를 가진다. 불법행위의 성립요건으로서의 과실은 타인에 대한 법적 주의의무에 위반하는 것을 전제로 하지만, 과실상계에 있어서의 과실은 자신에 관한 일을 처리하는데 있어서 사회관념상 일반적으로 요구되는 주의를 게을리한 것도 포함한다. 판례는 이를 "불법행위에 있어 손해액을 정함에 참작하는 피해자의 과실, 즉 과실상계에 있어서의 과실은 가해자의 과실과 달리 사회통념이나 신의성실의 원칙에 따라 공동생활에 있어 요구되는 약한 의미의 부주의"라고 한다.[46] 예를 들어 자동차에서 안전띠를 착용하지 않는 것은 자신의 안전에 관한 것으로서 이를 게을리하였다고 하여 불법행위 성립요건으로서의 과실이 있다고 할 수 없지만, 이로 말미암아 차량사고로 인한 자신의 피해가 커졌다면 이는 과실상계의 사유가 된다.[47]

(3) 피해자의 부주의를 이용하여 고의로 불법행위를 저지른 자가 바로 그 피해자의 부주의를 이유로 자신의 책임을 감하여 달라고 주장하는 것은 허용될 수 없는 것이 원칙이다.[48] 피해자의 부주의를 이용한 기망이나 횡령 등의

---

46) 예컨대 대판 2005.7.8, 2005다8125.
47) 대판 2009.7.9, 2008다91180.
48) 대판 1995.11.14, 95다30352; 대판 2005.10.7, 2005다32197.

영득행위(領得行爲)에서 과실상계가 불허되는 것이 대표적인 예이다. 이때 과실상계를 허용하면 그 범위 내에서 고의적 불법행위로 인한 이익을 가해자가 최종적으로 보유하게 되어 공평의 이념이나 신의칙에 반하는 결과를 가져오기 때문이다.[49] 한편 피해자의 부주의에 편승한 고의적 불법행위라고 하여 일률적으로 과실상계가 부정되는 것은 아니다. 해당 사안에서 가해자가 피해자의 부주의에 편승한 태양과 직접성, 그 부주의의 내용과 정도, 피해자의 부주의가 손해발생과 확대에 기여한 정도 등을 고려하면 여전히 피해자에게 어느 정도의 손해를 분담시키는 것이 타당한 경우가 있을 수 있고, 이러한 경우에는 과실상계에 의한 책임제한도 가능하다.[50] 또한 불법행위자 중의 일부에게 그러한 사유가 있다고 하여 그러한 사유가 없는 다른 불법행위자까지도 과실상계의 주장을 할 수 없는 것은 아니다.[51]

　　(4) 피해자 본인의 과실이 아니더라도 신분상의 관계를 고려하여 실질적으로 피해자와 동일시할 수 있는 자의 과실이 있다면 이를 피해자의 과실로 고려한다(이른바 「피해자측의 과실이론」). 판례 가운데에는 감독의무자인 부모,[52] 또는 일정한 친족[53]의 과실을 피해자의 과실로 인정한 것이 있고, 다방종업원이 피해자인 경우 다방주인의 과실은 피해자의 과실로 인정하지 않은 것이 있다.[54]

　　(5) 과실상계 사유의 존부는 당사자의 주장 유무에 구애받지 않고 법원이 직권으로 심리·판단할 사항이다. 만일 피해자의 과실이 있는데도 당사자의 주장이 없다는 이유로 이를 손해배상책임의 존부나 범위를 정하는 데에 참작하지 않았다면 위법하다. 법원은 과실상계를 통해 손해배상책임을 면제할 수도 있고 그 배상액을 감경할 수도 있다. 과실상계 사유에 관한 사실인정이나 그 비율은 사실심 법원이 합리적인 재량권을 행사하여 정하는 것이나, 그것이 형

---

49) 대판 2007.10.25, 2006다16758, 16765.
50) 대판 2007.10.25, 2006다16758, 16765(대우전자가 허위로 작성, 공시한 재무제표를 믿고 주식을 취득한 원고들이 대우전자와 그 이사들 및 회계법인을 상대로 제기한 손해배상청구소송에서, 원고들이 주식을 취득할 당시 이미 대우전자의 자금사정이나 재무상태에 문제가 있다는 사정이 어느 정도 알려졌는데도 무모하게 피고 대우전자의 주식을 취득하였고, 그 이후 허위공시사실이 밝혀져 주가가 계속 하락하였는데도 주식매도를 늦추어 손해가 확대되었다는 이유로 과실상계를 한 원심의 판단을 지지).
51) 대판 2007.6.14, 2005다32999; 대판 2010.8.26, 2010다37479.
52) 대판 1969.9.23, 69다1164.
53) 형의 과실을 참작한 대판 1991.11.12, 91다30156.
54) 대판 1998.8.21, 98다23232.

평의 원칙에 비추어 현저히 불합리하다고 인정된다면 위법하다.[55] 특히 가해자의 손해배상책임 면제는 신중하게 판단해야 한다.[56]

형사재판과 달리 법원의 재량이 개입할 여지가 적은 민사재판에서도 손해배상청구소송(특히 교통사고나 산업재해소송)에 있어서 과실상계비율을 어떻게 정하는가는 위자료 산정과 함께 결론에 상당한 영향을 미칠 수 있는 재량적 판단대상이다. 따라서 재판실무에서는 교통사고와 같이 과실상계가 일반적·정형적으로 빈번하게 문제되는 사안유형을 중심으로 예측가능한 과실상계의 판단기준을 정립하기 위한 노력을 기울이고 있다.

(6) 손해의 공평한 분담을 지향하는 과실상계는 본래의 적용범위를 넘어서 피해자에게 아무런 귀책사유가 없는 경우에 유추 적용되기도 한다. 판례는 가해행위와 피해자측의 요인이 경합하여 손해가 발생하거나 확대된 경우에는 그 피해자측의 요인이 체질적인 소인 또는 질병의 위험도와 같이 피해자측의 귀책사유와 무관한 것이라고 할지라도, 그 질환의 태양·정도 등에 비추어 가해자에게 손해의 전부를 배상하게 하는 것이 공평의 이념에 반하는 경우에는, 법원은 손해배상액을 정하면서 과실상계의 법리를 유추 적용하여 그 손해의 발생 또는 확대에 기여한 피해자측의 요인을 참작할 수 있다고 한다.[57]

2. 손익상계

(1) 채무불이행으로 인한 손해배상에 있어서와 마찬가지로 불법행위의 경우에도 손익상계가 행하여진다. 즉 불법행위로 인하여 피해자가 얻은 이익은 손해배상에서 공제되어야 한다. 민법은 이에 관하여 명문의 규정을 두고 있지 않다. 하지만 손해배상의 목적은 피해자의 손해회복에 있는 것이므로 이를 넘어서서 피해자가 부당한 이득을 얻게 하는 것까지 허용하는 것은 아니다. 손익상계는 이와 같이 손해배상의 목적으로부터 도출되는 것으로서 명문의 규정과

---

55) 대판 1983.12.27, 83다카1389; 대판 1998.9.4, 96다11440 등.

56) 대판 2014.11.27, 2011다68357에서는 불법행위로 인한 피해자의 손해가 실질적으로 전부 회복되었거나 손해를 전적으로 피해자에게 부담시키는 것이 합리적이라고 볼 수 있는 등의 특별한 사정이 없는 한 가해자의 책임을 함부로 면제하여서는 아니 된다고 한다.

57) 대판 1998.7.24, 98다12270; 대판 2000.1.21, 98다50586 등. 한편 대법원은 과실상계의 적용 또는 유추 적용을 뛰어넘어 손해분담의 공평이라는 손해배상제도의 이념에 비추어 손해배상액을 제한하는 데까지 나아가고 있다. 대판 2004.12.10, 2002다60467, 60474; 대판 2005.10.28, 2003다69638 참조.

관계없이 당연히 인정된다.

(2) 손익상계에 관하여 어려운 문제는 과연 피해자가 얻은 이득이 불법행위로 인한 것인가 하는 점이다. 판례는 "불법행위와 상당인과관계에 있는 이익"이 공제의 대상이라고 한다.58)

가해행위로 인해 손해가 발생함과 동시에 다른 별도의 원인이 개입함이 없이 피해자에게 일정한 이득이 발생하였다면 이는 손익상계의 대상이 된다. 예컨대 민법 제673조에 따라 수급인이 일의 완성 전에 계약을 해제하고 손해를 배상하는 경우, 그 해제로 인하여 아끼게 된 도급인의 노력을 달리 사용하여 얻거나 얻을 수 있었던 소득, 그리고 준비하였으나 사용하지 않게 된 재료를 사용 또는 처분하여 얻을 수 있는 대가 상당액은 공제되어야 한다.59) 근로기준법이나 산업재해보상보험법, 공무원연금법 등 사회보장제도에 따른 급여 중 실질적으로 손해전보를 목적으로 지급되는 급여도 손해배상액에서 공제되어야 한다.60)

반면 교통사고의 피해자인 원고가 사고로 상해를 입은 후에도 계속 근무하여 종전과 같이 지급받은 보수,61) 이사가 회사에 대한 임무를 해태하여 회사가 보유하던 주식을 저가에 매도하여 회사에 손해를 발생시킨 경우 저가매도로 인하여 절감된 법인세,62) 불법행위의 피해자가 된 자에게 사용자가 지급한 위로금 또는 보험회사에서 지급한 상해보험금, 불법행위의 피해자가 된 자에게 보험회사가 불법행위를 손해보험의 보험사고로 하여 지급한 손해보험금,63) 일조방해의 원인이 된 아파트 건축으로 인하여 피해 토지의 지가가 상승한 경우 그 지가 상승분64) 등은 손익상계대상이 아니다.

(3) 불법행위로 인한 손해액을 산정함에 있어서는 과실상계를 한 다음 손익상계를 해야 한다는 것이 판례의 원칙적인 태도이다.65) 손익상계는 배상대상인 손해와 공제대상인 이익 사이의 상쇄를 통하여 행한다. 이를 위해서는 배상

---

58) 대판 2002.10.11, 2002다33502 등.
59) 대판 2002.5.10, 2000다37296(다만 이는 불법행위에 관한 사안은 아니다).
60) 대판 1981.10.13, 80다2928; 대판 2001.9.25, 2000다3958; 대판 2007.12.13, 2007다54481 등.
61) 대판 1992.12.22, 92다31361.
62) 대판 2005.10.28, 2003다69638.
63) 대판(전) 2015.1.22, 2014다46211.
64) 대판 2011.4.28, 2009다98652.
65) 대판 1996.1.23, 95다24340.

대상인 손해를 확정해야 하는데, 이를 확정하려면 피해자가 스스로 부담할 부분, 즉 과실상계비율에 따른 손해분담부분을 먼저 확정해야 하기 때문이다. 다만 국민건강보험법이나 산업재해보상보험법에 따른 보험급여가 이루어진 경우에는 그 보험급여액을 먼저 공제하고 과실상계를 해야 한다는 것이 판례의 태도이다.[66]

3. 배상액 경감청구

민법 제765조는 고의, 중과실에 의하지 않은 불법행위에 있어서 배상으로 인하여 배상자의 생계에 중대한 영향을 미칠 경우 그 배상의무자는 법원에 배상액의 경감을 청구할 수 있게 하고, 법원은 채권자 및 채무자의 경제상태와 손해의 원인 등을 참작하여 배상액을 경감할 수 있게 한다. 「실화책임에 관한 법률」 제3조도 민법 제765조에 대한 특칙으로서의 성격을 가진다.

그러나 민법 제765조에 관한 대법원 판례는 거의 없고, 그나마 모두 배상액 경감청구를 부정한 사례들이다.[67] 이러한 이유 때문인지 이 조항은 재판실무에서 거의 활용되지 않고 있는 듯하다. 그러나 가해자의 귀책사유 정도와 관계없이 불법행위로 인한 손해액이 매우 큰 사안들이 늘어나는 현대 사회에서 민법 제765조의 손해배상 조정기능은 과소평가할 수 없다.

4. 손해분담 공평의 원칙에 따른 감액

판례는 더 나아가 손해분담의 공평이라는 손해배상제도의 이념에 비추어 법원이 재량에 따라 손해배상액을 감액할 수 있는 길을 열어놓고 있다.[68] 이는 주로 이사나 감사의 책임제한과 관련해서 발견되어 왔으나,[69] 그 이외에 다양한 영역에서 발견되고 있다.[70] 최근에는 노동쟁의 사안의 특수성을 고려하여

---

66) 대판(전) 2021.3.18, 2018다287935; 대판(전) 2022.3.24, 2021다241618.
67) 대판 1962.9.20, 62다428; 대판 1963.6.20, 63다242; 대판 1966.3.15, 65다2637; 대판 1970.4.14, 69다1580; 대판 1995.2.17, 94다34234.
68) 대판(전) 2008.9.18, 2006다49789.
69) 대판 2014.4.10, 2012다82220; 대판 2015.5.14, 2014다206624.
70) 대판 2006.6.9, 2004다24557은 수탁자가 부동산 신탁사업을 수행하다가 예측하지 못한 경제상황의 변화로 사업을 중단함으로써 위탁자가 막대한 신탁비용채무를 부담하게 된 경우, 신의칙과 손해의 분담이라는 관점에서 상당하다고 인정되는 한도로 수탁자의 비용상환청구권의 행사를 제한할 수 있다고 한다. 대판 2008.3.27, 2006다7532, 7549도 同旨.

예외적으로 조합원별로 책임제한의 정도를 개별적으로 달리 평가할 수 있다는 점을 설시한 판결이 선고되기도 하였다.[71]

대법원은 이사나 감사가 회사에 대하여 부담하는 손해배상책임의 범위와 관련해서, "당해 사업의 내용과 성격, 당해 이사나 감사의 임무위반의 경위 및 임무위반행위의 태양, 회사의 손해 발생 및 확대에 관여된 객관적인 사정이나 그 정도, 평소 이사나 감사의 회사에 대한 공헌도, 임무위반행위로 인한 당해 이사나 감사의 이득 유무, 회사의 조직체계의 흠결 유무나 위험관리체제의 구축 여부 등 제반 사정을 참작하여 손해분담의 공평이라는 손해배상제도의 이념에 비추어 그 손해배상액을 제한"할 수 있다고 판시하여 왔다.[72] 이는 이사 등 개인에게 의사결정에 참여하였다는 사정만으로 천문학적인 규모의 손해배상책임을 지우는 것이 구체적 타당성을 결여하는 경우도 있다는 점 및 이러한 과도한 책임의 부과가 이사진의 경영판단을 위축시킬 위험성도 있다는 점을 고려한 것으로 보인다.

그런데 이러한 책임제한법리는 아마도 신의칙의 적용 또는 과실상계 규정의 유추 적용을 염두에 둔 것으로 보이나, 이를 직접적으로 뒷받침할 명문의 규정은 없어 논란의 여지가 남아 있다. 법원에 의한 일반적인 손해배상책임 제한의 문제는 궁극적으로는 입법으로 해결하는 것이 바람직하다. 하지만 입법이 이루어지지 않을 때에는 어떻게 해야 하는가? 법원의 위와 같은 태도는 적어도 법원이 구체적 사건을 해결함에 있어서 필요한 입법이 지체되고 있을 때에는 법원이 유연하게 법형성을 할 수도 있다는 점을 내비친 것으로 이해할 수 있다. 이러한 "권리구제" 영역에서의 법형성은 불법행위의 효과로서 금지청구권을 인정한 결정[73]에서도 찾아볼 수 있다.

한편 위임에 관해서는 대판 2002.4.12, 2000다50190 참조.

71) 대판 2023.6.15, 2017다46274, 2018다41986.
72) 대판 2004.12.10, 2002다60467, 60474; 대판 2005.10.28, 2003다69638; 대판 2006.12.7, 2005다34766, 34773; 대판 2007.11.30, 2006다19603; 대판 2018.10.25, 2016다16191; 대판 2019.5.16, 2016다260455 등.
73) 대결 2010.8.25, 2008마1541.

Ⅳ. 손해배상액 산정의 실례

우리 재판실무는 손해삼분설에 의거하여 손해배상청구의 소송물을 적극적 손해, 소극적 손해, 정신적 손해의 세 가지로 분류한다. 손해액도 이 틀에 기초하여 산정한다.

(1) 소극적 손해, 즉 일실수익에 대하여 살펴보자. 일실수익을 산정하기 위해서는 소득, 가동연한, 노동능력상실률이라는 세 가지 요소가 필요하다.

첫째, 사고 당시의 소득을 산정해야 한다.[74] 급여소득자의 소득은 일반적으로 근로소득세 원천징수영수증이나 임금지급대장 등 객관적인 급여자료에 기하여 인정한다. 그러한 자료가 없다면 임금구조기본통계조사보고서 등 통계자료를 기준으로 추정소득을 인정한다. 사업소득자는 자료에 나타난 총 수익금 중 자산소득과 경비를 제외한 순소득을 소득으로 인정한다. 하지만 사업소득자의 순소득에 대한 자료는 불충분한 경우가 많다. 정확한 세금신고가 이루어지지 않는 경향도 있다. 따라서 사업소득을 제대로 확정하기 어려울 수도 있다. 이때에는 그 사업체의 규모, 경영실적 등을 참작하여 피해자와 같은 경력을 가진 사람을 고용하는 경우의 보수상당액, 즉 대체고용비를 심리하는 방법을 활용한다. 또한 임금구조기본통계조사보고서에 따른 추정통계소득을 토대로 소득을 인정하기도 한다.[75]

사고 당시 소득이 없었다면 일용보통노임에 해당하는 소득을 인정한다. 일용보통노임은 특별한 전문지식이나 기술이 없어도 종사할 수 있는 일용노동에 따른 평균적인 1일 소득이다. 일용보통노임은 도시지역과 농촌지역에 따라 달라지는데, 도시지역 일용보통노임은 대한건설협회가 매년 2차례 발행하는 건설업 임금실태 조사보고서, 농촌지역 일용보통노임은 농업협동조합중앙회가 매월 발행하는 농협조사월보상 통계에 의하는 것이 실무례이다. 어느 지역에 속하는가는 피해자의 거주지에 따라 결정한다. 소득이 없는 사람도 일용보통노임에 해당하는 소득을 인정하여 주므로, 일반일용노임은 일종의 소득최하한선에

---

74) 소득은 사고 당시를 기준으로 하되 장차 그 소득이 증가할 것이 확실하게 예측되면 이 역시 포함시켜야 한다. 대판(전) 1989.12.26, 88다카6761 참조.
75) 다만 이는 피해자의 수입이 주로 사업주 개인의 노무에 의존하고 있어 자본적 수익이 미미한 경우에 가능한 것이다. 대판 1995.6.29, 95다10471 참조.

해당한다.

둘째, 소득을 얻을 수 있는 기간, 즉 가동연한을 확정해야 한다. 가동연한을 확정하려면 가동개시연령과 가동종료연령을 확정해야 한다. 가동개시연령은 원칙적으로 성년이 되는 만 19세부터이고, 가동종료연령은 직종별로 다르다. 직종별 가동종료연령은 대체로 판례와 실무기준에 의하여 정립되어 있다. 예컨대 다방종업원은 35세가 될 때까지,[76] 골프장 캐디는 35세가 끝날 때까지,[77] 프로야구 선수(투수)는 40세가 될 때까지,[78] 보험모집인은 60세가 될 때까지,[79] 의사나 한의사는 65세가 될 때까지,[80] 법무사나 변호사는 70세가 될 때까지[81] 일하면서 소득을 얻을 수 있는 것으로 본다. 물론 이는 절대적 기준이 아니지만 특별한 사정이 없으면 존중된다. 일반 일용노동자의 가동종료연령은 종래 만 60세로 보았으나, 대판(전) 2019.2.21, 2018다248909를 통해 가동종료연령이 만 65세로 상향 조정되었다.

셋째, 노동능력상실의 기간과 그 비율을 확정해야 한다. 노동능력상실의 기간은 영구후유장해가 발생한 경우에는 별 문제가 되지 않지만, 한시장해에서는 문제된다. 한편 노동능력상실률은 신체감정결과에 나타난 의학적 신체기능 장해율과 기왕증 등을 참고하여 법관이 경험칙에 따라 확정한다. 소득에 가동연한을 곱한 총소득에서 노동능력상실률을 곱하면 일실수익이 계산된다. 다만 손해배상소송의 원고는 사고가 없었더라면 평생에 걸쳐 벌었을 소득을 사고발생으로 인하여 미리 앞당겨서 한꺼번에 받는 이익을 누리는 것이므로 이러한 이익을 중간이자의 형태로 공제한 나머지 일실수익만 배상받게 된다.

(2) 다음으로 적극적 손해, 즉 적극적인 지출로 인하여 발생한 손해에 관하여 살펴보자. 적극적 손해에 해당하는 것으로 가장 많이 문제되는 것은 치료비이고, 그 이외에도 개호비, 장례비(사망사고시), 수리비(물적 손해가 발생한 경우), 기타 부대비용(진단서 비용, 통원시 교통비 등) 등을 들 수 있다. 이때 어떤 비용까지 불법행위와 상당인과관계가 있는가 하는 문제가 자주 등장한다. 예를

---

76) 대판 1991.5.28, 91다9596.
77) 서울고판 2002.9.11, 2002나24906.
78) 대판 1991.6.11, 91다7385.
79) 대판 2009.12.24, 2008다3460.
80) 대판 1993.9.14, 93다3158; 대판 1997.2.28, 96다54560.
81) 대판 1992.7.28, 92다7269; 대판 1993.2.23, 92다37642.

들어 피해자가 일반병실에 입원하지 않고 상급병실에 입원하여 발생하는 추가 치료비는 어떠한가?(대판 2010.11.25, 2010다51406 등에서는 원칙적으로 그 상당인과 관계를 부정한다). 또한 누구든 언젠가 사망하게 되는데, 사망에 따른 장례비는 과연 불법행위와 인과관계가 있는 것인가?(대판 1966.10.11, 66다1456은 위와 같은 항변은 받아들이지 않고 있다). 또힌 기왕증은 치료비에 어떻게 반영될 수 있는 것인가? 이러한 물음에 답해가며 적극적 손해액을 구체적으로 산정하게 된다.

(3) 정신적 손해를 판단하기에 앞서 법원은 과실상계와 손익상계를 행한 다. 이는 정신적 손해에 대하여는 과실상계와 손익상계가 허용되지 않는다는 입장에 기초한 것이다. 한편 과실상계를 손익상계에 앞서 행하는 것이 대법 원 판례의 원칙적인 태도라는 점은 앞서 설명하였다. 한편 정신적 손해의 발 생 여부와 액수는 법원의 재량에 상당 부분 달려 있다. 그러나 선례가 축적되 고 법리가 구체화되면서 이 부분에 대한 불명확성도 점차 해소되어 나가는 경 향이다. 특히 교통사고나 산업재해와 같은 정형적인 인신사고 소송에서 그러 하다.

V. 손해배상청구권의 소멸시효

불법행위로 인한 손해배상청구권은 피해자나 그 법정대리인이 그 손해 및 가해자를 안 날로부터 3년간 이를 행사하지 않으면 시효로 소멸한다(제766조 제1항). 불법행위를 한 날로부터 10년이 경과한 때에도 같다(제766조 제2항). 두 기간 중 어느 하나라도 도래하면 손해배상청구권이 소멸한다. 법문(法文)상 3 년의 기간이 시효기간이라는 점에는 이견이 없다. 10년의 성격에 관하여는 제 척기간인지, 시효기간인지에 대하여 견해가 갈리는데, 판례와 마찬가지로 이를 시효기간으로 파악해야 한다.[82] 또한 2021. 1. 26. 법률 제17905호로 시행된 개정 민법에서는 미성년자가 성폭력, 성추행, 성희롱, 그 밖의 성적(性的) 침해 를 당한 경우에 이로 인한 손해배상청구권의 소멸시효는 그가 성년이 될 때까 지는 진행되지 않는다는 조항을 신설하였다(제766조 제3항).

우리 판례는 손해전보라는 불법행위법의 본래 목적을 현실 속에서 타당성 있

---

[82] 대판 1993.7.27, 93다357; 대판 2000.4.7, 99다53742; 대판 2001.4.24, 2000다57856; 대판 2005.5.13, 2004다71881.

게 관철시키기 위해 시효기간의 기산점에 대해 유연한 해석론을 전개하고 있다.

　우선 3년의 시효기간의 기산점, 즉 "손해 및 가해자를 안 날"은 손해의 발생, 위법한 가해행위의 존재, 가해행위와 손해의 발생과의 사이에 상당인과관계가 있다는 사실 등 불법행위의 요건사실에 대하여 현실적이고도 구체적으로 인식하였을 때를 의미하고,[83] 그 가해행위가 불법행위인 것까지도 안 날을 의미한다.[84] 하지만 손해의 정도나 액수까지 구체적으로 알아야 하는 것은 아니다.[85] 법인의 경우에 손해 및 가해자를 안 날은 통상 대표자가 이를 안 날을 뜻한다.[86] 다만 법인의 대표자가 불법행위의 주체라면 법인의 이익을 정당하게 보전할 권한을 가진 다른 대표자, 임원 또는 사원이나 직원 등이 손해배상청구권을 행사할 수 있을 정도로 이를 안 때에 비로소 단기소멸시효가 진행된다고 해야 한다.[87] 손해 및 가해자를 안 날이 소멸시효의 기산점이 되려면 그 전제로서 가해자에 대한 손해배상청구권의 행사 가능성이 존재해야 한다.[88] 이 점에서 권리 행사가능성을 소멸시효 진행의 전제로 삼은 민법 제166조 제1항은 민법 제766조 제1항과도 연결된다.[89]

　한편 불법행위 당시 예견할 수 없었던 새로운 손해가 발생하거나 손해가 확대된 때에는 그러한 사유가 판명된 때 비로소 시효가 진행하고,[90] 계속적 불법행위에서 손해가 계속 발생하는 때에는 그 각 손해를 안 때로부터 별개로 시효가 진행한다.[91]

　또한 10년의 시효기간의 기산점, 즉 "불법행위를 한 날"은 가해행위가 있었던 날이 아니고 현실적으로 손해의 결과가 발생한 날을 의미한다는 것이 대법원의 태도이다.[92] 이는 가해행위와 이로 인한 현실적 손해의 발생 사이에 시

83) 대판 1999.9.3, 98다30735.
84) 대판 1978.10.31, 78다1611 등.
85) 대판 1992.4.14, 92다2011.
86) 대판 1998.11.10, 98다34126.
87) 대판 1998.11.10, 98다34126.
88) 대판 2011.11.10, 2011다54686.
89) 대판 1998.7.10, 98다7001.
90) 대판 1981.7.7, 80다2150; 대판 1988.12.27, 87다카2005; 대판 1995.2.3, 94다16359; 대판 2001.9.4, 2001다9496.
91) 대판(전) 1966.6.9, 66다615; 대판 1999.3.23, 98다30285; 대판(전) 2008.4.17, 2006다35865.
92) 대판(전) 1979.12.26, 77다1894, 1895.

간적 간격이 있는 불법행위의 경우에 의미가 있다.[93] 가령 대법원은 성범죄가 발생한 후 15년이 경과하였다가 가해자를 우연히 마주쳐서 외상 후 스트레스 장애 진단을 받게 된 경우 그 진단을 받은 때 비로소 불법행위로 인한 손해가 현실화되었다고 판시한 바 있다.[94] 이러한 해석론은 환경오염으로 인한 건강침해, 산업재해 사건 등 피해가 장기간 잠복해 있다가 발생하는 유형의 사고 피해자들을 구제하는 데에도 확장될 수 있다.[95] 이를 명문의 규정으로 수용한 법률도 있다. 제조물 책임법 제7조 제2항은 "이 법에 따른 손해배상의 청구권은 제조업자가 손해를 발생시킨 제조물을 공급한 날부터 10년 이내에 이를 행사하여야 한다. 다만 신체에 누적되어 사람의 건강을 해치는 물질에 의하여 발생한 손해 또는 일정한 잠복기간이 지난 후에 증상이 나타나는 손해에 대하여는 그 손해가 발생한 날부터 기산한다"라고 규정한다.

　　민법 제766조 제2항에 따른 장기소멸시효가 적용되지 않는 경우도 있다. 헌법재판소는 민법 제166조 제1항, 제766조 제2항 중「진실·화해를 위한 과거사정리 기본법」제2조 제1항 제3호의 '민간인 집단 희생사건', 같은 항 제4호의 '중대한 인권침해사건·조작의혹사건'에 적용되는 부분은 헌법에 위반된다는 결정을 선고하였다.[96] 따라서 이러한 사건에서 공무원의 위법한 직무집행으로 입은 손해에 대한 국가배상청구권에 대해서는 민법 제766조 제2항에 따른 장기소멸시효가 적용되지 않는다.[97]

　　한편 소멸시효 항변을 하는 것이 신의칙에 위반되거나 권리남용에 해당하여 허용될 수 없는 경우도 있다. 대법원은 "채무자가 시효완성 전에 채권자의 권리행사나 시효중단을 불가능 또는 현저히 곤란하게 하였거나 그러한 조치가 불필요하다고 믿게 하는 행동을 하였거나, 객관적으로 채권자가 권리를 행사할 수 없는 사실상의 장애사유가 있었거나, 일단 시효완성 후에 채무자가 시효를 원용하지 아니할 것 같은 태도를 보여 채권자로 하여금 그와 같이 신뢰하게

---

93) 대판 1990.1.12, 88다카25168; 대판 2011.9.29, 2008다16776; 대판 2017.11.9, 2013다26708.
94) 대판 2021.8.19, 2019다297137.
95) 가령 부실시공에 따른 하자가 잠복하여 있다가 화재와 결합하여 건물 붕괴로 이어진 경우 그 시효 기산점은 부실시공 완료 시점이 아니라 붕괴로 손해가 현실화된 시점이라고 한 대판 1998.5.8, 97다36613 참조.
96) 헌재 2018.8.30, 2014헌바148.
97) 대판 2019.11.14, 2018다233686.

하였거나, 채권자를 보호할 필요성이 크고 같은 조건의 그 채권자들 중 일부가 이미 채무의 변제를 수령하는 등 채무이행의 거절을 인정함이 현저히 부당하거나 불공평하게 되는 등의 특별한 사정이 있는 경우"에는 채무자가 소멸시효의 완성을 주장하는 것이 신의성실의 원칙에 반하여 권리남용으로서 허용될 수 없다고 한다.[98] 특히 국가의 과거 불법행위가 문제되어 국가를 상대로 손해배상청구를 하였는데 국가가 소멸시효 항변을 하는 맥락에서 이러한 문제가 대두되는 경우가 많았다.[99] 채무자의 소멸시효 항변이 신의칙에 위반되는 경우에도 채권자는 본래의 소멸시효 기간 전체의 이익을 누리는 것이 아니라 상당한 기간 내에 권리행사를 해야 한다. 판례는 특별한 사정이 없는 한 이는 민법상 시효정지의 경우에 준하여 단기간으로 제한되어야 하고, 특별한 사정이 있어 그 기간을 연장하는 것이 부득이한 경우에도 불법행위로 인한 손해배상청구의 경우에는 민법 제766조 제1항이 규정한 단기소멸시효기간인 3년을 넘을 수 없다고 한다.[100]

사안에 따라서는 소멸시효 항변을 받아들여 피해자의 손해배상청구를 기각하는 것이 도저히 수긍할 수 없는 불합리한 결론에 도달하는 경우도 있을 수 있다. 이때 신의칙을 원용하여 그러한 항변을 차단하는 것이 그러한 불합리함을 시정할 수 있는 최후적, 보충적 수단이 될 수 있음은 물론이다. 그러나 이는 시효기간의 기산점 해석이나 시효의 중단 등 소멸시효 제도의 틀 내에서 가급적 해결해야 하고, 너무 쉽게 신의칙을 끌어들여 사안을 해결하려는 태도는 경계해야 한다.[101]

---

98) 대판(전) 2008.9.18, 2007두2173; 대판 2010.6.10, 2010다8266 등 다수.
99) 대판 2002.10.25, 2002다32332; 대판 2008.5.29, 2004다33469; 대판 2011.1.13, 2009다103950; 대판(전) 2013.5.16, 2012다202819; 대판 2013.8.22, 2013다200568; 대판 2013.9.26, 2013다206429; 대판 2013.12.26, 2013다212646 등.
100) 대판(전) 2013.5.16, 2012다202819; 대판 2013.8.22, 2013다200568 등.
101) 대판(전) 2008.9.18, 2007두2173 중 대법관 양승태의 반대의견 "신의칙과 권리남용금지의 원칙이 우리 민법의 대원칙이라면 그 원칙은 당연히 입법 과정에서도 반영되었다고 보아야 하므로, 그러한 입법 과정을 거친 실정법의 개별적 조항에 의해 명백히 인정되는 권리 의무의 내용을 위 원칙을 이유로 쉽게 변경하는 것은 심각한 법체계의 혼란을 초래하여 법의 권위와 법적 안정성에 대한 큰 위협이 될 수 있다. 따라서 신의칙의 직접 적용에 의해 실정법의 운용을 사실상 수정하는 기능은, 비록 그 목적이 성문법의 무차별적이고 기계적인 적용에 의하여 발생하는 불합리한 결과를 방지하기 위한 것이라 하여도 형평의 원칙상 신의칙의 적용이 불가피하고 법의 정신이나 입법자의 결단과 모

[판결 5] "불법행위를 안 날"의 의미: 대판 2001.1.19, 2000다11836

　　가해행위와 이로 인한 현실적인 손해의 발생 사이에 시간적 간격이 있는 불법행위에 기한 손해배상채권에 있어서 소멸시효의 기산점이 되는 불법행위를 안 날이라 함은 단지 관념적이고 부동적인 상태에서 잠재하고 있던 손해에 대한 인식이 있었다는 정도만으로는 부족하고 그러한 손해가 그 후 현실화된 것을 안 날을 의미한다고 할 것이다(대법원 1992.12.8. 선고 92다29924 판결 등 참조).

　　원심은 내세운 증거를 종합하여, 그 판시와 같은 사실을 인정하고 나서, 그 인정 사실에 의하면, 이 사건 사고 당시 피고는 만 2세 남짓된 유아로서 좌족부의 성장판을 다쳐 의학적으로 피고의 뼈가 성장을 멈추는 만 18세가 될 때까지는 위 좌족부가 어떻게 변형될지도 모르는 데다가 그 변형이 고정되어야 장해 정도 및 추가 수술 여부를 알 수 있는 상태였고, 또한 그 성장기간 동안에 변형의 추이를 잘 관찰하여 거기에 합당한 치료방법을 강구하여야 함은 물론 위 좌족부의 변형이 고정된 이후에 추가적 수술을 시행함으로써 위 장해 회복이라는 치료 효과를 극대화할 수 있으며, 그 이전에는 위 후유장해로 인한 장래의 손해의 정도는 물론 그 손해 발생 자체도 불확실하여 피해자 및 가해자측, 나아가 담당의사 조차도 이를 예상하기 어려웠던 점, 피고의 법정대리인인 000는 이 사건 사고 직후 수술을 받고 퇴원할 당시 또 그 이후에 치료를 받으러 가서도 담당의사로부터 위와 같은 취지의 설명을 듣고서 그에 따라 피고의 성장기 동안 좌족부의 변형 상태를 관찰하고 그 이상 정도에 맞추어 병원을 찾아 진찰을 받아오던 중 피고가 고등학교 1학년에 재학 중이던 1998년 1월경에 이르러 담당의사에게 진찰을 받은 결과 피고의 좌족부 변형이 고정되어 이제는 추가로 성형외과 또는 정형외과 수술을 하면 어느 정도 기능이 회복될 수 있으나 그렇게 하고도 위 좌족부에 상당한 후유장해가 남는 것으로 판명되었고, 이에 따라 위 000는 원고 회사에 그 치료비 등 손해배상을 요구하게 된 사실을 알 수 있다고 하여, 이 사건 사고로 인한 피고의 손해는 그 동안 부동적인 상태에 있다가 1998년 1월경에 비로소 피고의 좌족부 변형에 따른 후유장해의 잔존 및 그 정도 등을 가늠할 수 있게 현실화됨으로써 그때서야 피고의 법정대리인인 위 000도 위와 같이 현실화된 손해를 구체적으로 알게 되었다고 봄이 상당하여 피고의 이 사건 손해배상청구권의 소멸시효의 기산점은 위 1998년 1월경이라는 이유로, 그 이전에 손해배상청구권이 소멸되었음을 전제로 한 원고의 이 사건 청구를 받아들이지 아니하였다.

　　순되지 않는 범위 안에서만 허용되어야 한다." 참조.

앞서 본 법리를 전제로 하여 관련 증거를 기록에 비추어 살펴보면, 원심의 위와 같은 사실인정과 판단은 정당한 것으로 수긍할 수 있고, 거기에 상고이유에서 주장하는 바와 같은 채증법칙 위반, 심리미진 내지는 소멸시효의 기산점에 관한 법리오해의 위법이 있다고 할 수 없다.

[판결 5]에 관하여 생각할 점

1. 민법 제766조 제2항의 "불법행위를 한 날"과 제1항의 "손해를 안 날" 사이에는 어떠한 차이가 있는가? 법원이 가해행위와 손해 발생 사이에 시간적 간격이 있는 불법행위에서 소멸시효의 기산점을 후자로 늦추는 이유는 무엇인가?

2. 이와 유사한 맥락에서 대법원은 일정한 경우 불법행위의 가해자가 소멸시효 주장을 하는 것은 신의칙에 반하여 허용되지 않는다고 판시한다. 이른바 거창사건으로 인한 희생자와 그 유족들이 국가를 상대로 제기한 손해배상청구소송에서, 국가가 소멸시효 완성의 항변을 하는 것이 신의칙에 반하지 않는다고 한 대판 2008.5.29, 2004다33469 및 정당한 사유 없이 즉결처분에 의하여 국군장교를 총살한 뒤 마치 고등군법회의에서 사형판결을 선고받은 것처럼 판결문을 위조하고 이에 관한 사형집행기록도 위조하는 등 사건의 진상을 은폐, 조작하다가 뒤늦게 진위에 의심을 품고 법원의 재심판결을 받아낸 유족이 국가를 상대로 제기한 손해배상청구소송에서 역시 국가의 소멸시효 항변을 신의칙에 반한다고 한 대판 2008.9.11, 2006다70189 비교 참조.

3. 이와 관련해서 대판 2010.2.11, 2009다79897도 참고하라. 이 사건에서 대법원은, 원고가 피고로부터 간음을 당할 당시 만 15세로서 미성년자이던 경우, 그 법정대리인이 원고의 피해사실 및 그 가해자를 알았다고 볼 만한 증거가 없으므로, 원고가 성년이 되는 시점까지 손해배상청구권의 소멸시효가 진행되지 않는다고 판단한 원심 판결을 유지하였다. 이러한 취지는 현행 민법 제766조 제3항에 반영되어 있다.

I. 공동불법행위

1. 의   의

불법행위는 1인의 가해자에 의하여 단독으로 행하여지기도 하지만, 수인에 의하여 공동으로 행하여지는 경우도 많다. 민법 제760조는 이에 관하여 협의(狹義)의 공동불법행위, 가해자 불명의 공동불법행위, 교사나 방조에 따른 공동불법행위의 세 가지 공동불법행위 유형을 정하면서, 이 경우 가해자들은 피해자에게 연대배상책임을 진다고 규정한다.

공동불법행위는 다수인들이 불법행위에 관여하는 것이므로 그 요건 면에서는 각자의 행위가 공동불법행위의 성립에 어떤 의미를 가지는지가 문제 되고, 그 효과 면에서는 피해자에 대한 대외적 관계(연대책임의 문제) 및 공동불법행위자 상호간의 대내적 관계(내부적 책임분담의 문제) 등의 특수한 쟁점들이 문제 된다.

2. 공동불법행위의 세 가지 유형

(1) 협의의 공동불법행위

수인이 공동의 불법행위로 타인에게 손해를 가한 때에는 연대하여 그 손해를 배상할 책임이 있다(제760조 제1항).[1] 이와 같이 수인이 공동으로 불법행

---

[1] 판례에 따르면 공동불법행위를 이유로 손해배상책임을 인정하기 위하여는 먼저 행위자 각자의 고의 또는 과실에 기한 행위가 공동으로 행하여졌다는 점이 밝혀져야 한다. 대판

위를 행한 경우를 고유한 의미의 공동불법행위 내지 협의(俠義)의 공동불법행위라고 한다.

여기에서 문제되는 것은 행위의 「공동성」이다. 무엇이 공동의 불법행위인가? 이에 관하여는 주관적 공동행위설과 객관적 공동행위설이 주장된다. 주관적 공동행위설은 행위의 공동성을 가해자 사이의 공모나 공동의 인식 등 주관적 의사연락 내지 의사의 공통으로 파악한다. 반면 객관적 공동행위설은 이러한 주관적 의사공통을 요구하지 않고, 객관적으로 행위 간에 관련성이 있으면 공동불법행위가 성립할 수 있다고 이해한다.

주관적 행위공동설은 가해자의 유책성을 중시한다. 공동불법행위가 성립하는 이유를 명확하게 제시하지만, 공동불법행위 성립 범위는 좁아지므로 피해자에게 불리한 측면이 있다. 객관적 공동행위설은 피해자의 보호를 중시한다. 객관적 공동이 무엇인가라는 어려운 문제를 남기지만, 공동불법행위 성립 범위가 넓어지므로 피해자에게 유리한 측면이 있다. 문언상 "공동"은 어느 쪽으로든 해석될 가능성이 있다. 그러므로 어느 입장을 취할 것인가는 가해자의 유책성과 피해자 보호 중 어느 쪽에 더욱 중점을 둘 것인가 하는 문제로 환원된다.

판례는 "수인이 공동하여 타인에게 손해를 가하는 민법 제760조 제1항의 공동불법행위가 성립하려면 각 행위가 독립하여 불법행위의 요건을 갖추고 있으면서 객관적으로 관련되고 공동하여 위법하게 피해자에게 손해를 가한 것으로 인정되어야 한다"라고 판시하여 객관적 공동행위설을 취한다.[2] 객관적 공동행위설에 따르면 주관적 공동행위설에 따를 때보다 행위 공동성의 범위가 넓어진다. 가령 택시와 버스가 연이어 동일한 행인을 충격한 경우, A 차량 운전자가 행인을 충격하여 넘어져 있는 상태에서 B 차량 운전자가 다시 그 행인을 충격[3]한 경우를 생각해 보자. 이때 두 운전자들 사이에는 공모나 공동의 인식과 같은 주관적 의사공통은 존재하지 않으므로 주관적 공동행위설에 따를 때에는 이를 공동불법행위라고 할 수 없다. 하지만 두 운전자들의 충격행위 사이에 객관적 관련성은 존재하므로 객관적 공동행위설에 따른다면 공동불법행위가 성립한다.

2008.4.24, 2007다44774 참조.

2) 대판 1998.2.13, 96다7854 등 다수.

3) 대판 1998.6.12, 96다55631; 대판 1998.10.20, 98다31691 등 다수.

객관적 공동행위설에 따르면 현실에서 일어나는 대부분의 공동불법행위는 협의의 공동불법행위에 해당한다. 그러므로 현실에서 민법 제760조 제1항이 적용되는 공동불법행위의 모습은 매우 다양하게 나타난다. 가령 외주제작사가 타인의 초상권을 침해하여 무단촬영한 장면을 방송사업자가 별도의 조치 없이 그대로 방송한 경우 외주제작사와 방송사업자,[4] 초등학교 내에서의 집단 괴롭힘으로 학생이 자살한 경우 부모들과 지방자치단체,[5] 동시에 또는 거의 같은 시기에 건축된 복수의 가해 건물들에 의하여 일조권이 침해된 경우 각 가해건물의 건축자들,[6] 도로교통법상 주차금지구역인 도로의 75% 정도를 차지한 채 불법주차되어 있던 차량을 5일간 방치한 경우 불법주차자와 도로관리자인 지방자치단체,[7] 교통사고 피해자가 치료를 받던 중 의료사고로 증상이 악화된 경우 교통사고 및 의료사고의 각 가해자[8] 등은 모두 판례에 의하여 공동불법행위자로 인정된 사례들이다.

이는 수개의 불법행위가 단일한 손해의 결과를 발생시키고,[9] 그 행위 사이에 "객관적 관련성"이 인정되어야 공동불법행위가 인정되고, 그렇지 않으면 각 행위는 별개의 불법행위를 구성할 뿐이다. 이때에는 민법 제760조 제2항이 적용될 수는 있을지언정 제1항은 적용되지 않는다. 그렇다면 구체적으로 어떤 경우에 "행위 간의 객관적 관련성"이 인정되는 것인가? 이는 피해자에 대한 연대책임을 부과하는 민법 제760조 제1항의 적용 범위를 정하는 의미를 가진다. 이를 판단하는 기준은 획일적으로 제시될 수는 없고 사건에 나타난 세부적이고 구체적인 사정들을 종합하여 사안별로 판단하는 수밖에 없다. 아래 판결도 그 하나의 예이다.

---

4) 대판 2008.1.17, 2007다59912.
5) 대판 2007.4.26, 2005다24318.
6) 대판 2006.1.26, 2005다47014.
7) 대판 2002.9.27, 2002다15917.
8) 대판 1997.8.29, 96다46903.
9) 따라서 각 행위가 각각 다른 결과를 발생시킨 경우에는 공동불법행위가 성립하지 않는다. 대판 1998.2.13, 96다7854.

[판결 1] 행위공동성을 부정한 사례: 대판 1998.2.13, 96다7854

1. 피고 대한적십자사의 상고이유를 본다.

가. 피고 대한적십자사의 혈액 채혈, 공급시의 주의의무

혈액관리법의 관련 규정에 따라 혈액원을 개설하여 수혈 또는 혈액제제의 제조에 필요한 혈액을 채혈·조작·보존 또는 공급하는 업무는 성질상 전문적인 지식을 요하는 것일 뿐만 아니라 수혈자나 혈액제제의 이용자 등의 생명·신체에 직접적인 영향을 미치는 것이어서 만일 그 업무가 적정하게 수행되지 못할 경우에는 국민 보건에 광범위하고도 중대한 위해를 가하게 될 것임이 분명하므로, 이와 같은 혈액원의 업무를 수행하는 피고 대한적십자사는 수혈 또는 혈액제제의 제조를 위한 혈액의 순결을 보호하고 혈액 관리의 적정을 기하기 위하여 최선의 조치를 다하여야 할 고도의 주의의무가 있다 할 것이고, 이러한 주의의무의 구체적 내용은 혈액을 채혈하는 시기에 있어 현실적으로 가능한 범위 내에서 최고의 의학기술 수준에 맞추어 병원균 감염 여부를 검사하여 하자를 제거하는 노력을 기울이고 에이즈 감염 위험군으로부터의 헌혈을 배제하는 등 위험성에 대한 예견의무와 결과회피의무라고 할 것이며, 이러한 주의의무의 위반 여부를 판단함에 있어서는 문제로 된 행위 당시의 일반적인 의학의 수준과 그 행위로부터 생기는 결과 발생의 가능성의 정도, 피침해법익의 중대성, 결과 회피의무를 부담함에 의해서 희생되는 이익 등이 함께 고려되어야 할 것이다(당원 1995.8.25. 선고 94다47803 판결 참조).

나. 원심판결 이유의 요지(생략)

다. 판 단

사실관계가 원심 인정과 같다면, 비록 수혈에 따른 에이즈 바이러스 감염의 확률이 극히 낮다 하더라도, 현재의 의학적 수준과 경제적 사정 및 혈액 공급의 필요성 측면에서 항체 미형성 기간 중에 있는 에이즈 감염자가 헌혈한 혈액은 에이즈 바이러스 검사를 시행하더라도 감염 혈액임을 밝혀내지 못하게 되어 이러한 혈액의 공급을 배제할 적절한 방법이 없으므로 위와 같은 경로로 인한 수혈에 따른 에이즈 감염의 위험에 대하여는 무방비 상태에 있다 할 것인데, 수혈로 인한 에이즈 감염이라는 결과와 그로 인한 피침해이익의 중대성에 비추어 볼 때, 혈액원의 업무를 수행하는 피고 대한적십자사로서는 사전에 동성연애자나 성생활이 문란한 자 등 에이즈 감염 위험군으로부터의 헌혈이 배제될 수 있도록 헌혈의 대상을 비교적 건강한 혈액을 가졌다고 생각되는 집단으로 한정하고, 헌혈자가 에이즈 바이러스에 감염되어 있을 위험이 높은 자인지를 판별하여 그러한 자에 대하여는 스스로 헌혈을 포기하도록 유도하게 하기 위하여 그의

직업과 생활관계, 건강 상태 등을 조사하고 필요한 설명과 문진을 하는 등 가두 헌혈의 대상이나 방법을 개선하여야 할 의무가 있다 할 것인데도 불구하고, 위 피고는 에이즈 감염 위험군을 헌혈 대상에서 제외하기는 커녕, 오히려 헌혈시 에이즈 바이러스 감염 여부의 검사를 무료로 해준다고 홍보함으로써 에이즈 감염 위험자들이 헌혈을 에이즈 바이러스 감염 여부를 확인할 기회로 이용하도록 조장하였을 뿐만 아니라, 위 소외 1로부터 헌혈받을 당시 헌혈자의 직업이나 생활관계 등에 대하여는 아무런 조사를 하지 아니하고 에이즈 감염 여부에 대하여는 설문사항에 포함시키지도 아니하였으며 전혀 문진을 하지 아니하여 동성연애자인 위 소외 1의 헌혈을 무방비 상태에서 허용함으로써 위 소외 1이 헌혈한 혈액을 수혈받은 원고 1로 하여금 에이즈 바이러스에 감염되게 한 것이니, 위 피고는 에이즈 바이러스 감염의 결과 발생을 회피할 주의의무를 다하지 아니한 과실로 위 원고로 하여금 위와 같은 손해를 입게 하였다고 할 것이다. (이하 생략)

2. 피고 학교법인 고려중앙학원의 상고이유를 본다.

가. 제1점에 대하여

(중략) 원심판결 이유에 의하면, 원심은 거시 증거에 의하여, 이 사건에 있어 수혈로 인한 에이즈 감염의 가능성이 의학계에 보편적으로 인식되어 있음에도 피고 학교법인 고려중앙학원 소속 의사들이 원고 1에게 특별히 긴급한 상황이 아닌 상태에서 이행한 수혈조치에 즈음하여 위 원고에게 사전에 에이즈 감염 위험에 관하여는 아무런 설명을 하지 아니하였던 사실을 인정한 다음, 위 의사들이 수혈에 있어 설명의무를 이행하지 아니함으로써 원고 1이 수혈 여부 및 수혈 혈액에 관한 자기결정권을 상실한 상태에서 에이즈 바이러스 감염이라는 예기치 못한 치명적인 결과를 맞게 되었으므로 위 의사들의 사용자인 피고 학교법인 고려중앙학원은 위 원고 및 동인의 가족들인 나머지 원고들이 입은 정신적 고통에 대한 위자료를 지급할 의무가 있다고 판단하였는바, 관계 증거를 기록과 대조하여 살펴보면 원심의 위와 같은 사실인정은 정당하고, 그에 기초한 원심의 판단 역시 당원의 위 견해에 부합하는 것으로서 정당하다 할 것이며, 거기에 소론과 같이 의사의 설명의무에 대한 법리를 오해한 위법이 있다 할 수 없다. 논지도 이유 없다.

나. 제2점에 대하여

수인이 공동하여 타인에게 손해를 가하는 민법 제760조 제1항의 공동불법행위가 성립하려면 각 행위가 독립하여 불법행위의 요건을 갖추고 있으면서 객관적으로 관련되고 공동하여 위법하게 피해자에게 손해를 가한 것으로 인정되어야 한다 할 것이다(당원 1989.5.23. 선고 87다카2723 판결, 1997.8.29. 선고 96다 46903 판결 등 참조).

원심판결 이유에 의하면, 원심은, 피고 대한적십자사에 대하여는 혈액원으로서 에이즈 바이러스 감염 위험군으로부터의 헌혈을 배제하지 아니하는 등 에이즈 바이러스에 감염된 혈액을 환자가 수혈받음으로써 에이즈에 감염될 위험을 배제할 의무 및 그와 같은 결과를 회피할 의무를 다하지 아니하여 원고 1이 감염된 혈액을 수혈받은 결과 에이즈 바이러스의 감염이라는 치명적인 건강 침해를 입게 됨으로써 원고들에게 정신적 고통을 입혔다 하여 위 피고에게 원고들에 대한 위자료 지급의무가 있다고 하고, 피고 학교법인 고려중앙학원에 대하여는 그 소속 의사들이 설명의무를 다하지 아니하여 원고 1이 수혈 여부 및 수혈 혈액에 관한 자기결정권을 상실한 상태에서 에이즈 바이러스 감염이라는 예기치 못한 치명적인 결과를 맞게 되었다 하여 위 피고에게 위 의사들의 사용자로서 원고들에 대한 위자료 지급의무가 있다고 하고 있는바, 원심의 위 판단에 의하면 피고 대한적십자사의 과실 및 위법행위는 원고 1의 신체상해 자체에 대한 것인 데 비하여, 피고 학교법인 고려중앙학원 소속 의사들의 과실 및 위법행위는 신체상해의 결과 발생 여부를 묻지 아니하는 수혈 여부와 수혈 혈액에 대한 원고 1의 자기결정권이라는 인격권의 침해에 대한 것임이 분명하므로 피고들의 양 행위가 경합하여 단일한 결과를 발생시킨 것이 아니고 각 행위의 결과 발생을 구별할 수 있으니, 이와 같은 경우에는 공동불법행위가 성립한다고 할 수 없다 할 것이다.

같은 취지에서 원심이 피고들의 각 불법행위는 그 과실 및 위법행위가 전혀 별개로 행하여진 것이므로 이를 공동불법행위로 볼 수는 없다 하여 피고들의 각 배상채무를 연대나 부진정연대의 관계에 있지 아니한 별개의 채무로 인정한 것은 정당하고, 거기에 소론과 같이 공동불법행위에 대한 법리를 오해한 위법이 있다 할 수 없다. 논지도 이유 없다.

[판결 1]에 관하여 생각할 점

1. 피고들의 각 불법행위가 공동불법행위인 경우와 그렇지 않은 경우에는 실제적으로 어떤 차이가 발생하는가?

2. 위 사례는 여러 대의 차량이 순차적으로 동일한 피해자를 충격한 경우(가령 대판 1998.10.20, 98다31691)와 어떻게 차별화되는가? 또한 교통사고의 피해자가 의료과오로 그 증상이 악화되거나 사망한 경우(가령 대판 1993.1.26, 92다4871)와는

어떻게 차별화되는가? 어떠한 요소로 인하여 불법행위의 공동성이 부정되는가? 만약 원고가 피고 학교법인을 상대로 단지 자기결정권 침해로 인한 위자료뿐만 아니라 원고가 입은 전체 손해를 구한다면 결론이 달라지는가?

(2) 가해자 불명의 공동불법행위

수인이 불법행위를 하였지만, 누구의 불법행위로 인하여 손해가 발생하였는지 알 수 없는 경우가 있다. 이때에는 원칙으로 돌아가 가해자 각자의 단독 불법행위가 문제 되고, 불법행위로 인한 손해배상책임을 부과하려면 피해자는 가해자의 행위와 손해 사이에 인과관계가 있다는 점을 주장, 증명해야 한다. 하지만 이러한 인과관계의 증명이 늘 쉬운 것은 아니다. 가령 10여 명이 길을 가던 A에게 한꺼번에 돌을 던져 A가 그중 1개에 맞아 다쳤다면 A가 나중에 어느 사람의 행위와 자신의 상해 사이에 인과관계가 있는지를 쉽게 증명할 수 있겠는가? 적어도 그중 1인의 행위로 손해가 발생한 것은 명백하다. 그런데도 손해가 구체적으로 누구의 행위로 인한 것인지 증명하기 어렵다는 이유로 피해자인 A가 손해배상을 받지 못하게 되는 것은 지나치게 가혹하다. 잠재적 가해자들과 피해자를 비교하여 보더라도, 이러한 증명의 부담은 사태 야기에 더 큰 원인을 제공한 잠재적 가해자들에게 지우는 것이 타당하다. 이에 따라 민법 제760조 제2항은 손해의 원인으로 볼 수 있는 여러 개의 행위가 존재하지만 그 사이에 객관적 행위관련성이 없어 제1항의 공동불법행위가 성립되지는 않는 반면 어느 행위가 손해의 원인이 되었는지가 불명인 경우에 인과관계에 관한 피해자의 증명책임을 덜어줌으로써 피해자를 보호하고자 하는 정책적 고려에서 각각의 행위와 손해 사이의 인과관계를 법률상 추정한다.[10] 나아가 민법 제760조 제2항은 수인의 행위 중 어느 자의 행위가 그 손해를 가한 것인지를 알 수 없는 때에는 그 수인에게 연대책임을 지운다. 물론 이때에도 잠재적 가해자가 자신의 행위와 손해 사이에 인과관계가 없다는 점을 증명하면 책임을 면할 수 있다(아래 판결 2 참조).

가해자 불명의 공동불법행위에 대한 대법원 판례는 그다지 많지 않다.[11]

---

10) 대판 2012.6.14, 2011다88108.
11) 대판 2005.9.30, 2004다52576; 대판 2008.4.10, 2007다76306; 대판 2012.6.14, 2011다88108.

아래의 판결은 그중 하나이다.

> **[판결 2] 가해자 불명의 공동불법행위에 있어서 인과관계의 증명책임: 대판 2008.4.10, 2007다76306**

1. 민법 제760조 제2항은 같은 조 제1항에서 말하는 공동의 불법행위로 보기에 부족한, 여러 사람의 행위가 경합하여 손해가 생긴 경우, 입증책임을 덜어 줌으로써 피해자를 보호하려는 입법정책상의 고려에 따라 각각의 행위와 손해 발생 사이의 인과관계를 법률상 추정한 것이므로, 이러한 경우 개별 행위자가 자기의 행위와 손해 발생 사이에 인과관계가 존재하지 아니함을 입증하면 면책되고, 손해의 일부가 자신의 행위에서 비롯된 것이 아님을 입증하면 배상책임이 그 범위로 감축된다(대법원 2006.2.24. 선고 2005다57189 판결 참조).

2. 원심판결이 인용한 제1심판결의 이유에 의하면, 원심은, 그 채용 증거에 의하여 피고 운전의 차량이 피해자 망 소외 1을 충돌할 당시에 망 소외 1이 살아 있었던 것인지를 확정할 수 없다는 사실을 인정하고, 그와 같이 위 충돌 당시 망 소외 1이 생존하였음이 인정되지 아니하는 이상 피고 운전 차량에 의한 충돌과 망 소외 1의 사망 사이에 상당인과관계가 존재한다고 할 수 없으므로, 원고의 주장은 더 나아가 살펴볼 필요 없이 이유 없다고 판단하였다.

그러나 원심의 이러한 판단은 다음과 같은 이유에서 수긍하기 어렵다.

원고는 원심에서 피고에게 민법 제760조 제1항 또는 같은 조 제2항에 기한 공동불법행위자로서의 책임이 있다고 주장하였다. 그리고 원심이 채용한 증거들에 의하여 인정되는 이 사건 교통사고의 발생 경위 및 그 결과 등에 비추어 보면, 피해자 망 소외 1은 천안시 성환읍 매주리 성환자동차매매상사 앞 노상에서 음주 상태에서 오토바이를 운전하고 가다가 중앙선을 침범한 과실로 반대차로에서 마주오던 소외 2운전의 차량과 1차 충돌하여 그 충격으로 자신이 진행하던 차로로 떨어졌고, 이어서 성명불상자 운전의 차량에 2차로 충돌한 후 도로상에 쓰러져 있던 상태에서 약 5분 후에 피고 운전의 차량과 3차로 충돌하는 교통사고를 당하여 결국 사망에 이르게 된 것임을 알 수 있고, 위 3차례에 걸친 충돌사고 중 어느 충돌사고로 인하여 위 피해자가 사망에 이르게 된 것인지는 정확히 알 수 없는 상황으로 보인다.

앞서 본 바와 같은 법리를 기초로 위와 같은 사정들 및 기록에 비추어 살펴보면, 위와 같은 3차례의 충돌에 의한 이 사건 교통사고로 인하여 위 피해자가 사망에 이르게 된 손해는, 설사 민법 제760조 제1항에 기한 협의의 공동불법행위로 인한 손해에 해당한다고 인정할 수 없다고 하더라도, 적어도 민법 제760조 제2항에서 말하는 이른바 가해자 불명의 공동불법행위로 인한 손해에는 해당한다고 볼 여지가 있고, 따라서 이 사건 교통사고와 관련된 피고를 포함한 '공동 아닌 수인'의 각각의 행위(다만, 고의 또는 과실에 의한 위법·유책한 행위임을 전제로 하는 것이다)와 위 손해 발생 사이의 상당인과관계는 일응 법률상 추정되므로, 위 3차 충돌사고를 야기한 차량의 운전자인 피고가 위 법조항에 따른 공동불법행위자로서의 책임을 면하기 위하여서는 자기의 행위와 위 손해 발생 사이에 상당인과관계가 존재하지 아니함을 적극적으로 주장·입증하여야 할 것이다.

그럼에도 원심이 위와 같이 피고 운전 차량에 의한 위 3차 충돌 당시 망 소외 1이 생존하였음이 인정되지 아니하는 이상 피고의 위 운전행위와 망 소외 1의 사망 사이에 상당인과관계가 존재한다고 할 수 없다는 취지로 판단한 것은, 원고의 피고에 대한 이 사건 청구원인 중 민법 제760조 제2항에 기한 공동불법행위책임의 주장에 관하여 그 판단을 누락하였거나, 위 법조항에 기한 피고의 공동불법행위책임 여부를 판단함에 있어서 피고의 위 운전행위와 위 피해자의 사망이라는 손해 사이의 상당인과관계의 존부에 관하여 원고에게 그 입증책임이 있음을 전제로 함으로써 민법 제760조 제2항에 관한 법리를 오해한 위법이 있다고 할 것이다. 이 점을 지적하는 원고의 상고이유의 주장은 이유 있다.

3. 그러므로 원고의 나머지 상고이유에 대하여는 더 나아가 살필 필요 없이 원심판결을 파기하고, 사건을 다시 심리·판단하게 하기 위하여 원심법원에 환송하기로 하여 관여 대법관의 일치된 의견으로 주문과 같이 판결한다.

[판결 2]에 관하여 생각할 점

1. 위와 같은 3차례의 충돌에 의한 이 사건 교통사고로 인하여 위 피해자가 사망에 이르게 된 손해는 민법 제760조 제1항에 기한 협의의 공동불법행위로 인한 손해에 해당하는가? 또는 해당하지 않는가? 그 이유를 설명하라.

2. "공동 아닌 수인"의 각각의 행위와 위 손해 발생 사이의 상당인과관계는 법률상 추정된다는 것은 무슨 의미인가? 이는 증명책임의 분배에 구체적으로 어떤 영향을 미치는가? 법률상 추정은 사실상 추정과 어떻게 구별되는가?

(3) 교사나 방조에 의한 공동불법행위

민법 제760조 제3항은 교사자나 방조자도 공동행위자로 본다고 규정한다.

따라서 협의의 공동불법행위자와 마찬가지의 책임을 진다. 이는 방조범(종범)의 형을 정범의 형보다 감경하는 형법 제32조의 태도와 구별된다.

교사는 타인으로 하여금 불법행위를 할 의사를 가지게 하는 행위이다. 한편 방조는 불법행위를 용이하게 하는 행위이다. 이 중 더 자주 문제되는 것은 방조이다. 가령 폭행에 사용할 몽둥이를 빌려주는 경우와 같이, 적극적으로 타인의 불법행위를 용이하게 하는 형태의 방조도 있고(이른바 작위에 의한 방조), 폭행을 막고 피해자를 보호해야 할 자가 폭행 사태를 방관하는 경우와 같이, 작위의무 있는 자가 그것을 방지할 조치를 취하지 않아 불법행위를 용이하게 하는 형태의 방조도 있다(이른바 부작위에 의한 방조). 방조행위와 피해자의 손해 발생 사이에는 상당인과관계가 있어야 한다.[12]

한편 민법은 형법과 달리 원칙적으로 고의와 과실을 동일시한다. 그러므로 과실에 의한 불법행위의 방조도 가능하다.[13] 예를 들어 공인중개사가 토지매매를 중개하면서 토지의 권리관계나 상태 등을 확인할 주의의무가 있음에도 등기부 등본조차 확인하지 아니하여 토지에 관하여 경매가 진행 중인 사실을 알리지 못했고, 이러한 매도인의 토지매도행위가 불법행위에 해당한다면, 공인중개사의 위와 같은 부작위는 과실에 의한 방조를 구성한다.[14] 또한 신문사 등이 광고주로부터 전달받은 허위 또는 과장 광고에 해당하는 내용을 제대로 확인하지도 않고 기사의 형식을 빌린 광고임도 표시하지 않은 채 보도기사로 게재한 경우에도 과실에 의한 방조를 구성한다.[15] 이처럼 과실 방조의 경우 그 과실의 내용은 불법행위에 도움을 주지 않아야 할 주의의무가 있음을 전제로 하여 이 의무를 위반하는 것이다. 이러한 주의의무는 법령이나 계약에 의해 발생하기도 하고, 조리(條理)에 의해 발생할 수도 있다. 방조로 인한 불법행위 사건에서는 이러한 주의의무의 존부(存否)가 쟁점이 되는 경우가 빈번하다.[16]

---

12) 대판 2014.3.27, 2013다91597.
13) 대판 1998.12.23, 98다31264; 대판 2007.6.14, 2005다32999; 대판 2014.3.27, 2013다91597.
14) 대판 2014.3.27, 2013다91597.
15) 대판 2018.1.25, 2015다210231.
16) 아래에 소개하는 대판 2015.6.24, 2014다231224 외에도 해킹 사고에 따른 정보통신서비스제공자의 방조 책임을 다룬 2018.1.25, 2015다24904도 참조.

[판결 3] 과실로 인한 방조책임 여부: 대판 2015.6.24, 2014다231224

1. 피고의 상고이유 제1, 2점에 관하여

원심은 제1심판결 이유를 인용하여 이 사건의 경우 예금지급청구자에게 정당한 변제수령권한이 없을 수 있다는 의심을 할 만한 특별한 사정이 있으므로 피고에게 예금주인 원고의 의사를 확인하는 등의 방법으로 예금지급청구자의 정당한 예금인출권한 여부를 조사하여야 할 업무상 주의의무가 있음에도 불구하고, 피고는 예금지급청구자에게 정당한 예금인출권한이 있는지 여부를 조사하지 아니한 채 이 사건 예금을 지급한 과실이 있다는 이유로 이 사건 예금지급이 채권의 준점유자에 대한 변제로서 유효하다는 피고의 주장을 배척하였다.

관련 법리에 비추어 기록을 살펴보면, 원심의 위와 같은 판단에 상고이유의 주장과 같이 채권의 준점유자에 대한 변제에 관한 법리를 오해한 잘못이 없다.

2. 원고의 상고이유 제1점에 관하여

가. 수인이 공동하여 타인에게 손해를 가하는 민법 제760조 제1항의 공동불법행위가 성립하려면 각 행위가 독립하여 불법행위의 요건을 갖추고 있으면서 객관적으로 관련되고 공동하여 위법하게 피해자에게 손해를 가한 것으로 인정되어야 한다(대법원 2012.4.26. 선고 2010다102755 판결 등 참조). 그리고 민법 제760조 제3항은 불법행위의 방조자를 공동불법행위자로 보아 방조자에게 공동불법행위의 책임을 부담시키고 있다. 방조는 불법행위를 용이하게 하는 직접, 간접의 모든 행위를 가리키는 것으로서 손해의 전보를 목적으로 하여 과실을 원칙적으로 고의와 동일시하는 민사법의 영역에서는 과실에 의한 방조도 가능하다. 그런데 이 경우의 과실의 내용은 불법행위에 도움을 주지 말아야 할 주의의무가 있음을 전제로 하여 그 의무를 위반하는 것을 말하고, 방조자에게 공동불법행위자로서의 책임을 지우려면 방조행위와 피해자의 손해 발생 사이에 상당인과관계가 있어야 하며, 이를 위해서는 과실에 의한 행위가 해당 불법행위를 용이하게 한다는 사정에 관하여 구체적으로 예견할 수 있는 경우라야 한다. 이러한 경우에 해당하는지 여부는 과실에 의한 방조가 피해 발생에 끼친 영향, 피해자의 신뢰 형성에 기여한 정도, 피해자 스스로 쉽게 피해 방지를 할 수 있었는지 등을 종합적으로 고려하여 판단하여야 한다(대법원 2014.3.27. 선고 2013다91597 판결, 대법원 2015.1.15. 선고 2012다84707 판결 등 참조).

나. 원심이 인용한 제1심판결 이유 및 원심이 적법하게 채택하여 조사한 증거 등에 의하면 다음과 같은 사실을 알 수 있다.

(1) 원고는 2002. 11. 15. 피고 남서초지점에 그 명의로 예금계좌(계좌번호 생략, 이하 '이 사건 예금계좌'라고 한다)를 개설하여 사용하였다. 원고는 82세 여성

으로 자신의 기억력 감퇴를 우려하여 인감도장에 예금계좌의 비밀번호를 표시하여 놓았다. 원고는 자신의 집사라 자칭하는 소외 1과 평소 자주 드나드는 다방의 주인인 소외 2에게 가끔 비밀번호를 알려주면서 예금인출의 심부름을 시킨 적이 있었다.

  (2) 소외 3은 소외 1을 통하여 이 사건 예금계좌에 6억 원 이상의 예금이 있다는 사실을 알고서 소외 1, 일명 김사장 및 성명불상자(이하 '소외 3 등'이라고 한다)와 원고 모르게 위 예금을 인출하기로 공모하였다. 그리하여 소외 3은 소외 1로부터 원고의 주소, 주민등록번호, 이 사건 예금계좌의 잔고와 계좌번호의 일부가 표시된 현금자동인출기의 거래명세표 및 비밀번호를 건네받고, 김사장으로 하여금 원고와 비슷한 연령의 여자 사진을 부착하고 인적사항 등 그 밖의 사항은 원고의 주민등록증과 동일하게 기재하는 방법으로 원고의 주민등록증을 위조한 다음, 원고 명의의 휴대전화가입신청서를 위조하여 원고 명의로 휴대전화를 개통하였다.

  (3) 소외 3은 2012. 4. 2. 성명불상자로 하여금 원고를 사칭하도록 하며 그를 대동한 채 남양주지점을 방문하여 원고 명의의 이 사건 예금통장 및 인감의 분실신고를 하였다. 그 과정에서 소외 3과 성명불상자가 피고 직원에게 분실한 예금계좌의 계좌번호 일부를 알지 못한다고 하자 그 직원은 의심 없이 계좌번호를 알려주었고, 소외 3과 성명불상자는 통장을 재발급받아 인감을 변경하였으며, 곧바로 위 휴대전화를 이용한 텔레뱅킹을 신청하였다. 이어서 소외 3 등은 그날 서울 양재동 소재 피고 AT센터지점에 가서 변경된 인감을 이용하여 이 사건 예금계좌에서 360,000,000원을 인출하고, 그날부터 2012. 5. 19.까지 사이에 텔레뱅킹을 이용하여 총 20회에 걸쳐 이 사건 예금계좌에서 286,000,000원을 인출하는 등 합계 646,000,000원을 인출하였다(이하 '이 사건 사기행위'라고 한다).

  다. (1) 원심은, 금융거래의 전형성, 대량성 등에 비추어 통상적인 신분확인절차를 거치거나 비밀번호 등을 알고 있는 이용자에 대하여 금융기관이 추가적인 신분확인절차를 요구할 것을 기대하기 어려우므로, 금융거래의 이용자로서도 금융거래정보 및 개인정보에 대한 관리를 철저히 하여 위와 같은 정보가 함부로 노출됨으로써 발생하는 금융기관의 피해를 미연에 방지하여야 할 주의의무가 있다고 전제한 다음, 앞서 본 사실관계에 의하면 원고에게는 자신의 예금통장·인감·비밀번호 등의 관리를 소홀히 한 과실이 있고 이러한 원고의 과실과 소외 3 등의 이 사건 사기행위는 객관적으로 관련 공동되어 피고에 대하여 공동불법행위를 구성하므로 피고는 원고에 대한 불법행위를 원인으로 한 손해배상채권을 자동채권으로 하여 원고의 예금반환채권과 상계할 수 있다고 판단하였다.

　　(2) 그러나 원심의 위와 같은 판단은 다음과 같은 이유로 수긍하기 어렵다. 이 사건에서 원고가 다른 사람에게 자신의 예금인출 심부름을 시킨 일이 있다거나 인감도장에 비밀번호를 표시해 두는 등의 행위를 하였다 하더라도 원고가 이러한 행위로 인하여 자신이 알지도 못하는 소외 3 등이 이 사건 사기행위를 저지를 것으로 구체적으로 예견할 수 있었다고 인정하기 어렵고, 오히려 이 사건 사기행위는 소외 3 등이 원고의 주민등록증 등을 위조하고 성명불상자를 원고로 사칭하게 하여 예금통장 및 인감의 분실신고를 한 후 피고로부터 예금통장을 재발급받고 인감을 변경하자마자 당일 거액의 예금을 인출하였음에도 불구하고 피고가 거래상대방의 본인확인의무를 다하지 못한 과실로 인하여 초래되었다고 보일 뿐이므로 피고가 입은 손해와 원고의 위 행위 사이에 상당인과관계가 있다고 보기도 어렵다.

　　그럼에도 불구하고 원심은 그 판시와 같은 이유만으로 앞서 본 바와 같이 원고의 행위는 소외 3 등의 이 사건 사기행위와 객관적으로 관련 공동되어 피고에 대하여 공동불법행위를 구성한다고 판단하고 말았으니, 이러한 원심판결에는 과실에 의한 방조로 인한 공동불법행위책임에 관한 법리를 오해한 잘못이 있다. 이 점을 지적하는 이 부분 상고이유 주장은 이유 있다.

[판결 3]에 관하여 생각할 점

1. 우선 이 사건의 구조를 간단히 요약하면 다음과 같다. 원고는 예금주로서 소외인들이 벌인 사기행위의 피해자이다. 피고는 은행으로서 그 사기행위의 다른 피해자이다. 원고는 피고를 상대로 예금채권 지급청구를 하였고, 피고는 소외인들에 대한 예금지급이 채권의 준점유자에 대한 변제라고 주장하였다. 피고의 위 주장은 받아들여지지 않았다. 그런데 피고는 원고가 소외인들의 불법행위에 대한 과실 방조자로서 피고에게 공동불법행위책임을 부담한다고 주장하며 상계 항변을 하였다. 여기에서 원고가 단지 피해자에 머무르는 것이 아니라 위와 같은 사기행위를 과실로 방조한 자인지가 문제되었다.

2. 과실에 기한 방조책임이 인정되려면 우선 주의의무가 인정되어야 한다. 원고에게는 어떠한 주의의무가 인정되는가? 그 주의의무는 어떠한 법적 근거에서 비롯되는가?

3. 이 판결은 과실에 의한 방조책임을 인정하기 위한 요건으로 상당인과관계를 들고 있다. 이러한 상당인과관계는 방조행위와 손해발생 사이에 있어야 하는가?

아니면 방조행위와 피방조자의 불법행위 사이에 있으면 충분한가?

4. 원고에게 과실 방조책임이 인정되지 않을 경우 피고는 원고에게 예금 전액을
   지급해야 하는가? 원고의 과실이 피고의 책임에 반영될 방법이 없는가?

3. 책임 및 구상관계

(1) 부진정연대책임

공동불법행위자들은 피해자에 대하여 연대책임을 진다. 즉 공동불법행위
에 있어서는 당사자의 채권관계에 관한 분할채권관계의 원칙이 배제된다. 따라
서 불법행위에 기여한 정도에 관계없이, 각 공동불법행위자는 피해자에게는 전
액의 손해를 배상할 의무를 부담한다. 따라서 어느 공동불법행위자가 다른 공
동불법행위자에 비해 불법행위에 기여한 정도가 매우 경미하다고 하더라도 그
공동불법행위자는 피해자에 대한 관계에서 그의 책임범위를 기여 정도에 대응
하여 일부로 제한할 수 없는 것이 원칙이다.[17] 다만 예외적으로 신의칙에 따른
개별적인 책임제한이 이루어지는 경우도 있다.[18]

한편 민법 제760조의 "연대하여"라는 표현은 단순히 각자가 손해 전부에
관한 배상의무를 부담한다는 것을 의미한다. 이러한 공동불법행위자들의 관계
는 연대채무에서 말하는 연대관계와 같지 않다. 통설과 판례는 이를 부진정연
대채무라고 해석한다.[19]

부진정연대채무의 법리는 수인이 불법행위에 가담하여 공동책임을 부담하
는 다른 경우에도 적용된다. 책임무능력자의 감독의무자와 대리감독자(제755
조), 사용자와 대리감독자 및 피용자(제756조), 도급인과 수급인(제757조), 동물
의 점유자와 보관자(제759조)의 공동책임은 부진정연대책임이다. 민법 이외의
특별법이 적용되는 경우도 마찬가지이다. 예를 들어 지방자치단체의 도로관리
소홀과 버스기사의 과실이 경합한 교통사고로 버스승객이 다쳤다면, 버스승객
은 지방자치단체에 대하여는 국가배상청구권(국배 제5조 제1항, 제2조 제1항), 버
스회사에 대하여는 자동차손해배상 보장법상 손해배상청구권(자배 제3조), 운전

---

17) 대판 2000.9.29, 2000다13900.

18) 예컨대 회사에 대해서 공동불법행위책임을 부담하는 이사들의 책임감경비율을 달리할 수
    있다는 취지로 대판 2004.12.10, 2002다60467, 60474; 대판 2006.12.7, 2005다34766,
    34773 등 참조.

19) 대판 1980.7.22, 79다1107 등.

기사에 대하여는 민법상 손해배상청구권(제750조)을 행사할 수 있다. 이때에도 지방자치단체와 버스회사 및 버스기사는 버스승객에 대하여 부진정연대책임을 부담한다. 또한 자동차손해배상 보장법상 공동운행자들도 부진정연대책임을 부담한다.

(2) 공동불법행위자 상호간의 구상관계

공동불법행위자는 불법행위에 기여한 정도를 묻지 않고 피해자에 대하여는 부진정연대책임을 지지만, 공동불법행위자 내부관계에서는 불법행위에 기여한 정도에 따른 일정한 부담 부분이 인정된다. 본래 부진정연대책임관계에서는 연대책임관계와 달리 내부적인 부담 부분이 법률상 당연히 인정되는 것은 아니다. 하지만 공평의 원칙상 공동불법행위자 일부가 다른 공동불법행위자가 마땅히 져야 할 부담까지 모두 궁극적으로 짊어지는 것은 허용될 수 없으므로 이를 인정하는 것이다.

부담 부분은 공동불법행위자의 기여도에 비추어 그가 궁극적으로 짊어져야 할 실질적인 책임분담 부분이 얼마인가에 기초하여 결정된다. 판례는 부담 부분을 각 공동불법행위자의 과실의 정도에 따라 정하거나,[20] 과실의 정도 외에 다른 제반 요소들을 고려하여 정하고 있다.[21] 여기에서의 과실은 불법행위 요건으로서의 과실을 의미한다.[22]

공동불법행위자 중 1인이 자기의 부담 부분 이상을 변제하여 공동의 면책을 얻게 되었다면 다른 공동불법행위자에게 그 부담 부분의 비율에 따라 구상권을 행사할 수 있다. 예컨대 A, B, C가 공동불법행위로 D에게 1,000만 원의

---

20) 대판 1969.1.28, 68다2245; 대판 1971.2.9, 70다2508; 대판 1989.9.26, 88다카27232; 대판 1997.12.22, 96다50896; 대판 2000.8.22, 2000다29028; 대판 2002.9.24, 2000다69712; 대판 2005.7.8, 2005다8125 등. 물론 연대채무자의 부담 부분은 균등한 것으로 추정하고(민법 제424조) 이는 공동불법행위자 상호간의 관계에도 유추 적용될 수 있다. 그러나 재판실무상 공동불법행위자의 부담 부분이 균등하다고만 하는 경우는 찾아보기 어렵고, 거의 예외 없이 각 공동불법행위자의 개별적 부담 부분을 결정한다.

21) 대판 2001.1.19, 2000다335607는 과실의 정도를 비롯한 기여도 등 대외적 요소 이외에도 특별한 내부관계 등 대내적 요소도 참작해야 한다고 판시한다.

22) 그 점에서 과실상계에 있어서의 과실과 구별된다. 불법행위 요건으로서의 과실은 사회생활상 요구되는 주의를 게을리 하여 일정한 결과가 발생하리라는 것을 인식하지 못하는 것이다. 과실상계에 있어서의 과실은 사회통념이나 신의성실의 원칙에 따라 공동생활에 있어 요구되는 약한 의미의 부주의를 뜻한다.

손해를 가하였고, A, B, C의 기여 정도가 각각 50%, 30%, 20%라면, A, B, C 는 D에 대하여는 각자 1,000만 원의 손해를 배상할 부진정연대책임을 지지만, A, B, C 사이의 내부관계에서는 A가 500만 원, B가 300만 원, C가 200만 원을 각각 부담한다. 만약 A가 D에게 1,000만 원을 변제하여 A, B, C 모두가 공동으로 책임을 면하게 되었다면 A는 B와 C에게 각각의 부담 부분인 300만 원과 200만 원을 지급하라고 구상금 청구를 할 수 있다.[23] 이때 B와 C는 각각의 부담 부분에 대하여 분할채무를 부담하는 것이지, 또다시 A에 대한 관계에서 500만 원에 대한 부진정연대채무를 부담하는 것은 아니다.[24] A의 보험자가 손해배상금을 보험금으로 모두 지급한 경우에도 그 보험자는 보험자대위의 법리에 의하여 다른 공동불법행위자들인 B와 C에게 그 부담 부분의 비율에 따른 구상권을 행사할 수 있다.[25] 다만 구상권자인 공동불법행위자측에 과실이 없는 경우, 즉 내부적 부담부분이 전혀 없는 경우에는 이와 달리 그에 대한 수인의 구상의무 사이의 관계를 부진정연대관계로 봄이 상당하다(자세한 내용은 아래 판결 4 참조).

한편 공동불법행위자 중 1인이 동시에 다른 공동불법행위자에 대한 관계에서 피해자가 되는 경우도 있다. 예를 들어 도로포장 공사업자가 공사현장을 제대로 관리하지 않아 차량이 미끄러져 사고가 발생하였고 이로 인하여 차량운전자와 동승자들이 모두 부상하였는데, 마침 그 차량운전자도 과속을 하고 있었다고 가정해 보자.[26] 이때 차량운전자는 도로포장 공사업자에 대한 관계에서는 피해자이지만, 동승자들에 대한 관계에서는 도로포장 공사업자와 함께 공동불법행위자이다. 여기에서 피해자로서 과실상계 시 적용되는 과실비율과 공동불법행위자 중 1인으로 다른 공동불법행위자에 대한 구상관계에서 적용되는 과실비율은 구별해야 한다. 과실상계에 관하여는 아래에서 별도로 설명한다.

---

23) 이때 구상권은 현실로 손해배상금을 지급하여 공동면책이 된 때 발생한다. 또한 그 구상권의 범위에는 면책된 날 이후(면책일 당일도 법정이자 계산에 산입됨)의 법정이자가 당연히 포함된다. 대판 2007.10.11, 2005다7085 등 참조. 구상권의 소멸시효기간은 10년이고, 공동면책시로부터 기산한다.
24) 대판 2002.9.27, 2002다15917 등 참조.
25) 대판 1998.12.22, 98다40466; 대판 2008.2.29, 2007다89494.
26) 대판 2005.7.8, 2005다8125의 사안 참조. 단 이 판결은 사망사고에 관한 것임.

[판결 4] 구상권자인 공동불법행위자측에 과실이 없는 경우 나머지 공동불법행위자들이 부담하는 구상채무의 성질: 대판 2005.10.13, 2003다24147

1. 원심의 인정 및 판단

원심판결 이유에 의하면, 원심은 그 채택 증거들을 종합하여, 소외 1은 제1심 피고 OOO 소유의 대구 3로8599호 세피아 승용차를 운전하여 편도 2차선 도로의 1차로로 진행하던 중 빗길에 미끄러지면서 중앙선을 침범한 잘못으로 마침 같은 도로 1차로로 반대방향으로 진행하던 소외 2 운전의 원고 세한운수 주식회사(이하 '원고 회사'라고 한다) 소유 대구 31바1607호 크레도스II LPG 영업용 택시의 앞 부분을 위 세피아 승용차의 오른쪽 뒤 문짝 부분으로 들이받았고, 소외 3은 피고에게 자동차종합보험이 가입된 대구 2고8113호 프라이드 승용차를 운전하여 위 택시와의 안전거리를 충분히 확보하지 아니한 채 위 택시를 뒤따라 진행하다가, 위 세피아 승용차에 충돌되어 정지한 위 택시의 뒷 부분을 위 프라이드 승용차의 앞 부분으로 다시 추돌한 사실, 위 사고로 인하여 위 택시 승객인 소외 4는 우측 대퇴골 간부 골절 등의, 같은 승객인 소외 5는 좌측 경골 간부 골절 등의 상해를 각 입었으며, 위 택시는 크게 부수어져 폐차된 사실, 원고 회사와 위 택시에 관하여 공제계약을 체결한 원고 전국택시운송사업조합연합회(이하 '원고 연합회'라고 한다)는 위 공제계약에 따라 이 사건 사고로 상해를 입은 위 소외 4, 5(이하, '이 사건 피해자들'이라고 한다)의 치료비 및 합의금 등으로 합계 78,152,840원을 지급하였고, 그 금액이 이 사건 피해자들에 대한 각 법률상 손해배상액의 범위 내인 사실을 인정한 다음, 원고 연합회의 청구에 관하여, 원고 연합회는 상법 제682조 소정의 보험자대위에 따라 그 지급한 금액의 한도에서 이 사건 피해자들의 피고 등에 대한 재산상 손해배상청구권을 대위할 수 있으므로, 피고는 OOO과 연대하여 원고 연합회에게 78,152,840원 및 이에 대한 지연손해금을 지급할 의무가 있다고 판단하고, 원고 회사의 청구에 관하여는 위 택시의 시가 상당액 및 위 택시 폐차 때까지의 휴차료 상당액의 손해를 인정하였다.

2. 상고이유 제1점에 대하여

기록에 의하면, 원고 회사와 위 OOO, 소외 3의 이 사건 피해자들에 대한 손해배상책임은 모두 부진정연대채무의 관계에 있다 할 것인데, 원고 회사의 보험자인 원고 연합회가 원고 회사와 체결한 공제계약에 따라 이 사건 피해자들에게 그 손해배상금을 보험금으로 모두 지급함으로써 위 OOO과 소외 3도 공동면책이 되었다면, 원고 회사는 변제자대위에 의하여 이 사건 피해자들의 위 OOO과 소외 3 및 그의 보험자인 피고에 대한 손해배상청구권을 원고 회사의 구상권의 범위 내에서 대위하는 것이고, 원고 연합회는 상법 제682조에 의하여 이를 대위한다 할 것이다.

변제자대위는 주채무를 변제함으로써 주채무자 및 다른 연대보증인에 대하여 갖게 된 구상권의 효력을 확보하기 위한 제도여서 대위에 의한 원채권 및 담보권의 행사 범위는 구상권의 범위로 한정된다 할 것이므로(대법원 1999.10.22. 선고 98다22451 판결), 구상권의 범위에 관하여 보건대, 공동불법행위자 중 1인에 대하여 구상의무를 부담하는 다른 공동불법행위자가 수인인 경우에는 특별한 사정이 없는 이상 그들의 구상권자에 대한 채무는 각자의 부담 부분에 따른 분할채무로 봄이 상당하지만(대법원 2002.9.27. 선고 2002다15917 판결 등 참조), 구상권자인 공동불법행위자측에 과실이 없는 경우, 즉 내부적인 부담 부분이 전혀 없는 경우에는 이와 달리 그에 대한 수인의 구상의무 사이의 관계를 부진정연대관계로 봄이 상당하다 할 것이다.

원심이, 원고 회사의 운전자인 위 소외 2에게 과실이 없다고 보고, 피고로 하여금 위 강해숙과 연대하여 지급의무의 이행을 명한 것은 위 법리에 따른 것으로서 정당하며, 거기에 상고이유에서 주장하는 바와 같은 법리오해 등의 잘못이 없다.

3. 상고이유 제2점에 대하여 (생략)

4. 상고이유 제3점에 관하여

원심의 설시가 비록 적절치 못한 점은 있으나, 기록에 비추어 보면, 피고의 주장을 배척하고 소외 3의 행위 및 소외 1의 행위와, 이 사건 피해자들에 대한 손해발생 사이에 인과관계의 존재를 인정한 원심의 판단은 정당한 것으로 수긍이 가고, 나아가 공동불법행위책임은 가해자 각 개인의 행위에 대하여 개별적으로 그로 인한 손해를 구하는 것이 아니라 그 가해자들이 공동으로 가한 불법행위에 대하여 그 책임을 추궁하는 것이므로, 공동불법행위로 인한 손해배상책임의 범위는 피해자에 대한 관계에서 가해자들 전원의 행위를 전체적으로 함께 평가하여 정하여야 하고, 그 손해배상액에 대하여는 가해자 각자가 그 금액의 전부에 대한 책임을 부담하는 것이며, 가해자의 1인이 다른 가해자에 비하여 불법행위에 가공한 정도가 경미하다고 하더라도 피해자에 대한 관계에서 그 가해자의 책임 범위를 위와 같이 정하여진 손해배상액의 일부로 제한하여 인정할 수 없다 할 것이므로(대법원 1998.6.12. 선고 96다55631 판결 및 대법원 1998.10.20. 선고 98다31691 판결 등 참조), 상고이유 제3점의 주장도 이유가 없다.

[판결 4]에 관하여 생각할 점

1. 공동불법행위가 성립하려면 개별적 행위도 불법행위의 요건을 갖추어야 하는 것이 원칙이다. 그런데 위 판결이 판시하는 것처럼 "공동불법행위자 측에 과실이 없는 경우", 즉 "내부적 부담부분이 전혀 없는 경우"가 존재할 수 있는가?

2. 위 판결은 일반론으로서 공동불법행위자 중 1인에 대하여 구상의무를 부담하는 다른 공동불법행위자가 수인인 경우에는 특별한 사정이 없는 이상 그들의 구상권자에 대한 채무는 각자의 부담 부분에 따른 분할채무로 봄이 상당하다고 전제하고 있다. 그러면서 이 사건의 경우 구상권자의 내부적 부담 부분이 없다는 특별한 사정을 내세워 이에 대한 예외를 설정하고 있다. 그런데 분할채무원칙에 따르면 먼저 공동면책행위를 한 자에게 불리하지 않은가? 가령 다른 공동불법행위자의 부담부분을 특정하여 증명하는 문제, 또한 공동불법행위자 중 무자력자가 있는 경우 그 위험의 귀속문제 등으로 인하여 공동불법행위자 사이에 공평한 손해분담이 이루어지지 않는 것 아닌가?

(3) 과실상계

공동불법행위로 인한 손해배상책임에도 과실상계가 적용된다. 과실상계에서의 과실은 피해자의 과실이고, 불법행위 성립 요건으로서의 과실 또는 공동불법행위자 상호 간 구상권의 범위에 고려되는 과실은 가해자의 과실이다. 전자는 사회통념이나 신의성실의 원칙에 따라 공동생활에 있어 요구되는 약한 의미의 부주의를 가리키는 반면, 후자는 가해자의 과실로서 의무위반이라는 강력한 과실을 의미하기 때문이다.[27] 과실상계에서의 피해자의 과실은 공동생활에서 요구되는 약한 의미의 부주의를 포함할 뿐만 아니라, 실질적으로 피해자와 동일시할 수 있는 자의 과실도 포함하기 때문에(이른바 「피해자측의 과실이론」), 가해자의 과실보다 더 넓은 개념이다.

공동불법행위책임은 각 가해자 개인의 행위에 대하여 개별적으로 그로 인한 손해를 구하는 것이 아니라 그 가해자들이 공동으로 행한 불법행위에 대하여 그 책임을 추궁하는 것이다. 따라서 법원이 피해자의 과실을 이유로 과실상계를 할 때에는 피해자의 공동불법행위자 각자의 과실비율이 서로 다르더라도

---

27) 대판 2000.8.22, 2000다29028.

공동불법행위자 전원을 기준으로 하나의 과실비율을 평가한 뒤 이를 기초로 과실상계를 해야 한다는 것이 판례의 원칙적인 태도이다.[28] 앞의 사례에서 피해자인 A, B, C의 과실비율이 50%, 30%, 20%라도, 과실상계를 할 때에는 A, B, C를 묶어서 이들 전체와 D 사이의 과실비율을 정해야 한다.

다만 이는 피해자가 공동불법행위자 모두를 피고로 삼아 소를 제기한 경우를 전제한다. 만약 공동불법행위자별로 별개의 소를 제기한 경우 각 소송에서 제출된 증거가 서로 다르고 이에 따라 손해액 산정의 기초사실이 달리 인정된다면 과실상계비율과 손해액이 서로 다르게 인정될 수도 있다.[29] 위 사례에서 D가 A만을 상대로 소를 제기하였고, 법원에서 D와 A의 과실비율을 20% : 80%로 정하였더라도, 그 이후 다시 D가 B를 상대로 제기한 소에서 법원이 심리 결과 그 과실비율을 달리 정하는 것도 가능하다. 한편 피해자의 부주의를 이용하여 고의로 불법행위를 저지른 자가 바로 그 피해자의 부주의를 이유로 자신의 책임을 감하여 달라고 주장하는 것은 신의칙에 반하여 허용될 수 없다.[30] 하지만 불법행위자 중의 일부에게 그러한 사유가 있다고 하여 그러한 사유가 없는 다른 불법행위자까지도 과실상계의 주장을 할 수 없다고 해석되지는 않는다.[31] 이 경우에는 공동불법행위자 모두가 하나의 소송에서 피고가 되는 경우에도 과실상계가 개별적으로 이루어질 가능성이 열려 있다.[32]

II. 사용자책임

1. 의   의

(1) 직접 불법행위를 한 자가 피해자에게 손해배상책임을 지는 것이 불법행위를 원인으로 한 손해배상의 전형적인 모습이다. 하지만 사회가 점차 복잡

---

28) 이러한 취지로 이루어진 최초의 판결은 대판 1961.7.20, 4293민상469. 그 이외에도 대판 1997.4.11, 97다3118; 대판 2000.9.8, 99다48245 등 다수. 다만 이와 다른 취지의 판결로 대판 1992.2.11, 91다34233.
29) 대판 2001.2.9, 2000다60227.
30) 대판 1987.7.21, 87다카637; 대판 1995.11.14, 95다30352 판결 등.
31) 대판 2007.6.14, 2005다32999.
32) 고의의 공동불법행위자가 포함된 경우 개별적으로 과실상계를 한 대판 2020.2.27, 2019다223747 참조.

해짐에 따라, 개인이 모든 활동을 스스로 하기보다는 타인을 지시, 감독하여 자신의 활동영역을 넓히는 경우가 많다. 특히 개인이 아닌 조직에 의하여 많은 경제활동이 수행되는 현대 사회에서는 그 활동의 영역에 비례하여 손해발생의 위험도 증가한다. 피용자의 위법행위로 피해자가 손해를 입었다면, 그 피용자의 사용자에게도 불법행위로 인한 책임을 지울 필요가 있다. 사용자는 피용자를 통하여 자신의 활동범위를 확장함으로써 이에 상응하는 유·무형의 이익을 얻으면서, 동시에 이로 인한 위험도 확대하고 있으므로, 피용자의 행위로 손해가 발생한 때에는 그 사용자에게도 법적 책임을 추궁하는 것이 손해의 공평, 타당한 귀속이라는 이념에 부합한다.[33] 이에 민법 제756조는 타인을 사용하여 어느 사무에 종사하게 한 자는 피용자가 그 사무집행에 관하여 제3자에게 가한 손해를 배상할 책임이 있다고 규정한다. 이를 사용자책임이라고 한다.

(2) 민법 제756조에 따른 사용자책임은 타인의 행위에 관한 책임이라는 점에서 민법 제391조의 이행보조자의 행위에 관한 책임과 유사하다. 민법 제391조는 "채무자의 법정대리인이 채무자를 위하여 이행하거나 채무자가 타인을 사용하여 이행하는 경우에는 법정대리인 또는 피용자의 고의나 과실은 채무자의 고의나 과실로 본다"라고 규정한다. 그러나 이행보조자의 행위에 관한 책임은 이행보조자의 이행행위 이전에 채무자와 피해자(채권자) 사이에 채무관계가 성립되어 있어야 비로소 문제된다. 또한 이행보조자의 귀책사유는 채무자의 귀책사유로 간주되고, 귀책사유있는 채무불이행으로 인한 책임은 채무자가 지는 것이므로 이행보조자는 별도의 채무불이행 책임을 지지 않는다. 반면 사용자책임은 사용자와 피해자 사이에 채권채무관계가 성립되어 있을 것을 요구하지 않고, 피용자가 스스로 불법행위책임을 지는 것과 별도로 사용자에게 불법행위책임을 묻는다는 점에서 다르다.

(3) 국가배상법에 따른 국가배상책임도 국가나 지방자치단체가 공무원의 불법행위에 대하여 책임을 부담한다는 점에서 사용자책임과 유사한 구조를 가지고 있다. 하지만 사용자책임은 적어도 문면상으로는 선임감독상의 과실을 요구하는 점에서 과실책임의 범주를 벗어나지 않는 데 반하여, 국가배상책임은 국가 또는 지방자치단체의 고의 또는 과실을 전혀 문제삼지 않는 무과실책임

---

33) 이러한 보상책임의 원리는 민법 제정과정에서 이미 언급되었고(민법안심의록 상권, 445면), 판례(대판 1985.8.13, 84다카979)도 이를 명시적으로 밝히고 있다.

이라는 점에서 서로 구별된다.[34] 또한 사용자책임에 있어서는 사용자가 피용자를 상대로 구상권을 행사하는 것이 원칙적으로 허용되지만, 국가배상책임에 있어서는 불법행위자인 공무원에게 고의, 중과실이 있는 경우에 한하여 국가의 구상권 행사가 허용된다(국배 제2조 제2항).

2. 요   건

(1) 타인을 사용하여 어느 사무에 종사하게 할 것

사용자책임은 사용관계를 전제한다. 사용관계는 사용자가 어떤 사무집행을 위하여 피용자를 사용하여 그를 실질적으로 지휘·감독하는 관계이다.[35] 사용자책임을 인정하는 취지에 비추어 여기에서의 사무는 꼭 영리적인 것에 국한되지 않는다. 사용자와 피용자 사이의 지휘·감독관계도 사실상의 것이면 충분하다. 그러므로 사용관계의 근거가 되는 고용계약이 무효이더라도 실질적인 지휘·감독관계가 존재하면 여전히 사용자책임을 부담하게 된다.[36] 또한 여기서의 지휘·감독관계는 실질적인 것이므로 외견상 독립성이 인정되는 자라도 실질적으로는 지휘·감독을 받는 자라면 그 지휘·감독자는 이에 대하여 사용자책임을 부담한다.[37] 지휘·감독관계는 복수로 존재하기도 한다.[38]

수급인은 도급인으로부터 독립하여 사무를 처리하므로 도급인은 수급인의 불법행위에 관하여 사용자책임을 지지 않는 것이 원칙이지만, 도급 또는 지시에 관하여 중대한 과실이 있다면 책임을 진다(제757조). 또한 노무도급과 같이 도급인이 수급인에 대하여 구체적인 지휘·감독권을 가진 경우[39]에는 배상책임을 질 수 있다. 이때 도급인과 수급인의 관계는 실질적으로 사용자와 피용자의

---

34) 물론 국가 또는 지방자치단체도 공권력 행사가 아니라 단순한 사경제의 주체로 활동할 경우에는 그 손해배상책임에 국가배상법이 적용될 수 없고 사용자책임이 인정된다. 대판 1999.6.22, 99다7008 참조.
35) 대판 1999.10.12, 98다62671.
36) 하지만 피용자가 퇴직한 후에는 특별한 사정이 없는 한 사용자의 실질적인 지휘·감독을 받는 것이 아니므로 종전의 사용자에게 사용자책임을 물을 수 없다. 대판 2001.9.4, 2000다26128.
37) 가령 다단계판매업자와 판매원의 관계를 사용관계로 인정한 대판 2008.11.27, 2008다56118.
38) 가령 중기를 그 조종자와 함께 임대한 경우 임대인과 임차인 모두의 사용자책임을 긍정한 예로 대판 1980.8.19, 80다708.
39) 대판 1993.5.27, 92다48109; 대판 2005.11.10, 2004다37676.

관계와 다를 바 없기 때문에 도급인은 민법 제756조에 의한 사용자책임을 진다.

판례는 사용관계의 범위를 폭넓게 파악한다. 가령 위임관계에서 수임인은 위임인에 대하여 독립적인 지위를 가지지만, 판례 가운데에는 의뢰인의 지시에 따라 장기간 상속부동산의 매각과 상속재산분할 사무 등을 처리하여 온 변호사의 불법행위에 대하여 의뢰인의 사용자책임을 인정한 사례가 있다.[40] 또한 동업관계에 있는 자들이 공동으로 처리할 업무를 동업자 중 1인에게 맡겨 그로 하여금 처리한 경우에 다른 동업자는 그 업무집행자의 동업자인 동시에 사용자의 지위에 있다고 인정한 사례도 있다.[41] 한편 「파견근로자보호 등에 관한 법률」에 의한 근로자 파견에 있어서 사용사업주는 파견 근로자에게 구체적인 지시·감독을 행하지만 이를 제외하고는 파견사업주가 여전히 파견근로자를 일반적으로 지휘·감독할 지위에 있으므로 파견사업주가 파견근로자의 파견업무에 관련한 불법행위에 대하여 사용자책임을 부담한다고 한다(아래의 "판결 5" 참조).[42] 나아가 명의대여자가 명의차용자의 불법행위에 대하여 사용자책임을 진다고 본 판결도 있다(아래의 "판결 6" 참조).[43] 이때 대법원은 "실제적으로 지휘·감독을 하였는가" 하는 현실적 측면보다는 "객관적·규범적으로 보아 마땅히 지휘·감독할 지위에 있는가" 하는 당위적 측면에 더 중점을 두어 사용자책임을 인정하는 경향을 보인다.[44] 실제적으로 지휘·감독을 해야 할 지위에 있으면서도 이를 게을리한 사용자가 오히려 사용자책임을 면하는 부당한 결과를 피하기 위함이다.

> **[판결 5] 근로자 파견에 있어서 파견사업주의 사용자책임: 대판 2003.10.9, 2001다24655**

1. 원심의 인정 및 판단

가. 원심은 그의 채용 증거들을 종합하여, 원고는 1998. 4. 2. 주식회사 경

---

40) 대판 1998.4.28, 96다25500. 또한 대판 1998.8.21, 97다13702도 참조.

41) 대판 2006.3.10, 2005다65562. 또한 대판 1999.4.27, 98다36238도 참조.

42) 대판 2003.10.9, 2001다24655.

43) 대판 2001.8.21, 2001다3658; 대판 1996.5.10, 95다50462. 그러나 명의대여자는 당연히 사용자책임을 진다는 일반론은 받아들이기 어렵다. 이에 관하여는 대판 1995.6.29, 95다13289 및 대판 1993.3.26, 92다10081 참조. 한편 명의대여자의 책임에 관한 상법 제24조와도 비교하라.

44) 대판 2022.2.11, 2021다283834.

남은행(아래에서는 '경남은행'이라고 한다)과의 사이에 피보험자를 경남은행 김해지점, 피보험자동차를 경남은행 소유의 경남 44가5291호 자가용 승용차(아래에서는 '이 사건 자동차'라고 한다), 보험기간을 1998. 4. 2.부터 1999. 4. 2.까지로 정하여 자동차 종합보험계약을 체결한 사실, 경남은행은 1998. 11. 20. 근로자 파견 용역사업 등을 하고 있던 피고와의 사이에 업무내용은 운전, 계약기간 및 파견근로기간은 1998. 11. 20.부터 1999. 7. 31.까지, 파견근로의 대가는 경남은행이 피고에게 매월 일정액의 파견료를 지불하기로 하되 파견근로자들에 대한 지휘감독 및 관리는 경남은행과 피고가 업무지휘·명령자와 관리책임자를 각 1명씩 선임하여 그들로 하여금 파견근로자들에 대한 지휘·명령업무와 파견근로자의 고충처리 등의 관리업무를 분담하게 하는 내용의 근로자 파견계약을 체결한 사실, 경남은행은 그 계약에 따라 피고 소속의 근로자인 소외 1등 11명을 파견 받아 그 중 소외 1로 하여금 경남은행 김해지점에 상주하면서 업무용 차량인 이 사건 자동차를 운전하게 한 사실, 소외 1은 경남은행 김해지점에서 업무시간 중 이 사건 자동차를 운전하여 현금 수송이나 거래처 방문 등의 일을 하고 있었는데, 토요일인 1998. 12. 5. 경남은행 김해지점장인 000의 지시에 따라 이 사건 자동차를 운전하여 000를 진주시까지 태워준 후 000로부터 경남은행 김해지점으로 돌아가 이 사건 자동차를 주차시킨 후 퇴근하라는 지시를 받은 사실, 그런데 소외 1은 경남은행 김해지점으로 돌아가지 않고 임의로 이 사건 자동차를 개인적인 용도로 운행하다 그 다음날인 12. 6. 03:00.경 김해시 삼정동에 있는 도로를 진행하던 중 그 곳에 설치된 횡단보도를 따라 도로를 건너던 △△△를 발견하지 못하고 이 사건 자동차로 들이받아 그녀로 하여금 그 무렵 사망하게 한 사실, 그 후 원고는 이 사건 자동차의 보험자로서 보험약관에 따라 피보험자인 경남은행 김해지점을 대위하여 △△△의 치료비로 1,358,900원을 지급하고, △△△의 유족들에게 손해배상금으로 100,526,300원을 지급하여 합계 101,885,200원의 보험금을 지출하였다는 요지의 사실을 인정하였다.

나. 원고는 먼저 피고는 소외 1의 사용자로서 위의 사고로 인하여 △△△의 유족들이 입게 된 손해에 대하여 손해배상책임을 지게 되는 바, 원고가 경남은행의 보험자로서 경남은행을 대위하여 △△△의 유족들에게 손해를 배상함으로써 피고가 면책되게 되었으므로 원고는 보험자로서 피보험자인 경남은행이 피고에 대하여 가지게 된 구상권을 대위 행사하는 터이므로 피고는 원고에게 원고가 △△△의 유족들에게 손해배상금으로 지급한 101,885,200원을 지급할 의무가 있다고 주장하였다.

다. 이에 대하여 원심은 그의 채용 증거들을 종합하여, 경남은행과 피고는

근로자 파견계약에 따라 파견근로자에 대한 업무지휘·명령자와 관리책임자를
각 1명씩 선임하여 그들로 하여금 파견근로자들에 대한 지휘·명령업무와 파견
근로자의 고충처리 등의 관리업무를 분담하기로 약정하였으나 실제로는 피고는
파견사업주로서 파견근로자에 대한 근무지 이동배치, 급여지급, 파견근로자의
고충처리, 관리대장의 작성·보존 등의 업무만을 담당하고, 경남은행은 사용사
업주로서 파견근로자에 대한 업무상 지휘·명령 및 감독업무를 담당한 사실, 파
견근로자인 소외 1은 사용사업주인 경남은행의 김해지점 지점장인 000의 지시
에 따라 이 사건 자동차를 운전하여 000를 진주시까지 태워준 후 000로부터 경
남은행 김해지점으로 돌아가 이 사건 자동차를 주차시킨 후 퇴근하라는 지시를
받았음에도 이를 어기고 무단으로 이 사건 자동차를 운전하다가 이 사건 교통
사고를 일으킨 사실, 소외 1이 000의 지시를 어기고 이 사건 자동차를 경남은행
김해지점에 주차시키지 않고 바로 퇴근하였음에도 이 사건 교통사고가 발생하
기까지 경남은행측에서는 피고에게 연락하는 등의 조치도 취하지 아니한 사실
을 인정하였다.

원심은 그와 같은 사실관계를 토대로 하여, 소외 1의 이 사건 자동차 운전
업무에 관한 실질적인 지휘·감독권자는 피고가 아닌 경남은행이고, 또한 이 사
건 자동차의 운전업무는 외형상 객관적으로 경남은행의 사업 활동 내지 사무집
행 행위와 관련된 것이지 근로자 파견 용역사업 등을 영위하는 피고의 사업 활
동 내지 사무집행 행위와 관련된 것이라고는 할 수 없으므로 위의 사고에 관하
여 피고가 소외 1의 사용자라고 볼 수 없다고 보아 원고의 그 주장을 받아들이
지 아니하였다.

2. 이 법원의 판단

파견근로자보호등에관한법률에 의한 근로자 파견은 파견사업주가 근로자를
고용한 후 그 고용관계를 유지하면서 사용사업주와 사이에 체결한 근로자 파견
계약에 따라 사용사업주에게 근로자를 파견하여 근로를 제공하게 하는 것으로
서, 파견근로자는 사용사업주의 사업장에서 그의 지시·감독을 받아 근로를 제
공하기는 하지만 사용사업주와의 사이에는 고용관계가 존재하지 아니하는 반면,
파견사업주는 파견근로자의 근로계약상의 사용자로서 파견근로자에게 임금지급
의무를 부담할 뿐만 아니라, 파견근로자가 사용사업자에게 근로를 제공함에 있
어서 사용사업자가 행사하는 구체적인 업무상의 지휘·명령권을 제외한 파견근
로자에 대한 파견명령권과 징계권 등 근로계약에 기한 모든 권한을 행사할 수
있으므로 파견근로자를 일반적으로 지휘·감독해야 할 지위에 있게 되고, 따라
서 파견사업주와 파견근로자 사이에는 민법 제756조의 사용관계가 인정되어 파

견사업주는 파견근로자의 파견업무에 관련한 불법행위에 대하여 파견근로자의 사용자로서의 책임을 져야 하는 것이다.

다만, 파견근로자가 사용사업주의 구체적인 지시 · 감독을 받아 사용사업주의 업무를 행하던 중에 불법행위를 한 경우에 파견사업주가 파견근로자의 선발 및 일반적 지휘 · 감독권의 행사에 있어서 주의를 다하였다고 인정되는 때에는 면책된다고 할 것이다.

원심이 인정한 바에 따르더라도, 피고는 경남은행과의 근로자 파견계약에 따라 소외 1을 고용한 후 그를 경남은행에 파견하여 파견업무를 하도록 한 파견사업주이고, 또 경남은행과 근로자 파견계약을 체결함에 있어 피고측의 업무지휘 · 명령 및 관리책임자를 선임하여 파견근로자를 관리하기로 약정하였다는 것이니, 피고는 소외 1을 일반적으로 지휘 · 감독하여야 할 사용자의 지위에 있다고 볼 수 있어서 외형상 소외 1의 파견업무인 자동차의 운전업무와 관련하여 발생한 이 사건 사고에 대하여는 소외 1에 대한 일반적 지휘 · 감독권을 갖는 피고로서도 그 사고의 위험이 생길 원인을 제공한데 또는 그 위험 방지조치를 다하지 못한 데에 책임이 있다고 할 것이다.

그럼에도 견해를 달리하여, 피고와 소외 1사이에는 사용자 관계가 인정되지 아니하여 피고가 소외 1의 사용자가 아니고, 소외 1의 이 사건 자동차의 운전은 경남은행의 사업활동 내지 사무집행에 관련될 것일 뿐, 피고의 그것에 관련된 것이 아니라는 이유로 피고의 사용자책임을 인정하지 아니한 원심판결에는 파견근로관계에서의 사용자책임에 관한 법리를 오해하여 판결의 결과에 영향을 끼친 잘못이 있으며, 이를 지적하는 상고이유의 주장은 정당하기에 이 법원은 그 주장을 받아들인다.

3. 결   론

그러므로 원고의 나머지 상고이유의 주장에 대한 판단을 생략한 채 원심판결을 파기하고, 사건을 더욱 심리한 후 판단하게 하기 위하여 원심법원에 환송하기로 관여 대법관들의 의견이 일치되어 주문에 쓴 바와 같이 판결한다.

[판결 5]에 관하여 생각할 점

1. 일반적인 근로관계는 사용자와 피용자의 양자관계로 구성되는 반면, 파견근로관계는 파견사업주, 파견근로자, 사용사업주라는 3자관계로 구성된다는 특징을 가진다. 이때 파견근로자의 불법행위로 제3자가 손해를 입었다면 파견사업주와 사용사업주 중 누가 사용자책임을 부담할 것인가 하는 문제가 있다. 누가 책임

을 부담해야 하는가? 파견사업주인가, 사용사업주인가? 아니면 둘 다인가? 그
근거는 무엇인가?

2. 이 사건 원심판결은 소외 1의 자동차 운전은 경남은행의 사무집행에 관련된 것
이지 피고의 사무집행에 관련된 것이 아니라고 판단하면서 이를 피고의 사용자
책임을 부정하는 하나의 근거로 삼았다. 이 장 뒷 부분의 "사무집행관련성"에
대한 설명을 읽은 뒤 원심의 이러한 판단이 타당한지에 대하여 토론하라.

[판결 6] 명의대여자의 사용자책임: 대판 1996.5.10, 95다50462

타인에게 어떤 사업에 관하여 자기의 명의를 사용할 것을 허용한 경우에
그 사업이 내부관계에 있어서는 타인의 사업이고 명의자의 고용인이 아니라 하
더라도 외부에 대한 관계에 있어서는 그 사업이 명의자의 사업이고, 또 그 타인
은 명의자의 종업원임을 표명한 것과 다름이 없으므로 명의사용을 허가받은 사
람이 업무수행을 함에 있어 고의 또는 과실로 다른 사람에게 손해를 끼쳤다면
명의사용을 허가한 사람은 민법 제756조에 의하여 그 손해를 배상할 책임이 있
으며, 그 명의대여로 인한 사용관계의 여부는 실제적으로 지휘·감독하였느냐의
여부에 관계없이 객관적으로 보아 사용자가 그 불법행위자를 지휘·감독할 지위
에 있었느냐의 여부를 기준으로 결정해야 한다(대법원 1987.12.8. 선고 87다카459
판결, 1994.10.25. 선고 94다24176 판결 등 참조).

원심판결 이유에 의하면, 원심은 거시 증거에 의하여, 피고는 소외 1이 채
석허가를 받아놓고 개발을 하지 아니하고 있던 경북 성주군 자양리 산 49 임야
17,000평을 그로부터 매수하고 화강암을 채취하기 전 그 위에 덮인 보조기층과
쇄석기층을 걷어내기 위하여, 1992. 8. 19. 제1심 공동피고와 사이에 위 보조기
층과 쇄석기층의 채석작업을 하기로 함에 있어서 피고는 관할관청으로부터 토
석채취허가 및 기타 석산개발에 필요한 각종 허가와 도로 및 동력, 주민의 민원
등 개발현장에서의 제반 문제를 해결하기로 하고, 위 제1심 공동피고는 위 현장
에 크러셔 등 일체의 장비를 투입하여 보조기층, 쇄석, 석분 등 잡석을 발파 등
의 방법으로 채취하고서 판매·수금·관리 등을 하기로 하되, 그 출고량에 대하
여 ㎥당 보조기층은 400원, 쇄석기층은 600원으로 정하여 피고에게 지급하기로
약정한 사실, 피고는 위 사업수행을 위하여 판시와 같이 위 소외 1의 채석허가
를 자신이 승계받는 허가를 받고 사업자등록을 한 후 화약류사용허가를 받았으
며, 한편 위 제1심 공동피고는 중장비 등을 구입 임차하여 위 석산개발 현장에
투입하고 원고로부터 임차한 발전기 등을 사용하여 작업을 진행하였는데, 1993.

2. 20. 위 제1심 공동피고가 고용한 소외 2가 발파작업을 하다가 석산이 무너져 내리면서 원고 소유의 위 발전기가 돌더미에 깔려 크게 파손된 사실을 인정한 다음, 그 인정사실에 의하면, 피고는 위 제1심 공동피고에게 피고 명의의 사업자등록과 채석허가 및 화약류사용허가를 사용할 것을 허용하여 위 작업을 하게 하였다 할 것이어서 그 사업이 내부관계에 있어서는 위 제1심 공동피고가 피고의 고용인이 아니라 하더라도 외부에 대한 관계에 있어서는 그 사업이 명의자인 피고의 사업이고, 또 위 제1심 공동피고가 피고의 종업원임을 표명한 것과 다름이 없을 뿐만 아니라, 총포도검화약류등단속법이 화약류 사용으로 인한 위험과 재해를 미리 방지함으로써 공공의 안전을 유지하는 데 이바지하고자 그 사용허가에 관하여 엄격하게 규정하고 있는 취지에 비추어 보더라도 화약류사용허가 명의를 사용하여 위 작업을 하도록 허용한 피고가 실제로 위 작업을 지휘 · 감독하였느냐의 여부에 관계없이 객관적으로 보아 위 제1심 공동피고, 소외 2를 지휘 · 감독할 지위에 있었다고 할 것이므로, 피고는 위 제1심 공동피고, 소외 2의 과실로 인하여 발생한 이 사건 사고로 인하여 원고가 입은 손해를 배상할 책임이 있다고 판단하였다.

　　기록과 위에서 본 법리에 비추어 살펴보면, 원심의 위 인정 · 판단은 모두 수긍이 가고, 거기에 소론과 같이 사용자책임에 관한 법리를 오해하여 사용자관계에 관한 심리를 다하지 아니하였거나 채증법칙을 위배하여 지휘 · 감독 사실을 오인한 위법이 있다고 할 수 없으며, 논지가 내세우는 대법원 판결들은 모두 이 사건과 사안을 달리하는 것이다.

[판결 6]에 관하여 생각할 점

1. 명의대여자와 명의차용자 사이에 사용관계가 존재하는가? 사용자책임과 명의대여자의 책임(상법 제24조를 보라)은 구별되어야 하는 것 아닌가? 만약 신용불량자인 아버지가 아들의 허락 아래 그의 이름으로 사업자등록을 마친 뒤 사업을 하다가 제3자에게 불법행위로 인한 손해를 입혔다면, 아들은 아버지를 마땅히 지휘, 감독할 지위에 있으므로 사용자책임을 지는가?
2. 사업체를 타인에게 양도하였으나 아직 사업자등록명의를 미처 넘기지 못한 상태에서 사고가 난 경우 양도인이 사용자책임을 지는가? 이에 관하여는 대판 1995.6.29, 95다13289를 참고하라.
3. 이와 유사한 관계로 조합원 중 1인이 불법행위를 저지른 경우를 생각할 수 있다. 조합원 중 1인이 조합의 업무집행 중 불법행위를 하였다면 나머지 조합원들

이 이에 대하여 책임을 부담하는가? 가령 다른 조합원들이 공동으로 처리할 업무를 그중 1인에게 맡겨 그로 인하여 처리하게 하였다면 어떠한가? 이때 업무를 맡긴 조합원들과 업무를 처리하는 조합원 사이에 사용관계가 존재한다고 할 수 있는가? 이에 관하여 대판 2006.3.10, 2005다65562를 읽어보라.

(2) 사무집행에 관련될 것(사무집행관련성)

사용자책임이 인정되려면 문제 된 피용자의 행위가 "사무집행에 관한" 것이어야 한다. 사용자책임이 문제되는 사건에서 사용관계는 매우 폭넓게 인정되고, 면책항변은 거의 인정되지 않기 때문에, 사무집행관련성 요건은 사용자와 피해자의 이익을 형량하는 중요한 쟁점으로 떠오르게 된다. 피용자의 행위가 그 직무범위 내에 속한다면 사무집행관련성을 인정하는 데에 어려움이 없다. 문제는 피용자가 사용자로부터 부여받은 권한을 유월, 남용하거나 사무집행의 기회를 이용하여 불법행위를 행한 경우이다.[45] 이러한 경우에 사무집행관련성을 인정할 것인지에 따라 사용자책임의 범위가 달라지게 된다.

판례는 이에 관하여 이른바 외형이론을 취함으로써 사용자책임의 성립 범위를 확대하는 입장을 취한다.[46] 이는 피용자의 불법행위가 외형상 객관적으로 사용자의 사업활동 내지 사무집행행위 또는 그와 관련된 것이라고 보일 때에는 행위자의 주관적 사정을 고려함이 없이 이를 사무집행에 관하여 한 행위로 본다는 것이다. 이러한 관련성을 판단하는 기준은 무엇인가? 판례는 "사용자의 사업과 시간적·장소적으로 근접하고, 피용자의 사무의 전부 또는 일부를 수행하는 과정에서 이루어지거나 가해행위의 동기가 업무처리와 관련된 것일 경우"라고 한다.[47]

한편 사무집행행위에 해당하지 않음을 피해자 자신이 알았거나 중과실로 알지 못한 경우에는 사용자책임이 인정되지 않는다.[48] 외형이론은 피해자를 두텁게 보호하기 위하여 피용자의 불법행위가 사무집행의 범위 내에 속하지 않

---

45) 대판 1985.8.13, 84다카979 등 다수.
46) 대판 2003.12.26, 2003다49542.
47) 대판 2009.2.26, 2008다89712. 이 사안에서는 피용자가 다른 피용자를 성추행 또는 간음한 경우, 가해자가 사용자로부터 다른 근로자에 대한 고용조건을 결정할 수 있는 권한을 부여받고 있음을 이용하여 그 업무수행과 시간적·장소적인 근접성이 인정되는 상황이라면 사무집행관련성이 인정된다고 하였다.
48) 대판 2000.3.28, 98다48934 등 다수.

아도 외형상 객관적으로 사무집행과 관련된 것으로 보이면 사용자에게도 책임을 인정한다는 것인데, 위와 같은 경우에는 이러한 논리를 동원하면서까지 피해자를 보호할 필요성이 없거나 현저히 줄어들기 때문이다. 고의 또는 중과실은 피용자의 행위에 의한 거래가 있었던 당시의 사정을 기준으로 한다.[49]

이처럼 피해자의 신뢰 또는 거래의 안전보호[50]의 차원에서 적용되는 외형이론은 거래와 관련된 불법행위, 즉 거래적 불법행위에서 상당한 타당성을 가지지만, 이것이 나아가 거래와 무관한 사실적 불법행위에도 그대로 적용될 수 있는지에 대하여는 생각해볼 필요가 있다.[51] 사실적 불법행위의 경우에는 피해자의 신뢰를 문제삼을 필요가 없으므로 피해자가 피용자의 불법행위에 사무집행관련성이 없다는 것을 알고 있더라도 여전히 사용자책임이 성립할 여지가 있다. 우리 판례도 종전에는 외형이론의 적용범위에 관하여 뚜렷하게 인식하고 있지 않았으나, 점차 사실적 불법행위에 관하여는 행위와 사업 사이의 시간적 · 장소적 근접성, 행위 또는 그 동기의 업무관련성 등의 기준을 실질적으로 적용하는 경향을 보이고 있다.[52]

[판결 7] 외형이론과 피해자의 악의, 중과실 등: 대판 2003.2.11, 2002다62029

1. 원심판결 이유에 의하면 원심은 제1심판결을 인용하여, 원고가 어음을 할인해 준 상대방이 소외인이고, 그로부터 교부받은 어음이 소외인에 의하여 위조된 것인 이상 금전 차용인이 소외인이 될 수 있음은 별론으로 하고 피고 회사가 이를 차용한 것이라 할 수 없다는 이유로 원고가 정동명을 통하여 피고 회사에게 할인금 상당의 금원을 대여하였다는 원고의 주장을 배척하였는바, 기록에 비추어 살펴보면, 원심의 위와 같은 판단은 정당한 것으로 수긍이 가고, 거기에 상고이유로 주장하는 바와 같이 채증법칙을 위배하여 사실을 잘못 인정한 위법이 있다고 할 수 없다.

2. 원심은 또 제1심판결을 인용하여, 상법 제395조에 정한 표현대표이사의 행위로 인한 회사의 책임이 성립하기 위하여는 회사의 대표이사가 아닌 이사가

49) 대판 2007.4.12, 2006다21354.
50) 판례는 외형이론을 취하는 근거를 "거래의 안전을 도모하려는 입법취지"라고 명시하고 있다. 대판 1985.8.13, 84다카979.
51) 김재형, "사용자책임에서의 사무집행관련성", 민법론 Ⅱ, 2004, 321.
52) 대표적으로 대판 2000.2.11, 99다47297; 대판 2009.2.26, 2008다89712 참조.

외관상 회사의 대표권이 있는 것으로 인정될 만한 명칭을 사용하여 거래행위를 하여야 하고, 그와 같은 명칭이 표현대표이사의 명칭에 해당하는지 여부는 사회 일반의 거래통념에 따라 결정하여야 할 것인데, 원고 주장에 의하더라도 '경리 담당이사'는 회사를 대표할 권한이 있는 것으로 인정될 만한 명칭에 해당한다고 볼 수 없다고 하여 피고 회사가 상법 제395조에 따라 소외인의 행위에 대하여 책임이 있다는 원고의 주장을 배척하였는바, 관계법리와 기록에 비추어 살펴보면 원심의 위와 같은 판단은 정당한 것으로 수긍이 가고, 거기에 채증법칙을 위배하여 사실을 잘못 인정하거나 표현대표이사에 관한 법리를 오해한 위법이 있다고 할 수 없으므로, 이 점을 지적하는 취지의 상고이유의 주장은 이유 없다.

3. 기록에 비추어 살펴보면, 원심이 제1심판결을 인용하여 피고 회사의 경리이사인 소외인이 피고 회사로부터 자금차용에 관한 권한을 위임받았다고 볼 만한 아무런 증거가 없는 반면, 오히려 소외인은 경리이사의 직함으로 피고 회사의 결산, 세무회계, 결제 등의 경리업무를 담당하여 왔을 뿐 피고 회사의 어음할인용 약속어음 발행권한은 대표이사가 이를 가지고 있었으므로 소외인은 독자적인 어음할인을 통한 자금차용에 관한 대리권은 피고 회사로부터 위임되어 있지 않았다고 볼 것이고, 더욱이 피고 회사 명의를 위조한 어음을 통한 소외인의 차금행위는 사적인 거래에 불과하여 그 직무에 관하여 피고 회사를 대리한 것이라 볼 수도 없다고 판단하여, 소외인이 상법 제15조에 정한 피고 회사의 경리사무에 관한 부분적 포괄대리권을 가진 상업사용인에 해당하므로 소외인의 자금차용행위는 피고 회사에 대하여 효력이 미친다는 원고의 주장을 배척한 조치는 정당한 것으로 수긍이 가고, 거기에 채증법칙을 위배하여 사실을 잘못 인정하거나 부분적 포괄대리권을 가진 상업사용인에 관한 법리를 오해한 위법이 있다고 할 수 없으므로, 이 점을 지적하는 취지의 상고이유의 주장은 그 이유 없다.

4. 피용자의 불법행위가 외관상 사무집행의 범위 내에 속하는 것으로 보이는 경우에 있어서도, 피용자의 행위가 사용자나 사용자에 갈음하여 그 사무를 감독하는 자의 사무집행 행위에 해당하지 않음을 피해자 자신이 알았거나 또는 중대한 과실로 인하여 알지 못한 경우에는 사용자책임을 물을 수 없고, 사용자책임이 면책되는 피해자의 중대한 과실이라 함은 거래의 상대방이 조금만 주의를 기울였더라면 피용자의 행위가 그 직무권한 내에서 적법하게 행하여진 것이 아니라는 사정을 알 수 있었음에도 만연히 이를 직무권한 내의 행위라고 믿음으로써 일반인에게 요구되는 주의의무에 현저히 위반하는 것으로 거의 고의에 가까운 정도의 주의를 결여하고, 공평의 관점에서 상대방을 구태여 보호할 필요

가 없다고 봄이 상당하다고 인정되는 상태를 말한다 할 것이다(대법원 1998.7.24.
선고 97다49978 판결, 2000.11.24. 선고 2000다1327 판결 등 참조).

　　원심은 제1심판결을 인용하여, 소외인이 피고 회사의 경리업무 부서장이면
서도 피고 회사와는 무관하게 설립한 무한건설을 운영하고 있음을 알고도 무한
건설의 이사로 행세하면서 소외인을 도와 융통어음의 할인을 통하여 무한건설
의 운영자금을 조달하여 오면서 소외인이 운영하는 무한건설의 자금사정 등을
잘 알고 있었을 터이고, 자금 마련을 위하여 소외인의 부탁에 따라 허위의 대출
서류를 작성하는 위법한 방법까지 사용한 바 있는 원고로서는 피고 회사 명의
가 위조되었음을 알지 못하였다 하더라도, 위와 같이 피고 회사의 어음발행이나
배서가 정당한 권한이 있는 자에 의하여 이루어진 것이 아니라고 볼 만한 현저
한 사정이 있었으므로, 피고 회사에게 확인하는 등 조금만 주의를 기울였더라면
소외인의 행위가 그 직무권한 내에서 적법하게 행하여진 것이 아니라는 사정을
알 수 있었음에도, 이 사건 어음 할인 뿐만 아니라 그 이전 20차례에 가깝게 어
음할인을 하는 동안에도 전혀 이를 확인하지 아니하고 만연히 직무권한 내의
행위라고 믿은 데에는 비록 외형상으로는 소외인의 위조 행위가 그 직무와 밀
접하게 관련된 행위라 하더라도 원고로서는 소외인의 행위가 정당한 사무집행
의 범위에 속하지 아니함을 중대한 과실로 알지 못하였다고 봄이 상당하다고
판단하여 원고는 피고 회사에 대하여 사용자책임을 물을 수 없다는 피고의 주
장을 받아들였다.

　　위에서 본 법리와 기록에 비추어 보면, 원심의 위와 같은 판단은 정당한 것
으로 수긍이 가고, 거기에 상고이유로 주장하는 바와 같이 채증법칙을 위배하여
사실을 잘못 인정하거나 사용자책임에 관한 법리를 오해한 위법이 있다고 할
수 없다.

[판결 7]에 관하여 생각할 점

1. 이 사건은 사용자책임이 문제되는 사건의 전형적인 논리구조를 보여준다. 거래
　적 불법행위에서 피해자는 우선 피용자가 표현대리인 내지 표현대표이사라는
　점을 들어 회사의 계약책임을 묻고자 한다. 이러한 주장이 받아들여지지 않으
　면 이번에는 불법행위책임의 하나인 사용자책임을 묻고자 한다. 이때 주로 「사
　무집행관련성」과 피해자의 「악의 또는 중과실」이 다투어진다. 사무집행관련성
　에 관하여 외형이론을 취하는 이유 중의 하나는 피해자의 신뢰보호인데, 피해
　자가 악의 또는 중과실인 경우에는 신뢰보호의 가치가 적어서 사용자책임이 부

정된다. 그런데 사실적 불법행위에서도 외형이론 또는 피해자의 「악의 또는 중과실」이 문제되는가? 예를 들어 대판 1991.1.11, 90다8954에서는 택시운전사가 택시를 운행 중 승객인 부녀를 강간한 경우 택시회사의 사용자책임을 긍정하였다. 이때 사용자책임을 인정한 것은 「승객강간」이 외형상 사무집행에 속하기 때문인가? 또한 이에 관하여 승객의 「악의 또는 중과실」이 문제될 수 있는가?

2. 피해자가 법인인 경우에는 법인의 기관 또는 포괄적 대리인이 사무집행에 해당하지 않음을 알았다면 법인이 안 것으로 취급되는가? 이에 관하여는 대판 2005.12.23, 2003다30159를 참조하라. 그 대리인이 배임적 대리행위를 하는 경우에는 어떠한가? 이에 관하여는 대판 2007.9.20, 2004다43886을 참조하라.

3. 직장 내에서 상급자에 의한 성희롱 또는 성추행이 발생하였다면 사무집행관련성을 인정할 수 있는가? 이에 관하여 사무집행관련성을 부정한 대판 1998.2.10, 95다39533과 이를 긍정한 대판 2009.2.26, 2008다89712를 읽고 비교하여 보라.

(3) 피용자의 불법행위

민법 제756조만으로는 피용자의 행위도 일반적인 불법행위의 요건을 모두 갖추어야 하는지를 판단하기 어렵다. 이는 사용자책임의 본질을 대위책임과 자기책임 중 어느 쪽으로 볼 것인가와 관련되어 논의된다. 사용자책임은 피해자를 두텁게 보호하기 위하여 자력이 부족할 수도 있는 피용자의 불법행위책임을 사용자가 대신 부담하게 하는 것이라고 보는 대위책임설의 입장에서는 피용자의 행위는 역시 불법행위의 성립 요건을 모두 갖추어야 한다.[53] 반면 사용자책임은 피용자의 고의나 과실의 유무와 무관하게 사용자 자신이 피용자를 선임, 감독함에 있어서 주의의무를 다하지 못한 자기 고유의 과실에 대한 책임이라고 보는 자기책임설의 입장에서는 피용자의 행위가 반드시 불법행위 성립 요건을 모두 갖출 필요는 없다.[54]

한편 판례는 사용자책임의 성립에 피용자의 고의 또는 과실이 요구된다고 하여 피용자의 행위도 불법행위 성립 요건을 모두 갖추어야 한다는 태도를 취한다. 가령 대판 1981.8.11, 81다298은 "책임무능력자(국민학교 1학년생)의 대리감독자(담임교사)에게 민법 제755조 제2항에 의한 배상책임이 있다고 하여 위

---

53) 곽윤직, 채권각론, 419 등 다수 학설.
54) 김형배, "사용자책임과 구상권의 제한", 민사법학 7, 1988, 218.

대리감독자의 사용자 또는 사용자에 갈음한 감독자(위 학교를 설립 경영하는 지방자치단체)에게 당연히 민법 제756조에 의한 사용자책임이 있다고 볼 수는 없으며, 책임무능력자의 가해행위에 관하여 그 대리감독자에게 고의 또는 과실이 인정됨으로써 별도로 불법행위의 일반 요건을 충족한 때에만 위 대리감독자의 사용자 또는 사용자에 갈음한 감독자는 민법 제756조의 사용자책임을 지게 된다."고 한다.

(4) 선임감독상의 과실이 없을 것

민법 제756조 단서는 사용자가 피용자의 선임 및 그 사무감독에 상당한 주의를 한 때 또는 상당한 주의를 하여도 손해가 있을 경우에는 사용자책임을 지지 않는다는 점을 명시한다. 이는 우리 민법이 사용자책임을 과실책임의 형태로 파악한다는 점을 보여준다.

그러나 실제로는 자신에게 선임감독상의 과실이 없다는 사용자의 주장이 받아들여지는 경우는 거의 없다. 따라서 사용자책임은 법조문상으로는 선임 및 감독상 주의의무 위반을 요구하는 과실책임의 범주에 속하지만, 실제로는 무과실책임에 가깝게 운영된다고 할 수 있다.

3. 사용자책임의 내용

(1) 사용자의 손해배상책임

사용자책임의 성립요건이 갖추어지면 사용자는 피용자의 가해행위로 인하여 발생한 손해를 피해자에게 배상할 의무를 진다. 손해배상의 범위(제393조, 제763조)나 과실상계(제369조, 제763조) 등 손해배상에 관한 일반적인 법리는 사용자책임에도 그대로 적용된다.

(2) 대리감독자 및 피용자의 책임과의 관계

사용자에 갈음하여 그 사무를 감독하는 자도 같은 책임을 진다. 여기에서 "사용자에 갈음하여 사무를 감독하는 자"는 객관적으로 볼 때 사용자에 갈음하여 현실적으로 구체적인 사업을 감독하는 지위에 있는 자를 뜻한다.[55] 대표이사, 공장장, 현장소장 등 사업장에서 최종적인 감독책임을 지는 자가 이러한

---

55) 대판 1998.5.15, 97다58538.

대리감독자에 해당한다. 다만 대리감독자가 책임을 진다고 하여 사용자가 면책되는 것은 아님에 유의한다. 이때 대리감독자와 사용자의 책임은 일종의 공동불법행위책임으로서 부진정연대채무의 관계에 있다.

　　사용자책임과 피용자의 불법행위책임도 별도로 성립한다. 양자는 부진정연대 관계에 있다. 따라서 피해자는 사용자에게 사용자책임을 물을 수도 있고, 피용자를 상대로 일반 불법행위책임을 물을 수도 있다. 한편 사용자와 피용자의 손해배상의무는 별개의 채무로서 그 양자가 배상할 손해액의 범위가 각각 달라질 수 있다. 가령 피용자에 대해서는 상대방의 부주의를 고의로 이용한 점을 들어 과실상계가 부정되지만, 사용자에 대해서는 과실상계가 긍정된 경우가 그러하다. 이때 다액채무자인 피용자가 일부 변제를 하였다면 이로 인하여 먼저 소멸하는 부분은 다액채무자인 사용자가 피용자가 단독으로 채무를 부담하는 부분이다.[56]

(3) 사용자의 구상권(제756조 제3항) 및 그 제한

　　민법 제756조 제3항에서는 사용자 또는 대리감독자가 피용자에 대하여 구상권을 행사할 수 있다고 한다. 이러한 구상권 조항에 따라 피용자의 불법행위로 인한 최종적인 책임은 피용자 자신에게 귀속된다. 결국 피해자 보호를 위하여 일단 사용자에게 책임을 지우되 사용자와 피용자의 내부관계에서는 그 부담을 피용자에게 전가할 수 있도록 한 것이다.

　　그러나 피용자의 불법행위가 전적으로 피용자에게만 귀책될 수 있는 것은 아니다. 사용자는 피용자의 노무제공을 통하여 이익을 얻으면서 동시에 가해행위의 위험을 제공하고 있는데, 사용자의 지배영역 안에 있는 피용자의 과실로 인하여 발생한 손해 전부를 피용자가 떠안는 것은 부당하기 때문이다. 피용자가 사용자를 위하여 수행하는 업무가 상당한 손해발생의 위험을 수반하는 성질의 것이라면, 피용자가 받는 보수에 비하여 그가 궁극적으로 부담할 법적 위험이 지나치게 큰 경우도 있다. 따라서 사용자의 피용자에 대한 구상권은 제한될 필요가 있다. 법원은 그 도구로서 신의칙을 끌어들여 구상권을 부정하거나 구상액수를 제한하고 있다.[57]

---

56) 대판(전) 2018.3.22, 2012다74236; 대판 2023.3.9, 2022다228704.
57) 대판 1987.9.8, 86다카1045; 대판 1991.5.10, 91다7255; 대판 1994.12.13, 94다17246; 대판 2009.11.26, 2009다59350 등.

[판결 8] 사용자의 구상권 제한: 대판 1991.5.10, 91다7255

상고이유 제(1)점을 본다.

원심판결을 기록에 의하여 살펴본바, 원고 회사의 야간 경비원인 소외 망 1
이 원고 소유의 렌터카를 운전하다가 원심판시와 같은 경위로 이 사건 교통사
고를 일으켰는데, 이는 위 망인이 원심판시 내용과 같은 원고 회사의 업무수행
을 위하여 위 자동차를 운행하다가 발생한 사고이고, 원고 주장과 같이 위 망인
이 원고의 근무지시에 위배하여 위 차량을 무단지출하여 사사로이 운행하다가
이 사건 교통사고를 일으킨 것은 아니라고 인정한 원심의 조치에 소론과 같은
채증법칙에 위배하여 사실을 오인한 잘못을 범하였다고 볼 수 없다. 논지는 이
유 없다.

상고이유 제(2), (3)점을 함께 본다.

일반적으로 사용자가 피용자의 업무수행과 관련하여 행해진 불법행위로 인
하여 직접 손해를 입었거나 그 피해자에게 사용자로서의 손해배상책임을 부담
한 결과로 손해를 입게 된 경우에 있어 사용자는 그 사업의 성격과 규모, 시설
의 현황, 피용자의 업무내용, 근로조건이나 근무태도, 가해행위의 상황, 가해행
위의 예방이나 손실의 분산에 관한 사용자의 배려정도, 기타 제반사정에 비추어
손해의 공평한 분산이라는 견지에서 신의칙상 상당하다고 인정되는 한도 내에
서만 피용자에 대하여 그 구상권을 행사할 수 있다고 보아야 할 것이다(당원
1987.9.8. 선고 86다카1045 판결 참조).

원심은 그 거시증거에 의하여 원고는 렌터카 30대를 보유하고 그 차량의
대여를 영업목적으로 하고 있어서 이용고객의 희망에 따라 수시로 차량운전을
위한 인원이 필요한 관계로 주간 근무자로서 소외 2 등 운전기사 3명을 두는
한편, 야간에는 별도로 경비원인 위 망 김영식으로 하여금 사무실 차량의 경비
관리와 차량의 대여 및 반차인수 업무 등과 함께 고객의 요청에 따른 대여차량
의 운전 등 일체의 야간업무에 종사하게 하여온 사실, 원고가 위 망인을 채용할
당시 동인이 자동차운전면허가 없는 자임을 알면서도 회사 경영상 노무부족 때
문에 동인에게 위와 같은 업무를 담당하게 하였을 뿐만 아니라 동인에 대한 근
무감독이나 위험사고발생의 예방을 위한 아무런 조치를 강구하지 아니한 사실,
위 망인은 입사 이래 계속하여 매일 19:00부터 08:30까지 혼자 근무하면서 월
급 200,000원의 비교적 적은 보수를 받고 아무런 사고없이 성실하게 근무하여
온 사실, 한편 원고는 위 김영식이 사고당시 렌터카를 무단 사용 운전하였다는
이유를 내세워 동인의 유족에 대하여 근로기준법 또는 산업재해보상보험법에
따른 보상 내지 보험처리를 하지 않고 있는 사실들을 인정하고 나서 이 사건

사고의 발생원인에 있어 피용자인 위 망 김영식의 가해행위가 지니는 책임성에 비하여 사용자인 원고의 가해행위에 대한 기여도 내지 가공도가 지나치게 크다고 보여지는 점 등을 참작하면, 원고가 사용자로서의 위 망인의 상속인과 그 신원보증인들인 피고들에게 구상권을 행사한다는 것은 신의칙상 도저히 받아들일 수 없다고 판시하고 원고의 청구를 기각하였는바, 원심의 위와 같은 조치는 위에서 본 법리에 따른 것으로 정당하다고 수긍이 되고 거기에 소론과 같은 법리오해의 위법이 있다고 할 수 없다. 논지는 이유 없다.

[판결 8]에 관하여 생각할 점

1. 피용자가 사용자에 대하여 부담하는 구상의무의 법적 성질은 무엇인가? 이는 부진정연대채무를 부담하는 공동불법행위자 상호간의 구상의무와 동일한가? 아니면 피용자가 사용자에 대하여 부담하는 고용계약상 채무불이행 또는 일반적인 불법행위로 인한 배상의무인가?

2. 판례는 책임경감의 근거를 일반조항인 신의칙에서 찾고 있다. 그런데 추상적인 신의칙에 의존하기에 앞서 다른 책임경감제도에 의존할 여지는 없는가? 가령 과실상계는 어떠한가? 또는 민법 제765조 소정의 배상액경감청구제도는 어떠한가?

3. 피용자의 불법행위로 사용자에게 손해를 가한 경우 피용자의 사용자에 대한 손해배상책임에 대하여도 위와 같이 신의칙상 책임범위를 제한하는 것이 가능한가? 이에 대하여는 대판 1996.4.9, 95다52611을 참고하라.

Ⅰ. 인격권의 의의

　사람은 하나의 인격체이고 그 인격적 속성은 위법한 침해로부터 보호되어야 한다. 이와 같이 사법상으로 보호를 받는 사람의 인격적 속성 그 자체를 인격권이라고 부른다.[1] 헌법 제10조 전문(前文)은 "모든 국민은 인간으로서의 존엄과 가치를 가지며, 행복을 추구할 권리를 가진다"라고 규정하여 모든 법질서가 지향할 최종적 이념을 천명한다. 사법의 기본법인 민법도 이러한 이념을 추구하는데, 인격권은 그 이념의 달성에 직접적이고 필수적인 기반이다.

Ⅱ. 개별적 인격권과 일반적 인격권

1. 개별적 인격권

　민법은 일정한 인격적 법익을 개별적으로 보호하는 규정을 두고 있다. 예를 들면 민법 제751조는 불법행위와 관련하여 신체, 자유 및 명예를 그 보호의 대상으로 정하고 있다(제764조도 참조). 또한 학술 또는 문학·예술의 범위에 속하는 사상 또는 감정의 창작적 표현인 저작물은 창작자의 인격발현의 성격도

---

[1] 자연인뿐만 아니라 법인 기타 단체도 성격이 허용하는 한 인격권의 주체가 된다. 이에 관하여는 대판 1996.4.12, 93다40614(회사의 명예 및 신용훼손을 인정하여 금지청구를 인정한 사안); 대판 1997.10.24, 96다17851(종중의 명예훼손이 문제된 사안); 대판 2006. 5.26, 2004다62597(학교법인의 인격권침해가 인정된 사안) 참조.

띠게 되는데, 저작권법은 저작물의 이러한 인격적 측면을 공표권·성명표시권·동일성유지권이라는「저작인격권」으로 보호하고 있다(동법 제11조 이하). 그런데 이러한 명문의 규정이 없더라도, 프라이버시·초상·성명·성적(性的) 자유 등의 인격적 법익은 각각 법적으로 보호를 받는다. 이와 같이 보다 명확한 구성요건을 가지는 각각의 인격권을「개별적 인격권」이라고 부른다.

2. 일반적 인격권

이러한 개별적인 인격권과는 별도로 그 모체(母體)에 해당하는「일반적 인격권」의 개념을 인정할 수 있다. 헌법 제10조에서 우리 법질서의 최고가치로 선언된「인간으로서의 존엄과 가치」는 사법(私法)에서도 마땅히 존중되어야 하는데, 일반적 인격권은 그 사법적 형식이라고 할 수 있다 .앞서 본 개별적 인격권들은 관념적으로는 이러한 일반적 인격권의 어떤 부분이 역사적으로 개별화된 것이다. 일반적 인격권은 이와 같이 개별적 인격권으로 구체화되지 않은 인격적 속성들을 그때그때의 필요에 좇아 일정한 이익형량 아래서 보호할 수 있게 하는「보충적 포괄요건」²⁾으로서의 기능을 수행한다. 우리 법제에서 처음 인격권의 개념을 정면으로 규정한「언론중재 및 피해구제 등에 관한 법률」(이하 '언론피해구제법') 제5조도 이 점을 전제하고 있다. 이 조항에서는 침해되어서는 안 될 인격권으로서 "생명·자유·신체·건강·명예·사생활의 비밀과 자유·초상·성명·음성·대화·저작물 및 사적 문서 그 밖의 인격적 가치 등에 관한 권리"를 들고 있는데, 이는 인격권을 특정한 개별적 인격권에 한정하지 않고, 인격적 가치에 관한 모든 권리로 규정함으로써 그 테두리를 열어놓은 것이다.

■ 사자(死者)의 인격권

이미 사망한 사람도 인격권의 주체가 되는가? 인격권은 사람의 인격과 불가분의 관계에 있다. 따라서 인격이 존재하지 않으면 인격권도 존재하지 않는다. 그렇다면 사람의 인격은 사망과 더불어 소멸하는가? 그렇지 않으면 사망 이후

---

2)「보충적 포괄요건(Auffangtatbestand)」이란 법적용에 있어서 개별요건들에는 해당되지 않으나 역시 같이 취급되어야 할 사안을 포괄적으로 지칭하는 요건을 말한다. 예를 들면 제840조에서 재판상 이혼사유를 개별적으로 열거한 후 마지막으로 제6호에서 "기타 혼인을 계속하기 어려운 중대한 사유가 있을 때"라고 정하는 것이 이에 해당한다.

에도 존속하는가? 이는 사람과 인격의 분리가능성의 문제이기도 하다. 독일에서는 과거에는 사람이 사망하면 인격도 소멸한다고 보는 것이 일반적이었지만, 지금은 사자의 인격권을 인정하고 있다.[3] 우리나라 법률 가운데에도 사자의 인격권을 전제로 하는 조항들이 있다. 가령 형법 제308조는 사자의 명예훼손죄에 관하여 규정하고, 저작권법 제14조 제2항은 사자의 저작인격권에 관하여 규정한다. 또한 언론피해구제법 제5조의2는 사망한 사람의 인격권을 정면으로 인정하면서 이에 대한 구제절차에 관하여 규정한다. 이에 따르면 사망한 사람의 인격권을 침해하였거나 침해할 우려가 있는 경우에는 이에 따른 구제절차를 유족이 수행한다(제2항). 다른 법률에 특별한 규정이 없으면 사망 후 30년이 지나면 구제절차를 수행할 수 없다(제5항).

서울고법 2005.1.17.자 2004라439 결정은 실제 인물을 모델로 한 영화에서 그 모델이 된 사람이 이미 사망하였다고 하더라도 사후(死後)에 망인의 인격권을 중대하게 훼손하는 왜곡 등으로부터 인간으로서의 존엄과 가치를 보호하기 위하여 필요한 경우 그 유가족이 인격권 침해를 근거로 하여 이에 대한 금지청구권 등을 행사할 수 있다고 한다. 이러한 태도는 영화 '실미도'에 묘사된 망인들의 유가족들이 영화제작사 및 영화감독을 상대로 제기한 금지청구 및 손해배상청구사건을 다룬 대판 2010.7.15, 2007다3483에서도 발견된다. 또한 대판(전) 2008.11.20, 2007다27670의 반대의견에서는 사자의 인격권이라는 관점에서 사자가 행한 유체, 유골의 처분이나 장례방법에 관한 생전 의사표시에 법적 구속력을 인정해야 한다는 취지의 주장이 담겨져 있다. 대결 2019.3.6, 2018마6721은 사망한 사람의 명예 등 인격권이 일반적으로 인정된다는 전제에서, 사망한 사람이 관련된 사건을 모델로 한 영화에서 그 묘사가 사망자에 대한 명예훼손에 해당하려면 그 사람에 대한 사회적·역사적 평가를 저하시킬 만한 구체적인 허위사실의 적시가 있어야 한다고 판시하였다.

■ 법인의 인격권

법인도 인격권의 주체가 되는가? 법인의 특성상 인간의 존엄과 가치, 신체의 자유 등 자연인을 전제로 한 헌법적 가치에 연결된 인격권을 누린다고 말하기는 어렵다. 하지만 법인의 성질에 반하지 않는 범위에서는 법인도 인격권

---

3) BGHZ 15, 249.

의 주체가 될 수 있다고 보아야 한다. 헌법재판소는 "법인도 법인의 목적과 사회적 기능에 비추어 볼 때 그 성질에 반하지 않는 범위 내에서 인격권의 한 내용인 사회적 신용이나 명예 등의 주체가 될 수 있"다고 한다(대판 1996.6.28, 96다12696; 헌재 2012.8.23, 2009헌가27). 또한 법인에게는 성명권도 인정된다. 대 판 2022.11.27, 2018다249995는 비법인사단에게도 성명권을 긍정한 판결이다.

Ⅲ. 소유권과 인격권

이 책의 전반부에서는 주로 소유권을 중심으로 하는 물권에 대하여 설명 하였다. 소유권의 내용은 기나긴 세월을 거치면서 공고하게 형성되어 왔다. 그 결과 민법의 물권편에서는 소유권에 관한 수많은 조항들을 두고 있고, 이를 둘 러싼 다양한 판례와 학설들을 통하여 그 조항의 내용이 충분히 구체화되어 있다.

반면 사람이 자신의 인격적 속성에 대하여 어떤 「권리」를 가진다는 관념 은 비교적 새로운 것이다. 인격권 중에서도 생명·신체·건강 등에 관한 이른 바 신체적 인격권과 정신적 인격권에 속하는 법익 중 명예는 비교적 일찍부터 중요하게 다루어져 왔다. 그러나 이들을 성명, 초상, 사생활, 성적 자기결정 등 과 다른 인격적 법익과 함께 인격권이라는 관점에서 통합적으로 파악하기에 이른 것은 20세기에 들어오면서부터이다. 스위스, 중화민국, 그리스 등 인격권 자체에 대한 보호를 민법전에서 정면으로 규정하고 있는 예들도 있다. 하지만 아직 우리 민법은 인격권이라는 개념을 정면으로 규정하지는 않고 있다. 그런 데 앞서 살펴본 것처럼 언론피해구제법에서는 인격권에 관하여 명시적인 규정 을 두고 있고, 2009년부터 2014년까지 이루어졌던 민법 개정시안 작성 과정에 서 인격권에 관한 규정들의 신설 여부가 활발하게 논의되는 등 우리나라에서 도 인격권의 개념을 성문법전에 명시하려는 다양한 시도가 행하여졌거나 행하 여지고 있다.

오늘날 인간의 존재기반으로서의 인격이 가지는 중대성에 대한 인식 제고, 무형적·비재산적 이익에 대한 관심 증가, 과학기술의 발달로 인한 인격권 침해 의 일상화에 대한 경계 등으로 인하여 인격권의 중요성은 점점 커지고 있다. 그러나 인격권은 아직 내용이 고정되어 있지 않고, 다른 이익과의 충돌 가능성 이 높기 때문에 이를 어느 범위까지 인정할 것인가는 매우 미묘하고 어려운 문제이다. 이러한 인격권 보호범위의 유동성은 소유권을 위시한 재산권의 경우와 대비할 때 더욱 부각된다. 이는 인격권에 관한 각종 법리에서 공통적으로 대두되는 문제인데, 이에 관하여는 'Ⅳ. 인격권의 보호범위'에서 살펴보도록 한다.

한편 인격권은 절대권적 성격을 가진다는 점에서 소유권과 비슷한 부분이 있다. 사람은 누구나 자신의 인격적 이익을 배타적으로 지배하고, 누구도 함부로 이를 침해하여서는 안 되는 의무를 부담하기 때문이다. 즉 인격권은 제3자에게 대세적으로 주장할 수 있다는 점에서 물권과 유사하다. 이러한 이유 때문에 인격권과 물권은 유사한 권리구제방법에 의하여 보호된다. 앞서 본 것처럼 인격권의 보호범위를 확정하는 어려운 문제가 있지만, 일단 인격권 침해가 인정되면 물권과 마찬가지로 침해예방이나 제거를 구하는 청구권이 발생하고, 불법행위의 성립요건이 갖추어지면 이를 이유로 한 손해배상청구권이 발생할 수 있다. 이에 관하여는 'Ⅴ. 인격권침해의 구제수단'에서 자세하게 살펴보도록 한다.

Ⅳ. 인격권의 보호범위

1. 보호범위 확정 시 고려사항

앞서 설명한 것처럼 인격권은 물권과 비교할 때 그 권리의 내포(內包)와 외연(外延)에 불명확성이 크다. 토지 소유권을 예로 들어보자. 우선 권리의 객체라는 면에서 토지는 명확하게 특정된다. 토지등기부는 토지를 지번으로 특정하고, 지적공부(地籍公簿)는 토지의 현황에 대한 자세한 정보를 제공한다. 필요하다면 측량감정을 통하여 토지의 범위를 정확하게 특정할 수도 있다. 또한 권리의 내용이라는 면에서도 소유권은 명쾌하다. 소유자는 위와 같이 특정된 토지를 자신의 뜻에 따라 사용, 수익, 처분할 수 있고, 누구든지 소유자가 위와 같은 권능을 행사하는 것을 방해해서는 안 된다. 소유자의 의사에 반하여 소유권을 침해하는 행위는 특별한 사정이 없는 한 위법한 것으로 여겨진다. 반면 명예권을 토지 소유권과 비교하여 보자. 우선 무엇이 사람의 명예를 구성하는지 특정하기가 쉽지 않다. 어떠한 공부(公簿)도 보호대상으로서의 명예를 공시하여 주지 않는다. 나아가 그 명예주체가 자신의 명예에 대하여 어느 정도의 권리를 가지는지도 쉽게 확정하기 어렵다. 또한 인격권은 그와 유사한 정도의 보호를 필요로 하는 다른 가치들과 충돌하는 특성이 있다. 어느 일방의 인격보호는 다른 일방의 인격 또는 이에 준하는 다른 가치에 대한 간섭을 야기하는 경우가 많다. 예를 들어, 어느 한 사람의 명예나 프라이버시가 강하게 보호될수록 다른 사람의 표현의 자유나 알 권리는 약하게 보호되는 결과를 가져올수 있다. 따라서 사안별 개별판단이라는 여과장치를 통과하지 않고는 그 보호영역에 대한 개입이 위법하다는 추정을 부여하기 어렵다.

위법한 인격권 침해가 발생하였는지 여부를 판단함에 있어서는 이러한 가치 또는 이익을 어떻게 저울질할 것인가, 즉 이익형량의 문제가 대두된다. 이익형량은 일반적으로 ① 형량할 이익들을 모두 드러내어 확정하고, ② 보호이익과 비교이익의 추상적 무게를 고려하여, ③ 구체적 사안의 맥락 내에서 양이익을 저울질하는 순서로 이루어진다. 그중 세 번째 단계를 구체적 형량이라고 하는데, 이는 이익형량과정에서 가장 핵심적인 부분이다. 이러한 이익형량의 강조는 구체적 사건에서 이익형량의 주체가 되는 법관의 재량 폭을 넓혀주는 결과를 가져오는데, 실제로도 이러한 경향은 재판실무에서 쉽게 발견된다.

2. 명예훼손

(1) 명예훼손은 가장 전형적인 인격권 침해 유형이다. 명예는 사람의 품성, 명성, 신용 등 사회에 형성된 객관적 평가를 말하는 것으로서 법인에게도 인정된다. 명예훼손사건에서는 개인의 인격권과 표현의 자유가 대립한다. 개인의 명예만큼이나 표현의 자유도 결코 경시될 수 없는 중대한 가치이다. 표현한다는 것은 인간의 본능에 속한 속성일 뿐만 아니라, 자유롭게 표현된 사상의 경쟁을 통하여 사회적 선(善)이 판명되도록 하는 것이 바람직하기 때문이다. 따라서 이 두 가지 가치를 조정하는 작업이 필요하다. 이러한 견지에서 헌법 제21조는 제1항에서 언론·출판의 자유를 보장하면서도 제4항에서 그 한계를 규정하고 있다. 대법원도 "구체적인 경우에 사회적인 여러 가지 이익을 비교하여 표현의 자유로 얻어지는 이익·가치와 인격권의 보호에 의하여 달성되는 가치를 형량"함으로써 이 두 가지 가치를 조정할 것을 요구한다.[4]

(2) 이처럼 명예훼손의 책임은 개인의 인격권과 표현의 자유를 비롯한 다

---

4) 대판 1988.10.11, 85다카29 등 다수. 이에 관하여는 한위수, "명예훼손에 특유한 위법성 조각사유에 대한 고찰", 사법 (창간호), 2007, 참조.

양한 가치들을 형량하여 판가름하는 것이므로 그 판단작업은 결코 쉽지 않다. 이러한 판단작업을 돕기 위해 명예훼손의 요건에 관해서는 다음과 같은 법리가 구축되어 왔다.

(가) 명예훼손의 요건

명예훼손이 성립하려면 우선 피해자의 사회적 평가를 저하할 만한 구체적인 사실의 적시가 있어야 한다.

여기에서 「피해자」에는 자연인뿐만 아니라 법인,[5] 비법인사단이나 비법인재단도 포함된다.[6] 한편 피해자의 명예를 훼손하였다고 하려면 우선 명예훼손행위가 피해자에 대한 것이라고 특정될 수 있어야 한다. 그 내용이 누구에 대한 것인지 특정할 수 없다면 피해자의 명예가 훼손되었다고 할 수 없기 때문이다. 일반적으로 피해자의 성명이나 명칭이 사용되었다면 피해자가 특정되었다고 쉽게 인정할 수 있다. 그렇지 않더라도 그 표현의 내용을 주위 사정과 종합하여 볼 때 그 표시가 피해자를 지목하는 것을 알아차릴 수 있을 정도이면 피해자가 특정되었다고 할 수 있다.[7] 가령 재판례 가운데에는 피해자의 딸의 가출에 대한 기사에서 피해자 및 피해자의 딸의 성명을 명시하지 않았지만, 피해자의 딸과 혼인신고를 한 사위의 성명, 그 혼인신고지 등을 명시하고, 피해자의 이혼 및 재혼사실, 피해자의 딸이 가출한 경위나 그 이후의 생활상, 피해자가 살던 마을이름 등 피해자의 생활환경을 상당히 구체적으로 표현하였던 사안에서, 그 기사를 읽어 본 사람 중 적어도 피해자를 아는 사람이면 피해자가 누구인지 알 수 있었다면 피해자가 특정되었다고 한 것이 있다.[8]

한편 여기에서 말하는 「사실의 적시」란 피해자의 사회적 평가를 저하시킬 만한 구체적인 사실의 적시를 의미한다. 사실을 직접적으로 표현한 경우 외에도 간접적이고 우회적인 방법에 의하더라도 특정인의 사회적 평가를 저하할 만한 구체성이 충족된 경우도 여기에 해당한다.[9] 사실의 적시와 구별해야 하는

---

5) 대판 1996.6.28, 96다12696; 대판 1999.10.22, 98다6381; 대판 1997.10.24, 96다17851 등 다수.
6) 대판 1986.1.28, 85다카1973; 대판 1990.2.27, 89다카12775; 대판 2003.1.24, 2000다 37647.
7) 대판 1982.11.9, 82도1256; 대판 2009.2.26, 2008다27769.
8) 대판 1994.5.10, 93다36622.
9) 대판 2007.12.27, 2007다29379.

것은 단순한 의견 표명이다. 단순한 의견 표명은 주관적 평가로서 이것만으로는 피해자의 사회적 평가가 저해된다고 할 수 없다. 그러나 외견상 의견 표명에 해당하더라도 그것이 어떠한 사실을 전제로 하고 있고 그 전제된 사실이 타인의 명예를 훼손하는 내용이라면 사실의 적시가 있었다고 할 수 있다.[10) 가령 우리 재판례 중에는 '불법계엄'이나 '주사파'라는 표현은 단순한 평가를 넘어서 구체적 사실의 적시가 있었던 것이라고 본 경우가 있는가 하면,[11) 1997년 경제위기의 책임자로 지목된 피해자가 항공권을 구입하거나 해외도피를 의논하고 있는 장면을 담은 풍자만화에 대해서는 구체적 사실의 적시가 없다고 본 경우도 있다.[12)

(나) 위법성 조각

형법 제310조는 명예훼손에 관한 위법성조각사유로서 사실의 적시에 의한 명예훼손이 진실한 사실로서 오로지 공공의 이익에 관한 때에는 처벌하지 아니한다고 규정한다. 민사 사건에도 동일한 기준이 적용될 수 있다. 이에 따르면 진실성과 공익성은 위법성 조각을 위해 충족되어야 할 요건이다. 우선 적시된 사실이 진실한 사실이라야 한다. 이때 진실과의 부합 여부를 판단함에 있어서는 표현의 전체적인 취지가 중시되어야 하는 것으로서,[13) 내용 전체의 취지를 살펴볼 때 중요한 부분이 객관적 사실과 합치되면 족하고 일부 자세한 부분이 진실과 약간 차이가 나거나 다소 과장된 표현이 있더라도 무방하다.[14) 또한 적시된 사실이 공공의 이익에 관한 것이어야 한다. 이때 공공의 이익에는 널리 국가, 사회 기타 일반 다수인의 이익뿐만 아니라 특정한 사회집단이나 그 구성원 전체의 관심과 이익도 포함된다. 따라서 변호사 사무실의 직원이 그 변호사가 업무수행과 관련하여 불법행위를 저질렀다고 수사기관에 고발하였다는 내용 등 변호사 수임비리에 관한 보도[15)나 시민 단체들의 재원 조달 방법의 투명성에 관하여 의문을 제기하는 보도[16)처럼 널리 사회의 이익과 관련된 경우

---

10) 대판 1999.2.9, 98다31356 등.
11) 대판 2001.1.19, 2000다10208; 대판 2002.12.24, 2000다14613.
12) 대판 2000.7.28, 99다6203.
13) 대판 2002.1.22, 2000다37524, 37531.
14) 대판 2001.10.9, 2001도3594; 대판 2003.11.13, 2003도3606.
15) 대판 2009.2.26, 2008다27769.
16) 대판 2003.1.24, 2000다37647.

뿐만 아니라, 교회담임목사를 출교처분한다는 취지의 교단산하 재판위원회의 판결문을 복사하여 교회와 교단의 소속 신자들에게 배포하는 행위[17]나 아파트 관리업체의 선정을 둘러싸고 입주자대표회의 간부들이 부정한 돈을 수수하였다는 의혹보도[18] 등 특정한 사회집단의 이익과 관련된 경우에도 공공의 이익에 관한 것이라고 한다.

한편 우리 판례는 진실성과 공익성 외에 상당성이라는 요건을 추가함으로써 결과적으로 진실성의 요건을 완화하여 왔다. 즉 진실한 사실이라는 증명이 없더라도 행위자가 그것을 진실이라고 믿을 상당한 이유가 있는 경우에는 위법성이 없다는 것이다.[19] 이는 특히 단시간 내에 사실확인절차를 거쳐 보도를 해야 하는 언론매체에 의미가 있는 법리이다. 결과적으로 그 보도가 진실에 부합하지 않는다는 이유만으로 늘 명예훼손의 책임을 지우는 것은 언론의 자유를 지나치게 제약할 수 있기 때문이다. 실제 언론사를 상대로 한 명예훼손소송에서는 상당성의 요건 충족 여부가 중요한 쟁점으로 떠오르는 경우가 많다. 단순히 풍문이나 억측에 터잡아 보도를 한 경우에는 상당성의 요건이 충족되기 어렵겠지만, 보도의 주체나 기사의 중대성 및 성격, 사실확인의 곤란성, 피해자의 피해 정도 등을 종합적으로 고려할 때 사실확인의무를 적절하고도 충실하게 이행하였다고 판단되는 경우라면 상당성의 요건이 충족될 수 있다. 이러한 상당성의 법리는 입법적 차원에서도 받아들여졌다. 언론피해구제법은 제5조 제2항에서 언론 등의 보도가 공공의 이익에 관한 것으로서 진실한 것이거나 진실하다고 믿는 데에 정당한 사유가 있는 경우에는 법률에 특별한 규정이 없는 한 그 보도내용과 관련하여 책임을 지지 아니한다고 규정한다.

이와 같은 위법성조각사유의 증명책임은 명예훼손행위를 한 언론매체에 있다고 해석된다.[20]

(3) 명예훼손 판단의 엄격함은 공인(公人)과 사인(私人)의 경우에 달라진

---

17) 대판 1989.2.14, 88도899.
18) 대판 2002.5.10, 2000다50213.
19) 이는 대판 1988.10.11, 85다카29 이래 대법원의 확립된 태도이다.
20) 대판 2007.12.27, 2007다29379. 다만 서적출판금지나 방영금지와 같은 표현행위의 사전억제에 있어서는 표현의 자유를 보장하고 검열을 금지하는 헌법 제21조 제2항의 취지상 피해자측에서 위법성조각사유가 없다는 점에 대해서 증명할 것을 요구하고 있다. 대결 2005.1.17, 2003마1477.

다.[21] 공인에 대하여는 공공의 이익과의 관련성 아래에서 표현의 자유가 더 넓은 폭으로 보호되고, 그 결과 공인의 인격권 보호범위는 그만큼 후퇴한다. 여기에는 공공의 관심사에 대해 공개적이고 자유로운 토론을 장려하여 공익을 증진할 수 있다는 생각이 숨어 있다. 미국에서는 현실적인 악의(actual malice)가 없는 한 공인에 대한 명예훼손은 성립하지 않는다는 법리를 통하여 이 영역에 관한 한 표현의 자유를 극적으로 확대하고 있다.[22] 표현의 자유에 대한 역사적, 문화적 관념이 미국과는 동일하지 않은 우리나라에서는 미국의 현실적 악의 이론을 액면 그대로 수용할 수는 없겠지만, 이를 참고하여 대판 2002.1. 22, 2000다37524, 37531 이후 공인에 대한 명예훼손은 그 이외의 경우보다 더 엄격한 요건 아래 인정하고 있다. 이러한 배경을 염두에 두고 아래 판결을 읽어보자.

[판결 1] 공인에 대한 명예훼손: 대판 2003.7.8, 2002다64384

상고이유를 판단한다.

1. 원심판결의 요지

가. 원심이 그 채용 증거를 종합하여 적법하게 인정한 사실은 다음과 같다.

(1) 전라북도 도지사인 원고는 1999. 3. 7. 전라북도 서울사무소 사택인 서울 양천구 목동 소재 효원빌라 601호에 있던 금품을 도난당한 뒤, 다음날인 1999. 3. 8. 자신의 비서실장인 박○○을 통하여 양천경찰서에 현금 3,500만 원, 보석류 5점을 도난당하였다고 신고하였다.

(2) 그 후 위 금품의 절도범인 소외 1이 1999. 3. 16.경 검거되었는데, 소외 1은 인천구치소에 수감중이던 1999. 4. 8. 한나라당 안양·만안 지구당위원장인 제1심 공동피고 박△△에게 '원고의 사택에서 현금, 보석류뿐만 아니라 미화 12만 $도 훔쳤는데 수사과정에서 위 사실이 축소, 은폐되었다.'는 내용을 포함하는 진정서를 보냈다.

(3) 박△△은 1999. 4. 14. 위 진정서를 받은 직후 그의 소속 정당인 한나라당에 위 진정서를 제출하였고, 한나라당은 다음날인 1999. 4. 15. 12:00경 진상조사를 위하여 한나라당 인권위원회 소속 엄□□, 정◇◇ 변호사를 인천구치소로 파견하여 소외 1을 면담하도록 하였으며, 그 진상규명을 위하여 제1심 공

---

21) 대판 1999.6.24, 97헌마265; 대판 2002.1.22, 2000다37524, 37531 등 다수.

22) New York Times Co. v. Sullivan, 376 U.S. 254 (1964).

동피고 정☆☆을 위원장으로 하여 진상조사특별위원회를 구성하였다.

(4) 한나라당은 1999. 4. 15. 소외 1을 면담한 직후, 소외 1로부터 받은 위 진정서와 면담 당시 그의 진술내용을 토대로 한나라당사 대변인실에서 기자회견을 열어 "소외 1이 원고의 사택에서 현금, 보석류 외에 미화 12만 $를 절취하였음에도 수사기관은 12만 $는 절취하지 않은 것으로 허위내용의 자백을 강요하여 수사 결과를 축소, 은폐하였다. 이에 대한 철저한 진상규명이 필요하다."는 내용을 포함하는 성명(이하 '이 사건 제1 성명'이라고 한다)을 발표하고, 그 기자회견문을 기자들에게 배포하였다.

(5) 한나라당 대변인인 피고는 다음날인 1999. 4. 16. 대변인 브리핑 형식으로, "부패의 현장을 더 이상 은폐, 축소하지 마라."는 제목 아래 "범인은 제2의 조세형 같은 특징이 있다. 골라잡은 것이 안양경찰서장, 대통령의 경제특보인 전북지사 유◎◎씨의 서울 아파트를 도둑질 해 거액의 현금과 미화만 12만 $를 훔쳤다. 또 현 정부의 장관집에 가서 그림을 2점 절도했다. … 유◎◎ 지사의 경우, 핵심실세라는 전북지사가 IMF 사태로 10$, 20$를 은행에 내고 있는 시점에서 12만 $를(현금 3,500만 원 외에) 집에다 은닉하고 있었다는 것은 이 정권의 양심의 실상이 어땠다는 것을 여실히 증명하는 것이다. … 도덕성이 완전 파괴된 김대중 정권은 국민 앞에 이 사건의 진상을 있는 그대로 밝히고 국민의 엄중한 심판을 받아야 할 것이다. 검찰 또한 절도범에 대해 있는 사실 그대로 수사를 해서 이 사건의 진상을 철저히 밝혀야 한다는 것을 촉구한다."는 내용을 포함하는 성명(이하 '이 사건 제2 성명'이라고 한다)을 발표하였으며, 그 직후 위 각 공표내용에 관한 기사가 조선일보, 동아일보 등 중앙일간지와 KBS, MBC 등 텔레비전 방송을 통하여 보도되었다.

(6) 한편, 인천지방검찰청은 1999. 4. 30. 소외 1을 특정범죄가중처벌등에관한법률위반죄, 향정신성의약품관리법위반죄 등으로 기소하였는데, 이 사건 절도에 관하여는 원고의 도난신고 내용에 따라 현금 3,500만 원, 보석류 5점 등 합계 4,000만 원 상당의 재물을 절취하였다는 내용만으로 기소하였다.

나. 원심은 위 인정 사실을 토대로, 피고가 이 사건 제1 성명으로써 원고의 명예를 훼손하였다는 주장에 대하여는 피고가 위 성명을 직접 발표하였다거나 그 성명의 발표를 사전지시 또는 승인하거나 적어도 이를 용이하게 하였다고 인정할 증거가 없다는 이유로 배척한 다음, 이 사건 제2 성명에 대하여는 아래와 같은 이유를 들어, 피고에게 명예훼손에 의한 불법행위로 인한 손해배상책임이 있다고 판단하였다.

(1) 명예훼손의 성립 여부

원심은, 이 사건 제2 성명은 전체적으로 보아 원고의 사택에서 미화 12만 $를 훔쳤다는 소외 1의 진술이 사실인지 여부에 관한 진상규명을 촉구하는 차원을 넘어, 일반인으로 하여금 원고가 그의 사택에 현금 3,500만 원 외에도 미화 12만 $를 은닉하고 있다가 이를 절취당하였음에도, 고위공직자로서 IMF 사태에 출처 불명인 거액의 외화를 은닉하고 있다는 비난를 회피하기 위하여 피해사실을 축소하였다는 인상을 강하게 줌으로써 원고에 대한 사회적 평가를 저하시킬 만한 내용을 담고 있다고 할 것이므로, 피고는 대변인 브리핑 형식으로 이 사건 제2 성명을 공표함으로써 원고의 명예를 훼손한 것이라고 판단하였다.

(2) 위법성조각 여부

원심은 피고의 위법성조각 주장에 대하여, 이 사건 제2 성명의 내용은 원고가 거액의 외화를 그의 사택에 은닉하고 있다가 절취당하였음에도 그 사실을 은폐하였는지 여부에 관한 것으로서, 원고의 공직자로서의 자질, 공직 적격성 등을 판단하는 자료가 되는 것이어서 위 성명의 발표는 공공의 이익을 위한 것으로 봄이 상당하지만, 한편으로 기록상 원고가 사택에 미화 12만 $를 보관하다가 도난당하였음에도 수사관서에 피해사실을 축소하여 신고하였다는 점을 인정하기에 충분한 증거가 없으므로 이 사건 제2 성명의 내용이 진실에 부합하는 것이라고 볼 수는 없고, 나아가 피고가 이 사건 제2 성명의 내용을 진실이라고 믿은 데 상당한 이유가 있는지 여부에 대하여도 그 채용 증거를 종합하여 보면, 원고는 금품을 도난당한 다음날인 1999. 3. 8. 피해사실을 확인하고 즉시 자신의 비서실장을 통하여 관할 양천경찰서에 현금 3,500만 원과 귀금속을 도난당하였다는 신고를 하였고, 이 사건 제1 성명이 발표되기 전부터 줄곧 위 사택에 미화를 보관하고 있지 않아 미화를 도난당한 적이 없다고 하면서 소외 1의 진술내용을 허위라고 주장하고 있었으며, 수사기관에서도 소외 1의 차량과 소외 1 및 공범으로 지목된 소외 2의 가택에 대한 압수, 수색과정에서 절취 금품을 압수하였지만 미화는 전혀 발견되지 않은데다가 소외 1이 절도범행을 저지른 1999. 3. 7.부터 수사기관에 체포된 같은 달 16.까지의 9일 동안 12만 $를 환전한 과정이나 사용한 내역에 관하여 막연한 내용의 진술을 할 뿐 이를 뒷받침할 자료도 수집되지 않고 있는 등 소외 1이 원고의 사택에서 미화 12만 $를 절취하였다고 주장하는 부분에 대한 객관적인 증거가 확보되지 못한 상황이었고, 한편 소외 1은 절도죄로 처벌받은 전력이 10여 차례 가까이 되는 자로서 인천구치소에서 수감되어 검찰로부터 절도 혐의로 조사를 받는 도중에 한나라당 안양·만안 지구당에 진정서를 보낸 뒤 한나라당 소속 변호사 출신 국회의원인 정

◇◇, 엄□□을 접견하는 자리에서 진정서에 기재된 내용 외에 자신이 상당 기간 히로뽕을 계속 투약하여 왔다고 실토하고 언론플레이를 해달라고 부탁하는 등 그 진술의 배경이나 동기가 불투명하고 기타 진술의 주체, 경위나 방식 등에 비추어 그 진술내용의 진실성 여부에 의심을 가질 수 있는 상황이었음에도 불구하고, 피고는 당시 한나라당사를 떠나 한나라당 총재인 원심 공동피고 이회창을 수행하여 부산에 내려 가 각종 공식행사에 참석하고 있으면서 단지 한나라당 사무총장인 신◇◇으로부터 소외 1이 인천구치소에 절도 혐의로 수감된 상태에서 우편으로 한나라당 안양·만안 지구당에 보낸 진정서의 복사본을 건네받아 읽어본 것과 정◇◇, 엄□□이 인천구치소에서 소외 1을 접견하여 진정서에 기재된 내용에 관한 진술을 청취한 결과 신빙성이 있다고 판단하였다는 사항을 신◇◇으로부터 전해들은 것에만 의존한 나머지, 피고가 한나라당의 대변인으로서 진실규명을 촉구하는 차원이라면 몰라도 그 내용이 사실임을 전제로 신속하게 성명을 발표하지 않으면 안 될 급박한 사정이 엿보이지 않는데도, 수사기관의 수사나 언론기관의 취재 등을 통하여 어느 정도 진위 여부가 드러나기를 기다리거나 피고 스스로 그 진위 여부를 확인하기 위한 적절하고 충분한 조사를 다하지 아니한 채, 진실성에 대한 뒷받침이 부족한 상태에서 성급하게 한나라당 대변인 브리핑 형식으로 원고가 미화 12만 $를 사택에 보관하고 있다가 도난당하였음에도 피해를 축소하여 신고한 사실이 객관적인 증거자료에 의하여 확인된 것인 양 단정적인 표현을 사용하여 적시하고 이를 전제로 논평을 가한 이 사건 제2 성명을 당시 동행하고 있던 기자 내지 한나라당 출입기자에게 발표하였던 것으로 인정되므로, 피고가 그 내용을 진실이라고 믿은 데 상당한 이유가 있다고 보기 어렵다고 판단하여 피고의 위 항변을 배척하였다.

2. 이 법원의 판단

가. 기록과 대조하여 살펴보면, 원고가 사택에 미화 12만 $를 보관하다가 도난당하였음에도 수사관서에 피해사실을 축소하여 신고하였다는 점을 인정하기에 충분한 증거가 없다고 본 원심의 사실인정은 정당하고, 거기에 채증법칙에 위배하거나 심리를 다하지 아니하여 사실을 오인한 잘못이 있다 할 수 없다. 이 점에 관한 상고이유에서의 주장은 이유 없다.

나. 그러나 원심이 피고의 위법성조각 주장을 배척한 판단 부분은 다음과 같은 이유에서 수긍할 수 없다.

(1) 언론·출판의 자유와 명예보호 사이의 한계를 설정함에 있어서는, 당해 표현으로 명예를 훼손당하게 되는 피해자가 공적인 존재인지 사적인 존재인지, 그 표현이 공적인 관심사안에 관한 것인지 순수한 사적인 영역에 속하는 사안

에 관한 것인지 등에 따라 그 심사기준에 차이를 두어, 공공적·사회적인 의미를 가진 사안에 관한 표현의 경우에는 언론의 자유에 대한 제한이 완화되어야 하고, 특히 공직자의 도덕성, 청렴성에 대하여는 국민과 정당의 감시기능이 필요함에 비추어 볼 때, 그 점에 관한 의혹의 제기는 악의적이거나 현저히 상당성을 잃은 공격이 아닌 한 쉽게 책임을 추궁하여서는 안 된다.

또한, 이 사건에서 피고의 제2 성명은 정당 대변인으로서의 공식적인 정치적 논평에 해당하는바, 민주정치제도하에서는 정당활동의 자유도 너무나 중요하여 그 보장에 소홀함이 있어서는 아니되고, 정당의 정치적 주장에는 국민의 지지를 얻기 위하여 어느 정도의 수사적인 과장표현은 용인될 수 있으므로, 정당 대변인의 정치적인 논평의 위법성을 판단함에 있어서는 이러한 특수성도 고려되어야 할 것이다.

(2) 그런데 원심이 인정한 사실에 의하면, 피고는 소외 1이 한나라당 안양·만안지구당으로 보낸 진정서의 내용만을 믿고서 이 사건 제2 성명을 발표한 것이 아니라 피고가 소속된 한나라당 국회의원이자 변호사인 정◇◇, 엄□□이 구치소에서 소외 1을 만나서 그가 진술하는 내용을 직접 듣고 신빙성 있는 것으로 판단하였다는 점까지 종합하여 이를 진실로 믿고서 이 사건 제2 성명을 발표한 것임을 알 수 있고, 한편 종래 국민적 관심의 대상이 되면서도 정치적으로 민감한 사건의 수사에 있어서 그 수사기관이 아니고서는 의혹의 진위를 가리는 것이 현실적으로 매우 어려운 데도 수사내용에 대하여는 보안이 철저하게 지켜짐으로써 국민들의 의구심을 해소하기에 아쉬움이 있었던 일이 없지 않았고 바로 이러한 경우에 정당이나 언론의 역할이 필요함은 우리의 경험으로 알 수 있다. 이러한 사정을 앞에서 본 법리에 비추어 살펴보면 이 사건에서 비록 원고가 미화 12만 $를 도난당한 사실이 진실로 밝혀지지 않았고 피고가 진실규명을 촉구하는 수준을 넘어 소외 1의 진술에만 의존하여 단정적인 주장을 하였다고 하더라도, 고위공직자의 도덕성에 관한 공적 사안에서 정당 대변인의 정치적 논평에 해당하는 이 사건 제2 성명의 발표에 위법성을 섣불리 인정할 수는 없다고 할 것이다. 이 점을 지적하는 상고이유에서의 주장은 정당하다.

3. 결 론

그러므로 원심판결 중 피고 패소 부분을 파기하고, 이 부분 사건을 다시 심리·판단하게 하기 위하여 원심법원에 환송하기로 하여 주문과 같이 판결한다.

[판결 1]에 관하여 생각할 점

1. 이 사건에서 명예훼손의 피해자가 도지사였다는 점은 판결의 결론에 얼마나 중

요한가? 즉 공인(公人)은 사인(私人)에 비하여 어느 정도로 명예를 보호받아야 하는가? 또한 공인과 사인은 어떤 기준으로 구분하는가?

2. 명예훼손의 피해자가 언론사라면 그 언론사는 공인과 사인 중 어느 쪽에 가깝게 취급해야 하는가? 이에 대하여는 "언론사에 대한 감시와 비판 기능은 그것이 악의적이거나 현저히 상당을 잃은 공격이 아닌 한 쉽게 제한되어서는 아니 되고, 수사적인 과장 표현도 언론기관이 서로 반박할 수 있다는 점을 고려하여 개인에 대한 명예훼손의 경우보다 넓게 용인될 수 있다."라고 판시한 대판 2008.4.24, 2006다53214를 참고하라.

3. 이 사건에서 그 가해자가 정당 대변인이었다는 점은 어떠한가? 만약 일반인이 인터넷에 위와 같은 의혹을 제기하는 글을 썼더라면 결론이 달라졌을까? 또는 기자가 신문에 기사를 썼다면 어떠한가?

4. 대법원의 위와 같은 결론이 일단 의혹을 제기하는 식의 정치공세를 부추길 위험은 없는 것인가?

5. "악의적이거나 현저히 상당성을 잃은 공격"이라는 요건은 언제 충족될 수 있는가? 이 사건의 사실관계가 어떻게 변경된다면 이러한 공격에 해당할까?

6. "악의적이거나 현저히 상당성을 잃은 공격"이라는 점에 대한 증명책임은 누가 부담하는가? 이에 대해서는 대판 2004.2.27, 2001다53387; 대판 1998.5.8, 97다34563을 참고하라.

[판결 2] 정치적 논쟁에 대한 표현의 자유와 명예훼손: 대판(전) 2018.10.30, 2014다61654

2. 정치적 표현에 의한 명예훼손 등 불법행위책임

명예훼손 등 불법행위에 관한 원심판결의 구체적인 판단이 타당한지를 판단하기 전에, 먼저 정치적 표현에 의한 명예훼손 등 불법행위에 관하여 어떠한 태도를 취할 것인지를 살펴본다.

가. 언론은 민주주의를 지탱하는 기둥이다. 자유로운 의사표현과 활발한 토론이 보장되지 않고서는 민주주의가 존재할 수 없다. 따라서 헌법 제21조 제1항이 보장하는 언론·출판의 자유는 "대한민국은 민주공화국이다."라는 헌법 제1조 제1항의 선언을 실현하기 위한 필수조건 중 하나라고 할 수 있다.

타인에 대한 명예훼손이나 모욕은 허용되지 않지만, 명예훼손과 모욕에 대한 과도한 책임 추궁이 정치적 의견 표명이나 자유로운 토론을 막는 수단으로 작용해서는 안 된다. 정치적 표현에 대하여 명예훼손이나 모욕의 범위를 지나치게 넓게 인정하거나 그 경계가 모호해지면 헌법상 표현의 자유는 공허하고 불안한 기본권이 될 수밖에 없다. 이것이 명예훼손과 모욕에 대하여 섬세하고 조심스러운 접근이 필요한 이유이다.

나. 형법은 명예훼손죄와 모욕죄를 구분하여 규정하고 있다. 명예훼손죄가 성립하려면 사실을 적시(적시)하여야 한다. 그것이 진실인지 허위인지에 따라 법정형을 달리하고 있다(형법 제307조 제1항, 제2항). 사실을 적시하지 않은 경우에는 모욕죄가 성립할 수 있을 뿐이다(형법 제311조). 민법에는 어떠한 경우에 명예훼손이나 모욕으로 인한 불법행위가 성립하는지에 관하여 명시적인 규정이 없지만, 민법상 명예훼손 등을 형법상 명예훼손이나 모욕과 동일하게 보는 것이 법률용어의 일관성과 법체계의 통일성 관점에서 바람직하다. 따라서 사실을 적시하지 않은 경우에는 민법상으로도 명예훼손이 되지 않는다고 보아야 하고, 다만 형법상 모욕죄가 성립할 수 있는 것에 대응하여 모욕적이고 인신공격적인 의견 표명에 대해서는 불법행위책임을 별도로 인정하는 것이 바람직하다.

다. 민법상 불법행위가 되는 명예훼손이란 공연히 사실을 적시함으로써 사람의 품성, 덕행, 명성, 신용 등 인격적 가치에 대하여 사회적으로 받는 객관적인 평가를 침해하는 행위를 말한다. 타인의 사회적 평가를 침해할 가능성이 있을 정도로 구체성이 있는 사실을 명시적으로 적시한 표현행위가 명예훼손이 될 수 있음은 물론이지만, 의견이나 논평을 표명하는 형식의 표현행위도 그 전체적 취지에 비추어 의견의 근거가 되는 숨겨진 기초 사실에 대한 주장이 묵시적으로 포함되어 있고 그 사실이 타인의 사회적 평가를 침해할 수 있다면 명예훼손에 해당할 수 있다. 일정한 의견을 표명하면서 그 의견의 기초가 되는 사실을 따로 밝히고 있는 표현행위는 적시된 기초 사실만으로 타인의 사회적 평가가 침해될 수 있는 때에는 명예훼손이 성립할 수 있다(대법원 2015.9.10. 선고 2013다26432 판결 등 참조).

그러나 순수하게 의견만을 표명하는 것만으로는 명예훼손이 성립되지 않는다. 다만 표현행위의 형식과 내용 등이 모욕적이고 경멸적인 인신공격에 해당하거나 또는 타인의 신상에 관하여 다소간의 과장을 넘어서서 사실을 왜곡하는 공표행위를 함으로써 그 인격권을 침해한다면, 명예훼손과는 다른 별개 유형의 불법행위를 구성할 수 있다(대법원 2014.8.20. 선고 2012다19734 판결 등 참조).

이와 같이 민법상 불법행위가 성립하기 위한 요건이 사실을 적시한 경우와 의견을 표명한 경우에 서로 다르므로 표현행위가 어느 경우에 해당하는지 구별하여야 한다. 기사 중 어떤 표현이 사실의 적시인지 의견의 진술인지를 가리기 위해서는 표현의 문언과 함께 기사 전체의 취지, 배경이 된 사회적 흐름과의 연관하에서 표현이 갖는 의미를 살펴 판단하여야 하고 또한 표현의 진위를 결정하는 것이 가능한지 여부도 살펴보아야 한다(대법원 2002.12.24. 선고 2000다14613 판결 등 참조).

기사 중 어떤 표현이 공적인 존재인 특정인의 정치적 이념에 관한 사실 적시에 해당하는 경우에는, 이에 대한 의혹의 제기나 주장이 진실에 부합하는지 또는 진실하다고 믿을 만한 상당한 이유가 있는지를 따질 때 일반적인 경우와 같이 엄격하게 증명할 것을 요구해서는 안 되고 그러한 의혹의 제기나 주장을 할 수도 있는 구체적 정황의 제시로 충분하다(대법원 2002.1.22. 선고 2000다37524, 37531 판결 등 참조). 그러나 이러한 경우에도 언론보도의 내용이나 표현방식, 의혹사항의 내용이나 공익성의 정도, 공직자 또는 공직 사회의 사회적 평가를 저하시키는 정도, 취재과정이나 취재로부터 보도에 이르기까지의 사실확인을 위한 노력의 정도, 기타 주위의 여러 사정 등을 종합하여 판단할 때, 언론보도가 공직자 또는 공직 사회에 대한 감시·비판·견제라는 정당한 언론활동의 범위를 벗어나 악의적이거나 심히 경솔한 공격으로서 현저히 상당성을 잃은 것으로 평가되는 경우에는, 비록 공직자 또는 공직 사회에 대한 감시·비판·견제의 의도에서 비롯된 것이라고 하더라도 이러한 언론보도는 명예훼손이 된다(대법원 2006. 5.12. 선고 2004다35199 판결 등 참조).

라. 명예훼손과 모욕적 표현은 구분해서 다루어야 하고 그 책임의 인정 여부도 달리함으로써 정치적 논쟁이나 의견 표명과 관련하여 표현의 자유를 넓게 보장할 필요가 있다.

표현행위로 인한 명예훼손책임이 인정되려면 사실을 적시함으로써 명예가 훼손되었다는 점이 인정되어야 한다. 명예는 객관적인 사회적 평판을 뜻한다. 누군가를 단순히 '종북'이나 '주사파'라고 하는 등 부정적인 표현으로 지칭했다고 해서 명예훼손이라고 단정할 수 없고, 그러한 표현행위로 말미암아 객관적으로 평판이나 명성이 손상되었다는 점까지 증명되어야 명예훼손책임이 인정된다.

표현행위가 명예훼손에 해당하는지를 판단할 때에는 사용된 표현뿐만 아니라 발언자와 그 상대방이 누구이고 어떤 지위에 있는지도 고려해야 한다. '극우'든 '극좌'든, '보수우익'이든 '종북'이나 '주사파'든 그 표현만을 들어 명예훼손이라고 판단할 수 없고, 그 표현을 한 맥락을 고려하여 명예훼손에 해당하는지를 판단해야 한다. 피해자의 지위를 고려하는 것은 이른바 공인 이론에 반영되어 있다. 공론의 장에 나선 전면적 공적 인물의 경우에는 비판을 감수해야 하고 그러한 비판에 대해서는 해명과 재반박을 통해서 극복해야 한다. 발언자의 지위나 평소 태도도 그 발언으로 상대방의 명예를 훼손했는지 판단할 때 영향을 미칠 수 있다.

민주주의 국가에서는 여론의 자유로운 형성과 전달에 의하여 다수의견을 집약시켜 민주적 정치질서를 생성·유지시켜 나가야 하므로 표현의 자유, 특히 공적 관심사에 대한 표현의 자유는 중요한 헌법상 권리로서 최대한 보장되어야 한다. 다만 개인의 사적 법익도 보호되어야 하므로, 표현의 자유 보장과 인격권 보호라는 두 법익이 충돌하였을 때에는 구체적인 경우에 표현의 자유로 얻어지는 가치와 인격권의 보호에 의하여 달성되는 가치를 비교형량하여 그 규제의 폭과 방법을 정하여야 한다.

타인에 대하여 비판적인 의견을 표명하는 것은 극히 예외적인 사정이 없는 한 위법하다고 볼 수 없다. 그러나 표현행위의 형식과 내용이 모욕적이고 경멸적인 인신공격에 해당하거나 타인의 신상에 관하여 다소간의 과장을 넘어서 사실을 왜곡하는 공표행위를 하는 등으로 인격권을 침해한 경우에는 의견 표명으로서의 한계를 벗어난 것으로서 불법행위가 될 수 있다.

마. 언론에서 공직자 등에 대해 비판하거나 정치적 반대의견을 표명하면서 사실의 적시가 일부 포함된 경우에도 불법행위책임을 인정하는 것은 신중해야 한다. 위에서 보았듯이 대법원이 언론보도가 공직자 또는 공직 사회에 대한 감시·비판·견제라는 정당한 언론활동의 범위를 벗어나 악의적이거나 심히 경솔한 공격으로서 현저히 상당성을 잃은 것으로 평가되는 경우에 한하여 책임을 인정하고 있는 것도 이러한 맥락이다.

표현이 공적인 존재의 정치적 이념에 관한 것인 때에는 특별한 의미가 있다. 공적인 존재가 가진 국가·사회적 영향력이 크면 클수록 그 존재가 가진 정치적 이념은 국가의 운명에까지 영향을 미치게 된다. 그러므로 그 존재가 가진 정치적 이념은 더욱 철저히 공개되고 검증되어야 하며, 이에 대한 의문이나 의혹은 그 개연성이 있는 한 광범위하게 문제제기가 허용되어야 하고 공개토론을 받아야 한다. 정확한 논증이나 공적인 판단이 내려지기 전이라고 해서 그에 대한 의혹의 제기가 공적 존재의 명예보호라는 이름으로 봉쇄되어서는 안 되고 찬반토론을 통한 경쟁과정에서 도태되도록 하는 것이 민주적이다(대법원 2002.1. 22. 선고 2000다37524, 37531 판결).

그런데 사람이나 단체가 가진 정치적 이념은 외부적으로 분명하게 드러나지 않는 경우가 많을 뿐 아니라 정치적 이념의 성질상 그들이 어떠한 이념을 가지고 있는지를 정확히 증명해 낸다는 것은 거의 불가능한 일이다. 그러므로 이에 대한 의혹의 제기나 주관적인 평가가 진실에 부합하는지 혹은 진실하다고 믿을 만한 상당한 이유가 있는지를 따질 때에는 일반의 경우와 같이 엄격하게 증명해 낼 것을 요구해서는 안 되고, 그러한 의혹의 제기나 주관적인 평가를 내릴 수도 있는 구체적 정황의 제시로 증명의 부담을 완화해 주어야 한다(위 판결 등 참조).

　　나아가 공방의 대상으로 된 좌와 우의 이념문제 등은 국가의 운명과 이에 따른 국민 개개인의 존재양식을 결정하는 중차대한 쟁점이고 이 논쟁에는 필연적으로 평가적인 요소가 수반되는 특성이 있다. 그러므로 이 문제에 관한 표현의 자유는 넓게 보장되어야 하고 이에 관한 일방의 타방에 대한 공격이 타방의 기본입장을 왜곡시키는 것이 아닌 한 부분적인 오류나 다소의 과장이 있다 하더라도 이를 들어 섣불리 불법행위의 책임을 인정함으로써 이 문제에 관한 언로를 봉쇄하여서는 안 된다(대법원 2002.12.24. 선고 2000다14613 판결 등 참조).

　　정치적 이념에 관한 논쟁이나 토론에 법원이 직접 개입하여 사법적 책임을 부과하는 것은 바람직하지 않다. 어떤 사람이 가지고 있는 정치적 이념은 사실 문제이기는 하지만, 많은 경우 의견과 섞여 있어 논쟁과 평가 없이는 이에 대해 판단하는 것 자체가 불가능하기 때문이다.

　　바. 어느 시대, 어느 사회에서나 부정확하거나 바람직하지 못한 표현들은 있기 마련이다. 그렇다고 해서 이러한 표현들 모두에 대하여 무거운 법적 책임을 묻는 것이 그 해결책이 될 수는 없다. 일정한 한계를 넘는 표현에 대해서는 엄정한 조치를 취할 필요가 있지만, 그에 앞서 자유로운 토론과 성숙한 민주주의를 위하여 표현의 자유를 더욱 넓게 보장하는 것이 전제되어야 한다. 자유로운 의견 표명과 공개 토론과정에서 부분적으로 잘못되거나 과장된 표현은 피할 수 없고, 표현의 자유가 제 기능을 발휘하기 위해서는 그 생존에 필요한 숨 쉴 공간이 있어야 하기 때문이다(대법원 2002.1.22. 선고 2000다37524, 37531 판결 참조). 따라서 명예훼손이나 모욕적 표현을 이유로 법적 책임을 지우는 범위를 좁히되, 법적으로 용인할 수 있는 한계를 명백히 넘는 표현에 대해서는 더욱 엄정하게 대응해야 한다.

　　명예훼손으로 인한 책임으로부터 표현의 자유를 보장하기 위해서는 이른바 '숨 쉴 공간'을 확보해 두어야 한다. 부적절하거나 부당한 표현에 대해서는 도의적 책임이나 정치적 책임을 져야 하는 경우도 있고 법적 책임을 져야 하는 경우도 있다. 도의적·정치적 책임을 져야 하는 사안에 무조건 법적 책임을 부과하려고 해서는 안 된다. 표현의 자유를 위해 법적 판단으로부터 자유로운 중립적인 공간을 남겨두어야 한다.

　　표현의 자유를 보장하는 것은 좌우의 문제가 아니다. 진보든 보수든 표현을 자유롭게 보장해야만 서로 장점을 배우고 단점을 보완할 기회를 가질 수 있다. 비록 양쪽이 서로에게 벽을 치고 서로 비방하는 상황이라고 하더라도, 일반 국민은 그들의 토론과 논쟁을 보면서 누가 옳고 그른지 판단할 수 있는 기회를 가져야 한다. 정치적·이념적 논쟁 과정에서 통상 있을 수 있는 수사학적인 과장이나 비유적인 표현에 불과하다고 볼 수 있는 부분에 대해서까지 금기시하고 법적 책임을 지우는 것은 표현의 자유를 지나치게 제한하는 결과가 될 수 있다.

[판결 2]에 관하여 생각할 점

1. 이 사건의 사실관계를 간단히 요약하면 다음과 같다. 원고 1은 통합진보당 대표이고, 원고 2는 원고 1의 남편이자 변호사이다. 피고 1은 '주간 미디어 워치'를 창간한 언론인으로서 자신의 트위터 계정에 "원고들은 경기동부연합 그 자체이다.", "경기동부연합은 종북·주사파이다.", "원고 2는 경기동부연합의 브레인이자 이데올로그이고, 종북파의 성골쯤 되는 인물이다.", "원고 2 등이 원고 1에게 대중선동 능력만 집중적으로 가르쳐 아이돌 스타로 기획하였다." 등의 글을 게재하였다. 원고들은 피고 1등을 상대로 명예훼손에 따른 위자료 및 정정보도 게재를 청구하는 소를 제기하였다.

2. 이 판결은 "정치인의 정치 이념에 관한 정치적 표현"의 자유를 다루었다. 정치적 표현의 자유는 다른 영역의 표현의 자유보다 더 강하게 보장되어야 하는가? 또한 정치인의 정치 이념은 더 철저한 비판과 검증의 대상이 될 수 있는가?

3. 이 판결에는 반대의견이 있었다. 아래에 발췌한 반대의견 부분을 읽어보고 다수의견과 반대의견 중 어느 의견에 찬성하는지, 그 이유는 무엇인지 생각해 보라.

표현의 자유와 그에 터 잡은 민주주의의 전제는 다른 생각을 가진 사람을 인정하고 관용하는 것이다. 생각과 이념이 다른 사람을 인정하고 관용하는 전제 위에서 표현의 자유는 비로소 숨 쉴 수 있는 것이다. 상대방을 아예 토론의 상대방으로 인정하지 않는 '배제'와 '매도'는 민주적 토론을 원천적으로 봉쇄할 수 있다. 표현의 자유라는 명분으로 생각이 다른 사람들을 배제하는 것은 민주주의를 질식시킬 우려가 있으므로 신중한 접근이 필요한 영역이 존재한다. 그동안 우리 사회에서 '종북', '주사파', '▽▽▽▽연합'이라는 용어는 그러한 입장으로 규정된 사람들을 민주적 토론의 대상에서 배제하기 위한 공격의 수단으로 사용되어 온 측면이 있다. 합리적이고 민주적인 토론을 통한 민주주의의 성숙을 위하여 위와 같은 극단적 표현들은 자제되어야 한다. 우리 사회에서 부정확하거나 바람직하지 못한 표현들이 난

무하고 있는 것이 현실이라는 점을 고려하면, 자유로운 의견 표명과 공개토론이 가능한 표현이라면 얼마든지 최대한 보장되어야 마땅하지만 상대방의 존재를 부정하고 토론 자체를 봉쇄하는 표현에 대해서는 일정한 제한이 필요하다. 그렇지 않을 경우 오히려 민주주의가 질식될 수 있기 때문이다.

3. 초상권, 사생활권

(1) 초상권은 사람이 자신의 얼굴 기타 사회통념상 특정인임을 식별할 수 있는 신체적 특징에 관하여 가지는 인격적·재산적 이익이다.[23] 현행 법령상 초상권을 일반적으로 정의하는 조항은 없으나, 헌법 제10조에 기반한 일반적 인격권으로부터 도출되는 개별적 인격권의 하나로 승인되고 있다.[24] 초상권의 내용으로는 촬영·작성거절권, 공표거절권, 초상영리권을 들 수 있다.[25] 특히 초상영리권과 관련하여 성명, 초상 등 사람의 인적 동일성을 나타내는 표지에 관하여 독점적이고 배타적인 재산권으로서 이른바 퍼블리시티권(the right of publicity)을 인정해야 한다는 논의가 있다. 이를 인정해야 한다는 입장에 따르면 퍼블리시티권은 인격권과는 달리 양도성과 상속성을 가지게 된다. 하지만 별도의 입법 없이 이러한 권리를 인정할 수 있는가는 여전히 미해결 상태로 남아 있다.

한편 사생활권도 중요한 개별적 인격권의 하나이다. 우리나라 판례는 대체로 사생활의 비밀과 자유를 두 가지 측면에서 파악한다.[26] 첫째 측면은 개인의 사생활 활동이 타인으로부터 침해되거나 함부로 공개되지 아니할 소극적 권리이다. 둘째 측면은 자신에 대한 정보를 자율적으로 통제할 수 있는 적극적 권리이다. 이러한 사생활의 비밀과 자유는 개인의 자율성을 보호하기 위한 것이므로, 본인의 승낙을 받고 그 범위 내에서 사생활에 관한 사항을 공개하는 행위는 위법하지 않다. 그러나 본인의 승낙을 받은 때에도 그 범위를 초과하여 사생활에 관한 사항을 공개하는 것은 위법하다.[27] 초상권과 사생활권이 인격권

---

23) 대판 2021.4.29, 2020다227455.
24) 언론피해구제법 제5조 제1항, 상표법 제34조 제1항 제6호 등은 사람의 "초상"을 보호대상으로 삼는다. 또한 대판 1997.9.30, 97도1230; 헌재결 2001.8.30, 2000헌바36 등에서도 초상권의 개념을 인정하고 있다.
25) 대판 2006.10.13, 2004다16280.
26) 대판 1998.7.24, 96다42789.
27) 대판 1998.9.4, 96다11327.

으로서 보호받아야 하는 것은 마땅한 일이나, 다른 인격권이 그러하듯이 이 역시 다른 가치와의 충돌을 피할 수 없다. 따라서 그 가치형량 내지 이익형량이 중요한 문제로 대두된다. 예컨대 대판 2008.2.15, 2006다26243은 소송과정에서 피고가 답변서를 통하여 원고의 범죄사실(확정판결에 의하여 인정된 것이었음)을 공개한 것이 정당한 변론활동의 범위를 넘어서 원고의 프라이버시나 명예를 침해한 것인가를 쟁점으로 다루고 있는데, 이 사건에서 대법원은 이를 정당한 변론활동의 범위 내라고 판시하였다.

(2) 한편 아래 판결은 보험회사 직원이 교통사고 피해자들의 일상생활을 촬영한 행위가 피해자들의 초상권 및 사생활의 비밀과 자유를 침해하는 불법행위에 해당하는지에 관하여 이익형량의 관점에서 다루고 있는 대법원 판결이다. 이 판결에서는 교통사고 피해자들의 초상권과 사생활의 보호라는 가치와 보험회사의 재산상 이익(이는 궁극적으로 다른 보험가입자들의 재산상 이익과도 관련이 있다) 및 증거수집활동의 보장이라는 가치충돌에 대해 다루고 있다. 특히 공개된 장소에서의 사생활이 보호되어야 하는가, 또한 얼마나 보호되어야 하는가 하는 점에 주목한다. 이 사안에 대한 대법원의 결론을 손쉽게 일반화하는 것은 위험하겠지만,[28] 적어도 인격적 이익의 보호범위를 확정하기 위한 법원의 고민을 엿볼 수는 있다.[29]

[판결 3] 보험회사의 초상권 및 사생활권 침해: 대판 2006.10.13, 2004다16280

사람은 누구나 자신의 얼굴 기타 사회통념상 특정인임을 식별할 수 있는 신체적 특징에 관하여 함부로 촬영 또는 그림묘사되거나 공표되지 아니하며 영리적으로 이용당하지 않을 권리를 가지는데, 이러한 초상권은 우리 헌법 제10조 제1문에 의하여 헌법적으로도 보장되고 있는 권리이다. 또한, 헌법 제10조는 헌법 제17조와 함께 사생활의 비밀과 자유를 보장하는데, 이에 따라 개인은 사생활 활동이 타인으로부터 침해되거나 사생활이 함부로 공개되지 아니할 소극적

---

28) 가령 대판 2021.4.29, 2020다227455에서는 아파트 입주자 갑이 아파트 단지 내에 현수막을 게시하던 중 다른 입주자 을로부터 제지를 당하자 을에게 욕설을 하였는데, 위 아파트의 부녀회장 병이 말다툼을 하고 있는 갑의 동영상을 촬영하여 입주자대표회의 정에게 전송하였고, 정이 다시 이를 아파트 관리소장과 동대표들에게 전송한 사안에서 초상권 침해의 위법성이 조각된다고 한 바 있다.
29) 이에 관하여는 권영준, "초상권 및 사생활의 비밀과 자유, 그리고 이익형량을 통한 위법성 판단", 민판연 31, 2009 참조.

인 권리는 물론, 오늘날 고도로 정보화된 현대사회에서 자신에 대한 정보를 자율적으로 통제할 수 있는 적극적인 권리도 가진다(대법원 1998.7.24. 선고 96다42789 판결 참조). 그러므로 초상권 및 사생활의 비밀과 자유에 대한 부당한 침해는 불법행위를 구성하는데, 위 침해는 그것이 공개된 장소에서 이루어졌다거나 민사소송의 증거를 수집할 목적으로 이루어졌다는 사유만으로는 정당화되지 아니한다.

원심이 적법하게 인정한 사실에 의하면, 피고 신동화화재해상보험 주식회사의 직원들인 피고 2, 3이 원고들이 피고 신동아화재해상보험 주식회사를 상대로 제기한 손해배상청구소송에서 원고 1, 2의 후유장해 정도에 대한 증거자료를 수집할 목적으로 원고들 몰래 원고들의 사진을 촬영하여 법원에 제출하였는데, 그 사진의 내용은 원고들이 일상생활에서 장해부위를 사용하는 모습으로서 원고들의 아파트 주차장, 직장의 주차장, 차량수리업소의 마당, 원고 3의 어린이집 주변 도로 등 일반인의 접근이 허용된 공개된 장소에서 촬영한 것이며, 위 피고들은 위 사진을 촬영하기 위하여 원고들을 몰래 지켜보거나 미행하고 때에 따라서는 차량으로 뒤따라가 사진을 촬영하였음을 알 수 있다.

위와 같은 위 피고들의 행위는 특정의 목적을 가지고 의도적·계속적으로 주시하고 미행하면서 사진을 촬영함으로써 원고들에 관한 정보를 임의로 수집한 것이어서, 비록 그것이 공개된 장소에서 민사소송의 증거를 수집할 목적으로 이루어졌다고 하더라도 초상권 및 사생활의 비밀과 자유의 보호영역을 침범한 것으로서 불법행위를 구성한다고 할 것이다. 원심이 이 부분에 관하여 같은 결론에 이른 판단은 정당하다.

한편, 피고들에게는 위 침해행위로 인하여 달성하려는 이익, 즉 위 손해배상소송에서 승소함으로써 손해배상책임을 면하여 얻는 재산상 이익, 허위 또는 과장된 청구를 밝혀내어야 할 소송에서의 진실발견이라는 이익, 부당한 손해배상책임을 면함으로써 보험료를 낮출 수 있다는 보험가입자들의 공동이익 등이 있고, 이는 원고들의 초상권 및 사생활의 비밀과 자유와 충돌하는 이익이 된다. 이처럼 초상권이나 사생활의 비밀과 자유를 침해하는 행위를 둘러싸고 서로 다른 두 방향의 이익이 충돌하는 경우에는 구체적 사안에서의 사정을 종합적으로 고려한 이익형량을 통하여 위 침해행위의 최종적인 위법성이 가려진다. 이러한 이익형량과정에서, 첫째 침해행위의 영역에 속하는 고려요소로는 침해행위로 달성하려는 이익(이하 '침해법익'이라 한다)의 내용 및 그 중대성, 침해행위의 필요성과 효과성, 침해행위의 보충성과 긴급성, 침해방법의 상당성 등이 있고, 둘째 피해이익의 영역에 속하는 고려요소로는 피해법익의 내용과 중대성 및 침해행위로 인하여 피해자가 입는 피해의 정도, 피해이익의 보호가치 등이 있다. 그리고 일단 권리의 보호영역을 침범함으로써 불법행위를 구성한다고 평가된 행위가 위법하지 않다는 점은 이를 주장하는 사람이 증명하여야 한다.

이러한 법리에 비추어 이 사건에 관하여 판단하건대, 피고들의 침해법익의 하나인 보험가입자들의 공동이익이나, 소송에서의 진실발견이라는 이익도 구체적인 사실에 관하여서 허위주장을 하지 않는 경우에까지 이러한 이익들이 원고들의 인격적 이익보다 더 우월하다고 단정할 수 없고(양 법익 내용의 비교), 원고들의 피해영역 또한 일반적으로 공개가 허용되는 가장 바깥 테두리의 영역이라고만은 할 수 없는 그 중간의 영역에 속한다고 볼 수 있으며(피해법익의 중대성), 촬영한 사진의 내용 역시 타인에게 굳이 공개하고 싶지 않은 것으로 보여지고, 사진촬영과정에서 미행·감시당함으로써 자신들의 일상생활이 타인에게 노출되는 것은 결코 피해정도가 작다고 할 수 없다(피해 정도). 뿐더러, 위 손해배상소송에서 피고들이 촬영한 위 사진이 법원에 제출된 다음 원고 1에 대하여 실시된 재감정 결과에 의하더라도 기왕증 고려 전의 후유장해는 요추부 24%, 경추부 23%로서 피고들이 잘못 감정되었다고 주장하는 1차 감정 결과와 대체적으로 일치하고 있고, 다만 요추부에 대한 기왕증의 고려 여부 및 장해기간에 다소 차이가 있을 뿐인데, 이러한 차이는 사진촬영으로 밝힐 수 있는 성질의 것이 아니어서 사진촬영을 할 필요성이나 효과성은 인정하기 어렵고, 한편 원고들이 주장하는 장해 정도가 허위라거나 과장이라고 합리적으로 의심할 상당한 이유가 있다고 보기 어려워 피해이익의 보호가치는 인정된다(침해행위의 필요성과 효과성, 피해이익의 보호가치). 더 나아가 소송당사자는 먼저 자신의 법테두리 안에서 증거를 수집하여야 함은 물론, 이를 넘어서는 증거수집은 법적인 절차에 따라 하여야 하며 스스로 타인의 법영역을 무단으로 침범하여 증거를 수집하는 것은 허용되지 아니하는바, 감정 결과에 불복이 있을 경우 그 감정과정이나 장해 정도의 평가에 의학적, 논리적, 경험칙상 발견되는 객관적인 잘못이나 의문점을 지적하는 등의 방법으로 소송절차 내에서 문제를 해결하지 아니하고 무단히 타인의 법영역을 침범하는 것은 보충성에 반할 뿐만 아니라, 위 사진촬영에 특별히 긴급한 사정이 있었다고도 보이지 아니하며(침해행위의 보충성, 긴급성), 또한 피고측에서 8일이라는 상당기간에 걸쳐 미행을 하거나 차량으로 추적을 하여 몰래 숨어서 촬영함으로써 피고들이 원치 않는 사생활의 일면까지 침해함으로써 그 침해방법 역시 합리적이라고도 보여지지 아니한다(침해방법의 상당성). 이러한 여러 가지 사정을 종합하여 보면, 피고측이 원고들에 하여 저지른 침해행위는 위법성이 조각된다고 보여지지는 아니한다.

그렇다면 이와 달리 피고들의 행위가 초상권 및 사생활의 비밀을 침해한다고 판단하였으면서도 그 판시 이유로 위법성이 조각된다고 판단한 원심의 조치에는 초상권 및 사생활의 비밀과 자유에 관한 법리와 위법성조각에 관한 법리를 오해하여 판결에 영향을 미친 위법이 있다.

[판결 3]에 관하여 생각할 점

1. 이 사건에서 사진이 촬영된 장소는 공개된 장소였다. 이처럼 공개된 장소에서도 사생활이 존재하는가? 만약 존재한다면 그 사생활은 어느 정도까지 보호되어야 하는가?

2. 수사기관이 범죄의 증거를 수집하기 위하여 범인으로 의심되는 자의 사생활을 감시하고 그 모습을 비디오로 촬영하였다면 어떠한가?(대판 1999.9.3. 99도2317 참조)

3. 이 사건의 원심판결은 다음과 같이 판시하였다.

"민사소송을 제기한 교통사고 피해자들은 통상 다액의 손해배상을 받기 위하여 신체감정을 받으면서 자신의 장해상태를 과장하는 경향이 있고, 보통의 소송당사자들은 그러한 과장된 증상의 호소가 감정결과에 다소나마 영향을 미칠 수 있다고 생각하는 것이 현재의 실정이라 할 것인데…"

"…별다른 반증이 없는 상태에서의 신체재감정 신청은 법원에서 좀체 받아들여지지 않는 실정이므로…"

"…이러한 방법 외에는 원고들의 후유장해에 관한 원감정결과를 탄핵할 객관적인 증거자료를 취득할 방법이 현실적으로 뚜렷이 없으며…"

원심판결이 인식하는 바와 같이 현실이 이러하다면 증거수집을 위하여 사진을 촬영한 보험회사의 행위를 위법하다고 평가할 수 있는가?

4. 개인정보의 보호

최근 빈번하게 문제되고 있는 개인정보 보호에 관하여도 간단하게 언급한다. 개인정보는 생존하는 개인에 관한 정보로서 해당 정보에 포함되어 있는 사항에 의하여 그 개인을 식별할 수 있는 정보를 말한다. 또한 해당 정보만으로는 특정 개인을 식별할 수 없더라도 다른 정보와 용이하게 결합하여 식별할 수 있는 것도 포함한다. 정보통신기술이 발달하면서 개인정보의 수집과 활용이

활발하게 이루어지고 있다. 개인이 거래활동을 하거나 인터넷을 이용하는 과정
에서 이름, 주민등록번호, 전화번호, 주소, 건강상태, 진료정보, 신용정보, 구매
성향, 인터넷검색경향, 정치적 신념, 인적 교류의 범위와 내용 등 지극히 다양
한 개인정보가 체계적으로 수집·관리된다. 이러한 개인정보는 공공기관이나
민간기업에 의하여 다각도로 활용된다. 우리나라는 개인정보 보호에 관하여 영
역별로 여러 특별법을 두고 있다가[30] 2011. 9. 30.부터 개인정보 보호법을 시
행하면서 체계적이고 포괄적인 개인정보 보호 법제를 갖추게 되었다.

　　우리나라의 대법원과 헌법재판소는 개인정보에 관한 권리를 인격권의 일
종인 개인정보자기결정권의 개념으로 파악하고 있다. 대법원은 국군보안사령부
가 민간인들을 대상으로 미행, 망원 활용, 탐문채집 등의 방법으로 개인정보를
수집, 관리한 사례에서 헌법 제10조의 행복추구권과 헌법 제17조의 사생활의
비밀과 자유에 관한 규정은 개인의 사생활 활동이 타인으로부터 침해되거나
사생활이 함부로 공개되지 아니할 소극적인 권리는 물론, 오늘날 고도로 정보
화된 현대사회에서 자신에 대한 정보를 자율적으로 통제할 수 있는 적극적인
권리까지도 보장하기 위한 것이라고 판시하였다.[31] 한편 헌법재판소는 이를 개
인정보자기결정권이라고 표현하면서, 그 근거에 관하여는, "개인정보자기결정
권으로 보호하려는 내용을 위 각 기본권들 및 헌법원리들 중 일부에 완전히
포섭시키는 것은 불가능하다고 할 것이므로, 그 헌법적 근거를 굳이 어느 한두
개에 국한시키는 것은 바람직하지 않은 것으로 보이고, 오히려 개인정보자기결
정권은 이들을 이념적 기초로 하는 독자적 기본권으로서 헌법에 명시되지 아
니한 기본권이라고 보아야 할 것"이라고 판시하였다.[32]

　　근래에는 개인정보의 대량유출로 인한 분쟁이 늘어나고 있다.[33] 이러한 분
쟁에서는 개인정보처리자에게 과실이 인정되는지(특히 해킹으로 인하여 개인정보
가 유출된 경우[34]), 정보주체에게 정신적 손해가 인정되는지, 손해가 인정된다면

---

30)『정보통신망 이용촉진 및 정보보호 등에 관한 법률』,『신용정보의 이용 및 보호에 관한
　　법률』,『공공기관의 개인정보보호에 관한 법률』 등이 이에 해당한다.
31) 대판 1998.7.24, 96다42789.
32) 헌재결 2005.5.26, 99헌마513, 2004헌마190.
33) 대판 2014.5.16, 2011다24555, 24562; 대판 2018.1.25, 2015다24904; 대판 2019.9.26,
　　2018다222303 등.
34) 대판 2015.2.12, 2013다43394, 44003 참조(해킹으로 인한 개인정보 유출사고에서 정보통
　　신서비스제공자가 관련 고시에서 정한 기술적·관리적 보호조치를 다하였다면 특별한 사

그 위자료액은 어떻게 산정해야 하는지 등이 문제된다.[35] 또한 개인정보의 보호와 이용이라는 두 가지 축과 관련하여, 개인정보의 수집이나 이용으로 개인정보자기결정권이 침해되었는가의 문제도 중요하게 등장하고 있다.[36]

V. 인격권 침해의 구제수단

1. 손해배상청구권

(1) 인격권 침해에 대한 1차적인 구제수단은 그 인격권 침해행위가 불법행위(제750조)의 다른 요건을 갖추는 것을 전제로 하여 손해배상을 구하는 것이다. 대부분의 사례에서는 비재산적 손해의 배상을 인정하고 있다. 이러한 비재산적 손해에 대응하여 지급되는 손해배상금을 위자료라고 하는데, 위자료는 피해의 전보라는 차원을 넘어서서 만족 내지 위자(慰撫)의 기능도 한다고 이해된다. 인격적 법익의 보호 필요성이 점차 강하게 인정되면서 위자료도 과거에 비해 액수가 올라가는 경향을 보이고 있다.

(2) 한편 인격권 침해를 이유로 하여 재산적 손해의 배상이 인정될 여지가 있는지는 검토를 요한다. 물론 성명이나 초상 등과 같은 개인적 징표, 특히 상업적 가치가 있는 유명인의 그것이 상업적으로 「도용」된 경우에는, 그가 통상의 사용허락의 경우에 받을 수 있는 대가에 상응하는 재산적 손해의 배상이 인정된다. 그렇지 아니한 사안 유형에서도 이론적으로는 재산상 손해의 배상을 인정할 여지가 있으나,[37] 실제로는 쉽게 인정되지 않을 것이다.

정이 없는 한 개인정보의 안전성 확보에 필요한 보호조치를 취할 법률상 또는 계약상 의무를 위반하였다고 보기 어렵다고 한 판결).

35) 이에 대해서는 정상조/권영준, "개인정보의 보호와 민사적 구제수단", 법조 630, 2009; 권영준, "해킹(hacking) 사고에 대한 개인정보처리자의 과실판단기준", 저스티스 132, 2012 참조.

36) 가령 이미 정보주체의 의사에 따라 공개된 개인정보를 별도의 동의 없이 영리 목적으로 수집·제공한 행위에 대한 위법성을 부정한 대판 2016.8.17, 2014다235080, 수사기관의 통신자료 요청에 따른 개인정보 제공의 위법성을 부정한 대판 2016.3.10, 2012다105482, 정보주체 동의 없이 개인 위치정보를 수집한 경우 손해배상책임 문제를 다룬 대판 2018. 5.30, 2015다251539등 참조.

37) 가령 대판 1996.4.12, 93다40614, 40621에서는 비방광고들로 인한 피해를 최소한으로 줄이기 위하여 광고들이 실렸던 일간지마다 동일한 크기의 대응광고를 게재할 필요가 있었

2. 금지청구권

현재 인격권이 침해되고 있거나 침해될 우려가 있는 경우에는 침해의 위법성이 인정된다면 그 배제 또는 예방을 청구할 수 있다. 인격권침해에 기한 이러한 청구권을 인정하는 일반조항은 없다. 그런데 인격권은 그 성질상 일단 침해된 후 손해배상 등의 사후적 구제수단에 기대는 것만으로는 피해의 완전한 회복이 어렵고 손해전보의 실효성을 기대하기 어렵다. 따라서 사전적 구제수단으로서 금지청구권을 인정할 필요성이 크다. 또한 인격권은 일종의 절대권적 성격을 가지고 있으므로 물권적 청구권에 관한 민법 제214조를 유추 적용하는 방식으로 해결할 수 있다. 이와 같은 견지에서 우리 대법원 판례도 인격권침해에 대한 금지청구권을 인정하고 있다.

[판결 4] 인격권 침해와 금지청구권: 대판 1996.4.12, 93다40614, 40621

1. 제1 내지 4점에 대하여

원심이 이 사건 우유 건조기와 카제인나트륨에 관하여 그 판시와 같은 사실을 인정하고 피고(반소원고, 이하 피고라고만 한다)의 이 사건 광고들은 모두 사실과 다르게 원고(반소피고, 이하 원고라고만 한다)를 비방하고 그 명예를 훼손하는 내용을 담고 있다고 판단한 데에 이어 우리 나라 우유업계가 피고의 도발로 이른바 '광고전쟁'에 빠졌다고 인정하는 한편, 원고가 피고를 비방하는 내용의 광고를 하였음을 전제로 하는 피고의 반소 청구원인을 배척하였음은 모두 옳고 거기에 소론과 같은 증거 취지의 오해, 채증법칙 위배, 증거에 대한 판단유탈, 이유불비, 심리미진의 잘못이 있다고 할 수 없으므로 논지들은 모두 받아들일 수 없다.

2. 제6점에 대하여

원심이 인정한 바와 같이, 원고가 피고에 의한 이 사건 비방광고들로 인한 피해를 최소한으로 줄이기 위하여 이 사건 광고들이 실렸던 일간지마다 동일한 크기의 대응광고를 게재할 필요가 있었다면, 그 비용도 이 사건 광고들로 인하여 원고가 입은 손해라 할 것이므로 같은 취지의 원심판단은 옳고 거기에 소론과 같은 손해배상에 관한 법리오해의 위법은 없다. 논지도 이유가 없다.

다면, 그 비용도 비방광고들로 인하여 입은 손해라고 판시한 바 있다.

3. 제7점에 대하여

원심은 이어서, 이 사건 광고들로 인하여 원고의 인격과 명예, 신용 등이 훼손됨으로써 분유제조업체인 원고의 사회적 평가가 낮아지고 그 사업수행에 커다란 악영향이 미쳤으리라는 점은 경험칙에 비추어 쉽게 인정할 수 있으므로, 피고는 위 사회적 평가의 침해에 따라 원고가 입은 무형의 손해를 배상할 의무가 있다고 판단한 다음, 원고가 입은 손해의 종류와 성격, 원고의 지명도와 영업의 신용도, 원고 회사의 규모 및 영업실적, 이 사건 광고들의 허위성의 정도와 비방성의 강도, 피고의 광고행태 전반에서 드러나는 악의성의 정도, 조제분유 제품을 선택하는 소비자들의 보수성, 부정적 광고가 미치는 영향의 즉각성과 지속성, 부정적 영향으로부터 회복함이 곤란한 점, 부정적 광고에 대하여 효율적인 구제수단인 사죄광고가 허용되지 아니하는 점, 피고 회사의 규모와 재산 정도 등 여러 사정을 참작하여 그 손해액을 금 300,000,000원으로 정하였는바, 피고에게 원고가 입은 무형의 손해를 배상할 책임이 있다는 원심의 판단은 옳고(민법 제764조 참조), 또한 기록에 비추어 보건대, 원심이 산정한 손해액도 적정하다고 보여지므로 원심판결에 위자료에 관한 법리오해나 이를 과다하게 정한 위법이 있다는 논지도 모두 받아들일 수 없다.

4. 제5점에 대하여

가. 원심이, 인격권은 그 성질상 일단 침해된 후의 구제수단(금전배상이나 명예회복 처분 등)만으로는 그 피해의 완전한 회복이 어렵고 손해전보의 실효성을 기대하기 어려우므로, 인격권 침해에 대하여는 사전(예방적) 구제수단으로 침해행위 정지·방지 등의 금지청구권도 인정된다고 전제한 다음, 우리 나라 우유업계 전체가 이른바 '광고전쟁'의 소용돌이에 휘말리게 된 경위와 그 동안의 피고의 광고행태에 비추어 보면, 피고가 원고를 비방하는 광고를 재현할 위험은 아직도 존재하므로 원고는 피고가 자행할 위법한 광고로부터 그 명예·신용 등을 보전하기 위하여 피고에게 그러한 광고의 중지를 요구할 권리가 있다고 판단하였음은 옳고, 거기에 소론과 같은 법리오해의 위법이 있다고 할 수 없다.

나. 그런데 부작위채무는 부대체적 채무로서 그에 대한 강제집행은 간접강제만 가능한 것이고 통상적으로는 판결절차(협의의 소송절차)에서 먼저 채무명의가 성립한 후에 채권자의 별도의 신청에 의하여 채무자에 대한 필요적 심문(민사소송법 제694조)을 거쳐 민사소송법 제693조에 따라 채무불이행시에 일정한 배상을 하도록 명하는 간접강제결정을 할 수 있는 것이라고 할 것이다. 그러나 부작위채무에 관하여 언제나 위와 같이 먼저 채무명의가 성립하여야만 그 다음 단계에서 비로소 간접강제결정을 할 수 있다고 한다면, 채무명의의 성립과 집행

단계 사이의 시간적 간격이 있는 동안에 채무자가 부작위채무를 위반할 경우 손해배상이나 위반 결과의 제거 등 사후적 구제수단만으로는 채권자에게 충분한 손해전보가 되지 아니하여 실질적으로는 집행제도의 공백을 초래할 우려가 있는 것이므로, 부작위채무를 명하는 판결의 실효성 있는 집행을 보장하기 위하여는 부작위채무에 관한 소송절차의 변론종결 당시에서 보아 채무명의가 성립하더라도 채무자가 이를 단기간 내에 위반할 개연성이 있고, 또한 그 판결절차에서 민사소송법 제693조에 의하여 명할 적정한 배상액을 산정할 수 있는 경우에는 위의 부작위채무에 관한 판결절차에서도 위 법조에 의하여 장차 채무자가 그 채무를 불이행할 경우에 일정한 배상을 할 것을 명할 수 있다고 함이 상당하다. 이렇게 하더라도 판결절차는 필요적으로 변론을 거치므로 민사소송법 제694조에 의한 심문을 거치지 아니하여도 채무자에게 불이익이 없으며, 이 판결의 배상명령 부분에 대하여 상소할 수도 있으므로 별도로 같은 법 제693조 제2항에 의한 즉시항고가 인정되지 아니한다고 하여 채무자에게 아무런 불이익도 없는 것이다.

　　기록에 의하면 이 사건 원심 변론종결 당시를 기준으로 하여 볼 때 비방광고를 금지하는 이 사건 판결 이후에도 단기간 내에 피고가 이를 위반할 개연성이 있었던 것으로 보여지고, 또한 원심 변론종결시까지 심리한 자료만으로도 그에 대한 적정한 배상액을 산정하기에 충분하였다고 보여지므로 위 판결절차에서 채무자인 피고가 장차 채무불이행시에 채권자인 원고에게 그 판시의 금액을 배상할 것을 명할 수 있다고 할 것이다.

　　원심이 그 판시 비방광고의 중지명령에 이어 이를 강제하기 위하여 이를 위반할 경우의 배상을 명한 근거는 논지가 주장하는 바와 같이 명예회복을 위한 적당한 조치를 규정한 민법 제764조에 있는 것이 아니라, 부작위채무에 대한 간접강제를 규정한 민사소송법 제693조에 있는 것으로 보여 이는 앞에서 설시한 법리에 기초한 것으로서 정당하고, 거기에 논지가 주장하는 바와 같은 불법행위로 인한 명예훼손의 경우의 원상회복을 위한 적당한 처분에 관한 법리오해의 위법이 있다고 할 수 없다.

　　5. 그러므로 상고를 기각하고 상고비용은 패소한 피고의 부담으로 하기로 관여 법관의 의견이 일치되어 주문과 같이 판결한다.

[판결 4]에 관하여 생각할 점

1. 민법은 인격권에 대한 명시적 조항도 두지 않고 있으므로, 그 침해금지청구권에 대하여도 아무런 규정을 하지 않는다. 그렇다면 우리나라와 같은 성문법국가에

서 인격권침해에 대한 금지청구권은 어떤 법조항에 근거하여 인정되는 것인가?

2. 이 사건은 비방광고에 관한 것이다. 비방광고를 당하는 회사는 대단히 불쾌할 것임에 틀림없다. 하지만 소비자의 입장에서는 이러한 광고전쟁을 통하여 더 많은 정보를 취득할 수 있는 것 아닌가? 즉 소비자의 알 권리 차원에서 보면 비방광고를 중지하게 하는 것은 부당하지 않은가?

3. 대법원은 이 판결에서 인격권에 기한 예방적 금지청구권을 인정하였다. 그러나 예방적 금지청구권을 행사하여 특정한 내용의 광고를 표현 이전 단계에서 제한한다면 헌법 제21조 제2항의 검열에 해당하여 위헌적이지 않은가? 헌법에서 금지하는 사전검열은 무엇인가? 이에 대하여는 헌재결 1996.10.4. 93헌가13을 우선 참조하라. 아울러 아래의 설명도 생각해 보라.

4. 표현물에 의한 침해의 예방을 청구할 수 있다고 하려면 신중한 고려가 필요하다. 왜냐하면 표현행위의 사전억제는 헌법 제21조 제2항에서 언론·출판 등의 사표현행위에 대한 「검열」을 금지하고 있는 정신에 저촉할 수 있기 때문이다. 따라서 그 인용에는 엄격하고 명확한 요건이 충족되어야 할 것이다. 대결 2005.1.17. 2003마1477도 "표현행위에 대한 사전억제는 표현의 자유를 보장하고 검열을 금지하는 헌법 제21조 제2항의 취지에 비추어 엄격하고 명확한 요건을 갖춘 경우에만 허용된다고 할 것인바, 출판물에 대한 발행·판매 등의 금지는 위와 같은 표현행위에 대한 사전억제에 해당하고, 그 대상이 종교단체에 관한 평가나 비판 등의 표현행위에 관한 것이라고 하더라도 그 표현행위에 대한 사전금지는 원칙적으로 허용되어서는 안 될 것이지만, 다만 그와 같은 경우에도 그 표현내용이 진실이 아니거나 그것이 공공의 이해에 관한 사항으로서 그 목적이 오로지 공공의 이익을 위한 것이 아니며, 또한 피해자에게 중대하고 현저하게 회복하기 어려운 손해를 입힐 우려가 있는 경우에는 그와 같은 표현행위는 그 가치가 피해자의 명예에 우월하지 아니하는 것이 명백하고, 또 그에 대한 유효적절한 구제수단으로서 금지의 필요성도 인정되므로 이러한 실체적인 요건을 갖춘 때에 한하여 예외적으로 사전금지가 허용된다"고 판시하였다.

3. 기타 구제수단

그 외에도 법이 개별적인 인격권에 관하여 별도의 구제수단을 정하는 경우가 있다.

(1) 예를 들면 민법 제764조는 명예훼손의 경우에 손해배상과 아울러 또는 그에 갈음하여 「명예회복에 적당한 처분」을 명할 수 있도록 한다.[38] 이는 가해자에게 제재를 가하여 피해자에게 주관적 만족을 주기 위함이 아니라, 금전에 의한 손해배상만으로는 회복될 수 없는 피해자의 인격적 가치를 회복시키기 위한 것이다. 이러한 처분을 통하여 피해자에 대한 사회적·객관적 평가 자체를 회복하는 것이 가능하다. 타인에게 알리고 싶지 아니한 사실이 함부로 공개된 사생활 침해의 사안 유형에는 이를 준용할 수 없다. 그 경우에 그것이 공개되지 않았던 상태, 즉 원상으로 회복한다는 것은 불가능하기 때문이다.

종래에는 「명예회복에 적당한 처분」으로 명예훼손자로 하여금 신문지상에 사죄광고를 하도록 명하는 방법이 널리 사용되었다. 그러나 헌재결 1991.4.1, 89헌마160에서 민법 제764조의 「명예회복에 적당한 처분」에 사죄광고를 포함시키는 것은 양심의 자유 및 인격권을 침해하는 것으로서 헌법에 위반된다고 판단하였다. 헌법재판소는 위 결정 당시 사죄광고에 대신할 수 있는 원상회복 처분으로 ① 가해자 비용으로 그가 패소한 민사 손해배상 판결의 신문, 잡지에의 게재, ② 명예훼손 기사의 취소광고를 제시한 바 있다. 현재 재판실무상으로는 정정보도문과 판결요지를 게재하라는 형식의 원상회복방법을 주로 사용한다.

(2) 한편 언론피해구제법은 언론보도로 인하여 인격권이 객관적으로 침해된 사람에 대하여 일정한 요건 아래서 정정보도청구권(제14조 이하, 제31조)이나 반론보도청구권(제16조), 추후보도청구권(제17조)과 같은 별도의 구제수단을 규정하고 있다. 이 중 정정보도는 소송절차, 반론 및 추후보도는 가처분절차에 의한다(제26조 제6항). 나아가 구제수단으로서의 손해배상청구권과 관련하여서는 "침해행위에 제공되거나 침해행위에 의하여 만들어진 물건의 폐기나 그 밖에 필요한 조치"를 청구할 수 있다고 정한다(제30조 제4항). 이는 명예훼손 외의 인격적 침해행위에 대해서도 예외적으로 일종의 원상회복청구권을 인정한 것이다. 이러한 구제수단의 차이점 때문에 언론 매체를 상대로 한 소송에서 원

---

38) 한편 언론피해구제법 제31조는 언론보도로 인한 명예훼손의 침해에 대한 구제수단으로 「정정보도의 공표 등 명예회복에 필요한 처분」을 규정하고 있다. 그런데 정정보도의 청구에는 언론사의 고의 또는 과실로 인한 위법성을 요하지 아니한다(동법 제14조 제2항). 이는 침해행위가 고의 또는 과실로 인한 위법행위임이 요구되는 불법행위(민법 제750조 참조)와는 별개의 차원에서 인정되는 구제수단임을 말하여 준다.

고는 해당 청구가 민법에 기한 것인지, 언론피해구제법에 기한 것인지를 밝힐
필요가 있다.

VI. 인터넷에서의 인격권 보호

인터넷의 보급과 더불어 인격권 보호가 더 심각한 문제로 떠오르게 되었
다. 인터넷은 쌍방향성, 탈중심성, 익명성, 시공간초월성 및 전파성 등의 특성
을 가진 표현촉진적 매체이지만 이에 비례하여 인격권에 대한 위협도 커지게
되었다. 민사적으로는 특히 표현의 자유와 개인의 명예보호의 충돌에 관하여
인터넷서비스제공자(이하 "ISP")가 어떠한 책임을 부담하는가가 중요하게 다루
어지고 있다. 특히 익명성의 정도가 높은 인터넷에서는 직접침해자를 특정하기
도 어렵거니와, 특정에 성공하더라도 충분한 자력이 없는 개인일 가능성이 크
다. 따라서 피해자들은 특정하기도 쉽고 자력도 확보되어 있으며 무엇보다도
침해상태를 가장 효과적으로 제거할 수 있는 지위에 있는 ISP를 상대로 법적
책임을 묻게 된다.

ISP는 표현의 주체가 인터넷에 접속할 수 있게 하고, 표현된 컨텐츠를 저
장, 제공하거나 전달하는 역할을 수행한다. 경우에 따라서 ISP는 그 표현에 대
한 직접적이고 신속한 통제를 행할 수 있는 유일한 주체가 된다. ISP의 책임
범위를 넓게 파악하는 것은 ISP가 표현에 대한 통제권을 강력하게 행사하도록
하는 유인이 된다. 이 경우 개인의 명예는 효율적으로 보호될 것이나 표현의
자유는 위축될 수 있다. 반면 ISP의 책임 범위를 좁게 파악하거나 ISP에 대한
면책을 쉽게 인정하면 ISP의 입장에서는 표현에 대한 통제권을 행사할 인센티
브가 약해진다. 이 경우 표현의 자유로운 생성 및 유통이 더욱 증가되지만 그
과정에서 개인의 명예를 효과적으로 지켜내지 못하게 될 위험도 있다. 그러므
로 ISP의 책임 범위를 적정하게 설정하는 것은 표현의 자유와 개인의 명예 사
이의 균형을 잡는 데에 중요한 균형추 역할을 한다. 아래의 전원합의체 판결은
명예훼손에 대한 ISP의 책임을 상세히 다룬 판결이다. 특히 ISP가 어떠한 요건
아래 명예훼손 게시물에 대한 삭제 및 차단 의무를 지는지에 주목하여 읽어보
도록 한다.

> **[판결 5] 명예훼손 게시물에 대한 포털 사이트의 주의의무: 대판(전) 2009.4.16,**
>   **2008다53812**

(이상 생략)

나. 상고이유 제2점에 대하여

(1) 인터넷에서 타인의 명예를 훼손하는 게시물에 대하여 1차적인 책임을 지는 자는 위 게시물을 직접 게시한 자라 할 것이고, 인터넷 종합 정보제공 사업자가 제공한 인터넷 게시공간에 위와 같은 게시물이 게시되었고 위 종합 정보서비스의 검색기능을 통하여 인터넷 이용자들이 그 게시물을 쉽게 찾을 수 있다고 하더라도, 위 사업자에게 관리에 대한 책임을 별도로 인정할 수 있는 경우가 아니라면 위와 같은 사정만으로 곧바로 위 사업자에게 명예훼손적 게시물에 대한 불법행위책임을 지울 수는 없다.

그러나 인터넷 공간에서는 익명이나 가명에 의한 정보유통이 일반화되어 타인의 법익을 침해하는 내용의 표현물이 쉽게 게시될 수 있고 또한 많은 사람들이 동시에 접속하여 검색할 수도 있기 때문에 일단 게시된 표현물이 순식간에 광범위하게 전파됨으로써 그 표현물로 인한 법익 침해의 결과가 중대해질 수 있으며, 특히 인터넷을 이용한 다양한 서비스를 종합하여 제공하는 인터넷 종합 정보제공 사업자가 제공한 인터넷 게시공간에 그 표현물이 게시된 경우에는 인터넷 종합 정보서비스를 이용하는 무수한 이용자들에게 쉽게 노출될 수 있는 위험성이 훨씬 더 커서 다른 어느 경우보다 타인의 법익을 보호할 필요성이 크다. 뿐만 아니라, 인터넷 종합 정보제공 사업자는 인터넷 종합 정보서비스를 통하여 위와 같은 위험성을 안고 있는 인터넷 게시공간을 제공하고 이를 사업목적에 이용함으로써 정보의 유통으로 인한 직·간접적인 경제적 이익도 얻고 있다. 이와 같이 인터넷 종합 정보제공 사업자는 인터넷 게시공간이라는 위험원을 창출·관리하면서 그로 인한 경제적 이익을 얻고 있으므로, 위 게시공간 안에서 발생된 위험에 효과적으로 대처할 수도 있어, 위와 같은 위험으로 인하여 피해가 발생하지 않도록 상황에 따라 적절한 관리를 하여야 할 주의의무가 있다고 보는 것이 합리적이고 공평 및 정의의 관념에 부합한다 할 것이다.

다만, 인터넷 종합 정보제공 사업자에게 자신이 제공하는 인터넷 게시공간을 적절히 관리하여야 할 주의의무가 있다고 하더라도 위 사업자가 위 게시공간의 위험으로 인하여 초래될 수 있는 명예훼손 등 법익 침해와 그에 따른 손해배상을 우려한 나머지 그 곳에 게재되는 표현물들에 대한 지나친 간섭에 나서게 된다면 인터넷 이용자들이 가지는 표현의 자유는 위축될 수밖에 없으므로, 위 사업자의 관리책임은 불법성이 명백한 게시물로 인한 타인의 법익 침해 가능성을 충분히 인지할 수 있고 그의 관리가 미칠 수 있는 일정한 범위 내에서 제한적으로 인정되어야 한다.

따라서 명예훼손적 게시물이 게시된 목적, 내용, 게시기간과 방법, 그로 인한 피해의 정도, 게시자와 피해자의 관계, 반론 또는 삭제 요구의 유무 등 게시에 관련한 쌍방의 대응태도 등에 비추어, 인터넷 종합 정보제공 사업자가 제공하는 인터넷 게시공간에 게시된 명예훼손적 게시물의 불법성이 명백하고, 위 사업자가 위와 같은 게시물로 인하여 명예를 훼손당한 피해자로부터 구체적·개별적인 게시물의 삭제 및 차단 요구를 받은 경우는 물론, 피해자로부터 직접적인 요구를 받지 않은 경우라 하더라도 그 게시물이 게시된 사정을 구체적으로 인식하고 있었거나 그 게시물의 존재를 인식할 수 있었음이 외관상 명백히 드러나며, 또한 기술적, 경제적으로 그 게시물에 대한 관리·통제가 가능한 경우에는, 위 사업자에게 그 게시물을 삭제하고 향후 같은 인터넷 게시공간에 유사한 내용의 게시물이 게시되지 않도록 차단할 주의의무가 있고, 그 게시물 삭제 등의 처리를 위하여 필요한 상당한 기간이 지나도록 그 처리를 하지 아니함으로써 타인에게 손해가 발생된 경우에는 부작위에 의한 불법행위책임이 성립된다고 봄이 상당하다.

이와 같은 법리에 비추어 살펴보면, 이 사건에서 인터넷 종합 정보제공 사업자인 위 피고들이 원고와 망 소외인의 교제 및 망 소외인의 자살 경위에 관하여 인터넷에 공개된 게시물 내용에 대한 자세한 소개와 함께 원고의 신원노출을 수반하는 인터넷 이용자들의 과도한 비난 일색의 반응 등을 보도한 기사를 스스로 게재한 사정을 비롯하여 원심이 들고 있는 사정들에 의하면, 위 피고들은 자신들이 제공한 기사 댓글, 지식검색란에서의 답변들, 사적(私的) 인터넷 게시공간 등의 게시공간에 원고에 대한 명예훼손적 게시물들이 존재한다는 것을 인식할 수 있었음이 외관상 명백히 드러난다고 할 수 있으므로, 원고의 요청이 없더라도 불법성이 명백하고 기술적, 경제적으로 관리·통제가 가능하였던 위 명예훼손적 게시물들을 삭제하거나 그 검색을 차단할 의무가 있다는 이유로 위 피고들에게 불법행위책임을 인정한 원심판결은 수긍할 수 있고, 이를 다투는 취지의 상고이유의 주장은 이유 없다.

(중략)

4. 대법관 박시환, 대법관 김지형, 대법관 전수안의 별개의견은 다음과 같다.

가. 인터넷 종합 정보제공 사업자가 제공하는 인터넷 게시공간에 타인의 명예를 훼손하는 내용의 게시물이 게시된 경우 위 사업자가 그로 인한 손해배상책임을 부담하는지 여부 및 만약 손해배상책임을 부담하여야 한다면 어떠한 요

건 아래 책임을 인정할 것인가의 문제가 여기서 다룰 논점이다. 이에 관한 법리를 정함에 있어서는 다음과 같은 점들이 고려되어야 한다.

(1) 먼저, '인터넷', '인터넷 종합 정보서비스', 그리고 '그러한 서비스를 제공하는 인터넷 종합 정보제공 사업자'의 기능과 역할을 어떻게 이해할 것인가부터 짚어볼 필요가 있다.

인터넷은 기본적으로 대량의 의사소통을 위한 대중매체(大衆媒體, mass media)의 하나이다. 인터넷은 이른바 정보통신매체로서 종래의 인쇄매체, 영상매체, 전파매체 등과 대비하여 "진입장벽이 낮고, 표현의 쌍방향성이 보장되며, 그 이용에 적극적이고 계획적인 행동이 필요하다는 특성"을 지니고 있어, "오늘날 가장 거대하고 주요한 표현매체"로서 "가장 참여적인 (매체)시장", "표현촉진적인 매체"로 정의되고 있다(헌법재판소 2002.6.27. 선고 99헌마480 결정 참조).

(중략)

이처럼 인터넷은 지금까지의 어느 매체와도 비교할 수 없을 정도로 가장 완성된 형태의 참여적 대중매체이고, 인터넷의 이러한 기능은 인터넷 이용자가 인터넷상에서 자유롭게 활동하면서 의사소통의 시공간을 넓혀갈 수 있는 가상공간을 제공하는 인터넷 종합 정보제공 사업자가 있음으로써 더욱 고양될 수 있다. 따라서 만약 이러한 사업자에 대하여 그가 제공한 인터넷 게시공간에서의 표현행위와 관련하여 법적 규제의 폭을 넓혀간다면 위와 같이 '1인 매체' 역할을 하는 인터넷 이용자들의 표현행위가 규제받을 수밖에 없어 결국 간접적인 형태로 인터넷 이용자들의 표현의 자유를 위축시키는 이른바 냉각효과(chilling effect)를 불러일으킬 수 있다. 인터넷 종합 정보제공 사업자의 법적 책임에 관하여 보다 신중한 접근이 요구되는 것은 바로 그 때문이다.

그러나 다른 한편으로 인터넷상의 표현행위가 정당하고 건전한 의사소통을 위한 것이 아니라 그와는 거리가 먼 불법적인 명예훼손의 수단으로 악용될 경우에는 바로 위에서 본 인터넷의 특성 때문에 그러한 행위에 따른 피해는 매우 광범위하고 급속히 발생할 수 있어 피해자에 대한 권리구제의 실현도 동시에 강구될 필요가 있다. 인터넷 종합 정보제공 사업자는 단순한 정보운반자와는 달리 자신이 운영하는 정보제공 장소에 게재된 표현물에 대하여 직접적이고 신속한 통제를 가할 수 있는 위치에 있음에도 불구하고 표현의 자유 신장만을 염두에 두고 명예훼손 게시물로 인하여 발생한 손해에 대하여 아무런 책임도 물을 수 없다거나 그 책임의 범위를 지나치게 축소시키는 것은 명예라는 또 하나의 중대한 인격적 법익의 보호를 거의 포기하는 것이기 때문이다.

결국, 인터넷 종합 정보제공 사업자에 대한 법적 책임은 표현행위라는 법익의 보호와 개인의 명예라는 인격적 법익의 보호가 서로 상충할 경우 그 두 가지 법익의 조화를 찾는 관점에서 그 한계가 설정되어야 할 것이다.

(중략)

나. 위에서 본 여러 고려요소들을 종합하여 볼 때, 인터넷 종합 정보제공 사업자는 위에서 본 바와 같이 정보배포자로서 인터넷상의 각종 서비스를 통하여 일정한 게시공간을 제공하는 역할을 하면서 동시에 그 게시물에 대하여 직접적이고 신속한 통제를 가할 수 있는 위치에 있는 이상, 자신이 제공하는 인터넷 게시공간에서 명백히 불법적인 명예훼손의 표현행위가 행하여지고 있는 사실을 구체적으로 인식하였고 나아가 그 게시물에 대해 적절한 통제를 가하지 않을 경우 피해의 발생이나 확대를 피할 수 없는 명백하고 현존하는 위험이 있다고 인정될 때에는 피해자를 위하여 그 게시물에 대한 통제 수단으로서 그 게시물을 삭제 또는 차단하는 등의 조치를 취하여야 하고, 이를 위반하였을 때 비로소 그 법적 책임을 물을 수 있다고 봄이 상당하다 할 것이다.

그러므로 문제의 핵심은 인터넷 종합 정보제공 사업자에게 위와 같이 삭제·차단 등의 조치를 취할 의무(이하에서는 '삭제의무'라고만 한다)가 생기는 전제조건으로서 '그 사업자가 게시물의 불법성을 구체적으로 인식하였고 삭제 등의 조치를 취하지 않으면 안 될 명백하고 현존하는 위험이 있는 것으로 인정될 수 있는 때'라 함은 어떠한 경우를 말하는지, 명확성의 원칙에 부합하게 설정하는 것이 될 것이다.

결론부터 말하면, 인터넷 종합 정보제공 사업자의 명예훼손 게시물에 대한 삭제의무는 특별한 사정이 없는 한 위 사업자가 피해자로부터 명예훼손의 내용이 담긴 게시물을 '구체적·개별적으로 특정'하여 '삭제하여 달라는 요구'를 받았고, 나아가 그 게시물에 명예훼손의 불법성이 '현존'하는 것을 '명백'히 인식하였으며, 그러한 삭제 등의 조치를 하는 것이 '기술적·경제적으로 가능'한 경우로 제한하는 것이 합리적이고 타당하다고 본다.

(이하 생략)

(다수의견에 대한 대법관 김영란의 보충의견도 생략)

[판결 5]에 관하여 생각할 점

1. 인터넷서비스 이용자가 제3자의 명예를 훼손한 경우 ISP의 책임에 관한 종전 판결로서 대판 2001.9.7, 2001다36801과 대판 2003.6.27, 2002다72194를 읽어 보라. 앞의 판결에서는 ISP는 명예훼손사실을 현실적으로 알지 못하였더라도 이를 알 수 있었던 지위에 있었다면 책임을 부담한다는 입장을 취하면서 ISP의

책임을 인정하였다. 그런데 뒤의 판결에서는 홈페이지 운영자가 제공하는 게시판에 다른 사람에 의하여 제3자의 명예를 훼손하는 글이 게시되고 그 운영자가 이를 알았거나 알 수 있었다는 사정만으로 항상 운영자가 그 글을 즉시 삭제할 의무를 지게 된다고 할 수 없다고 하여 미묘한 입장의 변화를 보이면서 ISP의 책임을 부정하였다. 두 판결은 왜 각각 다른 결론에 이른 것일까? 한편 이 판결은 위 두 판결과 비교할 때 어떠한 태도의 변화를 보이고 있는가?

2. ISP의 책임 확장에 찬성하는 입장에서는 개인의 인격권 보호를 위하여는 ISP에 대한 책임추궁이 가장 효과적이라는 점, 그리고 인터넷상의 수많은 정보와 표현행위를 통하여 수익을 올리는 ISP가 이에 걸맞은 법적 책임을 져야 한다는 점에 주목한다. 반면 ISP의 책임확장에 반대하는 입장에서는 현실적으로 ISP가 숱하게 많은 명예훼손적 표현들을 심사하여 필요한 조치를 취하는 것은 가능하지도 않을 뿐만 아니라 표현의 자유를 위축시킨다는 면에서 바람직하지도 않다고 주장한다. ISP에게는 어느 정도의 주의의무를 부과하는 것이 바람직한 것일까?

3. 이 판결에서는 크게 ① 인터넷 포털이 언론매체의 뉴스기사를 선별하여 게시한 부분과 ② 포털 이용자가 댓글 등을 게시한 부분에 대해서 ISP가 각각 어떤 책임을 부담하는지가 문제 되었다. 그중 첫 번째 문제에 대해서는 "인터넷 종합 정보제공 사업자가 보도매체가 작성·보관하는 기사에 대한 인터넷 이용자의 검색·접근에 관한 창구 역할을 넘어서서, 보도매체로부터 기사를 전송받아 자신의 자료저장 컴퓨터 설비에 보관하면서 스스로 그 기사 가운데 일부를 선별하여 자신이 직접 관리하는 뉴스 게시공간에 게재하였고 그 게재된 기사가 타인의 명예를 훼손하는 내용을 담고 있다면, 이는 단순히 보도매체의 기사에 대한 검색·접근 기능을 제공하는 경우와는 달리 인터넷 종합 정보제공 사업자가 보도매체의 특정한 명예훼손적 기사 내용을 인식하고 이를 적극적으로 선택하여 전파한 행위에 해당하므로, 달리 특별한 사정이 없는 이상 위 사업자는 명예훼손적 기사를 보도한 보도매체와 마찬가지로 그로 인하여 명예가 훼손된 피해자에 대하여 불법행위로 인한 손해배상책임을 진다."라고 판시하고 있다. 이 부분은 다수의견과 반대의견이 대립하지 않고 있어 위에서 생략하였다. 한편 두 번째 문제에 대해서는 위에서 보는 바와 같이 그 책임범위에 관한 다수의견과 반대의견이 대립하고 있다. 위의 두 가지 문제는 어떻게 다른가?

4. 인터넷상 인격권 보호를 위하여 사후적인 책임추궁보다는 사전적인 예방이 훨씬 요긴하다. 그렇다면 어떠한 예방조치를 생각해볼 수 있을까? 가령 인터넷 실명제는 어떠한가? 또한 직접 침해자에 대한 강력한 형사처벌은 어떠한가? 이러한 제도적인 접근은 민사구제시스템과 어떠한 연관성을 가지는가?

5. 인격권이 아닌 저작권 침해에 대한 ISP의 책임이 문제되는 경우도 빈번하다. 침해되는 권리가 인격권인 경우와 저작권인 경우에 ISP의 책임은 어떻게 달라지는가? 이에 관해서는 저작권법 제103조 및 대판 2019.2.28, 2016다271608을 읽어보라.

제5장

자동차손해배상책임, 의료과오책임

I. 자동차손해배상책임

1. 자동차손해배상 보장법

운전자가 고의 또는 과실로 자동차 사고를 야기하여 타인에게 손해를 입혔다면 그 운전자는 민법 제750조에 따라 불법행위책임을 부담한다. 그런데 현대사회에 있어서 자동차의 위험성과 자동차사고의 빈발성을 감안하면 운전자의 고의나 과실을 요구하는 전통적인 불법행위 법리만으로는 피해자를 충분히 보호하기 어렵다. 따라서 자동차사고에 관하여는 전통적인 과실책임주의를 넘어서서 자동차보유자에게 일종의 위험책임을 부과하는 것이 국제적인 경향이다.

이러한 견지에서 우리나라는 자동차손해배상 보장법(이하 "자배법")을 제정, 시행하고 있다. 본래 불법행위법리에 따르면 불법행위책임은 고의 또는 과실로 가해행위를 한 실제 운전자가 부담해야 마땅하다. 그런데 자배법은 여기에서 더 나아가 운행이라는 상위개념을 설정한 뒤 일반적으로 운전자보다 더 큰 자력을 가지는 운행자에게 귀책사유 유무를 불문하고 배상책임을 부과함으로써 그 책임범위를 넓히고 있다(자배 제3조). 또한 더욱 확실한 손해배상이 이루어질 수 있도록 자동차보유자의 책임보험 내지 책임공제가입을 의무화하고 있다(자배 제5조). 이를 통해 피해자의 보호는 강화되고, 운행자가 부담하는 위험은 보험의 형태로 분산된다.

자배법은 민법의 특별법으로 민법에 우선하여 적용되므로,[1] 대부분의 자

---

1) 법원은 당사자가 자배법의 적용을 주장하지 않더라도 직권으로 민법에 우선하여 자배법

동차사고는 자배법의 문제로 귀착된다.[2] 그러므로 자동차사고에 관한 민사법리는 자배법을 중심으로 형성되어 왔다. 자동차사고의 다발성만큼이나 자배법과 관련된 재판례도 풍부하게 축적되어 있다.

2. 손해배상책임주체 — 운행자

(1) 자배법은 "자기를 위하여 자동차를 운행하는 자", 즉 운행자가 배상책임의 주체라고 규정한다(제3조). 여기에서의 운행자는 운전자[3]나 자동차보유자[4]와는 구별되는 개념이다. 운행자는 자배법의 핵심적인 개념이지만 자배법은 이에 관하여 형식적인 정의규정만 두고 있어 구체적으로 누가 운행자에 해당하는지는 해석론에 맡겨져 있다.

판례에 따르면 운행자는 자동차에 대한 운행을 지배하여 그 이익을 향수하는 책임주체로서의 지위에 있는 자이다.[5] 즉 판례는 운행지배[6]와 운행이익[7]의 두 가지 요소를 기준으로 운행자성을 판단하는 입장을 취한다. 자동차보유자는 통상 운행지배와 운행이익을 가지므로 원칙적으로 운행자로서의 지위를 가진다.[8] 한편 무단운전자나 절취운전자처럼 자동차를 사용할 정당한 권리가 없는 자도 운행지배와 운행이익이 인정되면 운행자가 될 여지가 있다. 이러한

을 적용해야 한다. 대판 1997.11.28, 95다29390.

2) 다만 자배법의 요건이 충족되지 않더라도 민법상 요건이 충족되는 경우라면 민법상 불법행위청구도 가능하다. 대판 2001.6.29, 2001다23201 등.

3) 자배법상 운전자는 다른 사람을 위하여 자동차를 운전하거나 그 보조에 종사하는 자이다(자배 제2조 제4호). 따라서 자기를 위하여 자기 소유 자동차를 운전하는 사람은 운행자이지만 자배법상 운전자는 아니다. 이처럼 자배법상 운전자는 일반적으로 통용되는 운전자의 개념과 다르다는 점에 유의한다.

4) 이는 자동차의 소유자보다 넓은 개념이다. 자배법 제2조 제3호에 따르면 자동차보유자는 자동차의 소유자나 자동차를 사용할 권리가 있는 자로서 자기를 위하여 자동차를 운행하는 자를 말한다.

5) 대판 1998.10.27, 98다36382; 대판 2004.4.28, 2004다10633 등.

6) 운행지배는 본래 현실적인 지배를 의미하는 것이지만, 대법원은 사회통념상 간접지배 내지 지배가능성도 여기에 포함시키고 있다(대판 1994.9.23, 94다21672 등). 이러한 지배개념의 규범화는 운행자의 인정범위를 넓히려는 동기에서 비롯된 것이다.

7) 여기에서의 운행이익은 운행으로부터 직접 얻어지는 경제적 이익 이외에도 간접적인 의미의 경제적 이익과 정신적 만족감 등 정신적 이익까지 포함하는 넓은 개념이다. 따라서 타인에게 무상으로 자동차를 빌려준 경우 그 타인은 직접적인 경제적 이익을 누리지만 빌려준 사람도 정신적 만족감의 형태로 운행이익을 누린다고 본다.

8) 대판 1999.4.23, 98다61395 등.

의미에서 운행자는 자동차보유자보다 넓은 개념이다. 결국 운행자는 일단 누가 자동차보유자인가에 따라 결정되는 것이 원칙이지만, 다른 특별한 사정이 있어 누가 운행자인지 판명하기 어렵다면 위험책임(누가 운행으로 인한 위험을 지배하는가의 관점)과 보상책임(누가 운행으로 인한 이익을 향유하는가의 관점)의 이념을 고려하여 누구에게 손해배상책임을 귀속시키는 것이 타당한가 하는 관점에서 운행자를 결정한다. 이에 관한 주요 판례의 내용은 다음과 같다.

(2) 자동차를 도난당한 경우에는 절취운전자가 전적으로 운행지배와 운행이익을 가지므로 그가 운행자가 되고 자동차보유자인 피해자는 운행자의 지위를 상실하는 것이 원칙이다.[9] 가령 제3자가 불법으로 가해차량을 시동시켜 운행하다가 사고를 일으킨 절취운전에 있어서는 자동차보유자의 운행자성이 부정된다.[10] 한편 무단운전에서는 자동차의 운전 및 관리상황, 특히 무단운전자와 자동차보유자의 관계 및 자동차보유자의 열쇠 관리상태를 고려하여 운행자를 결정한다. 절취운전도 넓은 의미의 무단운전에 포함되지만, 여기에서의 무단운전은 자동차보유자와 일정한 인적 관계를 가지는 자가 자동차보유자의 사전승낙없이 자동차를 운전하는 경우를 일컫는다. 무단운전에 관하여는 아래의 〔판결 1〕을 참고하라.

(3) 자동차보유자가 차량의 수리, 세차, 주차 등을 위하여 수리업자, 세차업자, 주차장업자 등에게 차량을 맡긴 경우에는 특별한 사정이 없는 한 해당 기간 동안 그는 운행자가 아니다.[11] 반면 대리운전에 있어서 자동차보유자는 여전히 제3자와의 관계에서 운행자의 지위에 머무른다.[12]

---

9) 대판 2001.4.24, 2001다3788. 다만 이에 대한 예외를 인정할 수 있음에 유의한다. 대판 1980.2.12, 79다2149; 대판 1987.4.28, 86다카667 참조.
10) 대판 1978.6.13, 78다628.
11) 대판 1976.10.26, 76다517; 대판 1979.9.11, 79다1279; 대판 1988.10.25, 86다카2516; 대판 1990.4.13, 89다카29136 등. 다만 구체적인 사실관계에 따라서는 소유자도 운행자의 지위를 함께 가질 수 있다. 가령 자동차의 수리업자가 수리완료 여부를 확인하고자 시운전을 하면서 동시에 수리의뢰자의 요청에 따라 수리의뢰자 등이 거주할 방을 알아보고자 운행한 경우 자동차 소유자와 수리업자의 공동운행지배와 운행이익을 인정한 대판 2002. 12.10, 2002다53193.
12) 대판 1994.4.15, 94다5502. 물론 이 경우에도 대리운전업체와 자동차보유자 사이의 내부 관계에서는 대리운전업체가 소유자로부터 대리운전을 의뢰받아 이를 수락하고 자동차를 인도받음으로써 그 자동차의 운전과 이로 인한 위험을 전면적으로 인수한 것이므로, 차주는 대리운전업체를 상대로 최종적인 책임을 물을 수 있다. 대판 2005.9.29, 2005다

(4) 한편 하나의 자동차에 대하여 둘 이상의 공동운행자가 존재할 수 있다. 차량의 공유자, 임대인과 임차인,[13] 지입차량에 있어서 지입회사와 지입차주,[14] 대리운전에 있어서 자동차보유자와 대리운전업체[15] 등이 그 예이다. 공동운행자와 관련하여 중요한 점은 ① 공동운행자와 피해자의 관계, ② 공동운행자 상호 간의 관계를 구분하여 살펴야 한다는 것이다. 우선 공동운행자는 피해자에 대하여 모두 자배법상 운행자의 지위에 서게 되므로, 운행자로서의 부진정연대책임을 부담한다. 따라서 피해자는 공동운행자 중 1인을 상대로 전체 손해의 배상을 구할 수 있다. 한편 공동운행자 일부에 의하여 손해배상이 이루어졌다면 공동운행자 상호 간에는 부담부분에 따라 구상권을 행사할 수 있다. 그뿐만 아니라 공동운행자의 상호관계나 운행지배의 정도, 태양 등을 비교 교량하여 어느 한쪽의 주도성이 두드러지는 경우에는 한쪽이 피해자의 지위에서 다른 한쪽을 운행자로 하여 자배법상 책임을 물을 수도 있다.[16] 이에 관한 자세한 내용은 후술한다.

아래에서는 운행자인지 여부가 문제되었던 몇 가지 유형의 판례들을 살펴본다.

[판결 1] 무단운전과 운행자의 결정: 대판 1999.4.23, 98다61395

1. 자동차의 소유자는 비록 제3자가 무단히 그 자동차를 운전하다가 사고를 내었다고 하더라도, 그 운행에 있어 소유자의 운행지배와 운행이익이 완전히 상실되었다고 볼 특별한 사정이 없는 경우에는 그 사고에 대하여 자동차손해배상보장법 제3조 소정의 운행자로서의 책임을 부담하고, 그 운행지배와 운행이익의 상실 여부는 평소의 자동차나 그 열쇠의 보관 및 관리상태, 소유자의 의사와 관계없이 운행이 가능하게 된 경위, 소유자와 운전자의 인적 관계, 운전자의 차

25755 참조.

13) 대판 1993.6.8, 92다27782; 대판 2001.1.19, 2000다12532 등. 렌터카 회사와 렌터카를 빌린 여행객도 마찬가지이다.

14) 대판 1993.4.23, 93다1879. 「지입」은 일종의 중기 내지 자동차 명의대여계약으로서, 시설기준 등의 요건 때문에 관청의 사업허가를 받지 못한 개인이 그 허가를 받은 회사에 자신 소유의 중기 내지 자동차의 명의를 신탁하되 내부적으로는 자신의 계산으로 개인사업을 운영하는 수단으로 활용되어 왔다.

15) 대판 2009.5.28, 2007다87221.

16) 대판 2000.10.6, 2000다32840.

량 반환의사의 유무, 무단운행 후 소유자의 사후승낙 가능성, 무단운전에 대한 피해자의 인식 유무 등 객관적이고 외형적인 여러 사정을 사회통념에 따라 종합적으로 평가하여 이를 판단하여야 하고, 특히 피해자가 무단운전자의 차량에 동승한 자인 경우에는 그가 무단운행의 정을 알았는지의 여부가 자동차 소유자의 운행지배 내지 운행이익의 상실 여부를 판단하는 중요한 요소가 되는 것이지만, 피해자인 동승자가 무단운행에 가담하였다거나 무단운행의 정을 알고 있었다고 하더라도, 그 운행 경위나 운행 목적에 비추어 당해 무단운행이 사회통념상 있을 수 있는 일이라고 선해할 만한 사정이 있거나, 그 무단운행이 운전자의 평소 업무와 사실상 밀접하게 관련된 것이어서 소유자의 사후승낙 가능성을 전적으로 배제할 수 없는 사정이 있는 경우에는 소유자가 운행지배와 운행이익을 완전히 상실하였다고 볼 수 없을 것이다(대법원 1998.7.10. 선고 98다1072 판결, 1997.7.8. 선고 97다15685 판결 등 참조).

원심은, 이 사건 사고 당시 사고차량을 운전한 소외 1은 당시 18세로 차량 소유자인 소외 2의 외사촌 동생인데, 이 사건 사고 전부터 소외 2와 같이 살면서 소외 2가 경영하는 카센터에서 심부름 등을 하여 주고 정비기술을 배우고 있었던 사실, 소외 2는 이 사건 사고차량을 운전하지 않을 때에는 그 열쇠를 거실 탁자 위에 보관하여 왔는데, 이 사건 사고 전날 소외 1은 평소와 같이 거실 탁자 위에 놓여 있던 소외 2 소유 차량의 열쇠를 발견하고는 그 열쇠를 가지고 밖으로 나와, 위 카센터 옆에 있는 음식점의 종업원으로 평소 가깝게 지내던 소외 3에게 연락하여 만난 다음 소외 3을 사고차량의 운전석 옆자리에 태우고 운전을 하던 중 서로 손장난을 하다가 운전대를 잘못 조작하는 바람에 이 사건 사고가 발생하여 이희영이 사망한 사실을 인정한 후, 운전자인 소외 1과 차량 소유자인 소외 2와의 관계, 소외 1의 직업과 연령, 평소 소외 2의 차량과 열쇠의 보관 및 관리상태, 무단운행의 목적과 무단운행에 이르게 된 경위 및 무단운행에 걸린 시간 등 제반 사정을 참작하면 피해자인 소외 3에 대한 관계에서 사고차량의 소유자인 소외 2는 운행지배나 운행이익을 전적으로 상실하였다고 단정할 수 없다고 판단하였는바, 기록과 위에서 본 법리에 비추어 보면, 원심의 위 인정과 판단은 정당하고, 거기에 피고가 주장하는 바와 같은 자동차손해배상보장법상의 운행자에 관한 법리오해, 채증법칙 위반으로 인한 사실오인 등의 위법이 있음을 찾아 볼 수 없다.

(이하 생략)

[판결 1]에 관하여 생각할 점

1. 자동차보유자와 아무런 인적 관계가 없는 제3자가 차량을 절취하여 운전하다가 사고를 야기하였다면, 원칙적으로 절취시로부터 자동차보유자의 운행지배와 운행이익은 종료된다(대판 2001.4.24, 2001다3788 등). 반면 자동차보유자와 일정한 인적 관계가 있는 제3자가 자동차보유자의 승낙없이 운전하다가 사고를 야기한 경우에는 운행지배와 운행이익이 잔존하는지를 사안별로 각각 검토해야 한다. 이때 주로 고려할 요소들은 위 판결에 열거되어 있다. 일반적으로 인적 관계가 가까울수록, 또한 자동차나 열쇠의 보관 및 관리상태가 허술할수록 운행자성이 인정될 가능성이 높아진다. 위 사안에서 법원은 어떤 요소들을 어떻게 고려하여 결론에 이르렀는가?

2. 위 판결에서는 "피해자가 무단운전자의 차량에 동승한 자인 경우에는 그가 무단운행의 정을 알았는지의 여부가 자동차 소유자의 운행지배 내지 운행이익의 상실 여부를 판단하는 중요한 요소가 되는 것"이라고 판시한다. 피해자의 인식 유무가 왜 운행지배와 운행이익의 판단에 영향을 미치는가? 운행지배와 운행이익은 자동차보유자와 무단운전자의 상호관계에서 결정되는 것이 아닌가? 오히려 이는 배상액 산정에서 고려할 요소가 아닌가?

3. 무단운전자도 자동차보유자와 별도로 책임을 부담하는가? 그렇다면 양 책임의 관계는 어떠한가?

[판결 2] 명의잔존과 운행자의 결정: 대판 1980.6.10, 80다591

　　　　원심판결 이유에 의하면, 원심은 그 거시증거에 의하여, 피고는 1978. 12. 5 소외 1에게 피고명의로 등록된 이 사건 자동차를 포함한 3대의 자동차를 금 990,000원에 매도하여, 그날 계약금으로 금 600,000원을 수령함과 동시에 이 사건 자동차를 검사증과 함께 인도하였으며, 잔금 390,000원은 같은 해 12월말까지 자동차등록명의 이전서류와 상환으로 지급받기로 약정하였는데, 소외 1로부터 이 사건 자동차의 전매를 의뢰받은 소외 2는 같은 날 소외 3에게 금 550,000원에 매도하여, 그날 계약금 300,000원을 수령함과 동시에 이 사건 자동차를 위 소외 3에게 인도하고, 잔금 250,000원은 같은 해 12. 20 자동차등록명의 이전서류와 상환으로 지급받기로 약정한 사실과, 소외 3의 피용인인 소외 4가 1978. 12. 8 이 사건 자동차를 운전하다가 원고 1, 2, 3을 부상케 한 사실을 확정한 다음, 그렇다면 피고가 이 사건 사고 당시에 이 사건 자동차를 위 소외

2에게 매도하고 계약금 수령과 동시에 자동차 및 검사증을 인도하였다고 하더라도, 아직 잔대금을 받지 못하고, 자동차등록명의 이전서류도 교부하지 아니한 상태에 있었으므로, 비록 전전 매수한 위 소외 3의 피용인이 이 사건 자동차를 운전하였다고 하더라도, 이 사건 자동차가 피고의 지배를 완전히 벗어났다고는 할 수 없으니, 피고는 이 사건 사고로 인하여 원고들이 입은 손해를 자동차손해배상보장법 제3조의 규정에 따라 배상할 책임이 있다는 취지로 판단하였음이 분명한 바, 기록에 의하여 살펴보니, 원심의 그와 같은 판단은 수긍이 가고, 거기에 피고가 주장하는 바와 같은 채증법칙을 어긴 잘못이 있거나, 자동차손해배상보장법 제3조의 법리를 오해한 허물이 있다고 할 수 없다.

[판결 2]에 관하여 생각할 점

1. 자동차의 소유권을 이전하려면 부동산과 마찬가지로 그 등록명의의 이전이 필요하다. 그런데 자동차매매계약에 따라 자동차를 인도하였지만 등록명의는 이전하지 않은 상태에서 매수인이 자동차를 운행하던 중 사고를 야기할 수 있다. 이에 관하여 판례는 매매대금의 지급 여부와 이전등록서류의 교부 여부를 중요한 고려요소로 삼고 있다. 위 판결이 판시하듯이 매매대금의 지급과 이전등록서류의 교부가 모두 이루어지지 않았다면 매도인은 여전히 운행자로 인정될 가능성이 높다. 반면 매수인이 매도인에게 매매대금을 모두 지급하고, 매도인은 이에 대응하여 매수인에게 이전등록서류까지 교부하였다면 매도인으로서는 더 이상 자동차에 대한 운행지배와 운행이익을 가지지 않아 운행자로 인정되기 어렵다(대판 1992.4.14, 91다41866 등). 한편 둘 중 하나만 이루어진 경우 판례는 사안의 개별적 사정들을 고려하여 운행자성을 판단한다(대판 1994.2.22, 93다37052; 대판 1995.1.12, 94다38212 등).

2. 위 판결에서는 매도인이 잔대금을 받지 못하고, 이전등록서류를 교부하지 않았으므로 이 사건 자동차가 피고의 지배를 완전히 벗어났다고 할 수 없다고 한 원심의 판단을 수긍하였다. 자동차가 실제로 매수인에게 인도되어 더 이상 자동차를 현실적으로 지배하거나 그 사용으로부터 이익을 얻지 못하는데도 여전히 매도인의 운행자성을 인정하는 이유는 무엇일까?

3. 자동차 할부판매에서 매수인이 할부대금을 모두 지급할 때까지 자동차 회사가 소유권을 유보하는 경우가 많다. 그렇다면 매수인이 할부대금을 모두 지급할 때까지는 자동차 회사도 매수인의 자동차 사고에 대한 운행자책임을 부담하는

가? 이에 관하여는 대판 1990.11.13, 90다카25413을 참조하라.

3. 운행으로 인한 타인의 사상(死傷)

자배법상 손해배상책임이 발생하려면 자동차의 운행으로 인하여 다른 사람을 사망하게 하거나 부상하게 하였어야 한다(자배 제3조). 「자동차」는 자동차관리법의 적용을 받는 자동차와 건설기계관리법의 적용을 받는 건설기계 중 대통령령으로 정하는 것을 말한다(자배 제2조 제1호). 「운행」은 사람 또는 물건의 운송 여부와 관계없이 자동차를 그 용법에 따라 사용하거나 관리하는 것을 말한다(자배 제2조 제2호). 「다른 사람」은 운행자, 사고자동차의 운전자를 제외한 그 밖의 자를 말한다. 한편 자배법상 책임은 「사망 또는 부상」에만 적용되므로 물적 손해는 자배법이 아닌 민법에 따라 해결한다. 단 자배법 제5조 제2항은 물적 손해에 대하여도 보험가입을 의무화하고 있으므로, 실제로는 대부분 보험금청구로 해결된다. 한편 사망 또는 부상의 결과는 자동차의 운행과의 사이에 인과관계가 있어야 한다. 피해자에게 기왕증이 있었던 경우,[17] 사고 후 피해자가 자살하는 등 피해자의 행위가 개입된 경우,[18] 교통사고가 의료사고와 경합된 경우[19] 등에 있어서 인과관계가 문제된다.

[판결 3] 운행의 개념: 대판 2004.7.9, 2004다20340, 20357

1. 원심법원의 사실인정 및 판단

가. 원심은 그 채용 증거들에 의하여 다음과 같은 사실을 인정하고 있다.

(1) 원고(반소피고, 이하 '원고'라고만 한다)는 2000. 10.경 사회복지법인 대한구급환자이송단(이하 '소외 법인'이라고 한다)과 사이에, 2000. 10. 2. 24:00~2001. 10. 2. 24:00의 기간 동안 소외 법인이 그 소유의 서울 73다2762호 환자수송용 구급차(이하 '이 사건 구급차'라고 한다)를 소유·사용·관리하는 동안에 생긴 이 사건 구급차의 사고로 인하여 남을 죽게 하거나 다치게 하여 자동차손해배상보장법 또는 기타 법률상 손해배상책임을 짐으로써 입은 손해를 원고가 보상하여 주기로 하는 내용의 자동차책임보험 및 종합보험계약(이하 '이 사건 보험계약'이라고 한다)을 체결하고, 소외 법인으로부터 소정의 보험료를 지급받았다.

---

17) 대판 1996.9.10, 94다59677 등.
18) 대판 1999.7.13, 99다19957 등.
19) 대판 2000.9.8, 99다48245 등.

(2) 피고(반소원고, 이하 '피고'라고만 한다)는 1998. 3.경 경막하출혈로 서울중앙병원에서 수술을 받은 후 2000. 7.경부터 서울 강남구 삼성동 소재 광동한방병원에서 입원치료를 받고 2000. 11. 9. 자택으로 갔다가 같은 달 11. ○○○가 운전하는 이 사건 구급차를 타고 위 광동한방병원으로 되돌아오게 되었다.

(3) ○○○는 같은 날 10:15경 위 병원 주차장에 도착하여 이 사건 구급차에 실려 있던 들것(이하 '이 사건 들것'이라고 한다)을 이용하여 피고를 위 차에서 내리게 되었는데, 위 들것은 소위 자동들것으로서 뒤쪽(환자 다리방향) 2개의 다리는 일정한 힘이 가해지면 모두 꺾이고 그 끝에 달려 있는 바퀴가 방향전환이 되는 것이며, 앞쪽(환자 머리방향) 2개의 다리 역시 일정한 힘이 가해지면 모두 꺾이기는 하나 그 끝에 달려 있는 바퀴는 방향전환이 되지 않는 것이었는바, 당시 ○○○는 피고가 누워 있는 들것을 뒤쪽부터 위 차에서 빼내어 들것의 앞뒤쪽 다리가 모두 펴져 지면에 닿게 되자 오른편으로 방향을 바꾸면서 들것을 끌려고 하던 중 들것의 앞쪽 오른편 부분을 잡고 있던 간병인 △△△과의 사이에 협력이 제대로 이루어지지 않아 들것의 앞쪽 다리가 꺾이게 됨으로써 들것에 누워 있던 피고로 하여금 땅에 떨어져 뇌출혈 등의 상해를 입게 하였다(이하 '이 사건 사고'라고 한다).

나. 원심은 당사자들의 주장에 대하여 다음과 같이 판단하고, 원고의 본소 청구를 인용하는 한편, 피고의 반소청구를 모두 기각하였다.

(1) 당사자들의 주장

원고는, 이 사건 사고가 이 사건 구급차의 운행 또는 소유·사용·관리로 인하여 발생한 것이 아니므로 이 사건 보험계약에 따른 손해배상채무가 없다고 주장하면서 본소로써 그 손해배상채무의 부존재확인을 구하였다.

이에 대하여 피고는, 이 사건 구급차의 고유의 장치인 이 사건 들것을 사용하는 과정에서 이 사건 사고가 발생하였으므로 소외 법인은 이 사건 구급차의 운행자로서 자동차손해배상보장법상의 책임을 지거나 또는 불법행위자인 ○○○의 사용자로서 민법상의 책임을 지는 경우에 해당하여 원고에게는 이 사건 보험계약에 따른 손해배상채무가 있다고 주장함과 아울러 보험자에 대한 직접청구권에 기하여 반소로써 원고에게 위 사고로 인하여 자신이 입은 손해의 배상을 구하였다.

(2) 원심의 판단

(가) 자동차손해배상보장법상의 책임에 대한 부분

자동차손해배상보장법 제3조 본문 및 제2조 제2호에 의하면, 자기를 위하여 자동차를 운행하는 자는 그 운행으로 인하여 다른 사람을 사망하게 하거나 부상하게 한 때에는 그 손해를 배상할 책임을 지고, 그 '운행'이라 함은 사람 또는 물건의 운송 여부에 관계없이 자동차를 그 용법에 따라 사용 또는 관리하는 것을 말한다고 규정되어 있는바, 여기서 '자동차를 그 용법에 따라 사용'한다는 것은 운전자나 동승자 및 화물과 구별되는, 자동차의 용도에 따라 계속적으로 고정되어 있는 장치로서 자동차의 구조상 설비되어 있는 당해 자동차의 고유의 장치 전부 또는 일부를 각각의 사용목적에 따라 사용하는 것을 말한다.

이 사건에 관하여 살펴건대, 이 사건 구급차에 있어서 이 사건 들것은, 구급차가 환자를 실어 나르는 과정에서 환자를 집, 병원, 사고장소 등 그가 있던 곳에서 차로 옮겨오거나 차에서 다시 병원 등 다른 곳으로 옮겨가는 데 사용하기 위하여 항상 구비되어 있는 보조장비이기는 하나, 그것이 구급차에 '계속적으로 고정되어' 있는 장치로서 자동차의 '구조상' 설비되어 있는 장치라고 보기는 어려우므로, 이 사건 사고는 이 사건 구급차의 운행으로 인하여 발생한 사고라고 할 수 없어서, 이 사건 구급차에 대한 보험자인 원고에게 자동차손해배상보장법상의 책임이 있다고 할 수 없다.

(나) 민법상 사용자책임에 관한 부분

이 사건 사고는 ○○○의 과실로 인하여 발생한 것임을 알 수 있으므로 ○○○와 그 사용자인 소외 법인은 피고에 대하여 민법상 불법행위로 인한 손해배상책임을 부담한다 할 것이다. 그러나 이 사건 구급차에 대한 보험자인 원고는 이 사건 구급차의 소유·사용·관리 동안에 생긴 이 사건 구급차의 사고로 인하여 발생한 손해에 대해서만 배상책임을 인수한 것인바, 이 사건 사고는 이 사건 구급차에 갖추어진 보조장비인 들것을 사용하던 중의 과실로 인하여 발생한 것으로서 위 들것이 이 사건 구급차의 고유장치에 해당하지 아니함은 앞서 본 바와 같으므로, 이를 이 사건 구급차의 소유·사용·관리 동안에 생긴 이 사건 구급차의 사고라고 할 수 없는 것인즉, 원고로서는 피고에 대하여 이 사건 보험계약에 따른 손해배상채무를 부담하지 않는다고 할 것이다.

2. 이 법원의 판단

자동차손해배상보장법 제3조 본문 및 제2조 제2호에 의하면, 자기를 위하여 자동차를 운행하는 자는 그 운행으로 인하여 다른 사람을 사망하게 하거나 부상하게 한 때에는 그 손해를 배상할 책임을 지고, 그 '운행'이라 함은 사람 또는 물건의 운송 여부에 관계없이 자동차를 그 용법에 따라 사용 또는 관리하는 것을 말한다고 규정되어 있는바, 여기서 '자동차를 그 용법에 따라 사용한다.'는 것은 자동차의 용도에 따라 그 구조상 설비되어 있는 각종의 장치를 각각의 장치목적에 따라 사용하는 것을 말하는 것으로서, 자동차가 반드시 주행 상태에 있지 않더라도 주행의 전후단계로서 주·정차 상태에서 문을 열고 닫는 등 각종 부수적인 장치를 사용하는 것도 포함하는 것이다(대법원 1988.9.27. 선고 86다카2270 판결, 1999.11.12. 선고 98다30834 판결, 2003.12.26. 선고 2003다21865 판결 등 참조). 한편, 자동차의 용도에 따라 그 구조상 설비되어 있는 각종의 장치는 원칙적으로 당해 자동차에 계속적으로 고정되어 사용되는 것이지만 당해 자동차에서 분리하여야만 그 장치의 사용목적에 따른 사용이 가능한 경우에는, 그 장치가 평상시 당해 자동차에 고정되어 있는 것으로서 그 사용이 장치목적에 따른 것이고 당해 자동차의 운행목적을 달성하기 위한 필수적인 요소이며 시간적·공간적으로 당해 자동차의 사용에 밀접하게 관련된 것이라면 그 장치를 자동차에서 분리하여 사용하더라도 자동차를 그 용법에 따라 사용하는 것으로 볼 수 있다 할 것이다.

이와 같은 법리에 비추어 이 사건 기록을 살펴보면, 원심이 이 사건 사고를 이 사건 구급차의 운행으로 인하여 발생한 것이 아니라고 판단한 조치는 다음과 같은 이유로 수긍할 수 없다.

응급의료에관한법률의 위임에 따라 제정된 '구급차의기준및응급환자이송업의시설등기준에관한규칙(1995.7.31. 보건복지부령 제9호, 건설교통부령 제25호, 이하 '규칙'이라고만 한다)' 제6조 [별표 2]에 의하면, 구급차에 갖추어야 할 장치로 '간이침대(Main Stretcher) 1식'과 '보조들것(Sub-Stretcher) 1식'을 규정하면서 '간이침대'는 평상시에 차량에 부착하고, '보조들것'은 평상시에 접어서 한쪽 편에 부착하여 보관하는 것으로 설치기준을 정하고 있는바, 이 사건 기록에 의하면, ○○○가 피고를 후송할 때 사용한 이 사건 들것은 위 규칙의 '간이침대'로 보이므로(기록 14~15면, 216~217면에 첨부된 사진 참조), 사실이 이와 같다면 이 사건 들것은 이 사건 구급차의 용도에 따라 그 구조상 설비되어 있는 장치에 해당한다고 볼 것이다.

또한, 이 사건 들것과 같이 구급차에 장치되는 '간이침대'는 환자후송시 차량에 견고하게 부착된 상태에서 그 위에 누워 있는 환자를 따로 고정하여 환자를 안전하게 후송하기 위한 목적(위 규칙 [별표 2]에 따르면 간이침대는 차량에서 분리 가능하되 견고하게 부착할 수 있는 부속장치가 있어야 하고, 시트에는 가슴, 엉덩이, 발목 등 3개 이상의 부위를 고정시킬 수 있는 너비 5㎝ 이상의 띠에 의한 환자고정장치가 설치되어야 한다.)과 아울러 보행이 불가능한 환자를 위 간이침대에 누워 있는 상태에서 그대로 승하차시키기 위한 목적을 가지고 있다 할 것인바, 원심이 그 채용 증거들에 의하여 적법하게 인정하고 있는 바와 같이 이 사건 사고는 ○○○가 병원 입구에서 보행이 불가능한 피고를 이 사건 들것(간이침대)에 누워있는 상태에서 그대로 구급차에서 내리기 위하여 이 사건 들것을 차 밖으로 빼내어 들것 밑에 달려 있는 접이식 다리가 모두 펴진 직후 방향전환을 하는 과정에서 들것을 잘못 조작하여 들것의 앞쪽 다리가 꺾이게 되어 피고가 땅에 떨어지게 됨으로써 발생한 것이므로, 이 사건 사고는 이 사건 들것을 그 장치목적인 하차작업에 사용하던 도중에 발생한 것으로 볼 것이다.

이와 같이 이 사건 들것은 평상시 이 사건 구급차에 고정되어 있는 것으로서 이 사건 당시 ○○○는 이 사건 들것을 그 장치목적에 따라 사용하고 있었고, 구급차에 들것을 장치하여 환자를 들것에 뉘어 후송하고 승하차시키는 것은 구급차의 사용목적을 달성하기 위한 필수적인 요소라 할 것이며, 이 사건 사고는 병원에 도착한 직후 이 사건 구급차에서 환자를 하차시키던 도중에 발생하여 시간적·공간적으로 이 사건 구급차의 사용과 밀접한 관계에 있었다고 볼 수 있으므로, 이 사건 들것이 이 사건 사고 당시 이 사건 구급차에서 분리되어 사용되었더라도 이는 자동차를 그 용법에 따라 사용한 것으로서 자동차손해배상보장법 제2조 제2호 소정의 운행에 해당한다고 할 것이고, 따라서 이 사건 사고는 이 사건 구급차의 운행으로 인하여 발생한 사고에 해당한다 할 것이다.

사정이 이와 같음에도 불구하고, 원심은 이 사건 들것이 구급차에 계속적으로 고정되어 있는 장치로서 자동차의 구조상 설비되어 있는 장치라고 볼 수 없다는 이유로 이 사건 사고가 자동차의 운행으로 인하여 발생한 사고가 아니라고 판단하였으니 이러한 원심판결에는 자동차손해배상보장법 제2조 제2호, 제3조 본문 소정의 '자동차의 운행으로 인하여'의 해석에 관한 법리오해의 위법이 있다 할 것이다.

[판결 3]에 관하여 생각할 점

1. 대법원의 위와 같은 태도는 이른바 고유장치설에 입각한 것이다. 본래 구 자배법(1999. 2. 5. 법률 제5793호로 개정되기 전의 것) 제2조 제2호에서는 운행은 사람 또는 물건의 운송 여부와 관계없이 자동차를 당해 장치의 용법에 따라 사용하는 것이라고 정의하고 있었다. 여기에서 당해 장치의 의미가 무엇인가에 관하여 일본에서는 원동기설, 주행장치설, 고유장치설, 차고출입설이 대립되고 있었는데, 대법원은 고유장치설의 입장을 취하여 왔다(대판 1996.5.31, 95다19232 등). 이후 운행의 개념 정의에서 「당해 장치」 부분이 삭제되었는데도 위와 같은 판례의 입장은 계속 유지되고 있다(대판 2003.12.26, 2003다21865 등). 한편 판례는 여기서의 당해 장치를 당해 자동차에 계속적으로 고정되어 있는 장치라고 해석

하여 왔다(대판 1993.4.27, 92다8101 등). 이 사건의 원심 법원에서 들것이 "계속적으로 고정되어 있는 장치"에 해당하지 않는다고 하여 운행성을 부정한 것도 이러한 배경 때문이다. 반면 대법원의 판결이유를 읽어보면 그 장치가 자동차의 사용과 밀접하게 관련되어 있었고, 그 장치의 사용목적에 따라 사용된 것이라면 사고 당시 자동차에서 「분리」되어 사용되었더라도 운행성을 긍정할 수 있다는 취지이다. 어떠한 결론에 찬성하는가? 그 이유는 무엇인가?

2. 주차한 차량에서 사고가 일어났다면 이는 운행 중 사고인가? 한강 선착장 주차장에 주차한 승용차가 비탈면을 굴러서 강물에 빠짐으로써 사망한 사고(대판 1997.8.26, 97다5183)와 추운 겨울에 승용차의 시동을 켜놓고 잠을 자다가 뒷좌석 부근에서 발화된 화재로 인하여 사망한 사고(대판 2000.12.8, 2000다46375, 6382)를 생각해 보라.

4. 손해배상청구권자 — 피해자인 「타인」

자배법상 책임은 다른 사람, 즉 타인을 사상하게 한 때 발생한다. 여기에서 타인은 "자기를 위하여 자동차를 운행하는 자 및 당해 자동차의 운전자를 제외한 그 이외의 자"를 지칭한다. 그러나 운행자에게도 타인성이 인정되어 손해배상청구를 할 수 있는 예외적인 경우가 있다.

하나의 자동차에 대하여 둘 이상의 공동운행자가 존재하는 경우가 그것이다. 공동운행자 중 1인이 그 자동차의 사고로 피해를 입은 경우에도 사고를 당한 그 운행자는 다른 운행자에 대하여 자신이 자배법 제3조 소정의 타인임을 주장할 수 없는 것이 원칙이다. 하지만 사고를 당한 운행자의 운행지배 및 운행이익에 비하여 다른 운행자의 운행지배나 운행이익이 보다 주도적이거나 직접적이고 구체적으로 나타나 있어 그 다른 운행자가 용이하게 사고의 발생을 방지할 수 있었다고 보이는 예외적인 경우에는 타인성이 인정되어 다른 운행자를 상대로 손해배상을 구할 수 있다.[20] 이는 주로 차량의 임대차나 사용대차에서 나타난다. 예를 들어 임차인이 임대인(중기회사)으로부터 임대인 소속의 운전사가 딸린 굴삭기를 빌려 위 운전사가 작업을 진행하던 중 임차인이 굴삭기에 치여 사망한 경우, 임대인이 운전사를 통하여 보다 주도적이고 직접적으

---

20) 대판 1997.7.25, 96다46613; 대판 2000.10.6, 2000다32840; 대판 2001.11.30, 2000다66393.

로 굴삭기를 지배하고 있었으므로, 임차인은 임대인에 대하여 타인임을 주장할 수 있다는 판례가 있다.[21] 반면 단순히 렌터카를 임차하여 직접 운전하다가 사고를 야기한 경우 임대인인 렌터카 회사와 임차인인 운전자는 공동운행자의 지위에 있고, 이때 운전자에 비하여 렌터카 회사의 운행자성이 월등하게 높다고 할 수 없으므로, 운전자는 렌터카 회사에 대하여 손해배상을 구할 수 없다는 판례가 있다.[22]

이처럼 예외적으로 공동운행자 중 1인이 다른 공동운행자를 상대로 손해배상을 구할 수 있더라도 그 운행지배의 정도·태양에 따라서는 다른 공동운행자가 손해의 전부를 배상하는 것이 매우 불합리한 경우가 있다. 실무는 이러한 경우에 신의칙 내지 공평의 원칙에 의한 감액을 인정하여 이해관계를 미세하게 조정하는 태도를 보이고 있다.[23]

한편 판례 가운데에는 사고 당시 다른 사람에게 운전을 맡기고 현실적으로 운전하지 않던 운전사의 타인성을 인정한 것들이 있다.[24] 그런데 자배법상 운전자는 사고 당시 실제 자동차를 운전하고 있던 자로 해석해야 한다. 따라서 사고 당시 운전을 하지 않았다면 더 이상 자배법상 운전자에 해당하지 않으므로, 타인성이 인정되는 것은 당연한 결론이다. 따라서 이를 굳이 타인성의 원칙에 대한 예외라고 볼 필요는 없다.

5. 손해배상책임의 내용

(1) 보험관련성

자배법상 손해배상요건을 갖추면 운행자는 피해자에게 손해배상책임을 부담한다. 이러한 손해배상책임의 내용은 일반적인 불법행위의 경우와 다를 것이 없다. 따라서 운행자는 피해자에게 치료비 등의 적극적 손해, 일실이익 등의 소극적 손해, 또는 비재산적 손해에 대한 배상책임을 부담하게 된다.[25] 그런데 자배법은 피해자 보호를 위하여 책임보험제도를 도입하여 자동차보유자로 하

---

21) 대판 1997.7.25, 96다46613.
22) 대판 2000.10.6, 2000다32840.
23) 대판 1991.3.27, 91다3408; 대판 1992.2.11, 91다42388.
24) 대판 1989.4.24, 89다카2070; 대판 1993.9.14, 93다15946; 대판 1997.11.28, 97다28971.
25) 피해자 본인 이외에도 부모 등 일정한 관계에 있는 자에게는 고유의 위자료청구권이 인정된다. 대판 1999.6.22, 99다7046 참조.

여금 자동차의 운행으로 타인이 사망하거나 부상한 경우 피해자에게 대통령령으로 정하는 금액을 지급할 책임을 지는 보험의 가입을 강제한다(자배 제5조 제1항). 자배법은 보험미가입자에 대한 조치 및 제재에 관하여도 별도로 규정한다(자배 제6조 내지 제8조, 제46조 제2항).

　　이처럼 가입이 강제되는 책임보험(이를 일반적으로 대인배상 Ⅰ이라고 한다) 이외에도 자동차보유자는 임의로 ① 책임보험의 한도를 초과하는 타인의 생명이나 신체에 대한 인적 손해배상을 목적으로 하는 대인배상보험(이를 일반적으로 대인배상 Ⅱ라고 한다), ② 타인의 재물에 대한 물적 손해의 배상을 목적으로 하는 대물배상보험, ③ 피보험자의 생명이나 신체에 생긴 인적 손해의 보상을 목적으로 하는 자기신체사고보험, ④ 피보험자의 자동차에 대한 물적 손해의 보상을 목적으로 하는 자기차량보험 등으로 구성된 자동차종합보험에 가입하는 경우가 많다. 이는 무엇보다도 종합보험에 가입한 차량의 운전자는 교통사고처리특례법 제3조 제2항 단서에 따른 이른바 중대사고를 범하지 않는 한 교통사고로 인하여 업무상과실치상죄 또는 중과실치상죄를 범하더라도 공소제기되지 않기 때문이었다(같은 법 제4조 제1항 본문). 다만 헌법재판소는 위 법 제4조 제1항 본문 중 피해자로 하여금 중상해에 이르게 한 경우까지 공소제기할 수 없도록 규정한 부분은 헌법에 위반된다고 결정하였다.[26] 이러한 결정취지에 따라 피해자가 중상해를 입은 경우에는 종합보험 가입에도 불구하고 공소제기를 가능하게 한 개정 교통사고처리특례법이 2010. 1. 25.부터 시행되고 있다.

　　한편 피해자는 보험회사 등[27]에게 상법 제724조 제2항에 따라 보험금 등을 자기에게 직접 지급할 것을 청구할 수 있다(자배 제10조 제1항). 이와 같이 피해자의 직접청구권이 인정되는 관계로 자동차사고로 인한 상당수의 손해배상청구소송은 보험회사를 상대로 한 보험금청구소송의 형태를 띠게 된다. 대법원은 이러한 직접청구권은 보험자가 피보험자의 피해자에 대한 손해배상채무를 병존적으로 인수한 것이라고 하여, 그 법적 성질을 손해배상청구권으로 파악한다.[28] 이때 보험자의 손해배상채무와 피보험자의 손해배상채무는 연대채무

---

26) 헌재결 2009.2.26, 2005헌마764, 2008헌마118.

27) 보험회사(보험업법에 따라 허가를 받아 보험업을 영위하는 자)와 공제사업자(「여객자동차 운수사업법」, 「화물자동차 운수사업법」, 「건설기계관리법」에 따라 공제사업을 하는 자)를 가리킨다(자배 제2조 제5호, 제6호).

28) 주류적인 판례의 입장이다. 대판 2005.10.7, 2003다6774 등 다수.

의 관계에 있다고 한다.[29]

위와 같이 자동차사고에 관하여는 민법이나 자배법상의 문제뿐만 아니라 보험법상의 문제가 얽혀있는 경우가 많다.

(2) 합   의

자동차사고가 나면 가해자와 피해자 사이, 또는 보험사와 피해자 사이에 이른바 「합의」라는 것을 하는 경우가 많다. 그 합의의 법적 성격이 무엇인지는 개별적 사안별로 판단해야 한다. 일반적으로 합의는 그 법적 효력이 작용하는 영역에 따라 민사합의와 형사합의로 분류할 수 있다. 물론 양자가 하나로 합쳐져 행하여지는 경우도 많다.

민사합의는 민법상 화해계약에 속한다(제731조). 통상 피해자가 일정한 합의금을 수령하면서 나머지 손해배상청구권을 포기하는 형식으로 이루어진다. 이때의 합의금은 손해배상금의 성격을 가진다. 여기에 부제소특약이 부가되기도 한다.[30] 이러한 합의는 착오를 이유로 취소하지 못하는 것이 원칙이다(제733조. 그 예외에 대하여는 같은 조 단서 참조). 또한 합의가 유효하게 성립한 이상 다시 손해배상을 청구할 수도 없다. 이와 관련하여 나중에 예견하지 못한 중대한 후유증이 발생한 때에도 손해배상을 청구할 수 없는지가 문제된다. 판례는 합의 당시 예견할 수 없었던 중대한 손해에 대한 배상까지 포기한 것이라고는 할 수 없다고 하여 추가적인 배상청구를 허용한다.[31]

한편 형사합의는 가해자의 형사처벌을 원하지 않는 피해자의 의사표시를 본질적 요소로 한다. 업무상 과실에 기한 자동차사고로 사상(死傷)의 결과가 발생하면 그 운전자는 교통사고처리특례법에 따른 형사처벌대상이 된다. 그런데 교통사고처리 특례법 제3조 제2항 단서가 정하는 예외적인 경우를 제외하고는 위 범죄는 피해자의 명시한 의사에 반하여 처벌할 수 없다(교특 제3조 제2항 본문). 따라서 피해자가 가해자의 처벌을 원하지 않는다는 의사표시를 명시하는 것은 매우 중요한 의미를 지닌다. 한편 교특법 제3조 제2항 단서의 예외사유에

---

29) 대판 2010.10.28, 2010다53754.

30) 부제소특약이 있으면 피해자가 소를 제기하더라도 그 소는 부적법하여 각하된다. 반면 부제소특약은 없고 권리포기특약만 있으면 소 제기 자체가 부적법하지는 않지만 권리가 인정되지 않아 청구기각의 본안판결이 선고된다.

31) 대판 2000.3.23, 99다63176.

해당하더라도 위와 같은 의사가 표시되면 양형에 유리하게 참작된다. 이러한 형사합의 시에도 합의금이 수수되는 경우가 대부분이다. 형사합의금의 경우에도 판례는 특히 위자료 명목으로 지급된 것임이 명시되었다는 등의 특단의 사정이 없는 한 재산적 손해배상의 일부로 지급된 것으로 해석하되, 합의시 "위로금 조" 또는 "보험금과는 별도", "손해배상액과는 별도"라는 표현을 명시하고 있으면 피고의 공제 주장을 배척하고 위자료 참작사유로 삼고 있다.32) 합의서 등에 특별한 기재가 없다면 당사자의 의사해석 문제로 귀착하게 되는데, 재판실무에서는 대체로 호의적, 동정적, 의례적인 금원수수로 인정되는 경우에는 위로금으로 보아 위자료 산정에 참작하고, 고액인 경우에는 손해배상액의 일부로 지급된 것으로 보아 손해배상액에서 공제하는 경향을 보인다.

한편 피해자 본인과 별도로 부모들이 자신들의 고유한 위자료청구권에 기하여 합의하는 경우가 있는데, 이때 합의의 효력이 당연히 피해자 본인에게 미치는 것은 아니다.33)

(3) 책임감경

자동차사고로 인한 손해배상에도 과실상계와 손익상계 등의 법리가 그대로 적용된다. 한편 자동차손해에 특유한 쟁점으로 호의동승에 따른 책임감경의 문제가 있다. 피해자가 사고차량에 무상으로 동승하여 그 운행으로 인한 이익을 누리다가 사고로 피해를 입게 되었다고 하여 당연히 가해자의 책임이 감경되는 것은 아니다.34) 다만 판례는 운행의 목적, 호의동승자와 운행자와의 인적 관계, 피해자가 차량에 동승한 경위 특히 동승요구의 목적과 적극성 등의 제반 사정에 비추어 가해자에게 일반의 교통사고와 같은 책임을 지우는 것이 신의칙이나 형평의 원칙에 비추어 매우 불합리한 것으로 인정되는 경우에는 그 배상액을 감경할 사유로 삼을 수도 있다고 한다. 즉 동승이 전적으로 또는 대부분 피해자를 위한 것이었고, 피해자가 적극적으로 요구하여 그러한 동승이 이루어졌다면 책임감경을 하게 될 가능성이 높다.35)

---

32) 대판 2001.2.23, 2000다46894.
33) 대판 1999.6.22, 99다7046.
34) 대판 1987.1.20, 86다카251; 대판 1987.12.22, 86다카2994; 대판 1988.9.13, 88다카80; 대판 1991.7.12, 91다8418; 대판 1999.2.9, 98다53141 등.
35) 대판 1992.6.23, 91다28177; 대판 1993.7.16, 93다13056.

(4) 면   책

자배법은 자동차운행으로 인한 사고이면 운행자의 고의나 과실을 따지지 않고 그에게 책임을 지우고 있다. 하지만 운행자보다 피해자나 제3자가 전적으로 또는 대부분 유책하게 기여한 경우에까지 운행자에게 그 책임을 부담시키는 것은 위험책임이나 보상책임의 원리를 고려하더라도 운행자에게 가혹하다. 따라서 자배법 제3조 단서는 피해자가 승객이 아닌 경우와 승객인 경우로 나누어 운행자가 면책될 수 있는 사유를 규정한다. 첫째, 승객이 아닌 자가 사상한 경우 자기와 운전자가 자동차의 운행에 주의를 게을리 하지 아니하였고, 피해자 또는 자기 및 운전자 외의 제3자에게 고의 또는 과실이 있으며, 자동차의 구조상의 결함이나 기능상의 장해가 없었다는 것을 증명한 경우이다(제1호). 둘째, 승객이 고의나 자살행위로 사망하거나 부상한 경우이다(제2호). 위 면책사유에 대한 증명책임은 자동차 운행자에게 있다.[36] 다만 실제로 이러한 면책요건을 주장, 증명하여 면책될 수 있는 사안은 그리 많지 않다.

II. 의료과오책임

1. 의료사고의 특성

의료행위는 사람의 신체에 대하여 이루어진다. 이는 궁극적으로 신체의 온전성을 회복하기 위하여 이루어진다는 점에서 유익한 행위이지만, 그 과정에서 신체에 대한 일정한 침해를 수반한다는 점에서는 위험한 행위이다. 이러한 위험 때문에 자격을 갖춘 의료인[37](이하 '의사'를 주로 염두에 두고 서술한다)이 아니면 의료행위를 할 수 없는 것이 원칙이다(의료 제27조 제1항).

한편 의사가 잘못된 의료행위로 환자의 신체적 법익을 침해하였다면 의사는 이에 대하여 책임을 부담해야 마땅하다. 그런데 의료과오에 따른 사고는 자동차로 사람을 치어 부상하게 하거나, 술자리에서 다른 사람을 때려 상처를 입게 한 사고와는 뚜렷하게 구별되는 특성들이 있다. 의사는 의료행위에 관하여

---

36) 대판 1993.5.27, 93다6560; 대판 2008.2.28, 2006다18303.
37) 의료인은 보건복지가족부장관의 면허를 받은 의사, 치과의사, 한의사, 조산사 및 간호사를 말한다(의료 제2조 제1항).

고도의 전문성을 가지나 환자는 그렇지 않다(전문성). 의료행위는 비공개된 병원에서 의사와 환사 사이에 밀행적으로 행하여지고, 그나마 환자가 의식불명인 경우도 있다(밀행성). 이러한 과정에서 생성된 의료행위 관련 증거들은 의사 측에 편재된다(증거편재성). 의료수준의 한계와 신체의 오묘함, 또한 질병의 진행과 환자 상태의 변화에 대응하여 이루어지는 가변적인 의료의 성질로 인하여 질병의 진단과 치료에는 늘 불확실성이 존재한다(불확실성). 이 때문에 의료행위에는 하나의 정해진 정답은 없고 의사가 환자의 건강상태 등과 당시의 의료수준, 그리고 자기의 지식과 경험에 따라 합리적 재량을 행사하여 그 상황에 가장 적합한 치료방법을 선택, 시행해야 한다(재량성). 이러한 치료과정에서 신체에 대한 침습(侵襲)이 수반되는 경우가 대부분이다(침습성). 이처럼 위험성을 수반하는 의료행위는 일상적으로 광범위하게 일어나므로 의료문제는 국민의 건강 증진이라는 공익과 밀접하게 연결된다(공공성).

의료행위의 전문성과 밀행성, 증거편재성으로 말미암아 의사 내지 병원과 의료분쟁이 생기더라도 환자는 과실과 인과관계를 증명하기 어렵고 다른 의사들의 도움을 받기도 어렵다. 판례는 이를 극복하기 위하여 의사로 하여금 사전에 충실한 정보를 제공하게 하는 한편(설명의무), 사후적으로는 과실과 인과관계의 증명책임을 덜어주어 의사의 책임인정을 보다 쉽게 하고자 한다. 그러나 치료행위에 내재하는 불확실성과 재량성을 감안한다면 의사에게 무거운 결과책임을 지우는 것은 방어진료 내지 진료회피를 유발하고 의료 수준의 향상을 가로막을 수도 있어 그 경계설정이 어려운 문제로 등장한다. 또한 침습성 및 이와 결부된 공공성을 고려하면, 의료분쟁은 단지 의사와 환자 사이의 불법행위소송에 의하여 자족적(自足的)으로 해결할 수 있는 영역이 아니고, 분쟁의 예방과 해결을 위한 다른 제도(특히 보험제도와 대체적 분쟁해결절차)와의 긴밀한 협동이 필요한 영역이다.

2. 의료사고에 대한 두 가지 접근방법

의사와 환자 사이에는 일반적으로 진단과 치료를 내용으로 하는 진료계약이 체결된다. 이러한 계약에 따라 의사는 의료지식과 의료기술을 동원하여 환자를 진찰하고 치료할 의무를 부담하고, 환자는 이에 따른 보수를 지급할 의무를 부담한다. 따라서 의료사고로 인한 손해배상의 문제는 의사에게 민법 제

390조에 따른 계약책임(불완전이행책임)을 묻는 것으로 해결될 수 있다. 그러나 다른 한편 의사의 과실 있는 의료행위로 환자의 법익이 침해되었다면 민법 제 750조에 따른 불법행위책임의 문제도 발생한다. 요컨대 의료사고에 대한 민사적 구제는 계약책임과 불법행위책임의 두 가지 형태로 모두 가능하다(청구권경합설).

일반론으로서는 불법행위책임보다 계약책임을 묻는 것이 손해를 입은 사람에게 유리하다고 여겨진다. 고의 또는 과실에 대한 증명책임을 상대방에게 전가할 수 있고(제390조 참조), 불법행위에 적용되는 3년의 단기소멸시효기간 (제766조 참조)의 적용을 받지 않으며(제162조 제1항), 이행보조자 책임에 관하여도 채무자의 면책항변이 허용되지 않으므로(제391조), 피용자의 선임, 감독에 관한 면책항변이 허용되는 사용자책임보다 유리하기 때문이다(제756조). 그러나 의료과오사건에 있어서 계약책임이 불법행위책임보다 꼭 환자에게 유리한 것은 아니다. 우선 계약책임이 결정적으로 유리하다고 생각되는 증명책임의 면에 있어서는 양자가 다르지 않다. 판례에 의하면, 의사가 환자에게 부담하는 진료채무는 환자의 치유를 위하여 선량한 관리자의 주의의무를 가지고 현재의 의학수준에 비추어 필요하고 적절한 진료조치를 다해야 하는 이른바 수단채무(또는 행위채무)이다.[38] 그러므로 채권자인 환자는 채무자인 의사의 채무불이행을 증명하기 위한 일환으로 일정한 결과뿐만 아니라 일정한 행위태양, 즉 의사의 주의의무위반을 증명하지 않으면 안 된다. 이는 결과적으로 환자가 의사의 과실을 증명해야 하는 불법행위책임의 경우와 다르지 않은 것이다. 한편 민법 제 163조 제2호에 따르면 의사에 대한 채권은 3년의 단기소멸시효에 걸리므로 이 점에서도 불법행위책임의 경우보다 유리한 것이 아니다.[39] 또한 법원은 사용자책임에 있어서 사용자의 면책을 허용하는 예가 거의 없어 이 점에서 계약책임이 특별히 유리한 구제수단이라고 하기도 어렵다. 반면 불법행위에 의하는 경우에는 생명침해시 직계존속, 직계비속, 배우자의 위자료에 관한 제752조가 적용되어 위자료 청구권자의 범위가 확대된다. 그 밖의 경우에도 채무불이행에

---

38) 대판 1988.12.13, 85다카1491; 대판 1993.7.27, 92다15031.
39) 물론 불법행위에 관하여는 그 단기소멸시효의 완성 전에도 불법행위를 안 날로부터 10년의 소멸시효기간이 완성되면 권리가 소멸한다는 제약이 추가로 존재하지만(제766조 제2항), 판례는 이 역시 권리자에게 유리하게 해석하는 경향을 보이고 있으므로(대판(전) 1979.12.26, 77다1894 등) 환자에게 그다지 불리하지 않다.

비하여 불법행위에 대하여는 위자료를 더욱 쉽게 인정하여 주는 경향이 있어 환자에게 유리하다. 현실적으로 의료사고의 상당 부분은 환자측의 고소로 인하여 형법 제268조 소정의 업무상 과실치사상죄의 문제로 다루어지는데, 이와 연계하여 민사소송에서도 자연스럽게 불법행위에 기한 청구를 하는 경향도 있다. 이러한 배경 아래 실제 상당수의 의료과오소송은 불법행위에 기한 손해배상청구소송의 형태로 해결되고 있다.

3. 과실과 인과관계

(1) 과실과 인과관계의 판단

(가) 과실은 주의의무 위반을 의미한다. 한편 의사는 환자의 구체적인 증상이나 상황에 따라 환자의 생명, 신체, 건강에 대한 위험을 방지하기 위하여 요구되는 최선의 조치를 취할 주의의무를 부담한다.[40]

그렇다면 이러한 주의의무는 누구를 기준으로 설정하는가? 일반론에 따르면 이러한 주의의무는 사회평균인을 기준으로 설정한다.[41] 그런데 사회평균인은 그때그때의 구체적인 사례에 있어서의 보통인을 말하는 것이므로,[42] 문제되는 과실이 업무상 과실의 성격을 띤다면 해당 업무에 종사하는 보통인이 기준이 된다.[43] 따라서 의료과오사고에서는 보통의 의사라면 그 결과를 예견할 수 있었는지 및 회피할 수 있었는지 여부에 따라 과실 여부를 판단하게 된다.[44]

보통의 의사가 주의의무를 다한 것으로 인정되려면, 그가 행한 의료행위가 당시의 의료기관 등 임상의학분야에서 실천되고 있는 보편적인 의료 수준에 비추어 최선을 다한 것으로 인정되어야 한다.[45] 관행적으로 행해지는 의료행위를 하였더라도 그것이 규범적으로 수용할 수 없는 것이라면 주의의무를 위반한 것이다.[46]

이처럼 의사가 도달해야 할 의료수준은 객관적·규범적으로 정하여지므로,

---

40) 대판 1997.2.11, 96다5933; 대판 1998.2.27, 97다38442 등.
41) 대판 2001.1.19, 2000다12532.
42) 前註의 판결 참조.
43) 대판 1987.1.20, 86다카1469 등.
44) 대판 1987.1.20, 86다카1469.
45) 대판 1994.4.26, 93다59304.
46) 대판 1998.2.27, 97도2812; 대판 1999.10.22, 98다31363.

해당 의사나 의료기관의 구체적 상황에 따라 사안별로 그 기준이 되는 의료수준이 달라져서는 안 된다.[47] 그러므로 의사에게 필요한 능력이나 시설이 결여되었다고 하여 이러한 점 때문에 의사의 책임이 면제되는 것은 아니고, 이러한 경우에는 오히려 환자로 하여금 필요한 진료를 받을 수 있는 병원으로 옮기도록 권고할 의무가 있다.[48] 반면 해당 의사가 전문의로서 일반의보다 높은 지식이나 능력을 가지고 있는 경우에는 어떠한가? 이때 해당 의사가 최선을 다하지 않고 일반적 정도의 수준으로만 진료한 경우에 과실이 없다고는 할 수 없고, 전문의에게 통상 요구되는 지식이나 능력을 고려하여 주의의무를 정하는 것이 타당하다.[49]

한편 의료행위는 필연적으로 일정한 정도의 불명확성과 재량성을 수반하는 것이므로 꼭 특정한 조치를 취해야만 주의의무를 다한 것이라고 할 수는 없다. 의사는 진료를 할 때 환자의 상황과 당시의 의료수준, 그리고 자기의 전문적인 지식과 경험에 따라 적절하다고 판단되는 진료방법을 선택할 상당한 범위의 재량을 가지는 것이고, 그 재량의 행사가 합리적 범위를 벗어나지 않은 이상 의사에게 과실이 있다고 할 수 없다.[50]

(나) 의료과오사건에서도 다른 사건과 마찬가지로 의료행위와 손해 사이의 인과관계가 요구된다. 여기에는 인과관계에 대한 일반론(제5편 제1장 참조)이 그대로 적용된다. 그런데 의료행위는 고도의 전문적 지식을 필요로 하는 분야이고 의료기법은 어느 정도 전문가인 의사의 재량에 의지할 수밖에 없다. 그런데 의료행위의 밀행성과 증거편재성 때문에 환자로서는 의사가 어떤 잘못을 저질렀는지, 그 잘못이 결과와 어떤 관계에 있는지 알기 어렵다. 그러므로 인과관계의 존부는 전문가인 의사가 아닌 일반인으로서는 쉽게 밝혀낼 수 없는 특수성이 있다. 따라서 인과관계의 판단과 관련하여 주로 문제되는 것은 다음에 보는 증명책임 완화이다.

---

47) 대판 1997.2.11, 96다5933; 대판 1998.7.24, 98다12270; 대판 2005.10.28, 2004다13045.
48) 대판 1967.7.11, 67다848; 대판 1998.2.27, 97다38442.
49) 하지만 거꾸로 수련의나 전공의라고 하여 당연히 주의의무가 경감되는 것은 아니다. 이들이 전문의 지도와 자문 없이 직접 위험을 감수하고 스스로 의료행위를 하였다면 일반적인 주의의무 기준에 따라 과실 여부가 결정된다. 대판 1992.5.12, 91다23707; 대판 1993.7.27, 92도2345.
50) 대판 1984.6.12, 82도3199; 대판 1999.3.26, 98다45379, 45386; 대판 2007.5.31, 2005다5867.

(2) 증명책임의 완화

증명책임의 완화는 과실과 인과관계 양 측면에서 모두 문제된다.

(가) 과실에 대한 증명완화는 두 가지 방향으로 이루어져 왔다.

우선 간접사실의 증명에 의하여 과실을 추정함으로써 원고의 증명책임을 완화하는 방향이 있다. 이러한 추정은 통상적으로 시간적 근접성이나 부위의 연관성에 비추어 부적절한 의료행위로 결과가 발생할 가능성이 있는 반면, 다른 원인이 개입하여 그러한 결과가 발생하였다고는 도저히 볼 수 없는 경우에 이루어진다.[51] 예컨대 대판 2000.7.7, 99다66328에서는 심방중격결손 수술을 위한 캐뉼라 삽관 직후에 나타난 대동맥박리로 환자가 사망한 경우 그 수술 이외에는 다른 원인이 개재하였을 가능성이 없는 반면, 캐뉼라 삽관과정에서 부적절한 시술로 대동맥박리가 나타날 수 있고, 그 발생 부위 또한 위 캐뉼라 삽관과 연관하여 볼 수 있는 부위라는 점 등을 이유로 과실을 추정하였다.[52] 그러나 간접사실들과 과실 사이의 연관성을 느슨하게 인정할 경우에는 자칫 의료사고에 관하여 과실책임주의의 근간이 흔들릴 수도 있다. 따라서 의사의 과실로 인한 결과발생을 추정할 수 있을 정도의 개연성이 담보되지 않는 사정들을 가지고 막연하게 중한 결과에서 의사의 과실과 인과관계를 추정함으로써 결과적으로 의사에게 무과실의 증명책임을 지우는 것까지 허용되는 것은 아니다.[53]

한편 의료상 과실 개념 자체를 완화함으로써 결과적으로 원고의 증명책임을 완화하는 방향이 있다. 이러한 흐름은 대판 1995.2.10, 93다52402에서 출발하였다. 이에 따르면 환자가 치료 도중에 사망한 경우에 ① 피해자 측에서 일련의 의료행위 과정에 있어서 저질러진 일반인의 상식에 바탕을 둔 의료상의 과실 있는 행위를 증명하고, ② 그 결과와 사이에 일련의 의료행위 외에 다른 원인이 개재될 수 없다는 점, 이를테면 환자에게 의료행위 이전에 그러한 결과의 원인이 될 만한 건강상의 결함이 없었다는 사정을 증명한 경우에는, 의료행위를 한 측이 그 결과가 의료상의 과실로 말미암은 것이 아니라 전혀 다른 원인으로 말미암은 것이라는 증명을 하지 못하는 이상, 의료상 과실과 결과 사이의 인과관계가 추정된다. 이 판결은 결국 인과관계 증명 완화에 초점을 두고

---

51) 대판 1993.7.27, 92다15031; 대판 2000.7.7, 99다66328.
52) 그 이외에도 대판 1995.3.10, 94다39567; 대판 2000.10.27, 2000다39674 참조.
53) 대판 2004.10.28, 2002다45185.

있지만, 그 논리 전개 과정에서 「일반인의 상식에 바탕을 둔 의료상의 과실」이라는 별도의 개념을 사용함으로써 결과적으로 과실의 증명 부담도 덜어주고 있다. 이와 관련하여 이러한 과실 개념이 일반적인 의사를 기준으로 설정한 기존의 과실 개념을 대체하는 것인가에 대한 의문이 제기되고 있으나, 다수설은 위 설시가 주의의무 위반 기준으로서의 규범적 의료수준에는 영향을 미치지는 않고 다만 환자의 진료과실 증명의 정도에서 의학적 엄밀성을 요하지 않는다는 취지로 이해하고 있다.[54] 위 판결 이후에도 보통의 의사를 기준으로 주의의무를 설정하는 대법원의 태도는 유지되고 있다.[55] 이러한 점에서 환자의 증명책임 완화를 위해 궁극적으로 증명되어야 할 「고유한 의미의 의료상 과실」과 그 도구로서 증명되면 일단 충분한 「일반인의 상식에 바탕을 둔 의료상 과실」로 과실 개념의 분화가 일어난 셈이다.

(나) 인과관계의 증명완화에 관하여도 다음 두 가지 점을 주목할 필요가 있다.

우선 인과관계의 증명완화의 기본 방향은 위에서 살펴 본 대판 1995.2.10, 93다52402의 태도로 대표될 수 있다. 이에 따르면 일반인의 상식에 바탕을 둔 의료상 과실이 인정되고 건강상 결함 등의 다른 원인이 개입하지 않았다는 사정이 증명되면 인과관계는 추정된다. 의사는 그 결과가 의료상의 과실로 말미암은 것이 아니라 전혀 다른 원인으로 말미암은 것이라는 증명을 하여 그 추정에서 벗어날 수 있지만 이는 현실적으로 매우 어려운 것이다. 따라서 이후의 분쟁에서 인과관계를 부정하려는 피고의 증명은 의료행위 이전에 건강상 결함 등이 있었다는 사정의 존재에 집중되고 있는 것으로 보인다.[56]

한편 판례의 이러한 증명완화의 법리에도 불구하고 인과관계 증명에 실패하는 경우에는 의사에게 과실이 있음이 증명되더라도 손해배상의무는 인정될 수 없다. 그런데 의사의 과실이 증명된 경우에는 인과관계의 증명이 실패하더라도 환자에게 적절한 의료를 받거나 일정 시기까지 생존이 예상되는 기대권 내지 기회가 상실되었음을 이유로 위자료청구권이 인정되어야 한다는 국내외의 논의가 있어 왔고,[57] 대법원은 대판 2006.9.28, 2004다61402에서 이를 수용

---

54) 김만오, "의료과오에 관한 판례의 동향", 민사법학 27, 2005, 308 및 인용문헌 참조.
55) 대판 1997.2.11, 96다5933; 대판 1998.7.24, 98다12270; 대판 2005.10.28, 2004다13045.
56) 예컨대 대판 2002.8.27, 2001다19486 참조.
57) 김민규, "수진기회상실론", 재산법연구 22-3, 2006, 291 이하 참조.

하였다. 이에 의하면 주의의무 위반과 환자에게 발생한 악결과(惡結果) 사이에 상당인과관계가 인정되지 않는 경우에는 그에 관한 손해배상을 구할 수 없지만, 그 주의의무 위반의 정도가 일반인의 처지에서 보아 참을 한도를 넘어설 만큼 현저하게 불성실한 진료를 행한 것이라고 평가될 정도에 이른 경우라면 그 자체로서 불법행위를 구성하여 그로 말미암아 환자나 그 가족이 입은 정신적 고통에 대한 위자료의 배상을 명할 수 있다고 보아야 한다는 것이다. 대법원은 이 사건에서 피고 병원 의료진에게 위와 같은 잘못이 있다는 증명이 부족하다는 이유로 피고의 위자료배상책임을 인정한 원심판결을 파기하였지만, 위와 같은 일반론 자체는 향후 의사의 배상책임을 확장하는 계기가 될 수 있다. 물론 이는 인과관계 증명완화 자체에 관한 판결은 아니지만, 인과관계의 증명곤란을 구제하기 위한 시도라는 점에서 증명완화의 흐름과 궤를 같이 한다.

4. 설명의무

(1) 설명의무의 내용
(가) 세 가지 유형의 설명의무

많은 경우 의료행위는 환자의 신체침해를 수반하게 된다. 그런데 대부분의 환자는 자신이 필요로 하는 의료정보에 접근하여 이해하는 데에 어려움이 있고, 이로 인하여 자신의 신체에 관한 자기결정권을 행사하는 데에도 어려움을 겪게 된다. 이와 관련하여 의사는 환자에게 충분한 정보를 제공하여 환자가 그 필요성이나 위험성을 충분히 비교한 뒤 치료를 받을 것인지 여부를 선택하도록 해야 한다. 이에 따라 의사에게 부과되는 의무를 설명의무라고 한다.[58] 설명의무는 대체로 다음 세 가지로 유형으로 나누어 볼 수 있다.

첫째, 환자에 대하여 질병과 치료에 관한 정보를 제공할 설명의무가 있다(고지설명). 이는 정보제공 자체에 초점을 맞춘 것이다. 설령 환자가 치료불가능한 질병에 걸렸어도 의사는 환자에게 이에 관한 정보를 알려줄 의무가 있다. 따라서 이러한 고지설명의무는 환자의 자기결정권과는 직접 관계가 없다.

둘째, 환자가 특정한 치료를 받을 것인가 여부를 결정하는 데 도움을 주기 위한 설명의무가 있다(조언설명). 이는 환자의 자기결정권 행사에 이바지하

---

58) 그 이외에 약사(대판 2002.1.11, 2001다27449)나 한의사(대판 2002.10.11, 2002다36945)에게도 설명의무가 인정된다.

기 위한 것이다.

셋째, 질병의 치료목적을 제대로 달성하고 부작용을 예방하기 위하여 환자나 보호자에게 요양의 방법 기타 건강관리에 필요한 사항을 지시, 설명하여 후유증에 대비하게 할 설명의무가 있다(지도설명).[59] 이 역시 치료에 관한 환자의 자기결정권과는 무관한 것으로서, 의사의 치료의무의 확장으로서의 성격을 가진다.

그중 주로 문제되는 것은 환자의 자기결정권과 관련된 두 번째의 설명의무, 즉 조언설명의무이다. 아래에서는 조언설명의무에 관하여 살펴본다.

(나) 설명의무의 내용

의사는 환자 또는 그 법정대리인에게 질병의 증상, 치료방법의 내용 및 필요성, 발생이 예상되는 위험 등에 관하여 설명하여 해당 환자가 그 필요성이나 위험성을 충분히 비교해 보고 그 의료행위를 받을 것인가의 여부를 선택하도록 할 의무가 있다.[60] 이러한 설명은 환자의 자기결정권 행사를 돕기 위한 것이므로 환자의 교육정도, 연령, 심신상태 등의 사정에 맞추어 그가 잘 이해할 수 있도록 행해야 한다.[61] 또한 설명의무는 환자가 설명을 듣고 판단할 능력이 있는 이상 환자를 상대로 이행해야 한다.[62]

설명은 후유증이나 부작용의 원인이나 가능성의 정도 및 예방가능성 등에 관하여 구체적으로 해야 하고, 단지 특정한 후유증이 발생하거나 사망할지도 모른다고 한 것으로는 부족하다.[63] 후유증이나 부작용의 발생가능성이 희박하더라도 그것이 그 치료행위에 전형적으로 발생하는 위험이거나 회복할 수 없는 중대한 것이라면 이에 관해 설명해야 한다.[64] 하지만 응급상황이어서 설명을 할 여유가 없었거나,[65] 결과발생의 가능성이 의학적으로 전혀 보고되지 않아 당시 의료수준에 비추어 예견가능성이 없었다면[66] 그에 관한 설명의무는

59) 대판 1997.7.22, 95다49608.
60) 이는 진료계약의 관점에서 보자면 부수의무의 성격을 가진다.
61) 대판 2005.4.29, 2004다64067.
62) 대판 2002.9.4, 2002다16781, 16798.
63) 대판 1999.12.21, 98다29261.
64) 대판 1995.1.20, 94다3421; 대판 2002.1.11, 2001다27449(약사의 설명의무에 관한 것);
    대판 2007.5.31, 2005다5867 등.
65) 대판 1994.4.15, 92다25885; 대판 2002.10.22, 2002다9301.
66) 대판 1999.9.3, 99다10479; 대판 2015.1.29, 2012다41069 참조.

발생하지 않는다. 환자가 이미 알고 있거나 상식적인 내용에 대해서도 설명의무가 발생하지 않는다.[67] 한편 의사로부터 설명을 들었더라도 어차피 수술에 동의하였으리라는 가정적 승낙에 의한 면책은 환자의 승낙이 명백히 예상되는 경우에 한하여 허용된다.[68]

(다) 설명의무의 증명책임

설명의무는 침습적인 의료행위로 나아가는 과정에서 의사에게 필수적으로 요구되는 중대한 절차상 조치이고, 그 의무의 중대성에 비추어 그 설명내용을 문서화하여 보존할 직무수행의 필요성도 인정되며, 의사가 설명의무의 이행을 증명하는 것이 환자가 설명의무의 위반을 증명하는 것보다 훨씬 용이한 점에 비추어, 판례는 설명의무에 대한 증명책임을 의사측에 지우고 있다.[69]

(2) 설명의무 위반의 효과

의사가 설명의무를 게을리하는 경우에도 그 의무의 속성상 이행을 강제할 수는 없다. 하지만 이로 인하여 손해가 발생하였다면 손해배상청구권을 행사할 수 있다. 일반적으로 설명의무 위반으로 발생하는 손해는 환자가 자기결정권을 행사하지 못한 데에 따르는 정신적 고통으로서 비재산적 손해이다. 환자가 자신의 신체에 대하여 스스로 판단하고 결정할 기회를 상실하였다면 경험칙상 정신적 고통을 입었으리라고 인정되므로 환자는 설명의무 위반으로 자기결정권을 행사하지 못하였다는 점을 증명하면 충분하고 더 나아가 설명을 받았더라면 사망 등의 결과가 생기지 않았을 것이라는 점까지 증명할 필요는 없다.[70]

한편 설명의무 위반을 이유로 재산적 손해를 포함한 전체 손해에 대한 배상이 허용되려면, 설명을 받았더라면 위와 같은 결과에 이르지는 않았을 것이라는 점까지 인정되어야 하고, 그 설명의무 위반이 환자의 생명, 신체에 대한 구체적 치료과정에서 요구되는 의사의 주의의무 위반과 동일시할 정도로 중대한 것이어야 한다.[71]

---

67) 대판 2011.11.24, 2009다70906.
68) 대판 1995.1.20, 94다3421; 대판 2002.1.11, 2001다27449 등.
69) 대판 2007.5.31, 2005다5867.
70) 대판 2002.5.28, 2000다46511.
71) 이를 인정한 사례로 대판 1996.4.12, 95다56095. 다만 이 사례는 설명의무 위반만을 이유로 하여 전체 손해의 배상을 명한 판결은 아니다.

1. 원심판결 이유에 의하면, 원심은 소외 망 000이 손바닥과 발바닥에 땀이 많이 나는 증상을 치료하기 위하여 1990. 7. 28. 피고 연세대학교 산하 영동 세브란스 병원에 입원하여 수술받기에 앞선 사전 검사를 마치고 수술 후 아주 드물게 하지마비가 생길 수 있으며 기흉같은 것이 생길수도 있고 그 외에 얼굴에 땀이 전혀 나지 않거나 눈동자의 변화같은 것이 올 수 있고 아직 의학에서 알 수 없는 부작용이 있을 수 있다는 내용의 설명을 피고 1로부터 듣고, 같은 피고로부터 같은 달 31. 09:40부터 14:30까지 제1흉추 및 제2흉추 안쪽에서 손으로 가는 교감신경 절제수술을 받았는데 수술후 16:45경 입에 거품을 물고 경련이 시작되었고 그 이래 의식을 찾지 못하였으며 19:50경에는 미열이 발생하고 20:00경 다시 입에 거품을 물고 다리에 경련이 있었고 21:00경 전신경련을 일으키는 증상을 나타내어 위 병원의 신경외과 당직의인 소외 △△△이 항경련제를 투여하였으며 수술의사인 피고 1에게 연락을 해 같은 피고가 같은 날 23:00경 병원에 도착하여 용태를 본 후인 같은 해 8. 1. 00:30경에는 중환자실로 옮겨져 기관내삽관을 하고 산소호흡기를 부착하였고, 그 후 중환자실에서 계속 집중치료를 하였으나 같은 달 3. 뇌전산화단층촬영 결과 뇌간 및 소뇌간 부위에 뇌경색이 나타났고 그로 인해 위 소외인이 같은 달 17. 01:50경 사망한 사실을 인정한 다음, (1) 위 000의 수술전의 사전검사는 충분한 것이었고 검사를 해태하였다고 볼 자료가 없으며, (2) 피고 1이 자신의 직접 시술을 요하는 교감신경절제술 이전의 준비작업으로 마취, X선촬영 등을 자신과 연락할 수 있는 상태에서 다른 전문의 및 전공의 등에게 시킨 것은 환자를 방치한 것이라고는 할 수 없고 위 준비작업이 이 사건 사망의 원인을 제공한 것도 아니며, 수술중에 골수에 본왁스를 수시로 칠하여 출혈방지 및 공기흡입 방지조치를 하였고 수술시행자로서 공기흡입을 방지하기 위하여 본왁스를 바르는 외에 어떤 조치를 취하였어야 하는가에 관한 원고들의 주장, 입증이 없으므로 피고 1의 수술중의 과실을 인정할 수 없으나, (3) 위 000이 수술을 받은 다음 회복실을 거쳐 병실로 온 16:15 이래 의식을 찾지 못하였고 같은 날 16:45경부터는 입에 거품을 물고 경련이 시작되어 가족들이 담당간호원에게 증상을 호소하였음에도 21:00경에서야 비로소 조치를 취하였고 피고 1도 23:00경에야 연락이 되어 병원에 와서 위 000의 상태를 점검한 것은 적시의 대처라 할 수 없어서 피고 1은 수술 후 환자를 적절하게 관찰하고 그 후유증에 대하여 적절한 조치를 취한 것이라 할 수 없고, (4) 이 사건 수술은 기흉, 하지마비등의 후유증이 있을 수 있고 전

신마취하에서 수술시간이 3 내지 4시간 정도 소요되고 핵심부분의 수술은 항상 담당과장 등 경험이 많은 전문의가 시행하여야 하는 상당히 고난도의 수술로서 출혈이 심하게 초래될 때 심한 저혈압으로 인한 뇌의 저산소증 또는 중추신경계에 합병증이 있을 수 있는 등 중대하고도 위험한 수술인데도 피고 1등은 위 000에게 수술과정상 발생가능한 실제적인 위험성을 진지하고 성의있게 설명하지 아니하고 완치의 측면만을 강조하여 그 설명이 부족하였고, 위 000의 병은 신체나 생명에 영향을 끼치는 병이 아니고 피고 1의 수술에 임하는 자세도 열과 성을 다하는 모습보다는 쉽게 시행할 수 있는 수술이라는 태도로 임한 사실이 엿보이는 등의 제반 정황에 비추어, 이 사건 수술의 위험성은 위 000이 환자로서 당연히 예측할 수 있는 위험성을 벗어난 정도의 것이므로 결국 이 사건 수술은 환자에 대한 설명의무를 다하지 아니하고 환자의 승낙권을 침범하여 이루어진 위법한 수술이며, (5) 위 000과 같이 척추부위를 절개하여 교감신경을 절제하는 수술을 받은 후 뇌경색이 발생할 원인으로 추정할 수 있는 색전은 심장질환에 기인한 경우, 경동맥내에 형성된 혈전이나 동맥경화덩어리가 떨어져 나가 뇌동맥을 막는 경우, 지방색전, 공기색전 등으로 추단할 수 있으나, 위 000이 뇌경색에 이르게된 정확한 원인물질은 선뜻 단정할 수 없는 상태이지만 이 사건 수술과 위 000의 사망 사이에 다른 원인이 개재되었을 가능성은 찾아볼 수 없고, 위 000이 이 사건 다한증 외에는 특별한 질병없이 정상적인 생활을 하여 왔고 수술전 사전검사에서도 특이한 이상증상이 나타나지 아니한 점, 수술도중 뼈를 통한 색전이 극히 드물지만 발생할 수도 있는데 이 사건의 경우 피고 1이 수술의 일부분을 다른 의사들에게 맡기고 식사를 하느라고 늦게 수술에 참여하여 수술도중 피부 및 근육을 절개해 놓고 기다린 시간이 다소 많이 경과하였으며 위 000이 오랜 수술시간으로 저항력이 다소 떨어질 수밖에 없었던 점, 수술 후 대처가 완벽하였다고 볼 수 없는 점 등 제반 정황에 비추어 보면, 이 사건 수술과정과 위 000의 사망과의 사이에는 상당인과관계가 있다고 판단하여 피고 1에게는 수술 후 사후 대처를 소홀히 하고 설명의무를 소홀히 한 과실이 있는 자로서, 피고 연세대학교는 피고 1의 사용자로서 의료과오로 인한 불법행위 책임이 있음을 인정하였다.

　　2. 원심판결 이유를 기록에 비추어 살펴보면, 원심이 피해자인 소외 망 000이 사망하게 된 원인으로 설시한 의료행위의 과실을 인정한데 상고이유에서 지적한 바와 같은 판결에 영향을 미칠 채증법칙을 위반한 잘못을 찾아볼 수 없고, 원심판결에 상고이유에서 일부 지적하는 바와 같이 수련의들에게만 수술을 맡겼다는 등 표현의 잘못이 있으나, 그러한 잘못은 피고들의 의료행위상의 과실

로 인한 손해배상 책임을 부정할 정도의 잘못으로 보여지지 않는다.

원래 의료행위에 있어서 주의의무 위반으로 인한 불법행위 또는 채무불이행으로 인한 책임이 있다고 하기 위하여는 다른 경우와 마찬가지로 의료행위상의 주의의무의 위반, 손해의 발생 및 주의의무의 위반과 손해의 발생과의 사이의 인과관계의 존재가 전제되어야 한다고 할 것이다. 그러나 의료행위가 고도의 전문적 지식을 필요로 하는 분야이고, 그 의료의 과정은 대개의 경우 환자본인이 그 일부를 알 수 있는 외에 의사만이 알 수 있을 뿐이며, 치료의 결과를 달성하기 위한 의료기법은 의사의 재량에 달려 있기 때문에 손해발생의 직접적인 원인이 의료상의 과실로 말미암은 것인지 여부는 전문가인 의사가 아닌 보통인으로서는 도저히 밝혀낼 수 없는 특수성이 있어서 환자측이 의사의 의료행위상의 주의의무위반과 손해의 발생 사이의 인과관계를 의학적으로 완벽하게 입증한다는 것은 극히 어려우므로, 이 사건에 있어서와 같이 환자가 치료도중에 사망한 경우에 있어서는 피해자측에서 일련의 의료행위 과정에 있어서 저질러진 일반인의 상식에 바탕을 둔 의료상의 과실있는 행위를 입증하고 그 결과와 사이에 일련의 의료행위외에 다른 원인이 개재될 수 없다는 점, 이를테면 환자에게 의료행위 이전에 그러한 결과의 원인이 될 만한 건강상의 결함이 없었다는 사정을 증명한 경우에 있어서는, 의료행위를 한 측이 그 결과가 의료상의 과실로 말미암은 것이 아니라 전혀 다른 원인으로 말미암은 것이라는 입증을 하지 아니하는 이상, 의료상 과실과 결과 사이의 인과관계를 추정하여 손해배상책임을 지울 수 있도록 입증책임을 완화하는 것이 손해의 공평·타당한 부담을 그 지도원리로 하는 손해배상제도의 이상에 맞는다고 하지 않을 수 없다.

따라서 원심이 설시하고 있는 바와 같이 위 000의 사망원인인 뇌경색이 이 사건 수술후에 일어났으며, 이 사건 수술과 위 000의 사망 사이에 다른 원인이 개재되었을 가능성은 찾아 볼 수 없고, 위 000이 이 사건 다한증 외에는 특별한 질병없이 정상적인 생활을 하여 왔고 수술전 사전검사에서도 특이한 이상증상이 나타나지 아니하였는데, 이 사건 치료과정에 있어서 피고 1이 수술의 일부분을 다른 의사들에게 맡기고 늦게 수술에 참여하여 수술 도중 피부 및 근육을 절개해 놓고 기다린 시간이 다소 많이 경과하는 등 수술과정에 있어 소홀한 점이 있었으며 수술 후 사후대처가 소홀했다는 원심 인정사실을 종합하여 보면, 결국 위 000의 사망은 피고 1의 이 사건 수술과정에서의 잘못으로 인한 것이라 추정할 수밖에 없고, 의료전문가가 아닐 뿐 아니라 수술과정에 참여한 바도 없는 원고들이 피고 1의 과실을 정확하게 지적하고 전문적인 지식을 동원하여 망인의 사망의 원인을 밝혀 내지 못하였다고 하여 피고들의 손해배상 책임을 부정할 수는 없다고 하겠다.

　　한편 의사는 환자에게 수술 등 인체에 위험을 가하는 행위를 함에 있어 그에 대한 승낙을 얻기 위한 전제로서 환자본인 또는 그 가족에게 그 질병의 증상, 치료방법의 내용 및 필요성, 발생이 예상되는 위험 등에 관하여 당시의 의료수준에 비추어 상당하다고 생각되는 사항을 설명하여 그 환자가 필요성이나 위험성을 충분히 비교하여 그 의료행위를 받을 것인가의 여부를 선택할 수 있도록 하여야 할 의무가 있고, 의사가 위 의무를 위반한 채 수술 등을 하여 환자에게 사망 등의 중대한 결과가 발생한 경우에 환자측에서 선택의 기회를 잃고 자기결정권을 행사할 수 없게 된 데 대한 위자료만을 청구하는 경우에는 의사의 설명결여 내지 부족으로 선택의 기회를 상실하였다는 사실만을 입증함으로써 족하고, 설명을 받았더라면 사망 등의 결과는 생기지 않았을 것이라는 관계까지 입증할 필요는 없으나, 그 결과로 인한 모든 손해를 청구하는 경우에는 그 중대한 결과와 의사의 설명의무위반 내지 승낙취득 과정에서의 잘못과의 사이에 상당인과관계가 존재하여야 하며, 그 때의 의사의 설명의무 위반은 환자의 자기결정권 내지 치료행위에 대한 선택의 기회를 보호하기 위한 점에 비추어 환자의 생명, 신체에 대한 구체적 치료과정에서 요구되는 의사의 주의의무위반과 동일시 할 정도의 것이어야 한다(대법원 1994.4.15. 선고 93다60953 판결 참조).

　　따라서 위자료만이 아닌 전손해의 배상을 구하는 이 사건의 경우에는 피고 1의 설명의무의 위반이 구체적 치료과정에서 요구되는 의사의 주의의무의 위반과 동일시할 정도의 것이어야 하고 그러한 위반행위와 위 000의 사망과의 사이에 인과관계가 존재함이 입증되어야 할 것이지만, 원심은 그 판결이유에서 보는 바와 같이 이러한 설명의무위반 만이 위 000이 사망한 유일한 원인이 되었다고 판단한 것이 아니라 수술에 이르게 된 과정에 그러한 잘못도 있다는 취지이므로, 이를 소외 망 000의 사망의 원인으로 하나로 보았다고 하여 이를 잘못이라고 할 수 없고, 위에서 본 바와 같이 소외 망 000의 사망이 피고측의 의료상의 과실로 말미암은 것으로 추정되는 이상 원심의 판단은 결국 정당하다고 하겠다.

　　원심판결에 손해배상의 범위, 인과관계, 설명의무와 관련한 법리오해의 위법이 있다고 할 수 없다. 이 점을 지적하는 상고이유는 모두 받아들일 수 없다.

　　3. 손해배상청구사건에서 피해자에게 손해의 발생이나 확대에 관하여 과실이 있는 경우에는 배상책임의 범위를 정함에 있어서 당연히 이를 참작하여야 할 것이나, 과실상계 사유에 관한 사실인정이나 그 비율을 정하는 것은, 그것이 형평의 원칙에 비추어 현저히 불합리하다고 인정되지 아니하는 한, 사실심의 전권사항에 속한다 할 것이다. 그러나 원심이 과실상계 사유로서 인정한 소외 망

000이 피고 1등의 위에서 본 바와 같은 부족한 설명만을 듣고 수술을 받다가 이 사건 의료사고를 당하게 된 사실은, 위에서 판단한 바와 같이 피고의 설명의무위반을 이 사건 사고의 유일한 원인으로 보지 않은 이 사건에 있어서, 원심이 인정한 과실상계의 비율은 형평의 원칙에 비추어볼 때 오히려 과도하다는 생각이 들지언정 상고이유에서 지적하는 바와 같이 과소하다고 보여지지는 아니하므로 이 점을 지적하는 상고이유도 받아들일 수 없다.

[판결 4]에 관하여 생각할 점

1. 이 사안에서 법원은 과실과 인과관계의 증명을 어떻게 완화하고 있는가?
2. 법원의 논리는 결국 "치료과정에 있어서 피고 1이 수술의 일부분을 다른 의사들에게 맡기고 늦게 수술에 참여하여 수술 도중 피부 및 근육을 절개해 놓고 기다린 시간이 다소 많이 경과하는 등 수술과정에 있어 소홀한 점이 있었으며 수술 후 사후대처가 소홀했다는" 점이 환자를 사망에 이르게 하였다는 것이다. 동의하는가?
3. 설명의무는 환자의 자기결정권 보호를 위하여 부과되는 것이다. 그런데 만약 의사가 환자에게 매우 친절하고 구체적으로, 그러나 매우 전문적으로 설명을 행하여 환자가 이를 제대로 이해하지 못하였다면 어떠한가? 이때 의사는 설명의무를 다한 것인가? 만약 의사가 이해하기 쉽게 설명하였는데도 환자가 자신의 지적 능력 부족으로 이를 제대로 이해하지 못하였다면 의사는 설명의무를 다한 것인가?
4. 「약관의 규제에 관한 법률」 제3조와 「자본시장과 금융투자업에 관한 법률」 제47조를 읽어보라. 이 조항들에서도 「설명의무」에 관하여 규정하고 있다. 이러한 설명의무를 이행하지 않았을 때 어떤 효과가 발생하는가? 의사의 설명의무 불이행의 경우와 비교하여 보라.

제6장

제조물책임, 환경침해책임

I. 제조물책임

1. 의   의

제조물책임은 통상적으로 기대되는 안전성을 결여한 제조물의 결함으로 인하여 생명, 신체나 해당 제조물 외의 다른 재산에 발생한 손해에 대하여 제조업자 등에게 지우는 손해배상책임이다. 제조물책임의 법리는 제조물이 대규모로 생산, 유통되는 현대사회에서 소비자들이 제조물의 결함으로 인하여 입게 되는 손해를 보다 용이하고 실질적으로 전보 받도록 해 준다. 이러한 법리는 소비자를 더욱 강하게 보호하는 만큼 제조업자에게는 이에 상응하는 무거운 의무와 책임을 부담시킨다. 그러나 제조업자는 제조물의 설계, 제조, 유통과정에서 제조물에 수반되는 위험에 대해 더 많은 정보와 통제가능성을 가지고 있으므로 일반적으로 더 적은 비용으로 그 위험을 감소시킬 수 있는 지위에 있다. 제조물책임의 법리는 이처럼 위험을 더 쉽게 감소시킬 수 있는 제조업자에게 제조물의 안전성을 높일 인센티브를 부여한다. 또한 제조업자는 그 위험에 비례하여 가격을 책정함으로써, 그 가격을 지불하고 제조물을 구입할 용의가 있는 소비자들에게 그 부담을 전가할 길도 열려 있다. 이러한 이유로 제조업자에게 제조물책임을 부담시키는 것은 충분히 정당화될 수 있다.

과거 우리나라에는 제조물책임에 관한 특별법이 존재하지 않았다. 따라서 제조물책임도 민법의 일반적인 법리에 기초하여 해결되었다. 그런데 현대 사회에 있어서 제조물은 여러 경로와 단계를 거쳐서 유통되기 때문에 제조업자와 소비자 사이에는 직접적인 매매계약관계가 존재하지 않는 경우가 많다. 피해자인 소비자가 매매계약 당사자가 아닌 제조업자를 상대로 직접 계약책임을 물을 수는 없으므로 제조물책임은 불법행위 규정에 기초하여 해결될 수밖에 없다. 그런데 이때에는 피해자가 제조업자의 과실 및 그와 손해 사이의 인과관계를 증명해야 하는 부담이 있다. 특히 제품의 제조 및 설계상의 과실은 그 생산과정에 직접 참여하지 않고 전문성도 갖추지 못한 일반 소비자의 입장에서는 밝히기가 여간 어려운 것이 아니다. 그러한 과실과 손해발생 사이의 인과관계도 과학적·기술적으로 증명하기 어려운 경우가 많다.

　　이에 법원은 제조자에게 결함이 없는 제품을 만들어 사고발생을 미연에 방지할 실체법상 주의의무를 인정한 뒤,[1] 그 과실과 인과관계에 대한 증명책임을 완화하여 피해자의 보호를 도모하여 왔다. 즉 "그 제품이 정상적으로 사용하는 상태에서 사고가 발생한 경우 소비자 측에서 그 사고가 제조업자의 배타적 지배 하에 있는 영역에서 발생하였다는 점과 그 사고가 어떤 자의 과실 없이는 통상 발생하지 않는다고 하는 사정을 증명하면, 제조업자 측에서 그 사고가 제품의 결함이 아닌 다른 원인으로 말미암아 발생한 것임을 증명하지 못하는 이상 그 제품에게 결함이 존재하며 그 결함으로 말미암아 사고가 발생하였다고 추정하여 손해배상책임을 지울 수 있도록" 증명책임을 완화한 것이다.[2] 이처럼 결함이 있으면 과실을 추정하는 방식으로 증명책임을 완화하는 법리를 통하여 제조물책임은 일반 불법행위책임의 토대 위에 있으면서도 무과실책임에 근접하는 독특한 법리로 발달하게 되었다. 물론 이는 우리나라에만 특유한 법리는 아니었다. 미국은 자동차 부품결함으로 발생한 사고에 대해 피해자가 계약관계가 없는 제조자에게 직접 책임을 물을 수 있도록 허용한 1916년 Macpherson v. Buick 판결[3] 이래 제조물책임에 대한 법리가 꾸준히 발달되어 왔고, 유럽에서도 관련 법리가 꾸준히 형성되어 오다가 1985년 7월 「제조물책임에 관한 EC 지침」[4]이 채택되면서 각 회원국들이 이 지침을 토대로 제조물책임에 관한 국내법을 정비하여 왔다.

---

1) 대판 1979.12.26, 79다1772 등.
2) 대판 2000.2.25, 98다15934; 대판 2004.3.12, 2003다16771; 대판 2006.3.10, 2005다31361; 대판 2013.9.26, 2011다88870.
3) 217 N.Y. 382, 111 N.E. 1050 (1916).
4) The Product Liability Directive 85/374/EEC.

우리나라에서도 2002. 7. 1.부터 제조물 책임법이 시행되기에 이르렀다. 그런데 제조물 책임법의 시행이 기존 법리에 근본적인 변화를 가져오는 것은 아니다. 제조물 책임법은 제조물의 결함으로 인하여 생명·신체 또는 재산에 손해(당해 제조물에 대해서만 발생한 손해를 제외한다)를 입은 자에게 그 손해를 배상하게 하는데(제조책 제3조 제1항, 이하 제조물책임에 관한 설명에서는 법명 생략), 이는 기존 판례 법리의 태도와도 크게 다르지 않다. 위에서 살펴보았듯이 제조물 책임법 시행 이전에도 우리나라 판례는 불법행위법의 틀 안에서 과실과 인과관계에 대한 증명책임을 완화하여 제조업자의 손해배상책임을 판단함으로써 사실상 동법에 규정된 것과 유사한 법리를 적용하여 왔다.[5] 물론 종전의 법리에서 결함은 불법행위의 요건인 과실을 추정하는 도구였던 반면, 현행법에서 결함은 그 자체가 손해배상책임의 성립 요건으로 격상되기는 하였지만, 결함 판단이 핵심적 지위를 차지한다는 점에서는 변함이 없다. 따라서 제조물 책임법의 시행 이전의 재판례들도 제조물책임의 법리를 이해하는 데에 요긴한 자료가 될 수 있다.

물론 제조물 책임법의 시행이 전혀 의미가 없는 것은 아니다. 제조물 책임법의 시행으로 제조물책임의 법리는 법률이라는 틀 아래에서 더욱 큰 체계성과 안정성을 부여받게 되었다. 또한 제조상 결함에 대한 무과실책임의 인정(제2조 제2호 가목), 책임주체의 확장(제2조 제3호, 제3조 제2항), 면책사유의 제한(제6조) 등은 종전의 판례가 인정하는 제조물책임보다 소비자를 더욱 강하게 보호하여 준다.[6] 아울러 2017년 3월 30일 국회 본회의를 통과한 제조물 책임법 일부개정법률안은 제조업자가 제조물의 결함을 알면서도 필요한 조치를 취하지 아니하여 생명 또는 신체에 중대한 손해를 입은 자가 있는 경우 손해의 3배 범위 내에서 배상책임을 지게 하고(제3조 제2항), 피해자가 ① 제조물 정상 사용 중 손해가 발생하였고, ② 그 손해가 제조업자의 실질적 지배영역에 속한 원인으로부터 초래되었으며, ③ 그 손해가 해당 제조물의 결함 없이는 통상 발생하지 않는다는 점을 증명하면 결함의 존재와 인과관계를 추정하도록 하는

---

5) 가령 제조물 책임법이 적용되지 않았던 사안을 다룬 대판 2003.9.5, 2002다17333은 현행 제조물 책임법이 제시하고 있는 결함의 유형(제조상 결함, 설계상 결함, 표시상 결함)에 기초하여 제조물책임 여부를 판단하고 있다.

6) 양창수, "한국의 제조물책임법", 법학(서울대) 42-2, 2001, 107.

규정(제3조의2)을 신설함으로써 소비자 보호의 이념을 더욱 강화하고 있다.

한편 제조물책임이 소비자들의 안전을 담보하는 유일한 방안은 아니다. 불법행위법이 대체로 그러하듯이 제조물 책임법 역시 제조물안전에 관한 각종 행정법규나 제조물의 회수(recall) 등과 함께 유기적으로 얽혀 소비자들의 안전을 도모한다는 점을 기억할 필요가 있다. 이를 염두에 두고 제조물 책임법의 내용에 대해서 살펴본다.

2. 적용범위

(1) 제조물에 적용

제조물 책임법은 제조물에 대하여 적용된다. 제조물은 "제조되거나 가공된 동산(다른 동산이나 부동산의 일부를 구성하는 경우를 포함한다)"을 말한다(제2조 제1호). 이 법은 부동산, 무형의 서비스나 정보, 미가공된 농산물 등에는 적용되지 않는다. 또한 이 법은 다른 동산이나 부동산의 일부를 구성하는 동산도 제조물로 취급한다. 원래 여러 개의 물건이 결합하여 구성된 합성물은 그 결합이 해체되지 않는 이상 법률상 하나의 물건으로 다루어지므로 그 구성부분의 물건성은 그 범위 내에서 상실된다. 그런데 제조물 책임법에서는 그 구성부분을 이루는 물건도 제조물의 범주에 포함시켜 제조물책임의 성립 가능성을 열어두고 있다. 가령 자동차의 결함으로 사고가 발생하였다면, 자동차뿐만 아니라 그 자동차를 구성하는 부품의 결함 자체에 대한 제조물책임을 묻는 것이 가능해진다. 전기는 관리할 수 있는 자연력으로 동산에 해당하므로(민법 제98조, 제99조 참조) 제조물에 포함된다. 그러나 소프트웨어(software) 그 자체는 동산에 해당하지 않으므로 제조물에 포함되지 않는다.

한편 이 법 부칙 제2조에 따르면 이 법은 법 시행 후 제조업자가 최초로 공급한 제조물부터 적용된다. 그러므로 제조물 책임법 시행 전 공급한 제조물에 대하여는 이 법이 적용되지 않는다. 하지만 그 경우에도 현행 제조물 책임법의 내용과 대동소이한 종전의 불법행위 법리가 적용되므로 결론에 있어서는 큰 차이가 없을 것이다.

(2) 민법에 우선하여 적용

제조물 책임법은 민법의 특별법이다. 따라서 민법에 우선하여 적용된다.

물론 이 법이 민법의 적용을 전적으로 배제하는 것은 아니다. 제조물 책임법에서 규정하지 않는 사항은 여전히 민법의 규정에 의한다(제8조).

3. 결함의 판단

(1) 결함의 개념

제조물책임은 결함 있는 제품으로 발생한 손해에 대한 책임이다. 우리나라를 포함하여 세계적으로 증명책임의 경감, 무과실책임의 인정 등을 통하여 가급적 제조업자에게 엄격한 책임을 지우고 소비자의 보호를 두텁게 하려는 경향이 발견된다. 이러한 경향이 강해질수록 책임발생의 요건은 주관적인 과책(過責)이 아니라 객관적인 결함의 존재에 초점이 맞추어진다. 이와 같은 이유 때문에 「결함」은 제조물책임에서 가장 핵심적인 개념으로 자리 잡고 있다. 대부분의 제조물 관련 소송에서 결함의 존재 여부가 핵심적인 쟁점으로 다루어진다.

제조물의 결함은 제조물에 통상적으로 기대되는 안전성이 결여된 상태를 의미한다. 결함은 민법 제580조 등에서 말하는 하자와는 구별되는 개념이다. 하자는 그 물건의 용도적합성 또는 상품적합성이라는 관점에서 바라보는 개념인 반면, 결함은 그 물건의 안전성이라는 관점에서 바라보는 개념이다.[7] 하자와 결함은 동시에 존재할 수 있지만 언제나 그러한 것은 아니다. 따라서 하자가 있는 물건이라고 하여 늘 안전성이 결여되어 있는 것은 아니고,[8] 반대로 안전성이 결여된 물건이라고 하여 늘 하자가 있다고 할 수도 없다.[9] 그러므로 제조물책임의 법리(가령 증명책임 완화 법리)는 하자담보책임에 적용되지 않는다.[10]

이러한 결함의 판단은 제조 당시의 기술 수준과 경제성에 비추어 이루어진다. 완전무결한 제품을 만드는 것이 기술 수준에 비추어 불가능하거나 극히 곤란할 수 있고, 또한 그것이 가능하더라도 지나치게 많은 비용이 들어가서 이

---

7) 대판 2000.7.28, 98다35525.
8) 예컨대 가구에 긁힌 자국이 있다면 하자는 존재하지만 결함이 존재한다고는 할 수 없다.
9) 예컨대 쇄절기의 성능이 우수하고 고장도 없어 그 본래 용도에 적합하지만 사용과정에서 사고위험이 존재하고 이를 좀더 안전하게 설계할 수 있었다면 하자는 존재하지 않지만 결함은 존재한다고 할 수 있다.
10) 대판 2011.10.27, 2010다72045는 하자담보책임에 제조물책임의 증명책임 완화 법리가 유추 적용되지 않는다고 한다.

를 강제하는 것이 비효율적일 수도 있다. 위와 같은 경우에는 결함을 인정하기 어려울 것이다.

(2) 결함의 유형과 판단기준

우리나라의 제조물 책임법은 미국의 제3차 불법행위법 리스테이트먼트의 영향 아래 결함을 제조상 결함, 설계상 결함, 표시상 결함의 세 가지로 구분한다.[11] 그러나 이 세 가지 유형 중 어디에 속하지 않더라도 제조물에 통상적으로 기대할 수 있는 안전성이 결여된 상태라면 결함의 존재가 인정될 수 있다. 즉 제조물 책임법 제2조 제2호에서도 위 세 가지 유형의 결함 이외에도 "기타 통상적으로 기대할 수 있는 안전성이 결여되어 있는 것"을 결함의 범주에 포함시킨다. 여러 유형의 결함이 동시에 존재하는 경우 소비자는 그중 하나, 또는 여러 개를 주장할 수 있다.

(가) 제조상 결함은 제조업자의 제조물에 대한 제조·가공상 주의의무의 이행 여부에 불구하고 제조물이 원래 의도한 설계와 다르게 제조·가공됨으로써 안전하지 못하게 된 경우이다(제2조 제2항 가호). 이러한 결함은 해당 제조물과 설계도, 또는 해당 제조물과 정상적으로 제조, 가공된 동종의 다른 제조물을 비교함으로써 증명할 수 있으므로, 결함 여부의 판단이 비교적 용이하다. 법은 "제조·가공상의 주의의무의 이행여부에 불구하고"라는 문구를 사용하여 제조상 결함에 대한 책임이 무과실책임임을 명백히 하고 있다.

(나) 설계상 결함은 제조업자가 합리적인 대체설계(reasonable alternative design)를 채용하였더라면 피해나 위험을 줄이거나 피할 수 있었음에도 대체설계를 채용하지 아니하여 그 제조물이 안전하지 못하게 된 경우이다(제2조 제2항 나호). 설계상 결함을 판단할 때 가장 중요한 것은 합리적인 대체설계가 가능하였는가 하는 점이다. 이때 합리적인 대체설계가 가능한지는 제품의 특성 및 용도, 제조물에 대한 사용자의 기대와 내용, 예상되는 위험의 내용, 위험에 대한 사용자의 인식, 사용자에 의한 위험회피의 가능성, 대체설계의 가능성 및

---

11) Restatement of the Law Third, Torts: Product Liability 제2조. 반면 EC 지침 제6조 제1항에서는 "제조물은 (a) 그 제조물의 표시, (b) 그 제조물에 합리적으로 기대될 수 있는 용도, (C) 그 제조물이 유통에 놓인 시기 등을 포함한 일체의 사정을 고려하여 일반인이 기대하는 정당한 안전성을 갖추지 않은 때에는 결함이 있다."고 규정하여 결함의 개념을 통일적으로 정의하고 있고, 일본 제조물 책임법 제2조 제2항 역시 같은 태도이다.

경제적 비용, 채택된 설계와 대체설계의 상대적 장단점 등의 여러 사정을 종합적으로 고려하여 판단해야 하므로, 설계상 결함은 제조상 결함에 비해서 훨씬 복잡하고 어려운 판단과정을 요구한다. 이러한 불명확성 때문에 설계상 결함은 제조물책임소송에서 가장 첨예한 쟁점으로 다루어지는 경우가 많다. 설계상 결함은 제조상 결함과 달리 결함 판단에 있어서 단순히 제조물의 안전성, 내구성 결여뿐만 아니라 제조업자가 일정한 주의의무를 위반하였는지 여부에 대한 검토가 포함된다는 점에서 설계상 결함으로 인한 제조물책임은 과실책임적 성격을 가진다.

(다) 표시상 결함은 제조업자가 합리적인 설명·지시·경고 기타의 표시를 하였더라면 그 제조물에 의하여 발생될 수 있는 피해나 위험을 줄이거나 피할 수 있었음에도 이를 하지 아니한 경우이다(제2조 제2항 다호). 경고 등의 표시는 위험의 존재와 본질을 특정하고(특정성), 합리적인 사람으로 하여금 위험을 인식하고 주의할 정도의 강도(강렬성)를 갖추어야 한다. 표시상 결함 역시 제조상 결함과 달리 제조업자가 피해나 위험을 줄이거나 피할 수 있었는데도 이를 하지 않았을 것이 요구되므로, 표시상 결함으로 인한 제조물책임도 과실책임적 성격을 가진다.

한편 제조업자는 제조물이 유통된 이후 발견된 결함에 대해서 사후적으로 경고할 의무를 부담하는가? 이에 대해 법 제4조 제2항에서는 제작물을 공급한 후에 그 제조물의 결함을 알거나 알 수 있게 되었다면 그 결함에 의한 손해의 발생을 방지하기 위한 적절한 조치를 할 의무가 있다고 규정한다. 여기에서의 적절한 조치에는 결함 및 이로 인한 위험을 널리 알리거나 제조물을 회수(recall)하는 행위 등이 포함된다. 어느 정도의 결함이 있을 때 이러한 의무가 발생하는가 하는 점은 명백하지 않다. 결함이 내포하는 위험의 속성과 규모가 그 위험을 널리 알리는 데 들어가는 비용을 정당화할 정도에 이르러야 할 것이다.

(3) 증명책임의 완화

증명책임 분배의 원칙에 따르면 제조물책임에 기한 손해배상을 구하는 자가 결함의 존재, 손해의 발생, 결함과 손해 사이의 인과관계를 주장, 증명해야 한다. 그러나 소비자의 입장에서는 전문적인 지식이나 기술, 제조물에 관련된 정보 등을 지니고 있지 않으므로 결함의 존재나 결함과 손해 사이의 인과관계를 증명하는 것이 매우 어려울 수 있다. 반면 제조업자는 제조물에 관련된 전문적인 지식이나 기술, 정보를 가지고 있고 소송과정에서 이를 제출하는 것도 어렵지 않다. 따라서 제조물책임소송에서는 소비자의 증명책임을 완화해 줄 필요성이 적지 않다. 이러한 배경 아래 우리나라 대법원은 제조물 책임법이 시행되기 전부터 이미 제조물책임에 있어서 증명책임의 완화를 인정하여 왔다. 아래 [판결 1]은 이러한 법리를 설시한 대표적 판결이다. 법 제3조의2는 이를 입법한 것이다.

[판결 1] 결함의 판단사례 1: 대판 2000.2.25, 98다15934

제1, 2점에 대하여

원심판결 이유에 의하면 원심은, 원고가 1994. 10. 13. 소외 1과 사이에, 소외 1 소유의 부산 영도구 신선동 2가 67의 7 지상 철근콘크리트조 슬래브지붕 2층 주택에 관하여 화재, 도난, 폭발 등으로 인한 손해가 발생한 경우 원고가 이를 보상하기로 하는 내용의 장기종합보험계약을 체결하면서, 보험가입금액은 금 100,000,000원, 보험기간은 1994. 10. 13.부터 2004. 10. 13.까지로 약정하고 그 무렵 소외 1로부터 제1회 보험료를 지급받은 사실, 소외 1의 딸인 소외 2는 1996. 7. 3. 12:00경 이 사건 건물 내 2층 안방에서 피고 회사가 제조한 16″비디오비전(V.T.R 겸용의 텔레비전, 이하 '이 사건 텔레비전'이라 한다)을 시청하고 있던 중, 갑자기 이 사건 텔레비전 뒤편에서 검은 연기가 피어 올라 동작스위치를 끄고 전원플러그를 뽑았으나, 곧이어 이 사건 텔레비전에서 '펑'하는 폭발음과 함께 불이 솟아 오르면서 커튼에 옮겨 붙어 급기야 위 건물의 2층 내부와 그 안의 가재도구가 전소한 사실, 위 사고는, 이 사건 텔레비전 수상관(일명, 브라운관) 내의 전자총 부분(고전압이 걸려 있음)이 누전으로 인하여 폭발하면서 발생한 것으로 추정될 뿐, 그 누전이 발생하게 된 경위에 관하여는 규명되지 아니한 사실, 이 사건 텔레비전은 피고 회사가 1988년 말경부터 1990년 초경까지 사이에 제조한 것으로서(모델명 SMV-1600), 소외 1은 화재 발생 약 6년 전에 이를 구입하여 위 사고시까지 사용하여 오면서, 당시까지 이를 수리하거나 내부구조에 변경을 가한 바가 전혀 없는 사실, 원고는 소외 1에게 위 사고로 인한 건물의 피해보험금으로 1996. 7. 24. 금 40,000,000원, 같은 해 8월 16일 금 16,531,262원 합계 금 56,531,262원을 지급한 사실을 인정한 다음, 위 인정 사실에 의하면 이 사건 텔레비전의 폭발의 원인이 된 전자총 부분의 누전 경위가 명백히 밝혀지지는 아니하였으나, 이 사건 텔레비전이 위와 같이 이를 정상적으로 수신하는 상태에서 폭발한 이상, 특단의 사정이 없는 한 이 사건 텔레비전은 그 이용시의 제품의 성상이 사회통념상 제품에 요구되는 합리적 안전성을 결여하여 '부당하게 위험한' 것으로서 그 제품에 결함이 있다고 볼 수밖에 없고, 이와 같은 결함은 피고가 이 사건 텔레비전을 제조하여 유통에 둔 단계에서 이미 존재하고 있었다고 추정되므로, 피고는 이 사건 텔레비전의 제조업자로서 그 결함으로 인한 폭발사고로 말미암아 소외 1이 입은 재산상 손해를 배상할 의무가 있고, 나아가 보험자인 원고는 소외 1과의 보험계약에 따라 동인에게 위 사고로 인한 보험금을 지급함으로써 그 지급한 금액 범위 내에서 소외 1의 피고에 대한 손해배상채권을 대위취득하였다고 판단하였다.

무릇 물품을 제조·판매하는 제조업자 등은 그 제품의 구조, 품질, 성능 등에 있어서 그 유통 당시의 기술수준과 경제성에 비추어 기대가능한 범위 내의 안전성과 내구성을 갖춘 제품을 제조·판매하여야 할 책임이 있고, 이러한 안전성과 내구성을 갖추지 못한 결함으로 인하여 소비자에게 손해가 발생한 경우에는 불법행위로 인한 손해배상의무를 부담한다 할 것이다(대법원 1992.11.24. 선고 92다18139 판결 참조).

따라서 물품을 제조·판매한 자에게 손해배상책임을 지우기 위하여서는 위와 같은 결함의 존재, 손해의 발생 및 결함과 손해의 발생과의 사이에 인과관계의 존재가 전제되어야 하는 것은 당연하다. 그러나 고도의 기술이 집약되어 대량으로 생산되는 제품의 경우, 그 생산과정은 대개의 경우 소비자가 알 수 있는 부분이 거의 없고, 전문가인 제조업자만이 알 수 있을 뿐이며, 그 수리 또한 제조업자나 그의 위임을 받은 수리업자에 맡겨져 있기 때문에, 이러한 제품에 어떠한 결함이 존재하였는지, 나아가 그 결함으로 인하여 손해가 발생한 것인지 여부는 전문가인 제조업자가 아닌 보통인으로서는 도저히 밝혀 낼 수 없는 특수성이 있어서 소비자 측이 제품의 결함 및 그 결함과 손해의 발생과의 사이의 인과관계를 과학적·기술적으로 완벽하게 입증한다는 것은 지극히 어렵다.

그러므로 이 사건과 같이 텔레비전이 정상적으로 수신하는 상태에서 발화·폭발한 경우에 있어서는, 소비자측에서 그 사고가 제조업자의 배타적 지배 하에 있는 영역에서 발생한 것임을 입증하고, 그러한 사고가 어떤 자의 과실 없이는 통상 발생하지 않는다고 하는 사정을 증명하면, 제조업자 측에서 그 사고가 제품의 결함이 아닌 다른 원인으로 말미암아 발생한 것임을 입증하지 못하는 이상, 위와 같은 제품은 이를 유통에 둔 단계에서 이미 그 이용시의 제품의 성상이 사회통념상 당연히 구비하리라고 기대되는 합리적 안전성을 갖추지 못한 결함이 있었고, 이러한 결함으로 말미암아 사고가 발생하였다고 추정하여 손해배상책임을 지울 수 있도록 입증책임을 완화하는 것이 손해의 공평·타당한 부담을 그 지도원리로 하는 손해배상제도의 이상에 맞는다 할 것이다.

기록에 비추어 살펴보면, 원심의 위와 같은 사실인정과 판단은 위 법리에 따른 것으로 수긍이 가고, 거기에 상고이유에서 지적하는 바와 같은 제품의 결함과 인과관계에 관한 채증법칙 위배 및 법리오해 등의 위법 등이 있다고 할 수 없다.

이 점을 다투는 상고이유는 모두 받아들일 수 없다.

제3, 4점에 대하여

원심판결 이유를 기록에 비추어 살펴보면, 원심이 이 사건 사고가 소외 1의 오사용(誤使用) 내지 관리소홀로 말미암아 발생한 것이므로 면책되어야 한다는 피고의 주장에 대하여 이를 인정할 만한 증거가 없다는 이유로 배척한 조치는 정당한 것으로 보이고, 또한 원심이 피고가 이 사건 텔레비전의 내구연한을 제품구입일로부터 5년으로 설정하였고, 그 내구연한을 도과한 이후에 이 사건 사고가 발생하였으나, 위 내구연한은 이 사건 텔레비전이 본래의 용도에 따라 정상적으로 성능을 발휘할 수 있는 최소한의 기간을 의미하는 것으로 보여질 뿐, 그 결함으로 인한 손해배상청구권의 권리행사기간 내지 피고의 손해배상채무의 존속기간을 정한 것이라고 볼 수는 없고, 나아가 오늘날 일반 국민에게 널리 보급된 대표적 가전제품인 텔레비전은 제조자가 설정한 내구연한이 다소 경과되었다 하더라도 사회통념상 이를 소비자의 신체나 재산에 위해를 가할 수 있는 위험한 물건으로는 여겨지지 아니하므로 텔레비전의 제조업자는 그 내구연한이 다소 경과된 이후에도 제품의 위험한 성상에 의하여 소비자가 손해를 입지 않도록 그 설계 및 제조과정에서 안전성을 확보해야 할 고도의 주의의무를 부담한다 할 것이어서 이 사건 텔레비전이 비록 그 내구연한으로부터 1년 정도 초과된 상태라 하더라도 그 정상적인 이용 상황 하에서 위와 같이 폭발한 이상, 그 제조상의 결함을 인정함에는 아무런 지장이 없다고 판단한 것도 정당한 것으로 수긍이 가며, 거기에 상고이유가 지적하는 바와 같은 제조물책임의 면책사유에 관한 사실오인 및 법리오해 등의 위법이 없다.

이 점을 다투는 상고이유도 받아들일 수 없다.

[판결 1]에 관하여 생각할 점

1. 이 사건에서 결함의 존재에 관한 간접사실들로는 어떠한 것들이 있는가? 어떠한 간접사실들이 책임을 인정하기에 유리한 것들인가? 어떠한 간접사실들이

책임을 부정하기에 유리한 것들인가?

2. 제품의 내구연한이 제조물책임의 존속기간이라고 볼 여지는 없는가? 내구연한
   이 경과한 경우 제품의 품질이 떨어져 손해발생의 개연성이 높아진다면, 이러
   한 손해발생은 제조업자의 표시에도 불구하고 스스로 이를 사용한 소비자가 감
   수해야 마땅한 것이 아닌가?

[판결 2] 결함의 판단사례 2: 대판 2003.9.5, 2002다17333

1. 원심판결 이유에 의하면, 원심은 채용 증거들에 의하여 이 사건 헬기의
조종사들이 시계가 불량한 관계로 시계비행방식을 포기하고 계기비행방식으로
전환하여 기온이 영하 8℃까지 내려가는 고도 6000피트 상공을 비행함에 있어
서 피토트 튜브(pitot/static tube, 動靜壓管)의 결빙을 방지하기 위한 피토트 히트
(pitot heat)를 작동시키지 아니하였고, 이로 말미암아 피토트 튜브가 얼어 헬기
의 실제 속도와 달리 속도계에 나타나는 속도가 감소하고 또한 속도계와 연동
하여 자동으로 작동하는 스태빌레이터(Stabilator)의 뒷전이 내려가면서 헬기의
자세도 앞쪽으로 기울어졌는데 조종사들이 이러한 상황을 제대로 파악하지 못
한 채 속도계상 헬기의 속도가 떨어지는 것을 보고 속도를 증가시키려고 출력
을 높임으로써 헬기가 급강하하게 되었으며, 조종사들이 뒤늦게 헬기의 자세를
회복하려고 시도하는 과정에서 헬기의 주회전날개 중 하나가 후방 동체에 부딪
혀 헬기가 추락하게 되었던 사실을 인정하였다.

기록에 비추어 살펴보면, 사고의 경위에 관한 원심의 위와 같은 사실인정은
정당한 것으로 수긍이 가고, 거기에 채증법칙을 위반하고 심리를 다하지 아니하
여 사실을 잘못 인정한 위법이 있다거나 입증책임의 분배에 관한 법리를 오해
한 위법이 있다고 할 수 없다.

2. 일반적으로 제조물을 만들어 판매하는 자는 제조물의 구조, 품질, 성능
등에 있어서 현재의 기술 수준과 경제성 등에 비추어 기대가능한 범위 내의 안
전성을 갖춘 제품을 제조하여야 하고, 이러한 안전성을 갖추지 못한 결함으로
인하여 그 사용자에게 손해가 발생한 경우에는 불법행위로 인한 배상책임을 부
담하게 되는 것인바, 그와 같은 결함 중 주로 제조자가 합리적인 대체설계를 채
용하였더라면 피해나 위험을 줄이거나 피할 수 있었음에도 대체설계를 채용하
지 아니하여 제조물이 안전하지 못하게 된 경우를 말하는 소위 설계상의 결함
이 있는지 여부는 제품의 특성 및 용도, 제조물에 대한 사용자의 기대의 내용,
예상되는 위험의 내용, 위험에 대한 사용자의 인식, 사용자에 의한 위험회피의

가능성, 대체설계의 가능성 및 경제적 비용, 채택된 설계와 대체설계의 상대적 장단점 등의 여러 사정을 종합적으로 고려하여 사회통념에 비추어 판단하여야 할 것이다.

이와 같은 법리와 기록에 비추어 살펴보면, 이 사건 헬기에 대체설계로서 ① 피토트 히트 자동작동장치(pitot heat auto activation system), ② 피토트 히트 작동지시 및 경고 장치(pitot heat indication system), ③ 피토트 튜브의 결빙을 탐지하는 장치, ④ 피토트 튜브의 결빙시 스태빌레이터가 수동모드로 자동전환하는 장치, ⑤ 자동모드일 경우 스태빌레이터의 작동각도를 25°정도로 최소화하는 장치, 그리고 ⑥ 피토트 튜브의 결빙 등에 대비한 스태빌레이터 경고등 장치 등이 채택되었어야 함에도 이러한 대체설계가 채택되지 아니한 설계상의 결함이 있다는 원고들의 주장을 배척한 원심의 판단은 정당한 것으로 수긍이 가고, 이 사건 헬기는 현재 갖추고 있는 정도의 장치만으로도 통상적인 안전성은 갖춘 것이라 보여진다. 따라서 설계상의 결함으로 인한 불법행위책임에 관한 원심의 판단에 채증법칙을 위반하고 심리를 다하지 아니하여 사실을 잘못 인정한 위법이 있다거나 설계상의 결함에 관한 법리를 오해한 위법, 내지는 판결의 결과에 영향을 미친 판단유탈의 위법이 있다고 할 수 없다.

제조자의 고의 또는 과실을 전제로 하지 않는 엄격책임으로서의 제조물책임은 제조물 책임법(2000. 1. 12. 법률 제6109호)에서 새로이 도입되었고 같은 법 부칙 규정에 의하여 2002. 7. 1. 이후 공급된 제조물에 대하여 적용되는 것이어서 이 사건 헬기에는 적용될 여지가 없다. 따라서 원심에서 판단한 결함으로 인한 책임이란 모두 제조자의 기대가능성을 전제로 한 과실책임의 일환이라 볼 수 있으므로, 원심이 결함으로 인한 책임 이외에 별도로 행위적 측면에서의 과실책임에 관하여 판단을 하지 아니하였다 하여 판단유탈의 위법이 있다고 할 수 없다. 또한, 원심이 결빙탐지(Ice Detected) 경고등이 작동하지 아니한 것이 제조상의 결함에 해당하는지 여부에 대하여 명시적으로 판단하지는 아니하였으나, 기록에 의하더라도 그와 같은 제조상의 결함이 존재한다고 추정할 만한 증거가 부족하다고 보이는 이상 판결 결과에 영향을 미친 판단유탈의 위법이 있다고 볼 수는 없다.

3. 제조상 내지 설계상의 결함이 인정되지 아니하는 경우라 할지라도, 제조업자 등이 합리적인 설명, 지시, 경고 기타의 표시를 하였더라면 당해 제조물에 의하여 발생될 수 있는 피해나 위험을 줄이거나 피할 수 있었음에도 이를 하지 아니한 때에는 그와 같은 표시상의 결함(지시·경고상의 결함)에 대하여도 불법행위로 인한 책임이 인정될 수 있고, 그와 같은 결함이 존재하는지 여부에 대한

판단을 함에 있어서는 제조물의 특성, 통상 사용되는 사용형태, 제조물에 대한 사용자의 기대의 내용, 예상되는 위험의 내용, 위험에 대한 사용자의 인식 및 사용자에 의한 위험회피의 가능성 등의 여러 사정을 종합적으로 고려하여 사회통념에 비추어 판단하여야 할 것이다.

이와 같은 법리와 기록에 비추어 살펴보면, 비행교범(Flight Manual)에서 스태빌레이터의 비정상적인 작동이 일어날 수 있는 점을 경고하고 또한 그에 대처하는 방법을 적절히 설명하고 있으며 한편 이 사건 헬기의 특성상 스태빌레이터의 비정상적인 작동이 피토트 튜브의 결빙 때문에 초래될 수 있음은 조종사들이 쉽게 알 수 있는 내용이므로, 지시·경고상의 결함이 인정되지 아니한다고 본 원심의 판단은 정당한 것으로 수긍이 가고, 거기에 채증법칙을 위반하고 심리를 다하지 아니하여 사실을 잘못 인정한 위법이 있다거나 지시·경고상의 결함에 관한 법리를 오해한 위법, 내지는 판결의 결과에 영향을 미친 판단유탈의 위법이 있다고 할 수 없다.

[판결 2]에 관하여 생각할 점

1. 이 사건은 제조물 책임법이 적용되지 않는 사건이다. 그런데 판결이유를 읽어보면 불법행위책임이 문제되고 있다. 불법행위가 성립하려면 과실이 인정되어야 한다. 하지만 위 판결은 「결함」의 존재 여부에 관하여 집중적으로 다룰 뿐 과실에 대하여는 정면으로 판단하지 않고 있다. 이러한 법원의 태도는 어떻게 이해할 수 있는가?

2. 이 판결에서 언급하는 「결함」은 하자담보책임상 「하자」와 어떻게 구별되는가?

3. 이 사건에서는 설계상 결함의 존재 여부가 주된 쟁점으로 다루어지고 있다. 설계상 결함의 가능성을 줄이려면 가급적 제조물을 안전하게 설계해야 한다. 즉 제조물에 추가적인 안전장치를 더 많이 두면 둘수록 설계상 결함이 인정될 여지는 줄어든다. 그런데 이러한 조치는 필연적으로 비용을 수반하고, 이는 상당 부분 소비자들에게 전가된다. 어떤 안전장치는 발생가능성이 매우 희박한 사고를 방지하기 위한 것일 수도 있다. 또한 제조물이 내재적으로 수반하는 위험을 완전히 없앨 정도까지 안전성을 높이는 것은 불가능하다. 그렇게 하려면 차라리 제조물 자체를 생산하지 않는 것이 최선의 방법일 것이다. 이러한 안전과 효율의 상호관계에 대해서 어떻게 생각하는가? 또한 이 판결은 이러한 긴장관계를 어떤 판단요소에 반영하고 있는가?

4. 사용자의 오작동과 안전장치의 상관관계는 어떠한가? 제조자는 사용자가 해당
   제조물을 비정상적인 방법으로 사용할 것까지 예견하여 이에 대비한 안전장치
   를 할 의무가 있는가? 이와 관련해서 차량급발진 사고에 관한 몇 가지 판결을
   살펴보자. 차량급발진이 과연 늘 사용자의 오작동에 의한 것인지는 의문스럽지
   만, 대판 2004.3.12, 2003다16771에서는 해당 사건에 관하여 급발진 사고가 운
   전자가 비정상적으로 엑셀러레이터 페달을 밟아 발생하였다고 추인한 뒤 제조
   업자의 제조물책임을 부정한 원심판결을 유지하였다(차량 급발진사고를 야기한 운
   전자의 형사책임을 부정한 대판 2008.6.12, 2007도5389와 비교하여 볼 것). 이와 관련
   해서 "쉬프트록(Shift Lock)"을 장착하였더라면 사용자의 오작동으로 인한 급발
   진사고를 방지할 수 있었다는 주장에 대해 어떻게 생각하는가? 대법원은 이에
   대해 어떻게 판단하고 있는가?

[판결 3] 결함의 판단사례 3: 대판 2014.4.10, 2011다22092

　　가. 설계상의 결함이 있는지에 관하여

　　　1) 일반적으로 제조물을 만들어 판매하는 사람은 제조물의 구조, 품질, 성
능 등에 있어서 현재의 기술 수준과 경제성 등에 비추어 기대가능한 범위 내의
안전성을 갖춘 제품을 제조하여야 하고, 이러한 안전성을 갖추지 못한 결함으로
인하여 그 사용자에게 손해가 발생한 경우에는 불법행위로 인한 배상책임을 부
담하게 되는데, 그와 같은 결함 중 주로 제조자가 합리적인 대체설계를 채용하
였더라면 피해나 위험을 줄이거나 피할 수 있었음에도 대체설계를 채용하지 아
니하여 제조물이 안전하지 못하게 된 경우를 말하는 이른바 설계상의 결함이
있는지 여부는 제품의 특성 및 용도, 제조물에 대한 사용자의 기대의 내용, 예
상되는 위험의 내용, 위험에 대한 사용자의 인식, 사용자에 의한 위험회피의 가
능성, 대체설계의 가능성 및 경제적 비용, 채택된 설계와 대체설계의 상대적 장
단점 등의 여러 사정을 종합적으로 고려하여 사회통념에 비추어 판단하여야 할
것이다(대법원 2003.9.5. 선고 2002다17333 판결 등 참조).

　　　2) 원심판결 이유에 의하면 원심은, 담뱃잎을 태워 그 연기를 흡입하는 것
은 담배의 본질적 특성인 점, 담배 연기 중에 포함되어 있는 니코틴과 타르의
양에 따라 담배의 맛이 달라지고 담배소비자는 자신이 좋아하는 맛이나 향을
가진 담배를 선택하여 흡연하는 점, 담배소비자는 안정감 등 니코틴의 약리효과
를 의도하여 흡연을 하는데 니코틴을 제거하면 이러한 효과를 얻을 수 없는 점
등을 고려하면, 설령 니코틴이나 타르를 완전히 제거할 수 있는 방법이 있다 하

더라도 이를 채용하지 않은 것 자체를 설계상의 결함이라고 볼 수 없고, 피고들이 흡연으로 인한 담배소비자의 피해나 위험을 줄일 수 있는 합리적인 대체설계를 채용할 수 있었음에도 이를 채용하지 아니하였다고 인정할 만한 증거가 없으므로, 피고들이 제조한 담배에 설계상 결함이 있다고 보기 어렵다는 취지로 판단하였다.

3) 관련 법리 및 기록에 비추어 살펴보면, 담배의 설계상 결함 등과 관련한 원고들의 주장을 배척한 원심의 판단은 수긍할 수 있고, 거기에 상고이유 주장과 같이 논리와 경험의 법칙을 위반하여 자유심증주의의 한계를 벗어나거나 제조물의 설계상 결함에 관한 법리 등을 오해한 위법이 있다고 할 수 없다.

나. 표시상의 결함이 있는지에 관하여

1) 제조상 내지 설계상의 결함이 인정되지 아니하는 경우라 할지라도, 제조업자 등이 합리적인 설명, 지시, 경고 기타의 표시를 하였더라면 당해 제조물에 의하여 발생될 수 있는 피해나 위험을 줄이거나 피할 수 있었음에도 이를 하지 아니한 때에는 그와 같은 표시상의 결함(지시·경고상의 결함)에 대하여도 불법행위로 인한 책임이 인정될 수 있고, 그와 같은 결함이 존재하는지 여부에 대한 판단을 함에 있어서는 제조물의 특성, 통상 사용되는 사용형태, 제조물에 대한 사용자의 기대의 내용, 예상되는 위험의 내용, 위험에 대한 사용자의 인식 및 사용자에 의한 위험회피의 가능성 등의 여러 사정을 종합적으로 고려하여 사회통념에 비추어 판단하여야 할 것이다(대법원 2003.9.5. 선고 2002다17333 판결 등 참조).

2) 원심판결 이유와 원심이 채택한 증거들에 의하면, 담배는 우리나라에 1600년대 초에 전래되어 그 무렵부터 건조한 담뱃잎을 태워 그 연기를 흡입하는 방식으로 소비되어 왔고, 이러한 담배의 소비방법은 피고들이 담배를 제조하기 이전부터 행하여진 것인 점, 담배가 전래된 무렵부터 흡연이 건강에 해가 될 수 있다는 측면과 정신적·신체적으로 일정한 유용한 기능을 할 수 있다는 측면, 즉 담배의 폐해와 효능에 관한 논란이 계속되어 온 점, 외국에서는 흡연과 폐암 등의 관련성에 관하여 1950년대부터 다수의 역학적 연구결과가 발표되었고, 1962년에는 영국왕립의학회가 흡연의 위험성에 관한 정부 차원의 공식적 보고서를 발표하였으며, 1964년에는 미국의 보건총감보고서에서 흡연이 폐암의 주된 원인이라는 연구결과가 발표된 점, 그 무렵 우리나라에서도 신문 등을 통해 위와 같은 영국과 미국의 보고서 내용이 보도되었고, 그 이후부터 1990년대까지 담배가 건강에 해롭고 폐암 등 다양한 질병의 원인이 되며 사망률을 높인다거나, 담배 연기에 니코틴, 일산화탄소, 벤조피렌, 질소산화물, 잔류 농약 등 유해한 성분이 다량 포함되어 있다는 내용이 신문 등을 통하여 수십 차례 보도

된 점, 더욱이 i) 세계보건기구(WHO)가 1975. 6. 1. 담배에 "흡연은 당신의 건
강에 해롭습니다(Smoking is dangerous to your health)"라는 경고문구를 표시할
것을 권고함에 따라, 피고 대한민국은 1976. 1. 1.부터 제조담배의 담뱃갑 옆면
에 "건강을 위하여 지나친 흡연을 삼갑시다."라는 문구를 표시하였고, ii) 1988.
12. 31. 제정된 담배사업법이 제조담배의 갑포장지에 흡연은 건강에 해롭다는
내용이 명확하게 표현된 경고문구를 표시할 것을 규정함(제25조 제1항)에 따라,
한국담배인삼공사(주식회사로 전환되었다가 민영화 절차를 거쳐 그 명칭이 주식회사
케이티앤지로 변경되었다. 이하 위와 같은 변경 전후를 통틀어 '피고 회사'라고 한다)는
1989. 12. 17.부터 담뱃갑 옆면에 "경고: 흡연은 폐암 등을 일으킬 수 있으며,
특히 임신부와 청소년의 건강에 해롭습니다."라는 경고문구를 표시하였으며, 그
후에도 피고 회사는 국민건강증진법, 청소년보호법 등의 관계 법령에 따라 흡연
이 건강에 해롭다는 내용의 경고문구나 19세 미만 청소년에게 판매를 금지한다
는 내용이 포함된 표시문구를 담뱃갑에 표시한 점, 이러한 언론 보도와 법적 규
제 등을 통하여 흡연이 폐를 포함한 호흡기에 암을 비롯한 각종 질환의 원인이
될 수 있다는 것이 담배소비자들을 포함한 사회 전반에 널리 인식되게 되었다
고 보이는 점, 흡연으로 니코틴에 대한 의존증이 어느 정도 생길 수 있다고 하
더라도, 그 의존의 정도와 유발되는 장해 증상 및 그 강도 등에 비추어 흡연을
시작하는 것은 물론이고 흡연을 계속할 것인지 여부는 자유의지에 따른 선택의
문제로 보일 뿐만 아니라, 흡연을 시작하는 경우 이를 쉽게 끊기 어려울 수도
있다는 점 역시 담배소비자들 사이에 널리 인식되어 있었던 것으로 보이는 점
등을 알 수 있다.

　　3) 이러한 사정 등을 앞서 본 법리에 비추어 보면, 담배제조자인 피고들이
법률의 규정에 따라 담뱃갑에 경고문구를 표시하는 외에 추가적인 설명이나 경
고 기타의 표시를 하지 않았다고 하여 피고들이 제조·판매한 담배에 표시상의
결함이 인정된다고 하기는 어렵다.

　　원심이 이와 같은 취지에서 담배의 표시상 결함 등에 관한 원고들의 주장
을 배척한 조치는 수긍할 수 있고, 거기에 상고이유 주장과 같이 논리와 경험의
법칙을 위반하여 자유심증주의의 한계를 벗어나거나 제조물의 표시상 결함에
관한 법리 등을 오해한 위법이 없다.

[판결 3]에 관하여 생각할 점

1. 이 판결은 이른바 담배소송 사건에 관한 것이다. 이 사건에서는 자발적으로 흡
연하였다가 이로 인하여 폐암 등의 진단을 받은 흡연자들 또는 그 상속인들이

대한민국과 ㈜케이티엔지를 상대로 손해배상청구를 하였다. 이 판결에서는 흡연자들의 흡연과 폐암 사이에 상당인과관계가 있는지, 피고들이 제조·판매한 담배에 결함이 존재하는지, 피고들이 담배가 해롭지 않다고 광고하거나 그 유해성을 감추는 등의 방법으로 흡연을 조장함으로써 불법행위를 하였는지 여부 등이 쟁점으로 문제되었다. 대법원은 피고들의 손해배상책임을 부정한 원심의 결론을 그대로 유지하였다. 여기에 판결이유 중 설계상 결함과 표시상 결함에 대한 부분만 발췌하여 실었다.

2. 원심은 담배소비자가 안정감 등 니코틴의 약리효과를 의도하여 흡연을 하는데 니코틴을 제거하면 이러한 효과를 얻을 수 없는 점 등 담배소비자들의 기대나 의도를 설계상 결함을 부정하는 하나의 요소로 삼고 있고, 대법원 역시 이를 수긍한다. 이처럼 설계상 결함의 판단에 있어서 담배소비자들의 기대나 의도를 고려하는 태도에 대해 어떻게 생각하는가? 비유하자면 약간의 위험이 있는 오지여행상품에서 여행소비자들의 기대나 의도가 그러한 약간의 위험으로부터 오는 약간의 흥분을 느끼고자 하는 데에 있다면 이러한 기대나 의도가 여행상품의 위험성을 법적으로 정당화하는가?

3. 원심은 흡연의 위험성에 대한 담배소비자들의 인식을 하나의 근거로 삼아 표시상 결함을 부정하였고, 대법원 역시 이를 수긍한다. 그런데 담배소비자들이 단지 흡연의 추상적 위험성에 대한 인식만 가지고 있었다면 이를 토대로 표시상 결함을 부정할 수 있는가? 바꾸어 말해 위험성이 알려진 제조물에 대해서는 이를 이유로 제조자의 경고 내지 표시의무가 면제되는가?

4. 책임의 내용

제조업자[12]는 제조물의 결함으로 인하여 생명, 신체 또는 재산에 손해(그 제조물에 대해서만 발생한 손해를 제외한다)를 입은 자에게 그 손해를 배상해야 한다(제3조 제1항, 3배 배상은 제2항). 제조물 자체에 발생한 손해에는 제조물의 결함 때문에 발생한 영업 손실로 인한 손해,[13] 제조물의 결함으로 인한 제조물

---

12) 제조업자는 "가. 제조물의 제조, 가공 또는 수입을 업으로 하는 자, 나. 제조물에 성명, 상호, 상표 또는 그 밖에 식별가능한 기호 등을 사용하여 자신을 가목의 자로 표시한 자 또는 가목의 자로 오인하게 할 수 있는 표시를 한 자"이다(제2조 제3호). 즉 제조업자는 좁은 의미의 제조업자, 가공업자, 수입업자, 표시제조업자로 나눌 수 있다.

13) 대판 2015.3.26, 2012다4824.

수리, 교체에 필요한 비용 상당의 손해[14]가 포함된다. 제조물 자체에 발생한 손해는 하자담보책임과 같은 계약상 책임 또는 경우에 따라서는 일반적인 불법행위 책임의 문제로 해결될 수 있으므로 제조물책임의 문제로 파악되지 않는다.[15]

제조물의 제조업자를 알 수 없는 경우에는 제조물을 영리 목적으로 판매, 대여 등의 방법에 의하여 공급한 자가 보충적으로 손해배상책임을 지게 될 수 있다. 즉 위와 같은 공급자는 제조물의 제조업자 또는 제조물을 자신에게 공급한 자를 알거나 알 수 있었음에도 불구하고 상당한 기간 내에 그 제조업자 또는 공급한 자를 피해자 또는 그 법정대리인에게 고지하지 아니한 때에는 손해를 배상해야 한다(제3조 제3항). 한편 동일한 손해에 대하여 배상할 책임이 있는 자가 2인 이상인 경우에는 연대하여 그 손해를 배상할 책임이 있다(제5조). 여기에서의 연대책임은 공동불법행위에 있어서와 마찬가지로 부진정연대채무의 성격을 가진다.

제조물책임으로 인한 손해배상청구권은 피해자 또는 그 법정대리인이 손해 및 손해배상책임을 지는 자를 안 날로부터 3년 내에 행사해야 한다(제7조 제1항). 또한 제조업자가 손해를 발생시킨 제조물을 공급한 날로부터 10년 내에 이를 행사해야 한다(제7조 제2항). 두 기간 중 어느 하나라도 완성하면 더 이상 손해배상청구권을 행사할 수 없다. 제2항의 기간의 성격에 관하여는 견해가 일치하지 않지만, 판례는 이를 소멸시효기간으로 파악한다.[16]

특기할 만한 것은 제2항의 단서에서 신체에 누적되어 사람의 건강을 해하는 물질에 의하여 발생한 손해 또는 일정한 잠복기간이 경과한 후에 증상이 나타나는 손해에 대하여는 그 손해가 발생한 날부터 기산한다고 규정한 점이다. 이에 대응하는 민법 제766조 제2항에는 이러한 규정이 없지만, 해석론으로는 이와 같이 기산점을 완화하여 피해자의 구제를 도모하여 왔다.[17] 우리 민법은 아마도 일본 제조물 책임법 제5조 제2항을 참조하여 이를 명문으로 규정하고 있다.[18]

---

14) 대판 2019.1.17, 2017다1448.
15) 대판 1999.2.5, 97다26593; 대판 2000.7.28, 98다35525.
16) 대판 1998.5.8, 97다36613.
17) 대판 2001.1.19, 2000다11836.
18) 윤진수, "한국의 제조물책임 — 판례와 입법 —", 법조 51-7, 2002, 68.

5. 면책사유

제조물책임법 제4조 제1항은 제조물책임을 면할 수 있는 경우에 관하여 규정한다. 이에 따르면 제조업자 등이 "1. 제조업자가 해당 제조물을 공급하지 아니하였다는 사실, 2. 제조업자가 해당 제조물을 공급한 당시의 과학·기술수준으로는 결함의 존재를 발견할 수 없었다는 사실,[19] 3. 제조물의 결함이 제조업자가 해당 제조물을 공급한 당시의 법령에서 정하는 기준을 준수함으로써 발생하였다는 사실, 4. 원재료나 부품의 경우에는 그 원재료나 부품을 사용한 제조물 제조업자의 설계 또는 제작에 관한 지시로 인하여 결함이 발생하였다는 사실"을 증명하면 손해배상책임을 면한다. 한편 앞서 언급하였듯이, 제4조 제2항에서는 제작물을 공급한 후에 그 제조물의 결함을 알거나 알 수 있게 되었다면 그 결함에 의한 손해의 발생을 방지하기 위한 적절한 조치를 할 의무가 있다고 규정한다. 이러한 조치의무를 이행하지 않았다면 제4조 제1항에 의해 면책되지 않는다.

이와 같이 법률에 의한 면책사유가 인정되지 않는데도 제조물책임을 배제하거나 제한하는 약정은 무효이다(제6조 본문). 이는 제조업자 등이 자신의 우월한 지위를 이용하여 약관 등의 형태로 특약을 체결함으로써 자신의 책임을 제한 또는 배제하려는 것을 막기 위한 것이다. 다만 자신의 영업에 이용하기 위하여 제조물을 공급받은 자가 자신의 영업용 재산에 대하여 발생한 손해에 관하여 그와 같은 특약을 체결한 경우에는 그 특약은 유효하다(제6조 단서). 이 경우에는 상호간의 지위가 대체로 대등할 뿐만 아니라, 면책되는 손해의 범위가 자기 자신의 영업용 재산에 국한되어 그 부작용이 크지 않기 때문이다.

II. 환경침해책임

1. 개 관

(1) 산업화가 급속도로 진행되고, 환경오염이 자연의 정화능력범위를 벗어

---

19) 이를 이른바 개발위험의 항변이라고 한다.

나면서 환경문제는 큰 관심사가 되었다. 환경과 관련된 문제는 법학의 테두리 안에서도 여러 가지 새로운 문제점들을 제기하고 있다. 지나치게 인간 중심인 관점에서 탐구되어 온 법학 분야에서도 인간과 자연의 공존을 추구하는 관점이 가미되어야 할 필요성이 커지고 있다. 아울러 환경은 단지 현재 세대뿐만 아니라 미래 세대를 위한 것이기도 하고, 특정 국가뿐만 아니라 지구 전체를 위한 것이기도 하다.

헌법 제35조 제1항은 모든 국민이 건강하고 쾌적한 환경에서 생활할 권리를 보장하고, 아울러 국가와 국민이 환경보전을 위하여 노력할 의무를 지우고 있다. 그러한 헌법 정신 아래 환경정책기본법을 비롯하여 여러 공법적 규범들이 환경문제를 다루고 있다. 민법학에서는 이를 주로 생활방해 및 불법행위의 문제로 다루고 있다. 하지만 생활방해에 관한 민법 제217조의 규정은 인접한 사인(私人) 간의 관계에 관한 조항일 뿐 오늘날과 같은 대규모의 복잡한 환경침해를 규율할 수 있는 조항은 아니다. 또한 민법 제750조를 비롯한 불법행위 관련 규정들도 환경침해의 특수성을 염두에 두고 입법된 것이 아닌데다가 환경문제를 규율하기에는 지나치게 일반적이고 추상적이다. 이러한 고려에서 환경침해에 관하여는 다수의 특별법들이 마련되었고, 이들은 과실책임주의를 취하는 일반 불법행위법과 달리 무과실책임주의를 취함으로써 환경보호와 회복에 기여하고자 한다.[20] 특히 2016년 7월 1일부터는 환경오염으로 인한 배상책임에 관하여 『환경오염피해 배상책임 및 구제에 관한 법률(약칭: 환경오염피해구제법)』이 시행되고 있다. 그러나 이러한 특별법으로도 복잡다양한 환경분쟁을 모두 포섭하여 해결할 수는 없다. 특별법에 마련된 손해배상책임 규정 역시 일반적인 불법행위책임 법리에 그 토대를 두고 있다. 그러므로 환경침해 분쟁에서 불법행위의 역할과 비중은 결코 경시할 수 없다.

환경문제는 미시적으로는 과실과 인과관계의 증명,[21] 손해배상범위의 확

---

20) 환경정책기본법 제44조 제1항, 토양환경보전법 제10조의3, 원자력 손해배상법 제3조 제1항, 유류오염손해배상보장법 제5조 제1항, 광업법 제75조 제1항, 수산업법 제82조 참조. 가령 환경정책기본법 제44조에 의하면 환경오염 또는 환경훼손으로 피해가 발생한 경우에는 해당 환경오염 또는 환경훼손의 원인자가 그 피해를 배상해야 한다. 대판 2001.2.9, 99다55434; 대판 2003.6.27, 2001다734 참조.

21) 환경침해는 대기, 물, 토양 등 매개체를 통하여 간접적으로 발생하므로 손해의 발생, 정도, 내용 등이 불명확하고 인과관계의 증명이 복잡, 곤란하다. 환경오염피해구제법은 제9조에서 인과관계의 추정에 관한 규정을 두고 있다.

정[22])부터 거시적으로는 개발과의 상호관계[23]) 및 국경을 넘어선 환경침해 문제에 이르기까지 매우 다양하고 복잡한 양상으로 전개되기 때문에 사법과 공법의 경계를 드나드는 통합적 접근이 요구되고 있다. 그러므로 불법행위법의 한 분야로서 환경침해책임을 다룰 때에도 이러한 공법적 규제와의 상호관계 및 국제적 차원의 접근 필요성을 염두에 둘 필요가 있다.

　　(2) 종래에는 폐수배출이나 대규모 공공사업 등으로 인한 토양 및 해양, 하천의 오염을 원인으로 하는 재산상 손해에 관련된 소송이 전형적인 환경침해소송으로 여겨져 왔다. 해양에서 일어난 선박사고로 인하여 기름이 유출되어 어장 및 그 인근 상권에 타격을 입힌 사례도 이러한 범주에 속한다. 그런데 최근에는 그 외에도 일조, 조망, 소음, 분진과 관련된 소송들이 늘어나고 있다. 이러한 환경관련소송에서 관찰되는 특징은 참을 한도에 입각한 위법성의 판단이다. 이는 침해되는 권리나 이익의 성질과 침해의 정도, 침해행위가 갖는 공공성의 내용과 정도, 그 지역 환경의 특수성, 공법적인 규제에 의하여 확보하려는 환경기준, 침해를 방지 또는 경감시키거나 손해를 회피할 방안의 유무 및 그 난이 정도 등 여러 사정을 고려하여 과연 그 침해의 정도가 사회통념상 일반적으로 수인할 정도를 넘어선 것인지를 보아 환경침해의 위법성을 판단한다는 것을 의미한다.[24] 한편 고의나 과실의 판단은 참을 한도 이론을 매개로 위법성 판단에 합체되는 경향을 보인다. 참을 한도 이론은 모든 사건에 일률적으로 적용될 수 있는 고정적인 규칙(rule)이라기보다는 개별 사건의 사정과 특성에 맞게 적용되는 융통성 있는 기준(standard)으로서의 성격을 가진다. 이러한 참을 한도 이론의 유연함으로 말미암아 법원의 판단재량이 개별 사건의 해결에 중요한 역할을 수행하게 된다. 따라서 관련 판결을 읽을 때에도 결론이나 그 결론에 앞서 제시된 추상적인 법리뿐만 아니라, 사실관계에 드러난 개별적이고 구체적인 형량요소들에 주목해야 한다.

---

22) 환경침해는 광범위한 사람들에게 영향을 미쳐서 손해의 폭이 매우 커질 수 있으므로 책임보험제도 또는 보상기금제도의 필요성이 있다.. 환경오염피해구제법은 제17조 내지 제37조에서 환경책임보험과 환경오염피해 구제급여에 대하여 상세하게 규정하고 있다.

23) 이는 사법상으로는 참을 한도의 문제로 나타난다.

24) 대판 1995.9.15, 95다23378; 대판 2005.1.27, 2003다49566 등 다수.

2. 사법상 독자적인 환경권의 인정 여부

헌법 제35조 제1항은 "모든 국민은 건강하고 쾌적한 환경에서 생활할 권리를 가지며, 국가와 국민은 환경보전을 위하여 노력하여야 한다"라고 규정한다. 이처럼 환경권은 국민의 기본권으로 승인되어 있다. 그런데 이러한 기본권은 사인(私人)이 국가에 대하여 가지는 공권으로서의 성격을 가진다. 그렇다면 사인 간에도 이러한 환경권이 인정될 수 있을까? 대결 1995.5.23, 94마2218은 이 점에 관하여 원칙적으로 부정적인 입장을 취한다.[25] "헌법 제35조 제1항은 환경권을 기본권의 하나로 승인하고 있으므로, 사법의 해석과 적용에 있어서도 이러한 기본권이 충분히 보장되도록 배려하여야 하나, 헌법상의 기본권으로서의 환경권에 관한 위 규정만으로서는 그 보호대상인 환경의 내용과 범위, 권리의 주체가 되는 권리자의 범위 등이 명확하지 못하여 이 규정이 개개의 국민에게 직접으로 구체적인 사법상의 권리를 부여한 것이라고 보기는 어렵고, 사법적 권리인 환경권을 인정하면 그 상대방의 활동의 자유와 권리를 불가피하게 제약할 수밖에 없으므로, 사법상의 권리로서의 환경권이 인정되려면 그에 관한 명문의 법률규정이 있거나 관계 법령의 규정취지나 조리에 비추어 권리의 주체, 대상, 내용, 행사방법 등이 구체적으로 정립될 수 있어야 한다"는 것이다.

이처럼 사법상 권리로서의 환경권이 인정되지 않는다면 환경침해의 제거나 예방을 구하고자 하는 원고는 어떠한 권리에 기해 청구해야 하는가? 이에 관하여는 소유권이나 인격권 또는 상린관계에 기대어 그러한 구제수단을 도출하거나, 불법행위 자체로부터 이를 도출하는 견해들이 있는데, 우리 판례는 소유권에 기한 방해제거 및 예방청구를 인정한다.[26] 아래 판결은 대학의 교육환경이 참을 한도를 넘어 방해받는 경우에 민법 제214조에 따라 소유권에 기한 방해의 제거나 예방을 구할 수 있다는 점을 명확히 하고 있다.

---

25) 이 사건에서는 골프연습장 설치 인가처분에 하자가 있다는 이유만으로 인근 주민들에게 골프연습장 건설의 금지를 구할 사법상의 권리가 생기는지 여부가 문제되었다.

26) 이에 관하여는 김재형, "소유권과 환경보호: 민법 제217조의 의미와 기능에 대한 검토를 중심으로", 인권과 정의, 1999, 276 참조.

[판결 4] 소유권에 기한 환경의 보호: 대판 1995.9.15, 95다23378

　　환경권에 관한 헌법 제35조의 규정이 개개의 국민에게 직접으로 구체적인 사법상의 권리를 부여한 것이라고 보기는 어렵고, 사법상의 권리로서의 환경권이 인정되려면 그에 관한 명문의 법률규정이 있거나 관계법령의 규정취지 및 조리에 비추어 권리의 주체, 대상, 내용, 행사방법 등이 구체적으로 정립될 수 있어야 함은 소론이 주장하는 바와 같다(당원 1995.5.23.자 94마2218 결정 참조).

　　그러나 원심 판시와 같이 피신청인이 건축하는 이 사건 아파트가 24층까지 완공되는 경우 신청인 산하 부산대학교 구내의 그 판시 첨단과학관에서의 교육 및 연구활동에 커다란 지장이 초래되고, 위 첨단과학관 옥상에 설치된 자동기상관측장비 등의 본래의 기능 및 활용성이 극도로 저하되며, 위 부산대학교의 대학교로서의 경관, 조망이 훼손되고, 조용하고 쾌적한 교육환경이 저해되며, 소음의 증가 등으로 교육 및 연구활동이 방해받게 된다면, 위 부산대학교의 부지 및 건물을 교육 및 연구시설로서 활용하는 것을 방해받게 되는 그 소유자인 신청인으로서는 위와 같은 방해가 사회통념상 일반적으로 수인할 정도를 넘어선다고 인정되는 한 그것이 민법 제217조 제1항 소정의 매연, 열기체, 액체, 음향, 진동 기타 이에 유사한 것에 해당하는지 여부를 떠나 그 소유권에 기하여 그 방해의 제거나 예방을 청구할 수 있다 할 것이므로, 적어도 원심이 소유권에 기한 방해배제청구권을 이 사건 가처분의 피보전권리로 삼은 부분만큼은 정당하고(신청인의 신청원인사실 주장 속에는 이러한 취지의 주장도 포함되어 있는 것으로 보인다), 따라서 헌법 제35조의 규정이 구체적인 사법상의 권리를 부여한 것이 아니고 달리 사법상의 권리로서의 환경권을 인정하는 명문의 법률규정이 없는데도 원심이 마치 신청인이 환경권에 기하여 방해배제를 청구할 수 있는 것처럼 설시하고, 또한 원심이 불법행위나 인격권에 기한 방해배제청구권을 이 사건 피보전권리의 하나로 들고 있는 데에 설령 소론과 같은 잘못이 있다 하더라도, 그와 같은 잘못은 판결 결과에 영향을 미치지 못한다 할 것이다.

　　결국 논지는 이유 없음에 돌아간다.

　　(중략)

　　이 사건과 같은 경우 그 침해가 사회통념상 일반적으로 수인할 정도를 넘어서는지 여부는 피해의 성질 및 정도, 피해이익의 공공성과 사회적 가치, 가해행위의 태양, 가해행위의 공공성과 사회적 가치, 방지조치 또는 손해회피의 가능성, 공법적 규제 및 인·허가 관계, 지역성, 토지이용의 선후관계 등 모든 사정을 종합적으로 고려하여 판단하여야 할 것이다.

　　원심은, 이 사건 토지 주변의 지역성, 피신청인이 이 사건 아파트를 건축하게 된 경위, 이 사건 아파트 건축공사를 시작할 당시와 현재의 주위 상황, 이 사건 아파트의 완성으로 인하여 예상되는 위 부산대학교에 대한 교육환경 침해의 태양과 정도, 이 사건 아파트 건축공사가 금지됨에 따라 피신청인이 입게 될 손해의 정도 등에 관하여 그 판시와 같은 사실을 확정한 다음, 이 사건 아파트가 24층까지 완공됨으로 인하여 위 부산대학교가 받게 될 교육환경 등의 침해는 사회통념상 수인한도를 초과한다고 판단하고, 나아가 공사금지의 범위를 최소화하면서도 신청인이 입게 되는 침해를 상당히 감소시킬 수 있는 조화점을 찾아 임시로 이 사건 아파트 건축공사 중 18층을 초과하는 부분에 대한 공사를 금지시켰는바, 기록에 의하여 살펴 보면 원심의 위와 같은 조처는 수긍이 가고, 거기에 소론과 같이 이익교량에 관한 법리를 오해하고 정의와 형평에 어긋나는 판단을 한 위법이 있다 할 수 없다. 논지는 이유 없다.

[판결 4]에 관하여 생각할 점

1. 환경침해에 대한 구제를 받기 위하여 소유권을 끌어들이는 이유는 무엇인가?
2. 이 사건의 신청인은 부산대학교가 아니라 대한민국임에 유의한다. 국립대학교는 별도의 법인격을 가지고 있지 않기 때문이다. 부산대학교 구성원들의 연구 및 교육활동이 방해를 받는 것이 대한민국의 소유권에 대한 방해인가?
3. 소유권 대신 인격권의 침해를 근거로 공사금지를 구할 여지는 없는가? 또한 피신청인의 행위를 「권리침해」를 요구하지 않는 불법행위로 파악한 뒤 불법행위 자체에 기한 금지청구권을 인정할 여지는 없는가?

3. 환경침해소송과 인과관계

환경침해로 인하여 손해가 생기는 일련의 과정은 매우 복잡다양하고 불확실한 것이어서 그 전모(全貌)를 밝히지 못하는 위험을 어떻게 분배할 것인가가 중요한 쟁점이 된다. 증명책임의 분배는 이러한 맥락에서 문제된다.

환경침해, 특히 공해로 인한 손해배상청구소송에 있어서는 가해행위와 손해발생 사이의 인과관계의 고리를 모두 자연과학적으로 증명하는 것은 곤란하거나 불가능한 경우가 많다. 그런데 불법행위의 일반 법리에 따르면 그 인과관계는 원고, 즉 피해자가 증명해야 한다. 하지만 피해자에게는 이러한 인과관계를 증명할 정보나 전문성도 없을 뿐만 아니라, 공해의 특성상 손해발생에 이르는 과정에 여러 가지 다른 원인이 매개되었을 가능성도 크다. 대법원은 처음에는 그러한 증명책임의 경감을 부정하는 입장을 취하였으나,[27] 대판 1984.6.12, 81다558에서 그 증명책임을 완화하는 입장을 확립하기에 이르렀다. 이 판결에 관하여는 이 책의 제5편 제1장에서 다룬 바 있다. 결국 가해자가 배출한 어떤 물질이 피해 물건에 도달하여 손해가 발생하였다는 점만 피해자에 의하여 증명된다면 가해자는 그 무해함을 증명하지 못하는 한 책임을 면할 수 없다.[28]

환경오염피해구제법은 시설의 설치·운영과 관련하여 발생한 환경오염피해의 배상에 대해서 다루고 있는데, 제9조 제1항은 시설이 환경오염피해 발생의 원인을 제공한 것으로 볼 만한 상당한 개연성이 있는 때에는 그 시설로 인하여 환경오염피해가 발생한 것으로 추정한다고 규정한다.

4. 유형별 검토

아래에서는 비교적 최근에 자주 문제되는 환경침해소송의 유형들을 위주로 설명한다.

(1) 일조방해

(가) 일조이익은 태양의 직사광선을 받을 수 있는 생활이익이다. 태양의 직사광선은 사람에게 생리적 또는 화학적으로 순기능을 수행할 뿐만 아니라 정신적, 심리적으로도 긍정적인 효과를 준다. 하지만 이러한 일조이익을 법적으로 얼마나 보호해야 하는가는 쉽지 않은 문제이다. 예를 들어 주위에 높은 건물이 들어서서 자신의 가옥에 비치는 태양의 직사광선량, 즉 일조량이 줄어든 것은 단순한 불편함이나 불쾌함에 관한 것이지 법적으로 보호되는 이익이 침해된 것은 아니라고 볼 여지도 있다. 일조이익의 문제는 타인의 재산권 행사와의 관계에서 이해되어야 한다. 만약 일조이익을 지키기 위하여 인근 토지에 건물을 건축하는 것을 방지하거나 그 건축행위에 대하여 손해배상청구를 할 수 있다면, 이는 토지 소유자의 재산권 행사를 금지하거나 이에 제약을 가하는 결과가 되기 때문이다. 양자를 어떻게 조화롭게 다룰 것인가는 각 나라의 실정과 사회 관념에 따라 달라질 문제이다. 우리나라에서는 좁은 국토면적과 높은 인구밀도로 인하여 고층건물이 조밀하게 건축되는 일이 빈번한 반면, 남향을

---

27) 대판 1973.11.27, 73다919.
28) 대판 2004.11.26, 2003다2123.

선호하는 등 일조에 대한 가치를 높게 평가하는 문화가 존재하는 것도 부정할 수 없다. 이러한 배경에서 우리 판례는 일정한 요건 아래에서 일조방해의 위법성을 인정하고 사법적 구제수단을 허용하는 태도를 보이고 있다.

　(나) 하지만 구체적으로 어떠한 때에 위법한 일조방해가 일어났는가를 판단하는 것은 대단히 어려운 일이다. 이는 결국 피해건물의 위치와 용도, 피해자가 피해건물에 거주한 기간(생활이익의 형성과 관련하여), 가해건물의 위치와 용도, 가해건물의 건축시기 및 경위, 행정법규 위반 여부, 피해건물과 가해건물의 거리와 상호위치, 피해의 정도, 피해이익의 성질 및 그에 대한 사회적 평가 등 제반 사정을 종합적으로 고려하여 사회적으로 용인할 수 있는 참을 한도를 초과하여 일조량이 감소되었는가를 판단할 문제이다.[29]

　(다) 태양광을 받을 수 있는 이익이 침해되는 전형적인 일조방해 사건과 달리 인접 건물 외벽 유리에서 반사도는 강한 태양반사광으로 인한 생활이익 침해가 문제되는 경우도 있다. 이는 태양광을 받을 수 없어서 문제되는 경우가 아니라 오히려 태양반사광이 심하여 문제되는 경우이다. 아래 대법원 판결이 그 문제를 다루고 있다.

> **[판결 5] 태양반사광과 '참을 한도'(수인한도): 대판 2021.6.3, 2016다33202, 33219**

　1. 상고이유 제1점 내지 제4점(태양반사광으로 인한 생활방해를 원인으로 한 손해배상청구 및 방지청구)에 대하여

　가. 인접 토지에 외벽이 유리로 된 건물 등이 건축되어 과도한 태양반사광이 발생하고 이러한 태양반사광이 인접 주거지에 유입되어 거주자가 이로 인한 시야방해 등 생활에 고통을 받고 있음(이하 '생활방해'라 한다)을 이유로 손해배상을 청구하려면, 그 건축행위로 인한 생활방해의 정도가 사회통념상 일반적으로 참아내야 할 정도(이하 '참을 한도'라 한다)를 넘는 것이어야 한다. 건축된 건물 등에서 발생한 태양반사광으로 인한 생활방해의 정도가 사회통념상 참을 한도를 넘는지는 태양반사광이 피해 건물에 유입되는 강도와 각도, 유입되는 시기와 시간, 피해 건물의 창과 거실 등의 위치 등에 따른 피해의 성질과 정도, 피해이익의 내용, 가해 건물 건축의 경위 및 공공성, 피해 건물과 가해 건물 사이의 이격거리, 건축법령상의 제한 규정 등 공법상 규제의 위반 여부, 건물이 위치한

---

29) 대판 2004.10.28, 2002다63565; 대판(전) 2008.4.17, 2006다35865; 대판 2011.4.28, 2009다98652.

지역의 용도와 이용현황, 피해를 줄일 수 있는 방지조치와 손해 회피의 가능성, 토지 이용의 선후 관계, 교섭 경과 등 모든 사정을 종합적으로 고려하여 판단하여야 한다(대법원 2021.3.11. 선고 2013다59142 판결 참조).

나아가 태양반사광으로 인한 생활방해를 원인으로 태양반사광의 예방 또는 배제를 구하는 방지청구는 금전배상을 구하는 손해배상청구와는 그 내용과 요건을 서로 달리하는 것이어서 같은 사정이라도 청구의 내용에 따라 고려요소의 중요도에 차이가 생길 수 있고, 태양반사광 침해의 방지청구는 그것이 허용될 경우 소송당사자뿐 아니라 제3자의 이해관계에도 중대한 영향을 미칠 수 있어, 방지청구의 당부를 판단하는 법원으로서는 해당 청구가 허용될 경우에 방지청구를 구하는 당사자가 받게 될 이익과 상대방 및 제3자가 받게 될 불이익 등을 비교·교량하여야 한다(도로소음으로 인한 생활방해를 원인으로 그 방지청구의 당부를 판단한 대법원 2015.9.24. 선고 2011다91784 판결 참조).

나. 원심판결의 이유와 기록을 살펴보면 아래와 같은 사실을 알 수 있다.

(1) 이 사건 아파트는 성남시 (주소 1 생략) 지상에 총 803세대의 4개 동 38층의 규모로 2003. 9. 무렵 신축·준공되었는데, 원고들 및 원고승계참가인들(이하 '원고 등'이라 한다)은 그때부터 2013년 무렵까지 이 사건 아파트 중 A동 및 D동의 해당 아파트의 소유권을 취득한 후 그곳에서 직접 거주하거나 또는 원고 등의 임차인들이 거주하고 있다.

(2) 피고는 2005. 5. 무렵 성남시로부터 매수한 성남시 (주소 2 생략) 지상에 2010. 2. 무렵 지하 7층 지상 28층 높이 134.3m의 규모로 외벽 전체를 통유리로 하여 이른바 커튼 월(curtain wall) 공법으로 이 사건 건물을 신축하였다. 피고는 "네이버(NAVER)"라는 표장의 국내에서 널리 알려진 인터넷 포털 사이트(portal site)를 운영하는 업체로서 위 표장의 브랜드 가치를 형성하고 높이는 과정에서 녹색 색조를 이미지화하여 사용하여 왔다. 피고는 이러한 브랜드 홍보 등의 일환으로 이 사건 건물 내부에 초록색 수직 핀(루버)을 설치함으로써 전체적으로 밝고 광택이 나는 녹색 색조를 발산하는 디자인을 이 사건 건물의 외관으로 형상화하였다. 이와 같이 외부에서 들어오는 태양빛이 초록색 수직 핀에 반사되어 초록 빛깔이 이 사건 건물의 외부로 더욱 노출되게 된다. 피고는 이 사건 건물을 '그린팩토리(Green Factory)'란 명칭을 붙이고 사옥으로 사용하고 있다.

(3) 이 사건 아파트에 인접한 북쪽과 남쪽에는 각각 아파트 단지가 있고, 동쪽에는 대로가 있으며, 이 사건 건물은 폭 5m 정도의 소로를 사이에 두고 약 70m에서 114m 정도 떨어져 이 사건 아파트의 서쪽 편에 위치하고 있다.

(4) 이 사건 건물에 인접한 북쪽에는 아파트 단지가 있고, 남쪽에는 학교가 있으며, 서쪽에는 경부고속도로가 남북 방향을 따라 길게 설치되어 있다. 경부고속도로 너머 서쪽에는 저층의 주택과 상가 및 요양병원 등이 산재해 있고, 그 끝에는 청계산 자락의 야산이 경부고속도로의 남북 방향과 평행한 형태로 길게 이어져 있다.

(5) 이 사건 아파트 및 건물은 모두「국토의 계획 및 이용에 관한 법률」(이하 '국토계획법'이라 한다)에서 규정한 '중심상업지역'에 위치해 있다.

(6) 한편 태양이 동쪽에서 떠서 서쪽으로 지는 과정에서 이 사건 건물의 외벽유리를 매개물로 하여 태양반사광이 생성되고, 이 사건 아파트 중 D동에는 해가 뜰 무렵부터 오전 시간에, A동에는 오후부터 해가 질 무렵까지 위와 같이 생성된 태양반사광(이하 '이 사건 태양반사광'이라 한다)이 유입되고 있다.

(7) 빛반사 밝기[Luminance, 단위면적(㎡) 당 반사되는 빛의 밝기(양)를 말한다. 이하에서는 원심이 사용한 '휘도(휘도)'라는 용어 대신 '빛반사 밝기'라 한다]가 25,000cd/㎡를 초과하게 되면, 인체는 포화효과로 인해 시각정보에 대한 지각능력이 순간적으로 손상되는 빛반사로 인한 눈부심 시각장애[disability glare, 이하에서는 원심이 사용한 불능현휘(부능현휘) 대신 '빛반사 시각장애'라 한다] 상태에 놓이게 된다. 빛반사 시각장애 현상은 이 사건 아파트 중 A동에서는 연중 7개월가량 대략 1일 약 1~2시간 정도, D동에서는 연중 9개월가량 대략 1일 1~3시간 정도에 이른다. 이 사건 태양반사광의 빛반사 밝기는 A동의 경우 최소 45,000,000cd/㎡에서 최대 395,000,000cd/㎡, D동의 경우 최소 11,000,000cd/㎡에서 최대 730,000,000cd/㎡인데, 이는 빛반사 시각장애를 일으키는 25,000cd/㎡의 약 440배 내지 29,200배 정도에 해당한다.

(8) 원고 등 중 상당수는 이 사건 태양반사광으로 인하여 신체적 · 정신적 고통을 호소하고 있고, 고통을 줄이기 위하여 피해가 높은 안방의 위치를 다른 방으로 바꾼 뒤 그 안방을 창고방으로 사용하기도 하며, 기존의 1개 커튼만으로는 태양반사광을 차단하기 어려워 2중 · 3중으로 커튼을 설치하여 집안을 암실과 같은 상태로 만들기도 하였다.

다. 원심의 판단

원심은 다음과 같은 이유로 이 사건 태양반사광으로 인한 생활방해가 참을 한도를 넘지 않았다고 판단하여 태양반사광 침해를 원인으로 한 원고 등의 손해배상청구와 방지청구를 배척하였다.

(중략)

라. 대법원의 판단

(1) 그러나 원심판결 이유를 앞서 본 법리와 기록에 비추어 살펴보면 원심의 판단은 다음과 같은 이유로 받아들이기 어렵다.

(가) 먼저 원심은 태양직사광과 태양반사광으로 인한 생활방해에 별다른 차이가 없음을 전제로 판단하였다. 그러나 기록에 의하면 다음과 같은 사정을 알 수 있다.

① 빛반사 밝기가 25,000cd/㎡를 초과하여 빛반사 시각장애를 일으킬 수 있는 정도의 빛이 실내로 유입되는 경우에는 실내 밝기가 극대화 되어 안정과 휴식을 취해야 할 공간인 주거에서 거주자가 심리적으로 불안감을 느끼게 되는 등 일시적으로 주거로서의 기능을 잃게 되어 기본적인 주거생활에 불편을 느끼게 된다.

② 태양직사광과 태양반사광은 모두 빛으로 인하여 발생하는 것이다. 그러나 태양반사광은 건물 외벽의 빛반사로 인하여 주택 내 또는 발코니에 있는 사람에게 빛반사 시각장애를 일으키는 인위적이고 왜곡된 빛으로, 자연의 빛인 태양직사광과는 그 발생 원인이 다르다. 태양직사광으로 인한 생활방해는 어떠한 책임도 발생시키지 않는 '자연에 의한' 생활방해인 반면, 태양반사광으로 인한 생활방해는 태양광이 '인위적으로 축조된' 건물 외벽에 의한 반사 효과와 결합해서 그 생활방해를 발생시키기 때문이다. 태양직사광이 건물 외벽 같은 인공적인 매개물에 반사되면서, 원래의 각도가 변경되어 태양반사광이 주거 내에 있는 사람의 눈에 직접 유입되어 눈부심이 발생하거나, 자연스럽게 창밖을 바라볼 수 없을 정도의 빛반사 시각장애를 일으키게 된다. 이로 인해 태양반사광은 거주자들의 주거의 본질적인 이용을 방해하고, 건강을 해치게 할 수 있으며, 경우에 따라서는 그 정도가 참을 한도를 넘을 수 있다.

③ 건물의 신축으로 인하여 그 이웃 건물의 거주자에게 직사광선이 차단될 때 발생하는 일조방해와 태양반사광 침해로 인한 생활방해의 각 정도가 참을 한도를 넘는지 여부를 판단할 때 앞서 본 바와 같은 여러 사정들을 종합적으로 고려하여야 한다는 점에서 서로 다르지 않다. 그러나 양자는 고려하여야 할 여러 사정들 중 특히 '피해의 성질과 내용'의 점에서 서로 큰 차이가 있다. 일반적으로 거주자가 하루 종일 직사광선을 계속 받아야만 쾌적하고 안정적인 주거생활을 누린다고 볼 수는 없고, 상당 시간의 직사광선 차단이 연중 계속 발생한다고 하여 거주자에게 곧바로 건강상의 장애를 일으킨다고 보기는 어렵다. 예컨대 아파트와 같은 공동주택의 경우 여러 사정들을 종합적으로 고려하면서도, 특히 일조감소 시간을 중시하여 동지를 기준으로 09시부터 15시까지 사이의 6시간

중 일조시간이 연속하여 2시간 이상 확보되는 경우 또는 동지를 기준으로 08시부터 16시까지 사이의 8시간 중 일조시간이 통틀어 4시간 이상 확보되는 경우에는 참을 한도를 넘는 것으로 보기 어려운 경우도 있다(대법원 2007.9.7. 선고 2005다72485 판결, 대법원 2010.6.24. 선고 2008다23729 판결 등 참조). 반면 태양반사광 침해는, 반사되는 강한 태양빛이 직접 눈에 들어와 시각장애를 일으키는 점에서 그 침해행위의 태양이 일조방해의 경우보다 더 적극적인 침습의 형태를 띠므로, 거주자가 입게 되는 피해의 성질과 내용이 일조방해의 그것과 동일하다고 볼 수 없다. 태양반사광 침해가 거주자의 주거 내에서 연중 상당 시간 지속적으로 발생할 경우에는 안정과 휴식을 취하여야 할 공간인 주거로서의 본질적인 기능이 훼손될 수 있고, 이 경우 태양반사광의 주거 내 유입시간이 일조가 감소되는 시간과 동일한 정도에 이르러야만 참을 한도를 넘는다고 보는 것은 그 피해의 성질과 내용이 다르다는 점을 간과한 것이므로 타당하지 않다. 그러므로 태양반사광으로 인한 생활방해의 참을 한도를 판단하는 때에는 일조방해의 판단 기준과는 다른 기준을 적용할 필요가 있고, 이때 빛반사 밝기가 빛반사 시각장애를 초래하는 정도를 얼마나 초과하는지 여부 및 그 지속 시간은 중요한 고려 요소가 되는 것이다.

(나) 앞서 든 법리와 기록에 나타난 이러한 사정을 토대로 원심판결을 살펴본다.

① 태양반사광의 유입이 생활방해로서 그 의미를 갖기 위해서는 태양반사광이 단순히 주거에 유입되는 것을 의미하는 것이 아니라, 태양반사광이 주된 생활공간에 유입되고 그로 인하여 주거 안에 머무는 사람에게 상당한 시간 동안 실제로 눈부심을 일으켜 자연스러운 주거생활을 방해할 정도에 이르러야 한다. 이 사건의 경우 이 사건 건물과 이 사건 아파트가 서로 도로를 사이에 두고 70m 내지 114m 정도 떨어져 상당히 가까운 거리에 위치하고 있어, 태양반사광이 주거지 내로 깊이 유입된다고 보기는 어렵다. 그러나 이 사건 아파트 A동과 D동의 창문에서 밖을 바라보았을 때 빛반사 밝기가 빛반사 시각장애를 일으키는 25,000cd/㎡의 약 440배 내지 29,200배에 이를 정도로 매우 높고, 이 사건 건물 외벽에 비친 이 사건 태양반사광이 눈에 유입되는 기간은 이 사건 아파트 A동과 D동 각 세대 창문을 기준으로 연중 7개월가량 대략 1일 약 1~2시간(A동), 연중 많게는 9개월가량 대략 1일 1~3시간(D동)으로 그 기간이 상당하다. 만약 위와 같은 빛반사 밝기를 가진 태양반사광이 위와 같은 유입시간 동안 원고 등의 주된 생활공간에 유입된다면 그 강도와 유입시기 및 시간 등에 비추어 원고 등이 빛반사 시각장애로 인하여 안정과 휴식을 취하는 등 자연스러운 주

거생활을 방해받을 수 있는 가능성을 배제할 수 없다.

② 한편 태양반사광으로 인하여 생활방해가 발생하는지를 판단하는 때에는 건물이 위치한 지역의 국토계획법상 용도인 중심상업지역을 고려해야 할 뿐만 아니라 태양반사광 침해를 일으키고 있는 이 사건 건물이 존재하는 '해당 지역'의 이용 현황도 고려하여야 한다. 비록 이 사건 건물과 이 사건 아파트가 모두 중심상업지역에 위치하고 있으나, 이 사건 아파트가 이 사건 건물보다 먼저 건축되어 있었고, 이 사건 건물과 이 사건 아파트가 위치한 지역은 대부분 아파트, 주택 등 주거가 광범위하게 분포되어 있다. 또한 이 사건 건물과 같이 건물 외벽 전체를 통유리 공법으로 건축한 건물은 이 사건 건물이 존재하는 해당 지역에서 이 사건 건물 이외에는 존재하지 않는다.

③ 이 사건 건물은 외벽 전체를 통유리로 시공하고, 그 내부에 녹색 수직 핀을 설치함으로써 전체적으로 밝고 광택이 나는 녹색 색조를 발산하는 디자인을 건물의 외관으로 형상화하였는데, 이는 '네이버' 및 '녹색'을 핵심으로 하는 피고의 브랜드를 표상하여 홍보 효과를 높이려는 사업상의 이익을 위한 것이다. 피고는 이 지역에서 존재하지 않았던 예외적인 건축기법으로 이 사건 건물을 신축하면서 회사를 위한 브랜드 홍보만을 고려하였고, 주위 거주자들에 대한 빛 반사 침해를 줄이기 위한 별다른 노력을 하지는 않았던 것으로 보인다.

④ 위와 같이 이 사건 아파트 A동과 D동의 창문을 기준으로 한 빛반사 밝기의 강도, 이 사건 태양반사광이 이 사건 아파트 A동과 D동에 유입되는 시기 및 시간, 이 사건 건물의 건축 경위 및 공공성의 정도, 이 사건 아파트 A동과 D동 및 이 사건 건물 사이의 각 이격거리, 건축법령상의 제한 규정 등 공법상 규제의 위반 여부, 이 사건 아파트와 건물이 위치한 지역의 용도와 이용현황, 피해를 줄일 수 있는 방지조치와 손해 회피의 가능성, 토지 이용의 선후 관계, 교섭 경과 등 여러 사정을 종합하여 볼 때, 만일 이 사건 아파트 A동과 D동의 창문에서 측정된 정도의 강한 태양반사광이 그 반사 각도에 의하여 이 사건 아파트 거실이나 안방과 같은 주된 생활공간에 유사한 정도로 유입된다면, 원고 등은 주거 내에서 빛반사 시각장애로 인하여 안정과 휴식을 취하지 못하는 등 자연스러운 주거생활을 방해받는다고 볼 여지가 있다.

(2) 따라서 원심으로서는 이 사건 태양반사광이 이 사건 아파트 거실이나 안방과 같은 주된 생활공간에 어느 정도의 밝기로 얼마 동안 유입되어 눈부심 등 시각장애가 발생하는지와 이 사건 태양반사광으로 인하여 이 사건 아파트의 주거로서의 기능이 훼손되어 참을 한도를 넘는 생활방해에 이르렀는지 등을 직접적으로 심리하였어야 한다.

그런데도 원심은 태양직사광과 태양반사광에 의한 생활방해의 차이 및 일 조방해의 참을 한도 기준과 태양반사광 침해의 참을 한도 기준과의 차이 등을 간과하고 이 사건 태양반사광으로 인하여 발생할 수 있는 생활방해를 시력 저 하 등 건강상 피해와 주거 내에서 독서나 바느질 등 시각 작업 등의 방해로 좁 게 본 나머지, 위와 같은 사항을 제대로 심리하지 아니한 채 이 사건 태양반사 광으로 인한 생활방해가 참을 한도를 넘지 않았다고 단정하고 말았다. 이러한 원심의 판단에는 태양반사광으로 인한 불법행위 성립에 관한 법리를 오해하고 필요한 심리를 다하지 아니하여 판결에 영향을 미친 잘못이 있다. 이를 지적하 는 상고이유 주장은 이유 있다.

[판결 5]에 관하여 생각할 점

1. 대법원은 생활이익이 방해되었다는 이유로 손해배상을 청구하는 경우와 이를 이유로 예방 또는 배제를 구하는 방지청구를 하는 경우에 그 판단이 어떻게 달 라야 한다고 판시하였는가? 이에 동의하는가?
2. 대법원은 태양직사광으로 인한 생활방해와 태양반사광으로 인한 생활방해가 어 떻게 다르다고 보았는가? 이러한 차이는 판단기준의 설정에 어떠한 차이를 가 져왔는가?
3. 대법원은 이 판결에서 생활공간 중 어떤 공간을 기준으로 '참을 한도'를 판단해 야 한다고 보았는가? 그 이유는 무엇인가?

    (다) 위법한 일조방해가 발생하면 그 방해의 제거나 예방을 구하거나, 이 로 인한 손해의 배상을 구할 수 있다.[30]

    앞서 본 것처럼 방해 제거 및 예방청구에 있어서는 소유권이 그 청구의 기초가 되므로 토지 소유자나 건물 소유자가 그 청구의 주체가 된다. 손해배상 청구에 있어서도 마찬가지이다. 하지만 대법원은 여기에서 더 나아가 손해배상 청구의 경우 토지 소유자나 건물 소유자 이외에도 지상권자, 전세권자 또는 임 차인 등 상당한 기간 동안 해당 토지나 건물을 이용하는 거주자도 일조이익의 향유주체로 파악하면서 이들의 손해배상청구를 허용하는 태도를 보이고 있 다.[31] 일조방해에 대한 금지청구를 허용하는 명문의 규정이 없는 상황에서 소

---

30) 공동주택의 수분양자는 분양자에게 분양계약상의 책임을 물을 수도 있을 것이다.
31) 대판 2008.12.24, 2008다41499. 이 판결에서는 위와 같은 태도에 기초하여 토지·건물을

유권이 이러한 청구를 인정하는 이론적 토대가 된 것은 맞지만 일조이익은 본
질적으로 소유에 관한 이익이라기보다 생활에 관한 이익에 더 가깝다. 그러므
로 토지 소유자나 건물 소유자만 일조이익을 누린다고 볼 이유가 없다. 위와
같이 대법원은 손해배상의 영역에서는 그 일조이익의 향유 주체 범위를 확장
하고 있다. 이는 일조이익의 본질에 부합하는 타당한 방향이다.

일조방해소송에서는 그 방해를 야기하는 건물의 소유자가 피고가 되는 경
우가 대부분이다. 한편 건물 건축공사의 수급인은 도급계약에 기한 의무이행으
로서 건물을 건축하는 것이므로 원칙적으로 일조방해에 대하여 손해배상책임
을 지지 않는다. 다만 판례에 따르면 수급인이 스스로 또는 도급인과 서로 의
사를 같이하여 타인이 향수하는 일조를 방해하려는 목적으로 건물을 건축한
경우, 해당 건물이 건축법규에 위반되었고 그로 인하여 타인이 향수하는 일조
를 방해하게 된다는 것을 알거나 알 수 있었는데도 과실로 이를 모른 채 건물
을 건축한 경우, 도급인과 사실상 공동 사업주체로서 이해관계를 같이하면서
건물을 건축한 경우 등 특별한 사정이 있는 때에는 수급인도 일조방해에 대하
여 손해배상책임을 질 수 있다.[32]

일조이익의 생활이익적 성격에 비추어 볼 때, 일조이익의 침해로 인한 손
해는 재산적 손해(토지나 건물의 가격저하에 의한 손해) 외에 정신적 손해도 포함
한다. 그런데 이러한 손해는 일조방해 건축물이 철거되지 않는 한 계속하여 새
로 발생하는 것인가? 특히 정신적 손해의 경우에는 어떠한가? 일정한 시점에
위자료를 받으면 그 이후에는 일조방해가 계속되더라도 영영 위자료를 청구할
수 없는 것인가? 대판(전) 2008.4.17, 2006다35865는 손해배상청구권의 소멸시
효 기산점이라는 관점에서 이러한 흥미로운 물음들을 다루고 있다. 아래에서는
지면관계상 이에 관한 다수의견과 반대의견의 요지만 수록한다. 자세한 내용은
판결 전문을 참고하라. 요컨대 다수의견은 손해의 성질에는 구애받지 않고 철
거의무 부담 여부에 따라 그 기산점의 해석을 달리하는 입장이고, 반대의견은
철거의무 부담 여부에 구애받지 않고 손해의 성질에 따라 그 기산점의 해석을
달리하는 입장이다. 이러한 입장 차이는 철거대상 건축물의 존재 자체로 계속

일시적으로 이용하는 것에 불과한 사람들(이 사건의 경우 초등학교 학생들)은 이러한 일
조이익을 향유하는 주체가 될 수 없다고 판시한다.
32) 대판 2005.3.24, 2004다38792.

적 손해가 발생하는지(다수의견), 아니면 1회적 손해가 발생하는지(반대의견), 또한 재산적 손해와 정신적 손해의 일괄처리를 통한 간략한 분쟁해결을 도모할 것인지(다수의견), 아니면 양자의 차별성을 부각시킬 것인지(반대의견)의 차이이기도 하다.

[다수의견]

(가) 토지의 소유자 등이 종전부터 향유하던 일조이익(日照利益)이 객관적인 생활이익으로서 가치가 있다고 인정되면 법적인 보호의 대상이 될 수 있는데, 그 인근에서 건물이나 구조물 등이 신축됨으로 인하여 햇빛이 차단되어 생기는 그늘, 즉 일영(日影)이 증가함으로써 해당 토지에서 종래 향유하던 일조량이 감소하는 일조방해가 발생한 경우, 그 일조방해의 정도, 피해이익의 법적 성질, 가해 건물의 용도, 지역성, 토지이용의 선후관계, 가해 방지 및 피해 회피의 가능성, 공법적 규제의 위반 여부, 교섭 경과 등 모든 사정을 종합적으로 고려하여 사회통념상 일반적으로 해당 토지 소유자의 수인한도를 넘게 되면 그 건축행위는 정당한 권리행사의 범위를 벗어나 사법상(私法上) 위법한 가해행위로 평가된다.

(나) 일반적으로 위법한 건축행위에 의하여 건물 등이 준공되거나 외부골조공사가 완료되면 그 건축행위에 따른 일영의 증가는 더 이상 발생하지 않게 되고 해당 토지의 소유자는 그 시점에 이러한 일조방해행위로 인하여 현재 또는 장래에 발생 가능한 재산상 손해나 정신적 손해 등을 예견할 수 있다고 할 것이므로, 이러한 손해배상청구권에 관한 민법 제766조 제1항 소정의 소멸시효는 원칙적으로 그 때부터 진행한다. 다만, 위와 같은 일조방해로 인하여 건물 등의 소유자 내지 실질적 처분권자가 피해자에 대하여 건물 등의 전부 또는 일부에 대한 철거의무를 부담하는 경우가 있다면, 이러한 철거의무를 계속적으로 이행하지 않는 부작위는 새로운 불법행위가 되고 그 손해는 날마다 새로운 불법행위에 기하여 발생하는 것이므로 피해자가 그 각 손해를 안 때로부터 각별로 소멸시효가 진행한다.

[반대의견]

(가) 일조방해란 태양의 직사광선이 차단되는 불이익을 말하는 것이고, 그 일조방해의 정도가 사회통념상 일반적으로 인용하는 수인한도를 넘게 되면 사법상 위법한 가해행위로 평가된다. 헌법 제35조 제1항에 비추어 볼 때, 위법한 일조방해는 단순한 재산권의 침해에 그치는 것이 아니라 건강하고 쾌적한 환경

에서 생활할 개인의 인격권을 침해하는 성격도 지니고 있다.

(나) 위법한 일조방해행위로 인한 피해 부동산의 시세 하락 등 재산상의 손해는 특별한 사정이 없는 한 가해 건물이 완성될 때 일회적으로 발생한다고 볼 수 있으나, 위법한 일조방해로 직사광선이 차단되는 등 생활환경이 악화됨으로써 피해 건물의 거주자가 입게 되는 정신적 손해는 가해 건물이 존속하는 한 날마다 계속적으로 발생한다고 보아야 하므로, 그 위자료 청구권의 소멸시효는 가해 건물이 피해 부동산의 일조를 방해하는 상태로 존속하는 한 날마다 개별적으로 진행한다.

(2) 조망방해

일조방해와 더불어 빈번하게 문제되는 것이 조망방해이다. 조망은 사람이 시각기능을 통하여 자연경관이나 사물을 바라보는 것을 의미한다. 조망이익도 일조이익과 마찬가지로 타인의 재산권 행사와의 관계에서 이해되어야 한다. 따라서 조망방해의 경우에도 일조방해와 마찬가지로 여러 사정을 고려하여 그것이 사회통념상 수인할 만한 것인지에 따라 위법성을 판단한다. 그런데 조망은 그 효과에 있어서 일조와 비교할 때 정신적, 심리적 요소인 미적 즐거움이나 편안감, 안정감(또는 그 반대의 경우는 밀폐감이나 압박감) 등 개인의 주관적인 요소가 큰 비중을 차지하고 있고, 감정에 따라 좌우되는 면이 있다. 또한 조망방해는 일조방해와 비교할 때 생활이익침해의 정도가 현저하게 떨어진다. 따라서 조망방해는 참을 한도의 판단에 있어서 일조방해보다 훨씬 엄격한 기준이 요구된다는 차이가 있다.

대법원도 조망이익이 법적인 보호대상으로서의 생활이익에 포함된다는 것을 인정하면서도,[33] 그것이 법적 보호대상이 되려면 "원칙적으로 특정의 장소가 그 장소로부터 외부를 조망함에 있어 특별한 가치를 가지고 있고, 그와 같은 조망이익의 향유를 하나의 중요한 목적으로 하여 그 장소에 건물이 건축된 경우와 같이 해당 건물의 소유자나 점유자가 그 건물로부터 향유하는 조망이익이 사회통념상 독자의 이익으로 승인되어야 할 정도로 중요성을 갖는다고 인정되는 경우에 비로소 법적인 보호의 대상이 되는 것"이라고 한다.[34]

---

33) 대판 1995.9.15, 95다23378; 대판 1997.7.22, 96다56153에서 이러한 사고를 발견할 수 있다.
34) 대판 2004.9.13, 2003다64602; 대판 2007.6.28, 2004다54282; 대판 2007.9.7, 2005다72485.

　　요컨대 법적으로 보호되는 조망이익의 범주는 매우 좁다고 할 수 있다. 그렇게 보지 않는다면 조망이익 보호라는 명분 아래 건축행위가 크게 제한되는 등 도시공간의 효율적 활용이 저해될 것이다. 그런데 실제 주택거래에서는 조망이 매우 중요한 가격요소로 작용하기도 한다. 가령 같은 아파트 단지 내에서도 조망 정도에 따라 아파트의 가격 차이가 크게 벌어지곤 한다. 이러한 경우에는 그 조망이익이 법적으로 보호되어야 한다고 볼 수 있을까? 이는 특히 한강변의 아파트를 둘러싸고 여러 차례 분쟁화된 바 있다.

> **[판결 6] 한강조망이익의 침해 여부: 대판 2007.6.28, 2004다54282**

　　1. 피고 1 주식회사의 상고이유 제1, 2점과 피고 2 주식회사의 상고이유 제1, 2, 3점에 대하여 본다.

　　가. 조망의 이익 침해 부분

　　(1) 어느 토지나 건물의 소유자가 종전부터 향유하고 있던 경관이나 조망이 그에게 하나의 생활이익으로서의 가치를 가지고 있다고 객관적으로 인정된다면 법적인 보호의 대상이 될 수 있는 것인바, 이와 같은 조망이익은 원칙적으로 특정의 장소가 그 장소로부터 외부를 조망함에 있어 특별한 가치를 가지고 있고, 그와 같은 조망이익의 향유를 하나의 중요한 목적으로 하여 그 장소에 건물이 건축된 경우와 같이 당해 건물의 소유자나 점유자가 그 건물로부터 향유하는 조망이익이 사회통념상 독자의 이익으로 승인되어야 할 정도로 중요성을 갖는다고 인정되는 경우에 비로소 법적인 보호의 대상이 되는 것이라고 할 것이고, 그와 같은 정도에 이르지 못하는 조망이익의 경우에는 특별한 사정이 없는 한 법적인 보호의 대상이 될 수 없다고 할 것이다.

　　그리고 조망이익이 법적인 보호의 대상이 되는 경우에 이를 침해하는 행위가 사법상 위법한 가해행위로 평가되기 위해서는 조망이익의 침해 정도가 사회통념상 일반적으로 인용하는 수인한도를 넘어야 하고, 그 수인한도를 넘었는지 여부는 조망의 대상이 되는 경관의 내용과 피해건물이 입지하고 있는 지역에 있어서 건조물의 전체적 상황 등의 사정을 포함한 넓은 의미에서의 지역성, 피해건물의 위치 및 구조와 조망상황, 특히 조망과의 관계에서의 건물의 건축·사용목적 등 피해건물의 상황, 주관적 성격이 강한 것인지 여부와 여관·식당 등의 영업과 같이 경제적 이익과 밀접하게 결부되어 있는지 여부 등 당해 조망이익의 내용, 가해건물의 위치 및 구조와 조망방해의 상황 및 건축·사용목적 등 가해건물의 상황, 가해건물 건축의 경위, 조망방해를 회피할 수 있는 가능성의 유무, 조망방해에 관하여 가해자측이 해의(害意)를 가졌는지의 유무, 조망이익이 피해이익으로서 보호가 필요한 정도 등 모든 사정을 종합적으로 고려하여 판단하여야 한다(대법원 2004.9.13. 선고 2003다64602 판결 등 참조).

(2) 원심판결 이유와 기록에 의하면, 서울 용산구 이촌동 300 – 30 외 60필지 대 46,133.15㎡ 위에는 원래 1970년경에 지어진 지상 5층짜리 외인아파트 18개동이 있었는데, 위 대지의 소유자인 피고 1 주식회사는 위 외인아파트를 철거하고 그 자리에 19층 내지 25층짜리 엘지한강빌리지 아파트 10개동을 건설하기 위하여 2000. 3. 25. 용산구청장으로부터 주택건설사업승인을 받고 2000. 5. 16. 피고 2 주식회사{원래의 명칭은 (명칭 생략)주식회사였는데 2005. 3. 21. 현재의 명칭으로 변경되었다.}에게 그 건설공사를 도급한 사실, 피고 2 주식회사는 2003. 4.경 엘지한강빌리지 아파트 건설공사를 마쳤는데, 한강 쪽에서 바라보면, 강북 강변도로에 접하여 동쪽부터 서쪽 방향으로 107동에서 110동까지(모두 24층) 4개동이 위치하고, 107동 북쪽에 106동(25층)이, 108동 북쪽에 105동(19층)이 있으며, 다시 106동 북쪽에는 103동(25층)이, 105동 북쪽에는 104동(25층)이 있고, 104동 북쪽에 101동(25층), 101동의 동북쪽에 102동(24층)이 있는 사실, 엘지한강빌리지 아파트는 한강 쪽에서 보아 ∨자 모양이거나 서쪽으로 기울어진 ㄴ자 모양으로 되어있는 사실, 원고들 및 원고 19의 승계참가인(이하 '원고들'이라고만 한다)이 구분소유하고 있는 리바뷰아파트는 엘지한강빌리지 아파트 단지의 북동쪽 모서리(즉, 엘지한강빌리지 아파트 103동의 북쪽이고, 102동의 동쪽에 있음)에 있는 서울 용산구 이촌동 300 – 27 대지 위에 있고, 1974년경 지어진 10층짜리 건물 중 4층 내지 10층에 있는 사실(1층 내지 3층은 상가), 리바뷰아파트 건물은 서쪽으로 약 21° 기울어진 ㄴ자 모양의 건물로서 ㄴ자의 가로획 바깥쪽에 해당하는 부분의 동쪽에서 서쪽 방향으로 각 층의 1호, 2호, 3호가 있고, ㄴ자의 세로획 바깥쪽에 해당하는 부분의 남쪽에서 북쪽 방향으로 각 층의 4호, 5호가 있으며, ㄴ자의 안쪽 부분에는 각 층의 6 내지 9호가 있어, 각 층의 1호, 2호, 3호는 남향, 각 층의 4호, 5호는 서향, 각 층의 6 내지 9호는 동향 또는 북향인 사실, 이 지역은 고층 아파트 건설이 가능한 지역이고 엘지한강빌리지 아파트를 건설함에 있어 이격거리나 높이 제한 등 건축법규에 위반한 사항은 없는 사실, 엘지한강빌리지 아파트 건설을 전후하여 원고들이 구분소유하는 리바뷰아파트의 각 호실의 일조시간(동짓날 오전 8시부터 오후 4시까지의 8시간 중 원고들 아파트 거실에 일조가 확보되는 시간), 한강조망률(원고들 아파트 거실 창문에서 연직 방향으로 한강을 바라보았을 때 거실 창문 면적 중 한강 경관이 차지하는 비율), 천공률(원고들 아파트 거실 창문에서 바라보았을 때 하늘이 보이는 면적 비율), 사생활침해율을 비

교하여 보면 원심판결의 별지 2 침해표의 각 해당항목 기재와 같이 대체적으로 원고들 아파트의 일조시간, 한강조망률, 천공률은 감소한 반면, 사생활침해 가능성은 증가한 곳도 있고 감소한 곳도 있는 사실(다만, 원고 1소유인 401호, 원고 4소유인 502호, 원고 7소유인 503호의 한강조망률은 오히려 증가하였고, 원고 16소유인 405호, 원고 11소유인 504호는 원래부터 한강 조망이 불가능하였다.)을 알 수 있는바, 원심은, 원고 1, 4, 7, 16, 11을 제외한 나머지 원고들이 누리던 한강 조망의 이익은 법적인 보호의 대상이 되는 것으로서 그에 대한 피고들의 침해행위의 정도가 수인한도를 초과하여 위법하므로 피고들의 한강 조망침해 행위는 불법행위에 해당한다고 판단하였다.

(3) 그러나 원고 1, 4, 7, 16, 11을 제외한 나머지 원고들의 한강 조망이익이 법적인 보호의 대상이 된다거나 피고들의 침해행위의 정도가 수인한도를 초과하여 위법하다는 원심의 판단은 다음과 같은 이유에서 수긍하기 어렵다.

(가) 우선, 위 원고들이 조망을 누리던 한강의 경관이 매우 아름다운 것으로서 법적으로 보호받는 조망의 대상이 되기에 충분하다고 할 것이지만, 위 원고들이 구분소유하는 리바뷰아파트가 그 장소로부터 한강을 조망함에 있어 특별한 가치를 가지고 있다고 할 수는 없다.

조망의 대상과 그에 대한 조망의 이익을 누리는 건물 사이에 타인 소유의 토지가 있지만 그 토지 위에 건물이 건축되어 있지 않거나 저층의 건물만이 건축되어 있어 그 결과 타인의 토지를 통한 조망의 향수가 가능하였던 경우 그 타인은 자신의 토지에 대한 소유권을 자유롭게 행사하여 그 토지 위에 건물을 건축할 수 있고 그 건물 신축이 국토의 계획 및 이용에 관한 법률에 의하여 정해진 지역의 용도에 부합하고 건물의 높이나 이격거리에 관한 건축관계법규에 어긋나지 않으며 조망 향수자가 누리던 조망의 이익을 부당하게 침해하려는 해의에 의한 것으로서 권리의 남용에 이를 정도가 아닌 한 인접한 토지에서 조망의 이익을 누리던 자라도 이를 함부로 막을 수는 없으며, 따라서 조망의 이익은 주변에 있는 객관적 상황의 변화에 의하여 저절로 변용 내지 제약을 받을 수밖에 없고, 그 이익의 향수자가 이러한 변화를 당연히 제약할 수 있는 것도 아니다.

리바뷰아파트와 한강 사이에는 강북강변도로와 엘지한강빌리지 아파트의 부지인 토지가 있고 엘지한강빌리지 아파트가 건축되기 전에 그 토지 위에는 리바뷰아파트보다 먼저 건축된 외인아파트 18개 동이 있었음에도 위 원고들이 그동안 한강 조망을 누릴 수 있었던 것은 철거된 위 외인아파트가 5층인 반면 리바뷰아파트는 그보다 높은 10층이었기 때문인데, 리바뷰아파트와 엘지한강빌리지 아파트가 있는 이촌동 일대는 고층아파트의 건축이 허용되는 지역이고 엘지한강빌리지 아파트 부지에 있던 외인아파트는 이미 건축된 지 30년 정도 경과하여 그 자리에 재건축이 이루어지는 경우 고층아파트가 건축되리라는 점은 쉽게 예상할 수 있었다고 보아야 한다. 따라서 위 원고들이 한강 조망의 이익을 누리던 리바뷰아파트가 언제나 한강 조망에 있어 특별한 가치를 가진다고 볼 수는 없고, 나아가 5층짜리 외인아파트의 뒤에 그보다 높은 10층짜리 건물을 세움으로써 리바뷰아파트의 한강 조망을 확보한 것처럼, 보통의 지역에 인공적으로 특별한 시설을 갖춤으로써 누릴 수 있게 된 조망의 이익은 법적으로 보호받을 수 없다고 하여야 한다. 만일 이러한 경우까지 법적으로 보호받는 조망의 이익이라고 인정한다면 그 건물과 조망의 대상 사이에 있는 토지에는 그 누구도 고층 건물을 건축할 수 없다는 결론이 되어 부당하기 때문이다.

결국, 위 원고들이 구분소유하는 리바뷰아파트는 그 장소로부터 한강을 조망함에 있어 특별한 가치를 가지고 있어 그 조망의 이익이 사회통념상 독자의 이익으로 승인되어야 할 정도로 중요성을 갖는다고 인정하기 어렵다고 할 것이다.

(나) 나아가 앞서 본 법리에 비추어 위 원고들이 누리던 한강 조망의 이익의 중요성 및 그에 대한 보호의 필요성과 피고들의 엘지한강빌리지 아파트 건설의 필요성 및 상당성을 비교해보더라도, 피고들의 고층 아파트 건축으로 인한 위 원고들의 한강 조망의 이익 침해 정도가 사회통념상 일반적으로 인용하는 수인한도를 넘는다고 보기 어렵다.

앞서 본 것처럼 리바뷰아파트와 엘지한강빌리지 아파트가 있는 지역은 고층 아파트의 건설이 가능한 지역이므로 엘지한강빌리지 아파트 부지의 소유자인 피고 1 주식회사나 그로부터 아파트 건축공사를 수급한 피고 2 주식회사가 19층 내지 25층짜리 엘지한강빌리지 아파트를 건축하는 것은 토지의 소유권에 기초한 것으로서 특별한 사정이 없는 한 정당한 권리행사범위 내에 있다고 보아야 하고, 리바뷰아파트는 엘지한강빌리지 아파트 단지의 북동쪽 모서리에 자리잡고 있으므로 그 앞에 고층아파트가 건축되는 경우 리바뷰아파트에서의 한강 조망이 제한되는 것은 당연하다고 할 것이다. 그렇기 때문에 피고들로서는 가능한 한 리바뷰아파트 거주자들의 한강 조망이 가장 적게 침해되는 방법으로 아파트를 건축함으로써 리바뷰아파트 거주자들을 배려하여야 하고 만일 리바뷰아파트 거주자들이 종전에 누리던 한강 조망의 이익 침해를 최소화할 방법이 있다면 이를 외면하여 다른 방법을 선택하여서는 아니 된다고 할 것이다. 그런데 앞서 본 엘지한강빌리지 아파트의 동수 및 각 동의 층수(가장 낮은 19층짜리가 한 동, 24층짜리가 다섯 동, 25층짜리가 네 동임), 엘지한강빌리지 아파트의 배치 상황을 고려하여 보면, 건축 당시 아파트의 방향이나 높이를 위 원고들의 조망에 유리하도록 배려할 여지가 전혀 없었다고는 할 수 없겠지만 단지 자체의 규모, 단지 배치의 합리성, 각 동 사이에 확보되어야 할 공간 등에 비추어 보면 그 배치를 달리 하더라도 위 원고들의 조망이 그리 크게 개선될 것으로 보이지 않는다.

한편, 피고들이 위 원고들을 포함한 리바뷰아파트 구분소유자들에게 리바뷰 아파트의 리모델링을 제의하였다거나, 피고들이 인근 한가람아파트 주민들에게 보상을 하였다는 점만으로는 피고들의 침해행위의 정도가 수인한도를 넘었다고 인정하기에 부족하다(리모델링 사업이 원활하게 진행되지 않은 사유에 관하여 위 원고들과 피고들의 주장이 서로 다르고 기록을 살펴보아도 그 사유에 관한 자료가 없다. 또한 기록에 의하면, 피고들은 엘지한강빌리지 아파트 건축 공사 도중 위 원고들에게 1,125만 원 내지 3,500만 원의 합의금을 제시하였으나 위 원고들이 거절하였던 사실을 엿볼 수 있을 뿐 아니라, 피고들이 인근 주민들에게 보상을 하였다는 사정만 가지고 피고들에게 위 원고들에 대한 해의가 있었다고 단정할 수도 없다).

결국, 원심이 내세우는 사정만으로는 조망이익에 대한 침해의 정도가 그 수인한도를 벗어난 것이라고 보기도 어렵다고 할 것이다.

(4) 그럼에도 불구하고, 위 원고들이 종전에 누리던 한강 조망의 이익이 사회통념상 독자의 이익으로 승인되어야 할 정도로 중요하여 법적인 보호를 받을 수 있음을 전제로 하여 피고들의 침해행위의 정도가 수인한도를 넘어 위법하다고 판단한 원심판결에는 조망의 이익 침해로 인한 불법행위의 성립에 관한 법리를 오해하여 판결에 영향을 미친 위법이 있다고 할 것이다.

(이하 생략)

[판결 6]에 관하여 생각할 점

1. 실제 한강변의 아파트 거래에서는 한강의 조망 여부가 가격결정에 상당한 영향을 미친다. "리바뷰(riverview)" 아파트는 그 이름 자체에서 쉽게 알 수 있듯이 한강조망을 아파트의 핵심적 가치로 제시하였고, 이를 매수하여 소유하던 원고들도 이 점에 상당한 중점을 두어 이에 상응하는 가격을 지불하였으리라고 추측할 수 있다. 그런데 대법원은 "위 원고들이 조망을 누리던 한강의 경관이 매우 아름다운 것으로서 법적으로 보호받는 조망의 대상이 되기에 충분하다고 할 것이지만, 위 원고들이 구분소유하는 리바뷰아파트가 그 장소로부터 한강을 조망함에 있어 특별한 가치를 가지고 있다고 할 수는 없다."라고 하여 결과적으로 그 법적인 보호를 거부한다. 대부분의 사람들이 경제적 가치가 있다고 여겨

가격을 자발적으로 추가지불할 만한 대상이라면 그 대상은 법적으로 보호되어
야 하는 것 아닌가? 대법원은 왜 이 사건에서 그 보호를 거절하였는가?

2. 만약 원고들이 리바뷰 아파트를 매수할 당시에는 리바뷰 아파트와 한강 사이의
지역이 그 용도상 고층건물을 지을 수 없도록 정해져 있었는데 그 이후에 용도
가 변경되었다면 결론이 달라질까?

3. 대법원은 타인이 자신의 토지에 건물을 신축하는 행위가 "조망 향수자가 누리
던 조망의 이익을 부당하게 침해하려는 해의에 의한 것으로서 권리의 남용에
이를 정도가 아닌 한 인접한 토지에서 조망의 이익을 누리던 자라도 이를 함부
로 막을 수는 없"다고 한다. 불법행위를 이유로 한 손해배상청구에서 고의나
과실이 아닌 "해의(害意)"가 등장하는 이유는 무엇인가?

4. 조망이 법적 보호대상이 되는가의 여부와 그 조망이익의 침해가 참을 한도를
넘어 위법한 것인가의 여부는 개념상 어떻게 구별되는가?

(3) 소음 관련 소송

인간의 자유로운 활동 속에서 일정한 소음의 발생은 불가피하다. 그러나
소음이 일정한 정도를 넘게 되면 사람이나 동물의 건강에 해악을 끼치고 정신
적으로도 불쾌감과 불안감을 유발하게 된다. 강풍이나 천둥 등 자연현상으로
인한 소음은 불가피한 것이지만, 기계·기구·시설 기타 물체의 사용으로 인해
발생하는 소음은 인위적으로 통제할 수 있으므로 일정한 규제가 필요하다. 따
라서 자유로운 활동과 안온한 삶 사이에서 소음을 어느 정도로 규제할 것인가
는 오늘날 환경침해책임과 관련하여 중요한 법적 문제로 떠오르게 되었다.

우리나라에서는 환경정책기본법 제12조 및 동법 시행령 제2조,[35] 소음·진
동관리법 제26, 27조 및 동법 시행규칙, 주택건설기준 등에 관한 규정 제9조,
공항소음 및 소음대책지역 지원에 관한 법률 제5조 제1항, 제16조, 동법 시행
령 제2조, 제9조, 동법 시행규칙 제2조, 제10조 등을 통하여 소음규제가 이루
어지고 있다.

소음피해에 관한 민사소송은 일반적으로 민법 제750조의 일반적인 불법행
위책임이나 민법 제758조의 공작물책임[36]을 묻는 형태로 이루어진다. 국가를

---

35) 이에 따르면 주거지역에서는 낮(06:00 - 22:00)에는 55dB, 밤(22:00 - 06:00)에는 45dB이
그 상한이다.

36) 대판 2007.6.15, 2004다37904, 37911(주택 인근 경인고속도로를 설치, 관리하는 한국도

피고로 삼는 경우에는 국가배상법 제2조의 일반적인 국가배상책임 또는 국가배상법 제5조의 영조물하자책임을 묻는 형태로 이루어진다.[37] 어떤 형태에 의하건 소음이 참을 한도를 넘어섰는지가 중요한 책임판단기준이 된다. 그런데 어느 정도의 소음이 참을 한도를 넘어서는 위법한 것인지 판정하기는 매우 어렵다. 참을 한도에 관한 획일적 판단기준은 아직 존재하지 않고, 소음측정과 평가에 관한 전문적인 지식이나 경험도 충분히 축적되어 있지 않기 때문이다. 따라서 현실적으로는 민사소송에서도 공법적 규제기준이 중요한 고려요소로 기능한다. 물론 공법적 규제에 반한다고 하여 사법적 분쟁에서 언제나 위법성이 인정되는 것은 아니다.[38] 또한 참을 한도는 소음으로 인하여 피해를 입는 토지 또는 건물의 통상의 용도에 비추어 판단해야 한다. 예컨대 공동주택에 대한 도로 소음의 참을 한도는 일상생활이 주로 이루어지는 장소인 거실에서 도로 등 해당 소음원에 면한 방향의 모든 창호를 개방한 상태로 측정한 소음도를 기준으로 측정한다는 것이 판례의 입장이다.[39]

[판결 7] 도로에서 발생하는 소음으로 인한 책임: 대판 2008.8.21, 2008다9358

1. 원고 부산광역시의 상고이유에 대한 판단

국가배상법 제5조 제1항에 정하여진 '영조물의 설치 또는 관리의 하자'라 함은 공공의 목적에 공여된 영조물이 그 용도에 따라 갖추어야 할 안전성을 갖추지 못한 상태에 있음을 말하고, 안전성을 갖추지 못한 상태, 즉 타인에게 위해를 끼칠 위험성이 있는 상태라 함은 당해 영조물을 구성하는 물적 시설 그 자체에 있는 물리적 · 외형적 흠결이나 불비로 인하여 그 이용자에게 위해를 끼칠 위험성이 있는 경우뿐만 아니라, 그 영조물이 공공의 목적에 이용됨에 있어 그 이용상태 및 정도가 일정한 한도를 초과하여 제3자에게 사회통념상 수인할 것이 기대되는 한도를 넘는 피해를 입히는 경우까지 포함된다고 보아야 한다(대

로공사에게 그 설치, 관리상 하자로 인한 손해배상책임 및 유지책임이 있다고 본 사례).
37) 대판 2004.3.12, 2002다14242(매향리 사격장에서 발생하는 소음 등으로 지역 주민들이 입은 피해는 사회통념상 참을 수 있는 정도를 넘는 것으로서 대한민국의 사격장 설치 또는 관리에 하자가 있었다고 본 사례); 대판 2005.1.27, 2003다49566(김포공항에서 발생하는 소음 등으로 인근 주민들이 입은 피해는 사회통념상 수인한도를 넘는 것으로서 김포공항의 설치 또는 관리에 하자가 있었다고 본 사례).
38) 대판 2014.2.27, 2009다40462; 대판 2017.2.15, 2015다23321 참조.
39) 대판 2015.9.24, 2011다91784.

법원 2004.3.12. 선고 2002다14242 판결 등 참조).

　　그리고 수인한도의 기준을 결정함에 있어서는 일반적으로 침해되는 권리나 이익의 성질과 침해의 정도뿐만 아니라 침해행위가 갖는 공공성의 내용과 정도, 그 지역환경의 특수성, 공법적인 규제에 의하여 확보하려는 환경기준, 침해를 방지 또는 경감시키거나 손해를 회피할 방안의 유무 및 그 난이 정도 등 여러 사정을 종합적으로 고려하여 구체적 사건에 따라 개별적으로 결정하여야 하는 바(대법원 2005.1.27. 선고 2003다49566 판결 등 참조), 특히 차량이 통행하는 도로에서 유입되는 소음으로 인하여 인근 공동주택의 거주자에게 사회통념상 일반적으로 수인할 정도를 넘어서는 침해가 있는지 여부는 주택법 등에서 제시하는 주택건설기준보다는 환경정책기본법 등에서 설정하고 있는 환경기준을 우선적으로 고려하여 판단하여야 한다.

　　원심판결 이유에 의하면, 원심은, 이 사건 도로의 하루 통행 차량이 약 86,361대에 이르는 등 공공도로인 점과 피고들이 이 사건 도로가 개통된 이후에 건축된 이 사건 아파트에 입주한 점 등을 감안하더라도, 피고들이 거주하는 세대의 야간 등가소음도가 65dB 이상으로 환경정책기본법이 요구하는 도로변 주거지역의 야간 소음기준(55dB)을 훨씬 초과함으로써 피고들에게 통상의 수인한도를 넘는 피해를 발생하게 하였다면 원고 부산광역시의 이 사건 도로 설치·관리상에 하자가 있다고 판단하였는바, 앞서 본 법리에 비추어 보면 원심의 위와 같은 판단은 정당한 것으로서 수긍이 가고, 거기에 상고이유에서 주장하는 바와 같이 공공영조물 설치·관리상의 하자에 관한 법리오해, 소음피해로 인한 수인한도에 관한 법리오해, 심리미진 등의 위법이 있다고 할 수 없다.

　　2. 피고들의 상고이유에 대한 판단

　　도로에서 유입되는 소음으로 인하여 인근 공동주택의 거주자에게 사회통념상 수인한도를 넘는 생활이익의 침해가 발생하였다고 하더라도, 그 공동주택을 건축하여 분양한 분양회사는 도로의 설치·관리자가 아니고 위 공동주택의 건축으로 인하여 소음이 발생하였다고 볼 수도 없으므로, 공동주택의 거주자들이 분양회사를 상대로 소음으로 인하여 발생한 생활이익의 침해를 원인으로 하는 불법행위책임을 물을 수는 없는 것이고, 다만 분양회사는 공동주택의 공급 당시에 주택법상의 주택건설기준 등 그 공동주택이 거래상 통상 소음 방지를 위하여 갖추어야 할 시설이나 품질을 갖추지 못한 경우에 집합건물의 소유 및 관리에 관한 법률 제9조 또는 민법 제580조의 규정에 의한 담보책임을 부담하거나, 수분양자와의 분양계약에서 소음 방지 시설이나 조치에 관하여 특약이 있는 경우에 그에 따른 책임을 부담하거나, 또는 분양회사가 수분양자에게 분양하는 공동주택의 소음 상황 등에 관한 정보를 은폐하거나 부정확한 정보를 제공하는 등 신의칙상의 부수의무를 게을리한 경우에 그 책임을 부담할 뿐이다.

원심의 인정 사실 및 기록에 비추어 보면, 원고 회사가 이 사건 아파트에 대한 사용승인을 받을 당시 이 사건 아파트의 소음도는 64.7㏈로서 주택법상의 주택건설기준 등에서 규정하고 있는 소음기준을 충족하고 있었고, 달리 이 사건 아파트의 사용승인 또는 분양 당시 이 사건 아파트의 방음시설이 통상 갖추어야 할 수준에 이르지 못하였다고 인정할 증거도 없으며, 원고 회사가 수분양자인 피고들과의 사이에 소음 방지 시설이나 조치에 관한 별도의 특약을 체결하였다거나, 피고들에게 이 사건 아파트의 소음 상황 등에 관하여 부정확한 정보를 제공하였다고 인정할 증거도 없다.

이러한 사정을 위 법리에 비추어 보면, 도로에서 유입되는 소음으로 인하여 피고들에게 사회통념상 수인한도를 넘는 생활이익의 침해가 발생하였다고 하더라도 분양회사인 원고 회사로서는 피고들에 대하여 담보책임이나 특약에 의한 책임, 또는 신의칙상 의무 위반으로 인한 책임을 부담하지 아니한다.

원심은 그 이유 설시에 있어 다소 명확하지 아니한 부분은 있으나, 원고 회사가 피고들에 대하여 소음으로 인한 손해배상 기타 채무를 부담하지 않는다고 판단한 결론은 정당하다.

[판결 7]에 관하여 생각할 점

1. 이 사건에서는 아파트 주민들이 원고들을 상대로 중앙환경분쟁조정위원회의 재정신청을 하였고(환경분쟁조정법 제4조 이하 참조), 이에 따라 위 조정위원회가 손해배상과 방음대책 강구를 명하자 원고들이 그 재정결정에 불복하여 이 사건 소를 제기하였다는 점(환경분쟁조정법 제42조 참조)을 참고하라.

2. 사인간의 민사분쟁에 공법적 규제기준을 끌어다 쓰는 것에 대하여 어떻게 생각하는가? 민사분쟁에 있어서 위법성 판단기준과 공법상 규제기준은 일치해야 하는가?

3. 위 판결에서 대법원은 원고 부산광역시에 대하여는 환경정책기본법, 원고 분양회사에 대하여는 주택법상 주택건설기준을 원용하고 있다. 이러한 차이는 왜 발생하는 것인가?

4. 이 사건에서 이미 도로에서 소음이 유입된다는 사실을 인식하면서도 뒤늦게 아파트를 구입하여 입주한 소유자가 있다면 그에게도 손해배상을 해 주어야 하는가? 이는 이른바 위험에의 접근이론과 관련된 문제이다. 위험에의 접근이론은

피해자가 이미 환경침해가 이루어지고 있음을 알면서도 굳이 이주해 왔다면 그
점을 금지청구나 손해배상청구의 판단에 고려해야 한다는 이론이다. 이 점에
관하여는 우선 대판 2010.11.25, 2007다74560 판결을 참고하라.

판례색인

조문색인

사항색인

저자 소개

양창수

• 서울대학교 법과대학 졸업
• 법학박사(서울대학교)
• 서울민사지방법원 등 판사
• 서울대학교 법과대학 교수
• 대법관
• 한양대학교 법학전문대학원 교수
• 현 : 서울대학교 명예교수

권영준

• 서울대학교 법과대학 졸업
• 하버드 로스쿨 졸업(LL.M.)
• 법학박사(서울대학교)
• 서울지방법원 등 판사
• 서울대학교 법학전문대학원 교수
• 현 : 대법관

주요 저서·역서

民法研究 제 1 권, 제 2 권(1991), 제 3 권(1995),
　제 4 권(1997), 제 5 권(1999), 제 6 권(2001),
　제 7 권(2003), 제 8 권(2005), 제 9 권(2007),
　제10권(2019)
민법입문(1991, 제 9 판 2023)
民法散考(1998)
민법산책(2006)
민법 I 계약법(제 3 판, 2020)(共著)
민법 III 권리의 보전과 담보(제 5 판, 2023)(共著)
노모스의 뜨락(2019)
民法注解 제 1 권(1992, 제 2 판 2022), 제 4 권, 제
　5 권(1992), 제 9 권(1995), 제16권(1997), 제17
　권, 제19권(2005) (分擔執筆)
註釋 債權各則(III)(1986)(分擔執筆)
민법전 제정자료 집성 ― 총칙·물권·채권(2023)

라렌츠, 正當한 法의 原理(1986, 신장판 2022)
츠바이게르트/쾨츠, 比較私法制度論(1991)
포르탈리스, 民法典序論(2003)
독일민법전 ― 총칙·채권·물권, 2021년판(2021)
독일민법학논문선(2005)(編譯)
로슨, 大陸法入門(1994)(共譯)
존 로버트슨, 계몽 ― 빛의 사상 입문(2023)

주요 저서

著作權侵害判斷論(2007)
著作權法注解(2008)(分擔執筆)
Litigation in Korea(2010)(分擔執筆)
Law and Legal Institutions of Asia(2011)(分擔
　執筆)
Introduction to Korean Law(2012)(分擔執筆)
2014년 법무부 민법 개정시안 해설(민법총칙·
　물권편)(2017)
민법판례연구 I (2019)
헌법과 사법(2019)(分擔執筆)
민법개정안연구(2019)(分擔執筆)
민법과 도산법(2019)(分擔執筆)
담보거래에 관한 UNCITRAL 모델법 연구(2018)
Formation and Third Party Beneficiaries(分擔
　執筆)(2018)
주석민법 총칙(1)(2019)(分擔執筆)
민법학의 기본원리(2020)
Contents of Contract and Unfair Terms(分擔
　執筆)(2020)
Secured Transactions Law in Asia(分擔執筆)
　(2021)
민법판례연구 II (2021)
民法注解 제3권(제2판 2022)(分擔執筆)
미국사법의 이해(2023)(共著)

제 5 판
민법 Ⅱ - 권리의 변동과 구제

초판 발행	2011년 8월 10일
제 2 판 발행	2015년 6월 20일
제 3 판 발행	2017년 8월 15일
제 4 판 발행	2021년 4월 15일
제 5 판 발행	2023년 9월 15일

공저자	양창수·권영준
펴낸이	안종만·안상준
편 집	김선민
기획/마케팅	조성호
표지디자인	권아린
제 작	고철민·조영환

펴낸곳 　(주) 박영사
　　　　서울특별시 금천구 가산디지털2로 53, 210호(가산동, 한라시그마밸리)
　　　　등록 1959. 3. 11. 제300-1959-1호(倫)

전 화	02)733-6771
f a x	02)736-4818
e-mail	pys@pybook.co.kr
homepage	www.pybook.co.kr
ISBN	979-11-303-4560-4　93360

정 가　　　50,000원